16,80 / 5,95

KLEINE JERUSALEMER BIBEL · AT

HERDERBÜCHEREI BAND 1765

KLEINE JERUSALEMER BIBEL AT

DIE WEISHEITSBÜCHER UND DIE PROPHETEN

HERDER-ÜBERSETZUNG
MIT DEM VOLLSTÄNDIGEN KOMMENTAR
DER JERUSALEMER BIBEL

HERDERBÜCHEREI

Kommentar der Jerusalemer Bibel aus:
La Bible de Jérusalem – La Sainte Bible traduite
en français sous la direction de l'Ecole biblique de Jérusalem.
Les Éditions du Cerf, Paris

Als deutscher Bibeltext ist zugrunde gelegt: die Übersetzung aus Herders Bibelkommentar. Die Bearbeitung der Bibeltexte erfolgte in Abstimmung mit der „Bible de Jérusalem", die auch für die Einrichtung dieser Ausgabe maßgebend war.

Die Übersetzung der Erläuterungen aus dem Französischen, die Bearbeitung der Bibeltexte und die Einrichtung dieser Ausgabe besorgte Ulrich Schütz in Verbindung mit den deutschen Herausgebern Diego Arenhoevel, Alfons Deissler, Anton Vögtle und unter Mitwirkung von Rudolf Pesch.

Neuausgabe 1992

Imprimatur. – Freiburg im Breisgau,
den 19. September 1968
Der Generalvikar: Dr. Schlund

Herder Freiburg · Basel · Wien
Herstellung: Freiburger Graphische Betriebe 1992
Umschlagmotiv: Ernst Alt, Jude mit Thora, 1975

ISBN 3-451-08765-0

Inhalt

Hinweise

Zur Textkritik. Die deutsche Übersetzung des Bibeltextes berücksichtigt die Ergebnisse der textkritischen Arbeit, die in der Originalausgabe der „Bible de Jérusalem“ ihren Niederschlag gefunden hat. Auf die wichtigeren Textänderungen und abweichenden Lesarten wird in den zugehörigen Anmerkungen kurz hingewiesen. Dies geschieht im Alten Testament durch die Abkürzung „Korr.“, d. h. Korrektur gegenüber dem überlieferten hebräischen Text. Stützt sich die Korrektur auf eine alte Übersetzung oder biblische Parallelüberlieferungen, so ist diese Textbezeugung in abgekürzter Form angegeben (vgl. das Abkürzungsverzeichnis), z. B. G (= griechische Übersetzung der Septuaginta), S (= syrische Übersetzung), V (= lateinische Übersetzung der Vulgata). Wird eine Lesart von den meisten oder allen alten Übersetzungen bezeugt, so steht „Üss“ (= alte Übersetzungen). In vielen Fällen ist die (der deutschen Übersetzung dann nicht zugrunde gelegte) Lesart des überlieferten hebräischen Textes, des sogenannten „masoretischen“ Textes (= M), vergleichsweise angefügt. Beim Neuen Testament wird der Wortlaut der wichtigeren Textvarianten meist ohne nähere Angabe der handschriftlichen Bezeugung verzeichnet (in den Anmerkungen gewöhnlich eingeleitet durch: Andere Lesart). Ausführlicher sind die textkritischen Fragen in der Ausgabe der „Bible de Jérusalem“ in 43 Teilbänden behandelt, die gegebenenfalls heranzuziehen ist.

Zur Schreibweise der Namen. Die Schreibweise der Namen hält sich im Prinzip an die jeweils ursprüngliche Form. Von wenigen Ausnahmen abgesehen, wurde also bei den hebräischen Namen auf die Schreibweise des masoretischen Textes zurückgegangen und nicht auf die noch vielfach üblichen lateinischen Namensformen. Die angewandte Umschrift der hebräischen Laute sollte einerseits möglichst einfach sein (darum wurde auf eine wissenschaftliche Transkription mit diakritischen Zeichen verzichtet) und andererseits den hebräischen Lautwerten nach Möglichkeit nahekommen. Von den hebräischen Konsonanten, deren Transkription insbesondere verschiedenartig vorgenommen wird, wurde in der Regel *sajin* mit s, *chet* mit ch (im Anlaut mit H), *zade* mit z, *koph* mit k, *schin* mit sch, *taw* mit t wiedergegeben.

Zu den Anmerkungen. Die Anmerkungen sind so angelegt, daß Wiederholungen und Überschneidungen vermieden werden. Gewöhnlich wird darum eine bestimmte Erläuterung nur an einer der in Frage kommenden Bibelstellen geboten, während an den anderen lediglich ein Verweis auf diese näher erläuterte Stelle (hervorgehoben durch das Zeichen +) erfolgt. Ferner steht das Zeichen + bei Stellenverweisen, wenn in den zugehörigen Anmerkungen tragende Begriffe und Themen der Heiligen Schrift erklärt werden, z. B. „Rest“ (vgl. Js 4 3+) oder „Menschensohn“ (vgl. Mt 8 20+). Besteht zwischen mehreren solcher Anmerkungen ein innerer Zusammenhang (z. B. zwischen der Anmerkung zu Dn 7 13 und Mt 8 20, jeweils zu „Menschensohn“), so ist dieser ebenfalls durch das Zeichen + kenntlich gemacht. Um die zum Verständnis einer Einzelstelle dienlichen Erläuterungen auszuwerten, ist es also wichtig, nicht nur an der betreffenden Stelle selbst nach einer entsprechenden Anmerkung zu suchen, sondern auch den mit + bezeichneten Verweisen nachzugehen. Die Erläuterungen zu den biblischen Schlüsselbegriffen sind außerdem durch das Register leicht aufzufinden.

Verzeichnis der Abkürzungen

ALTES TESTAMENT

Gn	Genesis	Spr	Sprüche
Ex	Exodus	Prd	Prediger
Lv	Leviticus	Hl	Hoheslied
Nm	Numeri	Weish	Weisheit
Dt	Deuteronomium	Sir	Jesus Sirach
Jos	Josua	Js	Jesaja
Ri	Richter	Jr	Jeremia
Rt	Rut	Klgl	Klagelieder
1 Sm	1 Samuel	Bar	Baruch
2 Sm	2 Samuel	Ez	Ezechiel
1 Kg	1 Könige	Dn	Daniel
2 Kg	2 Könige	Hos	Hosea
1 Chr	1 Chronik	Joel	Joel
2 Chr	2 Chronik	Am	Amos
Esr	Esra	Ob	Obadja
Neh	Nehemia	Jon	Jona
Tob	Tobit	Mich	Micha
Jdt	Judit	Nah	Nahum
Est	Ester	Hab	Habakuk
1 Makk	1 Makkabäer	Zeph	Zephanja
2 Makk	2 Makkabäer	Hag	Haggai
Ps	Psalmen	Sach	Sacharja
Ib	Ijob	Mal	Maleachi

NEUES TESTAMENT

Mt	Matthäusevangelium	1 Tim	1. Timotheusbrief
Mk	Markusevangelium	2 Tim	2. Timotheusbrief
Lk	Lukasevangelium	Tit	Titusbrief
Jo	Johannesevangelium	Phm	Philemonbrief
Apg	Apostelgeschichte	Hebr	Hebräerbrief
Röm	Römerbrief	Jak	Jakobusbrief
1 Kor	1. Korintherbrief	1 Petr	1. Petrusbrief
2 Kor	2. Korintherbrief	2 Petr	2. Petrusbrief
Gal	Galaterbrief	1 Jo	1. Johannesbrief
Eph	Epheserbrief	2 Jo	2. Johannesbrief
Phil	Philipperbrief	3 Jo	3. Johannesbrief
Kol	Kolosserbrief	Jud	Judasbrief
1 Thess	1. Thessalonicherbrief	Apk	Apokalypse
2 Thess	2. Thessalonicherbrief		

SONSTIGE ABKÜRZUNGEN

AT	Altes Testament
NT	Neues Testament
M	Masoretischer Text
M (Kere)	M-Text, wie er von den Masoreten (durch Veränderung der Vokale) gelesen wurde
M (Ketib)	M-Text, wie er (durch Konsonanten festgelegt) geschrieben steht
J	Jahwistische Überlieferung
E	Elohistische Überlieferung
P	Priesterschriftliche Überlieferung (Zu J, E, P vgl. Einleitung zum Pentateuch, S. 4–6.)
1 QJs[a]	(Vollständige) Jesaja-Rolle aus der Höhle 1 von Qumran
1 QJs[b]	(Unvollständige) Jesaja-Rolle aus der Höhle 1 von Qumran
4 QSm[a]	Samuel-Fragmente aus der Höhle 4 von Qumran
1 QpHab	Habakuk-Kommentarrolle aus der Höhle 1 von Qumran
Korr.	Korrektur gegenüber M
Hs, Hss	Handschrift, Handschriften
Üss	(Alte) Übersetzungen
Sam	Samaritanischer Pentateuch
T	Targum
S	Syrische Übersetzung
G	Griechische Übersetzung (Septuaginta)
G^B	G nach Codex Vaticanus
G^S	G nach Codex Sinaiticus
G^A	G nach Codex Alexandrinus
G^L	G nach Rezension des Lukian
L	Altlateinische Übersetzung (Vetus Latina)
V	Lateinische Übersetzung (Vulgata)
A	Arabische Übersetzung
v.	Vers
f	Folgende Verse
par	Parallele(n)

IN ALPHABETISCHER ORDNUNG

A	Arabische Übersetzung
Am	Amos
Apg	Apostelgeschichte
Apk	Apokalypse
AT	Altes Testament
Bar	Baruch
Chr	Chronik
Dn	Daniel
Dt	Deuteronomium
E	Elohistische Überlieferung
Eph	Epheser
Esr	Esra
Est	Ester
Ex	Exodus
Ez	Ezechiel
f	Folgende Verse
G	Griechische Übersetzung (Septuaginta)
G^A	G nach Codex Alexandrinus
G^B	G nach Codex Vaticanus
G^L	G nach Rezension des Lukian
G^S	G nach Codex Sinaiticus
Gal	Galater
Gn	Genesis
Hab	Habakuk
Hag	Haggai
Hebr	Hebräer
Hl	Hoheslied
Hos	Hosea
Hs, Hss	Handschrift, Handschriften
Ib	Ijob
J	Jahwistische Überlieferung
Jak	Jakobus
Jdt	Judit
Jo	Johannes (Evangelium bzw. Briefe)
Joel	Joel
Jon	Jona
Jos	Josua
Jr	Jeremia
Js	Jesaja
Jud	Judas
Kg	Könige
Klgl	Klagelieder
Kol	Kolosser
Kor	Korinther
Korr.	Korrektur gegenüber M
L	Altlateinische Übersetzung (Vetus Latina)
Lk	Lukas
Lv	Leviticus
M	Masoretischer Text
M (Kere)	M-Text, wie er von den Masoreten (durch Veränderung der Vokale) gelesen wurde
M (Ketib)	M-Text, wie er (durch Konsonanten festgelegt) geschrieben steht
Makk	Makkabäer
Mal	Maleachi
Mich	Micha
Mk	Markus
Mt	Matthäus
Nah	Nahum
Neh	Nehemia
Nm	Numeri
NT	Neues Testament
Ob	Obadja
P	Priesterschriftliche Überlieferung
par	Parallele(n)

Petr	Petrus
Phil	Philipper
Phm	Philemon
Prd	Prediger
Ps	Psalmen
1 QJs[a]	(Vollständige) Jesaja-Rolle aus der Höhle 1 von Qumran
1 QJs[b]	(Unvollständige) Jesaja-Rolle aus der Höhle 1 von Qumran
1 QpHab	Habakuk-Kommentarrolle aus der Höhle 1 von Qumran
4 QSm[a]	Samuel-Fragment aus der Höhle 4 von Qumran
Ri	Richter
Röm	Römer
Rt	Rut
S	Syrische Übersetzung
Sach	Sacharja
Sam	Samaritanischer Pentateuch
Sir	Jesus Sirach
Sm	Samuel
Spr	Sprüche
T	Targum
Thess	Thessalonicher
Tim	Timotheus
Tit	Titus
Tob	Tobit
Üss	(Alte) Übersetzungen
V	Lateinische Übersetzung (Vulgata)
v.	Vers
Weish	Weisheit
Zeph	Zephanja

DIE WEISHEITSBÜCHER

DIE WEISHEITSBÜCHER

EINLEITUNG

Fünf Bücher des Alten Testaments werden „Weisheitsbücher“ genannt: Ijob, Sprüche, Prediger, Jesus Sirach und Weisheit. Gewöhnlich, aber eigentlich nicht passend, wird auch das Hohelied dazugezählt. In diesen Weisheitsschriften kommt eine Strömung des Denkens zum Ausdruck, die sich auch in manchen Psalmen und in Teilen der Bücher Tobit und Baruch wiederfindet.

Solche Weisheitsliteratur stand im ganzen Alten Orient in hoher Blüte. Ägypten brachte im ganzen Verlauf seiner Geschichte Weisheitsschriften hervor. In Mesopotamien verfaßte man Sprichwörter, Fabeln, Gedichte über das Leiden, die man mit dem Buch Ijob verglichen hat. Aus dem aramäischen Sprachraum stammt die „Weisheit des Achikar“, die assyrischen Ursprungs ist und in mehrere alte Sprachen übersetzt wurde. Diese Weisheit war international. Religiöse Fragen beschäftigten sie weniger, sie wendet sich der Weltordnung und den Aufgaben des Lebens zu. Sie bringt Licht in das Schicksal des einzelnen, nicht durch philosophische Reflexion nach Art der Griechen, sondern indem sie die Früchte der Erfahrung sammelt. Sie ist eine Lebenskunst und ein Zeichen guter Erziehung.

Diese Weisheit war auch in Israel bekannt. Wenn die Bibel der Weisheit Salomos das höchste Lob spenden will, sagt sie, daß seine Weisheit die der Söhne des Ostens und Ägyptens übertrifft, 1 Kg 5_{10}. Berühmt waren die arabischen und edomitischen Weisen, Jr 49_{7}; Bar 3_{22-23}; Ob $_{8}$. Ijob und die drei Weisen, seine Freunde, leben in Edom. Der Verfasser des Buches Tobit kannte die Weisheit Achikars, und Spr 22_{17} – 23_{11} gibt – oft sogar wörtlich – die ägyptischen Weisheitssprüche des Amenemope wieder. Manche Psalmen werden dem Heman und Etan zugeschrieben, nach 1 Kg 5_{11} kanaanäische Weise. Das Buch der Sprüche enthält die Worte Agurs, Spr 30_{1-14}, und die Worte Lemuels, Spr 31_{1-9}; beide stammen aus Massa, einem nordarabischen Stamm, Gn 25_{14}.

So ist es nicht erstaunlich, daß die ersten Weisheitsschriften Israels denen seiner Nachbarn sehr ähnlich sind, stammen sie doch aus dem gleichen Kulturraum. Die alten Teile des Buches Sprüche bieten kaum mehr als Vorschriften menschlicher Weisheit. Abgesehen von den Büchern Jesus Sirach und Weisheit, den jüngsten Weisheitsbüchern, befaßt sich die Weisheitsliteratur nicht mit den großen Themen des Alten Testaments: Gesetz, Bund, Erwählung, Heil. Die Weisen Israels kümmern sich nicht um die Geschichte und die Zukunft ihres Volkes; wie ihre orientalischen Kollegen wenden sie sich dem Geschick des einzelnen Menschen zu. Und doch sehen sie es in einem höheren Licht, dem des Jahweglaubens. Trotz gemeinsamen Ursprungs und so vieler Ähnlichkeiten liegt in dieser Tatsache ein Wesensunterschied, durch den die israelitische Weisheit bereichert wurde und der mit fortschreitender Offenbarung immer deutlicher wird. Der Gegensatz Weisheit–Torheit wird zu einem Gegensatz zwischen Gerechtigkeit und Ungerechtigkeit, zwischen Frömmigkeit und Gottlosigkeit. Wahre Weisheit ist in der Tat die Gottesfurcht, und Gottesfurcht ist Frömmigkeit. Wenn die altorientalische Weisheit Humanismus ist, so könnte man sagen, daß die Weisheit Israels „frommer Humanismus“ sei.

Die Weisheit des Menschen wird vor allem mit der Weisheit Gottes in Verbindung gebracht. Alle Weisheit stammt von Gott, denn er allein ist weise, so schon

Spr 21$_{30}$; er besitzt eine überragende Weisheit, die der Mensch in der Schöpfung am Werk sieht, die er aber nicht zu ergründen vermag, Ib 28; 38–39; Sir 1$_{1-10}$; 16$_{24f}$; 39$_{12f}$; 42$_{15}$ – 43$_{33}$ usw. In dem großen Prolog, der an den Anfang des Buches Sprüche gestellt ist, Spr 1–9, spricht die göttliche Weisheit wie eine Person; sie ist zugleich bei Gott seit Ewigkeit und handelt mit ihm in der Schöpfung, vor allem Spr 8$_{22-31}$. In Ib 28 erscheint sie als etwas von Gott Verschiedenes, der allein weiß, wo sie sich verbirgt. In Sir 24 nennt sich die Weisheit selbst ausgegangen aus dem Munde des Höchsten, im Himmel wohnend und von Gott zu Israel gesandt. In Weish 7$_{22}$ – 8$_{1}$ ist sie eine Ausströmung der Herrlichkeit des Allmächtigen, ein Abbild seines Glanzes. So hebt sich die Weisheit als Eigenschaft Gottes von ihm ab und wird zu einer Person. So stark diese Ausdrucksweisen auch sind, sie scheinen im Glauben des Alten Testamentes die Grenzen einer literarischen Personifikation nicht zu überschreiten; doch bleibt ihnen etwas Geheimnisvolles, und sie bereiten die Offenbarung der göttlichen Personen vor. Wie die Weisheit, so ist der Logos im Prolog des Johannesevangeliums gleichzeitig in Gott und bei Gott; alle diese großartigen Texte des AT lassen sich in vollkommener Weise auf das Wort anwenden, das Fleisch geworden ist.

Da das Schicksal des einzelnen Menschen das beherrschende Anliegen der Weisen war, besaß das Problem der Vergeltung für sie eine außerordentliche Bedeutung. In ihrer geistigen Welt und durch ihr Nachdenken entwickelt sich die Vergeltungslehre. In den alten Teilen des Buches Sprüche führt die Weisheit, d. h. die Gerechtigkeit, notwendigerweise zum Glück, die Torheit, d. h. die Ungerechtigkeit, ins Verderben. Gott ist es, der so die Guten belohnt und die Bösen bestraft. Der gleiche Standpunkt wird noch im Prolog des gleichen Buches vertreten, 3$_{33-35}$; 9$_{6.18}$. Diese Auffassung liegt der älteren Weisheitslehre zugrunde; sie wird gefolgert aus der Lenkung der Welt durch einen weisen und gerechten Gott. Man beruft sich dafür auf die Erfahrung, aber gerade die Erfahrung steht oft im Widerspruch zu ihr. Das zeigt auf dramatische Weise das Buch Ijob, in dem die drei Freunde die traditionelle Auffassung verteidigen. Auf das Problem des Gerechten aber, der im Unglück ist, gibt es keine den Geist des Menschen befriedigende Antwort, wenn man an irdischer Vergeltung festhält; es gibt nur eines, sich – trotz allem – im Glauben an Gott halten. Das Buch Prediger bietet, so verschieden sein Ton auch ist, keine andere Lösung; es unterstreicht ebenfalls das Ungenügende der gängigen Antworten; es lehnt ab, daß man von Gott Rechenschaft verlangen und das Glück als etwas Geschuldetes beanspruchen könne. Das Buch Jesus Sirach hält sich an die gleiche Lehre, es rühmt das Glück des Weisen, 14$_{20}$ – 15$_{10}$, aber es ist bewegt vom Gedanken an den Tod und weiß, daß alles von jener letzten Stunde abhängt; es sagt, daß es für den Herrn ein leichtes sei, „am Tage des Todes dem Menschen nach seinem Wandel zu vergelten“, 11$_{26}$, vgl. 1$_{13}$; 7$_{36}$; 28$_{6}$; 41$_{9}$. Hier wird die Lehre von den „letzten Dingen“ geahnt, aber nicht deutlich ausgesprochen. Wenig später bringt Dn 12$_{2}$ den Glauben an eine Vergeltung jenseits des Todes zum Ausdruck; dieser Glaube ist hier mit dem Glauben an die Auferstehung der Toten verbunden, denn hebräisches Denken konnte sich ein Leben des Geistes, getrennt vom Leib, nicht vorstellen. Im alexandrinischen Judentum vollzieht sich eine parallele Entwicklung, doch geht man hier noch einen Schritt weiter. Aufgrund der Berührung des hebräischen Denkens mit der platonischen Philosophie und ihrer Theorie von der unsterblichen Seele kann das Buch Weisheit nun sagen, daß „Gott den Menschen zur Unsterblichkeit erschaffen hat“, 2$_{23}$, und daß die Seele des Gläubigen nach dem Tode bei Gott ein Glück ohne Ende genießen wird, während die Gottlosen ihre Strafe erhalten, 3$_{1-12}$. Das große Problem der Weisen Israels erfährt damit seine Antwort.

Die einfachste und älteste Form der Weisheitsliteratur ist der *maschal.* So lautet (im Plural) die Überschrift des Buches, das wir „Sprüche“ nennen. Der *maschal* ist näherhin eine treffende, einprägsame Formulierung, ein Sprichwort oder ein

Grundsatz. Die alten Sammlungen im Buch der Sprüche enthalten nur kurze Sentenzen. Dann entwickelt sich der *maschal* weiter, wird zur Parabel oder Allegorie, zur Weisheitsrede und zum Lehrgedicht. Diese Entwicklung, die schon in den kleinen Anhängen des Buches Sprüche und mehr noch im Prolog spürbar ist, Spr 1–9, geht in den folgenden Büchern außerordentlich rasch weiter: Ijob und Weisheit sind große literarische Werke.

Die Sprüche waren durch ihre prägnante Kürze, die sich dem Gedächtnis einprägt, zur mündlichen Weitergabe wie geschaffen. Der Vater oder die Mutter bringt sie dem Sohn bei, Spr 18; 41; 311; Sir 31; so nennt dann auch der Lehrer den Schüler, den er ausbildet, „meinen Sohn", denn die Weisen hielten Schule, Sir 5123.26, vgl. Spr 71f; 91f. Die Weisheit wird zu einem Privileg der gebildeten Schicht, jener, die folglich auch schreiben kann; Weise und Schreiber erscheinen nebeneinander in Jr 88–9; Sir 3824 – 3911 rühmt in Gegenüberstellung zur handwerklichen Tätigkeit den Beruf des Schreibers, der es ihm ermöglicht, die Weisheit zu erwerben. Die Schreiber stellten die Beamten des Königs; so entwickelten sich die Weisheitslehren zuerst am Königshof. Alle diese Kennzeichen haben genaue Parallelen in den anderen Lebensräumen der altorientalischen Weisheit, in Ägypten oder Mesopotamien. Eine der salomonischen Sammlungen im Buch Sprüche haben „die Männer des Hiskija, des Königs von Juda, zusammengestellt", Spr 251. Diese Weisen waren aber nicht nur Sammler von alten Sprüchen, sie schrieben auch selbst. Schließlich bildeten sie eine geschlossene Gruppe, eine Art „gelehrte Gesellschaft", in der Gebildete für andere Gebildete schrieben.

Die Weisen leben also in einem ganz anderen Milieu als jene Kreise, aus denen die priesterlichen und die prophetischen Schriften hervorgegangen sind; Jer 1818 zählt als drei Stände die Priester, die Weisen und die Propheten auf. Die Weisen haben andere Interessen; sie kümmern sich nicht sonderlich um den Kult und scheinen weder von dem Unglück ihres Volkes beeindruckt noch von der großen Hoffnung, von der das Volk getragen ist, bewegt zu sein; Jeremia hat anscheinend keine hohe Meinung von ihnen, Jr 89. Vom Exil an aber fließen diese drei Strömungen zusammen. Der Prolog des Buches Sprüche nimmt den Ton prophetischer Predigt an; das Buch Jesus Sirach, 44–49, und Weisheit, 10–19, sinnen ausgiebig über die Heilsgeschichte nach; Ben Sira verehrt das Priestertum, er ist ein glühender Anhänger des Kultes, schließlich setzt er Weisheit und Gesetz in eins, Sir 2423–34: Das ist der Bund zwischen dem Schriftgelehrten (oder dem Weisen) und dem Gesetzeslehrer; auf diese Verhältnisse trifft man zur Zeit Jesu.

Wir stehen hier im Alten Testament am Ende eines langen Weges, dessen Anfang mit dem Namen Salomo verknüpft ist. Auch hierfür finden sich altorientalische Parallelen: Zwei Schriften der ägyptischen Weisheit gaben sich als Lehren aus, die ein Pharao seinem Sohne gegeben hatte. Von 1 Kg 59–14, vgl. 39–12.28; 101–9, bis zu Sir 4712–17 wurde Salomo als der größte Weise Israels gepriesen. Die beiden wichtigsten und ältesten Sammlungen des Buches Sprüche, 10–22 und 25–29, werden ihm zugeschrieben; das erklärt auch die Überschrift, die dem ganzen Buch gegeben wurde, Spr 11. Unter seinen Namen wurde ebenfalls das Buch Prediger, das Buch Weisheit und das Hohelied gestellt. Die ganze Weisheitslehre, die nach und nach dem erwählten Volk zuteil wurde, sollte die Offenbarung der menschgewordenen Weisheit vorbereiten, aber „hier ist mehr als Salomo", Mt 1242.

Das Buch Ijob

Das literarische Meisterwerk der Weisheit ist das Buch Ijob. Es beginnt mit einer Erzählung in Prosa. Einst gab es einen großen Diener Gottes, Ijob mit Namen, der in Glück und Reichtum lebte. Gott erlaubt dem Satan, ihn zu prüfen, um zu sehen, ob er im Unglück treu bleibe. Zuerst wird Ijob in seinem Besitz und seinen Kindern getroffen, und er willigt ein, daß Gott das wieder nimmt, was er ihm gegeben hat. Durch eine qualvolle, ekelerregende Krankheit an seinem Leibe versehrt, bleibt Ijob Gott ergeben und weist seine Frau zurück, die ihm rät, Gott zu verfluchen. Dann kommen drei seiner Freunde, Eliphas, Bildad und Zophar, um ihn zu beklagen, 1–2. Nach diesem Prolog beginnt ein großer dichterischer Dialog, der den Hauptteil des Buches bildet. Zunächst ist es ein Gespräch zu viert: In drei Redegängen, 3–14; 15–21; 22–27, stellen Ijob und seine Freunde ihre Auffassungen von Gottes Gerechtigkeit gegenüber; die Gedanken entwickeln sich nicht so sehr in strenger Folgerichtigkeit; vielmehr werden zu Beginn aufgestellte Grundsätze im weiteren Verlauf schärfer beleuchtet. Eliphas spricht in der maßvollen Haltung des Alters, aber auch mit der Härte, die eine lange Erfahrung mit den Menschen zu geben vermag; Zophar folgt dem aufbrausenden Temperament der Jugend; Bildad schlägt eher einen schulmeisterlichen Ton in der Mitte von beiden an. Alle drei aber verteidigen den herkömmlichen Vergeltungsglauben: Wenn Ijob leidet, so darum, weil er gesündigt hat; in seinen Augen mag er gerecht erscheinen, aber in Gottes Augen ist er es nicht. Gegenüber den Unschuldsbeteuerungen Ijobs verhärtet sich nur noch ihr Standpunkt. Diesen theoretischen Erwägungen stellt Ijob seine Leidenserfahrung und die Ungerechtigkeiten entgegen, von denen die Welt voll ist. Hierauf kommt er unaufhörlich zurück, und unaufhörlich stößt er sich am Geheimnis eines gerechten Gottes, der den Gerechten schlägt. Er kommt nicht weiter, in dieser Finsternis quält er sich ab. In der Verwirrung seines Herzens stößt er Schreie der Empörung und Worte der Unterwerfung aus, so wie er in der Krankheit seines Leibes Zeiten der Krise und Zeiten der Ruhe erlebt. Diese Wechselbewegung erreicht zwei Höhepunkte: in dem Glaubensbekenntnis von Kapitel 19 und in dem schließlichen Unschuldsbekenntnis von Kapitel 31. Da tritt eine neue Gestalt auf, Elihu, der sowohl Ijob wie seinen Freunden unrecht gibt und in wortreicher Rede, 32–37, das Verhalten Gottes zu rechtfertigen sucht. Er wird von Jahwe selbst unterbrochen, der „aus dem Gewittersturm", d. h. im Rahmen der alten Gotteserscheinungen, Ijob Antwort gibt. Oder vielmehr, er weigert sich, Antwort zu geben, denn der Mensch hat nicht das Recht, Gott, der unendlich weise und allmächtig ist, vor Gericht zu stellen, und Ijob erkennt an, daß er ohne Einsicht geredet hat, 38_{1} – 42_{6}. Ein Epilog in Prosa beschließt das Buch: Jahwe tadelt die drei Gesprächspartner Ijobs und gibt diesem Söhne und Töchter wieder und das Doppelte seiner Habe, 42_{7-17}.

Die Hauptperson in diesem dramatischen Ringen, Ijob, ist eine Heldengestalt der Vorzeit, Ez $14_{14.20}$, der, wie man glaubte, in der Patriarchenzeit lebte, an den Grenzen Arabiens und des Landes Edom, einer Gegend, dessen Weise berühmt waren, Jr 49_{7}; Bar 3_{22-23}; Ob $_{8}$, und von woher auch seine drei Freunde kommen. Die Überlieferung hielt ihn für einen großen Gerechten, vgl. Ez 14, der Gott in einer außergewöhnlichen Prüfung treu geblieben war. Diese alte Erzählung benützte der Verfasser als Rahmen seines Buches; trotz der Unterschiede in Stil und Stimmung kann die Dialogdichtung nicht ohne den Prolog und Epilog in Prosa bestanden haben.

Innerhalb des Redestreites hat man die Ursprünglichkeit mancher Abschnitte bestritten. Das Gedicht über die Weisheit, 28, kann Ijob schwerlich in den Mund gelegt werden, da es bereits die Antwort enthält, die Gott auf seine Fragen geben wird, 38–39. Freilich ist es ein Werk, das aus demselben geistigen Raum, vielleicht vom gleichen Verfasser stammt und das im Zusammenhang mit dem Buch verfaßt wurde; sonst ließe sich nicht sagen, warum es gerade an dieser Stelle eingefügt wurde, wo keine Verbindung zum Text besteht. Man hat auch bezweifelt, daß die Jahwe-Reden, 38–41, zum ursprünglichen Gedicht gehörten, aber dann würde man den Sinn des Buches verkennen; gerade weil sie weder die vorausgegangene Diskussion noch die besondere Situation Ijobs berücksichtigen, weil sie die Auseinandersetzung von der menschlichen Ebene auf die rein göttliche Ebene verlagern, geben diese Reden auf das Problem die einzige Lösung, die der Autor sah: daß Gottes Handeln ein Geheimnis bleibt. Innerhalb dieses

Abschnitts möchten manche wenigstens die Stelle über das Straußenweibchen, 39_{13-18}, und die ausführlichen Beschreibungen von Behemot und Leviatan, 40_{15} – 41_{26}, herauslösen, aber hierzu liegt kein entscheidender Grund vor; im übrigen ist dies eine Frage von untergeordneter Bedeutung. Es besteht schließlich in den Kapiteln 24–27 eine gewisse Unordnung, die aus Zufällen der handschriftlichen Überlieferung oder durch redaktionelle Bearbeitung zu erklären sein mag.

Die Ursprünglichkeit der Reden des Elihu, 32–37, läßt sich ernstlicher bestreiten. Dieser Elihu tritt ganz unvermittelt auf, ohne daß er angekündigt wäre, und Jahwe, der ihn unterbricht, berücksichtigt ihn nicht. Das ist um so seltsamer, als Elihu den Jahwe-Reden vorgegriffen hat; er erweckt sogar den Eindruck, als wolle er sie ergänzen. Andererseits wiederholt er überflüssigerweise, was die drei Freunde gesagt haben. Schließlich sind Wortschatz und Stil anders. So scheint es, daß diese Kapitel dem Buch hinzugefügt wurden, und zwar durch einen anderen Verfasser. Aber sie sind ebenfalls inspiriert und steuern ihren geistigen Beitrag zum Ganzen bei.

Der Verfasser des Buches Ijob ist uns nur durch dieses sein Meisterwerk bekannt. Aus seiner Dichtung läßt sich entnehmen, daß er sicherlich ein Israelit war, der in den Werken der Propheten und den Lehren der Weisen zu Hause war. Höchstwahrscheinlich lebte er in Palästina, dürfte aber Reisen in die Fremde gemacht haben oder sich dort aufgehalten haben, besonders in Ägypten. Wann er lebte, darüber lassen sich nur Vermutungen anstellen. Wegen der Rahmenerzählung, deren Stil mit den Patriarchenerzählungen verwandt ist, glaubte man in früheren Zeiten, das Buch wäre wie die Genesis ein Werk des Mose. Das Argument würde freilich in jedem Falle nur für den Rahmen des Gedichtes gelten; dieser Erzählungsstil ist aber hinreichend erklärt als ein Erbe der Überlieferung oder als eine literarische Nachahmung. Das Buch ist später als die Bücher Jeremia und Ezechiel, mit denen es Berührungen im Ausdruck und Gedankengang hat; seine Sprache ist stark von typisch aramäischen Wendungen gefärbt. So werden wir in die Zeit nach dem Exil geführt, als die quälende Frage nach dem Schicksal des Volkes gegenüber der nach dem Los des einzelnen zurücktritt. Als Abfassungsdatum läßt sich am ehesten, freilich ohne entscheidende Gründe, der Anfang des 5. Jahrhunderts v. Chr. annehmen.

Dem Verfasser geht es um den leidenden Gerechten. Für die herkömmliche Lehre von der irdischen Vergeltung muß ein solcher Fall ein unmöglicher Widerspruch sein: Der Mensch empfängt hier auf Erden Lohn oder Strafe für seine Taten. Für den Bereich des Gemeinschaftslebens wird der Grundsatz klar von den großen Texten Dt 28 und Lv 26 aufgestellt; die Bücher Richter und Könige zeigen, wie dieses Prinzip sich im Verlauf der Geschichte verwirklicht, und die Predigt der Propheten setzt es ständig voraus. Die Vorstellung von der individuellen Verantwortlichkeit, die verborgen bereits da war und manchmal schon ausgesprochen wird, Dt 24_{16}; Jr 31_{29-30}; 2 Kg 14_{6}, wird von Ez 18 deutlich herausgearbeitet. Aber auch Ezechiel hält sich an irdische Vergeltung und setzt sich dadurch der unbestreitbaren Widerlegung durch die Tatsachen aus. Auf das Ganze einer Gruppe hin gesehen, mag man es hinnehmen, daß die Gerechten, wenn die Sünden der Gemeinschaft überhandnehmen, mit den Bösen bestraft werden. Wenn aber ein jeder nach seinen eigenen Werken behandelt werden soll, wie kann dann ein Gerechter leiden? Nun gibt es aber Gerechte, die leiden, Furchtbares leiden – dafür ist Ijob Zeuge. Aus dem Prolog weiß der Leser, daß seine Leiden von Satan und nicht von Gott kommen und daß sie eine Prüfung seiner Treue sind. Ijob aber weiß es nicht, und seine Freunde auch nicht. Diese geben die herkömmlichen Antworten: Das Glück der Sünder ist von kurzer Dauer, vgl. Ps 37 und 73; das Unglück des Gerechten prüft seine Tugend, vgl. Gn 22_{12}, oder ist Strafe für die Vergehen, die er aus Unwissenheit oder Schwäche begangen hat, vgl. Ps 19_{13}; 25_{7}. Das sind ihre Antworten, soweit sie von der relativen Unschuld Ijobs überzeugt sind. Sein aus dem Schmerz gebore-

ner Aufschrei, sein Aufbegehren gegen Gott aber führt sie zu der Annahme, daß er sich in einer viel tieferen Ungerechtigkeit befinden müsse: Die Leiden, die Ijob erduldet, sind nur als Strafe schwerer Sünden zu erklären. In den Reden des Elihu werden diese Antworten vertieft: Wenn Gott jene straft, die gerecht erscheinen, so geschieht es zur Sühne für die Sünden der Unterlassung oder die unbemerkten Fehler oder auch – hierin liegt noch am meisten das Eigene, das diese Kapitel beitragen –, um schwereren Verfehlungen vorzubeugen und vom Hochmut zu heilen. Wie die drei Freunde aber besteht Elihu, wenn auch weniger scharf, auf dem Zusammenhang zwischen Leiden und persönlicher Schuld.
Gegen diesen unerbittlich strengen Zusammenhang erhebt sich Ijob mit der ganzen Kraft seiner Unschuld. Er leugnet die irdischen Vergeltungen nicht, er erwartet sie, und Gott wird sie ihm schließlich im Epilog gewähren. Für ihn aber ist es ein Ärgernis, daß sie ihm jetzt verweigert werden, und vergeblich sucht er nach dem Sinn seiner Prüfung. Verzweifelt ringt er, um Gott aufzufinden, der sich verbirgt, und kann doch nicht von dem Glauben lassen, daß Gott gut ist. Da greift Gott ein, um die Transzendenz seines Wesens und seiner Pläne zu enthüllen und Ijob zum Schweigen zu bringen. Das ist die Botschaft des Buches: Der Mensch muß im Glauben verharren, selbst wenn sein Verstand keine Befriedung erfährt. Diese Stufe der Offenbarung konnte der Verfasser des Buches Ijob nicht überschreiten. Um das Geheimnis unschuldigen Leidens aufzuhellen, mußte man auf die Gewißheit einer Vergeltung jenseits des Todes warten und auf die Erkenntnis des Wertes, den das Leiden der Menschen in Vereinigung mit der Passion Christi besitzt. Auf die qualvolle Frage Ijobs geben zwei Texte des heiligen Paulus Antwort: „Die Leiden der gegenwärtigen Zeit stehen in keinem Verhältnis zu der zukünftigen Herrlichkeit, die sich an uns offenbaren wird“, Röm 818, und: „Was an den Drangsalen Christi noch fehlt, will ich an meinem Fleisch ausfüllen zugunsten seines Leibes, das ist die Kirche“, Kol 124.

Das Buch der Sprüche

Das Buch der Sprüche ist das typischste Werk der Weisheitsliteratur Israels. Seinen Kern bilden zwei Sammlungen: 10 – 2216, mit der Überschrift „Sprüche Salomos“ (375 Sprüche), und 25–29, eingeleitet mit „Auch dies sind Sprüche Salomos, welche die Männer des Hiskija, des Königs von Juda, zusammengestellt haben“ (128 Sprüche). An diese beiden Teile wurden kleinere Sammlungen angefügt: an den ersten die „Worte der Weisen“, 2217 – 2422, und „Auch diese (Worte) sind von Weisen“, 2423–34; an den zweiten die „Worte Agurs“, 301–14, denen Zahlensprüche folgen, 3015–33, und die „Worte Lemuels“, 311–9. Der ganzen Sammlung geht eine lange Einleitung voraus, 1–9, in der ein Vater seinem Sohn Weisheitsmahnungen erteilt und in der die Weisheit selbst das Wort ergreift. Das Buch endet mit einem alphabetischen Gedicht, einem Lob auf die tüchtige Frau, 3110–31.
Die Reihenfolge der Abschnitte ist ohne weitere Bedeutung; die griechische Bibelübersetzung zeigt eine andere Ordnung, und innerhalb der einzelnen Teile sind die Sprüche ohne planvollen Zusammenhang aneinandergereiht. Das Buch ist also eine Sammlung von Sammlungen, die durch einen Prolog und einen Epilog gerahmt sind. Es spiegelt eine literarische Entwicklung, die in der allgemeinen Einleitung zu den Weisheitsbüchern kurz aufgezeigt wurde. In den beiden Hauptsammlungen ist der *maschal* in seiner ursprünglichen Form verwendet; sie enthalten nur kurze Sentenzen, gewöhnlich in der Form eines lediglich zweigliedrigen Spruches. Die Formulierung wird in den Anhängen bereits ausführlicher; in den kleinen Zahlensprüchen von 3015–33, vgl. 616–19, kommt der Reiz einer Darbietung in Rätselform hinzu, die seit alters her bekannt war, vgl. Am 1. Der Prolog, 1–9, der durch zwei Ansprachen der personifizierten Weisheit unterbrochen wird, und der Epilog, 3110–31, sind kunstvoll angelegte Kompositionen.

Diese Entwicklung in der Form entspricht einem Nacheinander in der Abfassungszeit. Die ältesten Teile sind die beiden großen Sammlungen 10–22 und 25–29. Sie werden Salomo zugeschrieben, der nach 1 Kg 5 12 „dreitausend Sprüche redete" und der immer als der größte Weise Israels galt. Abgesehen von diesem Zeugnis der Überlieferung, ist der Ton des Buches Sprüche zu anonym, als daß man mit Sicherheit diesen oder jenen Einzelspruch mit dem König in Verbindung bringen könnte; aber daß das Ganze bis in seine Zeit zurückreicht, braucht nicht bezweifelt zu werden; die Sprüche der zweiten Sammlung waren bereits alt, als die Leute des Hiskija sie um das Jahr 700 v. Chr. sammelten. Diese beiden Sammlungen, die den Kern des Buches bilden, gaben ihm seinen Namen: Es heißt als ganzes „Sprüche Salomos", 1 1. Die Untertitel der kleinen Abschnitte aber weisen darauf hin, daß diese allgemeine Überschrift nicht wörtlich zu nehmen ist; sie umfaßt auch das Werk der anonymen Weisen, 22 17 – 24 34, und die Worte Agurs und Lemuels, 30 1 – 31 9. Selbst wenn diese Namen zweier arabischer Weisen erfunden wären und nicht wirklichen Personen zugehören, bezeugen sie doch die Wertschätzung, die man der ausländischen Weisheit entgegenbrachte. Einen klaren Beweis für diese Hochachtung geben manche „Worte der Weisen", 22 17 – 23 11, die von den ägyptischen Sprüchen des Amenemope, geschrieben zu Beginn des ersten Jahrtausends v. Chr., beeinflußt sind. Die Nachahmung ist aber nicht sklavisch, sondern bewahrt die Eigenständigkeit israelitischen Denkens. Man kann also das Kernstück des Buches, 10–29, durchaus in vorexilische Zeit datieren; die Abfassungszeit der Kapitel 30–31 ist unsicher. Der Prolog, 1–9, ist mit Sicherheit später: Er besitzt literarische Berührungen mit dem nachexilischen Schrifttum, so daß man ihn in das 5. Jahrhundert v. Chr. ansetzen kann. In dieser Zeit dürfte das Werk auch seine endgültige Gestalt erhalten haben.

Das Buch birgt somit mehrere Jahrhunderte weisheitlichen Nachdenkens; darum läßt sich hierin eine Entwicklung in der Lehre verfolgen. In den beiden alten Sammlungen ist ein Ton menschlicher und profaner Weisheit vorherrschend, der den christlichen Leser verwundert. Jedoch trägt bereits einer von sieben Sprüchen religiösen Charakter. Eine praktische Theologie wird hier dargelegt: Gott belohnt die Wahrhaftigkeit, die Nächstenliebe, die Herzensreinheit, die Bescheidenheit und bestraft die entgegengesetzten Laster. Ursprung und Zusammenfassung aller dieser Tugenden ist die Weisheit, und sie ist die Furcht Jahwes, 15 16.33; 16 6; 22 4; Jahwe allein ist es, auf den man vertrauen muß, 20 22; 29 25. Der erste Teil gibt die gleichen Ratschläge menschlicher und religiöser Weisheit; er legt den Nachdruck auf Sünden, welche die ältere Weisheitslehre stillschweigend überging: Ehebruch und Umgang mit der fremden Frau, 2 16f; 5 2f.15f. Der Epilog zeigt eine sehr hohe Achtung vor der Frau. Vor allem gibt der Prolog zum erstenmal eine zusammenhängende Lehre über die Weisheit, ihren Wert, ihre Rolle als Führerin und Beraterin im Handeln. Selbst das Wort ergreifend, rühmt sich die Weisheit selbst und bestimmt ihr Verhältnis zu Gott, in dem sie von Ewigkeit her ist und dem sie beistand, als er die Welt erschuf, 8 22–31. Hier liegt der erste Text über die personifizierte Weisheit vor, vgl. Einleitung, S. 822.

Die Lehre des Buches Sprüche ist zwar durch die Botschaft Christi, der Weisheit Gottes, überholt, aber manche Sprüche künden bereits die sittliche Botschaft des Evangeliums an. Es bleibt auch zu bedenken, daß die wahre Religion sich nur auf dem Grund rechten Menschentums entfaltet, und der häufige Gebrauch, den das Neue Testament von diesem Buch macht (vierzehn Zitate und etwa zwanzig Anspielungen), gebietet dem Christen Achtung vor diesen Gedanken der alten Weisen Israels.

Das Buch Prediger

Die Überschrift dieses kleinen Buches lautet: „Die Worte Kohelets, des Sohnes des David, des Königs in Jerusalem". Das Wort „Kohelet", vgl. 1 2.12; 7 27;

128–10, ist kein Eigenname, sondern eine Gattungsbezeichnung, die manchmal mit dem Artikel gebraucht wird; obwohl der Form nach weiblich, wird das Wort als Maskulinum konstruiert. Nach der wahrscheinlichsten Erklärung handelt es sich um eine Amtsbezeichnung für jenen, der in der Gemeinde (hebräisch: *qahal*, griechisch: *ekklesia* – daher der Name „Ecclesiastes" in V) spricht, also der „Prediger". Er wird „Sohn des David und König in Jerusalem" genannt, vgl. 112, und obwohl der Name nicht geschrieben dasteht, ist er sicherlich mit Salomo gleichgesetzt, auf den der Text deutlich anspielt, 116 (vgl. 1 Kg 312; 510–11; 107) oder 27–9 (vgl. 1 Kg 313; 1023). Diese Zuweisung ist aber nur Einkleidung des Autors, der seine Überlegungen unter das Patronat des berühmtesten Weisen Israels stellt. Die Sprache des Buches und seine Lehre, von der noch zu sprechen sein wird, verbieten, die Abfassung in vorexilische Zeit zu verlegen. Man hat oft bestritten, daß das Werk von einem einzigen Verfasser stammt, und wollte zwei, drei, vier, ja bis zu acht verschiedene Hände an der Abfassung beteiligt sehen. Heute kommt man mehr und mehr von einer Zerstückelung ab, bei der Gattung und Gedankenwelt des Buches offenbar verkannt würden.

Wie bei anderen Weisheitsbüchern (so Ib und Sir, von der Sammlung des Buches Sprüche ganz zu schweigen) geht der Gedanke hin und her, wird neu angeknüpft und abgewandelt. Das Buch besitzt keinen festbestimmten Aufbau, sondern enthält Variationen über ein einheitliches Thema, die Nichtigkeit der menschlichen Dinge, wie es am Anfang und am Ende ausdrücklich heißt, 12 und 128. Alles ist trügerisch: das Wissen, der Reichtum, die Liebe, ja das Leben selbst. Dieses ist nur eine Folge von Vorgängen ohne Zusammenhang und ohne Bedeutung, 31–11; das Ende ist das Alter, 121–7, und der Tod, der gleichermaßen Weise und Toren, Reiche und Arme, Tiere und Menschen trifft, 314–20. Kohelet bewegt die gleiche Frage wie Ijob: Finden das Gute und das Böse ihre Vergeltung auf Erden? Und wie die Antwort Ijobs, so ist auch die des Kohelet negativ, denn die Erfahrung widerspricht den überkommenen Antworten, 725 – 814. Nur ist Kohelet gesund, er sucht nicht wie Ijob nach Gründen des Leidens – er stellt die Flüchtigkeit des Glückes fest und findet seinen Trost im Genießen jener bescheidenen Freuden, die das Dasein zu geben vermag, 312–13; 815; 97–9. Oder besser gesagt, er versucht sich zu trösten, denn er bleibt von Anfang bis Ende unbefriedigt. Das Geheimnis des Jenseits quält ihn, ohne daß er eine Lösung erblickt, 321; 910; 127. Dennoch ist Kohelet ein Glaubender, und wenn er sich auch an der Wendung stößt, die Gott den Dingen des Menschen gibt, so sagt er doch, daß Gott keine Rechenschaft zu geben braucht, 311.14; 713, daß man aus seiner Hand die Leiden wie die Freuden annehmen soll, 714, daß man die Gebote halten und daß man Gott, der alles, was verborgen ist, sieht, im Glück wie im Unglück fürchten soll, 1213–14, vgl. 91.

Diese Lehre, die das ganze Buch durchzieht – einschließlich der letzten Verse, bei denen auch die Vertreter der Einheitlichkeit des Verfassers zögern –, ist offensichtlich alles andere als geschlossen. Aber soll man deswegen Einzelelemente auf mehrere Verfasser aufteilen, die sich korrigieren oder widersprechen würden, oder nicht vielmehr die verschiedenartigen Stücke auf ein Denken zurückführen, das seiner selbst unsicher ist, weil es an ein abgründiges Geheimnis rührt, ohne Anhaltspunkte zu dessen Erhellung zu besitzen? Kohelet wie Ijob kann eine Antwort nur gegeben werden durch die Aussage einer Vergeltung jenseits des Todes, vgl. S. 822.

Das Buch trägt den Charakter eines Übergangswerkes. Die traditionellen Sicherheiten sind erschüttert, aber an deren Stelle ist noch nichts Festes getreten. Man hat versucht, in diesem Stadium des hebräischen Denkens Einflüsse von außen zu erkennen; so soll Ägypten mit dem „Gespräch des Lebensmüden mit seiner Seele" und den schwermütigen „Harfnerliedern" und Griechenland (auf dem Weg über das hellenistische Ägypten) mit den geistigen Strömungen der stoischen, epikureischen und kynischen Philosophie auf Kohelet eingewirkt haben. Ein genauer Zusammenhang läßt sich nicht überzeugend herstellen,

aber das geistige Klima ist gemeinsam. Kohelet ist ein Jude Palästinas, nur gehört er zur Gruppe der Weisen, und wie sie hat er offene Augen für die Fremde, er spürt die neuen Strömungen, die über die Grenzen hinweggehen. Hier liegt eine erste, indirekte Berührung mit dem Hellenismus vor. Von da her ist die Abfassungszeit des Buches anzusetzen. Es muß während der griechischen Periode geschrieben sein, aber vor dem Aufbruch des Glaubens und der Hoffnung der Makkabäerzeit, also im Laufe des 3. Jahrhunderts v. Chr., jener Zeit, als Palästina unter ptolemäischer Herrschaft und im Einflußbereich Alexandriens stand.
Das Buch bildet nur eine Stufe in der religiösen Entwicklung und darf nicht losgelöst vom Vorhergehenden und Nachfolgenden beurteilt werden. Dadurch, daß es das Ungenügen der alten Vorstellungen hervorhebt und zu einer Auseinandersetzung mit den Rätseln des Menschen zwingt, verlangt es nach einer höheren Offenbarung.

Das Hohelied

Das „Lied der Lieder", d. h. das Lied schlechthin, besingt in einer Folge von Gedichten die gegenseitige Liebe zweier Liebender, die sich begegnen und sich verlieren, sich suchen und sich finden. Der Geliebte heißt „König", 14.12, und „Salomo", 37.9; die Geliebte heißt „Schulammit", 71, was man mit der Schunemitin in Verbindung gebracht hat, die in der Geschichte Davids und Salomos vorkommt, 1 Kg 13; 221–22. Da die Überlieferung wußte, daß Salomo Lieder verfaßt hatte, 1 Kg 512, schrieb man ihm dieses schönste Lied zu (daher die Überschrift des Buches, 11), so wie man ihm, weil er ein Weiser war, die Bücher Sprüche, Prediger und Weisheit zuschrieb. Wegen der Überschrift wurde das Hohelied unter die Weisheitsbücher eingereiht, in G nach Prd, in V zwischen Prd und Weish, also gerade zwischen zwei andere „salomonische" Bücher. In der hebräischen Bibel steht es an der Spitze der fünf *megillot* oder „Rollen", die man an den hohen Festen (das Hohelied am Paschafest) vorlas.
Dieses Buch, das nicht von Gott spricht und das in der Sprache einer leidenschaftlichen Liebe redet, hat Verwunderung hervorgerufen. Im 1. Jahrhundert n. Chr. kamen in jüdischen Kreisen Zweifel über seine kanonische Geltung auf, aber diese Bedenken wurden mit Berufung auf die Überlieferung abgewiesen. Auf diese Überlieferung stützte sich die christliche Kirche, sie hat das Hohelied allezeit als Heilige Schrift angenommen.
Es gibt im Alten Testament kein Buch, das so verschiedenartig ausgelegt wurde. Von den weit auseinandergehenden Deutungen sind nur zwei annehmbar. Die jüdischen Schriftgelehrten haben das Hohelied im allegorischen Sinn verstanden: In dem Verhältnis zwischen Braut und Bräutigam wird die Liebe Gottes zu Israel und die Liebe des Volkes zu seinem Gott dargestellt; es handelt sich also um das gleiche Bild von der Ehe, das die Propheten seit Hosea entwickelt haben. Die frühen Kirchenschriftsteller (ausgenommen Theodor von Mopsuestia) schlugen die gleiche Richtung ein, nur wurde die Allegorie bei ihnen zu einem Bild der mystischen Hochzeit zwischen Christus und der Kirche. Die neueren katholischen Ausleger bleiben im allgemeinen bei einer allegorischen Deutung, wenn auch in verschiedenartigen Formen. Sie halten sich an das allgemeine Thema von Jahwe als dem Eheherrn Israels oder suchen auch in der Folge der Lieder die Geschichte der Bekehrungen Israels, seiner Hoffnungen und seiner Enttäuschungen wiederzufinden. Ein solches Verständnis legen die Anmerkungen der vorliegenden Ausgabe nahe.
Andere Ausleger halten sich an den wörtlichen Sinn des Textes. Sie glauben, daß das Hohelied eine Sammlung von Liedern sei, in denen die menschliche Liebe, deren Besiegelung die eheliche Vereinigung ist, gefeiert würde. Dieses Thema ist insofern religiös, als Liebe und Ehe von Gott geschaffen sind. Von derselben menschlichen Liebe ist – freilich mehr am Rande – auch in anderen Büchern des AT die Rede, z. B. in Spr und Sir, wo über sie in gleicher Weise

und manchmal mit Ausdrücken, die an Wendungen des Hohenliedes erinnern, gesprochen wird; weil dem Thema von der bräutlichen und ehelichen Liebe nichts irgendwie Anstößiges anhaftet, konnten es die Propheten auf das Verhältnis Jahwes zu Israel übertragen. So braucht also kein Einwand erhoben zu werden, daß diesem Thema eine Schrift gewidmet, daß sie in den Kanon aufgenommen wurde und daß sie als von Gott inspiriert anzusehen ist.

Wenn man die allegorische Deutung annimmt, kann man versuchen, im Hohenlied einen Plan, einen Fortschritt in den Beziehungen zwischen Jahwe und Israel aufzufinden und aufgrund der historischen Anspielungen, die man hier entdeckt, das Abfassungsdatum festzustellen. Danach ließe es sich frühestens in die zweite Hälfte des 5. Jahrhunderts v. Chr. ansetzen. Wenn man das Hohelied als eine Sammlung von Liedern ansieht, die aus verschiedenen Epochen stammen können, entfallen die historischen Anhaltspunkte; dann weist aber die Sprache auf eine Abfassung nach dem Exil hin.

Welche Deutung man auch dem Hohenlied dem Wortsinn nach geben mag, es bleibt sinnvoll, dieses Buch auf das Verhältnis Christi zu seiner Kirche oder auf die Vereinigung der einzelnen Seele mit dem Gott der Liebe anzuwenden, und so behält auch jene wunderbare Weise, in der Mystiker wie Johannes vom Kreuz das Hohelied verstanden, ihre Berechtigung.

Das Buch der Weisheit

Das Buch, das in V einfach *Liber Sapientiae* „Buch der Weisheit“ heißt, zeigt in einem ersten Teil die Rolle der Weisheit im Schicksal des Menschen und vergleicht das Los der Gerechten und der Frevler während des Lebens und nach dem Tode, 1–5. Ein zweiter Teil, 6–9, stellt den Ursprung und das Wesen der Weisheit dar sowie die Wege, sie zu erwerben. Ein letzter Teil, 10–19, verherrlicht das Wirken der Weisheit und das Wirken Gottes in der Geschichte des erwählten Volkes; dabei wird ausschließlich (abgesehen von einer kurzen Einleitung, die bis auf die Ursprünge zurückgeht) der entscheidende Augenblick dieser Geschichte hervorgehoben, die Befreiung aus Ägypten; eine lange Einschaltung, 13–15, enthält eine scharfe Kritik am Götzendienst.

Als Verfasser wird Salomo angesehen, der deutlich (wenn auch nicht namentlich) in 97–8.12 bezeichnet ist; das Buch nennt sich im Griechischen „Weisheit Salomos“. Dieser spricht hierin wie ein König, 75; 89–15, und wendet sich an seine Kollegen im Königsamt, 11; 61–11.21. Dabei handelt es sich aber offensichtlich um ein literarisches Kunstmittel, mit dem diese Weisheitsschrift wie Prd oder Hl unter den Namen des größten Weisen Israels gestellt wird. In Wirklichkeit ist das ganze Buch auf griechisch geschrieben, auch der erste Teil, 1–5, für den manchmal zu Unrecht ein hebräisches Original angenommen wird. Der Einheitlichkeit der Abfassung entspricht die Einheitlichkeit der Sprache, die sich mit ihrem Pathos und ihrer Rhetorik dem Stilempfinden des hellenistischen Zeitalters anpaßt.

Der Verfasser ist sicher ein Jude, voll des Glaubens an den „Gott der Väter“, 91, stolz auf die Zugehörigkeit zum „heiligen Volk“, zum „untadeligen Geschlecht“, 1015, aber er ist ein hellenistischer Jude. Seine Hervorhebung der Geschehnisse des Auszuges, der Gegensatz, den er zwischen Ägyptern und Israeliten herausarbeitet, seine Kritik am Tierkult beweisen, daß er in Alexandria lebte, das unter den Ptolemäern zugleich Hauptstadt des Hellenismus und ein Zentrum der jüdischen Diaspora geworden war. Er zitiert die Heilige Schrift nach der Übersetzung der Septuaginta, die in diesem Milieu enstand; er muß also nach deren Entstehung gelebt haben, aber das Werk des Philon von Alexandria (20 v. Chr. bis 54 n. Chr.) ist ihm nicht bekannt. Darum scheint er um die Mitte des 1. Jahrhunderts v. Chr. geschrieben zu haben.

Er wendet sich zuerst an die Juden, seine Landsleute, deren Glaubenstreue durch die Errungenschaften der alexandrinischen Kultur erschüttert ist, durch den Glanz der Philosophenschulen, die Entwicklung der Wissenschaften, den Anspruch der Mysterienreligionen, der Astrologie, der Hermetik oder durch die Anziehungskraft der sinnenfreudigen volkstümlichen Kulte. Manche Rücksichtnahmen weisen darauf hin, daß er auch bei den Heiden Hörer sucht, auch sie will er zu Gott führen, der alle Menschen liebt. Aber diese Absicht steht an zweiter Stelle; das Buch ist viel stärker ein Werk der Apologie als ein Werk der Mission.

Nachdem so Umwelt, Bildung und Absichten des Autors bestimmt sind, nimmt es nicht wunder, daß man in seinem Buch zahlreiche Berührungen mit dem griechischen Denken feststellt, deren Bedeutung aber nicht übertrieben werden darf. Der Verfasser verdankt seiner hellenistischen Bildung sicherlich ein Vokabular abstrakter Begriffe und eine Leichtigkeit schlußfolgernden Denkens, wie sie Wortbestand und Syntax des Hebräischen nicht zulassen; er verdankt ihr auch gewisse philosophische Begriffe, Einteilungsprinzipien und Schulthemen, aber diese Entlehnungen, die sich in Grenzen halten, bedeuten keine Zugehörigkeit zu einer Lehrrichtung; sie dienen dazu, Gedanken auszudrücken, deren Wurzelboden das Alte Testament ist. Von philosophischen Systemen oder astrologischen Spekulationen wußte er vermutlich nicht mehr und nicht weniger als ein Gebildeter seiner Zeit in Alexandria.

Der Verfasser ist weder Philosoph noch Theologe, er bleibt ein Weiser Israels. Wie seine Vorgänger mahnt er, die Weisheit zu suchen, die von Gott kommt, die durch das Gebet erlangt wird, die Quelle der Tugenden ist und die alles Gute erwerben läßt. Aber sein Horizont ist weiter als bei den früheren Weisen; er fügt jener Weisheitslehre die jüngsten Errungenschaften der Wissenschaft hinzu, 7 17–21; 8 8. Auf die Frage nach der Vergeltung, welche die Weisheitslehrer so sehr bewegte, vgl. S. 822, gibt er eine neue Antwort. Er macht sich die platonischen Lehren über die Unterscheidung von Leib und Seele, vgl. 9 15, und über die Unsterblichkeit der Seele zunutze und sagt, daß Gott den Menschen zur Unverweslichkeit erschaffen hat, 2 23, daß der Lohn der Weisheit diese Unverweslichkeit sei, die einen Platz bei Gott sichert, 6 18–19. Was hier auf Erden vor sich geht, ist nur eine Vorbereitung auf das andere Leben, in dem die Gerechten mit Gott leben, die Frevler aber ihre Bestrafung erhalten werden, 3 9–10.

Wie für seine Vorgänger ist die Weisheit eine göttliche Eigenschaft. Sie ist jene Weisheit, die alles schon bei der Erschaffung geordnet hat und die die Ereignisse der Geschichte lenkt. Von Kapitel 11 an wird das, was Gott als Eigenschaft zugeschrieben wurde, unmittelbar auf Gott bezogen; der Grund hierfür liegt aber darin, daß die Weisheit mit Gott in seiner Weltregierung identifiziert wird. Sie ist „ein reiner Ausfluß der Herrlichkeit des Allbeherrschers . . . ein Abglanz des ewigen Lichtes . . . ein Abbild seiner Güte“, 7 25–26; sie erscheint dadurch als von Gott unterschieden. Es hat nicht den Anschein, daß der Verfasser hier weiter als die anderen Weisheitsbücher ginge, vgl. S. 822, und die Weisheit als ein in gewissem Maße eigenständiges Wesen (Hypostase) ansähe; dennoch bedeutet dieser ganze Abschnitt über das Wesen der Weisheit, 7 22 – 8 8, einen Fortschritt in der Formulierung und eine Vertiefung der älteren Vorstellungen. Es ist verständlich, daß das Neue Testament bei der Theologie des Wortes hiervon beeinflußt wurde: Kol 1 15–16; Hebr 1 3, und vor allem Johannes, Jo 1 öfter; 3 16–17; 5 20.

Bei seiner Betrachtung über Israels Vergangenheit, 10–19, hatte der Verfasser einen Vorgänger in Ben Sira, Sir 44–50, vgl. auch Ps 78; 105; 106; 135; 136, aber an zwei Punkten wird seine Eigenständigkeit deutlich. Zunächst sucht er die Geschehnisse in ihrem Sinn zu verstehen und skizziert eine Geschichtsphilosophie, die eine neue Deutung der Texte voraussetzt, z. B. die Darlegungen über die Schonung Gottes Ägypten und Kanaan gegenüber, 11 15 – 12 27. Vor allem aber richtet er den biblischen Bericht auf den Beweis einer These aus. Die Kapitel 16–19 sind eine einzige, ausführliche Gegenüberstellung vom Los der Ägypter und dem der Israeliten; um seinen Leitgedanken stärker hervortreten zu lassen, reichert der Verfasser dabei den Bericht durch erfundene Züge

an, stellt verschiedenartige Begebenheiten zusammen, übersteigt die Tatsachen. Hier liegt ein ausgezeichnetes Beispiel der Schriftauslegung in der Form des Midrasch vor, die später von den Rabbinen gepflegt wird.
Der Geschmack hat sich geändert, manches an diesem Buch ist veraltet, aber der erste Teil des Buches, 1–9, hat dem Glauben des Christen auch heute noch manches zu sagen; die Liturgie der Kirche hat hiervon reichlichen Gebrauch gemacht.

Das Buch Jesus Sirach

Dieses Buch gehört zur griechischen Bibel, steht aber nicht im jüdischen Schriftkanon. Es gehört also zu den deuterokanonischen Büchern, die die Kirche zu ihrer Heiligen Schrift zählt. Es ist indessen auf hebräisch verfaßt worden, Hieronymus kannte es in der ursprünglichen Sprache, die Rabbinen haben es zitiert. Ungefähr zwei Drittel dieses hebräischen Textes wurden 1896 unter den Überresten mehrerer später Handschriften aufgefunden, sie stellen eine vom Griechischen ziemlich verschiedene und einigermaßen verderbte Textfassung dar. Nur der griechische Text wird von der Kirche als kanonisch angesehen, er ist der vorliegenden Übersetzung zugrunde gelegt; auf die abweichenden Lesarten des Hebräischen wird in den Fußnoten hingewiesen.
Die lateinische Überschrift *Ecclesiasticus (liber)* ist eine spätere Bezeichnung (Cyprian); sie sollte vermutlich den offiziellen Gebrauch hervorheben, den die Kirche im Gegensatz zur Synagoge von diesem Buch machte. Im Griechischen, vgl. die Unterschrift, 51_{30}, hieß das Buch „Weisheit des Jesus Ben Sira". Der Verfasser ist nochmals in 50_{27} genannt. Die griechische Form des Namens lautet Sirach. In einem Vorwort, v. (1)–(35), erklärt der Enkel des Verfassers, daß er das Buch übersetzte, als er im 38. Jahr des Königs Euergetes nach Ägypten kam und dort weilte, v. (25). Es kann sich nur um Ptolemäus VII. Euergetes handeln, die Zeitangabe entspricht dem Jahr 132 v. Chr. Sein Großvater, Ben Sira, lebte und schrieb also rund 60 Jahre früher, um 190 v. Chr. Ein inneres Kriterium bestätigt diese Abfassungszeit: Ben Sira singt ein Loblied auf den Hohenpriester Simon, das persönliche Erinnerungen anklingen läßt, 50_{1-21}. Es handelt sich um Simon II., der erst nach 200 v. Chr. starb.
Damals ging Palästina in die Herrschaft der Seleukiden über (198 v. Chr.). Die Annahme der fremden Sitten und Gebräuche, die Hellenisierung, wird von einem Teil der führenden Schicht begünstigt, bald wird Antiochus Epiphanes (175–163 v. Chr.) sie mit Gewalt durchsetzen. Diesen bedrohlichen Neuerungen stellt Ben Sira alle Kräfte der Überlieferung entgegen. Er ist ein Schriftgelehrter, der Weisheitsliebe mit Gesetzesliebe verbindet. Er hängt leidenschaftlich am Tempel und seinen Zeremonien, er hegt große Achtung vor dem Priestertum, aber er lebt auch in den heiligen Schriften, in den Propheten und vor allem in der Weisheitsliteratur. Er selbst will Unterweisung in der Weisheit erteilen für alle, die sie suchen, 33_{18}; 50_{27}, vgl. das Vorwort des Übersetzers, v. (5)–(20).
Seiner Form nach steht das Buch durchaus in der Linie seiner Vorgänger und seiner Vorbilder. Abgesehen von dem Teil, der die Herrlichkeit Gottes in der Natur, 42_{15} – 43_{33}, und in der Geschichte preist, 44_{1} – 50_{29}, und abgesehen von den Anhängen (ein Dankhymnus, 51_{1-12}, und ein Gedicht über das Suchen nach Weisheit, 51_{13-30}), ist der kompilatorische Charakter dieses Buches nicht stärker als bei den Sammlungen des Buches Sprüche oder beim Buch Prediger. Die verschiedenartigsten Themen werden ohne bestimmte Reihenfolge, mit Wiederholungen erörtert, häufig sind thematisch verwandte Sprüche in lockerer Form zusammengestellt.
Auch die Lehre ist traditionell. Die Weisheit, die Ben Sira predigt, kommt vom Herrn, ihr Ursprung ist die Gottesfurcht, sie erzieht die Jugend, und sie verschafft das Glück. Über das menschliche Schicksal und das Problem der Vergeltung herrscht bei ihm die gleiche Ungewißheit wie bei Ijob und Kohelet. Er glaubt an die Vergeltung, er spürt die entscheidende Bedeutung der Todes-

stunde, aber er weiß noch nicht, wie Gott einem jeden nach seinen Werken vergelten wird, vgl. S. 822. Was das Wesen der göttlichen Weisheit selbst betrifft, 241–22, so führt er die Einsichten des Buches Sprüche und Ijob weiter, vgl. S. 822. Ben Sira bringt aber dadurch etwas Neues, daß er, ebenso wie das Weisheitsgedicht Baruchs, Bar 39 – 44, die Weisheit mit dem von Mose verkündeten Gesetz identifiziert, 2423–24; im Unterschied zu seinen Vorgängern fügt er also die Weisheit in die gesetzliche Strömung ein. Außerdem sieht er in dem genauen Vollzug des Kultes eine Befolgung des Gesetzes, 351–10; er ist ein leidenschaftlicher Anhänger des Kultes.

Ebenfalls im Unterschied zu den früheren Weisen stellt Ben Sira Betrachtungen über die Heilsgeschichte an, 441 – 4916. Er läßt die großen Gestalten des Alten Testamentes, von Henoch bis Nehemia, vorüberziehen. Über drei von ihnen – Salomo (obwohl der erste Weise), Rechabeam, Jerobeam – fällt er das gleiche strenge Urteil wie die deuteronomistische Geschichtsschreibung, und wie jene verurteilt er insgesamt alle Könige außer David, Hiskija und Josija. Länger verweilt er bei den Heiligen und gedenkt der Wunder, die Gott durch sie vollbrachte. Mit Noach, Abraham, Jakob, Mose, Aaron, Pinchas, David hat Gott einen Bund geschlossen, der zwar das ganze Volk betrifft, der aber bestimmten, vor allem priesterlichen Familien bleibende Privilegien zusichert. Die Ehre des Priestertums liegt ihm am Herzen; in seiner Reihe der Vorväter erhält Aaron und Pinchas einen Ehrenplatz; er schließt mit einem begeisterten Loblied auf einen Zeitgenossen, den Hohenpriester Simon. Mit einer gewissen Wehmut beschwört er angesichts der Gegenwart die versunkenen Herrlichkeiten und spricht bei den Richtern und den Kleinen Propheten den Wunsch aus, daß „ihre Gebeine aufsprossen mögen aus ihrer Ruhestätte“, 4612; 4910, daß sie Nachfolger haben mögen. Er schreibt am Vorabend der makkabäischen Erhebung, vielleicht hat er sie noch erlebt und konnte dann meinen, daß seine Bitte erhört worden wäre.

In dieser heiligen Geschichte gibt Ben Sira, der den Begriff des Bundes stark herausstellt, der Hoffnung auf ein künftiges Heil sozusagen überhaupt keinen Raum. Allerdings erinnert er im Gebet 361–17 Gott an dessen Verheißungen und bittet ihn, sich Zions zu erbarmen und die Stämme Jakobs zu sammeln. Wenn sich hierin seine Messiaserwartung ausspricht, so bleibt diese doch sehr undeutlich. Bis zum Ende bleibt die Verschiedenheit zwischen der Lehre der Weisen, in der es vor allem um die Probleme des einzelnen geht, und der prophetischen Verkündigung bestehen, wenn sich auch beide näherkommen.

Ben Sira ist der letzte kanonische Zeuge der jüdischen Weisheit in Palästina. Er ist der hervorragende Vertreter jener *chasidim*, jener „Frommen“ des Judentums, vgl. 1 Makk 242+, die dann ihren Glauben gegen die Verfolger des Antiochus Epiphanes verteidigen und in Israel Inseln des Glaubens bilden. Obwohl das Buch Jesus Sirach nicht in den hebräischen Kanon aufgenommen wurde, wird es im rabbinischen Schrifttum häufig zitiert; im Neuen Testament entnimmt der Jakobusbrief diesem Buche viele Wendungen, und es ist nach den Psalmen das Buch des Alten Testamentes, das in der christlichen Liturgie am meisten verwendet wird.

Das Buch Ijob

I. PROLOG

Satan versucht Ijob

1 1 Es war ein Mann im Lande Uz mit
Namen Ijob. Er war untadelig und
rechtschaffen, fürchtete Gott und mied
das Böse. 2 Ihm wurden sieben Söhne
und drei Töchter geboren. 3 Sein Be-
sitz umfaßte siebentausend Stück
Kleinvieh, dreitausend Kamele, fünf-
hundert Joch Ochsen, fünfhundert
Eselinnen und ein zahlreiches Haus-
gesinde. So war der Mann mächtiger
als alle Söhne des Ostens. 4 Seine
Söhne pflegten ein Gastmahl im Hause
eines jeden an dem ihm bestimmten
Tage zu veranstalten. Dann sandten
sie hin und luden auch ihre drei
Schwestern ein, mit ihnen zu essen
und zu trinken. 5 Jedesmal, wenn
die Tage des Gastmahls beendet
waren, ließ Ijob sie holen, um sie zu
reinigen. Früh am Morgen erhob er
sich und brachte entsprechend ihrer
Zahl Brandopfer dar. Denn Ijob
dachte: „Vielleicht haben meine
Kinder gesündigt und Gott geflucht
in ihrem Herzen." So hielt es Ijob
jedesmal.
6 Eines Tages geschah es, daß die
Gottessöhne kamen, um vor Jahwe
hinzutreten. In ihrer Mitte erschien
auch der Satan. 7 Da sprach Jahwe
zum Satan: „Woher kommst du?"
Der Satan antwortete Jahwe: „Ich
streifte auf der Erde umher und erging
mich auf ihr." 8 Da sprach Jahwe zum
Satan: „Hast du auch auf meinen
Knecht Ijob achtgehabt? Denn es
gibt niemand auf Erden wie ihn. Er
ist untadelig und rechtschaffen, fürch-
tet Gott und meidet das Böse."
9 Der Satan erwiderte Jahwe: „Ist
denn Ijob umsonst so gottesfürchtig?
10 Hast du nicht selbst einen Zaun er-
richtet um ihn, sein Haus und all sein
Eigentum ringsum? Das Werk seiner
Hände hast du gesegnet, und sein
Besitz dehnt sich im Lande aus.
11 Doch strecke einmal deine Hand
aus und rühre an all seinen Besitz.
Wahrhaftig, er wird dir ins Angesicht
fluchen!" 12 Da sprach Jahwe zum
Satan: „Siehe, alles, was er besitzt,
ist in deine Hand gegeben. Nur gegen
ihn selbst darfst du deine Hand nicht
ausstrecken." Und der Satan ging
vom Angesichte Jahwes fort.
13 Eines Tages hielten seine Söhne
und Töchter das Mahl im Hause ihres
ältesten Bruders und tranken Wein.
14 Da kam ein Bote zu Ijob und sprach:
„Die Rinder waren beim Pflügen, und
die Eselinnen weideten nebenan.
15 Da fielen die Sabäer ein und raub-
ten sie. Sie erschlugen die Knechte
mit der Schärfe des Schwertes. Nur
ich allein konnte entkommen, um es

→1_{1} – 2_{13} *(Prolog)* Der Verfasser hat den volkstümlichen Erzählstil der Rahmenerzählung (in Prosa) beibehalten.

→1_{1} *im Lande Uz* Vermutlich südlich von Edom, vgl. Gn 36_{28}; Klgl 4_{21}.

→1_{3} *Söhne des Ostens* Der Ausdruck bezeichnet alle, die östlich von Palästina, insbesondere in Edom und Arabien, wohnten, vgl. Nm 24_{21}+.

→1_{5} *reinigen* Wörtlich: heiligen. Es handelt sich um Riten, durch die kultunfähig machende Unreinheit beseitigt wurde, vgl. Lv 11_{1}+.

→1_{5} *geflucht* Korr.; M: „gesegnet"; ebenso in 1_{11} und $2_{5.9}$. Das ursprüngliche Wort „fluchen, Gott lästern" wurde auf diese Weise ersetzt, um zu vermeiden, daß ein anstößiger Ausdruck neben den Gottesnamen zu stehen kam.

→1_{6} *Gottessöhne* Vgl. 38_{7}; Gn 6_{1-4}; Ps 29_{1}; 82_{1}; 89_{7}. Es handelt sich um Himmelswesen, die dem Menschen überlegen sind; sie bilden den Hofstaat Jahwes und seine himmlische Ratsversammlung. Man setzt sie mit den Engeln gleich (G übersetzt: „Engel Gottes").

→1_{6} *Satan* D. h. „Ankläger". Der Ausdruck, der anscheinend der Rechtssprache entlehnt ist, vgl. Ps 109_{6}, bezeichnet dann mehr und mehr ein feindliches Wesen, Sach 3_{1-2}, und wird zu einem Eigennamen, 1 Chr 21_{1}, dem der Macht des Bösen, vgl. Lk 10_{18}. Apk 12_{9}; 20_{2} verwenden ihn im gleichen Sinn wie Drache, Teufel, Schlange, vgl. Gn 3_{1}+, anderen Bezeichnungen oder Bildern für den Geist des Bösen. Hier versucht Satan den Menschen, um ihn in Sünde zu stürzen.

→1_{15} *Sabäer* Sabäer und Chaldäer (v. 17) sind hier Stämme räuberischer Nomaden.

dir zu melden.“ 16 Noch hatte dieser
nicht ausgeredet, da kam schon ein
anderer und sprach: „Feuer Gottes
fiel vom Himmel, zündete unter den
Schafen und den Knechten und ver-
zehrte sie. Nur ich allein konnte ent-
kommen, um es dir zu melden.“
17 Noch hatte dieser nicht ausgeredet,
da kam schon ein anderer und sprach:
„Die Chaldäer bildeten drei Heer-
haufen, machten einen Überfall auf
die Kamele und trieben sie fort. Sie
erschlugen die Knechte mit der Schärfe
des Schwertes. Nur ich allein konnte
entkommen, um es dir zu melden.“
18 Noch hatte er nicht ausgeredet, da
kam schon ein anderer und sprach:
„Deine Söhne und Töchter waren
beim Gastmahl und tranken Wein im
Hause ihres ältesten Bruders. 19 Da
kam plötzlich ein gewaltiger Sturm-
wind von jenseits der Wüste her und
erfaßte die vier Ecken des Hauses,
so daß es über den jungen Leuten
zusammenbrach und diese starben.
Nur ich allein konnte entkommen,
um es dir zu melden.“

20 Da erhob sich Ijob, zerriß sein
Obergewand und schor sein Haupt.
Er warf sich zur Erde und betete an.
21 Dann sprach er:

„Nackt kam ich aus meiner Mutter
Leib; nackt kehre ich dorthin zurück.

Jahwe hat gegeben, Jahwe hat ge-
nommen; der Name Jahwes sei ge-
priesen.“

22 Bei alledem sündigte Ijob nicht
und legte Gott nichts Törichtes zur Last.

2 1 Eines Tages geschah es, daß die
Gottessöhne kamen, um vor
Jahwe hinzutreten. In ihrer Mitte
erschien auch der Satan. 2 Da sprach
Jahwe zum Satan: „Woher kommst
du?“ Der Satan erwiderte Jahwe:
„Ich streifte auf der Erde umher und
erging mich auf ihr.“ 3 Da sprach
Jahwe zum Satan: „Hast du auch auf
meinen Knecht Ijob achtgehabt?
Denn es gibt niemand auf Erden wie
ihn. Er ist untadelig und rechtschaffen,
fürchtet Gott und meidet das Böse.
Er verharrt noch immer in seiner
Untadeligkeit. Du aber hast mich
umsonst gereizt, ihn zu verderben.“
4 Der Satan erwiderte Jahwe und
sprach: „Haut um Haut, und alles,
was der Mensch besitzt, gibt er für
sein Leben. 5 Doch strecke einmal
deine Hand aus und rühre an sein
Gebein und Fleisch. Wahrhaftig,
er wird dir ins Angesicht fluchen.“
6 Da sprach Jahwe zum Satan:
„Wohlan, er sei in deiner Hand.
Nur schone sein Leben.“ 7 Und
der Satan ging vom Angesichte Jah-
wes fort.

Er schlug Ijob mit bösartigem Ge-
schwür von seiner Fußsohle bis zu
seinem Scheitel. 8 Er nahm sich eine
Scherbe, um sich damit zu kratzen,
während er mitten in der Asche saß.
9 Da sagte seine Frau zu ihm: „Hältst
du noch immer an deiner Makel-
losigkeit fest? Fluche Gott und stirb!“
10 Er aber erwiderte ihr: „Wie eine
törichte Frau spricht, so redest auch
du. Wenn wir das Gute von Gott an-
nehmen, warum nicht auch das Böse?“
Bei all dem sündigte Ijob nicht mit
seinen Lippen.

11 Die drei Freunde Ijobs hörten
von all dem Unglück, das über ihn
gekommen war, und ein jeder kam
von seiner Heimat, Eliphas aus Teman,
Bildad aus Schuach und Zophar aus
Naama. Sie verabredeten unter-
einander, hinzugehen, um ihm ihre
Teilnahme zu bezeigen und ihn zu
trösten. 12 Da sie von ferne ihre
Augen erhoben, erkannten sie ihn
nicht. Sie erhoben ihre Stimme und
begannen zu weinen, zerrissen alle
ihr Obergewand und streuten Asche
auf ihr Haupt. 13 Sieben Tage und
sieben Nächte saßen sie neben ihm
auf der Erde, und keiner sprach ein
Wort zu ihm. Denn sie sahen, daß sein
Schmerz übergroß war.

→116 *Feuer Gottes* Der Blitz, vgl. 2 Kg 110.12.14.

→120 *zerriß sein Obergewand und schor sein Haupt* Trauerriten.

→121 *dorthin* D. h. in den Schoß der Erde; die Mutter Erde ist anscheinend mit dem Mutterschoß verglichen.

→24 *Haut um Haut* Sprichwörtliche Wendung, die dem Tauschhandel entstammt und auf die Gleichwertigkeit von Leistung und Gegenleistung abzielt.

→211 Die drei genannten Städte liegen in Edom und Arabien. Edom und der „Osten“, vgl. 13+, galten in Israel als das Mutterland der Weisheit, vgl. 1 Kg 510–11; 101–3; Spr 301; 311; Jr 497; Ob 8; Bar 322–23.

→212 *erkannten sie ihn nicht* So sehr war er entstellt (wie der leidende Gottesknecht in Js 5214).

→212 *zerrissen alle ihr Obergewand und streuten Asche auf ihr Haupt* Buß- und vor allem Trauerriten. Die drei Freunde sehen Ijob bereits als tot an. Der Text von M fügt am Versende hinzu: „zum Himmel“ (fehlt in G), offenbar erklärender Zusatz, der den Ritus, vgl. Apg 2223, zu einem Zeichen des Unwillens machen würde: Der Himmel wird zum Zeugen genommen, um Rache herabzurufen oder um sich gegen sie zu schützen.

II. DIALOG

1. ERSTER GANG DES REDESTREITES

Ijob verflucht den Tag seiner Geburt

3 1 Danach öffnete Ijob seinen
Mund und verfluchte den Tag
seiner Geburt. 2 Ijob hob an und
sprach:
3 Vergehen soll der Tag, der mich
geboren, / die Nacht, die sprach: „Ein
Knabe ist empfangen.“
4 Ja, dieser Tag, er werde Finster-
nis! / Nicht sorge sich um ihn die
Gottheit droben, / nicht leuchte über
ihn des Tages Licht.
5 Ihn fordre Finsternis und dichte
Dunkelheit, / Gewölk soll über ihn
sich lagern, / ihn scheuche auf die
Tagesfinsternis!
6 Ja – das Dunkel packe ihn! /
Nicht reihe er sich zu den Jahrestagen /
und füge sich nicht in die Zahl der
Monde!
7 Ja, diese Nacht – sie bleibe un-
fruchtbar! / Nicht steige auf in ihr ein
Jubellaut!
8 Verwünschen sollen sie die Tag-
verflucher, / die es verstehn, Leviatan
zu reizen!
9 Verfinstert seien ihrer Dämm'rung
Sterne! / Des Lichtes harre sie, es
bleibe fern! / Nicht schaue sie mit
Lust des Frühlings Wimpern!
10 Weil sie mir nicht des Schoßes
Tore schloß / und nicht verbarg das
Leid vor meinen Augen.
11 Was starb ich nicht vom Mutter-
schoße weg, / trat aus dem Mutter-
leib und starb dahin?
12 Weswegen kamen Knie mir
entgegen, / und warum Brüste, daß ich
daran sog?
13 Dann läge ich jetzt still und
hätte Ruhe, / entschlafen wäre ich
und hätte Frieden
14 Bei Königen und bei des Landes
Räten, / die Grabesstätten für sich
aufgerichtet,
15 Vielleicht bei Fürsten, denen
Gold zu eigen, / die ihre Wohnungen
mit Silber füllten.
16 Wie die verscharrte Fehlgeburt,
die nicht gelebt, / wie Kindlein
wär' ich, die das Licht noch nie ge-
schaut.
17 Dort stehn die Frevler ab von
ihrem Grimm, / dort finden Ruhe
auch die Krafterschöpften.
18 Dort rasten die Gefangenen bei-
sammen / und hören nicht mehr auf
des Fronvogts Stimme.
19 Der Arme und der Reiche sind
dort gleich, / der Sklave ist dort frei
von seinem Herrn.
20 Warum gab er den Leidbeladnen
Licht, / verlieh das Leben den zu Tod
Betrübten?
21 Sie harren auf den Tod, der
doch nicht kommt, / und suchen ihn
mehr als verborgne Schätze.
22 Sie würden jauchzen über einen
Totenhügel / und gar frohlocken,
wenn ein Grab sie fänden.
23 Warum solch ein Geschenk
dem Mann, der keinen Weg mehr
sieht, / den Gott von allen Seiten ein-
gezäunt?

→33 Zwei parallel zueinander stehende Verwünschungen, ein Fluch über den Tag der Geburt und einer über die Nacht der Empfängnis.

→35 *dichte Dunkelheit* Korr.; M: „Todesschatten“.

→35 *Tagesfinsternis* Korr.; M: „Bitternisse des Tages“.

→36 *Ja* Korr. (von v. 7 vorgezogen); M: „Diese Nacht“.

→36 *Nicht reihe er sich* S, V; M: „Nicht freue er sich“.

→38 *die Tagverflucher* Gemeint sind die Feinde des Lichtes – diejenigen, die in der Finsternis handeln, vgl. 2413f; 3815 –, entweder jene, die wie Ijob den Tag ihrer Geburt verfluchen, oder wahrscheinlicher Zauberer bzw. Losewerfer, die, wie man glaubte, durch ihre Beschwörungen und Künste Macht besaßen, Glückstage in Unglückstage zu verwandeln oder auch Sonnenfinsternisse herbeizuführen, bei denen „Leviatan“ für einen Augenblick die Sonne verschlang.

→38 *Leviatan* Auch „Drache“, „flüchtige“ oder „gewundene Schlange“ genannt, vgl. 4025+; Js 271; 519; Am 93; Ps 7414; 10426; in der phönizischen Mythologie das uranfängliche Chaosungeheuer, vgl. 712+. Nach volkstümlicher Vorstellung war stets zu fürchten, daß er einmal erwachen könnte, aufgestört durch einen wirksamen Fluch gegen die bestehende Ordnung. Der Drache von Apk 123, der den Widerstand der Macht des Bösen gegen Gott verkörpert, nimmt manche Züge dieser Chaosschlange an.

→314 *Grabesstätten* Das hebräische Wort bedeutet zunächst: Ruinen, verfallene und vereinsamte Stätten; der Zusammenhang des Textes aber läßt an Grabmäler denken (die oft an einsamen Orten gebaut wurden); man könnte auch übersetzen: „die sich (Wohnungen) in Einöden bauen“.

→315 *die ihre Wohnungen mit Silber füllten* Anscheinend ihre Gräber, wie es die Könige von Ur oder die Pharaonen taten.

→316 *die nicht gelebt* Korr.

→317 *Dort* In der Scheol, vgl. Nm 1633+.

→322 *über einen Totenhügel* Korr.; M: „bis hin zum Jauchzen“.

24 Das Seufzen ist mein Brot ge-
worden, / wie Wasser strömen meine
Klagen aus.
25 Wovor ich bangte, das kam
über mich, / was ich befürchtet, traf
mich auch.
26 Ich finde keine Ruhe, keinen
Frieden. / Noch war ich ruhig nicht,
schon kam ein Unheil.

Vertrauen auf Gott

4 1 Da antwortete Eliphas aus
Teman und sprach:
2 Wirst du verdrießlich, wenn wir
zu dir sprechen? / Doch wer vermag
das Wort zurückzuhalten?
3 Sieh doch, schon viele hast du
aufgemuntert, / und schlaffen Händen
hast du Kraft verliehen.
4 Dein Zuspruch stützte den, der
strauchelte, / du stärktest Wankenden
die Knie.
5 Nun kommt es über dich – da
bist du mutlos. / Da es auch dich
erfaßt, bist du bestürzt.
6 Ist deine Gottesfurcht nicht deine
Hoffnung / und deine Zuversicht dein
frommer Wandel?
7 Bedenke doch! Wer ging wohl
ohne Schuld zugrunde? / Wo gingen
Redliche wohl je verloren?
8 Sooft ich Leute sah, die Unheil
pflügten, / die Mühsal säten, ernteten
sie dieses.
9 Durch Gottes Odem gingen sie
zugrunde / und schwanden hin durch
seines Zornes Hauch.
10 Des Löwen Brüllen und des
Leuen Knurren, / der Jungleu'n
Zähne werden ausgeschlagen.
11 Der Löwe stirbt dahin aus
Beutemangel, / und es zerstreuen sich
der Löwin Junge.
12 Es stahl zu mir sich ein geheimes
Wort, / mein Ohr erfaßte davon ein
Geflüster.
13 Im Traum der Nacht beim
Spiele der Gedanken, / wenn tiefer
Schlaf den Menschen überfällt,
14 Traf mich Entsetzen und Er-
zittern / und ließ Erschütterung er-
beben meine Glieder.
15 Ein Hauch glitt über mein Ge-
sicht dahin, / es sträubten sich die
Haare meines Körpers.
16 Es stand da – ich erkannt' sein
Aussehn nicht. / Ein Wesen stand vor
meinen Augen da, / das Säuseln einer
Stimme hörte ich:
17 „Ist wohl ein Mensch vor Gott
gerecht? / Ist rein ein Mann vor sei-
nem Schöpfer?
18 Sieh, seinen Dienern traut er
nicht, / zeiht seine Boten noch des
Irrtums.
19 Doch mehr noch jene, die im
Lehmhaus wohnen, / die auf dem
Staub gegründet sind, / die man zer-
drückt wie eine Motte!
20 Vom Morgen bis zum Abend
werden sie zerschlagen. / Für immer
gehen sie zugrunde, und niemand
denkt an sie.
21 Wird ihnen dann der Zeltpflock
ausgerissen, / so sterben sie dahin,
doch ohne Weisheit.
5 1 Erheb die Stimme! Wer erteilt
dir Antwort? / An wen der Heili-
gen willst du dich wenden?
2 Fürwahr, der Ärger mordet
einen Toren, / und einen Narren bringt
der Eifer um.
3 Ich selbst sah einen Toren Wurzel
fassen; / doch plötzlich ward ver-
flucht sein Wohnsitz.
4 Und fern vom Heile waren seine

→4 1 – 5 27 *(Vertrauen auf Gott)* Die Antwort des Eliphas spricht die herkömmliche Lehre von der Vergeltung in aller Schärfe aus – eine Lehre, die trotz ihrer Grenzen wahr bleibt. Wenn auch der Dichter an ihrer uneingeschränkten Gültigkeit Zweifel hegt, so scheint er doch bis zu einem gewissen Grade von ihr überzeugt zu sein.
→4 2 *wenn wir zu dir sprechen* Korr.; M: „wenn sich ein Wort zu dir wagt".
→4 12 *ein geheimes Wort* Ein himmlisches Wort, das vielleicht durch einen Engel als Mittler im Traum mitgeteilt wird, vgl. Gn 2 21; 15 12. Die Lehre der Weisen beschränkt sich also nicht auf ein überliefertes, mit dem Verstand entwickeltes Wissen, sondern öffnet sich Offenbarungen, die ihr „charismatischen" Charakter verleihen.
→4 14 *ließ Erschütterung erbeben meine Glieder* Korr.; M: „ließ erbeben die Menge meiner Glieder".
→4 18 *seine Boten* D. h. – ebenso wie „seine Diener" – die Engel. Wenn selbst diese Wesen, die vor Gott stehen, eine in ihrem Wesen bedingte Schwäche behalten, um wieviel mehr der staubgeborene, vergängliche Mensch.
→4 20 *und niemand denkt an sie* Korr.; M: „und niemand achtet ihrer".
→4 21 *Zeltpflock* Korr.; M: „Zeltstrick".
→4 21 *so sterben sie dahin, doch ohne Weisheit* Gemeint ist entweder der vorzeitige Tod, den sich der Mensch durch seine Torheit zuzieht, oder der Tod, der das Los menschlichen Daseins überhaupt ist und den sein begrenztes Wissen nicht aufhalten kann.
→5 1 *Heiligen* Die Engel, vgl. 15 15 (im Zusammenhang mit 4 18); Sach 14 5; Dn 4 10.14.20; 8 13. Ihre Fürsprache wird auch in 33 23–24 erwähnt, vgl. Sach 1 12; Tob 12 12.
→5 3–4 Unsicherer Text; Übersetzung mit Korr.
→5 4 *Im Tore* Das Haupttor der Stadt, Versammlungsplatz und Stätte der Rechtsprechung.

Söhne. / Im Tore wurden ohne Anwalt
sie zertreten.
5 Was sie geerntet, aßen Hun-
gernde; / denn Gott entreißt es ihren
Zähnen; / es schnappten Durstige
nach ihrem Gut.
6 Denn aus der Erde geht kein Un-
heil auf, / und aus dem Ackerboden
sproßt kein Leid.
7 Fürwahr, der Mensch erzeugt das
Unheil, / wie Adler aufwärts fliegen.
8 Doch ich – ich würde Gott be-
fragen, / Gott meine Sache unter-
breiten,
9 der Großes schafft und Un-
erforschliches, / gar Wunderbares,
was noch nie gezählt,
10 der Regen spendet auf der Erde
Antlitz / und Wasser sendet über
weite Fluren,
11 der aufwärts richten kann die
Tiefgebeugten, / daß Trauernde das
höchste Heil erfahren,
12 der da zunichte macht der
Schlauen Pläne, / daß ihren Händen
kein Erfolg beschieden,
13 der Weise fängt in ihrer eignen
List, / daß der Verschlagnen Plan
sich überstürzt.
14 Bei Tage stoßen sie auf Finster-
nis / und tasten wie bei Nacht umher
am Mittag.
15 Den Elenden errettet er vor
ihrem Mund / und aus der Hand des
Mächtigen den Armen.
16 So blüht dem Armen eine Hoff-
nung auf; / die Bosheit aber muß
den Mund verschließen.
17 Sieh, selig ist der Mann, den
Gott zurechtweist. / Verschmähe
nicht die Zucht Schaddais!
18 Was er verwundet, das verbindet
er; / wenn er zerschmettert, heilen
seine Hände.
19 In Ängsten wird er sechsmal
dich erretten, / und in der siebten
packt das Leid dich nicht.
20 In Hungersnot erlöst er dich
vom Tode, / zur Zeit des Krieges aus
der Hand des Schwertes.
21 Du bist geborgen vor der Zunge
Geißel; / naht sich der Räuber,
brauchst du nicht zu fürchten.
22 Du spottest über Frost und
Dürre; / des Feldes Tiere können dich
nicht schrecken.
23 Denn mit des Feldes Steinen
stehst du doch im Bunde, / und das
Getier des Feldes lebt mit dir im
Frieden.
24 Du wirst erfahren: Friede ist
dein Zelt, / wirst mustern deine Flur
und nichts vermissen.
25 Du wirst erkennen, wie sich
mehrt dein Same, / und deine Spros-
sen wie das Gras der Erde.
26 Im reifen Alter steigst du in
das Grab, / wie man zu seiner Zeit
die Garben sammelt.
27 Sieh, dieses haben wir erforscht:
so ist es. / Wir hörten es. Du aber
merk es dir!

Der heimgesuchte Mensch allein kennt seine Not

6 1 Da antwortete Ijob und sprach:
2 Wenn doch mein Ärger könnt'
gewogen werden, / zugleich mein
Unglück auf der Waage läge!
3 Dann wär' es schwerer als der
Sand des Meeres. / Darum verwirr-
ten meine Worte sich.
4 Die Pfeile von Schaddai sind in
mich eingedrungen. / Es hat mein
Geist ihr Fiebergift getrunken. / Die
Schrecken Gottes stehen wider mich.
5 Schreit denn der wilde Esel auf
der Weide? / Und brüllt vor seinem
Futter denn der Stier?
6 Wird etwa Fades ohne Salz ge-
gessen? / Ist denn am Schleim des
Dotters Wohlgeschmack?
7 Ich sträube mich, daran zu rüh-
ren, / und doch ist dies in meiner
Krankheit meine Speise.
8 O daß doch mein Verlangen sich

→55 *ihren Zähnen* Korr.; M: „bis aus den Stacheln(?)".
→57 *erzeugt das Unheil* Korr.; M: „ist geboren zum Unheil".
→57 *Adler* Korr. nach Üss; M: „die Söhne des Rescheph" (ein Gott des Blitzes und des Donners).
→515 *Den Elenden* Korr.; M: „Vor dem Schwert".
→517 *Die Zucht Schaddais* Die Leiden Ijobs sind also eine Zurechtweisung, eine schmerzhafte, aber heilsame Lehre; so wird auch noch Elihu sagen, 3319f. „Schaddai" ist ein Gottesname der Patriarchenzeit, vgl. Gn 171+; sein Gebrauch in Ib ist bewußt altertümlich.
→519 *in der siebten* Eliphas drückt sich nach Art der „Zahlensprüche" aus, vgl. Spr 616–19; 3015f.
→521 *der Räuber* Korr.; M: „die Verwüstung".
→522 *über Frost und Dürre* Korr.; M: „über Verwüstung und Hunger".
→523 *mit des Feldes Steinen* Das Ackerland in Palästina muß von Steinen geräumt werden, vgl. Js 52; 2 Kg 319.25.
→66 *Schleim des Dotters* Nach einer Deutung von T.
→67 *und doch ist dies in meiner Krankheit meine Speise* Korr.; M: „diese sind wie die Krankheit meines Brotes". Der Abscheu Ijobs vor seiner widerwärtigen Speise (sowohl in realer wie symbolischer Bedeutung) bringt seinen Ekel vor dem Leben

erfüllte, / und Gott gewährte, was ich
mir ersehne!
9 Gefiele es doch Gott, mich zu
zermalmen! / Erhöb' er seine Hand,
mich abzuschneiden!
10 Es würde das mein Trost noch
bleiben. / Aufhüpfen würd' ich trotz
des schonungslosen Schmerzes, / daß
ich des Heil'gen Worte nicht ver-
leugnet.
11 Wo ist denn meine Kraft, um
auszuharren? / Wann kommt mein
Ende, daß ich mich gedulde?
12 Ist meine Kraft denn eine Felsen-
kraft? / Ist denn mein Leib aus hartem
Erz geformt?
13 Gibt es denn keine Hilfe mehr
für mich? / Und ist denn jede Rettung
mir entschwunden?
14 Dem Nächsten Mitleid zu ver-
weigern, / das heißt die Furcht Schad-
dais von sich zu werfen.
15 Es täuschten meine Brüder wie
ein Bach, / so wie das Bett von
Bächen, die vergehen.
16 Vom Eis sind ihre Wasser trübe, /
sie schwellen an beim Tau'n des
Schnees.
17 Zur Zeit der Hitze müssen sie
vergehen. / Wird's heiß, versiegen sie
in ihrem Bett.
18 Die Karawanen biegen ab vom
Wege, / sie steigen in die Wüste, gehn
zugrunde.
19 Nach ihnen spähen Temas Kara-
wanen, / auf sie vertrauten Sabas
Handelszüge.
20 In ihrer Hoffnung werden sie
betrogen, / bei ihnen angekommen,
werden sie enttäuscht.
21 So seid ihr jetzt für mich gewor-
den; / ihr schaut das Schreckliche
und fürchtet euch.
22 Hab' ich denn je gebeten:
„Schenkt mir etwas, / von eurem
Reichtum spendet was für mich, /
23 Befreit mich aus der Hand des
Feindes, / aus der Tyrannen Hand
kauft mich doch los?"
24 Belehret mich, so will ich schwei-
gen! / Was ich gefehlt, das macht mir
kund!
25 Wie werden off'ne Worte nur
verhöhnt! / Und was beweist denn
euer Tadeln?
26 Gedenkt ihr Worte nur zu
tadeln? / Sind Wind die Worte des
Verzweifelnden?
27 Selbst über eine Waise würfet
ihr das Los / und würdet euren Freund
verschachern.
28 Nun habt die Güte, wendet euch
mir zu! / Euch ins Gesicht werd' ich
gewiß nicht lügen.
29 Kehrt wieder um! Kein Unrecht
soll geschehen. / Kehrt wieder um!
Mein Recht besteht noch immer.
30 Ist Unrecht denn auf meiner
Zunge, / und Unheil, weiß mein Gau-
men es nicht mehr zu schmecken?
7 1 Ist Frondienst nicht des Men-
schen Los auf Erden? / Sind seine
Tage nicht wie die des Tagelöhners?
2 Gleich einem Sklaven, der nach
Schatten lechzt, / gleich einem Tage-
löhner, der des Lohnes harrt,
3 So wurden Monde voll Enttäu-
schung mir zum Erbe, / und Nächte
voller Peinen teilte man mir zu.
4 Leg' ich mich nieder, denke ich:
„Wann wird es Tag?" / Und steh'
ich auf: „Wann wird es endlich
Abend?" / Voll Unruh' bin ich bis
zur Dämmerung.
5 Mein Leib hüllt sich in Würmer
und in Krusten Lehm, / die Haut
schrumpft mir zusammen, und sie
eitert.
6 Die Tage sind mir schneller als
das Weberschifflein. / Sie schwinden
ohne Hoffnung hin.
7 Bedenk, daß nur ein Hauch mein
Leben ist, / mein Auge nimmer wieder
schaut das Glück.

---

zum Ausdruck. Seine wohlgenährten Freunde vermögen ihn nicht zu verstehen.
→610 *daß ich des Heil'gen Worte nicht verleugnet* Durch einen Akt der Empörung gegen die göttliche Vorsehung. Der „Heilige" bezeichnet hier Jahwe, vgl. Js 63+; Hab 33.
→614 *verweigern* Korr. nach Üss. Güte gegenüber dem Mitmenschen ist Zeichen echter Religion.
→616 *ihre Wasser* Korr.
→616 *sie schwellen an* Korr.
→620 *In ihrer Hoffnung* S, T; M: „in seiner Hoffnung".
→620 *bei ihnen* Korr.; M: „bei ihm".
→621 *So seid ihr jetzt für mich geworden* Korr.; M: „Denn ihr seid nicht".
→624 *Was ich gefehlt* Aus Versehen oder Unwissenheit, Lv 4; Nm 1522–29; Ps 1913.
→71 *Frondienst* Im Sinne von Heerdienst, vgl. 1414, der zugleich Kampf und Fron bedeutet. G übersetzt: „Versuchung", V: „Kriegsdienst".
→71 *des Tagelöhners* Der Lohnarbeiter, der sich um Tagelohn verdingt und täglich bezahlt wird, Dt 2415; Mt 208, müht sich Tag für Tag, von morgens bis abends, für andere ab; das gleiche gilt vom Sklaven, Lv 2539–40.
→74 *Wann wird es Tag* G; M: „Wann steh' ich auf".
→74 *Und steh' ich auf* Korr. nach G.
→74 *Wann wird es endlich Abend* Korr.
→75 *und sie eitert* Korr.; M: „und sie wird verworfen".
→77 *Bedenk* Ijob, der sich solidarisch mit

8 Das Auge, das mich jetzt noch
sieht, schaut mich nicht wieder, /
und suchen deine Augen mich, bin
ich nicht mehr.
9 Die Wolke schwindet, flieht
dahin; / so steigt nicht auf, wer fuhr
in die Scheol.
10 Nie kehrt er in sein Haus zu-
rück; / nie sieht ihn seine Heimat
wieder.
11 Auch ich will meinem Mund
nicht wehren, / will reden in den Äng-
sten meines Geistes, / will klagen in
den Qualen meiner Seele.
12 Bin ich das Meer, ein Meeres-
drache, / daß wider mich du eine
Wache stellst?
13 Denk' ich: ‚Mein Lager soll
mich trösten, / mein Bett an meinem
Jammer tragen helfen',
14 Dann schreckst du mich durch
Träume, / und durch Gesichte jagst
du mich in Angst.
15 Ich möchte die Erdrosselung
mir wünschen: / der Tod ist lieber mir
als meine Schmerzen.
16 Schon schwind' ich hin; nicht
ewig kann ich leben. / Laß ab von
mir! Denn nur ein Hauch sind meine
Tage.
17 Was ist der Mensch, daß du so
hoch ihn achtest, / und gar dein
Augenmerk ihm schenkest,
18 Daß du ihn heimsuchst jeden
Morgen / und jeden Augenblick ihn
prüfest?
19 Wie lange schon schaust du
nicht weg von mir? / Du gibst mir
keine Ruh', daß ich den Speichel
schlucke.
20 Hab' ich gefehlt, was tat ich
dir, du Menschenprüfer? / Was
machst du mich zum Ziele deines
Angriffs, / und warum wurd' ich dir
zur Last?
21 Warum verzeihst du meine
Sünde nicht, / siehst über meine
Schuld nicht weg?
Denn lege ich mich nieder in den
Staub, / wirst du mich suchen, und
ich bin nicht mehr.

Der feste Lauf der göttlichen Gerechtigkeit

8 1 Da antwortete Bildad und
sprach:
2 Wie lange denn willst du noch
solches reden? / Ein wilder Sturm
sind deines Mundes Worte.
3 Kann etwa Gott das Recht wohl
beugen? / Verdreht Schaddai denn die
Gerechtigkeit?
4 Wenn deine Söhne wider ihn
gesündigt, / gab er sie ihrem eigenen
Frevel preis.
6A Wenn du nur rein und redlich
bist, / 5 so suche Gott und richte an
Schaddai dein Flehen.
6B Fürwahr, dann wird er seine
Huld dir schenken / und stellt dein
Heim gebührend wieder her.
7 Wär' auch dein erstes Glück

---

der leidenden Menschheit weiß und sich in das Todeslos fügt, bringt in einem nur angedeuteten Gebet die Bitte vor, Gott möchte ihm vor seinem Tod ein wenig Frieden schenken.

→79B Nach verbreiteter Ansicht, die der Verfasser hier und 1021; 147–22; 1622 zu teilen scheint, vgl. 2 Sm 1223; Ps 8811 usw., ist es unmöglich, aus der Scheol zurückzukehren, vgl. Nm 1633+.

→712 Nach den babylonischen Weltentstehungsmythen wurde Tiamat (die Urflut), nachdem sie zur Geburt der Götter beigetragen hatte, durch einen der Götter besiegt und unterworfen. Im Rückgriff auf diese Bildwelt schrieb man in volkstümlicher oder dichterischer Vorstellungsweise Jahwe diesen Sieg, der noch vor der Ordnung des Chaos lag, zu und dachte, daß er die Chaosmächte – das Meer und dessen Bewohner, die Seeungeheuer – in einem Zustand ständiger Unterwerfung hält, vgl. 38+; 913; 2612; 4025f; Ps 658; 7413–14; 7717; 8910–11; 933–4; 1047.26; 10729; 1487; Js 271; 519.

→715 *Erdrosselung* Im Gegensatz zur ägyptischen „Lebensmüdigkeit" denkt Ijob nicht an Selbstmord. Abgesehen von solchen Fällen, wo ein Krieger sich den Tod gibt, um der Schande zu entgehen, Ri 954; 1 Sm 314; 2 Makk 1437–46, berichtet das AT nur einen einzigen Fall von Selbstmord, den des Verräters Achitophel, 2 Sm 1723+.

→715 *meine Schmerzen* Korr.; M: „meine Knochen".

→717 Der Verfasser scheint hier in bitterer Ironie Wendungen von Ps 8 aufzunehmen. Die Sorge Gottes um den Menschen wird hier als argwöhnische Überwachung gesehen. Für den Verfasser von Ps 139 wurde jene Sorge zu einem Motiv des Vertrauens. Ijob dagegen fühlt sich von dem Gott, der ihn beobachtet, wie von einem Feind behandelt. Er sträubt sich gegen eine legalistische Auffassung von Religion und Sünde und sucht tastend den Gott der Barmherzigkeit, V. 21.

→720 *was tat ich dir* Gott kann durch die Sünde nicht getroffen werden.

→720 *dir zur Last* G; M: „mir zur Last".

→721 *wirst du mich suchen, und ich bin nicht mehr* Diese überraschende Wendung bringt erneut das Bild von einem Gott, der geheimnisvoll dem Menschen zugeneigt ist.

→85 Korr.; M: „Wenn du selbst Gott suchst und wenn du an Schaddai dein Flehen richtest".

→86B *wird er seine Huld dir schenken* Korr.; M: „wird er über dir erwachen".

gering gewesen, / gewaltig groß stellt er es wieder her.

8 Denn frage nur das frühere Geschlecht, / und merke dir, was ihre Väter forschten!

9 Wir sind von gestern nur und wissen nichts. / Wie Schatten sind auf Erden unsre Tage.

10 Sie aber lehren dich und sprechen zu dir, / aus ihrer Überlegung kommen diese Worte:

11 „Schießt denn das Schilfrohr ohne Sumpf empor? / Wächst denn das Riedgras ohne Wasser auf?

12 Noch ist's in Blüte, für den Schnitt nicht reif; / und doch verdorrt es schon vor allen Gräsern.

13 So geht es allen, die auf Gott vergessen. / Zunichte wird des Gottlosen Erwartung.

14 Nur Sommerfäden bilden seine Hoffnung, / ein Spinngewebe seine Zuversicht.

15 Er stützt sich auf sein Haus, es hält nicht stand; / er greift danach, doch bleibt es nicht bestehen.

16 Im Sonnenlichte steht er voller Saft, / den Garten überwuchern seine Sprossen.

17 Im Steingeröll verflechten seine Wurzeln sich; / in einem Haufen Steine kann er leben.

18 Entreißt man ihn von seiner Stätte, / verleugnet sie ihn: ‚Niemals sah ich dich.'

19 Fürwahr, so wird er auf dem Weg verkommen, / und Fremde sprossen aus dem Boden auf.

20 Sieh, Gott verwirft den Frommen nimmer, / noch hält er fest die Hand der Übeltäter.

21 Mit Lachen wird er deinen Mund erneut erfüllen / und Jubelsang noch deinen Lippen leihen.

22 Doch die dich hassen, kleiden sich in Schande; / das Zelt der Übeltäter wird verschwinden."

Die göttliche Gerechtigkeit herrscht über das Recht

9 1 Da antwortete Ijob und sprach:
2 Jawohl, ich weiß, daß es so ist. / Wie wär' ein Mensch vor Gott im Recht?

3 Selbst wenn es ihm gefällt, mit ihm zu streiten, auf keins von tausend gibt er ihm Bescheid.

4 Klug ist er an Verstand und stark an Kraft. / Wer kann ihm trotzen und bleibt heil dabei?

5 Die Berge rückt er fort, sie merken's nicht, / daß er in seinem Zorn sie umstürzt.

6 Er scheucht die Erde fort von ihrer Stätte, / und ihre Säulen wanken hin und her.

7 Er spricht zur Sonne, und sie geht nicht auf, / verschließt die Sterne unter seinem Siegel.

8 Er spannte ganz allein den Himmel aus / und auf des Meeres Höhen trat er.

9 Er schuf den Bären, den Orion, / auch die Plejaden und des Südens Kammern.

10 Er schuf so Großes, Unerforschliches, / gar Wunderbares ohne Zahl.

11 Geht er an mir vorbei, seh' ich ihn nicht; / fährt er daher, bemerke ich ihn nicht.

12 Rafft er hinweg, wer kann ihm wehren? / Wer darf ihm sagen: Was beginnst du da?

13 Nie widerruft Gott seine Zornesstrafe. / Selbst Rahabs Helfer unter ihm sich beugten.

14 Wie könnte ich ihm Antwort stehen, / auswählen meine Worte wider ihn?

→8 10 Die Überlieferung der Vorfahren ist die Grundlage der Weisheitslehre. Nach ihr erscheint das Gesetz von der Bestrafung der Frevler ebenso unumstößlich und nachweisbar zu sein wie ein Naturgesetz, V. 11 f.

→8 17 *kann er leben* G; M: „kann er sehen".

→8 19 *so wird er auf dem Weg verkommen* Korr.

→8 21 *erneut* Korr.; M: „bis".

→9 6 *ihre Säulen* Die Erde ruht auf „Säulen", die Gott beim Erdbeben erschüttert, 38 6; Ps 75 4; 104 5; 1 Sm 2 8. Die Verse 5–7 erinnern an die herkömmlichen eschatologischen Bilder, vgl. Am 8 9+.

→9 7 *verschließt die Sterne unter seinem Siegel* Er hindert sie, zu erscheinen und zu leuchten. Bar 3 34 erwähnt die umgekehrte Ordnung.

→9 8 Von den gegenwärtigen Vorgängen in der Natur geht der Verfasser zurück zum Werk der Schöpfung. Damals „trat Gott auf des Meeres Höhen", d. h. (vgl. Am 4 13; Mi 1 3), er zwang dem Chaosmeer seine Herrschaft auf, 7 12+.

→9 9 G: „die Plejaden und den Abendstern, den Arkturos und des Südens Kammern"; V: „den Arcturus und Orion, die Hyaden und des Südens Kammern". Um welche Sternbilder es sich handelt, läßt sich nicht mehr sicher feststellen.

→9 13 *Rahabs Helfer* Rahab scheint hier ein anderer Name für das Urchaos oder ein Typ von Chaosungeheuern zu sein, vgl. 7 12+.

→9 14 *Antwort stehen* Im Sinne von „sich verteidigen"; das entsprechende hebräische Wort hat oft gerichtliche Bedeutung.

→9 14 Gegen diesen allmächtigen Gott, der gleichzeitig Richter und Ankläger ist,

15 Wär' ich im Recht, ich könnte
nichts erwidern; / zu meinem Richter
müßte ich um Gnade flehen.
16 Doch wenn ich riefe und er Ant-
wort gäbe, / dürft' ich nicht glauben,
daß er meine Stimme hörte.
17 Er tritt mich nieder wegen eines
Haares, / mehrt grundlos meine
Wunden.
18 Er läßt mich nicht zu Atem
kommen, / mich sättigt er vielmehr
mit Bitterkeiten.
19 Geht's um die Kraft, er ist der
Starke! / Geht es ums Recht, wer
lädt ihn vor?
20 Wär' ich gerecht, sein Mund
kann mich verdammen, / und wär'
ich schuldlos, spräche er mich
schuldig.
21 Unschuldig bin ich – kenne mich
nicht mehr –, / mein Leben achte ich
gering.
22 Nur eins ist wahr, drum spreche
ich es aus: / Unschuldige und Frevler
rafft er hin.
23 Wenn er mit seiner Geißel
plötzlich tötet, / dann spottet er der
Angst Schuldloser.
24 Das Land ist in des Frevlers
Hand gegeben; / er schloß die Augen
ihrer Richter. / Ist er es nicht, wer soll
es sonst denn sein?
25 Mehr als ein Läufer eilen meine
Tage; / sie schwinden hin und schauen
doch kein Glück.
26 Sie gleiten schnell wie Binsen-
nachen hin; / gleichwie der Adler,
der auf Beute stößt.
27 Denk' ich: Vergessen will ich
meinen Jammer, / mein Antlitz ändern,
wieder heiter schauen,
28 So graut es mir vor allen meinen
Schmerzen. / Ich weiß es doch, du
sprichst mich nimmer frei.
29 Ich muß nun doch als Sünder
gelten. / Weshalb soll ich vergeblich
mich bemühen?
30 Wenn ich mit Schnee mich
waschen wollte / und meine Hände
reinigen mit Lauge
31 Dann würdest du mich in den
Unrat tauchen, / daß meine Kleider
vor mir Ekel hätten.
32 Er ist kein Mensch wie ich, daß
ich ihm sage: / Laßt uns zusammen
zum Gerichte gehen!
33 Es gibt doch keinen Schieds-
mann zwischen uns, / der auf uns
beide legte seine Hand.
34 Er würde seinen Stock von mir
entfernen, / daß seine Schrecken
mich nicht weiter quälten.
35 Dann wollt' ich reden, ohne ihn
zu fürchten. / Denn so bin ich in
meinen Augen nicht.

10 1 Es ekelt mich vor meinem
eignen Leben, / ich lasse meiner
Klage freien Lauf, / will aus der
Trübsal meiner Seele reden.
2 Beschwören will ich Gott:
Verdamm mich nicht! / Laß wis-
sen mich, warum du mich befeh-
dest!
3 Bringt's einen Nutzen dir, wenn
du Gewalt gebrauchst, / wenn du
verschmähst das Kunstwerk deiner
Hände, / wenn du begünstigest der
Sünder Pläne?
4 Sind deine Augen denn aus
Fleisch gebildet, / und schaust du so,
wie Menschenaugen sehen?
5 Sind Menschentagen deine Tage
gleich / und deine Jahre wie des
Mannes Tage,

---

kann sich Ijob nicht auf die ordnungsgemäßen Formen menschlichen Gerichtsverfahrens berufen. (An anderen Stellen des Redestreites kehrt dieser Wunsch nach einer Prozeßführung entsprechend den gesetzlichen Regeln wieder.) Ijob zweifelt schließlich an seiner Unschuld, V. 20–21. Mehr als an die unendliche Weisheit der Gerichte Gottes (die Zophar verteidigen wird, 11) denkt er hier an die scheinbare Willkür, vgl. V. 24.

→9,17 *wegen eines Haares* S, T; M: „im Wirbelsturm".

→9,19 *er ist der Starke* Korr.

→9,19 *wer lädt ihn vor* Korr. nach G, S; M: „wer lädt mich vor".

→9,20 *sein Mund* Korr.; M: „mein Mund".

→9,24 Weil Ijob ohne Einschränkung an die universale Vorsehung Gottes glaubt, scheut er nicht davor zurück, die Verantwortung für solche „anstößige" Handlungsweise unmittelbar auf Gott abzuwälzen.

→9,28 Eliphas und Bildad haben Ijob Gefügigkeit gegenüber Jahwes Zurechtweisung empfohlen, 5,17; 8,5–6; Ijob aber weiß, daß eine solche aufgezwungene Haltung weder seinen wirklichen Zustand noch Gottes Pläne mit ihm ändern kann.

→9,30 Gott allein kann die Sünde auslöschen; der Sünder vermag es nicht, sondern ihm bleibt als Ausweg nur das Anrufen der Barmherzigkeit Gottes, so Ps 51. Ijob, der sich einer Sünde nicht bewußt ist, empfindet zwar die gleiche Ohnmacht, kann aber nicht den gleichen Ausweg anerkennen.

→9,31 *in den Unrat* G, V; M: „in die Grube".

→9,35 Ijob will eine Schuld, von der er nicht überzeugt ist, nicht anerkennen.

→10,4–5 Gott kennt die Herzen bis auf den Grund und braucht Ijob nicht zu quälen, um seine Unschuld zu erproben, V. 4, vgl. V. 6–7A. Gott, der über die Zeit verfügt, hat es nicht nötig, seine Rache unverzüglich zu stillen, und könnte sich langmütig zeigen, V. 5, vgl. V. 7B.

6 So, daß du untersuchest meine
Schuld / und Fahndung hältst bei mir
nach meinen Sünden,
7 Obschon du weißt, daß ich kein
Sünder bin / und niemand mich aus
deiner Hand befreit?
8 Mich formten und erschufen
deine Hände; / nun willst du – andern
Sinnes – mich vernichten.
9 Gedenke doch, daß du aus Ton
mich formtest! / Nun willst du wieder
mich in Staub verwandeln.
10 Hast du mich nicht wie Milch
einst ausgegossen / und mich wie Käse
fest gerinnen lassen?
11 Hast du mich nicht mit Haut
und Fleisch umkleidet, / mit Knochen
und mit Sehnen mich durchwoben?
12 Auch hast du Leben mir ver-
lieh'n und Gnade. / Es schütze deine
Obhut meinen Geist.
13 Und doch verbargst du dies in
deinem Herzen; / ich weiß, daß dieses
du im Sinne hegtest.
14 Wenn ich gesündigt, lauerst du
mir auf, / willst mich von meiner
Sünde nicht befreien.
15 Wenn ich ein Sünder bin, dann
wehe mir! / Wär' ich gerecht,
mein Haupt erhöb' ich nicht, / von
Schmach gesättigt und getränkt mit
Elend.
16 Erheb' ich mich, jagst du mich
wie ein Löwe, / betätigst deine Wun-
dermacht an mir.
17 Du führst aufs neue Überfälle
wider mich / und mehrest deinen
Ingrimm gegen mich. / Stets frische
Truppen kämpfen unablässig wider
mich.
18 Weshalb zogst du mich aus dem
Mutterschoß? / Wär' ich gestorben,
ehe mich ein Auge sah!
19 Wie wenn ich nie gewesen, wär'
ich dann. / Vom Mutterschoß wär'
ich zum Grab getragen.
20 Sind nicht gering die Tage mei-
nes Lebens? / Blick weg von mir, daß
ich mich etwas freue,
21 Bevor ich fortgeh' ohne Wieder-
kehr / ins Land des Dunkels und des
Schattens,
22 Ins Land der Finsternis, da
keine Ordnung, / wo, wenn es leuchtet,
ist's wie tiefe Nacht!

Die Weisheit Gottes verlangt Ijobs Geständnis

11 1 Da entgegnete Zophar aus
Naama und sprach:
2 Soll dieser Wortschwall keine
Antwort finden? / Soll denn ein sol-
cher Maulheld recht behalten?
3 Dein Lügenreden läßt die Männer
schweigen; / du höhnst, und keiner
wagt zu widersprechen.
4 Du sagtest also: Rein ist mein
Wandel, / und lauter war ich stets in
deinen Augen.
5 Indessen, wollte Gott doch einmal
reden / und seine Lippen öffnen wider
dich!
6 Er würde dich der Weisheit
Tiefen lehren, / die wie ein Wunder
dem Verstande sind. / Und wisse: Er
zieht deine Schuld zur Rechenschaft!
7 Kannst du den Urgrund Gottes
denn erforschen, / bis zur Vollkom-
menheit Schaddais gelangen?
8 Höher als der Himmel – was willst
du beginnen? –, / tiefer als das Toten-
reich – was kannst du wissen? –,
9 Nach ihrem Maße länger als die
Erde / und breiter ist sie als der
Ozean.
10 Fährt er daher, wer wird ihm
Halt gebieten? / Und packt er zu, wer
sagt ihm dann: Zurück?

→10 8 *andern Sinnes* G; M: „zusammen ringsum".
→10 10 Das antike medizinische Wissen stellte sich die Bildung des Embryos als eine Gerinnung des Mutterblutes unter dem Einfluß des Samens vor.
→10 13 Hinter Gottes Fürsorge waren also erschreckende Forderungen versteckt gehalten. Der Mensch ist für alle seine Taten vor Gott verantwortlich. In Ijobs Klage kommt die Qual des gefallenen Menschen zum Ausdruck, der sich von einem geheimnisvollen Willen abhängig weiß, statt sich frei in seinem eigenen Wesen entfalten zu können.
→10 15 *getränkt mit Elend* Korr.; M: „schauend (?) mein Elend".
→10 16 *Erheb' ich mich* S; M: „Erhebt es sich".
→10 17 *Überfälle* (Wörtlich: Feindschaft) Korr.; M: „Zeugen".
→10 17 *Stets frische Truppen kämpfen unablässig wider mich* S; M: „Ablösungen und ein Heer mit mir".
→10 20 *die Tage meines Lebens* Korr.; M: „meine Tage, und er höre auf".
→10 20 *Blick weg* Korr.; M: „Lege weg".
→10 21 *ins Land des Dunkels und des Schattens* Die Scheol, vgl. Nm 16 33+.
→10 22 *Finsternis* Danach Zusatz in M: „wie tiefe Nacht, dichter Schatten".
→10 22 *tiefe Nacht* (Oder: Dunkel) Übersetzt nach Ps 91 6.
→11 4 *mein Wandel* G; M: „meine Lehre".
→11 6 *Er zieht deine Schuld zur Rechenschaft* Korr.; M: „Gott gewährt deiner Schuld Vergessen".
→11 8 *Höher als der Himmel* V; M: „Himmelshöhen".
→11 10 Korr.; M: „Wenn er vorübergeht und gefangennimmt und zusammenruft, wer will ihm wehren?"

11 Er weiß die Menschen voller
Falschheit / und sieht die Sünde,
achtet drauf.
12 Sogar ein hohler Kopf kommt
zur Besinnung, / ein unbändiger Wild-
esel wird zahm.
13 Wenn du dein Inneres bereitest /
und deine Hände zu ihm breitest,
14 Wenn du aus deiner Hand das
Unrecht fortschaffst, / der Frevel
nicht in deinem Zelte wohnt,
15 Ja, dann kannst du dein Haupt
auch rein erheben, / stehst fest ge-
sichert, brauchst dich nicht zu fürch-
ten.
16 Denn dann wirst du das Un-
gemach vergessen / und denkst daran
wie an verlauf'ne Wasser.
17 Dann strahlt dein Leben heller
als der Mittag, / die Dunkelheit wird
wie der Morgen sein.
18 Du fühlst dich sicher, da die
Hoffnung bleibt, / bist wohlbeschirmt
und legst dich ruhig schlafen.
19 Willst du dich lagern, niemand
schreckt dich auf. / Doch viele sind's,
die deinem Antlitz schmeicheln.
20 Indes, der Frevler Augen
schmachten hin; / ihr Zufluchtsort
geht ihnen dann verloren; / ihr Hoffen
ist, das Leben auszuhauchen.

Die Weisheit Gottes zeigt sich besonders in seiner verheerenden Macht

12 1 Darauf erwiderte Ijob und
sprach:
2 Wahrhaftig, ihr seid doch ge-
scheite Leute. / Die Weisheit wird mit
euch noch untergehen.
3 Ich habe auch Verstand wie ihr. /
Nicht steh' ich hinter euch zurück. /
Wer wüßte wohl dergleichen nicht?
4 Ein Mann wird zum Gespött für
seine Freunde, / wenn er Gott anruft,
daß er ihm antworte. / Zum Spottlied
wird der Fromme, der Gerechte.
5 Dem Unglück Hohn, so denkt,
wer ohne Sorge ist. / Bereit ist er für
solche, deren Füße wanken.
6 Gesichert sind der Räuber Zelte /
und derer, die Gott reizen, voller Zu-
versicht, / die Gott in ihre Hände neh-
men.
7 Doch frage nur das Vieh, es wird
dich lehren; / des Himmels Vögel wer-
den es dir künden.
8 Was auf der Erde kriecht, wird
dich belehren! / Erzählen werden's
dir des Meeres Fische.
9 Wer kann aus alledem es nicht
erkennen, / daß Gottes Hand all dies
geschaffen hat?
10 In seiner Hand ruht aller Lebens-
odem / und eines jeden Menschen-
leibes Geist.
11 Soll denn das Ohr die Worte
nimmer prüfen, / gleichwie der Gau-
men auch die Speisen kostet?
12 Die Weisheit hält sich bei Er-
grauten auf, / und Einsicht birgt ein
langes Leben.
13 Bei ihm ist Weisheit und auch
Heldenkraft; / bei ihm verweilen Rat
und Einsicht.
14 Was er zerstört, wird nicht mehr
aufgebaut; / und wen er einschließt,
dem wird nicht geöffnet.
15 Wenn er die Wasser hemmt, ver-
siegen sie; / läßt er sie frei, durch-
wühlen sie das Erdreich.
16 Verstand und Einsicht sind ihm
eigen. / Sein ist der Irrende und der
Verführer.
17 Des Landes Ratsherrn schlägt er
ganz mit Dummheit / und macht zu
Toren noch die Richter.
18 Er löst den Gürtel los von Köni-
gen / und bindet einen Strick um ihre
Hüften.
19 Die Priester läßt er barfuß
gehen, / und nieder wirft er Mäch-
tige.

→11 11 *achtet drauf* Korr.; M: „er beachtet nicht".
→11 12 *ein unbändiger Wildesel* Wörtlich: ein Hengst von einem Wildesel.
→11 12 *wird zahm* Korr.; M: „wird geboren".
→11 13 *deine Hände zu ihm breitest* Die Haltung des Bittgebetes, vgl. Ex 9 29.33; 1 Kg 8 38; Js 1 15.
→11 18 *bist wohlbeschirmt* Korr.; M: „du spähst umher".
→11 20 *ihr Hoffen ist, das Leben auszuhauchen* Ebenso Ijob, der nichts mehr als den Tod erhofft, 3 21; 6 9; 10 21.
→12 2 *ihr seid doch gescheite Leute* Wörtlich: ihr seid (das) Volk.
→12 4 *Ein Mann wird zum Gespött* (Wörtlich: Er ist zum Gespött) G, S; M: „ich bin zum Gespött".
→12 9 *Gottes Hand* 7 Hss von M; M: „Jahwes Hand".
→12 10 Wenn Gott, wie alle Lebewesen bezeugen, der Urheber von allem ist, v. 7–10, dann muß auch die Verantwortung für die Herrschaft der Ungerechtigkeit auf ihn zurückgeführt werden, v. 4–6.
→12 12 Die bestallte Menschenweisheit mit ihren beschwichtigenden Grundsätzen ist nichts vor der Weisheit Gottes, der sich in machtvollem Handeln offenbart, v. 14–16, und die Großen und Mächtigen unter den Menschen zuschanden macht, v. 16–25.
→12 17 *Des Landes* G; fehlt in M.
→12 17 *schlägt er ganz mit Dummheit* Korr.; M: „läßt er barfuß gehen", vgl. v. 19.
→12 18 *Gürtel* Korr.; M: „Züchtigung".
→12 18 *Strick* Korr.; M: „Gürtel".

20 Die Sprache nimmt er den Bewährten fort, / und den Verstand entzieht er auch den Greisen.

21 Er gießt Verachtung auf die Edlen aus, / den Starken lockert er die Gürtel auf.

22 Verborgenes enthüllt er aus dem Dunkel / und zieht die Todesschatten an das Licht.

23 Er hebt die Völker und vernichtet sie, / er breitet Völker aus, dann wischt er sie hinweg.

24 Des Landes Führern nimmt er den Verstand, / läßt sie in wegeloser Wüste irren.

25 Sie tappen ohne Licht im Dunkel vorwärts / und taumeln wie Betrunkene dahin.

13 1 Seht! All das hat mein Auge wahrgenommen, / mein Ohr gehört und es sich wohl gemerkt.

2 Was ihr wißt, weiß ich auch. / Ich stehe euch nicht nach.

3 Doch ich will reden mit Schaddai; / mein Wunsch ist es, mit Gott zu rechten.

4 Ihr aber, ihr seid doch nur Lügentüncher, / nur Ärzte, die nichts taugen, allzumal.

5 Daß ihr doch völlig schweigen wolltet! / Es würde euch als Weisheit gelten.

6 Hört, bitte, doch auf meine Klagen! / Merkt auf das Streiten meiner Lippen!

7 Wollt ihr zugunsten Gottes Falsches reden / und seinetwegen gar noch Lügen sprechen?

8 Wollt ihr für ihn Partei ergreifen, / vielleicht für Gott als Anwalt streiten?

9 Ergeht es euch wohl gut, wenn er euch prüfte? / Wollt ihr ihn täuschen, wie man Menschen täuscht?

10 In harte Zucht wird er euch nehmen, / wenn im geheimen ihr parteiisch seid.

11 Wird seine Hoheit euch nicht schrecken / und nicht die Angst vor ihm euch überfallen?

12 Es sind doch eure Sprüche Aschensprüche. / Lehmschanzen nur sind eure Schanzen.

13 Schweigt still vor mir, auf daß ich reden kann! / Dann komme über mich, was kommen mag.

14 Mein Fleisch will ich in meinen Zähnen tragen; / mein Leben nehme ich in meine Hand.

15 Er töte mich! Ich habe keine Hoffnung. / Doch meinen Wandel werde ich vor ihm rechtfertigen.

16 Schon das muß mir zu meiner Rettung dienen; / denn vor sein Antlitz kann kein Frevler treten.

17 Wollt doch genau auf meine Worte hören! / In eure Ohren dringe meine Kunde!

18 Seht doch! Ich habe das Gericht bereitet. / Ich weiß recht wohl, daß ich im Rechte bin.

19 Wer ist es, der mit mir zum Rechtsstreit kommt? / Dann will ich gerne schweigen und verscheiden.

20 Vor zweierlei woll' mich bewahren! / Dann berge ich mich nicht vor deinem Antlitz.

21 Zieh deine Hand von mir zurück, / nicht soll die Angst vor dir mich schrecken!

22 Dann lade vor, und ich will Antwort stehen; / will ich dann sprechen, so entgegne du!

23 Wie groß sind meine Sünden und Vergehen? / Tu meine Schuld und Missetat mir kund!

24 Warum verhüllst du denn dein

→12 23 *dann wischt er sie hinweg* Korr.; M: „dann leitet er sie".

→13 6 Ijob kommt auf das Gerichtsverfahren zurück, vgl. v. 18 und 9 14+. Er will Gott selbst zur Rede stellen, die falschen Weisen aber, die sich dreist zu seinen Anwälten aufspielen, vom Rechtsverfahren ausschließen.

→13 14 Am Versanfang sind in M zwei Worte („was kommen mag", vgl. v. 13) zu tilgen. Die sprichwörtlich klingenden Wendungen bedeuten, daß man sein Leben riskiert, daß man alles aufs Spiel setzt, vgl. Ri 12 3; 1 Sm 19 5; 28 21.

→13 15 Ijob geht es nicht so sehr um den Wiedererhalt seines Glücks, sondern um die Wiederherstellung seiner Ehre in den Augen der Menschen und vor allem Gottes.

→13 18 *das Gericht bereitet* Ijob stellt sich eine Gerichtsverhandlung gegen Gott vor. Er läßt hier außer acht, daß es keinen Schiedsrichter über den Parteien gibt, 9 32–33. Er macht jetzt seinen Richter zum Prozeßgegner.

→13 19 Die anklagende Herausforderung, die Jahwe, Js 1 18; Hos 2 4; Mich 6 1–2, oder sein Knecht, Js 50 8, gegen das Gottesvolk richtete, hält Ijob nun umgekehrt Gott selbst vor. Der zweite Halbvers könnte ebenfalls eine Formel aus der Rechtssprache sein. Wer seine Gegner zum Rechtsstreit herausfordert, erkennt im voraus die Möglichkeit einer Niederlage und Bestrafung an. Dem stimmt Ijob im sicheren Bewußtsein seines Rechtes zu.

→13 20 *zweierlei* Die beiden Zugeständnisse, die Ijob erwartet, sind: 1. Er soll Gott gleichberechtigt gegenüberstehen und seine Freiheit wiederbekommen; 2. (eine Verfahrensfrage) Er soll als erster sprechen.

→13 24 *Warum verhüllst du denn dein Angesicht* Dadurch, daß Gott die Zeichen

Angesicht / und wertest mich als einen
Feind für dich?
25 Willst du denn ein verwehtes
Blatt aufscheuchen / und eine dürre
Stoppel noch verfolgen?
26 Denn du hast Bitterkeiten mir
verschrieben, / teilst mir die Sünden
meiner Jugend zu.
27 Du legtest meine Füße in den
Block, / bewachst auch alle meine
Pfade / und zeichnest einen Strich um
meiner Füße Sohlen.
28 Wie ein vermodernd Holz zer-
fällt mein Leben / und wie ein Kleid,
an dem die Motten nagen.

14 1 Der Mensch, vom Weib ge-
boren, / an Tagen arm, mit
Sorgen nur gesättigt:
2 Wie eine Blume blüht er und ver-
welkt, / entflieht dem Schatten gleich,
bleibt nicht bestehen.
3 Auch hältst du über ihn dein Auge
offen / und bringst ihn gar vor deinen
Richterstuhl.
4 Kann denn ein Reiner von Un-
reinem kommen? / Auch nicht ein
einziger!
5 Wenn fest bestimmt sind seine
Tage / und seiner Monde Zahl bei
dir, / ein Ziel du ihm gesetzt, das er
nicht überschreite,
6 Schau weg von ihm und laß ihn
nur, / bis er als Lohnknecht seine
Zeit gedient.
7 Denn für den Baum besteht noch
eine Hoffnung; / er treibt empor, auch
wenn er abgehauen; / sein Schößling
bleibt nicht aus.
8 Wenn seine Wurzel in der Erde
altert, / und selbst sein Stamm im
Boden stirbt,
9 Schon vom Geruch des Wassers
wird er sprossen / und treibt Gezweig
dem Setzling gleich hervor.
10 Der Mann dagegen stirbt und
sinkt dahin, / der Mensch verschei-
det. – Doch wo bleibt er?
11 Die Wasser schwinden aus dem
Meere, / der Fluß vertrocknet und
versiegt.
12 So legt der Mensch sich hin und
steht nicht auf; / die Himmel werden
untergehen, eh er erwacht, / eh er
aus seinem Schlaf geweckt wird.
13 O daß du mich verstecktest in
der Scheol, / mich bärgest, bis dein
Zorn sich wendet, / mir setztest eine
Frist und mein gedächtest!
14 Ja, stürb' der Mensch und lebte
wieder auf, / all meine Dienstzeit
wollt' ich gerne harren, / bis einer
kommt, mich abzulösen.
15 Du würdest rufen, und ich gäb'
dir Antwort. / Du würdest sehnen dich
nach deiner Hände Werk.
16 Dann wirst du meine Schritte
zählen, / wirst nicht mehr wachen über
meinen Fehltritt.
17 Versiegelt läg' im Beutel meine
Sünde; / du würdest meinen Frevel
übertünchen.
18 Doch wehe mir! So wie der Berg
schließlich zusammenstürzt; / der
Felsblock fort von seiner Stelle rückt;
19 Der Wassertropfen Steine aus-
höhlt, / der Wolkenbruch das Erd-

---

seiner freundlichen Zuneigung, seiner gnadenvollen Gegenwart verweigert.

→13 28 *mein Leben* Korr.; M: „er".

→14 1 *Der Mensch* Die folgende Klage über das Elend des Menschen schließt an den vorausgehenden Gedankengang (vgl. v. 28) an: Ijob, vgl. 7 1 f, sieht in seinem persönlichen Unglück das ganze Elend menschlichen Lebens; er folgert daraus in seiner Anklagerede das Argument: Gegen diese armselige Kreatur ist Gottes Strenge unbegreiflich.

→14 3 *bringst ihn* Korr.; M: „bringst mich".

→14 4 *nicht ein einziger* Danach Zusatz in T: „wenn dieser nicht Gott ist"; V: „wenn nicht du, der du der einzige bist". Ijob erkennt die bis in den Grund reichende Unreinheit des Menschen an, führt sie aber hier als Entschuldigung an.

→14 6 *laß ihn nur* Eine Hs von M; M: „daß er Ruhe finde".

→14 11–12 Diese eschatologischen Bilder rücken jede Möglichkeit eines Erwachens in unendliche Ferne; sie betonen, daß der Mensch ohne Hoffnung auf Rückkehr verschwindet. Die Erwartung einer Auferweckung am Ende der Zeiten liegt offenbar noch außerhalb des Horizontes des Verfassers, vgl. 19 25+.

→14 12 *werden untergehen* S, V (vgl. Js 51 6; Ps 102 27); M: „nicht".

→14 13 Von einer Rückkehr aus der Scheol nach dem Tode, vgl. 7 9+, wird nicht gesprochen, obwohl die vorgestellte Situation an eine solche Möglichkeit denken ließe. Der verzweifelte Ijob erhofft sich vielmehr ein sicheres Versteck an der einzigen Stätte, die er sich außerhalb der Erde vorzustellen vermag, denn der Himmel ist Gott vorbehalten, vgl. Ps 115 16. Wenn Ijob sich irgendwo verbergen könnte, solange sich Gottes Zorn entlädt, dann würde er wieder dem Angesicht eines gnädigen Gottes begegnen. Diese Situation wird in v. 14–17 entwickelt: auf der einen Seite Ijob, der auf seine „Ablösung" wartet; auf der anderen Seite Gott, der sich, nachdem sein Zorn vergangen ist, danach sehnt, Ijob wiederzusehen. Dann, nach der völligen Vergebung der möglichen Sünden, würde von Schuld nicht mehr die Rede sein.

→14 18 *wie der Berg schließlich zusammenstürzt* G, S; M: „wie ein Berg fallend zerfällt".

→14 19 *der Wolkenbruch* Korr.

reich fortschwemmt, / so lässest du
dem Menschen keine Hoffnung.
20 Für immer schlägst du ihn zu
Boden – er geht dahin; / sein Antlitz
wandelst du und schickst ihn fort.
21 Sind seine Kinder auch geehrt,
er weiß es nicht; / sind sie verachtet,
er bemerkt es nicht.
22 Sein Leib empfindet nur die eig'-
nen Schmerzen, / es trauert seine Seele
einzig um ihr Leben.

2. ZWEITER GANG DES REDESTREITES

Ijob verurteilt sich durch seine Sprache

15 1 Da entgegnete Eliphas aus
Teman und sprach:
2 Antwortet denn ein Weiser nur
mit hohlem Wissen? / Füllt er sein
Inneres mit Sturmwind an,
3 Zu rechten mit Gerede, das nicht
taugt, / mit Worten, welche keinen
Nutzen schaffen?
4 Du brichst sogar die Gottes-
furcht, / zerstörst vor Gott die An-
dachtsstille.
5 Doch deine Schuld macht deinen
Mund beredt; / die Sprache von Ver-
schmitzten wählest du.
6 Nicht ich –, dein eigner Mund
verdammt dich ja, / und deine Lippen
zeugen wider dich.
7 Bist du als erster Mensch ge-
boren? / Kamst du zur Welt schon
vor den Hügeln?
8 Hast du gelauscht in Gottes Rats-
versammlung? / Hast du die Weisheit
ganz an dich gerissen?
9 Was weißt denn du, das wir nicht
selber wissen, / verstehst du, was man
nicht auch uns gegeben?
10 Bei uns verweilen Greise und
Ergraute, / die älter sind an Tagen
als dein Vater.
11 Ist zu gering dir Gottes Trö-
stung, / das Wort, das sanft mit dir
verfuhr?
12 Warum nur reißt dein Herz
dich fort, / und warum rollen deine
Augen,
13 Daß gegen Gott du deinen Zorn
gewandt / und Worte du mit deinem
Munde aussprichst?
14 Was ist der Mensch, daß rein er
sei, / der Weibgeborne, daß gerecht
er sei?
15 Sieh doch! Selbst seinen Engeln
traut er nicht, / die Himmel sind nicht
rein in seinen Augen.
16 Viel weniger ein ganz Verdorbe-
ner, / ein Mensch, der Frevel trinkt
wie Wasser!
17 Ich will dir künden, höre du mir
zu! / Was ich geschaut, will ich er-
zählen,
18 Was weise Menschen zu ver-
künden wußten / und ihre Väter ihnen
nicht verhehlten.
19 Das Land ward ihnen nur allein
gegeben; / kein Fremdling zog umher
in ihrer Mitte.
20 Der Frevler leidet Qualen alle
Tage, / die kurze Zeit, die dem Tyran-
nen zugeteilt.
21 In seinen Ohren hallen Schrek-
kensrufe, / in Friedenszeit kommt der
Verwüster über ihn.
22 Er kann nicht hoffen, aus dem
Dunkel zu entfliehen; / denn er ist
ausersehen für das Schwert,
23 Er ist bestimmt zum Fraß des
Geiers; / er weiß, daß ihn sein Unter-
gang bedroht.
Der Tag der Finsternis 24 wird ihn
aufschrecken; / es überwältigen ihn
Not und Drangsal; / sie packen ihn
gleichwie ein kampfbereiter König.
25 Denn gegen Gott erhob er seine
Hand, / und vor Schaddai war er so
kühn zu trotzen.
26 Er rannte wider ihn mit steifem

→14 22 *um ihr Leben* (Wörtlich: um sie) Korr.; M: „um ihn". Der Mensch behält also in der Scheol ein gewisses Selbstbewußtsein, vgl. Nm 16 33+. Vielleicht will der Verfasser auch sagen, daß dieses Schattenwesen nur an sich denkt und nur die eigenen Schmerzen fühlt, oder auch, daß es mit Bedauern an sein leibliches Dasein zurückdenkt.

→15 6 Ijob verrät sich durch sein Reden: Seine Unschuldsbeteuerungen verraten die Sorge, eine Schuld zu verheimlichen.

→15 7 In der ersten Frage wird Ijob dem Urmenschen gegenübergestellt; dieser hätte als Meister der Weisheit auftreten können. Die zweite Frage bringt eine Steigerung; sie scheint ihn der Weisheit selbst gegenüberzustellen, die vor den Hügeln geboren ward, Spr 8 25, und seitdem in der himmlischen Ratsversammlung zugegen ist, Spr 8 22–31, vgl. Ib 28 23–27; Weish 8 3–4.

→15 14 Eliphas nimmt einen Gedanken, den er schon einmal äußerte, 4 17, und von dem auch Ijob sprach, 14 4, wieder auf, aber in einer anderen Bedeutung. Die radikale Unreinheit des Menschen wird nicht mehr als Grund für seine Hinfälligkeit, 4 17–19, noch als Entschuldigung für unvermeidliche Fehler angesehen, 14 1–4, sondern als Wurzel schwerer Sünden, die in „Frevel", V. 16, enden.

→15 22 *ausersehen* Korr.

→15 23 *ist bestimmt* Korr.; M: „irrt umher".

→15 23 *des Geiers* G.

→15 23 *sein Untergang* G; M: „in seiner Hand".

Nacken / und mit den festen Buckeln
seiner Schilde.
27 Denn er bedeckte sein Gesicht
mit Fett, / die Lenden füllte er mit
Feistigkeit.
28 Er wohnte in zerstörten Städten, /
in Häusern, die nicht mehr bewohn-
bar sind; / was er für sich bereitet hat,
zerfällt in Trümmer.
29 Er bleibt nicht reich, sein Gut
hat nicht Bestand; / und auf die Erde
wirft er keinen Schatten mehr.
30 Die Flammenglut dörrt seinen
Schößling aus, / und durch den Wind
fällt seine Blüte ab.
31 Er baue nicht auf seinen hohen
Wuchs, / denn sein Erwerb wird nur
Enttäuschung sein.
32 Bevor sein Tag gekommen, wird
seine Ranke welken, / und seine
Zweige werden nicht mehr grünen.
33 Er stößt die sauren Trauben wie
ein Weinstock ab, / wirft wie der
Ölbaum seine Blüten fort.
34 Unfruchtbar ist der Frevler
Sippe, / des Unrechts Zelte zehrt das
Feuer auf.
35 Von Mühsal schwanger, brin-
gen sie nur Unheil, / ihr Schoß kann
Lüge nur erzeugen.

Von der Ungerechtigkeit der Menschen zur Gerechtigkeit Gottes

16 1 Darauf entgegnete Ijob und
sprach:
2 Genug dergleichen habe ich ge-
hört. / Ihr alle seid Tröster.
3 Gibt es für eitle Reden denn kein
Ende? / Was reizte dich, mir zu ent-
gegnen?
4 Auch ich verstände es, wie ihr zu
reden. / Wärt ihr doch erst an meiner
Stelle, / ich könnte euch mit Worten
überhäufen / und über euch das Haupt
schon schütteln.
5 Ich wollte euch mit meinen Wor-
ten stärken; / und dann aufhören,
meine Lippen zu bewegen.
6 Wenn ich auch reden würde, /
so weicht mein Schmerz nicht von
mir fort. / Und hör' ich auf, was würd'
ich dann verlieren?
7 Jetzt hat die Bosheit mich er-
schöpft, / denn eine ganze Schar
8 hat mich gepackt;
Sie stellt sich als Belastungszeuge
wider mich, / zur Antwort schmäht
sie mich ins Angesicht.
9 Sein Zorn zerreißt mich und be-
fehdet mich. / Mit seinen Zähnen
knirscht er wider mich. / Mein Gegner
schärft sein Auge gegen mich.
10 Sie sperren wider mich ihr Maul
auf, / und schmachvoll schlagen sie
auf meine Wange. / Sie alle rotten
sich gen mich zusammen.
11 Gott liefert mich den Ungerech-
ten aus / und läßt mich in die Hand
der Sünder fallen.
12 Ich lebte glücklich, da zerbrach
er mich. / Er packte mich am Nacken
und zerschlug mich. / Er stellte mich
zum Zielpunkt auf für sich.
13 Es schwirren seine Pfeile rings
um mich, / und schonungslos durch-
bohrt er meine Nieren; / er schüttet
meine Galle aus zur Erde.
14 Er reißt in mir nun Bresche über
Bresche, / und wie ein Krieger stürmt
er wider mich.
15 Auf meine Haut näht' ich ein
Trauerkleid / und senkte in den Staub
hinein mein Horn.
16 Gerötet ist mein Angesicht vom
Weinen, / und Todesschatten ruht
auf meinen Wimpern,
17 Obwohl kein Unrecht klebt an
meinen Händen / und mein Gebet
ganz ohne Makel war.
18 Bedecke, Erde, nicht mein Blut! /

→1528 *was er für sich bereitet hat* Korr.; M: „die bereit sind zu".
→1529 *Schatten* G.
→1530 Zusatz in M am Versanfang: „Er wird der Finsternis nicht mehr entweichen", vgl. V. 22A.
→1530 *fällt . . . ab* Korr.; M: „es weicht".
→1530 *seine Blüte* G; M: „sein Mund".
→1531 *auf seinen hohen Wuchs* Korr.; M: „auf Trug, er wird verführt".
→1532 *seine Ranke* Von V. 31 zu V. 32 gezogen und nach G übersetzt.
→1532 *welken* Üss; M: „angefüllt".
→164 *überhäufen* Korr.; M: „(schöne Worte) formen".
→164 *das Haupt . . . schütteln* Geste des Beileids oder auch der Verachtung bzw. des Spottes.
→165 *aufhören* Korr.
→166 Im Unterschied zu seinen Tröstern, die an seinem Schicksal nur in Worten Anteil nehmen, leidet Ijob unaufhörlich, ob er spricht oder ob er schweigt. So rechtfertigt er den Ton seiner Äußerungen, vgl. 626, gegen Eliphas, vgl. 155–6.
→167–8A Korr.
→168C *schmäht* Korr.
→1611 *den Ungerechten* Üss; M: „dem Schurken".
→1618 Das Blut schreit, solange es nicht mit Erde bedeckt ist, zu Gott um Rache, Gn 410; 3726; Js 2621; Ez 248. Der zu Tode getroffene Ijob will, daß unaufhörlich der Ruf ertöne, seine Sache zu rächen: durch sein Blut auf der Erde und durch den Schrei seines Gebetes bei Gott. Dieses Gebet, das personifiziert wird, vgl. Ps 7911; 883; 1022; Klgl 344, soll sein Zeuge und sein Anwalt vor Gott sein. In 1925f soll Gott selbst Ijobs Verteidiger sein.

Mein Rufen findet keine Ruhstatt!
19 Auch jetzt noch schaut: Im
Himmel ist mein Zeuge. / Noch lebt
mein Eideshelfer in der Höhe.
20 Mein Rufen ist mein Fürsprecher
bei Gott, / und währenddessen fließen
vor ihm meine Tränen.
21 Er schaffe gegen Gott dem Men-
schen Recht, / dem Manne gegenüber
seinem Freunde!
22 Denn nur noch wenig Jahre
kommen, / dann ziehe ich den Pfad,
wo's keine Rückkehr gibt.
17 1 Mein Lebensodem ist ge-
brochen, / um meinetwillen
sammeln sich die Totengräber.
2 Fürwahr, der Spötter Ziel bin ich
geworden. / Bei ihrem Hader muß
mein Auge weilen.
3 Leg für mich nieder doch ein
Pfand bei dir! / Wer sollte denn mir
sonst den Handschlag geben?
4 Denn du hast doch ihr Herz ver-
schlossen vor der Einsicht, / und so
erhebt sich keine Hand.
5 Die Freunde lädt man ein zur
Beuteteilung; / doch schmachten hin
der eignen Kinder Augen.
6 Zum Spottlied machte man mich
für die Leute. / Ich ward ein Mann,
dem man ins Antlitz speit.
7 Es werden trüb vor Kummer
meine Augen, / meine Glieder schwin-
den wie ein Schatten.
8 Darüber sind die Frommen ganz
entsetzt, / des Sünders wegen sind
empört die Reinen.
9 Doch der Gerechte steht zu sei-
nem Wandel; / wer reine Hände hat,
gewinnt an Kraft.
10 Wohlan, so tretet alle wieder
her! / Doch find' ich keinen Weisen
unter euch.
11 Es schwinden meine Tage hin, /
fern liegen meine Pläne, / die Fasern
meines Herzens sind zerrissen.
12 „Die Nacht – sagt man – wird
weichen vor dem Tag, / das Licht sei
nahe, das die Dunkelheit vertreibt."
13 In der Scheol zu wohnen, das ist
meine Hoffnung, / mein Lager aus-
zubreiten in der Finsternis.
14 Zum Grabe spreche ich: „Du
bist mein Vater"; / und zum Ge-
würme: „Meine Mutter, meine Schwe-
ster!"
15 Wo bleibt denn eine Hoffnung
noch für mich? / Mein Glück – wer
kann es noch erspähen?
16 Gehn sie vereint mit mir hinab
in die Scheol, / und sinken wir zu-
sammen in den Staub?

Der Zorn vermag nichts gegen die Ordnung der Gerechtigkeit

18 1 Da antwortete Bildad von
Schuach und sprach:
2 Wann endlich willst du deine
Rede enden? / Glaubst du, wir zöger-
ten zu reden?
3 Was achtest du uns gleich dem
Vieh, / und warum gelten wir als un-
vernünft'ges Tier in deinen Augen?
4 Wenn du in deinem Zorne dich
zerfleischest, / soll deinetwegen sich
das Land entvölkern? / Soll denn der
Fels von seiner Stelle rücken?
5 Jedoch des Sünders Licht ver-
löscht, / und seines Feuers Flamme
glänzt nicht mehr.

→1620 *Mein Rufen ist mein Fürsprecher* Korr.; M: „Meine Freunde sind es, die mich verspotten"; G: „Es möge mein Gebet zu Gott gelangen".
→1620 *vor ihm* G; fehlt in M.
→1622 Hofft Ijob, vor seinem Tode gerechtfertigt zu werden, und wünscht er, daß Gott sein Rufen hört, weil es Zeit sei? Oder stößt er vielmehr eine solche Lösung als trügerisch von sich, und erwartet er nichts mehr als sein nahes Ende?
→171 Korr.; M: „Mein Lebenshauch ist ausgeschöpft, ausgelöscht sind meine Tage, für mich die Gräber".
→173 *Handschlag* Rechtsbrauch. Durch den Handschlag, vgl. Spr 61; 1718; 2226; Sir 2914–20, setzte sich der Bürge an die Stelle des Schuldners, um dessen Freilassung aus der Schuldhaft zu erwirken, und hinterlegte eine Bürgschaft, ein Pfand. Angesichts der Gleichgültigkeit seiner Freunde scheint Ijob Gott zu bitten, sich selbst zu seinem Bürgen zu machen.
→174B Korr.
→176 *Zum Spottlied* Üss; M: „um zu herrschen".
→177 *schwinden* Korr.; M: „sie alle".
→178 *sind die Frommen ganz entsetzt* Biblischer Ausdruck für das Erschrecken, das die göttliche Bestrafung der Schuldigen bei denen hervorruft, die hierfür Zeugen werden. So die Freunde Ijobs: Angesichts seiner Leiden erbauen sie sich – gemäß den herkömmlichen Vorstellungen – an der Gerechtigkeit Gottes. Ijob spottet über solche hergebrachte Weisheit und Frömmigkeit.
→1711 *fern liegen meine Pläne* Korr.
→1712 *vertreibt* Korr.
→1715 *Mein Glück* G; M: „Meine Hoffnung".
→1716 *mit mir* G; M: „die Riegel (der Scheol)".
→1716 *sinken wir* G; M: „die Ruhe".
→182 *willst du* G; M: „wollt ihr".
→182 *Glaubst du, wir zögerten zu reden* Korr.; M: „Besinnt euch, und dann reden wir".
→183 *als unvernünft'ges Tier* 3 Hss von M; M: „als unrein".
→185 *Licht* In der Weisheitsliteratur oft Sinnbild für ein glückerfülltes Leben.

6 Das Licht verfinstert sich in seinem Zelt, / und seine Lampe über ihm erlischt.
7 Gehemmt sind seine festen Schritte; / sein eigner Plan bringt ihn zu Fall.
8 Denn er gerät ins Netz mit seinen Füßen, / und auf dem Flechtwerk wandelt er dahin.
9 Das Klappnetz faßt ihn an der Ferse, / der Fallstrick klammert sich an ihn.
10 Sein Fanggarn liegt verborgen schon am Wege; / die Falle steht bereit für ihn am Boden.
11 Die Schrecken überfallen ihn ringsum / und drängen stets ihm auf dem Fuße nach.
12 Der Hunger wird sein Weggenosse; / das Unheil steht bereit zu seinem Sturz.
13 Es frißt die Krankheit seine Haut, / des Todes Erstgeburt verschlingt die Glieder.
14 Man jagt ihn aus dem Zelt, dem er vertraut, / und treibt ihn zu dem Schreckenskönig hin.
15 Jetzt läßt im Zelt sich Lilit nieder, / und über seine Wohnstatt streut man Schwefel.
16 Verdorrt sind unten seine Wurzeln, / und oben trocknen seine Zweige.
17 Sein Angedenken schwindet von der Erde; / kein Name bleibt ihm auf den Fluren mehr.
18 Vom Lichte stößt man ihn ins Dunkel / und jagt ihn fort vom Erdenrunde.
19 Er hat nicht Schoß noch Sproß in seinem Volke; / und niemand bleibt auf seinen Triften übrig.
20 Ob seines Tages schaudern die vom Westen, / und die vom Osten packt das Grauen.
21 Fürwahr, so geht's der Wohnung eines Frevlers, / der Stätte dessen, der auf Gott nicht achtet.

Der Sieg des Glaubens in der Verlassenheit von Gott und den Menschen

19 1 Da entgegnete Ijob und sprach:
2 Wie lange wollt ihr mich noch peinigen, / mit Worten mich zermalmen?
3 Schon zehnmal habt ihr mich geschmäht. / Ihr schämt euch nicht, mich zu mißhandeln.
4 Selbst wenn ich wirklich mich verfehlte / und ich in meinem Irregehn verweilte,
5 Wollt ihr euch wirklich über mich erheben / und meine Schande mir entgegenhalten?
6 Erkennet doch, daß Gott mein Recht gebeugt / und er mit seinem Netze mich umgarnte!
7 Schrei' ich: Gewalt, so find' ich keine Antwort; / ruf' ich um Hilfe, gibt es doch kein Recht.
8 Unübersteigbar hat er meinen Weg vermauert, / auf meine Pfade hat er Finsternis gelegt.
9 Mein Ehrenkleid hat er mir abgenommen / und meines Hauptes Krone fortgerissen.
10 Ringsum zerbrach er mich, daß ich nun scheide, / riß meine Hoffnung aus wie einen Baum.
11 Sein Zorn entbrannte wider mich; / er schätzt mich ein als seinen Feind.
12 Vereint nun rücken seine Scharen an, / sie schütten ihren Sturmwall wider mich / und lagern sich rings um mein Zelt.
13 Fern halten meine Brüder sich von mir, / und ganz entfremdet sind mir die Bekannten.
14 Fern bleiben, die mir nahe waren und bekannt; / die Gäste meines Hauses haben mich vergessen.
15 Selbst meine Mägde sehn mich an als Fremden; / ein Fremdling bin ich nun in ihren Augen.
16 Ich rufe meinen Knecht, er gibt

→1812 *Der Hunger wird sein Weggenosse* Korr.; M: „Es hungert seine Kraft".
→1813 *Es frißt die Krankheit seine Haut* Korr.; M: „Es frißt Stücke seiner Haut".
→1813 *des Todes Erstgeburt* Wahrscheinlich die Krankheit, die als die schlimmste galt, die Pest.
→1815 *Lilit* Korr.; M: „(Du wirst sein Zelt bewohnen), das ihm nicht mehr gehört". Der „Schreckenskönig", eine Gestalt der orientalischen und griechischen Mythologie (Nergal, Pluton usw.), scheint hier über dämonische Geister zu befehlen; diese sind wie Furien, die sich auf die Missetäter bereits zu deren Lebzeiten stürzen (vgl. 1520). Lilit, eine andere Gestalt des Volksglaubens, wäre dann ein weiblicher Dämon, vgl. Js 3414. Schwefel bewirkt oder versinnbildet Unfruchtbarkeit, hier ist er vielleicht ein Desinfektionsmittel.
→194 Ein Fehltritt würde das Leiden entschuldigen, vgl. 624+. G fügt hinzu: „indem ich Worte sprach, die sich nicht gehören, und Reden, die verfehlt und nicht zur rechten Zeit".
→196 *er mit seinem Netze mich umgarnte* Nicht etwa Ijob, der sich selbst im Netz seiner Verfehlungen verfangen würde, vgl. 188.
→1913 *Fern halten meine Brüder sich von mir* G, S; M: „Er hat meine Brüder von mir entfernt".
→1914 *die Gäste meines Hauses* Vom Anfang von v. 15 zu v. 14 gezogen.

nicht Antwort; / mit guten Worten muß ich ihn anflehen.

17 Mein Atem ist zuwider meinem Weibe, / und übel rieche ich den eig'nen Brüdern.

18 Sogar die Buben, sie verachten mich; / erheb' ich mich, dann höhnen sie mir nach.

19 Mich fliehen nun, die Umgang mit mir pflegten; / selbst die ich liebte, sind mir feind gesinnt.

20 Mein Fleisch verwest mir unter meiner Haut, / und mein Gebein ist bloßgelegt wie Zähne.

21 Erbarmt, erbarmt euch meiner, meine Freunde! / Denn Gottes Hand hat mich getroffen.

22 Warum verfolgt ihr mich wie Gott, / und werdet doch an meinem Fleisch nicht satt?

23 O würden meine Worte aufgeschrieben! / O würden sie in einer Inschrift aufgezeichnet!

24 O würden sie mit Eisenmeißel und mit Griffel / für ewig in den Felsen eingegraben!

25 Ich weiß gewiß, daß mir ein Anwalt lebt. / Als Letzter tritt er auf dem Staube auf.

26 Bin ich erwacht, dann läßt er mich bei sich erstehen; / ich werde Gott – aus meinem Fleische – schauen.

27 Ihn werd' ich schauen, er wird für mich sein; / den meine Augen sehen, wird kein Fremder sein. / Und meine Nieren in mir sehnen sich . . .

28 Denkt ihr: ‚Wie sollen wir ihn jagen, / in ihm der Sache Wurzel finden!'

29 So fürchtet euch doch vor dem Schwerte; / denn es bekämpft der Zorn die Sünden. / Bedenkt: Es gibt noch einen Richter!

Die Ordnung der Gerechtigkeit ist ohne Ausnahme

20 1 Da erwiderte Zophar aus Naama und sprach:

2 Hierauf entgegnet mir mein Denken, / und deshalb ist in mir dies Drängen.

3 Schmachvolle Rüge muß ich hören, / ein Wind gibt Antwort meiner Einsicht.

4 Weißt du das schon von Urzeit an, / seitdem es Menschen gibt auf Erden?

5 Fürwahr, des Frevlers Jubel währt nicht lange, / des Sünders Lust nur einen Augenblick.

6 Wenn auch sein Stolz zum Him-

→19 17 *den eig'nen Brüdern* Wörtlich: die Söhne meines Schoßes, d. h. die Kinder desselben Mutterleibes.

→19 20 Korr.; M: „An meiner Haut und meinem Fleisch hängt mein Gebein, und ich entkomme mit der Haut von meinen Zähnen".

→19 24 *mit Griffel* Korr.; M: „Blei".

→19 25–27 Nach M übersetzt, v. 26 Korr. (M verderbt). Üss bieten andere Lesarten. G: „Ich weiß, daß ewig ist, der mich befreien soll, (um) auf Erden wiederherzustellen *(anastesai)* meine Haut, die solches leidet. Denn von dem Herrn her ist das mir erfüllt worden, was ich selbst erkennen werde, was mein Auge sah und nicht ein anderer"; S: „Ich weiß, daß mein Erlöser lebt und daß er am Ende auf Erden erscheinen wird. Und diese Dinge umgeben meine Haut und auch mein Fleisch. Wenn meine Augen Gott schauen, werden sie das Licht schauen"; V: „Ich weiß, daß mein Erlöser lebt, und am letzten Tage werde ich von der Erde auferstehen; aufs neue werde ich umgeben sein von meiner Haut, und in meinem Fleische werde ich meinen Gott schauen. Ihn werde ich selbst schauen, und meine Augen werden sehen, und nicht ein anderer."

→19 25 *ein Anwalt* Hebräisch: *goël* (wörtlich: Löser), ein Fachausdruck der Rechtssprache Israels, vgl. Nm 35 19+. Er wird oft auf Gott angewendet, den „Erlöser" seines Volkes und Rächer der Unterdrückten. Das rabbinische Judentum übertrug ihn auf den Messias, daher wohl die Übersetzung von V: „mein Erlöser". – Der von seinen Freunden geschmähte und verurteilte Ijob erwartet einen Anwalt, der diesmal (vgl. 16 18–21+) kein anderer als Gott selbst ist. Ijob glaubt weiterhin, daß sein Glück dahin und sein Tod nahe ist: Gott wird, um seine Sache zu rächen, erst nach seinem Tode eingreifen. Dennoch hofft Ijob, das zu erleben, seinen Rächer zu „sehen". Nachdem er sich bereits die Möglichkeit eines Wartens in der Scheol während der Zeit des Zornes vorstellen konnte, 14 10–14, scheint er hier in einem aufspringenden Glauben an den Gott, der aus der Scheol zurückkehren lassen kann (vgl. 1 Sm 2 6; 1 Kg 17 17–24; Ez 37), mit einer vorübergehenden Rückkehr ins leibliche Leben für die Zeit der Rache zu rechnen. Ijobs Glaube überspringt gleichsam für einen kurzen Augenblick die unübersteigbaren Grenzen des menschlichen Todesloses, um seinem Gerechtigkeitsbedürfnis in einer verzweifelten Lage zu genügen; dies ist ein Vorspiel auf die ausdrückliche Offenbarung von der Auferstehung des Fleisches, vgl. 2 Makk 7 9+.

→19 25 *tritt er auf* Ausdruck aus der Rechtssprache, oft auf den Zeugen oder den Richter angewendet, 31 14; Dt 19 16; Js 2 19.21; Ps 12 6.

→19 25 *Als Letzter* Erinnert an Js 44 6; 48 12.

→20 6 Das AT macht manche, mythisch geprägte Anspielung auf den titanenhaften Stolz des Urmenschen, vgl. Ez 28 2.17; Js 14 13–14; Gn 11 4.

mel steigt, / sein Haupt bis an die
Wolken reicht,
7 Gleichwie sein Kot verschwindet
er auf immer; / und die ihn sahen,
sprechen: Wo ist er?
8 Gleich einem Traum verfliegt er
unauffindbar, / und wie ein Nacht-
gesicht entflieht er.
9 Das Auge schaute ihn – doch nun
nicht mehr; / und es erblickt ihn nicht
mehr seine Stätte.
10 Entschädigen die Armen müssen
seine Söhne, / sein Gut zurückerstatten
müssen seine Kinder.
11 Ist sein Gebein auch voller
Jugendkraft, / sie muß doch mit ihm
in den Staub sich legen.
12 Schmeckt auch das Böse süß in
seinem Munde, / daß er es unter seiner
Zunge birgt,
13 Und damit spart, es nicht mehr
losläßt, / an seinem Gaumen es zurück-
behält, /
14 In seinen Eingeweiden wandelt
sich die Speise, / zu Natterngift wird
sie in seinem Innern.
15 Den Reichtum fraß er – speit ihn
wieder aus; / aus seinem Leibe treibt
ihn Gott heraus.
16 Das Gift der Otter sog er ein, /
der Nattern Zunge tötet ihn.
17 Er kann nicht froh mehr schaun
des Öles Bäche, / die Ströme voller
Milch und Honig.
18 Was er gewann, gibt er zurück,
genießt es nicht, / erfreut sich am
Ertrage seines Handels nicht.
19 Denn er zertrümmerte der Ar-
men Hütten / und riß ein Haus an
sich, das er nicht baute.
20 In seinem Innern kannt' er kein
Genüge; / drum werden seine Schätze
ihn nicht retten.
21 Nichts kann entgehen seiner
Freßgier; / deswegen ist sein Glück
auch nicht von Dauer.
22 Er kommt in Not in seines Reich-
tums Fülle; / des Unheils ganze Wucht
kommt über ihn.
23 Gott sendet auf ihn seines
Zornes Glut, / läßt Pfeile auf ihn
regnen.
24 Entflieht er vor der Eisenwaffe, /
durchbohrt der Bogen ihn, aus Erz
geformt.
25 Ein Pfeil fährt ihm aus seinem
Rücken, / aus seiner Galle dringt
die Spitze, blitzend.
Der Schrecken Schatz ergießt sich
über ihn, /
26 und alle Finsternisse
werden für ihn aufgespart.
Ihn frißt ein Feuer, das nicht an-
gefacht, / verzehrt, was übrigblieb
in seinem Zelt.
27 Der Himmel wird enthüllen
seine Schuld, / die Erde wird sich
wider ihn erheben.
28 Sein Haus wird von der Flut
hinweggewälzt, / am Tag des Zornes
fortgeschwemmt.
29 Das ist das Los des Frev-
lers, das ihm Gott bestimmt, / sein
Erbteil, das ihm Gott hat zugewiesen.

Widerlegung durch die Tatsachen

21
1 Darauf erwiderte Ijob und
sprach:
2 Nun hört doch aufmerksam auf
meine Worte! / Darin bestehe euer
Trösten.
3 Ertraget mich, dann will ich
reden! / Nach meiner Rede mögt ihr
spotten.
4 Geht meine Klage etwa gegen
Menschen? / Warum soll ich nicht
ungeduldig werden?
5 So wendet euch mir zu! Ent-
setzet euch! / Die Hand legt auf den
Mund!
6 Denk' ich daran, bin ich bestürzt, /
und meinen Leib erfaßt ein Schauder.
7 Warum denn bleiben Frevler noch
am Leben? / Sie werden alt, sind rüstig
und gesund.

→2010 *seine Kinder* Korr.; M: „seine Hände".
→2017 *des Öles* Korr.; M: „der Ströme".
→2018 *genießt es nicht* Korr.; M: „er verschlingt es nicht".
→2018 *Was er gewann* Korr.; M: „den Arbeitsertrag".
→2019 *Hütten* Korr. nach G; M: „er verließ".
→2020–21 Die Reihenfolge des Textes scheint gestört; sie weicht in G ab.
→2020 *drum werden seine Schätze ihn nicht retten* Korr.; M: „durch sein Verlangen wird er nicht retten".
→2023 Zusatz in M am Versanfang: „Während er seinen Bauch füllt"; fehlt in G.
→2023 *Pfeile* Korr.; M: „auf ihn". Die gleichen Bilder beschreiben auch die Bestrafung Israels oder der Völker, nicht nur eines einzelnen.
→2025 *Ein Pfeil* G; M: „Er zieht heraus".
→2025 *aus seinem Rücken* S; M: „aus ihrem Rücken".
→2025 *Schatz* Von V. 26A zu V. 25 gezogen.
→2026 *alle Finsternisse* Die Finsternisse der Scheol; ein Vorgeschmack darauf war die ägyptische Finsternis, Ex 1021–22.
→2026 *ein Feuer* Der Blitz.
→2028 *hinweggewälzt* Wie bei der Sintflut. Vers 28A Korr.
→215 *Die Hand legt auf den Mund* Ausdrucksvolle Geste des Schweigens, wenn jedes Wort überflüssig oder unklug erscheint.

8 Vor ihnen stehn die Kinder fest-
gegründet, / und ihre Sprößlinge ge-
deihn vor ihren Augen.
9 Gesichert vor Gefahr sind ihre
Häuser, / und Gottes Rute kommt
nicht über sie.
10 Ihr Stier bespringt und nicht
vergebens; / und ihre Kuh tut keinen
Fehlwurf.
11 Die Buben lassen sie hinaus wie
Lämmer, / und ihre Kinder springen
wie die Hirsche.
12 Zur Pauke und zur Zither singen
sie / und jubeln bei dem Klang der
Flöte.
13 Sie bringen ihre Tage hin in
Glück, / in Frieden steigen sie hinab
in die Scheol.
14 Sie sprachen doch zu Gott:
Bleib von uns fern! / Von deinen
Wegen wollen wir nichts wissen.
15 Was ist Schaddai, daß wir ihm
dienen? / Und welchen Nutzen bringt
es, wenn wir zu ihm beten?
16 Ist nicht in ihrer eignen Hand ihr
Glück? / Der Frevler Planen liegt ihm
fern.
17 Wie oft erlischt der Frevler
Leuchte, / kommt ihr Verderben über
sie, / zerstört er zornig ihren Reich-
tum,
18 Daß sie wie Häcksel vor dem
Winde werden, / wie eine Spreu, vom
Sturme weggefegt?
19 Spart Gott sein Unheil seinen
Söhnen auf? / Er zahl' ihm heim,
damit er es erkenne!
20 Sein Unglück sollen seine Augen
schauen; / vom Zorn Schaddais soll
er doch trinken!
21 Was kümmert's ihn, wie's sei-
nem Hause nach ihm geht, / wenn
seiner Monde Zahl vollendet ist?
22 Will jemand Gott denn Einsicht
lehren, / da er doch selbst die Engel
richtet?
23 Der stirbt inmitten seines Glük-
kes, / ganz sorgenfrei und ruhig.
24 Vom Fette strotzen seine Len-
den, / sein Knochenmark ist wohl-
getränkt.
25 Ein andrer stirbt mit bitterm
Herzen; / nie hat er Gutes je ver-
kostet.
26 Zusammen liegen sie im Staube, /
und beide deckt der Moder zu.
27 Seht! Was ihr denkt, das weiß
ich, / die Pläne, die ihr gen mich
heget.
28 Fürwahr, ihr denkt: ‚Wo ist
des Fürsten Wohnung / und wo das
Zelt der Frevler?'
29 Habt ihr denn nicht die Wanderer
gefragt? / Und habt ihr ihre Zeichen
nicht verstanden:
30 „Der Sünder, der verschont ward
bis zum Unglückstag, / am Tag des
Zornes wird er hingerafft"?
31 Wer sagt ihm seinen Wandel ins
Gesicht? / Und wer vergilt es ihm,
was er getrieben?
32 Zur Gräberstatt gibt man ihm
das Geleite, / und für den Grabes-
hügel trägt man Sorge.
33 Süß sind für ihn des Tales
Kieselsteine; / und hinter ihm zieht
alle Welt einher.
34 Wie wollt ihr mich mit Eitlem
trösten? / Von dem, was ihr erwidert,
bleibt nur Trug.

3. DRITTER GANG DES REDESTREITES

Gott straft nur im Namen der Gerechtigkeit

22 1 Da erwiderte Eliphas aus
Teman und sprach:
2 Kann denn ein Mensch Gott
Nutzen bringen? / Der Einsichtsvolle
nützt doch nur sich selbst.
3 Nützt es Schaddai denn, wenn du
fromm bist? / Gewinnt er, wenn dein
Weg unsträflich ist?
4 Straft er dich wegen deiner Got-
tesfurcht, / und geht er deshalb mit
dir ins Gericht?
5 Ist deine Schlechtigkeit nicht
groß / und endlos deine Sünden-
schuld?

→21 8 *gedeihn* Korr.
→21 11 *wie die Hirsche* Ergänzender Zusatz.
→21 13 *steigen sie hinab* V, S; M: „sind sie erschrocken".
→21 16 *ihm* Korr.; M: „mir".
→21 17 *zerstört er ... ihren Reichtum* (Wörtlich: ihren zerstörten Reichtum) Korr.; M: „zerstört er die Frevler?" oder: „teilt er Lose aus?"
→21 19 *Spart Gott sein Unheil seinen Söhnen auf* Die alte, als gültig erklärte Vorstellung von der Vergeltung, Ex 34 7; Dt 5 9, die später korrigiert wird, Dt 24 16; Jr 31 29; Ez 18, vgl. Jo 9 1–3. Ijob zeigt ihr Ungenügen auf: Der Frevler spürt von den Strafleiden seiner Kinder nichts, er weiß nicht einmal etwas davon, vgl. 14 21–22.
→21 20 *Sein Unglück* Üss.
→21 23 Eine andere verwirrende Tatsache: die Willkür, mit der der Tod Glückliche und Unglückliche trifft.
→21 24 *seine Lenden* S.
→21 24 *Vom Fette* Üss; M: „Von Milch".
→21 33 Zusatz in M am Versende: „und vor ihm eine zahllose Menge", sicher Glosse.

6 Umsonst hast deine Brüder du gepfändet / und zogst den Nackten ihre Kleider aus.

7 Kein Wasser reichtest du dem Durstigen, / verweigertest das Brot den Hungernden.

8 Dem Armen ist das Land aufs letzte weggenommen, / der Angesehene darf darin wohnen.

9 Die Witwen schicktest leer du fort / und hast der Waisen Arm zerbrochen.

10 Deswegen sind nun rings um dich die Schlingen; / und plötzlich hat die Angst dich überfallen.

11 Das Licht ward dunkel, daß du nicht mehr siehst; / es überdecken dich die Wasserfluten.

12 Ist Gott denn nicht im Himmel droben, / und sieht er nicht der Sterne Haupt?

13 Doch weil er oben ist, sprachst du: „Was weiß denn Gott davon? / Kann er denn durch das Wolkendunkel richten?

14 Ihn hüllen Wolken ein, daß er nicht sieht; / er wandelt überm Himmelskreis dahin."

15 Willst du dem Pfad der Vorzeit folgen, / den einst gottlose Menschen gingen,

16 Die vor der Zeit ergriffen wurden, / und gegen deren Grund ein Strom sich wälzte,

17 Die zu Gott sprachen: „Geh von uns doch fort! / Was kann Schaddai uns denn schon tun?"

18 Doch füllte er mit Gütern ihre Häuser; / der Frevler Sinnen aber blieb ihm fern.

19 Die Frommen sahen es und freuten sich; / der Reine aber lachte über sie:

20 „Fürwahr, vernichtet wurde ihre Größe, / und ihren Nachlaß fraß das Feuer fort."

21 Sei wieder gut zu ihm, und halte Frieden; / dadurch kommt wieder Glück zu dir.

22 Nimm doch Belehrung an aus seinem Mund, / und senke seine Worte in dein Herz!

23 Kehrst du dich zu Schaddai voll Demut, / entfernst das Unrecht fort aus deinem Zelte,

24 Erachtest Golderz gleich dem Staub / und Ophirgold wie das Geröll des Baches,

25 Dann wird Schaddai für dich wie Golderz sein, / wie Silberbarren, die für dich hell leuchten.

26 Dann hast du deine Freude an Schaddai / und kannst zu Gott dein Angesicht erheben.

27 Flehst du zu ihm, so wird er dich erhören, / und dein Gelübde kannst du ihm erfüllen.

28 Was du beschlossen, läßt er dir gelingen; / auf deinen Pfaden wird ein Licht erglänzen.

29 Er duckt den Stolz der Hohen; / dem Mann, der sich erniedrigt, bringt er Hilfe.

30 Er bringt in Sicherheit den Sündenreinen; / gerettet wird er durch die Reinheit seiner Hände.

Gott ist fern; das Böse siegt

23 1 Darauf erwiderte Ijob und sprach:

2 Auch heute noch klingt meine Klage bitter; / schwer lastet seine Hand auf meinem Seufzen.

3 O wüßte ich, wo ich ihn finden, / wie ich zu seinem Thron gelangen könnte!

4 Den Streitfall würde ich vor ihm vertreten / und mit Beweisen füllen meinen Mund.

5 Die Antwort, die er gäbe, würd' ich wissen, / vernähme auch, was er mir sagen würde.

6 Ob er mit aller Macht gen mich wohl stritte? / Nein! Wenigstens würd' er mich doch anhören.

7 Dann würde ein Gerechter mit ihm streiten, / in meinem Rechtsstreit würd' ich siegen.

→22 6–9 An dem Sündenregister, das Eliphas grundlos dem Ijob vorhält, ist der Nachdruck auffällig, der auf die Verfehlungen gegen Gerechtigkeit und Nächstenliebe – und seien sie nur aus Unterlassung geschehen – gelegt wird. Es erinnert darin an die Predigt der Propheten, vgl. die Verteidigung Ijobs, 29 11–17; 31.
→22 8 *Dem Armen ist das Land aufs letzte weggenommen* Korr. nach G.
→22 11 *Das Licht ward dunkel* Korr. nach G.
→22 12 *sieht er nicht* Korr.; M: „und sieh".
→22 13 Das hatte Ijob nicht gesagt. Eliphas ist in seiner Anklage gegen ihn voreingenommen; er leitet diese Gotteslästerung aus den Erklärungen Ijobs ab: Wenn Gott gleichgültig bleibt, so darum, weil er keine Ahnung hat.
→22 17 *von uns* G, S; M: „von ihnen".
→22 20 *ihre Größe* Üss; M: „unsere Größe".
→22 21 *kommt wieder . . . zu dir* Korr.
→22 23 *voll Demut* (Wörtlich: und beugst du dich) Korr.; M: „und wirst du gebaut".
→22 24 Korr.
→22 29 *Er duckt den Stolz der Hohen* Korr.
→23 2 *seine Hand* G, S; M: „meine Hand".
→23 6 *anhören* Korr.
→23 7 *in meinem Rechtsstreit* Üss; M: „über meinen Richter".

8 Wend' ich mich ostwärts, dann
ist er nicht dort; / geh' ich nach
Westen, sehe ich ihn nicht.
9 Such' ich im Norden, schaue ich
ihn nicht; / bieg' ich nach Süden, sehe
ich ihn nicht.
10 Denn er kennt alle meine Wege. /
Wenn er mich prüft, geh' ich wie Gold
hervor.
11 Mein Fuß hielt fest an seinen
Schritten, / bewahrte seinen Weg und
wich nicht ab.
12 Nie ging ich ab von seiner Lippen
Weisung, / verwahrt' im Busen
seines Mundes Wort.
13 Was er beschlossen hat, wer
kann es wenden? / Und was er
wünschte, führte er auch aus.
14 So wird er mein Geschick vollenden.
/ Dergleichen hat er viel im
Sinn.
15 Deshalb erschrecke ich vor seinem
Antlitz; / denk' ich daran, so
graut es mir vor ihm.
16 Gott war es, der mein Herz
verzagen ließ; / mit Furcht erfüllte
mich der Allerhöchste.
17 Denn es verbirgt vor ihm das
Dunkel mich, / und Finsternis verhüllt
mir seine Gegenwart.

24 1 Warum sind Zeiten von
Schaddai nicht vorgesehen /
und schauen die Vertrauten seine
Tage nicht?
2 Der Grenzen Steine rücken Böse
fort, / sie rauben Hirt und Herde.
3 Der Waise treibt man ihre Esel
fort / und nimmt zum Pfand die Kuh
der Witwe.
4 Vom Wege drängen sie den
Armen ab; / die Dürftigen im Land
verbergen alle sich.
5 Wie wilde Esel in der Steppe
ziehn sie aus, / vom Hunger ihrer
Kinder werden sie getrieben; /
in dürrer Steppe suchen sie nach
Beute.
6 Sie mähen ab das Feld des Taugenichts
/ und halten Lese in des Frevlers
Weinberg.
10 Sie schreiten ohne Kleider nackt
einher, / und hungernd müssen sie die
Garben schleppen.
11 Sie haben keinen Mahlstein, Öl
zu pressen; / die Kelter treten sie und
leiden Durst.
7 Nackt übernachten sie, der Kleidung
bar; / selbst in der Kälte fehlt
die Decke ihnen.
8 Vom Regenguß der Berge triefen
sie / und schmiegen ohne Schutz sich
an die Felsen.
9 Man raubt das Feld der Waisen /
und nimmt als Pfand vom Armen
selbst den Mantel.
12 Halbtote rufen aus der Stadt
empor, / die Seele der Mißhandelten
schreit auf; / doch Gott bleibt stumm
auf ihre Klage.
13 Auch andre sind des Lichtes
Feinde, / erkennen seine Wege nicht, /
verweilen nicht auf seinen Pfaden.
14 In schwarzem Dunkel steht der
Mörder auf / und mordet Niedrige
und Arme.
Zur Nachtzeit streift der Dieb umher,
/ 16A im Finstern bricht er in die
Häuser ein.
15 Des Ehebrechers Auge harrt der
Dämmerung; / er denkt: ‚Kein Auge

→23,9 *Such' ich* Korr.; M: „Handelt er".
→23,9 *bieg' ich* S, V; M: „biegt er".
→23,10 *alle meine Wege* S; M: „den Weg mit mir".
→23,12 *im Busen* G, V.
→23,12 *seines Mundes Wort* Das Gesetz.
→23,13 *Was er beschlossen hat* Korr.; M: „Er (bleibt) bei dem einen".
→23,17 *es verbirgt vor ihm das Dunkel mich* Korr.
→23,17 *verhüllt mir seine Gegenwart* Korr.
→24,1–12 Ijob stellt den Gewalthabern, welche die anderen unterdrücken, v. 2–4, die Schicht der Armen und Ausgebeuteten gegenüber, v. 5–12, deren Elend zu Gott schreit.
→24,1 *Zeiten* Ergänzende „Zeiten", die zu der Zeit hinzugefügt werden, welche einem Menschenleben als Maß gesetzt ist, damit schließlich die Bestrafung vollzogen werden kann; „seine Tage", d. h. der Gerichtstermin, an dem der einzelne seine Vergeltung erfährt, ähnlich dem eschatologischen „Tag Jahwes", vgl. Am 5,18+.
→24,2 *Böse* G; fehlt in M.
→24,2 *Hirt* G; M: „lassen sie weiden".
→24,5 Korr.
→24,6 *des Frevlers* Korr. – Die Verse 7–9 sind hinter v. 11 gestellt.
→24,11A Korr.
→24,9 *das Feld der Waisen* Korr.; M: „die Waise von der Mutterbrust".
→24,9 *den Mantel* Korr.
→24,12 *Halbtote* S; M: „Menschen".
→24,12 *bleibt stumm auf ihre Klage* Korr.; M: „wendet (seine Aufmerksamkeit) nicht der Torheit zu".
→24,13–17 Diese Rede gegen die Feinde des Lichtes, vielleicht ein vom Verfasser hier eingefügtes selbständiges Gedicht, lenkt die Aufmerksamkeit auf die Verbrecher, deren Treiben im Dunkeln Gott zuläßt. Mit dem Licht ist das natürliche Licht des Tages gemeint, aber dahinter liegt die sittliche Bedeutung verborgen, vgl. Jo 8,12+.
→24,14 *In schwarzem Dunkel* Korr.; M: „Beim Morgengrauen".
→24,14 *streift der Dieb umher* Korr.; M: „wird er wie der Dieb".

wird mich nun erblicken.' / Den
Schleier legt er über sein Gesicht.
16B Bei Tage aber schließen sie sich
ein; / vom Lichte wollen sie nichts
wissen.
17 Ein Grauen ist der Morgen ihnen
allen, / denn sie erfahren seine
Schrecken.
25 Ist es nicht so? Wer darf mich
Lügen strafen? / Und wer kann denn
mein Wort zunichte machen?

Hymnus auf die Allmacht Gottes

25 1 Da erwiderte Bildad aus
Schuach und sprach:
2 Bei ihm ist Herrschermacht und
Schrecken, / der Frieden hält in
Himmelshöhen.
3 Gibt's eine Zahl für seine Scha-
ren? / Und ein Entkommen seinem
Anschlag?
4 Wie kann ein Mensch vor Gott
im Rechte sein, / der Weibgeborene
in Reinheit strahlen?
5 Sieh, selbst der Mond erglänzt
nicht hell, / die Sterne sind nicht rein
in seinen Augen.
6 Viel weniger der Mensch, die
Made, / der Menschensohn, der
Wurm!
26 5 Die Schatten selbst erzittern, /
die Wasser, und was drinnen
wohnt, erschrecken.
6 Nackt liegt die Scheol vor ihm, /
die Unterwelt trägt keine Hülle.
7 Den Norden spannt er überm
Chaos aus, / und überm Nichts hängt
er die Erde auf.
8 Die Wasser bindet er in seine
Wolken, / und das Gewölk zerreißt
nicht unter ihnen.
9 Er hüllt das Angesicht des Voll-
monds ein / und breitet seine Wolken
über ihn.
10 Rings um die Wasserfläche zieht
er einen Kreis / bis dorthin, wo das
Licht ans Dunkel grenzt.
11 Des Himmels Säulen wanken, /
entsetzen sich ob seines Scheltens.
12 Die Meere peitscht er auf durch
seine Kraft / und schlägt durch seine
Einsicht Rahab nieder.
13 Durch seinen Hauch erglänzt der
Himmel wieder, / und seine Hand
durchbohrt den schnellen Drachen.
14 Doch das sind nur die Säume
seines Weges. / Welch Flüsterwort nur
hörten wir von ihm! / Den Donner
seiner Taten, wer vernimmt ihn?

Bildads überflüssiges Gerede

26 1 Da antwortete Ijob und
sprach:
2 Wie gut hast du der Ohnmacht
aufgeholfen / und hast den Arm ge-
stützt, der ohne Kraft war!
3 Wie trefflich gabst du Rat dem
Einsichtslosen / und hast Verstand in
Fülle offenbart!
4 Wem hast du denn die Worte
kundgetan? / Und wessen Odem
ging von dir doch aus?

→2417B Korr.; M: „denn er kennt die Schrecken der Finsternis". – Die Verse 18–24 sind hinter 2723 gestellt.
→251–6; 265–14 Diese vielleicht verstümmelte Rede scheint die Jahwe-Reden vorwegzunehmen. Man kann den Hymnus aber auch mit dem Redestreit verbinden, wenn man hierin eine Antwort Bildads auf den stillschweigenden Vorwurf der Ohnmacht sieht, den Ijob gegen Gott erhebt.
→252 *in Himmelshöhen* Bei den Engeln, vgl. Js 2421; Apk 127–12, und den Gestirnen, vgl. Js 4026; Sir 4310.
→253 *seinem Anschlag* G; M: „seinem Licht".
→255 *erglänzt nicht hell* Üss.
→265 261–4 ist hinter 2614 gestellt. Die Verse 5–14 scheinen eher die verstümmelte Rede Bildads zu ergänzen, als eine Fortsetzung der Rede Ijobs zu sein, die in 261 beginnt.
→265 *Die Schatten* Hebräisch: *rephaim*, vgl. Dt 210+: entweder die Verstorbenen, vgl. Ps 8811, oder die Schwachen, die Ohnmächtigen.
→265 *die Wasser* Die Wasser des Urmeeres; sie waren nach volkstümlicher Vorstellung von Ungeheuern bevölkert; die im Anfang bezwungen wurden, vgl. 712+.
→265 *erschrecken* Korr.
→266 *die Unterwelt* Das Wort (hebräisch: *'abaddon*, vgl. Apk 911) ist gleichbedeutend mit „Scheol"; in alter Zeit bezeichnete es vielleicht eine Unterweltsgottheit.
→267 *Den Norden* Der nördliche, d. h. obere Teil des Himmelsgewölbes; man stellte es sich wie ein Zelttuch über der Erdscheibe ausgespannt vor.
→267 *überm Nichts hängt er die Erde auf* Die Erde wird von Säulen getragen, 96, aber der Mensch kennt die Stelle, wo die Erde aufruht, nicht, 386. Dieser Vers, der in der Bibel ohne Parallele ist, läßt an einen unendlichen Raum denken.
→269 *des Vollmonds* Korr.; M: „des Thrones". Hier ist wohl an Mondfinsternis gedacht.
→269 *breitet* Üss.
→2610 *zieht er einen Kreis* Korr.
→2611 *Des Himmels Säulen wanken* Die hohen Berge, die das Himmelsgewölbe tragen, werden durch den Donner, die Stimme Jahwes, Ps 29, oder durch die Erdbeben, Ps 188, erschüttert.
→2613 *den schnellen Drachen* D. h. den „Leviatan", vgl. 38+ und 712+.
→261–4 Eine ironische Entgegnung Ijobs auf die Worte Bildads, der das genaue Thema des Streitgespräches aus den Augen verloren zu haben scheint.

Ijob, der Unschuldige, kennt Gottes Macht

27 1 Da fuhr Ijob in seiner Rede
fort und sprach:
2 So wahr Gott lebt, der mir mein
Recht entzog, / Schaddai, der mir
das Herz betrübte!
3 Da noch in mir mein Odem ist /
Und Gottes Hauch in meiner Nase,
4 Kein Unrecht, wahrlich, sollen
meine Lippen reden / und meine
Zunge keine Lüge sprechen.
5 Fern sei es mir, euch recht zu
geben! / Ich gebe meine Unschuld
bis zum Tode nimmer preis.
6 Ich halte fest an meinem Recht
und lass' es nicht. / Mein Herz
schämt sich nicht eines meiner Tage.
7 Es gehe meinen Feinden wie dem
Frevler / und meinem Gegner wie
dem Sünder!
8 Was ist des Sünders Hoffnung,
wenn er fleht / und seine Seele hin zu
Gott erhebt?
9 Wird Gott wohl auf sein Rufen
hören, / wenn Drangsal über ihn
hereinbricht?
10 Kann er sich freuen an Schaddai /
und Gott zu jeder Zeit anrufen?
11 Ich will euch über Gottes Tun
belehren, / will nicht verhehlen, was
geplant wird von Schaddai!
12 Seht doch, ihr habt es allzumal
geschaut. / Warum wollt ihr noch eitle
Hoffnung hegen?

Zophar-Rede: Der Verfluchte

13 Das ist des Übeltäters Anteil,
(den er) von Gott (erhält), / das Erbe
von Tyrannen, Schaddai hat's ihnen
zugeteilt.
14 Wenn zahlreich seine Söhne,
sind sie für das Schwert, / und ihre
Sprossen werden nicht vom Brote satt.
15 Die ihm entronnen, wird die
Pest begraben, / und ihre Witwen
halten keine Klage.
16 Häuft er auch Silber an, als
wär' es Staub, / und schafft sich Klei-
der an wie Lehm,
17 Er häuft sie auf, der Fromme
zieht sie an; / das Silber aber wird der
Reine erben.
18 Er hat sein Haus gebaut wie
eine Spinne, / wie eine Hütte, die der
Wächter aufgestellt.
19 Der Reiche legt sich hin, be-
ginnt nicht wieder; / er macht die
Augen auf – es ist nicht mehr vor-
handen.
20 Am Tage brausen über ihn die
Schrecken; / ein Sturmwind rafft ihn
in der Nacht hinweg.
21 Der Ostwind hebt ihn fort, er
muß von dannen, / er fegt ihn fort
von seiner Stätte.
22 Er schießt auf ihn erbarmungs-
los; / vor seiner Macht muß er ent-
fliehen.
23 Man klatscht noch in die Hände
über ihn; / man zischt ihn aus von
seiner Wohnstatt her.
24 18 Schnell flieht er vor dem
Tag, / nicht wendet sich sein
Weg den Höhen zu. Sein Erbteil ist
verflucht im Lande!
19 Die Hitze trocknet aus die
Wasser, / die Dürre frißt, was bleibt
von seinem Korn.
20 Der Mutterschoß soll ihn ver-
gessen; / und seines Namens wird
nicht mehr gedacht. / Zerbrechen soll
die Bosheit wie ein Baum.
21 Die Unfruchtbare quälte er, die

→27 6 *schämt sich nicht* Korr.; M: „schmäht nicht".
→27 8 *wenn er fleht* Korr.; M: „wenn er unterbricht" oder: „wenn er Gewinne macht".
→27 8 *seine Seele hin zu Gott erhebt* Korr.; M: „Gott seine Seele von ihm nimmt".
→27 10 Ijob wiederholt gewisse Worte des Eliphas über die Bestrafung des Frevlers, aber er lehnt es ab, sie auf sich anzuwenden.
→27 11 Ijob scheint zu sagen, daß er in aller Aufrichtigkeit und den Tatsachen entsprechend das seltsame und geheimnisvolle Verhalten Gottes dargelegt hat. Seine Freunde haben die Augen vor dem verschlossen, was offen zutage liegt.
→27 13–23 Dieses Redefragment kann schwerlich Ijob zugeschrieben werden; es ist wohl einem seiner Freunde – am ehesten Zophar – in den Mund zu legen, es wiederholt eine ihrer Thesen.
→27 13 *(den er) von Gott (erhält)* Korr.; M: „mit Gott".
→27 14 *ihre Sprossen* Korr.; M: „seine Sprossen".
→27 15 *die Pest* Wörtlich: der Tod; das Wort bezeichnet manchmal die schlimmste Krankheit, die man sich vorstellen konnte, den „schwarzen Tod", der hier personifiziert wird, vgl. 18 13; Jr 15 2; 43 11; Apk 6 8.
→27 18 *Spinne* G, S; M: „Motte".
→27 18 Spinngewebe und Wächterhütte: zwei Bilder der Hinfälligkeit.
→27 19 *beginnt nicht wieder* G, S; M: „wird nicht gesammelt".
→27 20 *Am Tage* Korr.; M: „Wie Wasser".
→24 18–24 Die Verbindung dieses Abschnittes mit dem jetzigen Zusammenhang beruht auf einer Vermutung. Der Text ist stark verderbt und zwingt zu zahlreichen Korrekturen.
→24 18 *vor dem Tag* Korr.; M: „auf der Wasserfläche".
→24 19 Korr.
→24 20 *seines Namens* Korr.

ohne Kinder, / und spendete der Witwe keine Wohltat.

22 Durch seine Kraft gibt er den Starken langes Leben; / da er aufs Leben nicht mehr hoffte, steht er auf.

23 Er gibt ihm Sicherheit, auf die er sich verläßt; / und seine Augen ruhn auf seinen Wegen.

24 Hoch steigt er eine Zeitlang auf und schwindet dann; / er welkt wie Melde, die man sammelt, / und abgeschnitten wird er wie die Ährenspitzen.

4. LOB DER WEISHEIT

Die Weisheit ist dem Menschen unzugänglich

28 1 Für Silber gibt es einen Fundort, / und einen Platz, wo man das Gold auswäscht.

2 Man holt herauf das Eisen aus der Erde, / und das Gestein schmilzt man zu Kupfer um.

3 Der Finsternis bereitet man ein Ende, / und man durchwühlt auch bis zum letzten / das Felsgestein, in tiefe Nacht gehüllt.

4 Die Leute mit der Lampe höhlen aus den Schacht; / vom Fuß vergessen hangen sie / und schweben weit entfernt von Menschen.

5 Es sprießt das Brotkorn aus der Erde; / doch unter ihr sprengt man mit Feuer.

6 Des Saphirs Fundort ist ihr Felsgestein; / auch Goldstaub findet man darin.

7 Ein Pfad ist's, den der Geier nicht gewahrt / und den des Habichts Auge nicht erspäht.

8 Nicht wandelt ihn das stolze Wild, / Kein Löwe hat ihn noch beschritten.

9 An Kieselsteine legt man seine Hand, / durchwühlt die Berge von der Wurzel an.

10 Man hat die Stollen in den Fels gebrochen; / sein Auge schaut nun alle Kostbarkeiten.

11 Erforscht hat man der Ströme Quellen / und ließ Verborgenes zum Lichte kommen.

12 Die Weisheit aber – von wo kommt sie? / Und wo hat denn die Einsicht ihre Stätte?

13 Der Mensch kennt nicht den Weg zu ihr; / noch trifft man sie im Lande der Lebendigen.

14 Die Urflut sagt: „In mir verweilt sie nicht." / Das Meer gesteht: „Sie ist auch nicht bei mir."

15 Man kann nicht Feingold für sie zahlen / und wägt nicht Silber dar als Preis für sie.

16 Mit Ophirgold kann man sie nicht bezahlen, / auch nicht mit seltnem Onyx und Saphiren.

17 Nicht kann ihr gleichen Gold und Glas, / noch ist ein Goldgefäß ihr Tauschwert.

18 Korallen und Kristall darf man nicht nennen; / der Weisheit Kaufpreis überwiegt selbst Perlen.

19 An Wert gleicht ihr nicht der Topas aus Kusch; / mit reinem Gold wird sie nicht aufgewogen.

20 Die Weisheit also, woher kommt sie? / Der Einsicht Stätte, wo ist sie?

21 Verhüllt ist sie vor allen Lebewesen; / verborgen ist sie vor des Himmels Vögeln.

22 Selbst Unterwelt und Tod bekennen: / Von ihr vernahmen wir nur ein Gerücht.

23 Es kennt nur Gott den Weg zu ihr, / er weiß allein um ihren Fundort.

24 [Denn zu der Erde Grenzen

→2424 Korr. Die Melde (wörtlich: Salzkraut) ist ein grünes, eßbares Gewächs, das sich an den Ufern des Toten Meeres findet. – Vers 25 ist nicht umgestellt; er steht nach 2417.

→281–28 *(Lob der Weisheit)* Die ursprüngliche Stellung und Bedeutung dieses Gedichtes innerhalb des Redestreites bleiben dunkel. Es bereitet in seiner Aussage auf die Jahwe-Reden vor: Die Weisheit ist dem Menschen unzugänglich (vgl. Bar 39 – 44; dort heißt es jedoch, daß Gott sie Israel als einzigem Volk offenbart), der Mensch muß sich mit der „Gottesfurcht", v. 28, begnügen, der einzigen „Weisheit", die ihm zukommt. Die Weisheit ist transzendent; sie beschränkt sich nicht auf das Gesetz des Kosmos, sondern beherrscht es. Diese Weisheitsvorstellung fällt mit der von der Weisheit als Eigenschaft Gottes so gut wie zusammen, ist aber durch eine Hervorhebung personhafter Züge geprägt, in der sich die Theologie des Logos ankündigt, vgl. Spr 822–31 +.

→284 *Die Leute mit der Lampe* Korr. (alte Bezeichnung der Bergleute?).

→284 *Schacht* Wörtlich: Bachtal, Talschlucht.

→284 *hangen sie* Bedeutung unsicher.

→285 *mit Feuer* V; M: „wie mit Feuer".

→288 *das stolze Wild* Wörtlich: die Söhne des Stolzes, vgl. 4126.

→2810 *die Stollen* Wörtlich: die Nilarme, vielleicht Fachausdruck für wasserführende Stollen.

→2811 *Erforscht* Korr.

→2811 *Quellen* Nach G. Die Quellen der Ströme, die aus dem Urmeer unter der Erdscheibe entspringen.

→2812 *von wo kommt sie* Eine Hs von M; M: „wo wird sie gefunden".

→2813 *den Weg* G; M: „den Schätzwert".

geht sein Blick, / er sieht, was unterm
ganzen Himmel ist.]
25 Als er dem Winde das Gewicht
bestimmte / und mit dem Maß die
Wasser abmaß,
26 Als er dem Regen eine Norm
verlieh / und einen Weg dem Donner-
strahl bestellte,
27 Da war's, daß er sie sah und
wägte, / erforschte und ergründete.
28 Zum Menschen aber sprach er: /
„Sieh, Gottesfurcht, das ist die Weis-
heit; / und Einsicht ist, die Sünde
meiden."

5. ABSCHLUSS DES DIALOGS

Ijobs Klage und Verteidigung:
A. Die früheren Tage

29 1 Darauf fuhr Ijob in seiner
Rede fort und sprach:
2 Ach, wäre ich wie in vergang-
nen Monden, / wie in den Tagen, da
mich Gott beschützte,
3 Als seine Leuchte über meinem
Haupte strahlte, / in seinem Licht
ich durch das Dunkel schritt!
4 So wie ich war in meines Herbstes
Tagen, / da Gott noch mein Gezelt
mit einer Hecke schützte,
5 Als noch Schaddai bei mir ver-
weilte / und meiner Kinder Schar
mich rings umgab,
6 Da ich in Dickmilch meine Füße
wusch und aus dem Felsen Bäche
Öls entquollen.
7 Wenn ich hinaufging durch das
Tor der Stadt / und auf dem Markt-
platz meinen Sitz einnahm,
8 Sah'n mich die Jungen und ver-
steckten sich, / die Greise standen auf
und blieben stehen.
9 Die Fürsten hielten in der Rede
inne / und legten auf den Mund die
Hand.
10 Es hielt der Edlen Stimme sich
zurück, / an ihrem Gaumen klebte
ihre Zunge.
21 Man schenkte mir Gehör und
harrte meiner, / man lauschte still,
um meinen Rat zu hören.
22 Nach meiner Rede gab man
keine Antwort; / es träufelte mein
Wort auf sie herab.
23 Sie harrten meiner wie auf
Regenschauer / und öffneten den
Mund nach Frühjahrsregen.
24 Ich lachte ihnen zu, wenn sie
verzagten; / mein strahlend Antlitz
konnten sie nicht trüben.
25 Ich wählte ihren Weg und war ihr
Führer; / ich thronte wie ein König in
der Schar / und führte überall sie
nach Belieben.
11 Es pries das Ohr, das es ver-
nahm, mich glücklich, / es lobte mich
das Auge, das es sah,
12 Da ich den Armen rettete, der
Hilfe rief, / die Waise auch, die keinen
Helfer fand.
13 Der Segen des Verlorenen kam
über mich; / der Witwe gab ich
Freude in ihr Herz.
14 Gerechtigkeit trug ich als meine
Kleidung, / mein Recht galt mir als
Mantel und als Turban.
15 Dem Blinden diente ich als Auge /
und war ein Fuß für den Gelähmten.
16 Ein Vater war ich für die armen
Leute; / des Fremden Streitfall unter-
suchte ich.
17 Des Gottlosen Gebiß brach ich
entzwei; / den Raub entriß ich ihm
aus seinen Zähnen.
18 Ich sprach: „Stolz werde ich ver-
scheiden; / in hohem Alter, gleichwie
die Palme.
19 Dem Wasser stehe meine Wurzel
offen, / in meinen Zweigen nächtige
der Tau!
20 Stets möge sich mein Ruhm bei
mir verjüngen, / der Bogen möge
sich in meiner Hand erneuern!"

B. Das jetzige Elend

30 1 Jetzt aber lachen Leute über
mich, die jünger sind als ich an
Jahren. / Ich hielt nicht würdig ihre
Väter, / sie meinen Herdenhunden zu-
zuweisen.
2 Was nützte mir auch ihrer Hände
Kraft? / Die Vollkraft war in ihnen
hingeschwunden. / 3 Durch Not und
Hunger waren sie erschöpft.

→2827 *wägte* Korr.
→2827 *erforschte* 5 Hss von M; M: „hinstellte".
→291–20 Die Schilderung ist ein aufschlußreiches Zeugnis für die altisraelitische Vorstellung von einem glücklichen Leben.
→294 *mit einer Hecke schützte* G, S.
→296B Zusatz in M: „mit mir".
→2910 Die Verse 21–25 stehen hinter v. 10.
→2925 *und führte überall sie nach Belieben* Korr.; M: „wie einer, der Betrübten Tröstung spendet".
→2918 *Stolz* Korr.; M: „Mit meinem Neste".
→2918 *die Palme* G, V; M: „der Sand".
→2920 *der Bogen* Ein Sinnbild der Kraft, vgl. Gn 4924.
→301 *meinen Herdenhunden* Die soziale Schicht der Mittellosen, der Verachteten, der Abschaum der menschlichen Gesellschaft, vgl. 244f. Ijob ist jetzt noch tiefer als sie gesunken.
→302B Korr.
→303 *Wurzelwerk* Ergänzt.

Sie nagten ab der Steppe Wurzelwerk, / Gestrüpp der Wüste und der Wüstenei.
4 Sie pflückten ab die Melde und der Sträucher Blätter, / die Ginsterwurzeln sind ihr Broterwerb.
5 Aus der Gemeinschaft werden sie verstoßen; / wie gegen Diebe schreit man über sie.
6 In Schreckenshöhlen müssen sie nun wohnen, / in Höhlen voller Staub und Felsenlöchern.
7 Man hört sie schreien zwischen Dornenbüschen, / und unter Nesseln hocken sie beisammen.
8 Und ebenso sind ihre Kinder eine schlimme Brut, / ein namenloses Volk, das aus dem Land verstoßen.
9 Ein Spottlied bin ich ihnen jetzt geworden / und muß nun ihnen zum Gerede dienen.
10 Sie ekeln sich vor mir und bleiben fern; / sie zögern nicht, mir ins Gesicht zu speien.
11 Weil er gelöst hat meinen Bogen und mich beugte, / da ließen sie den Zaum vor ihrem Munde fallen.
12 Zu meiner Rechten stellt die Brut sich auf; / sie schleudern Steine gegen mich wie Wurfgeschosse / und bahnen Unheilswege gegen mich.
13 Sie sperren jeden Ausweg für mich ab, / sie greifen an, und keiner wehrt es ihnen.
14 Sie dringen ein durch eine breite Bresche, / und unter Trümmer werde ich gewälzt.
15 Es wandten wider mich sich Schrecken; / mein Adel wurde wie vom Wind verjagt; / gleich einer Wolke zog mein Heil vorüber.
16 Und jetzt – in mir zerfließet meine Seele, / und Tage voller Elend packen mich.
17 Des Nachts durchbohrt die Krankheit mein Gebein, / und meine Nager wollen nimmer ruhen.
18 Durch Allgewalt packt er mich am Gewand / und schnürt mich wie des Leibrocks Öffnung ein.
19 Er hat mich in den Kot hineingestoßen; / und so erschien ich Staub und Asche gleich.
20 Ich schrei' zu dir, doch du gibst keine Antwort; / ich stehe da, doch du bleibst unbeteiligt.
21 Zum Wüterich hast du dich mir verwandelt, / befehdest mich mit deiner starken Hand.
22 Du hebst mich auf, läßt mich im Sturmwind fahren, / erzittern läßt du mich im Donnerkrachen.
23 Ich weiß es ja, du bringst mich in den Tod, / ins Haus, wo alle Lebenden sich sammeln.
24 Hab' ich denn an den Armen meine Hand gelegt, / wenn er in seiner Not um Hilfe rief?
25 Ja, ich beweinte den, den harte Tage trafen; und meine Seele war in Trauer um den Armen.
26 Denn Gutes hoffte ich – es kam das Unglück. / Ich harrte auf das Licht – das Dunkel nahte.
27 Mein Eingeweide siedet ruhelos; / es nahten sich mir Tage voller Elend.
28 Ich wandle finster, ohne Trost, / steh' auf in der Gemeinde, schreie auf.
29 Ein Bruder ward ich den Schakalen, / und ein Genosse bin ich für die Strauße.
30 Es schwärzt sich meine Haut und löst sich ab; / in Fieberglut ist mein Gebein entbrannt.
31 So ward mein Zitherspiel zur Trauermelodie / und meiner Flöte Klang zum Tränensang.

Ijobs Verteidigung

31 1 Mit meinen Augen schloß ich einen Bund, / nie eine Jungfrau lüstern anzusehen.
2 Was wäre sonst mein Teil von Gott dort oben, / mein Erbteil von dem Allerhöchsten droben?

→303 *Gestrüpp* Bedeutung unsicher.
→308 Korr.
→3011 *meinen Bogen* (Wörtlich: mein Seil) M (Kere), S, T; M (Ketib): „sein Seil".
→3011 *vor ihrem Munde* Korr.; M: „von (oder: weg von) meinem Gesicht".
→3012B Korr.
→3013 *sie greifen an, und keiner wehrt es ihnen* Korr.
→3014 *werde ich gewälzt* Nach G; M: „wälzen sie sich".
→3015 *wurde ... verjagt* Nach G.
→3017 *die Krankheit* Korr.
→3018 *packt er mich* G; M: „macht er sich unkenntlich".
→3020 *unbeteiligt* V.
→3024 Korr.
→3028 *ohne Trost* Korr.; M: „ohne Sonne".
→311–40 *(Ijobs Verteidigung)* In dieser Unschuldsbeteuerung erreicht die Ethik des AT ihre höchste Reinheit und bereitet schon unmittelbar die sittliche Botschaft des Evangeliums vor. Der Form nach handelt es sich um einen sogenannten Reinigungseid, eine bedingte Selbstverfluchung, die man im Prozeßverfahren, wenn ein Unschuldsbeweis nicht anders zu erbringen war, vom Angeklagten verlangte, Ex 229–10; Nm 520–22; 1 Kg 831–32.
→311 Ijob beginnt mit den geheimsten Sünden, mit der Lüsternheit, deren Organ die Augen sind, vgl. v. 7.

3 Ist nicht bestimmt das Unheil für die Frevler / und das Verderben für die Übeltäter?

4 Schaut er denn nicht auf meine Wege, / zählt er nicht alle meine Schritte?

5 Wenn ich mit Lüge umgegangen wäre / und zum Betruge meine Füße eilten,

6 Dann wäge er mich auf gerechter Waage, / und Gott wird meine Unschuld anerkennen.

7 Wenn je vom Wege meine Schritte wichen / und wenn mein Herz je meinen Augen folgte, / an meinen Händen nur ein Makel klebte,

8 Dann soll ein andrer essen, was ich säe, / und was mir aufwächst, soll entwurzelt werden.

9 Wenn sich mein Herz vom Weib bestricken ließ / und wenn ich an der Tür des Nächsten lauerte,

10 Dann soll mein Weib für einen andern mahlen, / und Fremde sollen über sie sich beugen.

11 Denn das ist eine Schandtat ohnegleichen / und ein Verbrechen, das des Richters wert ist.

12 Ein Feuer ist's, das bis zur Hölle brennt, / und meine ganze Habe wird es fressen.

13 Wenn meines Knechtes Rechte ich mißachtet / und meiner Magd, wenn sie sich mit mir stritten,

14 Was wollt' ich tun, wenn Gott sich dann erhöbe, / und was entgegnen, wenn er untersuchte?

15 Hat nicht mein Schöpfer sie im Schoß gebildet, / derselbe uns im Mutterleib bereitet?

38 Wenn über mich mein Acker klagte / und alle seine Furchen weinten,

39 Wenn ohne Geld ich seine Frucht verzehrte, / die Ackerleute seufzen ließ,

40A So bringe er statt Weizen Disteln nur, / und statt der Gerste soll das Unkraut sprossen!

16 Wenn ich dem Armen einen Wunsch versagte, / wenn ich verschmachten ließ der Witwe Augen,

17 Für mich allein nur meinen Bissen nahm / und keine Waise ihren Teil erhielt –

18 Von Jugend an hat Gott mich wie ein Vater großgezogen, / vom Mutterschoße an war er mein Führer –,

19 Erblickt' ich den Verlornen ohne Kleidung, / den armen Mann, dem eine Decke fehlte,

20 Und sagten seine Hüften mir nicht Dank, / da er von meiner Lämmer Schur sich wärmte,

21 Erhob ich gegen jemand meine Hand, der ohne Schuld, / da ich am Tore Hilfe fand für mich,

22 Dann falle meine Schulter mir vom Nacken, / aus dem Gelenke breche mir mein Arm!

23 Denn Gottes Schrecken würd' sich über mich ergießen, / vor seiner Hoheit hielte ich nicht stand.

24 Wenn ich auf Gold je meine Hoffnung setzte, / zum Feingold sprach: „Du meine Zuversicht!",

25 Wenn ich mich freute, daß mein Reichtum wuchs / und daß so Großes meine Hand geleistet,

26 Wenn ich die Sonne schaute, wie sie strahlte, / den Mond, der prächtig seine Bahnen zog,

---

→31 5 Es handelt sich um Betrug bei Tausch und Kauf. Ijob nimmt das Gesetz der Wiedervergeltung für sich in Anspruch und verlangt, auf genauer Waage gewogen zu werden.

→31 7 Weitere Sünden der Ungerechtigkeit: Ijob hat Hab und Gut des Nächsten nicht begehrt und nicht genommen.

→31 9 Die Sünde des Ehebruchs.

→31 11 *das des Richters wert ist* T, V.

→31 12 *fressen* Korr.; M: „entwurzeln".

→31 13 Die Gesetzgebung Israels hatte stets das Verhältnis Herr–Sklave durch humane Bestimmungen gemildert. Vers 15 begründet die Rechte der Sklaven damit, daß beide, Herren wie Sklaven, Geschöpfe ein und desselben Gottes sind. Paulus erinnert daran, daß Herren und Sklaven ein und denselben Herrn haben.

→31 15 Die Verse 38–40A, die nicht an den Schluß der Unschuldsbeteuerung Ijobs passen, sind hinter v. 15 gestellt.

→31 38 Eine andere Form der Ungerechtigkeit: die Grundbesitzer, die um ihr Recht, und die Landarbeiter, die um ihren Lohn gebracht werden.

→31 39 *die Ackerleute* Korr.; M: „die Besitzer".

→31 40A *das Unkraut* Übersetzung unsicher.

→31 16 Nach der Gerechtigkeit folgt nun die Hilfe gegen Bedürftige aus Dankbarkeit gegen Gott.

→31 18 *war er mein Führer* Korr.; M: „war ich ihr Führer".

→31 21 *erhob ich gegen jemand meine Hand* Zum Zeichen der Feindschaft und der Drohung, um ihn vor Gericht in die Knie zu zwingen.

→31 21 *der ohne Schuld* Korr.; M: „der verwaist".

→31 23A Korr.; M: „Denn ein Schrecken für mich das Unglück, das von Gott kommt".

→31 24 Die Habsucht und auch der Hochmut des Reichen, der meint, auf Gott verzichten zu können.

→31 26 Nach dem Kult des Mammon folgt

27 Wenn heimlich sich mein Herz
betören ließ, / dem Munde meine
Hand zum Kuß sich bot,
28 Auch das ist eine Sünde für den
Richter; / ich hätte Gott da droben
ja verleugnet.
29 Freut' ich mich über meines
Feindes Unglück, / und war ich froh,
daß ihn ein Unheil traf,
30 Erlaubt' ich meinem Mund zu
sündigen, / sein Leben je durch einen
Fluch zu fordern.
31 Und haben meine Zeltgenossen
nicht gestanden: / „Wer wurde je
von seinem Fleisch nicht satt?"
32 Kein Fremder mußte draußen
übernachten, / mein Tor stand jedem
Wand'rer offen.
33 Wenn ich verbarg den Menschen
meine Sünde / in meinem Busen
meine Schuld verhüllte,
34 Weil ich die große Menge
scheute / und mich der Stämme Spott
erschreckte, / dann wär' ich still und
ginge nicht zur Tür hinaus.
35 O wäre jemand da, daß Gott
mich hörte! / Dies ist mein letztes
Wort: jetzt gebe Antwort mir
Schaddai! / Und hier das Schriftstück,
das mein Gegner schrieb.
36 Fürwahr, ich nähme es auf
meine Schulter / und wände es als
Diadem mir um.
37 Ich würde meiner Schritte Zahl
ihm nennen / und wie ein Fürst ihm
dann entgegengehen.
40B Zu Ende sind die Worte
Ijobs.

III. DIE ELIHU-REDEN

Elihus Eingreifen

32 1 Jene drei Männer gaben es auf,
Ijob zu antworten, da er in
seinen Augen gerecht war. 2 Da ent-
brannte der Zorn Elihus, des Sohnes
Barachels, des Busiters aus dem
Stamme Ram. Wider Ijob entbrannte
sein Zorn, weil er sich vor Gott
gerecht dünkte. 3 Auch wider seine
drei Freunde war er erzürnt, weil sie
keine Antwort wußten und so hatten
Gott ins Unrecht setzen lassen.
4 Elihu hatte zugewartet, solange jene
sprachen. Denn sie waren älter an
Jahren als er. 5 Als aber Elihu sah,
daß jene drei Männer keine Antwort
mehr wußten, entbrannte sein Zorn.
6 Da begann Elihu, der Sohn des
Barachel, und sprach:

Einleitungsrede

Jung bin ich noch an Jahren, / und
ihr seid schon ergraut. / Drum hielt
ich mich zurück und scheute, / mein
Wissen euch zu zeigen.
7 Ich dachte bei mir: ‚Laß das
Alter reden! / Der Jahre Fülle soll die
Weisheit künden!'

---

nun der Kult der Gestirne. Der Kuß bzw. die Kußhand war eine alte Gebärde der Anbetung.

→31 29 Ijob spricht nicht von der am Feind vollzogenen Rache, die gebräuchlich war und als normal angesehen wurde (vgl. jedoch Ex 23 4–5; Lv 19 18; Spr 20 22; 25 21–22). Er geht weiter und verbietet sich auch die Schadenfreude über das Unglück eines Feindes und den Fluch über ihn.

→31 31 *Wer wurde je von seinem Fleisch nicht satt* Die Gastfreundschaft, eine Haupttugend im Alten Orient. V übersetzt sehr frei: „Wer wird uns von seinem Fleisch geben, daß wir satt werden?"

→31 32 *Wand'rer* Üss; M: „Weg".

→31 33–34 Diese Verse meinen keine besondere Sünde, sondern eine Haltung, die eine Schuld vermuten läßt. Ijob brauchte sich niemals vor den Menschen zu verbergen. Er ist bereit, ebenso auch vor Gott zu erscheinen, v. 35–37.

→31 33 *den Menschen* Korr.; M: „wie ein Mensch" (diese Lesart deutet man dann: „nach Menschenart" oder: „wie Adam").

→31 35 *Gott* Korr.; M: „mir".

→31 35 *mein letztes Wort* Wörtlich: mein *taw* (der letzte Buchstabe des hebräischen Alphabets).

→31 35 *das Schriftstück* Die Rolle, welche die Anklageschrift enthält. Ijob will – im sicheren Bewußtsein, sie widerlegen zu können – sie wie ein Ehrenzeichen tragen.

→31 40B Bemerkung eines Redaktors. Die Verse 38–40A sind vor v. 16 gestellt.

→32 1 – 37 24 *(Die Elihu-Reden)* Das Eingreifen Elihus ist im Redestreit nicht vorbereitet, auch im Schlußteil wird hierauf nicht Bezug genommen. Die Elihu-Reden heben sich nach Gedankenführung, Wortschatz und Stil deutlich von den Reden der früheren Sprecher ab; manche Abschnitte nehmen die Jahwe-Reden vorweg. Darum scheint dieser Teil eine spätere Zufügung zum Ijobbuch durch einen anderen Verfasser zu sein.

→32 1 Da Ijob durch nichts in der Überzeugung seiner Unschuld erschüttert werden kann, scheint ihnen nun jedes weitere Wort überflüssig.

→32 3 *Gott* Der Text von M lautet: „Ijob", eine schriftgelehrte Korrektur.

→32 4 *solange jene sprachen* Korr.

8 Doch nur der Geist, der sich im
Menschen aufhält, / der Odem von
Schaddai, der macht ihn klug.
9 Die alt an Jahren, sind nicht immer
weise; / nicht immer fassen Greise
auch das Rechte.
10 Drum wage ich zu sagen: Hört
mir zu! / Auch ich will meine Ansicht
euch verkünden.
11 Seht doch! Ich wartete auf eure
Worte / und horchte hin auf eure
klugen Sprüche, / bis daß die rechten
Worte ihr gefunden.
12 Aufmerksam bin ich euch ge-
folgt. / Doch sieh, Ijob widerlegte
keiner; / von euch gab niemand Ant-
wort seinen Worten.
13 Denkt nicht: ‚Die Weisheit ha-
ben wir entdeckt. / Nur Gott, und
nicht ein Mensch, hat uns gelehrt.‘
14 So würde ich nicht sprechen, /
und nicht mit euren Reden würd' ich
ihm entgegnen.
15 Sie sind verwirrt und geben
keine Antwort, / es sind die Worte
ihnen ausgegangen.
16 Soll ich noch warten, da sie
nicht mehr reden, / da still sie stehen
und nichts mehr erwidern?
17 So will auch ich nun meinen
Teil entgegnen; / mein Wissen will
ich euch verkünden!
18 Denn mit Gedanken bin ich
ganz erfüllt, / es drängt der Geist in
meinem Innern mich.
19 Seht! Meine Brust gleicht Wein,
dem man nicht öffnet; / wie neue
Schläuche wird sie noch zerspringen.
20 So muß ich reden, daß mir
leichter werde; / zur Antwort will
ich meine Lippen öffnen.
21 Für niemand werde ich Partei
ergreifen, / und Schmeichelworte will
ich keinem geben.
22 Denn ich verstehe mich aufs
Schmeicheln nicht; / sonst raffte mich
mein Schöpfer bald hinweg.

Ijobs Anmaßung

33 1 So höre nun, Ijob, auf alle
meine Worte / und merke wohl
auf alle meine Reden!
2 Sieh doch! Ich habe meinen Mund
geöffnet; / schon spricht in meinem
Gaumen meine Zunge.
3 Mein Herz wird Weisheitsworte
sagen, / und meine Lippen reden reine
Wahrheit.
4 Mich hat erschaffen Gottes
Lebensgeist, / des Allerhöchsten
Odem mich belebt.
5 Wenn du es kannst, gib eine Ant-
wort mir! / Leg es mir dar und tritt
mir doch entgegen!
6 Sieh doch! Dir bin ich gleich,
nicht Gott, / vom Ton genommen bin
auch ich.
7 Doch soll die Angst vor mir dich
nicht erschrecken; / und meine Hand
soll nimmer auf dir lasten.
8 Fürwahr, du sprachst vor meinen
Ohren, / und deiner Worte Laut ver-
nahm ich deutlich:
9 „Rein bin ich, ohne Sünde, /
und lauter, ohne Schuld.
10 Vorwände aber sucht er gegen
mich, / und er betrachtet mich als
seinen Feind.
11 Er spannte meine Füße in den
Block / und überwachte alle meine
Pfade.“
12 Sieh, darin hast du unrecht,
sag' ich dir; / denn Gott ist größer
als ein Mensch.
13 Weswegen hast du wider ihn
gehadert, / daß er nicht Antwort gibt
auf jedes deiner Worte?
14 Denn auf die eine Weise redet
Gott, / auf eine zweite – doch be-
merkt man's nicht.

→32 8 Der erworbenen Weisheit stellt Elihu die eingegebene, „charismatische“ Weisheit gegenüber, die man vom Geiste Gottes durch Offenbarung empfängt. Die traditionelle altorientalische Weisheitslehre, die durch die Weisen in Israel Eingang fand, bekannte zwar den Vorrang der göttlichen Weisheit, vgl. Spr 21 30, das Wechselverhältnis zwischen Weisheit und Gerechtigkeit, vgl. Spr 1 7; 10 31; 15 33; Ps 119 99–100, die Überzeugung, daß die Weisheit von Gott gegeben wird, Spr 2 6; 16 33. Außerhalb des Kreises der Weisheitslehrer wußte man aber um eine inspirierte Weisheit, vgl. Js 11 2; Gn 41 38–39. Die Vorstellung, daß der Geist Gottes die Weisheit erfüllt, kommt in Dn 5 11.12.14 zum Ausdruck und wird im Buch der Weisheit weiterentfaltet, Weish 1 5–7; 7 22–23; 9 17 – eine Vorbereitung auf die neue Offenbarung des göttlichen Geistes im NT, vgl. 1 Kor 2 6–16.

→32 10 *Hört mir zu* Üss; M: „Höre mir zu“.

→32 13 *hat uns gelehrt* Korr.; M: „hat ihn verjagt“. Elihu gibt die Behauptungen derer, die er kritisiert, in zugespitzter Weise wieder.

→32 14 *So* Nach G; M: „Zu mir“.

→32 19B Korr.

→33 3A Korr.

→33 6 *nicht Gott* Korr.; M: „vor Gott“.

→33 7B Korr., vgl. G.

→33 9 Zusammenfassung wiederholter Erklärungen Ijobs.

→33 10 *Vorwände* S; M: „Feindschaften“.

→33 10A Eine interpretierende Anführung aller Texte, in denen es von Gott heißt, er würde Ijob grundlos verfolgen.

15 Im Traum des Nachtgesichtes, /
wenn tiefer Schlaf sich auf die Men-
schen senkt, / im Schlummer auf der
Lagerstätte,
16 Da öffnet er das Ohr der Men-
schen / und schreckt sie auf durch
Warnungszeichen,
17 Von seinem Tun den Menschen
abzubringen, / den Hochmut aus den
Menschen auszutreiben,
18 Zu retten seine Seele vor der
Unterwelt, / vor dem Verderben
durchs Geschoß sein Leben.
19 Er wird gewarnt durch Schmerz
auf seinem Lager, / und ständig ist
der Kampf in seinen Gliedern.
20 Am Brot verspürt sein Leben
Ekel / und seine Seele an der Lieb-
lingsspeise.
21 Es schwindet hin sein Fleisch,
man sieht's nicht mehr; / entblößt liegt
das Gebein, sonst nichts zu sehen.
22 Schon nähert seine Seele sich
dem Grabe, / es naht sein Leben sich
dem Aufenthalt der Toten.
23 Wenn dann ein Engel ihm zur
Seite steht, / ein Mittler, einer unter
Tausenden,
Dem Menschen seine Pflicht zu
künden, / 24 und er sich seiner dann
erbarmt und spricht:
„Befreie ihn vom Abstieg in die
Grube! / Das Lösegeld für ihn hab'
ich gefunden";
25 Dann blüht sein Leib in Jugend-
frische; / er kehrt zurück zu seinen
Jugendtagen.
26 Er fleht zu Gott, und der wird
ihn begnaden, / läßt unter Jauchzen
ihn sein Antlitz schauen.
Seinen Freispruch verkündet er
den anderen; / 27 er singt den Men-
schen zu und spricht:
„Ich hab' gesündigt und das Recht
verkehrt; / nach Sünden ward mir
nicht vergolten.
28 Er rettete mich vor dem Abstieg
in die Grube; / des Lichtes darf mein
Leben sich erfreuen."
29 Sieh, alles dies pflegt Gott zu
wirken / selbst zweimal, dreimal an
den Menschen,
30 Zu retten seine Seele vor der
Grube, / sie zu erleuchten mit dem
Licht des Lebens.
31 Merk auf, Ijob, und schenke
mir Gehör! / Nun schweige still,
solang ich selber rede!
32 Hast du noch Worte, gib mir
Antwort! / Und sprich! Denn gerne
gebe ich dir recht.
33 Wenn aber nicht, dann höre du
mir zu! / Sei still! Ich will dich Weisheit
lehren.

Die mißlungene Rechtfertigung Gottes durch die drei Weisen

34 1 Da fuhr Elihu fort und
sprach:
2 Ihr Weisen, höret meine Worte! /
Ihr Kundigen, leiht mir Gehör!
3 Fürwahr, es soll das Ohr die
Worte prüfen, / so wie der Gaumen
auch die Speisen kostet.
4 Was recht ist, wollen wir für
uns erwählen; / wir wollen forschen
unter uns, was gut ist.
5 Fürwahr, Ijob erklärt': „Ich bin
gerecht. / Gott war's, der mir mein
Recht entzogen hat.
6 Es wendet sich mein Richter
grausam wider mich, / unheilbar ist
die Wunde, und doch, ich habe nicht
gesündigt."
7 Wo wäre wohl ein Mann wie Ijob,
der Lästerreden trinkt wie Wasser,

→3316B Korr.
→3317 *von seinem Tun* V, T; M: „von der Tat".
→3317 *auszutreiben* Korr.; M: „zu verbergen, zu bedecken".
→3319A Nach den Traumoffenbarungen, v. 15–18, wird jetzt eine zweite Weise genannt (vgl. v. 14), in der Gott zum Menschen spricht: Leidensprüfung wie bei Ijob.
→3321 *entblößt* Korr.
→3322 *dem Aufenthalt der Toten* Nach G; M: „den Tötenden".
→3323 *ein Mittler* Wörtlich: ein Wortführer, ein Dolmetscher. Der Engel „dolmetscht" dem Kranken den Sinn seiner Krankheit, öffnet ihm die Augen für seine Vergehen, v. 27, und tritt fürsprechend für ihn ein bei Gott, v. 24, vgl. 51+. Dieser Gedanke berührt sich mit ähnlichen Vorstellungen im AT: die Fürsprache der Gerechten, vgl. 428+, und die Sühne für andere, Js 5310; die Vermittlerrolle der Engel bei den prophetischen Offenbarungen (Ezechiel und Sacharja), ihr Eintreten, um Gefahren, die den Menschen bedrohen, fernzuhalten, Ps 9111–13, oder um seine Gebete zu überbringen, Tob 1212, vgl. Apk 83f. Die apokryphe jüdische Literatur bietet reiches Anschauungsmaterial für solche Auffassungen. Im Lichte der christlichen Offenbarung lag es nahe, diesen Mittlerengel mit dem „Schutzengel" gleichzusetzen, vgl. Tob 54+; Mt 1810; Apg 1215.
→3324 *Befreie ihn* S, V.
→3324 *für ihn* Hinzugefügt.
→3325 *in Jugendfrische* Korr.
→3326 *verkündet er* Korr.; M: „gibt er zurück".
→3327C Nach G.
→346 Korr.
→347 *Lästerreden* Elihu verkennt die religiöse Haltung Ijobs und stellt ihn den „Spöttern" gleich, die die Weisheitsliteratur bekämpft, vgl. Spr 2124.

8 Der sich den Übeltätern zu-
gesellt / und auch mit Bösewichtern
Umgang pflegt.
9 Fürwahr, er sprach: „Der Mensch
hat keinen Nutzen, / wenn er in
Freundschaft lebt mit Gott.“
10 Drum hört mir zu, ihr ein-
sichtsvollen Männer!
Fern ist’s von Gott, Unrecht zu
tun, / und von Schaddai, zu freveln.
11 Denn nach des Menschen Werk
vergilt er ihm, / nach seinem Wandel
läßt er’s ihn auch treffen.
12 Wahrhaftig, Gott kann niemals
Unrecht tun, / der Allerhöchste kann
kein Recht verdrehen.
13 Wer hat ihm denn die Erde an-
vertraut? / Wer hat den ganzen Erd-
kreis aufgerichtet?
14 Wenn seinen Hauch er wieder zu
sich holte / und seinen Odem an sich
zöge,
15 Dann würde alles Fleisch zu-
gleich verscheiden, / zum Staube
kehrte auch der Mensch zurück.
16 Wenn du Verständnis hast,
dann merk auf dieses, / und leih dein
Ohr dem Tone meiner Worte!
17 Kann denn ein Feind des Rech-
tes wohl regieren? / Willst du den ganz
Gerechten denn verdammen,
18 Der da zum König spricht:
„Gottloser du!“ / und zu den Edel-
leuten: „Ihr Verbrecher!“
19 Der nicht parteiisch gegen Für-
sten ist, / den Reichen vor dem Armen
nicht bevorzugt?
Denn alle sind sie seiner Hände
Werk. / 20 Sie sterben plötzlich mitten
in der Nacht;
Vornehme sind erschüttert, schwin-
den hin; den Mächtigen beseitigt er
ganz ohne Kraftanstrengung.
21 Der Menschen Wege sehen seine
Augen, / und er beachtet alle ihre
Schritte.
22 Es gibt kein Dunkel, keine
Finsternis, / worin die Übeltäter sich
verbergen.
23 Denn er bestimmte keine Frist
den Menschen, / vor Gottes Richter-
stuhle zu erscheinen.
24 Die Mächtigen zerbricht er
ohne Untersuchung, / setzt andere
an ihre Stelle ein.
25 Da er von ihren Taten Kenntnis
hat, / stürzt er sie nachts, daß sie
zerschmettert werden.
26 Er schlägt sie gleich Verbrechern /
an einem Ort, wo man es sieht.
27 Hält man ihm vor: „Sie haben
sich von ihm gewendet / und alle seine
Wege nicht befolgt,
28 So daß der Armen Schrei zu
ihm empordrang / und er das Rufen
der Bedrückten hörte;
29 Er aber hält sich ruhig, nichts
erschüttert ihn; / er birgt sein An-
gesicht, und niemand sieht ihn“ –
Geschieht’s, weil einzelne und
Völker ihn erbarmen, / 30 weil er den
Übeltäter übergibt dem Netz des
Unglücks.
31 Spricht dieser dann zu Gott: /
„Ich ward verführt, nicht will ich
wieder freveln;
Wenn ich gesündigt, lehre du mich
jetzt; / 32 tat Unrecht ich, will ich’s
nicht weiter tun!“
33 Soll er ihn dann nach deiner
Meinung strafen, / da du sein Urteil
ja verwirfst?
Bei dir ist es, zu wählen, nicht bei
mir. / Drum sprich es aus, was du
erkanntest!
34 Mir werden Männer von Ver-

→3411 *nach des Menschen Werk vergilt er ihm* Klassischer Ausdruck der Vergeltungslehre. Das NT verlegt die Verwirklichung der Vergeltung auf den Jüngsten Tag.

→3413 Der Sinn der Beweisführung scheint zu sein: Gott vollzieht die Weltregierung nicht aus zweiter Hand. Nicht das von einem anderen aufgestellte Recht wendet er an, sondern seine eigene Allmacht hat das Recht gegründet. Darum kann er die Gerechtigkeit nicht verletzen, weder aus Eigennutz noch unter Zwang. Vgl. Weish 1120–26; 1211–18.

→3414 *seinen Hauch* Vom zweiten zum ersten Halbvers gezogen; M: „sein Herz“ getilgt.

→3414 *zu sich holte* Einige Hss von M, S, G; M (Kere): „auf sich richtete“.

→3418 *Der . . . spricht* Üss.

→3420 Korr.

→3423 *Frist* Korr.

→3426–33 Der Text dieser Verse ist stark verderbt und korrigiert.

→3427 *Hält man ihm vor* Ein der Erfahrung entnommener Einwand: der Fall der notorischen Sünder, die von Gottes Gericht verschont bleiben. Der Grund liegt, so antwortet Elihu, darin, daß dann die Gerechtigkeit durch die Barmherzigkeit gemildert wurde, vgl. Weish 1123; 122.

→3433A Wenn Ijob über Gottes Verhalten das Urteil spricht, so läßt er sich von einer starren Auffassung über die zuteilende Gerechtigkeit Gottes leiten. Wenn nämlich das Gesetz der Wiedervergeltung ohne Ausnahme bestünde, dürfte Gott nicht verzeihen. Man könnte den Schluß ziehen, daß Ijob über seinen eigenen Fall nicht nach diesem Gesetz urteilen dürfe, sondern daß er daran denken müsse, Gott prüfe ihn aus anderen Gründen. Elihu seinerseits folgert daraus, daß Ijob seiner Sünde noch Frevel hinzufüge, v. 37.

stand es sagen / und jeder weise Mann,
der mir gelauscht:
35 „In Unverstand sprach Ijob; /
und ohne Einsicht waren seine
Worte.
36 Fürwahr, man soll auf immerdar
ihn prüfen; / nach Torenart gab er
ja Widerreden.
37 Denn Frevel fügte er zu seiner
Sünde; / das Recht zieht er in Zweifel
unter uns, / und er führt viele Reden
wider Gott.“

Das Tun des Menschen ist Gott nicht gleichgültig

35 1 Dann fuhr Elihu fort und
sprach:
2 Erachtest du denn das für richtig?
/ Du sprachst: „Im Rechte bin
ich mehr als Gott.“
3 Denn du erklärtest doch: „Was
macht's denn aus, / was tat ich denn
an dir, wenn ich gesündigt?“
4 Ich will dir nun die Antwort
darauf geben / und deinen Freunden
auch zugleich mit dir.
5 Zum Himmel blicke auf und
schaue! / Sieh aufs Gewölk hoch über
dir!
6 Begehst du eine Sünde, was kannst
du ihm schaden? / Sind deine Sünden
viel, was tust du ihm denn an?
7 Bist du gerecht, was kannst du
ihm dann geben? / Was kann er denn
aus deiner Hand empfangen?
8 Nur deinesgleichen bleibt dein
Frevel, / dem Menschensohn dein
tugendhafter Wandel.
9 Man jammert ob der Menge der
Bedrücker, / ruft Hilfe wegen der
Gewalt der Großen.
10 Doch fragt man nicht: „Wo ist
mein Schöpfergott, / der Jubellieder
schenkt selbst in der Nacht?
11 Mehr als die Tiere hat er uns
belehrt, / und weiser machte er uns als
des Himmels Vögel.“
12 Da schreien sie; doch er gibt
keine Antwort, / wenn sie der Großen
Übermut erblicken.
13 Fürwahr, Gott hört nicht auf ein
eitles Schreien, / und das beachtet
nicht Schaddai.
14 Wenn du gar sagst: „Er sieht
mich nicht, / vor ihm liegt offen mein
Gerichtsfall, und immer warte ich
auf ihn“;
15 Und weiter noch: „Sein Zorn
bringt keine Strafe, / der Menschen
Sünde scheint ihn nicht zu kümmern“,
16 Da öffnet Ijob seinen Mund zu
Wahngerede, / und ohne Einsicht
macht er viele Worte.

Der wahre Sinn der Leiden Ijobs

36 1 Elihu fuhr fort und sprach:
2 Wart noch ein wenig, daß ich
dich belehre! / Denn noch kann ich
zu Gunsten Gottes sprechen.
3 Mein Wissen will ich aus der
Ferne holen / und werde meinem
Schöpfer Recht verschaffen.
4 Denn wahrlich, meine Worte
sind kein Trug; / ein Mann voll
klarer Einsicht steht vor dir.
5 Sieh, Gott verachtet niemand
ohne Grund. / 6 Den Übeltäter läßt
er nicht am Leben.
Gerechtigkeit gewährt er den Bedrängten.
/ 7 Sein Auge wendet er
nicht vom Gerechten.
Und wenn er Könige auf Throne
setzt / und wenn sich die erheben, die
für immer herrschen,
8 Dann schlägt er sie in Ketten, /
gefangen werden sie in Elends Banden.
9 So hält er ihnen ihre Taten vor /
und ihre Sünden, da sie sich erhoben.
10 Für die Belehrung öffnet er ihr
Ohr / und spricht: Sie sollen von der
Sünde sich abwenden!
11 Wenn sie gehorchen und ihm
dienen wollen, / vollenden sie im
Glück die Tage, / in lauter Wonnen
ihre Jahre.
12 Doch wenn sie nicht gehorchen
wollen, / dann rennen sie in das Geschoß
/ und sterben ohne Einsicht
hin.
13 Die ruchlos sind von Herzen,

→34 36 Korr.
→34 37B Korr.
→35 3 *was tat ich denn an dir, wenn ich gesündigt* Nach G, V; M: „was nützt es mir, ohne Schuld (zu sein)“.
→35 5 D. h. unausgesprochen: Wenn schon die Wolke so unerreichbar fern, um wieviel mehr erst Gott! Er wird in seiner Erhabenheit von der Sünde des Menschen überhaupt nicht berührt.
→35 9 *Man jammert* Elihu scheint hier an den Fall zu denken, daß Menschen von der Bosheit anderer getroffen werden (V. 8). Der Grund, daß Gott ihnen nicht zu Hilfe kommt, liegt darin: Ihnen fehlt der Glaube an Gott, und sie spotten seiner voller Hochmut.
→35 14 Korr.
→35 15 *der Menschen Sünde* Korr., vgl. V.
→36 1 f Das Thema der folgenden Rede hatte bereits Eliphas angeschlagen, 5 17, und entwickelt, 22 23–30. Der Text bleibt vielfach dunkel: so ist es schwer, das, was Elihu an Eigenem beiträgt, zu bestimmen.
→36 5–8 Korr.
→36 13 *wahren* Korr.

wahren ihre Wut; / wenn er sie
fesselt, schreien sie nicht auf.
14 Dahin stirbt ihre Seele in der
Jugend, / ihr Leben endet schänd-
lich.
15 Doch rettet er den Armen durch
das Elend, / er öffnet ihre Augen
durch die Not.
16 Auch dich entreißt er aus der
Drangsal Rachen.
Einst freute dich dein grenzenloser
Überfluß, / das Fett auf deinem
Tisch quoll über.
17 Den Frevler aber hast du nicht
verurteilt, / das Recht der Waisen
nicht gewahrt.
18 Nun habe acht, nicht möge
dich der Überfluß verleiten, / und
reiches Lösegeld verführ' dich nicht!
19 Geh mit dem Reichen ins Ge-
richt wie mit dem Manne ohne
Gold / und mit dem Starken ebenso
wie mit dem Schwachen.
20 Verstoße jene nicht, die dir nicht
nahestehn, / um deine Angehörigen
statt ihrer einzusetzen.
21 Sei auf der Hut, zum Frevel
dich zu wenden! / Denn darum wirst
du ja geprüft.

Hymnus auf die allmächtige Weisheit

22 Sieh, Gott in seiner Macht ist
hocherhaben. / Wer könnte denn wie
er Belehrung geben?
23 Wer hat ihm seinen Wandel vor-
geschrieben? / Wer wagt zu sagen:
„Du begingst ein Unrecht?"
24 Bedenke, daß du seine Werke
preisest, / von denen doch die Men-
schen Lieder singen!
25 Ein jeder Mensch betrachtet es
mit Freude, / wenn jemand es auch
nur von ferne sieht.
26 Sieh, Gott ist groß, und wir er-
kennen's nicht, / und seiner Jahre Zahl
ist unerforschlich.
27 Er sendet Wassertropfen nieder, /
der Regen rieselt nieder, seine Flut,
28 Der aus den Wolken nieder-
strömt / und niederträufelt auf die
vielen Menschen.
31 Denn er versorgt dadurch die
Völker / und spendet ihnen reichlich
Nahrung.
29 Wer kann denn schon die Weiten
seiner Wolke fassen, / den lauten
Donnerschlag aus seinem Zelt?
30 Er breitet aus die Wolke, die er
um sich gehüllt, / und deckt damit
der Berge Gipfel zu.
32 Er hebt den Blitz in seine beiden
Hände / und weist ihn an, wohin er
fallen soll.
33 Es kündet ihn sein Donnerrollen
an, / sein Zorneseifer nahet sich dem
Unrecht.

37 1 Ja, darum packt mein Herz
der Schrecken, / laut pocht es
auf von seiner Stelle.
2 Lauscht aufmerksam dem Toben
seiner Stimme, / dem Grollen, das aus
seinem Munde kommt!
3 Er läßt es unterm ganzen Himmel
fahren, / bis zu der Erde Grenzen sei-
nen Strahl.
4 Laut brüllt der Donner hinter
ihm; / mit seiner stolzen Stimme
donnert er,
Und seine Blitze hält er nicht zu-
rück, / sobald man seine Stimme hört.
5 Gott läßt uns Wunder schauen, /
Großtaten wirkt er, die wir nicht be-
greifen.
6 Denn er befiehlt dem Schnee:
„Zur Erde falle!" / Den Regengüssen:
„Niederströmet!"
7 Auf aller Menschen Hand drückt
er ein Siegel, / daß alle Menschen seine
Taten spüren.
8 Das Wild zieht sich zurück in sein
Versteck / und legt auf seine Lager-
statt sich nieder.
9 Aus seinen Kammern bricht der

→36 14 *schändlich* Wörtlich: unter den „Geweihten", d. h. den Hierodulen.
→36 15 *ihre Augen* Wörtlich: ihr Ohr, d. h., er läßt den Armen verstehen, vgl. Ps 40 7; Js 50 5.
→36 16–20 Der Text ist stark gestört; Korr.
→36 22 – 37 24 *(Hymnus auf die allmächtige Weisheit)* Von der Deutung der Wege Gottes geht Elihu über zum Lobpreis der Macht und der Weisheit Gottes. Ein ähnlicher Gedankengang in Röm 11 33.
→36 31 *er versorgt* Korr.; M: „er richtet".
→36 31 *dadurch* Durch die Wolken.
→36 29 *Wer . . . denn schon* S.
→36 29 Das Gewitter: Die Wolke, Jahwes „Zelt", breitet sich unter dem Grollen des Donners, seiner „Stimme", aus. Sie senkt sich, und Gott schleudert den Blitz wie einen Pfeil. Vgl. Ps 29; Ex 13 22+; 19 16+.
→36 30 *die Wolke* (Wörtlich: seinen Dunst) T; M: „sein Licht".
→36 30 *der Berge Gipfel* Korr.; M: „des Meeres Wurzeln".
→36 32 *Er hebt* Korr.; M: „Er hüllt".
→36 33 Korr.
→37 4 *seine Blitze* Korr.; M: „sie".
→37 5 *Gott läßt uns Wunder schauen* Korr.; M: „Wunderbar tönt Gott mit seiner Stimme".
→37 6 *Niederströmet* (Wörtlich: Seid stark) Korr.; M: „seine Stärke".
→37 9 *Aus seinen Kammern* Die „Kammern des Südens", vgl. 9 9, aus denen der Sturm, ein Südwind, hervorbricht, vgl. 38 22; Ps 135 7. Der „Nordwind", wörtlich: die (die Wolken) zerstreuen.

Sturm hervor, / und mit dem Nord-
wind bricht die Kälte ein.
10 Durch Gottes Odem bildet sich
das Eis, / die weite Wasserfläche ist
erstarrt.
11 Mit feuchtem Naß belädt er
Wolken, / Gewitterwolken streuen aus
sein Leuchten.
12 Nach seinem Willen ziehn sie
hin und her, / er lenket ihren Wechsel.
Sie führen alles aus, was er befiehlt, /
im weiten Kreise seiner Erde.
13 Sei es zur Strafe für der Erde
Völker, / sei es als Hulderweis, so
werden sie von ihm gesandt.
14 Leih doch auch diesem noch,
Ijob, Gehör! / Steh still, betrachte
Gottes Wundertaten!
15 Weißt du, wie ihnen Gott Be-
fehle gibt, / wie seiner Wolken Licht
er leuchten läßt?
16 Verstehst du es, wie seine Wol-
ken schweben, / die Wunderwerke des
allweisen Meisters?
17 Du, dessen Kleider schon vor
Hitze glühen, / wenn unterm Südwind
still die Erde brütet –,
18 Hast du mit ihm den Himmel aus-
gebreitet, / fest wie ein Spiegel aus
Metall gegossen?
19 Belehre uns, was wir ihm sagen
sollen! / . . .
20 Soll ihm gemeldet werden: Ich
will reden? / Sagt wohl ein Mann, er
wolle untergehen?
21 Man kann das Sonnenlicht nicht
sehen, / wenn hinter dem Gewölk es
aufglänzt.
Ein Windstoß fährt daher und jagt
es fort. / 22 Vom Norden her erstrahlt
der Glanz;
Um Gott ist eine Pracht, die Schrek-
ken bringt. / 23 Nie werden wir
Schaddai erreichen.
An Macht und Recht ist er gewaltig
groß. / Die Fülle der Gerechtigkeit
wird er nicht beugen.
24 Deswegen sollen ihn die Men-
schen fürchten. / Er sei verehrt von
allen, die verständig sind.

IV. DIE JAHWE-REDEN

ERSTE REDE

Die Weisheit in der Schöpfung beschämt Ijob

38 1 Da gab Jahwe Ijob Antwort
aus dem Gewittersturm und
sprach:
2 Wer ist es, der den Weltenplan
verdunkelt / mit Worten, denen die
Erkenntnis mangelt?
3 Umgürte deine Lenden wie ein
Held! / Ich will dich fragen, du be-
lehre mich!
4 Wo warst du denn, als ich die
Erde gründete? / Sag an, wenn du so
große Einsicht hast!
5 Wer setzte fest ihr Maß? Du
weißt es ja. / Wer spannte über sie die
Meßschnur aus?
6 Worauf sind ihre Pfeiler ein-
gesenkt, / und wer hat ihren Eckstein
eingefügt,
7 Als allzumal die Morgensterne
jauchzten / und alle Gottessöhne
jubelten?
8 Wer schloß das Meer mit Doppel-
toren ein, / als sprudelnd es dem
Mutterschoß entsprang,
9 Als ich zu seinem Kleid die Wol-
ken machte, / zu seinen Windeln des
Gewölkes Dunkel,
10 Als ich ihm damals eine Grenze
brach, / die Riegel und die Doppel-
tore setzte?
11 Ich sprach: Bis hierher kommst
du und nicht weiter! / Hier soll zer-
schellen deiner Wellen Stolz!
12 Gebotest du in deinem Leben je
dem Morgen? / Hast du der Morgen-
röte ihren Platz gewiesen,

→37 12 *er lenket ihren Wechsel* (Wörtlich: Seine Steuerung läßt sie drehen) Korr.; M: „Und er (der Blitz) drehend seiner Steuerung gemäß".
→37 12 *seiner Erde* Korr.
→37 13 *der Erde Völker* Korr.
→37 13 *werden sie von ihm gesandt* Korr.
→37 18 *fest wie ein Spiegel aus Metall* Das Firmament, der vor Gluthitze starrende, eherne Sommerhimmel.
→37 19B Der zweite Halbvers ist in diesem Zusammenhang unverständlich; er lautet: „Wir werden vor Finsternis nicht (Worte) vorbringen".
→37 22 *der Glanz* Korr.; M: „das Gold".
→37 24 *Er sei verehrt* Nach G, S; M: „Er sieht nicht".
→38 1 *aus dem Gewittersturm* Entsprechend der alten Weise der Gotteserscheinungen, in der seine schreckende Allgewalt offenbar wurde, vgl. Ps 18 8–16; 50 3; Nah 1 3; Ez 1 4, ferner Ex 13 22+; 19 16+.
→38 3 *wie ein Held* S, T; M: „wie ein Mann"; ebenso in 40 7. Die Rollen sind vertauscht, Jahwe greift an und fordert Ijob zum Kampf auf.
→38 8 *Wer* Fragefürwort wie in V.
→38 11 *soll zerschellen* G, V.

13 Auf daß der Erde Säume sie
erfasse / und sie die Bösewichter von
ihr jage?
14 Wie Ton verwandelt sie sich
unterm Siegel; / und wie ein Klei-
dungsstück, so färbt sie sich.
15 Den Übeltätern wird ihr Licht
verweigert; / zerbrochen wird der
Arm, der schon erhoben.
16 Gelangtest du bis zu des Meeres
Quellen? / Bist du gewandelt auf dem
Grund des Meeres?
17 Hat man des Todes Tore dir
gezeigt? / Und sahst du denn des
Schattenreiches Pförtner?
18 Hast du denn Einsicht in den
weiten Raum der Erde? / Gestehe es,
ob du sie ganz begreifest!
19 Wo ist der Weg zum Aufenthalt
des Lichtes, / die Finsternis – wo hat
sie ihren Platz,
20 Damit du sie in ihr Gebiet ge-
leitest / und sie den Weg zu ihrem
Hause führst?
21 Du weißt es. Damals bist du ja
geboren, / und deiner Lebenstage Zahl
ist groß.
22 Kamst du bis zu den Speichern
voller Schnee? / Hast du des Hagels
Scheuern je gesehen,
23 Die ich für Drangsalzeiten auf-
bewahrte, / für Tage, die dem Kampf
und Kriege gelten?
24 Wo ist der Weg, da sich das
Licht zerteilt, / wenn Funken auf die
Erde es ergießt?
25 Wer brach dem Regengusse eine
Rinne / und der Gewitterwolke einen
Weg,
26 Damit auf menschenleeres Land
es regne / und auf die Steppe, die kein
Mensch bewohnt,
27 Zu sättigen die Wüste und die
Wildnis, / im Ödland Wachstum
frischem Pflanzenwuchs zu geben?
28 Gibt es denn für den Regen einen
Vater? / Und wer erzeugt des Taues
Tropfen?
29 Aus wessen Schoß entspringt das
Eis? / Wer hat den Reif des Himmels
denn geboren?
30 Wie zu Gestein verdichten sich
die Wasser; / es zieht des Meeres
Fläche sich zusammen.
31 Verknüpftest du die Bande der
Plejaden? / Hast du gelockert des
Orion Fesseln?
32 Bestimmst du denn dem Mor-
genstern den Aufgang, / und leitest du
den Bär samt seinen Jungen?
33 Weißt du denn um die Satzungen
des Himmels? / Bestimmst du seine
Herrschaft auf der Erde?
34 Erhebst du deine Stimme bis zur
Wolke, / gehorchen dir die Wasser-
fluten?
35 Entsendest du die Blitze, daß sie
ziehen / und zu dir sagen: „Siehe!
Wir sind da!"
36 Wer legt die Weisheit in den
Ibis, / und wer verleiht Verstand dem
Hahn?
37 Wer kann in Weisheit wohl die
Wolken zählen? Wer kann des Him-
mels Schläuche denn entleeren,
38 Wenn sich die Erde fügt zur har-
ten Masse / und fest die Schollen an-
einanderkleben?
39 Bist du es, der der Löwin jagt die
Beute? / Kannst du die Gier der
jungen Löwen stillen,
40 Wenn sie sich in den Lagern
niederducken / und im Gebüsche auf
der Lauer liegen?
41 Wer gibt dem Raben seine Nah-
rung, / wenn seine Jungen schrei'n zu

→38 14 Siegelton war von rötlicher Farbe.
→38 14 *färbt sie sich* Korr.; M: „stellen sie sich hin".
→38 15 *ihr Licht* Das „Licht" der Frevler ist nicht das Licht des Tages, vgl. 24 13 f.
→38 16 *Quellen* Von ihnen dachte man sich das Meer gespeist.
→38 17 *Pförtner* G; M: „Pforten". Das „Schattenreich" ist die Scheol, Nm 16 33 +. Zu den „Toren des Todes" vgl. Js 38 10; Ps 9 14; 107 18; Weish 16 13.
→38 19 Das Licht wird als ein von Sonne und Mond unterschiedenes Wesen angesehen, vgl. Gn 1 3.
→38 20 *Damit du sie ... geleitest* (Wörtlich: ... auf den Wegen zurückholst) Korr.; M: „damit du die Wege begreifst".
→38 24 *Funken* Korr.; M: „Ostwind".
→38 27 *im Ödland* Korr. In v. 26–27 ist die verschwenderische Freigebigkeit Gottes in seinen Werken betont oder auch die Sorge Gottes um andere Wesen als die Menschen.
→38 30 *verdichten sich* Korr.; M: „verbergen sich".
→38 32 *Morgenstern* Konjekturale Übersetzung (V: „Luzifer"). Es werden die Sternbilder genannt, von denen man glaubte, sie würden den Wechsel der Jahreszeiten bestimmen, v. 33, und den Gewitterregen heraufführen, v. 34–35.
→38 34 *gehorchen dir* G; M: „bedecken dich".
→38 36 Dem Ibis und dem Hahn schrieb man eine Fähigkeit der Vorhersage zu: Der Ibis kündigte die Hochwasser des Niles an, der Hahn kündigt den Tag an.
→38 39 Nach der unbelebten Natur ist jetzt vom Tierreich die Rede. Es sind die wildesten und unabhängigsten oder die fremdartigsten Tierarten ausgewählt. Gott sorgt für sie alle, alle erhalten von ihm ihre Nahrung.
→38 41 *sich aufbäumen* Korr.; M: „umherirren".

Gott um Hilfe, / und wenn sie sich aufbäumen ohne Fraß?

39 1 Weißt du die Stunden, wann die Felsenziegen werfen? / Beachtest du es, wann die Rehe kreißen?

2 Zählst du die Monde, da sie trächtig gehen? / Und weißt du um die Zeit, da sie gebären?

3 Sie kauern nieder, um zu werfen, / und ihre Jungen setzen sie ins Freie.

4 Die Kleinen werden stark und größer; / sie ziehen aus und kehren nicht mehr heim.

5 Wer gab dem wilden Esel seine Freiheit? / Wer löste los des Steppenesels Fessel?

6 Die Steppe wies ich ihm zur Heimat an, / erkor zu seinem Lagerplatz das Salzland.

7 Er lacht ob des Gedränges in der Stadt; / des Treibers lautes Schreien hört er nicht.

8 Die Berge späht er aus nach seiner Weise, / und hinter jedem Grün spürt er noch her.

9 Wird dir der Wildochs willig Dienste leisten? / Wird er an deiner Krippe übernachten?

10 Wirst du ihm einen Strick um seinen Nacken zwingen? / Wird er die Furchen hinter dir umpflügen?

11 Baust du auf ihn, da er an Kräften reich ist? / Kannst du ihm deine Arbeit überlassen?

12 Darfst du ihm trauen, daß er wiederkehrt, / auf deine Tenne deine Ernte sammelt?

13 Kann sich des Straußenweibchens Flügel messen / mit dem Gefieder eines Storchen oder Falken?

14 Es überläßt der Erde seine Eier / und brütet sie im Staube aus.

15 Und es vergißt, daß sie ein Fuß zertreten, / ein wildes Tier sie kann zerdrücken.

16 Den Jungen ist es hart, als wären's Fremde; / ob seine Mühe eitel, sorgt es nicht.

17 Fürwahr, die Weisheit ließ es Gott vergessen, / und keine Einsicht teilte er ihm zu.

18 Zur Zeit, da es zum Laufe sich erhebt, / kann es wohl über Roß und Reiter lachen.

19 Kannst du dem Rosse seine Stärke geben / und seinen Nacken mit der Mähne zieren?

20 Kannst du es springen lassen wie den Heuschreck? / Sein Schnauben voller Kraft verbreitet Schrekken.

21 Es scharrt im Talesgrund und ist voll Freude; / mit Kraft stürmt es dem Waffengang entgegen.

22 Es lacht des Schreckens und kennt keine Furcht, / selbst vor dem Schwerte weicht es nicht zurück.

23 Auf seinem Rücken klirrt der Köcher / und blitzen Speer und Lanze auf.

24 Bei seinem ruhelosen Stampfen schluckt es Erde, / läßt sich nicht halten beim Posaunenschall.

25 Sobald das Horn erschallt, ruft es: Haha! / Schon aus der Ferne wittert es den Kampf, / der Fürsten Donnern und das Kampfgetöse.

26 Schwingt sich der Falke auf nach deiner Einsicht / und breitet aus nach Süden hin die Flügel?

27 Hebt sich auf dein Geheiß der Adler aufwärts, / bereitet auf den Höhen seinen Horst?

28 Den Fels bewohnt er und weilt dort zur Nacht / auf Felsenzacken und auf Bergeswarten.

29 Von dort späht er nach Atzung aus; / und seine Augen schweifen in die Ferne.

30 Er nährt mit Blut schon seine Jungen, / und wo Erschlag'ne liegen, da ist er.

40 1 Da wandte sich Jahwe an Ijob und sprach:

2 Der Nörgler an Schaddai, wird er sich beugen? / Wer Gott will tadeln, der muß Antwort stehen.

→39 1A Korr. Die Felsenziegen und die Rehe werden aufgeführt, weil sich ihre Fortpflanzung jeder Beobachtung entzieht, ferner die Strauße, die hierbei keinerlei Vorsicht walten lassen, V. 14: Gott jedoch wacht über die Erhaltung der Art.
→39 3 *um zu werfen* Korr.
→39 3 *ins Freie* Vorgezogen von V. 4A.
→39 10 *einen Strick um seinen Nacken* Korr.
→39 10 *die Furchen* G; M: „die Täler".
→39 12 *auf deine Tenne* Korr.
→39 13–18 Der ganze Abschnitt über das Straußenweibchen fehlt in G.
→39 13 Der Satz wird mit Fragefürwort am Versanfang gelesen; der weitere Vers mit Korr. nach V.
→39 19 *dem Rosse* Das Pferd ist hier das Reittier des Kriegers.
→39 26 In den Vogelzügen entsprechend den Jahreszeiten zeigt sich die instinktive Weisheit, die der Schöpfer ihnen verlieh.
→39 30 *Er nährt* Korr.
→40 1 Dieser Einleitungsvers fehlt in G. Ijob wollte mit Gott disputieren; Gott stellt ihn vor das Geheimnis seiner Weisheit, die in seinen Werken offenbar wird.
→40 2 *Der Nörgler* Korr.; M: „Die Mängel".
→40 2 *sich beugen* V; M: „tadeln (?)".

3 Da antwortete Ijob Jahwe und sprach:

4 Sieh, zu gering bin ich. Was soll ich dir erwidern? / Ich lege meine Hand auf meinen Mund.

5 Einmal hab' ich geredet, tu's nicht wieder; / sogar ein zweites Mal, doch fahre ich nicht fort.

ZWEITE REDE

Gottes Herrschaft über die Mächte des Bösen

6 Da gab Jahwe dem Ijob Antwort aus dem Gewittersturm und sprach:

7 Umgürte deine Lenden wie ein Held! / Ich will dich fragen, du belehre mich!

8 Willst du denn gar mein Recht zunichte machen, / mich schuldig sprechen, daß du recht behältst?

9 Hast du denn einen Arm wie Gott zu eigen? / Kannst du wie er mit deiner Stimme donnern?

10 Mit Hoheit und mit Größe schmück dich doch! / Und kleide dich in Glanz und Herrlichkeit!

11 Laß überströmen deines Zornes Fluten! / Schau all das Stolze an und beug es nieder!

12 Mit einem Blick erniedrige den Stolzen! / Die Frevler tritt an ihrer Stelle nieder!

13 Verbirg sie allzusammen in den Staub! / Mach stumm ihr Antlitz im Verlies!

14 Dann will auch ich dich anerkennen, / weil deine Rechte dir den Sieg gewann.

Behemot

15 Sieh doch den Behemot! / Von Gräsern nährt er sich gleichwie ein Rind.

16 Betrachte seine Kraft in seinen Lenden / und seine Stärke in den Muskeln seines Bauches!

17 Er strafft wie eine Zeder seinen Schwanz; / die Sehnen seiner Schenkel sind verflochten.

18 Die Knochen sind wie erzgegoss'ne Röhren, / und sein Gebein ist gleich den Eisenstangen.

19 Der Erstling ist er aus den Werken Gottes; / doch der ihn machte, hat drohend ihm das Schwert genähert.

20 Versagt ist das Gebiet der Berge ihm / und allen wilden Tieren, die dort spielen.

21 Er lagert ruhig unter Lotossträuchern; / verborgen ist er in dem Schilf und Sumpf.

22 Die Lotosbäume decken ihn mit Schatten zu, / und rings umgeben ihn des Baches Pappeln.

23 Und drängt der Strom gewaltig, bangt ihn nicht; / strömt in sein Maul der Jordan, bleibt er ruhig.

24 Wer wagt es, in die Augen ihm zu greifen? / Durchbohrt man mit dem Wurfholz seine Nase?

Leviatan

25 Fängst du Leviatan am Angelhaken, / drückst seine Zunge mit dem Fangseil nieder?

26 Ziehst du durch seine Nase eine Binse? / Durchbohrst du seine Backe mit dem Haken?

27 Wird er mit vielen Bitten dich angehen? / Und wird er Schmeichelworte an dich richten?

28 Wird er wohl einen Pakt mit dir abschließen, / daß du für immer ihn zum Knechte nimmst?

29 Kannst du mit ihm wie einem Vöglein spielen? / Kannst du für deine Mädchen ihn anbinden?

30 Und feilschen darum denn die

→40 5 *tu's nicht wieder* Korr.; M: „antworte nicht mehr".
→40 13 *Mach stumm* Korr.; M: „Schließe ein". Das „Verlies" ist das Totenreich, die Scheol, Nm 16 33+, die Schattenwesen dort sind stumm.
→40 15 *Behemot* Der Name scheint im Hebräischen „das (wilde) Tier" schlechthin zu bezeichnen, könnte aber auch aus dem Ägyptischen kommen (*pehemu*, der Wasserbüffel); unter diesem Ausdruck wird hier das Flußpferd beschrieben, das Sinnbild brutaler Kraft, die Gott, sein Schöpfer bändigt, die aber vom Menschen nicht gezähmt werden kann.
→40 19–20 Korr.
→40 19 *Der Erstling* Hier im Sinne eines Vorrangs an Vortrefflichkeit gemeint und nicht ohne Ironie gebraucht.
→40 24 *Wer* Hinzugefügt.
→40 24 *mit dem Wurfholz* Übersetzung unsicher.
→40 25 *Leviatan* Der Name bezeichnet eigentlich ein mythisches Ungeheuer des Urchaos, 3 8+, das man sich immer im Meere lebend vorstellte. Er wird hier auf das Krokodil angewendet. Aber das sichtbare Tier – in Ez 29 3f; 32 2f ein Sinnbild Ägyptens – weckt weiterhin die Erinnerung an das von Jahwe im Anfang besiegte Meeresungeheuer, vgl. 7 12+, das seinerseits zum Typus der gottfeindlichen Mächte geworden ist.
→40 30 *die Zunftgenossen* Der Fischerzunft. Sie würden „das Bärenfell verkaufen".
→40 30 *die Händler* Wörtlich: „die Kanaanäer", die Kaufleute schlechthin.

Zunftgenossen? / Verteilen ihn die
Händler unter sich?
31 Kannst du mit Haken seine
Haut voll spicken / und mit der Fisch-
harpune seinen Kopf?
32 Versuch es, deine Hand daran
zu legen! / Denk an den Kampf! Du
tust es nimmer wieder.

41 1 Schau, deine Hoffnung wird
betrogen. / Durch seinen An-
blick kommt man schon zu Fall.
2 Wenn man ihn aufweckt, wird er
wütend. / Wer ist es, der ihm wider-
stehen kann?
3 Wer trat ihm je entgegen und
blieb heil? / Nicht einen gibt es unterm
ganzen Himmel.
4 Von seinen Gliedern will ich
nichts verschweigen / und von der
Kraft und Anmut seines Baues.
5 Wer wagt sein Oberkleid wohl
aufzudecken? / Wer dringt in seinen
Doppelpanzer ein?
6 Wer öffnet wohl die Tore seines
Rachens? / Es lagert Schrecken rings
um seine Zähne.
7 Sein Rücken trägt von Schilden
Rinnen, / verschlossen ist er mit des
Kiesels Siegel.
8 Es fügt sich eines an das andre
an; / es dringt kein Lüftchen zwischen
ihnen durch.
9 Denn eines haftet an dem andern
fest; / sie hängen aneinander, sind
untrennbar.
10 Sein Niesen läßt das Licht auf-
leuchten; / die Augen sind ihm wie
des Frührots Wimpern.
11 Aus seinem Rachen steigen
Fackeln auf, / wie Feuerfunken fah-
ren sie empor.
12 Aus seinen Nüstern steigt der
Rauch auf / wie aus dem Topf, der
kocht und siedet.
13 Glühkohlen facht sein Atem an, /
und eine Flamme schlägt aus seinem
Rachen.
14 Auf seinem Nacken ruht die
Stärke, / und vor ihm her springt auf
der Schrecken.
17 Erhebt er sich, erschrecken selbst
die Fluten; / des Meeres Wellen ziehen
sich zurück.
15 Die Wampen seines Fleisches
haften fest, / sie sind ihm angegossen,
unbeweglich.
16 Sein Herz ist hartgegossen wie
ein Stein; / hart ist er wie der untre
Mühlstein.
18 Wenn jemand ihm begegnet,
nützt kein Schwert / und keine Lanze,
Wurfgeschoß noch Pfeil.
19 Das Eisen gar bewertet er wie
Stroh, / das Erz wie Holz, das voller
Wurmfraß ist.
20 Ein Pfeil vermag ihn nicht zur
Flucht zu zwingen, / und es verwan-
deln Schleudersteine sich an ihm in
Spreu.
21 Wie einen Strohhalm achtet er
die Keule; / er lacht des Speeres
auch, der da heranschwirrt.
22 Es finden unter ihm sich spitze
Scherben; / im Schlamme zeichnet er
ein Dreschbrett auf.
23 Die Tiefe läßt er wie den Kessel
sieden / und macht das Meer zu einem
Salbentopf.
24 Aufleuchtet hinter ihm der
Pfad; / man hält das Meer für Greisen-
haar.
25 Es gibt nicht seinesgleichen auf
der Erde, / dazu geschaffen, ohne
Furcht zu sein.
26 Verächtlich schaut er alles Hohe
an, / und König ist er aller stolzen
Tiere.

Ijobs letzte Antwort

42 1 Da antwortete Ijob Jahwe
und sprach:
2 Ich weiß nun, daß du alles kannst /
und kein Gedanke dir unmöglich
ist.
3 Ich war es, der verdunkelt deinen
Plan / mit Worten, denen die Er-
kenntnis mangelt.
So sprach ich ohne Einsicht, / was
mir zu wunderbar und ich nicht
kannte.

→411–3 Korr.
→414B Korr.
→415 *Doppelpanzer* G; M: „Doppelgebiß“.
→417 *Sein Rücken* G, V; M: „Sein Stolz“.
→417 *mit des Kiesels Siegel* G; M: „mit engem Siegel“.
→4110A Das Krokodil sprüht Wassertröpfchen in die Höhe, die im Sonnenglanz aufblitzen.
→4112 *und siedet* S, V.
→4117 Wegen des Textzusammenhanges umgestellt.
→4117 *die Fluten* Korr.; M: „die Götter“.
→4117 *des Meeres Wellen* Korr.; M: „unter Brüchen“.
→4124 Wenn das Krokodil taucht, steigen Luftblasen auf; wenn es schwimmt, hinterläßt es eine glänzende Schaumspur.
→4126 *aller stolzen Tiere* Wörtlich: aller Söhne des Stolzes; gemeint sind die wilden Tiere, vgl. 288, als Bild für alle Mächtigen dieser Welt, die Gott allein in seiner Gewalt hat, 407–14.
→423 *Ich war es* Wörtlich: Wer ist es, wie in 382.
→423 *mit Worten* G, S, vgl. 382; fehlt in M.

4 [So höre also, bitte! Ich will
reden! / Ich will dich fragen, du be-
lehre mich!]
5 Nur durch Gerüchte wußte ich
von dir; / Jetzt aber hat mein Auge
dich gesehen.
6 Drum leiste Widerruf ich und
bereue / auf Staub und Asche!

V. EPILOG

Jahwe tadelt die drei Weisen

7 Da aber Jahwe diese Worte zu
Ijob geredet hatte, sprach er zu
Eliphas aus Teman: „Mein Zorn ist
gegen dich und deine beiden Freunde
entbrannt, weil ihr über mich nicht
die Wahrheit gesprochen habt wie
mein Knecht Ijob. 8 So nehmt euch
jetzt sieben Stiere und sieben Widder,
geht zu meinem Knechte Ijob und
bringt ein Brandopfer für euch dar.
Mein Knecht Ijob soll für euch beten.
Denn auf ihn will ich Rücksicht neh-
men, daß ich euch keine Schmach an-
tue. Denn ihr habt nicht die Wahrheit
über mich geredet wie mein Knecht
Ijob.“ 9 Da gingen Eliphas aus
Teman, Bildad aus Schuach und
Zophar aus Naama hin und taten,
wie Jahwe zu ihnen gesprochen
hatte. Jahwe nahm Rücksicht auf
Ijob.

Jahwe erneuert Ijobs Glück

10 Jahwe wandte das Schicksal
Ijobs, weil er für seine Freunde betete,
und vermehrte alles, was Ijob be-
sessen hatte, auf das Doppelte. 11 Es
kamen zu ihm alle seine Brüder und
Schwestern und alle seine Bekannten.
Sie aßen mit ihm in seinem Hause, be-
zeigten ihm ihr Beileid und trösteten
ihn wegen all des Unheils, das Jahwe
über ihn gebracht hatte. Jeder gab
ihm eine Keschita und einen goldenen
Ring. 12 Jahwe segnete die folgende
Lebenszeit Ijobs mehr als die frühere.
Er besaß vierzehntausend Schafe,
sechstausend Kamele, tausend Joch
Rinder und tausend Eselinnen. 13 Er
hatte auch sieben Söhne und drei
Töchter. 14 Die erste nannte er
‚Täubchen‘, die zweite ‚Zimtblüte‘,
die dritte ‚Schminkkästchen‘. 15 Man
fand im ganzen Lande keine schöne-
ren Frauen als die Töchter Ijobs. Ihr
Vater gab ihnen Erbteil unter ihren
Brüdern.
16 Danach lebte Ijob noch hundert-
vierzig Jahre und sah seine Kinder
und Kindeskinder, vier Geschlechter.
17 Ijob starb alt und lebenssatt.

→42_{4} Vermutlich Glosse (vgl. 33_{31}; 38_{3}).
→42_{5} *hat mein Auge dich gesehen* Keine Vision im eigentlichen Sinne, vgl. Ex 33_{20}+, sondern ein neues Erfassen der Wirklichkeit Gottes. Ijob, der von Gott nur eine herkömmliche Vorstellung hatte, ist vom Geheimnis Gottes ergriffen worden; nun beugt er sich vor Gottes Übermacht. Seine Fragen über die Gerechtigkeit bleiben unbeantwortet. Aber er hat verstanden, daß Gott keine Rechenschaft schuldig ist und daß seine Weisheit Wirklichkeiten wie dem Leiden und dem Tod einen unverhofften Sinn zu geben vermag.
→42_{6} *auf Staub und Asche* Gehört von jeher zur Trauer- und Bußhaltung, vgl. 2_{8}.
→42_{8} *Denn auf ihn* Korr.; M: „Denn nur auf ihn“. Ijob wird zu einer Fürsprechergestalt wie Abraham, Gn 18_{22-32}; 20_{7}, Mose, Ex 32_{11}+, Samuel, 1 Sm 7_{5}; 12_{19}, Amos, Am 7_{2-6}, Jeremia, Jr 11_{14}; 37_{3}; 2 Makk 15_{14}, vgl. Ez $14_{14.20}$. Seine Prüfung scheint einer der Gründe für die Wirksamkeit seines Gebetes zu sein. Im Hintergrund zeichnet sich die Gestalt des Gottesknechtes ab, vgl. Js 53_{12}, dessen Leiden dann ausdrücklich zu einer Sühne für die anderen wird.
→42_{11} *Keschita* Ein altes Zahlungsmittel von unbekanntem Wert. In Üss ist mit „Lamm“ übersetzt.
→42_{13} *sieben Söhne* T: „vierzehn Söhne“.
→42_{15} *gab ihnen Erbteil* Gewöhnlich erhielten die Töchter einen Anteil vom Erbe nur, wenn kein Sohn da war, vgl. Nm 27_{1-11}. Diese Besonderheit bezeugt den außergewöhnlichen Reichtum Ijobs.
→42_{17} G enthält zwei Zusätze. Der erste zeigt, daß man in alter Zeit den Gedanken der Auferstehung im Buch fand: „Es ist geschrieben, daß er von neuem auferstehen wird mit jenen, die der Herr auferwecken wird.“ Der zweite spricht davon, daß Ijob „im Lande Ausitis, an den Grenzen von Idumäa und Arabien“ lebte; er setzt ihn mit Jobab (Gn 36_{33}) gleich.

Das Buch der Sprüche

Allgemeine Überschrift

1 1 Die Sprüche des Davidsohnes Salomo, des Königs von Israel:

2 Daß man Weisheit und Zucht kennenlerne, / die Worte der Einsicht verstehe

3 Und in Zucht sich Verständnis aneigne, / Gerechtigkeit, Recht und Geradheit;

4 Sie verleihen den Unerfahrenen Klugheit, / der Jugend Erkenntnis und Umsicht;

5 Hört sie der Weise, so mehrt er das Wissen, / und der Einsichtige erwirbt sich Lenkungskunst;

6 Daß man verstehe Sinnspruch und Gleichnis, / Worte der Weisen und ihre Rätsel.

7 Furcht Jahwes ist Anfang der Erkenntnis; / doch die Toren verachten Weisheit und Zucht.

I. PROLOG

EMPFEHLUNG DER WEISHEIT

Der Weisheitslehrer: Schlechte Gesellschaft meiden

8 Höre, mein Sohn, auf deines Vaters Warnung, / und mißachte nicht deiner Mutter Belehrung!

9 Sie sind ja deinem Haupte ein anmutiger Kranz / und deinem Hals ein Geschmeide.

10 Mein Sohn, wenn Sünder dich verleiten wollen, / so willige nicht ein!

11 Sagen sie etwa: „Komm doch mit uns! / Wir lauern auf Blut, / legen dem Schuldlosen Hinterhalt ohne Grund.

12 Wie die Scheol verschlingen wir sie lebendig, / und Gesunde wie solche, die ins Grab müssen.

13 Wir erlangen wertvolles Gut aller Art, / füllen mit Beute unsere Häuser.

14 Du darfst dein Los in unsrer Mitte werfen; / eine Börse sei uns allen gemeinsam!"

15 Mein Sohn, mit ihnen mach dich nicht auf den Weg; / von ihrem Pfade halte deinen Fuß zurück!

[16 Ihre Füße laufen ja dem Bösen zu / und eilen zum Blutvergießen.]

17 Nichts bietet in Wahrheit das Netz, / vor Augen aller Vögel ausgespannt.

18 Doch lauern sie dem eigenen Blute auf, / legen Hinterhalt dem eigenen Leben.

19 So enden alle, die Raubgut erraffen; seinem Besitzer raubt es das Leben.

Die Weisheit: Bußpredigt für die Sorglosen

20 Laut ruft die Weisheit auf den Gassen, / erhebt auf den Plätzen die Stimme.

21 Ruft am Anfang der lärmenden Straßen, / hält am Eingang der Tore, in der Stadt ihre Reden:

22 Wie lang noch, ihr Unreifen, liebt ihr die Unreife, / gefällt den Dreisten ihr dreistes Geschwätz, / ist den Toren Einsicht verhaßt?

→1 7 *Furcht Jahwes* Die „Furcht Jahwes" ist in der Bibel ungefähr das, was wir Religion oder Frömmigkeit gegen Gott nennen. Die hieraus entspringende Weisheit ist in ihrem Grunde religiös.

→1 17 Der Gedanke scheint zu sein: Die Vögel meiden das Netz des Vogelstellers, wenn sie sahen, wie es gelegt wurde; ebenso wird der junge Mann, wenn er vor den Gefahren, in die er sich begibt, gewarnt wurde, diese vermeiden können.

→1 19 *So enden* (Wörtlich: So ist der Ausgang) G; M: „So sind die Pfade".

→1 20 *auf den Gassen* G; M: „draußen".

→1 20 Nach Art der Propheten, vgl. Jr 5 1; 7 2, geht die personifizierte Weisheit, vgl. 8 22+, durch die Gassen und sucht die Leute auf, um ihnen ihre Lehre zu erteilen.

23 Kehrt euch doch meiner Rüge
zu! / Nun will ich meinen Geist vor
euch verströmen, / euch meine Worte
kundtun:
24 Weil ihr, als ich rief, euch ge-
weigert, / als ich die Hand ausstreckte,
niemand dessen achtete;
25 Weil ihr all meinen Rat in den
Wind geschlagen / und meine Rüge
nicht angenommen:
26 So will auch ich bei eurem Un-
glück lachen, / spotten, wenn euch der
Schrecken überfällt;
27 Wenn euch einem Unwetter
gleich der Schrecken befällt / und euer
Unglück wie ein Sturmwind sich
naht; / wenn Not und Drangsal über
euch kommen.
28 Dann rufen sie mich an, doch
ich antworte nicht; / sie suchen
mich, doch werden sie mich nicht
finden.
29 Dafür, daß Einsicht ihnen ver-
haßt war, / sie der Furcht Jahwes nicht
den Vorzug gaben,
30 Auf meinen Rat nicht eingingen, /
jede Rüge von mir verschmähten:
31 So kosten sie nun ihres Wandels
Frucht, / sättigen sich von ihren An-
schlägen.
32 Ja, der Einfältigen Abkehr bringt
sie um; / ihre Sorglosigkeit richtet die
Toren zugrunde.
33 Doch wer auf mich hört, wird
sicher wohnen, / kann ruhig sein, ohne
Bangen vor Unheil!

Die Weisheit, Schutz gegen schlechte Gesellschaft

2 1 Mein Sohn, nimmst du an meine
Worte, / bewahrst dir meine Ge-
bote,
2 Indem du der Weisheit dein Ohr
neigst, / dein Herz zuwendest der Ein-
sicht;
3 Ja, nur wenn du rufst nach Ver-
ständnis, / deine Stimme nach Einsicht
verlangt;
4 Wenn du nach ihr wie nach Silber
suchst, / ihr nachspürst wie Schätzen:
5 Dann wirst du die Furcht Jahwes
verstehen / und Gottes Erkenntnis ge-
winnen;
6 Denn Weisheit verleiht nur Jahwe; /
aus seinem Mund kommt Erkenntnis
und Einsicht;
7 Er hält Bestand bereit den Red-
lichen, / ist denen ein Schild, die lauter
wandeln,
8 Indem er hütet des Rechtes Pfade /
und deren Weg bewacht, die ihm treu
sind.
9 Dann verstehst du Gerechtigkeit,
Recht und Geradheit / und jede gute
Bahn;
10 Denn Weisheit zieht ein in dein
Herz, / und Erkenntnis erfreut deine
Seele;
11 Besonnenheit wacht über dir, /
und Einsicht wird dich behüten;
12 Dich zu bewahren vor schlech-
tem Wege, / vor Leuten, die Verkehr-
tes reden,
13 Die verlassen die geraden Pfade, /
um auf dunklen Wegen zu gehen;
14 Denen es Freude macht, Schlech-
tes zu tun, / die jauchzen bei schlimmer
Verkehrtheit;
15 Deren Pfade gewunden sind /
und die auf krummen Gleisen fahren.
16 Auch bewahrt sie dich vor der
Frau eines andern, / vor der Fremden
mit ihren verführenden Reden,
17 Die den Freund ihrer Mädchen-
zeit verläßt / und den Bund ihres Got-
tes vergißt.
18 Ja, ihr Haus führt zum Tode
hinunter; / ins Totenreich gehn ihre
Bahnen.
19 Wer bei ihr einkehrt, kommt nie
mehr zurück, / erreicht nie wieder die
Pfade des Lebens.
20 Drum geh den Weg der Guten, /
halte ein der Gerechten Pfade!
21 Denn nur Redliche werden im
Lande wohnen, / nur die Lauteren
darin bleiben.
22 Doch die Frevler werden ver-
tilgt aus dem Lande, / die Abtrünni-
gen herausgerissen.

Der Weg, die Weisheit zu erlangen

3 1 Mein Sohn, vergiß meine Lehre
nicht, / dein Herz bewahre meine
Gebote!
2 Dann bringen sie dir langes Le-
ben, / glückliche Jahre und Wohl-
ergehen.

→21 Alle Weisheit kommt von Gott, v. 6, aber man kann sich für sie bereitmachen durch eine allzeit wache Wißbegierde, v. 3–4, und durch Gelehrigkeit gegenüber der Unterweisung der Alten, v. 1–2 usw.

→216 *Frau eines andern* Wörtlich: die fremde Frau. Der erste Teil des Buches der Sprüche – er ist der Abfassungszeit nach der jüngste – warnt oft vor dem Ehebruch, 216–19; 52–23; 624 – 727. Der Ehebruch wird hier, 217, mit einem Bruch des Bundes mit Gott auf gleiche Stufe gestellt, vgl. auch 515+; er bringt in die Scheol, 218; 55.6; 726–27. Nur einmal wird in diesen Texten auf die Prostitution angespielt, 626, welche die alten Sprüche dem Ehebruch gleichstellen, vgl. 2327; 313, ferner 293. Beide Male wird die Warnung damit begründet, daß so Könige verdorben und Kriegsmänner verweichlicht werden.

3 Nie dürfen dich Liebe und Treue verlassen; / binde sie an deinen Hals, / auf deines Herzens Tafel schreibe sie!

4 Dann findest du Gunst und Wohlgefallen / vor den Augen Gottes und der Menschen.

5 Vertraue ganzen Herzens auf Jahwe, / doch baue nicht auf eigene Klugheit.

6 Auf all deinen Wegen suche ihn zu erkennen; / er macht deine Pfade dann gerade.

7 Halte dich nicht selbst für weise: / fürchte vielmehr Jahwe und meide das Böse!

8 Dies ist heilsam für deinen Leib, / für deinen Körper ein Labsal.

9 Ehre Jahwe mit deinem Vermögen, / mit den Erstlingen von allem, was einkommt.

10 So füllen sich mit Korn deine Speicher, / und deine Kufen laufen über von Wein.

11 Nicht weise von dir, mein Sohn, Jahwes Zurechtweisung, / und seiner Rüge widerstrebe nicht.

12 Jahwe weist ja den zurecht, den er liebt, / wie ein Vater den Sohn, dem er wohlwill!

Die Freuden des Weisen

13 Glücklich der Mann, der Weisheit gefunden, / der Mensch, der Einsicht erlangt!

14 Denn besser ist's, sie zu erwerben als Silber, / und sie zu bekommen ist mehr wert als Gold.

15 Sie ist kostbarer als Korallen, / ihr gleich kommt keine von deinen Kostbarkeiten.

16 In der Rechten hält sie langes Leben; / in der Linken Reichtum und Ehre.

17 Ihre Wege sind freundliche Wege, / auf all ihren Pfaden ist Wohlergehen.

18 Wer nach ihr greift, dem ist sie ein Lebensbaum; / und wer sie festhält, ist glücklich zu preisen!

19 Jahwe hat mit Weisheit die Erde gegründet, / mit Einsicht den Himmel gefestigt.

20 Nach seiner Erkenntnis brachen die Urfluten auf, / träufeln die Wolken den Tau.

21 Mein Sohn, verliere sie nie aus den Augen, / bewahre Klugheit und Umsicht!

22 So werden sie deiner Seele zum Leben / und deinem Halse zum Schmuck.

23 Dann gehst du sicher deinen Weg / und stößt nicht an mit dem Fuße.

24 Setzt du dich nieder, so braucht dir nicht bange sein, / und ruhst du, so schläfst du erquickend.

25 Du mußt dich nicht fürchten vor plötzlichem Schrecknis, / vor dem Unwetter über die Frevler, das kommt!

26 Denn Jahwe wird deine Zuversicht sein; / er bewahrt deinen Fuß vor dem Fallstrick.

27 Enthalte dem die Guttat nicht vor, der sie braucht, / wenn in deiner Macht steht, es zu tun!

28 Zum Nächsten sage nicht: „Geh! Komm nochmals; / morgen gebe ich!" wo du es gleich kannst!

29 Plane nichts Böses wider den Nächsten, / während er arglos bei dir sitzt!

30 Mit keinem Menschen streite grundlos, / wenn er dir nichts Böses getan!

31 Beneide nicht den Mann der Gewalttat / und wähle keinen seiner Wege.

32 Jahwe verabscheut ja, die auf Abwegen sind; / doch mit den Redlichen lebt er vertraut.

33 Der Fluch Jahwes liegt auf des Frevlers Haus, / doch der Gerechten Wohnung segnet er.

34 Für Spötter hat er selbst nur Spott; / den Demütigen aber schenkt er Huld.

35 Die Weisen werden Ehre erlangen, / doch Schande erben die Toren!

Erwählung der Weisheit

4 1 Ihr Söhne, hört auf die Mahnung des Vaters, / und merket auf, um Einsicht zu lernen!

2 Denn gute Lehre gebe ich euch: / meine Weisung, verlaßt sie nicht!

→310 *Korn* G; M: „Fülle".
→324 *Setzt du dich nieder* G; M: „legst du dich nieder".
→328 *Zum Nächsten* Der „Nächste" bezeichnete ursprünglich den Gefährten, den Freund, den Tischgenossen, also denjenigen, zu dem man bestimmte Beziehungen hatte. In Spr erhält das Wort aber die weitere Bedeutung von Mitmensch, vgl. 61.3.29; 259; 2717 – ein erster Schritt auf dem Wege einer Ausweitung des Liebesgebotes, Lv 1918, der dann im Evangelium im Gebot der Feindesliebe sein Ziel erreichen wird, Mt 543f.
→331 Der anscheinende Erfolg der Frevler (Ausdrücke wie „Mann der Gewalttat, Verkehrter, Bösewicht, Spötter, Tor" bezeichnen alle die gleiche Gruppe der Jahwefeinde) war für die Israeliten immer eine Versuchung, vgl. 241.19; Ps 73, ja ein Ärgernis, Jr 121; Ib 217 usw.
→335 *erben* Korr.

3 Als ich nämlich noch als Sohn
war beim Vater, / als sanftes und
einziges Kind vor der Mutter,
4 Da belehrte er mich und sagte
zu mir: / „Halte fest meine Worte im
Herzen, / bewahre meine Gebote, dann
lebst du glücklich!
5 Erwirb dir Weisheit! Kaufe Ein-
sicht! / Vergiß sie nicht, und weiche
nicht ab von meines Mundes Worten!
6 Laß nicht von ihr, so bewahrt sie
dich; / behalte sie lieb, dann behütet
sie dich!
7 Der Weisheit Anfang ist: Erwirb
dir Weisheit, / kaufe Einsicht für all
deine Habe!
8 Umfange sie, dann erhöht sie
dich; / sie bringt dich zu Ehren, um-
fängst du sie liebend.
9 Sie setzt dir aufs Haupt einen
schmucken Kranz, / eine prachtvolle
Krone schenkt sie dir.“
10 Höre, mein Sohn: nimm an
meine Worte, / dann werden dir zahl-
reich die Lebensjahre.
11 Den Weisheitsweg will ich dir
weisen, / ich lasse auf gerader Bahn
dich ziehen.
12 Gehst du, so ist dein Schreiten
ungehemmt, / und läufst du rasch,
wirst du nicht straucheln.
13 Halte fest an der Weisung, laß
nicht davon ab! / Bewahre sie, sie
ist ja dein Leben!
14 Den Pfad der Frevler betritt
nicht, / geh nicht dahin auf dem Wege
der Bösen!
15 Verlaß ihn, geh nicht darauf
weiter! / Bieg von ihm ab und gehe!
16 Denn sie schlafen nicht, wenn sie
nicht Böses getan; / um ihren Schlaf
ist's geschehn, wenn sie niemand zu
Fall gebracht.
17 Ja sie essen des Frevels Brot / und
trinken den Wein der Gewalttat.
18 Der Gerechten Pfad ist wie Mor-
genschein, / der heller und heller wird
bis zum vollen Tag.
19 Doch der Frevler Weg ist wie
dunkle Nacht; / so erkennen sie nicht,
worüber sie straucheln.
20 Achte, mein Sohn, auf meine
Worte; / meinen Reden wende dein
Ohr zu!
21 Lasse sie nie aus den Augen; / be-
wahre sie mitten im Herzen!
22 Denn wer sie gefunden, für den
sind sie Leben / und für den ganzen
Körper Heilung.
23 Mit der größten Vorsicht hüte
dein Herz; / von ihm geht ja das Leben
aus!
24 Halte von dir Falschheit des
Mundes; / und entferne Verkehrtheit
der Lippen!
25 Deine Augen sollen geradeaus
schauen / und deine Blicke gerade
gerichtet sein.
26 Verschaffe deinem Fuße ebene
Bahn, / und all deine Wege seien
gefestigt!
27 Biege nicht ab nach rechts oder
links; / halte fern deinen Fuß vom
Bösen!

Die Flucht vor der fremden Frau und die wahre Liebe des Weisen

5 1 Achte, mein Sohn, auf meine
Weisheit; / wende dein Ohr meiner
Einsicht zu,
2 Daß du Besonnenheit behältst /
und deine Lippen die Erkenntnis be-
wahren. / Achte nicht auf ein schlech-
tes Weib;
3 Denn die Lippen der Fremden
triefen von Honig, / und glätter als
Öl ist ihr Gaumen.
4 Doch zuletzt ist sie bitter wie
Wermut, / scharf wie ein Schwert mit
zwei Schneiden.
5 Ihre Füße steigen zum Tode
hinab; / ihre Schritte halten fest auf
die Unterwelt zu.
6 Ihre Bahnen sind unstet, sie
achtet es nicht; / so hält sie den Pfad
des Lebens nicht ein.
7 Nun denn, mein Sohn, höre auf
mich, / und weiche nicht ab von den
Worten meines Mundes!
8 Halte fern von ihr deinen Weg; /
komm der Tür ihres Hauses nicht
nahe.
9 Sonst gibst du andern deine Wür-
de preis / und deine Jahre einem
Grausamen.
10 Sonst sättigen andere sich von
deinem Vermögen; / was du mühsam
erworben, kommt in des Fremden
Haus.
11 Dann müßtest zuletzt du noch
stöhnen, / wenn Leib und Fleisch du
verloren,
12 Und bekennen: „Wie war mir
Ermahnung verhaßt, / und mein Herz
verschmähte die Rüge.
13 Ich hörte nicht auf die Stimme
meiner Erzieher, / und wandte das
Ohr meinen Lehrern nicht zu.

→4,7A D. h., der erste Schritt im Tun der Weisheit ist, davon überzeugt zu sein, daß ihr Erwerb nötig ist und Opfer auferlegt.
→4,8 *Umfange sie* G.
→5,2 *Achte nicht auf ein schlechtes Weib* G, V; fehlt in M.
→5,7 *mein Sohn* G; M: „meine Söhne“; entsprechend die folgenden Verben.

14 Fast wäre es mir ganz böse ergangen / inmitten der versammelten Gemeinde.“

15 Trink Wasser aus deiner eignen Zisterne, / nur was aus deinem Brunnen quillt.

16 Deine Quellen sollen sich nicht nach außen ergießen, / noch deine Wasserbäche auf die freien Plätze.

17 Sie sollen dir allein gehören / und nicht auch anderen neben dir.

18 Dein Born sei gesegnet; / freu dich der Frau deiner Jugend:

19 Die liebliche Hindin, die anmutige Gazelle!

Sie habe Umgang mit dir, / ihre Brüste sollen dich sättigen jederzeit, / ihre Liebe mache dich immerfort trunken!

20 Was sollst du dich an einer anderen berauschen, mein Sohn? / den Leib einer Fremden umfangen?

21 Fürwahr, eines jeden Weg liegt klar vor den Augen Jahwes; / er beobachtet all seine Bahnen.

22 Den Frevler fangen seine eigenen Vergehen; / von seiner Sünde Stricken wird er gehalten.

23 Er wird sterben aus Mangel an Zucht; / seiner großen Torheit wegen kommt er zu Fall!

Die unvorsichtig geleistete Bürgschaft

6 1 Mein Sohn, bist du bei deinem Nächsten Bürge geworden, / hast einem Fremden den Handschlag gegeben,

2 Und bist so verstrickt durch die Worte deines Mundes, / gefangen in deines Mundes Worten:

3 So tue denn dies, mein Sohn, um dich zu befreien: / – denn du bist in die Hand deines Nächsten geraten – / Geh unverzüglich hin und bestürme deinen Nächsten!

4 Gönne nicht Schlaf deinen Augen / noch Schlummer den Lidern!

5 Befreie dich aus dem Netz wie eine Gazelle, / wie ein Vogel aus der Falle!

Der Faule und die Ameise

6 Du Fauler, geh zur Ameise hin, / sieh ihr Verhalten an, daß du weise wirst:

7 Obwohl sie keinen Aufseher, / keinen Antreiber oder Gebieter hat,

8 Sorgt sie im Sommer für Nahrung vor, / sammelt sich Futter zur Erntezeit.

9 Wie lange noch, Fauler, willst du liegenbleiben? / wann willst du aufstehen vom Schlafe?

10 „Nur ein bißchen noch schlafen, ein bißchen noch schlummern, / noch ein bißchen die Arme verschränken zum Ruhen!“

11 So kommt über dich die Armut wie ein Wegelagerer, / wie ein Bettler die Not.

Der Nichtsnutz

12 Ein Nichtsnutz, ja ein Schurke, / wer daherkommt mit Falschheit im Munde,

13 Mit den Augen zublinzelt; mit dem Fuß einen Hinweis, / mit den Fingern ein Zeichen gibt;

14 Der im Herzen Verkehrtheit trägt, / zu jeder Zeit Schlechtes betreibt / und Streitigkeiten entfesselt.

15 Deswegen kommt plötzlich über

→515 Die Bilder bezeichnen die rechtmäßige Ehefrau. Der Verurteilung des Ehebruches, 216+, steht hier das Lob auf die eheliche Treue und die rechtmäßige Gattin gegenüber, V. 15–18A und V. 18B–19. Dieses Lob läßt sich ergänzen durch verschiedene Sprüche zum Preise der tüchtigen Frau, die eine Gabe von Gott, ein Trost für ihren Mann ist, 1822; 1914 (vgl. als Gegenbild 1122; 1913; 219.19; 2524; 2715; 313), und vor allem durch das Lied auf die „starke Frau“, mit dem das Buch schließt, 3110–31. – Vielleicht ist auch hier wie in 3110f unter den Zügen der rechtmäßigen Gattin eine symbolische Beschreibung der personifizierten Weisheit zu sehen. Im Zusammenhang von Kapitel 1–9 würden dann Ehebruch und eheliche Treue entsprechend der prophetischen Überlieferung, vgl. Hos 12+, Abfall von Jahwe bzw. Treue gegen Gott und sein Gesetz, das die Quelle der Weisheit ist, bezeichnen.

→516 *sollen sich nicht* G; M: „sollen sich“.

→519 *Sie habe Umgang mit dir* G; fehlt in M.

→61–19 Die eingefügten vier Mahnungen, 61–5.6–11.12–15.16–19, unterbrechen den Zusammenhang; die Rede des Weisheitslehrers wird in 620 fortgesetzt.

→61–5 Bürgschaft war eine alte Sitte in Israel. Die ältesten Sprichwörter treffen Vorsorge gegen Mißbrauch. Später wird Ben Sira im Gegenteil Bürgschaft als ein Liebeswerk empfehlen.

→65 *aus dem Netz* G; M: „aus der Hand“.

→65 *aus der Falle* G; M: „aus der Hand“.

→66 Erkenntnis der Natur gehört zur Bildung des Weisen, vgl. 1 Kg 513; Spr 3024–31 usw.

→68 Danach Zusatz in G: „Oder geh zur Biene und sieh, wie sie fleißig ist und wie erhaben das Werk ist, das sie vollbringt. Könige und Edle verwenden zu ihrer Gesundheit, was sie hervorbringt; sie ist bei allen gesucht und berühmt; mag sie auch schwach sein in bezug auf die Kraft, sie hat die Weisheit voraus, die von ihr geehrt wird.“

→611 *ein Bettler* Korr.; M: „ein Schildbewehrter (?)“.

ihn das Verhängnis. / Er wird im Nu zerbrochen; es gibt keine Heilung!

Die sieben Greuel

16 Sechs Dinge sind Jahwe verhaßt, / und sieben seinem Herzen ein Abscheu:

17 Stolze Augen, falsche Zunge, / Hände, die unschuldig Blut vergießen;

18 Ein Herz, das Unheilspläne betreibt; / Füße, die eilends zum Bösen laufen;

19 Der falsche Zeuge, der Lügen vorbringt; / endlich wer zwischen Brüdern Streit entfesselt.

Fortsetzung der väterlichen Mahnung

20 Bewahre, mein Sohn, das Gebot deines Vaters, / und mißachte nicht deiner Mutter Belehrung!

21 Binde sie dir für immer aufs Herz; / winde sie dir um den Hals!

22 Sie soll dich, wenn du gehst, geleiten; / über dich wachen, wenn du ruhst, / und beim Erwachen mit dir sprechen.

23 Denn eine Leuchte ist das Gebot, die Belehrung ein Licht; / die Mahnungen der Zucht sind der Weg zum Leben:

24 Sie bewahren dich vor dem Weibe des Nächsten, / vor der glatten Zunge der Fremden.

25 Begehre nicht im Herzen nach ihrer Schönheit! / Von ihren Blicken laß dich nicht fangen!

26 Denn bei der Dirne steht ein Stück Brot auf dem Spiel, / eine Ehebrecherin aber macht Jagd aufs teure Leben.

27 Kann man Feuer im Bausch des Gewandes bergen, / ohne daß die Kleider in Brand geraten?

28 Oder schreitet einer auf Kohlenglut, / ohne sich die Füße zu verbrennen?

29 So auch, wenn einer zur Frau seines Nächsten geht: / keiner bleibt straflos, der sie berührt.

30 Man verachtet den Dieb nicht, der stiehlt, / um seine Gier, da ihn hungert, zu befriedigen;

31 Ertappt, ersetzt er es siebenfach, / gibt alle Habe seines Hauses hin;

32 Doch wer Ehebruch begeht, dem mangelt Verstand; / dies tut nur, wer selbst sein Leben vernichten will.

33 Schläge und Schande trägt er davon, / und seine Schmach wird nie gelöscht.

34 Denn Eifersucht ist des Mannes Grimm; / am Rachetag übt er keine Schonung!

35 Keinerlei Sühnegeld kann ihn versöhnen; / bietest du noch soviel, er willigt nicht ein.

7 1 Bewahre, mein Sohn, meine Worte, / und meine Gebote behalte dir fest!

2 Bewahre meine Gebote – dann lebst du glücklich –, / meine Lehre wie deinen Augapfel.

3 Binde sie dir an die Finger, / schreibe sie dir auf die Tafel des Herzens!

4 Sprich zur Weisheit: „Du meine Schwester!“ / und nenne die Einsicht „Verwandte“.

5 So bewahrt sie dich vor der anderen Frau, / vor der Fremden, die schmeichlerisch redet.

6 Denn aus dem Fenster ihres Hauses, / durch die Öffnung schaute sie hinaus,

7 um vielleicht zu erspähen unter den arglosen jungen Leuten / einen Jungmann, arm an Verstand:

8 Er ging auf der Straße, bei ihrer Ecke, / und nahm dann den Weg, wo ihr Haus ist,

9 Im Zwielicht zwischen Tag und Abend, / beim Einbruch des nächtlichen Dunkels.

10 Da begegnet ein Weib ihm, / buhlerisch aufgemacht, von einem Schleier verhüllt.

11 – Unbeherrscht war sie und unstet; / ihre Füße hielten's zu Hause nicht aus.

12 Bald auf der Straße, bald auf den Plätzen, / und an jeder Ecke lauerte sie. –

13 Da hielt sie ihn fest, und schon hatte sie ihn geküßt / und sagte zu ihm mit frechem Gesicht:

14 „Ich war noch Opfer schuldig, / habe heute mein Gelübde erfüllt.

15 Deshalb ging ich aus, um dir zu begegnen, / um dich zu treffen; nun habe ich dich gefunden.

16 Mit Decken hab' ich mein Lager bereitet, / ausgebreitet hab' ich ägyptische Leintücher.

17 Mein Bett habe ich mit Wohl-

→616–19 Ein „Zahlenspruch“, vgl. 3015+. →624 *des Nächsten* G; M: „des Bösen“. →626 Die Ehebrecherin ist gefährlicher als die Dirne; diese begnügt sich mit einem Lohn, jener aber muß man das ganze Leben opfern.

→76–7 *schaute sie hinaus, um vielleicht zu erspähen* G; M: „schaute ich hinaus, und ich erspähte“.
→710 *von einem Schleier verhüllt* Korr.; M: „verschlagenen Herzens“.
→716 *ausgebreitet hab' ich* G.

gerüchen besprengt / von Myrrhe,
Aloe und Zimt.
18 So komm, wir trinken Liebeslust
bis zum Morgen, / an Liebesfreuden
wollen wir uns ergötzen!
19 Der Mann ist ja nicht zu Hause, /
ist auf Reisen weit fort.
20 Den Beutel mit dem Gelde nahm
er mit; / erst am Vollmondstage
kehrt er heim.“
21 Durch ihre Überredungskunst
verführte sie ihn, / verleitete ihn mit
dem Trug ihrer Lippen.
22 Verwirrt folgte er ihr, / wie ein
Ochse zum Schlachthaus geht;
und wie ein Hirsch, der sich ver-
fängt in der Schlinge, 23 bis ein Pfeil
ihm die Leber durchbohrt;
Wie ein Vogel sich ins Fangnetz
stürzt / und sieht nicht, es kostet sein
Leben.
24 Nun denn, mein Sohn, höre auf
mich, / und höre auf meines Mundes
Worte!
25 Nicht biege dein Herz auf ihre
Wege ab; / verirre dich nicht auf ihre
Pfade!
26 Denn zahlreich sind die Erschla-
genen, die sie gefällt hat, / und alle
von ihr Gemordeten eine gewaltige
Zahl.
27 Zur Scheol führen die Wege
durch ihr Haus, / hinab in die Kam-
mern des Todes.

Zweite Personifizierung der Weisheit

8 1 Ruft nicht die Weisheit? / Die
Einsicht, erhebt sie nicht ihre
Stimme.
2 Auf der Anhöhe über der Straße, /
an der Kreuzung der Wege steht sie.
3 Bei den Toren der Stadt, / am
Eingang der Pforten ruft sie laut:
4 „An euch, ihr Männer, ergeht
mein Ruf: / euch gilt meine Stimme,
ihr Leute!
5 Nehmt Klugheit auf, ihr Ge-
dankenlosen; / ihr Törichten, gewinnt
Verstand!
6 Hört zu! Ich verkünde ja Richti-
ges; / zu Redlichem tun meine Lippen
sich auf.
7 Denn Wahrheit bewegt meinen
Mund; / doch Frevel ist meinen Lippen
ein Abscheu.
8 Gerecht sind alle Worte meines
Mundes; / nichts Verdrehtes oder
Falsches ist darin.
9 Dem Einsichtigen sind sie alle-
samt recht, / und denen richtig, die
Erkenntnis gefunden.“
10 Nehmt meine Weisung lieber als
Silber an; / begehrenswerter als Gold
sei Erkenntnis!
11 Ja, Weisheit ist besser als Koral-
len; / alle Kostbarkeiten wiegen sie
nicht auf.

Selbstlob der Weisheit. Die königliche Weisheit

12 „Ich, die Weisheit, habe die
Klugheit inne; / auch Erkenntnis guter
Pläne findet sich bei mir.
14 Bei mir ist Rat und Erfolg; / bei
mir Einsicht, bei mir ist Starkmut.
[13 Die Furcht Jahwes ist der Ab-
scheu vor dem Bösen.]
Hochmut und Hoffart und böser
Wandel / und Verkehrtheit des Mundes
sind mir ja verhaßt.
17 Die mich lieben, die liebe ich
wieder; / wer mich sucht, findet mich.
15 Durch mich regieren die Könige, /
verfügen die Träger des Amtes das
Rechte.
16 Durch mich herrschen die Für-
sten / und richten die Edlen die ganze
Erde.
18 Reichtum und Ehre liegen bei
mir, / stattliches Gut und Gerechtig-
keit.
19 Meine Früchte sind besser als
Gold, ja als Feingold; / mein Ertrag
übertrifft erlesenes Silber.
20 Ich wandle den Weg der Gerech-
tigkeit / und mitten auf des Rechtes
Pfaden.
21 So verleihe ich denen Besitz, die
mich lieben, / und fülle ihre Speicher.“

Die schöpferische Weisheit

22 „Mich hat Jahwe geschaffen als
Erstling seines Waltens, / als frühestes
seiner Werke von urher.

→722 *Verwirrt* G.
→722 *wie ein Hirsch, der sich verfängt in der Schlinge* G.
→724 *mein Sohn* G; M: „meine Söhne“; entsprechend die folgenden Verben.
→81 – 918 Die beiden Kapitel bilden den Höhepunkt in der Lehre des Spruchbuches über die Weisheit, vgl. 822+. Das gleiche Thema wird in späteren Büchern weiterentwickelt: Sir 11–20; 24; Weish 6–9 (vgl. auch Ib 28).
→83 *Bei den Toren der Stadt* Korr.; M: „Bei den Toren, an der Mündung der Stadt“.
→85 *gewinnt Verstand* G.
→812 *habe . . . inne* S, T; M, G: „wohne mit“.
→814 *bei mir Einsicht* Üss; M: „ich bin die Einsicht“.
→816 *richten* G. Vers 17 steht vor v. 15.
→822–31 *(Die schöpferische Weisheit)* Die Vorstellung einer personifizierten Weisheit – in Spr 141 ist die Personifikation noch ein bloßes literarisches Kunstmittel – hat sich

23 Ich ward vor aller Zeit gebildet, /
von Anbeginn, vor den Uranfängen
der Erde,
24 Ward hervorgebracht, als die
Urfluten noch nicht waren, / noch
nicht die Quellen wasserreich.
25 Bevor die Berge gegründet wa-
ren, / vor den Hügeln ward ich hervor-
gebracht,
26 Als er das Land und die Fluren
noch nicht gemacht, / nicht die ersten
Schollen der Erde.
27 Ich war dabei, als er den Himmel
erstellte, / einen Kreis in die Fläche
der Urflut zeichnete.
28 Als er oben die Wolken befe-
stigte, / die Kraft der Urflutquellen
bestimmte,
29 Als er dem Meer seine Grenze
setzte, / daß die Wasser nicht sein Ge-
heiß übertraten; / als er die Festen der
Erde umriß:
30 Da war ich der Liebling an seiner
Seite, / war Tag für Tag das Ergötzen, /
indem ich die ganze Zeit vor ihm
spielte.
31 Da spielte ich auf dem weiten
Rund seiner Erde / und hatte mein Er-
götzen mit den Menschenkindern."

Die letzte Einladung

32 „Nun denn, ihr Söhne, höret
auf mich! / Heil denen, die meine
Wege einhalten!
33 Höret die Weisung, daß ihr weise
werdet, / und laßt sie nicht unbeachtet!
34 Heil dem Manne, der auf mich
hört, / der täglich wacht an meinen
Türen, / der meiner Tore Pfosten
hütet!
35 Wer mich gefunden, hat Leben
gefunden / und erlangt das Wohl-
gefallen Jahwes.
36 Doch wer sich an mir vergeht,
der tut seiner Seele Gewalt an; / alle,
die mich verwerfen, lieben den Tod!"

Die gastfreundliche Weisheit

9 1 Die Weisheit hat ihr Haus ge-
baut, / hat ihre sieben Säulen auf-
gerichtet,
2 Ihr Schlachtvieh geschlachtet, den
Wein gemischt, / auch ihre Tafel ge-
deckt,
3 und ausgesandt ihre Mägde; ihr
Ruf ergeht / auf den höchsten Stellen
der Stadt:
4 „Wer unerfahren, der kehre hier
ein!" / Und zum Unverständigen
spricht sie:
5 „Kommt! Esset von meinem Brot /
und trinkt vom Wein, den ich ge-
mischt!
6 Verlaßt die Torheit, so werdet ihr

---

in Israel seit dem Exil entwickelt, als der Polytheismus keine Gefahr mehr für den Jahweglauben bedeutete. Während die Weisheit in Ib 28 und Bar 39 – 44 als eine Sache erscheint, als ein begehrenswertes Gut, das sich außerhalb von Gott und vom Menschen befindet, wird sie in Spr 120–33; 316–19 und 8–9 als eine Person dargestellt. Hier offenbart sie selbst ihren Ursprung (vor aller Schöpfung erschaffen, v. 22–26) sowie den tätigen Anteil, den sie am Schöpfungswerk nimmt, v. 27–30, und die Rolle, die sie bei den Menschen spielt, um sie zu Gott zu führen, v. 31.35–36. Ben Sira wird diese Lehre weiterentwickeln: Sir 11–10 erinnert noch an Ib 28, dagegen führt Sir 411–19; 1420 – 1510 und vor allem 241–29 (vgl. Sir 241+) über Spr 8 hinaus. In all diesen Texten, in denen die Weisheit – wie an anderen Stellen das Wort oder der Geist – personifiziert wird, läßt sich jedoch schwer unterscheiden, was dichterisches Kunstmittel, was Ausdruck alter religiöser Vorstellungen oder was Einsicht neuer Offenbarung ist. Weish 722 – 81 schließlich erweckt den Eindruck, daß die Weisheit, „der Ausfluß der Herrlichkeit Gottes", an der göttlichen Natur teilhat, aber die abstrakten Ausdrücke, mit denen sie beschrieben ist, lassen sich ebenso auf eine Eigenschaft Gottes wie auf ein von Gott unterschiedenes Wesen (Hypostase) beziehen. – Die solcherart im AT angelegte Lehre von der Weisheit wird im NT wiederaufgenommen; sie erhält hier eine weitere und entscheidende Entfaltung dadurch, daß sie auf die Person Christi angewandt wird. Jesus wird als „die Weisheit" und „die Weisheit Gottes" bezeichnet, Mt 1119 par; Lk 1149, vgl. Mt 2334–36; 1 Kor 124–30; wie die Weisheit hat Christus Anteil an der Erschaffung und Erhaltung der Welt, Kol 116–17, an der Führung Israels, 1 Kor 104, vgl. Weish 1017f. Der Prolog von Jo schließlich weist dem Logos Züge der schöpferischen Weisheit zu, und das ganze Johannesevangelium stellt Christus als die Weisheit Gottes dar, vgl. Jo 635+. So erklärt sich, daß die christliche Überlieferung seit Justin in der Weisheit des AT Christus erkannt hat. Die Liturgie bezieht Spr 822f aufgrund eines nicht wörtlichen oder typischen, sondern „angepaßten" Schriftsinnes (Akkommodation) auf Maria, die Mitwirkende des Erlösers, wie die Weisheit Mitwirkerin des Schöpfers ist.

→822 *geschaffen* So wird das hebräische Zeitwort *(qanani)* von G, S, T übersetzt, vgl. Sir 14.9; 248.9. Die Übersetzung „hat mich erworben" oder „hat mich besessen" (Aquila, Symmachus, Theodotion) wird von Hieronymus (V) übernommen, wohl um die Irrlehre des Arius zu bekämpfen, der den (mit der Weisheit identifizierten) Logos als ein Geschöpf ansah.

→824 *die Urfluten* Der wäßrige Abgrund, auf dem gleichzeitig der Erdkreis und das Himmelsgewölbe aufruhen, vgl. Gn 1; Ps 104; Ib 38.

→91 *aufgerichtet* G; M: „ausgehauen".

leben, / und wandelt dahin auf dem
Wege der Einsicht!“

Gegen die Spötter

7 Wer den Spötter zurechtweist,
holt sich nur Schande, / und wer
den Frevler tadelt, selbst einen Flek-
ken.
8 Nicht rüge den Spötter, sonst
haßt er dich; / den Weisen rüge: er
liebt dich darum!
9 Dem Weisen teile mit, so wird er
noch weiser; / den Gerechten lehre:
er mehrt sein Wissen.
10 Der Weisheit Anfang ist Furcht
Jahwes, / und den Allerheiligsten
kennen ist Einsicht.
11 „Ja, durch mich werden viel deine
Tage, / und die Lebensjahre mehren
sich dir!
12 Bist du weise, so ist es zum eige-
nen Besten; / bist du ein Spötter: du
selbst mußt es tragen!“

Frau Torheit äfft die Weisheit nach

13 Frau Torheit ist ohne Ruhe, /
voll Dummheit und jeder Erkenntnis
bar.
14 Sie sitzt an der Tür ihres Hauses, /
auf einem Thron, in der Stadt hoch
oben,
15 Um anzurufen, die vorüber-
gehen, / die gerade ihre Wege ziehen:
16 „Wer unerfahren, biege hierher
ein!“ / Und wer arm an Verstand, dem
sagt sie:
17 „Wie süß schmeckt gestohlenes
Wasser, / und heimliche Speise wie
gut!“
18 Und er merkt nicht, daß Toten-
geister dort hausen, / daß ihre Gäste
im Tal der Scheol sind.

II. DIE GROSSE SALOMONISCHE SPRUCHSAMMLUNG

10 1 Sprüche Salomos.
Ein weiser Sohn macht dem
Vater Freude; / doch ein törichter
ist seiner Mutter Kummer.
2 Durch Frevel erworbene Schätze
bringen nichts ein; / Gerechtigkeit
aber rettet vom Tode.
3 Nicht ungestillt läßt Jahwe des
Gerechten Verlangen; / doch die Gier
des Frevlers stößt er zurück.
4 Eine lässige Hand bringt Armut
ein; / aber Reichtum schafft der Flei-
ßigen Hand.
5 Ein Sohn, der im Sommer sam-
melt, hat Einsicht; / doch ein Sohn,
der zur Erntezeit schläft, bringt
Schande.
6 Aufs Haupt des Gerechten kommt
der Segen Jahwes; / verfrühte Trauer
verschließt den Frevlern den Mund.
7 Der Gerechten gedenkt man zum
Segen; / doch der Name der Frevler
vergeht.
8 Der Weise beherzigt die Gebote: /
der geschwätzige Tor aber kommt zu
Fall.
9 Wer in Lauterkeit wandelt, geht
sicher; / doch wer krumme Wege
wählt, wird entdeckt.
10 Wer mit den Augen zwinkert, ver-
ursacht Leid; / wer aber mit Offenheit
tadelt, schafft Frieden.
11 Ein Quell des Lebens ist der
Gerechten Mund; / der Frevler Mund
hingegen birgt Gewalttat.
12 Haß weckt Zänkereien auf; /
doch Liebe deckt alle Verfehlungen
zu.
13 Auf des Einsichtsvollen Lippen
findet sich Weisheit; / aber der Stock
gebührt dem Rücken des Unverstän-
digen.
14 Weise halten mit ihrem Wissen
zurück; / doch des Toren Mund ist
drohendes Verderben.
15 Des Reichen Vermögen ist seine

→97–12 Sprüche, die später als ein Kommentar zu v. 6 eingefügt wurden.

→913–18 *(Frau Torheit äfft die Weisheit nach)* Auch die Torheit wird personifiziert, ihr Wirken ist dem der Weisheit gegenübergestellt, 91–6. Der Sinn des Gleichnisses ist offensichtlich: Ebenso wie es zwei Wege gibt, den Weg des Guten und den Weg des Bösen (418–19; Dt 3015–20; Ps 1; das Thema kehrt in frühchristlichen Schriften wie der Didache und dem Barnabasbrief wieder, wie schon vorher in den Handschriften von Qumran), ebenso gibt es zwei Aufforderungen, die an den Menschen ergehen, zwei Gastmähler, zu denen er eingeladen wird. Der Mensch muß wählen, vgl. Röm 1221; 2 Kor 614f; Tit 115.

→101 – 2216 *(Die große salomonische Spruchsammlung)* Wahrscheinlich der älteste Teil des Buches. Außer einigen, zuweilen rein äußerlichen Verknüpfungen werden in dieser Sammlung Gesichtspunkte der Ordnung und Gliederung nicht sichtbar.

→106 *Jahwes* G, V; fehlt in M.

→106 *verfrühte Trauer verschließt den Frevlern den Mund* G; M: „der Frevler Mund hingegen birgt Gewalttat“, vgl. 1011B.

→1010 *wer aber mit Offenheit tadelt, schafft Frieden* G; M: „der geschwätzige Tor aber kommt zu Fall“, vgl. 108B.

feste Stadt; / das Verderben der Armen
hingegen ist ihre Armut.
16 Des Gerechten Lohn dient dem
Leben, / der Erwerb des Bösen aber
dem Verderben.
17 Warnung beachten ist der Weg
zum Leben; / irre geht, wer der Mah-
nung nicht folgt.
18 Redliche Lippen halten den Haß
verborgen; / wer aber üble Nachrede
aussprengt, ist ein Tor.
19 Bei vielem Reden bleibt Sünde
nicht aus; / doch wer die Lippen zügelt,
handelt verständig.
20 Lauterem Silber (gleicht) des
Gerechten Zunge; / das Herz der Frev-
ler jedoch: wie wenig ist's wert!
21 Die Lippen des Gerechten leiten
viele; / doch die Toren sterben in
Armut.
22 Allein der Segen Jahwes macht
reich; / die eigene Mühe fügt nichts
hinzu.
23 Schändliches tun ist dem Toren
Vergnügen, / doch Weises tun dem
Manne von Einsicht.
24 Wovor dem Frevler graut, das
kommt über ihn; / und was die Ge-
rechten ersehnen, wird ihnen zuteil.
25 Braust ein Sturm daher, ist der
Frevler nicht mehr; / doch der Ge-
rechte ist fest gegründet auf ewig.
26 Wie Essig für die Zähne und wie
Rauch für die Augen, / so ist der Faule
für die, die ihn senden.
27 Die Furcht Jahwes vermehrt die
Lebenstage; / die Jahre der Frevler
jedoch sind verkürzt.
28 Der Gerechten Hoffnung mün-
det in Freude; / doch zunichte wird
die Erwartung der Frevler.
29 Der Weg Jahwes ist Schutz für
Lauterkeit, / für die Übeltäter aber
Verderben.
30 Der Gerechte wird in Ewigkeit
nicht zum Wanken gebracht; / doch die
Bösen werden nicht wohnen im Lande!
31 Des Gerechten Mund bringt
Weisheit hervor; / doch die Zunge der
Verkehrtheit wird ausgetilgt.
32 Den Lippen der Gerechten ist
vertraut, was wohlgefällt, / dem Munde
der Frevler hingegen Verkehrtheit.

11 1 Falsche Waage ist ein Greuel
für Jahwe; / doch volle Gewichte
haben sein Wohlgefallen.
2 Kommt Vermessenheit, kommt
auch Schande; / aber Weisheit ist bei
den Bescheidenen.
3 Der Redlichen Lauterkeit leitet
sie sicher, / indes der Treulosen
Falschheit sie verdirbt.
4 Am Tag des Zornes nützt Reich-
tum nichts; / doch Gerechtigkeit rettet
vom Tode.
5 Die Gerechtigkeit der Lauteren
macht eben ihren Weg; / der Sünder
aber fällt durch seine Schuld.
6 Die Redlichen rettet ihre Gerech-
tigkeit; / doch die Treulosen werden
in ihrer eigenen Gier gefangen.
7 Mit eines bösen Mannes Tod
geht (jede) Erwartung dahin, / dahin
auch die Hoffnung auf seine Stärke.
8 Der Gerechte wird der Drangsal
entrissen, und der Böse kommt an
seine Stelle.
9 Mit dem Munde will der Gottes-
feind den Nächsten verderben; / doch
die Gerechten retten sich durch Er-
kenntnis.
10 Ergeht's den Gerechten gut, so
frohlockt die Stadt, / und Jubel herrscht
beim Untergang der Frevler,
11 Die Stadt kommt hoch durch
den Segen der Redlichen; / doch durch
der Frevler Mund wird sie nieder-
gerissen.
12 Nur der Unverständige zeigt dem
Nächsten Geringschätzung; / ein Mann
von Klugheit aber schweigt.
13 Wer als Verleumder umgeht, gibt
Anvertrautes preis; / der Zuverlässige
aber behält Gehörtes für sich.
14 Fehlt Lenkungskunst, verfällt das
Volk; / doch Rettung kommt durch
viele Berater.
15 Gar übel fährt, wer einem ande-
ren Bürgschaft bietet; / wer aber jene
flieht, die Handschlag leisten, geht
sicher.
16 Eine anmutige Frau macht ihrem
Mann Ehre; / doch ein Weib, das
Redlichkeit haßt, ist ein Thron der
Schande.
Die Faulen werden arm an Habe; /
aber Reichtum erlangen die Fleißigen.
17 Wer Erbarmen übt, tut sich selber
wohl; / der Erbarmungslose schneidet
sich ins eigene Fleisch.
18 Der Gewinn, den der Frevler
sich schafft, ist Trug; / doch wer Ge-
rechtigkeit sät, schafft sicheren Lohn.
19 Der gerechte Mann gelangt zum

→10 16 *dem Verderben* Korr.; M: „der Sünde".
→10 18 *Redliche Lippen* G; M: „Lügnerische Lippen".
→10 21 *in Armut* G; M: „durch Mangel an Verstand".
→10 26 *der Faule* Der faule Bote.
→11 16 G; M: „Eine anmutige Frau erlangt Ehre, die Kraftvollen erwerben Reichtum."
→11 19 *Mann* (Wörtlich: Sohn) G, S; M: „So".

Leben, / dem Bösen folgen führt zum Tode.
20 Ein Greuel für Jahwe sind die Herzensverkehrten; / doch die untadelig wandeln, haben sein Wohlgefallen.
21 Die Hand darauf: Der Böse bleibt nicht ungestraft; / der Gerechten Geschlecht indes wird gerettet!
22 Ein goldener Ring im Rüssel eines Schweines: / eine Frau, die schön, aber schamlos ist.
23 Der Gerechten Verlangen endet im Glück, / die Hoffnung der Frevler schwindet dahin.
24 Mancher teilt reichlich aus – und wird dabei noch reicher; / ein andrer hält, mehr als recht, zurück – und wird nur ärmer.
25 Wer andern gerne hilft, wird wohlgenährt; / wer andre sättigt, wird auch selber gesättigt.
26 Wer Getreide zurückhält, den verfluchen die Leute; / doch wer es hergibt, Segen auf dessen Haupt!
27 Wer sucht, was gut ist, geht auf Wohlgefallen aus; / doch strebt einer Böses an, kommt's über ihn selbst.
28 Wer sich durch seinen Reichtum sicher glaubt, der fällt; / die Gerechten hingegen sprießen wie Blättergrün.
29 Vernachlässigt einer sein Haus, so erntet er Wind, / und des Toren Diener (kommt) zu dem, der weisen Sinnes.
30 Aus der Frucht der Gerechtigkeit wächst des Lebens Baum, / vor der Zeit werden die Frevler hinweggerafft.
31 Sicher wird dem Gerechten im Lande vergolten, / doch wahrlich auch dem Frevler und Sünder!

12 1 Wem Ermahnung lieb ist, der liebt Erkenntnis; / doch wem Warnung verhaßt, der ist dumm.
2 Wohlgefallen erlangt der Gute von Jahwe; / dem Hinterhältigen aber spricht er das Urteil.
3 Kein Mensch erlangt in Unrecht Bestand; / doch die Wurzel der Gerechten wird nie zum Wanken gebracht.
4 Eine wackere Frau ist für den Gatten eine Krone, / eine schändliche ihm wie Fraß in den Knochen.
5 Der Gerechten Sinnen geht auf das Rechte, / doch die Lenkungskunst der Bösen auf Trug.
6 Die Reden der Bösen sind ein Lauern auf Blut; / doch der Mund der Redlichen rettet sie.
7 Die Bösen werden gestürzt – und sind nicht mehr; / das Haus der Gerechten jedoch bleibt stehen.
8 Nach dem Maß seiner Einsicht wird ein Mann gerühmt; / doch wer im Innern verkehrt ist, fällt der Verachtung anheim.
9 Besser, wer, wenig beachtet, sich selbst bedient, als wer großtut, aber brotlos ist.
10 Der Gerechte sorgt für seines Viehs Bedürfnisse; / das Herz der Bösen hingegen ist grausam.
11 Wer seinen Acker bestellt, wird mit Brot gesättigt; / doch wer leeren Dingen nachjagt, ist unverständig.
12 Das Begehren des Frevlers ist schlecht, / die Wurzeln der Frommen aber sind festgegründet.
13 In der Lippen Verfehlung verstrickt sich der Böse; / doch der Gerechte entrinnt der Bedrängnis.
14 Die Frucht aus eines Mannes Munde sättigt ihn reich; / und gute Tat aus eines Menschen Händen kommt ihm wieder zu.
15 Des Toren Weg ist in seinen Augen gerade; / doch der Weise hört auf Rat.
16 Des Toren Unmut macht sich sofort bemerkbar; / indes ein Kluger Bloßstellung zudeckt.
17 Wer aussagt, wie es wirklich war, teilt Richtiges mit; / der Lügenzeuge aber Trügerisches.
18 Mancher Schwätzer wirkt wie Stiche des Schwertes; / doch die Zunge der Weisen wirkt Heilung.
19 Die Lippe der Wahrheit hat für immer Bestand, / aber nur einen Augenblick lang die Zunge der Lüge.
20 Verbitterung herrscht im Herzen derer, die Böses entwerfen; / doch Freude bei denen, die Gedeihliches raten.
21 Niemals widerfährt dem Gerechten ein Unheil; / aber die Frevler sind voll Unglück.
22 Ein Greuel für Jahwe sind Lip-

→11 23 *Die Hoffnung der Frevler schwindet dahin* G; M: „Die Hoffnung der Frevler ist Zorn".
→11 27 *Wohlgefallen* Das Wohlgefallen Jahwes, der die Gerechten belohnt, vgl. 12 2.
→11 30 *der Gerechtigkeit* G; M: „des Gerechten".
→11 30 *vor der Zeit werden die Frevler hinweggerafft* G.
→12 9 *sich selbst bedient* G; M: „einen Sklaven hat".
→12 12 G.
→12 13 *verstrickt sich der Böse* G.
→12 20 *Verbitterung* Korr.; M: „Betrug".

pen der Lüge; / doch haben sein Wohlgefallen, die Redliches tun.

23 Ein kluger Mensch hält sein Urteil zurück; / der Toren Herz hingegen schreit die Narrheit hinaus.

24 Der Fleißigen Hand gewinnt Herrschaft; / doch die lässige Hand muß Zwangsarbeit leisten.

25 Kummer im Herzen drückt einen nieder; / doch ein gütiges Wort macht ihn frohgemut.

26 Sein eigener Freund ist ein unparteiischer Richter; / die Frevler jedoch führt ihr Weg in die Irre.

27 Der Faule bratet sich kein Wild; / aber Rührigsein ist dem Menschen das kostbarste Gut.

28 Zum Leben führt der Pfad der Gerechtigkeit, / der Weg der Bösgesinnten aber zum Tode.

13 1 Ein weiser Sohn liebt die Zucht; / doch der Dreiste hört auf kein Schelten.

2 Von seines Mundes Frucht genießt ein Mann Gutes; / auf Gewalttat geht aber das Trachten der Abtrünnigen.

3 Wer hütet seinen Mund, bewahrt sein Leben; / doch wer die Lippen aufreißt, dem wird Verderben.

4 Des Faulen Seele begehrt – doch umsonst; / aber der Fleißigen Trachten wird voll befriedigt.

5 Verlogenheit haßt der Gerechte, / doch Stunk und Schande verbreitet der Frevler.

6 Gerechtigkeit behütet die Lauterkeit auf dem Wege; / aber Schuld bringt den Sünder zu Fall.

7 Mancher tut reich und hat überhaupt nichts; / ein anderer gibt sich arm und hat großes Vermögen.

8 Für eines Mannes Leben ist sein Reichtum das Lösegeld; / aber der Arme hört keine Drohung.

9 Das Licht der Gerechten flammt auf; / doch die Lampe der Frevler verlischt.

10 Bei Hochmut gibt es nur Hader; / bei den Demütigen aber ist Weisheit.

11 Erhastetes Vermögen schwindet dahin; / doch wer allmählich sammelt, wird reich.

12 Hingehaltene Hoffnung macht krank das Herz; / ein Lebensbaum ist aber erfülltes Verlangen.

13 Wer das Wort verachtet, geht zugrunde; / doch wer das Gebot in Ehrfurcht annimmt, bleibt unversehrt.

14 Ein Lebensquell ist die Lehre des Weisen, / von des Todes Schlingen sich fernzuhalten.

15 Einsicht ins Gute bringt Gunst ein; / doch starr ist der Weg der Abtrünnigen.

16 Jeder Kluge handelt mit Vorbedacht; / der Tor hingegen kramt Narrheit aus.

17 Ein schlechter Bote läßt ins Unglück stürzen; / doch ein treuer Gesandter bringt Heil.

18 (In) Armut und Schande (kommt), wer Warnung mißachtet; / aber Ehre erlangt, wer Rüge in acht nimmt.

19 Erfüllter Wunsch tut dem Herzen wohl; / doch dem Tor ist das Meiden des Schlechten abscheulich.

20 Mit Weisen gehe, so wirst du weise! / Wer mit Toren sich einläßt, dem ergeht es übel.

21 Unglück verfolgt die Sünder; / doch den Gerechten wird mit Gutem vergolten.

22 Des Guten Erbschaft geht auf Kindeskinder, / und die Habe des Sünders wird dem Gerechten bewahrt.

23 Der Neubruch der Armen bringt reichliche Nahrung; / ein andrer wird hingerafft, weil ihm Gerechtigkeit fehlt.

24 Wer seine Rute zurückhält, der haßt seinen Sohn; / doch wer ihn liebt, der sucht ihn mit Züchtigung heim.

25 Der Gerechte ißt, bis er satt ist; / der Bauch der Frevler aber hat zu wenig.

→12 26A G; M: „Der Gerechte zeigt den Weg (?) seinem Nächsten“.
→12 27 *Der Faule bratet sich kein Wild* Weil er keins gejagt hat.
→12 28 *der Weg der Bösgesinnten* G.
→13 1 *liebt die Zucht* Korr.; M: „(ist) die Zucht seines Vaters“.
→13 3 *sein Leben* Vielleicht liegt ein Wortspiel vor: das mit „Leben“ wiedergegebene Wort kann auch „Kehle“ und „Seele“ bedeuten.
→13 6 *den Sünder* Korr.; M: „die Sünde“.
→13 9 *flammt auf* Korr.; M: „frohlockt“.
→13 10 *bei den Demütigen aber* Korr.; M: „bei denen aber, die sich raten lassen“.
→13 11 *Erhastetes* G; M: „aus Nichtigkeit (Hervorgegangenes)“.
→13 13 *geht zugrunde* Korr.; M: „wird gepfändet“.
→13 13 *bleibt unversehrt* G; M: „wird belohnt“.
→13 17 *läßt ins Unglück stürzen* Korr.; M: „stürzt ins Unglück“.
→13 19 Der Text ist vielleicht verderbt oder unvollständig.
→13 23 Der Text scheint gestört. G: „Die Gerechten leben im Reichtum viele Jahre; die Ungerechten gehen plötzlich zugrunde“.

14 1 Die Weisheit erbaut ihr Haus; / doch die Torheit reißt es mit eigenen Händen nieder.

2 Wer seinen Weg gerade wandelt, fürchtet Jahwe; / wer aber krumme Wege geht, mißachtet ihn.

3 Hochmut sproßt aus der Toren Mund; / doch den Weisen behüten seine Lippen.

4 Ohne Ochsen (hat man zwar) eine saubere Krippe, / doch reichen Ertrag nur mittels des Stieres Kraft.

5 Nicht lügt als Zeuge ein Redlicher; / ein falscher Zeuge atmet Lügen nur so aus.

6 Sucht der Spötter Weisheit: es wird nichts; / doch dem Verständigen ist Erkenntnis ein leichtes.

7 Geh weg von einem törichten Manne; / denn Lippen der Erkenntnis hast du nicht gefunden.

8 Seinen Weg zu bedenken ist Weisheit des Klugen; / doch die Torheit des Toren ist: Trug.

9 Der Narren spottet Gott, / sein Wohlgefallen gilt den Redlichen.

10 (Nur das eigene) Herz begreift seinen inneren Gram; / auch in seine Freude vermag ein Fremder nicht einzustimmen.

11 Das Haus der Frevler wird ausgerottet; / doch der Redlichen Zelt wird halten.

12 Manchmal dünkt einem Manne ein Weg als der rechte; / sein Ende aber sind Wege zum Tode.

13 Auch beim Lachen hat Schmerz im Herzen Platz, / und das Ende der Freude ist Kummer.

14 An seinen Wegen findet der Herzensverkehrte Befriedigung, / doch der gute Mensch an seinen Werken.

15 Der Unerfahrene traut jedem Worte; / der Kluge gibt aber acht auf seinen Schritt.

16 Der Weise fürchtet sich und meidet das Schlechte; / doch der Tor läßt sich gehen und ist vermessen.

17 Der Jähzornige begeht Narrheit, / doch der besonnene Mann erträgt vieles.

18 Einfältige erlangen als Besitz (nur) Torheit; / doch die Klugen werden mit Erkenntnis gekrönt.

19 Böse verbeugen sich vor den Guten / und Frevler an den Türen der Gerechten.

20 Selbst seinem Nächsten ist der Arme verhaßt; / doch der Reiche hat zahlreiche Freunde.

21 Wer seinen Nächsten mißachtet, sündigt; / aber wohl dem, der sich der Elenden erbarmt!

22 Gehen nicht die in die Irre, die Böses planen? / Doch die auf Gutes bedacht sind, erfahren Liebe und Treue.

23 Bei jeder Anstrengung kommt ein Gewinn heraus; / aber bloß Schwätzen führt nur zu Mangel.

24 Die Krone der Weisen ist ihre Klugheit, / der Kranz der Toren – ihre Narrheit.

25 Ein zuverlässiger Zeuge (ist) Lebensretter; / doch wer Lügen hervorbringt, (ist) Betrüger.

26 In der Furcht Jahwes (hat einer) starke Zuversicht; / auch seine Kinder haben eine Zuflucht.

27 Die Furcht Jahwes ist ein Lebensquell, / von des Todes Schlingen sich fernzuhalten.

28 Auf der Menge des Volkes beruht des Königs Herrlichkeit, / und des Fürsten Untergang auf dem Fehlen von Leuten.

29 Reich an Einsicht ist der Langmütige; / doch voller Torheit ist der Ungeduldige.

30 Gelassener Sinn ist des Leibes Leben, / aber Leidenschaft ist Fraß in den Knochen.

31 Wer den Geringen bedrückt, schmäht dessen Schöpfer; / aber ihn ehrt, wer sich des Armen erbarmt.

32 Durch seine Bosheit kommt der Frevler zu Fall; / doch der Gerechte hat eine Zuflucht in seiner Unschuld.

33 Weisheit ruht im Herzen des Verständigen; / doch im Innern der Toren ist sie wirkungslos.

34 Gerechtigkeit erhöht ein Volk; /

→14 1 *Die Weisheit* Korr.; M: „Die weisesten Frauen" (das Zeitwort aber steht im Singular).
→14 3 Text unsicher.
→14 5 *ein falscher Zeuge* Zum falschen Zeugnis vgl. 6 19; 12 17; 14 25; 19 5.9; 21 28; 24 28; 25 18 und vielleicht auch 10 11; 11 9; 12 6. Vgl. ferner Ex 20 16; 23 1; Dt 19 15–21.
→14 9 *Der Narren spottet Gott* Korr.; M: „Narren spotten der Sünde".
→14 11 *wird halten* G; M: „wird blühen".
→14 14 *an seinen Werken* Korr.
→14 17 *der besonnene Mann erträgt vieles* G; M: „der Ränkevolle ist verhaßt".
→14 24 *ihre Klugheit* G; M: „ihre Reichtümer".
→14 24 *der Kranz der Toren – ihre Narrheit* Korr., vgl. 4 9; M: „die Narrheit der Toren – Narrheit".
→14 25 *Betrüger* Korr.; M: „Betrug".
→14 29 *voller Torheit* Korr., vgl. G.
→14 32 *in seiner Unschuld* G, S; M: „in seinem Tode".
→14 33 *wirkungslos* (Wörtlich: nicht bekannt) G; M: „bekannt".

aber die Sünde ist die Schmach der
Nationen.
35 Des Königs Wohlgefallen (ge-
hört) dem Diener, der Einsicht be-
weist; / durch sein Geschick verhütet
er die Verachtung.
15 1 Gelinde Antwort beschwich-
tigt Erregung; / verletzendes
Wort erregt aber Zorn.
2 Die Zunge der Weisen träufelt
Erkenntnis; / doch von Narrheit
sprudelt der Toren Mund.
3 An jedem Ort sind die Augen Jah-
wes, / wachend über Böse und Gute!
4 Der Zunge Gelassenheit ist ein
Lebensbaum; / doch Verkehrtheit an
ihr zerschlägt das Gemüt.
5 Ein Tor verschmäht die Warnung
des Vaters; / aber klug wird, wer
Rüge in acht nimmt.
6 (Im) Haus des Gerechten wach-
sen die Vorräte; / doch Verschlechte-
rung (herrscht) bei des Frevlers Ein-
künften.
7 Die Lippen der Weisen bewahren
Erkenntnis; / doch der Toren Herz ist
nicht beständig.
8 Ein Greuel für Jahwe ist das
Opfer der Frevler; / aber der Redlichen
Gebet ist ihm wohlgefällig.
9 Abscheulich ist dem Herrn der
Wandel des Frevlers; / doch wer
Gerechtigkeit verfolgt, den liebt er.
10 Den trifft schlimme Züchtigung,
der den Pfad verläßt; / wem Rüge ver-
haßt ist, der muß sterben.
11 Vor Jahwe (liegen offen) selbst
Unterwelt und Totenreich; / wieviel
mehr die Herzen der Menschenkin-
der!
12 Nicht liebt es der Spötter, daß
man ihn rügt; / zu Weisen mag er
nicht gehen.
13 Ein frohes Herz macht auch das
Antlitz heiter; / doch bei Herzens-
kummer ist (aller) Lebensmut zer-
brochen.
14 Erkenntnis sucht das Herz des
Einsichtigen; / aber der Toren Mund
ist auf Narrheit aus.
15 Des Bedürftigen Tage sind alle
böse; / doch der Wohlgemute hat
ständig ein Fest.
16 Besser weniges in der Furcht
Jahwes – / als reiche Schätze, doch
mit Beunruhigung.
17 Besser ein Gericht Gemüse, und
Liebe dabei, / als ein gemästeter Ochse,
doch Haß dabei.
18 Ein hitziger Mensch erregt
Streit; / doch ein langmütiger bringt
Zank zur Ruhe.
19 Des Faulen Weg ist von Dornen
versperrt; / doch gebahnt ist der Weg
der Fleißigen.
20 Ein weiser Sohn macht seinem
Vater Freude; / ein törichter Mensch
verachtet seine Mutter.
21 Torheit macht dem Freude, dem
Einsicht mangelt; / ein verständiger
Mann hingegen geht den geraden Weg.
22 Vorhaben scheitern, wenn keine
Besprechung vorausgeht; / doch mit
vielen Beratern kommt etwas zustande.
23 Freude bringt dem Manne die
eigene (treffende) Antwort, / und ein
Wort zur rechten Zeit – wie wertvoll
ist es!
24 Nach oben führt der Lebensweg
den Verständigen, / zu entgehen der
Unterwelt drunten.
25 Jahwe reißt ein das Haus der
Hochmütigen; / doch legt er fest die
Grenze der Witwe.
26 Ein Greuel für Jahwe sind die
Pläne des Bösen; / aber rein (vor ihm)
sind freundliche Worte.
27 Sein Haus zerstört, wer sich zu
bereichern sucht; / doch wer Ge-
schenke haßt, wird leben.
28 Das Herz des Gerechten sinnt
Redliches; / doch der Frevler Mund
sprudelt Böses hervor.
29 Weit fort ist Jahwe von den
Frevlern; / doch er hört der Gerech-
ten Gebet.
30 Aufleuchtende Augen erfreuen
ein Herz; / etwas Gutes hören labt
den Leib.
31 Ein Ohr, das auf Warnung zum
Leben hört, / bleibt selbst des Nachts
im Kreise der Weisen.
32 Sein Leben wirft weg, wer War-
nung in den Wind schlägt; / doch wer
auf Rüge hört, gewinnt Vernunft.
33 Furcht Jahwes ist Zucht, die zu
Weisheit führt, / und Demut geht
der Ehre voran.

→14 35B G.
→15 2 *träufelt* Korr.; M: „macht wohltuend".
→15 7 *bewahren* Symmachus; M: „verbreiten".
→15 19 *ist von Dornen versperrt* G; M: „ist wie Dorngestrüpp".
→15 19 *der Fleißigen* G; M: „der Redlichen".
→15 24 *Nach oben ... drunten* M; fehlt in G. Der „Lebensweg" scheint die Verlängerung des irdischen Lebens, die dem Tod, dem Abstieg zur Scheol, entgegengesetzt ist, zu bezeichnen. Später verstand man ihn als den Weg, der „nach oben", zur himmlischen Seligkeit, führt.
→15 28 *Redliches* Korr.; M: „um zu antworten".
→15 30 *labt den Leib* Wörtlich: macht fett das Gebein.

16 1 Der Menschen Sache sind Überlegungen im Herzen; / doch von Jahwe kommt die Antwort der Zunge.

2 Alle Wege eines Mannes sind lauter in seinen Augen; / Jahwe jedoch prüft die Gesinnungen.

3 Was du zu tun hast, übertrage dem Herrn, / dann verwirklichen sich deine Pläne!

4 Jahwe hat alles zu seinem Zwecke geschaffen, / so auch den Frevler – für den Unheilstag.

5 Ein Greuel für Jahwe ist jeder Hochmütige. / Die Hand darauf: er bleibt nicht ungestraft!

6 Schuld wird gutgemacht durch Liebe und Treue; / doch in der Furcht Jahwes hält man vom Bösen sich fern.

7 Wenn Jahwe an eines Mannes Wegen Gefallen hat, / bringt er auch seine Feinde zum Frieden mit ihm.

8 Besser in Gerechtigkeit wenig – / als mit Unrecht großes Einkommen.

9 Das Herz des Menschen plant seinen Weg, / Jahwe aber lenkt seinen Schritt.

10 Was von des Königs Lippen (kommt), ist Gottesspruch: / so verfehlt sein Mund sich nicht, wenn er Recht spricht.

11 Waage und Waagschalen sind Sache Jahwes, / sein Werk sind alle Gewichte im Beutel!

12 Begehen von Frevel (muß) der Könige Abscheu (sein); / denn durch Gerechtigkeit hat der Thron Bestand.

13 Lippen der Gerechtigkeit sind des Königs Wohlgefallen; / wer Gerades redet, den liebt er.

14 Des Königs Zorn ist wie Todesboten; / doch ein weiser Mann besänftigt ihn.

15 Aufleuchten in des Königs Antlitz bedeutet Leben; / der Frühjahrsregenwolke gleicht seine Huld.

16 Wieviel besser ist es, Weisheit zu erwerben als Gold, / und Erwerb von Einsicht ist mehr wert als Silber.

17 Das Böse zu meiden ist die Straße der Redlichen; / wer auf seinen Wandel acht hat, bewahrt sich das Leben.

18 Dem Zusammenbruch geht Hoffart voraus, / und Hochmut dem Fall.

19 Besser demütig mit den Niedrigen (leben) – / als mit den Stolzen Beute teilen.

20 Wer auf (Mahn)wort achtet, ihm ergeht es gut: / wohl dem, der vertraut auf Jahwe!

21 Wer weisen Herzens, wird als verständig gerühmt; / doch angenehme Rede vermehrt die Belehrung noch.

22 Ein Lebensquell ist Einsicht für ihre Besitzer; / doch die Torheit ist die Züchtigung der Toren.

23 Das Herz des Weisen gibt seinem Munde Einsicht; / auf seinen Lippen aber mehrt er noch die Belehrung.

24 Wie Honigfluß sind freundliche Reden, / süß der Seele und Labsal dem Leibe!

25 Mancher Weg erscheint einem Manne gerade; / doch sein Ende sind Todeswege.

26 Des Arbeiters Hunger schafft für ihn; / sein Mund nämlich treibt ihn an.

27 Ein ruchloser Mann gräbt Unheil; / seine Lippen versengen wie Feuer.

28 Ein hinterlistiger Mann stiftet Streit, / und ein Ohrenbläser entzweit Freunde.

29 Ein Mann der Gewalttat verführt seinen Nächsten / und bringt ihn auf den Weg zum Unglück.

30 Wer mit den Augen zwinkert, tut es, um Ränke zu ersinnen; / wer die Lippen zusammenkneift, hat das Böse schon fertig.

31 Graues Haar ist ein Ehrenkranz; / man findet ihn auf dem Weg der Gerechtigkeit.

32 Besser ist ein Langmütiger als ein Kriegsheld, / und, wer sich selbst beherrscht, als wer eine Stadt erobert.

33 Mit dem Bausche wirft man das Los; / doch von Jahwe kommt all sein Entscheid.

17 1 Besser ein Brocken trockenes (Brot) und Ruhe dabei, / als ein Haus voll Opferfleisch mit Streit.

→16 1 „Der Mensch denkt, und Gott lenkt".

→16 4 Der Frevler wurde erschaffen, um am Tage seines Unheils die Gerechtigkeit Gottes kundzutun.

→16 10A Denn der König fällt seine Urteile im Namen Gottes, vgl. 2 Sm 14 18–20; 1 Kg 3 4–28. Die folgenden Sprüche beziehen sich (mit Ausnahme von v. 11) auf den König.

→16 11 *Waagschalen* Korr.; M: „richtige Waagschalen".

→16 33 *Mit dem Bausche* Anspielung auf das Ephod, das der Hohepriester auf der Brust trug, Ex 28 6+; es ist hier von dem Ephod, das als Behälter der heiligen Lose diente, nicht mehr unterschieden, 1 Sm 22 8+.

→17 1 Es handelt sich vermutlich um Fleisch, das geopfert und anschließend bei

2 Ein Sklave voll Einsicht wird über den schändlichen Sohn gestellt, / und im Kreise der Brüder erhält er ein Erbteil.

3 Der Schmelztiegel ist für das Silber, und der Ofen fürs Gold; / doch der die Herzen prüft, ist Jahwe.

4 Ein Bösewicht hört hin auf Lippen des Schlechten; / ein Lügner horcht auf die Zunge des Bösen.

5 Wer den Armen verspottet, schmäht dessen Schöpfer; / wer sich freut am Unglück, bleibt nicht ungestraft!

6 Kindeskinder sind die Krone der Alten, / und die Zierde der Kinder sind ihre Väter.

7 Hochtönende Rede geziemt nicht dem Toren, / noch weniger aber dem Edlen die Sprache der Lüge.

8 Ein verführerisches Kleinod scheint dem, der es hat, das Bestechungsgeschenk; / an wen er immer sich wendet, er findet „Verständnis“.

9 Wer eine Verfehlung begräbt, sucht die Liebe (zu erhalten); / doch wer eine Sache wieder aufrührt, entzweit sich sogar mit dem Freunde.

10 Tiefer wirkt ein Verweis bei einem Verständigen / als hundert Schläge bei einem Toren.

11 Nur auf Widersetzlichkeit ist der Böse aus; / doch wird wider ihn ein grausamer Bote gesandt!

12 Eine Bärin, der Jungen beraubt, mag einem begegnen, / aber nicht ein Tor in seinem Wahnwitz!

13 Wer Gutes mit Bösem vergilt, / aus dessen Haus wird das Böse nicht weichen!

14 Des Zankes Anfang ist, als würde dem Wasser ein Auslauf gegeben; / drum laß vom Streite ab, bevor er (voll) ausbricht!

15 Der den Schuldigen freispricht und der verurteilt den Schuldlosen, / alle beide sind ein Greuel für Jahwe!

16 Was soll in des Toren Hand der Kaufpreis, / um Weisheit zu kaufen? Ihm fehlt doch der Sinn!

17 Ein Freund erweist Liebe zu jeder Zeit; / doch für die Not ist er (wie) ein Bruder geboren.

18 (Nur) ein Mensch, dem Einsicht mangelt, gibt Handschlag / und leistet Bürgschaft vor seinem Nächsten.

19 Schläge liebt, wer Streit liebt; / macht jemand seinen Eingang hoch, so sucht er Zusammenbruch.

20 Wer falschen Herzens, erlangt kein Wohlergehen, / und wer mit der Zunge unaufrichtig, fällt in Unglück.

21 Wer einen Toren zeugt, dem gereicht es zum Kummer; / und eines Unverständigen wird dessen Vater nicht froh.

22 Ein fröhliches Herz befördert die Gesundheit; / doch ein gedrücktes Gemüt zehrt den Körper aus.

23 Bestechung nimmt der Frevler an aus einem Gewandbausch, / um zu beugen die Pfade des Rechtes.

24 Weisheit ist vorm Gesicht des Verständigen; / doch des Toren Augen (gehn) bis ans Ende der Erde.

25 Ein törichter Sohn ist dem Vater Verdruß, / und Bitternis der, welche ihn geboren.

26 Schon den Unschuldigen mit Geld zu bestrafen ist böse, / (noch mehr aber) Edle widerrechtlich zu prügeln.

27 Wer seine Worte spart, hat Einsicht; / und wer kühlen Geist bewahrt, ist ein Mann von Verstand.

28 Schweigt er, kann auch ein Tor als weise, / hält er den Mund, als einsichtig gelten.

18 1 (Eignem) Verlangen geht der Sonderling nach, bricht aus bei allem, was Erfolg (verspricht).

2 Nicht findet der Tor an Verständnis Gefallen, / vielmehr, was ihm gut dünkt, herauszustellen.

3 Kommt ein Frevler, so kommt auch Geringschätzung, / und mit dem Verächter (kommt) Schmähung.

4 Worte aus Mannesmund sind tiefe Wasser, / ein sprudelnder Bach, eine Quelle des Lebens.

5 Gar übel ist's, den Schuldigen zu begünstigen / (und) den, der recht hat, im Gerichte abzuweisen.

6 Des Toren Lippen führen Streit

Opfermählern verzehrt wurde; aber der Text ist unsicher.

→17 11 *ein grausamer Bote* Vielleicht der „Verderberengel“, vgl. Ex 12 23 +; so scheint G die Stelle verstanden zu haben: „Der Herr wird einen unerbittlichen Engel gegen ihn entsenden“.

→17 19 *Schläge* Korr.; M: „Sünde“.

→17 19 *macht jemand seinen Eingang hoch* D. h. wohl: Wer hochfahrend spricht.

→17 23 Hier geht es wohl um Geschenke, die vom Richter oder falschen Zeugen angenommen werden, vgl. 17 8; 18 16 sowie 21 14, wo die Bedeutung weiter gefaßt ist.

→17 24 *bis ans Ende der Erde* D. h., der Tor besieht alles und mischt sich in alles ein.

→18 1 Der Text ist unsicher: Wird die Einsamkeit gelobt oder verdammt?

→18 4 *des Lebens* Hss von M, G; M: „der Weisheit“.

→18 6 *führen Streit herbei* G; M: „kommen in Streit“.

herbei, / und es ruft sein Mund nach Schlägen.

7 Dem Toren bringt sein Mund Verderben; / seine Lippen sind eine Falle für sein Leben.

8 Des Ohrenbläsers Worte sind Speisen gleich, die man gierig verschlingt; / sie gelangen ins Innere des Leibes hinunter.

9 Auch wer nur lässig bei seiner Arbeit, / ist schon dem Zerstörer verwandt.

10 Der Name Jahwes ist ein fester Turm; / der Gerechte flüchtet in ihn und ist gesichert.

11 Des Reichen Vermögen ist eine feste Stadt / und wie eine hohe Mauer – in seiner Einbildung!

12 Hochfahrend ist des Mannes Sinn – vor dem Zusammenbruch; / doch Demut geht der Ehre voran.

13 Gibt einer Antwort, bevor er gehört hat, / dies gereicht ihm zu Torheit und Schimpf.

14 Eines Mannes Geisteskraft vermag eine Krankheit zu tragen; / doch wer erträgt ein gedrücktes Gemüt?

15 Erkenntnis erwirbt das Herz des Einsichtigen; / auch der Weisen Ohr sucht Erkenntnis.

16 Ein Geschenk verschafft einem Menschen Raum / und läßt ihn vor Große gelangen.

17 Im Rechte scheint, wer in seiner Sache als erster (auftritt); / kommt aber die Gegenseite (zu Wort), widerlegt sie ihn.

18 Streitigkeiten schlichtet das Los / und entscheidet zwischen Mächtigen.

19 Ein Bruder, dem sein Bruder hilft, ist eine feste Stadt, / und Freunde gleichen dem Riegel einer Burg.

20 Eines Mannes Leib wird satt von der Frucht seines Mundes: / er wird satt vom Ertrag seiner Lippen.

21 Tod und Leben sind in der Zunge Gewalt; / wer sie (zu gebrauchen) liebt, ißt die Frucht davon.

22 Wer ein Weib fand, hat ein Gut gefunden / und Wohlgefälliges von Jahwe erlangt.

23 Der Arme braucht Worte des Flehens, mit Härte antwortet aber der Reiche.

24 Manche Freunde führen ins Verderben, / manche Freunde sind anhänglicher als ein Bruder.

19 1 Besser ein Armer, der in seiner Lauterkeit wandelt, / als einer mit falschen Lippen, der ja ein Tor ist.

2 Schon unvernünftiges Begehren ist vom Übel; / doch wer mit seinen Schritten hastet, der tritt fehl.

3 Des Menschen Torheit macht seinen Weg verkehrt; / doch sein Herz beschuldigt Jahwe.

4 Besitz schafft Freunde immer mehr; / aber der Arme wird von seinem Freunde getrennt.

5 Ein falscher Zeuge bleibt nicht ungestraft, / und wer Lügen vorbringt, kommt nicht heil davon.

6 Um die Gunst eines Edlen bemühen sich viele, / und einem freigebigen Mann ist jedermann Freund.

7 Alle Brüder eines Armen hassen ihn; / um wieviel mehr bleiben seine Freunde ihm fern!

Er jagt Worten nach, nicht einmal dies.

8 Sein Leben liebt, wer Verständigkeit erwirbt; / wer der Einsicht treu bleibt, erlangt das Gute.

9 Ein falscher Zeuge bleibt nicht ungestraft, / und wer Lügen vorbringt, kommt um!

10 Nicht kommt einem Toren Behaglichkeit zu, / noch weniger einem Knecht, über Fürsten zu herrschen.

11 Eines Mannes Einsicht macht ihn langmütig; / doch über Fehler hinwegzusehen, ist das Schönste an ihm.

12 Des Königs Unmut ist wie das Knurren eines Löwen; / aber wie Tau auf Pflanzen ist sein Wohlgefallen.

13 Ein ständiges Ärgernis für den Vater ist ein törichter Sohn; / doch der Frau Zänkereien sind wie ein undichtes Dach, das (ihn) forttreibt.

14 Haus und Habe sind das Erbe von den Vätern; / aber eine verständige Frau kommt von Jahwe.

15 Trägheit versenkt in betäubenden Schlaf, / und lässiges Wesen muß hungern.

16 Wer das Gebotene bewahrt, bewahrt sein Leben; / wer aber das Wort nicht achtet, muß sterben!

17 Wer sich erbarmt des Hilfsbedürftigen, leiht an Jahwe aus, / und er wird ihm seine Guttat vergelten.

18 Züchtige deinen Sohn, denn

→1819 *Ein Bruder, dem sein Bruder hilft, ist eine feste Stadt* Üss; M: „Ein gekränkter Bruder ist mehr als eine feste Stadt (?)“.
→1819 *Freunde* Korr.; M: „Streitigkeiten“.
→1824 *Manche* Korr.; M: „Ein Mann“.

→197 *Er jagt Worten nach, nicht einmal dies* Wahrscheinlich Bruchstück eines Spruches, dessen erste Vershälfte ausgefallen ist.
→1916 *das Wort* Korr., vgl. 1313; M: „seine Wege“.

Hoffnung ist (immer) noch; / aber
nach seinem Tode verlange nicht!
19 Wer hoch erregt (handelt), muß
es (ja) büßen; / vielmehr denke an
Rettung und wiederhole noch ein-
mal:
20 „Höre auf Rat und nimm Zucht
an, / daß dein Ende das eines Weisen
sei!“
21 Im Herzen des Menschen sind
vielerlei Pläne; / doch Bestand hat
(allein) der Ratschluß Jahwes.
22 Des Menschen Hoffnung ist die
Güte, die er erwiesen; / aber besser
ein Armer – als ein Mann, der ent-
täuscht.
23 Die Furcht Jahwes (erhält) am
Leben, / und gesättigt nächtigt man
ohne böse Heimsuchung.
24 Der Faule streckt seine Hand in
die Schüssel; / aber zum Munde
bringt er sie nicht zurück.
25 Schlägt man den Spötter, so
wird der Unverständige gewitzigt; /
doch den Verständigen weist man
zurecht, und er nimmt Einsicht an.
26 Schmachvoll und schändlich han-
delt ein Sohn, / der den Vater miß-
handelt, die Mutter verjagt!
27 Laß ab, mein Sohn, auf Zucht
zu hören, / von Weisheitsworten ab-
zuirren.
28 Ein nichtsnutziger Zeuge spottet
des Rechts, / und der Frevler Mund
verschlingt Böses.
29 Für die Spötter wird der Stock
bereitgehalten, / und Prügel für den
Rücken der Toren.
20 1 Der Wein ist ein Spötter, der
Rauschtrank ein Lärmmacher; /
keiner, der davon taumelt, wird weise.
2 Dem Knurren des Löwen gleicht
die Schrecklichkeit des Königs; / wer
ihn reizt, hat sein Leben verwirkt.
3 Beiseite zu bleiben bei Streit ge-
reicht dem Manne zur Ehre; / doch
jeder Narr platzt los.
4 Wenn der Winter einsetzt, will
der Faule nicht pflügen; / zur Ernte-
zeit sucht er, aber nichts ist da.
5 Der Ratschluß im Herzen des
Mannes ist wie Wasser der Tiefe; /
doch ein Mann von Einsicht holt ihn
herauf.
6 Viele Leute führen ihre Hilfs-
bereitschaft im Munde; / wer aber
findet einen Mann, auf den Verlaß ist?
7 In seiner Lauterkeit wandelt der
Gerechte dahin: / glücklich seine
Kinder nach ihm!
8 Sitzt der König auf dem Richter-
stuhle, / scheidet er alles Böse mit
seinen Augen aus.
9 Wer darf sagen: „Ich habe rein-
gehalten mein Herz, / ich bin von
meiner Sünde rein“?
10 Zweierlei Gewichte und zwei-
erlei Maße, / beide sind für den Herrn
ein Abscheu!
11 Schon ein Kind läßt in seinem
Tun erkennen, / ob sein Handeln
lauter – und ob es redlich ist.
12 Das Ohr zum Hören, das Auge
zum Sehen, / beide hat der Herr
gemacht!
13 Nicht liebe den Schlaf, sonst
verarmst du; / mache die Augen auf,
dann hast du Brot genug!
14 „Wie schlecht! Wie schlecht!“
sagt der Käufer; / doch ist er seines
Weges gegangen, dann prahlt er.
15 Gibt es auch Gold und viele
Korallen, / sind Lippen der Erkennt-
nis doch eine Kostbarkeit!
16 Nimm ihm das Gewand! Er hat
ja für einen anderen gebürgt; / und –
Fremder wegen – pfände ihn!
17 Das Brot der Lüge schmeckt
einem Manne gut; / doch nachher
füllt sich sein Mund mit Steinen.
18 Deine Pläne prüfe durch Be-
ratung; / mit kluger Lenkung führe
den Krieg!
19 Wer als Verleumder herumgeht,
gibt Anvertrautes preis; / auch laß
dich mit dem nicht ein, der den Mund
nicht halten kann!
20 Wer Vater und Mutter verflucht, /
dessen Leuchte erlischt beim Anbruch
der Finsternis.
21 Wurde Besitz am Anfang er-
hastet, / so wird auch nicht sein Ende
gesegnet sein.
22 Sage nicht: „Ich will das Böse
heimzahlen!“ / Vertraue Jahwe, und
er wird dich schadlos halten!
23 Ein Greuel für Jahwe sind zwei-
erlei Gewichte, / und falsche Waage
ist verwerflich.
24 Des Mannes Schritte sind von
Jahwe her (bestimmt); / wie könnte
der Mensch seinen Weg unterscheiden?
25 Ein Fallstrick ist es für einen
Menschen, unbedacht zu sagen:
„geweiht!“ / und sich erst nach dem
Gelübde Gedanken zu machen.

→1919 Text sehr unsicher.
→1927 Nach dem Zusammenhang des Textes wären hier mit „Zucht“ die Mahnungen der schlechten Ratgeber gemeint. Nach anderer Auffassung ist der Spruch ironisch gemeint.
→1929 *der Stock* G; M liest: „die Gerichte“.
→208 *scheidet ... aus* Oder: „worfelt“ (indem er die guten und die schlechten Fälle unterscheidet), vgl. 2026.
→2018 *prüfe* Korr.; M: „werden fest“.

26 Ein weiser König worfelt die
Frevler aus / und läßt ihre Missetat
auf sie zurückfallen.
27 Des Menschen Odem ist eine
Leuchte Jahwes, / er durchforscht alle
Räume des Leibes.
28 Güte und Treue behüten den
König; / durch Güte stützt er seinen
Thron.
29 Der Jünglinge Auszeichnung ist
ihre Kraft, / doch die Zier der Alten
das graue Haar.
30 Blutige Striemen scheuern den
Schlechten, / und Schläge die Kam-
mern des Leibes.

21 1 Wie Wasserläufe ist des Kö-
nigs Herz in der Hand Jahwes: /
Er leitet es hin, wo immer er will.
2 Jeder Weg eines Mannes ist in
seinen Augen gerade; / doch Jahwe
prüft die Herzen.
3 Das Billige und Rechte tun / ist
Jahwe viel lieber als Opfer.
4 Hochmut der Augen, Anmaßung
des Herzens, / Leuchte der Frevler:
nur Sünde ist es.
5 Des Fleißigen Pläne führen gewiß
zu Gewinn, / doch alles (Begehren) des
Hastigen nur zu Mangel.
6 Erwerb von Schätzen mit lügne-
rischer Zunge / ist (rasch) verwehte
Nichtigkeit der Sucher des Todes.
7 Der Frevler Gewalttat reißt sie
selbst mit hinab; / sie weigern sich ja,
das Rechte zu tun.
8 Gewunden ist der Weg des schul-
dig gewordenen Mannes; / wer aber
lauter ist, dessen Tun ist gerade.
9 Besser in der Ecke des Flach-
daches wohnen / als (mit) zänkischer
Frau (in) gemeinsamem Haus.
10 Des Frevlers Seele giert nach
Bösem; / kein Erbarmen findet in
seinen Augen sein Nächster.
11 Muß der Spötter büßen, wird der
Unverständige weise; / doch der Weise
nimmt Erkenntnis an bei Belehrung.
12 Eine Lehre gibt der Gerechte
dem Hause des Frevlers, / wenn er die
Frevler beim Bösen zu Fall bringt.
13 Wer sein Ohr verstopft vor dem
Bittruf des Geringen, / auch er wird
einst rufen, ohne erhört zu werden!
14 Heimliche Gabe beschwichtigt
Zorn, / ein Geschenk im Gewand-
bausch heftigen Grimm.
15 Recht herstellen ist Freude für
den Gerechten, / doch (tödlicher)
Schrecken den Übeltätern!
16 Ein Mensch, der abirrt vom
Wege der Einsicht, / wird ruhn in der
Totengeister Versammlung!
17 Ein Mangelleidender wird, wer
Vergnügungen liebt; / wer Wein und
Öl liebt, wird nicht reich.
18 Ersatz für den Gerechten ist der
Frevler, / und der Treulose (tritt) an
die Stelle der Redlichen.
19 Besser im Wüstenland wohnen /
als (mit) einer Frau, die nur streitet
und nörgelt.
20 In der Wohnung des Weisen
ist verlockender Vorrat und Öl; /
doch ein törichter Mensch verschlingt
sie.
21 Wer ernstlich strebt nach Ge-
rechtigkeit und Güte, / wird Leben
und Ehre erlangen.
22 Eine von Helden (besetzte) Stadt
ersteigt ein Weiser / und stürzt die
Befestigung, der sie vertraute.
23 Wer Mund und Zunge behütet, /
behütet sein Leben vor Bedrängnissen.
24 Des stolzen Vermessenen Name
ist „Spötter“, / der handelt im Drang
der Vermessenheit.
25 Wonach der Faule Lust hat,
(das) tötet ihn: / seine Hände weigern
sich nämlich, zu schaffen.
26 Der Frevler begehrt allezeit; /
doch der Gerechte kann geben, ohne
zu geizen.
27 Ein Greuel ist das Opfer der Frev-
ler, / besonders wenn man es dar-
bringt mit schändlichem Sinn.
28 Der Lügenzeuge kommt um; /
doch Bestand hat das, was der Mann
sagt, der hört.
29 Der frevelnde Mann macht
trotzig sein Gesicht; / doch der gerade
gibt seinem Weg feste Richtung.
30 Keine Weisheit und keine Ein-

→20 26 *ihre Missetat* Korr.; M: „das Rad“.
→20 30 Text sehr unsicher.
→21 3 Das ganze AT hindurch findet sich diese Betonung der Herzensgeradheit als Voraussetzung für alles Befolgen von Kultvorschriften, vgl. Am 5 22 f; Hos 6 6; Js 1 11; Jr 7 21–23.
→21 4 B Übersetzung unsicher. Wörtlich: „die Leuchte (oder: die Mühsal) der Frevler ist Sünde“.
→21 12 *der Gerechte* D. h. Jahwe (vgl. Ib 34 17), aber der Text ist nicht sicher.
→21 18 Vgl. 11 8. Dieser Spruch scheint vorauszusetzen, daß es notwendigerweise ein gewisses Maß an Übel in der Welt gibt. Jahwe aber bewahrt in seiner Gerechtigkeit die Redlichen davor, während die Frevler dem Unglück anheimfallen.
→21 21 *Leben und Ehre* G; M: „Leben, Gerechtigkeit und Ehre“.
→21 26 *Der Frevler begehrt* G; M: „Er begehrt“.
→21 27 *Ein Greuel* M; G: „Ein Greuel für Jahwe“, wie in 15 8.
→21 30 *besteht vor Jahwe* Oder: „ist Jahwe überlegen“.

sicht / und kein Rat besteht vor Jahwe.

31 Für den Tag der Schlacht wird das Roß gerüstet, / aber der Sieg kommt von Jahwe.

22 1 Ein (guter) Name ist begehrenswerter als großer Reichtum; / besser als Silber und Gold ist Beliebtheit.

2 Reicher und Armer treffen zusammen; / Jahwe hat ja alle beide geschaffen.

3 Der Kluge sieht das Unheil und verbirgt sich; / doch die Einfältigen gehen weiter: und müssen es büßen.

4 Die Folge der Demut ist Furcht vor Jahwe, / (ist) Reichtum und Ehre und Leben.

5 Auf dem Wege des Falschen sind Angeln (und) Schlingen; / wer sein Leben bewahren will, bleibt ihnen fern!

6 Weise den Knaben ein in den Weg, den er gehen soll, / dann wird er, auch älter geworden, ihn nicht verlassen.

7 Der Reiche beherrscht die Armen; / wer borgt, wird der Knecht des Mannes, der ausleiht.

8 Wer Unrecht sät, wird Unheil ernten, / und der Stock seines Wütens schlägt ihn selbst.

9 Wessen Auge gütig blickt, der wird gesegnet; / denn er gibt von seinem Brot dem Geringen.

10 Vertreibe den Spötter, dann zieht der Hader mit fort, / und Streit und Schimpf hat ein Ende.

11 Jahwe liebt, die reinen Herzens; / wessen Lippen gefällig sind, hat den König zum Freund.

12 Die Augen Jahwes behüten Erkenntnis; / doch vereitelt er, was der Tückische ansagt.

13 Der Faule sagt: „Ein Löwe ist draußen! / Ich würde mitten auf der Straße getötet!"

14 Fremder (Buhlerinnen) Mund ist eine tiefe Grube; / wer von Jahwe verwünscht ist, fällt hinein.

15 Narrheit haftet am Herzen des Knaben: / der Zuchtstock entfernt sie davon!

16 Wer den Geringen bedrückt, verschafft ihm nur mehr; / gibt man indessen dem Reichen, dann nur zum Verlust.

III. SPRUCHSAMMLUNG DER WEISEN

17 Worte der Weisen.

Wende hin dein Ohr und höre meine Reden, / und richte dein Herz darauf, sie zu erkennen.

18 Denn schön ist es, wenn in deinem Innern du sie bewahrst, / wenn sie alle fest bereitstehn auf deinen Lippen.

19 Damit auf Jahwe dein Vertrauen sich gründe, / lasse ich heute dich deinen Weg wissen.

20 Nicht wahr, dreißig Kapitel hab' ich dir aufgeschrieben / mit Ratschlägen und Erkenntnis,

21 Damit du die Wahrheit lehren kannst, / damit du zuverlässige Worte dem antworten kannst, der dich fragt.

22 Beraube nicht den Geringen, da er ja gering ist, / und nicht vernichte im Tor den Bedrückten.

23 Denn Jahwe verficht ihren Streitfall / und raubt das Leben ihren Beraubern!

24 Mit den Zornmütigen habe keine Gemeinschaft, / und gehe nicht um mit dem Hitzkopf;

25 Sonst wirst du mit seinen Pfaden vertraut / und schaffst eine Falle für dein Leben.

→22 6 *in den Weg, den er gehen soll* Wörtlich: gemäß seinem Weg. Auch übersetzt im Sinne von: „von seinen ersten Schritten an" oder: „seinen Anlagen gemäß".

→22 8 *schlägt ihn selbst* Korr.; M: „verschwindet". Bedeutung unsicher.

→22 11 *Jahwe* Üss; fehlt in M.

→22 16 In diesem Spruch kommt zum Ausdruck entweder ein Erfahrungsgesetz, nach dem allein die Schwierigkeit den Eifer anspornt und den Erfolg verschafft, oder ein religiöser Glaube an die Gerechtigkeit Jahwes, der die Situationen umkehren wird.

→22 17 Nach G; M (ohne Überschrift): „Wende hin dein Ohr und höre die Worte der Weisen."

→22 19 *deinen Weg* G; M: „ja dich".

→22 20 *dreißig Kapitel* Die Erwähnung der „dreißig Kapitel" (Korr.; M: „vorgestern" oder „dreimal") scheint aus dem ägyptischen Weisheitsbuch des Amenemope zu stammen; der ganze Abschnitt ist hiervon beeinflußt.

→22 21 *Wahrheit* Korr.; M: „Wahrheit zuverlässiger Worte".

→22 21 *der dich fragt* G; M: „der dich schickt".

→22 22 *im Tor* Im Stadttor, wo Gericht gehalten wurde, vgl. 24 7.

26 Sei nicht bei denen, die Hand-
schlag geben, / bei denen, die bürgen
für Schulden!
27 Wenn du nichts hast, um zu
zahlen, / wird man dein Lager unter
dir wegholen.
28 Verrücke nicht die uralte Grenze,/
die deine Väter gezogen haben!
29 Siehst du einen Mann, behend in
seiner Tätigkeit, / der wird vor Köni-
gen Dienst tun; / keinesfalls tut er
Dienst bei Geringen!

23 1 Wenn du dich setzt, um mit
einem Gebieter zu speisen, / so
beachte klug, was vor dir steht.
2 Und daß du dir ein Messer an die
Kehle setzt, / wenn du zu gierig bist.
3 Gelüste nicht nach seinen Lecker-
bissen; / denn es ist eine Speise mit
Lügen.
4 Nicht plage dich ab, es zu Reich-
tum zu bringen, / und verzichte auf
unehrenhaften Gewinn.
5 Läßt du zu ihm deine Blicke
schweifen? Schon ist er verschwun-
den! / Denn er macht sich wahr-
haftig Flügel wie ein Adler / und
fliegt davon in die Lüfte.
6 Iß nicht eines Mißgünstigen
Speise, / und gelüste nicht nach seinen
Leckerbissen!
7 Das wäre wie Sturm für seine
Kehle! / „Iß und trink!" sagt er zu
dir; / doch sein Herz ist dir nicht
zugetan.
8 Den Bissen, den du gegessen,
mußt du erbrechen, / und deine
freundlichen Worte hast du vergeudet.
9 Zu den Ohren des Törichten
rede nicht; / denn er verachtet deine
verständigen Worte.
10 Verrücke nicht die uralte
Grenze, / und in die Felder der
Waisen dringe nicht ein!
11 Denn ihr Anwalt ist mächtig: / er
ficht mit dir ihren Streitfall durch!
12 Der Zucht biete dar dein Herz /
und dein Ohr den Worten der Erkennt-
nis.
13 Halte die Zucht vom Knaben
nicht fern; / er stirbt nicht, wenn du
ihn schlägst mit dem Stock!
14 Du schlägst ihn zwar mit dem
Stock, / doch du rettest sein Leben
vor der Scheol.
15 Ist dein Herz weise, mein Sohn, /
so freue auch ich mich von Herzen;
16 Und mein Innerstes frohlockt, /
wenn deine Lippen reden, was recht
ist.
17 Nicht ereifre dein Herz sich über
die Sünder, / vielmehr in der Furcht
Jahwes alle Tage!
18 Vielmehr dann ist die Zukunft
gesichert, / und deine Hoffnung reißt
nicht ab.
19 Höre du, mein Sohn, und sei
weise, / und lenke geraden Weges dein
Herz!
20 Sei nicht bei den Säufern von
Wein, / bei den Schlemmern in Fleisch;
21 Denn der Säufer und Schlemmer
wird arm, / und Verschlafenheit klei-
det in Lumpen!
22 Höre auf deinen Vater, er hat dich
gezeugt, / und mißachte nicht, weil sie
alt geworden, die Mutter.
23 Wahrheit kaufe, doch verkaufe
sie nicht, / Weisheit, Zucht und Ein-
sicht!
24 Eines Gerechten Vater wird laut
frohlocken, / eines Weisen Erzeuger
sich über ihn freuen.
25 Dein Vater möge sich freuen an
dir, / und frohlocken soll, die dich
gebar!
26 Gib mir, mein Sohn, dein Herz, /
und deine Augen mögen an meinen
Wegen Gefallen finden.
27 Eine tiefe Grube ist ja die Dirne, /
und ein enger Brunnen die Fremde.
28 Auch sie lauert auf wie ein
Räuber / und vermehrt die Betrogenen
unter den Menschen.
29 Wer hat Ach? wer Wehe? / wer
Zänkereien? wer Klage? / Wer hat
Wunden um nichts? / wer trübe
Augen?
30 Die bis spät beim Weine sitzen, /
die kommen, den Würzwein zu proben.
31 Schau nicht auf den Wein, wie
er rot erglüht, / wie er funkelt im
Becher, / er trinkt sich so leicht:
32 Am Ende beißt er wie eine
Schlange / und spritzt Gift, einer
Viper gleich.
33 Deine Augen sehen Befremd-
liches, / und Verkehrtes äußert dein
Herz.
34 Du bist, als lägest du auf hohem

→22,27 *wird man* G; M: „warum soll man . . .?"
→23,2 *daß du dir ein Messer an die Kehle setzt* D. h. wahrscheinlich: Lege deiner Freßlust Zügel an. Nach anderer Auffassung: „Dich als Vielfraß zeigen, heißt ein Messer an deine Kehle legen (dein Leben in Gefahr bringen)".
→23,4 *verzichte auf unehrenhaften Gewinn* Korr.; M: „Lasse ab, darüber nachzudenken".
→23,7A Korr.
→23,11 Der Anwalt (hebräisch: *goël*), vgl. Nm 35,19+, ist Jahwe.
→23,25 *an dir* Korr., vgl. G; M: „und deine Mutter".
→23,28 *die Betrogenen* Korr.; M: „die Betrüger".

Meer, / als lägest du an der Spitze des Mastbaums.

35 „Sie schlugen mich, doch es schmerzte mich nicht, / sie prügelten mich, doch ich spürte nichts.

Wann erwache ich . . .? / Ich suche ihn wieder, noch mehr!"

24 1 Sei auf böse Menschen nicht eifersüchtig, / und begehre nicht, mit ihnen zu sein;

2 Denn ihr Herz plant Gewalttat, / und Unheil reden ihre Lippen.

3 Ein Haus wird durch Weisheit gebaut / und durch Einsicht gefestigt;

4 Und durch Erkenntnis werden die Kammern gefüllt / mit allen Gütern, die wert und begehrt sind.

5 Ein Weiser ist mächtiger als ein Starker, / ein Verständiger mehr als ein Kräftiger.

6 Denn Krieg führst du durch Lenkungskunst zu deinen Gunsten, / und Rettung kommt durch viele Berater.

7 Weisheit ist aus Korallen für den Törichten; / am Tor tut er seinen Mund nicht auf.

8 Wer immer auf Bösestun sinnt, / den nennt man einen Ränkeschmied.

9 Der Torheit Schandtat ist Sünde, / und ein Abscheu für die Menschen ist der Spötter.

10 Läßt du dich gehen, / wird deine Kraft am Tage der Not Schwäche sein.

11 Errette, die man zum Sterben schleppt, / und die auf dem Gang zum Tode sind, ach, hol sie zurück!

12 Wenn du sagst: „Wir haben doch davon nichts gewußt!", / doch der die Herzen prüft, er durchschaut es.

Der überwacht deine Seele, er weiß es, / und er vergilt dem Menschen nach seinem Tun.

13 Mein Sohn, iß Honig, denn er ist gut, / und Honigseim süß deinem Gaumen:

14 So auch ist Weisheitserkenntnis für deine Seele.

Hast du sie erlangt, ist die Zukunft gesichert, / und deine Hoffnung reißt nicht ab.

15 Belaure nicht, als ein Frevler, die Stätte des Gerechten, / nicht zerstöre sein Lager!

16 Denn, fällt der Gerechte auch siebenmal, er steht wieder auf; / aber unglücklich stürzen die Frevler.

17 Fällt dein Feind, so freue dich nicht, / nicht juble dein Herz, wenn er hinstürzt:

18 Daß nicht der Herr es sieht und mißbilligt / und von ihm seinen Zorn abwendet!

19 Über die Bösewichte erhitze dich nicht, / und über die Frevler ereifre dich nicht;

20 Denn der Böse hat keine Zukunft, / die Lampe der Frevler verlischt!

21 Fürchte, mein Sohn, Jahwe und den König; / erhebe dich nicht gegen den einen oder den andern!

22 Denn plötzlich kommt von ihnen Verderben / und unversehens Vernichtung von beiden.

IV. FORTSETZUNG DER SPRUCHSAMMLUNG DER WEISEN

23 Auch diese (Worte) sind von Weisen: / Parteiisch sein im Gericht ist übel.

24 Wer zum Schuldigen spricht: „Du hast recht", / den verfluchen die Menschen, den verwünschen die Leute.

→24 5 Nach Üss.

→24 7 *Weisheit ist aus Korallen* Eine zu kostbare Sache, als daß der Tor sie schätzen könnte. Der Text ist unsicher. Das „Tor" ist das Stadttor, in dem die öffentlichen Angelegenheiten verhandelt wurden.

→24 10 Der Gedanke ist unklar. Vielleicht ist im ersten Halbvers zu ergänzen: „am Tage des Wohlstandes".

→24 11 Es handelt sich anscheinend um Unschuldige, die zu Unrecht verurteilt wurden. Ob dieser Vers mit dem folgenden zu verbinden ist, ist nicht sicher.

→24 21B.22B Korr. nach G; M: „laß dich nicht ein mit den Aufrührerischen . . . Wer weiß, welches der Untergang von beiden sein wird?" – G fügt danach fünf Verse ein, die übersetzt lauten: „22A Ein Sohn, der das Wort bewahrt, wird dem Verderben entkommen, denn sorgfältig hat er es aufgenommen. 22B Keinerlei Lüge werde gesprochen vom Munde des Königs, keinerlei Lüge gehe aus seinem Munde hervor. 22C Ein Schwert ist die Zunge des Königs und kein fleischliches (Organ): Wer ihm überliefert wird, wird zermalmt. 22D Denn wenn sein Zorn entflammt, zerstört er die Menschen mit ihren Sehnen. 22E Er frißt die Gebeine der Menschen und verbrennt sie wie Feuer, nicht einmal Futter der Adlerjungen werden sie sein." Danach fügt der Text von G den Abschnitt 30 1–14 ein.

→24 23 *Parteiisch sein im Gericht* Das Gesetz gebietet dem Richter, kein Ansehen der Person zu kennen, Lv 19 15; Dt 1 17; 16 19. Die Propheten kommen oft, in verschiedenen Wendungen, auf diese Pflicht zu sprechen, Am 2 6; 5 7.10; Js 10 2; Mich 3 9.11; Jr 5 28; Ez 22 12. Ein solches unpartei-

25 Doch denen, die (ihn) zurecht-
weisen, geht es gut, / und der Segen des
Glückwunschs kommt über sie.
26 Der gibt einen Kuß auf die
Lippen, / der redliche Worte erwidert.
27 Begründe draußen dein Unter-
nehmen, / bereite es dir auf dem
Felde; / hernach dann baue dein Haus!
28 Sei nicht grundlos Zeuge gegen
deinen Nächsten! / Täusche nicht mit
deinen Lippen!
29 Sage nicht: „Wie er mir getan,
so will ich ihm tun; / ich will dem
Mann seinem Tun entsprechend ver-
gelten.“
30 Am Feld eines faulen Menschen
ging ich vorüber / und am Weinberg
eines unverständigen Mannes;
31 Und siehe: es war ganz über-
wuchert von Unkraut, / seine Fläche
war überdeckt von Wildzeug, / und
der steinerne Wall lag in Trümmern.
32 Doch ich besah es, richtete darauf
mein Sinnen, / ich betrachtete es und
nahm davon die Verwarnung:
33 Nur ein bißchen noch schlafen,
ein bißchen noch schlummern, / noch
ein bißchen die Arme verschränken
zum Ruhen.
34 So kommt über dich die Armut
wie ein Wegelagerer, / wie ein Bettler
die Not.

V. ZWEITE SALOMONISCHE SPRUCHSAMMLUNG

25 1 Auch dies sind Sprüche Salo-
mos, welche die Männer des
Hiskija, des Königs von Juda, zusam-
mengestellt haben:
2 Gottes Ehre ist es, eine Sache zu
verbergen, / doch der Könige Ehre,
eine Sache zu erforschen.
3 Der Himmel an Höhe und die
Erde an Tiefe / und der Könige
Herz sind unerforschlich.
4 Aus dem Silber entferne die
Schlacken, / so wird es gänzlich ge-
reinigt sein.
5 Aus der Nähe des Königs ent-
ferne den Frevler, / so erlangt sein
Thron Bestand durch Gerechtigkeit.
6 Vor dem Könige dränge dich
nicht vor, / und stelle dich nicht an
den Platz der Großen.
7 Denn besser, man sagt zu dir:
„Komm hier herauf!“, / als man setzt
dich vor einem Edlen herab.
Haben deine Augen etwas gese-
hen, / 8 bringe es nicht übereilt vor
Gericht!
Was willst du sonst am Ende
machen, / wenn dich dein Nächster
mit Schimpf widerlegt?
9 Ficht deinen Streit mit dem
Nächsten aus, / doch stelle (dabei)
eines andern Geheimnis nicht bloß;
10 Sonst bringt dich in Schmach,
wer es hört; / auch kann dein Ge-
rede nicht mehr zurückgeholt wer-
den.
11 (Wie) goldene Äpfel auf silber-
nen Schalen, / so ein zur rechten Zeit
gesprochenes Wort.
12 (Wie) ein goldener Ring und
güldnes Geschmeide, / so ein weiser
Mahner am lauschenden Ohr.
13 Wie kühlender Schnee inmitten
der Ernte / ist ein zuverlässiger Bote
für den, der ihn sandte; / er erquickt
die Seele seines Herrn.
14 Aufkommende Wolken und
Wind, doch kein Regen: / so ist ein
Mann, der prahlt mit erlogener Gabe.
15 Durch Langmut kann ein Vor-
gesetzter umgestimmt werden, / und
sanfte Zunge kann Knochen brechen.
16 Hast du Honig gefunden, so iß
nur deinen Bedarf; / sonst bekommst
du ihn satt und erbrichst ihn.
17 Mach deinen Fuß im Hause dei-
nes Nächsten selten; / sonst bekommt
er dich satt und haßt dich.
18 (Wie) Kriegshammer, Schwert
und scharfer Pfeil, / so ein Mann,
der als falscher Zeuge wider seinen
Nächsten aussagt.
19 (Wie) ein morscher Zahn und
ein wankender Fuß, / so der Verlaß
auf einen Treulosen am Tag der Be-
drängnis, / 20 so wie einer, der an
kaltem Tage das Kleid ablegt.
(Wie) Essig auf eine Wunde, / so
wer Lieder vorsingt einem verstimm-
ten Herzen.
21 Hungert dein Feind, so speise

---

isches Gericht wird der Messias vollziehen, Js 113–5; Jr 235–6; Ps 724.12.14, wie Gott selbst, vgl. Gal 26.

→2428 *grundlos Zeuge* M; G: „falscher Zeuge“.

→2434 *wie ein Bettler* Korr., vgl. 611.

→254 *gänzlich gereinigt* G; M: „für den Schmelzer ein Gefäß“.

→257 *Haben ... gesehen* Mit V und Symmachus zu v. 8 gezogen; M: „was ... gesehen haben“.

→258 *bringe es* Korr.; M: „gehe“.

→2518 *Kriegshammer* G; M: „zerstreuend“.

→2520 *auf eine Wunde* G; M: „auf Natron“.

ihn mit Brot, / und dürstet ihn, gib
ihm Wasser zu trinken!
22 Du häufst dann Kohlen auf sein
Haupt, / und Jahwe wird dir vergelten.
23 Der Wind aus dem Norden
bringt Regenfall, / und heimlich
(redende) Zunge betroffene Mienen.
24 Besser in der Ecke des Flach-
daches wohnen, / als (mit) zänkischer
Frau (in) gemeinsamem Haus.
25 (Wie) kühles Wasser für eine
erschöpfte Seele / ist gute Nachricht
aus fernem Land.
26 (Wie) ein getrübter Born und
eine verdorbene Quelle, / so ein Ge-
rechter, der angesichts eines Frevlers
wankt.
27 Beim Honigessen ist zuviel von
Übel; / so laß dich nicht fangen durch
schmeichelnde Worte!
28 (Wie) eine geschleifte Stadt, nun
ohne Mauer, / so ein Mann ohne
Selbstbeherrschung.

26 1 Wie Schnee im Sommer und
wie Regen zur Erntezeit, / so
unpassend ist für den Toren Ehre.
2 Wie ein Sperling, der entweicht,
wie die Schwalbe, die davonfliegt, / so
trifft ein unverdienter Fluch nicht ein.
3 (Wie) die Peitsche dem Pferde,
der Zaum dem Esel (gebührt), / so
der Stock dem Rücken der Toren.
4 Erwidere nicht dem Toren seiner
Narrheit entsprechend, / sonst machst
auch du dich ihm gleich.
5 Erwidere dem Toren seiner Narr-
heit entsprechend, / sonst dünkt er
sich weise in seinen Augen!
6 . . . Unheil muß schlucken, / wer
Botschaft sendet durch einen Toren.
7 Wie das Heraufziehen der Beine
des Lahmen, / so ein Sinnspruch im
Munde der Toren.
8 Wie das Befestigen eines Kiesels
an der Schleuder, / so ist es, wenn man
einem Toren Ehre erweist.
9 (Wie) ein dorniger Zweig, in die
Hand eines Trunkenen geraten, / so
ein Sinnspruch im Munde der Toren.
10 Ein Schütze, der alle verwundet,
die vorbeigehen, / ist, wer einen Toren
dingt.
11 Wie ein Hund, der zurückkehrt
zu seinem Erbrochenen, / ist der Tor,
der (nur) wiederholt seine Narrheit.
12 Siehst du einen Mann, der sich
weise dünkt in seinen Augen, / so ist für
den Toren mehr Hoffnung als für ihn.
13 Der Faule sagt: „Auf dem Weg
ist ein Jungleu; / ein Löwe ist mitten
auf den Plätzen!"
14 Die Tür dreht sich in ihrem
Zapfenloch, / und so der Faule auf
seinem Lager.
15 Hat der Faule seine Hand in die
Schüssel gestreckt, schon ist er zu
müde, sie zum Munde zu führen.
16 In seinen Augen ist der Faule
weiser / als sieben, die verständig
erwidern.
17 Der packt einen Hund, der
vorbeigeht, am Schwanz, der sich in
einen fremden Streit einmischt.
18 Wie einer, der sich verrückt ge-
bärdet und schießt / mit Brand- und
Todespfeilen,
19 So ein Mann, der seinen Nächsten
täuscht / und sagt: „Ich machte nur
Spaß."
20 Ist kein Holz mehr vorhanden,
erlischt das Feuer; / und wenn kein
Ohrenbläser da ist, so legt sich der
Zank.
21 Kohlen (sind) für die Glut, und
Holz für das Feuer, / und ein zänki-
scher Mensch für das Schüren von
Streit.
22 Des Ohrenbläsers Worte sind
Speisen gleich, die man gierig ver-
schlingt; / sie gelangen ins Innere des
Leibes hinunter.
23 (Wie) ein Tongeschirr mit Silber-
glasur überzogen, / so ein böses Herz
und glatte Lippen.
24 Mit seinen Lippen verstellt sich
der Hasser, / doch im Innern legt er
Trug zurecht;
25 Verleiht er seiner Stimme Freund-
lichkeit, so traue ihm nicht; / denn in
seinem Herzen sind sieben Greuel.
26 Verbirgt der Haß sich unter
Täuschung, / wird seine Bosheit in der
Versammlung enthüllt.
27 Wer eine Grube gräbt, fällt in

→25 27 *laß dich nicht fangen durch schmeichelnde Worte* (Oder auch: sei sparsam mit schmeichelnden Worten) G; M: „ihre Ehre suchen ist Ehre".

→26 4–5 Beide Sätze sind bewußt widersprüchlich, sie beruhen auf einem Wortspiel mit dem Doppelsinn des Ausdrucks: „seiner Narrheit entsprechend."

→26 6 *. . . Unheil muß schlucken* (Wörtlich: Die Füße hackt sich ab, Schande trinkt) M; G: „Die Schande seiner eigenen Füße trinkt".

→26 8A Man kann den Kieselstein nicht mehr fortschleudern; er droht vielmehr den Schleuderer selbst zu treffen.

→26 10 *Ein Schütze, der alle verwundet, die vorbeigehen* Korr.; M wörtlich: „Ein Schütze (?), der alles verwundet – wer einen Toren dingt und wer Vorbeigehende dingt". G liest ganz anders: „Viel geschlagen wird alles Fleisch der Toren, und ihr Übermut wird gebrochen".

→26 17 *am Schwanz* G; M: „an den Ohren".

sie hinein; / und wer einen Stein hochwälzt, auf den rollt er zurück.

28 Falsche Zunge haßt die Wahrheit, / und glatter Mund bereitet Sturz.

27 1 Rühme dich nicht des morgigen Tages; / denn du weißt nicht voraus, was der Tag gebiert.

2 Rühmen soll dich ein anderer, nicht dein Mund; / ein Fremder, doch nicht deine Lippen!

3 Steingewicht und Sandlast (sind schwer); / doch der Verdruß mit einem Toren ist schwerer als beide.

4 Des Grimmes Grausamkeit und des Zornes Flutgewalt (erträgt kaum einer); / aber wer hält stand vor der Eifersucht?

5 Besser ist offene Rüge / als Liebe, die verborgen bleibt.

6 Treu gemeint sind die Schläge des Liebenden, / doch gefährlich die Küsse des Hassers.

7 Der Satte tritt besten Honig mit Füßen; / doch der Hungrige (findet) alles Bittere süß.

8 Wie ein Vöglein, seinem Nest entflogen, / so ein Flüchtling fern von seinem Ort.

9 (Wie) Öl und Räucherwerk die Herzensfreude erhöhen, / so tröstet zarte Freundschaft die Seele.

10 Deinen und deines Vaters Freund verlaß nicht; / und geh am Tag deines Unglücks nicht ins Haus deines Bruders. / Besser ein naher Nachbar als ein ferner Bruder.

11 Werde weise, mein Sohn, und erfreue so mein Herz; / dann kann ich dem, der mich schmäht, eine Antwort geben.

12 Der Kluge sieht das Unheil: er verbirgt sich; / die Einfältigen gehen weiter: sie müssen es büßen.

13 Nimm ihm das Gewand! Er hat ja für einen andern gebürgt; / und zugunsten von Fremden pfände ihn!

14 Wer seinem Nächsten mit lauter Stimme / früh am Morgen Heil wünscht, / dem wird es als Fluch angerechnet.

15 Am Regentag ein undichtes Dach, das forttreibt, / dem gleicht eine zänkische Frau;

16 Wer sie birgt, birgt Wind, / und auf Öl(glätte) trifft seine Rechte.

17 Eisen schärft sich mit Eisen, / so läutert sich der Mensch im Umgang mit seinem Nächsten.

18 Wer einen Feigenbaum hütet, wird seine Frucht essen, / und wer achtet seines Herrn, wird geehrt.

19 Wie ein Gesicht nicht gleicht einem anderen, / so sind auch verschieden die Herzen der Menschen.

20 Unterwelt und Totenreich werden nicht satt, / und auch die Augen des Menschen werden nicht satt.

21 Der Schmelztiegel ist für das Silber und der Ofen fürs Gold; / der Mann soll prüfen das Reden der Schmeichler.

22 Zerstießest du den Toren im Mörser, / nicht weichen würde von ihm seine Narrheit.

23 Achte gar wohl auf deiner Schafe Aussehn, / widme deine Sorge den Herden.

24 Denn Vermögen bleibt nicht für alle Zeit, / ein Vorrat überträgt sich nicht von Geschlecht zu Geschlecht.

25 (Doch) ist das Gras dahingegangen, das Krummet erschienen, das Heu von den Bergen eingebracht,

26 dann habe Lämmer für deine Bekleidung / und Böcke als Ackerkaufpreis,

27 Und ausreichend Ziegenmilch zu deiner Ernährung, / und zum Lebensunterhalt für deine Mägde.

28 1 Der Frevler flieht, obwohl ihn niemand verfolgt; / doch der Gerechte fühlt sich sicher wie ein Löwe.

2 Durch der Gottlosen Sünde entzünden sich Streitigkeiten, / der verständige Mann löscht sie aus.

3 Ein böser Mann, der die Geringen

→26 28 *die Wahrheit* G; M: „ihre Opfer".
→27 9 *tröstet ... die Seele* Korr.; M: „mehr als das Grübeln der Seele".
→27 13 *von Fremden* Korr.; M: „von einer Fremden".
→27 14 Der Talmud verbietet Begrüßungen, bevor das Morgengebet gesprochen ist.
→27 16 *trifft* Korr.; M: „ruft".
→27 19 G; M liest das Gegenteil: „Wie im Wasser das Angesicht entgegen dem Angesicht, so das Herz des Menschen entgegen dem Menschen", d. h. vielleicht: Wie sich das Gesicht im Wasser spiegelt, so findet das Herz des Menschen im anderen seine eigenen Empfindungen wieder.
→27 20 Die Augen sind der Sitz der Begierde.
→27 21 *der Schmeichler* G; M: „seines Rufes".
→27 22 *im Mörser* Danach Zusatz in M: „mitten unter den Körnern mit einem Stößel".
→27 24 *ein Vorrat überträgt sich nicht* G; M: „wenn ein Diadem".
→27 27 *Ernährung* Danach Zusatz in M: „zur Ernährung deines Hauses"; fehlt in G.
→28 2 G; M: „Durch die Sünde eines Landes werden seine Fürsten zahlreich, aber durch einen verständigen, einsichtsvollen Menschen hat es Bestand".
→28 3 *böser Mann* G; M: „armer Mann".

bedrückt, / (gleicht) dem Regen, der wegschwemmt, statt Brot zu bringen.
4 Wer die Weisung verläßt, rühmt den Frevler; / doch wer die Weisung bewahrt, erregt sich gegen ihn.
5 Die bösen Menschen erfassen das Rechte nicht; / die aber Jahwe suchen, fassen alles.
6 Besser ein Armer, der in seiner Lauterkeit wandelt, / als wer auf falschen Wegen geht – und dabei reich ist.
7 Wer die Weisung wahrt, ist ein verständiger Sohn; / doch wer mit Schlemmern verkehrt, bringt seinen Vater in Schande.
8 Wer sein Vermögen durch Zuschlag und Aufgeld vermehrt, / sammelt für den, der sich der Bedrückten erbarmt.
9 Wer fernhält sein Ohr vom Hören der Weisung, / auch dessen Beten ist ein Abscheu.
10 Wer Redliche auf bösen Weg verführt, / fällt selbst in seine Grube; / den Schuldlosen wird Gutes zuteil.
11 Weise dünkt sich in seinen Augen ein reicher Mann; / doch ein verständiger Armer durchschaut ihn.
12 Triumphieren die Gerechten, ist groß das Gepränge; / erheben sich aber die Frevler, verbirgt sich ein jeder.
13 Wer seine Sünden verheimlicht, hat keinen Erfolg; / doch wer sie bekennt und meidet, findet Erbarmen.
14 Wohl dem Manne, der ständig acht gibt; / wer indessen sein Herz verhärtet, stürzt ins Unglück.
15 (Wie) ein knurrender Löwe und ein hervorbrechender Bär, / so ist's, wenn ein Frevler herrscht über machtloses Volk.
16 Ein Machthaber, groß an Erpressung, ist klein an Einsicht; / (doch) wem (unrechter) Gewinn verhaßt, der lebt lange!
17 Ein Mensch, auf dem vergoßnes Menschenblut lastet, / ist flüchtig bis zum Grabe. Halte ihn nicht!
18 Wer unsträflich wandelt, findet Heil; / doch wer falsche Wege beschritten, fällt auf einem.
19 Wer seinen Acker bestellt, wird mit Brot gesättigt; / doch wer leeren Dingen nachjagt, wird mit Armut gesättigt.
20 Ein Mann von Festigkeit (erlangt) reichen Segen, / wer aber hastet, sich zu bereichern, bleibt nicht straflos.
21 Parteiisch sein ist übel: / da kann wegen eines Bissens Brot ein Mann zum Frevler werden.
22 Nach Reichtum hastet einer mit scheelem Blick – / und sieht nicht voraus, daß Mangel über ihn kommt.
23 Wer einen Menschen zurechtweist, findet zuletzt mehr Gunst, / als wessen Zunge ihm schmeichelt.
24 Wer Vater und Mutter beraubt und sagt: „Es ist keine Sünde", / der ist des Verderbers Genosse!
25 Zank erregt der Unersättliche; / doch wer auf den Herrn vertraut, gedeiht.
26 Wer auf die eigene Einsicht vertraut, ist wirklich ein Tor; / aber wer in der Weisheit wandelt, der geht sicher.
27 Wer dem Armen gibt, (erleidet) nicht Mangel; / doch wer seine Augen verhüllt, wird viel verflucht.
28 Erheben sich die Frevler, so verbirgt sich ein jeder; / gehn sie aber unter, so mehren sich die Gerechten.

29 1 Ein Mann, der, oft verwarnt, doch halsstarrig bleibt, / wird im Nu zerbrochen, und es gibt keine Heilung.
2 Regieren die Gerechten, so freut sich das Volk; / doch herrscht der Frevler, so stöhnt das Volk.
3 Ein Mann, der Weisheit liebt, erfreut seinen Vater; / wer aber mit Dirnen verkehrt, bringt das Vermögen durch.
4 Mit dem Rechte baut ein König das Reich auf; / doch wer (zuviel) Abgaben fordert, zerstört es.
5 Ein Mann, der seinem Nächsten schmeichelt, / legt ein Netz vor dessen Schritten aus.
6 Unter den Schritten des bösen Mannes ist eine Falle; / doch der Gerechte läuft und freut sich.
7 Der Gerechte zeigt Verständnis für den Rechtsfall der Geringen; / der Frevler kennt kein Verstehen.
8 Hetzer bringen die Stadt in Aufruhr; / doch Weise stillen den Zorn.
9 Wenn ein weiser Mann mit einem törichten rechtet, / so tobt der und lacht hinaus, doch es gibt keine Ruhe.
10 Blutmenschen hassen den Schuldlosen; / aber Redliche bemühen sich um sein Leben.
11 All seinen Unmut schüttet der Tor (gleich) heraus; / doch der Weise am Ende bringt ihn zur Ruhe.

→28 8 Ungerecht gehäuftes Gut bringt keinen Nutzen und kommt am Ende den Armen zugute.
→28 13 *wer sie bekennt* Anspielung auf das Sündenbekenntnis, vgl. Lv 5 5; Nm 5 7; Ps 32 5; Hos 14 2–4; Js 1 16–18.
→28 16 *Einsicht* M; G: „Vermögen".
→29 2 *Regieren* Korr.; M: „Mehren sich".
→29 6 *Unter den Schritten* Korr.; M: „In der Sünde".
→29 10 *bemühen sich um* Korr.; M: „verfolgen".

12 Hört ein Herrscher auf Lügenwort, werden alle in seinem Dienste zu Frevlern.

13 Der Arme und der Bedrücker begegnen einander: / der den Augen beider Licht schenkt, ist Jahwe.

14 Richtet ein König die Geringen der Wahrheit gemäß, / so hat sein Thron für immer Bestand.

15 Rute und Rüge vermitteln Weisheit; / doch ein zügelloser Knabe bringt seiner Mutter Schande.

16 Regieren die Frevler, so mehrt sich die Sünde; / aber die Gerechten schauen ihren Ruin.

17 Züchtige deinen Sohn, so befriedigt er dich / und schenkt deiner Seele Wonnen.

18 Ohne Offenbarung verwildert ein Volk: / wer aber Weisung beachtet, Heil ihm!

19 Durch Worte wird kein Sklave gebessert; / versteht er (sie) auch: er gibt keine Antwort.

20 Siehst du einen Mann, der hastet mit seinen Worten, / so ist für einen Toren mehr Hoffnung als für ihn.

21 Wenn einer seinen Sklaven von Jugend an verwöhnt, / so wird der schließlich undankbar.

22 Ein zornmütiger Mann erregt Zank, / und ein Hitzkopf häuft Verfehlung.

23 Der Hochmut eines Menschen demütigt ihn; / doch Ehre erlangt, wer demütig ist.

24 Wer teilt mit dem Diebe, haßt sein Leben; / er hört die Verfluchung und zeigt es doch nicht an.

25 Menschenfurcht legt einen Fallstrick; / doch wer auf Jahwe vertraut, wird geschützt.

26 Viele suchen die Gunst des Herrschers: / aber vom Herrn kommt das Recht eines Mannes.

27 Ein Abscheu für die Gerechten ist der Übeltäter: / und ein Abscheu für den Frevler, wer redlich wandelt.

VI. WORTE AGURS

30 1 Worte Agurs, des Sohnes Jakes, aus Massa. Spruch des Mannes für Itiel, für Itiel und Ukal.

2 Ja, vernunftloser bin ich als irgendein Mann / und besitze nicht (einmal) menschliche Einsicht.

3 Und habe Weisheit nicht gelernt, / daß ich die Erkenntnis der Heiligen hätte.

4 Wer stieg zum Himmel auf und kam hernieder? / Wer fing den Wind in seinen Händen?

Wer packte die Wasser in eine Hülle? / Wer setzte fest alle Enden der Erde?

Wie ist sein Name? Und wie der seines Sohnes – / wenn du es weißt?

5 Jedes Wort Gottes ist lautere (Wahrheit); / Schild ist er denen, die Zuflucht suchen bei ihm.

6 Füge seinen Worten nichts zu; / sonst zieht er dich zur Rechenschaft, / und du stehst als Lügner da!

7 Zwei Dinge erbitte ich von dir, / nicht versage sie mir, eh ich sterbe:

8 Trug und Lügenwort halte fern von mir! / Gib mir nicht Armut, nicht Reichtum! / Laß mich essen mein zugemessenes Brot!

9 Daß ich weder, übersatt, (dich) leugne, / indem ich sage: „Wer ist Jahwe?",

Noch, arm geworden, stehle / und mich am Namen meines Gottes vergreife.

→2916 *Regieren* Korr., vgl. 292; M: „Mehren sich".
→2918 *Ohne Offenbarung* Die „Schauung, Offenbarung" scheint auf das Wirken der Propheten anzuspielen. Die „Weisung" *(tora)* bezeichnet entweder dasselbe oder das geschriebene Gesetz, vgl. Ez 726; Klgl 29.
→2921 *undankbar* Übersetzung unsicher.
→2924 *die Verfluchung* D. h. der Fluch, den man gegen den unbekannten Rechtsbrecher oder die verborgen gebliebenen Zeugen ausspricht, vgl. Lv 51; Ri 172.
→301 *aus Massa* Korr.; M: „das Orakel". Zu Massa vgl. 311+. V hat hier keinen Namen gelesen, sondern die Überschrift so verstanden: „Worte dessen, der sammelt, des Sohnes dessen, der erbricht". In G ist 301–14 zwischen 2422 und 2423 eingeschaltet; 3015 – 319 folgt hinter 2434.
→301 *für Itiel, für Itiel und Ukal* Deutung sehr unsicher. Nach anderer Auslegung: „Ich mühte mich ab, o Gott, ich mühte mich ab, o Gott, und bin erlegen"; V: „Vision, welche der Mann sprach, mit dem Gott ist und der, während Gott mit ihm weilte, gestärkt worden ist"; G: „Dieses da spricht der Mann zu jenen, die an Gott glauben, und ich mache halt".
→303 *der Heiligen* D. h. der Weisen, oder: „des Heiligen" (im Majestätsplural), nämlich Gottes.

10 Verleumde nicht den Knecht bei seinem Herrn, / sonst verflucht er dich, und du mußt es büßen.

11 (Weh dem) Geschlecht, das flucht seinem Vater / und seiner Mutter nichts Gutes wünscht;

12 (Dem) Geschlecht, das in seinen Augen sich rein dünkt, / doch sein Schmutz ist nicht abgewaschen;

13 Dem Geschlecht – wie hoch sind seine Augen erhoben, / und wie stolz sind seine Blicke!

14 Dem Geschlecht, dessen Zähne Schwerter sind / und dessen Kinnbacken Messer,

Um wegzufressen von der Erde die Unglücklichen / und aus den Menschen die Armen!

VII. ZAHLENSPRÜCHE

15 Der Blutegel hat zwei Töchter: / „Gib her! Gib her!"

Drei gibt es, die nicht satt werden, / und vier sagen niemals „Genug!":

16 Die Scheol und der unfruchtbare Mutterschoß, / die niemals wassergesättigte Erde / und das Feuer, das nie sagt „Genug!"

17 Ein Auge, das des Vaters spottet / und das hohe Alter der Mutter verachtet,

Das werden am Bache die Raben aushacken, / und die Adlerjungen werden es fressen!

18 Drei gibt es, die für mich zu wunderbar sind, und vier, die ich nicht begreife:

19 Der Weg des Adlers am Himmel, / der Weg der Schlange auf Felsgestein, / der Weg des Schiffes auf hoher See / und der Weg des Mannes beim Weibe.

20 So ist der Weg einer Frau, die Ehebruch treibt: / sie ißt und wischt sich den Mund ab / und sagt: „Ich habe nichts Schlechtes getan."

21 Unter dreien erbebt die Erde, / und unter vieren kann sie es nicht aushalten:

22 Unter einem Knecht, wenn er König wird, / und einem Toren, wenn er Brot in Fülle hat;

23 Unter einer Verschmähten, wenn sie Ehefrau wird, / und einer Sklavin, wenn sie ihre Herrin entthront.

24 Vier sind die Kleinsten auf Erden, / und sind doch unter den Weisen:

25 Die Ameisen sind ein Volk ohne Kraft, / und sichern sich doch im Sommer ihr Futter;

26 Die Klippdachse sind ein Volk ohne Stärke, / und bauen doch in den Felsen ihre Behausung.

27 Einen König haben die Heuschrecken nicht, / und ziehen doch wohlgeordnet aus.

28 Die Eidechse kann man mit Händen fangen, / und sie hält sich doch (selbst) in Königspalästen.

29 Drei sind es, die stattlich schreiten, / und vier, die stattlich einhergehen:

30 Der Löwe, der Held unter den Tieren, / der vor niemandem kehrtmacht;

31 Der Hahn, der unter den Hennen einherstolziert, der Bock, der die Herde leitet, / der König, der Volksreden hält.

32 Begingst du eine Dummheit, da du dich (über andre) erhobst – / oder du hast es erwogen –, lege die Hand an den Mund!

33 Denn drückst du die Milch, so kommt Butter heraus; / doch drückst du eine Nase, kommt Blut heraus, / und drückst du auf den Zorn, so kommt Streit heraus.

→30,11–14 Es ist nicht klar, ob man diese Beschreibung auf eine bestimmte Gruppe, ein Volk oder eine soziale Klasse beziehen muß.

→30,15–33 *(Zahlensprüche)* Der „Zahlenspruch" trägt zugleich Züge des Sprichworts, des Rätselspruches und des Vergleichs. Dieses literarische Verfahren ist in der hebräischen Literatur – in einer zunächst noch wenig entwickelten Form – seit der Zeit der Propheten bezeugt, Am 1,3.6.9.11.13; Js 17,6; Mich 5,4, vgl. Ps 62,12f, und kehrt in der gesamten Weisheitsliteratur wieder, Spr 6,16f und 30,15–33; Ib 5,19; 40,5; Prd 11,2; 4,12 (?); Sir 23,16f; 25,7; 26,5–7.28; 50,25, vgl. 25,1.2. – Die kurze Sammlung 30,15–33 zeigt ein besonderes Interesse für die Wunder der Natur und das Verhalten der Tiere.

→30,17 *das hohe Alter der Mutter* G; M: „den Gehorsam gegen die Mutter".

→30,23 *entthront* G; M: „beerbt".

→30,24 *unter den Weisen* Üss.

→30,26 *Klippdachse* Ein kleines Säugetier, das in Felsen lebt und außerordentlich scheu ist, vgl. Ps 104,18; Lv 11,5.

→30,27 *wohlgeordnet* G; M: „in Gruppen".

→30,31 G; M: „das Tier mit den flinken Lenden (?) und der Bock und der König, der sein Heer (?) mit sich (führt)".

VIII. WORTE LEMUELS

31 1 Worte Lemuels, des Königs
von Massa, womit ihn seine
Mutter ermahnte:
2 Was (sollst du), mein Sohn, / ja
was, du Sohn meines Leibes, / und was
(noch), meiner Gelübde Sohn?
3 Gib nicht deine Kraft den Weibern
hin, / noch deine Seiten an jene, die
(selbst) Könige verderben.
4 Nicht (ziemt) den Königen, Le-
muel, / nicht (ziemt) den Königen,
Wein zu trinken, / noch Fürsten
das Verlangen nach starken Geträn-
ken.
5 Sonst trinkt einer und vergißt
dann, was vorgeschrieben, / und ent-
stellt die Rechtsansprüche aller Be-
drückten.
6 Gebt (vielmehr) das starke Ge-
tränk dem Verzweifelnden, / und den
Wein den Verbitterten.
7 Er trinke, dann vergißt er seine
Armut / und denkt nicht mehr seiner
Mühsal.
8 Mache auf deinen Mund für den
Stummen, / für den Rechtsanspruch
aller Haltlosen;
9 Mache auf deinen Mund, ent-
scheide gerecht, / und schaffe Recht
dem Bedrückten und Armen!

IX. ALPHABETISCHES GEDICHT AUF DIE TÜCHTIGE FRAU

10 Eine tüchtige Frau, wer findet
sie? / Auch geht ihr Wert weit über
Korallen.
11 Auf sie vertraut ihr Gatte von
Herzen, / und es fehlt (ihm) nicht an
Gewinn.
12 Sie tut ihm Gutes an – nie Böses – /
alle Tage ihres Lebens.
13 Sie sieht sich um nach Wolle und
Flachs, / und was ihren Händen gefällt,
schafft sie an.
14 Sie gleicht den Schiffen des Kauf-
manns: / von weit her holt sie ihre
Nahrung.
15 Wenn es noch Nacht ist, steht sie
schon auf / und gibt ihrem Hause
Nahrung, / ihren Mägden die Tages-
verpflegung.
16 Nach Feld schaut sie aus und
erwirbt es; / sie pflanzt von ihrer Hände
Ertrag einen Weinberg.
17 Sie gürtet kraftvoll die Hüften /
und strengt ihre Arme an.
18 Sie spürt, ihr Erwerb ist
gut; / nicht erlischt des Nachts ihre
Lampe.
19 Ihre Arme streckt sie aus nach
dem Spinnstock, / und die Hände hal-
ten die Spindel.
20 Sie tut ihre Hand dem Bedrück-
ten auf, / und streckt die Arme dem
Dürftigen hin.
21 Sie hat für ihr Haus den Schnee
nicht zu fürchten; / denn ihr ganzes
Haus ist mit doppelter Kleidung
versehen.
22 Decken hat sie sich angefertigt;
ihre Kleidung ist Byssus-Leinen und
Purpurwolle.
23 Ihr Mann ist hochgeachtet an den
Toren, / wenn er (zu Rate) sitzt mit
den Landesältesten.
24 Hemden stellt sie her und ver-
kauft sie, / und Gürtel übergibt sie dem
Händler.
25 Überlegene Kraft umkleidet
sie, / und so schaut sie froh in die
Zukunft.
26 In Weisheit tut sie den Mund
auf, / und von ihrer Zunge (kommt)
freundliche Weisung.
27 Sie überwacht den Betrieb ihres
Hauses / und ißt nicht etwa das Brot
der Faulheit.

→31 1 *Massa* Ein ismaelitischer Stamm Nordarabiens, Gn 25 14, vgl. Spr 30 1. Die Weisheit der „Söhne des Ostens", Nm 24 21+, war berühmt, vgl. 1 Kg 5 10; Jr 49 7 und die Freunde Ijobs.

→31 3 *deine Seiten* Korr.; M: „deine Wege".

→31 4 *Wein* Warnung vor den Gefahren des Weines gehört zur Moral des Wüstenlebens (vgl. die Rechabiter, Jr 35, und die heutigen Araber).

→31 4 *das Verlangen* Korr.

→31 10–31 Alphabetisches Gedicht (vgl. Ps 9–10; 25; 34; 37; 111; 112; 119; 145; Klgl 1–4; Nah 1 2–8; Sir 51 13–29 [M]): Die ersten Buchstaben jedes Verses (oder jeder Strophe) hintereinandergeschrieben, ergeben die Buchstabenfolge des hebräischen Alphabetes. Zur Auslegung dieses Gedichtes vgl. 31 30+ und 5 15+. Vgl. 11 16; 12 4; 18 22; 19 14 und Sir 7 19.

→31 25 D. h., sie schaut voll Vertrauen in die Zukunft, mag es sich um das Schicksal ihrer Familie oder um den Lohn handeln, den ihr Gott eines Tages für ihren Fleiß geben wird.

28 Ihre Söhne treten auf und preisen sie glücklich, / ihr Gatte (erhebt sich) und rühmt sie:
29 „Viele Töchter haben sich tüchtig erwiesen; / du übertriffst sie alle!"
30 Anmut ist trügerisch, Schönheit vergänglich: / eine weise Frau, sie soll man rühmen!
31 Spendet ihr (Lob) von der Frucht ihrer Hände; / so preise man in den Toren ihre Werke!

→31,30 *eine weise Frau* Korr.; M: „eine Frau, die Furcht Jahwes". Der Zusatz von M, der von G übernommen und erweitert wird („eine weise Frau wird gelobt werden – die Furcht Jahwes, sie soll man rühmen"), scheint darauf hinzuweisen, daß dieses Lob der tüchtigen Frau von Schriftgelehrten allegorisch als eine Beschreibung der personifizierten Weisheit, vgl. 8,22+, verstanden wurde. Es würde dann einen zusammenfassenden Abschluß für das ganze Buch bilden.

Das Buch Prediger (Kohelet oder Ecclesiastes)

1 1 Die Worte Kohelets, des Sohnes
des David, des Königs in Jerusa-
lem. 2 Nichtigkeit, nur Nichtigkeit,
so spricht Kohelet; Nichtigkeit, nur
Nichtigkeit. Alles ist Nichtigkeit.
3 Was bleibt dem Menschen von all
seiner Mühe, womit er sich abmüht
unter der Sonne?

ERSTER TEIL

Prolog

4 Ein Geschlecht geht, und ein
anderes kommt; doch die Erde bleibt
ewig bestehen. 5 Die Sonne geht auf,
und die Sonne geht unter und eilt an
ihren Ort, wo sie aufgeht. 6 Der Wind
weht nach Süden, dann wendet er
nach Norden; er dreht sich, kehrt um,
kommt wieder; so wiederholt der Wind
seinen Umlauf. 7 Alle Flüsse laufen
ins Meer, doch wird das Meer nicht
voll. Zum Ort, wohin die Flüsse gehen,
dahin geht ihr Lauf immer wieder.
8 Alle Worte erlahmen. Keiner vermag
zu sagen: das Auge werde nicht satt
beim Sehen und das Ohr nicht vom
Hören voll. 9 Was gewesen, dasselbe
wird (wieder) sein, und was geschehen,
wird (wieder) geschehen: Nichts Neues
gibt es unter der Sonne. 10 Sagt man
von etwas: „Sieh, das ist neu!", so
war es schon längst zu den Zeiten, die
vor uns gewesen. 11 Kein Gedenken
bleibt den Früheren; aber auch den
Späteren, die kommen, wird kein
Gedenken bleiben bei denen, die noch
später sind.

1. Das Leben Salomos

12 Ich, Kohelet, war König über
Israel in Jerusalem. 13 Ich richtete mein
Sinnen darauf, mit Hilfe der Weisheit
alles zu untersuchen und zu erforschen,
was unter dem Himmel geschieht. Eine
verdrießliche Aufgabe hat Gott (damit)
den Menschenkindern gestellt, daß sie
mit ihr sich plagen. 14 Ich sah alle
Werke an, die unter der Sonne ge-
schehen; da zeigte sich: Alles ist
Nichtigkeit und Haschen nach
Wind.
15 Was krumm ist, kann nicht gerade

→1 1 *Worte Kohelets* „Kohelet", abgeleitet vom hebräischen *qahal* „(Gemeinde)-versammlung; im Griechischen: „Ekklesiastes" von *ekklesia*. Wörtlich etwa: der Versammelnde, d. h. entweder der Lehrer, der Prediger oder – das Gegenteil dazu – der Vertreter der Versammlung, das personifizierte Publikum, das hier, der herkömmlichen Unterweisung müde, seinerseits das Wort ergreift.

→1 1 *des Sohnes des David, des Königs in Jerusalem* Literarische Fiktion; der Verfasser wird mit Salomo, dem Weisen schlechthin, gleichgesetzt, 1 Kg 5 9–14.

→1 2 *Nichtigkeit* Das entsprechende hebräische Wort bedeutet ursprünglich „Windhauch" und gehört zu den bildhaften Wendungen (Wasser, Schatten, Rauch usw.), die in der hebräischen Dichtung die Vergänglichkeit, Hinfälligkeit des Menschen bezeichnen. Das Wort hat bei Prd den konkreten Anschauungsgehalt verloren und bezeichnet nur mehr das trügerische Wesen der Dinge und dann die Enttäuschung, die sie dem Menschen bereiten. (Die herkömmliche deutsche Übersetzung mit „Eitelkeit" bedeutet eine gewisse Sinnverschiebung, die sich bereits in G und V findet.)

→1 4–11 Von der Gesetzmäßigkeit des Kosmos, die den eintönigen Rahmen des menschlichen Lebens abgibt, fühlt sich Kohelet angeödet. Sein Überdruß steht im Gegensatz zu der staunenden, anbetenden Bewunderung, mit der Ib 38–40 oder Ps 104 über Gottes Schöpfung sprechen.

→1 8 *Alle Worte erlahmen. Keiner vermag zu sagen:* Oder: „Alle Worte ermüden (mehr, als) man sagen kann". Dann ändert sich der Sinn des folgenden Satzes: „Das Auge wird beim Sehen nicht satt, und das Ohr wird vom Hören nicht voll".

→1 12 – 2 26 *(Das Leben Salomos)* Selbst Salomo, der herrlich und in Freuden lebte, 1 Kg 10 4f, wurde trotz seiner Weisheit, 1 Kg 5 9f, nicht wahrhaft glücklich.

→1 14 *Haschen nach Wind* D. h. vergebliche Mühe, Wahn, verlorene Zeit.

werden, und was fehlt, kann man nicht
zählen.
16 Ich sagte so zu mir selbst: Ja, ich
habe ein Höchstmaß von Weisheit
erworben, über alle hinaus, die vor mir
über Jerusalem herrschten. Mein Sinn
lernte Weisheit und Wissen in Menge
kennen. 17 Dann richtete ich mein
Sinnen darauf, Weisheit und Wissen,
Torheit und Unverstand zu durch-
schauen. Da erkannte ich, daß auch
dies (nur) Haschen nach Wind ist.
18 Wirklich:

Bei viel Weisheit ist viel Ärger, und
mehrt man das Wissen, so mehrt man
den Schmerz.

2 1 Ich sprach zu mir selbst: Wohlan!
Versuche es mit der Freude, und
laß es dir gut gehn! Doch zeigte sich:
Auch dies ist Nichtigkeit. 2 Zum
Lachen sagte ich: Verrückt! und zur
Freude: Was soll das? 3 Ich nahm mir
vor, meinen Leib mit Wein zu ergötzen
– dabei aber mein Herz in der Weisheit
bewahrend – und mich der Torheit
hinzugeben, bis ich sähe, was für die
Menschenkinder gut ist, um es die
paar Tage ihres Lebens unter dem
Himmel zu tun. 4 Ich schuf große
Werke, baute mir Paläste und pflanzte
mir Weinberge. 5 Ich legte mir Gärten
an und Parks und bepflanzte sie mit
Fruchtbäumen jeder Art. 6 Ich legte
mir Wasserteiche an, um daraus die jun-
gen Baumanlagen zu bewässern. 7 Ich
erwarb mir Knechte und Mägde und
hatte hausgeborene Sklaven; auch
Vieh, Rinder und Schafe besaß ich
in Menge, mehr als alle vor mir
in Jerusalem. 8 Ich häufte mir auch
Silber und Gold auf, und die Schätze
von Königen und Ländern. Ich
verschaffte mir Sänger und Sänge-
rinnen und den Überfluß der Men-
schensöhne, Kästen um Kästen. 9 So
ward ich größer und reicher als alle
vor mir in Jerusalem, wobei auch mei-
ne Weisheit mir verblieb. 10 Was im-
mer meine Augen begehrten, nichts
davon versagte ich ihnen. Ich hielt mein
Herz von keinerlei Freude ab. Ja, mein
Herz gewann Freude aus all meiner
Mühe, und dies war mein Lohn für
all meine Mühe. 11 Und nun prüfte
ich all meine Werke, die meine Hände
vollbracht, und die Mühe, die ich beim
Schaffen aufgewendet, und es ergab
sich: Alles ist Nichtigkeit und Haschen
nach Wind, und es bleibt kein Nutzen
unter der Sonne!
12 Dann wandte ich mich dazu, die
Weisheit zu betrachten, und Torheit
und Unverstand. Was (tut) denn der
Mensch, der nach dem Könige kommt?
Dasselbe, was längst man schon
tat. 13 Und ich sah zwar, daß die
Weisheit vor der Torheit einen solchen
Vorteil hat wie das Licht vor der
Finsternis:
14 Der Weise hat Augen im Kopf;
der Tor aber tappt im Finstern.

Ich habe aber auch erkannt, daß ein
und dasselbe Geschick alle beide trifft.
15 Da sagte ich mir: Wenn das Geschick
des Toren auch mich trifft, warum bin
ich dann so übermäßig weise geworden?
Und ich sprach zu mir selbst: Auch
dies ist Nichtigkeit! 16 Wirklich, es
gibt für den Weisen sowenig wie für
den Toren ein Gedenken für immer.
Schon bald in den künftigen Tagen
sind alle beide längst vergessen. Ach,
der Weise stirbt genau wie der Tor!
17 Da haßte ich das Leben; denn wider-
wärtig erschien mir das Tun, das unter
der Sonne geschieht. Ja, alles ist Nich-
tigkeit und Haschen nach Wind! 18 Da
haßte ich all meine Mühe, womit ich
mich abgemüht hatte unter der Sonne,
weil ich es einem Menschen hinter-
lassen muß, der nach mir kommt.
19 Und wer weiß, ob er weise ist – oder
ein Tor. Und doch wird er Vollmacht
haben über allen Ertrag meiner Arbeit,
auf den ich Mühe und Klugheit ver-
wandte unter der Sonne. Auch dies ist
Nichtigkeit! 20 Da kam ich so weit,
daß ich mein Herz der Verzweiflung
überließ ob all der Mühe, womit ich
mich abgemüht hatte unter der Sonne.
21 Denn mancher hat sich mit Weisheit
und Kenntnis und mit Erfolg bemüht
und muß seinen Besitz dann einem
Menschen übergeben, der keine Mühe
daran verwendet hat. Auch dies ist
Nichtigkeit und ein großes Übel!
22 Ja, was bleibt dem Menschen von
all seiner Mühe und seinem Streben,
womit er sich abmühte unter der
Sonne? 23 Wirklich: All seine Tage
sind (nichts als) Schmerzen, und seine
Beschäftigung ist (bloß) Ärger. Selbst
des Nachts kommt sein Geist nicht zur
Ruhe. Auch dies ist Nichtigkeit!

→2 8 *Kästen um Kästen* Nach der Bedeutung des Wortes im nachbiblischen Hebräisch. Nach anderer Deutung: „Frauen um Frauen" oder (mit Korr.) „Fürstinnen um Fürstinnen"; danach wäre an den Harem Salomos gedacht.

→2 12 *Torheit und Unverstand* Freilich sind beide nicht von gleichem Wert, aber die Weisheit sichert weder würdige Nachkommen noch ein bleibendes Andenken, und sie befreit nicht vom Tode – was bedeutet sie dann noch für den Weisen?

24 Es gibt für den Menschen nichts
Besseres als zu essen und zu trinken
und es sich wohl sein zu lassen bei sei-
ner Mühe. Denn auch dieses, habe ich
eingesehen, kommt von Gottes Hand.
25 Denn Lust und Last kommen von
Gott. 26 Ja, dem Menschen, der ihm
gefällt, gibt er Weisheit und Kenntnis
und Freude; doch dem Sünder legt er
die Plage auf, zu sammeln und aufzu-
häufen, um es dann dem zu geben, der
Gott gefällt. Auch dies ist Nichtigkeit
und Haschen nach Wind!

2. Der Tod

3 1 Alles hat seine Stunde, und eine
Zeit (ist bestimmt) für jedes Vor-
haben unter dem Himmel:
2 Eine Zeit fürs Geborenwerden,
und eine Zeit fürs Sterben; eine Zeit
fürs Pflanzen, und eine Zeit, das Ge-
pflanzte auszureißen.
3 Eine Zeit, zu töten, und eine, zu
heilen; eine Zeit, einzureißen, und eine
Zeit, aufzubauen.
4 Eine Zeit, zu weinen, und eine
Zeit, zu lachen; eine Zeit, zu klagen,
und eine Zeit, zu tanzen.
5 Eine Zeit, Steine zu werfen, und
eine Zeit, Steine zu sammeln. Eine
Zeit, zu umarmen, und eine Zeit, der
Umarmung sich zu enthalten.
6 Eine Zeit, zu suchen, und eine
Zeit, zu verlieren; eine Zeit, auf-
zubewahren, und eine Zeit, wegzu-
werfen.
7 Eine Zeit, zu zerreißen, und eine
Zeit, zu nähen; eine Zeit, zu schweigen,
und eine Zeit, zu reden.
8 Eine Zeit, zu lieben, und eine Zeit,
zu hassen; eine Zeit für den Krieg, und
eine Zeit für den Frieden.
9 Was hat der, der handelt, davon,
daß er sich abmüht? 10 Ich besah (mir)
die Plage, die Gott den Menschen-
kindern auferlegt, sich damit zu plagen.
11 Er macht all und jedes trefflich für
seine Zeit. Zwar hat er ihnen auch eine
Vorstellung vom gesamten Zeiten-
ablauf gegeben, doch ohne daß der
Mensch das Werk, das Gott vollbringt,
von Anfang bis Ende erfassen könnte.
12 Da erkannte ich: Es gibt für den
Menschen kein anderes Gut, als sich
zu freuen und es sich wohl sein zu
lassen in seinem Leben. 13 Aber auch:
Es ist Gottes Gabe, daß jeder Mensch
ißt und trinkt und sich gütlich tut bei
all seiner Mühe.
14 Ich erkannte: Alles, was Gott
tut, das ist für immer. Dem gibt es
nichts hinzuzufügen, und davon ist
nichts wegzunehmen. Gott hat es so
gemacht, daß man Furcht vor ihm
habe. 15 Was ist, ist schon längst
gewesen, und was sein wird, ist schon
lange da, und Gott liebt den Verfolg-
ten. 16 Weiter sah ich unter der Sonne
den Ort des Gerichtes: dort war Un-
recht! Und den Ort der Gerechtigkeit:
dort war Schuld! 17 Da sagte ich bei mir
selbst: Den Gerechten und den Frevler
wird Gott richten. Denn eine Zeit (ist
bestimmt) für jedes Unternehmen und
für alles, was dort (getan wird). 18 Ich
sprach bei mir selbst bezüglich der
Menschenkinder: Um ihr (Wesen) ans
Licht zu bringen, hat Gott (es so ge-
macht), und um sichtbar zu ma-
chen, daß sie zueinander (nur wie)

→224 *nichts Besseres als zu essen und zu trinken* Dieser epikureisch klingende Grundsatz ist ein Argument in einer Auseinandersetzung. Wenn auch der Verfasser diesen paradoxen Satz refrainartig wiederholt, 517; 815; 97, so liegt hierin doch nicht seine ganze Auffassung vom Leben, als ob er den Genuß als letztes Motiv des Handelns empfehlen und die Gesinnung der Pflicht ausschließen würde.

→225 Wörtlich: Denn wer ißt und leidet (Bedeutung unsicher; G: trinkt; andere Ausleger: genießt) ohne ihn (Hss von M, Üss; M: von mir).

→226 *dem Sünder legt er die Plage auf* . . . So redeten die Weisheitslehrer, um das Ärgernis der Reichtümer, die dem Sünder zuteil werden, zu rechtfertigen, vgl. Spr 118; 1322; Ib 2716f. Kohelet spottet beiläufig über das Unzulängliche dieser Lehre.

→31–22 *(Der Tod)* Die Hälfte von dem, was der Mensch tut, ist düster; sein halbes Leben ist ein Trauerfall. Der Tod hat bereits seinen Stempel auf das Leben gedrückt, das ein Aneinanderreihen von zusammenhanglosen Verrichtungen, v. 1–8, ohne Ziel ist, v. 9–13, wenn nicht schon Tod, der auch keinen Sinn hat, v. 14–22.

→311 *eine Vorstellung vom gesamten Zeitenablauf gegeben* Oder: „die Ewigkeit ins Herz gegeben", aber der Satz hat nicht die Bedeutung, die er im christlichen Sprachgebrauch erhalten würde; er will lediglich besagen: Gott hat dem Menschen den gesamten Zeitenablauf ins Herz (ins Denken) gelegt, er läßt ihn fragen nach dem Verlauf der Dinge und läßt ihn verfügen über das flüchtige Jetzt. Aber, so fügt der Verfasser hinzu, auch dieser Gedanke ist ernüchternd, enttäuschend: Er bringt keinen Sinn des Lebens zutage.

→314 *was Gott tut, das ist für immer* Nach der Theorie der Vergeltung ist der Tod die Strafe für die Sünde. Für Kohelet gehört der Tod einfach zur menschlichen Daseinsweise; Tugend und Gerechtigkeit haben nichts hiermit zu tun. Dem Menschen widerfährt das gleiche Schicksal wie dem Vieh. Und selbst im Bereich der Rechtsprechung herrscht das Gesetz des Stärkeren, v. 16.18. Gott freilich bevorzugt den Schwachen, v. 15B.

Tiere sind. 19 Denn das Geschick der
Menschenkinder und das Geschick der
Tiere – sie haben ein und dasselbe
Geschick. Wie diese sterben, so sterben
auch jene. Den gleichen Odem haben
sie alle, und es gibt für den Menschen
keinen Vorteil vor dem Tiere. Ja, alles
ist Nichtigkeit! 20 Alles geht zum
selben Ort. Alles ist aus Staub ge-
worden, und alles kehrt zum Staube
zurück. 21 Wer weiß, ob der Odem
der Menschenkinder nach oben em-
porsteigt und ob der Odem der
Tiere hinunter in die Erde hinabgeht?
22 So sah ich ein, daß es für den
Menschen nichts Besseres gibt, als sich
bei seinem Tun zu freuen; denn dies ist
sein Lohn. Denn wer ließe ihn dahin
gelangen, das zu sehen, was nach ihm
sein wird?

3. Das Zusammenleben

4 1 Und wieder sah ich all die Be-
drückungen, die unter der Sonne
verübt werden. Da sieht man die Trä-
nen der Bedrückten, aber kein Tröster
ist für sie da, und die Gewalttat von der
Hand ihrer Bedrücker, aber kein
Tröster ist für sie da. 2 Drum pries ich
die Toten, die längst gestorben sind,
glücklicher als die Lebenden, die noch
leben. 3 Aber mehr als sie beide (preise
ich) den, der gar nicht zum Dasein
gelangt, der das üble Geschehen nicht
gesehen, das unter der Sonne geschieht.
4 Ich sah: alles Bemühen und aller
Erfolg ist nur Eifersucht des einen
gegen den anderen. Auch dies ist
Nichtigkeit und Haschen nach Wind!
5 Der Tor legt die Hände in den
Schoß und zehrt von seinem eigenen
Fleisch.
6 (Aber) besser eine Handvoll in
Ruhe, als beide Hände voll in Mühe
und Haschen nach Wind! 7 Ich sah
mich weiter um und erblickte (noch)
eine Nichtigkeit unter der Sonne:
8 Da ist einer und hat keinen zweiten,
hat weder Sohn noch Bruder; und
doch (kennt) all sein Mühen kein Auf-
hören, und mit keinem Reichtum sind
seine Augen zufrieden. Doch wozu
mühe ich mich dann ab und versage
die guten Dinge mir selbst? Auch dies
ist Nichtigkeit, und es ist eine üble
Plage!
9 Besser sind zwei daran als ein
einziger; denn ihnen wird guter Lohn
zuteil aus ihrer Mühe. 10 Kommen
sie nämlich zu Fall, kann der eine dem
andern wieder aufhelfen. Wehe aber
dem Einsamen, wenn er fällt, und es ist
doch kein zweiter da, ihn aufzurichten!
11 Auch (gilt): Legen zwei sich zu-
sammen nieder, so wird ihnen warm;
aber einem einzelnen, wie soll es ihm
warm werden? 12 Und: Wenn jemand
den einen angreift, so leisten ihm beide
Widerstand. Und gar: Die verdrei-
fachte Schnur wird nicht so rasch
entzweigerissen.
13 Besser ein junger Mann, arm,
aber weise, als ein König, alt, aber
töricht,
der nicht mehr die Einsicht hat, sich
warnen zu lassen. 14 Ja, aus dem
Gefängnis ging er hervor und ward
König, obwohl er arm in dessen König-
tum geboren war. 15 Ich sah alle
Lebenden unter der Sonne mit dem
jungen Manne ziehen, dem Nachfolger,
der an seine Stelle trat. 16 Kein Ende
war des ganzen Volkes, der Gesamt-
heit, an deren Spitze er stand. Doch
die Späteren fanden keine Freude an
ihm. Wirklich, auch dies ist Nichtigkeit
und Haschen nach Wind!
17 Nimm deinen Fuß in acht, wenn
du zum Hause Gottes gehst! Nahe
dich, um zu hören. Opfer ist besser als
die Gabe der Toren. Sie haben ja keine
Erkenntnis und tun darum Böses.
5 1 Dein Mund überstürze sich nicht,
und dein Herz sei nicht rasch dabei,
ein Wort vor Gott hervorzubringen;
denn Gott ist im Himmel, doch du
bist auf Erden. Drum seien deiner
Worte (nur) wenige.
2 Denn bei viel Geschäftigkeit
kommt es zu Träumen, und bei vielen
Worten zu törichten Äußerungen.
3 Hast du Gott etwas gelobt, so
säume nicht, es zu erfüllen. Denn kein
Gefallen hat er an Toren. Was du ge-
lobt hast, erfülle! 4 Du machst besser
gar kein Gelübde, als daß du gelobst,
und hältst es nicht. 5 Gestatte deinem
Munde nicht, dich selbst in Schuld zu

→321 Schon der Zweifel, der hier geäußert wird, genügt, um dem Tode sein Grauen zu geben. Das letzte Wort des Buches ist nicht so einseitig übertrieben: Das Leben des Menschen kehrt zu Gott zurück, der es gegeben hat, 127.

→41 – 58 *(Das Zusammenleben)* Das Elend des Lebens in der Gemeinschaft: die Unterdrückung durch die Gewalt und der Fall des Alleinstehenden, 41–12; die Nutzlosigkeit politischer Rührigkeit, 413–16; die Dummheit im religiösen Verhalten und der Mißbrauch der Gelübde, 417 – 56; die Tyrannei der Gewalt, 57–8.

→55 *Es war ein Versehen* Anspielung auf solche Sünden, die „ohne Absicht, versehentlich“ begangen wurden, Lv 42.22.27; Nm 1522.29. Unter dem „Boten“ (oder

bringen, und sage nicht zu dem Boten:
„Es war ein Versehen!" Sonst wird
Gott über deine Äußerung erzürnt
und vernichtet das Werk deiner
Hände!
6 Soviel Träume, soviel Nichtig-
keiten; zuviel Worte, Haschen nach
Wind.
Also fürchte Gott!
7 Siehst du im Lande Bedrückung
des Armen und Entzug von Recht und
Gerechtigkeit, so wundere dich über
die Sache nicht. Man wird zu dir sagen:
Über den Hohen wacht (wieder) ein
Hoher, und über beiden noch Höhere.
8 Man wird sich berufen auf allgemei-
nes Wohl und auf Königsdienst.

4. Das Geld

9 Wer das Geld liebt, bekommt nie
Geld genug; und wer Anhäufung liebt,
hat nie (genug) Einkünfte.
Auch dies ist Nichtigkeit!
10 Mehrt sich das Gut, so vermehren
sich auch die Verzehrer;
und welchen Genuß hat der Besitzer
davon, als daß seine Augen es sehen?
11 Süß ist der Schlaf des Schaffenden,
ob er wenig, ob er reichlich gegessen
hat; doch den Reichen läßt die Sattheit
keinen Schlaf finden. 12 Es gibt ein
schlimmes Übel, das ich unter der
Sonne sah: Reichtum, von seinem
Besitzer gehütet zu seinem Unheil.
13 Dann geht der Reichtum in einem
Unglücksfall verloren, und hat er einen
Sohn gezeugt, bleibt diesem nichts
in Händen. 14 Wie er aus dem Schoße
seiner Mutter hervorging, nackt geht
er fort, wie er kam, und seine Mühe
trägt ihm gar nichts ein, das er mit sich
nehmen könnte. 15 Auch dies ist ein
schlimmes Übel: Ganz so, wie er kam,
muß er gehen; und was bleibt ihm
davon, daß er sich abmüht für Wind?
16 So (verbringt er) all seine Tage in
Dunkel und Trauer, Unmut, Krank-
heit und Ärger.
17 Das nun stelle ich fest: Das
Glück, das dem Menschen zukommt,
ist dies: zu essen und zu trinken und
es sich wohl sein zu lassen bei all der
Mühe, die sich einer macht unter der
Sonne, die paar Tage seines Lebens,
die Gott ihm gegeben hat; denn dies
ist sein Anteil. 18 Ja, (bei) jedem Men-
schen, dem Gott Reichtum und Ver-
mögen verlieh und verstattete, davon
zu genießen und seinen Anteil sich
zu nehmen und aus seiner Mühe
Freude zu ziehen, ist dies ein Gottes-
geschenk. 19 Denn er denkt dann nicht
viel an seine Lebenstage, weil Gott
ihn mit seiner Herzensfreude be-
schäftigt.
6 1 Es gibt ein Übel, das ich unter
der Sonne sah und das schwer auf
dem Menschen lastet: 2 Gott hat einem
Manne Reichtum und Vermögen und
Ansehen verliehen, und von allem, was
sein Herz begehrt, mangelt ihm nichts;
aber Gott verstattet ihm nicht, davon
zu genießen; vielmehr genießt es ein
Fremder. Das ist Nichtigkeit und
schlimmes Leid! 3 Zeugte ein Mann
auch hundert Söhne und ebensoviel
Töchter und erreichte so ein hohes
Lebensalter, kann sich aber an (seinem)
Gute nicht sättigen, und auch kein
(würdiges) Begräbnis wird ihm zuteil,
so sage ich: Eine Totgeburt ist besser
daran als er!
4 Sie kommt im Dunkeln und geht
im Dunkel von dannen,
aber auch von ihm bleibt der Name
mit Dunkel bedeckt.

Engel) ist vielleicht der Priester zu verstehen, der auf die Erfüllung des Gelübdes wartet. G las hier allerdings „Gott"; darum dürfte eher an einen Engel im eigentlichen Sinne zu denken sein; es gehörte ja zu den Aufgaben der Engel, eine Liste der guten Werke vor Gott zu führen, Tob 1212+; Apg 104.

→56 *Haschen nach Wind* Ergänzt; der Spruch ist verstümmelt.

→58 Wörtlich: „Das Wohl des Landes ist für alle; einem König wird gedient von einem Gebiet"; nach anderer Auslegung: „Das Wohl aller ist: ein König für ein bebautes Land". Es handelt sich um übliche Vorwände, mit denen Rechtsbrüche und Übergriffe gedeckt wurden, vgl. 1 Sm 812–14; 1 Kg 21 (Nabot).

→59 – 612 *(Das Geld)* Nicht eine Satire auf den bösen Reichen (wie bei den Propheten), sondern auf das Geld selbst, gleichgültig ob zu Recht oder Unrecht erworben, gut oder schlecht benützt wird. Es bietet weder Sicherheit im Leben, noch ist es eine Quelle des Glückes. Diese Kritik bereitet auf die Botschaft des Evangeliums vor, sich freizumachen von der Gier nach dem Geld, vgl. Mt 619–21.24.25–34. – Der Gedankengang hier ist folgender: Geldsucht ist unersättlich, 59, Geld zieht Schmarotzer an, 510, mühsam ist Gelderwerb, 511, und schlimm ist Geldverlust, 512–16; darum erfreue man sich des Geldes, das einem beschieden ist, 517–19. Drei Beispiele: der Reichtum, der auf einen anderen übergeht, 61–2, der Reiche ohne Grab, 63–6, der Arme, der den Reichen spielen will, 67–11. Abschluß: 612.

→516 *und Trauer* G; M: „ißt er".

→516 *Unmut, Krankheit* Üss.

→517 *dem Menschen* Korr., vgl. 224; fehlt in M.

→63 *hundert . . . Töchter* Korr.; M: „hundert (Söhne) und viele Jahre".

5 Sie hat die Sonne nicht gesehen
und kennt auch die Nachtruhe nicht;
eins ist nicht mehr als das andere!
6 Selbst wenn er zweimal tausend Jahre
lebte, konnte sich's aber nicht wohl
sein lassen – nicht wahr, alles geht doch
an den selben Ort!
7 Des Menschen ganzes Mühen ist
für seinen Mund, und doch wird der
Magen nicht voll.
8 Was hat denn der Weise dem
Toren voraus? Was ist vom Armen zu
halten, der sein Gesicht in der Öffent-
lichkeit zu wahren weiß? 9 Ist denn
der Anblick der Augen besser als das
Wohlergehen des Magens? Auch dies
ist Nichtigkeit und Haschen nach
Wind! 10 Was ist, ward schon längst
beim Namen genannt; auch ist vorher-
bestimmt, was ein Mensch sein wird,
und so kann er mit dem nicht rechten,
der stärker ist als er. 11 Ja, werden
viele Worte gemacht, so vermehren
sie nur die Nichtigkeit. Was gewinnt
der Mensch dabei?
12 Wer weiß denn, was für den
Menschen gut ist im Leben, für die
paar Tage seines nichtigen Lebens,
die ihm wie Schatten dahingehn?
Denn wer kündet dem Menschen,
was nach ihm sein wird unter der
Sonne?

ZWEITER TEIL

Prolog

7 1 Besser ist ein (guter) Name als
gutes Öl, und (besser) der Tag des
Todes als der Tag der Geburt.
2 Besser ist es, in ein Haus zu gehen,
wo man trauert, als in ein Haus, wo
man feiert. Denn dort wird das Ende
aller Menschen (sichtbar), und wer
lebt, nehme es sich zu Herzen!
3 Besser ist das Betrübtsein als das
Lachen; denn bei ernster Miene steht
es gut um das Herz.
4 Das Herz der Weisen ist im Haus,
wo man trauert; doch das Herz der
Toren ist im Hause der Freude.
5 Besser ist es, das Schelten des Wei-
sen zu hören, als wenn einer auf das
(Lob)lied der Toren hört.
6 Denn wie das Prasseln der Dornen
unter dem Kessel, so ist das Lachen des
Toren. Auch dies ist Nichtigkeit!
7 Denn Lachen macht einen Weisen
zum Narren, und Freude verliert das
Herz.

1. Die Vergeltung

8 Besser der Ausgang einer Ange-
legenheit als ihr Anfang; besser ein
Langmütiger als ein Hochfahrender.
9 Überlaß deinen Sinn nicht rasch dem
Unmut; denn Unmut nistet im Innern
der Toren. 10 Sage nicht: Wie kommt
es nur, daß die früheren Zeiten besser
als die jetzigen waren? Denn nicht aus
Weisheit geschieht es, wenn du so
fragst. 11 Etwas Gutes ist Weisheit,
die mit Besitz verbunden, und ein Ge-
winn für die, die die Sonne schauen.
12 Denn wen die Weisheit sichert, den
sichert auch Geld – und als besonderen
Gewinn der Erkenntnis sichert die
Weisheit denen, die sie besitzen, das
Leben.
13 Sieh Gottes Werk; wer kann denn
das, was er gekrümmt, geradernachen?
14 Am guten Tag sei guter Dinge, und
am bösen Tag sieh ein, daß Gott auch
diesen wie jenen gemacht hat, damit
der Mensch nichts hinter sich finde.

→65 *eins ist nicht mehr als das andere* Wörtlich: (warum) eher das eine als das andere (wählen)?

→68 *der sein Gesicht* . . . Wörtlich: der angesichts der Lebenden zu wandeln weiß.

→71–7 *(Prolog)* Finstere Betrachtungen über das Lachen.

→78 – 815 *(Die Vergeltung)* Das Gesetz hatte den Grundsatz einer kollektiven Vergeltung ausgesprochen: Ein treues Israel wird glücklich sein, ein untreues unglücklich, vgl. Dt 712f; 1126–28; 281–68; Lv 26. Diesen Grundsatz wandten die Weisheitslehrer auf das Los des einzelnen an: Gott vergilt einem jeden nach seinen Werken, Spr 2412; Ps 6213; Ib 3411. Daraus folgerten sie, daß die gegenwärtige Lage des Menschen seinem Verdienst entsprechend sei. Dem widersprach aber die tägliche Erfahrung; auf diesen Einwand antworteten sie: Das Glück des Bösen ist vergänglich, das Unglück des Gerechten vorübergehend. Diesen Standpunkt vertreten Ps 37 und die Freunde Ijobs. Kohelet bestreitet ihn. Der üblichen Antwort, 78, stellt er Zweifel entgegen, 79–12. Man muß das Schicksal nehmen, wie es kommt, ohne es verstehen zu wollen, 713–15. Wenn selbst Leben und Tod schlecht verteilt sind, 715, ist es unnütz, sich im Übermaß zu bemühen, 716–18. Um Ruf und Gerede soll man sich nicht kümmern, 719–22. Der Grund der Dinge ist unerreichbar, das Geheimnis der Wirklichkeit unergründlich, 723f (mit einem frauenfeindlichen Einschub, 725–28). Das blinde, unerbittliche Schicksal (auch der König entgeht ihm nicht, 81–9) ist aufreizend ungerecht, 810–14. Abschluß, 815.

→714 *damit der Mensch nichts hinter sich finde* Der Sinn ist: damit man sich nicht auf etwas verlassen könne; oder: damit niemand wisse, was ihm bevorsteht.

15 Alles habe ich gesehen in meinen
nichtigen Tagen: Es gibt Gerechte, die
zugrunde gehen trotz ihrer Gerechtig-
keit, und es gibt Frevler, die lange
leben trotz ihrer Bosheit.

16 Sei nicht zu sehr gerecht, und ge-
habe dich nicht allzu weise!

Warum willst du dich zugrunde
richten?

17 Frevle nicht allzusehr und sei
kein Tor!

Warum willst du vorzeitig sterben?
18 Gut ist es, du hältst das eine fest und
läßt auch das andere der Hand nicht
entgleiten. Ja, wer Gott fürchtet, bringt
alles beide zuwege.

19 Die Weisheit verleiht dem Wei-
sen mehr Kraft als zehn Machthabern
in der Stadt. 20 Ja, kein Mensch im
Lande ist so gerecht, daß er (nur) Gutes
täte und nie sündigte. 21 Gib auch nicht
auf alle Worte acht, die gesprochen
werden; sonst hörst du gar, wie dein
Knecht dir flucht, 22 Denn vielmals,
das weißt du selbst, hast auch du über
andere geflucht.

23 Dies alles versuchte ich im Blick
auf die Weisheit. Ich sagte (mir): „Ich
möchte Weisheit erlangen!" Aber sie
blieb mir fern. 24 Was ist, bleibt fern,
und tief, tief! Wer kann es finden?

25 Ich richtete mein Sinnen nun
darauf, Weisheit und Vergeltung zu
erkennen, zu erforschen und zu suchen,
um Frevel als Torheit, und Torheit
als Narrheit zu erkennen. 26 Da habe
ich gefunden: Bitterer als der Tod ist
die Frau, die ein Fangseil ist, deren
Herz ein Netz, deren Hände Fesseln.

Wer Gott gefällt, entkommt ihr;
aber der Sünder wird von ihr gefangen.

27 Siehe, dies habe ich gefunden,
spricht Kohelet, indem ich alles
zusammenrechnete. 28 Darüber hinaus
habe ich noch gesucht und doch nicht
gefunden.

Einen Mann unter tausend fand ich,
aber eine Frau habe ich unter allen
nicht gefunden.

29 Nur dieses, siehe, habe ich gefun-
den: Gott hat die Menschen gerade
geschaffen; doch diese suchen vielerlei
Berechnung.

8 1 Wer gleicht dem Weisen, und wer
versteht es, eine Sache zu klären?
Die Weisheit befähigt einen Mann,
seine Mienen aufzuhellen und die
Strenge der Züge zu mildern.

2 Ich sagte: Den Spruch des Königs
beachte, und zwar des Gotteseides
wegen! 3 Geh nicht vorschnell von
ihm weg. Beharre nicht auf einer Sache,
die (ihm) zuwider ist. Er kann ja doch
immer tun, was ihm gut scheint. 4 Denn
des Königs Wort hat Macht, und wer
dürfte zu ihm sagen: „Was tust du da?"
5 Wer den Befehl beobachtet, dem
widerfährt nichts Schlimmes, und
weiser Sinn versteht sich wohl auf Zeit
und Entscheid. 6 Denn jedes Unter-
nehmen hat seine Zeit und seinen Ent-
scheid, und schwer lastet die Gefahr
über dem Menschen. 7 Man weiß ja
nicht, was kommen wird. Denn wer
könnte vorhersagen, wie es kommen
wird? 8 Kein Mensch hat Macht über
den Odem, daß er den Odem zurück-
halten könnte – und niemand ist Herr
über den Tag des Todes. Es gibt keine
Entlassung aus dem Kampf. Auch bie-
tet der Frevel seinen Urhebern keine
Rettung. 9 Dies alles sah ich, als ich
meinen Sinn auf alles Tun richtete, das
unter der Sonne geschieht, wenn der
Mensch über den Menschen herrscht
zu seinem Schaden.

10 Sodann sah ich: Frevler wurden
zu Grabe getragen; man kam vom
heiligen Ort, sie in der Stadt dafür zu
ehren, daß sie so taten. Auch dies ist
Nichtigkeit! 11 Weil das Strafurteil
über die böse Tat nicht rasch erfolgt,
darum wächst den Menschen der Mut
zum Bösestun. 12 Der Sünder tut ja
hundertmal Böses – und lebt doch
lange. Gewiß ist auch mir bekannt:
Gut wird es denen ergehen, die Gott
fürchten, weil sie vor ihm sich fürchten.
13 Aber dem Frevler ergeht es nicht
gut, und er wird seine Tage nicht wie
einen Schatten ausdehnen, weil er sich
vor Gott nicht fürchtet. 14 Doch

→718 *bringt . . . zuwege* G; M: „entgeht".
→725 *Ich richtete mein Sinnen nun darauf* Korr., vgl. 113.
→725 *Narrheit* Korr., vgl. 1013.
→82 *Ich sagte* Korr.; M: „Ich".
→82 Der König verfügte über eine heilige Macht. Der „Gotteseid" könnte die Bindung sein, die Gott ihm gegenüber eingegangen ist, 2 Sm 7; Ps 89, oder auch der Eid, der entweder vom König oder von den Untertanen Gott geleistet wurde.
→86 *schwer lastet die Gefahr über dem Menschen* So ist wahrscheinlich der nicht ganz deutliche Text von M zu verstehen; wörtlich: denn das Übel des Menschen ist groß über ihm.
→810 *Sodann sah ich . . . so taten* Text unsicher; Korr. nach G, vgl. Ib 2127–34. Andere Übersetzungen: „Sodann sah ich, daß Frevler zu ihrem Grab getragen wurden, und sie gingen fort vom heiligen Ort, und sie waren gepriesen in der Stadt" oder: „Sodann sah ich Frevler sich nahen und eintreten, aber sie gingen hinweg vom heiligen Ort; und es waren vergessen in der Stadt jene, die recht getan hatten".

kommt auf Erden auch Nichtigkeit vor.
Denn manche Gerechte empfangen
den Lohn, den Frevler verdient hätten;
und manche Frevler empfangen den
Lohn, den Gerechte verdient hätten.
Ich sagte: Auch dies ist Nichtigkeit!
15 Da pries ich nun die Freude. Denn
es gibt für den Menschen unter der
Sonne kein anderes Gut, als zu essen,
zu trinken und sich zu freuen. Dies
begleite ihn bei seiner Mühsal durch
seine Lebenstage, die Gott ihm gegeben
unter der Sonne.

2. Die Liebe

16 Da ich mein Sinnen darauf rich-
tete, Weisheit kennenzulernen, und
danach suchte, die Tätigkeiten zu
durchschauen, die auf Erden betrieben
werden – weder bei Tag noch bei Nacht
war ja in den Augen Schlaf zu be-
merken –, 17 da sah ich: alles ist
Gottes Werk, doch der Mensch ist
nicht imstande, die Vorgänge zu er-
gründen, die sich abspielen unter der
Sonne. Wieviel der Mensch sich auch
mit Forschen abmüht, er wird es nicht
ergründen; und selbst der Weise, der
meint, es zu kennen, vermag es nicht
zu ergründen.

9 1 All dies erwog ich in meinem
Sinn, und ich sah ein, daß die Ge-
rechten und Weisen und ihre Werke
in Gottes Hand sind.
Weder um Liebe noch um Haß weiß
der Mensch; beide, die vor ihm liegen,
2 sind nichtig.
Denn alle trifft doch ein und dasselbe
Geschick, den Gerechten und den Frev-
ler, den Reinen und den Unreinen;
den, der opfert, und den, der keine
Opfer bringt; den Guten wie den Sün-
der; den, der schwört, wie den, der
den Eid scheut. 3 Das ist das Übel
bei allem, was unter der Sonne ge-
schieht, daß alle ein und dasselbe
Geschick trifft, daß sich das Herz der
Menschen mit Unheil füllt und daß
man Torheiten ausdenkt – für die
Lebenden in ihrem Leben und danach
für die Toten, 4 Ja, wer noch all den
Lebenden zugesellt ist, für den ist noch
Hoffnung. Denn: Ein lebender Hund
ist besser als ein Löwe, der tot ist.
5 Denn die Lebenden wissen, daß sie
sterben werden; doch die Toten wissen
gar nichts; auch haben sie keinen Lohn
mehr; denn selbst der Name, den sie
sich gemacht, gerät in Vergessenheit.
6 Ihr Lieben, ihr Hassen und auch ihr
Eifern ist längst dahin. In Ewigkeit
haben sie keinen Anteil mehr an dem,
was alles unter der Sonne geschieht.
7 Wohlan denn, iß fröhlich dein
Brot und trinke wohlgemut deinen
Wein!
Denn von jeher gefällt es Gott, wenn
du so tust.
8 Trage jederzeit weiße Kleider,
und auf deinem Haupte fehle nicht
das Öl!
9 Genieße das Leben mit der Frau,
die du liebst, all die Tage deines nich-
tigen Lebens, die Gott dir gegeben
unter der Sonne. Denn dies ist dein An-
teil am Leben und an deiner Mühe, die
du dir unter der Sonne machst. 10 Al-
les, was deine Hand zu tun findet, das
tue, solange du es vermagst. Denn es
gibt kein Tun und Planen, nicht Wis-
sen und Weisheit in der Scheol, dahin
du gehst.

3. Der Zufall

11 Weiter sah ich unter der Sonne:
Nicht die Schnellen gewinnen den Lauf,
noch die Helden den Kampf; so erlan-
gen auch nicht die Weisen das Brot,
auch nicht die Einsichtigen den Reich-
tum, und auch nicht die Wissenden die
Gunst; vielmehr ereilen die Zeit und
das Schicksal sie alle. 12 Auch vermag
ja der Mensch seine Stunde nicht zu
erkennen. Wie die Fische, die im

→9 1 *ich sah ein* (Wörtlich: mein Herz sah) Korr.; M unverständlich, ferner Wiederholung von: „all dies".
→9 1 *ihre Werke* G.
→9 1 *Weder um Liebe noch um Haß weiß der Mensch* Diese Empfindungen, die er zwar spürt, bleiben ihm dennoch ein Rätsel. Wie der Tod, wie das Schicksal ist die Liebe blind und ein Verhängnis.
→9 2 *nichtig* Üss; M: „das Ganze".
→9 3 Es geht, so scheint es, um die aus sentimentaler Anwandlung heraus bewilligten Ausgaben für die Lebenden und für die Toten (denen man Grabmäler baut). M wörtlich: „. . . und Torheit ist in ihrem Herzen (danach eingefügt: „für die Lebenden"; fehlt in M) in ihrem Leben und danach für die Toten"; andere übersetzen: „. . . und danach (gehen sie) zu den Toten."
→9 4 *zugesellt ist* M (Kere), Üss; M (Ketib): „ausgesucht ist".
→9 6–10 Die Trauer über den Tod der geliebten Menschen dämpft die Aufforderung zu fröhlichem Genuß, v. 7–8, vgl. 2 24+; daran schließt sich die Mahnung zur Treue, v. 9, bis zur endgültigen Trennung, v. 10.
→9 11 – 11 6 *(Der Zufall)* Der Zusammenhang hier ist lockerer als bei den vorhergehenden Themen. Kohelet stellt Aussprüche und Beispiele über den Zufall zusammen. Der Zufall kennt kein Verdienst, 9 11–12. Gelingen oder Scheitern vieler Dinge hängt an einer Kleinigkeit, 9 13 – 10 20. Das Leben ist ein Glücksspiel, das man riskieren muß, 11 1–6.

tückischen Netz gefangen werden, und
wie die vom Klappnetz gefangenen
Vögel, so werden die Menschenkinder
gepackt zur Stunde des Unheils, wenn
es jählings über sie kommt.
13 Auch dieses sah ich als Übel unter
der Sonne, und es schien mir schwer:
14 Es war eine kleine Stadt, und die
Leute darin nur wenige. Da zog gegen
sie ein großer König; er schloß sie ein
und errichtete wider sie große Belage-
rungswerke. 15 Nun fand sich in ihr
ein armer, aber weiser Mann, der die
Stadt durch seine Weisheit rettete.
Doch niemand gedenkt jenes Armen.
16 Da sagte ich: Weisheit ist besser als
Stärke, doch die Weisheit des Armen
wird mißachtet, und auf seine Worte
hört man nicht. 17 Die ruhig gespro-
chenen Worte der Weisen finden eher
Gehör als das Geschrei eines Beherr-
schers von Toren.
18 Besser ist Weisheit als Kriegs-
gerät. Aber ein einziger Fehler kann
viel Gutes zerstören.

10 1 Verendende Fliegen verderben
eine Schale mit Öl des Salben-
bereiters; ein wenig Torheit zählt
schwerer als Weisheit und Ehre.
2 Der Weise wandelt recht, der Tor
auf schiefer Bahn. 3 Und gerade auf
dem Wege, wie der Tor ihn geht, man-
gelt ihm der Verstand, und so sagt er
allen, daß er ein Tor ist.
4 Erhebt sich des Herrschers Un-
mut gegen dich, so verlasse nicht dei-
nen Posten; denn Gelassenheit beugt
großen Verfehlungen vor. 5 Es ist ein
Übel, das ich unter der Sonne sah,
nämlich ein Mißgriff, der ausgeht vom
Herrscher: 6 Der Torheit werden
höchste Stellungen verliehen, während
Reiche in Niedrigkeit sitzen. 7 Ich sah
Knechte zu Pferd, aber Fürsten muß-
ten wie Knechte zu Fuß gehen.
8 Wer eine Grube gräbt, fällt hinein;
und wer eine Mauer einreißt, den kann
die Schlange beißen.
9 Wer Steine bricht, kann sich an
ihnen wehtun; wer Hölzer spaltet, muß
sich dabei in acht nehmen.
10 Ist die Axt stumpf und man
schleift sie nicht zuvor, so muß man
dafür die Kräfte mehr anstrengen. Der
Vorteil der Weisheit aber ist der Er-
folg. 11 Wenn die Schlange beißt, be-
vor sie beschworen, so hat der Be-
schwörer nichts von seiner Kunst.
12 Die Worte aus dem Munde
des Weisen (finden) Beifall; doch die
Lippen des Toren verschlingen ihn
selbst!
13 Seines Mundes Worte beginnen
mit Torheit; doch der Schluß seiner
Rede ist heillose Narrheit. 14 Auch
macht der Tor viele Worte. (Dabei)
weiß doch kein Mensch, was sein wird.
Wer sollte ihm auch kundmachen, was
nach ihm sein wird?
15 Die Anstrengung der Toren
macht sie erschöpft; wer nicht weiß
den Weg, vermag nicht, in die Stadt
zu gehen.
16 Wehe dir, Land, dessen König
ein Bube ist, dessen Fürsten am Mor-
gen schon schmausen! 17 Heil dir,
Land, dessen König ein Edelmann ist,
dessen Fürsten speisen zu geziemender
Zeit, als Männer, und nicht als Trin-
ker!
18 Bei Untätigkeit senkt sich das
Gebälk, und bei lässigen Händen trieft
es ins Haus.
19 Festmähler werden zum Ver-
gnügen gehalten, und der Wein muß
die Gemüter erfreuen, und all dies er-
möglicht das Geld.
20 Nicht einmal in deinen Gedanken
fluche dem König, und selbst in dei-
nem Schlafgemach fluche keinem
Reichen! Denn ein Vogel in der Luft
kann den Laut forttragen, ein Wesen
mit Flügeln das Wort weitermelden.

11 1 Wirf dein Brot auf die Fläche
des Wassers, so magst du es nach
vielen Tagen wiederfinden. 2 Gib Teile
(deiner Habe) an sieben oder gar an
acht; denn du kannst nicht wissen,

→913 *Übel* Korr., vgl. 512; 61; 93; M: „Weisheit".
→918 *Fehler* Korr.; M: „Sünder".
→101 *eine Schale* Korr.
→102 Wörtlich: Das Herz des Weisen ist zu seiner Rechten, das Herz des Toren ist zu seiner Linken.
→1010 *Der Vorteil der Weisheit aber ist der Erfolg* Die Worte „Weisheit" und „Erfolg" sind dem Sinn entsprechend vertauscht.
→1015 Text unsicher. Die Worte „den Weg, vermag nicht" sind ergänzt.
→1019 Der Vers entspricht v. 16–17; er nennt die leeren Entschuldigungen der führenden Männer. Zum König vgl. auch 104–7; 413–16; 58; 82–4.
→1020 *in deinen Gedanken* Andere Übersetzung (mit Korr.): „auf deinem Lager".
→111 Manche Ausleger denken an den Köder, den der Fischer auf das Wasser wirft und den er in Form des Fanges wieder erhält; andere denken an den Seehandel. Diese Ausführungen über die Gefahr lassen die Haltung einschätzen, die Kohelet bei seinem Schüler wünscht. Er will ihm nicht in launenhafter Willkür den Mut nehmen, sondern die Illusionen, um ihm Enttäuschungen zu ersparen. Aufs Ganze gesehen, gilt es zu wagen.

welches Unglück über das Land
kommt. 3 Sind die Wolken mit Regen
gefüllt, so schütten sie ihn auf das
Land. Ob ein Baum gegen Süden
oder gegen Norden fällt, an der Stelle,
wohin der Baum fällt, da bleibt er
liegen.
4 Wer auf den Wind achtet, kommt
nicht zum Säen, und wer nach den
Wolken schaut, kommt nicht zum
Ernten.
5 Wie du nicht weißt den Weg des
Windes noch die Geheimnisse im Leib
der Schwangeren, so kennst du auch
nicht das Walten Gottes, der das alles
bewirkt.
6 Am Morgen säe deine Saat, und
laß deine Hand bis zum Abend nicht
ruhen; du weißt ja nicht, ob dies gerät
oder jenes, oder ob beides gleich gut
ist.

4. Das Alter

7 Süß ist das Licht, und den Augen
tut es wohl, die Sonne zu sehen. 8 Ja,
lebt ein Mensch auch viele Jahre, so
soll er sich doch ihrer aller freuen, und
er soll daran denken, daß der Tage des
Dunkels viele sein werden. Alles, was
kommt, ist Nichtigkeit!
9 Freue dich, junger Mann, in dei-
ner Jugendzeit; laß froh den Sinn dir
sein in deinen jungen Tagen! Gehe,
wohin dein Herz dich zieht und die
Augen dich locken!
Doch wisse wohl, daß Gott dich
über all dieses zur Rechenschaft ruft.
10 Banne den Ärger aus deinem Sinn,
und halte das Übel dir vom Leibe!
Denn die Jugend und das Alter der
schwarzen Haare sind nichtig.

12 1 Denke an deinen Schöpfer in
den Tagen deiner Jugend, ehe
die bösen Tage kommen und die Jahre
sich nahen, von denen du sagen wirst:
Sie gefallen mir nicht; 2 ehe die Sonne
dunkler wird und das Licht und der
Mond und die Sterne, und ehe die
Wolken nach dem Regen wieder-
kehren;
3 wann die Wächter des Hauses
zittern und die starken Männer sich
krümmen, wann die Mahlmägde nicht
mehr arbeiten, weil der Tag sich ver-
dunkelt in den Fenstern; 4 wann die
Tore nach draußen sich schließen und
der Laut der Mühle leiser wird; wann
der Laut der Vögel innehält und alle
Lieder schweigen; 5 wenn man sich
fürchtet vor der Anhöhe und auf dem
Wege in Schrecken geht.
Dann blüht der Mandelbaum, das
Heupferd ist satt, der Kapernstrauch
gibt seine Frucht,
während der Mensch in sein ewiges
Haus geht! Auf der Straße gehen schon
die Klagefrauen umher.
6 Ehe der silberne Strick zerreißt
und der goldene Leuchter zerspringt
und der Krug an der Quelle zer-
schellt und das Rad am Brunnen zer-
bricht;
7 und der Staub zur Erde zurück-
kehrt, wie er war, und der Odem
zurückkehrt zu Gott, der ihn gegeben.
8 Nichtigkeit, nur Nichtigkeit, so
spricht Kohelet, alles ist Nichtigkeit!

Epilog

9 Kohelet war nicht nur selbst ein
Weiser, er lehrte auch das Volk Er-
kenntnis. Er wog ab, untersuchte und

→11 7 – 12 8 *(Das Alter)* Langes Leben war die Belohnung, die in den Reden des Deuteronomium den Israeliten zugesagt wurde, Dt 5 16.33; 11 9.21; 22 7 usw., das höchste Glück, das dem Gerechten von den Weisen zugesichert wurde. Für Kohelet ist das Alter kein Glück, sondern Angst vor dem Tode, 11 7, Sehnsucht nach der Jugend, 11 8 – 12 2, schwindendes Leben, 12 3–5B, Erwartung des Unwiderruflichen, 12 5C–7.

→11 9 *Freue dich, junger Mann, in deiner Jugendzeit* Sprichwort über die Jugendzeit, das Kohelet mit seiner kritischen Weisheit berichtigt.

→12 3 *wann die Wächter des Hauses zittern* Anspielung auf die im Alter nachlassende Lebenskraft.

→12 3 *der Tag* Korr.; M: „jene, die schauen".

→12 4 *wann der Laut der Vögel innehält* Korr.

→12 5 *Dann blüht der Mandelbaum ...* Die Natur erscheint als gefühlloser Hintergrund des Sterbens, vgl. 1 4f. Das Leben verläßt den Greis gerade in dem Augenblick, wenn die Natur im Frühling wieder erwacht.

→12 5 *ist satt* Korr.; M: „ist beladen".

→12 5 *gibt seine Frucht* Korr.

→12 7 Was am Menschen von der Erde ist, kehrt wieder zu ihr zurück. Da aber nichts auf Erden ihn wirklich befriedigen kann, stammt nicht alles in ihm von der Erde; das, was von Gott ist, kehrt wieder zu Gott zurück.

→12 8 Das Buch endet, wie es begonnen hat, aber der Weg, der durchschritten wurde, zeichnet sich ab. Der Mensch erfährt sein Elend, aber auch seine Größe, denn es wird ihm gezeigt, daß diese Welt seiner nicht würdig ist. Das Buch fordert den Menschen auf zu einem Glauben, der sich in das von Gott Verfügte schickt, zu einem Gebet, in dem das Geschöpf, eingedenk seiner Nichtigkeit und angesichts des Geheimnisses Gottes, anbetet. Vgl. Ps 39.

→12 9–14 *(Epilog)* Ein abklärendes Nachwort: Lob des Kohelet, v. 9–11, Schwierigkeit schriftstellerischer Arbeit, v. 12, unumstößlich sichere Ratschläge, v. 13–14.

formte viele Lehrsprüche. 10 Kohelet
strebte, gefällige Worte zu finden und
Worte der Wahrheit redlich aufzu-
schreiben.
11 Die Worte der Weisen sind wie
Stacheln und eingeschlagene Pflöcke;
zum Wohle der Herden werden sie von
einem Hirten verwendet.
12 Über dies hinaus, mein Sohn, laß
dich warnen! Das viele Büchermachen
nimmt kein Ende, und vieles Studieren
ermüdet den Leib.
13 Schluß der Rede. Alles ist gehört.
Fürchte Gott und halte seine Gebote!
Denn das ist die Pflicht jedes Men-
schen. 14 Gott bringt ja alles Tun vor
das Gericht, alles Verborgene, ob es
gut oder böse war.

→1211 Bedeutung unsicher; Korr.

→1213 *die Pflicht* Korr.; fehlt in M.

Das Hohelied

TITEL UND PROLOG

1 1 Das Lied der Lieder
von Salomo.

Die Braut:

2 Daß er mit seines Mundes Küssen
mich küßte! / Ja, köstlicher als Wein
sind deine Liebkosungen.
3 Deine Öle sind köstlich an Duft; /
wie ausgegossenes Öl ist dein
Name; / darum lieben dich die 68+
Mädchen.
4 Ziehe mich dir nach! Laß uns ent-
eilen! / Der König bringt mich in seine
Gemächer!
Jauchzen wollen wir und deiner uns
freuen, / deine Liebkosungen höher
rühmen als Wein! / Man liebt dich
wirklich mit Recht.

ERSTES LIED

Die Braut:

5 Ich bin zwar dunkel, aber lieb-
lich, / ihr Töchter Jerusalems.
Wie die Zelte Kedars, / wie die Zelt-
decken Salmas.
6 Schaut nicht auf mich herab, weil
ich dunkel bin; / denn die Sonne hat
mich verbrannt!
Meiner Mutter Söhne grollten mir; /
sie machten mich zur Weinbergshüte-
rin.
Da hab' ich meinen eignen Wein-
berg nicht hüten können.
7 Den meine Seele liebt, du sage
mir, wo du weidest, / wo du (mit der
Herde) lagerst zur Mittagszeit.
Warum soll ich eine sein, die herum-
irrt / bei den Herden deiner Genossen?

→13 *Öle* In Hl ein Bild für die Reize, die das Herz verlocken und berauschen.
→13 *die Mädchen* Sie scheinen die Völker darzustellen, vgl. Js 2312; 3722; 471; Jr 1417 usw. Der Vorrang Israels (der Braut) hindert nicht, daß auch sie aufgrund der Verlockung durch den Geliebten gewonnen wurden – eine universalistische Aussage, vgl. Js 4514+.
→14 *Der König* Jahwe ist Israels König, 1 Sm 1212; Js 61.5; Jr 232; Ez 3411–16. Dieser Titel wird ihm in nachexilischer Zeit oft gegeben, vgl. Dt 335; Js 2423; 3322; 4121; 4315; 446; Jr 5157; Ob 21; Sach 149; Mal 114, ferner – in einer eschatologischen Sicht – Ps 247; 479; 483; 6825 usw. Hl stellt sich in diese Überlieferung.
→14 *in seine Gemächer* Hier wie in 34; 82 der Tempel von Jerusalem, der seit dem Exil Gegenstand der Sehnsucht Israels war: Ez 431–9 (vgl. 8); Js 403.9.10; 528.12; Sach 116–17; 210–13; 83; Ps 132.
→14 *Jauchzen wollen wir und deiner uns freuen* Dieses Motiv erklingt stets an Stellen, die das Heil ankünden, wie Js 92; 6610; Joel 221.23; Sach 107; Ps 147; 169; 212.
→15 *dunkel* (Wörtlich: schwarz) Sinnbild für eine schwere Prüfung, vgl. v. 6; Ib 3030; Klgl 48.
→15 *Töchter Jerusalems* Sie sind durch eine literarische Fiktion von den „Töchtern Zions" unterschieden, vgl. 311; Hos 24; 913, und spielen die Rolle des Chores der griechischen Tragödie, den der Hauptdarsteller auffordert, seine Empfindungen auszudrücken.
→15 *Salmas* Korr.; M: „Salomos".
→16 *Meiner Mutter Söhne* D. h. die Chaldäer, die Jerusalem zerstörten. Sie sind Israels „Brüder", vgl. Gn 1128.31; 157; 2220–23, ferner Dt 265.
→16 *sie machten mich zur Weinbergshüterin* Die Knechtschaft des Exils.
→16 *Weinberg* Der Weinberg der Braut ist Palästina, vgl. Js 51+; Jr 1210f; Ps 80, das eine Zeitlang verlorengegangen war, Hos 25.14.17.
→17 *wo du lagerst zur Mittagszeit* Jahwe, der Hirte seines Volkes, Ez 341+, wird es aus dem Exil zurückführen, vgl. Ez 3413–15. Die Mittagsstunde versinnbildet die Fülle des Glücks, vgl. Js 5810; Ps 376; Ib 1117, hier des eschatologischen Glücks, vgl. Hl 217; Js 530; 820 – 91; Am 518.20.
→17 *die herumirrt* S, V; M: „wie eine verhüllte Frau".
→17 *bei den Herden* Die fremden Völker, Jr 63, deren Könige die „Gefährten" Jahwes sind, Ps 458. Das umherirrende Israel sucht seinen Gemahl, Jr 3122.

Der Chor:

8 Wenn du es selbst nicht weißt, du
Schönste der Frauen, / so ziehe nur
den Spuren der Schafe nach, / und
weide deine Zicklein / bei den Plätzen
der Hirten!

Der Bräutigam:

9 Meiner Stute an den pharaoni-
schen Wagen / vergleiche ich dich,
meine Freundin.
10 Schön sind deine Backen in den
Schmuckgehängen, / dein Hals mit der
Korallenkette!
11 Wir wollen Kettchen von Gold
für dich machen, / mit kleinen Kugeln
von Silber!

Zwiegespräch der Geliebten:

12 Solang der König weilt bei seiner
Tafelrunde, / verströmt meine Narde
ihren Duft.
13 Mir ist mein Geliebter ein
Myrrhenbeutel, wird zwischen meinen
Brüsten ruhen.
14 Mein Geliebter ist mir ein Zyper-
blütenstand / in den Weingärten von
Engedi.
15 Ja, du bist schön, meine Freun-
din, / ja, du bist schön! / Deine Augen
sind Tauben (gleich)!
16 Ja, du bist schön, mein Gelieb-
ter, / wirklich reizend!
Und unser Lager ist frisches Grün; /
17 das Gebälk unseres Hauses ist (von)
Zedern, / unsre Wände sind (von)
Zypressen.

2 1 Ich bin die Narzisse von Saron, /
die Lilie der Täler!
2 Wie die Lilie unter den Disteln, /
so meine Freundin unter den Mäd-
chen!
3 Wie unter den Waldesbäumen der
Apfelbaum, / so mein Geliebter unter
den Burschen.
In seinem Schatten, so heiß begehrt,
will ich sitzen, / und süß schmeckt
seine Frucht meinem Gaumen.
4 Er führt mich ins Haus des Wei-
nes; / sein Banner über mir ist die
Liebe.
5 Helft mir auf mit Trauben-
kuchen, / erfrischt mich mit Äpfeln, /
denn ich bin krank von Liebe!
6 Seine Linke (faßt) unter mein
Haupt, / seine Rechte umfängt mich.
7 Ich beschwöre euch, Jerusalems
Töchter, / bei den Gazellen oder den
Hindinnen der Flur:
Stört doch die Liebe nicht, und
weckt sie nicht auf, / bis es ihr (selbst)
gefällt!

ZWEITES LIED

Die Braut:

8 Horch! Mein Geliebter! / Sieh da,
er kommt,
Springend über die Berge, / hüpfend
über die Hügel!
9 Mein Geliebter gleicht der Ga-
zelle / oder dem Junghirsch.
Sieh da, nun steht er / hinter unserer
(Haus)wand.
Er schaut zum Fenster herein; / er
lugt durch das Gitter.
10 (Dann) grüßt mein Geliebter und
sagt zu mir:
Mach dich auf, meine Freundin; /
meine Schönste, so komm doch!
11 Denn sieh, der Winter ist vor-
über; / der Regen ist vorbei, ist fort.
12 Die Blumen erscheinen im

→1 8 *bei den Plätzen der Hirten* Auf dem Berge Zion, dem Wohnsitz der Könige Israels.
→1 9 Die babylonische Gefangenschaft erinnert an die Knechtschaft in Ägypten – ein klassischer Vergleich, Js 11 11.16; 43 16f; 48 21; 51 9–10; 52 4; Jr 23 7–8.
→1 12 – 2 7 *(Zwiegespräch der Geliebten)* Vorwegnahme der Freuden der Heimkehr.
→1 16 *unser Lager ist frisches Grün* Palästina, das bei der Erneuerung wunderbare Fruchtbarkeit erhält, vgl. Hos 2 23f; 14 6f; Js 29 17; 30 23f; Jr 31 12.14; Ez 34 26f; 36 29f; 47 1–12.
→1 17 Libanonzedern und -zypressen waren die erlesenen Bauhölzer des Tempels und des Salomonischen Palastes.
→2 1 Narzisse und „Lilie" (die rote Anemone Palästinas, vgl. Mt 6 28) sind Kennzeichen für den Frühling und für die Endzeit, vgl. Js 35 1; Hos 14 6.
→2 2 Israels Erwählung, Dt 7 6+.
→2 4 *Er führt mich ins Haus des Weines* Israel wird in das Weinhaus Jahwes – Palästina – zurückgebracht, vgl. Js 62 8; Jr 31 12, und hier am Wein seiner Liebe trunken werden, vgl. 1 2.4.14.
→2 4 *sein Banner über mir* Zeichen für das Sammeln der Gefangenen, vgl. Js 11 12; 49 22; 62 10.
→2 7 *bei den Gazellen oder den Hindinnen der Flur* Beschwörungsformel, die durch ein Wortspiel: *'ajjalot* „Hindinnen" und *zeba'ot* „Gazellen", an den Namen „Gott der Heerscharen" *('elohe zeba'ot)* erinnert.
→2 7 *weckt sie nicht auf* Der Schlaf bezeichnet die Prüfung des Exils, vgl. Js 51 17.21–22; 52 1–2. Die Erneuerung ist von der freien Umkehr der Braut abhängig, vgl. Hos 2 18; Jr 31 19.
→2 8 *über die Berge ... über die Hügel* Die Höhen von Juda, vgl. Js 40 3–5.9–11; 52 7; 62 10–12.
→2 11 *der Winter ist vorüber* Die Beschrei-

Lande; / die Zeit des (Reben)schnei-
dens ist gekommen; / und der Ruf
der Turteltaube erschallt in unserem
Lande.
13 Am Feigenbaum färbt sich die
Frühfrucht, / und die Reben knospen
und duften.
Mach dich auf, meine Freundin; /
meine Schönste, so komm doch!
14 Meine Taube im Höhlennest des
Gesteins, / im Versteck am Felsen-
steig!
Laß mich sehen deine Erscheinung, /
laß mich hören deine Stimme!
Denn deine Stimme klingt wohl, /
und deine Erscheinung ist schön!
15 Fangt uns die Füchse, / die jun-
gen Füchse.
Die verwüsten die Weinberge, /
auch unsere Weinberge, die doch in
Blüte stehn!
16 Mein Geliebter ist mein, und ich
bin sein; / er weidet (nun) in den Lilien.
17 Ehe der Tagwind weht / und die
Schatten weichen,
Kehre zurück! Gleiche du, / mein
Geliebter, einer Gazelle
Oder dem Junghirsch / auf den
Bergen des Bundes!
3 1 Bei Nacht auf meinem Lager
suchte ich, / den meine Seele liebt; /
ihn suchte ich, doch ich fand ihn nicht.
2 „So will ich denn aufstehn, die
Stadt zu durchstreifen; / will auf
Straßen und Plätzen / den suchen, den
meine Seele liebt!“
Ich suchte ihn, doch ich fand ihn
nicht!
3 Die Wächter trafen mich an / auf
ihrer Runde durch die Stadt. / „Habt
ihr, den meine Seele liebt, gesehen?“
4 Kaum war ich an ihnen vorüber, /
da fand ich, den meine Seele liebt.
Ich hielt ihn fest und will ihn nicht
lassen, / bis ich ihn gebracht ins Haus
meiner Mutter, / in die Kammer von
der, die mich getragen.

Der Bräutigam:

5 Ich beschwöre euch, Jerusalems
Töchter, / bei den Gazellen oder den
Hindinnen der Flur:
Stört doch die Liebe nicht, und weckt
sie nicht auf, / bis es ihr (selbst) gefällt!

DRITTES LIED

6 Wer ist, die da von der Wüste
heraufzieht, / Rauchsäulen gleich,
Umwölkt von Myrrhe und Weih-
rauch, / von allen Würzen des Händlers?

---

bung des Frühlings als eines Heilssymboles, Hos 146–8, vgl. 25.14, ist ein Vorspiel auf den Ruf zur Rückkehr.
→215 Rätselhafter Vers, der aufgrund von Hos 214.20 und Jr 127f zu deuten ist. Die jungen Füchse sind die bösen Nachbarn, die Samariter, Ammoniter, Araber und Philister, die der Erneuerung Judas feindselig gegenüberstanden, vgl. Esr 42; 92; 1018f; Neh 219; 334f; 41 usw.; Ps 6010–11. Vgl. ferner Js 272–4; Ps 807.13–14.
→216 *Mein Geliebter ist mein, und ich bin sein* Übertragung der prophetischen Formel: „Israel ist das Volk Jahwes und Jahwe der Gott Israels“; in ihr kommt die endgültige Wiederherstellung des Bundes nach der Herzensbekehrung zum Ausdruck, vgl. Hos 225; Jr 3133; Ez 3628.
→217 *die Schatten weichen* Wie die Bilder vom „Morgen“ und „Erwachen“, vgl. Ps 1715+, will dieses Bild die Stunde der endzeitlichen Befreiung bezeichnen; damit steht dieser Vers in Verbindung mit 17; 27; 35; 84.
→217 *Kehre zurück* Der Geliebte, den die Braut zu besitzen glaubte, v. 8–16, ist nicht mehr da, vgl. 31. „Sicherlich hat er sich nur zurückgezogen, um glühender zurückgegerufen, um inniger festgehalten zu werden ... Kehrt er ein, will er festgehalten sein, wendet er sich ab, will er zurückgerufen werden“ (Bernhard von Clairvaux).
→217 *auf den Bergen des Bundes* Wörtlich: auf den Bergen der entzweigehauenen Opfer. Der Ausdruck bezieht sich auf Gn 1510 und erinnert an die Begebenheit, in welcher Jahwe dem Abraham die Rückkehr der Unterdrückten verheißt, Gn 1516.
→31 *Bei Nacht* Die Nacht ist Sinnbild für das lange Harren im Leiden, vgl. Js 530; 822; 91; 2111; 269; 599; Ps 1306 usw.
→31 *ihn suchte ich* ... Jahwe suchen, ihn finden oder nicht finden: vertraute Wendungen bei den Propheten, vgl. Am 54+. Um sich finden zu lassen, fordert Jahwe die Bekehrung des Herzens, Hos 35; 56.15; Jr 2913.
→32 *die Stadt* Jerusalem, vgl. die Anspielungen auf den Tempel, 14.17; 34; 510–16, und die Erwähnung der „Töchter Jerusalems“.
→32 *Ich suchte ihn, doch ich fand ihn nicht* Ausdruck der Entmutigung der Heimkehrer, vgl. Js 599–11; 6315 – 6411.
→33 *Die Wächter* Vermutlich die fremde Macht, die über die Stadt herrscht.
→34 *ins Haus meiner Mutter* Der Tempel, der vom einstigen Israel, der Mutter des jetzigen Israel, gebaut wurde. Die „Kammer“ ist das Allerheiligste.
→36 *Rauchsäulen* Zeichen, vgl. Ex 1322+, der Gegenwart Jahwes, der in einem zweiten Auszug selbst die Verbannten zurückführen wird, vgl. Js 403+.

7 Seht, das ist seine, Salomos Sänfte,
Sechzig Helden um sie herum, / von
Israels Tapfersten;
8 Sie alle ausgerüstet mit Schwer-
tern, / geschult für den Kampf,
Jeder sein Schwert an der Seite /
wider nächtliches Schrecknis.
9 Einen Thron ließ der König sich
machen, / Salomo, aus Libanonholz.
10 Ihre Pfosten ließ er in Silber
machen, / ihre Lehne in Gold,
Den Sitz aus Purpurgewebe, / in
der Mitte ausgelegt mit Ebenholz.
11 Kommt heraus, Zions Töchter,
und schaut / den König Salomo mit der
Krone, / womit seine Mutter ihn krönte
Am Tag seiner Hochzeit, / am
Freudentag seines Herzens!

Der Bräutigam:

4 1 Ja, du bist schön, meine Freun-
din, / ja, du bist schön!
Deine Augen sind Tauben (gleich) /
hinter deinem Schleier!
Dein Haar gleicht einer Herde von
Ziegen, / die vom Gileadberge herab-
kommen,
2 Deine Zähne der Herde von frisch
geschorenen (Schafen), / die (eben) der
Schwemme entsteigen;
Die allesamt Zwillinge werfen, / und
keines hat ein Junges verloren.
3 Einem karmesinroten Bande sind
gleich deine Lippen, / und lieblich ist
dein Plaudermund.
Einer Granatapfelscheibe gleicht
deine Schläfe / hinter deinem Schleier,
4 Dein Hals dem Davidsturm / mit
Steinvorsprüngen versehen;
Tausend Schilde hängen an ihnen, /
alle Wehrgehenke der Helden.
5 Deine zwei Brüste sind wie zwei
Kitzen, / wie Zwillinge einer Gazelle, /
die weiden in den Lilien.
6 Bis (Kühle) weht der Tag / und
die Schatten ausgreifen,
Ergehe ich mich am Myrrhenberg /
und am Weihrauchhügel.
7 Alles ist schön an dir, meine
Freundin, / und kein Makel haftet
dir an!
8 Komme, o Braut, vom Libanon! /
komme vom Libanon, komme her!
Steige herab vom Gipfel des Anti-
libanon, / vom Gipfel des Senir und
Hermon,
Vom Aufenthaltsorte der Löwen, /
von den Bergen der Panther!
9 Du, meine Schwester Braut, hast
mein Herz berückt; / hast mein Herz
berückt
Mit einem einzigen (Blick) deiner
Augen, / einer einzigen Kette deiner
Halsketten!

→3 7 *Salomos Sänfte* „Salomo" (dessen Name und Geschichte die Erinnerung an Frieden wachrufen) ist hier der messianische König, der den von den Verbannten erhofften eschatologischen Frieden bringt, vgl. Js 11 6+: eine Hoffnung, die mit dem Kommen des Messias verbunden ist, vgl. Js 9 5–6; Ez 34 23–25; Sach 9 9–10; Ps 72 7–8.

→3 9 *Thron* Der nur einmal in der Bibel vorkommende hebräische Ausdruck scheint an den Thronsaal Salomos zu erinnern, 1 Kg 7 7, vgl. 10 18–20, oder (mit Korr.) an den Audienzsaal der Perserkönige. Dann würde „Salomo" an den Großkönig denken lassen.

→3 10 *mit Ebenholz* Korr.; M: „mit Holz der Liebe von den Töchtern Jerusalems".

→3 11 Szene der Thronbesteigung des Messias. Die Königsmutter ist das Volk, die Huldigung des Volkes bildet das notwendige Vorspiel zur Machtergreifung, vgl. 1 Sm 11 15; 1 Chr 11 10; 29 22 usw. Der Tag der messianischen Thronbesteigung ist gleichzeitig der Tag der mystischen Hochzeit des Königs Jahwe und des Volkes. Die treulose Gattin wird in Gnaden wieder aufgenommen; dieser neue und endgültige Bund aber wird als erste Vereinigung dargestellt, vgl. Js 61 10; 62 3–5.

→4 1 *Schleier* Die Braut war verschleiert, wenn man sie ihrem Bräutigam vorstellte, vgl. Gn 24 65; 29 23–25.

→4 6 Wahrscheinlich sind die Verse 6 und 7 zu vertauschen. – Der Myrrhenberg, der Weihrauchhügel sind Hinweise auf die Lage des Tempels. Das Wort Myrrhe (hebräisch: *mor*) scheint gewählt zu sein, um an Morija zu erinnern, vgl. 2 Chr 3 1; Weihrauch wurde nur bei den Opfern verwendet.

→4 7 Israel wird durch das Exil geläutert, vgl. Js 40 2.

→4 8 *Komme . . . komme vom Libanon* Üss; M: „Mit mir . . . mit mir vom Libanon". Im Gegensatz zu 2 8f ist es nun der Bräutigam, der von Jerusalem aus (v. 6) die Geliebte ruft.

→4 8 *Braut* Die Braut, die von ihrem Ehemann noch nicht heimgeholt wurde, ist dennoch bereits Gattin. Israel, die ungetreue und verworfene Gattin, Hos 2 4; Jr 3 1.8; Js 54 1.6–7, wird in jener Stunde, da Jahwe sie aufnimmt, wieder zur Braut, Hos 2 21–22; Js 49 18; 61 10; 62 5.

→4 8 *der Löwen . . . der Panther* Löwe und Panther sind Bezeichnungen für den traditionellen Feind aus dem Norden, der Israel gefangenhält, Jr 4 7; 5 6; 50 17; 51 38; Nah 2 12–14; Hab 1 8. Die Pforte von Hamat am Libanon war seit jeher der Weg der Feindeinfälle; die Zedern des Libanon sind das Sinnbild der überheblichen Macht, Js 10 33–34; Ez 31; Sach 11 1–2; Ps 29 5. Von den Höhen, von denen die Eroberer kamen, betrachten nun die Heimkehrer das Land ihrer Väter.

→4 9 *meine Schwester* Der Ausdruck ist dem Sprachgebrauch der ägyptischen Liebesdichtung entnommen.

10 Wie schön, meine Schwester Braut, sind deine Liebkosungen; / deine Liebkosungen um wieviel besser als Wein, / und der Duft deiner Öle geht über jeden Balsam!

11 Von deinen Lippen, o Braut, träuft Honigseim. / Milch und Honig birgt deine Zunge,

Und der Duft deiner Kleider / gleicht dem Dufte des Libanon!

12 Ein verschlossener Garten (bist du), meine Schwester Braut, / ein verschlossener Garten, ein versiegelter Quell.

13 Deine Triebe sind ein Garten von Granatbäumen / mit den köstlichsten Früchten:

14 Narde und Krokus, Kalmus und Zimt / mit allen Weihrauchhölzern,

Myrrhe und Aloe / samt all den besten Balsamen.

15 Der Gartenquell ist ein Born lebendigen Wassers, / das herabfließt vom Libanon.

Die Braut:

16 Nordwind, erhebe dich, und Südwind, eile herbei! / Durchwehe meinen Garten, daß seine Düfte strömen!

Mein Geliebter möge kommen in seinen Garten / und seine köstlichen Früchte genießen!

Der Bräutigam:

5 1 Meine Schwester Braut, ich komme in meinen Garten, / ich pflücke meine Myrrhe samt meinem Balsam,

Esse meine Wabe samt meinem Honig, / trinke meinen Wein samt meiner Milch.

Esset, ihr Freunde, / trinkt und berauscht euch, Geliebte!

VIERTES LIED

Die Braut:

2 Ich schlief, doch mein Herz war wach – / Horch, mein Geliebter pocht (und sagt): Tu mir auf, meine Schwester, meine Freundin, / meine Taube, meine Makellose!

Denn voll von Tau ist mein Haupt, / von Tropfen der Nacht meine Locken!

3 Ich habe mein Kleid (schon) ausgezogen, / was sollt' ich es wieder anlegen?

Mir (bereits) die Füße gewaschen, / was sollt' ich sie schmutzig machen?

4 Mein Geliebter streckte die Hand durch die Öffnung; da bebte mir seinetwegen das Innerste.

5 Ich erhob mich, meinem Geliebten zu öffnen;

Meine Hände tropften von Myrrhe, / meine Finger von Myrrhe, / die über die Griffe des Riegels rann.

6 Ich öffnete meinem Geliebten; / doch mein Geliebter war weg, war entschwunden.

Ich geriet außer mir wegen seiner Flucht.

Ich suchte ihn, doch ich fand ihn nicht; / ich rief nach ihm, doch er gab mir nicht Antwort.

7 Die Wächter trafen mich an / auf ihrer Runde durch die Stadt; sie schlugen mich, verwundeten mich.

Meinen Überwurf rissen mir weg / die Wächter der Mauern.

8 Ich beschwöre euch, Jerusalems Töchter, / wenn ihr meinen Geliebten trefft,

Was sollt ihr ihm melden? / Daß ich krank bin von Liebe!

Der Chor:

9 Was hat dein Geliebter einem

→411 *Milch und Honig* Kennzeichen für das Gelobte Land, Ex 38 usw.

→412B *Garten* Üss; M: „Born (?)". „Garten" ist das herkömmliche Bild des neuen Israel, Hos 146f; Ez 3635; Js 513; 6111.

→413 Zusatz in M am Versende: „Zyperblumen und Narden".

→51 *Geliebte* Die Israeliten, die zum Glück der neuen Zeit geladen sind.

→52 *(Die Braut)* Die folgende Beschreibung entspricht 31–4.

→52 *mein Herz war wach* So war in der Heimkehrergemeinde nur eine Elite wachsam, vgl. z. B. Js 56–59; 63–66.

→52 *Tau* Sinnbild für den göttlichen Segen, Ps 1333, vor allem den der eschatologischen Zeit, Hos 146.

→53 Leere Vorwände; die Sehnsucht der Geliebten straft sie Lügen.

→54 *Öffnung* Das Loch in der Tür, in das man von außen einen groben Holzschlüssel hineinsteckte, um die Verriegelung zu lösen. Der Geliebte scheint sich mit Gewalt Eingang verschaffen zu wollen.

→56 *wegen seiner Flucht* Korr.; M: „wegen seines Wortes".

→56 *Ich suchte ihn, doch ich fand ihn nicht* Wiederholung der bereits in 31.3 ausgesprochenen formelhaften prophetischen Wendung; sie ist hier mit einer anderen stereotypen Formel verbunden, in der die Weigerung, die Jahwe dem treulosen Israel entgegenstellt, zum Ausdruck kommt, vgl. Js 502; 6512; 664; Jr 727; Spr 128.

→59 *Was hat dein Geliebter einem anderen*

andern Geliebten voraus, / du Schönste
der Frauen?
Was hat dein Geliebter einem andern
Geliebten voraus, / daß du so uns beschwörst?

Die Braut:

10 Mein Geliebter ist weiß und rot, /
er ragt hervor aus Zehntausend!
11 Sein Haupt ist feines Gold; /
(wie) Dattelrispen sind seine Locken, /
schwarz wie ein Rabe.
12 Seine Augen sind wie Tauben /
am Wasser eines Beckens,
Die sich baden in Milch, / die sitzen
auf einem Meer.
13 Seine Backen sind wie Beete mit
Balsam, / (wie) Schreine voll Würzwerk.
Seine Lippen (gleichen) Lilien, / sie
träufeln flüssige Myrrhe.
14 Seine Hände sind Walzen aus
Gold / mit Tarschisch-Steinen besetzt.
Sein Leib ist eine Elfenbeinplatte, /
bedeckt mit Saphiren.
15 Seine Beine (gleichen) Marmorsäulen, / gegründet auf Sockel von
Feingold.
Wie der Libanon ist seine Gestalt, /
ohnegleichen wie Zedern.
16 Sein Mund ist (voll) Süße; / ganz
und gar ist er entzückend!
Das ist mein Geliebter, ja das
ist mein Freund, / ihr Töchter Jerusalems!

Der Chor:

6 1 Wohin ist dein Geliebter gegangen, / du Schönste der Frauen?
Wohin hat sich dein Geliebter
gewendet, / daß wir mit dir ihn
suchen?

Die Braut:

2 Mein Geliebter ging in seinen
Garten hinunter, / zu den Beeten mit
Balsam,
Um in den Gärten zu weiden / und
Lilien zu sammeln.
3 Ich gehöre meinem Geliebten, /
und mein Geliebter gehört mir, / der
weidet bei den Lilien.

FÜNFTES LIED

Der Bräutigam:

4 Du, meine Freundin, bist schön
wie Tirza, / lieblich wie Jerusalem!
5 Wende weg von mir deine Augen; /
denn sie greifen mich an!
Dein Haar gleicht einer Herde von
Ziegen, / die vom Gilead(gebirge)
herabkommen.
6 Deine Zähne sind gleich einer
Herde von Mutterschafen, / die (eben)
der Schwemme entsteigen,
Die allesamt Zwillinge werfen, / und
keines hat ein Junges verloren.
7 Einer Granatapfelscheibe gleicht
deine Schläfe / hinter deinem Schleier.
8 Königinnen sind es sechzig, / und
Nebenfrauen achtzig, / [und die Mädchen sind ohne Zahl:]

Geliebten voraus Die Unübertrefflichkeit des einzigen Gottes, vgl. Js 40 18.25; 46 5.
→5 10 Verschlüsselte Beschreibung des Geliebten wegen der Anspielung, so scheint es, auf den Tempel, seine Wohnstatt. Der Verfasser bezieht sich auf die Beschreibung des Salomonischen Tempels in 1 Kg 6–7, vgl. 2 Chr 3.
→5 11 *feines Gold* Hiermit war die Wandverkleidung des Allerheiligsten überzogen, 1 Kg 6 20–21; 2 Chr 3 8.
→5 11 *Dattelrispen* Das schmückende Schnitzwerk von 1 Kg 6 18.29.32.35 (Palmen).
→5 12 *eines Beckens* Der gleiche Ausdruck bezeichnet in 2 Sm 22 16 das Bett des Meeres. Hier ist das „eherne Meer" gemeint, 1 Kg 7 23–26; 2 Chr 4 2–5.
→5 13 *Seine Backen* Der Backenansatz, auf dem der Bart wächst; daher der folgende Vergleich, vgl. 1 Kg 6 29.
→5 15 *Zedern* Zedernholz wurde beim Tempelbau überreichlich verwendet, vgl. 1 Kg 6 9 usw. (1 Kg 6 18: „Alles war aus Zedernholz").
→6 2 *Garten* Palästina, mit der Braut gleichgesetzt, 4 12.
→6 3 Wiederholung von 2 16; die Umstellung der beiden ersten Fürwörter hebt hervor, daß das Herz der Braut sich wieder voll und ganz Jahwe zugewandt hat.
→6 4 Zusatz in M am Versende: „furchtbar wie Heerscharen". – Tirza (der Name bedeutet „Sie ist wohlgefällig" oder „Sie hat Gefallen gefunden") war die erste Hauptstadt des Nordreiches; sie wird hier absichtlich Samaria vorgezogen. Durch die Nennung der Hauptstädte des Nord- und des Südreiches läßt der Verfasser erkennen, daß die Geliebte das wiederhergestellte „Großisrael" personifiziert; so tritt hier eine überlieferte Sehnsucht zutage, Jr 3 18+.
→6 5 *sie greifen mich an* D. h., sie verwirren und bestricken mich.
→6 8 *Königinnen ... Nebenfrauen* Ebenbürtige Gemahlinnen und Sklavinnen als Nebenfrauen, wie im Harem Salomos. Diese Frauen bezeichnen hier die Heidenvölker, die in einer universalistischen Blickweise, vgl. 1 3+, mit Israel, dem einzigen Gegenstand der göttlichen Erwählung, verbunden werden, Dt 7 6+.

9 (Doch) einzig ist meine Taube,
meine Makellose; / die Einzige ist sie
ihrer Mutter, / untadelig ihrer Gebärerin.

Die Töchter sehen sie und preisen sie selig, / die Königinnen und Nebenfrauen, und rühmen sie.

10 Wer ist, die da herniederschaut
wie die Morgenröte, / schön wie der
Vollmond,

Klar wie die Sonne, / furchterregend wie Bannerscharen?

11 In den Nußgarten ging ich hinunter, / um zu sehen, wie es ausschlägt im Talgrund,

Um zu sehn, ob die Reben treiben, / die Granatbäume blühen.

12 Da – ich weiß nicht, wie – versetzte mich meine Seele / (zu) den Wagen meines edlen Volkes.

Der Chor:

7 1 Kehr wieder, kehr wieder, Schulammit! / kehr wieder, kehr wieder, daß wir dich anschauen!

Der Bräutigam:

Was wollt ihr schauen an Schulammit? / etwas wie den Reigentanz in Doppelreihen?

2 Wie schön sind deine Füße in den Sandalen, / du adlige Tochter!

Deiner Hüften Rundungen sind wie Geschmeide, / gefertigt von Künstlerhand.

3 Dein Nabel ist eine runde Schale; / nicht mangle der Würzwein!

Dein Leib (gleicht) einem Weizenhaufen, / eingefaßt mit Lilien.

4 Deine zwei Brüste sind wie zwei Kitzen, / wie Zwillinge einer Gazelle.

5 Dein Hals ist wie ein Elfenbeinturm.

Deine Augen (gleichen) den Teichen von Heschbon / am Tore von Bat-Rabbim.

Deine Nase ist wie der Libanonturm, / der gegen Damaskus Ausschau hält.

6 Deines Kopfes Scheitel gleicht dem Karmel, / und die Haare deines Hauptes dem Purpur –

Ein König ist an die Tränkrinnen gefesselt.

7 Wie schön bist du und wie reizvoll, / o Liebe, o Wonne!

8 Ja, dein Wuchs gleicht der Palme, / und deine Brüste Trauben.

9 Entschlossen will ich die Palme ersteigen, / will ihre Rispen ergreifen.

Deine Brüste sollen nun sein wie
Trauben des Weinstocks, / und dein
Atem wie Apfel(duft), / 10 und dein
Mund (sei mir) wie bester Wein.

Die Braut:

Er geht so glatt dem Liebsten ein, / und sanft fließt er über die Lippen derer, die schlafen.

11 Ich gehöre meinem Geliebten, / und nach mir steht sein Verlangen.

12 Komm, mein Geliebter, gehn wir aufs Land / und nächtigen in den Dörfern!

→612 Der schwierige Vers scheint sagen zu wollen, daß sich Jahwe wie aus einem plötzlichen Entschluß heraus an die Spitze seines Volkes setzt.

→71 *Schulammit* Der Eigenname bedeutet „die Befriedete", jene, die den Frieden gefunden oder wiedergefunden hat, der von dem zweiten Salomo geschenkt wurde, 37+.

→71 Das viermal wiederholte „Kehr wieder" läßt an die Rückkehr aus dem Exil denken, vgl. 17–11; 27.13; 36; 48; 85. Es ist das Kernwort des Umkehrmotivs bei den Propheten Hos und Jr: Die Verbannten werden „wiederkehren" in ihr Land, Jr 312; 1215 usw., vgl. Js 3510; 495–6; 5111; vor allem ist notwendig, daß ihr Herz zu Gott „umkehrt", Hos 35; 515; Jr 314 usw. Das Wortspiel von Jr 3118 (vgl. 1519) ist klassisch.

→71Bf Beschreibung der Braut entsprechend dem Beschreibungslied des Bräutigams, 510–16. Es werden hier an einige geographische Besonderheiten Palästinas erinnert.

→73 *Nabel* Jerusalem, „mitten unter den Völkern", Ez 55, vgl. 3812. Die umgebenden Täler beschreiben einen Halbkreis.

→74 *Zwillinge einer Gazelle* Die Berge Ebal und Gerisim, „Zwillingsberge".

→75 *Libanonturm* Vielleicht der große Hermon, der auf Damaskus blickt.

→76 *Ein König* ... Verhüllte Bezeichnung für den König von Tyrus, den Verbündeten Davids und Salomos, 2 Sm 511; 1 Kg 515f; 910f; 1011f.

→77 *o Wonne* (Wörtlich: Tochter der Wonnen) S, Aquila; M: „in den Wonnen".

→78 *Palme* Die „Palme" (hebräisch: *tamar*) ist Name mehrerer Frauen in der Bibel, Gn 386; 2 Sm 131; 1427.

→79 *die Palme ersteigen* ... Vergeltung an den Rivalen Jahwes, vgl. Hos 24; Ez 233.21.

→710 *die schlafen* Vielleicht die eingeschlafene Schulammit, vgl. 27; 35; 84.5. Ihr Schlaf hindert nicht, daß der Wein der Liebe zu ihr wie zu ihrem Geliebten dringt.

→711 Gn 316 stellte die Anziehungskraft, durch welche die Frau zum Manne hingezogen wird, der nach freiem Ermessen ausgeübten Autorität des Mannes gegenüber. Die Haltung Jahwes seiner mystischen Gemahlin gegenüber ist eine andere: An die Stelle der Herrschaft tritt die Zuneigung der Liebe.

→712 Wie in 210f Aufforderung, den Frühling zu genießen; hier aber geht der Ruf von der Braut aus.

13 Früh zu den Weinbergen laß uns ausgehen / und sehen, ob die Reben (schon) treiben,

(Ob) die Blütenknospen aufbrechen, / die Granatbäume blühen.

Dort will ich dir schenken meine Liebkosungen.

14 Es duften die Liebesäpfel; / und über unsern Türen liegen allerart köstliche Früchte,

Neue und auch alte, / die habe ich aufgespart für dich, mein Geliebter!

8 1 Ach, wärst du mir wie ein Bruder, / an der Brust meiner Mutter genährt!

Träfe ich dich auf der Straße, ich küßte dich, / ohne daß mir es jemand verübelte.

2 Ich würde dich führen, dich bringen / ins Haus meiner Mutter; du würdest mich lehren.

Ich würde dich mit Gewürzwein tränken, / mit meinem Granatapfelmost.

3 Seine Linke (faßt) unter mein Haupt, / und seine Rechte umfängt mich.

Der Bräutigam:

4 Ich beschwöre euch, Jerusalems Töchter, / was wollt ihr stören, was wollt ihr wecken die Liebe, / ehe ihr (selbst) es gefällt?

DER AUSKLANG

Der Chor:

5 Wer ist, die da von der Wüste heraufzieht, / geschmiegt an ihren Geliebten?

Der Bräutigam:

Unter dem Apfelbaum weckte ich dich, / dort, wo mit dir in Wehen kam deine Mutter; / dort lag in Wehen, die dich gebar.

6 Tue mich wie ein Siegel auf dein Herz, / wie ein Siegel an deinen Arm!

Ja, stark wie der Tod ist die Liebe, / hart wie die Unterwelt die Leidenschaft.

Ihre Brände sind Feuerbrände, / sind Flammen Jahwes.

7 (Selbst) gewaltige Wasser vermöchten nicht, die Liebe zu löschen; / auch Ströme schwemmen sie nicht fort.

ANHÄNGE

Spruch eines Weisheitslehrers

Böte ein Mann seines Hauses ganzen Besitz für die Liebe, man würde ihm nur Geringschätzung zeigen!

→712–13 Die Nacht und der Morgen sind die Prüfung, auf die die eschatologische Thronbesteigung folgt, vgl. 17; 217; 31; 52.

→713 *Dort will ich dir schenken meine Liebkosungen* Vollendung des neuen und endgültigen Bundes zwischen Jahwe und Israel.

→714 *Liebesäpfel* Die Frucht der Mandragore, der die Eigenschaft zugeschrieben wurde, Liebe zu wecken und Fruchtbarkeit zu schenken, vgl. Gn 3014–16.

→714 *Neue und auch alte* Die alten und neuen Früchte, Lv 2610, erinnern, vgl. Hos 217–18; Jr 22; Js 546–8, an die Zeit der ersten Treue in der Wüste und an die Zeit der wiedererlangten Treue.

→81 *Ach, wärst du mir wie ein Bruder* . . . Der Bräutigam der Schulammit – Jahwe – bleibt unzugänglich. Möchte er doch nahekommen wie ein Bruder, möchte er doch der *Immanuel* „Gott mit uns" sein, Js 714; 88.

→81 *ohne daß mir es jemand verübelte* Der Verfasser bezieht sich auf die Beschreibung von Spr 713, aber vor allem auf die klassische Formel: „Wo ist dein Gott?", Joel 217; Mich 710; Ps 424.11; 799–10; 1152.

→82 *ins Haus meiner Mutter* In den Tempel, 34+, wo der Messiaskönig, der Davidssproß, thronen soll, Js 1110; Mich 48; Sach 69–15; 99–10; Ps 26; 1102.

→82 *du würdest mich lehren* In der Endzeit wird Gott selbst sein Volk lehren, Js 4817; 5413; 551f; Jr 3133–34, vgl. Spr 91–6.

→85 *Wer ist* . . . Es ist die Braut, die naht. Sie schmiegt sich an ihren Geliebten, der in der Wüste ihr zu Herzen sprach, Hos 216–25, und nun wieder Palästina in Besitz nimmt.

→85 *weckte ich dich* Bisher konnte sie ihren Schlaf nicht verlassen, 27; 35; 52; 84. Nun wird sie endlich – auf dem Boden des Heiligen Landes selbst – von Jahwe wieder geweckt.

→85 *deine Mutter* Die „Hethiterin" von Ez 163.44.45, eine Bezeichnung für die alten Bevölkerungsgruppen Kanaans, mit denen sich die Israeliten seit der Landnahme vermischten. Dieser von Anbeginn zugezogene Makel war der Ursprung der späteren Treulosigkeiten.

→86 *ein Siegel* Das Siegel, welches den Willen seines Besitzers bezeugt, bezeichnet demnach hier die Willensäußerungen Jahwes, d. h. das Gesetz.

→86 *die Leidenschaft* Jahwe ist ein leidenschaftlicher, ein „eifersüchtiger" Gott, Ex 3414; Dt 424 usw.

→86 *die Unterwelt* Die Scheol, Nm 1633+, ist hier personifiziert und mit dem Tod gleichgesetzt, vgl. Spr 2720; 3016.

Zwei Spottliedchen

8 Wir haben eine Schwester, (noch)
klein, und sie hat (noch) keine Brüste.
Was sollen wir machen mit unserer
Schwester am Tag, da man um sie
freit? 9 Ist sie eine Mauer, so bauen
wir auf eine silberne Zinne; und ist
sie eine Tür, so stellen wir gegen sie
Zedernplanken auf.

10 Ich bin eine Mauer, und wie
Türme sind meine Brüste; so ward ich
in seinen Augen zu einer, die Gnade
findet.

11 Salomo besaß einen Weinberg in
Baal-Hamon; er übergab den Wein-
berg an Hüter; tausend Silberschekel
sollte aufbringen ein Mann für seinen
Ertrag. 12 Der Weinberg, nun mein,
ist vor mich gestellt; die tausend sind
dein, Salomo, und zweihundert den
Hütern seines Ertrages!

Letzte Anfügungen

13 Die du in den Gärten weilest, auf
deine Äußerung sind meine Gefährten
gespannt, laß mich sie vernehmen!

14 Mein Geliebter, enteile! / und tue
es gleich der Gazelle,
Oder dem Junghirsch / auf den
Balsambergen!

→88–12 Scharfe Kritik im Namen der überlieferten Prinzipien der Theokratie an der allzu menschlichen Weisheit eines jüdischen Herrschers, vielleicht Johannes Hyrkanus (135–105 v. Chr.).
→88 *eine Schwester, noch klein* ... Das schwache und schlecht befestigte Jerusalem.
→88 *Was sollen wir machen* ... Die Brüder des jungen Mädchens sind hier die Sadduzäer. Sie denken an einen festen und aufwendigen Schutz (v. 9). Die personifizierte Stadt antwortet stolz, daß sie dessen nicht bedarf: Sie steht im Ansehen Gottes; was hat sie da zu fürchten?
→89 *stellen wir ... auf* Korr.; M: „belagern".
→811 *Salomo* Der geschichtliche König Salomo.
→811 *Baal-Hamon* Wörtlich: die Volkreiche. Verhüllte Bezeichnung für Palästina, vgl. 1 Kg 420.
→811 *Hüter* Die Steuerbeamten, vgl. 1 Kg 47–19; 57–8.
→812 *vor mich gestellt* Er steht in meiner alleinigen Obhut, er bedarf keiner weiteren Hilfe.
→812 *sind dein, Salomo* Johannes Hyrkanus, wegen seiner ehrgeizigen Politik mit Salomo verglichen, kann seinen widerrechtlich erlangten Lohn ruhig behalten!
→812 *den Hütern seines Ertrages* Die sadduzäischen Beamten.
→813 *Die du in den Gärten weilest* Es handelt sich um die Weisheit, die mit der Braut des Hohenliedes gleichgesetzt wird, vgl. Weish 82.
→813 *meine Gefährten* Korr.; M: „die Gefährten". Es handelt sich um die Gruppe der Gottesfürchtigen, vgl. Ps 11963.
→814 Die Antwort der Weisheit; ein anderer Verfasser hat den Vers unter Verwendung von Worten der Braut, 217, formuliert.

Das Buch der Weisheit

I. DIE WEISHEIT UND DAS SCHICKSAL DES MENSCHEN

Gott suchen und die Sünde fliehen

1 1 Liebet Gerechtigkeit, die ihr die Erde richtet! Denket über den Herrn in rechter Gesinnung, und in Einfalt des Herzens suchet ihn!

2 Denn er läßt sich von denen finden, die ihn nicht versuchen, und er offenbart sich denen, die ihm nicht mißtrauen.

3 Doch verkehrte Gedanken trennen von Gott, und die auf die Probe gestellte Allmacht stößt die Toren von sich.

4 In eine Böses sinnende Seele kehrt ja die Weisheit nicht ein und nimmt nicht Wohnung in einem Leibe, der ein Sklave der Sünde ist.

5 Flieht doch der heilige Geist der Zucht die Falschheit und zieht weg von törichten Gedanken und wird verscheucht, sobald Ungerechtigkeit naht.

6 Wohl ist die Weisheit ein menschenfreundlicher Geist. Sie kann aber den Lästerer ob seiner Lippen nicht ungestraft lassen. Ist Gott doch Zeuge seiner Nieren, wirklicher Beobachter seines Herzens und Hörer seiner Worte.

7 Der Geist des Herrn erfüllt ja den Erdkreis, und der das All umfaßt, weiß alles, was geredet wird.

8 Darum bleibt keiner verborgen, der Unrechtes redet, und die strafende Gerechtigkeit geht an ihm nicht vorüber.

9 Denn die Pläne des Gottlosen werden untersucht; die Kunde von seinen Reden kommt vor den Herrn zur Bestrafung seiner Vergehen,

10 weil das Ohr des Eifers alles vernimmt und auch das leiseste Gemurmel nicht verborgen bleibt.

11 Hütet euch also vor nutzlosem Murren, bewahrt eure Zunge vor Lästerung; denn heimliches Gerede bleibt nicht ungestraft, ein Mund, der lügt, tötet die Seele.

→1 1 *Gerechtigkeit* Hierunter ist die volle Übereinstimmung des Denkens und Tuns mit dem göttlichen Willen zu verstehen, wie er in den Vorschriften des Gesetzes und in den Befehlen des Gewissens zum Ausdruck kommt.

→1 1 *richtet* Das Regieren besteht wesentlich im „Richten". Der Verfasser, der sich in literarischer Fiktion als Salomo ausgibt, 9 7–8.12, wendet sich scheinbar an seine Kollegen im Königsamt. In Wirklichkeit will er die Juden aufrütteln, die durch ihre heidnische Umgebung bedroht sind.

→1 1 *suchet ihn* Die ständige Mahnung der prophetischen und weisheitlichen Literatur, vgl. Am 5 4+.

→1 4 *ein Sklave der Sünde* Der Leib ist nicht an sich schlecht; aber er kann zum Werkzeug der Sünde und damit zum Tyrannen der Seele werden. Paulus, Röm 7 14–24, und Johannes, 8 34, sprechen diesen Gedanken in endgültiger Weise aus.

→1 5 *Geist der Zucht* Andere Lesart: „Geist der Weisheit". Es handelt sich um die göttliche Kraft, die das Leben des Menschen lenkt. Der Text paßt aber ausgezeichnet auf den Heiligen Geist, den Erzieher der Seelen schlechthin.

→1 5 *wird verscheucht* Schwieriger Text; wörtlich: „wird überführt, wird beschämt".

→1 6 *Wohl ist die Weisheit ein menschenfreundlicher Geist* Andere Lesart: „Wohl ist der Geist der Weisheit menschenfreundlich".

→1 6 *seiner Nieren . . . seines Herzens* Die „Nieren" sind der Sitz der Leidenschaften und der unbewußten Antriebe, Spr 23 16; Ps 16 7; 73 21; Ib 19 27; das „Herz" ist der Sitz der bewußten Tätigkeit, sowohl des Verstandes wie des Gemüts. „Herz" und „Nieren" werden oft verbunden, Ps 7 10; 26 2; Jr 11 20; 17 10; 20 12; Apk 2 23, um die inneren Kräfte des Menschen insgesamt zu bezeichnen.

→1 7 *der das All umfaßt* Die Wendung, die aus dem Sprachgebrauch der stoischen Philosophie stammt, hebt nachdrücklich die Rolle des Gottesgeistes beim Zusammenhalt des Weltalls hervor (vgl. die kosmische Aufgabe, die Christus zugeschrieben wird, Kol 1 17; Hebr 1 3). Hier taucht ein neues Element auf; das AT, das Gott als den alleinigen Schöpfer anerkannte, Gn 1+; Js 42 8+, hatte sein Wirken auf die Welt nur unter dem Gesichtspunkt der Allwissenheit und mächtigen Allgegenwart gesehen, Am 4 13; 9 2–3; Jr 23 24; 1 Kg 8 27; Ib 34 21–23; Ps 139 7–12; Sir 42 18–20.

→1 7 *weiß alles, was geredet wird* Wörtlich: er hat Erkenntnis des Lautes, der Stimme. Die Liturgie von Pfingsten wendet diesen Text auf die „Sprachengabe" an, Apg 2 2–4.

→1 11 *vor Lästerung* Gegen Gott und seine Vorsehung.

12 Trachtet nicht nach dem Tod
durch den Irrweg eures Lebens und
zieht nicht das Verderben herbei durch
die Werke eurer Hände!
13 Denn Gott hat den Tod nicht
gemacht und hat keine Freude an dem
Untergang der Lebenden.
14 Hat er doch alles zum Sein er-
schaffen, und heilbringend sind die
Geschöpfe der Welt. Es ist kein ver-
derbliches Gift in ihnen, noch gibt es
auf Erden eine Herrschaft des Hades.
15 Denn die Gerechtigkeit ist un-
sterblich.

Das Leben in der Sicht der Gottlosen

16 Die Gottlosen aber rufen ihn mit
Gebärden und Worten herbei und ver-
zehren sich in Sehnsucht nach ihm, als
wäre er ihr Freund, und schließen
einen Bund mit ihm, weil sie verdienen,
sein Anteil zu werden.
2 1 Ob ihrer verkehrten Sinnesart
sprechen sie zueinander: „Kurz
und trübselig ist unser Leben; es gibt
weder ein Heilmittel beim Ende des
Menschen, noch ist der Retter aus dem
Hades bekannt.
2 Wir sind ja durch Zufall entstan-
den, und später werden wir sein, als
wären wir nie gewesen. Ist doch nur
Dunst der Hauch in unserer Nase und
das Denken nur ein Funke beim Schlag
unseres Herzens.
3 Erlischt er, so wird der Leib zur
Asche, und der Geist verflüchtigt sich
wie dünne Luft.
4 Selbst unser Name wird mit der
Zeit vergessen, und niemand gedenkt
mehr unserer Werke. Unser Leben
geht vorüber wie die Spur einer Wolke
und löst sich auf wie ein Nebel, der von
den Strahlen der Sonne verscheucht
und von ihrer Wärme zu Boden ge-
drückt wird.
5 Denn das Vorüberhuschen eines
Schattens ist unsere Lebenszeit, und
unser Ende wiederholt sich nicht, weil
es besiegelt ist und keiner wiederkehrt.
6 Wohlan denn! Laßt uns die
augenblicklichen Güter genießen und
eifrig die Welt ausnützen wie in der
Jugendzeit.
7 Kostbare Weine und Salben wol-
len wir in Fülle gebrauchen, und keine
Frühlingsblume soll uns entgehen.
8 Laßt uns mit knospenden Rosen
bekränzen, ehe sie verwelken!

→113 *Gott hat den Tod nicht gemacht* Der Verfasser denkt gleichzeitig an den leiblichen und den geistigen Tod, die miteinander verbunden sind; die Sünde ist ja die Ursache des Todes, und für den sündigen Menschen ist der leibliche Tod zugleich der geistige und ewige Tod. Daher geht das Denken des Verfassers unmerklich von der einen auf die andere Ebene über. – Seine Vorstellungen über die Ursprünge sind im Grunde optimistisch. Das von Gott geschaffene Weltall bestand in Harmonie, vgl. Gn 1, und kannte weder den Tod noch Geschöpfe, die Böses tun – ein Reich des Friedens, dessen Wiederherstellung in der messianischen Zukunft Jesaja schaut, Js 116+. Gott ist also nicht die Ursache des Bösen und des Todes, die auch nicht aus einem unabhängigen bösen Prinzip herrühren, sondern der Mensch ist es, der durch seine Sünde die Ordnung der Welt zerrüttet und die höchste Unordnung, den Tod, eingeführt hat, welcher gleichsam der Gegenpol des Schöpfungsaktes ist, vgl. Gn 3. Es gibt aber einen eigentlichen und endgültigen Tod nur für den Frevler, d. h. für den, in dem die Sünde, der er sich verschreibt, ihr Todeswerk fortsetzt. Der Gerechte, der mit Gott, dem „Freund des Lebens“, 1126, verbunden bleibt, erleidet nur einen scheinbaren Tod; seine Bestimmung ist die Unsterblichkeit. – Paulus, Röm 512–21+, vgl. 1 Kor 1535–57, wird diese Lehre aufgreifen, aber dabei dem ersten Adam, dem Sünder, den neuen Adam, den Erlöser, gegenüberstellen. Johannes kündet für den Gerichtstag das Aufhören des Todes an; die Helfershelfer der Sünde werden dem „zweiten Tod“ übergeben werden, Apk 2014–15; 214.8.

→114 *alles zum Sein erschaffen* Gott, „der da ist“, Ex 314+, hat alle Dinge geschaffen, auf daß sie „da seien“.

→114 *Hades* Der „Hades“ – die *scheol* der Hebräer, Nm 1633+ – stellt hier nicht das Totenreich dar, sondern die Macht des personifizierten Todes, vgl. Apk 68; 2014.

→115 Dem, der „Gerechtigkeit“, vgl. 11+, übt, ist die Unsterblichkeit sicher. Zusatz in L: „die Ungerechtigkeit aber ist der Erwerb des Todes“.

→116 *Gottlosen* Gemeint sind hier vor allem die abgefallenen und dem Genußleben ergebenen Juden, die ihre Brüder verfolgen und Gott herausfordern, aber auch die Heiden sind nicht ausgeschlossen.

→116 *sein Anteil zu werden* D. h. ihm anzugehören. Die Gottlosen sind das Erbteil des Todes, wie Israel das Erbteil Gottes ist, Dt 329; Sach 216; 2 Makk 126, wie Gott das Erbteil des Gläubigen ist, Ps 165; 7326; 1426.

→21 *Kurz und trübselig ist unser Leben* Pessimistische Auffassung; der Verfasser vertritt das Gegenteil, 113–15.

→21 *der Retter aus dem Hades* Oder vielleicht: „der, der aus dem Hades zurückgekehrt ist“. In diesem Falle wäre Hades (die Scheol) wie in Apk 118 Bezeichnung für das Totenreich, Nm 1633+, aus dem man nicht zurückkehren kann, Ib 79+, und nicht mehr die Macht des personifizierten Todes wie oben, 114, und Apk 68.

→22 Anspielung auf die antiken Theorien über den Ursprung des Denkens.

→28 Zusatz in V am Versende: „keine Wiese sei ausgenommen von unserem ausgelassenen Treiben“.

9 Keiner von uns entziehe sich unserem ausgelassenen Treiben. Überall wollen wir Zeichen unserer Lust hinterlassen; denn das ist unser Anteil und das unser Los.

10 Wir wollen den armen Gerechten vergewaltigen, der Witwe nicht schonen, noch scheuen das graue Haar des hochbetagten Greises.

11 Uns sei die Macht Norm der Gerechtigkeit; denn das Schwache erweist sich als wertlos.

12 Laßt uns dem Gerechten nachstellen, denn er ist uns unbequem. Er tritt unserem Treiben entgegen; er klagt uns der Gesetzesübertretung an und macht uns zum Vorwurf, daß wir uns gegen die Zucht verfehlen.

13 Er rühmt sich, die Erkenntnis Gottes zu besitzen, und nennt sich ein Kind des Herrn.

14 Er ist für uns eine Anklage unserer Gesinnung; schon sein Anblick ist uns lästig.

15 Denn sein Lebenswandel weicht von dem des andern ab, und ungewöhnlich sind seine Wege.

16 Wir gelten ihm als falsche Münze, und er meidet wie Unrat unsere Wege. Das Endlos der Gerechten aber preist er glücklich und nennt prahlend Gott seinen Vater.

17 Laßt uns einmal sehen, ob seine Reden wahr sind; machen wir die Probe, wie es mit ihm endet.

18 Denn ist der Gerechte Gottes Sohn, so wird er sich seiner annehmen und ihn aus der Hand der Widersacher befreien.

19 Durch Höhnen und Mißhandlung wollen wir ihn prüfen, damit wir seine Sanftmut kennenlernen und seine Geduld erproben.

20 Zu schimpflichem Tod wollen wir ihn verurteilen; denn nach seinen Worten wird ihm Gottes Schutz zuteil."

Der Gottlosen Irrtum

21 So denken sie, aber sie täuschen sich; denn ihre Bosheit hat sie blind gemacht.

22 Sie erkennen nicht die geheimnisvollen Absichten Gottes. Darum hoffen sie weder auf einen Lohn der Tugend, noch wissen sie den Ehrenpreis makelloser Seelen zu schätzen.

23 Gott hat ja den Menschen zur Unverweslichkeit erschaffen und ihn zum Abbild seines eigenen Wesens gemacht.

24 Durch den Neid des Teufels aber ist der Tod in die Welt gekommen, und die ihm angehören, werden ihn erfahren.

Vergleich zwischen dem Los der Gerechten und dem Los der Gottlosen

3 1 Die Seelen der Gerechten aber sind in Gottes Hand, und keine Qual kann sie berühren.

2 In den Augen der Toren schienen sie tot zu sein; ihr Ende wurde als Unglück angesehen

3 und ihr Weggehen von uns als Vernichtung. Sie aber sind im Frieden.

4 Denn wenn sie auch nach der Ansicht der Menschen geplagt wurden, so war doch ihre Hoffnung voll der Unsterblichkeit.

→210 *Wir wollen den armen Gerechten vergewaltigen* Sarkastisch. Der „Gerechte" (der treu gebliebene Jude) ist „arm" trotz der Verheißungen der Schrift, Ps 3725; 1123; Tob 421; Spr 39–10; 1221 usw.
→210 Selbst jene – die Witwe und der Greis – werden nicht verschont, welche die Schrift zu ehren und zu schützen vorschrieb.
→212 *Laßt ... unbequem* Literarischer Einfluß von Js 310 (G).
→213 *Er rühmt sich, die Erkenntnis Gottes zu besitzen* Der Stolz des gläubigen Juden, vgl. Röm 217–20.
→215 Widerhall der antiken Meinung über das jüdische Volk, das von den übrigen Menschen durch seine Glaubensüberzeugungen und seine Gewohnheiten abgesondert war.
→216 *Das Endlos der Gerechten aber preist er glücklich* Vielleicht Anspielung auf die Geschichte Ijobs, 4212–15, vgl. Jak 511. Zum Thema der zeitlichen Wiedervergeltung der Gerechten vgl. Einleitung, S. 822.
→217 V: „Machen wir die Probe, was mit ihm geschieht, und wir werden wissen, wie es mit ihm endet".
→220 Dieser Abschnitt meint unmittelbar die gläubigen Juden von Alexandrien, die dem Spott und den Verfolgungen der Abgefallenen und deren heidnischen Genossen ausgesetzt waren; die christliche Überlieferung hat hierin die Passion Christi, des Gerechten schlechthin, angekündigt gesehen, der der Feindschaft der Sünder ausgesetzt war, Hebr 123, vgl. Mt 2743.
→223 *seines eigenen Wesens* Andere Lesart: „seiner Ewigkeit".
→224 *des Teufels* Griechisch: *diabolos*, in G Übersetzung für das hebräische *satan*, vgl. Ib 16+. Der Verfasser deutet hier Gn 3, vgl. Apk 129; 202; Jo 844; 1 Jo 38. Der Tod, den der Teufel in die Welt kommen ließ, ist der geistige Tod und als Folge davon der leibliche Tod, vgl. 113+; Röm 512f.
→224 *die ihm angehören* Dem Teufel.
→33 *im Frieden* Nicht nur wie in Js 572 und Ib 317–18 die Abwesenheit allen Übels, sondern der Genuß aller Güter in der innigen Verbundenheit mit Gott, v. 7–9.
→34 *Unsterblichkeit* Dieser Ausdruck, hier zum erstenmal im AT, verdeutlicht in

5 Nach nur geringer Züchtigung
empfangen sie große Wohltaten; denn
Gott hat sie geprüft und sie seiner
würdig befunden.
6 Wie Gold im Schmelzofen hat er
sie erprobt und wie ein vollkommenes
Brandopfer angenommen.
7 Zur Zeit ihrer Heimsuchung wer-
den sie aufleuchten und wie Funken
in den Stoppeln dahinfahren.
8 Sie werden Völker richten und
über Nationen herrschen; der Herr
wird auf ewig ihr König sein.
9 Die auf ihn vertrauten, werden
alsdann die Wahrheit erkennen, und
die treu gewesen sind, werden in der
Liebe bei ihm verweilen; denn Gnade
und Erbarmen wird seinen Auserwähl-
ten zuteil.
10 Die Gottlosen aber werden ge-
mäß ihrer Gesinnung Strafe erleiden,
sie, die den Gerechten verachteten und
von dem Herrn abgefallen sind.
11 Denn unselig ist, wer Weisheit
und Zucht verschmäht; eitel ist ihre
Hoffnung, vergeblich ihr Mühen, und
unnütz sind ihre Werke.
12 Ihre Frauen sind töricht, ihre
Kinder böse, und verflucht ist ihr
Geschlecht.

Kinderlosigkeit ist besser als gottlose Nachkommen

13 Selig ist die Unfruchtbare, die
sich nicht befleckte, die nicht ein Ehe-
bett in Sünde kannte. Ihre Fruchtbar-
keit wird sich zeigen bei der Heim-
suchung der Seelen.
14 Selig auch der Eunuch, der nichts
Gesetzwidriges mit seinen Händen
tat, der nichts Böses wider den Herrn
im Sinne hatte, wird ihm doch der
Treue auserlesener Lohn zuteil und
ein herzerquickendes Erbe im Tempel
des Herrn.
15 Denn herrlich ist die Frucht edlen
Strebens, und die Wurzel der Weisheit
stirbt nicht ab.
16 Die Kinder der Ehebrecher aber
gedeihen nicht, und die Frucht eines
sündhaften Verkehrs schwindet da-
hin.
17 Wenn sie auch lange leben, so
gelten sie dennoch für nichts, und ehr-
los wird schließlich ihr Alter sein.
18 Sterben sie aber früh dahin, dann
werden sie weder Hoffnung noch Trost
am Tage der Entscheidung haben.
19 Denn schlimm ist das Ende eines
gottlosen Geschlechtes.

4 1 Besser ist Kinderlosigkeit mit
Tugend; denn unsterblich ist ihr
Andenken, weil sie bei Gott und den
Menschen anerkannt wird.
2 Ist sie gegenwärtig, so ahmt man
ihr nach; ist sie fern, so sehnt man sich
nach ihr; und in Ewigkeit schreitet sie,
geschmückt mit dem Kranz, im Tri-
umph daher, weil sie im Wettstreit
unbefleckter Kämpfe gesiegt hat.
3 Die große Kinderschar der Gott-
losen aber bringt keinen Nutzen, und,
aus unechten Schößlingen entsprossen,
treibt sie keine Wurzel in die Tiefe,
noch wird sie festen Boden fassen.
4 Denn wenn sie auch eine Zeitlang
üppig in die Zweige schießt, so wird
sie doch, weil sie keinen Halt hat, vom

---

philosophischer Sprache die Hoffnungen des Psalmisten, der sich nicht damit abfand, durch den Tod die Gottesnähe zu verlieren, Ps 1610+. Die Auferstehung des Leibes, 2 Makk 79+, liegt außerhalb des hier Gemeinten.

→35 *Gott hat sie geprüft* Leiden ist der Prüfstein und das Läuterungsmittel des Gerechten, Ps 6610; 11975; Spr 311–12; Tob 1213; 2 Makk 612–17; 732–33; 1 Kor 1132; Hebr 1211.

→37 *ihrer Heimsuchung* Der Heimsuchung durch Gott, vgl. Ex 316+.

→37 *wie Funken in den Stoppeln dahinfahren* Sinnbild für den Triumph Israels über seine Feinde, die wie die Stoppeln durch das Feuer vernichtet werden, Js 131 (G); Jr 514; Sach 126; Mal 319.

→39 *die Wahrheit erkennen . . . in der Liebe bei ihm verweilen* Das Glück der Auserwählten besteht also zugleich in Erkenntnis und Liebe, vgl. Jo 159f; 173.26.

→39 *Auserwählten* Andere Lesart: „Heiligen". Am Versende Zusatz nach anderer Lesart: „und gnädige Heimsuchung seinen Frommen", vgl. 415.

→311 *wer Weisheit und Zucht verschmäht* Es handelt sich hier um die praktische Weisheit, um ein der Weisheit entsprechendes Leben, d. h. um die Tugend. Die Zucht, 15; 212; 617; 714, ist das Mittel, sie zu erwerben.

→313 *die Unfruchtbare* Unfruchtbarkeit galt als Schande oder Strafe, Fruchtbarkeit war das Zeichen göttlichen Segens. Der unfruchtbaren, aber gläubigen Frau wird hier eine geistliche Fruchtbarkeit zugesprochen.

→313 *bei der Heimsuchung der Seelen* Beim Gericht, 5.

→314 *der Eunuch* Er war aus der Gemeinde Israels ausgeschlossen, Dt 232.

→314 *im Tempel des Herrn* D. h. im Himmel.

→316 *Ehebrecher* Darunter sind entweder abtrünnige Juden zu verstehen oder Juden, die eine Heidin geheiratet haben, oder Ehebrecher im strengen Sinn des Wortes, gleichgültig ob Juden oder Heiden.

→42 *ahmt man ihr nach* Andere Lesart: „ehrt man sie".

→42 Das Bild von den Sportwettkämpfen und dem Kranz des Siegers kehrt im NT wieder, 1 Kor 924+.

Wind erschüttert und von der Gewalt der Stürme entwurzelt.

5 Ringsum werden die noch unentwickelten Äste geknickt, und ihre Frucht ist unbrauchbar, unreif zum Essen und zu nichts nütze.

6 Denn Kinder, die aus gesetzwidrigem Beischlaf entsprossen sind, sind Zeugen des Lasters gegen die Eltern bei ihrer Prüfung.

Der frühe Tod des Gerechten

7 Der Gerechte aber wird, auch wenn er vorzeitig stirbt, in Ruhe sein.

8 Denn ein ehrenvolles Greisenalter ist nicht das eines langen Lebens; es wird nicht nach der Zahl der Jahre gemessen.

9 Viel mehr gilt für die Menschen Einsicht als graues Haar und als Greisenalter ein unbeflecktes Leben.

10 Da er Gott wohlgefällig war, wurde er (von ihm) geliebt, und weil er mitten unter Sündern lebte, ward er entrückt.

11 Er wurde hinweggenommen, damit nicht die Bosheit seinen Sinn verkehrte, noch Arglist seine Seele verführte.

12 Denn der Zauber des Lasters verdunkelt das Gute, und der Taumel der Lust verwandelt ein argloses Gemüt.

13 Wer früh zur Vollendung reifte, hat lange Zeiten ausgefüllt.

14 Denn der Herr hatte an seiner Seele Wohlgefallen; darum eilte sie aus der Mitte der Gottlosigkeit hinweg.

Die Leute sehen es, aber sie verstehen es nicht und nehmen es nicht zu Herzen,

15 daß Gnade und Erbarmen seinen Auserwählten zuteil wird und gnädige Heimsuchung seinen Frommen.

16 Der entschlafene Gerechte verurteilt die lebenden Gottlosen und die früh vollendete Jugend das an Jahren reiche Alter des Sünders.

17 Denn sie sehen das Ende des Weisen, aber sie begreifen nicht, was der Herr über ihn beschlossen hat, und warum er ihn in Sicherheit brachte.

18 Sie sehen es und urteilen geringschätzig darüber; der Herr aber wird ihrer spotten.

19 Dann werden sie zu einem Leichnam, dessen man nicht achtet, und zum Gespött bei den Toten in Ewigkeit. Denn er wird sie lautlos kopfüber hinabstürzen und bis auf den Grund erschüttern; sie werden vollständig vernichtet und müssen Qual erdulden, und ihr Andenken wird verschwinden.

Gerechte und Gottlose beim Gericht

20 Zitternd erscheinen sie zur Abrechnung ihrer Sünden, und ihre Missetaten treten als Ankläger gegen sie auf.

5 1 Dann wird der Gerechte mit großer Zuversicht denen gegenübertreten, die ihn bedrängt und seine Mühsal geringgeschätzt hatten.

2 Wenn sie dies sehen, werden sie von schrecklicher Furcht erschüttert und geraten außer sich ob seiner unerwarteten Rettung.

3 Reuevoll sprechen sie zueinander und seufzen in ihrer Seelenangst:

4 „Der war es, den wir einst verlachten und den wir mit Spott überhäuften. Wir Toren! Wir hielten seine Lebensart für Wahnsinn und sein Ende für Ehrlosigkeit.

5 Wie kommt es, daß er den Söhnen Gottes beigezählt wurde und unter den Heiligen sein Anteil ist?

6 So sind wir also vom Weg der Wahrheit abgeirrt, und das Licht der Gerechtigkeit hat uns nicht geleuchtet, und die Sonne ist uns nicht aufgegangen.

7 Bis zur Entkräftung sind wir die Pfade der Sünde und des Verderbens gegangen und durchwanderten unweg-

---

→46 *bei ihrer Prüfung* Beim Letzten Gericht oder wenn sie hier auf Erden heimgesucht werden.

→47–19 *(Der frühe Tod des Gerechten)* Glück und langes Leben sollten das Los des Gerechten auf Erden sein, Dt 516; 3020; Ps 215; 236; 9116; Spr 32; Sir 112 usw. Auf das Problem, das sich durch den vorzeitigen Tod des Gerechten stellt, gibt der Verfasser hier die endgültige Antwort, vgl. Einleitung in die Weisheitsbücher, S. 822.

→414 *Die Leute* Andere Lesart: „Andere".

→419 Der Vers ist weitgehend von Js 144–21 beeinflußt; er beschreibt das Los der Gottlosen nach ihrem Tode, sei es in dieser Welt, sei es in der Ewigkeit.

→420 – 523 *(Gerechte und Gottlose beim Gericht)* Bei dieser Darstellung des allgemeinen Gerichtes liegt dem Verfasser weniger an der Verkündung des Urteilsspruches als an dem Zustand der Seele der Sünder (anders Mt 2531–46). Ihr Geständnis, Weish 54–13, steht im Gegensatz zu ihren Reden von früher, 21–20. Ihre Strafe wird in apokalyptischen Wendungen beschrieben, 517–23, während das Los der Gerechten, das bereits in 31–9 zur Sprache kam, nur kurz, 515f, erwähnt wird.

→55 „Söhne Gottes" und „Heilige" können die Engel bezeichnen, Ib 16+; 21, hier aber dürften eher die Auserwählten gemeint sein, vgl. Weish 213.16.18.

→56 *die Sonne* Die Sonne der Gerechtigkeit, vgl. Mal 320+; Js 599.

same Wüsteneien, den Pfad des Herrn
aber haben wir nicht erkannt.
8 Was hat uns der Übermut genützt
und was der Reichtum samt der Groß-
tuerei eingebracht?
9 Dies alles ging vorüber wie ein
Schatten, wie ein flüchtiges Gerücht,
10 wie ein Schiff, das die wogende
Flut durchschneidet, von dessen Fahrt
keine Spur zu entdecken ist und nicht
seines Kieles Pfad in den Wellen,
11 oder wie man von einem Vogel,
der durch die Luft fliegt, kein Wahr-
zeichen des Weges findet – vom Schlag
der Flügel gepeitscht und durch die
sausende Gewalt der leichtbewegten
Schwingen geteilt, wird die leichte
Luft durcheilt und hinterher keine
Spur des Durchflugs mehr gefunden,
12 oder wie bei einem Pfeil, der nach
dem Ziel abgeschossen wird, die durch-
schnittene Luft sofort wieder zu-
sammenfließt, so daß man seine Bahn
nicht mehr erkennen kann,
13 so sind auch wir, kaum geboren,
schon gestorben und hatten kein Zei-
chen der Tugend aufzuweisen, sondern
wurden in unserer Bosheit dahin-
gerafft."
14 Ja, die Hoffnung der Gottlosen
gleicht der Spreu, die vom Lufthauch
weggetragen, und dem dünnen
Schaum, der von dem Sturm gejagt
wird, dem Rauch, der vor dem Wind
zerstiebt, der Erinnerung an einen
Gast, der nur einen Tag verweilte.
15 Die Gerechten aber leben in
Ewigkeit, und ihr Lohn ist im Herrn
und die Sorge für sie bei dem Aller-
höchsten.
16 Deshalb werden sie das Reich
der Herrlichkeit empfangen, die Krone
der Schönheit aus der Hand des
Herrn, weil er sie mit der Rechten
schützen und mit dem Arm be-
schirmen wird.
17 Er nimmt als Rüstung seinen
Eifer und bewaffnet die Schöpfung
zur Rache an den Feinden.
18 Als Panzer zieht er Gerechtigkeit
an und setzt als Helm auf ein untrüg-
liches Gericht.
19 Die Heiligkeit nimmt er als un-
überwindlichen Schild,
20 schärft strengen Zorn zum
Schwert; mit ihm kämpft die Welt
gegen die Toren.
21 Wohlgezielte Pfeile der Blitze
fahren aus und fliegen von den Wolken
wie von wohlgerundeten Bogen zum
Ziel.
22 Und aus der Steinschleuder wer-
den grimmerfüllte Hagelkörner ge-
worfen, es branden gegen sie die
Wasser des Meeres, Ströme schlagen
ungestüm zusammen.
23 Der Hauch der Allmacht er-
hebt sich wider sie und verjagt sie
wie ein Orkan. So wird die Gott-
losigkeit die ganze Welt verwüsten
und die Sünde Herrscherthrone
stürzen.

II. URSPRUNG, WESEN UND WIRKEN DER WEISHEIT. DER WEG, SIE ZU ERLANGEN

Die Könige sollen die Weisheit suchen

6 1 So höret nun, ihr Könige, und
beherzigt es, lernet, die ihr die
Enden der Erde regiert!
2 Horchet auf, die ihr die Menge
beherrscht und stolz seid auf die Masse
der Völker!
3 Euch wurde vom Herrn die Macht

→513 *kaum geboren, schon gestorben* Der geistige Tod hat mit dem Leben begonnen.
→513 Zusatz in V am Versende: „Solches sagen in der Hölle jene, die gesündigt haben"; dieser Zusatz wird als v. 14 gezählt, dadurch ist bis Kapitelende die Verszählung in V gegenüber G um eins voraus.
→514 *Schaum* Andere Lesarten: „Reif", „Spinngewebe".
→515 *im Herrn* In den Händen des Herrn, oder: im Herrn, der ihr „Anteil" ist, Ps 165f; 7326, vgl. Weish 314.
→517–23 Das Los der Sünder ist, so scheint es, im Rahmen des großen apokalyptischen Kampfes am Ende der Zeiten beschrieben, Ez 38–39; Js 24–26; Apk 207–10, zu diesem Kampf gehört die Erschütterung des Kosmos, vgl. Am 89+.
→520 *Schwert* Zu diesem göttlichen „Schwert" vgl. Js 492; Ez 218–9; Hebr 412; Apk 116; 1915.
→521 *Blitze* Gewitter ist die traditionelle Darstellung des göttlichen Eingreifens, vgl. Ps 188–16; Ex 1916+.
→522 *Hagelkörner* Wie zur Zeit des Auszuges, Ex 923–25, und Josuas, Jos 1011, und wie bei den Gerichten Gottes, die von den Propheten angekündigt wurden, Js 2817; Ez 1313; 3822, vgl. Apk 87; 1119; 1621.
→522 *Wasser des Meeres* Wie beim Durchzug durch das Schilfmeer, Ex 1426–30, und bei der Gotteserscheinung von Ps 18.
→522 *Ströme* Wie der Kischon die gefallenen Krieger des Sisera mit sich riß, Ri 521. Entfesselte Wassergewalten sind Sinnbild für großes Unglück, Ps 185+.
→61 Zusatz in V am Versanfang: „Besser ist Weisheit als Kraft und der Kluge besser

verliehen und die Herrschaft vom Allerhöchsten, der eure Werke prüfen und eure Absichten durchforschen wird.

4 Ihr aber habt, obgleich ihr nur Diener seines Reiches seid, nicht recht gerichtet, nicht das Gesetz beobachtet und nicht nach dem Willen Gottes gelebt.

5 Darum wird er furchtbar und schnell über euch kommen, da an den Hochstehenden ein strenges Gericht vollzogen wird.

6 Dem Geringen wird aus Mitleid Verzeihung gewährt, die Gewaltigen aber werden gewaltig gestraft.

7 Denn der Herrscher des Alls scheut vor niemand zurück und fürchtet sich nicht vor irgendeiner Größe. Hat er doch klein und groß erschaffen und sorgt er in gleicher Weise für alle.

8 Den Mächtigen aber steht strenge Untersuchung bevor.

9 An euch also, ihr Fürsten, richten sich meine Worte, damit ihr Weisheit lernt und nicht zu Falle kommt.

10 Denn die das Heilige heilig behandeln, werden geheiligt, und die darin unterwiesen sind, werden sich verantworten können.

11 Seid also begierig auf meine Worte und sehnt euch danach, und ihr werdet belehrt werden.

Die Weisheit läßt sich finden

12 Strahlend und unverwelklich ist die Weisheit und wird leicht von denen erkannt, die sie lieben, und von denen gefunden, die sie suchen.

13 Sie gibt sich denen, die nach ihr verlangen, schon im voraus zu erkennen.

14 Wer am frühen Morgen nach ihr ausschaut, braucht sich nicht abzumühen, denn er findet sie an seiner Tür sitzen.

15 Über sie nachdenken ist vollendete Einsicht, und wer um ihretwillen wacht, ist bald aller Sorgen ledig.

16 Denn sie selbst geht umher, um die zu suchen, die ihrer würdig sind, und erscheint ihnen freundlich auf den Wegen und begegnet ihnen in jedem Vorhaben.

17 Denn ihr sicherster Anfang ist Verlangen nach Belehrung, Sorge um Belehrung aber ist Liebe (zu ihr),

18 Liebe aber ist Beobachtung ihrer Gebote, Haltung der Gebote aber ist Sicherung der Unsterblichkeit,

19 Unsterblichkeit aber bringt in Gottes Nähe.

20 So führt das Verlangen nach Weisheit zur Herrschaft.

21 Wenn ihr also Freude habt an Thronen und Zepter, ihr Völkergebieter, so achtet die Weisheit, damit ihr auf ewig herrschet!

Salomo beschreibt die Weisheit

22 Was aber die Weisheit ist und wie sie entstand, will ich verkünden und will euch das Geheimnisvolle (an ihr) nicht verbergen. Vielmehr will ich sie vom ersten Ursprung an erforschen; was ich über sie weiß, will ich offenlegen und an der Wahrheit nicht vorübergehen.

23 Auch will ich nicht mit dem verzehrenden Neid zusammengehen; denn dieser hat mit der Weisheit nichts gemein.

24 Eine große Zahl von Weisen ist ja ein Segen für die Welt und ein verständiger König eine Wohlfahrt des Volkes.

25 So laßt euch denn durch meine Worte belehren, es wird euch zum Nutzen sein.

Salomo war auch nur ein Mensch

7 1 Auch ich bin ein sterblicher Mensch wie alle und ein Abkömmling des ersterschaffenen Erdensohnes. Im Mutterleib wurde ich zu Fleisch gebildet

---

als der Starke". Dieser Zusatz wird als v. 1 gezählt, daher ist im folgenden die Verszählung von V gegenüber G um eins voraus.
→6 5 *an den Hochstehenden* Wie z. B. Mose, Nm 20 12, David, 2 Sm 24 10–17, Hiskija, 2 Kg 20 16–19 usw.
→6 6 *gestraft* Oder: geprüft.
→6 13 Diese Vorgaben der Weisheit künden die „zuvorkommende" Gnade an, vgl. 6 44–46; 10 3.26–27; Phil 2 13; 1 Jo 4 19.
→6 18 *Liebe aber ist Beobachtung ihrer Gebote* Die Liebe schließt Gehorsam ein, Ex 20 6; Dt 5 10; 7 9; Sir 2 15; Jo 14 15.21 usw.
→6 17–20 Diese Verse bilden einen „Kettenschluß", bei dem jeweils das Prädikat des einen Satzes im folgenden zum Subjekt wird und im letzten Satz Anfang und Schluß der Reihe verbunden sind. Diese Form der logischen Schlußfolgerung ist allerdings nicht streng durchgeführt.
→6 21 Danach Zusatz in V: „Liebet das Licht der Weisheit, ihr alle, die ihr die Völker regiert"; dieser Zusatz ist als v. 23 gezählt, daher ist die Verszählung bis zum Kapitelende in V gegenüber G um einen weiteren Vers voraus, vgl. 6 1 +.
→6 23 *mit dem verzehrenden Neid* Der einigen Eingeweihten die Geheimnisse der Mysterien, 14 23, oder das Wissen der Philosophen vorbehält.

2 in zehnmonatiger Frist, im Blut
geronnen aus Mannessamen, wozu
die Lust des Beischlafs sich gesellte.
3 Als ich geboren war, atmete auch
ich die gemeinsame Luft ein und fiel
auf die Erde, wie solches allen wider-
fährt; Weinen war, wie bei allen, auch
mein erster Laut.
4 In Windeln wurde ich aufgezogen
und in Sorgen.
5 Denn kein König hat einen andern
Anfang seines Daseins.
6 Der Eingang in das Leben ist für
alle der eine, wie auch der Ausgang
der gleiche ist.

Salomos Hochschätzung der Weisheit

7 Daher betete ich, und es wurde
mir Einsicht verliehen; ich flehte,
und der Geist der Weisheit kam
über mich.
8 Ich stellte sie höher als Zepter
und Throne, und Reichtum achtete
ich für nichts im Vergleich mit ihr.
9 Einen unschätzbaren Edelstein
stellte ich ihr nicht gleich; denn
neben ihr ist alles Gold nur ein wenig
Sand, und ihr gegenüber wird das
Silber nur wie Kot geachtet.
10 Mehr als Gesundheit und Schön-
heit liebte ich sie und gab ihrem
Besitz den Vorzug vor dem Licht;
denn nie verlöscht der Glanz, den
sie ausstrahlt.
11 Doch alle Güter kamen mir
zugleich mit ihr, und ungezählter
Reichtum war in ihren Händen.
12 Ich hatte dennoch an alledem
meine Freude, weil die Weisheit ihre
Führerin ist; ich wußte nicht, daß
sie auch deren Urheberin war.
13 Arglos lernte ich, neidlos teile
ich sie mit, ihren Reichtum verberge
ich nicht.
14 Sie ist ja den Menschen ein
unerschöpflicher Schatz. Die ihn er-
warben, haben Freundschaft mit Gott
erworben, empfohlen durch die Gaben,
die die Zucht verleiht.

Berufung auf die Eingebung Gottes

15 Mir aber möge Gott gewähren,
(seinem) Sinn gemäß zu reden und
Gedanken zu fassen, wie sie der ver-
liehenen Gabe würdig sind. Denn
er selbst ist Führer der Weisheit und
Lenker der Weisen.
16 In seiner Hand sind ja wir so-
wohl wie unsere Worte, jegliche Ein-
sicht und das Geschick zu Kunst-
fertigkeiten.
17 Denn er verlieh mir untrügliche
Erkenntnis der Dinge, daß ich den
Bau des Weltalls verstünde und die
Wirksamkeit der Elemente,
18 Anfang, Ende und Mitte der
Zeiten, den Wechsel der Sonnen-
wende und den Wandel der Jahres-
zeiten,
19 den Ablauf des Jahres und die
Stellungen der Gestirne,
20 die Natur der Tiere und die
Triebe der wilden Tiere, die Gewalt
der Geisterwelt und das Denken der
Menschen, die Unterschiede der
Pflanzen und die Heilkräfte der
Wurzeln.
21 Was verborgen und sichtbar ist,
alles erkannte ich; denn die alles
kunstvoll gestaltet, die Weisheit, hat
es mich gelehrt.

Lob der Weisheit

22 Denn in ihr ist ein Geist: ver-
ständig, heilig, einzig in seiner Art und
vielfältig, fein, leicht, beweglich,
durchdringend, unbefleckt, klar, un-
verletzlich, das Gute liebend, scharf,

→72 *in zehnmonatiger Frist* Zehn Mondmonate.
→76 *in das Leben* Andere Lesart: „in die Welt“.
→79 Stehende Redensart der Weisheitsliteratur: Spr 314–15; 47; 810.11.19; 1616; Ps 1911; 11972.127; Ib 2815–19.
→712 *Urheberin* Andere Lesart: „Ursprung“.
→714 *Die ihn erwarben* Andere Lesart: „Die sich seiner bedienten“.
→717–21 Um die enzyklopädische Weisheit Salomos zu beschreiben, vgl. 1 Kg 59–14, schreibt ihm der Verfasser alles Wissen zu, nach dem die hellenistische Bildung seiner Zeit strebte.
→720 *der Geisterwelt* Der Dämonen, denen in der Antike, bei den Juden wie bei den Heiden, ein starkes Einwirken auf die Welt zugeschrieben wurde.
→722 *in ihr ist* Andere Lesart: „sie ist in sich“. – Der Verfasser zählt im folgenden einundzwanzig Eigenschaften der Weisheit auf; 21 ist die Zahl der Vollkommenheit schlechthin (3 x 7).
→722 – 81 *(Lob der Weisheit)* Hier erreicht die Spekulation über die personifizierte Weisheit ihren Höhepunkt im AT, vgl. Spr 822+. Es zeigt sich ein deutlicher Fortschritt des Verfassers gegenüber seinen Vorgängern durch den Gebrauch eines verfeinerten Wortschatzes, der Begriffe der griechischen Philosophie benützt (freilich nicht in ihrer fest geprägten philosophischen Bedeutung), vor allem aber dadurch, daß er den göttlichen Charakter der Weisheit stärker hervorhebt. Ihr Ursprung wird mit Bildern beschrieben, v. 25–26, die zugleich Herkunft und Teilhabe bezeichnen; manche ihrer Eigenschaften – Allmacht, v. 23.27, Heiligkeit und Unveränderlichkeit, v. 22.25 – sind ausgesprochen göttliche Eigenschaf-

23 unhemmbar, wohltätig, men-
schenfreundlich, beständig, sicher,
sorgenlos, allmächtig, alles über-
schauend und alle Geister durch-
dringend, die denkenden, reinen und
feinsten Wesen.
24 Ist doch die Weisheit beweg-
licher als jede Bewegung; sie dringt
und geht durch alles vermöge ihrer
Reinheit.
25 Sie ist ja ein Hauch der Kraft
Gottes und ein reiner Ausfluß der
Herrlichkeit des Allbeherrschers; des-
halb kann keine Befleckung sie je
berühren.
26 Denn sie ist ein Abglanz des
ewigen Lichtes und ein makelloser
Spiegel des Wirkens Gottes und ein
Abbild seiner Güte.
27 Obwohl sie nur eine ist, vermag
sie alles, und obgleich sie in sich selbst
bleibt, erneuert sie doch das All. Von
Geschlecht zu Geschlecht geht sie in
heilige Seelen ein und schafft so
Freunde Gottes und Propheten.
28 Gott liebt keinen, der nicht mit
der Weisheit verbunden ist.
29 Denn sie ist herrlicher als die
Sonne und erhaben über alle Stellung
der Gestirne. Mit dem Licht ver-
glichen, verdient sie den Vorzug,
30 weil auf dieses die Nacht folgt,
gegen die Weisheit aber die Bosheit
machtlos ist.

8 1 Sie erstreckt sich, kraftvoll wir-
kend, von einem Ende (der Welt)
zum andern und durchwaltet vor-
trefflich das All.

Die Weisheit besitzt alle Güter

2 Sie liebte und ersehnte ich von
meiner Jugend an; ich suchte sie als
Braut mir heimzuführen, und ich bin
ein Verehrer ihrer Schönheit gewor-
den.
3 Einer edlen Abkunft kann sie
sich rühmen, da sie mit Gott zu-
sammenlebt und der Herr des Alls
sie liebt.
4 Denn sie ist eingeweiht in Gottes
Wissen und wählt seine Werke aus.
5 Ist Reichtum ein begehrenswertes
Gut im Leben, was ist reicher als die
Weisheit, die alles schafft?
6 Bringt Klugheit etwas zustande,
wer in aller Welt ist eine größere
Künstlerin als sie?
7 Und liebt jemand Gerechtigkeit –
was sie bewirkt, sind Tugenden. Denn
sie lehrt Mäßigung und Klugheit,
Gerechtigkeit und Starkmut. Etwas
Vorteilhafteres als diese gibt es im
Leben für den Menschen nicht.
8 Verlangt aber einer nach um-
fassendem Wissen: sie kennt das
längst Vergangene und erschließt das
Zukünftige; sie versteht sich auf die
Wendungen von Aussprüchen und auf

---

ten. Die Weisheit hat eine Sendung bei den Menschen, v. 27, vgl. 910, sie soll alle Geister durchdringen, v. 23, und in heilige Seelen eingehen, v. 27. Sie hat Anteil an der Regierung der Welt, 81, wie an der Erschaffung der Welt, 712.21; 86. Sie wird von Gott wie eine Gattin geliebt, 83. Durch alle diese Züge wird dieses Lob der Weisheit zu einer Vorbereitung der Trinitätstheologie; sie werden von Paulus und Johannes aufgenommen und auf Christus, das fleischgewordene Wort und die Weisheit Gottes, angewendet, vgl. die Spr 822+ genannten Stellen. Es läßt sich jedoch feststellen, daß die Lehre von der Weisheit gleichzeitig ein Bindeglied zu einer Theologie des Logos und zu einer Theologie des Geistes bildet, vgl. Js 112+, der heiligt, der die Propheten inspiriert, der in der Welt Wissen und Einsicht ausgießt. Man hat zuweilen den Eindruck, daß der Verfasser des Buches Weisheit und Geist gleichsetzt, vgl. 16; 917 sowie die andere Lesart in 722. Er schreibt ihnen gemeinsame Züge zu: Allgegenwart, vgl. 17; 121 mit 724; 81; Abscheu vor der Sünde, vgl. 14 mit 15. Vor allem schreibt er der Weisheit das zu, was viele Texte des AT dem Geist zuschreiben: die Führung der Menschen, Ib 328; Ps 5112; 14310, die Leitung der Könige, Js 112, die Inspiration der Kunsthandwerker, Ex 313, und der Propheten, 1 Sm 106 usw. Dennoch nimmt die Weisheit, nicht der Geist, in den Überlegungen des Verfassers die erste Stelle ein. Die christliche Überlieferung hat bei der Entwicklung der Trinitätstheologie, von Justin angefangen, fast immer die Weisheit in diesen Texten mit dem Logos gleichgesetzt.

→726 *des ewigen Lichtes* Im AT wird Gott niemals „Licht" genannt, vgl. 1 Jo 15; Jak 117, sondern das Licht umgibt ihn, Ex 2417, vgl. Ex 2416+; Ez 127; Hab 34; Ps 503; 1041–2; Js 6019–20. Vgl. Jo 812+.

→727 *Freunde Gottes* Wie Abraham, Js 418; 2 Chr 207; Jak 223, vgl. Jo 1514–15.

→87 *Mäßigung und Klugheit, Gerechtigkeit und Starkmut* Die vier Tugenden der griechischen Philosophen, die „Kardinaltugenden" der christlichen Theologie. – Die „Gerechtigkeit" am Versanfang bezeichnete im biblischen Sinne, vgl. 11+, die Gesamtheit aller Tugenden.

→88 *auf die Wendungen von Aussprüchen und auf das Lösen von Rätseln* „Aussprüche" und „Rätsel": Bezeichnungen für Regeln rechten Verhaltens, die in absichtlich dunklen Begriffen ausgedrückt sind, vgl. Spr 16; Sir 392f; Ez 172; Ri 1412. Hierin war Salomo Meister, 1 Kg 512; 101–3; Prd 129; Sir 4715–17.

→88 *Zeichen und Wunder* Außergewöhnliche Geschehnisse, durch die Gott seine Macht offenbart und seinen Willen zeigt.

das Lösen von Rätseln; Zeichen und
Wunder weiß sie voraus und den Ausgang der Perioden und Zeiten.

Die Weisheit ist unentbehrlich für die Regierenden

9 So beschloß ich denn, diese zur
Lebensgefährtin heimzuführen, da ich
wußte, daß sie mir im Glück eine
Beraterin sein werde und Trost in
Sorgen und Kummer.
10 Um ihretwillen werde ich Ansehen bei der Menge und Ehre bei den
Ältesten trotz meiner Jugend genießen.
11 Bei Gerichtsverhandlungen werde
ich scharfsinnig erfunden und bei den
Machthabern Bewunderung erregen.
12 Schweige ich, so werden sie auf
mich warten; ergreife ich das Wort,
werden sie aufmerksam zuhören, und
rede ich länger, dann legen sie die
Hand an den Mund.
13 Um ihretwillen werde ich Unsterblichkeit erlangen und ein ewiges Andenken bei der Nachwelt hinterlassen.
14 Ich werde Völker regieren, und
Nationen werden mir untertan werden.
15 Schreckliche Tyrannen werden
mich fürchten, wenn sie von mir
hören; unter dem Volk aber werde ich
mich gütig zeigen und tapfer im Krieg.
16 Kehre ich in das Haus zurück,
so werde ich mich bei ihr erholen;
denn der Umgang mit ihr hat nichts
Bitteres, und das Zusammenleben mit
ihr bringt nicht Verdruß, sondern
Frohsinn und Wonne.

Salomo erbittet die Weisheit

17 Indem ich dies bei mir überdachte und in meinem Herzen erwog,
daß in der Lebensgemeinschaft mit
der Weisheit Unsterblichkeit
18 und in ihrer Freundschaft reine
Freude sei, in den Arbeiten ihrer
Hände unerschöpflicher Reichtum und
Einsicht im trauten Umgang mit ihr
und Ruhm in der Teilnahme an der
Unterhaltung mit ihr, da ging ich
umher und suchte, wie ich sie in
mein Haus aufnehmen könnte.
19 Ich war ein gut veranlagter Jüngling und hatte eine gute Seele erhalten,
20 oder vielmehr, weil ich gut war,
so war ich zu einem unbefleckten Leib
gekommen.
21 Da ich aber einsah, daß ich nicht
anders in ihren Besitz gelangen könne,
als wenn Gott sie mir gebe – schon dies
war Sache der Klugheit, daß ich begriff, wessen Gnadengeschenk sie ist –,
so wandte ich mich an den Herrn,
betete zu ihm und sprach aus meinem
ganzen Herzen:

Gebet um Weisheit

9 1 „Gott der Väter und Herr des
Erbarmens, der du das All durch
dein Wort geschaffen
2 und durch deine Weisheit den
Menschen gebildet hast, daß er über
die von dir hervorgebrachten Geschöpfe herrsche,
3 die Welt in Heiligkeit und Gerechtigkeit leite und in aufrichtiger
Gesinnung regiere.
4 Gib mir die Weisheit, deines
Thrones Beisitzerin, und schließe
mich nicht von der Zahl deiner Kinder
aus.
5 Ich bin ja dein Knecht, der Sohn
deiner Magd, ein schwacher und
kurzlebiger Mensch, und verstehe gar
wenig von Recht und Gesetz.
6 Gälte einer bei den Menschenkindern auch als vollkommen, fehlte
ihm aber die von dir ausgehende
Weisheit, er müßte für nichts geachtet
werden.
7 Du warst es, der mich zum König
deines Volkes auserkor und zum
Richter über deine Söhne und Töchter.

→88 *Ausgang der Perioden und Zeiten* Der Verlauf der Geschichte. Diese Beschreibung des umfassenden Wissens der Weisheit ergänzt die Darstellung von 717–21.

→811 Zusatz in V am Versende: „und die Gesichter der Fürsten werden mich bewundern".

→812 *die Hand an den Mund* Haltung des Schweigens, Spr 3032; Sir 512, besonders des ehrfürchtigen und bewundernden Schweigens, vgl. Mich 716; Ib 215; 299; 404.

→820 Dieser Text lehrt kaum die Präexistenz der Seele, wie man meinen könnte, wenn der Zusammenhang nicht berücksichtigt wird. Der Vers verbessert die Wendung von v. 19, die dem Leib die Priorität zu geben schien, und betont den Vorrang der Seele.

→821 *daß ich nicht anders in ihren Besitz gelangen könne* V übersetzt fälschlicherweise: „daß ich nicht anders keusch bleiben könne".

→91–18 *(Gebet um Weisheit)* Es besteht aus Teilen, die dem Gebet des geschichtlichen Salomo entnommen sind, 1 Kg 36–9; 2 Chr 18–10; aus Gedanken, die der Weisheitsliteratur vertraut sind, und aus eigenen Überlegungen des Verfassers, v. 8c.14–18 usw.

→91 *der Väter* D. h. aller Vorväter Israels, insbesondere der Patriarchen, Gn 3210; 2 Chr 206, ohne daß David ausgelassen würde, 1 Kg 36; 1 Chr 289; 2 Chr 19.

→93 *regiere* Oder: „Recht spreche".

→97 *der mich zum König deines Volkes auserkor* Der ihm den Vorzug vor Absalom und Adonija gab, 2 Sm 32–5; 1 Kg 15.28–30.

8 Du befahlst mir, einen Tempel auf deinem heiligen Berg und einen Opferaltar in der Stadt, in der du wohnst, zu bauen als ein Abbild des heiligen Zeltes, das du von Anbeginn bereitet hast.

9 Bei dir ist die Weisheit, die deine Werke kennt und zugegen war, als du die Welt erschufst, die weiß, was in deinen Augen wohlgefällig ist und was recht ist nach deinen Geboten.

10 Sende sie vom heiligen Himmel herab und schicke sie vom Throne deiner Herrlichkeit, daß sie mir bei meiner Arbeit helfend zur Seite stehe, und ich erkenne, was dir wohlgefällt.

11 Sie weiß und versteht ja alles; sie wird mich bei meinem Handeln verständig leiten und durch ihren Lichtglanz behüten.

12 So werden dir meine Werke wohlgefallen, ich werde dein Volk gerecht regieren und des Thrones meines Vaters würdig sein.

13 Welcher Mensch vermag denn Gottes Willen zu erkennen, oder wer kann erfassen, was der Herr verlangt?

14 Die Gedanken der Sterblichen sind ja unsicher und schwankend unsere Absichten.

15 Lähmt doch ein hinfälliger Leib die Seele und belastet das irdische Zelt den vielsinnenden Geist.

16 Nur zur Not erraten wir, was auf Erden ist, und verstehen mit Mühe, was auf der Hand liegt. Die himmlischen Dinge aber, wer kann sie ergründen?

17 Wer hat je deinen Willen erkannt, wenn nicht du die Weisheit gabst und aus der Höhe deinen heiligen Geist sandtest?

18 Nur so wurden die Pfade der Erdenbewohner geebnet und die Menschen über das belehrt, was dir wohlgefällig ist.

19 Nur durch die Weisheit wurden sie gerettet.

III. DIE WEISHEIT UND GOTT IN DER GESCHICHTE

Von Adam bis Mose

10 1 Sie beschirmte den erstgebildeten Vater der Welt, als er allein erschaffen war, und riß ihn aus seinem Fall heraus;

2 sie verlieh ihm auch die Kraft, alles zu beherrschen.

3 Als aber ein Gottloser in seinem Zorn von ihr abgefallen war, ging er in brudermörderischem Grimm zugrunde.

4 Da seinetwegen die Erde überschwemmt wurde, erwies sich die Weisheit wiederum als Retterin, indem sie auf einem armseligen Holz den Gerechten steuerte.

5 Als Völker ob eines einmütig begangenen Frevels verwirrt worden waren, erkannte sie den Gerechten und bewahrte ihn untadelig vor Gott und machte ihn stark gegenüber der Liebe zum Kind.

6 Sie rettete den Gerechten bei dem Untergang gottloser Menschen, da er dem Feuer entrann, das über das Gebiet der fünf Städte niederfuhr.

7 Von diesen blieb noch als Zeugnis ihrer Bosheit ein ödes, immerfort

---

→98 *ein Abbild des heiligen Zeltes* Entweder der Himmel, der wahre Tempel Gottes, Ps 114; 187; Apk 312, oder ein himmlisches Urbild des Tempels von Jerusalem, Hebr 82.5; 923; Apk 83–4; 1119; 136; 1418; 155, oder schließlich das Zelt, das Mose nach den Angaben Jahwes errichtete, Ex 259.40; 2630.

→911 *durch ihren Lichtglanz* Durch ihre Macht, vgl. Röm 64. Oder: „in ihrem Lichtglanz".

→912 *meines Vaters* David.

→915 Die Ausdrücke erinnern an Platon, aber das Bild ist auch biblisch, vgl. Ib 419 (vgl. 2 Kor 47) und Js 3812 (vgl. 2 Kor 51.4). Der Gedanke vom Gegensatz zwischen Leib und Geist wird von Paulus wieder aufgegriffen, Gal 517; Röm 714–25+.

→918 V zieht den Anfang von v. 18 zu v. 17 („wenn nicht die Pfade . . . geebnet und wenn nicht die Menschen . . . belehrt worden wären") und fährt dann fort (in V als v. 19 gezählt): „Denn durch die Weisheit wurden alle jene geheilt, die von Anbeginn, Herr, dein Wohlgefallen gefunden haben".

→101 *er allein* Adam allein in der Welt, wie Gott allein im Himmel ist.

→101 *und riß ihn aus seinem Fall heraus* Durch Reue und Sühne (im zeitgenössischen Judentum geläufige Ansicht).

→102 Adam behält also nach seinem Fall die Herrschaft über die Welt und empfängt die Kraft, sie auszuüben.

→103 *ein Gottloser* Kain.

→104 *seinetwegen* D. h. seiner Nachkommen wegen. Jüdische Überlieferungen betonten ihre Verderbtheit.

→104 *den Gerechten* Noach, vgl. Gn 69.

→105 *erkannte sie* Im biblischen Sinne; es geht um die Erwählung Abrahams.

→106 *den Gerechten* Lot.

rauchendes Land und Pflanzen, die zur Unzeit Früchte tragen, eine ragende Salzsäule als Denkmal einer ungläubigen Seele.

8 Denn die an der Weisheit vorübergingen, wurden nicht nur dadurch gestraft, daß sie das Gute nicht erkannten, sondern sie hinterließen auch den Lebenden ein Denkmal ihrer Torheit, damit nicht verborgen bleiben könne, worin sie gesündigt hatten.

9 Dagegen hat die Weisheit ihre Diener aus Nöten errettet.

10 Sie führte den Gerechten, als er vor dem Zorn des Bruders floh, auf geraden Wegen, zeigte ihm Gottes Reich und verlieh ihm die Kenntnis heiliger Dinge. Sie ließ ihn durch mühevollen Dienst zu Wohlstand gelangen und gab seinen Arbeiten reichen Erfolg.

11 Bei der Habgier seiner Bedränger stand sie ihm bei und machte ihn reich.

12 Sie schützte ihn vor Feinden und schirmte ihn gegen Verfolger und verlieh ihm den Sieg in einem schweren Kampf, um ihn erkennen zu lassen, daß Frömmigkeit stärker als alles ist.

13 Sie verließ nicht den Gerechten, der verkauft war, sondern bewahrte ihn vor der Sünde.

14 Sie stieg mit ihm in den Kerker hinab und verließ ihn auch in Fesseln nicht, bis sie ihm das Zepter des Reiches und Gewalt über seine Bedränger verschafft, seine Verleumder als Lügner erwiesen und ihm ewigen Ruhm verliehen hatte.

Der Auszug aus Ägypten

15 Die Weisheit hat ein heiliges Volk und ein untadeliges Geschlecht aus einem Volk von Bedrängern befreit.

16 Sie ging ein in die Seele des Dieners des Herrn und trat furchtbaren Königen mit Zeichen und Wundern entgegen.

17 Sie gab den Heiligen den Lohn für ihre Mühen, führte sie auf wunderbaren Pfaden und ward ihnen zum Schirmdach am Tag und zum Sternenlicht während der Nacht.

18 Sie führte sie durch das Rote Meer und geleitete sie durch ein mächtiges Wasser.

19 Ihre Feinde aber begrub sie in den Wogen und spülte sie aus der Tiefe des Meeres wieder ans Land.

20 So konnten Gerechte Gottlose plündern und priesen, o Herr, deinen heiligen Namen und rühmten einmütig deine schützende Hand.

21 Denn die Weisheit öffnete den Mund der Stummen und machte die Zungen der Unmündigen beredt.

11 1 Sie verlieh ihren Unternehmungen einen glücklichen Fortgang unter der Leitung eines heiligen Propheten.

2 Sie durchzogen eine unbewohnte Wüste und schlugen an unwegsamen Orten ihre Zelte auf;

3 sie widerstanden ihren Feinden und wehrten Gegner ab.

4 Sie litten Durst; da riefen sie dich an, und es wurde ihnen Wasser aus schroffem Felsen gegeben und aus hartem Stein ihr Durst gestillt.

Das Wasser: Verderben für die Ägypter, Heil für Israel

5 Denn womit ihre Feinde gezüchtigt wurden, das gereichte ihnen, wenn sie in Not waren, zum Segen.

6 Anstatt der immer fließenden Quelle des Stromes, der (den Ägyp-

---

→10 10 *den Gerechten* Jakob.
→10 12 *Frömmigkeit stärker als alles* Weil sie selbst Gott gegenüber recht behält. Es geht um den „Kampf mit Gott" an den Ufern des Jabbok.
→10 13 *den Gerechten* Joseph.
→10 15 *ein heiliges Volk und ein untadeliges Geschlecht* Heilig und untadelig, insofern es das erwählte Volk ist, vgl. Ex 19 6+. Erinnerungen an die Treuebrüche Israels läßt der Verfasser weg, im Gegensatz zu Ps 106; Apg 7 2–53.
→10 16 *des Dieners des Herrn* Mose, vgl. Ex 3 12; 4 12; 7 1.
→10 16 *Königen* Dieser Plural bezeichnet den Pharao.
→10 17 Der Verfasser schreibt der Weisheit zu, was Ex von dem in der Wolke anwesenden Gott sagt.
→10 20 *plündern* Nach jüdischer Überlieferung nahmen die Israeliten den gefallenen Ägyptern die Waffen weg.
→10 21 Wie Gott die Zunge des Mose löste, auf daß er zum Pharao rede, Ex 4 10; 6 12.30, so löst Gott jetzt die Zunge der Israeliten zu seinem Lobpreis.
→11 1 *eines heiligen Propheten* Dieser heilige Prophet ist Mose, Nm 12 7+; Dt 18 15+.
→11 4 *da riefen sie* Der Verfasser unterläßt einen Hinweis auf das Murren des Volkes, vgl. 10 15+. In der biblischen Erzählung sind es Mose oder Aaron, die Jahwe anrufen.
→11 4 *dich* Gott. Von hier an wird nicht mehr von der Weisheit gesprochen (ausgenommen 14 2.5); an ihre Stelle tritt Gott, sein Hauch (oder Geist), 11 20; 12 1, sein Wort, 12 9; 16 12; 18 15, seine Hand, 11 17; 14 6; 16 15; 19 8, sein Arm, 11 21; 16 16.
→11 5–14 Die erste der sieben Gegenüberstellungen von Ägyptern und Israeliten. Die sechs anderen werden von Kapitel 16 an entwickelt.

tern) durch ekelerregendes Blut getrübt wurde

7 zur Strafe für den kindermordenden Befehl, gabst du ihnen (den Israeliten) unverhofft reichliches Wasser,

8 indem du durch den damaligen Durst zeigtest, wie schwer du die Gegner gestraft hattest.

9 Denn da sie selbst geprüft wurden, erkannten sie, obwohl sie mit Milde zurechtgewiesen worden waren, welche Qual die Gottlosen erdulden mußten, die im Zorn gestraft wurden.

10 Diese hast du wie ein warnender Vater geprüft, jene aber wie ein strenger König verurteilend gestraft.

11 Und fern (von den Israeliten) wurden sie ebenso gequält wie in der Nähe.

12 Denn ein doppeltes Leid erfaßte sie und Seufzen bei der Erinnerung an das Vergangene.

13 Als sie nämlich hörten, daß durch die gleichen Mittel sie Strafe, jene aber eine Wohltat empfingen, wurden sie des Herrn inne.

14 Denn den sie einst bei der Aussetzung weggeworfen und höhnend abgewiesen hatten, mußten sie am Ende der Ereignisse anstaunen, als sie ganz anders Durst litten als die Gerechten.

Gottes Schonung für Ägypten

15 Für die wahnwitzigen Gedanken ihrer Gottlosigkeit, durch die irregeleitet sie vernunftloses Gewürm und erbärmliches Getier verehrten, sandtest du ihnen zur Strafe eine Menge vernunftloser Tiere.

16 Sie sollten erfahren, daß man mit dem gestraft wird, mit dem man sündigt.

17 Deine allmächtige Hand, die doch die Welt aus gestaltlosem Stoff gebildet hat, wäre wohl imstande gewesen, gegen sie eine Menge von Bären oder grimmigen Löwen zu senden,

18 oder neugeschaffene, wütende, bisher unbekannte Bestien, die feuerschnaubenden Atem aushauchten oder zischenden Dampf ausstießen oder aus den Augen schreckliche Funken sprühen ließen,

19 bei denen nicht nur der Angriff sie verderben, sondern schon der entsetzenerregende Anblick sie vernichten konnte.

20 Aber auch ohne diese konnten sie durch einen einzigen Hauch hinsinken, verfolgt von der rächenden Gerechtigkeit und geworfelt von dem Hauche deiner Macht. Doch du hast alles nach Maß und Zahl und Gewicht geordnet.

Gründe für diese Schonung

21 Zwar steht es jederzeit bei dir, deine große Macht zu entfalten, und wer könnte der Kraft deines Armes widerstehen?

22 Ist doch die ganze Welt vor dir wie ein Stäubchen an der Waage und wie ein Tropfen Tau, der am Morgen auf die Erde fällt.

23 Aber du hast mit allen Erbarmen,

→117 *zur Strafe für den kindermordenden Befehl* Nach Ex 714–25 verwandelte Jahwe die Wasser des Niles in Blut, um den Pharao zu zwingen, die Israeliten ziehen zu lassen. Der Verfasser macht dieses Wunder hier zu einer Strafe für den Befehl von Ex 115f.

→118 *zeigtest* Danach Zusatz in V: „wie du die Deinen erhöhtest".

→119 *geprüft wurden* Durch den Durst und vielleicht auch durch die anderen Leiden, die die Israeliten in der Wüste aushielten; sie sollten ihnen eine Vorstellung von der Strafe der Ägypter geben.

→1111 *in der Nähe* Der Israeliten, durch die erlittenen Plagen; „fern" von ihnen – nach dem Aufbruch der Israeliten – durch die Erinnerung an diese Plagen im Gegensatz zum glücklichen Geschick Israels. Der Verfasser setzt voraus, v. 13, daß die Ägypter von den Wundern, die in der Wüste geschahen, wußten.

→1113 *durch die gleichen Mittel* Durch das Wasser, das den Ägyptern entzogen, den Israeliten aber wunderbar gegeben wurde, 114.

→1113 Zusatz in V: „voller Bewunderung über den Ausgang der Ereignisse".

→1114 *den* Mose, der im Nilwasser ausgesetzt wurde, Ex 122; 23, der vom Pharao abgewiesen wurde, Ex 52–5; 713.22 usw.

→1115 *vernunftloses Gewürm und erbärmliches Getier verehrten* Im Ägypten der Ptolemäer war die kultische Verehrung von Tieren, von „Gewürm" (Krokodil, Schlange, Eidechse, Frosch) und „erbärmlichem Getier" (Käfer), hoch im Schwange.

→1115 *vernunftloser Tiere* Frösche, Ex 81–2, Stechmücken, 813–14, Bremsen, 820, Heuschrecken, 1012–15.

→1116 Vgl. 1223; 161; 184 und Ps 715–17; 577; Spr 131; 522.

→1117 *die Welt aus gestaltlosem Stoff gebildet* Platonische Ausdrucksweise (Timaios, 51a), aber der Gedanke ist grundverschieden. Der Verfasser lehrt nicht die Ewigkeit der Materie, sondern denkt wohl an die Gestaltung der Welt aus einer chaotischen Masse, Gn 1.

→1122 *ein Stäubchen an der Waage* Ein Stäubchen, das die Waage bewegt, oder: ein Stäubchen, das nicht einmal eine Waagschale senkt.

→1123f Der folgende Gedanke ist nicht neu in Israel, wurde aber noch nie mit

weil du alles vermagst, und siehst
über die Sünden der Menschen hinweg,
damit sie Buße tun.
24 Denn du liebst alles, was da ist,
und verabscheust nichts von dem,
was du gemacht hast. Hättest du
etwas gehaßt, du hättest es nicht
geschaffen.
25 Wie hätte etwas Bestand gehabt,
wenn du es nicht gewollt, oder wie
wäre etwas erhalten worden, wenn es
nicht von dir gerufen wäre?
26 Du aber schonst alles, weil es dir
gehört, Herr, Freund des Lebens.
12 1 Denn dein unvergänglicher
Geist ist in allen.
2 Deshalb strafst du auch die Fehlenden gering und mahnst sie durch
die Erinnerung an ihre Sünden, damit
sie von der Bosheit ablassen und an
dich glauben, o Herr.

Gottes Schonung für Kanaan

3 Auch die früheren Bewohner
deines heiligen Landes haßtest du
zwar,
4 weil sie die schändlichsten Zauberkünste und ruchlose Geheimkulte
trieben.
5 Die erbarmungslosen Kindermörder und Eingeweideesser bei
Mählern von Menschenfleisch, Eingeweihte im Laufe blutiger Zusammenkünfte
6 und Eltern, die eigenhändig hilflose Seelen mordeten, wolltest du
durch die Hände unserer Väter ausrotten,
7 damit das bei dir am meisten
geschätzte Land eine würdige Bevölkerung von Kindern Gottes erhielte.
8 Aber auch gegen jene übtest du
Schonung, weil sie Menschen waren,
und sandtest Hornissen als Vorläufer
deines Heeres, damit diese sie nach
und nach ausrotteten.
9 Nicht als ob es dir unmöglich
gewesen wäre, die Gottlosen in einer
Schlacht den Gerechten zu unterwerfen oder durch schreckliche Tiere
oder durch ein scharfes Wort mit
einem Schlag zu vernichten.
10 Aber du gabst ihnen dadurch,
daß du die Strafe nach und nach vollzogst, Gelegenheit zur Umkehr, obgleich du wußtest, daß ihr Ursprung
böse und ihre Verderbtheit angeboren
war und daß ihr Sinn in Ewigkeit sich
nicht ändern werde.
11 Denn schon von Anfang an
waren sie ein verfluchtes Geschlecht.

Gründe für diese Schonung

Auch ließest du ihnen nicht aus
Scheu vor irgendeiner Person Straflosigkeit für ihre Sünden angedeihen.
12 Denn wer darf sagen: „Was hast
du getan?“, oder wer kann sich deinem Urteil widersetzen? Wer darf
dich wegen der Vernichtung von
Völkern, die du selbst erschaffen hast,
anklagen? Oder wer wollte gegen dich
als Anwalt gottloser Menschen auftreten?
13 Es gibt ja weder einen Gott
außer dir, der für alles sorgt, so daß
du beweisen müßtest, daß du nicht
unrecht gerichtet hast,
14 noch kann ein König oder
Machthaber dir entgegentreten um
jener willen, die du gezüchtigt hast.
15 Doch weil du gerecht bist,
ordnest du alles mit Gerechtigkeit,
erachtest es deiner Macht nicht angemessen, den zu verurteilen, der
keine Strafe verdient hat.
16 Deine Kraft ist ja Grund deiner
Gerechtigkeit; und der Umstand, daß
du alles beherrschst, gestattet dir, alles
zu schonen.
17 Kraft zeigst du nur, wenn man
an die Machtfülle nicht glaubt, und du
bestrafst den Trotz bei denen, die sie
kennen.

---

solcher Kraft und Klarheit ausgesprochen und auch nicht mit Überlegungen wie in v. 25–26 verbunden.

→11 26 *Freund des Lebens* Wörtlich: Seelenfreund.

→12 1 *dein unvergänglicher Geist* Der lebenspendende Atem, den Gott den Geschöpfen eingibt, Gn 2 7+, nicht wie in der stoischen Philosophie der Geist als Weltseele. – Die Übersetzung von V: „Wie gut und milde ist, o Herr, dein Geist in allen Dingen“, ist ungenau.

→12 5 *bei Mählern von Menschenfleisch* Ein solcher Kannibalismus ist für Kanaan nicht bezeugt, findet sich aber bei anderen Völkern der Antike.

→12 5 *Eingeweihte im Laufe blutiger Zusammenkünfte* Um die Kultpraktiken der Kanaanäer zu beschreiben, verwendet der Verfasser Merkmale der hellenistischen Mysterienreligionen.

→12 8 Der Verfasser führt die alten Erklärungen, Ri 2 6+, für die Verzögerung bei der Ausrottung der Kanaanäer in einem universalistischen Sinne weiter. Die Sorge Gottes für sein Volk tritt zurück vor seiner Langmut für die sündigen Kanaanäer.

→12 13 *für alles* Oder: für alle.

→12 16 *Deine Kraft* Bei den Frevlern wird die Gerechtigkeit durch Macht vergewaltigt, 2 11, bei Gott gemildert: *patiens, quia aeternus* „langmütig ist er, weil er der Ewige ist“.

→12 17 *die sie kennen* Und ihr dennoch widerstehen wie der Pharao. Andere Lesart: „die sie nicht kennen“.

18 Obgleich du über Macht verfügst, richtest du mit Milde und leitest uns mit vieler Nachsicht; denn das Können steht dir zu Gebote, sobald du willst.

Lehren aus Gottes Schonung

19 Durch solches Verfahren hast du dein Volk belehrt, daß der Gerechte menschenfreundlich sein soll, und hast deine Kinder mit der frohen Hoffnung erfüllt, daß du auf Sünden (Zeit zur) Buße schenkst.

20 Denn wenn du schon die Feinde deiner Kinder und die dem Tod Verfallenen mit solcher Schonung und Nachsicht bestraftest, indem du ihnen Zeit und Gelegenheit gabst, von der Bosheit sich loszumachen,

21 mit welcher Sorgfalt hast du erst deine Söhne gezüchtigt, deren Vätern du Eide und Bündnisse voll herrlicher Verheißungen gewährtest!

22 Während du uns also erziehst, schlägst du unsere Feinde zehntausendfach, damit wir, wenn wir selbst richten, deine Güte uns zum Vorbild nehmen, und wenn wir gerichtet werden, auf Erbarmen hoffen.

Nach der Milde verfährt Gott mit Strenge

23 Deshalb hast du auch die Ungerechten, die in Torheit ihr Leben verbrachten, durch ihre eigenen Greuel gezüchtigt.

24 Denn sie hatten sich auf den Wegen des Irrtums allzuweit verirrt, indem sie, wie unverständige Kinder getäuscht, für Götter hielten, was unter den Tieren abscheulich und verachtet ist.

25 Darum hast du ihnen wie unvernünftigen Kindern eine Plage gesandt, die sie zum Gespött machte.

26 Die sich aber durch den Spott der Strafe nicht warnen ließen, mußten ein Gottes würdiges Gericht erfahren.

27 Denn als sie in ihren Leiden über die sich ärgerten, die sie für Götter hielten, weil sie von ihnen geplagt wurden, sahen sie ein, daß jener, den sie vorher nicht kennen wollten, der wahre Gott sei. Darum kam auch die äußerste Strafe über sie.

Der Kult der Gestirne und Naturmächte

13 1 Toren waren ja von Natur schon alle Menschen, denen die Erkenntnis Gottes fehlte und die aus den sichtbaren Vollkommenheiten den Seienden nicht wahrzunehmen vermochten, noch bei der Betrachtung seiner Werke den Künstler erkannten,

2 sondern Feuer oder Wind oder die schnelle Luft, den Kreis der Gestirne oder das gewaltige Wasser oder die Leuchten des Himmels für weltregierende Götter hielten.

3 Wenn sie, durch deren Schönheit entzückt, schon in diesen Dingen Götter sahen, so hätten sie doch wissen sollen, um wieviel herrlicher ihr Gebieter ist. Denn der Urheber der Schönheit hat sie geschaffen.

4 Und wenn sie über deren Kraft und Wirksamkeit in Staunen gerieten, so mußten sie daraus schließen, um wieviel mächtiger ihr Schöpfer ist.

5 Denn aus der Größe und Schönheit der Geschöpfe wird durch Vergleichung deren Schöpfer erschaut.

6 Indessen verdienen diese nur einen geringen Tadel. Denn sie gehen vielleicht nur irre, während sie wirklich Gott suchen und finden wollen.

7 Unter seinen Werken lebend, forschen sie ja (nach ihm), lassen sich

---

→1218 *uns* Nicht nur die Juden, sondern alle Menschen.
→1219 *daß der Gerechte menschenfreundlich sein soll* Nach dem Vorbild der Weisheit, 16; 723. Die Menschlichkeit, die das Gesetz dem Israeliten gegenüber seinen Volksgenossen vorschrieb, wird hier zu einer allgemeinen Verpflichtung, die auf das NT vorbereitet, vgl. Mt 543–48.
→1220 *Nachsicht* Andere Lesart: „Bitte".
→1220 *von der Bosheit sich loszumachen* Dem AT ist die Vorstellung, daß Gott durch Prüfungen und Strafen sein Volk vom Bösen zu entreißen sucht, geläufig, vgl. Am 46+, aber sie wurde noch nicht auf die Heiden angewendet.
→1223 *Greuel* Biblische Bezeichnung für die falschen Götter.
→1224 *verachtet* Andere Lesart: feindlich.
→1227 *sahen sie ein* Der Pharao erkennt schließlich das Wirken Gottes an, Ex 1231 f, nachdem er sich lange geweigert hatte, Ex 7–11.
→1227 *Darum* Weil sie Gott weiterhin trotzten, obwohl sie ihn erkannt hatten.
→1227 *die äußerste Strafe* Die Ausrottung der Erstgeburt und die Vernichtung des ägyptischen Heeres.
→131 *Toren* Der Ausdruck „Torheit" oder „Nichtigkeit" bezeichnet oft die falschen Götter. Wer dem „Nichts" nachläuft, wird selber zunichte, Jr 25; Röm 121.
→131 *Künstler* Griechischer Gedanke, vgl. V. 5.7; Sir 439–12. Das AT hatte die Macht und die Größe Gottes in der Schöpfung gepriesen, Ps 192; Ib 3622–26; Js 40 12–14 usw., nicht die Schönheit des Kosmos, der als Kunstwerk verstanden wird.
→137 *Unter seinen Werken lebend* Oder: „Mit seinen Werken beschäftigt".

aber durch das Aussehen verführen,
weil das Geschaute so schön ist.
8 Dennoch sind auch sie nicht zu
entschuldigen.
9 Besaßen sie so viel geistige
Fähigkeit, daß sie die Welt durchforschen konnten, wie kam es, daß sie nicht eher deren Herrn fanden?

Der Kult der Götzenbilder

10 Unglückselig aber waren und
auf tote Dinge setzten ihre Hoffnung, die Werke von Menschenhand Götter nannten, Gold und Silber, Kunstgebilde und Tiergestalten oder einen unnützen Stein, das Werk einer Hand der Vorzeit.
11 Da sägt ein Holzarbeiter einen
tauglichen Stamm heraus, schält sachkundig seine ganze Rinde ringsum ab und verfertigt daraus in künstlerischer Bearbeitung ein nützliches Gerät für den Gebrauch des täglichen Lebens.
12 Was von der Arbeit abfällt, ver-
wendet er zur Bereitung der Mahlzeit und ißt sich satt.
13 Was aber davon abgefallen ist,
weil es zu gar nichts taugt, krummes und mit Knoten durchwachsenes Holz, nimmt er, schnitzt daran zur Ausnützung seiner Mußestunden und gibt ihm mit der in der Erholung üblichen Sorgfalt irgendeine Gestalt. Er formt es zum Bild eines Menschen
14 oder macht es irgendeinem ganz
gewöhnlichen Tier ähnlich. Dann bestreicht er es mit Mennig und färbt seine Haut mit roter Schminke und übermalt jeden Flecken an ihm.
15 Dann verfertigt er ihm ein pas-
sendes Gehäuse, stellt es an der Wand auf, an der er es mit einem Nagel befestigt.
16 So sorgt er dafür, daß es nicht
umfalle. Denn er weiß, daß es sich selbst nicht helfen kann, weil es nur ein Bild ist und der Unterstützung bedarf.
17 Wenn er aber um Hab und Gut,
für Frau und Kind beten will, dann scheut er sich nicht, das leblose Ding anzureden. Und um Gesundheit ruft er das Kraftlose an,
18 um Leben bittet er das Tote, um
Hilfe fleht er das Ohnmächtige an, um gute Reise etwas, was keinen Fuß gebrauchen kann,
19 für Erwerb, Arbeit und Erfolg
im Handwerk begehrt er Kraft von dem, dessen Hände kraftlos sind.

14 1 Ein anderer wieder, der eine
Seereise unternimmt und wilde Wogen durchfahren will, ruft ein Holz an, das gebrechlicher ist als das Fahrzeug, das ihn trägt.
2 Denn dieses hat der Trieb nach
Erwerb ersonnen, und die Weisheit eines Künstlers hat es gebaut.
3 Deine Vorsehung aber, o Vater,
steuert es; denn du gabst auch im Meer einen Weg und in den Wogen einen sicheren Pfad.
4 Du zeigtest dadurch, daß du aus
jeder Lage erretten kannst, damit einer auch ohne Fertigkeit ein Schiff besteige.
5 So willst du aber, daß die Werke
deiner Weisheit nicht unbenützt bleiben. Darum vertrauten die Menschen auch einem winzigen Holz ihr Leben an und bleiben, auf einem Floß die Wogen durchschiffend, wohlbehalten.
6 So hatte sich auch in der Urzeit,
als die übermütigen Riesen umkamen, die Hoffnung der Welt auf ein Floß geflüchtet und der Welt den Samen eines neuen Geschlechtes hinterlassen, da deine Hand es steuerte.
7 Denn gesegnet ist das Holz, das
gerechten Zwecken dient.
8 Das von Menschenhand verfer-
tigte Götzenbild aber ist verflucht, es

→13,10 – 14,11 *(Der Kult der Götzenbilder)* Die Polemik gegen die Götzenbilder war in der griechischen Philosophie und noch mehr in der jüdischen Propaganda gang und gäbe, vgl. Bar 6; Js 40,20+ und die „Sibyllinischen Weissagungen“.

→13,10 *tote Dinge* Die Kräfte der Natur waren wenigstens lebendig und nützlich, die Götzenbilder sind ohnmächtig und tot. Gott dagegen ist „der Lebendige“.

→13,11f Eine Beschreibung, die darauf zielt, das Götzenbild lächerlich zu machen: Das Material ist Abfallholz, der Künstler ein gewöhnlicher Handwerker, die Arbeit ohne Sorgfalt gemacht.

→13,13 *Mußestunden* Andere Lesart: „Arbeitsstunden“.

→13,13 *mit der in der Erholung üblichen Sorgfalt* Ironisch gemeint. Andere Lesart: „Mit sachverständiger Sorgfalt“.

→14,1 *ein Holz* Eine Figur am Bug oder Heck des Schiffes, die eine Schutzgottheit abbildet.

→14,2 *die Weisheit eines Künstlers* Das handwerkliche Geschick als Frucht der Weisheit, 8,6; Ex 31,3; 35,31.

→14,3 *Vorsehung* Der Begriff, der hier zum erstenmal in G erscheint, ist der griechischen Philosophie und Literatur entnommen. Die Vorstellung ist jedoch biblisch, Ps 145,8.9.15.16; 147,9 usw.

→14,6 *ein Floß* Die Arche des Noach.

→14,7 *das gerechten Zwecken dient* Das zum Vollzug der Pläne Gottes dient. Manche Kirchenväter haben diese Stelle auf das Kreuzesholz angewandt.

selbst und der es gebildet hat. Dieser, weil er es angefertigt hat, jenes, weil es als vergängliches Ding Gott genannt wurde.

9 Denn Gott sind in gleicher Weise der Gottlose und sein gottloses Werk verhaßt.

10 Wird doch das Werk samt seinem Bildner gestraft.

11 Deshalb ergeht auch über die Götzen der Heiden ein Gericht, weil sie in der Schöpfung Gottes zum Greuel geworden sind, zum Ärgernis für die Seelen der Menschen und zum Fallstrick für die Füße der Toren.

Ursprung des Götzenbilderkultes

12 Denn Anfang der Hurerei ist das Ersinnen von Götzenbildern; derlei Erfindung aber ist Untergang des Lebens.

13 Sie waren ja weder von Anfang da, noch werden sie ewig bleiben.

14 Nur durch den törichten Wahn der Menschen sind sie in die Welt gekommen; deshalb ist ihnen auch ein jähes Ende zugedacht.

15 Durch allzu frühe Trauer verzehrt, ließ ein Vater von dem so rasch entrissenen Kind ein Bild machen, verehrte den nunmehr toten Menschen wie einen Gott und ordnete für die Untergebenen geheimen Kult und Weihen an.

16 Dann erstarkte im Laufe der Zeit die gottlose Sitte und wurde wie ein Gesetz beobachtet;

17 auf Befehl von Gewalthabern wurde das Schnitzwerk göttlich verehrt. Von denen, welche die Menschen nicht von Angesicht ehren konnten, weil sie weit entfernt wohnten, machten sie sich aus der Ferne eine Vorstellung von ihrer Gestalt, fertigten sich ein kenntliches Bild von dem verehrten König an, um dem Abwesenden mit Eifer so huldigen zu können, als ob er anwesend wäre.

18 Zur Steigerung der Verehrung trieb der Ehrgeiz des Künstlers auch solche an, die ihn gar nicht kannten.

19 Denn dieser bot, um dem Machthaber zu gefallen, seine ganze Kunst auf, die Ähnlichkeit noch schöner zu gestalten.

20 Die Menge aber, von der Anmut des Kunstwerkes hingerissen, hielt nun den, der kurz zuvor noch als Mensch geehrt worden war, für einen Gegenstand der Anbetung.

21 Dies gereichte dem Leben zum Verderben, daß die Menschen unter dem Druck eines Unglücks oder eines Machthabers den unmitteilbaren Namen Stein und Holz beilegten.

Folgen des Götzenbilderkultes

22 Es blieb aber nicht dabei, daß sie in der Erkenntnis Gottes irrten, sondern die in dem großen Krieg der Unwissenheit dahinleben, nennen noch solche Übel Frieden.

23 Da sie kindermörderische Opfer oder verborgene Geheimkulte oder tolle Gelage mit absonderlichen Bräuchen feiern,

24 bewahren sie weder das Leben noch die Reinheit der Ehen, sondern einer tötet meuchlings den andern oder kränkt ihn durch Ehebruch.

25 Alles ohne Unterschied beherrscht Blut und Mord, Diebstahl und Betrug, Entehrung und Treulosigkeit, Aufruhr und Meineid, Beunruhigung der Guten,

26 Vergessen der Wohltaten, Be-

→1411 *ein Gericht* Wörtlich: eine Heimsuchung, vgl. Ex 316+.
→1412 *Hurerei* Wahrscheinlich im Sinne von Glaubensabfall verstanden, vgl. Hos 12+.
→1412 *Untergang des Lebens* Die Verwirrung der Vernunft hat Entartung in der sittlichen Lebensführung nach sich gezogen, vgl. Röm 124–32; Eph 417–19.
→1413 *weder von Anfang da* Der Monotheismus ging dem Polytheismus voraus; gleiche Vorstellung wie in Gn.
→1414 *sind sie in die Welt gekommen* Andere Lesart: „ist der Tod in die Welt gekommen".
→1415 *Kult und Weihen* Die religiösen Riten, die zur Ehrung des neuen Gottes bestimmt sind. Aus dem klassischen Altertum ist uns der Bericht ähnlicher Vorgänge überliefert.
→1417 *Bild von dem verehrten König* In hellenistischer Zeit war es üblich, vor allem in Ägypten, den Herrschern und auch hohen Persönlichkeiten noch zu ihren Lebzeiten göttliche Verehrung zu erweisen.
→1421 *dem Leben* Oder: „der Welt".
→1421 *unter dem Druck eines Unglücks oder eines Machthabers* Zu diesen beiden Fällen vgl. v. 15f und v. 17–20. Der ganze Abschnitt, v. 14–20, ist von der Theorie des epikureischen Philosophen Euhemeros beeinflußt.
→1422 *in dem großen Krieg* Der Kampf im Innern, vgl. 57.13, durch die Entfesselung der Leidenschaften als Folge des religiösen Irrtums, vgl. 1412+; der Kampf im Äußeren als Folge der Wirren, die durch diese Leidenschaften in der menschlichen Gesellschaft entstehen.
→1423 Anspielung auf die orgiastischen Begehungen der dionysischen Mysterienkulte oder auf die grausame Wildheit und Unsittlichkeit der phrygischen Mysterienkulte.

fleckung der Seelen, Vertauschung der
Geschlechter, Zerrüttung der Ehen,
Ehebruch und Ausschweifung.
27 Denn die Verehrung der namen-
losen Götzen ist aller Übel Anfang,
Ursache und Ende.
28 Rasen sie doch bei ihren Lust-
barkeiten oder weissagen Lüge oder
führen ein gottloses Leben oder schwö-
ren leichtfertig falsche Eide.
29 Auf die Leblosigkeit ihrer Götzen
vertrauend, erwarten sie, daß sie kei-
nen Schaden leiden, wenn sie falsch
schwören.
30 Dennoch wird sie die gerechte
Strafe für beides treffen, daß sie, den
Göttern ergeben, verkehrte Vorstel-
lungen von Gott hatten und daß sie
aus Mißachtung der Frömmigkeit in
Arglist falsch geschworen haben.
31 Denn nicht die Macht derer, bei
denen sie schwören, sondern die den
Sündern gebührende Strafe folgt stets
den Übertretungen der Frevler nach.

Israel dient nicht den Götzenbildern

15 1 Du aber, unser Gott, bist gütig
und getreu; langmütig und in
Erbarmen regierst du das All.
2 Auch wenn wir sündigen, sind
wir dein, da wir deine Macht kennen.
Wir wollen aber nicht sündigen, weil
wir wissen, daß wir dir zugezählt sind.
3 Denn dich erkennen, ist vollkom-
mene Gerechtigkeit, und um deine
Macht wissen, ist Wurzel der Unsterb-
lichkeit.
4 Uns hat ja weder die schlimme
Erfindung der Menschen irregeführt
noch auch die unnütze Arbeit der
Maler, eine mit bunten Farben be-
schmierte Gestalt,
5 deren Anblick in dem Toren Be-
gierden weckt, daß er nach der leb-
losen Gestalt eines toten Bildes ver-
langt.
6 Liebhaber des Bösen und würdig
solcher Hoffnungen sind, die sie an-
fertigen, nach ihnen verlangen und sie
verehren.

Torheit der Götzenbildner

7 Da müht sich ein Töpfer ab, den
Ton durch Kneten geschmeidig zu
machen, und formt daraus allerlei zu
unserem Gebrauch. Aus dem gleichen
Ton aber bildet er sowohl Gefäße, die
anständigen Zwecken dienen, als auch
solche für das Gegenteil, alle in gleicher
Weise. Welchem Zweck aber ein jedes
von ihnen dienen soll, bestimmt der
Töpfer.
8 Und so bildet er mit übel ange-
wandter Mühe aus dem gleichen Ton
einen nichtigen Gott, er, der kurz vor-
her selbst aus Erde entstand und nach
kurzer Zeit zu ihr zurückkehrt, woher er
genommen ist, wenn das Darlehen der
Seele von ihm zurückgefordert wird.
9 Aber das macht ihm keine Sorge,
daß er bald dahinsinken wird und ihm
nur ein kurzes Leben beschieden ist.
Vielmehr wetteifert er mit Gold-
arbeitern und Silberschmieden und
ahmt den Erzgießer nach und macht
sich eine Ehre daraus, Trugbilder anzu-
fertigen.
10 Asche ist sein Herz und nichtiger
als Staub seine Hoffnung und wert-
loser als Lehm sein Leben,
11 weil er den nicht erkannte, der ihn
gebildet und ihm eine tätige Seele ein-
gehaucht und den Lebensodem einge-
blasen hat.
12 Er meinte vielmehr, unser Dasein
sei ein Spiel und unser Leben ein
gewinnbringender Jahrmarkt. Denn
man müsse, so sagt er, woher auch
immer, selbst aus dem Bösen, Gewinn
ziehen.
13 Ein solcher weiß ja besser als alle,
daß er sündigt, wenn er aus dem glei-
chen irdenen Stoff zerbrechliche Ge-
fäße und Götzenbilder formt.

Torheit der Ägypter: Ihr allgemeiner Götzendienst

14 Alle aber sind ganz unverständig,
und elender als die Seele eines Kindes
sind die Feinde deines Volkes, die es
bedrücken,

→14 27 *der namenlosen Götzen* D. h. der nichtigen, der nicht existierenden Götzen. Vielleicht auch: der Götzen, die man nicht nennen darf, vgl. Ex 23 13.

→15 7–13 *(Torheit der Götzenbildner)* Nachdem der Verfasser mit den Götzenbildern abgerechnet hat, wendet er sich jetzt denen zu, die sie herstellen. Er stellt einen Töpfer vor, der kleine Götterbilder modelliert; in der hellenistischen Welt gab es viele solche Leute.

→15 9 *wetteifert er* Ein solcher „Töpfer" macht sich lächerlich, daß er mit den Künstlern in Wettstreit treten will, die ihr Talent an ein edleres Material verwenden.

→15 12 *Er meinte* Andere Lesart: „Sie meinten".

→15 14 *Alle aber sind ganz unverständig* Andere Lesart: „Aber die Unverständigsten von allen".

→15 14 *eines Kindes* Ein Kind kann leicht verführt werden.

→15 14 *die Feinde deines Volkes* Nach einer langen Abschweifung, 13 1 – 15 13, kommt der Verfasser wieder auf die Ägypter zu sprechen, die „Bedrücker" Israels in der Zeit vor dem Auszug und auch noch zur Zeit der Ptolemäer.

15 weil sie sogar alle Götzen der Völker für Götter hielten, die weder Augen zum Sehen haben noch Nasen zum Einatmen der Luft, noch Ohren zum Hören, noch Finger an den Händen zum Tasten, und deren Füße zum Gehen untauglich sind.

16 Hat sie doch ein Mensch gemacht, und einer, dem der Odem selbst nur geliehen ist, hat sie geformt. Kein Mensch vermag ja einen Gott zu bilden, der auch nur ihm selbst gleich wäre.

17 Als Sterblicher kann er mit ruchlosen Händen nur Totes schaffen. Er selbst ist vollkommener als die Gegenstände, die er anbetet, weil er Leben hat, jene aber nicht.

18 Sogar die widerwärtigsten Tiere verehren sie, die, nach der Dummheit verglichen, noch schlechter sind als die andern.

19 Auch schön sind sie nicht, daß man an ihnen, wie sonst beim Anblick von Tieren, Gefallen haben könnte. Vielmehr sind sie des Lobes Gottes und seines Segens verlustig gegangen.

Ägypten und Israel: Unheilstiere und Wachteln

16 1 Deshalb wurden die Ägypter mit Recht durch ähnliche Wesen gestraft und durch eine Menge von Ungeziefer gequält.

2 Deinem Volk aber erwiesest du Wohltaten statt dieser Züchtigung. Auf ihr heftiges Verlangen hin gabst du als außerordentliche Kost Wachteln zur Nahrung.

3 Jene sollten, wenn sie nach Speise verlangten, wegen des scheußlichen Aussehens der (gegen sie) gesandten Tiere selbst die notwendige Eßlust verlieren, diese aber, nach einer kurzen Entbehrung, sogar eine wunderbare Speise empfangen.

4 Denn über jene, die Unterdrücker, sollte ein unabwendbarer Mangel kommen; diesen aber sollte nur gezeigt werden, wie sehr ihre Feinde gequält wurden.

Ägypten und Israel: Heuschrecken und eherne Schlange

5 Auch damals, als über sie die grimme Wut der wilden Tiere kam und sie durch die Bisse der sich ringelnden Schlangen umzukommen drohten, währte dein Zorn nicht bis zum Ende.

6 Vielmehr wurden sie nur zur Warnung auf kurze Zeit in Schrecken gesetzt und erhielten ein Zeichen der Rettung zur Erinnerung an die Gebote deines Gesetzes.

7 Denn wer sich hinwandte, wurde gerettet, nicht durch das Geschaute, sondern durch dich, den Retter aller.

8 Auch dadurch bewiesest du unsern Feinden, daß du es bist, der aus jedem Leid erlöst.

9 Jene töteten die Bisse der Heuschrecken und Stechfliegen, und es fand sich kein Heilmittel für ihr Leben, weil sie es verdient hatten, durch solche Wesen gezüchtigt zu werden.

10 Deinen Söhnen aber konnten nicht einmal die Zähne giftspritzender Schlangen schaden; denn dein Erbarmen trat dagegen auf und heilte sie.

11 Nur um sie an deine Satzungen wieder zu erinnern, wurden sie gestochen und alsbald wieder geheilt, damit sie nicht in tiefes Vergessen verfielen und von deinem Wohltun abgezogen würden.

→1515 *alle Götzen der Völker* Sie begnügten sich nicht damit, ihre Götter anzubeten, sondern übernahmen auch noch die Götter anderer Völker.

→1519 *seines Segens verlustig* Am Anfang der Schöpfung hatte Gott die lebendigen Geschöpfe gesegnet, Gn 122.28; 23. Nach dem Fall wurde die Schlange verflucht, Gn 314–15. Die Tiergottheiten der Ägypter verdienen dieselbe Verdammung.

→161 – 1922 Den Schlußteil des Buches bildet eine ausführliche Gegenüberstellung, die bereits in 115–14 begonnen hatte, von den Ägyptern und den Israeliten. Beim Auszug bringt das, was für die ersten zum Verderben wird, den zweiten Heil; die einen verfallen in ihrer Verhärtung dem Gesetz der Wiedervergeltung, die anderen bleiben in ihrer Treue Ziel des göttlichen Erbarmens. Diese Kapitel, die manche Einzelheit zur Erzählung von Ex hinzufügen und diese frei deuten (Israels Untreue und Bestrafung wird gemildert, Gottes Entgegenkommen gegenüber seinem Volke hervorgehoben), sind eine Art *midrasch* (rabbinische Schrifterklärung).

→163 *wegen des scheußlichen Aussehens* Andere Lesart: „(Speise, die) gezeigt wurde (von den gegen sie gesandten Tieren)“. Es geht um die Frösche, Ex 727–29; 82.

→166 *ein Zeichen* Andere Lesart: „einen Ratgeber“.

→167 Der Verfasser deutet Nm 214–9 im Sinne eines Hulderweises. Er scheint vorauszusetzen, daß das „Zeichen der Rettung“ schon bestand, als die Schlangen erschienen. Er betont, daß die eherne Schlange keinerlei Macht von sich aus besaß, und sieht in ihr die Erinnerung an das Gesetz und das Zeichen für ein von Gott gegebenes „universales“ Heil.

12 Denn weder Kraut noch Pflaster
machte sie gesund, sondern dein Wort,
o Herr, das alles heilt.
13 Du hast ja Gewalt über Leben
und Tod, führst hinab zu den Pforten
der Unterwelt und wieder herauf.
14 Ein Mensch kann wohl in seiner
Bosheit einen Menschen töten, aber
den entflohenen Geist bringt er nicht
mehr zurück und befreit nicht die (in
den Hades) aufgenommene Seele.

Ägypten und Israel: Die Elemente

15 Deiner Hand zu entrinnen, ist
unmöglich.
16 Gottlose, die leugneten, dich zu
kennen, wurden durch die Macht deines Armes gezüchtigt; sie wurden
durch ungewöhnliche Regengüsse,
durch Hagel und furchtbare Gewitter
verfolgt und durch Feuer verzehrt.
17 Und was das seltsamste war: in
dem Wasser, das sonst alles löscht, wütete das Feuer weit heftiger; denn die
Schöpfung kämpft für den Gerechten.
18 Bald wurde die Flamme bezähmt,
damit sie nicht die gegen die Gottlosen
gesandten Tiere verbrenne, sie selbst
aber klar erkennten, daß sie durch
Gottes Gericht verfolgt würden.
19 Bald brannte sie selbst mitten im
Wasser über die gewohnte Macht des
Feuers hinaus, um die Erzeugnisse
des gottlosen Landes zu vernichten.
20 Statt dessen nährtest du dein
Volk mit Engelsspeise und reichtest
ihnen unermüdlich fertiges Brot vom
Himmel, das jeglichen Genuß gewährte
und jedem Geschmack entsprach.
21 Denn deine Gabe offenbarte den
Kindern gegenüber deine Süßigkeit,
indem sie dem Begehren dessen entgegenkam, der sie genoß, und sich in
das verwandelte, was jeder wollte.
22 Schnee und Eis widerstanden
dem Feuer und schmolzen nicht, damit man merkte, daß das Feuer, das
im Hagel brannte und in den Regengüssen blitzte, nur die Früchte der
Feinde vernichtete,
23 daß es hinwieder seine eigene
Kraft vergaß, damit Gerechte ernährt
würden.
24 Denn die Schöpfung, die dir, ihrem Schöpfer, untertan ist, wird zur
Bestrafung der Sünder gesteigert, und
wird gemäßigt, um denen wohlzutun,
die auf dich vertrauen.
25 Deshalb hat sie auch damals, in
alles sich wandelnd, deiner allernährenden Gabe nach dem Wunsch der
Bittenden gedient.
26 Deine Söhne, die du liebst, o
Herr, sollten erfahren, daß nicht die
mannigfachen Arten der Früchte den
Menschen ernähren, sondern daß dein
Wort die erhält, die auf dich vertrauen.
27 Was nämlich das Feuer nicht
vernichten konnte, schmolz sogleich,
wenn es von einem flüchtigen Sonnenstrahl erwärmt wurde.
28 Es sollte daraus erkannt werden,
daß man der Sonne mit der Danksagung gegen dich zuvorkommen und
schon gegen Aufgang des Lichtes vor
dir erscheinen müsse.
29 Denn die Hoffnung der Undankbaren schmilzt wie der Winterreif und
verrinnt wie unbrauchbare Wasser.

Ägypten und Israel: Finsternis und Licht

17 1 Denn groß sind deine Gerichte
und unerforschlich, daher verfielen unbelehrbare Seelen dem Irrtum.
2 Die Ruchlosen hatten nämlich
geglaubt, ein heiliges Volk unterdrücken zu können, nun mußten sie,

→16,12 *alles* Andere Lesart: „alle".
→16,13 Der Verfasser spricht hier die absolute Herrschaft Gottes über Leben und Tod aus, nicht nur in dem Sinne, daß er nach seinem Gutdünken aus Todesgefahr befreien kann, vgl. Js 38,10–17; Ps 9,14; 107,18f, sondern anscheinend auch in dem tieferen Sinne, daß er die zur Scheol hinabgestiegene Seele wieder ins leibliche Leben zurückführen kann, vgl. 1 Kg 17,17–23; 2 Kg 4,33–35; 13,21.
→16,20 *Engelsspeise* Das Manna, das „Brot der Engel", vgl. Ps 78,25, das „wie Honigkuchen schmeckte", Ex 16,31, und das die „Süßigkeit" Gottes symbolisierte, v. 21; Ps 34,9; 119,103. Vers 21 greift auf eine weitere Ausgestaltung der jüdischen Mannalegende zurück. Die Fronleichnamsliturgie verwendet diese Texte zum Lobpreis des eucharistischen Brotes.
→16,22 *Schnee und Eis* Ebenfalls das Manna, das in Ex 16,14 mit dem Reif und in Nm 11,7 (G) mit Eis verglichen wird, vgl. Weish 19,21.
→16,22 *dem Feuer* Herdfeuer, vgl. Nm 11,8.
→16,28 *gegen Aufgang des Lichtes vor dir erscheinen* So war es jüdische Gebetssitte.
→17,1 *unbelehrbare Seelen* Die Ägypter.
→17,2 *in Finsternis gefangen* Anspielung auf die „neunte Plage". Im folgenden *midrasch* tauchen verschiedenartige Elemente auf: biblische Erzählung, jüdische Legenden, rabbinische Spekulationen, die sich auch bei Philo finden, eigene Vorstellungen und Überlegungen des Verfassers. Griechische Geistesart wird auch hier – im Interesse für literarische Darstellung, v. 3f, 16–18, und im Suchen nach Gründen, v. 10–12 – spürbar. In der griechischen Literatur gab es übrigens zahlreiche „Fahrten in die Unterwelt", von denen der Autor beeinflußt sein mag.

in Finsternis gefangen und von einer
langen Nacht gefesselt, daliegen, eingeschlossen in ihre Häuser, verbannt von der ewigen Vorsehung.
3 Während sie sich bei ihren geheimen Sünden verborgen wähnten unter dem dunklen Schleier der Vergessenheit, wurden sie zerstreut, in furchtbaren Schrecken versetzt und durch Trugbilder von Entsetzen ergriffen.
4 Denn nicht einmal der Winkel, der sie umfing, bewahrte sie vor Furcht, sondern schreckenerregende Geräusche umbrausten sie, und es erschienen düstere Gespenster mit finsteren Gesichtern.
5 Keines Feuers Macht vermochte Licht zu schaffen, noch konnten die leuchtenden Flammen der Gestirne jene schauerliche Nacht erhellen.
6 Nur ein von selbst entzündetes, furchterregendes Feuer leuchtete ihnen. In ihrer Angst hielten sie, wenn jene Erscheinung verschwand, das Geschaute für schlimmer, als es war.
7 Machtlos waren die Gaukeleien der Zauberkünstler, und die Probe auf das Wissen, mit dem sie prahlten, fiel jämmerlich aus.
8 Denn sie, die Schrecken und Angst von kranken Gemütern zu bannen versprachen, krankten selbst an lächerlicher Furcht.
9 Denn wenn auch gar nichts Furchtbares vorhanden war, das sie hätte erschrecken können, so wurden sie doch durch vorüberlaufendes Getier oder durch zischende Schlangen aufgescheucht und kamen fast vor Schrecken um und wollten nicht einmal die Luft sehen, der man doch nirgends entrinnen kann.
10 Die Bosheit erweist sich als feige und spricht sich selbst das Urteil. Durch das böse Gewissen bedrängt, nimmt sie stets das Schlimmste an.
11 Denn Furcht ist nichts anderes als der Verzicht auf die von der Überlegung gebotenen Hilfsmittel.
12 Je geringer aber im Herzen die Erwartung (der Hilfe) ist, für um so schlimmer hält sie die Unkenntnis über die Ursache, welche die Qual veranlaßt.
13 Jene aber, welche die ohnmächtige, aus den Tiefen des ohnmächtigen Hades heraufgekommene Nacht ebenso (wie jede andere Nacht) schlafend verbringen wollten,
14 wurden teils durch schreckliche Gespenster verfolgt, teils durch die Verzagtheit der Seele gelähmt; denn plötzliche und unerwartete Furcht kam über sie.
15 So wurde jeder dort, wo er hinsank, festgehalten, in einem Kerker ohne Riegel eingeschlossen.
16 Denn mochte es ein Landmann oder ein Hirt oder Taglöhner sein, der an einem einsamen Ort beschäftigt war, von ihr überrascht, erlag er dem unentrinnbaren Zwang.
17 Sie alle waren durch die eine Kette der Finsternis gefesselt. War es nun das Säuseln des Windes oder der liebliche Gesang der Vögel im dichten Laubwerk oder das Rauschen eines mächtig strömenden Wassers
18 oder das wilde Getöse herabstürzender Felsblöcke oder das unsichtbare Laufen hüpfender Tiere oder das Geheul brüllender wilder Bestien oder das aus den Schluchten der Berge zurückgeworfene Echo, alles versetzte sie in Schrecken und lähmte sie.
19 Denn die ganze übrige Welt erstrahlte in glänzendem Licht und konnte sich unbehindert der Arbeit widmen.
20 Nur über jene lag tiefe Nacht ausgebreitet, ein Bild der Finsternis, die sie (einst) aufnehmen sollte. Aber sie selbst waren sich mehr zur Qual als die Finsternis.

18 1 Deine Heiligen aber befanden sich im hellsten Licht. Als jene ihre Stimme hörten, aber die Gestalten nicht sahen, priesen sie diese glücklich, daß sie nicht gelitten haben.
2 Sie dankten, daß sie ihnen trotz der Mißhandlungen nicht schadeten, und baten um Verzeihung wegen ihrer Anfeindung.
3 Ihnen aber gabst du eine feuer-

→17,3 *bei ihren geheimen Sünden verborgen* Wahrscheinlich Anspielung auf 14,23, vgl. Ib 24,13f; Ps 10,8–11; 19,13; Js 29,15. Eine weitere Anwendung des Gesetzes der Wiedervergeltung, vgl. 11,16; 18,4: Die materielle Finsternis ist Strafe für die sittliche Finsternis.
→17,3 *zerstreut* Andere Lesart: „verfinstert".
→17,7 Vgl. Ex 7,11.22; 8,3 und Ex 8,14; 9,11.
→17,10 Das Nachdenken schaltet eingebildete Ursachen der Angst aus; das belastete Gewissen aber bringt den Verstand in Verwirrung und hindert ihn in seiner Tätigkeit.
→17,20 *Finsternis* Die Finsternis der Scheol, des Totenreiches.
→18,1 *daß sie nicht gelitten haben* Andere Lesart: „obwohl sie gelitten haben".
→18,2 *baten um Verzeihung wegen ihrer Anfeindung* Oder: „baten um die Gnade fortzuziehen", vgl. Ex 11,8; 12,33.

flammende Säule als Führerin auf der unbekannten Reise und als nicht schadende Sonne auf der ruhmvollen Wanderschaft.

4 Jene hatten es freilich verdient, des Lichtes beraubt und in Finsternis gefangen zu werden, da sie deine Söhne, durch die der Welt das unvergängliche Licht des Gesetzes gegeben werden sollte, in Gewahrsam gehalten hatten.

Ägypten und Israel: Der Verderber

5 Weil sie beschlossen hatten, die Kinder der Heiligen, von denen ein Kind ausgesetzt, aber gerettet worden war, zu töten, nahmst du ihnen zur Strafe eine Menge ihrer Kinder und ließest sie zusammen in einer gewaltigen Wasserflut untergehen.

6 Jene Nacht ward unsern Vätern im voraus angekündigt, damit sie in sicherer Kenntnis der eidlichen Zusicherungen, denen sie glaubten, guten Mutes seien.

7 So wurde nun von deinem Volke Rettung der Gerechten und Untergang der Feinde erwartet.

8 Denn womit du die Gegner strafst, damit hast du uns verherrlicht, indem du uns riefst.

9 Im geheimen opferten ja die frommen Söhne trefflicher Eltern und verpflichteten sich einmütig auf das göttliche Gesetz, daß die Heiligen in gleicher Weise an den gleichen Gütern und an den gleichen Gefahren teilnehmen sollten, indem sie schon im voraus die Lobgesänge der Väter anstimmten.

10 Es antwortete ihnen das mißtönende Geschrei der Feinde, und dazwischen hindurch tönte das Wehklagen über die beweinten Kinder.

11 Mit der gleichen Strafe wurde der Sklave wie der Herr gezüchtigt, und der gemeine Mann erlitt das gleiche wie der König.

12 Durch die gleiche Todesart hatten alle zahllose Leichen, so daß die Lebenden zum Begraben nicht ausreichten, da mit einem Schlage ihre vornehmsten Sprößlinge dahingerafft wurden.

13 Die bei allem wegen der Zauberkünste ungläubig geblieben waren, bekannten nun beim Untergang der Erstgeborenen, daß das Volk Sohn Gottes sei.

14 Denn während tiefes Schweigen alles umfing und die Nacht in ihrem schnellen Laufe bis zur Mitte vorgerückt war,

15 da sprang sein allmächtiges Wort vom Himmel her, vom königlichen Thron, gleich einem wilden Krieger mitten in das dem Verderben geweihte Land.

16 Als scharfes Schwert trug er seinen unwiderruflichen Befehl, und dastehend erfüllte er alles mit Tod; er berührte den Himmel, während er auf der Erde dahinschritt.

17 Damals wurden sie plötzlich durch Traumgebilde furchtbar in Schrecken gesetzt, und es überfiel sie unerwartete Angst.

18 Der eine stürzte hier, der andere dort halbtot nieder und tat kund, welches die Ursache seines Todes sei.

19 Denn die Träume, die sie schreckten, hatten es zuvor angezeigt, damit sie nicht umkämen, ohne zu wissen, warum sie so Übles erlitten.

20 Wohl traf auch die Gerechten eine Prüfung des Todes, und eine große Menge wurde in der Wüste dahingerafft; aber der Zorn währte nicht lang.

→185 *Weil sie beschlossen hatten* Bei seinem Bemühen, eine Verbindung zwischen dem Kindermordbefehl des Pharaos, Ex 116.22, und der Plage der Tötung der Erstgeburt herzustellen, ist der Verfasser vielleicht von Ex 422–23 beeinflußt.

→186 *unsern Vätern im voraus angekündigt* Den Israeliten der Auszugsgeneration, Ex 114–7, oder wahrscheinlicher den Patriarchen, denen Gott verheißen hatte, ihre Nachkommen aus der Knechtschaft Ägyptens zu befreien, Gn 1513–14; 463–4.

→188 Durch die Tötung der Erstgeburt Ägyptens, durch die Feier des Pascha und durch den Exodus wurde Israel endgültig als das Volk Gottes bezeichnet, vgl. Dt 76+.

→189 *opferten* Das Pascha wird Opfer genannt, Ex 1227; Nm 97; Dt 165. „Geheim" heißt es, weil das Pascha im Innern der Häuser gefeiert wurde, Ex 1246.

→189 *das göttliche Gesetz* Andere Lesart: „das heilige Gesetz".

→189 *die Lobgesänge* Der Verfasser stellt sich das erste Pascha nach dem Bild der späteren Paschafeste vor, bei denen man das *Hallel* sang, Ps 113–118.

→1813 *bei allem* Oder: „lange Zeit", vgl. Ex 711–13.22; 83.11.

→1815 *Wort* Das Wort Jahwes wird als Vollstrecker der Gottesgerichte personifiziert, vgl. Hos 65; Js 5511; Jr 2329; Ps 336; 14715.18; 1488, ferner Hebr 22. Die Liturgie von Weihnachten wendet diesen Text auf die Menschwerdung des Wortes an.

→1817 *Damals* Das Folgende hat keine Verbindung zur Erzählung vom Auszug.

→1817 *sie* Die Erstgeborenen der Ägypter.

→1820 *eine Prüfung des Todes* Der Aufruhr des Korach, Datan und Abiram, der mit ihrem Tode bestraft wurde.

21 Denn alsbald trat ein untadeliger Mann als Vorkämpfer auf, indem er die Waffe seines Amtes trug, Gebet und sühnendes Räucherwerk. Er trat dem Zorn entgegen und machte der Plage ein Ende. So bewies er, daß er sein Diener war.

22 Nicht durch Körperkraft noch durch Gewalt der Waffen besiegte er den Unwillen, sondern durch ein Wort unterwarf er den Züchtiger, indem er an die den Vätern geschworenen Eide und an die Bündnisse erinnerte.

23 Denn als die Toten schon haufenweise aufeinanderlagen, trat er dazwischen und wehrte dem Wüten und versperrte ihm den Weg zu den Lebenden.

24 Auf seinem herabwallenden Gewand war ja die ganze Welt dargestellt, der Väter erlauchte Namen auf den vier Reihen geschnittener Steine und deine Herrlichkeit auf dem Diadem seines Hauptes.

25 Davor wich der Verderber zurück, das scheute er; denn es genügte schon eine Probe des Zornes.

Ägypten und Israel: Das Rote Meer

19 1 Über die Gottlosen aber kam bis zum Ende unerbittlicher Zorn. Denn er wußte auch ihr zukünftiges Verhalten voraus,

2 daß sie nämlich, obgleich sie selbst zum Auszug gedrängt und sie eilends entlassen hatten, sich bald anders besinnen und sie verfolgen würden.

3 Während sie noch mit ihrer Trauer beschäftigt waren und an den Gräbern der Toten noch klagten, faßten sie schon einen andern törichten Entschluß und verfolgten die wie Flüchtlinge, die sie mit flehentlichem Bitten fortgeschickt hatten.

4 Es trieb sie das verdiente Verhängnis zu diesem Ende und ließ sie das Geschehene vergessen, damit sie die an ihren Plagen noch fehlende Züchtigung vollständig machten

5 und damit dein Volk eine wunderbare Wanderung ausführte und jene einen ungewöhnlichen Tod fänden.

6 Denn die ganze Schöpfung wurde in ihrem Wesen aufs neue gestaltet, um ganz besonderen Befehlen zu gehorchen, damit deine Kinder unversehrt erhalten blieben.

7 Es erschien die Wolke, die das Lager überschattete, und es tauchte trockenes Land auf, wo vorher Wasser war, ein unversperrter Weg aus dem Roten Meer und eine grünende Flur aus der reißenden Flut.

8 Darüber zogen mit allem Volk die von deiner Hand Beschirmten, staunenswerte Wunder schauend.

9 Wie Rosse weideten sie und hüpften wie Lämmer, dich preisend, o Herr, als ihren Retter.

Die Natur, die für Israel wiederhergestellt wurde

10 Denn sie gedachten noch der Erlebnisse im fremden Land, wie statt der Erzeugung durch Tiere die Erde Mücken hervorbrachte und statt der Wassertiere der Fluß eine Menge Frösche ausspie.

11 Später sahen sie auch ein neues Entstehen von Vögeln, als sie, durch Lüsternheit verleitet, nach Leckerbissen verlangten.

12 Denn zur Befriedigung der Lust stiegen Wachteln vom Meer herauf.

Ägypten, schuldiger als Sodom

13 Auch die Strafen kamen über die Sünder nicht, ohne daß Zeichen durch heftige Donnerschläge vorausgegangen waren. Denn sie litten mit Recht für ihre bösen Taten. Hatten sie doch einen besonders schlimmen Fremdenhaß betätigt.

14 Andere nahmen unbekannte Ankömmlinge nicht auf; diese aber machten wohlverdiente Gäste zu Sklaven.

→1821 *ein untadeliger Mann* Aaron.
→1822 *ein Wort* Ein Wort des Gebetes.
→1824 *die ganze Welt dargestellt* Auf dem langen Gewand des Hohenpriesters war das Weltall symbolisch dargestellt.
→1824 *Väter* Die zwölf Söhne Jakobs, nach denen die zwölf Stämme genannt waren.
→1824 *Diadem* Auf dem Goldblech am Priesterturban stand die Inschrift: „Heilig für Jahwe".
→1825 *der Verderber* Vielleicht ein Engel, wie in 1 Chr 2115f, vgl. Ex 1223; 1 Kor 1010.
→1825 *scheute er* Andere Lesart: „scheuten sie".
→195 *ausführte* Andere Lesart: „versuchte".
→196 Jetzt zeigt der Verfasser, wie durch das Eingreifen Gottes zu Israels Gunsten selbst die Naturelemente gewissermaßen ihr Wesen gewechelt haben.
→1912 Der Verfasser nimmt Nm 1131 wörtlich: Die Wachteln stiegen vom Meer auf (wie die Stechmücken vom Erdboden).
→1914 *Andere* Die Bewohner von Sodom, Gn 19, die gewöhnlich als die allerschlimmsten Frevler galten; der Verfasser schwächt ihr Verbrechen ab und will zeigen, daß die Ägypter jene an Frevelmut noch übertroffen haben.

15 Und nicht nur dies, sondern –
fürwahr, es wird ihrer Rechnung getragen werden – während jene die Fremden gleich anfangs gehässig aufnahmen,
16 empfingen diese sie mit Festlichkeiten und bedrückten sie mit schwerer Fron, nachdem sie der gleichen Rechte teilhaft geworden waren.
17 Sie wurden aber ebenso mit Blindheit geschlagen wie jene an der Tür des Gerechten, als sie, von dichter Finsternis umgeben, jeder den Eingang zu seiner Türe suchte.

Die beim Auszug wiederhergestellte Natur

18 Die Elemente wandeln nämlich sich selbst um, wie bei einem Saiteninstrument die Töne die Art der Melodie ändern, während sie in ihrem Klang sich stets gleichbleiben. Dies läßt sich bei der Betrachtung der Geschehnisse deutlich erkennen.
19 Denn Lebewesen des Landes wurden in Lebewesen des Wassers umgewandelt, und schwimmende Tiere stiegen ans Land.
20 Das Feuer zeigte im Wasser größere Gewalt, und das Wasser vergaß seine löschende Natur.
21 Flammen wiederum verzehrten nicht das Fleisch leicht vergänglicher Wesen, die hineingerieten, noch ließ sich schmelzen die leichtschmelzliche, eisartige himmlische Nahrung.

Schluß

22 Denn in allem hast du, o Herr, dein Volk groß und herrlich gemacht, hast es nie vergessen und bist zu jeder Zeit und an jedem Ort ihm beigestanden.

→19,15 *es wird ihrer Rechnung getragen werden* Es scheint, daß der Verfasser die Bewohner von Sodom entlasten will. Man kann aber auch übersetzen: „Sie werden zur Rechenschaft gezogen werden".
→19,17 *mit Blindheit geschlagen* Rhetorische Darstellung der Plage der Finsternis.
→19,17 *des Gerechten* Lot, 10,6.
→19,19 *Lebewesen des Landes wurden in Lebewesen des Wassers umgewandelt* Die Israeliten und ihr Vieh beim Durchzug durch das Schilfmeer; oder auch die Rosse des ägyptischen Heeres, die in den Wasserfluten versanken.
→19,19 *schwimmende Tiere* Die Frösche, Ex 8,2.

Das Buch Jesus Sirach (Ecclesiasticus)

Vorwort des Übersetzers

1 Vieles und Großes ist uns durch
das Gesetz, die Propheten und die
übrigen ihnen folgenden (Schriftsteller)
geschenkt worden, um deswillen
Israel wegen seiner Bildung und Weis-
heit zu loben ist. 5 Doch sollen nicht
nur solche, die darin zu lesen verste-
hen, sachkundig werden, sondern es
soll, wer sich tiefer hineinversenkt,
auch imstande sein, Außenstehende
durch Wort und Schrift zu fördern.
10 Deshalb hat sich mein Großvater
Jesus – nachdem er sich sorgfältig
mit dem Gesetz, den Propheten und
den übrigen von den Vätern über-
kommenen Schriften befaßt und sich
eine hinreichende Kenntnis davon
verschafft hatte – entschlossen, auch
seinerseits etwas zu schreiben, was
zur Erlangung von Bildung und Weis-
heit dienlich sei. Auf diese Weise
sollte, wer sich diese mit Lust und
Liebe angeeignet hätte, mehr und mehr
wachsen durch ein Leben nach dem
Gesetz.

15 So seid ihr nun gebeten, euch mit
Wohlwollen und Aufmerksamkeit an
die Lektüre zu begeben. 20 Auch
möget ihr Nachsicht üben, wo die –
obzwar mit Sorgfalt vorgenomme-
ne – Übersetzung vielleicht in der
Ausdrucksweise unzulänglich ist.
Denn es ist nicht das gleiche, ob
man etwas im hebräischen Urtext liest
oder ob es in eine andere Sprache über-
tragen wurde. 25 Nicht nur dieses
Buch, auch das Gesetz, die Propheten
und die übrigen Schriften weisen kei-
nen geringen Unterschied auf, wenn
man sie in ihrer Sprache liest.

Nun fand ich, als ich im 38. Jahr
des Königs Euergetes nach Ägypten
kam und mich zu seiner Zeit dort
aufhielt, das Werk einer nicht gerin-
gen Bildung vor. 30 Darum hielt ich
es für notwendig, auch meinerseits
Eifer und Mühe aufzuwenden und
eine Übersetzung dieses Buches an-
zufertigen. So habe ich mich denn
in der Zwischenzeit ohne Rast und
mit Studieneifer darangemacht, zum
Ziel zu kommen und das Buch her-
auszugeben, 35 auch für diejenigen,
die in der Fremde sich hineinver-
tiefen wollen und die sich vorge-
nommen haben, nach dem Gesetz zu
leben.

I. SPRUCHSAMMLUNG

Das Geheimnis der Weisheit

1 1 Alle Weisheit stammt vom Herrn/
und ist bei ihm für immer.

2 Den Sand des Meeres und des
Regens Tropfen / und die Tage der
Vorzeit, wer kann sie zählen?

→(1)–(35) *(Vorwort des Übersetzers)* Das Vorwort des griechischen Übersetzers gehört nicht zum Buch Jesus Sirach im eigentlichen Sinne und wird gewöhnlich nicht als kanonisch angesehen.

→(1) *das Gesetz, die Propheten und die übrigen ihnen folgenden (Schriftsteller)* Die Dreiteilung der hebräischen Bibel, vgl. 1 Makk 12,9+ und die Übersicht, S. XI; ebenso in (5).(20).

→(25) *Euergetes* Wahrscheinlich Ptolemäus VII. Euergetes Physkon (170–117 v. Chr.). Die Zeitangabe entspräche dann dem Jahre 132 v. Chr.

→(25) *das Werk* Wörtlich: „eine Nachbildung, eine Kopie" (andere Lesart: „eine Gelegenheit"). Wahrscheinlich handelt es sich um eine Abschrift der griechischen Bibelübersetzung oder um eine Sammlung von Weisheitsbüchern, die der Übersetzer ergänzen wollte, indem er das Werk seines Großvaters hinzufügte.

→1,1–30 Das erste Kapitel ist eine Folge von Variationen über die Themen am Anfang des Buches Sprüche.

→1,1 *vom Herrn* Mit „Herr" (griechisch: *kyrios*) wird in G gewöhnlich der Name „Jahwe", der nicht ausgesprochen werden durfte, wiedergegeben. Der Übersetzer von Sir verwendet diesen Ausdruck sehr oft, selbst zur Wiedergabe der anderen Gottesnamen.

3 Die Höhe des Himmels, die
Breite der Erde / und die Tiefe des
Meeres, wer kann sie messen?
4 Vor allen Dingen ist die Weisheit
erschaffen / und die verständige Ein-
sicht seit ewig.
6 Die Wurzel der Weisheit, wem
ward sie enthüllt, / und ihre Pläne,
wer hat sie durchschaut?
8 Nur einer ist weise. Gar schauer-
voll ist er, / der da sitzt auf seinem
Throne: 9 der Herr.
Er hat sie geschaffen, erblickt und
gezählt / und sie ausgegossen über all
seine Werke.
10 Auf alles Fleisch gemäß seiner
Freigebigkeit; / denen, die ihn lieben,
spendete er sie.

Die Furcht Gottes

11 Die Furcht des Herrn ist Ehre
und Ruhm, / Fröhlichkeit ist sie und
ein Kranz zur Festfeier.
12 Die Furcht des Herrn erquickt
das Herz, / Freude gibt sie und Froh-
locken und langes Leben.
13 Dem, der den Herrn fürchtet,
wird es wohlergehen am Ende, / und
am Tage seines Todes wird er beneidet.
14 Der Anfang der Weisheit ist:
den Herrn zu fürchten; / und den
Getreuen wird sie im Mutterschoß
anerschaffen.
15 Bei den Menschen siedelte sie
sich an, auf sicherem Grund, / und
auch bei deren Nachkommen wird sie
festen Bestand haben.
16 Die Fülle der Weisheit ist: den
Herrn zu fürchten; / und sie macht
trunken von ihren Früchten.
17 Ihr ganzes Haus füllt sie mit
Kostbarkeiten / und ihre Speicher mit
ihren Erzeugnissen.
18 Die Krone der Weisheit ist: die
Furcht des Herrn; / aufsprossen läßt
sie Friede und Heilung.
19 Er sah sie und zählte sie, / Ver-
ständnis und weise Einsicht läßt er
strömen, / und wer sie festhält, dem
erhöht er den Ruhm.
20 Die Wurzel der Weisheit ist:
den Herrn zu fürchten; / und ihre
Zweige sind der Tage viele.

Geduld und Selbstbeherrschung

22 Der Zorn des Ungerechten kann
ihn nicht rechtfertigen, / denn das
Gewicht seines Zornes bringt ihn zu
Fall.
23 Der Geduldige hält aus bis zur
gegebenen Zeit, / doch dann ersprоßt
ihm die Freude.
24 Bis zur rechten Zeit wird er die
Worte verhalten, / dann werden die
Lippen vieler seine Klugheit preisen.

Weisheit und Rechtschaffenheit

25 Unter den Schätzen der Weisheit
sind Sprüche voll Einsicht, / ein Greuel
dem Sünder aber ist die Gottesfurcht.
26 Begehrst du nach Weisheit, so
halte die Gebote, / und der Herr wird
sie dir schenken.
27 Denn Weisheit und Bildung be-
stehen in der Furcht des Herrn, / und
sein Wohlgefallen sind Treue und
Milde.
28 Widerstrebe nicht der Furcht
des Herrn / und nahe ihr nicht mit
zwiespältigem Herzen.
29 Sei vor den Menschen kein
Heuchler / und gib acht auf deine
Lippen.
30 Überhebe dich nicht, daß du
nicht fällst / und du selbst Schande
über dich bringst.
Denn der Herr wird enthüllen, was
du verbirgst, / er wird dich stürzen
vor allen, die da versammelt sind.
Es wird bekannt, daß du dich nicht
angeschlossen der Furcht des Herrn /
und daß dein Herz voll war von Trug.

→13 *die Tiefe des Meeres* L, vgl. S; G: „das Meer und die Weisheit".
→15 Zusatz (einige Hss von G, L): „Die Quelle der Weisheit ist das Wort Gottes in den Himmelshöhen, und ihre Wege sind die ewigen Gebote".
→17 Zusatz (einige Hss von G, S, L): „Die Lehre der Weisheit, wem ist sie erschienen, und ihre vielfältigen Wege, wer hat sie erkannt?"
→19 *der Herr* Der Verfasser betont die Einheit und Transzendenz Gottes. Die Weisheit – eine Eigenschaft Gottes und der von ihm erschaffenen Welt, Gottes Gabe an die Menschen, in den Weisheitsbüchern oft personifiziert, Spr 822+ – bleibt hier jedoch ein Geschöpf, das man nicht mit Gott gleichsetzen kann.
→19 *geschaffen* Danach Zusatz in der Übersetzung von V: „im Heiligen Geist".
→111–20 *(Die Furcht Gottes)* In der Weisheitsliteratur nicht mehr Bezeichnung für die physische Furcht, für das Erschrecken vor der furchtbaren Macht Jahwes, sondern für Religion und Frömmigkeit.
→112 *langes Leben* G; S: „ewiges Leben".
→121 Zusatz (einige Hss von G, S): „Die Furcht des Herrn nimmt die Sünden hinweg; wer ausharrt, wendet den Zorn ab".
→122 *Der Zorn des Ungerechten kann ihn nicht rechtfertigen* Korr.; G: „Der ungerechte Zorn kann sich nicht rechtfertigen".
→126 *so halte die Gebote* Für Ben Sira verschmilzt Weisheit mit Gesetzeserfüllung, 1920, vgl. Prd 1213. Hier ist sie die Belohnung für Gesetzestreue.
→129 *vor den Menschen* Einige Hss von G, Üss; G: „im Munde der Menschen".

Die Furcht Gottes bei der Versuchung

2 1 Mein Sohn, wenn du dich an-
schickst, dem Herrn zu dienen, /
dann mach dich gefaßt auf Versuchun-
gen.
2 Straffe dein Herz und sei stark, /
auch überstürze nichts in der Zeit der
Heimsuchung.
3 Hange ihm an und weiche nicht
ab, / damit du erhöht werdest an dei-
nem Ende.
4 Alles, was über dich kommen
mag, nimm an, / und in der Vielfalt
dessen, was dich niederbeugt, harre aus.
5 Denn im Feuer wird das Gold
geprüft, / der Mensch aber, der Gott
gefällt, im Ofen der Trübsal.
6 So vertraue auf Gott, und er wird
sich deiner annehmen, / wandle den
geraden Weg und hoffe auf ihn.
7 Die ihr den Herrn fürchtet, harret
seiner Gnade, / weichet nicht ab,
damit ihr nicht fallet.
8 Die ihr den Herrn fürchtet, ver-
trauet auf ihn, / und euer Lohn wird
euch nicht entgehen.
9 Die ihr den Herrn fürchtet, hoffet
auf Gutes, / die immerwährende
Freude und Gnade.
10 Schaut auf die Geschlechter der
Vergangenheit und erkennet: / Wer
hat auf den Herrn vertraut und wurde
zuschanden?
Oder wer verharrte in seiner Furcht
und war verlassen? / Oder wer rief ihn
an, doch er hätte ihn übersehen?
11 Denn gnädig und barmherzig ist
der Herr, / er läßt die Sünden nach
und hilft in bedrängten Zeiten.
12 Wehe den mutlosen Herzen und
den schlaffen Händen / und dem
Sünder, der auf zweierlei Wegen
wandelt!
13 Wehe dem schlaffen Herzen, das
ohne Glauben, / es wird gerade darum
ohne Schutz sein!
14 Wehe euch, die ihr die Ausdauer
verloren habt, / denn was werdet ihr
tun, wenn der Herr euch heimsucht?
15 Die den Herrn fürchten, sind
nicht ungehorsam gegen sein Wort, /
und die ihn lieben, werden seine
Wege einhalten.
16 Die den Herrn fürchten, suchen
sein Wohlgefallen, / und die ihn
lieben, erfüllen sich mit dem Gesetz.
17 Die den Herrn fürchten, machen
ihre Herzen bereit / und ergeben sich
ihm demütig:
18 Wir wollen in die Hände Gottes
fallen, / aber nicht in die Hände von
Menschen.
Denn wie seine Größe, so ist auch
sein Erbarmen.

Pflichten gegen die Eltern

3 1 Höret, ihr Kinder, auf mich, den
Vater, / und handelt danach, daß
ihr das Heil erlanget.
2 Denn der Herr ehrt den Vater in
seinen Kindern, / und er stellt das
Recht der Mutter über die Söhne
sicher.
3 Wer den Vater ehrt, sühnt Sünden,
4 und wie einer, der Schätze sammelt,
ist, / wer seine Mutter achtet.
5 Wer den Vater ehrt, wird selbst
Freude an Kindern erleben, / und wenn
er betet, wird er erhört werden.
6 Wer den Vater hochschätzt, wird
viele Tage sehen, / und auf den Herrn
hört, wer seiner Mutter Erquickung
schenkt. / 7B Er dient seinen Eltern
wie seinem Herrn.
8 Mein Sohn, in Wort und Werk
ehre deinen Vater, / damit auf dich
herabkomme sein Segen.
9 Der Segen des Vaters festigt
das Haus der Kinder, / doch der
Mutter Fluch wird ausreißen die
Fundamente.
10 Suche deinen Ruhm nicht in der

→21–18 *(Die Furcht Gottes bei der Versuchung)* Ein Thema, das im AT, besonders in den Psalmen, häufig vorkommt.

→212 *den mutlosen Herzen und den schlaffen Händen* Der Verfasser scheint hier zum Widerstand in Zeiten der Verfolgung aufzurufen. Er verurteilt den Abfall, auch den nur äußerlich vollzogenen, v. 12B.15, vgl. 2 Makk 621–28.

→216 *die ihn lieben, erfüllen sich mit dem Gesetz* Damit stellt Ben Sira Liebe und Gehorsam nicht in Gegensatz zueinander, sondern setzt sie in eins. Die Liebe ist uneigennützig; von der erwarteten Belohnung ist erst in zweiter Linie die Rede. Eine solche Haltung, für Sir charakteristisch, war dem jüdischen Denken nicht fremd, vgl. z. B. *Pirke Abot* 1,3: „Seid nicht wie Sklaven, die ihrem Herrn dienen, um dafür eine Belohnung zu erhalten. Seid wie Sklaven, die ihrem Herrn dienen, ohne an Belohnung zu denken."

→36 *und auf den Herrn hört, wer seiner Mutter Erquickung schenkt* Korr. nach M; G: „und wer auf den Herrn hört, schenkt seiner Mutter Erquickung".

→37A Zusatz (einige Hss von G, V): „Wer den Herrn fürchtet, ehrt seinen Vater".

→37B *wie seinem Herrn* G wörtlich: „wie Herren", wahrscheinlich eine Fehldeutung des hebräischen Wortes *'adonai.*

→39 G; M: „Der Segen des Vaters festigt die Wurzel, doch der Mutter Fluch wird ausreißen den Steckling".

→310 *in der Schmähung deines Vaters* Korr.; G: „(hinzugefügt) zur Schmähung".

Schmähung deines Vaters, / denn deines Vaters Schande bringt kein Ansehen für dich.
11 Die Ehre des Mannes ist die Ehre seines Vaters, / und schimpflich ist für die Kinder eine Mutter in Unehre.
12 Mein Sohn, nimm dich deines Vaters im Alter an / und betrübe ihn nicht alle Tage deines Lebens.
13 Auch wenn sein Verstand abnimmt, sieh es ihm nach / und verachte ihn nicht, wenn du in der Blüte der Jahre stehst.
14 Mitleid gegen den Vater wird nicht in Vergessenheit geraten, / für deine Sünden wird es dir angerechnet.
15 Am Tage der Prüfung wird (Gott) deiner gedenken, / und wie Reif in der Wärme, so werden aufgelöst deine Sünden.
16 Ein Frevler ist, wer seinen Vater mißachtet, / und vom Herrn verflucht, wer seine Mutter erzürnt.

Die Demut

17 Mein Sohn, führe deine Werke in Demut aus, / und du wirst mehr geliebt werden als einer, der Gaben austeilt.
18 Je größer du bist, desto mehr demütige dich, / dann wirst du Gnade finden bei Gott.
20 Denn groß ist die Macht Gottes, / und von den Demütigen wird er geehrt.
21 Was dir also zu schwierig ist, wolle nicht erforschen, / und was über deine Kräfte geht, nicht untersuchen.
22 Was dir vorgeschrieben ist, daran denke / und mühe dich nicht um das Verborgene.
23 Was deine Kraft übersteigt, damit plage dich nicht, / empfangen hast du Belehrung, die größer als der Menschen Begreifen.
24 Denn viele sind irregegangen in ihrer Anmaßung, / und schlimmer Wahn hat ihre Gedanken verwirrt.

Der Hochmut

26 Ein trotziges Herz nimmt ein böses Ende, / und wer die Gefahr liebt, kommt darin um.
27 Ein trotziges Herz wird sich viel Leid schaffen, / und der Sünder häuft Sünde auf Sünde.
28 Für die Wunden des Stolzen gibt es keine Heilung, / denn ein Gewächs der Bosheit ist, was in ihm gewachsen.
29 Ein weises Herz ist aufgetan für die Sprüche der Weisen, / und ein aufmerksames Ohr ist die Sehnsucht des Weisen.

Liebe zu den Armen

30 Ein loderndes Feuer löscht man mit Wasser, / so sühnt barmherzige Liebe die Sünden.
31 Wer Wohltaten vergilt, denkt an die Zukunft, / und am Tage, da er wankt, findet er eine Stütze.

4 1 Mein Sohn, verweigere dem Armen nicht den Lebensunterhalt / und laß nicht verschmachten die Augen des Bedrückten.
2 Laß den Hungrigen nicht leiden, / und erbittere niemand in seiner Ausweglosigkeit.
3 Sei nicht hart gegen das Herz eines Unglücklichen / und laß den Bedürftigen nicht verschmachten nach deiner Gabe.
4 Den Bedrängten, der hilflos, weise nicht ab / und wende deinen Blick nicht weg von dem Armen.
5 Wende dein Auge nicht weg vom Bedürftigen / und gib ihm keinen Anlaß, dir zu fluchen.
6 Denn wenn er dir flucht im Schmerz seiner Seele, / so wird sein Schöpfer sein Flehen erhören.
7 Mach dich beliebt in der Gemeinschaft / und beuge das Haupt vor dem Hochgestellten.
8 Neige dem Armen dein Ohr / und erwidere ihm leutselig den Gruß.

→3₁₆ *und vom Herrn verflucht, wer seiner Mutter zürnt* G; M: „und ein Beleidiger seines Schöpfers, wer der Mutter flucht".
→3₁₇ *einer, der Gaben austeilt* M; G: „einer, der angenehm ist".
→3₁₉ Zusatz (einige Hss von G, S): „Zahlreich sind die Hochmütigen und Stolzen, aber den Demütigen enthüllt er seine Geheimnisse".
→3₂₀ Der Vers hebt die Herablassung Gottes hervor, der die Verehrung der Demütigen entgegennimmt. M: „Denn groß ist die Barmherzigkeit Gottes, und den Demütigen offenbart er seine Geheimnisse", vgl. Spr 3₃₂; Ps 25₁₄.
→3₂₁₋₂₄ Gegen die Neugier: Dem Forschen des Weisen soll das Gesetz genügen.
→3₂₃ *Was deine Kraft übersteigt* M; G: „Mit überflüssigen Werken".
→3₂₄ *Denn viele sind irregegangen in ihrer Anmaßung* G; M: „Denn vielfältig sind die Gedanken der Menschen".
→3₂₅ Zusatz (einige Hss von G): „Ohne Augapfel fehlt dir das Licht; des Wissens ledig, versuche nicht zu überzeugen".
→3₂₆ *und wer die Gefahr liebt, kommt darin um* G; M: „und wer das Glück liebt, den wird es geleiten".
→3₂₇ *der Sünder* G; M: „der, der sich quält".
→3₃₁ *Wer Wohltaten vergilt* Aus dem Text wird nicht deutlich, ob es darum geht, auf Wohltaten zu antworten oder (vgl. M) auf Böses mit Gutem.

9 Rette den Bedrängten vor seinen
Bedrängern, / und sei nicht feige in
deinem Urteilsspruch.
10 Sei wie ein Vater den Waisen /
und wie ein Ehegatte den Witwen.
Dann wirst du wie der Sohn des
Höchsten sein, / er wird dich mehr
lieben als deine Mutter.

Erziehung durch Weisheit

11 Die Weisheit erzieht ihre Söhne /
und nimmt auf, die sie suchen.
12 Wer sie liebt, liebt das Leben, /
und die sie vom Morgen an suchen,
werden mit Freude erfüllt.
13 Wer sie ergreift, wird Ehre erben, /
und wohin er auch geht, segnet ihn
der Herr.
14 Dienst im Heiligtum ist der
Dienst an ihr. / Und die sie lieben,
liebt der Herr.
15 Wer auf sie hört, wird recht rich-
ten, / wer ihr naht, wird in Sicherheit
wohnen.
16 Wenn er auf sie vertraut, wird er
sie als Erbteil erlangen, / und auch
seine Nachkommen werden sich an
ihr freuen.
17 Denn zuerst führt sie ihn auf
gewundenem Pfad, / läßt Furcht und
Zittern über ihn kommen.
Und setzt ihm zu mit ihrer Zucht,
bis sie ihm vertrauen kann, / und prüft
ihn durch ihre Satzungen.
18 Dann aber führt sie ihn wieder
auf geradem Weg / und enthüllt ihm
ihre Geheimnisse.
19 Weicht er ab, so verläßt sie ihn /
und gibt ihn preis seinem Verderben.

Falsche Scham und Menschenrücksicht

20 Mein Sohn, achte auf die rechte
Zeit und hüte dich vor dem Bösen, /
und schäme dich nicht deiner selbst.
21 Eine Scham gibt es, die zur Sünde
führt, / wie es eine Scham gibt, die
Ehre und Huld einträgt.
22 Sei nicht zu hart zu dir selbst /
und schäme dich nicht zu deinem
Verderben.
23 Halte das Wort nicht zurück,
wenn es retten kann, / und halte deine
Weisheit nicht verborgen.
24 Denn in der Rede tut sich die
Weisheit kund, / und die Einsicht
durch die Antwort der Zunge.
25 Widersprich nicht der Wahr-
heit, / deiner Unwissenheit sollst du
dich schämen.
26 Schäme dich nicht, deine Sünden
zu bekennen, / und stelle dich der
Strömung des Flusses nicht entgegen.
27 Unterwirf dich nicht dem Toren /
und sei nicht parteiisch mit Rücksicht
auf einen Mächtigen.
28 Bis zum Tode streite für die
Wahrheit, / und Gott der Herr wird
für dich kämpfen.
29 Sei nicht großsprecherisch mit
deiner Zunge, / dagegen schlaff und
matt in deinen Taten.
30 Sei nicht wie ein Löwe in deinem
Hause / und ein Feigling mit deinen
Knechten.
31 Deine Hand sei nicht offen zum
Nehmen / und verschlossen zum
Geben.

Reichtum und Vermessenheit

5 1 Verlaß dich nicht auf deinen
Reichtum / und sprich nicht: „Ich
habe genug."
2 Folge nicht deiner Neigung und
deinem Vermögen, / indem du nach
deines Herzens Begierden wandelst.
3 Sage nicht: „Wer hat Macht über
mich?" / Denn der Herr wird nicht
säumen, dich zu bestrafen.

→410 *den Witwen* M; G: „ihren Müttern".
→411 Die Weisheit wird hier wie in Spr 123–25; 812–21; 91–6 personifiziert. Ihre „Söhne" sind jene, die sie erlernen und gebrauchen, vgl. Lk 735.
→415–19 M macht aus diesem Abschnitt (in Nachahmung von Spr 122f und 81f) eine „Rede der Weisheit" in der ersten Person.
→415 *wird recht richten* M; G: „wird die Völker richten".
→418 *Weg* Danach Zusatz in G: „zu ihm und erfreut ihn"; fehlt in M.
→420–31 *(Falsche Scham und Menschenrücksicht)* Der Abschnitt spielt vielleicht auf die Zeit des Verfassers an: Angesichts des Hellenismus waren die Juden in Versuchung, ihren Glauben und ihre Gebräuche zu verheimlichen, vgl. 1 Makk 112–15; 2 Makk 411–16. Die Mahnung aber gilt für alle Zeiten.
→420 *Mein Sohn* M, L; fehlt in G.
→423 *wenn es retten kann* Wörtlich: „zur Zeit des Heiles" (Bedeutung unsicher).
→423 *und halte deine Weisheit nicht verborgen* M, ferner einige Hss von G und L (bei diesen noch Zusatz: „zur Schönheit"); fehlt in G.
→426 *stelle dich der Strömung des Flusses nicht entgegen* Es wäre leichter, ihn anzuhalten, als Gott die begangenen Sünden zu verheimlichen.
→428 *Wahrheit* G; M, L: „Gerechtigkeit".
→430 *wie ein Löwe* G; Hs von M, S: „wie ein Hund", dann ständen die beiden Halbverse nicht in Gegensatz, sondern in Parallele zueinander.
→53 *Wer hat Macht über mich* So spricht der „Tor", der wenn auch nicht die Existenz Gottes, so doch sein Walten in der Welt leugnet, Ps 532.

4 Sage nicht: „Ich habe gesündigt,
doch was ist mir geschehen?" / Denn
Gott hat den längeren Atem.
5 Sei der Vergebung nicht so sicher,/
daß du Sünde auf Sünde häufst.
6 Sage nicht: „Seine Barmherzig-
keit ist groß, / er wird auch die Menge
meiner Sünden mir verzeihen."
Zwar ist Barmherzigkeit bei ihm,
aber auch Zorn, / und auf den Sündern
ruht sein Grimm.
7 Zögere nicht, dich zum Herrn zu
bekehren, / und verschiebe es nicht
Tag um Tag.
Denn der Zorn des Herrn bricht
plötzlich aus, / und du wirst am Tage
der Vergeltung dahingerafft.
8 Vertraue nicht auf unrecht er-
worbene Schätze, / denn sie nützen
nichts am Tage des Zorns.

Beständigkeit und Selbstbeherrschung

9 Worfele nicht bei jedem Wind und
wandele nicht auf jedem Pfad. / [So
macht es der doppelzüngige Sünder.]
10 Bleibe fest bei deiner Überzeu-
gung, / und nur eine sei deine Rede.
11 Sei schnell bereit zum Hören, /
aber mit Bedächtigkeit gib Antwort.
12 Wenn du etwas weißt, so ant-
worte deinem Mitmenschen, / wenn
nicht, so leg die Hand an deinen Mund.
13 Ehre und Schmach liegen in der
Rede, / ja des Menschen Zunge ist sein
Untergang.
14 Daß man dich nicht doppelzüngig
nennen muß / und du kein hinter-
hältiger Schwätzer bist!
Denn wenn für den Dieb Schande
bestimmt ist, / trifft harte Verurteilung
den Doppelzüngigen.
15 Im Kleinen wie im Großen ver-
fehle dich nicht, / und werde nicht aus
einem Freund zum Feind.
6 1 Ein schlechter Ruf bringt Schan-
de und Schmähung hervor, / ebenso
ist es mit dem doppelzüngigen Sünder.
2 Verfalle nicht der Macht deiner
Gier, / auf daß sie dich nicht überfällt
wie ein Stier.
3 Dein Laub wird sie fressen und
deine Früchte verderben / und dich
zurücklassen wie einen dürren Baum.
4 Eine leidenschaftliche Seele rich-
tet ihren Besitzer zugrunde / und
macht ihn zum Gespött seiner Feinde.

Die Freundschaft

5 Sanfte Rede erwirbt viele Freun-
de, / und eine wohlwollende Zunge
mehrt freundliche Antwort.
6 Der Leute, die in Frieden mit dir
leben, seien es viele, / dein Berater aber
sei nur einer aus tausend.
7 Erwirbst du einen Freund, er-
wirb ihn durch Erprobung / und
schenke dein Vertrauen ihm nicht allzu
schnell.
8 Denn mancher ist ein Freund je
nach der Zeit, / und nicht hält er stand
am Tage der Not.
9 Mancher Freund wird zum Feind,/
und er bringt den schmählichen
Streit mit dir an den Tag.
10 Mancher ist nur Freund als
Tischgenosse, / aber am Tage des
Unheils ist er nicht mehr zu finden.
11 In deinem Glück betrachtet er
sich wie deinesgleichen / und redet frei-
mütig zu deinem Gesinde.
12 Wenn es dir schlecht geht, dann
wendet er sich wider dich / und hält
sich vor dir verborgen.
13 Von deinen Feinden halte dich
fern, / und vor deinen Freunden sei
auf der Hut.
14 Ein treuer Freund ist eine
starke Stütze, / wer einen solchen
gefunden, hat ein Vermögen gefunden.
15 Für einen treuen Freund gibt es
keinen Preis, / und nichts wiegt seinen
Wert auf.
16 Wie Lebensbalsam ist ein treuer
Freund; / die den Herrn fürchten,
finden ihn.
17 Wer den Herrn fürchtet, hält
rechte Freundschaft, / denn wie er
selbst, so ist auch sein Freund.

Bei der Weisheit in der Lehre

18 Mein Sohn, von deiner Jugend
auf nimm an die Lehre, / und du wirst

→54 *doch was ist mir geschehen* So spricht herausfordernd derjenige, der an Gottes anscheinend untätiger Gerechtigkeit zweifelt.
→515 *verfehle dich nicht* M; G: „sei nicht unwissend".
→62 *Verfalle nicht* M; G: „Überhebe dich nicht".
→63 *wird sie fressen* M; G: „wirst du fressen".
→66 *die in Frieden mit dir leben* Oder vielleicht: die dir Frieden wünschen, vgl. M: „die dich grüßen".
→611 *und redet freimütig zu deinem Gesinde* G; M: „doch in deinem Unglück trennt er sich von dir".
→613B Weil jeder Freund zum Feinde werden kann.
→617 *denn wie er selbst, so ist auch sein Freund* Gewöhnlich verstanden im Sinne von: „denn sein Freund ist ihm ebenso lieb wie er selbst"; der Sinn könnte aber ebenso sein: „denn sein Freund wird notwendig so wie er sein, nämlich gottesfürchtig". Wahre Frömmigkeit festigt die Freundschaft.

Weisheit erwerben, noch wenn du ergraut bist.

19 Wie einer, der pflügt und mäht, so pflege sie / und harre auf ihre herrlichen Früchte.

Du wirst mit ihrer Bebauung nur wenig Mühe haben / und bald ihre Früchte verkosten.

20 Rauh erscheint sie den Toren, / und nicht hält es bei ihr aus, wer bar ist der Einsicht.

21 Wie ein schwerer Stein liegt sie auf ihm, / und er zögert nicht, sie abzuwerfen.

22 Denn die Zucht ist wie ihr Name, / und es gibt nicht viele, denen sie liegt.

23 Höre, mein Sohn, nimm meine Gedanken an / und verschmähe nicht meinen Rat.

24 Bring deinen Fuß in ihre Fessel / und unter ihr Joch deinen Hals.

25 Beuge deinen Nacken, sie zu tragen, / und werde ihre Stricke nicht leid.

26 Mit ganzem Herzen schreite auf sie zu, / und mit all deiner Kraft halte ihre Wege ein.

27 Forsche auf ihrer Spur und suche, und sie wird dir kund; / hast du sie aber gefaßt, so laß sie nicht los.

28 Denn schließlich wirst du bei ihr Ruhe haben, / und sie wird sich dir in Wonne verwandeln.

29 Ihre Fesseln werden dir zu einem mächtigen Schutz / und ihre Halsketten zu einem Prachtgewand.

30 Ein Goldstab ist ihr Joch, / und ihre Stricke sind ein Purpurband.

31 Als Ehrenkleid wirst du sie anlegen / und wie eine Ehrenkrone sie aufsetzen.

32 Wenn es dir gefällt, mein Sohn, kannst du belehrt werden, / und wenn du deinen Sinn darauf richtest, klug.

33 Wenn du willst, wirst du lernen, / und wenn du dein Ohr neigst, weise werden.

34 Verweile gern in der Schar der Alten, / und wer weise ist, dem geselle dich zu.

35 Höre gern jedes Wort, das von Gott kommt, / und laß dir keinen Weisheitsspruch entgehen.

36 Sieh dich um, wer Einsicht hat, und suche früh ihn auf, / dein Fuß muß ihm die Türschwellen abtreten.

37 Betrachte die Satzungen des Herrn / und über seine Gebote sinne allezeit nach.

Dann wird er dein Herz aufrichten, / und die Weisheit, nach der du verlangst, wird dir gewährt.

Ratschläge verschiedener Art

7 1 Tue nichts Böses, so trifft dich nichts Böses, / 2 halte dich fern von der Sünde, und sie weicht von dir.

3 Säe nicht in des Unrechts Furchen, / damit du es nicht siebenfach ernten wirst.

4 Begehre von Gott keinen Herrscherthron / und ebensowenig vom König einen Ehrenplatz.

5 Halte dich nicht für gerecht vor dem Herrn / und tue nicht weise vor dem König.

6 Begehre nicht danach, ein Richter zu werden, / wenn du die Kraft nicht hast, das Unrecht auszurotten,

Daß es dir nicht an Mut gebricht vor den Einflußreichen / und du Gefahr gehst, deine Rechtschaffenheit zu verlieren.

7 Laß dir nichts zuschulden kommen gegen die Versammlung der Stadt / und komme nicht zu Fall vor dem Volk.

8 Sinne nicht darauf, die Sünde zu wiederholen, / denn schon bei einer bleibst du nicht straffrei.

9 Sage nicht: „Gott wird auf die Menge meiner Gaben sehen, / und er wird sie annehmen, wenn ich sie dem Allerhöchsten bringe."

10 Sei nicht kleinmütig beim Gebet / und sei nicht säumig im Wohltun.

11 Verlache keinen Menschen, dessen Herz verbittert ist, / denn der ihn erniedrigt, kann ihn wieder erheben.

12 Ersinne keine Lüge gegen den Bruder, / ebensowenig wie gegen den Freund.

13 Es mißfalle dir, irgendeine Lüge zu sagen, / denn aus ihr kann nichts Gutes hervorgehen.

14 Führe keine hochtrabenden Reden in der Versammlung der Ältesten / und wiederhole deine Worte nicht beim Gebet.

15 Verachte nicht die mühevolle Arbeit / noch den Ackerbau, der vom Allerhöchsten geschaffen.

16 Rechne dich nicht unter die Zahl

→619 *pflege sie* Wörtlich: tritt an sie heran.
→621 *Wie ein schwerer Stein* M; G: „Wie ein schwerer Prüfstein".
→622 *Zucht* M; G: „Weisheit". Wahrscheinlich Wortspiel mit *musar* „Zucht", das an *musar* „weggeschafft, entfernt" anklingt.
→630 *ihr Joch* M; G: „auf ihr".
→631 *eine Ehrenkrone* G: „eine Freudenkrone".
→713B Nach M.

der Sünder, / denk an den Zorn, der
nicht säumt.
17 Tief demütige dich, / denn Feuer
und Würmer sind die Strafe für den
Gottlosen.
18 Vertausche einen Freund nicht
um Geld / und einen wahren Bruder
nicht für Ophirgold.
19 Verachte nicht eine weise und
gute Frau, / denn ihre Anmut geht
über Gold.
20 Mißhandle keinen Sklaven, der
treu arbeitet, / ebensowenig den Lohn-
arbeiter, der für dich sich einsetzt.
21 Einen klugen Sklaven liebe wie
dich selbst / und verweigere ihm die
Freilassung nicht.

Die Kinder

22 Hast du Vieh, so schenke ihm
einen Blick, / und wenn es brauchbar
ist, so behalte es.
23 Hast du Söhne, so halte sie in
Zucht / und beuge ihren Nacken von
Jugend auf.
24 Hast du Töchter, so behüte ihren
Leib / und mache ihnen kein allzu
freundliches Gesicht.
25 Verheirate deine Tochter, so hast
du ein großes Werk vollbracht, / doch
nur einem verständigen Manne ver-
binde sie.
26 Hast du eine Frau nach deinem
Herzen, so verstoße sie nicht, / aber
wenn du sie nicht liebst, schenke ihr
kein Vertrauen.

Die Eltern

27 Von ganzem Herzen ehre deinen
Vater, / und vergiß niemals die Schmer-
zen deiner Mutter.
28 Denke daran, daß du durch sie
geworden bist; / wie wirst du ihnen
vergelten, was sie an dir getan?

Die Priester

29 Aus deinem ganzen Herzen fürchte
den Herrn / und ehre seine Priester.
30 Mit deiner ganzen Kraft liebe
deinen Schöpfer / und laß seine Diener
nicht im Stich.
31 Fürchte den Herrn und achte den
Priester / und entrichte ihm den An-
teil, wie dir befohlen ist:
Erstlinge, Sühnopfer, Opfergabe
der Schulterteile, / Heiligkeitsopfer
und Erstlingsgabe der heiligen Dinge.

Die Armen und die Geprüften

32 Auch dem Armen strecke deine
Hand entgegen, / damit dein Segen
vollkommen sei.
33 Schenke deine Gabe jedem Le-
benden, / selbst dem Toten versage
deine Liebe nicht.
34 Entzieh dich nicht den Weinen-
den, / und mit den Trauernden traure
auch du.
35 Scheue dich nicht, die Kranken
zu besuchen, / denn aus solchem Tun
wirst du Liebe gewinnen.
36 Bei all deinen Werken denk an
das Ende, so wirst du nie eine Sünde
begehen.

Klugheit und Bedachtsamkeit

8 1 Streite nicht mit einem Großen; /
wozu in seine Hände fallen?

→7 19 *Verachte nicht eine weise und gute Frau* Oder vielleicht: „Zögere nicht, eine weise und gute Frau zu heiraten", vgl. V. 26.

→7 21 *liebe wie dich selbst* M; G: „liebe deine Seele".

→7 23 *und beuge ihren Nacken von Jugend auf* G; M: „und gib ihnen Frauen in der Jugendzeit".

→7 25 *so hast du ein großes Werk vollbracht* G; M: „und deine Sorgen werden verschwinden".

→7 29 *ehre seine Priester* Ben Sira ist voller Verehrung für den Kult und die Kultdiener, vgl. 50. Hier wird Hochachtung vor dem Priester unmittelbar in Parallele zur Anbetung des Herrn gesetzt entsprechend der Einstellung jener biblischen Texte, auf die V. 31 anspielt: Nm 18 11–18 (Erstlinge); Lv 5 6 (Opfer der Wiedergutmachung oder „Sündopfer"); Ex 29 27; Lv 7 32; Dt 18 3 (Opfergabe der Schulterteile). Das „Heiligkeitsopfer" (M: „Gerechtigkeitsopfer") ist wahrscheinlich das Opfer von Lv 2 1–16.

→7 31C.D G; M: „Wahrung der Brandopfer (?) und freiwillige Opfer, Gerechtigkeitsopfer und heilige Opfer".

→7 32 *dein Segen* Der Segen, den dir der Herr schenken wird.

→7 33 *dem Toten versage deine Liebe nicht* Zur Pflicht, den Toten ein würdiges Begräbnis zu geben, vgl. 2 Sm 21 10–14; Jr 22 19; Js 34 3; Tob 1 17f; 12 12. In späterer Zeit entstand auch das Bedürfnis, für sie Gebete und Opfer darzubringen, 2 Makk 12 38–46. Manche heidnischen Gebräuche des Totenkultes scheinen jedoch vom Gesetz verboten worden zu sein, Dt 26 14; vgl. Bar 6 26; Sir 30 18. Hier sagt Sir nicht mehr dazu.

→7 36 *Bei all deinen Werken* M; G: „Bei all deinen Worten".

→7 36 Wenn auch Ben Sira noch keine klare und sichere Vorstellung von der Vergeltung nach dem Tode hat, so hebt er doch wiederholt die Bedeutung der Todesstunde hervor, vgl. 11 26–28. Vielleicht besteht hier außerdem ein Fortschritt zwischen M und der griechischen Übersetzung. M sagt lediglich: „Bei all deinen Werken denk an das Ende", denk an die Folgen deiner Handlungen; G sagt deutlicher: „an deine letzten Augenblicke" *(ta eschata sou)*, und lenkt damit das Verständnis deutlich auf „die letzten Dinge".

2 Hadere nicht mit einem Reichen, / damit er sich nicht mächtiger als du erweise.

Denn viele schon hat das Gold verdorben / und das Herz der Könige gebeugt.

3 Zanke dich nicht mit einem Maulhelden / und lege nicht noch Holz aufs Feuer.

4 Scherze nicht mit einem Toren, / damit deine Ahnen nicht beschimpft werden.

5 Beschäme keinen, der sich von der Sünde bekehrt hat, / denke daran, daß wir alle schuldig sind.

6 Beschimpfe keinen alten Mann, / denn auch wir werden alt werden.

7 Frohlocke nicht über einen Toten, / gedenke, daß wir alle dahingerafft werden.

Die Überlieferung

8 Verwirf die Gespräche der Weisen nicht, / vielmehr stürze dich auf ihre Sinnsprüche;

Denn von ihnen wirst du Bildung empfangen, / so daß du vor Fürsten bestehen kannst.

9 Verschmähe nicht, was du von den Alten hören kannst, / denn auch sie haben es wieder von ihren Vätern vernommen.

Denn so kannst du Einsicht gewinnen / und wirst in der bestimmten Zeit Antwort zu geben wissen.

Die Klugheit

10 Lege kein Feuer auf die Kohlen des Sünders, / daß du nicht verbrennest in der Flamme seines Feuers.

11 Laß dich nicht von einem Spötter zum Äußersten treiben, / dies wäre eine Falle, die vor deinen Mund gestellt.

12 Borge keinem, der mächtiger ist als du; / hast du aber geborgt, so betrachte dich als Verlierer.

13 Bürge nicht über dein Vermögen; / hast du gebürgt, so halte dich zahlungspflichtig.

14 Rede mit keinem Richter, / denn er richtet nach seinem Belieben.

15 Mit einem Verwegenen habe keinen Umgang, / daß er dir nicht zur Last fällt.

Denn dieser geht nach seinem eigenen Kopf, / und du wirst durch seine Torheit zugrunde gehen.

16 Mit einem Jähzornigen fange keinen Streit an / und gib dich nicht mit ihm ab an einem verlassenen Ort.

Denn leicht wiegt in seinen Augen die Blutschuld, / und wo kein Retter ist, bringt er dich um.

17 Mit einem Toren führe kein vertrauliches Gespräch, / denn er vermag nichts geheimzuhalten.

18 Vor einem Fremden tue nichts, was geheim bleiben soll, / denn du weißt nicht, was er aushecken wird.

19 Nicht einem jeden öffne dein Inneres, / und meine nicht, Wohltaten von ihm zu erlangen.

Die Frauen

9 1 Hege nicht Eifersucht gegen die Frau an deinem Herzen / und lehre sie nicht, Böses gegen dich zu tun.

2 Liefere dich nicht aus an eine Frau, / daß sie dir nicht über den Kopf wachse.

3 Nahe dich nicht einer Dirne, / daß du nicht in ihre Netze fallest.

4 Mit einer Saitenspielerin liege nicht zu Tische, / daß du nicht durch ihre Künste gefangen werdest.

5 Auf eine Jungfrau richte nicht deinen Blick, / damit du nicht mit ihr bestraft werdest.

6 Gib dich nicht einer Dirne hin, / damit sie dich nicht um dein Erbe bringe.

7 Halte nicht Umschau an den Zugängen der Stadt / und streife nicht umher in zerfallenen Winkeln.

8 Verhülle das Auge vor einer schönen Frau, / und schaue auf keine Schönheit, die nicht dein eigen ist.

Durch die Schönheit einer Frau sind schon viele irregeworden, / und wie Feuer entflammt an ihr die Leidenschaft.

9 Mit einer Ehefrau sitze nicht zu-

→84 *damit deine Ahnen nicht beschimpft werden* Durch Verwünschungen, wie sie in orientalischer Redeweise häufig sind.
→85 *schuldig* M; G: „in Strafen".
→87 *Frohlocke nicht über einen Toten* D. h., freue dich nicht über den Tod eines Menschen; L: „Freue dich nicht über den Tod eines Feindes".
→88 *so daß du vor Fürsten bestehen kannst* Ein herkömmlicher Gedanke: Weisheit gehört zum guten Beamten.
→89 *von den Alten hören* Die Rabbinen hatten eine hohe Meinung von der Überlieferung, welche sie „das mündliche Gesetz" nannten, vgl. bereits Dt 49; 1119; Ps 442; 783f; Ib 88; 1212. Die meisten biblischen Bücher existierten in einem mündlichen Überlieferungsstadium, bevor sie aufgeschrieben wurden. Dies gilt insbesondere von den Aussprüchen und Lehrsätzen der Weisheitslehrer.
→819 *und meine nicht, Wohltaten von ihm zu erlangen* M: „und stoße das Glück nicht von dir".

sammen / und liege nicht berauscht mit ihr zu Tische,

Damit du ihr nicht das Herz zuneigest / und du in deiner Leidenschaft zugrunde gehst.

Das Verhältnis von Mann zu Mann

10 Gib einen alten Freund nicht auf, / denn ein neuer wiegt ihn nicht auf.

Neuer Wein – neuer Freund, / ist er alt, dann magst du ihn mit Wohlbehagen trinken.

11 Sei nicht neidisch auf den Erfolg des Sünders, / denn du weißt nicht, wie es enden wird.

12 Habe keinen Gefallen am Erfolg der Gottlosen, / gedenke, daß sie hienieden nicht straffrei bleiben.

13 Halte dich zurück von einem Manne, der die Macht hat, zu töten, / so hast du die Schrecken des Todes nicht zu fürchten.

Kommst du aber mit ihm zusammen, so beobachte ihn gut, / damit er dir nicht das Leben nehme.

Wisse, daß du zwischen Schlingen einherschreitest / und daß du auf Wällen wandelst.

14 So gut du kannst, antworte deinem Mitmenschen, / und berate dich mit den Weisen.

15 Mit den Einsichtsvollen stelle deine Überlegungen an, / und deine Beratung sei im Gesetz des Allerhöchsten.

16 Gerechte Männer seien deine Tischgenossen, / und dein Ruhm bestehe in der Furcht des Herrn.

17 Ein Werk aus der Hand des Handwerkers verdient Lob, / der Herrscher des Volkes aber sei, wer gut zu reden weiß.

18 Ein Schrecken in der Stadt ist der Maulheld, / und verhaßt ist der Schwätzer.

Das Amt des Herrschers

10 1 Ein weiser Herrscher festigt sein Volk, / und die Regierung eines Einsichtigen ist wohlgeordnet.

2 Wie der Herrscher des Volkes, so sind auch seine Untertanen, / und wie das Haupt der Stadt, so auch die Bewohner.

3 Ein ungebildeter König richtet die Stadt zugrunde, / bevölkert aber wird die Stadt durch die Klugheit ihrer Regenten.

4 In der Hand des Herrn liegt die Herrschaft über den Erdkreis, / und zur rechten Zeit setzt er den rechten Mann über ihn ein.

5 In der Hand des Herrn liegt das Gelingen für einen jeden, / und er verleiht dem Gesetzgeber seine Würde.

Gegen den Übermut

6 Hege keinen Groll gegen deinen Nächsten, wie seine Fehler auch seien, / und tue nichts an Werken des Übermuts.

7 Verhaßt ist dem Herrn und den Menschen der Übermut, / und beide erachten das Unrecht als Frevel.

8 Die Herrschaft geht über von Volk zu Volk / wegen Unrecht, Gewalttat und Geld.

9 Wie überheblich sind Staub und Asche, / ein Wesen, das doch zu Lebzeiten schon ekliges Gedärm besitzt!

10 Eine lange Krankheit spottet des Arztes; / König heute – morgen tot.

11 Stirbt der Mensch, was wird ihm zuteil: / Maden, Geschmeiß und Gewürm.

12 Der Übermut fängt an, wenn der Mensch den Herrn verläßt / und von seinem Schöpfer das Herz abwendet.

13 Der Anfang des Übermuts ist nämlich die Sünde, / und wer an ihr festhält, läßt ausströmen die Schandtat.

Darum bringt der Herr über ihn fremdartige Strafen / und vernichtet ihn völlig.

14 Den Thron der Stolzen stürzt Gott um, / die Bedrückten aber setzt er an ihre Stelle.

15 Der Herr entwurzelt die Stolzen /

→9 12 *hienieden* Wörtlich: bis zur Scheol. Zum Problem der zeitlichen Wiedervergeltung vgl. Einleitung in die Weisheitsbücher, S. 822.

→19 13 *daß du auf Wällen wandelst* Und darum den Pfeilen der Feinde ausgesetzt bist. Der Text ist aber nicht sicher. M: „über Fanggruben".

→9 14 *antworte deinem Mitmenschen* (Oder: besuche deinen Mitmenschen) M; G: „nimm Rücksicht auf deinen Mitmenschen".

→9 17 Text unsicher.

→10 3 *Ein ungebildeter König* G; M: „Ein zügelloser König".

→10 5 *dem Gesetzgeber* M; G: „dem Schriftgelehrten".

→10 6 *Hege keinen Groll* G; M: „Vergilt nicht Böses".

→10 8 *wegen Unrecht, Gewalttat und Geld* G; M: „wegen übermütiger Gewalttat".

→10 9B Nach mehreren Zitaten; G: „ein Wesen, das . . . seine Eingeweide auswirft"; M: „dessen Eingeweide . . . voller Würmer sind".

→10 10 *spottet des Arztes* Eine Hs von G: „der Arzt lacht darüber".

→10 15 *die Stolzen* Korr.; G: „die Völker". Vers 15 fehlt in M.

und pflanzt an ihre Stelle die Demütigen.
16 Das Gebiet der Völker zerstört
der Herr, / und er vernichtet sie bis
auf den Grund der Erde.
17 Er fegt sie weg von der Erde und
rottet sie aus, / und von der Erde getilgt ist ihr Gedächtnis.
18 Nicht geziemt dem Menschen
die Anmaßung, / noch frecher Zorn
denen, die vom Weibe geboren.

Menschen, die der Ehre wert sind

19 Welches Geschlecht ist geachtet?
Das Geschlecht der Menschen. / Welches Geschlecht ist geachtet? Die den
Herrn fürchten.
Welches Geschlecht ist verachtet?
Das Geschlecht der Menschen. / Welches Geschlecht ist verachtet? Die das
Gesetz übertreten.
20 Im Kreise von Brüdern steht ihr
Oberhaupt in Ehre, / aber die den
Herrn fürchten, in den Augen Gottes.
22 Der Reiche, Angesehene oder
Arme: / ihr Ruhm ist die Furcht des
Herrn.
23 Nicht darf man den Armen, der
weise, verachten, / nicht darf man einen
Sünder ehren.
24 Fürst, Herrscher und Machthaber werden geehrt, / doch keiner ist
größer, als wer den Herrn fürchtet.
25 Einem verständigen Knecht dienen Freie, / und ein einsichtiger
Mensch wird nicht aufbegehren.

Demut und Wahrheit

26 Spiele nicht den Weisen, wenn
du deine Arbeit tust, / und rühme
dich nicht, während du in Not bist.
27 Besser, wer arbeitet und Überfluß genug hat, / als wer sich rühmt
und nichts zu essen hat.
28 Mein Sohn, in Demut ehre dich
selbst / und gib dir das Ansehen, das
dir geziemt.
29 Wer sich selbst unrecht tut, wer
wird den für gerecht halten? / Und wer
wird den ehren, der sich selber die
Ehre abspricht?
30 Es gibt Arme, die sind angesehen
ob ihrer Klugheit, / und es gibt Leute,
die sind geehrt wegen ihres Reichtums.
31 Wer geehrt ist in seiner Armut, um wieviel mehr in seinem Reichtum! / Wer verachtet ist in seinem
Reichtum, um wieviel mehr in seiner
Armut!

Nicht dem Anschein trauen

11 1 Die Weisheit des Geringen erhebt sein Haupt, und zwischen
Fürsten läßt sie ihn sitzen.
2 Lobe keinen Menschen um seiner
Schönheit willen / und verachte keinen Menschen um seines Aussehens
willen.
3 Unansehnlich unter den geflügelten Tieren ist die Biene, / doch
was sie hervorbringt, ist von erlesener
Süße.
4 Sei nicht stolz auf die Kleider,
die du trägst, / und werde nicht stolz,
wenn man dich ehrt.
Denn bewundernswert sind die
Werke des Herrn, / doch verborgen ist
den Menschen sein Walten.
5 Viele, die herrschten, wurden auf
die Straße gesetzt, / und mancher,
dessen niemand gedachte, trug eine
Krone.
6 Viele, die mächtig waren, wurden
gar verächtlich, / und mancher Angesehene wurde der Gewalt eines anderen preisgegeben.

Bedachtsamkeit und Ruhe

7 Ehe du nicht nachgeprüft hast,
mach keine Vorwürfe, / untersuche
zuerst, und nachher tadele.
8 Antworte nicht, ehe du nicht zugehört hast, / und während einer Darlegung rede nicht dazwischen.
9 Um eine Sache, die dich nichts
angeht, streite nicht, / und am Streit
der Gottlosen beteilige dich nicht.
10 Mein Sohn, unternimm nicht

→1020 *die den Herrn fürchten, in den Augen Gottes* G; M: „wer den Herrn fürchtet, noch mehr (?)".

→1021 Zusatz (einige Hss von G): „Die Furcht des Herrn ist der Anfang der Erhöhung, aber der Anfang der Verwerfung ist Verhärtung und Überheblichkeit".

→1025 Vgl. hiermit, was Paulus zur Sklavenfrage sagt, Gal 328; Kol 311; Phm 16.

→1027 *als wer sich rühmt und nichts zu essen hat* M, vgl. Spr 129; G: „als wer einhergeht, sich überhebt und Mangel an Brot hat".

→114A G; der Text von M liest: „Spotte nicht über das Kleid des Unglücklichen und verhöhne niemanden, der in Not ist".

→114B *verborgen* D. h. unsichtbar und unvorhersehbar. Ein Schicksalsschlag kann alle Situationen umkehren, vgl. Ps 1137f; 1 Sm 28; Ib 1217–19. Dies veranschaulichen die folgenden Sprüche.

→115 *wurden auf die Straße gesetzt* Wörtlich: „saßen auf der Straße", was sich auch so verstehen ließe: sie waren auf der Straße, bevor sie den Thron bestiegen, vgl. M: „Viele, die man unterdrückt hatte, bestiegen den Thron".

→1110C.D G; M: „Wenn du nicht rennst, kommst du nicht ans Ziel, und wenn du nicht suchst, findest du nicht".

viele Geschäfte. / Wenn du sie mehrst, bleibst du nicht frei von Schuld.

Selbst wenn du rennst, kommst du nicht ans Ziel, / und wenn du fliehst, kannst du doch nicht entkommen.

11 Da ist einer, der sich müht und quält und abhastet, / doch um so mehr bleibt er zurück.

Vertrauen auf Gott allein

12 Da ist einer, entkräftet und der Hilfe bedürftig, / arm an Stärke und reich an Schwäche,

Doch das Auge des Herrn schaut ihn gütig an, / und er hebt ihn aus seinem Elend.

13 Er erhebt sein Haupt, / daß viele über ihn staunen.

14 Gutes und Böses, Leben und Tod, / Armut und Reichtum kommen vom Herrn.

17 Die Gabe des Herrn hat Bestand für die Frommen / und sein Wohlgefallen sichert das Gedeihen für immer.

18 Da ist einer, der reich wurde, weil er sich abgeplagt und gegeizt hat, / und das wird sein Lohn sein:

19 Am Tage, da er sagt: „Ich habe nun Ruhe gefunden, / und so will ich jetzt meine Güter genießen",

Da weiß er nicht, welche Frist ihm gesetzt ist, / und er hinterläßt es einem andern, denn er muß sterben.

20 Bleibe bei deiner Arbeit und habe deine Freude darin, / werde alt in deiner Beschäftigung.

21 Bewundere nicht die Werke des Sünders, / vertraue auf den Herrn und harre aus in deiner Arbeit,

Denn leicht ist es in den Augen Gottes, / augenblicks und plötzlich den Armen reich zu machen.

22 Der Segen des Herrn ist der Lohn des Frommen, / augenblicks läßt Gott seinen Segen erblühen.

23 Sage nicht: „Was brauche ich noch, / was kann mir noch entgehen?"

24 Sage nicht: „Ich bin versorgt, / welches Unglück kann mich noch treffen?"

25 Ein Glückstag läßt das Unglück vergessen, / und ein Unglückstag läßt das Glück vergessen.

26 Leicht ist in den Augen des Herrn, / am Tage des Todes dem Menschen nach seinem Wandel zu vergelten.

27 Schlimme Zeit läßt die Lust vergessen, / und das Ende des Menschen offenbart sein Tun.

28 Vor dem Tode preise niemand glücklich, / denn an seinem Ende erkennt man den Menschen.

Dem bösen Menschen mißtrauen

29 Nicht jeden Menschen bringe ins Haus, / denn zahlreich sind die Listen des Hinterhältigen.

30 Wie ein im Korb gefangenes Rebhuhn ist das Herz des Stolzen, / es gleicht einem Spion, der nach einer Blöße lauert.

31 Gutes verkehrt ins Böse der Verleumder, / noch an den besten Dingen hat er zu mäkeln.

32 Ein Funken entzündet Kohlenglut, / und ein nichtsnutziger Mensch lauert auf Blut.

33 Hüte dich vor einem Bösewicht, denn auf Böses sinnt er, / auf daß er dir nicht einen ewigen Schandfleck beibringt.

34 Nimm einen Fremden in dein Haus – er wird dir Verwirrung bringen / und dich deinen Angehörigen entfremden.

Gutes tun

12 1 Wenn du Gutes tust, wisse, wem du es tust, / und deine Wohltaten werden nicht verloren sein.

→11,15–16 Zusatz (M, einige Hss von G, S, L): „Weisheit und Wissen und Erkenntnis des Gesetzes kommen vom Herrn, Liebe und Wandel in guten Werken kommen von ihm. Torheit und Finsternis sind für die Sünder erschaffen; bei denen, die sich des Bösen freuen, wird das Böse alt".

→11,17 *für die Frommen* G; M: „für die Gerechten".

→11,19 *welche Frist ihm gesetzt ist* G; M: „was sie erwartet".

→11,20 *bei deiner Arbeit* M; G: „bei deinem Bund".

→11,20 *deine Freude* M; G: „deinen Umgang".

→11,22 *des Frommen* G; M: „des Gerechten".

→11,22 *augenblicks* G; M: „zur rechten Zeit".

→11,27 *offenbart sein Tun* G; M: „gibt Auskunft über ihn".

→11,28 *an seinem Ende* M; G: „an seinen Kindern".

→11,28 Ben Sira erwartet also am Todestage ein Gericht und eine Vergeltung der Verdienste, vgl. 7,36+ und Einleitung in die Weisheitsbücher, S. 822.

→11,30 *ein im Korb gefangenes Rebhuhn* Wie ein Vogel, der als Lockvogel in eine Falle gesetzt wird, so zieht das Herz des Stolzen den Mitmenschen in die Fallstricke der Sünde.

→11,30B G; M: „es gleicht einem Wolf, der auf der Lauer liegt, um zu zerreißen"

→11,31 *Gutes verkehrt ins Böse der Verleumder* M; G: „Gutes in Böses verkehrend, liegt er im Hinterhalt".

2 Tue dem Frommen Gutes, und du wirst Dank finden, / wenn nicht bei ihm, so doch beim Allerhöchsten.

3 (Tue) nichts Gutes für den, der im Bösen verharrt / und sich weigert, Gutes zu tun.

4 Gib dem Frommen / und komm dem Sünder nicht zu Hilfe.

5 Tue Gutes dem Demütigen / und gib nicht dem Gottlosen.

Verweigere ihm sein Brot, gib es ihm nicht, / er würde sonst stärker als du.

Doppeltes Unheil wird dich treffen / für all das Gute, das du ihm erwiesen.

6 Denn der Allerhöchste haßt doch die Sünder, / und an den Frevlern übt er Vergeltung.

7 Gib dem guten Menschen, / einem Sünder aber komm nicht zu Hilfe.

Wahre und falsche Freunde

8 Nicht kann man im Glück erkennen, wer ein Freund ist, / doch nicht verborgen bleibt im Unglück der Feind.

9 Wenn jemand glücklich ist, haben seine Feinde Verdruß, / im Unglück zieht sich auch der Freund zurück.

10 Traue niemals deinem Feinde, / denn seine Bosheit ist wie Metall, das rostet.

11 Selbst wenn er sich dir hörig zeigt und unterwürfig wandelt, / nimm dich in acht und hüte dich vor ihm.

Verhalte dich zu ihm wie beim Spiegelputzen, / und du wirst erfahren, daß sein Rost nicht bis ans Ende halten wird.

12 Laß ihn nicht an deiner Seite stehen, / damit er dich nicht stürze und an deine Stelle trete.

Laß ihn nicht zu deiner Rechten sitzen, / daß er nicht strebe, deinen Sitz einzunehmen

Und du schließlich meine Worte einsiehst / und eingedenk meiner Rede Reue empfindest.

13 Wer bemitleidet einen Zauberer, den die Schlange beißt, / oder einen, der sich reißenden Tieren nähert?

14 So ist es, wenn sich einer einem Sünder verbindet / und sich in dessen Sünden verstrickt.

15 Solange du stehst, enthüllt er sich nicht, / wenn du aber wankst, hält er nicht mehr an sich.

16 Mit dem Mund tut der Feind freundlich, / in seinem Herzen aber sinnt er darauf, dich in die Grube zu stürzen.

Mit seinen Augen weint der Feind, / hat er aber eine Gelegenheit gefunden, wird er nicht satt an Blut.

17 Wenn dich ein Unglück trifft, wirst du ihn vor dir finden; / er spielt den Helfer, spürt aber deiner Ferse nach.

18 Er schüttelt das Haupt und klatscht in die Hände, / doch mit viel Getuschel ändert er das Gesicht.

Mit seinesgleichen verkehren

13 1 Wer Pech anrührt, an dessen Hand klebt es fest, / und wer sich dem Spötter anschließt, wird ihm ähnlich.

2 Etwas, was für dich zu schwer ist, wie kannst du es heben? / Einem, der stärker und reicher ist als du, wie kannst du dich ihm anschließen?

Wie kann sich der irdene Topf zum ehernen Kessel gesellen! / Denn dieser stößt an ihn, und er zerbricht.

3 Der Reiche tut Unrecht und prahlt noch, / der Arme erleidet Unrecht, aber er muß um Erbarmen flehen.

4 Wenn du ihm nützlich bist, dann hilft er dir, / wenn du zu langsam bist, verläßt er dich.

5 Wenn du etwas hast, wird er mit dir leben, / dann aber macht er dich arm, ohne daß es ihm leid tut.

6 Hat er etwas nötig von dir, betört er dich, / er lächelt dir zu und erweckt dein Vertrauen.

Er spricht dir freundlich zu / und sagt: „Was brauchst du?“

7 Bei seinen Festmählern wird er dich erniedrigen, / bis er dich zweimal

---

→12 2 *dem Frommen* G; M: „dem Gerechten“.

→12 3 G; M: „Keinen Nutzen gibt es für den, der einem Frevler Gutes tut; nicht einmal ein gutes Werk hat der getan“.

→12 4 Vgl. im Gegensatz dazu die Weisungen Jesu, Mt 5 43–47.

→12 4–5 Der Text von M weicht stark ab.

→12 9 *haben seine Feinde Verdruß* G; M: „ist auch der Feind sein Freund“.

→12 11C.D G; M: „Verhalte dich zu ihm wie einer, der Geheimnisse offenbart, damit er dir nicht schaden kann, und bedenke das übliche Ende der Mißgunst“.

→12 15 *Solange du stehst, enthüllt er sich nicht* M; G: „Er steht eine Zeitlang zu dir“.

→12 18 *Er schüttelt das Haupt und klatscht in die Hände* Das Haupt schütteln ist eine Geste des Spottes, Ps 22 8; 109 25; Ib 16 4, vgl. Mt 27 39; in die Hände klatschen, Ez 25 6; Nah 3 19, vgl. Klgl 2 15.

→13 2 *der irdene Topf zum ehernen Kessel* Klassischer Vergleich, der sich bereits bei Äsop findet.

→13 7A.B.C. G; M: „Solange es Vorteil bringt, spottet er über dich; zweimal, dreimal versetzt er dich in Schrecken“.

und dreimal beraubt, / und am Ende verspottet er dich.

Sieht er dich nachher wieder, geht er an dir vorüber / und schüttelt seinen Kopf über dich.

8 Hüte dich und laß dich nicht irreführen, / damit du nicht erniedrigt wirst in deiner Torheit.

9 Ruft dich ein Vornehmer, so halte dich zurück, / um so mehr wird er dich heranziehen.

10 Sei nicht zudringlich, daß du nicht fortgewiesen wirst, / halte dich nicht allzu fern, daß du nicht vergessen wirst.

11 Verlaß dich nicht auf die Freiheit bei ihm / und baue nicht auf das häufige Geplauder.

Mit dem häufigen Geplauder prüft er dich, / er lächelt dir zu und horcht dich aus.

12 Unbarmherzig ist, wer die Worte weiterverbreitet, / er verschont dich weder vor Schlägen noch Ketten.

13 Hüte dich also und sei vorsichtig, / denn mit deinem eigenen Verderben gehst du um.

15 Jedes Lebewesen liebt seinesgleichen, / und jeder Mensch den, der ihm ähnlich ist.

16 Seinesgleichen hat jedes Lebewesen um sich, / und mit seinesgleichen verbindet sich auch der Mensch.

17 Gesellt sich etwa der Wolf zum Lamme? / Ebensowenig der Gottlose zum Frommen.

18 Lebt etwa die Hyäne mit dem Hund in Eintracht? / Wie kann der Reiche in Eintracht leben mit dem Armen?

19 Des Löwen Fraß sind die Wildesel in der Wüste, / so sind des Reichen Weide die Armen.

20 Ein Greuel dem Stolzen ist die Demut, / so ist ein Greuel dem Reichen der Geringe.

21 Ein Reicher, der wankt, wird vom Freunde gestützt, / wankt aber ein Armer, so wird er vom Freunde verstoßen.

22 Stolpert ein Reicher, nehmen ihn viele in ihren Armen auf, / und sie beglückwünschen ihn, wenn er Torheiten redet.

Stolpert ein Armer, macht man ihm Vorwürfe; / selbst wenn er klug redet, gibt man ihm nicht Raum.

23 Redet ein Reicher, so schweigt alles, / und sie heben seine Klugheit bis an die Wolken.

Redet ein Armer – „Wer ist das?" sagt man dann; / und wenn er strauchelt, stoßen sie ihn noch nieder.

24 Gut ist der Reichtum, wenn er ohne Schuld ist, / schlimm ist die Armut für das Gerede des Gottlosen.

25 Das Herz des Menschen verändert sein Antlitz, / sei es heiter, sei es grämlich.

26 Zeichen eines glücklichen Herzens ist ein leuchtendes Angesicht, / das Ausdenken von Sinnsprüchen ist eine mühevolle Arbeit.

Das wahre Glück

14 1 Glücklich der Mann, der nicht sündigt in Worten / und der nicht gequält wird vom Schmerz über die Sünde.

2 Glücklich der Mann, dessen Herz ihn nicht anklagt / und dessen Hoffnung nicht am Schwinden ist.

Neid und Habsucht

3 Einem kleinlichen Mann steht der Reichtum nicht an, / einem gierigen Mann – was nützen ihm Schätze?

4 Wer gegen sich selber geizt, sammelt für einen andern, / und ein Fremder wird in seinen Gütern schwelgen.

5 Mißgönnt einer dem eigenen Ich, wem wird er etwas Gutes tun? / Er freut sich nicht einmal seiner eigenen Güter.

6 Mißgönnt einer dem eigenen Ich, so ist keiner grausamer als er, / und

---

→13 8 G; M: „Hüte dich, überhebe dich nicht und benimm dich nicht wie einer ohne Einsicht".
→13 8 *in deiner Torheit* S, L; G: „in deiner Freude".
→13 10 Ein Vergleich dieses Spruches mit der Mahnung im Lukasevangelium, 14 8–10, scheint nahezuliegen; das Herrenwort entspricht ihm jedoch nicht genau, weder dem Inhalt noch dem Motiv nach.
→13 13 *denn mit deinem eigenen Verderben gehst du um* G; M: „gehe nicht mit gewalttätigen Menschen um".
→13 14 Zusatz (einige Hss von G, L): „Wenn du solches hörst, wache auf aus deinem Schlaf; dein ganzes Leben liebe den Herrn und rufe ihn an zu deinem Heil"
→13 17 *Frommen* G; M: „Gerechten".
→13 22 *Stolpert* G; M: „Redet".
→13 24 *für das Gerede des Gottlosen* Oder vielleicht: „entsprechend dem Gottlosen".
→13 26 *das Ausdenken von Sinnsprüchen ist eine mühevolle Arbeit* G (aber der Text ist nicht sicher); M: „Grübeln und sorgen – Trauergedanken".
→14 1 *nicht sündigt* Wörtlich: nicht gestrauchelt ist. Viele Psalmen besingen so das Glück der reinen Herzen, Ps 1; 32; 119, der Weisen, Ps 41, der Frommen, Ps 128, im Gegensatz zu den „Glücklichen" dieser Welt. Hier kündigen sich bereits die Seligpreisungen des Evangeliums an, Mt 5 1–12.

das ist der Lohn seiner Schlechtig-
keit.
7 Tut er mal etwas Gutes, tut er es
aus Versehen, / und zum Schluß zeigt
er doch noch seine Bosheit.
8 Schlimm ist, wer ein mißgünstiges
Auge hat, / wer sein Gesicht abkehrt
und das Leben des andern verachtet.
9 Der Habsüchtige ist nicht zu-
frieden mit dem, was er hat, / die Be-
gehrlichkeit trocknet die Seele aus.
10 Der Geizige knausert mit Brot, /
und Mangel herrscht an seinem Tische.
11 Mein Sohn, wenn du es hast, so
gönne dir etwas Gutes, / und bringe
dem Herrn die Gaben, die er fordert.
12 Gedenke, daß der Tod nicht
säumt / und das Bündnis mit der
Scheol dir nicht bekannt ist.
13 Bevor du stirbst, tue Gutes dem
Freund, / und soviel du vermagst,
beschenke ihn.
14 Versage dir nicht das Glück von
heute, / und an deinem Anteil an
Lust gehe nicht vorüber.
15 Wirst du nicht einem andern
dein Gut überlassen müssen, / und
dein mühsam Erworbenes denen, die
das Los werfen?
16 Gib und nimm und ergötze dich
selbst, / denn in der Scheol ist es vor-
bei, nach Genuß zu suchen.
17 Alles Fleisch altert wie ein Kleid, /
und das uralte Gesetz heißt: sterben,
sterben.
18 Wie das Gesproß der Blätter am
grünen Baum, / wo das eine welkt
und das andere wächst,
So die Geschlechter aus Fleisch
und Blut, / die einen: Tod, die andern:
Geburt.
19 Jedes verwesliche Werk geht zu-
grunde, / und der es vollbringt, folgt
ihm nach.

Das Glück des Weisen

20 Selig der Mann, der über die
Weisheit nachsinnt / und mit seiner
Einsicht überlegt,
21 Der seinen Sinn auf die Wege zu
ihr richtet / und auf ihre Geheimnisse
achtet,
22 Der ihr nachgeht wie ein Jäger /
und die Zugänge zu ihr belauert,
23 Der durch ihre Fenster schaut /
und an ihren Türen lauscht,
24 Der in ihres Hauses Umkreis sich
niederläßt / und an ihrer Mauer den
Zeltpflock befestigt,
25 Der sein Zelt an ihrer Seite auf-
schlägt / und so ein angenehmes
Heim bewohnt,
26 Der seine Kinder in ihre Hut
gibt / und ausruht unter ihren Zwei-
gen,
27 Der in ihrem Schatten sich vor
der Hitze birgt / und in ihrer Herrlich-
keit wohnt.

15 1 Wer den Herrn fürchtet, han-
delt so, / und wer sich mit dem
Gesetz befaßt, erlangt sie.
2 Sie geht ihm entgegen wie eine
Mutter, / und wie eine junge Gattin
nimmt sie ihn auf.
3 Sie speist ihn mit dem Brote der
Klugheit / und tränkt ihn mit dem
Wasser der Einsicht.
4 Er stützt sich auf sie und wanket
nicht, / er vertraut auf sie und wird
nicht enttäuscht.
5 Sie erhöht ihn über seine Mit-
menschen, / und inmitten der Ge-
meinde öffnet sie ihm den Mund.
6 Jubel und Freude findet er, / und
sie beschenkt ihn mit unvergänglichem
Namen.
7 Nicht erlangen sie gemeine Men-
schen, / und Gottvergessene werden
sie nicht schauen.

→148 *wer sein Gesicht abkehrt* Von denen, die seiner Hilfe bedürfen.
→149 *die Begehrlichkeit* (Wörtlich: das böse Auge) Korr.; G: „die schlimme Ungerechtigkeit".
→1410 *Der Geizige knausert mit Brot* G; M: „Der Geizige stürzt sich auf das Brot".
→1412 *das Bündnis mit der Scheol* Wahrscheinlich die Verfügung, die den Zeitpunkt des Todes festlegt, vgl. Js 2815.18.
→1419 *Jedes verwesliche Werk geht zugrunde* G; M: „Alle Werke des Menschen fallen der Verwesung anheim, und das Tun seiner Hände folgt ihm nach", d. h. folgt ihm in die Verwesung nach. Apk 1413 kehrt diesen Gedanken um: Die Werke folgen dem Menschen nach in die Herrlichkeit des neuen Lebens.
→1420–21 Vgl. Ps 119, besonders v. 15.23. 148 über die Glückseligkeit, die das Nachsinnen über das Gesetz schenkt. Hier ist der Gegenstand der Bemühung die Weisheit, die sich vor allem in den Sprüchen und Lehren der Weisen zeigt.
→1424 *den Zeltpflock befestigt* Um daran sein eigenes Zelt festzumachen.
→1426 *Der seine Kinder in ihre Hut gibt* G; M: „Der sein Nest in ihr Laub baut".
→1427 *in ihrer Herrlichkeit* „Herrlichkeit" (M: „Zuflucht") bezeichnet vielleicht die Wolke, die Jahwes Gegenwart offenbarte, vgl. Ex 1610; 2416+. Es ist die *schekina* „Gegenwart" der rabbinischen Literatur.
→151 Jr 28 kannte vier offizielle Ämter: den Priester, den Gesetzeskundigen, den Führer (Hirten), den Propheten. „Wer sich mit dem Gesetz befaßt" bezieht sich auf den zweiten Stand, den des „Schriftgelehrten", des „Gesetzeslehrers", der im Judentum immer größere Bedeutung gewann, vgl. Esr 76+.

8 Fern ist sie von dem Stolz, / und lügnerische Menschen erinnern sich ihrer nicht.

9 Nicht geziemend ist das Loblied im Munde des Gottlosen, / denn nicht ist es ihm vom Herrn zugeteilt.

10 In Weisheit soll das Loblied erklingen, / und der Herr wird es leiten.

Die Freiheit des Menschen

11 Sage nicht: „Vom Herrn kommt meine Sünde"; / denn was er haßt, bewirkt er nicht.

12 Sage nicht: „Er hat mich zu Fall gebracht"; / denn er bedarf der schlechten Menschen nicht.

13 Allen Greuel haßt der Herr / und gar keinen lieben die, die ihn fürchten.

14 Er schuf am Anfang den Menschen / und überließ ihn der Macht der eigenen Entscheidung.

15 Wenn du willst, kannst du die Gebote halten, / und Treue zu üben liegt in deiner Macht.

16 Hingeschüttet hat er vor dich Feuer und Wasser, / wonach dich verlangt, strecke deine Hand aus.

17 Vor dem Menschen liegen Leben und Tod, / was er will, wird ihm gegeben.

18 Reich ist die Weisheit des Herrn, / er ist stark an Macht und sieht alles.

19 Seine Augen schauen auf die, die ihn fürchten, / und jede Tat des Menschen ist ihm bekannt.

20 Niemandem hat er befohlen zu freveln, / und keinem Erlaubnis gegeben zu sündigen.

Das Verderben der Gottlosen

16 1 Verlange nicht nach zahlreichen Kindern, wenn sie nichts taugen, / und freue dich nicht über Söhne, die mißraten sind.

2 Mögen sie auch zahlreich sein, sei nicht stolz auf sie, wenn sie die Furcht des Herrn nicht besitzen.

3 Verlaß dich nicht darauf, daß sie am Leben bleiben, / und setze keine Hoffnungen auf ihr Schicksal.

Denn besser einer als tausend / und kinderlos sterben als gottlose Kinder zu haben.

4 Durch einen einzigen Einsichtigen wird die Stadt bevölkert, / der Stamm der Gottlosen aber verödet.

5 Viel Derartiges sah mein Auge, / und Gewichtigeres noch als dies vernahm mein Ohr:

6 In der Rotte der Gottlosen flammte das Feuer auf, / und gegen das ruchlose Pack entbrannte der Zorn.

7 Nicht ertrug er die Riesen der Vorzeit, / die abtrünnig wurden in ihrer Stärke.

8 Auch verschonte er nicht die Stadt, in der Lot wohnte; / ein Greuel ward ihm ihr Übermut.

9 Er erbarmte sich nicht des verderbten Geschlechtes, / das aus dem Besitz vertrieben wurde in seinen Sünden.

10 Ebensowenig der sechshunderttausend Mann zu Fuß, / die dahingerafft wurden in ihrer Herzenshärte.

11 Und erst wenn ein einzelner halsstarrig ist, / es wäre zu verwundern, wenn er straflos bliebe.

Erbarmen sowohl wie Zorn ist bei ihm, / er verzeiht und vergibt, aber er gießt auch den Zorn aus.

12 So groß wie sein Erbarmen ist auch seine Züchtigung, / und jeden richtet er nach seinen Werken.

13 Nicht entkommt mit seinem Raub der Bösewicht, / doch die Erwartung des Frommen vernichtet er nimmer.

14 Er läßt freien Lauf seinem Er-

→15 8 *von dem Stolz* G; M: „von den Spöttern".
→15 10 *In Weisheit* G; M: „Im Munde des Weisen".
→15 10 *der Herr* G; M: „wer seiner (des Lobliedes) mächtig ist".
→15 11 *bewirkt er nicht* M; G: „tust du nicht".
→15 14 *der eigenen Entscheidung* G; M: „dem eigenen Trieb". Der Vers ist eine vielberufene Stelle für die Lehre von der Freiheit. Zusatz in M am Versende: „und übergab ihn der Macht seines Feindes"; damit wird eine andere Erklärung für den Ursprung des Übels vorgeschlagen.
→15 15 G; M: „Wenn du willst, kannst du die Satzung bewahren und die Einsicht, seinen Willen zu tun; wenn du auf ihn vertraust, wirst auch du leben".
→16 3 *auf ihr Schicksal* (Wörtlich: auf ihren Ort) Eine Hs von G; andere Hss von G: „auf ihre Menge"; M: „auf ihr Ende".
→16 3 *einer* Danach Zusatz in M und einigen Hss von G: „der den Willen (Gottes) tut".
→16 3 *tausend* Danach Zusatz in einigen Hss von G: „Sünder".
→16 4 *Einsichtigen* G; M: „Gottesfürchtigen".
→16 4 *verödet* G; M: „verödet sie".
→16 9 *des verderbten Geschlechtes* Der früheren Bewohner Kanaans.
→16 10 Es ist an Ex 12 37 oder Nm 11 21 gedacht. Diese Menschen starben in der Wüste und zogen nicht in Kanaan ein, Nm 14 20–23.
→16 14 *Er läßt freien Lauf seinem Erbarmen* G; M: „Jedem, der die Gerechtigkeit übt, wird sein Lohn".

barmen; / jedem wird vergolten nach seinen Werken.

Die sichere Vergeltung

17 Sage nicht: „Ich werde mich verbergen, um dem Herrn zu entgehen; / wer in der Höhe denkt an mich?
In der großen Menge bleibe ich unbemerkt; / und was bin ich in der unermeßlichen Schöpfung?"
18 Siehe, die Himmel und die Himmel der Himmel, / der Ozean und die Erde, sie wanken, wenn er sie heimsucht.
19 Die Gipfel der Berge und die Grundfesten des Erdkreises, / sie erbeben mächtig, wenn er sie nur anblickt.
20 Doch auf dies alles lenkt man nicht seinen Sinn; / und wer achtet auf seine Wege?
21 Auch der Sturm bleibt unsichtbar, / die meisten seiner Werke geschehen im Verborgenen.
22 „Das Tun des Gerechten, wer macht es kund, / und wer erwartet sie? Denn fern liegt das Bündnis."
23 Nur wem es an Einsicht mangelt, wird solches behaupten, / nur ein törichter, irregeleiteter Mensch hat solche Gedanken.

Der Mensch in der Schöpfung

24 Mein Sohn, höre auf mich und nimm Weisheit an, / richte den Sinn auf meine Worte.
25 Ich will – wohl abgewogen – dir die Lehre offenbaren und mit Sorgfalt mein Wissen kundtun.
26 Als Gott am Anfang seine Werke schuf / und zu ihrem Dasein die Anteile vergab,
27 Da ordnete er seine Werke für immer, / von ihren Anfängen an bis zu ihrer fernen Zukunft.
Sie darben nicht und werden nicht müde, / noch erlahmen sie in ihrem Wirken.
28 Keines kommt dem andern zu nahe, / und bis in Ewigkeit ist keines ungehorsam seinem Wort.
29 Danach schaute der Herr zur Erde / und füllte sie mit seinen Gütern an.
30 Mit mannigfachen Lebewesen bedeckte er ihr Antlitz, / und zu ihr läßt er sie auch wieder zurückkehren.

17 1 Der Herr hat auch den Menschen aus Erde erschaffen / und läßt ihn wieder zu ihr zurückkehren.
2 Er teilte dem Menschen eine Zahl von Tagen und eine bestimmte Frist zu / und übertrug ihm die Herrschaft über alle Wesen auf ihr.
3 Ähnlich sich selbst bekleidete er sie mit Kraft / und schuf sie nach seinem Bilde.
4 Er legte die Furcht vor ihnen auf alles Fleisch / zur Herrschaft über Tiere und Vögel.
6 Er bildete Mund und Zunge, Auge und Ohr / und gab ihnen ein Herz zum Denken.
7 Mit verständiger Einsicht erfüllte er sie / und zeigte ihnen, was gut und bös.
8 Er setzte ihnen sein Auge in das Herz, / um ihnen die Größe seiner Werke kundzutun.

→16,15–16 Zusatz (einige Hss von G, M, S): „Gott verhärtete das Herz des Pharaos, daß es ihn nicht erkannte, damit seine Werke offenbar wurden unter dem Himmel. Der ganzen Schöpfung ist sein Erbarmen sichtbar, sein Licht und sein Dunkel (M: sein Lob?) hat er den Menschen zugeteilt" (vgl. Mt 5,45 und Sir 12,6).
→16,17 So suchten sich Adam und Kain vor dem Angesicht des Herrn zu verbergen, Gn 3,10; 4,9.
→16,20–21 G; M: „Er lenkt seine Aufmerksamkeit nicht auf mich, und wer achtet meiner Wege? Wenn ich sündige, sieht mich kein Auge, und wenn ich ganz im Geheimen lüge, wer weiß es?" So würde die Rede des Sünders bis v. 22 fortgesetzt und v. 18 und 19 wären nur ein Einschub.
→16,22 Der Einwand scheint zu besagen, daß die Vergeltung auf sich warten läßt und nicht sicher ist. Zur Bedeutung des Wortes „Bündnis" vgl. 14,12+. – M (v. 22B): „Was bleibt als Hoffnung, denn fern ist die Frist".
→16,24 Hier spricht der Schriftgelehrte und nicht die personifizierte Weisheit.
→16,26 *schuf* M; G: „richtete". – Von 16,27 – 30,11 sind nur Bruchstücke in M erhalten.
→16,28 Es geht um die regelmäßige Bewegung der Gestirne.
→17,1 *den Menschen aus Erde erschaffen* Ben Sira folgt der Darstellung von Gn 1: Erschaffung der Gestirne, der Pflanzen und der Tiere, des Menschen.
→17,3 *Ähnlich sich selbst* Korr.; G: „Ähnlich ihnen selbst".
→17,5 Zusatz (einige Hss von G): „Sie empfingen den Gebrauch der fünf Gewalten des Herrn, als sechste wurde ihnen Anteil am Verstande gegeben und als siebte der Geist, der Deuter seiner Gewalten ist", eine Glosse anscheinend stoischen Ursprungs.
→17,6 *Er bildete* Korr.; G: „Ein Ratschlag".
→17,6 *ein Herz zum Denken* In der israelitischen Vorstellung vom Menschen war das Herz der Sitz des Verstandes.
→17,8 *sein Auge* D. h. sein Licht.

10 Auf daß sie seinen heiligen Namen lobten / und die Größe seiner Werke weiter verkündeten.
11 Er hat ihnen die Weisheit zum Geschenk gemacht / und das Gesetz des Lebens in Besitz gegeben.
12 Einen ewigen Bund hat er mit ihnen geschlossen / und seine Rechtsentscheide ihnen dargetan.
13 Seine majestätvolle Herrlichkeit haben ihre Augen gesehen / und seine machtvolle Stimme in ihren Ohren vernommen.
14 Er sprach zu ihnen: „Hütet euch vor jedem Unrecht"; / und er ordnete das Verhalten eines jeden zu seinem Nächsten.

Der göttliche Richter

15 Ihre Wege liegen vor ihm allezeit, / und nicht sind sie verborgen vor seinen Augen.
17 Jedem Volk hat er seinen Fürsten gesetzt, / aber Israel ist der Anteil des Herrn.
19 Alle ihre Werke liegen wie die Sonne vor ihm, / und seine Augen ruhen stets auf ihren Wegen.
20 Nicht verborgen vor ihm sind alle ihre Frevel, / und alle ihre Sünden liegen vor dem Herrn.
22 Das Almosen eines Menschen ist bei ihm verwahrt wie ein Siegelring, / und eines Menschen Güte hütet er wie den Augapfel.
23 Später erhebt er sich und zahlt ihnen heim, / Vergeltung läßt er kommen über jedes Haupt.
24 Den Reumütigen hat er einen Rückweg gewährt, / und er spricht denen zu, die die Hoffnung verloren.

Aufforderung zur Umkehr

25 Kehre dich zum Herrn und laß ab von der Sünde, / flehe vor ihm und beseitige das Ärgernis.
26 Kehre zum Allerhöchsten zurück und wende dich von der Ungerechtigkeit, / ganz entschieden hasse den Greuel.
27 Wer wird den Höchsten in der Scheol preisen / an Stelle der Lebenden, die ihm Lobpreis darbringen?
28 Bei einem Toten, der nicht mehr ist, hat ein Ende der Lobgesang, / nur wer lebt und gesund ist, kann den Herrn preisen.
29 Wie groß ist das Erbarmen des Herrn / und die Nachsicht gegen die, die sich zu ihm wenden!
30 Denn im Menschen kann nicht alles sein, / ist doch nicht unsterblich das Menschenkind.
31 Was ist heller als die Sonne? Und selbst diese verdunkelt sich; / Fleisch und Blut können nur Böses ausdenken.
32 Die Heerscharen des Himmels mustert er, / erst recht die Menschen, alle nur Staub und Asche!

Gottes Größe

18 1 Der da lebt in Ewigkeit, schuf alles insgesamt, 2 der Herr allein wird als gerecht erfunden.
4 Keiner ist imstande, seine Werke zu verkünden, / und wer ergründet seine Großtaten?
5 Seine gewaltige Größe, wer kann sie beschreiben, / und wer kommt ans Ende beim Aufzählen seiner Hulderweise?
6 Man kann nichts vermindern

→17,9 Zusatz (einige Hss von G): „und er gab ihnen, sich seiner Wunderwerke ewiglich zu rühmen".

→17,12 *seine Rechtsentscheide* Das mosaische Gesetz; die folgenden Verse beschreiben die Offenbarung der Bundesweisungen am Sinai.

→17,16–17A Zusatz (einige Hss von G): „Ihre Wege sind von Jugend an auf das Böse gerichtet, und sie vermögen ihr steinernes Herz nicht in ein Herz von Fleisch zu verwandeln, denn bei der Aufteilung der Völker der ganzen Erde", Glosse, die vielleicht von Ez 11,19; 36,26 beeinflußt ist und die Unmöglichkeit für den Menschen, das Gute zu tun, aussagt. Der Text selbst erscheint weniger pessimistisch.

→17,18 Zusatz (einige Hss von G): „sein Erstgeborener, den er mit Zucht nährte, an den er das Licht seiner Liebe austeilte, ohne ihn aufzugeben". Zur Zeit des Ben Sira gab es keine regierende Dynastie in Israel. Im übrigen dürfte der Widerstand gegen das Königtum, der sehr alt war, 1 Sm 8, bei der makkabäischen Restauration in noch stärkerem Maße bestanden haben.

→17,21 Zusatz (einige Hss von G): „aber der Herr ist gut und kennt sein Geschöpf, weder vernichtet er sie, noch verläßt er sie, sondern er verschont sie".

→17,22 Zusatz in einigen Hss von G am Versende: „er teilt seinen Söhnen und seinen Töchtern die Umkehr zu".

→17,23 *Vergeltung* Es wird hier nicht deutlich sichtbar, wann und in welcher Form die Vergeltung erfolgen wird.

→17,26 *Ungerechtigkeit* Danach Zusatz in einigen Hss von G: „denn er ist es, der dich dem Dunkel entziehen und dich zum Lichte des Heiles führen wird".

→17,32 *Die Heerscharen des Himmels* Wohl die Gestirne, vgl. 16,28; Js 24,21–23.

→18,2 Danach Zusatz (einige Hss von G): „und keinen anderen gibt es außer ihm. 3 Er regiert die Welt mit dem Ausspannen seiner Hand, und alles gehorcht seinem Willen; denn er ist König über alle Dinge, in seiner Macht sondert er die geheiligten von den ungeheiligten Dingen."

und nichts hinzufügen, / und es ist
unmöglich, des Herrn Wunder zu
durchschauen.
7 Wenn jemand am Schluß ist,
dann steht er erst am Anfang, / und
wenn er aufhört, dann ist er ratlos.

Der winzige Mensch

8 Was ist der Mensch, und wozu
ist er nütze? / Was ist das Gute an ihm
und was das Schlechte?
9 Die Zahl der Tage des Menschen – /
wenn es viele sind, dann hundert Jahre.
10 Wie ein Wassertropfen aus dem
Meere und ein Sandkorn, / so wenig
bedeuten die Jahre in der Zeit der
Ewigkeit.
11 Darum ist der Herr langmütig
mit ihnen / und gießt über sie sein
Erbarmen aus.
12 Er sieht voraus und weiß, daß
ihr Ende schlimm ist, / darum zeigt er
eine so große Versöhnlichkeit.
13 Das Erbarmen des Menschen
geht nur auf die Nächsten, / das Erbar-
men des Herrn aber auf alles Fleisch.
Er weist zurecht, züchtigt und be-
lehrt / und führt wieder heim wie ein
Hirt seine Herde.
14 Er hat Mitleid mit denen, die die
Zucht finden / und die mit Eifer seine
Satzungen suchen.

Das rechte Geben

15 Mein Sohn, gib zu einer Wohltat
nicht Tadelworte hinzu / und zu keiner
Gabe kränkende Reden.
16 Macht nicht der Tau die Hitze
schwinden? / So ist ein gutes Wort
besser als die Gabe.
17 Siehe, geht nicht ein Wort über
eine gute Gabe? / Beides aber ist
Sache eines wohltätigen Mannes.
18 Der Tor gibt nichts und belei-
digt, / und die Gabe eines neidischen
Menschen läßt die Augen brennen.

Überlegung und Vorsorge

19 Bevor du zu reden hast, bereite
dich vor, / und ehe du krank wirst,
sorge vor.
20 Vor dem Gericht erforsche dich
selbst, / und du wirst in der Stunde der
Prüfung Nachsicht finden.
21 Ehe du krank wirst, demütige
dich, / und in den Zeiten der Sündhaf-
tigkeit laß Umkehr erkennen.
22 Laß dich nicht aufhalten, ein
Gelübde rechtzeitig einzulösen, / und
warte nicht bis zum Tode, die Recht-
fertigung zu erlangen.
23 Bevor du ein Gelübde machst,
bereite dich dazu, / und sei nicht wie
ein Mensch, der den Herrn versucht.
24 Sei eingedenk des Zornes in den
Tagen des Endes / und der Zeit der
Vergeltung, wenn er sein Antlitz ab-
wendet.
25 Sei eingedenk der Zeit des Hun-
gers zur Zeit des Überflusses, / der
Armut und Not in den Tagen des
Reichtums.
26 Vom Morgen bis zum Abend
verrinnt die Zeit, / und alles eilt dahin
vor dem Herrn.
27 Ein weiser Mensch übt in allem
Bedachtsamkeit, / und in Zeiten der
Sündhaftigkeit hütet er sich vor
Verfehlung.
28 Jeder Verständige hat die Weis-
heit erkannt, / und jedem, der sie
fand, spendet er Lob.
29 Wer der Sprüche kundig ist,
tritt als Lehrer der Weisheit auf /
und läßt treffliche Gleichnisse aus-
strömen.

Selbstbeherrschung

30 Deinen Begierden gehe nicht
nach, / und von deinen Gelüsten halte
dich fern.
31 Wenn du deiner Seele ihr Gier-
verlangen erfüllest, / wird sie dich zum
Triumph deiner Feinde machen.
32 Freue dich nicht über ein Leben
voll Lust, / schließe dich solcher Ge-
sellschaft nicht an.
33 Mach dich nicht arm durch Ge-

→187 Wenn der Mensch seine Möglichkeiten, Gott und dessen Wunder zu erkennen, erschöpft hat, steht er erst am Anfang. Diese Feststellungen erinnern an Prd, aber Ben Sira zieht daraus einen ganz anderen Schluß: Für ihn hebt diese Schwäche des Menschen lediglich Gottes Größe hervor.

→1813 Vgl. 2 Makk 613–16; Weish 1219–22. Das Spätjudentum spürte das Problem, Gottes Eingreifen zur Bestrafung der Menschen zu rechtfertigen. Die Art und Weise, wie hier das allumfassende Erbarmen Gottes und dessen erzieherischer Charakter hervorgehoben werden, ist neu im AT.

→1815f Hier werden die Ratschläge zu rechtem Verhalten wiederaufgenommen.

→1821 *Ehe du krank wirst* Krankheit wird oft als eine Strafe für die Sünde dargestellt. Daher sind Umkehr und Reue ein Weg, die Krankheit zu meiden.

→1824 Wahrscheinlicher ist der Todestag, vgl. 113, nicht der Gerichtstag gemeint.

→1827 *in Zeiten der Sündhaftigkeit* D. h. in Zeiten, in denen der Weise durch die Sünde versucht wird.

→1829 Anspielung auf Weisheitssammlungen wie Spr.

→1832 *schließe dich solcher Gesellschaft nicht an* G; M: „denn die Armut danach wird doppelt sein“.

lage mit geliehenem Geld, / während du nichts im Beutel hast.

19 1 Wer solches tut, wird nie reich, / und wer ein Wenig geringschätzt, wird von allem entblößt.

2 Wein und Weiber verderben den Einsichtsvollen, / und wer sich an Dirnen hängt, wird frech.

3 Moder und Würmer nehmen ihn in Besitz, / und die freche Leidenschaft wird hinweggerafft werden.

Gegen den Klatsch

4 Wer schnell vertraut, ist leichtsinnig, / und wer sündigt, verfehlt sich gegen sich selbst.

5 Wer sich über Böses freut, wird verurteilt, / 6 wer aber den Klatsch haßt, entgeht dem Bösen.

7 Wiederhole niemals, was man dir sagte, / so wird man niemals dir schaden.

8 Sprich nicht über Freund noch Feind, / und wenn es dir nicht zur Schuld gereicht, so äußere nichts.

9 Denn wer dich hört, wird sich vor dir hüten / und zur gegebenen Zeit Haß gegen dich hegen.

10 Ist dir ein Wort zu Ohren gekommen, so sterbe es mit dir; / sei unbesorgt, es wird dich nicht zerreißen.

11 Um eines Wortes willen kommt der Tor in Wehen / wie eine Gebärende durch ihre Leibesfrucht.

12 Wie ein Pfeil, der im Schenkelfleisch steckt, / so ist ein Wort im Inneren des Toren.

Prüfen, was man reden hört

13 Stelle den Freund zur Rede, ob er etwas getan hat, / und wenn er es getan hat – damit er es nicht wiedertue.

14 Stelle den Nachbarn zur Rede, ob er nicht etwas gesagt hat, / und wenn er es gesagt hat – daß er es nicht wiederhole.

15 Stelle den Freund zur Rede, denn oft geschieht auch Verleumdung, / deshalb traue nicht jedem Geschwätz.

16 Mancher gleitet aus, doch nicht mit Absicht, / und wer hätte mit seiner Zunge noch nicht gesündigt?

17 Stelle deinen Nachbar zur Rede, ehe du Drohungen aussprichst, / und gib Raum dem Gesetz des Allerhöchsten.

Wahre und falsche Weisheit

20 Alle Weisheit ist Furcht des Herrn, / und in jeder Weisheit liegt die Erfüllung des Gesetzes.

22 Keine Weisheit ist die Kenntnis des Schlechten, / und der Rat der Sünder ist keine Einsicht.

23 Es gibt eine Schlauheit, und die ist ein Greuel; / ohne Verstand ist der, dem die Weisheit fehlt.

24 Besser arm an Klugheit und gottesfürchtig / als reich an Einsicht und ein Gesetzesübertreter.

25 Es gibt eine geriebene Klugheit, und die ist schlecht, / und mancher will sich Recht schaffen durch Betrug.

26 Es gibt manchen, der gebeugt wie in Trauer einhergeht, / doch sein Inneres ist voll Hinterlist.

27 Er neigt das Haupt und stellt sich taub, / wo er sich aber nicht durchschaut sieht, tritt er gegen dich auf.

28 Und falls die mangelnde Kraft ihn hemmt, Unrecht zu tun, / so wird er es dann tun, wenn sich die Gelegenheit bietet.

29 An seinem Aussehen erkennt man einen Menschen, / und am Widerschein der Mienen erkennt ihn der Weise.

30 Die Kleidung eines Mannes verrät seine Werke, / und der Gang eines Menschen tut kund, was an ihm ist.

→19 1 *Wer solches tut* M; G: „Ein betrunkener Arbeiter".
→19 3 *hinweggerafft* Durch einen vorzeitigen Tod.
→19 5 *über Böses* Andere Lesart: „von Herzen".
→19 5 Danach Zusatz (einige Hss von G): „Wer der Lust widersteht, krönt sein Leben; wer die Zunge beherrscht, wird ohne Streit leben".
→19 17 Danach Zusatz (einige Hss von G): „der ohne Zorn ist. 18 Die Furcht des Herrn ist der Anfang der Vergebung, Weisheit erlangt Liebe bei ihm. 19 Erkenntnis der Gebote des Herrn ist Lebenszucht; die das tun, was ihm gefällt, ernten den Baum der Unsterblichkeit."
→19 20 Vgl. 1 16.18 usw.; Spr 1 7; 9 10; 15 33; Ps 111 10; Ib 28 28. – Danach Zusatz (einige Hss von G): „und die Erkenntnis seiner Allmacht. 21 Der Knecht, der zu seinem Herrn spricht: Was dir gefällt, tue ich nicht – selbst wenn er es danach tut, erzürnt er den, der ihn ernährt", vgl. Mt 21 28–32.
→19 24 Nicht alle Einsicht ist Weisheit. Es gibt verkommene Einsicht und wertlose Klugheit – eine Korrektur an der oft aufgestellten Gleichung zwischen Weisheit und Klugheit, Schlechtigkeit und Torheit.
→19 26 *einhergeht* Einige Hss von G, S; G: „Böses tut".
→19 30 *verrät seine Werke* S; G: „und das Lachen der Zähne".

Reden und Schweigen

20 1 Manche Zurechtweisung er-
folgt nicht rechtzeitig, / und
mancher schweigt, und der ist klug.
2 Wie ist es doch besser, zur Rede
zu stellen, als zu grollen! / 3 Und wer
bekennt, bleibt vor Schaden bewahrt.
4 Wie ein Entmannter, der eine
Jungfrau zu entehren sucht, / so ist,
wer mit Gewalt Recht schaffen will.
5 Manch einer schweigt und wird
für weise gehalten, / und mancher
macht sich verhaßt wegen seines vielen
Redens.
6 Mancher schweigt, weil er keine
Antwort weiß, / und mancher schweigt,
weil er auf die rechte Zeit sieht.
7 Der Weise schweigt bis zur
rechten Zeit, / doch der Tor achtet
nicht auf die Zeit.
8 Wer viele Worte macht, den ver-
abscheut man, / und der Anmaßende
ist verhaßt.

Paradoxe Sprüche

9 Es gibt für manchen Erfolge zum
Unheil, / und es gibt ein Finden zum
Verlust.
10 Es gibt Geschenke, die kein
Gewinn sind, / und es gibt Geschenke,
die man doppelt vergütet.
11 Es gibt eine Verdemütigung um
des Ruhmes willen, / und manch einer
erhob aus der Erniedrigung das Haupt.
12 Manch einer kauft viel für wenig
Geld / und bezahlt es doch sieben-
fach.
13 Der Weise macht sich beliebt
mit wenigen Worten, / die Liebens-
würdigkeit der Toren aber ist weg-
gegossen.
14 Das Geschenk des Toren nützt
dir nichts, / denn seine Augen sind
begierig, siebenfach zu erhalten.
15 Er gibt wenig und schimpft viel /
und reißt seinen Mund auf wie ein
Ausrufer.
Heute borgt er, und morgen fordert
er zurück; / widerwärtig ist solch ein
Mensch.
16 Der Tor sagt: „Mir ist niemand
freund, / und es gibt keinen Dank für
meine Wohltaten.
17 Die mein Brot essen, haben böse
Zungen.“ / Wie viele haben ihn – und
so oft – verlacht!

Wort zu unrechter Zeit

18 Lieber durch den Erdboden als
durch die Zunge zu Fall kommen, / so
wird auch der Sturz der Bösen mit
Schnelligkeit erfolgen.
19 Ein unangenehmer Mensch – ein
unzeitiges Wort, / im Munde des Un-
gezogenen findet es sich jederzeit.
20 Ein Spruch aus dem Munde des
Toren wird verachtet, / denn er spricht
ihn nicht zur rechten Zeit.
21 Mancher wird durch Armut ver-
hindert, Unrecht zu tun, / und in seiner
Ruhe wird er nicht gestört.
22 Mancher richtet sich zugrunde
aus Verschämtheit, / und weil er
seine Miene verdeckt, geht er unter.
23 Mancher macht dem Freunde
Versprechungen aus Scham / und
macht ihn sich zwecklos zum Feind.

Die Lüge

24 Ein böser Schandfleck am Men-
schen ist die Lüge, / und im Munde des
Ungezogenen findet sie sich jederzeit.
25 Besser ein Dieb als einer, der
allzeit lügt, / doch beider Anteil ist
der Untergang.
26 Die Gewohnheit der Lüge ist
ein Greuel, / die Schande des Lügners
haftet allezeit an ihm.

Größe und Gefahr des Weisen

27 Wer weise ist in der Rede,
bringt sich voran, / und ein kluger
Mensch gefällt den Machthabern.
28 Wer sein Land bebaut, wird
seine Garben hoch aufhäufen, / und
wer den Großen gefällt, kann Unrecht
gutmachen.
29 Geschenke und Gaben lassen die
Augen der Weisen erblinden, / und
wie eine Kandare im Mund lenken sie
Vorwürfe ab.
30 Verdeckte Weisheit und ver-
borgener Schatz, / welchen Nutzen
bringen sie beide?
31 Besser, es versteckt einer seine
Torheit, / als daß ein Mensch seine
Weisheit verbirgt.

Verschiedene Sünden

21 1 Mein Sohn, wenn du gesündigt
hast, tu es nicht wieder, / und
wegen deiner früheren Sünden bete.
2 Wie vor einer Schlange fliehe vor

→20 11 *manch einer erhob aus der Erniedrigung das Haupt* Bedeutung unsicher.
→20 14 *sind begierig, siebenfach zu erhalten* Nach S, L; G: „sind viele statt eines“.
→20 19 Bedeutung unklar; vielleicht im Sinne von: „Ein Flegel ist wie ein unschickliches Wort, das im Munde der Blöden dauernd geführt wird“. Vers 19A heißt in S: „ein Fettschwanz ohne Salz – (so ist) ein unzeitiges Wort“.
→20 27 Die Weisheit des Schreibers ist praktische Klugheit, durch die man – besonders infolge der Gunst der Mächtigen – im Leben vorankommt.

der Sünde, / denn wenn du ihr zu
nahe kommst, beißt sie dich.
Ihre Zähne sind wie Löwenzähne, /
sie rauben dem Menschen das Leben.
3 Wie ein zweischneidiges Schwert
ist jede Ungerechtigkeit, / und für
ihren Hieb gibt es keine Heilung.
4 Gewalttätigkeit und Hochmut
verwüsten die Paläste, / so wird das
Haus des Übermütigen vernichtet.
5 Das Gebet des Armen dringt zu
den Ohren von ihm, / so wird sein
Gericht mit Schnelligkeit kommen.
6 Wer Ermahnung haßt, geht in des
Sünders Fußspur, / doch wer den
Herrn fürchtet, nimmt sie zu Herzen.
7 Von weitem erkennt man den
Großsprecher, / und der Weise merkt
es, wenn jener entgleist.
8 Wer sein Haus mit fremdem
Geld erbaut, / ist wie einer, der Steine
zu seinem Grabhügel zusammen-
trägt.
9 Gesammeltes Werg ist die Ver-
sammlung der Gottlosen, / und ihr
Ende ist die Feuerflamme.
10 Der Weg des Sünders ist mit
Steinen geebnet, / doch an seinem
Ende liegt die Tiefe der Scheol.

Der Weise und der Tor

11 Wer das Gesetz beobachtet,
beherrscht seine Regungen, / und
Vollendung der Gottesfurcht ist
Weisheit.
12 Mancher kann nichts lernen,
weil er nicht begabt ist, / aber es gibt
eine Begabung, die viel Bitterkeit
bringt.
13 Die Erkenntnis des Weisen
wächst wie eine Flut, / und sein Rat
ist wie ein lebendiger Quell.
14 Das Herz des Toren ist wie ein
zersprungenes Gefäß, / keinerlei
Weisheit hält es in sich fest.
15 Wenn der Einsichtige ein weises
Wort hört, / lobt er es und fügt ein
weiteres hinzu.
Hört es der Tor, so spottet er dar-
über, / und er wirft es hinter sich.
16 Das Gespräch mit einem Toren
ist wie Gepäcklast auf der Reise, / auf
den Lippen des Weisen aber findet
man Wohllaut.
17 Nach dem Mund des Verständi-
gen verlangt man in der Versamm-
lung, / und seine Worte erwägt man
im Herzen.
18 Wie ein Haus in Trümmern ist
die Weisheit des Toren, / und des
Toren Erkenntnis ist unverständliches
Gerede.
19 Wie Ketten an den Füßen ist
dem Unvernünftigen die Weisheit /
und wie Handschellen an der rechten
Hand.
20 Der Tor läßt beim Lachen die
Stimme laut erschallen, / der kluge
Mann lächelt kaum leise.
21 Ein goldner Schmuck ist dem
Weisen die Zucht / und wie ein Zier-
stück an dem rechten Arm.
22 Der Fuß des Toren eilt rasch
ins Haus, / der vielerfahrene Mensch
aber übt etwas Zurückhaltung.
23 Der Tor schaut schon von der
Tür her ins Haus hinein, / der wohl-
erzogene Mensch aber bleibt draußen
stehen.
24 Unerzogenheit eines Menschen
ist es, wenn er an der Türe horcht, / der
Weise aber ist harthörig für das
Unehrenhafte.
25 Die Lippen der Schwätzer wie-
derholen die Worte der andern, / die
Worte des Weisen jedoch sind auf der
Waage abgewogen.
26 Im Munde der Toren ist ihr
Herz, / im Herzen der Weisen ist
ihr Mund.
27 Wenn der Gottlose seinen Feind
verflucht, / dann verflucht er sich
selbst.
28 Der Verleumder besudelt das
eigene Ich, / und wo er wohnt, haßt
man ihn.

Der Faule

22 1 Einem kotbeschmutzten Stein
gleicht der Faule, / und jeder

→214 *die Paläste* S; G: „den Reichtum".
→218 *zu seinem Grabhügel* Einige Hss von G, S; G: „für den Winter".
→2110B G; L: „doch an seinem Ende sind Unterwelt, Finsternis und Qualen". In v. 9–10 kommt die Gewißheit einer Wiedervergeltung zum Ausdruck. Für den christlichen Leser lag der Gedanke an die Höllenqualen nahe, vgl. Js 5011; 6624.
→2111 *seine Regungen* S; G: „sein Verständnis (des Gesetzes)".
→2114 *Das Herz* S, L; G: „Das Innere".
→2115 *der Tor, so spottet er darüber* S; G: „der Prasser, so mißfällt es ihm".
→2121 Das Gegenstück zu v. 19.
→2122 *übt etwas Zurückhaltung* M; G: „besitzt Scham vor einem Antlitz".
→2125A Einige Hss von G; G: „Die Lippen der Fremden sind darüber betrübt".
→2127 *seinen Feind* Korr.; G: „den Satan". Der Tor hat keinen schlimmeren Feind als sich selbst. Die Lesart von G, die den Versucher, vgl. Ib 16+, mit dem bösen Trieb gleichsetzen würde, legt eine andere Deutung nahe: Der Gottlose glaubt, ein Wesen außerhalb von ihm zu verfluchen, und dabei ist es sein eigener verkehrter Wille, den er verflucht.

ruft pfui wegen seiner Ekelhaftigkeit.
2 Einem Kothaufen gleicht der
Faule, / jeder, der ihn anrührt,
schüttelt die Hand ab.

Die ungeratenen Kinder

3 Schmachvoll ist es für einen
Vater, einen Ungezogenen gezeugt
zu haben, / eine Tochter wird zum
Schaden geboren.
4 Eine kluge Tochter ist ein
Schatz für ihren Mann, / eine schändliche
aber ist ein Kummer für den
Vater.
5 Dem Vater und dem Gatten
bringt eine Freche Schande, / drum
wird sie von beiden verachtet.
6 Wie Musik in der Trauer ist eine
Rede zur Unzeit, / jedoch Schläge und
Zucht sind allezeit voll Weisheit.

Weisheit und Torheit

9 Scherben leimt zusammen, wer
einen Toren belehrt, / oder weckt
einen Schlafenden aus tiefem Schlummer.
10 Zu einem Schlummernden
spricht, wer zu einem Toren spricht, /
denn am Ende sagt er: „Was ist?“
11 Über einen Toten weine, denn
das Lebenslicht erlosch; / weine auch
über einen Toren, denn sein Geisteslicht
erlosch.
Weniger weine über einen Toten,
denn er hat Frieden, / aber des Toren
schlechtes Leben ist schlimmer als
der Tod.
12 Die Trauer um einen Toten
währt sieben Tage, / die um einen
Toren und Gottlosen alle Tage seines
Lebens.
13 Mit einem Unverständigen sprich
nicht viel, / und mit einem Toren gehe
nicht um.
Hüte dich vor ihm, daß du keine
Scherereien hast / und dich nicht besudelst,
wenn du mit ihm zusammenkommst.
Geh ihm aus dem Weg, und du wirst
Ruhe haben, / und du wirst keinen
Verdruß bekommen durch seinen Unverstand.

14 Was ist schwerer als Blei? / Wie
könnte es anders heißen als „Tor“!
15 Sand, Salz und Klumpen von Eisen
/ sind leichter zu tragen als ein Tor.
16 Hölzernes Gebälk, zu einem Bauwerk
verbunden, / löst sich bei keiner
Erschütterung.
So steht ein Herz fest bei wohlberatener
Überlegung, / zu keiner Zeit
verzagt es.
17 Ein Herz, gegründet auf kluger
Denkart, / ist wie Sandverputz an
glatter Mauer.
18 Steinchen, die auf einer Mauer
liegen, / halten vor dem Wind nicht
stand.
So wird auch ein furchtsames Herz
mit dem Denken eines Toren / vor
keinerlei Schrecken standhalten.

Die Freundschaft

19 Wer ins Auge stößt, ruft Tränen
hervor, / wer ins Herz stößt, löst
Schmerzempfindung aus.
20 Wer Steine wirft nach Vögeln,
verscheucht sie, / und wer den Freund
beschimpft, löst die Freundschaft auf.
21 Wenn du gegen den Freund das
Schwert gezogen, / verzweifle nicht,
denn es gibt noch einen Rückweg.
22 Wenn du gegen den Freund den
Mund aufgetan, / sei unbesorgt, denn
es gibt noch Versöhnung.
Dagegen bei Beschimpfung, Verachtung,
Verrat von Geheimnissen
und verletzender Hinterlist, / bei diesen
flieht jeder Freund.
23 Habe Treue gegen deinen Freund,
auch in der Armut, / daß du gleichfalls
an seinem Glück teilhaben kannst.
Zur Zeit der Not harre bei ihm aus, /
damit du auch an seinem Erbe Anteil
hast.
24 Dem Feuer gehen Rauch im
Kamin und Qualm voraus, / so dem
Blutvergießen Schimpfworte.
25 Den Freund zu schützen, werde
ich mich nicht schämen, und nicht
werde ich mich vor ihm verstecken.
26 Sollte mich um seinetwillen etwas
Schlimmes treffen, / so wird jeder, der
es hört, ihn dann in Ruhe lassen.

→224 *ist ein Schatz für ihren Mann* L; G: „wird ihren Mann beerben“.

→226 Die Schriftgelehrten sind Vertreter körperlicher Strafen bei der Erziehung, Spr 1324; 1918; 2215; 2313f; 2915.17. Züchtigungen wirken immer, während Ermahnungen auf einen passenden Augenblick angewiesen sind.

→227–8 Zusatz (einige Hss von G): „Kindern, die ein gutes Leben führen, mangelt nichts; so lassen sie die unedle Herkunft ihrer Eltern vergessen. Kinder, die sich in Verächtlichkeit und Unerzogenheit brüsten, entehren den Adel ihrer Familie.“

→2211 *denn sein Geisteslicht erlosch* Der Tor ist nicht der dumme, sondern der überhebliche Mensch, der Mensch, der sich haltlos dem Zweifel oder der Ausschweifung hingibt.

→2217 *Sandverputz* Bedeutung unsicher; vielleicht eine Stuckverzierung.

→2218 *Steinchen* Einige Hss von G; G: „Pfähle“.

Wachsamkeit

27 Wer gibt mir vor den Mund eine
Wache / und auf meine Lippen ein
festes Siegel,
Daß ich nicht verschlagen rede, /
und meine Zunge mich nicht ver-
derbe?

23 1 Herr, Vater und Gebieter
meines Lebens, / überlaß mich
nicht ihren Anschlägen, / laß mich
nicht durch sie zu Fall kommen.
2 Wer schwingt die Peitsche über
mein Denken / und über meinem Her-
zen die Zuchtrute der Weisheit,
Daß sie meiner nicht schonten bei
den Verfehlungen / und ihnen keine
Sünde gestatteten?
3 Daß doch nicht zunehmen meine
Unbedachtsamkeiten / und meine
Sünden sich nicht mehren,
Daß ich doch nicht zu Fall komme
vor meinen Feinden / und mein Geg-
ner nicht über mich triumphiere.
4 Herr, Vater und Gott meines
Lebens, / gib mir nicht Hoffart der
Augen,
5 Und die Begierde entferne von mir.
6 Die Begierde des Fleisches und
die Sinnenlust sollen mich nicht er-
fassen, / und einem schamlosen Sinn
überlasse mich nicht.

Das Schwören

7 Die Zucht des Mundes vernehmet,
ihr Söhne, / und wer sie bewahrt, ver-
fängt sich nicht.
8 Mit seinen Lippen verstrickt sich
der Sünder, / der Schmähsüchtige und
Überhebliche kommt durch sie zu
Fall.
9 Ans Schwören gewöhne nicht
deinen Mund, / auch pflege nicht den
Namen des Heiligen zu nennen.
10 Denn wie ein in dauernder Straf-
untersuchung stehender Sklave / von
Striemen nicht verschont bleibt,
So ist auch, wer stets schwört und
den heiligen Namen mißbraucht, / von
Sünden nie rein.
11 Ein Mann, der viel schwört, häuft
Schuld auf sich, / und nicht wird von
seinem Hause die Strafrute weichen.
Wenn er sich verfehlt, liegt Straf-
schuld auf ihm, / und wenn er leicht-
fertig handelt, sündigt er doppelt.
Wenn er falsch schwört, kann er
nicht für gerecht erachtet werden, /
denn sein Haus erfährt zahlreiche
Heimsuchungen.

Schändliche Reden

12 Es gibt ein Reden, das den Tod
verdient; / möge es sich im Erbe Ja-
kobs nicht finden.
Denn den Frommen liegt dies alles
fern, / und sie wälzen sich nicht in
Sünden.
13 An Zuchtlosigkeiten gewöhne
nicht deinen Mund, / denn es kommt
dabei zu sündhaften Reden.
14 Denke an deinen Vater und deine
Mutter, / wenn du inmitten von Gro-
ßen sitzest.
Niemals vergiß dich vor ihnen / und
laß dich nicht etwa durch die Gewohn-
heit betören,
Daß du nicht etwa wünschen mußt,
du wärest nie geboren, / und den Tag
deiner Geburt verfluchst.
15 Ein Mensch, der an schändliche
Reden gewöhnt ist, / nimmt zeit seines
Lebens keine Zucht mehr an.
16 Zwei Menschenklassen häufen
die Sünden, / und die dritte zieht den
Zorn herbei.
17 Leidenschaftliche Begier brennt
wie Feuer, / und sie erlischt nicht, bis
sie sich verzehrt hat.
Der Mensch, der am eignen Leibe
unzüchtig ist, / hört nicht auf, bis das
Feuer ausgebrannt ist.
Dem Unzüchtigen ist jedes Brot
süß, / und er ermüdet nicht, bis er
stirbt.
18 Der Mann, der auf seinem Lager
sündigt, / denkt bei sich: „Wer sieht
mich?
Dunkel hüllt mich ein, und die Wände
verbergen mich, / niemand bemerkt
mich; was trage ich Bedenken, zu
sündigen?
Der Allerhöchste denkt nicht an
meine Sünden."
19 Nur die Augen der Menschen
sind seine Furcht.
Er bedenkt nicht, daß die Augen

→2227 – 236 *(Wachsamkeit)* Man beachte die religiöse Tiefe dieser Darlegung. Jede Bitte, die der strebsame Mensch ausspricht, endet in Gebet.

→2310A.B Übersetzung unsicher.

→2311 *sich verfehlt* Dadurch, daß er seinen Eid nicht hält. Der Verfasser hat drei Fälle im Auge, die jeweils schwerer wiegen: der ehrlich abgelegte, aber nicht gehaltene Eid; der leichtfertig abgelegte Eid; der Meineid.

→2312–21 *(Schändliche Reden)* Nach dem Textzusammenhang geht es um zuchtlose Reden; aber der Text bleibt undeutlich und läßt keine genaue Festlegung zu, was für eine Sünde gemeint ist.

→2314 *wenn* S; G: „denn".

→2314 *Niemals vergiß dich* S; L: „(Gott) vergesse dich nicht"; G: „Du vergesse (ihn) nicht".

→2316 Ein Zahlenspruch, vgl. Spr 3015+, dessen Aufbau aber nicht sehr klar ist.

des Herrn / zehntausendmal heller sind als die Sonne.

Sie schauen auf alle Wege der Menschen / und durchdringen die verborgensten Winkel.

20 Schon ehe er sie erschaffen, waren alle Dinge ihm bekannt, / so erst recht nach ihrer Vollendung.

21 Dieser wird auf den Straßen der Stadt zur Rechenschaft gezogen, / und wo er es nicht vermutet, wird er festgehalten.

Die Ehebrecherin

22 Ebenso auch die Frau, die ihren Mann verließ / und einen Erben von einem Fremden einbringt.

23 Denn erstens war sie dem Gesetz des Allerhöchsten ungehorsam, / und ferner hat sie sich gegen ihren Mann verfehlt.

Drittens hat sie in Unzucht die Ehe gebrochen / und von einem fremden Manne Kinder miteingebracht.

24 Diese wird vor die Gemeinde geführt werden, / und auf ihren Kindern wird die Strafe ruhen.

25 Nicht werden die Kinder Wurzel fassen, / und ihre Zweige werden keine Früchte bringen.

26 Sie wird zum Fluch ihr Andenken hinterlassen, / und ihre Schande wird nicht ausgetilgt werden.

27 Und die nach ihr kommen, werden es einsehen, / daß nichts besser ist als die Furcht des Herrn / und nichts süßer als die Erfüllung seiner Gebote.

Rede der Weisheit

24 1 Die Weisheit lobt sich selbst, / und inmitten ihres Volkes rühmt sie sich.

2 In der Gemeinde des Allerhöchsten tut sie ihren Mund auf, und angesichts seiner Macht spricht sie rühmend:

3 „Ich ging hervor aus dem Munde des Allerhöchsten / und bedeckte dem Nebel gleich die Erde.

4 Ich hatte in der Höhe gewohnt, / und mein Thron stand auf einer Wolkensäule.

5 Den Kreis des Himmels habe ich umschritten, ich allein, / und in den Tiefen des Abgrundes bin ich gewandelt.

6 In den Fluten des Meeres und auf der ganzen Erde, / in jedem Volk und jeder Nation besaß ich Herrschaft.

7 Bei all diesen suchte ich Ruhestatt / und in wessen Anteil ich weilen könnte.

8 Da erging Befehl an mich vom Schöpfer des Alls, / und der mich erschuf, gab meinem Zelt die bleibende Stätte;

Er sprach: ‚In Jakob schlage dein Zelt auf, / und in Israel gewinne einen Erbbesitz.'

9 Von der Urzeit her, im Anfang ward ich erschaffen, / und bis in Ewigkeit vergeh' ich nicht.

10 Im heiligen Zelte tat ich Dienst vor ihm, / und so wurde ich in Zion eingesetzt.

11 In der Stadt – von ihm geliebt gleich mir – ließ ich mich nieder, / und in Jerusalem ist mein Machtbereich.

12 So faßte ich Wurzel in einem ehrenwerten Volke, / im Anteil des Herrn, in seinem Erbbesitz.

13 Wie eine Zeder des Libanon wuchs ich empor / und wie eine Zypresse auf dem Hermongebirge.

14 Wie eine Palme zu Engedi wuchs ich empor / und wie eine Rosenpflanzung in Jericho.

Wie ein prächtiger Ölbaum in der

→2320A Gerade in diesem Wissen, das schon vor der Schöpfung da ist, besteht die göttliche Weisheit, Spr 822+.

→2320B Gott wacht über die Welt auch nach der Erschaffung.

→2328 Zusatz (einige Hss von G, L): „Gott folgen ist eine große Ehre, und ihm wohlgefällig sein heißt die eigenen Tage verlängern".

→241–22 *(Rede der Weisheit)* Zu Beginn Überschrift in G: „Lob der Weisheit". – Der Abschnitt bildet die Mitte des Buches; die Lehre von der Weisheit wird hier im Zusammenhang dargestellt; häufig wird auf die älteren biblischen Bücher Bezug genommen, aber es zeigt sich auch ein Fortschritt über diese hinaus. Mehr noch als im Buch der Sprüche, vgl. Spr 822+, erscheint die Weisheit gleichzeitig als mit Gott innig vereint und von ihm verschieden – Merkmale, die man später auf die Person des Wortes oder des Heiligen Geistes anwenden wird, vgl. Weish 722+.

→243 *bedeckte dem Nebel gleich die Erde* Die Weisheit wird mit dem Gottesgeist gleichgesetzt, der die Wasser bedeckt, Gn 12.

→244 *Wolkensäule* Die Wolkensäule in der Wüste, die in den alten Texten die Offenbarung der Gegenwart Jahwes ist.

→245 Die Weisheit ist bei allen Schöpfungswerken anwesend.

→246 *besaß ich Herrschaft* Eine Hs von G, S, L; G: „erwarb ich Besitz".

→2410 Für Ben Sira ist auch der Kult des Tempels in Jerusalem ein Werk der Weisheit, entweder einfach darum, weil er, wie die Ordnung der Welt, ein Ausdruck der Vollkommenheit Gottes ist, oder, genauer, weil er im Gesetz festgelegt ist, das, 2423f, mit der Weisheit identisch ist.

→2414 *Engedi* Einige Hss von G; G: „am Ufer".

Ebene / und wie eine Platane am Wasser wuchs ich empor.

15 Wie Zimt duftete ich und wie feinriechender Aspalath, / wie erlesene Myrrhe strömte ich Wohlgeruch aus,

Wie Galbanum, Onyx und Stakte / und wie der Duft des Weihrauchs im Zelte.

16 Ich breitete meine Äste aus wie eine Terebinthe, / es sind Zweige von Schönheit und Anmut.

17 Ich trieb wie ein Weinstock liebliche Sprossen, / und meine Blüten trugen prächtige und reiche Frucht.

19 Kommt her zu mir, die ihr mein begehrt, / und an meinen Früchten ersättigt euch.

20 Denn an mich nur denken ist süßer als Honig, / und mich besitzen ist besser als Honigseim.

21 Wer mich verkostet, den hungert noch, / und wer mich getrunken, den dürstet noch.

22 Wer auf mich hört, wird nicht zuschanden werden, / und wer sich mit mir abgibt, wird nicht sündigen."

Die Weisheit und das Gesetz

23 Dies alles gilt vom Buch des Bundes Gottes, des Allerhöchsten, / vom Gesetz, das Mose uns anbefahl, als Erbe für die Gemeinden Jakobs.

25 Dies bietet die Weisheit in Fülle wie der Pischon, / wie der Tigris in den Tagen der Erstlinge.

26 Es läßt die Einsicht anwachsen, wie der Euphrat anschwillt, / wie der Jordan in den Tagen der Ernte.

27 Es strömt von Bildung über wie der Nil, / wie der Gichon in den Tagen der Weinlese.

28 Nicht kam zu Ende, wer als erster es zu erkennen versuchte, / und ebensowenig ergründet es auch der letzte.

29 Übervoll wie das Meer ist sein Sinn, / und sein Rat tiefer als der große Abgrund.

30 Und ich bin wie ein Flußarm vom Strom, / und wie ein Kanal in einem Garten.

31 Ich sprach: „Ich will meinen Garten tränken, / und meine Beete will ich wässern."

Doch siehe, mein Graben ward zum Flusse, / und der Fluß wurde mir zum Meer.

32 So will ich weiterhin meine Lehre leuchten lassen gleich dem Frühlicht / und will sie strahlen lassen bis in die Fernen.

33 Noch weiter will ich Belehrung wie Prophetenbotschaft ausschütten / und sie hinterlassen den fernsten Geschlechtern.

34 Seht, so habe ich nicht für mich allein mich gemüht, / sondern für alle, die nach ihr suchen.

Sprichwörter

25 1 An drei Dingen hat mein Herz Wohlgefallen, / und sie sind angenehm vor Gott und den Menschen:

Eintracht der Brüder und Liebe der Freunde, / und Mann und Frau, die sich gegenseitig verstehen.

2 Drei Menschenklassen sind mir verhaßt, / und ich verabscheue sehr ihre Lebensweise:

Den überheblichen Armen, den heuchlerischen Reichen / und den ehebrecherischen Greis, bar aller Vernunft.

Die Alten

3 Hast du in der Jugend nicht gesammelt, / wie kannst du etwas vorfinden in deinem Alter?

4 Wie gut steht den Grauköpfen

→24 15 *wie der Duft des Weihrauchs im Zelte* Die Weisheit hat teil am Kult, 24 10+. Ben Sira vergleicht sie zunächst mit allen berühmten Duftstoffen und schließlich mit dem Weihrauch selbst, der im Tempelkult verwendet wurde.

→24 18 Zusatz (einige Hss von G, L): „Ich bin die Mutter der reinen Liebe und der Furcht, der Erkenntnis und der heiligen Hoffnung; allen meinen Kindern werde ich gegeben, von Ewigkeit her jenen, die von ihm bestimmt werden." Statt des zweiten Satzes liest L: „In mir ist alle Gnade des Weges und der Wahrheit, in mir ist alle Hoffnung des Lebens und der Kraft", eine christlich gefärbte Glosse, die auf Jo 14 6 anspielt und der die Gleichsetzung der Weisheit mit Christus zugrunde liegt.

→24 23–34 *(Die Weisheit und das Gesetz)* Die Rede der Weisheit ist beendet. Jetzt entfaltet der Verfasser das Thema der Gleichheit von Weisheit und Gesetz.

→24 24 Zusatz (einige Hss von G): „Höret nicht auf, stark zu sein im Herrn; haltet euch fest an ihm, damit er euch stärkt. Der allmächtige Herr ist der einzige Gott, und es gibt keinen Erlöser außer ihm."

→24 25 *Pischon* Im ganzen Abschnitt denkt der Verfasser an das Paradies und an dessen vier Flüsse, Gn 2 10f, Symbolen der Fruchtbarkeit.

→24 27 *Es strömt . . . über wie der Nil* Korr., vgl. S; G: „Es leuchtet auf wie das Licht".

→24 30 *ich* Der Weise, dessen Weisheit aus der göttlichen Weisheit entspringt.

→25 1 A.B S, V; G: „In drei Dingen war ich prächtig, und ich blieb prächtig vor dem Herrn und den Menschen" (dann würde es sich um eine Rede der Weisheit handeln).

ein gutes Urteil an / und den Alten,
guten Rat zu wissen!
5 Wie gut steht den Greisen die
Weisheit an / und den Ehrwürdigen
Überlegung und Planung!
6 Der Ehrenkranz der Alten ist die
reiche Erfahrung, / und ihr Ruhm ist
die Furcht des Herrn.

Zahlenspruch

7 Neun, die ich im Sinne habe,
preise ich, / und das Zehnte liegt mir
schon auf der Zunge:
Ein Mann, der Freude erlebt an
seinen Kindern, / und wer bei Leb-
zeiten seine Feinde stürzen sieht.
8 Glücklich der Gatte einer ver-
nünftigen Frau, / und wer nicht
mit Ochs und Esel zusammen pflügen
muß.
Glücklich, wer mit seiner Zunge
nicht zu Fall kommt / und niemandem
dienen muß, der seiner unwürdig ist.
9 Glücklich, wer die Klugheit fand /
und wer sprechen darf zu Ohren
eifriger Hörer.
10 Wie groß ist, wer da Weisheit
fand! / Aber keiner ist über dem, der
den Herrn fürchtet.
11 Die Furcht des Herrn überragt
alles; / wer an ihr festhält, mit wem
ist er zu vergleichen?

Die Frauen

13 Jede Wunde, nur keine Herzens-
wunde, / und jede Bosheit, nur keine
Frauenbosheit!
14 Jede Heimsuchung, nur keine
durch Haß, / und jede Rache, nur
keine von Feinden!
15 Kein Gift ist schlimmer als
Schlangengift, / und keine Wut ist
schlimmer als die Wut eines Fein-
des.
16 Lieber zusammenhausen mit Lö-
wen und Drachen / als zusammenwoh-
nen mit einem bösen Weibe.
17 Die Bosheit der Frau macht ihr
Aussehen finster / und verdunkelt ihr
Antlitz wie das einer Bärin.
18 Da sitzt im Kreise der Freunde
ihr Mann, / und unwillkürlich seufzt er.
19 Kaum ein Unheil gleicht dem
Unheil von einer Frau, / das Los eines
Sünders möge sie treffen.
20 Was ein sandiger Aufstieg für
die Füße des Greises, / das ist eine
schwatzhafte Frau für einen stillen
Mann.
21 Komm nicht zu Fall durch
Frauenschönheit, / und nach ihr trage
kein Verlangen.
22 Denn Zorn und Schande und
Schmach ist es, / wenn eine Frau ihren
Mann ernähren soll.
23 Bedrückter Sinn und betrübtes
Gesicht / und eine Wunde im Herzen
ist eine böse Frau.
Schlaffe Hände und wankende
Knie / erzeugt eine Frau, die ihren
Mann nicht glücklich macht.
24 Von einem Weibe nahm die
Sünde ihren Anfang, / und ihretwegen
müssen wir alle sterben.
25 Gib dem Wasser keinen Aus-
fluß / und dem bösen Weibe nicht
Gelegenheit zu reden.
26 Wenn sie deinem Finger und
deinem Auge nicht gehorcht, / so
trenne sie ab von deinem Leibe.
26 1 Eine gute Frau – ein glück-
licher Mann, / und die Zahl
seiner Tage ist verdoppelt.
2 Eine tüchtige Frau ist die Freude
ihres Mannes, / so vollendet er seine
Tage in Frieden.
3 Eine gute Frau ist ein guter An-
teil; / denen, die Gott fürchten, wird
sie zugewiesen.
4 Ob reich oder arm, das Herz ist
froh, / zu jeder Zeit ist das Antlitz
heiter.
5 Vor drei Dingen bangt mir das
Herz, / und vor dem vierten fürchte
ich mich:
Nachrede in der Stadt und Volks-

→258 *mit Ochs und Esel zusammen pflügen* Entweder im eigentlichen Sinne, vgl. Lv 1919; Dt 2210, oder wahrscheinlicher im übertragenen Sinne (vgl. 2 Kor 614) als Bild für ein schlecht zusammenpassendes Paar.
→258B Nach S (und M?) wiederhergestellt; fehlt in G.
→259 *die Klugheit* G; L: „einen Freund".
→2512 Zusatz (einige Hss von G, L): „Die Furcht des Herrn ist der Anfang seiner Liebe, der Glaube aber der Anfang des ihm Anhangens".
→2515 *Gift* Korr.; G: „Kopf".
→2517 *das einer Bärin* G; eine Hs von G: „das eines Sackes"; M: „ . . . macht das Aussehen ihres Mannes finster und läßt es einem Bären gleichen".
→2518 *unwillkürlich* Einige Hss von G, M, S; G: „wenn er (die Freunde) hört".
→2524 *nahm die Sünde ihren Anfang* Anspielung auf die erste Sünde. Paulus hebt ebenfalls die Schuldhaftigkeit Evas hervor, 2 Kor 113; 1 Tim 214, vgl. aber Röm 512.
→2525 *zu reden* Fehlt nach anderer Lesart.
→2526 *Wenn sie deinem Finger und deinem Auge nicht gehorcht* Wörtlich: Wenn sie nicht nach deiner Hand geht.
→2526 *so trenne sie ab von deinem Leibe* D. h. trenne dich von ihr, vgl. Gn 224; Eph 531. Bekanntlich war nach dem mosaischen Gesetz, Dt 241–4, Ehescheidung erlaubt, vgl. Mt 193–9 par.
→265 *fürchte ich mich* Einige Hss von G, V; eine Hs von G: „bitte ich".

auflauf / sowie Verleumdung; alles
schlimmer als der Tod.
6 Herzeleid und Kummer ist Eifer-
sucht von Frau zu Frau, / und eine
Zungengeißel sind sie alle zumal.
7 Ein wankendes Ochsenjoch ist
eine böse Frau, / wer sie anrührt, dem
ist, als hätte er einen Skorpion ge-
faßt.
8 Ein großer Verdruß ist eine Frau,
die trinkt; / sie kann ihre Schande
nicht verbergen.
9 Die Zuchtlosigkeit einer Frau wird
an ihrem Augenaufschlag / und an
ihren Wimpern erkannt.
10 Gegen eine schamlose Tochter
verstärke die Wachsamkeit, / damit
sie nicht einen unbedachten Augen-
blick finde und für sich ausnütze.
11 Gegen eine Frau mit lüsternem
Blick sei auf der Hut, / und wundere
dich nicht, wenn sie dich zum Bösen
verführt.
12 Wie ein durstiger Wanderer den
Mund auftut / so trinkt sie von allen
Wassern, die sie findet.
So läßt sie vor jedem Pfahl sich
nieder / und öffnet den Köcher vor
dem Pfeil.
13 Die Huld der Frau erquickt den
Mann, / und ihre Klugheit erfrischt
seine Glieder.
14 Eine Gabe des Herrn ist eine
verschwiegene Frau, / und keinen
Kaufpreis gibt es für eine, die wohl-
erzogen ist.
15 Gnade über Gnade ist eine
schamhafte Frau, / und keinen Gegen-
wert gibt es für jemand, der züchtig ist.
16 Der Sonne, aufstrahlend in den
Höhen des Herrn, / gleicht die Schön-
heit der guten Frau als Zier ihres
Hauses.
17 Der Lampe, aufleuchtend über
dem heiligen Leuchter, / gleicht ein
schönes Antlitz auf gerader Gestalt.
18 Goldenen Säulen auf silberner
Basis / gleichen ebenmäßige Beine auf
schlanken Fesseln.

Betrübliche Dinge

28 Über zwei Dinge ist mein Herz
betrübt, / und wegen des dritten
überkommt mich der Zorn:
Ein Kriegsmann, der alt wird im
Elend, / und verständige Männer, die
verkannt werden,
Einer, der sich von der Gerechtig-
keit weg zur Sünde wendet; / der
Herr hat ihn bestimmt fürs Schwert.

Das Geschäft

29 Schwerlich bleibt ein Kaufmann
frei von Schuld, / und nicht wird ein
Geschäftsmann rein bleiben von
Sünde.

27 1 Des Geldes wegen haben
schon viele gesündigt, / und wer
reich zu werden sucht, hat kein Mitleid.
2 In einer Fuge zwischen den Stei-
nen sitzt ein Pfahl fest, / und zwischen
Verkauf und Kauf drängt sich die
Sünde ein.
3 Wer nicht mit Eifer an der Furcht
des Herrn festhält, dem wird bald das
Haus zerstört sein.

Das Wort

4 Beim Schütteln des Siebes bleibt
der Kehricht zurück, / ebenso zeigt

→26₆B S; G: „und eine Zungengeißel, die alles trifft".
→26₇ *Ein wankendes Ochsenjoch* Es rutscht und reibt über den Hals der Tiere und verursacht Schmerzen und Wunden.
→26₁₃B Wörtlich: macht fett sein Gebein.
→26₁₇ *über dem heiligen Leuchter* Wahrscheinlich Anspielung auf den siebenarmigen Leuchter, 1 Makk 4₄₉.₅₀.
→26₁₈ *auf schlanken Fesseln* Eine Hs von G, vgl. L.
→26₁₉₋₂₇ Zusatz (einige Hss von G, S): „19 Mein Sohn, die Blüte deiner Jugend bewahre gesund / und gib deine Kraft nicht Fremden hin (vgl. Spr 5₉₋₁₀).
20 Hast du dir vom ganzen Gefilde einen fruchtbaren Acker gesucht, / so säe getrost deine Saat im Vertrauen auf den Adel deines Geschlechtes.
21 Dann werden deine Sprößlinge dich umgeben, / und sie werden sich rühmen im sicheren Besitz ihres Adels.
22 Ein käufliches Weib ist dem Auswurf gleichzuachten, / eine Verheiratete aber hat als Turm des Todes zu gelten für ihre Liebhaber.
23 Ein gottloses Weib wird dem Frevler zum Anteil gegeben, / eine Fromme aber wird dem gegeben, der den Herrn fürchtet.
24 Ein schamloses Weib verzehrt sich in Schande, / eine Schamhafte hat selbst vor ihrem Manne Scham.
25 Ein schamloses Weib wird wie ein Hund geachtet, / die Schamhafte aber fürchtet den Herrn.
26 Eine Frau, die ihren Mann ehrt, gilt allen als weise, / die ihn aber verachtet, wird von allen als gottlos in ihrem Hochmut erkannt. / Eine gute Frau – ein glücklicher Mann, / und die Zahl seiner Tage ist verdoppelt (= 26₁).
27 Ein keifendes und zungenfertiges Weib gleicht einer Kriegstrompete, die zum Angriff bläst, / jeder Mann in solchen Verhältnissen verbringt sein Leben in Kriegsunruhen."
→27₁ *Des Geldes wegen* Eine Hs von G; G: „einer gleichgültigen Sache wegen".
→27₁ *hat kein Mitleid* Wörtlich: wendet das Auge ab, vgl. Spr 28₂₇.
→27₂ *drängt sich die Sünde ein* Korr.; G: „wird die Sünde zerrieben".

sich der Unrat eines Menschen, wenn
er spricht.
5 Was das Töpfergeschirr gilt, richtet sich nach der Brennhitze im Ofen, / ebenso beurteilt man einen Menschen nach seiner Rede.
6 Der Obstgarten, in dem der Baum wächst, wird nach seinen Früchten beurteilt, / ebenso läßt das Wort eines Menschen seine Gesinnung erkennen.
7 Ehe er nicht gesprochen, lobe keinen Menschen, / denn das ist die Erprobung der Menschen.

Die Gerechtigkeit

8 Wenn du nach Gerechtigkeit strebst, wirst du sie erlangen / und wirst wie ein Prachtgewand sie anlegen.
9 Vögel lassen sich nur bei ihresgleichen nieder, / so kommt die Gerechtigkeit zu denen, die sie üben.
10 Der Löwe lauert auf Beute, / so auch die Sünde auf jene, die Unrecht tun.
11 Die Rede des Frommen ist allezeit Weisheit, / der Tor aber wechselt wie der Mond.
12 Bist du mit Toren zusammen, so berechne die Zeit, / im Kreise der Weisen dagegen verweile.
13 Das Geschwätz der Toren ist ein Greuel, / und ihr Lachen erschallt bei sündhafter Freude.
14 Beim Gerede dessen, der viel schwört, sträuben sich die Haare, / und hat er Streit, verstopft man sich die Ohren.
15 Blutvergießen ist der Streit der Übermütigen, / und ihr Gezänke anzuhören ist gräßlich.

Die Geheimnisse

16 Wer Geheimzuhaltendes verrät, verliert das Vertrauen, / und er findet keinen mehr, der ihm Freund wäre.
17 Liebe den Freund und bleibe ihm treu; / doch hast du seine Geheimnisse verraten, besuche ihn ja nicht mehr.
18 Denn wie einer, der seinen Feind tötet, / so hast du die Liebe deines Freundes zerstört.
19 Als ob du einen Vogel aus der Hand fortgelassen hättest, / so hast du deinen Freund preisgegeben und wirst ihn nicht wiedererlangen.
20 Folge ihm nicht, denn er hat sich weit entfernt, / er floh wie eine Gazelle aus der Schlinge.
21 Eine Wunde nämlich ist zu verbinden und ein Streit zu schlichten, / doch wer Geheimnisse verriet, hat keine Hoffnung.

Die Verstellung

22 Wer mit dem Auge zwinkert, plant Böses, / keiner kann ihn davon abbringen.
23 Vor deinen Augen macht er süße Worte / und bewundert, was du sprichst.
Von hinten aber dreht er seine Worte um / und macht aus deinen Reden ein Ärgernis.
24 Vieles ist mir verhaßt, aber nichts so wie er, / und auch der Herr wird ihn hassen.
25 Wer einen Stein hochwirft, trifft sich selbst auf den Kopf, / und wer hinterhältig schlägt, verwundet sich selbst.
26 Wer eine Grube gräbt, fällt in sie hinein, / und wer eine Falle stellt, fängt sich in ihr.
27 Wer Böses tut, auf den rollt es zu, / und er weiß nicht, woher es kommt.
28 Spott und Schimpf dem Übermütigen, / und die Strafe lauert auf ihn wie ein Löwe.
29 In der Falle fangen sich, die sich freuen über den Sturz der Frommen, / und der Schmerz verzehrt sie schon vor ihrem Tod.

Die Rachsucht

30 Groll und Zorn sind gleichfalls abscheulich, / und nur der Sünder hält ihn fest.

28 1 Wer Rache übt, erfährt selbst Rache vom Herrn, / er wird für seine Sünden streng zur Rechenschaft gezogen.
2 Vergib deinen Mitmenschen das Unrecht, / dann werden auf dein Gebet hin auch deine Sünden erlassen.
3 Einer hält gegen den andern am Zorne fest, / und doch will er bei dem Herrn Heilung suchen?
4 Gegen seinesgleichen hat keiner

→27₆ Korr.
→27₉ *die Gerechtigkeit* Korr.; G: „die Wahrheit", vgl. 4₂₈. Die Gerechtigkeit ist zugleich das Tun des Guten und die Belohnung dafür.
→27₁₁A G; L: „Der weise und heilige Mensch steht fest wie die Sonne".
→27₁₂A Übersetzung unsicher.
→27₂₅ *wer hinterhältig schlägt, verwundet sich selbst* Wörtlich: ein hinterhältiger Schlag teilt die Wunden.
→27₂₉ Die Auffassung einer Vergeltung auf Erden entsprechend den herkömmlichen Vorstellungen, vgl. Ib 21₂₀–₂₁.

Erbarmen / und betet doch wegen sei-
ner eigenen Sünden?
5 Er selbst ist nur Fleisch und hält
am Groll fest, / wer wird da seine
Sünden sühnen?
6 Denk an die letzten Dinge und
beende die Feindschaft, / an Unter-
gang und Tod, und verharre bei den
Geboten.
7 Denk an die Gebote, grolle dem
Mitmenschen nicht, / an den Bund
mit dem Höchsten, und vergib die
Schuld.

Das Streiten

8 Halte dich vom Streit fern, und
du wirst die Sünden weniger machen, /
denn ein jähzorniger Mensch facht
Streit an.
9 Ein sündhafter Mensch macht die
Freunde durcheinander, / und unter
friedlich Lebende schleudert er Haß.
10 Je nach dem Brennstoff flammt
das Feuer auf, / je nach der Heftigkeit
vergrößert sich der Streit.
Je nach der Kraft des Menschen ist
seine Wut, / und je nach dem Reichtum
steigert er seinen Zorn.
11 Ein plötzlicher Streit facht das
Feuer an, / und ein jäher Zank bringt
Blutvergießen.
12 Bläst du in den Funken, so
flammt er auf, / spuckst du ihn an, so
erlischt er; und beides kommt aus
deinem Munde.

Die Zunge

13 Den Verleumder und Doppel-
züngigen verfluche, / denn viele, die
friedlich lebten, haben sie zugrunde
gerichtet.
14 Die dritte Zunge hat schon viele
zum Wanken gebracht / und sie von
Volk zu Volk getrieben.
Auch hat sie feste Städte zerstört /
und selbst Häuser von Großen
gestürzt.
15 Die dritte Zunge hat schon
tüchtige Frauen verstoßen / und um
den Ertrag ihrer Arbeit gebracht.
16 Wer auf sie achtet, findet keine
Ruhe, / und nicht kann er in Frieden
wohnen.
17 Der Schlag mit der Peitsche be-
wirkt eine Strieme, / der Schlag mit
der Zunge aber zerbricht Knochen.
18 Viele schon fielen durch die
Schärfe des Schwertes, / doch nicht
so viele, wie durch die Zunge gefallen
sind.
19 Glücklich, wer vor ihr geborgen
ist / und nicht ihrer Wut verfiel,
Wer ihr Joch nicht ziehen muß / und
mit ihren Stricken nicht gebunden ist.
20 Denn ihr Joch ist ein eisernes
Joch, / und ihre Stricke sind eherne
Stricke.
21 Ein schlimmer Tod ist der Tod
durch sie, / und besser als sie ist die
Scheol.
22 Über Fromme hat sie keine
Macht, und sie werden in ihrer
Flamme nicht versengt.
23 Die den Herrn verlassen, fallen
ihr anheim, / und sie flammt an ihnen
auf, ohne zu erlöschen.
Sie wird auf sie losgelassen wie ein
Löwe / und zerreißt sie wie ein
Panther.
24 Sieh, zu zäunst deinen Besitz mit
Dornen ein, / dein Silber und Gold
verschließest du;
25 Bestimme Waage auch und
Gewicht für dein Wort, / Türen
und Riegel mach auch für deinen
Mund.
26 Achte, daß du durch sie nicht
strauchelst, / und nicht fällst vor
einem, der lauert.

Das Leihen

29 1 Wer dem Mitmenschen borgt,
übt Erbarmen, / und wer ihm
die Hand entgegenstreckt, hält die
Gebote.
2 Borge dem Nächsten zur Zeit
seiner Not, / doch zahle auch dem
Nächsten zurück zur rechten Zeit.
3 Halte Wort und zeige dich ihm
als zuverlässig, / so wirst du allzeit
erhalten, wessen du bedarfst.
4 Viele halten das Geborgte für
einen guten Fund, / dann aber bereiten
sie ihren Helfern Verdruß.
5 Bis er es bekommt, küßt er ihm
die Hand, / und um des Geldes des
andern willen redet er demütig.
Doch zur Zeit der Rückzahlung
hält er ihn hin, / zahlt mit Klagereden
und entschuldigt sich mit der Zeit.
6 Kann er dann zahlen, so erhält
der Bürge kaum die Hälfte zurück, /

→2814 *Die dritte Zunge* Entweder jene, die sich als dritte in Streitigkeiten einmischt, oder jene, die drei Opfer hat: den Verleumder, den Hörer, den Verleumdeten (so deutet der Talmud).
→291–7 *(Das Leihen)* Leihen (ohne Zins) war vom Gesetz gegenüber Israeliten vorgeschrieben, Ex 2224; Lv 2535–36; Dt 157–11, vgl. Mt 542; Ps 3721.26.
→291 *Wer dem Mitmenschen borgt, übt Erbarmen* Nach S; G: „Wer Erbarmen übt, borgt dem Mitmenschen".
→296 *unverdient* Hss von G, S, L; G: „nicht verdient".

und er kann sich noch glücklich
preisen.
Kann er aber nicht, so ist er um sein
Geld gebracht / und hat unverdient
einen Feind mehr.
Mit Flüchen und Schimpfworten
zahlt er ihm heim, / und statt mit
Ehre vergilt er ihm mit Schmach.
7 Viele weigern sich zu entleihen,
nicht aus Bosheit, / sondern weil sie
sich fürchten vor nutzlosem Streit.

Das Almosen

8 Dennoch hab Geduld mit einem
Leidgebeugten / und halte ihn nicht
hin mit dem Almosen.
9 Um des Gebotes willen nimm
dich des Armen an, / und gemäß seiner
Not laß ihn nicht leer von dir gehen.
10 Gib das Geld dran an den
Bruder und Freund / und laß es nicht
bis zum Verderben rosten unter dem
Stein.
11 Leg dir einen Schatz nach den
Geboten des Allerhöchsten an, / und
er wird dir mehr nützen als Gold.
12 Verschließe Wohltaten in deiner
Schatzkammer, / und sie werden dich
aus allem Unglück retten.
13 Besser als ein starker Schild und
eine schwere Lanze / werden sie für
dich streiten vor dem Feind.

Das Bürgen

14 Der gute Mensch bürgt für
seinen Nächsten, / nur wer die Scham
verloren hat, läßt ihn im Stich.
15 Die Gefälligkeiten des Bürgen
vergiß nicht, / er gab sich selbst für
dich hin.
16 Die Güter des Bürgen richtet
der Bösewicht zugrunde, / und der
undankbar Gesinnte läßt seinen
Retter im Stich.
17 Bürgschaft hat schon viele rui-
niert, denen es gut ging, / und hat wie
eine Meereswoge sie umhergeworfen.
18 Reiche Männer hat sie heimat-
los gemacht, / und sie irrten bei frem-
den Völkern umher.
19 Der Sünder, der eilig Bürgschaft
leistet, / um dabei zu gewinnen, eilt zu
seiner Verurteilung.
20 Nimm dich des Nächsten an
nach deinen Kräften, / doch hab acht
auf dich, daß du nicht hereinfällst.

Die Gastfreundschaft

21 Die Hauptsache zum Leben sind
Wasser und Brot, / und Kleidung und
Wohnung, um sich zu schützen.
22 Besser das Leben des Armen
unter schirmendem Dach / als köst-
liche Leckerbissen in der Fremde.
23 Ob wenig oder viel, sei zufrie-
den / und laß dich nicht in der Fremde
bewirten.
24 Schlimm ist ein Leben von Haus
zu Haus, / denn wo du als Fremdling
weilst, darfst du den Mund nicht
auftun.
25 Ein Fremdling bist du, und
Schmach mußt du schlucken / und
mußt noch bittere Worte hören:
26 „Auf, Fremdling, decke den
Tisch, / und wenn du etwas hast, gib
mir zu essen."
27 „Fort, Fremdling, einer Ehren-
pflicht wegen, / der Bruder ist als Gast
gekommen, ich brauche das Haus."
28 Hart ist es für einen verständigen
Menschen, / gescholten zu werden
wegen der Einmietung und geschmäht
als Schuldner.

Die Erziehung

30 1 Wer seinen Sohn liebt, hält
stets den Stock für ihn bereit, /
damit er in seinen letzten Tagen sich
freuen kann.
2 Wer seinen Sohn züchtigt, wird
Freude an ihm haben, / und im Be-
kanntenkreis wird er seinetwegen
gerühmt werden.
3 Wer seinen Sohn unterweist, wird
den Feind neidisch machen, / vor
seinen Freunden aber kann er seinet-
wegen frohlocken.
4 Stirbt sein Vater, so ist es, als
wäre er nicht tot, / denn er hat sich ein
Abbild zurückgelassen.
5 Zu Lebzeiten kann er sich freuen,
sooft er ihn sieht, / und bei seinem
Hinscheiden ist er ohne Besorgnis.
6 Den Feinden gegenüber hinter-
läßt er einen Rächer, / den Freunden
aber einen, der ihnen die Liebe vergilt.
7 Wer den Sohn verzärtelt, wird
sich selbst Wunden verbinden müs-
sen, / und bei jedem Laut zittert sein
Herz.
8 Ein ungebändigtes Pferd nimmt
wild Reißaus, / und ein Sohn, der sich
selbst überlassen ist, wird ungezogen.
9 Verzärtele deinen Sohn, und er
wird dich in Schrecken versetzen, /
tändele mit ihm, und er wird dich
betrüben.

→297 *nicht aus Bosheit* Hss von G, S, L; G: „infolge der Bosheit (derer, die von anderen entleihen)".
→2923B Nach L.
→2925A S; G: „Du bewirtest und gibst zu trinken, ohne Dank zu erhalten".
→2928B Korr.; G: „der Vorwurf des Hauses und die Schmähung des Gläubigers".

10 Schäkere nicht mit ihm, daß er
dir nicht Verdruß mache / und dir
schließlich die Zähne stumpf werden.
11 Laß ihn nicht eigenmächtig
werden in seiner Jugend / und dulde
keine Bosheiten von ihm.
12 Beuge ihm den Kopf, solange
er jung ist, / und hau ihn auf die Len-
den, solange er klein ist,
Damit er nicht verrohe und gegen
dich widerspenstig werde / und dir
dann Herzeleid entsteht durch ihn.
13 Züchtige deinen Sohn und er-
ziehe ihn gut, / damit er in seiner
Torheit sich nicht gegen dich erhebe.

Die Gesundheit

14 Besser arm, aber gesunde Glie-
der, / als reich und einen kranken Leib.
15 Ein Leben in Gesundheit liebe
ich mehr als Gold / und einen gesun-
den Leib mehr als unermeßliches Glück.
16 Kein Reichtum geht über den
Reichtum gesunder Glieder, / und
kein Gut geht über ein frohes Herz.
17 Besser sterben als ein trauriges
Leben, / und besser die ewige Ruhe
als beständiges Leid.
18 Leckerbissen, dargeboten einem
verschlossenen Mund, / gleichen einer
Opferspeise, auf ein Grab gestellt.
19 Was nützt diese den Götzenbil-
dern, / die weder Geschmack noch
Geruch davon haben?
So steht es mit dem, den der Herr
verfolgt, / 20 mit seinen Augen sieht
er und seufzt.
Wie ein Entmannter ist er, der ein
Mädchen umarmt und seufzt.

Die Freude

21 Gib dich nicht der Sorge hin / und
komm nicht zu Fall durch dein
Grübeln.
22 Freude des Herzens ist für den
Menschen Leben, / und Frohsinn
verlängert seine Tage.
23 Hintergehe deine Sorgen und be-
ruhige dein Herz / und halte den
Ärger dir fern.
Denn viele tötet die Sorge, / und
ohne Nutzen ist der Kummer.
24 Neid und Verdruß verkürzen
das Leben, / und die Sorge läßt vor der
Zeit altern.
25 Dem freigebigen Herzen schmeckt
es, / und sein Essen bekommt ihm.

Der Reichtum

31 1 Die Schlaflosigkeit des Rei-
chen läßt schwinden sein Fleisch, /
und die Sorge um ihn verscheucht ihm
den Schlaf.
2 Die Sorge um den Unterhalt ver-
treibt den Schlummer, / und schwere
Krankheit verjagt den Schlaf.
3 Der Reiche quält sich, Vermögen
zu sammeln, / und wenn er ruht,
greift er nach Lust.
4 Der Arme plagt sich, weil er des
Vermögens entbehrt, / und wenn er
ruht, muß er darben.
5 Wer das Gold liebt, bleibt nicht
ohne Schuld, / und wer dem Geld
nachjagt, wird darum betrogen.
6 Viele sind Opfer des Goldes ge-
worden, / ihr Verderben war nicht zu
vermeiden.
7 Denn eine Falle ist es für die, die
ihm opfern, / und jeder Unverständige
fängt sich darin.
8 Glücklich der Reiche, der schuld-
los befunden / und nicht hinter dem
Geld herläuft.
9 Wo ist ein solcher, daß wir ihn
loben können? / Denn Wunderbares
vollbrachte er in seinem Volk.
10 Wer ist es, der versucht wurde
und unversehrt blieb? / Es soll ihm
das zum Ruhme gereichen.

→3015B G; M: „einen frohen Sinn mehr als Perlen".
→3018 *auf ein Grab* G; M: „vor ein Götzenbild".
→3019 *So steht es mit dem, den der Herr verfolgt* D. h. mit dem Kranken, der sich nicht zu ernähren vermag, vgl. M: „So steht es mit dem, der Vermögen besitzt und nichts davon genießen kann".
→3023 *Hintergehe deine Sorgen* Hss von G, M, S; G: „Liebe deine Seele".
→3024 Alle Hss von G stellen 3316 – 3610 vor 3025 – 3316. S und L haben die ursprüngliche Ordnung bewahrt, die auch durch die Fragmente des Textes von M belegt ist.
→3025 *Dem freigebigen Herzen schmeckt es* G; M: „Der Schlaf des Frommen ist wie ein Leckerbissen".
→3025 *sein Essen bekommt ihm* M; G: „er macht sich Sorgen um sein Essen".
→312 *die Sorge um den Unterhalt* M.
→312 *vertreibt den Schlummer* M, L; G: „verlangt nach Schlummer".
→315 *wer dem Geld nachjagt, wird darum betrogen* M; G: „wer dem Verderben nachjagt, wird davon erfüllt".
→316B G; M: „sie setzten ihre Hoffnung auf Perlen".
→317 *eine Falle* Wörtlich: ein Holz des Anstoßes. Der Verfasser denkt vielleicht an ein Götterbild, dem man „opfert".
→317 *für die, die ihm opfern* Einige Hss von G, L; G: „für die, die sich daran begeistern"; M: „für den Toren".
→318 *Geld* Hebräisch: *mammon* „Reichtum", ein Wort aramäischen Ursprungs, das im rabbinischen Schrifttum häufig vorkommt. Vgl. Mt 624; Lk 169.11.13.
→3110 *zum Ruhme* G; L: „zum ewigen Ruhme".

Wer konnte sich verfehlen und
verfehlte sich nicht, / konnte seinem
Nächsten Böses tun und tat es nicht?
11 Darum steht gefestigt sein
Glück, / und Wohltaten verkündet
die Gemeinde.

Die Gastmähler

12 Wenn du an der Tafel eines
Großen sitzest, / dann reiß dabei den
Mund nicht auf.
Sprich nicht: „Überreichlich ist
aufgetragen." / 13 Sei eingedenk, wie
häßlich ein gieriges Auge ist.
Ist etwas Schlimmeres als das
Auge erschaffen? / Darum muß es
auch bei jeder Gelegenheit weinen.
14 Dorthin, wohin dein Gastgeber
blickt, strecke deine Hand nicht aus, /
damit du mit ihm nicht zusammen-
triffst in der Schüssel.
15 Schätze deinen Nächsten nach dir
selbst ein, / und sei besonnen in allem.
16 Iß wie ein wohlerzogener Mensch,
was man dir vorsetzt, / und schlürfe
nicht, daß man dich nicht verachte.
17 Hab den Anstand, als erster
aufzuhören, / und sei kein Vielfraß,
daß du nicht unangenehm auffällst.
18 Und wenn du unter vielen
sitzest, / so greife deinem Nachbar
nicht vor.
19 Genügt nicht auch wenig für
einen verständigen Menschen? / Dann
ist sein Atem auch ruhig auf seinem
Lager.
20 Gesunden Schlaf hat, der den
Magen nicht überlädt; / wacht er dann
am Morgen auf, so ist er gleich bei
sich.
Schlaflosigkeit, Erbrechen und Leib-
schmerzen / bekommt ein unmäßiger
Mensch.
21 Wurdest du aber dennoch von
den Leckerbissen bezwungen, / steh
auf, speie sie aus, und es wird dir
leichter werden.
22 Höre, mein Sohn, und mißachte
mich nicht, / so wirst du schließlich
meine Worte verstehen.
Bei all deinem Tun sei beherrscht, /
so wird dich keine Krankheit treffen.
23 Man rühmt hoch einen freigebi-
gen Gastgeber, / und das Zeugnis für
seine Freigebigkeit währt immer.
24 Aber über einen schlechten
Gastgeber redet man schlecht in der
Stadt, / man spricht von seinem Geize.

Der Wein

25 Beim Weine spiele nicht den
starken Mann, / denn schon viele hat
der Rebensaft zu Fall gebracht.
26 Der Ofen prüft die Härte des
Eisens, / so ist der Wein eine Erpro-
bung für Leichtsinnige.
27 Wie Lebenswasser ist der Wein
dem Menschen, / wenn er ihn trinkt
mit Maß.
Was hat der für ein Leben, der
den Wein entbehrt? / Dieser ist ja von
Anfang zur Freude der Menschen
geschaffen.
28 Frohsinn und Herzensfreude ist
der Wein, / zur rechten Zeit und mit
Bedacht getrunken.
29 Bitterkeit der Seele ist der Wein, /
im Übermaß in Erregung und Zorn
getrunken.
30 Zuviel Wein steigert den Zorn
des Toren zu seinem Fall, / er schwächt
die Kraft und schlägt viele Wunden.
31 Beim Weingelage tadele nicht
deinen Freund / und verachte ihn nicht
in seiner Heiterkeit.
Sprich kein Schmähwort zu ihm /
und dränge ihn nicht mit einer Geld-
forderung.

Die Gastmähler

32 1 Hat man dir den Vorsitz
übertragen, so überhebe dich
nicht und sei unter ihnen wie einer aus
ihnen. / Sorge erst für sie, dann laß
auch du dich nieder.
2 Hast du all deine Pflichten erfüllt,
dann setze dich. / So wirst du dich
mit ihnen erfreuen können und wirst
ob deiner Gesittung den Kranz erhalten.
3 Ergreife das Wort, Alter, es ge-

→31 10 *seinem Nächsten* M, S; fehlt in G.
→31 11 *die Gemeinde* Hier wahrscheinlich die Synagogenversammlung. L: „die ganze Gemeinde der Heiligen".
→31 13B.C G; M: „Etwas Schlimmeres als das Auge hat Gott nicht erschaffen; darum bewegt es sich vor jeder Sache hin und her".
→31 13 *bei jeder Gelegenheit* Korr. nach M; G: „von jedem Gesicht".
→31 15 *sei besonnen in allem* G; M: „achte auf alles, was du verabscheust".
→31 16 *wohlerzogener* M; fehlt in G.
→31 21 *speie sie aus* Einige Hss von G, M; G: „mitten beim Mahle (?)".
→31 22 *beherrscht* M; G: „schnell".
→31 24B Korr.; M: „und das Zeugnis für seinen Geiz währt immer".
→31 29 *Bitterkeit der Seele ist der Wein* M: „Kopfweh, Bitterkeit und Schimpf ist der Wein".
→31 29 *Zorn* Nach M (?).
→32 1 *dir den Vorsitz übertragen* D. h. dich zum „Festordner, Gastmeister" gemacht, vgl. 2 Makk 2 27; Jo 2 8.
→32 2 *den Kranz erhalten* Zu den Kränzen bei Festen vgl. Js 28 1–4; Weish 2 8.
→32 3 *Gesang* Der Ausdruck kann sowohl Musik oder Gesang als auch jede künstleri-

ziemt dir, / doch halte zurück mit dem
Wissen und störe den Gesang nicht.
4 Während des Singens, wer wird
da Gespräche führen, / wer zur Unzeit
sein Wissen anbringen?
5 Ein Rubin in goldenem Geschmei-
de, / so ist eine gesungene Weise beim
Weingelage.
6 Eine Füllung von Gold und ein
Siegel von Smaragd / ist der Klang der
Lieder bei köstlichem Wein.
7 Ergreife das Wort, du Junger, nur
wenn du mußt / und man dich drin-
gend zwei- oder dreimal ersucht.
8 Fasse zusammen und mach es
recht kurz, / und sei einer, der weiß
und doch schweigt.
9 Im Kreise der Vornehmen erhebe
dich nicht, / und wenn ein anderer
redet, mach kein Geschwätz.
10 Dem Donner leuchtet der Blitz-
strahl voraus, / so leuchtet dem Be-
scheidenen die Gunst voraus.
11 Zur festgesetzten Zeit verweile
nicht länger, / geh nach Hause und
steh nicht herum.
12 Dort schäkere noch und überlaß
dich der Laune, / aber sündige nicht
durch ein stolzes Wort.
13 Auch preise deinen Schöpfer für
all dies, / der dich so reichlich gelabt
mit seinen Gütern.

Die Furcht Gottes

14 Wer den Herrn fürchtet, emp-
fängt Unterweisung, / und wer sich
an ihn wendet, findet Wohlgefallen.
15 Wer das Gesetz erforscht, wird
von ihm erfüllt, / wer aber heuchelt,
verfängt sich in ihm.
16 Wer den Herrn fürchtet, ist
gerechtfertigt / und läßt seine guten
Taten leuchten wie ein Licht.
17 Der Sünder nimmt Zurecht-
weisung nicht an / und findet Aus-
flüchte, wie er sie braucht.
18 Der weise Mann verachtet Rat-
schläge nicht, / der überhebliche Gott-
lose kennt das Gesetz nicht.
19 Ohne Bedacht tue nichts, / und
deine Taten wirst du nicht bereuen.
20 Auf einem holprigen Weg wan-
dele nicht, / und strauchle nicht auf
steinigem Boden.
21 Sei nicht vertrauensselig auf dem
glatten Weg / 22 und nimm dich vor
deinen Kindern in acht.
23 Bei all deinen Werken achte auf
dich selbst, / denn so beachtest du das
Gesetz.
24 Wer auf das Gesetz vertraut,
hält seine Gebote, / und wer auf
den Herrn vertraut, wird nicht zu-
schanden.

33 1 Wer den Herrn fürchtet, den
trifft kein Unheil, / sollte er in
Versuchung fallen, hilft er ihm wieder
heraus.
2 Nicht weise ist, wer das Gesetz
haßt, / und wer es nicht hält, wankt
wie ein Schiff im Sturm.
3 Ein verständiger Mann vertraut
auf das Gesetz, / und das Gesetz ist
ihm verlässig wie das Losorakel.
4 Bereite deine Rede vor, dann
hört man dich gern, / fasse die Lehr-
weisheit zusammen und dann ant-
worte.
5 Wie ein Wagenrad ist der Geist
des Toren, / wie eine sich drehende
Rolle ist sein Denken.
6 Wie ein Roß, wenn es geil ist, so
ist ein spottender Freund, / unter
jedem Reiter wiehert es.

Ungleichheit unter den Geschöpfen

7 Warum ragt ein Tag über den
andern empor, / kommt doch alles
Licht des Jahres von der Sonne?
8 Durch die Erkenntnis des Herrn
sind sie gesondert, / und er hat die
Zeiten und Feste geschieden.

---

sche Darbietung bezeichnen: Dichtung, dramatische Darstellung usw.
→32 9 *wenn ein anderer redet* G; L (und M?): „wo Greise sind".
→32 12 *sündige nicht durch ein stolzes Wort* G; M: „in der Furcht Gottes und nicht in Schande".
→32 14f Hier beginnt eine Folge von Sprüchen, die ohne bestimmte Ordnung manche bereits behandelte Themen wiederaufgreifen.
→32 15 *wird von ihm erfüllt* G; M: „wird es finden".
→32 16 *ist gerechtfertigt und läßt seine guten Taten leuchten wie ein Licht* G; M: „kennt die Gerechtigkeit und läßt aus dem Dunkel seine Gedanken hervorgehen".
→32 17 *findet Ausflüchte* G; M: „verdreht das Gesetz".
→32 18 *verachtet Ratschläge nicht* G; M: „verbirgt die Weisheit nicht".
→32 18 *Gottlose* M; G: „Fremde".
→32 19 *und deine Taten wirst du nicht bereuen* Oder: „und wenn du beim Tun bist, bereue nicht".
→32 21 *auf dem glatten Weg* G; M: „auf dem Weg des Diebes (?)".
→32 22 G; M: „denke an die Zukunft".
→32 23 *achte auf dich selbst* M; G: „vertraue auf dich".
→33 2A M; G: „Der weise Mann haßt das Gesetz nicht".
→33 3 *vertraut auf das Gesetz* G; M: „versteht das Wort Jahwes".
→33 4 *dann hört man dich gern* G; M: „dann sollst du handeln".
→33 6 *spottender* G; L: „ehebrecherischer".

9 Einige hat er erhöht und gehei-
ligt / und einige unter die gewöhn-
lichen Tage eingereiht.
10 Die Menschen sind alle Lehm-
gebilde, / denn aus der Erde ist der
Mensch erschaffen worden.
11 Doch in Weisheitsfülle hat Gott
auch sie geschieden / und hat ihre
Wege mannigfaltig gemacht.
12 Auch von ihnen hat er einige
gesegnet und erhöht, / einige von
ihnen hat er geheiligt und ließ sie sich
nahen.
Einige hat er verflucht und er-
niedrigt / und vertrieb sie von ihrer
Stelle.
13 Wie der Ton des Töpfers in
seiner Hand, / ihm Form zu geben
nach seinem Belieben,
So ist der Mensch in der Hand sei-
nes Schöpfers, / ihm zuzuteilen nach
seiner Entscheidung.
14 Dem Bösen gegenüber ist das
Gute, dem Tod gegenüber das Leben, /
und dem Frommen gegenüber ist der
Sünder.
15 Und schaust du auf alle Wer-
ke des Höchsten: / zwei und zwei
sind sie, eines entsprechend dem an-
dern.
16 So habe auch ich schließlich
mich rastlos gemüht / wie einer,
der Nachlese hält hinter den Win-
zern.
17 Mit Gottes Segen aber kam ich
voran, / und wie ein Winzer füllte ich
die Kelter.
18 Seht, ich habe mich nicht für
mich allein gemüht, / sondern für alle,
die nach Bildung trachten.
19 So höret auf mich, ihr Großen des
Volkes, / und ihr Vorsteher der
Gemeinde, merket auf.

Unabhängigkeit

20 Dem Sohn, der Frau, dem
Bruder und Freund / gib keine Gewalt
über dich, solange du lebst.
Tritt keinem andern dein Vermögen
ab, / damit du nicht wieder um etwas
bitten mußt.
21 Solange du lebst und noch Odem
in dir ist, / vertausche deine Stellung
mit keinem andern.
22 Denn es ist besser, daß deine
Kinder zu dir bitten kommen, / als
daß du auf die Hände deiner Söhne
schauen mußt.
23 Bei all deinen Werken behaupte
dich als Herr / und bring keinen
Makel auf deine Ehre.
24 In der Zeit der Vollendung dei-
ner Lebenstage, / in der Stunde des
Todes erst verteile das Erbe.

Die Sklaven

25 Heu, Stock und Last sind für
den Esel, / Brot, Zucht und Arbeit für
den Sklaven.
26 Gib dem Sklaven Arbeit, und du
wirst deine Ruhe haben; / gib ihm
die Hand frei, und er wird die Freiheit
suchen.
27 Joch und Strick beugen den
Nacken, / und dem schlechten Sklaven
gehören Block und Schläge.
28 Halte ihn also zur Arbeit an,
damit er nicht untätig ist, / denn vieler-
lei Bosheit lehrt der Müßiggang.
29 Stell ihn an die Arbeit, wie es
sich für ihn gehört, / und wenn er nicht
gehorcht, lege ihn in schwere Fuß-
ketten.
30 Aber tue gegen niemand etwas
im Übermaß / und unternimm nichts
ohne Recht.
31 Hast du nur einen Sklaven, so
sei er dir wie du selbst, / denn mit
deinem Blut hast du ihn erworben.
32 Hast du nur einen Sklaven, be-
handele ihn wie einen Bruder / denn
du brauchst ihn wie dich selbst.
33 Wenn du ihn schlecht behandelst
und er macht sich auf und davon, / auf
welchem Wege willst du ihn wieder-
finden?

→339 *erhöht* G; M, S: „gesegnet".
→3311 *Weisheitsfülle* M; G: „Wissensfülle".
→3313 *ihm Form zu geben* Eine Hs von G, L; G: „alle seine Wege (sind)".
→3313 *ihm zuzuteilen nach seiner Entscheidung* G; M: „um sein Los vor ihm festzusetzen".
→3314 Zusatz in M und S am Versende: „und dem Licht gegenüber die Finsternis".
→3319 *Gemeinde* Die Synagoge, in der sich die frommen Juden zur Unterweisung versammelten.
→3325–33 *(Die Sklaven)* Zur Härte gegenüber den Sklaven: Ex 2120f, vgl. Mt 1834; Lk 1246. Die Sklaven waren jedoch nicht der Willkür ihrer Herren ausgeliefert. Ihre Rechte waren durch das Gesetz festgelegt: Ex 211–6.26f; Lv 2546; Dt 1512–18, vgl. hier v. 30.31–33. Vgl. auch die Haltung, die Paulus einnimmt, Eph 69; Kol 41; Phm 16.
→3326 *du wirst deine Ruhe haben* G; M: „damit er nicht Ruhe verlangt".
→3326 *gib ihm die Hand frei* G; M: „und wenn er das Haupt erhebt".
→3328 *damit er nicht untätig ist* G; M: „damit er sich nicht erhebt".
→3331 *denn mit deinem Blut hast du ihn erworben* D. h., du hast ihn mit deiner eigenen Lebenskraft, mit mühsam erlangtem Geld, erworben; der Text ist aber nicht sicher. M: „sei nicht eifersüchtig auf dein eigenes Blut" (mißhandle ihn nicht).

Die Träume

34 1 Leere und trügerische Hoff-
nungen hat ein unverständiger
Mensch, / denn Träume setzen nur
Toren in Erregung.
2 Wie einer, der nach dem Schatten
greift und den Wind zu haschen ver-
sucht, / so ist einer, der sich auf
Träume verläßt.
3 Verwandt sind Spiegel und
Träume, / das Bild eines Gesichtes
erscheint dem Gesicht selbst gegen-
über.
4 Wie ist von einem Unreinen
Reines zu erwarten, / und wie von der
Lüge Wahrheit?
5 Wahrsagung, Zeichendeuterei und
Träume sind nichtig, / Einbildungen
einer gebärenden Frau.
6 Wenn sie nicht vom Höchsten zur
Heimsuchung gesandt sind, / so schen-
ke ihnen keinerlei Beachtung.
7 Die Träume haben schon viele
in die Irre geführt, / so daß sie strau-
chelten auf ihrem Wege.
8 Ohne Trug wird das Gesetz in
Erfüllung gehen, / und die Weisheit
in einem zuverlässigen Munde ist
vollkommen.

Die Reisen

9 Ist einer viel herumgekommen,
so hat er ein reiches Wissen, / und ein
vielerfahrener Mann kann verständige
Ausführungen geben.
10 Wer nichts erfahren hat, weiß
wenig, / doch wer viel herumgekommen
ist, erwarb Klugheit in Fülle.
11 Vieles habe ich gesehen, als ich
unterwegs war, / und ich habe mehr
erfahren, als ich erzählen könnte.
12 Oft schwebte ich in Todesgefahr, /
doch ich wurde auf folgende Weise
gerettet:
13 Der Geist derer, die den Herrn
fürchten, wird leben, / denn sie sind
voller Hoffnung auf ihren Retter.
14 Wer den Herrn fürchtet, verzagt
nicht, / er zittert nicht, denn Gott ist
seine Hoffnung.
15 Glücklich die Seele des Gottes-
fürchtigen. / Auf wen verläßt er sich
und wer ist seine Stütze?
16 Die Augen des Herrn sind auf
die gerichtet, die ihn lieben, / ist er
doch ein starker Schild und eine
mächtige Stütze,
Ein Schutz vor der Glut und ein
Schirm gegen die Mittagshitze, / eine
Bewahrung vor dem Anstoß und eine
Hilfe vor dem Fall,
17 Eine Freude des Herzens und ein
Licht für die Augen, / ein Heilmittel
des Lebens und ein Segen.

Opfer

18 Ein Opfer von unrechtem Gut ist
eine Gabe zum Hohn, / und die
Gaben der Gottlosen sind kein Wohl-
gefallen.
19 Kein Gefallen hat der Höchste
an den Gaben der Frevler, / auch bei
einer Fülle von Opfern verzeiht er die
Sünden nicht.
20 Den Sohn opfert vor den Augen
des Vaters, / wer eine Gabe darbringt
vom Gute der Armen.
21 Ein kärgliches Brot ist der Le-
bensunterhalt der Armen; / wer es
ihnen verwehrt, ist ein Blutmensch.
22 Ein Mörder seines Mitmenschen
ist, wer ihm den Unterhalt wegnimmt, /
und Blut vergießt, wer dem Arbeiter
den Lohn vorenthält.
23 Der eine baut, der andere reißt
ein, / was haben sie mehr davon als
Mühe?
24 Der eine betet, der andere flucht, /
auf wessen Stimme wird der Herr
hören?
25 Wäscht sich einer nach Leichen-
berührung und faßt sie wieder an, /
was hat einer von seinem Waschen?
26 So ist ein Mensch, der ob seiner
Sünden fastet / und dasselbe doch
wieder tut.

→34 1–8 *(Die Träume)* Im AT benützt Gott manchmal Träume, um dem Menschen Weisungen zu erteilen: Gn 28 10–17; 31 10–13.24; 37 5–11; 41 1–36 usw. Vgl. Nm 12 6, ferner Mt 1 20–23; 2 13.22. Die Bezugnahme auf Träume als ordentliches Mittel göttlicher Offenbarung wird jedoch von den Propheten und Gesetzgebern getadelt: Jr 29 8; Prd 5 6; Lv 19 26; Dt 13 2–6; 18 9–14. Diese Haltung macht sich Ben Sira zu eigen, wobei er jedoch die Möglichkeit von Träumen echt göttlichen Ursprungs anerkennt (v. 6).

→34 3 *Verwandt sind Spiegel und Träume* Korr.; G wörtlich: „Das eine gegenüber dem anderen, (das ist) die Schau der Träume".

→34 3 Der Traum läßt wie der Spiegel nur ein unwirkliches Bild erscheinen; oder auch: Der Traum spiegelt nur das wider, was der Träumende in sich trägt, ohne daß er etwas darüber hinaus erfährt und ohne weitere Gewähr (vgl. v. 4).

→34 5 *Einbildungen einer gebärenden Frau* Wörtlich: und wie das Herz einer Gebärenden phantasiert.

→34 8 Den trügerischen Träumen stellt Ben Sira das Gesetz und die Weisheit, die untrüglich sind, gegenüber.

→34 23 Der Vers scheint durch den folgenden ausgelegt zu werden: Der Fluch des Armen ist beim Herrn ebenso mächtig wie das Gebet des Reichen und vermag dieses unwirksam zu machen.

Wer wird auf sein Gebet hören, / und was hat er von seiner Kasteiung?

Gesetz und Opfer

35 1 Wer das Gesetz befolgt, bringt viele Opfer dar, / ein Gemeinschaftsopfer, wer die Gebote beobachtet.

2 Wer Liebe übt, bringt ein Speiseopfer dar, / und wer ein Almosen gibt, spendet ein Dankopfer.

3 Das Wohlgefallen des Herrn ist die Abkehr vom Bösen, / und ein Sühnopfer die Abkehr vom Unrecht.

4 Erscheine nicht mit leeren Händen vor dem Herrn, / denn dies alles geschieht nach der Vorschrift.

5 Das Opfer des Gerechten erfreut den Altar, / und es ist Wohlgeruch vor dem Herrn.

6 Das Opfer des Gerechten ist angenehm, / und seine Gedenkspende wird nicht vergessen werden.

7 Mit gebefreudigem Auge ehre den Herrn, / und laß die Erstlinge, die du opferst, nicht zu gering ausfallen.

8 Bei all deinen Abgaben mach ein freundliches Gesicht, / und froh weihe den Zehnten.

9 Gib dem Höchsten entsprechend seinen Gaben an dich, / gebefreudig und nach bestem Können.

10 Denn der Herr zahlt zurück, / und siebenfach wird er es dir erstatten.

Die Gerechtigkeit Gottes

11 Unternimm keine Bestechung, denn er nimmt sie nicht an, / und verlaß dich nicht auf Opfer aus unrechtem Gut.

12 Denn der Herr ist ein Richter, / und bei ihm ist kein Ansehen der Person.

13 Er ist nicht parteiisch gegen den Armen, / und er erhört die Gebete aus Notlagen.

14 Er verwirft nicht das Rufen der Waisen / noch die Witwe mit der Menge ihrer Klagen.

15 Die Tränen der Witwe, die über ihre Wangen fließen, / und das Schluchzen, sprechen sie nicht wider den, der sie verursacht?

16 Wer (dem Herrn) von Herzen dient, findet Aufnahme, / und seine Bitte kommt bis zu den Wolken.

17 Das Geschrei des Elenden dringt durch die Wolken / und tröstet sich nicht, bis es am Ziel ist.

18 Es weicht nicht, bis der Allerhöchste herschaut / und gerecht richtet und Recht schafft.

19 Auch wird Gott nicht zögern / und Geduld an ihnen üben,

20 Bis er die Hüften des Bedrückers zerschmettert / und an den Heiden Vergeltung geübt hat,

21 Bis er die Menge der Stolzen zerschlagen / und das Zepter der Frevler zerbrochen hat,

22 Bis er dem Menschen sein Tun entgolten / und das Treiben des Menschen gemäß seiner Ränke,

23 Bis er seinem Volke Gerechtigkeit erwiesen / und es erfreut hat in seinem Erbarmen.

24 Willkommen ist das Erbarmen des Herrn in der Zeit der Bedrängnis / wie ein Gewitterregen zur Zeit der Dürre.

Gebet um die Befreiung und Wiederherstellung Israels

36 1 Erbarme dich unser, o Herr, du Gott des Alls, schau her / und lege deine Furcht auf alle Heidenvölker.

2 Schwinge die Hand wider die fremden Völker, / damit sie deine Machttaten sehen.

3 Wie du dich an uns heilig erwiesen vor ihren Augen, / so erweise

---

→351–10 *(Gesetz und Opfer)* Ben Sira ist ein eifriger Anhänger von Kult und Ritualgesetz und zugleich ein Sittenprediger, dem das Halten des Gesetzes mit allen seinen Vorschriften der Gerechtigkeit und Nächstenliebe am Herzen liegt. Beide Anliegen treffen hier zusammen: Nach Ben Sira ist schon das Befolgen des Gesetzes selbst Gottesdienst.
→355 *erfreut den Altar* Wörtlich: macht den Altar fett.
→3510 Randglosse in M: „Wer einem Armen gibt, der leiht an Jahwe aus; wer wird es ihm wiedergeben, wenn nicht er?“ Vgl. Spr 1917.
→3512 *der Herr ist ein Richter* G; M: „ein Gott der Gerechtigkeit ist er“.
→3516 *Wer (dem Herrn) von Herzen dient, findet . . .* Oder: „Wer (dem Mitmenschen) von Herzen dient, findet Aufnahme“.
→3517 *dringt durch die Wolken* Dorthin, wo Gott wohnt, vgl. Ps 6835; 1043 usw.
→3517 *tröstet sich nicht* G; M: „es ruht nicht“.
→3521 *die Menge der Stolzen* G; M: „das Zepter des Stolzes“.
→3521 *der Frevler* G; M: „des Frevels“.
→3523 *in seinem Erbarmen* G; M: „durch sein Heil“.
→361–17 Dieses Gebet läßt erkennen, was das Herz des frommen Juden am Vorabend der makkabäischen Erhebung, um 190 v. Chr., erfüllte. Das Gebet ist von messianischer Erwartung geprägt – etwas Seltenes bei Ben Sira –, ebenso wie der abschließende hebräische Psalm, Sir 5112+.
→361 *Erbarme dich unser* G; M: „Rette uns“.

dich groß gegen sie vor unseren
Augen,
4 Damit sie erkennen, wie wir es
erkannt haben, / daß es keinen Gott
gibt außer dir, Herr.
5 Erneuere die Zeichen und wieder-
hole die Wunder, / erweise als herrlich
deine Hand und als stark deinen
rechten Arm.
6 Erwecke deinen Zorn und er-
gieße deinen Grimm, / beuge den
Gegner und vernichte den Feind.
7 Beschleunige die Zeit und ge-
denke des Eides, / daß man deine
Großtaten preise.
8 Durch rächendes Feuer mögen
die Überlebenden verzehrt werden, /
und die Bedrücker deines Volkes seien
dem Untergang geweiht.
9 Schlag ab das Haupt der fremden
Fürsten, / die da sagen: „Wer außer
mir ist noch da?“
10 Sammle alle Stämme Jakobs /
und verteile den Erbbesitz wie in den
Tagen der Vorzeit.
11 Erbarme dich des Volkes, das
nach deinem Namen benannt ist, /
Israels, das du als Erstgeborenen
bezeichnet hast.
12 Erbarme dich deiner heiligen
Stadt, / Jerusalems, des Ortes deiner
Wohnung.
13 Erfülle den Zion mit deinem Lob /
und mit deiner Herrlichkeit deinen
Tempel.
14 Leg Zeugnis ab für deine Erst-
schöpfung / und stehe ein für die
Zukunftsschau, die in deinem Namen
erging.
15 Lohne denen, die auf dich
hoffen, / und deine Propheten er-
weise als zuverlässig.
16 Erhöre das Gebet deiner Diener /
gemäß dem Segen Aarons über dei-
nem Volke.
17 Und es sollen erkennen alle
Enden der Erde, / daß du der Herr
bist, der ewige Gott.

Vom Unterscheiden

18 Jede Speise nimmt der Magen
auf, / aber die eine Speise ist besser
als die andere.
19 Der Gaumen prüft die Lecker-
bissen, ob sie ihm schmecken, /
und ein verständiges Herz die Lügen-
worte.
20 Ein arglistiges Herz bereitet
Kummer, / aber ein geschickter Mann
zahlt es ihm zurück.

Wahl einer Frau

21 Ein Weib nimmt einen jeden
Mann, / aber es gibt Mädchen, die
besser sind als andere.
22 Die Schönheit der Frau erheitert
das Antlitz / und übertrifft allen Genuß
des Mannes.
23 Wenn auf ihrer Zunge Güte und
Milde ist, / dann ist ihr Mann der
glücklichste der Menschen.
24 Wer eine Frau besitzt, hat den
Ursprung des Glücks, / eine ihm ent-
sprechende Hilfe und eine stützende
Säule.
25 Fehlt der Zaun, wird der Besitz
geplündert, / fehlt die Frau, seufzt der
Mann und geht in die Irre.
26 Wer traut einem Dieb, der
unterwegs ist, / der von Stadt zu
Stadt eilt?
27 So ist es mit dem Manne, der
kein Heim hat, / er hält Rast, wo es
gerade Abend wird.

Falsche Freunde

37 1 Jeder Freund sagt: „Ich bin
dir gut.“ / Aber mancher ist nur
dem Namen nach Freund.
2 Ist es nicht ein Kummer, der dem

→367 G; M: „Laß herbeieilen das Ende und gedenke der Frist, denn wer wird dir sagen: Was tust du?“
→3610 Die Hoffnung auf eine Zusammenführung der Stämme, die in der Exilszeit besonders lebendig war, bleibt im Judentum auch nach der Rückkehr der Verbannten lebendig, die Juden sahen allezeit die Zerstreuung in die Fremde als etwas Vorläufiges und Beklagenswertes an, dem das Kommen des Messias ein Ende setzen soll.
→3613 *mit deinem Lob* G; M: „mit deinem Machtglanz“.
→3613 *deinen Tempel* Korr. nach M; G: „dein Volk“.
→3614 *Erstschöpfung* Geht es um das Volk Israel als Ganzes oder um die Patriarchen, die ein alter Midrasch zu den sieben vor der Welt erschaffenen Dingen zählt, oder um die geschaffene Weisheit, den Erstling der Schöpfung (Spr 822), oder meint der Verfasser, daß der Messias oder das messianische Reich, die vor allen Dingen erschaffen sind, sich alsbald auf Erden offenbaren werden? Es läßt sich schwer sagen, was genau gemeint ist.
→3616 *deiner Diener* Einige Hss von G, M; G: „der zu dir Flehenden“.
→3619 *die Lügenworte* G; M: „die Lügenspeisen“.
→3624 *hat den Ursprung des Glücks* (Oder auch: „ist auf der Höhe seines Glücks“) G; M: „Erwirb eine Frau als ersten Erwerb“.
→3624 *eine ihm entsprechende Hilfe* G; M: „eine befestigte Stadt“.
→3625 *seufzt der Mann und geht in die Irre* G; M: „ist man unstet und rastlos“.
→3626 *einem Dieb, der unterwegs ist* G; M: „einer bewaffneten Horde“.
→372 *ein Kamerad oder ein Freund* G; M: „ein Freund, den man wie sich selbst liebt“.

Tod gleichkommt, / wenn ein Kamerad oder ein Freund zu einem Feind wird?
3 O böse Neigung, wozu bist du erschaffen? / Um das Antlitz der Welt mit Falschheit zu füllen?
4 Der (schlechte) Kamerad nützt den Freund aus im Glück, / zur Zeit der Drangsal aber tritt er gegen ihn auf.
5 Der (schlechte) Kamerad zeigt Mitleid mit dem Freund aus Eigennutz, / zur Zeit des Kampfes aber ergreift er den Schild.
6 Vergiß den treuen Freund im Kampfe nicht, / und vergiß ihn nicht inmitten deines Reichtums.

Die Ratgeber

7 Jeder Ratgeber erteilt Rat, / aber es gibt auch Ratgeber, die an den eigenen Vorteil denken.
8 Sei also vor dem Ratgeber auf der Hut, / erkenne zuvor, was er nötig hat –
Denn auch er denkt an sich selber –, damit er nicht sein begieriges Auge auf dich wirft.
9 Er sagt zu dir: „Du bist auf dem rechten Weg." / Dann aber bleibt er von fern stehen, zu sehen, was dir geschieht.
10 Berate dich nicht mit deinem Neider, / und mit dem Eifersüchtigen sprich nicht über deine Pläne,
11 Nicht mit der Frau über ihre Rivalin, / nicht mit dem Feigling über den Kampf,
Nicht mit dem Geschäftsmann über den Verkauf, / nicht mit dem Käufer über die Ware,
Nicht mit einem Geizhals über Erweis von Wohltaten, / nicht mit einem Hartherzigen über Barmherzigkeit,
Nicht mit einem Nichtstuer über eine Arbeit, / nicht mit dem Jahresarbeiter über die Vollendung (einer Aufgabe),
Nicht mit dem faulen Sklaven über Arbeitslast. / Nicht auf solche verlaß dich, wenn du Rat suchst.
12 Wohl aber stets mit einem gottesfürchtigen Mann, / von dem du weißt, daß er die Gebote hält,
Der in seinem Herzen nach deinem Herzen ist / und, wenn du strauchelst, sich um dich bemüht.
13 Doch auch den Rat des Gewissens beachte, / denn wer ist zuverlässiger als dieses?
14 Das Gewissen des Menschen gibt bessere Auskunft / als sieben Wächter auf der Warte.
15 Und bei allem bete zum Allerhöchsten, / daß er deine Schritte in Treue lenke.

Wahre und falsche Weisheit

16 Der Anfang einer jeden Tat ist der Verstand, / der Anfang eines jeden Werkes ist die Überlegung.
17 Die Wurzel der Pläne ist das Herz. / Vier Zweige sprossen aus ihm hervor:
18 Gutes und Böses, Leben und Tod; / doch herrscht über sie alle die Zunge.
19 Es gibt den Mann, der viele zu erziehen vermag, / der aber, geht es um ihn selbst, untauglich ist.
20 Es gibt den Schönredner, der verhaßt ist; / er wird jeglicher Nahrung entbehren.
21 Denn der Herr gewährt ihm nicht seine Gnade; / er ist aller Weisheit bar.
22 Es gibt Weise, die für sich selber weise sind, / und der Ertrag ihres Wissens ist dem Reden nach von Dauer.
23 Der Weise lehrt sein Volk, / und der Ertrag ihres Wissens ist von Dauer.

→37 3 *wozu bist du erschaffen* L; G: „von wo wälztest du dich heran".
→37 4–5 Die beiden Verse stellen den Gegensatz zwischen zwei Gefährten dar: Der eine flieht bei der Gefahr, der andere bleibt treu. Vers 5 in M macht den Gegensatz noch klarer: „Der gute Freund kämpft gegen den Feind, und gegen die Widersacher ergreift er den Schild".
→37 4A G; M: „Der schlechte Freund nützt den Tisch aus".
→37 4 *tritt er gegen ihn auf* G; M: „hält er sich abseits".
→37 5 *aus Eigennutz* Wörtlich: des Bauches wegen.
→37 7 *erteilt Rat* G; M: „bewegt die Hand" (andere Lesart: „spricht: Sieh").
→37 8D Text unsicher; M: „Warum soll es ihm von Nutzen sein?"
→37 9 *was dir geschieht* G; M: „dein Unglück".
→37 11 *Feigling* G; M: „Krieger".
→37 11 *Vollendung (einer Aufgabe)* G; M: „Getreidekosten".
→37 12A M; G: „aber mit einem gottesfürchtigen Mann habe ständigen Umgang".
→37 17 M; G: „Als Zeichen der Herzensverwandlung erscheinen vier Teile".
→37 19–20 G; M: „Es gibt Weise, die sind für viele weise, für sich aber sind sie Toren. Es gibt Weise, die wegen ihrer Worte verachtet sind; von aller genußreichen Nahrung werden sie ausgeschlossen."
→37 22 *ist dem Reden nach von Dauer* G; M: „ist für seinen Leib".
→37 23 *Der Weise lehrt sein Volk* G; M: „Es gibt Weise, die weise sind für ihr Volk".
→37 23 *von Dauer* G; M: „für ihren Leib".

24 Der Weise wird mit Segen gesättigt, / und es preisen ihn alle glücklich, die ihn sehen.
25 Das Leben des Menschen ist in seinen Tagen gezählt, / aber Israels Tage sind ohne Zahl.
26 Wer für das Volk weise ist, erlangt Vertrauen, / und sein Name bleibt immer lebendig.

Das Maßhalten

27 Mein Sohn, in deiner Lebensweise prüfe dich selbst, / sieh zu, was dir schlecht bekommt, und erlaube es dir nicht.
28 Denn nicht alles ist für alle gut, / und nicht für jeden ist jede Speise zuträglich.
29 Schmachte nicht nach jedem Genuß / und stürze dich nicht auf jeden Leckerbissen.
30 Denn im Übermaß von Speise nistet die Krankheit, / und beim Unmäßigen kommt es zur Brechruhr.
31 Durch Gefräßigkeit sind schon viele zu Tode gekommen, / wer sich aber in acht nimmt, verlängert das Leben.

Arzt und Krankheit

38 1 Ehre den Arzt, wie es ihm zukommt, seinen Diensten gemäß, / denn auch ihn hat der Herr erschaffen.
2 Vom Allerhöchsten kommt die Heilung / wie ein Geschenk, das man vom König empfängt.
3 Das Wissen des Arztes erhöht sein Haupt, / und bewundert wird er bei Fürsten.
4 Der Herr bringt aus der Erde die Heilmittel hervor, / und ein verständiger Mensch verschmäht sie nicht.
5 Ist nicht durch ein Holz das Wasser süß geworden, / um so kundzutun seine Kraft?
6 Einsicht gab er den Menschen, / damit sie sich seiner gewaltigen Werke rühmen.
7 Er gebraucht sie, um zu pflegen und zu lindern, / und ebenso bereitet der Apotheker die Arznei,
8 Damit sein Wirken nicht aufhöre / und nicht die Hilfe entschwinde von der Erde.
9 Mein Sohn, in der Krankheit säume nicht, / bete zum Herrn, und er macht gesund.
10 Fliehe die Sünde und laß die Hände rechtschaffen sein, / von allem Bösen reinige dein Herz.
11 Spende Weihrauch und ein Gedenkopfer von Feinmehl / und mache reichlich die Gabe, so gut du vermagst.
12 Aber auch dem Arzte gewähre Zutritt, denn der Herr hat auch ihn erschaffen; / nicht soll er wegbleiben, denn auch er ist notwendig.
13 Zu gegebener Zeit nämlich liegt
in seiner Hand der Erfolg, / 14 und
auch er betet ja zum Herrn,
Daß er ihm die Erleichterung gelingen lasse / und die Heilung zur Erhaltung des Lebens.
15 Wer gegen seinen Schöpfer sündigt, / gerät dem Arzt in die Finger.

Die Trauer

16 Mein Sohn, um den Toten laß die Tränen fließen, / trauere und stimme das Klagelied an.
Wie es ihm zukommt, bestatte seinen

→38 1–15 *(Arzt und Krankheit)* Vielleicht hielten manche fromme Juden die Zuhilfenahme des Arztes für mangelnden Glauben gegenüber Jahwe, vgl. 2 Chr 16 12. Ben Sira berichtigt diese Meinung.
→38 1 *Ehre den Arzt* G; M: „Sei Freund des Arztes". Beim „Ehren" handelt es sich vielleicht bloß um das Zahlen von „Honorar".
→38 2 G; M: „Von Gott hat der Arzt die Weisheit, und vom König empfängt er Geschenke".
→38 3 *bewundert wird er bei Fürsten* G; M: „er hat Zutritt bei Fürsten", vgl. Spr 22 29.
→38 5 Nach G scheint Ben Sira für das Wunder von Mara eine natürliche Erklärung zu geben. M liest „seine (Gottes) Macht" statt „seine (des Holzes) Kraft".
→38 6 *den Menschen* D. h. den Ärzten.
→38 7 *sie* Die Heilmittel, von denen in v. 4 die Rede war.
→38 8 *sein Wirken* Nach der Erschaffung wirkt Gott dadurch weiter, daß er den Menschen und den Dingen Anteil an seiner Macht gibt und so das Gute über die Erde verbreitet.
→38 11 *so gut du vermagst* M.
→38 14 Dieser Gedankengang hat vielleicht auf Jak 5 14f eingewirkt, allerdings erhält die dort gegebene Mahnung eine andere Bedeutung.
→38 15 *gerät dem Arzt in die Finger* D. h., er wird krank. Es sieht nicht so aus, als ob die Wendung unfreundlich den Ärzten gegenüber gemeint ist; vielleicht ist aber nach M zu korrigieren: „Derjenige sündigt vor seinem Schöpfer, der hochmütig vor dem Arzt auftritt."
→38 16–23 *(Die Trauer)* Die Trauerriten spielten sich bei den Juden wie bei den Orientalen überhaupt mit großer Auffälligkeit ab und unterlagen bestimmten Regeln, vgl. verschiedene Einzelzüge in Jr 9 17.18; Am 5 16; Ez 24 15–24; Mt 9 23; Mk 5 38.
→38 16 *Begräbnis* G; M: „Verscheiden (?)".

Leib / und verbirg dich nicht bei
seinem Begräbnis.
17 Weine bitterlich und klage vor
Schmerz / und halte die Trauer um
ihn, wie es ihm gebührt,
Ein, zwei Tage, daß man dir nichts
nachsagen könne; / dann aber tröste
dich über den Schmerz.
18 Traurigkeit führt zum Tod, /
ebenso bricht Trübsinn die Kraft.
19 Mit dem Begräbnis ziehe auch
der Schmerz aus, / ein Leben voll
Trauer ist nicht zu ertragen.
20 Überlaß dein Herz nicht der
Traurigkeit, / weise sie zurück und
denk an das eigene Ende.
21 Vergiß nicht: Es gibt keine
Rückkehr. / Was kannst du ihm also
nützen? Dir aber schadest du.
22 „Denk: Was mir bestimmt war,
ist auch deine Bestimmung, / gestern
mir und heute dir."
23 Wenn der Tote ruht, ruhe auch
der Gedanke an ihn, / tröste dich über
ihn beim Scheiden seiner Seele.

Das Handwerk

24 Die Weisheit des Schriftgelehr-
ten wird in Mußestunden erworben, /
und wer frei ist von schwerer Arbeit,
kann Weisheit erlangen.
25 Wie kann der zur Weisheit
gelangen, der den Pflug hält / und
der sich mit dem Ochsenstachel groß-
tut,
Der die Rinder treibt, sie bei der
Arbeit nicht verläßt / und sich nur
über Kälber unterhält,
26 Wer seinen Sinn auf das Eggen
richtet / und danach trachtet, die
Mast zu vollenden?
27 Ebenso beschäftigt ist der Hand-
werker und Künstler, / der nachts wie
bei Tage seine Arbeit hat;
Wer Siegelringe schneidet / und
wer seine Geduld auf den Wechsel der
Farben aufwendet,
Er richtet seinen Sinn darauf, ein
Bild getreu wiederzugeben, / und er
ist ganz bemüht, sein Werk zu vollen-
den.
28 So auch der Schmied, der am
Amboß sitzt / und der das rohe Eisen
anschaut.
Ihm zerschmilzt die Feuersglut das
Fleisch, / und er hat mit der Hitze des
Ofens zu kämpfen.
Der Lärm des Hammers betäubt
ihm das Ohr, / und sein Auge ruht auf
dem Modell des Gerätes.
Er achtet darauf, sein Werk zu
vollenden, / und ist bemüht um die
Ausschmückung bei der Herstellung.
29 So auch der Töpfer, der an seiner
Arbeit sitzt / und mit seinen Füßen
die Scheibe dreht.
Er obliegt mit Sorge seinem Werke, /
und alle seine Bewegungen sind ab-
gemessen.
30 Mit seinem Arm formt er den
Ton, / und mit den Füßen macht er
dessen Zähigkeit geschmeidig.
Seine Aufmerksamkeit ist auf die
Herstellung der Glasur gerichtet, / und
er ist um das Brennen im Ofen bemüht.
31 Alle diese vertrauen auf ihre
Hände, / und jeder ist tüchtig in seinem
Berufe.
32 Ohne sie wird keine Stadt be-
siedelt, / man könnte weder in der
Fremde siedeln noch umherziehen.
33 Aber zur Volksversammlung
werden sie nicht hinzugezogen, / und
in der Gemeinde haben sie keine
führende Stellung.
Sie sitzen nicht auf dem Stuhl des
Richters, / und das Gesetz verstehen
sie nicht.
34 Bildung und Urteilsfähigkeit
offenbaren sie nicht, / und unter denen,

→3817 *klage vor Schmerz* G; M: „vollende die Totentrauer".

→3817 *Ein, zwei Tage* Nach 2212 sieben Tage, es mag aber verschiedene Riten je nach Trauerfall gegeben haben.

→3819A Andere Lesart: „In einem Unglück (?) bleibt auch die Trauer".

→3819 *ein Leben voll Trauer* Korr.; M: „ein Leben als Armer".

→3819 Der ähnliche Ratschlag in 1 Thess 413 ist anders begründet.

→3820 *denk an das eigene Ende* Oder einfach: denk an die Zukunft.

→3822 *mir bestimmt* Andere Lesarten: „ihm bestimmt", „bestimmt". Es handelt sich um die Bestimmung, nach der alle Menschen zum Sterben verurteilt sind, vgl. Gn 217; 33.4. Der Text legt (in der gewählten Lesart) dieses Wort von der Todesbestimmung dem Toten in den Mund.

→3822 *Gestern mir* G; M: „gestern ihm". D. h., gestern lebte ich noch, wie du heute.

→3824–34 *(Das Handwerk)* Der Abschnitt steht einem altägyptischen Text, den „Sprüchen des Duauf", nahe, die ein Spottgedicht auf die Handwerker enthalten.

→3828 *Der Lärm des Hammers* Eine Hs von G; G: „Die Arbeit des Hammers".

→3828 *betäubt* Korr.; G: „erneuert".

→3829 Übersetzung unsicher.

→3831 *tüchtig* Wörtlich: weise. Handwerkliches Geschick ist eine anfängliche Form der Weisheit, vgl. Ex 3530 – 361; 1 Kg 520; 713f; aber sie läßt sich mit der Weisheit des Schriftgelehrten nicht vergleichen, vgl. Sir 391–11.

→3833 *das Gesetz* Wörtlich: den Bund des Rechtsspruches, vgl. 4517.

→3834 *unter denen, die Spruchweisheit schaffen* Korr.; G: „bei den Sprüchen".

die Spruchweisheit schaffen, sind sie nicht aufzufinden.

Sondern sie stützen das Werk der Welt, / und ihr Gebet richtet sich auf die Dinge ihres Gewerbes.

Der Schriftgelehrte

39 1 Anders, wer die Aufmerksamkeit seines Geistes / und sein Sinnen auf das Gesetz des Allerhöchsten richtet.

Die Weisheit aller Vorfahren erforscht er, / auch bemüht er sich um die Weissagungen.

2 Er bewahrt die Rede namhafter Männer, / und in die Kapitel der Spruchweisheit tritt er ein.

3 Er erforscht die Geheimnisse der Gleichnisbilder / und verweilt bei den Rätseln der Sinnsprüche.

4 Im Kreise der Großen tut er Dienst, / und auch bei den Fürsten erscheint er.

Er durchzieht das Land fremder Völker / und erforscht Gutes und Böses unter den Menschen.

5 Sein Herz aber richtet er darauf, / sich vom Morgen an zu wenden an den Herrn, seinen Schöpfer.

Er erhebt seine Seele zum Allerhöchsten, / er öffnet seinen Mund, um zu beten, und er fleht für seine Sünden.

6 Wenn es dem Herrn, dem Großen, gefällt, / wird er mit dem Geiste der Einsicht erfüllt.

Er läßt dann Worte der Weisheit hervorsprudeln / und lobpreist im Gebete den Herrn.

7 Er versteht Rat und Wissenschaft / und sinnt über die Geheimnisse nach.

8 Er offenbart die Zucht seiner Lehre / und rühmt sich des Bundesgesetzes des Herrn.

9 Viele preisen seine Einsicht, / und nimmer wird diese vergehen.

Sein Andenken wird niemals verschwinden, / sein Name lebt bis in ferne Geschlechter.

10 Von seiner Weisheit erzählen die Völker, / und sein Lob verkündet die Gemeinde.

11 Wenn er lebt, wird sein Name mehr als tausend gepriesen, / und wenn er sich zur Ruhe legt: ihm genügt es.

Aufforderung zum Gotteslob

12 Abermals will ich wohlüberlegt meine Rede führen, / denn wie der Vollmond bin ich gefüllt.

13 Höret auf mich, fromme Söhne, und sprossen werdet ihr / wie die Rose, die da wächst am Wasserlauf.

14 Wie der Weihrauch werdet ihr Duft ausströmen / und Blüten treiben wie die Lilie.

Erhebet die Stimme und singet ein Loblied / und preiset den Herrn ob seiner Werke all.

15 Gebt seinem Namen die Ehre / und preist ihn mit einem Lobgesang auf ihn.

Mit Liedern, zum Saitenspiel, / und sprecht also mit Jubel:

16 Die Werke des Herrn sind alle gewaltig, / alles, was er befiehlt, geschieht zu seiner Zeit.

Man sage nicht: „Wozu ist denn dieses oder jenes?“ / Alles muß erforscht werden zu seiner Zeit.

17 Durch sein Wort hat wie einen Wall er die Wasser geschichtet, / und durch seines Mundes Laut öffnet sich deren Speicher.

18 Auf seine Anordnung geschieht alles, was er will, / und es gibt kein Hindernis für seine Hilfe.

19 Das Tun von allem Fleisch liegt offen vor ihm, / und nichts ist vor seinen Augen verborgen.

20 Von der Urzeit her und für immer schaut er herab; / nichts ist zu wunderbar für ihn.

→39 1 Gesetz, Weisheit, Weissagungen: es handelt sich wahrscheinlich um die drei Teile der Heiligen Schrift, vgl. Vorwort.

→39 2 Der Schriftgelehrte hat als Bewahrer der heiligen Schriften auch die Aufgabe, sie dem Volke auszulegen, vgl. Esr 7 6+. Zum Spruch oder *maschal* vgl. Einleitung in die Weisheitsbücher, S. 822–823.

→39 4 Der Schriftgelehrte ist oftmals Beamter, Minister, Botschafter.

→39 11 *ihm genügt es* Korr.; G: „er bringt für sich hervor (?)“. Schwieriger Text. Anscheinend ist gemeint, daß der Schriftgelehrte – sollte er sterben, noch bevor er menschlichen Ruhm erlangt – seine Anstrengungen nicht bereuen soll.

→39 16 *alles, was er befiehlt, geschieht zu seiner Zeit* G; M: „sie bieten Vorsorge für jegliche Not zur rechten Zeit“.

→39 16C.D G (teilweise Dublette zu V. 21); fehlt in M. Der Text scheint zu bedeuten: Es ist nicht der Mühe wert, vorzeitig Fragen über die Ordnung der Welt zu stellen. Eines Tages wird Gott – als Lohn oder Strafe – den Sinn dessen erkennen lassen, was einst Fragen verursachte (V.21.34). Dann wird der Weise, der „zu seiner Zeit“ forscht, verstehen. Vielleicht liegt in diesem Abschnitt ein Versuch vor, manche pessimistischen Stellen von Prd zu berichtigen.

→39 17 Anspielung auf die zahlreichen Wunder, die mit dem Wasser zusammenhängen: Schöpfung, Gn 1 9, Sintflut, Gn 7 11, Durchzug durch das Schilfmeer, Ex 14 21–22, und durch den Jordan, Jos 3 16; vielleicht auch eine Anspielung auf das Geheimnis der Wolken, der unerschöpflichen Wasserbehälter. Vgl. Ps 104 6–13.

21 Man sage nicht: „Wozu ist denn dieses oder jenes?“ / Denn alles ist zu seinem Zwecke ausersehen.

22 So wie sein Segen alles bedeckt hat wie ein Fluß / und den Erdkreis getränkt hat wie eine Flut,

23 Ebenso gibt er den Völkern seinen Zorn als Erbteil / und verwandelte zum Salzmeer wasserreiches (Land).

24 Seine Pfade sind für die Rechtschaffenen eben, / wie sie für die Gottlosen unwegsam sind.

25 Gutes hat er von Anfang an den Guten bestimmt, / wie für die Schlechten Böses.

26 Das Wichtigste für das Menschenleben ist: / Wasser, Feuer, Eisen und Salz,

Das Mark des Weizens, Milch und Honig, / das Blut der Trauben, Öl und Kleidung.

27 All das erweist sich den Guten als gut, / wie es den Schlechten zum Bösen ausschlägt.

28 Es gibt Winde, die sind zur Strafe geschaffen, / und in seinem Zorn hat er sie zu Geißeln gemacht.

Zur Zeit des Verderbens verströmen sie Kräfte / und beruhigen den Zorn ihres Schöpfers.

29 Feuer und Hagel, Hunger und Pest, / auch diese sind zur Strafe erschaffen,

30 Reißende Tiere, Skorpione und Nattern / und das Schwert der Rache zur Vertilgung der Gottlosen.

31 Gebietet er ihnen, so jauchzen sie, / bereit sind sie, wenn er ihrer bedarf, / ergeht an sie der Befehl, widerstehen sie seinem Worte nicht.

32 Darum war ich von Anfang an überzeugt, / durchdachte es und legte es schriftlich nieder:

33 Die Werke Gottes sind alle gut, / und alles Nötige spendet er reichlich zur rechten Zeit,

34 Man sage nicht: „Dieses ist schlechter als jenes“, / denn alles ist zu seiner Zeit von Wert.

35 Nun jubelt aus ganzem Herzen und Munde / und preiset den Namen des Herrn.

Das Elend des Menschen

40 1 Große Mühsal ist allen Menschen bestimmt, / und ein schweres Joch lastet auf den Kindern Adams

Vom Tage an, da sie hervorgehen aus dem Schoß ihrer Mutter, / bis zum Tag ihrer Rückkehr zur Mutter aller.

2 Inhalt ihres Sinnens und die Furcht ihres Herzens / besteht in der angstvollen Erwartung auf den Tag ihres Todes.

3 Von dem, der hoch auf dem Thron sitzt, / bis zu dem, der in Staub und Asche sitzt,

4 Von dem, der Kopfbund und Diadem trägt, / bis zu dem, der ein Gewand von Fellen trägt:

Zorn, Eifersucht, Kummer und Schrecken, / Todesfurcht, Zank und Streit.

5 Selbst zur Zeit der Ruhe auf seinem Lager / verwirrt der nächtliche Schlaf ihm den Sinn.

6 Ein wenig, einen Augenblick etwa, hat er Ruhe / und schläft doch gleich wie am hellichten Tag.

Er flieht vor dem Traumgesicht

→39 22A Der Verfasser denkt an die Fruchtbarkeit spendenden Überschwemmungen des Niles. M liest: „wie ein Nil“.
→39 23A G; M: „Ebenso enteignet sein Zorn die Völker“.
→39 24A G; M: „Die Wege der Rechtschaffenen sind eben“.
→39 24 *Gottlosen* G; M: „Fremden“.
→39 25 *Böses* G; M: „Gutes und Böses“.
→39 28 *in seinem Zorn hat er sie zu Geißeln gemacht* Einige Hss von G, S; G: „in ihrem Zorn haben sie ihre Geißeln stark gemacht“.
→39 29 Vgl. die spätjüdische Schrift „Testament der zwölf Patriarchen“ (Levi 3 2): „Er (der untere Himmel) enthält Feuer, Schnee, Eis, die bereit stehen für den Tag des Gerichtes, bei dem gerechten Gericht Gottes. Denn dort sind die Geister der Rache zur Bestrafung der Menschen.“ Auch Ben Sira ist der Auffassung, daß die Geißeln noch zurückgehalten werden, aber seine Sicht scheint nicht eigentlich eschatologisch zu sein.
→39 32 f Die feierliche Ankündigung des zuversichtlichen Schlusses; alles ist von Gott zu einem Ziel gewollt. Alles ist in Ordnung, der Mensch braucht sich über nichts zu beklagen; er leidet nur, was er verdient hat.
→40 1–11 *(Das Elend des Menschen)* Diese Ausführungen über das allgemeine Elend stehen im Gegensatz zum vorangehenden Kapitel. Sie bedeuten aber keinen Bruch im Denken Ben Siras; das Elend erklärt sich als Folge der Sünde, V. 10.
→40 1 *Rückkehr* Einige Hss von G, M; G: „Bestattung“.
→40 1 *zur Mutter aller* (Vgl. Gn 3 19) G; M: „zur Mutter aller Lebendigen“, vgl. Gn 3 20.
→40 5 *verwirrt der nächtliche Schlaf ihm den Sinn* Nach M und dem Zusammenhang könnte gemeint sein: bringt ihm der Schlaf weitere, nicht weniger bedrückende Gedanken in den Sinn, vgl. Prd 2 22.23.
→40 6 *am hellichten Tag* Korr.; G: „am Tag der Wache“.

seiner Seele / wie ein Entronnener, der vor dem Verfolger flieht.
7 Zur Zeit seiner Rettung wacht er auf / und wundert sich über die nichtige Furcht.
8 Über alles Fleisch vom Menschen bis zum Vieh / und siebenfach dazu über den Sünder kommen:
9 Tod und Blut, Streit und Schwert, / Verwüstung und Verderben, Hunger und Drangsal.
10 Für die Gottlosen ist das alles erschaffen, / und um ihretwillen kam die Flut.
11 Alles, was aus der Erde, kehrt zur Erde wieder zurück, / und was aus dem Wasser stammt, fließt zum Meere zurück.

Verschiedene Grundsätze

12 Jede Bestechung und Ungerechtigkeit wird hinweggerafft, / aber die Redlichkeit besteht auf ewig.
13 Der Reichtum des Frevlers schwindet hin wie ein Bach, / wie ein Donnerschlag, der beim Regenguß erschallt.
14 Wenn er die Hände öffnet, freut er sich; / so werden die Sünder für immer verschwinden.
15 Der Schößling des Gewaltmenschen setzt keine Triebe an, / denn die Wurzel des Gottlosen liegt auf Felsenriffen.
16 Das Schilf auf den Wassern und an den Ufern des Flusses / wird zuerst ausgerissen.
17 Aber die Güte ist wie ein gesegnetes Paradies, / und die Wohltätigkeit hat Bestand für immer.

Lebensregeln

18 Der Freie und der Arbeiter haben ein süßes Leben, / doch mehr als beide hat, wer einen Schatz findet.
19 Nachkommen und Stadtgründung geben dem Namen Bestand, / doch mehr als beide, wer Weisheit findet.
Viehzucht und Gartenbau bringen den Namen zum Wachsen, / doch mehr als beide eine liebe Frau.
20 Wein und Künste stimmen froh das Herz, / doch mehr als beide die Liebe der Weisheit.
21 Flöte und Harfe verschönern das Lied, / doch mehr als beide eine reine Stimme.
22 Anmut und Schönheit entzücken das Auge, / doch mehr als beide die Saat auf dem Felde.
23 Freund und Kamerad geleiten zur rechten Zeit, / doch mehr als beide die Frau und der Mann.
24 Bruder und Helfer sind für die Zeit der Not, / doch mehr als beide rettet das Almosen.
25 Gold und Silber stützen den Fuß, / doch mehr als beide ein guter Rat.
26 Reichtum und Macht erhöhen das Herz, / doch mehr als beide die Furcht des Herrn.
Bei der Furcht des Herrn leidet man keinen Mangel, / und nicht braucht man mit ihr eine Stütze zu suchen.
27 Die Furcht des Herrn ist ein gesegnetes Paradies, / sie schützt besser als alle Herrlichkeit.

Das Betteln

28 Mein Sohn, führe nicht das Leben eines Bettlers, / denn besser sterben als betteln.
29 Wer nach fremden Tischen Ausschau hält, / dessen Leben ist nicht als Leben zu zählen.
Befleckung für die Seele sind geschenkte Bissen, / ein verständiger und erzogener Mann hütet sich davor.
30 Im Munde des Unverschämten ist süß das Bitten, / doch in seinem Innern brennt es wie Feuer.

Der Tod

41 1 O Tod, wie bitter ist der Gedanke an dich / für den Menschen, der ruhig sein Heim bewohnt,
Für den Menschen, der sorglos lebt und in allem Glück hat, / der noch kräftig genug ist, allein zu essen.
2 O Tod, wie gut ist deine Schikkung / für einen Unglücklichen und den, dem die Kräfte schwinden,
Für den Greis, der verbraucht und

→40 10 *das alles* G; M: „das Übel".
→40 10 *die Flut* G; M: „die Vernichtung".
→40 11 *und was aus dem Wasser stammt, fließt zum Meere zurück* G; M: „und was aus der Höhe stammt, zur Höhe", vgl. Prd 1 7.
→40 14 *Wenn er die Hände öffnet, freut er sich* Schwieriger Text. Es geht vielleicht um den Gerechten, dessen Freigebigkeit eine Quelle der Freude ist.
→40 16 *zuerst* (Wörtlich: vor allem Gras) G; M: „vor allem Regen".
→40 17 G; M: „Aber die Güte wird niemals wanken, und die Gerechtigkeit besteht für immer".
→40 19B.C M, S; fehlt in G.
→40 20 *Künste* G; M: „berauschende Getränke".
→40 20 *der Weisheit* G; fehlt in M.
→40 29 *ein verständiger und erzogener Mann hütet sich davor* G; M: „eine innere Qual sind sie für den denkenden Mann".
→41 1 *allein zu essen* G; M: „Vergnügen zu genießen".

von Sorgen geplagt ist, / der mürrisch
geworden und die Geduld verloren hat!
3 Fürchte dich nicht vor dem Halt
des Todes, / gedenke, daß er Vor- und
Nachfahren in gleicher Weise trifft.
4 Er ist als Anteil allem Fleisch
bestimmt von Gott, / warum also unwillig sein gegen die Bestimmung des
Allerhöchsten?
Ob tausend Jahre, hundert oder
zehn, / in der Scheol gibt es keine
Klage über das Leben.

Schicksal der Gottlosen

5 Eine schändliche Brut ist das
Geschlecht der Gottlosen; / jene sind
es, die in den Häusern der Frevler verkehren.
6 Das Erbe der Kinder von Gottlosen gerät in Verlust, / und bei
ihrem Samen weilt für immer die
Schmach.
7 Den gottlosen Vater verfluchen die
Kinder, / denn um seinetwillen
werden sie verachtet.
8 Weh euch, ihr gottlosen Männer, /
die ihr das Gesetz des Allerhöchsten
verlasset!
9 Wenn ihr geboren werdet, so werdet ihr zum Fluche geboren, / und
wenn ihr sterbt, so werdet ihr dem
Fluche zugeteilt.
10 Alles, was aus der Erde stammt,
kehrt wieder zur Erde zurück; / so auch
die Gottlosen vom Fluch ins Verderben.
11 Die Trauer der Menschen geht
auf ihre Leibeshülle, / doch der verfluchte Name der Sünder verweht.
12 Trag Sorge für deinen Namen,
denn er geleitet dich / besser als tausend kostbare Schätze.
13 Das Gut des Lebens währt nur
begrenzte Zeit, / das Gut des Namens
aber unbegrenzte Zeit.

Die Scham

14 Haltet, ihr Kinder, in Frieden /
meine Unterweisungen.
Verdeckte Weisheit und ein verborgener Schatz, / welchen Nutzen
bringen sie beide?
15 Besser, es versteckt einer seine
Torheit, / als daß ein Mensch seine
Weisheit verbirgt.
16 Seid schamhaft nach meiner
rechten Art, / denn nicht jede Art von
Scham zu üben ist geziemend, / und
nicht jedes Verschämttun ist gut angebracht.
17 Schäme dich vor Vater und
Mutter der Unzucht, / vor dem Fürsten und Herrscher der Lüge,
18 Vor dem Richter und Ratsherrn
des Vergehens, / vor der Gemeinde
und dem Volk der Übertretung,
19 Vor dem Kameraden und Freunde der Untreue, / und vor dem Ort,
wo du wohnst, des Diebstahls.
20 Vor der Wahrheit Gottes und
dem Bund, / schäme dich, den Ellbogen bei Tisch aufzustützen,
21 Geschenke anzubieten vor denen,
die sie verachten, / ohne Antwort zu
bleiben vor denen, die dich grüßen,
22 Deinen Blick auf eine Dirne zu
wenden, / deinen Landsmann zurückzustoßen,
23 Dir den Anteil eines anderen
anzueignen oder das Geschenk, das
man ihm machte, / nach einer Frau zu
schauen, die ihrem Manne gehört,
24 Vertraulichkeiten mit einer Magd
zu haben / – nahe dich nicht ihrem
Lager!
25 Schäme dich, den Freund zu
schmähen / und nach einer Wohltat zu
schimpfen,
26 Ein Wort weiterzuerzählen, das
du hörtest, / und irgendeine vertrauliche Beratung auszuplaudern.
27 Dann bist du in Wahrheit schamhaft / und findest Beifall bei allen
Lebenden.
42 1 Aber folgender Dinge schäme
dich nicht / und nimm keine
Rücksicht, denn es wär' Sünde:
2 Des Gesetzes des Allerhöchsten

→41,3 *vor dem Halt des Todes* G; M: „vor dem Tod, deinem Schicksal".
→41,4 Da der Ausgang für alle der gleiche ist, ist jenen kein Vorwurf zu machen, die länger gelebt haben.
→41,5 *jene sind es, die in den Häusern der Frevler verkehren* G; M: „ein törichtes Gezücht wohnt bei den Bösen".
→41,9 *Wenn ihr geboren werdet, so werdet ihr zum Fluche geboren* G; M: „Wenn ihr euch mehrt, so ist es zum Unglück; und wenn ihr zeugt, so ist es zum Leid. Wenn ihr strauchelt, so ist es zur dauernden Freude."
→41,10 G; M: „Alles, was aus dem Nichts stammt, kehrt wieder ins Nichts zurück; so auch der Gottlose aus der Nichtigkeit in die Nichtigkeit".
→41,11 G; M: „Vergänglich ist der Mensch an seinem Leibe, doch der Name des Frommen geht nicht zugrunde".
→41,20 Text unsicher. Handelt es sich um eine Anstandsregel?
→41,21 *Geschenke anzubieten vor denen, die sie verachten* Korr.; G: „vor der Verachtung des Empfangens und Gebens".
→42,1 Ben Sira erklärt manche Handlungen für erlaubt, ja schicklich, denen sich menschliche Rücksichtnahme oder Vorurteile widersetzten.
→42,2 *des Urteils, das dem Gottlosen Recht zuspricht* Der Gottlose ist vielleicht der

und des Bundes / sowie des Urteils, das
dem Gottlosen Recht zuspricht,
3 Der Abrechnung mit dem Reise-
gefährten / und der Verteilung von
Erbe an deine Freunde,
4 Des Abstaubens von Waagschalen
und Waage, / des Erwerbs, sei es viel,
sei es wenig,
5 Des Gewinns aus der Händler-
ware, / über die oftmalige Bestra-
fung der Kinder / und über die
Schläge auf die Lenden eines schlech-
ten Sklaven.
6 Bei einer neugierigen Frau ist es
klug, ein Siegel zu gebrauchen, /
und wo viele Hände sind, einen Schlüs-
sel.
7 Wo du etwas hinterlegst, bei Zahl
und Gewicht genau, / und Ausgabe
und Einnahme, alles schreibe auf.
8 Schäme dich nicht der Zurecht-
weisung des Unverständigen und
Toren / und des ergrauten Alten, der
mit Jungen Streitreden führt.
Dann bist du in Wahrheit vorbild-
lich / und geehrt vor aller Welt.

Sorgen des Vaters um seine Tochter

9 Eine Tochter bereitet dem Vater,
ohne zu wissen, sorgenvolle Nächte, /
und die Sorge um sie verscheucht den
Schlaf:
In ihrer Jugend, daß sie nicht zu
spät heiratet, / und verheiratet, daß sie
nicht verhaßt werde,
10 In ihrer Jungfrauschaft, daß sie
sich nicht verführen lasse / und im
Hause ihres Vaters in andere Um-
stände komme,
Bei ihrem Mann, daß sie nicht ver-
kehrte Wege gehe, / und verheiratet,
daß sie nicht kinderlos bleibe.
11 Über eine unbelehrbare Tochter
wache streng, / daß sie dir nicht einen
bösen Namen mache,
Zum Stadtgespräch werde, zum
Gerede beim Volk, / und dich be-
schäme vor den Augen aller.

Die Frauen

12 Bei gar keiner halte dich auf um
ihrer Schönheit willen, / und mit den
Frauen setze dich nicht zusammen.
13 Denn aus dem Kleide kommt die
Motte her, / von einem Weibe aber
Weiberbosheit.
14 Weniger schlimm ist die Bosheit
eines Mannes als die Güte einer Frau, /
eine Frau verursacht Beschämung und
Vorwürfe.

II. DIE HERRLICHKEIT GOTTES

1. IN DER NATUR

15 Gedenken will ich der Werke
des Herrn, / und was ich gesehen, will
ich erzählen.
Durch die Worte des Herrn sind
seine Werke geschaffen, / und die
Schöpfung gehorcht seinem Willen.
16 Die strahlende Sonne erblickt
alle Dinge, / und das Werk des Herrn
ist erfüllt von seiner Herrlichkeit.
17 Der Herr hat die Heiligen nicht
befähigt, / zu künden all seine Wunder,
Was der Herr, der Allherrscher, fest
begründete, / damit das All vor seiner
Herrlichkeit bestehen kann.
18 Meerestiefe und Herz erforscht
er, / und alle ihre Berechnung ist ihm
bekannt.
Denn der Allerhöchste hat Kennt-
nis von allem / und schaut auf die
Zeichen der Zeit.

Fremde; dann würde der Verfasser mahnen, ihnen Gerechtigkeit widerfahren zu lassen wie den Israeliten.

→423 *mit dem Reisegefährten* Korr.; G: „mit dem Gefährten und den Reisenden".

→423 *von Erbe an deine Freunde* G; M: „von Erbe und Besitz".

→425 *Des Gewinns aus der Händlerware* Vgl. im Gegensatz dazu 2629 und 272. Handel ist Rechtens, aber voller Versuchungen.

→429 *Eine Tochter bereitet dem Vater, ohne zu wissen, sorgenvolle Nächte* G; M: „Eine Tochter ist für den Vater ein trügerischer Schatz".

→4212 G; M: „Keinem Mann soll sie ihre Schönheit zeigen und unter den Frauen nicht schwatzen".

→4214 Ben Sira ist strenger als das Spruchbuch, das freilich der Frau gegenüber ebenfalls recht unduldsam ist, vgl. Spr 515+.

→4215 *die Worte* G; M: „das Wort". Einer der ersten Texte über das schöpferische Wort Gottes, vgl. 4326; Gn 1; Ps 336; Weish 91.2; Jo 11+. In der Weisheitsliteratur wird, aufs Ganze gesehen, mehr die Weisheit schöpferisch genannt, vgl. Spr 822+.

→4215 *und die Schöpfung gehorcht seinem Willen* M, S; fehlt in G (außer einer Hs).

→4217 *die Heiligen* D.h. die Engel, Ib 51+.

→4217C.D G; M: „Gott hat seinen Heerscharen Kraft verliehen, daß sie bestehen können vor seiner Herrlichkeit".

→4218 *die Zeichen der Zeit* Die Gestirne sind nicht nur „Zeichen der Zeit", weil sie regelmäßig die Zeit einteilen, 436; Gn

19 Er kündet Vergangenes und
Künftiges / und enthüllt die verbor-
genen Rätsel.
20 Kein einziger Gedanke entgeht
ihm, / kein einziges Wort bleibt ihm
verborgen.
21 Die Wunder seiner Weisheit hat
er geordnet, / denn von Ewigkeit zu
Ewigkeit ist er.
Nichts ist hinzuzufügen und nichts
hinwegzunehmen, / und nicht bedarf
er eines Lehrers.
22 Wie lieblich sind all seine Wer-
ke! / Und wie leuchtende Funken ist
ihr Anblick.
23 Alles lebt und besteht für im-
mer, / folgsam ist jedes zu jeglichem
Zweck.
24 Alle Dinge sind zweifach, das
eine gegenüber dem andern, / und
nichts hat er geschaffen, das versagt.
25 Das eine bestärkt die Vortreff-
lichkeit des anderen, / und wer kann
sich ersättigen am Anblick ihrer
Schönheit?

Die Sonne

43 1 Der Himmelshöhe Stolz ist
das Firmament in seiner Klar-
heit, / und die Himmel selbst tun seine
Herrlichkeit kund.
2 Die Sonne, die aufstrahlt, ruft
bei ihrem Aufgang: / „Welch Wunder
ist des Höchsten Werk!“
3 Steht sie im Zenit, so läßt sie die
Welt verdorren, / wer kann es aus-
halten vor ihrem Brand?
4 Ein entfachter Ofen bringt Glut
hervor, / dreimal mehr brennt die
Sonne die Berge.
Glühenden Dampf sendet sie aus, /
und durch ihr Feuer wird blindge-
brannt das Auge.
5 Groß ist der Herr, ihr Schöpfer, /
sein Wort lenkt ihren schnellen Lauf.

Der Mond

6 Und der Mond, in allem zur
rechten Zeit, / bezeichnet die Monate
und teilt die Zeit ein.
7 Der Mond bestimmt die Feste, /
dieses Gestirn, das abnimmt, wenn es
voll geworden.
8 Von ihm erhält der Monat seinen
Namen, / wunderbar nimmt er zu
nach seinem Wechsel.
Er lehrt das Heer in der Höhe, /
das leuchtet am Firmament des
Himmels.

Die Sterne

9 Des Himmels Schönheit ist die
Pracht der Sterne, / sie schmücken
mit ihrem Schein die Höhen des Herrn.
10 Durch das Wort des Heiligen
hat die Ordnung Bestand, / und sie
ermatten nicht auf ihrer Wache.

Der Regenbogen

11 Schau den Regenbogen und
preise seinen Schöpfer, / denn überaus
herrlich ist er an Pracht.
12 Das Himmelsgewölbe umspannt
er mit seinem Glanz, / die Hände des
Höchsten haben ihn ausgespannt.

Wunder der Natur

13 Durch seine Anordnung läßt er
den Schnee fallen, / er schleudert die
Blitze nach seinem Geheiß.
14 Auf solche Weise öffnen sich seine
Speicher, / und so fliegen die Wolken
wie Vögel.
15 Ob seiner Größe macht er die
Wolken dicht / und werden die
Hagelsteine zerstoßen.
16B Bei seinem Anblick wanken die
Berge, / 17A bei der Stimme seines
Donners gerät die Erde in Wehen.
16A Nach seinem Willen jagt der
Südwind dahin / 17B und ebenso der
Nordorkan und die Wirbelstürme.
18 Wie Vögel läßt er seine Schnee-
flocken fliegen, / und wie einfallende
Heuschrecken ist deren Fall.
Die Schönheit seines Weiß blendet

---

1 14–18, sondern auch weil die Zukunft – nach weitverbreiteter Meinung – bereits am Himmel geschrieben stand, Jr 10 2. Vielleicht ist hier insbesondere an die außerordentlichen Zeichen zu denken, die das Kommen des Messias ankündigen sollen, Mt 24 29–31.

→42 20 G; M: „keine Kenntnis fehlt ihm, und nichts entgeht ihm“.

→42 22B Korr., vgl. L.

→42 23 Korr. nach M.

→42 24 G; M: „Sie unterscheiden sich alle, das eine vom anderen, und keines von ihnen ist so geschaffen, daß es entbehrlich wäre“.

→43 1f Vgl. die folgende poetische Darstellung mit Dn 3 52–90 sowie Ps 19 5f; 136; 145; 148.

→43 2 *ruft bei ihrem Aufgang* G; M: „läßt Wärme ausströmen“.

→43 7 *die Feste* Die beiden jüdischen Hauptfeste, Pascha und Laubhütten, vgl. Ex 23 14+, begannen am Tage des Vollmonds (am 14. des Monats) und dauerten acht Tage.

→43 8 *Von ihm erhält der Monat seinen Namen* Entweder weil das gleiche hebräische Wort *(jera)* sowohl den Mond als auch den Monat bezeichnet, oder weil das andere Wort für Monat *(chodesch)* „Neuheit“ (Neumond) bedeutet.

→43 16–17 Reihenfolge nach M.

die Augen, / und bei seinem Rieseln
erregt sich das Herz.
19 Auch den Reif gießt er aus wie
Salz, / ihn wandelt der Frost in
Spitzen von Dornen.
20 Den kalten Nordwind läßt er
wehen, / und auf dem Wasser bildet
sich das Eis.
Jedes stehende Gewässer überzieht
er mit einer Decke / und bekleidet es
wie mit einem Panzer.
21 Er verzehrt die Berge und brennt
die Wüste aus / und versengt das Gras
wie eine Flamme.
22 Doch Linderung für alles bringt
die Wolke, / und der Tau schenkt
Leben nach der Trockenheit.
23 Nach seinem Beschluß ließ er sich
senken die Wasser / und pflanzte die
Inseln.
24 Die das Meer befahren, erzählen
von seiner Gefahr, / und wenn unsere Ohren es hören, sind wir voll
Staunen.
25 Dort gibt es Wunderdinge, die
erstaunlichsten seiner Schöpfung, /
aller Art Lebewesen und die Ungeheuer des Weltmeers.
26 Gott sei Dank endet alles gut, /
und alles fügt wieder sich nach seinem
Wort.
27 Viel könnten wir noch sagen und
kämen nicht ans Ende, / und der
Rede Schluß ist: Er ist alles!
28 Wo finden wir die Kraft, ihn
zu preisen?, / denn er ist größer als
all seine Werke.
29 Furchtbar ist der Herr und
überragend groß, / und wunderbar
sind seine Machttaten.
30 Euer Lobpreisen erhebe den
Herrn, / soviel ihr könnt, denn er ist
noch größer.
Wenn ihr anhebt, schöpft neue
Kraft / und werdet nicht müde, denn
ergründen könnt ihr ihn nicht.
31 Wer hätte ihn gesehen und könnte davon erzählen, / und wer kann ihn
preisen, so wie es ihm gebührt?
32 Die Menge des Unbekannten ist
größer als dies, / wenig nur sah ich von
seinen Werken.
33 Alles das aber hat der Herr hervorgebracht, / und den Frommen hat
er Weisheit verliehen.

2. IN DER GESCHICHTE

Lob der Väter

44 1 Besingen will ich die hochberühmten Männer, / unsre Väter in aufeinanderfolgender Ordnung.
2 Viel Ehre hat der Allerhöchste
geschaffen / und seine Größe gezeigt
seit den Tagen der Vorzeit.
3 Herrscher des Landes in ihrer
Königswürde / und berühmte Männer
in ihrer Macht,
Ratgeber in ihrer Einsicht / und
Seher aller Dinge in ihrer Weissagung,
4 Lenker des Volkes durch ihre
Ratschlüsse, / durch die Einsicht der
Volksweisheit und die weisen Reden
ihrer Lehre.
5 Verfasser von Liedern / und
Sammler von Sprüchen in ihren
Schriften,
6 Männer, reich und gestützt durch
Macht, / in Sicherheit lebend auf ihren
Wohnsitzen,
7 Alle diese waren hochangesehen
zu ihrer Zeit, / und in ihren Tagen erstrahlte ihr Ruhm.
8 Manche von ihnen hinterließen
einen Namen, / von dem man immer
noch des Lobes voll spricht.
9 Doch manche von ihnen sind
ohne Gedenken, / und sie waren dahin,
als sie dahingegangen waren,
Sie waren, als wären sie nimmer
gewesen, / wie auch ihre Söhne nach
ihnen.

→43 21A G; M: „Er versengt das Wachstum auf den Bergen durch die Dürre“.
→43 24 *Gefahr* G; M: „Ausdehnung“.
→43 26 *endet alles gut* G; M, einige Hss von G: „hat sein Bote Erfolg“.
→43 27 *Er ist alles* Sicherlich nicht in einem pantheistischen Sinne. Für Ben Sira kommt alles von Gott, dessen Transzendenz er stets betont, vgl. hier v. 28; ihm gehört alles.
→44 1 – 49 16 *(Lob der Väter)* Der Abschnitt zeigt, wie ein frommer Jude des 2. Jahrhunderts v. Chr. Israels Geschichte verstand: als eine Fundgrube von Beispielen guten und bösen Handelns, aus denen man seine Lehren fürs Leben ziehen kann, vgl. 1 Makk 2 51–64.
→44 1 *die hochberühmten Männer* G; M: „die frommen Männer“ (wörtlich: Männer der *chesed* „Bundesliebe, Frömmigkeit“; davon abgeleitet ist der Name „Asidäer“, 1 Makk 2 42+, vgl. Hos 2 21+).
→44 2–9 Die Verse beschreiben entweder menschliche Größe, wie sie außerhalb Israels bekannt war und der dann vom Verfasser die Vorväter der Juden gegenübergestellt würden (v. 1 und 10f), oder die Größe Israels insgesamt, die der Verfasser dann im einzelnen ausführt.
→44 4 *des Volkes* G; M: „der Völker“.
→44 4 *durch die Einsicht der Volksweisheit* G; M: „und Fürsten in ihrem Scharfsinn“.
→44 4 Zusatz am Versende in M: „und Spruchdichter wegen der Bewahrung (der Überlieferungen?)“.
→44 6 *in Sicherheit lebend auf ihren Wohnsitzen* G; M: „sich ausruhend auf ihrem Besitztum“.

10 Doch jene dagegen sind die
Männer des Wohltuns, / und ihre
Wohltaten sind nicht vergessen.
11 In ihrer Nachkommenschaft fin-
den sie / ein reiches Erbe, das von
ihnen ausgegangen.
12 Ihr Stamm bleibt den Satzungen
treu / und ihre Kinder um ihretwillen.
13 Auf ewig verbleibt ihr Ge-
schlecht, / und ihre Gerechtigkeit ge-
rät nicht in Vergessenheit.
14 Ihre Leiber sind in Frieden be-
stattet, / und ihr Name lebt fort von
Geschlecht zu Geschlecht.
15 Von ihrer Weisheit erzählt die
Gemeinde, / und ihr Lob verkündet
die Versammlung.

Henoch

16 Henoch gefiel dem Herrn und
ward entrückt, / ein Beispiel der Be-
kehrung für Generationen.

Noach

17 Noach ward vollkommen ge-
recht befunden, / und zur Zeit des
Zornes ward er der Sproß.
Um seinetwillen war ein Rest ge-
blieben, / als die Flut kam.
18 Ewige Bundesverheißungen wur-
den ihm zugesichert, / nicht wieder zu
vertilgen alles Fleisch durch die Flut.

Abraham

19 Abraham war der berühmte
Vater einer Menge von Völkern, / nie-
mand war ihm an Ehre gleich.
20 Er befolgte die Anordnung des
Allerhöchsten / und ging den Bund mit
ihm ein.
An seinem Leibe bestätigte er den
Bund, / und in der Prüfung ward er
treu befunden.
21 Darum versprach er ihm mit
einem Schwur, / durch seine Nach-
kommenschaft die Völker zu segnen,
Sie zahlreich zu machen wie den
Staub der Erde / und wie die Sterne
seinen Stamm zu erhöhen,
Ihnen Besitz zu geben von Meer zu
Meer / und von dem Strom bis an die
Enden der Erde.

Isaak und Jakob

22 Auch dem Isaak um Abrahams,
seines Vaters, willen erneuerte er
23 den Segen über alle Menschen; /
er ließ den Bund ruhen auf dem
Haupte Jakobs.
Er bestätigte ihn in seinen Segnun-
gen / und gab ihm das Land zum
Erbbesitz;
Er schied es ihm in seine Teile und
teilte es unter die zwölf Stämme.

Mose

45 1 Er ließ aus ihm einen recht-
schaffenen Mann hervorgehen, /
der Gnade fand in den Augen aller
Zeitgenossen,
Den Liebling Gottes und der Men-
schen, / Mose; dessen Andenken sei
gepriesen.
2 Er verlieh ihm Ehre, die den
Heiligen gleichkommt, / und machte
ihn groß zum Schrecken der Feinde.
3 Auf sein Wort hin ließ er die
Wunderzeichen aufhören, / und er
verherrlichte ihn vor Königen.
Er gab ihm Aufträge an das Volk /
und ließ ihn von seiner Herrlichkeit
schauen.
4 Wegen seiner Treue und Milde
heiligte er ihn, / er wählte ihn aus von
allen Menschen.
5 Er ließ ihn seine Stimme hören /
und führte ihn hinein ins Wolken-
dunkel.

→44 10 *und ihre Wohltaten sind nicht vergessen* G; M: „und ihre Hoffnung wird nicht enttäuscht werden", eine Lesart, in der sich eine Hoffnung auf Unsterblichkeit auszusprechen scheint.

→44 13 *Geschlecht* G; M: „Andenken".

→44 16 *ein Beispiel der Bekehrung* D. h. ein Motiv, sich zu bekehren. Die Lesart von M: „ein Beispiel der Erkenntnis", spielt vielleicht auf die Geheimnisse an, deren Zeuge Henoch war und die er den Menschen offenbarte („Buch der Geheimnisse Henochs"). L: „um die Bekehrung den Völkern zu bringen".

→44 17 *der Sproß* M; G: „der Umtausch, das Lösegeld (?)".

→44 17 *ein Rest* Hier findet sich, angewandt auf die Geschichte Noachs, die prophetische Lehre vom „Rest", aus dem nach einer Katastrophe das Heil hervorgehen soll, vgl. Js 4 3+.

→44 17 *als die Flut kam* G; M: „und wegen des Bundes mit ihm hörte die Flut auf".

→44 18 *Ewige Bundesverheißungen* G; M: „Durch ein ewiges Zeichen".

→44 19 *niemand war ihm an Ehre gleich* G; M: „kein Makel ist auf seine Ehre gekommen".

→44 20 *treu befunden* Zum Glauben Abrahams vgl. Gn 12 1+; 15 6+; 22 1; Gal 3 6–14; Röm 4 1–25.

→44 22–23 *erneuerte er den Segen über alle Menschen; er ließ den Bund ruhen auf dem Haupte Jakobs. Er bestätigte ihn in seinen Segnungen* G; M: „machte er ihn zum allumfassenden (?) Bund; er ließ den Segen ruhen auf dem Haupte Israels; er befestigte ihn in Segen" (Randlesart: „er teilte ihm den Namen der Erstgeburt zu").

→45 1 So, wie V. 1A.B erhalten ist, bezieht sich die Stelle auf Mose; vielleicht war aber ursprünglich Joseph gemeint.

Er gab ihm die Gebote von Ange-
sicht zu Angesicht, / das Gesetz des
Lebens und der Einsicht,
Daß er Jakob seine Gebote lehre /
und Israel seine Satzungen.

Aaron

6 Auch erhöhte er einen Heiligen
gleich ihm, / den Aaron, seinen Bru-
der, aus Levis Stamm.
7 Er schloß mit ihm einen ewigen
Bund / und verlieh ihm das Priester-
tum für das Volk.
Er beseligte ihn mit seiner Pracht /
und bedeckte ihn mit einem Gewand
der Ehre.
8 Er kleidete ihn ganz in Prunk / und
schmückte ihn mit den Prachtgewän-
dern, / Hose, Rock und Ephod,
9 Rings umsäumt mit Granat-
äpfeln / und vielen Glöckchen rundum,
Daß sie lieblich erklingen bei seinen
Schritten / und ihr Laut zu hören sei
im Tempel / zur Erinnerung für die
Kinder seines Volkes.
10 Ferner mit dem heiligen Gewand
aus Gold und violettem Purpur / so-
wie aus rotem Purpur, eine Kunst-
stickerarbeit.
Mit dem Brustschild der Recht-
sprechung, den Urim und Tummim, /
aus Karmesin, einer Weberarbeit,
11 Mit den Edelsteinen graviert wie
Siegel, / in Fassung von Gold, die
Arbeit eines Steinschneiders,
Zur Erinnerung, mit eingegrabenen
Schriftzeichen, entsprechend der Zahl
der Stämme Israels.
12 Mit dem goldnen Diadem auf
dem Kopfbund, / mit der eingravierten
Aufschrift der Weihe,
Eine herrliche Pracht und ein groß-
artiges Werk, / eine Lust für das Auge
– dieser Schmuck.
13 Vor ihm gab es so etwas nicht, /
und nie darf es jemals ein Unbefugter
tragen,
Sondern nur seine Söhne / und deren
Nachkommen für immer.
14 Seine Opfer wurden gänzlich
verbrannt, / täglich zweimal immerdar.
15 Mose belehnte ihn mit seinem
Amt, / salbte ihn mit heiligem Öl.
Und es ward ihm zum ewigen Bun-
de, / wie auch seinem Geschlecht, so-
lange der Himmel steht:
Dem Dienste vorzustehen und ihm
Priester zu sein / und sein Volk zu
segnen in seinem Namen.
16 Er wählte ihn aus allen Menschen
aus, / damit er das Opfer des Herrn
darbringe,
Und daß er den lieblichen Wohl-
geruch spende und das Gedenkopfer, /
um so zu entsühnen das Volk.
17 Er vertraute ihm auch seine
Gebote an / und übergab ihm die
Vorschriften des Gesetzes,
Um Jakob seine Zeugnisse zu leh-
ren / und Israel sein Gesetz zu erklären.
18 Doch als Unbefugte sich wider
ihn vermaßen / und eifersüchtig auf
ihn waren in der Wüste,
Die Männer des Datan und Abiram
nämlich / sowie die Rotte des Korach
mit mächtiger Wut,
19 Da sah es der Herr und er-
grimmte, / und er vernichtete sie in
der Glut seines Zornes.
Er ließ an ihm ein Wunder ein-
treten / und vertilgte sie durch eine
Feuerflamme.
20 Dann vergrößerte er noch Aarons
Ehrenstellung, / indem er ihm sein
Erbe gab:
Die Erstlingsgaben gewährte er ihm /
und bereitete ihm vor allem Brot zum
Sattwerden.
21 Von den Opfern des Herrn
sollten sie genießen dürfen, / die er
ihm und seinen Nachkommen gab.
22 Aber am Landbesitz des Volkes
erhielt er keinen Anteil, / und in ihrer
Mitte fiel ihm kein Erbe zu. / Vielmehr
ist der Herr sein Anteil und Erbbesitz.

Pinchas

23 Pinchas ferner, der Sohn des
Eleasar, erhielt die Würde als dritter, /
weil er Eifer zeigte in der Furcht des
Herrn,
Weil er fest blieb vor der Empörung

→45 5 *von Angesicht zu Angesicht* G; M: „in seine Hand".
→45 7 Das Interesse Ben Siras für die gottesdienstlichen Riten und Gewänder wurde bereits vermerkt, vgl. 35 1–10; 50 1–21.
→45 9 *im Tempel* G; M: „im Debir" (dem „Allerheiligsten").
→45 10 *Urim und Tummim* Nach G; M: „Ephod und Gürtel".
→45 15 *solange der Himmel steht* M; G: „in den Tagen des Himmels".
→45 16 *das Opfer des Herrn* G; M: „Brandopfer und Fettstücke".
→45 17 *die Vorschriften des Gesetzes* Wörtlich: die Bündnisse des Rechtsspruches. Für den Übersetzer bedeuten die Bundesschlüsse immer die „Verordnungen". Der Hohepriester besaß also ein Amt als Rechtskundiger, vgl. Lv 10 11; Dt 33 10.
→45 20 *Die Erstlingsgaben gewährte er ihm* G; M: „Die Opfergaben gab er ihm zur Nahrung".
→45 23 *Weil er fest blieb vor der Empörung des Volkes mit edlem Mut* G; M: „weil er für sein Volk in die Bresche trat, denn er folgte dem Antrieb seines Herzens".

des Volkes / mit edlem Mut; / so
erlangte er Sühne für Israel.
24 Darum wurde auch mit ihm ein
Friedensbund besiegelt, / der ihn zum
Führer des Heiligtums und des Volkes
machte:
Ihm nämlich und seinem Geschlecht
solle zu eigen sein / die Hohepriester-
würde für immer.
25 Es bestand ein Bund mit David, /
dem Sohne Isais aus dem Stamme
Juda,
Eine Königserbfolge vom Vater auf
einen einzigen seiner Söhne. / Aber die
Erbfolge des Aaron geht auf alle seine
Nachkommen.
26 Gott gebe euch Weisheit ins
Herz, / sein Volk zu richten in Recht,
Damit die Tugenden der Ahnen
nicht schwinden / und ihr Ruhm über-
gehe auf ihre Nachkommen.

Josua

46 1 Ein Kriegsheld war Josua,
der Sohn Nuns, / der Nachfolger
des Mose im Prophetenamt.
Er zeigte sich seinem Namen ge-
mäß / groß in der Rettung der Aus-
erwählten,
Um Rache zu üben an dem Feind /
und Israel in sein Erbteil einzuführen.
2 Wie herrlich war er, als er die
Hand erhob, / damals als er den De-
gen schwang gegen die Städte!
3 Wen gab es, der vor ihm stand-
halten konnte? / Führte er doch die
Kriege des Herrn.
4 Blieb nicht auf seinen Wink hin
die Sonne stehen, / so daß ein Tag zu
zweien ward?
5 Er rief zu Gott, dem Allerhöch-
sten, / als er in Bedrängnis war, von
seinen Feinden umringt;
Und der Herr erhörte ihn / und
schleuderte Hagelsteine von unerhör-
ter Gewalt.
6 Er ließ sie niederfallen auf das
feindliche Volk / und vernichtete so
am Abhange den Gegner,
Um den Völkern die Kraft seiner
Waffen zu offenbaren / und daß ihr
Gegner der Herr ist.

Kaleb

7 Aber auch weil er dem Allmäch-
tigen folgte / und in den Tagen des
Mose Frömmigkeit bewies,
Er und Kaleb, der Sohn des Jephu-
me, / als sie der Menge widerstanden
Und so das Volk zu sündigen hin-
derten, / dadurch daß sie das üble
Gerede zum Schweigen brachten.
8 Darum wurden auch sie ausge-
nommen / von den sechshunderttau-
send Mann zu Fuß,
Und sie durften in ihr Erbland ein-
gehen, / das Land, das von Milch und
Honig fließt.
9 Auch verlieh er dem Kaleb Stär-
ke, / die ihm bis zum Greisenalter er-
halten blieb,
Daß er die Höhen des Landes er-
steigen könne; / auch seine Nach-
kommen erhielten das Erbe.
10 So sollte ganz Israel erkennen, /
wie heilvoll es sei, dem Herrn in allem
zu folgen.

Die Richter

11 Weiterhin die Richter, jeder nach
seinem Namen, / ein jeder, dessen Herz
nicht untreu wurde
Und der nicht abwich von Gott; /
gepriesen sei ihr Andenken!
12 Ihre Gebeine mögen aufsprossen
aus ihrer Ruhestätte, / und ihr Name,

→4524 *des Heiligtums* M; G: „der Heiligen“.
→4525 *Eine Königserbfolge vom Vater auf einen einzigen seiner Söhne* Wörtlich: Eine Königserbfolge, des Sohnes ausgehend vom Sohn allein.
→4525 Zusatz in M am Versende: „Und nun lobet Jahwe, den Gütigen, der euch mit Herrlichkeit krönt“.
→4526 Ein Wunsch, der an die gegenwärtigen Nachkommen Aarons gerichtet ist.
→461 *Josua, der Sohn Nuns* M; G: „Jesus, der Sohn Naves“. Der Name Josua bedeutet „Jahwe ist Rettung“.
→461 *der Nachfolger* G; M: „der Diener“, vgl. Ex 3311.
→461 *Er zeigte sich seinem Namen gemäß groß in der Rettung der Auserwählten* G; M: „Er war dazu geschaffen, in seinen Tagen eine große Rettung für seine Auserwählten zu sein“.
→463 *Führte er doch die Kriege des Herrn* M, einige Hss von G; G: „denn der Herr selbst hat ihm die Feinde übergeben“.
→465 *zu Gott* M; G: „zum Mächtigen“.
→466 *Er ließ sie niederfallen auf das feindliche Volk* Korr., vgl. L; G: „Er ließ den Krieg niederfallen auf das Volk“.
→466 *daß ihr Gegner der Herr ist* Korr., vgl. M; G: „daß sein Kampf gegen den (= vor dem?) Herrn war“.
→467 *das Volk zu sündigen hinderten* G; M: „den Zorn von der Gemeinde abwandten“.
→4612 *aufsprossen* Wie ein Schößling aus einem Baumstumpf, vgl. 4910; Js 6614. Hierin ist, so scheint es, weniger ein ausdrückliches Zeugnis für den Glauben an die Auferstehung zu sehen, sondern ein Wunsch: die Richter mögen würdige Nachkommen in der gegenwärtigen Zeit haben. Ben Sira schrieb am Vorabend der makkabäischen Erhebung.

aufs neue getragen, / komme den Söhnen dieser berühmten Männer zu.

Samuel

13 Samuel war der Liebling des Herrn; / als Prophet des Herrn gründete er das Königtum / und salbte Fürsten über das Volk.

14 Im Gesetz des Herrn richtete er die Gemeinde, / und der Herr suchte Jakob heim.

15 Wegen seiner Treue wurde er anerkannt als Prophet / und war auch in seinen Worten ein zuverlässiger Seher.

16 Auch er rief zum allmächtigen Herrn, / als ihn die Feinde ringsum bedrängten, / und brachte ein Milchlamm zum Opfer dar.

17 Vom Himmel her aber donnerte der Herr, / mit gewaltigem Krachen vernahm man seine Stimme.

18 Er vernichtete die feindlichen Führer / und alle Fürsten der Philister.

19 Dann aber, als er zur Ruhe kam auf sein Lager, / rief er den Herrn und seinen Gesalbten zum Zeugen an:

„Geschenke, und seien es auch nur Sandalen, von wem nahm ich sie an?" / Und keiner klagte ihn an.

20 Auch nach seinem Tod noch wurde er befragt, / und er verkündete dem König sein Ende.

Er erhob aus der Erde weissagend seine Stimme, / um die Sünde des Volkes zu tilgen.

Natan

47 1 Ferner stand nach ihm Natan auf, / um in der Zeit Davids zu weissagen.

David

2 Denn wie Fett herausgenommen wurde für das Opfer, / so David aus den Söhnen Israels.

3 Die Löwen verlachte er wie Böcklein, / und die Bären, als wären sie junge Lämmer.

4 In seiner Jugend erschlug er den Riesen / und nahm vom Volke die Schmach,

Indem er seine Hand schwang mit der Schleuder / und das Geprahle des Goljat zerschlug.

5 Er rief nämlich zum Herrn, dem Allerhöchsten, / und dieser gab ihm Kraft in seine Rechte,

Auf daß er niederstrecke den kriegserprobten Mann / und so das Horn seines Volkes erhöhe.

6 Darum gab man ihm den Ruhm über Zehntausend / und lobte ihn im Lobpreis des Herrn,

Indem man ihm eine Krone der
Ehre brachte. /
7 Denn er zerstörte
ringsum die Feinde.

Er vernichtete die feindlichen Philister / und zerbrach ihr Horn bis auf den heutigen Tag.

8 Bei jeder seiner Taten stimmte er Lobgesänge an / auf den Heiligen, den Allerhöchsten, mit verherrlichenden Worten.

Aus ganzem Herzen sang er / und erwies so Liebe seinem Schöpfer.

9 Begleitinstrumente zum Gesang stellte er am Altare bereit, / deren Begleitung die Lieder noch lieblicher machte.

10 Glanz verlieh er den Festen / und vollkommene Pracht den Festfeiern.

Bei ihrem Lobsingen auf seinen heiligen Namen / hallte schon vor der Morgenfrühe das Heiligtum wider.

11 Auch verzieh ihm der Herr seine Sünden / und erhöhte sein Horn für immer.

Er übergab ihm einen Königsbund / und richtete seinen Thron auf über Jerusalem.

Salomo

12 Nach ihm trat ein weiser Sohn auf, / der um seinetwillen in Sicherheit wohnen konnte.

13 Salomo war König in einer Zeit

→46 13 G; M: „Der Liebling seines Volkes und das Wohlgefallen seines Schöpfers, der vom Mutterschoß an Dargebrachte, der Geweihte Jahwes im Prophetenamt – Samuel, der Richter und Priester; durch Gottes Wort gründete er das Königtum ..."

→46 18 *Er vernichtete* G; M: „Er unterwarf".

→46 18 *die feindlichen Führer* Korr., vgl. M; G: „die Führer von Tyrus".

→47 5 *das Horn* Sinnbild der Macht.

→47 6–7 G; M: „Darum lobsangen ihm die Töchter und riefen ihm ehrend zu: Zehntausend! Als er die Krone trug, führte er Krieg und unterwarf die Feinde ringsum. Er baute Festungen bei den Philistern (Korr.: Er plünderte die Städte der Philister) und zerbrach ihr Horn bis auf den heutigen Tag."

→47 8 *Lobgesänge* Die Psalmen, vgl. 2 Sm 23 1.

→47 9 *Begleitinstrumente zum Gesang* M; G: „Psalmensänger".

→47 11 *einen Königsbund* Korr., vgl. M, einige Hss von G, L; G: „einen Bund der Könige".

→47 12 *um seinetwillen* Nicht allein der profane Gedanke: Salomo kamen die Taten seines Vorgängers zugute, sondern auch ein religiöser Gedanke: Gott bewahrt dem Salomo seine Huld um Davids, seines Vaters, willen, vgl. v. 20.22; 1 Kg 11 12.

des Friedens, / und Gott verschaffte ihm Ruhe ringsum,

Weshalb er seinem Namen ein Haus erbaute / und ein Heiligtum errichtete für immer.

14 Wie warst du weise in deiner Jugend / und voll wie ein Fluß an Einsicht.

15 Die Erde bedecktest du mit deiner Einsicht / und erfülltest sie mit rätselvollen Sprüchen.

16 Bis zu den fernen Inseln drang dein Ruhm, / und du wurdest geliebt um deines Friedens willen.

17 Durch Lieder und Sprüche, durch Gleichnisse und Antworten / hast du die Welt in Staunen versetzt.

18 Im Namen des Herrn, Gottes, / den man den Gott Israels nennt,

Häuftest du wie Zinn das Gold auf / und hattest Silber in Menge wie Blei.

19 Doch du gabst den Weibern deine Lenden hin / und bist zum Sklaven deiner Sinnlichkeit geworden.

20 So brachtest du einen Makel auf deine Ehre / und hast dein Geschlecht entweiht,

So daß du Zorn über deine Sprößlinge herbeiführtest / und Bedrängnis über deine Nachkommenschaft:

21 Es entstand eine doppelte Herrschaft, / aus Ephraim ging hervor ein rebellisches Reich.

22 Doch Gott gab seine Liebe nicht auf, / und keines seiner Worte ließ er zu Boden fallen.

Nicht hat er Nachkommenschaft seinem Erwählten verweigert / und nicht ausgerottet den Stamm dessen, der ihn liebte.

Er hat Jakob einen Rest gelassen / und David einen Wurzelsproß aus ihm.

Rechabeam

23 Salomo legte sich zu seinen Vätern / und hinterließ als Nachfolger einen aus seinem Geschlecht:

Die Torheit des Volkes und der Geringste an Einsicht: / Rechabeam, der das Volk zur Empörung trieb.

Jerobeam

24 Ferner Jerobeam, der Sohn des Nebat, der Israel zur Sünde verführte / und Ephraim den Weg des Bösen lehrte.

Seitdem wurden ihre Sünden sehr groß, / so daß sie dadurch in die Verbannung gerieten, fern ihres Landes.

25 Denn sie suchten Böses aller Art, / bis die Strafe sie ereilte.

Elija

48 1 Da stand der Prophet Elija auf wie Feuer, / dessen Wort war wie ein flammender Ofen.

2 Er brachte Hungersnot über sie, / so daß er sie durch sein Eifern verminderte.

3 Auf das Wort des Herrn hin verschloß er den Himmel / und ließ dreimal Feuer herniederfahren.

4 Wie herrlich warst du, Elija, durch deine Wundertaten. / Wer kann sich in seinem Stolz mit dir vergleichen?

5 Du erwecktest einen Verstorbenen vom Tode / aus der Scheol nach dem Worte des Allerhöchsten.

6 Du ließest Könige ins Grab sinken / und Vornehme von ihren Lagern.

7 Du vernahmst am Sinai Strafdrohungen / und auf dem Horeb Urteilssprüche der Rache.

8 Du salbtest Könige zur Vergeltung / und Propheten als Nachfolger an deiner Statt.

9 Du wurdest nach oben entrückt im Sturm / auf einem Wagen mit Feuerpferden.

10 Du bist bezeichnet für künftige Drohungen, / um den Zorn zu beschwichtigen, ehe er entbrennt,

---

→47 16 *deines Friedens* Anspielung auf den Namen Salomo (der „Friedensbringer"), vgl. V. 13.

→47 17 *Lieder* Das Hohelied. Zur Weisheit und dem literarischen Schaffen Salomos vgl. 1 Kg 5 9–14.

→47 17 *Antworten* (Vgl. 1 Kg 10 1–10) G; M: „Gedichte".

→47 18A.B G; M: „Du wurdest genannt nach dem herrlichen Namen, der über Israel ausgerufen ist", vielleicht Anspielung auf den ersten Namen Salomos *Jedidja* „Liebling Jahwes", 2 Sm 12 25.

→47 19 *und bist zum Sklaven deiner Sinnlichkeit geworden* G; M: „und bist zu ihrem Sklaven geworden durch deinen Leib".

→47 20 *dein Geschlecht* G; M: „dein Lager".

→47 20 *und Bedrängnis über deine Nachkommenschaft* M; G: „und Betrübnis über deine Unvernunft".

→47 22 *Worte* M; G: „Werke".

→47 23 *Die Torheit des Volkes und der Geringste an Einsicht* G; M: „Groß an Torheit und klein an Verstand". Es scheint hier ein Wortspiel mit dem Namen Rechabeam (G: Roboam) vorzuliegen, der als *raba* „groß" *'am* „Volk" gedeutet wird; die beiden Lesarten hätten dann je einen Teil dieser Etymologie aufgenommen.

→48 7 *Strafdrohungen* Sie sind vielleicht sinnbildlich in der Vision von 1 Kg 19 9–14 enthalten.

→48 8 *Propheten* G; M: „einen Propheten".

→48 9 *auf einem Wagen mit Feuerpferden* G; M: „und mit Feuerscharen".

Um das Herz der Väter den Söhnen wiederzuzuwenden / und wiederherzustellen die Stämme Jakobs.

11 Selig, die dich sehen / und entschlafen sind in der Liebe, / denn auch wir werden das Leben besitzen.

Elischa

12 Elija war es, der im Sturm entrückt ward, / Elischa aber ward mit seinem Geiste erfüllt.

In seinem Leben konnte kein Fürst ihn erschüttern, / und kein Mensch hatte Gewalt über seinen Geist.

13 Kein Ding war ihm zu wunderbar, / und noch aus dem Grab wirkte sein Leib prophetisch.

14 Zu Lebzeiten vollbrachte er Wundertaten / und bei seinem Tode staunenswerte Werke.

Untreue und Bestrafung

15 Trotz allem aber bekehrte das Volk sich nicht, / und nicht ließen sie ab von ihren Sünden,

Bis sie aus ihrem Lande gerissen wurden / und über die ganze Erde hin zerstreut.

16 Es blieb nur ein wenig Volk übrig / und ein Fürst dem Hause Davids.

Einige von ihnen taten, was recht ist, / andere aber mehrten die Sünden.

Hiskija

17 Hiskija sicherte die Stadt, / indem er das Wasser mitten in sie hineinleitete.

So durchbohrte er mit dem Erz die Felsen / und baute Zisternen.

18 In seinen Tagen zog Sancherib heran / und entsandte den Rabsake.

Dieser erhob seine Hand gegen den Zion / im Übermut seines Stolzes.

19 Da erbebten ihre Herzen und Hände, / und sie wanden sich wie eine Frau in Wehen.

20 Sie flehten zum Herrn, dem Erbarmer, / und breiteten ihre Hände nach ihm aus.

Und schnell hörte vom Himmel aus der Heilige auf sie / und rettete sie durch die Hand des Jesaja.

21 Er schlug das Lager der Assyrer, / und sein Engel rottete sie aus.

Jesaja

22 Denn Hiskija tat, was dem Herrn gefiel, / und blieb fest auf den Wegen Davids,

Die ihm der Prophet Jesaja anbefahl, / der Große und in seinen Gesichten Zuverlässige.

23 In seinen Tagen ging die Sonne zurück, / und er verlängerte dem König das Leben.

24 Gewaltigen Geistes schaute er die letzten Dinge / und tröstete die Trauernden in Zion.

25 Für alle Zeiten verkündete er das Zukünftige / und das Verborgene, bevor es eintritt.

Josija

49 1 Das Andenken des Josija ist wie wohlduftender Weihrauch, / gut gewürzt und bereitet vom Salbenmischer.

Wie Honig auf dem Gaumen ist süß sein Andenken / und wie der Gesang beim Weintrinken.

2 Er selbst schlug ein den rechten Weg, nämlich das Volk zu bekehren, / und schaffte die Greuel des Götzendienstes ab.

3 Auch richtete er sein Herz auf den Herrn / und übte Frömmigkeit in den Tagen des Frevels.

Die letzten Könige und letzten Propheten

4 Außer David, Hiskija und Josija / vervielfachten alle die Übertretungen

---

→48 11 *Selig, die dich sehen* G; M (Korr.): „Selig, wer dich sieht und (stirbt?)".

→48 11 *entschlafen* Andere Lesart von G: „geschmückt".

→48 11 Text unsicher. Nachdem der Verfasser den Propheten gepriesen, versichert er, daß die anderen – jene, die ihn bei seiner Rückkehr sehen, und ebenso auch jene, die in der Liebe (Gottes?) gestorben sein werden – ewig leben werden. Es liegt eine klare Aussage der Hoffnung vor; M (leider unvollständig) spielt aber vielleicht nur auf Elischa an, der Elija entschwinden „sah" (2 Kg 2 10.12).

→48 13B Noch nach seinem Tod erweckt der Prophet einen Toten, 2 Kg 13 20–21; aber der Text ist gestört. M: „sein Leib unter ihm wurde erschaffen".

→48 16 *Es blieb nur ein wenig Volk übrig* G; M: „Es blieb für Juda nur ein kleiner Rest übrig".

→48 17 *und baute Zisternen* Nach G; M: „und schloß in den Bergen Teiche ein".

→48 18 *Rabsake* Der Übersetzer von Sir machte *rab schaqe* „Obermundschenk" zu einem Eigennamen. Danach Zusatz in G: „und brach auf".

→48 22 *blieb fest* Wortspiel mit dem Namen Hiskija („Jahwe macht fest, stark").

→48 25 Man kann an die Orakel über das Ende des Exils, Js 40–55, oder an 24–27 oder 61 denken.

→49 2A G; M: „Er litt unter unserer Abtrünnigkeit".

→49 4 *verschwanden* G; M: „bis zum letzten".

Und verließen das Gesetz des Aller-
höchsten: / die Könige von Juda ver-
schwanden.
5 Denn sie gaben ihre Macht an
andere / und ihre Ehre an ein fremdes
Volk.
6 Die Feinde setzten die heilige
auserwählte Stadt in Brand, / so daß
ihre Straßen verödeten,
7 Nach dem Worte des Jeremia.
Denn ihn hatten sie mißhandelt, / ihn,
der doch vom Mutterschoße an zum
Propheten geschaffen,
Um einzureißen und auszureißen
und zu vernichten, / wie um zu bauen
und zu pflanzen.
8 Ezechiel schaute ein herrliches
Gesicht, / das Gott ihm zeigte auf dem
Wagen der Kerube;
9 Denn er gedachte der Feinde im
Regen, / um denen zu helfen, die dem
rechten Weg folgen.
10 Ferner auch die Zwölf Prophe-
ten, / deren Gebeine emporsprossen
mögen aus ihrer Grabstätte.
Denn sie haben Jakob getröstet, /
sie haben ihn erlöst in Glaube und
Hoffnung.

Serubbabel und Josua

11 Wie vermöchte man Serubbabel
zu preisen, / war er doch ein Siegel-
ring an der rechten Hand;
12 Ferner Josua, den Sohn des Jo-
zadak, / die in ihren Tagen das Gottes-
haus erbauten,
Und sie führten zum Herrn ein hei-
liges Volk, / das bestimmt ist zu
immerwährender Herrlichkeit.

Nehemia

13 Nehemia – sein Andenken sei in
Ehren – / baute uns die zertrümmerten
Mauern wieder auf
Und setzte Tor und Riegel wieder
ein / und baute unsere Wohnungen
wieder auf.

Rückblick

14 Keiner der auf der Erde Er-
schaffenen kommt Henoch gleich, /
so wurde er denn auch entrückt.
15 Ward etwa gleich Joseph ein
Mann geboren? / Haupt seiner Brü-
der, Stütze seines Volkes. / Seine Ge-
beine wurden besucht.
16 Sem und Set sind ehrenwert unter
den Menschen, / aber über aller leben-
den Kreatur ist Adam.

Simon, der Hohepriester

50 1 Der Hohepriester Simon, der
Sohn des Onija, / besserte in
seiner Zeit das Gotteshaus aus / und
befestigte in seinen Tagen den Tempel.
2 Von ihm wurde die doppelte
Höhe gebaut, / die hohe Stütze der
Umfassungsmauer des Tempels.
3 In seiner Zeit ward der Teich ge-
graben, / ein Becken, groß wie das Meer.
4 Er trug Sorge für das Volk gegen
den Untergang / und befestigte die
Stadt gegen Belagerung.
5 Wie herrlich war er, umgeben von
seinem Volk, / sobald er hervortrat
hinter dem Vorhang.
6 Wie der Morgenstern zwischen
den Wolken, / wie der Vollmond,
7 Wie die strahlende Sonne über
dem Tempel des Allerhöchsten / und
wie der Regenbogen, der in herrlichen
Wolken erscheint,
8 Wie eine Rose im Frühling / und
wie eine Lilie an den Wasserläufen,
Wie der Zweig eines Weihrauch-
baumes in den Tagen des Sommers /
9 und wie die Weihrauchglut in der
Räucherpfanne,

→49 5 *sie gaben* G; M: „er (Gott) gab".
→49 5 Entweder dadurch, daß sie sich auf fremde Bündnisse stützten, oder dadurch, daß sie die Strafe des Exils herausforderten.
→49 7 *Nach dem Worte des Jeremia* Wörtlich: durch die Hand des Jeremia.
→49 8 *das Gott ihm zeigte auf dem Wagen der Kerube* G; M: „er offenbarte die Wesen des Wagens".
→49 9 *Denn er gedachte der Feinde im Regen* G (vielleicht Anspielung auf die Weissagung gegen Gog, Ez 38–39, besonders 38 22); M: „Er gedachte auch des Ijob".
→49 16 G; M: „Sem und Set und Henoch sind geehrt; über alle Lebewesen (sind sie?) der Ruhm des Menschen (oder: Adams)."
→50 1 *des Onija* G; M: „des Jochanan". Es handelt sich um Simon II., den Sohn Onijas II. (etwa 220–195 v. Chr.).
→50 2 *die doppelte Höhe* Es läßt sich nicht mit Sicherheit sagen, was die „doppelte Höhe (?)" und die „hohe Stütze" sind. M: „In seinen Tagen wurde die Mauer gebaut und die Wohntürme (?) des Königspalastes".
→50 3 *gegraben* M; G: „vermindert".
→50 5 *umgeben von seinem Volk* G; M: „wenn er aus dem Zelt herausschaute".
→50 5 *hinter dem Vorhang* Wörtlich: aus dem Hause des Vorhangs, d. h. aus dem Debir oder dem Allerheiligsten, das vom Hekal durch einen Vorhang getrennt war, Ex 36 35–38. Der Verfasser beschreibt hier die Riten des Versöhnungsfestes, Lv 16.
→50 6 Zusatz in M am Versende: „an den Festtagen".
→50 7 *Tempel des Allerhöchsten* G; M: „Palast des Königs".
→50 8 *eine Rose im Frühling* G; M: „eine Blüte an den Zweigen zur Zeit des Festes".
→50 9 *in der Räucherpfanne* G; M: „für das Opfer".

Wie ein mit Gold überzogenes Ge-
fäß, / das besetzt ist mit Edelsteinen
aller Art,
10 Wie ein Olivenbaum voll von
Früchten / und wie eine Zypresse, die
in die Wolken ragt;
11 Wenn er sein Prachtgewand an-
legte / und sich bekleidete mit präch-
tigem Schmuck,
Wenn er emporgestiegen zum
geweihten Altar / und die Umge-
bung des Heiligtums mit Glanz er-
füllte,
12 Wenn er die Opferstücke aus
der Hand der Priester genommen, /
selbst stehend an der Feuerstelle des
Altars.
Dann war rings um ihn der Brüder
Kranz / wie eine Zeder des Libanon in
ihrem Laub;
Wie Palmenstämme umgaben ihn
dann / 13 alle Söhne Aarons in ihrem
Schmuck.
Und die Opfergaben des Herrn
waren in ihrer Hand / vor der ganzen
Gemeinde Israels,
14 Bis er den Dienst am Altare
vollendet / und dargeboten mit Adel
die Opfergabe für den Allerhöchsten,
den Allmächtigen.
15 Nun streckte er seine Hand nach
dem Becher aus / und opferte von dem
Blut der Trauben;
Er goß es am Fuß des Altares aus /
zum lieblichen Wohlduft für den
Höchsten, den König des Alls.
16 Dann riefen die Söhne Aarons
laut, / sie stießen in die getriebenen
Trompeten;
Sie ließen sie mit gewaltigem Schall
erklingen / zum Gedenken vor dem
Allerhöchsten.
17 Das ganze Volk, eifrig geschart, /
warf sich aufs Antlitz zur Erde nie-
der,
Um anzubeten vor dem Herrn, /
dem Allmächtigen, dem höchsten
Gott.
18 Jetzt stimmte man die Gesänge
an / und ließ sie über die Menge hin
in lieblicher Melodie ertönen.
19 Da flehte das Volk zum höchsten
Herrn, / betend vor dem Barmherzi-
gen,
Bis schließlich der Dienst vor dem
Herrn vollendet war / und die Feier
zu Ende gegangen.
20 Dann stieg er herab und erhob
seine Hände hin über Israels ganze
Gemeinde,
Um mit lauter Stimme den Segen
des Herrn zu erteilen / und sich der
Ehre zu rühmen, seinen Namen aus-
zusprechen.
21 Das Volk aber fiel zum zweiten-
mal nieder, / den Segen des Aller-
höchsten zu empfangen.

Ermahnung

22 Nun lobet den Gott des Alls, /
der große Dinge tut,
Der unsere Tage erhöht hat vom
Mutterschoß an / und an uns handelt
nach seinem Erbarmen.
23 Er gebe uns ein fröhliches Herz, /
gewähre Frieden unserer Zeit, / in
Israel, bis in Ewigkeit.
24 Seine Huld bleibe treulich mit
uns, / er erlöse uns zu unserer Zeit.

Zahlenspruch

25 Zwei Völkerschaften verabscheut
meine Seele, / und die dritte ist kein
Volk:
26 Die Bewohner von Seïr und die
Philister / und das törichte Volk, das
in Sichem wohnt.

Schluß

27 Lehre voll Weisheit und Ein-
sicht / habe ich niedergeschrieben in
dieses Buch:

→50 15 *streckte er seine Hand nach dem Becher aus* Es geht um ein Trankopfer, dessen Ritus in Lv nicht beschrieben ist, vgl. Ex 29 12; Lv 8 15, wo es sich um Blut handelt.

→50 17 *Das ganze Volk* G; M: „Alles Fleisch".

→50 17 *Um anzubeten vor dem Herrn* G; M: „vor dem Allerhöchsten, dem Heiligen Israels".

→50 18B G; M: „und über der Menge bereiteten sie seine Lampe".

→50 19 *Da flehte das Volk zum höchsten Herrn* G; M: „Da schrie das ganze Volk des Landes".

→50 19 *der Dienst* M; G: „der Schmuck".

→50 20 *seinen Namen auszusprechen* Das Versöhnungsfest war die einzige Gelegenheit, bei der der Gottesname über das Volk als Segen ausgesprochen wurde.

→50 22–23 G; M: „Nun lobet Jahwe, den Gott Israels, der Wunder auf Erden wirkt, der den Menschen aus dem Mutterschoß hervorgehen läßt, der nach seinem Willen handelt; er gebe Weisheit eurem Herzen, und es herrsche unter euch Frieden".

→50 24 G; M: „Seine Gnade bleibe beständig mit Simon, er halte aufrecht für ihn den Bund mit Pinchas, er soll weder ihm noch seinen Nachkommen entzogen werden, solange der Himmel besteht".

→50 26 *von Seïr* M; G: „von Samaria"; M: „die Bewohner von Seïr und Philistäa".

→50 26 *Volk, das in Sichem wohnt* Die Samaritaner.

→50 27 G; M: „Erziehung und Erkenntnis, Spruchdichtung und Lebensweisheit von Jesus, dem Sohn des Eleasar, des Sohnes Siras".

Jesus, der Sohn des Sirach, Eleasar,
von Jerusalem, / der Weisheit aus
seinem Herzen wie Regen hervorquel-
len ließ.
28 Selig der Mann, der sich diesen
Dingen zuwendet, / wer sich's zu Her-
zen nimmt, wird weise;
29 Wer danach tut, hat Kraft zu
allem, / denn das Licht des Herrn ist
sein Pfad.

ANHÄNGE

Danklied

51 1 Laß mich dich preisen, mein
Herr, mein König, / dir lobsin-
gen, o Gott meines Heiles. / Ich will
Dank deinem Namen singen.
2 Denn Beschützer und Helfer bist
du für mich geworden, / du hast mei-
nen Leib vom Verderben errettet,
Aus der Schlinge der bösen Zunge /
und vor den Lippen derer, die Lügen
erdichten.
Vor denen, die mich umstehen, /
bist du mein Beistand geworden und
hast mich befreit
3 Nach der Fülle deines Erbarmens
und der Herrlichkeit deines Namens /
vor den Bissen derer, die bereit sind,
mich zu verschlingen,
Aus der Hand jener, die mir nach
dem Leben trachteten, / aus vielen
Drangsalen, die mich umfingen,
4 Aus Feuersnöten rings um mich /
und aus Flammengluten, die ich nicht
geschürt,
5 Aus den Tiefen des Schoßes der
Scheol, / vor schandbaren Lippen und
Erdichtern von Lügen – / 6 Verleum-
dung einer ungerechten Zunge beim
König.
Denn nahe schon war ich dem To-
de, / und mein Leben war herabge-
stiegen zu den Toren der Scheol.
7 Ich wandte mich nach allen Seiten,
doch fand sich kein Helfer, / ich spähte
aus nach einer Stütze, aber keine war
da.
8 Da gedachte ich deiner Barmher-
zigkeit, o Herr, / und deines Wirkens
von Ewigkeit her.
Denn du hilfst denen, die auf dich
hoffen, / und rettest sie aus den Händen
ihrer Feinde.
9 So erhob ich von der Erde meine
Stimme / und flehte um Errettung vom
Tode.
10 Ich rief zum Herrn, dem Vater
meines Herrn: / „Verlaß mich nicht
am Tage der Not, / zur Zeit der Zorn-
wütigen und der Verlassenheit.
Laß mich deinen Namen preisen
allezeit / und dir lobsingen in Dank."
11 Da wurde erhört mein Gebet, /
du hast mich errettet vor dem Unter-
gang, / du hast mich befreit aus
schlimmer Zeit.
12 Darum preise ich dich und will
dich loben / und will besingen den
Namen des Herrn.

→50 28 *der sich diesen Dingen zuwendet* G; M: „der über diese Worte nachsinnt".

→50 29 *denn das Licht des Herrn ist sein Pfad* G; M: „denn die Furcht Jahwes ist Leben". Danach Zusatz in einigen Hss von G: „und den frommen Männern gibt er die Weisheit. Gepriesen sei der Herr in Ewigkeit. Amen. Amen."

→51 2A.B G; M: „Burg meines Lebens, denn du hast meine Seele vom Tode errettet, du hast mein Fleisch vor der Grube bewahrt, und aus der Scheol hast du meinen Fuß entrissen, du hast mich beschützt vor der Verleumdung des Volkes und vor der Schlinge . . ."

→51 9 *und flehte um Errettung vom Tode* G; M: „und von den Toren der Scheol her schrie ich".

→51 10 *Ich rief zum Herrn, dem Vater meines Herrn* Die Wendung läßt an eine in den Text von G eingedrungene christliche Auslegung denken; vielleicht handelt es sich aber auch nur um eine phantasievolle Übersetzung eines schlecht erhaltenen Textes, vgl. jedoch Ps 2 7; 110 1 (G). M: „Und ich pries: Jahwe, du bist mein Vater, denn du bist der Held meines Heiles".

→51 10 *Verlaß mich nicht* M; G: „mich nicht zu verlassen".

→51 11A G; M: „da hörte Jahwe auf meine Stimme und merkte auf mein Flehen".

→51 12 Danach fügt M einen Lobpsalm ein, der Ps 136 und dem *schemone 'esre* (ein im Judentum gebräuchliches Gebet mit achtzehn Lobpreisungen) ähnlich ist, vgl. auch Sir 36 1–17:

„Preiset Jahwe, denn er ist gut: in Ewigkeit währt sein Erbarmen.
Preiset den Gott der Lobgesänge: in Ewigkeit währt sein Erbarmen.
Preiset den Wächter Israels: in Ewigkeit währt sein Erbarmen.
Preiset den Schöpfer des Alls: in Ewigkeit währt sein Erbarmen.
Preiset den Erlöser Israels: in Ewigkeit währt sein Erbarmen.
Preiset den Sammler der Versprengten Israels: in Ewigkeit währt sein Erbarmen.
Preiset den Erbauer seiner Stadt und seines Heiligtums: in Ewigkeit währt sein Erbarmen.
Preiset den, der dem Hause David Macht erwachsen ließ: in Ewigkeit währt sein Erbarmen.

Gedicht über das Suchen nach Weisheit

13 Als ich ein Knabe war, vor meinen Reisen, / verlangte ich offen nach Weisheit im Gebet.

14 Am Tore des Heiligtums lernte ich sie schätzen / und will bis zum Ende nach ihr suchen.

15 In seiner Blüte wie die Traube, wenn sie sich dunkel färbt, / freute mein Herz sich an ihr.

Mein Fuß ging auf geradem Weg, / und seit meiner Jugend spürte ich ihr nach.

16 Ich lieh ihr kurz mein Ohr und empfing schon, / Einsicht fand ich in Menge.

17 Mit ihrer Hilfe kam ich voran, / den, der mir Weisheit gegeben, will ich verherrlichen.

18 Ich sann darauf, sie zu üben, / mit Eifer suchte ich das Gute und wurde nicht enttäuscht.

19 Mein Herz hat um sie gerungen, / und das Gesetz zu halten, darauf achtete ich.

Die Hände erhob ich zum Himmel, / und meine Unwissenheit beklagte ich.

20 Ich richtete auf sie meine Seele, / und in Reinheit fand ich sie.

Von Anbeginn wandte ich mein Herz auf sie, / so werde ich auch nicht verlassen sein.

21 Mein Inneres erglühte, sie zu schauen, / darum erwarb ich sie als kostbaren Schatz.

22 Der Herr verlieh mir als Lohn meine Zunge, / und mit ihr will ich ihm danken.

23 So nahet euch mir, ihr Unwissenden, / und in meinem Lehrhaus haltet euch auf.

24 Wie lange noch wollt ihr dieses und jenes entbehren, / soll eure Seele denn so durstig bleiben?

25 Ich öffne meinen Mund und rede, / unentgeltlich erwerbt euch Besitz.

26 Beugt euren Hals unter ihr Joch, / eure Seele nehme Zurechtweisung an, / nahe ist sie denen, die sie suchen.

27 Seht es mit eigenen Augen, wie wenig Mühe ich hatte / und wieviel Ruhe ich für mich gefunden habe.

28 Erwerbet die Lehre um Silber in großer Zahl, / ihr werdet viel Gold um ihretwillen erlangen.

29 Es möge eure Seele sich erfreuen an der Barmherzigkeit des Herrn, / seines Lobes sollt ihr euch nicht schämen.

30 Tut eure Werke vor der Zeit, / so wird er euch den Lohn geben zu seiner Zeit.

[Unterschrift:] Weisheit des Jesus, des Sohnes Sirachs.

Preiset den Erwähler der Söhne Zadoks zum Priestertum: in Ewigkeit währt sein Erbarmen.
Preiset den Schild Abrahams: in Ewigkeit währt sein Erbarmen.
Preiset den Felsen Isaaks: in Ewigkeit währt sein Erbarmen.
Preiset den Starken Jakobs: in Ewigkeit währt sein Erbarmen.
Preiset den Erwähler des Zion: in Ewigkeit währt sein Erbarmen.
Preiset den König, den König der Könige: in Ewigkeit währt sein Erbarmen.
Er erhob das Horn seines Volkes und den Ruhm aller seiner Getreuen,
Der Söhne Israels, des Volkes, das ihm nahe ist. Halleluja."

→51 13–30 Alphabetisches Gedicht in M, vgl. Spr 31 10+; Text schlecht erhalten.

→51 17 G; M: „Ihr Joch war mir eine Ehre, und danken will ich meinem Lehrer".

→51 18B G; M: „und ich werde mich nicht von ihr abwenden, wenn ich sie gefunden habe".

→51 19 *hat um sie gerungen* G; M: „hat sie umarmt".

→51 19B–D G; M: „und ich wandte meine Augen nicht von ihr; meine Hand öffnete ihre Tore, ich trat ein (?) und schaute sie an".

→51 20 *so werde ich auch nicht verlassen sein* G; M: „darum werde ich sie nicht verlassen".

→51 26 *Zurechtweisung* G; M: „die Last".

→51 26 Zusatz in M am Versende: „und wer sein Herz ihr hingibt, wird sie finden".

→51 28A Text wahrscheinlich schlecht erhalten.

→51 30 *zu seiner Zeit* Danach Zusatz in M: „Gepriesen sei Jahwe auf ewig, und sein Name sei gelobt von Geschlecht zu Geschlecht".

→51 30 *Unterschrift* M: „So weit die Worte Simeons, des Sohnes des Jesus, genannt Ben Sira. Die Weisheit Simeons, des Sohnes des Jesus, des Sohnes Eleasars, des Sohnes Siras. Der Name Jahwe sei gepriesen von nun an bis in Ewigkeit."

DIE PROPHETENBÜCHER

DIE PROPHETENBÜCHER

EINLEITUNG

Die hebräische Bibel stellt die Bücher Jesaja, Jeremia, Ezechiel und das Zwölfprophetenbuch unter dem Titel „Spätere (Hintere) Propheten" zusammen und bringt sie nach der Gruppe der Bücher Josua–Könige, den sogenannten „Früheren (Vorderen) Propheten". In der griechischen Bibel (Septuaginta) stehen die Prophetenbücher nach den Hagiographen in einer vom Hebräischen abweichenden und bei den einzelnen Handschriften nicht einheitlichen Reihenfolge; ferner sind in ihr das Buch der Klagelieder und das Buch Daniel, die die hebräische Bibel im letzten Teil ihres Kanons, den „Schriften", führt, zu den prophetischen Büchern gezogen sowie Texte eingefügt, die nicht in hebräischer Sprache geschrieben oder erhalten sind: das Buch Baruch nach Jeremia, der Brief des Jeremia nach den Klageliedern und die Zusätze im Buch Daniel. In der lateinischen Bibelübersetzung (Vulgata) ist diese Anordnung im wesentlichen beibehalten, nur rückte sie – wie die hebräische Bibel – die zwölf „Kleinen" hinter die vier „Großen" Propheten und versetzte den Brief des Jeremia an den Schluß des Buches Baruch, das jetzt auf die Klagelieder folgte.

Das Prophetentum

In verschieden starkem Maße und unter wechselnden Formen kannten die großen Religionen des Altertums Menschen, die von der Gottheit ergriffen waren und mit dem Anspruch auftraten, im Namen ihres Gottes zu sprechen. Texte aus dem 2. Jahrtausend v. Chr. bestätigen besonders bei den Nachbarvölkern Israels, in Mari am Euphrat und Byblos in Phönizien, das Vorkommen von Prophetismus. Ausführlicher ist das Zeugnis der Bibel selbst über die vierhundertfünfzig Baalspropheten, die Isebel aus ihrer Heimat Tyrus mitgebracht hatte und die von Elija auf dem Karmel vernichtet wurden, 1 Kg 18 19–40. Wenig später ist die Rede von vierhundert Propheten, die Achab befragt, 1 Kg 22 5–12. Diese sind wie die zuerst Genannten eine Schar von wilden Ekstatikern, aber sie behaupten, im Namen Jahwes zu reden. Mochte ihr Anspruch, wie in diesem Falle, auch falsch sein, so steht doch fest, daß für den Jahweglauben in jener alten Zeit eine solche Einrichtung an sich nicht als illegitim galt. Ekstatikerschwärme begegnen in der Gesellschaft von Samuel, 1 Sm 10 5; 19 20; zur Zeit Elijas, 1 Kg 18 4, stehen Gruppen von „Prophetenjüngern" mit Elischa in Verbindung, 2 Kg 2 3–18; 4 38 f; 6 1 f; 9 1; danach treten sie bis auf eine Anspielung in Am 7 14 nicht mehr in Erscheinung. Unter erregender Musik, 1 Sm 10 5, gerieten diese Propheten in Zustände kollektiver Verzückung und Raserei, die auf die Umstehenden ansteckend wirkten, 1 Sm 10 10; 19 20–24, und vollführten auch sinnbildliche Handlungen, 1 Kg 22 11.

Einmal wird berichtet, wie Elischa Musik zu Hilfe nimmt, bevor er prophetisch weissagt, 2 Kg 3 15. Zahlreicher sind die Zeichenhandlungen bei den Propheten; bei Achija aus Schilo, 1 Kg 11 29 f, aber auch bei Jesaja, Js 20 2–4, oftmals bei Jeremia, Jr 13 1 f; 19 1 f; 27 2 f, vor allem bei Ezechiel, Ez 4 1 – 5 4; 12 1–7.18; 21 23 f; 37 15 f. Während dieser Handlungen oder auch unabhängig davon zeigen sie zuweilen Formen seltsamen Verhaltens, sie können sogar anormale psychische Zustände durchlaufen, aber diese außergewöhnlichen Erscheinungsformen sind niemals das Wesentliche bei den Propheten, deren Taten und Worte die Bibel überliefert. Diese unterscheiden sich deutlich von den Ekstatikern der alten Prophetengemeinschaften.

Sie alle tragen jedoch die gleiche Berufsbezeichnung: *nabi*. Zwar kann das hiervon abgeleitete Zeitwort wegen des Auftretens mancher „Propheten" auch „in Verzückung außer sich sein, rasen" bedeuten (1 Sm 18$_{10}$ und an anderen Stellen), aber dieser abgeleitete Gebrauch ist für den ursprünglichen Sinn des Hauptwortes nicht maßgeblich. Das Hauptwort gehört aller Wahrscheinlichkeit nach zu einer Wurzel, die „rufen, künden" bedeutet. Der *nabi* wäre dann einer, der berufen ist, oder auch einer, der ruft, der kündet; mit dieser Bedeutung des „berufenen Rufers" ist das Wesentliche des israelitischen Prophetentums getroffen. Der Prophet ist ein Bote und Sprecher Gottes. Das wird an zwei Parallelstellen klar ausgesprochen; Ex 4$_{15-16}$: Aaron soll der Sprecher des Mose sein, als ob er sein „Mund" und Mose „der Gott" wäre, der ihn zu sprechen beauftragt, und Ex 7$_{1}$: Mose soll „ein Gott für den Pharao" und Aaron sein *nabi* „Prophet" sein; hieran erinnert das Wort Jahwes an Jeremia: „Ich habe meine Worte in deinen Mund gelegt", Jr 1$_{9}$. Die Propheten wissen um den göttlichen Ursprung ihrer Botschaft, die sie eröffnen mit „So spricht Jahwe" oder „Wort Jahwes" oder „Spruch Jahwes".

Das Wort, das über sie gekommen ist, zwingt sie zu sprechen, sie können es nicht verschweigen: „Spricht Jahwe, der Herr, wer sollte da nicht weissagen?" ruft Amos aus, 3$_{8}$, und Jeremia wehrt sich vergeblich gegen Gottes Zugriff, der ihn packt und überwältigt, Jr 20$_{7-9}$. Eines Tages werden sie in ihrem Leben von Gott unwiderstehlich berufen, Am 7$_{15}$; Js 6, besonders Jr 1$_{4-10}$; sie werden als seine Boten erwählt, Js 6$_{8}$; was es kostet, sich dieser Sendung zu entziehen, zeigt der Anfang der Jona-Erzählung. Sie werden gesandt, den Willen Gottes zu künden und mit ihrer ganzen Person „Zeichen" zu sein. Nicht nur ihre Worte, auch ihr Tun, auch ihr Leben, alles ist Prophetie. Die unglückliche Ehe, in der Hosea wirklich lebte, ist ein Sinnbild, Hos 1–3; Jesaja muß nackt auftreten als ein Vorzeichen, Js 20$_{3}$, er und seine Kinder sind „Sinnbilder und Zeichen", Js 8$_{18}$; das Leben des Jeremia ist eine Lehre, Jr 16; als Ezechiel die seltsamen Aufträge Gottes ausführt, ist er ein „Zeichen für das Haus Israel", Ez 4$_{3}$; 12$_{6.11}$; 24$_{24}$.

Die Gottesbotschaft kann der Prophet auf verschiedene Weise empfangen: durch eine Vision (aber immer verbunden mit einer Hörerfahrung) wie in Js 6; Ez 1, 2, 8 usw.; Dn 8–12; Sach 1–6, seltener durch nächtliche Vision, vgl. Nm 12$_{6}$, wie in Dn 7; Sach 1$_{8f}$, durch eine Audition allein (Jr 1), meistens aber wohl durch eine einfache innere Eingebung (so sind gewöhnlich die Formeln „Das Wort Jahwes erging an mich", „Wort Jahwes an . . ." zu verstehen), die zum Teil ganz plötzlich erfolgen, zum Teil durch eine alltägliche Begebenheit ausgelöst werden kann, wie z. B. durch den Anblick eines Mandelbaums, Jr 1$_{11}$, oder zweier Feigenkörbe, Jr 24, durch einen Besuch beim Töpfer, Jr 18$_{1-4}$. Die empfangene Botschaft wird vom Propheten ebenfalls auf verschiedenartige Weise übermittelt: in Gedicht- oder Prosaform, in Gleichnissen oder unverhüllter Rede, vorab aber unter Verwendung von eigens entwickelten Redegattungen (Droh- und Scheltrede, Verheißung, Mahnrede, Gerichtsrede). Auch andere Gattungen werden benützt wie etwa die der Weisheitssprüche oder der Psalmen, des Liebesliedes, Spottliedes, Leichenliedes usw.

Diese Verschiedenartigkeit in Empfang und Verkündigung der Botschaft hängt zum großen Teil von der persönlichen Veranlagung und natürlichen Begabung eines jeden Propheten ab, aber ihr liegt etwas wesentlich Gleiches zugrunde: Jeder wahre Prophet ist zutiefst davon überzeugt, daß er nur Werkzeug ist, daß die Worte, die er hervorbringt, gleichzeitig seine und doch nicht seine Worte sind. Er besitzt die unerschütterliche Überzeugung, daß er ein Wort von Gott empfangen hat und daß er es mitteilen muß. Diese Überzeugung beruht auf der geheimnisvollen – man könnte sagen: mystischen – Erfahrung einer unmittelbaren Verbindung mit Gott. Dabei kommt es – wie gesagt – vor, daß dieses von Gott Ergriffenwerden äußerlich „anormale" Erscheinungen hervorruft, diese sind aber, wie bei den großen Mystikern, nicht das Wesentliche. Vielmehr muß man – genauso wie von den Mystikern – sagen, daß dieses Eingreifen Gottes in die Seele des Propheten ihn in einen „übernormalen" psychischen Zustand versetzt. Dies leugnen hieße, das prophetische Wesen auf die Stufe der dichterischen Inspiration oder der Einbildungen von Pseudovisionären herabzusetzen.

Die prophetische Botschaft wendet sich selten an eine Einzelperson, Js 2215f; auch in solchen Fällen steht sie meist in einem größeren Zusammenhang, Jr 206; Am 717. Eine Ausnahme bildet der König, der Führer des Volkes: Natan bei David, Elija bei Achab, Jesaja bei Achas und Hiskija, Jeremia bei Zidkija, ebenso der Hohepriester, das Oberhaupt der nachexilischen Gemeinde, Sach 3. In allen Berufungsberichten heißt es, daß der Prophet zum Volk gesandt wird, Am 715; Js 69; Ez 23, bei Jeremia sogar zu allen Völkern, Jr 110.

Die Botschaft des Propheten betrifft Gegenwart und Zukunft. Er wird zu seinen Zeitgenossen gesandt, ihnen überbringt er die Kundgabe des Gotteswillens. In dem Maße aber, wie er der Sprecher Gottes ist, steht er über der Zeit; was er „voraussagt", wird zur Bestätigung und Weiterführung dessen, was er „aussagt". Er kann ein Ereignis für die nahe Zukunft ankündigen als ein Zeichen, das im Augenblick, da es eintritt, seine Worte und seine Sendung rechtfertigen wird, 1 Sm 101f; Js 714; Jr 2815f; 4429–30; er sieht das Unheil voraus als Bestrafung für die Vergehen, die er anklagt, das Heil als Belohnung für die Umkehr, die er fordert. Bei den jüngeren Propheten kann der Schleier, der über der Zukunft liegt, bis zur Endzeit hin enthüllt werden, bis zum endgültigen Sieg Gottes, aber dieser Blick in das Künftige bleibt immer zugleich eine Weisung für das Gegenwärtige. Da jedoch der Prophet nur ein Werkzeug ist, vermag die Botschaft, die er mitteilt, die Umstände, unter denen sie ausgesprochen wurde, und selbst das Bewußtsein des Propheten zu übersteigen; sie bleibt von Geheimnis umhüllt, bis die Zukunft sie dadurch offenbar macht, daß sie erfüllt wird; so ist es z. B. bei allen messianischen Verheißungen.

Jeremia wird gesandt, „um auszurotten und niederzureißen, um aufzubauen und zu pflanzen", Jr 110. Die prophetische Botschaft zeigt ein doppeltes Gesicht, sie ist unheildrohend und heilverheißend. Häufig aber ist sie hart, voller Drohungen und Vorwürfe, so daß solche Härte geradezu als Kennzeichen echter Prophetie erscheinen kann, Jr 288–9, vgl. Jr 2616–19; 1 Kg 228. Angesichts der Sünde, die den Heilsplänen Gottes im Wege steht, packt den wahren Propheten das Grauen. Dennoch fehlen niemals Ausblicke auf das Heil. Das Trostbuch Israels, Js 40–55, ist einer der Höhepunkte der Prophetie, und man ist nicht berechtigt, den ältesten Propheten Freudenbotschaft abzusprechen; solche findet sich bereits in Am 98–15 (Authentizität allerdings umstritten); Hos 216–25; 118–11; 142–9. Im Handeln Gottes an seinem Volk gehören Begnadigung und Bestrafung zusammen.

Der Prophet wird zum Volk Israel gesandt, aber sein Horizont ist wie die Macht Gottes, dessen Taten er ankündigt, umgreifender. In den großen Prophetenbüchern gibt es Sammlungen von Sprüchen gegen die Völker, Js 13–23; Jr 46–51; Ez 25–32. Das Buch Amos beginnt mit einem Gedicht gegen die Nachbarvölker Israels; Obadja hat einen Spruch über Edom; der Hauptteil des Büchleins Nahum besteht aus einem Spruch gegen Ninive, wohin Jona zu predigen gesandt ist.

Der Prophet ist gewiß, im Namen Gottes zu sprechen; aber woran können seine Hörer erkennen, daß er ein echter Prophet ist? Denn es gibt falsche Propheten, sie kommen oft in der Bibel vor. Das können ehrlich Überzeugte sein, die Einbildungen unterliegen, oder Schwindler, die sich verstellen, aber ihr äußeres Verhalten unterscheidet sie nicht von den wahren Propheten. Sie täuschen das Volk; die wahren Propheten müssen sich mit ihnen auseinandersetzen, wie Michajehu, der Sohn Jimlas, mit den Propheten Achabs, 1 Kg 228f, Jeremia mit Hananja, Jr 28, oder mit den falschen Propheten im allgemeinen, Jr 23, Ezechiel mit Propheten und Prophetinnen, Ez 13. Wie kann man wissen, daß die Botschaft wirklich von Gott kommt? Wodurch läßt sich die wahre Prophetie unterscheiden? Es gibt nach der Bibel zwei Kriterien: die Erfüllung einer Weissagung, Jr 28$_{9}$; Dt 18$_{22}$ (vgl. auch die oben genannten Texte über die Ankündigung von Ereignissen für die nahe Zukunft als „Zeichen" der echten Prophetie), vor allem aber die Übereinstimmung der Lehre mit dem Jahweglauben, Jr 23$_{22}$; Dt 13$_{2-6}$.

Die erwähnten Texte des Deuteronomium lassen erkennen, daß das Prophetentum eine von der offiziellen Religion anerkannte Einrichtung war. Manchmal erscheinen die Propheten neben den Priestern, Jr 8$_{1}$; 23$_{11}$; 26$_{7f}$ usw.; Sach 7$_{3}$ usw.; von Jeremia wissen wir, daß es im Tempel von Jerusalem eine „Zelle des Ben-Jochanan, des Gottesmannes", Jr 35$_{4}$, wahrscheinlich eines Propheten, gab. Aus diesen Angaben und aus der Ähnlichkeit mancher ihrer Weissagungen mit liturgischen Texten hat man neuerdings den Schluß ziehen wollen, daß die Propheten – auch die uns bekanntesten – zum Personal des Heiligtums gehört und im Kult eine Rolle gespielt hätten. Die Hypothese geht weit über die Texte hinaus, mit denen sie begründet wird; es läßt sich lediglich eine gewisse Verbindung zwischen den Propheten und den Zentren des religiösen Lebens erkennen sowie ein Einfluß der Liturgie auf die Abfassung mancher prophetischer Sprüche, besonders bei Habakuk, Sacharja und Joel.

Die Grundvorstellung, die sich aus der Vielfalt der Fakten und Texte über das Prophetentum ergibt, ist offenbar folgende: Der Prophet ist ein Mensch, der eine unmittelbare Gotteserfahrung besitzt, der die Offenbarung des Heiligkeitswillens Gottes empfangen hat, der im Lichte Gottes das Gegenwärtige richtet und das Zukünftige schaut und der von Gott gesandt ist, die Menschen an seine Forderungen zu erinnern und sie auf den Weg des Gehorsams und der Liebe zu ihm zu führen. So verstanden, ist das Prophetentum etwas, was Israel eigen ist, eine der Formen, durch die Gottes Vorsehung das erwählte Volk leitet.

Die prophetische Bewegung

Wenn hierin Eigenart und Aufgabe des Propheten liegen, ist es nicht erstaunlich, daß die Bibel Mose an die Spitze der Prophetenreihe stellt, Dt 18$_{15.18}$, und ihn als den Größten von allen ansieht, Nm 12$_{6-8}$; Dt 34$_{10-12}$, hat er doch Jahwe von Angesicht zu Angesicht geschaut, mit ihm von Mund zu Mund gesprochen und sein Gesetz dem Volke übergeben. Diese Privilegien hörten in Israel nicht mit seinem Tode auf; bereits Josua, sein Nachfolger, ist „ein Mann, in dem Geist vorhanden ist", Nm 27$_{18}$, vgl. Dt 34$_{9}$. Aus der Richterzeit sind die Prophetin Debora, Ri 4–5, und ein anonymer Prophet, Ri 6$_{8}$, bekannt; dann erhebt sich die große Gestalt des Samuel, des Propheten und Sehers, 1 Sm 3$_{20}$; 9$_{9}$; vgl. 2 Chr 35$_{18}$. Prophetischer Geist breitet sich in Gruppen von Ekstatikern aus, deren seltsames Auftreten oben erwähnt wurde, 1 Sm 10$_{5}$; 19$_{20}$; später trifft man auf die maßvolleren Gemeinschaften der „Prophetenjünger", 2 Kg 2 usw., und auch nach der Rückkehr aus dem Exil erwähnt die Bibel noch Propheten in der Mehrzahl, Sach 7$_{3}$. Außerhalb dieser Gemeinschaften aber, deren Einfluß auf das religiöse Leben des Volkes sich nicht mehr aufhellen läßt, erscheinen ausgeprägte Persönlichkeiten: Gad, der Prophet Davids, 1 Sm 22$_{5}$; 2 Sm 24$_{11}$, Natan unter demselben König, 2 Sm 7$_{2f}$; 12$_{1f}$; 1 Kg 1$_{11f}$, Achija unter Jerobeam I., 1 Kg 11$_{29f}$; 14$_{2f}$, Jehu, der Sohn des Hanani, unter Bascha, 1 Kg 16$_{7}$, Elija und Elischa unter Achab und seinen Nachfolgern, 1 Kg 17 bis 2 Kg 13 öfter, Jona unter Jerobeam II., 2 Kg 14$_{25}$, die Prophetin Hulda unter Josija, 2 Kg 22$_{14f}$, Urija unter Jojakim, Jr 26$_{20}$. Dieser Reihe fügen die Chronikbücher noch Schemaja unter Rechabeam, 2 Chr 12$_{5f}$, Iddo unter Rechabeam und Abija, 2 Chr 12$_{15}$; 13$_{22}$, Asarjahu unter Asa, 2 Chr 15$_{1f}$, Oded unter Achas, 2 Chr 28$_{9f}$, und einige Propheten ohne Namensangabe hinzu.

Die meisten dieser Propheten kennen wir nur aus Anspielungen, einige treten jedoch deutlicher hervor. Natan kündet David die Fortdauer seines Geschlechtes, an dem Gott Gefallen findet, an; dies ist das erste Glied der Kette von

– immer deutlicher werdenden – Verheißungen über den Messias, den Sohn Davids, 2 Sm 71–17. Derselbe Natan macht David aber auch schwere Vorwürfe wegen seines Vergehens mit Batscheba; angesichts seiner Reue versichert er ihn der göttlichen Vergebung, 2 Sm 121–25. Besonders ausführlich sind wir durch die Erzählungen der Königsbücher über Elija und Elischa unterrichtet. In einem Augenblick, da das Eindringen fremder Kulte die Jahwereligion in Gefahr brachte, erhebt sich Elija als der Verfechter des wahren Gottes, und auf dem Gipfel des Karmel erringt er einen glanzvollen Sieg über die Baalspropheten, 1 Kg 18. Seine Begegnung mit Gott am Horeb, jenem Berge, auf dem der Bund geschlossen wurde, rückt ihn in unmittelbare Nähe zu Mose, 1 Kg 19. Als Verteidiger des Glaubens ist Elija auch der Hüter der rechtlich-sittlichen Ordnung; er schleudert das göttliche Strafurteil gegen Achab, der Nabot ermordet hat, um sich seines Weinbergs zu bemächtigen, 1 Kg 21. Sein geheimnisvolles Ende, 2 Kg 21–18, umgibt seine Gestalt mit einem Glanz, der in der jüdischen Überlieferung größer und größer geworden ist. Im Gegensatz zu Elija, dem einsamen Propheten, ist Elischa mit dem Leben seiner Zeit eng verbunden. Er tritt während des moabitischen Krieges, 2 Kg 3, und der aramäischen Kriege auf, 2 Kg 6–7; er spielt bei der Revolte des Hasael in Damaskus, 2 Kg 87–15, und des Jehu in Israel eine Rolle, 2 Kg 91–3; er wird von den Großen zu Rate gezogen, von Joasch in Israel, 2 Kg 1314–19, von Ben-Hadad in Damaskus, 2 Kg 87–8, von Naaman, dem Syrer, 2 Kg 5. Er steht auch in Verbindung mit den Gruppen der „Prophetenjünger", die über ihn Wundergeschichten erzählten, 2 Kg 41–7.38–44; 61–7.

Am besten sind wir naturgemäß über die Propheten unterrichtet, die uns in den nach ihnen benannten biblischen Büchern begegnen; über sie wird in den Einleitungen zu den einzelnen Prophetenbüchern näher gesprochen. Hier genügt ein Hinweis auf ihre Stellung in der prophetischen Bewegung. Der erste unter ihnen, Amos, übt sein Amt in der Mitte des 8. Jahrhunderts, ungefähr fünfzig Jahre nach dem Tode des Elischa, aus. Die große Zeit der Propheten wird dann, kaum zwei Jahrhunderte lang, bis zum Exil dauern; sie ist gekennzeichnet durch so überragende Gestalten wie Hosea, Jesaja oder Jeremia, aber auch Micha, Nahum, Zephanja, Habakuk gehören in diese Periode. Das Ende des Wirkens Jeremias fällt zeitlich zusammen mit den Anfängen Ezechiels. Mit diesem Exilpropheten wandelt sich jedoch die Atmosphäre: weniger Unmittelbarkeit und leidenschaftliche Glut, grandiose, aber komplizierte Visionen, minutiöse Beschreibungen, ein wachsendes Interesse für die Endzeit – Merkmale, die bereits die apokalyptische Literatur ankündigen. Doch schlägt sich damals auch die große, von Jesaja ausgehende prophetische Strömung in einer neuen, großartigen Form nieder im sogenannten Trostbuch, Js 40–55. Die Propheten der Rückkehr aus dem Exil, Haggai und Sacharja, haben einen begrenzteren Horizont: Ihr Interesse konzentriert sich auf den Wiederaufbau des Tempels. Nach ihnen stellt Maleachi die Mängel der neuen Gemeinde heraus. Das kleine Buch Jona sodann, ein Vorspiel auf die literarische Form des Midrasch, verwendet die alten heiligen Texte, um eine neue Lehre zu geben. Die apokalyptische Strömung, die mit Ezechiel beginnt, bricht erneut bei Joel und im zweiten Teil des Buches Sacharja durch. Von ihr ist dann das Buch Daniel erfaßt, in dem sich Vergangenheitsblick und Zukunftsschau zu einem die Zeitlinie überschreitenden Bild über die Zerstörung des Bösen und den Anbruch des Gottesreiches verbinden. Jetzt scheint die große prophetische Geistbegabung erloschen; man beruft sich auf die „Propheten von einst", Dn 96.10, vgl. bereits Sach 77.12; Sach 132–6 sieht den Untergang der Einrichtung des Prophetentums voraus, die durch die falschen Propheten in Verruf gebracht wurde. Joel 31–5 aber kündet eine Ausgießung des Geistes in der messianischen Zeit an. Sie wird nach Apg 216f an Pfingsten Wirklichkeit. Hier liegt in der Tat der Anbruch der neuen Zeit, die mit der Predigt Johannes' des Täufers begonnen hat; er ist der letzte der Propheten des Alten Bundes, „ein Prophet und mehr als ein Prophet", Mt 119; Lk 726.

Die Lehre der Propheten

Die Propheten spielen in der religiösen Entwicklung Israels eine erhebliche Rolle. Sie haben nicht nur das Volk auf dem Weg des wahren Jahweglaubens gehalten und geführt, sondern sie waren auch die Hauptträger des Offenbarungsfortschrittes. In diesem vielfältigen Prozeß hat jeder seine eigene Aufgabe erfüllt, doch laufen ihre verschiedenen Beiträge in drei Hauptlinien zusammen, die das Unterscheidungsmerkmal der Religion des Alten Bundes bilden: Monotheismus, Sittlichkeit, Messiaserwartung.

Der Monotheismus ist nicht etwas Neues bei den Propheten. Wenn der älteste der kanonischen Propheten, Amos, Jahwe darstellt als den einzigen Gott, der den Mächten der Natur befiehlt und der absolute Herr der Menschen und der Geschichte ist, dann erinnert er nur an alte Wahrheiten, die erst den von ihm vorgebrachten Drohungen das volle Gewicht geben. Aber Inhalt und Tragweite dieses alten Glaubens treten immer deutlicher hervor. Weil die Offenbarung des einzigen Gottes am Sinai mit der Erwählung des Volkes und dem Bundesschluß verknüpft war, mochte Jahwe als ein Gott erscheinen, der ausschließlich Israel eigen, mit dem Land und den Heiligtümern Israels verbunden ist. Zwar betonen die Propheten nachdrücklich die Bande, mit denen Jahwe sein Volk an sich gezogen hat, gleichzeitig aber zeigen sie, daß er auch die Geschicke der anderen Völker lenkt, Am 97. Er richtet Kleinstaaten und Großreiche, Am 1–2 (und alle Sprüche gegen die Völker), er gibt und entzieht ihnen ihre Macht, Jr 275–8, er gebraucht sie als Werkzeuge seiner Strafgerichte, Am 611; Js 718–19; 106; Jr 515–17, aber gebietet ihnen Einhalt, wann er will, Js 1012. Wenn sie auch verkünden, daß das Land Israel Jahwes Land, Jr 77, und der Tempel seine Wohnung ist, Js 6; Jr 710–11, so sagen sie doch die Zerstörung des Heiligtums voraus, Mich 312; Jr 712–14; 26, und Ezechiel sieht, wie die Herrlichkeit Jahwes Jerusalem verläßt, Ez 1018–22; 1122–23.

Jahwe, Herr der ganzen Erde, läßt keinen Raum für andere Götter. Die Propheten kämpfen gegen den Einfluß der heidnischen Kulte und die Versuchungen des Synkretismus, der den Glauben Israels bedrohte, und bekräftigen damit die Ohnmacht der falschen Götter und die Torheit der Götzenbilder, Hos 27–15; Jr 25–13.27–28; 57; 1620. Als während des Exils das Scheitern der nationalen Hoffnungen Zweifel an der Macht Jahwes wecken konnte, wird die Polemik gegen die Götzenbilder schneidender und reflektierter, Js 4019–20; 416–7.21–24; 449–20; 461–7; vgl. Jr 101–16, und später der Brief des Jeremia, Bar 6, sowie Dn 14. Den Zweifeln der Müden und Verzagenden stellt sich das jubelnde Bekenntnis des Monotheismus entgegen, Js 446–8; 461–7.9.

Der einzige Gott ist transzendent; diese Transzendenz Gottes drücken die Propheten vor allem dadurch aus, daß sie sagen, er ist „heilig“ – ein Lieblingsthema der Verkündigung Jesajas, Js 6 und öfter: 14; 519.24; 1017.20 usw., aber auch Hos 119; Js 4025; 4114.16.20 usw.; Jr 5029; 515; Hab 112; 33. Er ist von Geheimnis umgeben, Js 6; Ez 1, er steht unendlich über den „Menschensöhnen“, ein Ausdruck, den Ezechiel ständig wiederholt, um den Abstand zu betonen, der den Propheten von dem zu ihm sprechenden Gott trennt. Und dennoch ist er nahe durch Güte, ja zärtliche Liebe, die er seinem Volk erweist, vor allem bei Hosea und Jeremia in der Allegorie vom Ehebunde zwischen Jahwe und Israel, Hos 2; Jr 22–7; 36–8, die von Ezechiel breit entfaltet wird, Ez 16 und 23.

Die Sittlichkeit. Der Heiligkeit Gottes steht die Befleckung des Menschen entgegen, Js 65; an diesem Gegensatz schärft sich das Gespür der Propheten für die Sünde. Ebensowenig wie der Monotheismus ist diese Sittlichkeit etwas Neues, sie war bereits im Dekalog niedergelegt, in ihr wurzelte das Auftreten Natans bei David, 2 Sm 12, und Elijas bei Achab, 1 Kg 21. Aber die Schriftpropheten kommen hierauf immer wieder zurück: Die Sünde ist es, die den Menschen von Gott trennt, Js 592. Die Sünde ist ein Angriff auf den Gott der Gerechtigkeit (Amos), auf den Gott der Liebe (Hosea), auf den Gott der Heiligkeit (Jesaja).

Bei Jeremia, so kann man sagen, steht die Sünde im Mittelpunkt seiner prophetischen Schau; sie erstreckt sich auf das ganze Volk, das endgültig verdorben, unbekehrbar erscheint, Jr 13$_{23}$. Ein solches Überhandnehmen des Bösen fordert die Strafe Gottes heraus, das große Gericht des „Tages Jahwes", Js 2$_{6-22}$; 5$_{18-20}$; Hos 5$_{9-14}$; Joel 2$_{1-2}$; Zeph 1$_{14-18}$; die Unheilsansage ist für Jeremia ein Zeichen der wahren Prophetie, Jr 28$_{8-9}$. Die Sünde verlangt als Sünde des ganzen Volkes eine solche kollektive Bestrafung; der Gedanke einer individuellen Vergeltung klingt jedoch in Jr 31$_{29-30}$ (vgl. Dt 24$_{16}$) an und wird in Ez 18, vgl. 33$_{10-20}$, nachdrücklich ausgesprochen.

Parallel dazu vertieft sich das Verständnis vom religiösen Leben. Um der Strafe zu entrinnen, muß man „Gott suchen", Am 5$_{4}$; Jr 50$_{4}$; Zeph 2$_{3}$, d. h., wie Zephanja näher ausführt, seinen Weisungen folgen, das Recht tun, in Dienmut leben, vgl. Js 1$_{17}$; Am 5$_{24}$; Hos 10$_{12}$; Mich 6$_{8}$. Was Gott verlangt, ist eine Religion, die den ganzen Menschen, auch und vor allem sein Inneres, sein Herz durchdringt; sie wird bei Jeremia zu einer Bedingung des Neuen Bundes, Jr 31$_{31-34}$. Dieser Geist muß das ganze religiöse Leben und die äußeren Kulthandlungen beseelen; die Propheten wenden sich scharf gegen einen äußerlichen Vollzug von Riten, der von allem sittlichen Bemühen losgelöst ist, Js 1$_{11-17}$; Jr 6$_{20}$; Hos 6$_{6}$; Mich 6$_{6-8}$.

Die Messiaserwartung. Strafe ist aber nicht das letzte Wort Gottes, er will sein Volk nicht ganz und gar verderben; mag es auch immer wieder von ihm abfallen, er geht seinen Verheißungen nach, sie zu erfüllen. Er wird einen „Rest" verschonen, Js 4$_{3}$+. Der Begriff taucht bei Amos auf, 5$_{15}$, und wird von den nachfolgenden Propheten näher entfaltet. In der Schau der Propheten überlagern sich die beiden Ebenen der bevorstehenden Bestrafung und des letzten Gerichtes Gottes; „Rest" ist das, was der gegenwärtigen Gefahr entrinnen, und gleichzeitig auch das, was am Ende das Heil erlangen wird. Der Unterschied zwischen beiden Ebenen zeigt sich im Verlauf der Geschichte; nach jeder Heimsuchung ist der „Rest" die Schar der Überlebenden: die Bewohner, die in Israel oder in Juda nach dem Fall Samarias oder dem Feldzug Sancheribs übrigblieben, Am 5$_{15}$; Js 37$_{31-32}$, die Verbannten in Babylon nach der Zerstörung Jerusalems, Jr 24$_{8}$; die aus dem Exil nach Palästina heimgekehrte Gemeinde, Sach 8$_{6.11.12}$; Esr 9$_{8.13-15}$. Diese Schar ist aber in jedem Zeitabschnitt gleichzeitig der Sproß, der Wurzelstock eines heiligen Volkes, dem die Zukunft verheißen ist, Js 11$_{10}$; 37$_{31}$; Mich 4$_{7}$; 5$_{6-7}$; Ez 37$_{12-14}$; Sach 8$_{11-13}$.

Diese Zukunft wird ein Zeitalter unerhörten Glückes sein; die Verstreuten Israels und Judas, Js 11$_{12-13}$; Jr 30–31, kehren heim in das Heilige Land, das mit wunderbarer Fruchtbarkeit gesegnet ist, Js 30$_{23-26}$; 32$_{15-17}$, und das Volk Gottes nimmt Rache an seinen Feinden, Mich 4$_{11-13}$; 5$_{6-8}$. Aber diese Erwartung materieller Fruchtbarkeit, Blüte und Macht ist nicht das Wesentliche, sie begleitet nur das Kommen des Gottesreiches. Das Gottesreich setzt eine ganz sittlich-geistig durchdrungene Lebenssphäre voraus: Gerechtigkeit und Heiligkeit, Js 29$_{19-24}$, Bekehrung des Herzens und göttliche Vergebung, Jr 31$_{31-34}$, Gotteserkenntnis, Js 2$_{3}$; 11$_{9}$; Jr 31$_{34}$, Friede und Freude, Js 2$_{4}$; 9$_{6}$; 11$_{6-8}$; 29$_{19}$.

Um sein Reich auf Erden zu errichten und zu regieren, wird Jahwe, der König, einen Stellvertreter haben, seinen Messias, d. h. seinen „Gesalbten", der durch die Salbung mit Königswürde bekleidet wird. Diese Erwählung vorausschauend, hatte Gott dem David durch den Mund Natans die Fortdauer seines Geschlechtes verheißen, 2 Sm 7. Der Messias wird in der Tat der Nachkommenschaft Davids entstammen, Js 11$_{1}$; Jr 23$_{5}$ = 33$_{15}$, wie David wird er aus Betlehem in Ephrata hervorgehen, Mich 5$_{1}$. Ihm werden die höchsten Titel verliehen, Js 9$_{5}$, und auf ihm ruht der Geist Jahwes mit dem ganzen Gefolge seiner Gaben, Js 11$_{1-5}$. Für Jesaja ist er *Immanuel* „Gott mit uns", Js 7$_{14}$, für Jeremia *Jahwe zidkenu* „Jahwe, unsere Gerechtigkeit", Jr 23$_{6}$, zwei Namen, in denen das reine Messiasideal zusammengefaßt ist.

Diese große Hoffnung überlebte das Scheitern der Träume von Weltherrschaft

und die bittere Lehre des Exils. Aber dann stellen die Propheten den neuen David nicht so sehr als mächtigen König, denn als Mittler oder Hirten dar, Ez 34_{23f}, er wird demütig sein, Sach 9_{9}. Vor allem der Knecht Jahwes im zweiten Teil des Jesajabuches, auch wenn er nicht ausdrücklich den Titel Messias trägt, erscheint als der Lehrer seines Volkes und das Licht der Völker; in Milde verkündet er das Gottesrecht; ohne Ansehen wird er sein, von den Seinen verworfen, er aber bringt ihnen um den Preis seines eigenen Lebens das Heil, Js 42_{1-7}; 49_{1-9}; 50_{4-9} und vor allem 52_{13} – 53_{12}. Daniel schließlich sieht einen wie einen Menschensohn auf den Wolken des Himmels kommen, der von Gott die Herrschaft über alle Völker empfängt, ein Reich, das nicht vergeht, Dn 7.
Von dieser Messiaserwartung ist die ganze Geschichte Israels durchzogen, ist der Glaube Israels getragen. Die Worte aber, in denen sie Ausdruck fand, blieben geheimnisvoll bis zur Ankunft dessen, der die Verheißungen ganz erfüllte und ihre Verschiedenheiten zur Deckung brachte: Jesus der Christus, d. h. der Messias, aus dem Geschlecht Davids, geboren zu Betlehem, der Friedenskönig des Sacharja und der Leidensknecht des Deuterojesaja, das Immanuel-Kind, das Jesaja angekündigt, und auch der Menschensohn himmlischen Ursprungs, den Daniel geschaut hatte. Das Neue Testament hat alle diese prophetischen Texte auf Jesus bezogen, die jetzt den Christen unendlich mehr sagen als ihren ersten Hörern.

Die Bücher der Propheten

Die Propheten, denen im Kanon der Bibel ein Buch zugewiesen wird, heißen gewöhnlich „Schriftpropheten". Nach dem, was vom Prophetenamt gesagt wurde, zeigt sich, daß diese Bezeichnung ungenau ist: Der Prophet ist kein Schreibender, er ist in höchstem Maße ein Redender, ein Prediger. Die prophetische Botschaft wurde zuerst gesprochen; so ist darum noch der Weg von diesem verkündigten Wort zum geschriebenen Buch zu erklären.
In diesen Büchern finden sich drei verschiedene Elemente: 1. „Prophetenworte": Orakelsprüche, in denen bald Gott selbst, bald der Prophet im Namen Gottes spricht, oder auch poetische Stücke, die eine Lehre, Ankündigung, Drohung, Verheißung usw. enthalten; 2. Berichte in der ersten Person („Ich-Berichte"), in denen der Prophet seine Erfahrung, insbesondere seine Berufung, schildert; 3. Berichte in der dritten Person, die Ereignisse aus dem Leben des Propheten oder die Umstände seines Wirkens erzählen. Diese drei Arten können miteinander verbunden vorkommen; so sind häufig in die Berichte Sprüche oder Reden eingefügt.
Die Abschnitte in der dritten Person weisen auf einen anderen Verfasser als den Propheten selbst hin. Hierfür haben wir ein klares Zeugnis im Buch Jeremia. Der Prophet diktierte Baruch alle Worte, Jr 36_{4}, die er im Namen Jahwes seit dreiundzwanzig Jahren verkündet hatte, vgl. Jr 25_{3}. Nachdem die Sammlung vom König Jojakim verbrannt worden war, Jr 36_{23}, schrieb der gleiche Baruch eine neue Rolle, Jr 36_{32}. Die Wiedergabe dieser Ereignisse kann nur von Baruch selbst stammen, dem wohl auch die folgenden biographischen Berichte, Jr 37–44, zuzuweisen sind, enden sie doch mit einem Trostwort Jeremias an Baruch, Jr 45_{1-5}. Beiläufig heißt es, daß der zweiten Rolle Baruchs „viele Worte ähnlicher Art hinzugefügt wurden" (durch Baruch oder durch andere), Jr 36_{32}.
Ähnliche Umstände könnte man sich auch bei der Abfassung der anderen Bücher vorstellen. Wahrscheinlich haben die Propheten einen Teil ihrer Sprüche und die Ich-Berichte selbst aufgeschrieben oder diktiert, vgl. Js 8_{1}; 30_{8}; Jr 30_{2}; 51_{60}; Ez 43_{11}; Hab 2_{2}. Ein Teil dieses Erbes mag auch allein durch mündliche Weitergabe in ihrer Umgebung oder durch ihre Schüler treu bewahrt worden sein (Schüler des Jesaja sind wohl durch Js 8_{16} bezeugt). In denselben Kreisen blieben Erinnerungen an das Leben des Propheten lebendig, und diese Erinnerungen enthielten auch Prophetenworte, so die Überlieferungen über Jesaja, die in den Königsbüchern gesammelt sind, 2 Kg 18–20, und von dort in das

Buch Jesaja gelangten, Js 36–39, oder auch der Bericht über die Auseinandersetzung zwischen Amos und Amazja, Am 7_{10-17}. Aus solchen Elementen entstanden Sammlungen; in ihnen waren gleichartige Sprüche oder Stücke zusammengestellt, die das gleiche Thema behandelten (wie die Abschnitte gegen die Fremdvölker bei Jesaja, Jeremia, Ezechiel) oder auch Unheilsankündigungen durch Heilsverheißungen ausglichen (so bei Micha). Diese Schriften wurden gelesen und meditiert, sie trugen dazu bei, daß die religiösen Strömungen, die von den Propheten ausgingen, weiterlebten: Die Zeitgenossen Jeremias zitieren einen Spruch Michas, Jr 26_{17-18}, man bezieht sich oft auf die alten Propheten, Jr 28_{8} – ein formelartig wiederkehrendes Motiv: Jr 7_{25}; 25_{4}; 26_{5}, usw., dann Sach 1_{4-6}; $7_{7.12}$; Dn $9_{6.10}$; Esr 9_{11}. In den frommen Kreisen, die hieraus Nahrung für ihren Glauben und ihre Frömmigkeit schöpften, blieben die Bücher der Propheten etwas Lebendiges; wie bei der Rolle Baruchs, Jr 36_{32}, wurden unter Gottes Eingebung „Worte ähnlicher Art hinzugefügt", um sie neuen Situationen und gegenwärtigen Erfordernissen des Volkes anzupassen oder um sie anzureichern; in manchen Fällen konnten diese Anfügungen, wie wir es bei den Büchern Jesaja und Sacharja sehen werden, größeren Umfang annehmen. Die geistigen Erben der Propheten waren, wenn sie solches taten, überzeugt, den Schatz, den sie von ihnen erhalten hatten, zu bewahren und und Frucht bringen zu lassen.

Die Bücher der vier „großen" Propheten stehen in der griechischen und lateinischen Bibelübersetzung in chronologischer Folge. Die Zusammenstellung der zwölf „kleinen" Propheten ist willkürlicher. Wir wollen versuchen, auch sie, soweit dies möglich ist, in der zeitlichen Folge ihres Entstehens vorzustellen.

Das Buch Jesaja

Der Prophet Jesaja wurde um 765 v. Chr. geboren. Im Todesjahr des Königs Usija, 740, empfing er im Tempel von Jerusalem seine Berufung zum Propheten, die Sendung, den Untergang Israels und Judas als Strafe für die Treulosigkeiten des Volkes anzukündigen, 6_{1-13}. Seine ersten Sprüche (der größere Teil von Kapitel 1–5) stammen aus den folgenden Jahren bis zum Beginn der Regierung des Achas im Jahre 736. Der König von Damaskus, Razon, und der König von Israel, Pekach, wollten damals den jungen König von Juda in ein Bündnis gegen Tiglatpileser III., den König von Assyrien, hineinziehen. Da er sich weigerte, griffen sie ihn an, und Achas rief die Assyrer zu Hilfe. Vergeblich versuchte Jesaja dieser menschlichen Politik entgegenzuwirken; als Unterpfand des göttlichen Willens sagte er die geheimnisvolle Geburt des Immanuel an und verkündete die erste seiner messianischen Verheißungen. Aus dieser Zeit stammt die Mehrzahl der Sprüche, die im „Immanuelbuch", 6–12, enthalten sind. Das Hilfegesuch des Achas an Tiglatpileser stellte Juda unter die Oberhoheit Assyriens und beschleunigte den Untergang des Nordreiches. Nachdem ein Teil vom Gebiet des Nordreiches 734 von Assyrien erobert wurde, wuchs der fremde Druck immer mehr; 721 erlag Samaria der assyrischen Macht. In Juda folgte auf Achas Hiskija, ein frommer, von Reformgeist beseelter König. Aber die politischen Intrigen gingen weiter; diesmal bemühte man sich um die Hilfe Ägyptens gegen Assyrien. Jesaja wollte – seinen Grundsätzen getreu –, daß man jedes militärische Bündnis ablehnte und auf Gott vertraute. In dieser Zeit vor und nach dem Fall Samarias verkündigte Jesaja die meisten Sprüche von Kapitel 28–32 und auch die Sprüche gegen die Völker, 14_{24} – 23_{18}. Da sich Hiskija auf einen Aufstand gegen Assyrien eingelassen hatte, verwüstete Sancherib Palästina im Jahre 701; dennoch wollte der König von Juda Jerusalem verteidigen. Jesaja bestärkte ihn in seinem Widerstand und versprach die Hilfe Gottes; tatsächlich wurde die Stadt befreit. Die Ereignisse werden in Kapitel 36–39, die mit 2 Kg 18–20 parallelgehen, erzählt und beschließen den ersten Teil des Buches. Über das Leben und Wirken Jesajas nach 700 wissen wir nichts mehr. Nach einer jüdischen Überlieferung soll er unter Manasse den Märtyrertod erlitten haben.

Diese aktive Teilnahme an den Angelegenheiten seines Landes macht Jesaja zu einem Nationalhelden. Er ist auch ein genialer Dichter, in seinem glänzenden Stil und der Leuchtkraft seiner Bilder ein „Klassiker" der Bibel. Seine Dichtungen sind von einer gesammelten Gewalt, einer majestätischen Wucht und ausgewogenen Erhabenheit, wie sie niemals mehr erreicht werden sollten. Aber seine Größe ruht zuallererst im Religiösen. Jesaja ist für immer durch die Szene seiner Berufung im Tempel geprägt worden, wo ihm die Transzendenz Gottes und die Unwürdigkeit des Menschen offenbar wurde. Sein Monotheismus hat etwas Triumphales und zugleich Erschreckendes: Gott ist der Heilige, der Starke, der Mächtige, der König. Der Mensch ist ein von der Sünde beflecktes Wesen, von dem Gott Genugtuung verlangt. Denn Gott fordert Gerechtigkeit im mitmenschlichen Leben und Lauterkeit des Herzens im Kult, den man ihm erweist. Er will, daß man sich an ihn hält, sich in ihm festmacht, ihm glaubt. Jesaja ist der Prophet des Glaubens; in den schweren Krisen, die sein Volk durchmacht, verlangt er, daß man auf Gott allein vertraue und baue: Dies ist die einzige Möglichkeit der Rettung. Er weiß, daß die Heimsuchung bitter sein wird, aber er hofft, daß ein „Rest" verschont bleibt, dessen König der Messias sein wird. Jesaja ist der größte der messianischen Propheten. Der Messias, den er ankündigt, ist ein Nachkomme Davids. Er wird auf Erden Frieden und Gerechtigkeit herrschen lassen und Gotteserkenntnis ausbreiten, 2 1–5; 7 10–17; 9 1–6; 11 1–9; 28 16–17.

Ein solches religiöses Genie mußte seine Zeit tief prägen und Schule machen. Die Abschnitte in Prosa und in der dritten Person, die den ersten Teil des Buches beschließen, 36–39, stammen von Schülern des Jesaja. Zu verschiedenen Zeiten haben Erben seines Geistes Einfügungen in seinen Text vorgenommen; hierzu gehören vor allem die Sprüche gegen Babel, 13–14, die Apokalypse, 24–27, die Lieder der Kapitel 33–35.

Der zweite Teil des Buches, 40–55, unterscheidet sich vom ersten erheblich. Die moderne Bibelkritik sieht ihn nicht als das Werk des Propheten des 8. Jahrhunderts an. Vor einer solchen Schlußfolgerung, die mit einer langen Tradition brach und die Freiheit der prophetischen Inspiration einzugrenzen schien, hatte die Päpstliche Bibelkommission am 28. Juni 1908 die katholischen Bibelwissenschaftler gewarnt und erklärt, daß die Argumente noch nicht hinreichend wären, um die Verfasserschaft des Jesaja an diesen Kapiteln aufzugeben – eine Vorsichtsmaßnahme, die weitere Forschungen nicht untersagte. Solche Forschungen haben das Gewicht der vorgebrachten Gründe vermehrt, eine wachsende Zahl katholischer Exegeten ist der Ansicht, daß diese Kapitel an das Buch angefügt wurden. Nicht nur wird Jesaja hierin niemals genannt, auch der geschichtliche Rahmen entspricht der Zeit ungefähr zwei Jahrhunderte nach ihm: Jerusalem ist eingenommen, das Volk in Babylonien in Gefangenschaft, die Befreiung wird durch Cyrus erfolgen, der bereits am Horizont erscheint. Die Sprüche des ersten Teiles waren im allgemeinen Drohworte, voller Anspielungen auf die Ereignisse der Regierung des Achas und Hiskija; die Sprüche des zweiten Teiles sind Trostworte und von diesem geschichtlichen Zusammenhang losgelöst. Der Stil bleibt sehr schön, aber er ist anders, beredsamer, weitschweifiger und liebt Wiederholungen. Auch das Denken ist weiterentwickelt und stärker theologisch durchgebildet. Der Monotheismus wird nicht nur bekannt, sondern auch lehrhaft bewiesen, die Nichtigkeit der falschen Götter wird an ihrer Ohnmacht aufgezeigt. Gottes Weisheit und unergründliche Vorsehung wird hervorgehoben, der religiöse Universalismus zum erstenmal klar ausgesprochen.

Ohne Zweifel hätte die göttliche Allmacht den Propheten von seiner Gegenwart trennen und in eine ferne Zukunft versetzen, seine Bilder und Gedanken wandeln können. Das würde aber eine Verdoppelung seiner Person und ein Außerachtlassen seiner Zeitgenossen – zu denen er doch gesandt wurde – voraussetzen, die ohne jedes Beispiel in der Bibel wären. Darum ist es soviel wie sicher, daß die Kapitel 40–55 das Werk eines Anonymen – eines geistigen Jüngers Jesajas (in der Bibelwissenschaft auch „Deutero-Jesaja“ genannt) und eines großen Propheten wie dieser – am Ende des Exils sind. Die Sammlung beginnt in Kapitel 40 mit einem Eingangsgedicht, das die Sendung dieses Propheten zusammenfaßt: „Tröstet, tröstet mein Volk“, vgl. Sir 48_{24}, und wird danach auch als das „Trostbuch Israels“ bezeichnet.

In diesem Buch sind vier Gedichte, die „Gottesknechtslieder“, eingelegt, 42_{1-7}; 49_{1-9}; 50_{4-9}; 52_{13} – 53_{12}. Sie zeichnen einen vollkommenen Jünger Jahwes, der den wahren Glauben predigt, der leidet, um für die Sünden seines Volkes zu sühnen, und der von Gott verherrlicht wird. Die christliche Tradition sieht hierin die geheimnisvolle Ankündigung des Lebens und Sühnetodes Jesu, des wahren Gottesknechtes.

Der letzte Teil des Buches, 55–66, ist weniger einheitlich. Während Kapitel 57 vorexilisch sein könnte, setzt die Atmosphäre in 56, 58, 66 voraus, daß die Rückkehr bereits erfolgt ist. Die Kapitel 63–65 tragen ein betont apokalyptisches Gepräge. Inhalt und Stil von 60–62 sind mit 40–55 stark verwandt, und im allgemeinen wird dieser ganze dritte Teil als die traditionelle Fortsetzung des zweiten angesehen, als ein Werk von Schülern des Trostpropheten der Exilszeit. So liegt hier die letzte Frucht der jesajanischen Schule vor, in der das Wirken des großen Propheten des 8. Jahrhunderts eine lebendige Fortsetzung fand.

Das Buch Jeremia

Reichlich ein Jahrhundert nach Jesaja, um 645 v. Chr., wurde Jeremia in einer Priesterfamilie, die nahe bei Jerusalem ansässig war, geboren. Von seinem Leben und seiner Wesensart wissen wir mehr als bei irgendeinem anderen Propheten durch die biographischen Berichte in der dritten Person, die in sein Buch eingestreut sind (ihre chronologische Folge: 19_{1} – 20_{6}; 26; 36; 45; 28–29; 51_{59-64}; 34_{8-22}; 37–44), und durch die autobiographischen Abschnitte in Prosa oder in Versen, die man die „Konfessionen Jeremias“ genannt hat: 11_{18} – 12_{6}; 15_{10-21}; 17_{14-18}; 18_{18-23}; 20_{7-18}. Ganz jung von Gott im Jahre 626, dem 13. Regierungsjahr des Josija, berufen, 1_{2}, erlebte er die tragische Periode, in der sich der Untergang des Reiches Juda anbahnte und vollendete. Josijas religiöse Reform und nationale Restauration weckten Hoffnungen, die aber durch den Tod des Königs bei Megiddo 609 und durch den Umschwung in der Welt des Alten Orients – den Fall Ninives 612 und den Aufstieg des babylonischen Weltreiches – zunichte wurden. Seit 605 hatte Nebukadnezar Palästina unter seine Herrschaft gebracht, dann rebellierte Juda auf Betreiben Ägyptens, das eine solche Politik des Aufstandes bis zum bitteren Ende unterstützte; 597 belagerte Nebukadnezar Jerusalem und deportierte einen Teil seiner Bewohner. Ein neuer Aufstand rief die chaldäischen Heere abermals ins Land; 587 wurde Jerusalem erobert, der Tempel eingeäschert, eine zweite Deportation vorgenommen. In solcher Zeit voller Bedrängnisse und Katastrophen lebte Jeremia; er predigte, drohte, sagte den Untergang voraus, warnte umsonst die unfähigen Könige, die sich auf dem Thron Davids ablösten; er wurde von den militärischen Führern der Zersetzung angeklagt, verfolgt, eingekerkert. Nach der Eroberung Jerusalems blieb Jeremia, obwohl er die Zukunftshoffnung bei den Verbannten sah, in Palästina bei Gedalja, dem von den Babyloniern ernannten Statthalter. Als dieser ermordet wurde, floh eine Gruppe von Juden aus Furcht vor Vergeltungsmaßnahmen nach Ägypten und nahm Jeremia mit. Wahrscheinlich ist er dort gestorben.

Das Leben des Jeremia erhält seine Dramatik nicht nur durch die Ereignisse, in die er hineingestellt war, sie liegt auch im Propheten selbst begründet. Er besaß eine feinfühlige Natur, die zu einem Leben in Liebe und Stille drängte, und er wurde gesandt, „um auszurotten und niederzureißen, um zu verderben und zu zerstören“, 1_{10}; er mußte vor allem Unheil voraussagen, 20_{8}. Er sehnte sich nach Frieden und mußte allezeit kämpfen: gegen die Seinen, die Könige, die Priester, die falschen Propheten, das ganze Volk, „ein Mann des Streites und des Haders für das ganze Land", 15,10. Er wurde von seiner Sendung zerrissen und konnte sich ihr doch nicht entziehen, 20,9. In seinen inneren Dialogen mit Gott bricht sich die Qual seines Herzens Bahn: „Warum bohrt mein Schmerz ohne Unterlaß?", 15,18, oder jenes erschütternde Wort, das schon an Ijob denken läßt: „Verflucht sei der Tag, an dem ich geboren", 20,14 f.

Dieses Leiden aber hat seine Seele geläutert und offen gemacht für das Leben mit Gott. Eine Religion der Innerlichkeit und des Herzens, die er lebte, bevor er sie in der Verheißung des neuen Bundes aussprach, 31,31–34 – das bringt ihn uns so liebenswert nahe. Ein so persönlich verstandenes Verhältnis zu Gott führte ihn zu einer Vertiefung der überlieferten Lehre: Gott erforscht und prüft Herz und Nieren, 11,20, er vergilt einem jeden nach seinem Tun, 31,29–30; die Gottesfreundschaft, 2,2, wird durch die Sünde gebrochen, die dem bösen Herzen entspringt, 4,4; 17,9; 18,12. In der Gefühlstiefe ist er mit Hosea verwandt, unter dessen Einfluß er steht; in der Verinnerlichung des Gesetzes, der Rolle des Herzens beim Verhältnis zu Gott, der Betonung des Menschen als Einzelperson steht er dem Deuteronomium nahe. Gewisse wörtliche Berührungen zwischen diesem Buch und dem Buch Jeremia lassen sich dadurch erklären, daß sich beide Bücher bei ihrem Redaktionsprozeß gegenseitig beeinflußten; solche Entlehnungen bestehen aber auch zu Recht, weil beide Bücher in ihrem Geist und ihrer Lehre Gemeinsames haben. Jeremia kannte die erste Ausgabe des Deuteronomium, und er unterstützte die religiöse Reform, die hieraus ihre Leitlinien schöpfte.

Zeit seines Lebens ist Jeremia in seiner Sendung gescheitert, nach seinem Tode aber wuchs seine Gestalt unablässig an Größe. Durch seine Lehre von einem „Neuen Bund", der auf die Religion des Herzens gegründet ist, wurde er der Vater des Judentums in seiner reinsten Ausprägung; hervorzuheben ist sein Einfluß auf Ezechiel, den zweiten Teil des Jesajabuches und mehrere Psalmen. Die Makkabäerzeit zählte ihn zu den Beschützern des Volkes, 2 Makk 2,1–8; 15,12–16. Dadurch, daß er den Vorrang der geistigen Werte betonte und aufzeigte, wie innig die Verbindung des Menschen zu Gott sein soll, bereitete er den neuen, in Christus gründenden Bund vor; das Bild des Leidensknechtes in Js 53 mag manche Züge vom Leben des Jeremia angenommen haben; in der Passion seines Lebens und seiner Unterwerfung unter den Dienst Gottes kommt schon das Bild Christi zum Vorschein.

Dieser nachhaltige Einfluß setzt voraus, daß die Worte Jeremias oft gelesen, meditiert und kommentiert wurden. Ein solches Nachwirken in einer ganzen Nachkommenschaft geistiger Erben spiegelt sich in der Struktur des Buches Jeremia. Es bietet sich keineswegs als ein Werk aus einem Guß dar. Die griechische Übersetzung bietet eine erheblich kürzere Fassung als der hebräische Text; sie stellt die Sprüche gegen die Völker nach 25,13 (wo ihr ursprünglicher Platz gewesen sein muß), während das Hebräische sie an das Ende des Buches verlegt, 46–51. Alle diese Fremdvölkerorakel stammen vielleicht nicht von Jeremia selbst; zumindest die Sprüche gegen Babel, 50–51, gehören in spätexilische Zeit. Kapitel 52 versteht sich selbst als ein geschichtlicher Anhang, der in 2 Kg 24,18 – 25,30 seine Parallele hat. Andere Ergänzungen geringeren Umfangs wurden da und dort in das Buch eingefügt und bezeugen seine Benützung und Wertschätzung bei den Verbannten in Babel und in der nachexilischen Gemeinde. Auch die zahlreichen doppelt vorkommenden Texte setzen eine redaktionelle Bearbeitung voraus; schließlich stehen die vielen chronologischen Angaben nicht in der richtigen Reihenfolge. So ist die jetzige Unordnung des Buches das Ergebnis einer langen Abfassungsgeschichte, deren einzelne Phasen sehr schwer aufzuhellen sind.

Kapitel 36 gibt uns allerdings wertvolle Hinweise: Im Jahre 605 diktierte Jeremia seinem Schüler Baruch die Sprüche, die er seit Beginn seines Wirkens, 36,2,

d. h. seit 626, verkündet hatte. Diese von Jojakim verbrannte Rolle wurde neu geschrieben und ergänzt, 36_{32}. Über den Inhalt dieser Sammlung kann man nur Vermutungen aufstellen. Anscheinend begann sie mit 25_{1-12} und stellte die Stücke aus der Zeit vor 605 zusammen, die jetzt in 1–18 stehen, aber sie enthielt nach 36_{2} auch alte Sprüche gegen die Völker, auf die sich 25_{13-38} bezieht; ergänzend kamen dann Stücke aus der Zeit nach 605 und weitere Sprüche gegen die Völker hinzu, die in den gleichen Abschnitten stehen. Dieser Sammlung wurden die Stücke der oben im einzelnen angegebenen „Konfessionen" eingefügt, ferner zwei kleine Büchlein – über die Könige, 21_{11} – 23_{8}, und über die Propheten, 23_{9-40} –, die vielleicht zunächst getrennt bestanden haben, angeschlossen.

So heben sich bereits zwei Teile im Buch heraus: Der eine enthält die Drohungen gegen Juda und Jerusalem, 1_{1} – 25_{13}, der andere die Sprüche gegen die Völker, 25_{13-38} und 46–51. Einen dritten Teil bildet 26–35, in dem man ohne bestimmte Ordnung die verheißungsvoller gestimmten Worte gesammelt hat. Diese Stücke stehen allermeist in Prosa und stammen zum großen Teil aus einer Biographie des Jeremia, die man Baruch zuweist. Eine Ausnahme bildet 30–31, ein Trostbüchlein in Versform. Der vierte Teil, 36–44, in Prosa setzt die Lebensgeschichte Jeremias fort und berichtet von seinen Leiden während und nach der Belagerung Jerusalems. Er endet mit 45_{1-5}, gleichsam der Unterschrift Baruchs.

Das Buch der Klagelieder

In der hebräischen Bibel steht dieses kleine Buch unter den „Schriften" (Hagiographen). Die Septuaginta und die Vulgata stellen es hinter das Buch Jeremia mit einem Titel, der Jeremia als Verfasser angibt. Diese Überlieferung beruhte auf 2 Chr 35_{25} und wurde durch den Inhalt der Lieder gestützt, der in der Tat in die Zeit Jeremias paßt. Sie läßt sich aber schwerlich aufrechterhalten. Nach dem, was wir von Jeremia aus seinen authentischen Sprüchen wissen, konnte er nicht sagen, die Prophetengabe sei erloschen, 2_{9}, noch konnte er Zidkija loben, 4_{20}, noch auf ägyptische Hilfe hoffen, 4_{17}. Seine spontane Art hätte sich schwerlich in die künstliche literarische Form dieser Lieder zwängen lassen; die vier ersten Klagelieder sind alphabetisch: Jede Strophe beginnt der Reihe nach mit einem der Buchstaben des Alphabets; beim fünften Lied entspricht die Anzahl der 22 Verse genau der Buchstabenzahl des Alphabets.

Die Lieder 1, 2 und 4 sind in der literarischen Gattung des Leichenliedes gehalten, 3 ist ein individuelles, 5 ein kollektives Klagelied (im Lateinischen: Gebet des Jeremia). Sie wurden in Palästina nach der Zerstörung Jerusalems 587 verfaßt und dienten wahrscheinlich für den Gottesdienst, der nach Jr 41_{5} auf dem Tempelgelände weitergehalten wurde. Der oder die Verfasser beschreiben hierin in bewegten Wendungen die Trauer der Stadt und ihrer Bewohner, aber aus diesen schmerzlichen Klagen entströmt ein Gefühl unbesiegbaren Vertrauens auf Gott und einer tiefen Reue, welches den bleibenden Wert des Buches ausmacht. Die Juden rezitieren es beim großen Fasten zum Gedächtnis der Ereignisse von 587; die Kirche verwendet es während der Heiligen Woche, um des Geschehens von Kalvaria zu gedenken.

Das Buch Baruch

Das Buch Baruch gehört zu den deuterokanonischen Büchern, die in der hebräischen Bibel fehlen. In der Septuaginta steht es zwischen dem Buch Jeremia und dem Buch der Klagelieder, in der Vulgata nach dem Buch der Klagelieder. Nach der Einleitung, 1_{1-14}, wäre es von Baruch nach der Wegführung ins babylonische Exil geschrieben und nach Jerusalem gesandt worden, um bei den liturgischen Versammlungen vorgelesen zu werden. Es enthält: ein Gebet des Schuldbekenntnisses und der Hoffnung, 1_{15} – 3_{8}, ein Weisheitsgedicht, 3_{9} – 4_{4}, in dem die Weisheit mit dem Gesetz gleichgesetzt wird, einen prophetischen Abschnitt, 4_{5} – 5_{9}, in dem sich das personifizierte Jerusalem an die Verbannten wendet und der Prophet ihm durch die Erinnerung an die messianischen Hoffnungen Mut zuspricht. Den drei Abschnitten außer der Einleitung liegt wahrscheinlich ein verlorengegangenes hebräisches Original zugrunde; die Zeit ihrer Abfassung läßt sich schwer angeben, vielleicht stammen sie erst aus dem 2. bis 1. Jahrhundert v. Chr.

In der griechischen Bibel steht der Brief des Jeremia an eigener Stelle, während die Vulgata ihn an das Buch Baruch, 6, mit einem eigenen Titel anhängt. Es handelt sich um eine Verteidigungsschrift gegen die Verehrung der Götterbilder, die in einem einfachen Stil Themen entwickelt, wie sie bereits von Jr 101–16 und Js 449–20 behandelt wurden. Offensichtlich sind babylonische Kultverhältnisse in einer späten Zeit gemeint. Der Brief, der hebräisch abgefaßt zu sein scheint, stammt aus der griechischen Periode, ohne daß man nähere Zeitangaben machen könnte; 2 Makk 21–3 scheint auf ihn anzuspielen.

Die Sammlung, die unter dem Namen Baruchs zusammengestellt wurde, ist für uns dadurch bedeutsam, daß sie uns Einblick in die Gemeinden der Diaspora gewährt und zeigt, wie in ihnen das religiöse Leben durch die Verbindung mit Jerusalem, durch Gebet und Gesetzesbeobachtung, im Geist der Vergeltung und mit messianischen Träumen aufrechterhalten wurde. Zusammen mit den Klageliedern ist das Buch Baruch auch ein Zeuge für das große Andenken, das Jeremia hinterließ, da man die beiden kleinen Schriften mit dem Namen des Propheten und seines Schülers verknüpfte.

Das Buch Ezechiel

Im Unterschied zum Buch Jeremia erscheint das Buch Ezechiel als ein wohlgeordnetes Ganzes. Nach einer Einleitung, 1–3, in der der Prophet seine Sendung von Gott empfängt, gliedert sich das Buch deutlich in vier Teile: 1. Kapitel 4–24: fast ausschließlich Vorwürfe und Drohungen gegen die Israeliten während der Belagerung Jerusalems; 2. Kapitel 25–32: Fremdvölkerorakel, in denen der Prophet das göttliche Strafgericht über die Helfershelfer und Anstifter des treulosen Volkes ausdehnt; 3. Kapitel 33–39: Heilsverheißungen während und nach der Belagerung, in denen der Prophet sein Volk durch die Aussicht auf eine bessere Zukunft tröstet; 4. Kapitel 40–48: Entwurf der politischen und religiösen Verfassung der künftigen, in Palästina einst wiedererrichteten Gemeinde.

Diese klare Gliederung im Aufbau kann jedoch nicht über ernstliche Störungen hinwegtäuschen. Es gibt zahlreiche Dubletten, z. B. 317–21 = 337–9; 1825–29 = 3317–20 usw. Zwischen den Hinweisen auf die Stummheit, mit der Ezechiel von Gott geschlagen wird, 326; 2427; 3322, stehen lange Reden. Die Vision vom Gotteswagen, 14 – 315, wird durch die Vision von der Buchrolle, 21 – 39, unterbrochen. Ebenso schließt sich die Beschreibung der Sünden Jerusalems, 111–21, an 8 an und zerreißt offensichtlich die Beschreibung, wie der Gotteswagen Jerusalem verläßt, die nach 1022 in 1122 weitergeht. Die in 26–33 gebotenen Zeitangaben stehen nicht in chronologischer Folge. Solche Störungen sind schwerlich einem Autor zuzumuten, der sein Werk in einem Zuge niederschreibt. Viel wahrscheinlicher gehen sie auf Schüler zurück, die Schriften oder Erinnerungen bearbeitet, verbunden, ergänzt haben. Das Buch Ezechiel teilt also in gewissem Maße das Schicksal der anderen Prophetenbücher. Aber die Gleichartigkeit in Lehre und Stil bestätigt uns, daß diese Schüler das Denken und im allgemeinen auch das Wort ihres Meisters treu bewahrt haben.

Es stellt sich aber die Frage, ob ihre Redaktionsarbeit nicht in einem wichtigen Punkt die Perspektive des Buches verändert habe. Nach dem heutigen Zustand des Buches vollzog sich das ganze Wirken Ezechiels unter den Verbannten in Babylonien zwischen 593 und 571, das Datum des Anfangs und Endes ist im Text angegeben, 12 und 2917. Unter diesen Umständen ist man erstaunt, daß die Sprüche des ersten Teiles an die Bewohner von Jerusalem gerichtet erscheinen und daß es manchmal so aussieht, als ob Ezechiel leiblich in der Stadt anwesend wäre, vor allem 1113. So hat man neuerdings die Hypothese von einem zweifachen Wirken Ezechiels aufgestellt: Bis nach dem Zusammenbruch Jerusalems 587 sei er in Palästina geblieben und hätte hier gepredigt; erst danach sei er zu den Verbannten nach Babylonien gekommen. Die Vision von der Buchrolle, 21 – 39, bezeichne die Berufung des Propheten in Palästina, die Vision vom Thronwagen Gottes, 14–28 und 310–15, die Ankunft bei den Verbannten. Durch die Umstellung dieser Vision an den Anfang sei die ganze Perspektive des Buches verändert. Diese Hypothese vermag manche Schwierigkeiten zu lösen, aber sie wirft andere neu auf. Sie setzt weitgehende Textveränderungen voraus; sie muß annehmen, daß Ezechiel selbst während seines „palästinensischen" Wirkens gewöhnlich außerhalb der Stadt lebte, da er in sie „überführt" wird, 83; und wenn Ezechiel und Jeremia gemeinsam in Jerusalem gepredigt hätten, ist doch auffällig, daß sich bei keinem von beiden eine Anspielung auf das Wirken des anderen findet. Andererseits sind die Schwierigkeiten der herkömmlichen These nicht unüberwindlich: Die Vorwürfe, die an die Leute von Jerusalem gerichtet werden, dienten als Lehre für die Verbannten; und wenn Ezechiel in der Heiligen Stadt zu sein scheint, so sagt der Text ausdrücklich, daß er „in göttlichem Gesichte", 83, hingebracht und ebenfalls „im Gesicht" wieder zurückgebracht wurde, 1124. Die Hypothese von einem doppelten Wirken, die einen gewissen Anklang gefunden hat, bleibt also unsicher.

Welche Lösung man auch annimmt, es hebt sich die gleiche große Gestalt aus dem Buch heraus. Ezechiel ist ein Priester, 13. Der Tempel ist sein Hauptanliegen, mag es sich um den gewöhnlichen Tempel handeln, der von unreinen Riten befleckt ist, 8, und von der Herrlichkeit Jahwes verlassen wird, 10, oder um den zukünftigen Tempel, dessen Anlage er in allen Einzelheiten beschreibt, 40–42, und in den er Gott zurückkehren sieht, 43. Er ordnet für die Zukunft die Aufgaben des Tempelpersonals, die Einzelheiten des Gottesdienstes und den religiösen Kalender, 44–46. Er verehrt das Gesetz, und in seiner Geschichte der Treubrüche Israels wiederholt sich der Vorwurf, „die Sabbate geschändet zu haben", wie ein Kehrvers immer wieder. Er besitzt einen Abscheu vor gesetzlichen Verunreinigungen, 414; 447, und eine große Sorge, das Heilige vom Profanen zu scheiden, 451–6; 489f. In seiner Eigenschaft als Priester ordnet er Fälle rechtlicher oder sittlicher Art, und seine Lehre trägt deshalb etwas Kasuistisches an sich, 18. Sein Denken und sein Wortschatz sind mit dem Heiligkeitsgesetz von Lv 17–26 verwandt, er hat es gekannt und durchdacht, aber er geht über es hinaus und bereitet die letzte Gesetzeskodifikation des Pentateuchs vor. Sein Werk steht in der „priesterlichen" Bewegung, wie das Werk Jeremias zur „deuteronomistischen" Bewegung gehörte.

Aber dieser Priester ist auch ein Prophet der Tat. Er hat mehr symbolische Handlungen vollzogen als irgendein anderer Prophet. Er ahmt die Belagerung Jerusalems nach, 41 – 54, den Aufbruch der Auswanderer, 121–7, den König von Babel an der Wegkreuzung, 2123f, die Vereinigung von Juda und Israel, 3715f. Bis in die persönlichen Prüfungen hinein, die Gott ihm schickt, ist er ein „Zeichen" für Israel, 2424, wie es Hosea, Jesaja und Jeremia gewesen waren; aber seine komplizierten Symbolhandlungen stehen im Gegensatz zu den schlichten Gesten seiner Vorgänger.

Ezechiel ist vor allem ein Visionär. Sein Buch enthält zwar nur vier Visionen im eigentlichen Sinn, aber sie nehmen einen beträchtlichen Raum ein: 1–3; 8–11; 37; 40–48. Hier öffnet sich der Blick in eine phantastische Welt: die vier Lebewesen des Thronwagens Jahwes, der schauerliche Aufzug des Götzenkultes im Tempel mit seinem Gewimmel an Tieren und Götterbildern, die Ebene mit den verdorrten und wieder lebendig werdenden Totengebeinen, der zukünftige Tempel, der wie in einer Architektenzeichnung entworfen wird und aus dem sich ein Phantasiefluß durch eine utopische Landschaft ergießt. Eine solche Einbildungskraft findet sich auch in den Allegorien, die der Prophet breit ausmalt: die beiden Schwestern Ohola und Oholiba, 23, der Schiffbruch von Tyrus, 27, das Pharao-Krokodil, 29 und 32, der Riesenbaum, 31, die Höllenfahrt, 32.

Im Gegensatz zu dieser Bildkraft – vielleicht muß ein solcher Preis für sie entrichtet werden – ist der Stil Ezechiels, wie wenn die Gewalt des Geschauten die Sprache lähmen würde, eintönig und farblos, kalt und fade, von einer auffälligen Dürftigkeit, wenn man ihn mit dem Stil der großen Klassiker vergleicht, mit der kraftvollen Klarheit des Jesaja, mit der bewegenden Glut des Jeremia. Die Kunst Ezechiels hat ihr Gewicht im gewaltigen Ausmaß seiner unerhörten Bilder, die eine Atmosphäre heiligen Grauens vor dem Mysterium des Göttlichen schaffen.

Wenn Ezechiel auch in vieler Hinsicht bei seinen Vorgängern anknüpft, so sieht man doch, daß er einen neuen Weg einschlägt. Das gilt auch von seiner Lehre. Ezechiel bricht mit der Vergangenheit seines Volkes. Gelegentlich erscheint zwar die Erinnerung an die Väterverheißungen und den Sinaibund, aber wenn Gott bisher sein von Geburt an beflecktes Volk gerettet hat, 163f, so tat er es nicht, um die Verheißungen zu erfüllen, sondern um die Ehre seines Namens zu verteidigen, 20; an Stelle des alten Bundes wird er den ewigen Bund aufrichten, 1660; 3726f – nicht als Belohnung für eine „Rückkehr" des Volkes zu ihm, sondern aus reiner Huld, wir würden sagen: aus zuvorkommender Gnade; erst darauf wird die Reue folgen, 1662–63. Die – übrigens wenig ausgeprägte – Messiaserwartung bei Ezechiel ist nicht die Erwartung eines Messiaskönigs voll Herrlichkeit; er kündigt zwar einen künftigen David an, aber dieser wird nur der „Hirt" seines Volkes sein, 3423; 3724, ein „Fürst", 3424, und kein König mehr, für den in seiner theokratischen Schau der Zukunft kein Platz ist, 457f.

Er bricht mit der Tradition von der Gemeinschaftlichkeit in der Strafe und spricht das Prinzip der individuellen Vergeltung aus, 18; vgl. 33 – eine vorläufige theologische Lösung, die, allzuoft von den Fakten widerlegt, langsam zur Vorstellung einer Vergeltung im Jenseits führen wird. Als ein mit dem Tempel innig verwachsener Priester bricht er dennoch, wie es schon Jeremia getan hatte, mit der Vorstellung, daß Gott an sein Heiligtum gebunden sei. In ihm vermählen sich prophetischer und priesterlicher Geist, die so oft in Gegensatz zueinander standen: Die Riten – die bestehenbleiben – erhalten durch die Gesinnungen, die sie beseelen, ihren Wert. Die ganze Lehre des Ezechiel kreist um die innere Erneuerung: Man muß sich ein neues Herz und einen neuen Geist schaffen, 1831, oder vielmehr Gott selbst wird ein „anderes" Herz, ein „neues" Herz geben und in die Menschen einen „neuen" Geist legen, 1119; 3626. Wie bei seiner Verkündigung der göttlichen Huld, welche die Reue voraussieht, steht man hier an der Schwelle einer Theologie der Gnade, die Johannes und Paulus entfalten werden.

Diese Vergeistigung aller religiösen Gegebenheiten ist der große Beitrag des Ezechiel. Wenn man ihn den Vater des Judentums nennt, meint man oft seine Sorge um die Abtrennung des Profanen, um gesetzliche Reinheit, seine rituelle Kleinlichkeit, und man denkt an die Pharisäer. Das ist aber völlig ungerecht: Ezechiel steht wie Jeremia, nur auf eine andere Weise, am Ursprung einer überaus lauteren Geistesströmung, die das Judentum durchzogen hat, um dann im NT zu münden. Jesus ist der gute Hirt, den Ezechiel angekündigt hatte; er begründet die Anbetung Gottes im Geiste, die jener gefordert hatte.

Ein weiteres Merkmal des Ezechiel: Er steht am Ursprung der apokalyptischen Strömung. Seine großartigen Visionen sind ein Vorspiel zu den Gesichten Daniels, und es ist nicht überraschend, daß man in der Apokalypse des Johannes so oft seinen Einfluß wiederfindet.

Das Buch Daniel

Seinem Inhalt nach zerfällt das Buch Daniel in zwei Teile. Die Kapitel 1–6 sind Erzählungen: Daniel und seine drei Gefährten im Dienst Nebukadnezars, 1; der Traum Nebukadnezars: das zusammengesetzte Standbild, 2; die Anbetung des goldenen Standbildes und die drei Gefährten Daniels im Feuerofen, 3; der Irrsinn Nebukadnezars, 4; das Fest Belsazars, 5; Daniel in der Löwengrube, 6.

In allen diesen Erzählungen gehen Daniel oder seine Gefährten siegreich aus einer Prüfung hervor, von der ihr Leben oder zumindest ihr Ruf abhängt, und die Heiden verherrlichen Gott, der jene gerettet hat. Die Szenen spielen in Babel während der Regierung Nebukadnezars, seines „Sohnes“ Belsazar und dessen Nachfolgers, „des Meders Darius“. Die Kapitel 7–12 sind Visionen, die Daniel zuteil werden: die vier Tiere, 7; der Widder und der Ziegenbock, 8; die siebzig Wochen, 9; die große Vision von der Zeit des Zornes und der Zeit des Endes, 10–12. Sie sind in die Regierungszeit des Belsazar, des Meders Darius und des Perserkönigs Cyrus verlegt und spielen in Babylonien.
Aus dieser Aufteilung hat man manchmal die Existenz von zwei Schriften aus verschiedenen Zeiten gefolgert, die durch einen Herausgeber verbunden worden seien. Andere Anzeichen aber sprechen gegen eine solche Aufteilung. Die Erzählungen stehen zwar in der dritten Person, während die Visionen von Daniel selbst (in Ich-Form) erzählt werden, aber die erste Vision, 7, ist umrahmt von einer Einleitung und einem Schluß in der dritten Person. Der Anfang des Buches ist hebräisch abgefaßt, aber in 2 4B geht es unvermittelt ins Aramäische (bis 7 28) über, das damit einen Teil der Visionen umfaßt; die letzten Kapitel sind wieder hebräisch. Für diesen Sprachenwechsel wurden mehrere Erklärungen vorgeschlagen, von denen aber keine überzeugend ist. Damit entsprechen die Aufteilung nach dem Stil (erste oder dritte Person) und die Aufteilung nach der Sprache (hebräisch oder aramäisch) nicht jener Aufteilung, die sich aus dem Inhalt ergibt (Erzählungen oder Visionen). Andererseits wird Kapitel 7 durch Kapitel 8 erläutert, steht aber parallel zu Kapitel 2; es ist im gleichen Aramäisch geschrieben wie 2–4, aber Merkmale seines Stils finden sich in 8–12 wieder, obwohl diese Kapitel auf hebräisch geschrieben sind. Kapitel 7 bildet also ein Bindeglied zwischen den beiden Teilen des Buches und unterstützt seine Einheit. Überdies erscheinen Belsazar und Darius, der Meder, in beiden Teilen des Buches, in dem sich damit für den Historiker die gleichen Schwierigkeiten stellen. Schließlich sind die literarischen Verfahren und Denkformen von Anfang bis Ende des Buches dieselben; diese Gleichheit ist das stärkste Argument für die Einheit seiner Abfassung.
Das Abfassungsdatum wird durch das klare Zeugnis von Kapitel 11 bestimmt. Die Kriege zwischen den Seleukiden und Lagiden und ein Teil der Regierung des Antiochus Epiphanes werden hier mit einem großen Aufwand von Einzelheiten erzählt, die für die Absicht des Verfassers ohne Bedeutung sind. Diese Erzählung läßt sich mit keiner anderen Prophetie des Alten Testamentes vergleichen und berichtet trotz ihres prophetischen Stils bereits eingetretene Ereignisse. Von 11 40 an wechselt aber der Stil, die „Zeit des Endes“ wird in einer Weise angekündigt, die an die anderen Propheten erinnert. Danach wäre das Buch während der Verfolgung des Antiochus Epiphanes und vor dessen Tod, auch noch vor dem Sieg der makkabäischen Erhebung verfaßt, d. h. zwischen 167 und 164 v. Chr.
Gegen diese Datierung spricht nichts im übrigen Buch. Die Erzählungen des ersten Teiles werden in die babylonische Zeit verlegt, aber bestimmte Anzeichen verraten, daß der Verfasser jenen Geschehnissen recht fernsteht. Belsazar ist der Sohn des Nabonid, aber nicht des Nebukadnezar, wie der Text sagt, und er hat niemals den Titel König besessen. Ein Meder Darius ist den Historikern unbekannt; zwischen dem letzten babylonischen König und dem Perser Cyrus, der die Meder bereits besiegt hatte, ist für ihn kein Platz. Die neubabylonischen Verhältnisse werden mit Worten persischer Herkunft beschrieben; die Musikinstrumente im Orchester Nebukadnezars tragen sogar griechische Namen in entsprechender Umschrift. Die im Buch angegebenen Daten stimmen weder untereinander noch mit der Geschichte, so wie wir sie kennen, überein; sie scheinen an den Anfang der Kapitel gestellt zu sein, ohne daß man sich um Chronologie viel kümmerte. So haben offenbar alte Überlieferungen, deren Umfang sich schwer abgrenzen läßt, das Material für eine später abgefaßte Schrift geliefert.

Dieses geringe Alter des Buches erklärt seine Stellung in der hebräischen Bibel. Es wurde nach der Fixierung des Prophetenkanons aufgenommen und zwischen Ester und Esra in die gemischte Gruppe „Schriften" eingeordnet, die den letzten Teil des hebräischen Kanons bildet. Die griechische und lateinische Bibelübersetzung stellen es zu den Propheten und fügen einige deuterokanonische Abschnitte an: den Psalm des Asarja und den Lobgesang der drei Jünglinge, 324–90, die Susannageschichte, in der die Klugheit und der Scharfsinn des jungen Daniel zutage treten, 13, die Geschichten von Bel und von der heiligen Schlange – Satiren auf den Götzendienst, 14.

Das Buch ist dazu bestimmt, den Glauben und die Hoffnung der von Antiochus Epiphanes verfolgten Juden zu stärken. Daniel und seine Gefährten sind denselben Prüfungen – gegen die Gesetzesvorschriften verstoßen, 1, Götzendienst begehen, 3 und 6 – ausgesetzt gewesen und aus ihnen als Sieger hervorgegangen; die Verfolger von einst mußten die Macht des wahren Gottes anerkennen. Der Verfolger der Gegenwart wird in schwärzeren Farben gemalt, aber wenn der Zorn Gottes sein Vollmaß erreicht hat, 819; 1136, bricht die Zeit des Endes an, 817; 1140, in der der Verfolger gestürzt wird, 825; 1145. Das wird das Ende der Übel und der Sünde sein und das Kommen des Reiches der Heiligen; es wird von einem „Menschensohn" regiert, dessen Herrschaft ewig dauern wird, 7.

Diese Erwartung des Endes, diese Hoffnung auf das Reich zieht sich durch das ganze Buch, 244; 333(100); 431; 714. Gott wird das Reich anbrechen lassen nach einer Frist, die er festgesetzt hat, die aber gleichzeitig die ganze Dauer der Menschengeschichte umfaßt. Die Zeitalter der Weltgeschichte werden zu Stadien im Ablauf des ewigen Planes Gottes. Vergangenheit, Gegenwart, Zukunft – alles wird Prophetie, weil alles im Lichte Gottes gesehen wird, „der ablöst die Zeiten und Fristen", 221. Durch diese doppelte Schau, gleichzeitig auf die Zeit bezogen und über die Zeit ausgreifend, offenbart der Verfasser den prophetischen Sinn der Geschichte. Das Geheimnis Gottes, 218 usw.; 46, wird durch die Vermittlung geheimnisvoller Wesen enthüllt, sie sind die Boten und Beauftragten des Allerhöchsten; das Buch Daniel hat – wie die Bücher Ezechiel und vor allem Tobit – eine ausgeprägte Engellehre. Die Offenbarung bezieht sich auf den verborgenen Plan Gottes mit seinem Volk und mit den Völkern; er richtet sich auf Völker ebenso wie auf einzelne. Ein wichtiger Text über die Auferstehung kündigt das Erwachen der Toten zu ewigem Leben oder ewiger Schande an, 122. Das Reich, das man erwartet, wird alle Völker umfassen, 714, es wird ohne Ende sein, es ist das Reich der Heiligen, 718, das Reich Gottes, 333(100); 431, das Reich des Menschensohnes, dem alle Gewalt gegeben wird, 714.

Hier liegt das letzte Glied in der Kette der messianischen Verheißungen des Alten Testaments vor. Der Anbruch des Gottesreiches wird zum zentralen Thema der synoptischen Evangelien; Jesus, der König dieses Reiches, wird sich selbst „der Menschensohn" nennen und damit klar andeuten, daß er gekommen ist, die Verheißungen des Buches Daniel zu erfüllen.

Das Buch Daniel, ein „versiegeltes Buch", 124, will Offenbarung eines göttlichen Geheimnisses bringen, das von den Engeln für künftige Zeiten in einem bewußt verschlüsselnden Stil erklärt wird; mit dieser Schrift beginnt in vollem Maß die literarische Gattung der Apokalypsen, die von Ezechiel vorbereitet wurde und die sich in der spätjüdischen Literatur weiter entfalten wird. Ihm entspricht im Neuen Testament die Offenbarung des Johannes, dort aber sind die Siegel des verschlossenen Buches aufgebrochen, Apk 5–6, die Worte nicht mehr geheimgehalten, denn „die Zeit ist nahe", Apk 2210, und man erwartet das Kommen des Herrn, Apk 2220; 1 Kor 1622.

Das Zwölfprophetenbuch

Das letzte Buch des hebräischen Prophetenkanons heißt einfach „Die Zwölf". Es vereinigt zwölf, verschiedenen Propheten zugeschriebene kleinere Bücher. Die griechische Bibel nennt es das „Dodekapropheton", die Kirche betrachtet es als die Sammlung der zwölf „Kleinen Propheten", womit nur die Kürze der Bücher, nicht aber eine im Vergleich zu den Büchern der „Großen Propheten" geringere Bedeutung gemeint ist. Die Sammlung bestand bereits zur Zeit des Buches Jesus Sirach, Sir 49₁₀. Die hebräische Bibel, und nach ihr die Vulgata, ordnet diese kleinen Bücher nach der chronologischen Folge, die sie in der Überlieferung erhalten hatte. In der griechischen Bibel ist die Anordnung etwas anders; hier stehen sie auch vor den Großen Propheten.

In der Übersetzung dieser Ausgabe stehen die Bücher in der herkömmlichen Reihenfolge der Vulgata (und der hebräischen Bibel), in der folgenden Einführung aber sollen sie in der Reihenfolge vorgestellt werden, die der geschichtlichen Ordnung höchstwahrscheinlich entspricht.

Das Buch Amos

Amos war Hirte in Tekoa an der Grenze der Wüste Juda, 1₁; er gehörte nicht einer Prophetengilde an, sondern wurde von Jahwe von seiner Herde weg ergriffen und gesandt, um in Israel als Prophet aufzutreten, 7₁₄₋₁₅. Nach einem kurzem Wirken, das sich hauptsächlich und vielleicht ausschließlich am schismatischen Heiligtum von Betel abspielte, 7₁₀f, wurde er aus Israel ausgewiesen und kehrte zu seiner früheren Tätigkeit zurück.

Er predigte während der Regierungszeit Jerobeams II., 783–743, einer, menschlich gesehen, glanzvollen Epoche, in der sich das Nordreich ausdehnte und reich wurde, in der aber der Luxus der Großen dem Elend der Armen Hohn sprach und die Pracht des Gottesdienstes das Fehlen wahrer Religion verdeckte. Mit der einfachen, stolzen Schroffheit und dem Bilderreichtum eines Mannes der Wüste verurteilt Amos im Namen Gottes den korrupten Lebenswandel der Städter, die sozialen Ungerechtigkeiten, das falsche Vertrauen auf Riten, die aber nicht mit dem Herzen vollzogen werden, 5₂₁₋₂₂. Jahwe, der oberste Herr der Welt, der alle Völker straft, 1–2, wird ein hartes Strafgericht über Israel verhängen, das doch wegen seiner Erwählung zu einer größeren sittlichen Gerechtigkeit verpflichtet ist, 3₂. Der „Tag Jahwes" (der Ausdruck taucht hier zum erstenmal auf) wird Finsternis und nicht Licht sein, 5₁₈f; die Rache wird furchtbar sein, 6₈f, vollzogen von einem Volk, das Gott ruft, 6₁₄, nämlich Assyrien, das zwar nicht vom Propheten genannt wird, aber beherrschend in seinem Blickfeld steht. Dennoch leuchtet bei Amos ein Hoffnungsschimmer auf, ein Ausblick auf Heil für die Glaubenden, für den „Rest" Josephs, 5₁₅ (der Ausdruck wird hier zum erstenmal in der prophetischen Literatur verwendet). Die tiefe Botschaft von Gott, dem universalen, allmächtigen Herrn, dem Verteidiger der Gerechtigkeit, wird mit einer unerschütterten Gewißheit ausgesprochen, ohne daß der Prophet jemals den Eindruck erweckt, etwas Neues zu sagen; seine Verkündigung ist nur eindringliche Erinnerung an die Forderungen des reinen Jahweglaubens.

Das Buch ist uns in einer gewissen Unordnung überkommen; insbesondere würde der Prosabericht, 7₁₀₋₁₇, der zwischen zwei Visionen steht, besser an ihr Ende passen. Bei der Zuweisung einiger kürzerer Abschnitte an Amos selbst mag man Bedenken tragen. Die Doxologien, 4₁₃; 5₈₋₉; 9₅₋₆, könnten für das Vorlesen im Gottesdienst zugefügt sein, und der kurze Spruch über Juda, 2₄₋₅, ist vielleicht nicht authentisch. Ferner sind Stellen wie 9₈B₋₁₀ und vor allem 9₁₁₋₁₅ umstritten. Es besteht kein schwerwiegender Grund, die Echtheit der ersten Stelle in Zweifel zu ziehen, aber wahrscheinlich wurde die zweite später angefügt; dies sollte man aber nicht mit den hierin enthaltenen Heilsverheißungen begründen, die von Anfang an ein Thema der prophetischen Botschaft waren (hier 5₁₅ und zur gleichen Zeit bei Hosea), vielmehr scheint das, was über die zusammenbrechende (oder zerfallene) Hütte Davids, über die Rache gegen Edom und über eine Wiederherstellung oder eine Rückkehr Israels gesagt wird, auf eine spätere Zeit hinzuweisen, entweder nach den assyrischen Eroberungen von 734–732 oder nach der Zerstörung Jerusalems.

Das Buch Hosea

Aus dem Nordreich stammend, ist Hosea ein Zeitgenosse des Amos, da er unter Jerobeam II. zu verkünden begann, aber sein Wirken ging unter den Nachfolgern dieses Königs weiter; vielleicht erlebte er noch die Zerstörung Samarias im Jahre 721. Es ist eine düstere Zeit für Israel: Eroberung durch die Assyrer (734–732), innere Wirren (in fünfzehn Jahren wurden vier Könige ermordet), religiöser und sittlicher Zerfall.

Aus dem Leben Hoseas während dieser bedrängten Zeit kennen wir nur sein persönliches Schicksal, 1–3, das aber für sein prophetisches Wirken entscheidend wurde. Der Sinn dieser ersten Kapitel ist umstritten. Am wahrscheinlichsten ist folgende Deutung: Hosea hat eine Frau geheiratet, die er liebte, die ihn aber verließ; dennoch hat er sie weiter geliebt und sie wieder zu sich genommen, nachdem er sie einer Bewährungsprobe unterworfen hatte. So wird die schmerzliche Prüfung des Propheten zu einem Sinnbild für das Verhalten Jahwes gegenüber seinem Volk. Kapitel 2 gibt die Anwendung und gleichzeitig den Schlüssel für das ganze Buch: Israel ist von Jahwe geheiratet worden, aber es hat sich wie eine treulose Frau, wie eine Dirne benommen und den Zorn und die Eifersucht seines göttlichen Eheherrn hervorgerufen. Dieser aber liebt es immer noch, er wird es zwar strafen, aber um es zu sich zurückzuführen und ihm das Glück der ersten Liebe wiederzuschenken.

Mit einer Kühnheit ohnegleichen und einer überwältigenden Leidenschaft hat die zarte und ungestüme Seele Hoseas zum erstenmal das Verhältnis zwischen Jahwe und Israel im Bild einer Ehe ausgedrückt. Das Grundthema seiner ganzen Botschaft ist die Liebe Gottes, die von seinem Volk verkannt wird. Bis auf eine kurze ungetrübte Zeit in der Wüste hat Israel auf das Werben Jahwes nur mit Verrat geantwortet. Hosea wendet sich vor allem an die herrschenden Schichten der Gesellschaft. Die gegen den Willen Jahwes erwählten Könige haben durch ihre weltliche Politik das auserwählte Volk auf die Stufe der anderen Völker herabgesetzt. Die unwissenden und raffgierigen Priester führen das Volk in sein Verderben. Wie Amos verurteilt Hosea die Ungerechtigkeiten und Gewalttätigkeiten, aber mehr als jener legt er das Schwergewicht auf die religiöse Untreue: Jahwe ist in Betel Gegenstand eines götzendienerischen Kultes, man stellt ihn in dem ausschweifenden Kult der Höhenheiligtümer Baal und Astarte gleich. Jahwe aber ist ein eifersüchtiger Gott, der das ungeteilte Herz seiner Gläubigen haben will: „Liebe will ich, nicht Opfer; Gotteserkenntnis, nicht Brandopfer", 66. Darum ist die Strafe unausweichlich; dennoch straft Gott nur, um zu retten. Das ausgeraubte und gedemütigte Israel wird sich wieder der Zeit entsinnen, da es treu war, und Jahwe wird sein reumütiges Volk wieder aufnehmen, es wird sich neu des Glückes und des Friedens freuen.

Nachdem die Bibelkritik früher alle Heilsverheißungen und alle Judasprüche als nicht authentisch auszusondern versucht hatte, kehrt sie heute zu maßvolleren Beurteilungen zurück. Aus Hosea nur einen Unheilspropheten machen hieße seine ganze Botschaft verfälschen; die meisten Anspielungen auf Juda werden durch den Textzusammenhang bestätigt oder lassen sich unter der Voraussetzung verstehen, daß Hosea nach dem Fall Samarias weitergepredigt hat. Das hindert nicht, kurze Zusätze anzuerkennen, wie 17; 21–3; 1410.

Das Buch Hosea hat im Alten Testament tiefe Nachwirkungen gehabt; man findet sein Echo in den Mahnungen der späteren Propheten zu einer Religion des Herzens, die von der Gottesliebe beseelt ist. So ist es nicht erstaunlich, daß das Neue Testament Hosea öfter zitiert bzw. von ihm beeinflußt ist. Das Bild von dem Verhältnis zwischen Jahwe und seinem Volk als einer Ehe ist von Jeremia, Ezechiel und dem zweiten Teil des Jesajabuches, dann vom Hohenlied wiederaufgenommen worden. Im Neuen Testament und in urchristlicher Zeit wird es auf die Beziehung zwischen Jesus und seiner Kirche angewendet. Die christlichen Mystiker dehnten es auf alle gläubigen Seelen aus.

Das Buch Micha

Der Prophet Micha (nicht zu verwechseln mit Micha Ben Jimla, der unter Achab lebte, 1 Kg 22) war ein Judäer aus Moreschet westlich von Hebron. Er wirkte unter den Königen Jotam, Achas und Hiskija, d. h. vor und nach der Einnahme von Samaria 721. Er war also teilweise ein Zeitgenosse Hoseas und – über einen längeren Zeitraum hin – des Jesaja. Seiner bäuerlichen Herkunft nach steht er Amos nahe; wie dieser besitzt er eine Abneigung gegen die großen Städte, spricht er eine konkrete und manchmal grobe Sprache, liebt er überraschende Bilder und Wortspiele.

Das Buch gliedert sich in vier Teile, in denen Drohung und Verheißung abwechseln: 12 – 312, Israel vor Gericht; 41 – 514, Verheißungen an Zion; 61 – 77, Israel erneut vor Gericht; 78–20, Hoffnungen. Die Verheißungen an Zion stehen in scharfem Gegensatz zu den Drohungen vorher und nachher; dieser symmetrische Aufbau geht auf die späteren Herausgeber des Buches zurück. Der Umfang der Bearbeitungen, die das Buch in den Kreisen erfuhr, in denen man das Andenken des Propheten pflegte, läßt sich schwer bestimmen. Übereinstimmung herrscht darüber, daß 78–20 deutlich in die Zeit der Rückkehr aus dem Exil anzusetzen ist. Ebenfalls in diese Zeit würden am besten der Spruch 212–13, der wie ein Fremdkörper zwischen den Drohungen steht, und die Ankündigungen von 46–7 und 56–7 passen. Ferner findet sich 41–5 fast wörtlich in Js 22–5 wieder, ein Abschnitt, der weder im einen noch im anderen Textzusammenhang ursprünglich zu sein scheint. Aus diesen möglichen Zusätzen darf man aber nicht die Berechtigung ableiten, aus der authentischen Botschaft des Micha alle Zukunftsverheißungen auszuscheiden. Sie sind ein Grundbestandteil der prophetischen Verkündigung; die Verheißungen Michas stimmen mit den Hoffnungen überein, die Jesaja zur gleichen Zeit weckte.

Aus dem Leben Michas ist uns lediglich bekannt, wie er von Gott berufen wurde. Er besitzt ein betontes Bewußtsein seiner prophetischen Berufung, und deshalb kündet er im Unterschied zu den falschen Propheten voller Überzeugung das Unheil an, 26–11; 35–8. Er bringt das Wort Gottes, und dieses ist zunächst eine Verurteilung. Jahwe geht mit seinem Volk ins Gericht, 12; 61f, und nennt als Schuld: religiöse Vergehen, aber vor allem sittliche Vergehen. Micha geißelt die raffgierigen Reichen, die unbarmherzigen Gläubiger, die betrügerischen Kaufleute, die gespaltenen Familien, die begehrlichen Priester und Propheten, die tyrannischen Fürsten, die bestechlichen Richter. Sie tun das Gegenteil von dem, was Jahwe fordert: „Recht tun und die Güte lieben und in Dienmut wandern mit deinem Gott", 68, eine wunderbare Formulierung, welche die religiösen Forderungen der Propheten zusammenfaßt und vor allem an Hosea erinnert. Die Strafe ist beschlossen: In einer Umstürzung der Welt, 13–4, wird Jahwe kommen, sein Volk zu richten und zu bestrafen; der Untergang von Samaria wird angekündigt, 16–7; die Zerstörung der Städte der Schephela, wo Micha lebt, 18–15, ja sogar die Zerstörung Jerusalems, das ein Trümmerhaufen werden wird, 312.

Dennoch bewahrt der Prophet eine Hoffnung, 77. Sie spricht sich in den Kapiteln 4–5 aus, in denen die von Amos entworfene messianische Lehre vom Rest entwickelt, 47; 52, und die Geburt des Friedenskönig in Ephrata verheißen wird, der die Herde Jahwes weiden soll, 51–5.

Der Einfluß Michas war nachhaltig; die Zeitgenossen Jeremias kennen und zitieren einen Spruch gegen Jerusalem, Jr 2618. Das Neue Testament hat vor allem den Text über die Herkunft des Messias aus Ephrata-Betlehem aufgenommen, Mt 26; Jo 742.

Das Buch Zephanja

Nach dem Titel des kleinen Buches hat Zephanja unter Josija, 640–609, geweissagt. Seine Angriffe gegen fremdländische Moden, 18, und den Kult falscher

Götter, 14–5, seine Anklagen gegen die führenden Leute am Hof, 18, und sein Schweigen über den König weisen darauf hin, daß er vor der religiösen Reform und während der Minderjährigkeit Josijas (zwischen 640 und 630) predigte, also kurz bevor das Wirken des Jeremia begann. Juda, von Sancherib um einen Teil seines Landes beschnitten, lebte unter assyrischer Oberherrschaft, und die gottlosen Regierungszeiten des Manasse und Amon förderten den religiösen Zerfall. Jetzt aber weckt die Schwächung Assyriens die Hoffnung auf einen neuen nationalen Aufstieg, der mit einer religiösen Reform Hand in Hand gehen sollte.

Das Buch zerfällt in vier kurze Abschnitte: der Tag Jahwes, 12 – 23; gegen die Völker, 24–15; gegen Jerusalem, 31–8; Verheißungen, 39–20. Ohne hinreichenden Grund wollte man bestimmte Sprüche gegen die Völker und alle Verheißungen des letzten Abschnittes als nicht authentisch ausscheiden. Es ist lediglich anzunehmen, daß die Verheißungen über die Bekehrung der Heiden, 211 und 39–10, die im jetzigen Textzusammenhang als Fremdkörper wirken, vom Trostbuch, Js 40–55, beeinflußt scheinen und daß die letzten Verse, 318B–20, besser in die Exilszeit passen.

Die Botschaft des Zephanja besteht, kurz zusammengefaßt, in der Ankündigung des Tages Jahwes (vgl. Amos), einer Katastrophe, die über die Völker ebenso wie über Juda kommen wird. Juda wird verurteilt wegen seiner religiösen und sittlichen Vergehen, die aus Stolz und Aufbegehren stammen, 31.11. Zephanja hat einen vertieften Sündenbegriff, der schon an Jeremia denken läßt; die Sünde ist ein persönlicher Angriff auf den lebendigen Gott. Die Bestrafung der Völker ist eine Warnung, 37, die das Volk zu Gehorsam und Demut zurückführen sollte, 23; das Heil wird nur einem demütigen und geringen „Rest" verheißen, 312–13. Die Messiasvorstellung Zephanjas steht in diesem Horizont, der sicherlich seine Grenzen hat, der aber dennoch den inneren, geistigen Kern der Verheißungen aufzeigt.

Das kleine Buch Zephanja hat keinen größeren Einfluß ausgeübt; im Neuen Testament wird es nur einmal verwendet, Mt 1341. Die Beschreibung des Tages Jahwes, 114–18, wirkt bei Joel nach; das Mittelalter entnahm ihr den Anfang des *Dies irae*.

Das Buch Nahum

Das Buch Nahum beginnt mit einem Psalm über den Zorn Jahwes gegen die Missetäter und mit kurzen prophetischen Sprüchen, die der Bestrafung Assurs das Heil Judas gegenüberstellen, 12 – 23; das Hauptthema aber ist, wie der Titel angibt, der Untergang Ninives, der mit einer solchen beschwörenden Gewalt angesagt und beschrieben wird, daß Nahum darum zu den großen Dichtern Israels gehört, 24 – 319. Es besteht kein Grund, ihm den Psalm und die Sprüche am Anfang abzusprechen; sie bilden eine gute Einleitung zu diesem furchterweckenden Bild. Die Prophetie gehört in die Zeit kurz vor der Eroberung Ninives im Jahre 612.

Man spürt hierin die ganze Leidenschaft Israels gegen den Erbfeind, das Volk von Assur, durchzittern, man hört hierin die Hoffnungen durchklingen, die sein Fall weckt. Aber durch diesen gewalttätigen Nationalismus hindurch, der weder an das Evangelium noch an den Universalismus des zweiten Teiles des Jesajabuches denken läßt, kommt ein Ideal der Gerechtigkeit und des Glaubens zum Ausdruck: Ninives Untergang ist ein Gericht Gottes, der den Feind des göttlichen Planes, 111; 21, den Bedrücker Israels, 112–13, und aller Völker, 31–7, bestraft.

Das Büchlein Nahum mochte die menschlichen Hoffnungen Israels in der Zeit um 612 bestärken, aber die Freude war von kurzer Dauer; kurz nach dem Untergang Ninives erfolgte die Zerstörung Jerusalems. Da erweitert und vertieft sich der Sinn seiner Botschaft; Js 527 nimmt das Bild von Nah 21 wieder auf, um den Anbruch des Heiles zu beschreiben.

Das Buch Habakuk

Das kurze Buch Habakuk ist sehr sorgfältig abgefaßt. Es beginnt mit einem Dialog zwischen dem Propheten und seinem Gott; auf zwei Klagen des Propheten antworten zwei Gottessprüche, 1_{2} – 2_{4}. Der zweite Gottesspruch schleudert fünf Verfluchungen gegen den ungerechten Bedrücker, 2_{5-20}. Dann besingt der Prophet in einem Psalm den Endsieg Gottes, 3. Man hat die Echtheit dieses letzten Kapitels bestritten, aber ohne es wäre der Aufbau des Buches ein Torso. Die musikalischen Angaben am Anfang und Ende, die diesen Psalm prägen, bezeugen lediglich, daß er im Gottesdienst verwendet wurde. Es ist zweifelhaft, ob man diesen gottesdienstlichen Gebrauch auf das ganze Buch ausdehnen muß; sein Stil erklärt sich hinreichend aus der Nachahmung liturgischer Stücke.
Umstritten sind die Umstände der Weissagung und die Frage, wer der Bedrücker ist. Man hat an die Assyrer oder Babylonier oder sogar an den König Jojakim von Juda gedacht. Einleuchtender ist die Annahme, daß die Bedrücker von Anfang bis Ende die in 1_{6} genannten Chaldäer sind. Sie waren die Werkzeuge Gottes, um sein Volk zu bestrafen, aber sie werden ihrerseits bestraft werden für ihre ungerechte Gewalttat, denn Jahwe ist aufgebrochen, sein Volk zu retten, und der Prophet erwartet dieses göttliche Eingreifen mit einer Angst, die schließlich in Freude übergeht. Wenn diese Deutung zutrifft, wäre das Buch in die Zeit zwischen der Schlacht bei Karkemisch 605, durch die der Vordere Orient an Nebukadnezar fiel, und der ersten Belagerung Jerusalems 597 zu datieren. Habakuk wäre somit nur wenig später als Nahum und wie er ein Zeitgenosse des Jeremia.
In die Lehre der Propheten bringt Habakuk eine neue Note: Er wagt, von Gott Rechenschaft über seine Regierung der Welt zu fordern. Zugegeben, Juda hat gesündigt, aber warum wählt Gott, der heilig ist, 1_{12}, der zu reine Augen hat, um das Böse zu sehen, 1_{13}, die barbarischen Chaldäer, um seine Rache zu vollziehen? Warum läßt er den Bösen durch einen noch Böseren als jener bestrafen? Warum erweckt er den Anschein, der ungerechten Gewalt zum Triumph zu verhelfen? Es ist das Problem des Bösen, das hier im Hinblick auf die Völker aufgeworfen wird, und das Ärgernis eines Habakuk ist auch noch das vieler moderner Menschen. Ihm und ihnen wird die Antwort von Gott: Durch widersprüchliche Wege bereitet der allmächtige Gott den endgültigen Sieg des Rechtes, und „der Gerechte wird durch seine Treue leben", 2_{4}. Dieses Wort ist ein Kleinod des Büchleins, Paulus wird es in seine Lehre vom Glauben einfügen, Röm 1_{17}; Gal 3_{11}, vgl. Hebr 10_{38}.

Das Buch Haggai

Mit Haggai beginnt die letzte, die nachexilische Zeit des alttestamentlichen Prophetentums. Der Wandel springt in die Augen. Vor dem Exil war das Hauptwort der Propheten Strafe. Während des Exils lautete es Trost. Jetzt heißt es Wiederherstellung. Haggai steht an einem entscheidenden Augenblick in der Bildung des Judentums: der Geburt der neuen Gemeinde in Palästina. Seine kurzen Ermahnungen sind genau datiert (auf August und September des Jahres 520). Die ersten Juden, die aus Babylonien zurückkehrten, um den Tempel wiederaufzubauen, wurden bald entmutigt. Aber die Propheten Haggai und Sacharja entfachten die Kräfte neu und drängten den Statthalter Serubbabel und den Hohenpriester Josua, die Arbeiten am Tempel wiederaufzunehmen, was im September 520 geschah, 1_{15}, vgl. Esr 5_{1}.
Folgendes ist der ganze Inhalt der vier kleinen Reden, aus denen das Buch besteht: Weil der Tempel noch in Ruinen liegt, hat Jahwe die Früchte der Erde heimgesucht; doch sein Wiederaufbau wird eine neue Zeit des Wohlstands herbeiführen; trotz seines bescheidenen Aussehens wird dieser neue Tempel die Herrlichkeit des alten in den Schatten stellen, und Serubbabel, dem Erwählten Gottes, wird

die Macht versprochen. So kristallisiert sich um das Heiligtum und den Nachkommen Davids die messianische Hoffnung, die dann Sacharja deutlicher aussprechen wird.

Das Buch Sacharja

Das Buch Sacharja setzt sich aus zwei deutlich unterschiedenen Teilen zusammen: 1–8 und 9–14. Nach einer Einleitung mit dem Datum Oktober–November 520, zwei Monate nach der ersten Weissagung Haggais, bringt das Buch acht Visionen des Propheten, beginnend im Februar 519, 1_{7} – 6_{8}, darauf folgt die symbolische Krönung Serubbabels (die Schriftgelehrten haben dafür den Namen des Hohenpriesters Josua in einer Zeit eingesetzt, als das Priestertum alle Macht besaß), 6_{9-14}. Kapitel 7 ist eine Rückschau auf die Vergangenheit des Volkes, Kapitel 8 öffnet den Blick auf das messianische Heil, beides aus Anlaß einer Frage über das Fasten, die im November 518 gestellt wurde.

Diese Sammlung, die genau datiert und im Gedankengut einheitlich ist, ist sicherlich authentisch. Wie für Haggai ist das Hauptanliegen Sacharjas der Wiederaufbau des Tempels und in größerem Maße als bei jenem die Wiederherstellung des Volkes und das, was hierzu erforderlich: Reinheit und Sittlichkeit. Diese Wiederherstellung soll eine messianische Zeit eröffnen, in der das durch Josua repräsentierte Priestertum gepriesen, 3_{1-7}, aber das Königtum durch den „Sproß“ ausgeübt wird, 3_{8} – ein messianischer Begriff, der 6_{12} auf Serubbabel angewendet wird. Die beiden Gesalbten, 4_{14}, herrschen in vollkommenem Einvernehmen, 6_{13}. So läßt Sacharja die alte Idee des Königsmessianismus wiedererstehen, aber verbindet sie mit den priesterlichen Anliegen Ezechiels, dessen Einfluß in vieler Hinsicht spürbar ist: in der vorherrschenden Rolle der Visionen, in der apokalyptischen Tendenz, in der Sorge um die Reinheit. Die gleichen Merkmale und dazu die Bedeutung, die hier den Engeln gegeben wird, bereiten auf das Buch Daniel vor.

Der zweite Teil, 9–14, der übrigens mit einem neuen Titel beginnt, 9_{1}, ist ganz anderer Art. Die Stücke sind ohne Angabe von Datum und Verfasser. Es ist weder die Rede von Sacharja noch von Josua, weder von Serubbabel noch vom Tempelbau. Der Stil ist weniger ursprünglich und benützt häufig frühere Bücher, vor allem Dt, Ez und Ib. Der geschichtliche Horizont ist nicht mehr der gleiche: Assur und Ägypten kommen als Symbolnamen für alle Bedrücker vor, aber es erscheinen auch die Söhne von Jawan, d. h. die Griechen, 9_{13}. Dieser Teil des Buches kann seine endgültige Form nicht vor der Eroberung Alexanders erhalten haben; er ist also in die letzten Jahrzehnte des 4. Jahrhunderts anzusetzen. In diesem kompilatorischen Werk sind ohne inneren Zusammenhang zusammengestellt: einige vielleicht alte Stücke, sodann Abschnitte über die „Hirten“ des Volkes, besonders 10_{2-3}; 11_{4-14}; 13_{7-9}, schließlich eine Apokalypse über das Jerusalem der Endzeit, 12 und 14.

Der zweite Teil des Buches Sacharja ist vor allem bedeutsam durch seine messianische Lehre, die übrigens wenig einheitlich ist: Wiederaufstieg des Hauses David, 12 öfter, Erwartung eines milden und demütigen Messias, 9_{9-10}, geheimnisvolle Ankündigung des Durchbohrten, 12_{10}, eine kriegerische, 10_{3} – 11_{3}, aber ebenso kultische Gottesherrschaft nach der Art Ezechiels, 14. Diese Züge werden sich in der Person Christi vereinigen; das Neue Testament zitiert oft diese Kapitel des Sacharjabuches oder spielt zumindest hierauf an, so Mt 21_{4-5}; 27_{9} (mit einem Jeremia-Zitat verbunden); 26_{31} = Mk 14_{27}; Jo 19_{37}.

Das Buch Maleachi

Das „Maleachi“ genannte Buch war wahrscheinlich anonym, denn der Name bedeutet „Mein Bote“ und scheint 3_{1} entnommen zu sein. Es setzt sich aus sechs Stücken zusammen, die nach demselben Schema aufgebaut sind: Jahwe oder sein Prophet spricht ein Wort aus, das vom Volk oder von den Priestern diskutiert und in einer Rede weiterentwickelt wird, in der Drohungen und Heilsverheißungen nebeneinanderstehen. Die beiden Hauptthemen sind: die kultischen Vergehen der Priester und auch der Gläubigen, 16 – 29 und 36–12, das Ärgernis der Mischehen und Ehescheidungen, 210–16. Der Prophet kündigt den Tag Jahwes an; an ihm werden die Mitglieder der Priesterschaft gereinigt, die Bösen vernichtet und der Sieg der Gerechten sichergestellt, 31–5.13–21. Der Abschnitt 322–24 ist ein Zusatz.

Aus dem Inhalt des Buches läßt sich seine Abfassungszeit bestimmen: nach der Wiedereinführung des Kultes im wiederaufgebauten Tempel, 516, und vor dem Verbot der Mischehen unter Nehemia, 445, wahrscheinlich näher an das letztere Datum. Der Auftrieb, den Haggai und Sacharja gegeben hatten, ist gebrochen, die Gemeinde läßt sich gehen. In einem Geist, der an das Deuteronomium und auch an Ezechiel erinnert, versichert der Prophet, daß man Gottes nicht spotten darf, der von seinem Volk Herzensreligion und Reinheit fordert. Er erwartet das Kommen des Bundesengels, das durch einen geheimnisvollen Boten vorbereitet wird, 31; hierin haben Mt 1110, vgl. Lk 727, und Mk 12 Johannes den Täufer, den Vorläufer, gesehen. Das messianische Zeitalter wird die Wiederherstellung der sittlichen Ordnung, 35, und der Kultordnung, 34, bringen; sein Höhepunkt liegt in dem vollkommenen Opfer, das Gott von allen Völkern dargebracht wird, 111.

Das Buch Obadja

Es ist das kürzeste der prophetischen „Bücher“ (21 Verse), und dennoch stellt es zahlreiche Probleme für die Exegeten, die über seine Einheitlichkeit und seine literarische Gattung verschiedener Meinung sind und seine Abfassungszeit vom 9. Jahrhundert v. Chr. bis in die griechische Zeit ansetzen. Die Situation wird dadurch erschwert, daß sich fast die Hälfte, v. 2–9, gleichlautend in Jr 497–22 wiederfindet, aber der jeremianische Ursprung dieses Abschnitts ist umstritten; beide Texte scheinen in ihrem heutigen Zustand unabhängig voneinander zu sein. Allgemein herrscht Übereinstimmung, daß sich die Prophetie des Obadja auf zwei Ebenen entwickelt: die Bestrafung Edoms, der Triumph Israels am Tage Jahwes. Das Stück steht den Verwünschungen Edoms nahe, die man von 587 an in Ps 1377; Klgl 421–22; Ez 2512f; 351f; Mal 12f und Jr 497f (bereits erwähnt) findet: Die Edomiter haben die Zerstörung Jerusalems dazu benützt, um in das südliche Judäa einzufallen. 312 wurde Edom von den Nabatäern erobert. Die Weissagung Obadjas liegt zwischen diesen beiden Daten, teilweise im 5. Jh.

Die Prophetie ist ein leidenschaftlicher Schrei nach Rache, dessen nationalistischer Geist im Gegensatz zum Universalismus steht, wie er z. B. im zweiten Teil des Jesajabuches zum Ausdruck kommt. Aber das Stück verherrlicht auch die schreckliche Gerechtigkeit und Gewalt Jahwes, und man sollte es nicht von der prophetischen Bewegung im ganzen isolieren, von der es nur ein vorübergehendes Moment und die vergänglichste Seite darstellt.

Das Buch Joel

Das Buch Joel zerfällt deutlich in zwei Teile. Im ersten Teil führt eine Heuschreckenplage, die Juda verwüstet, zu einem Trauer- und Bittgottesdienst; Jahwe antwortet und verheißt das Ende der Geißel und wiederkehrenden Wohlstand, 12 – 227. Der zweite Teil beschreibt in apokalyptischem Stil das Gericht über die Völker sowie den endgültigen Sieg Jahwes und Israels, 3–4. Die Einheit zwischen beiden Teilen wird durch die Bezugnahme auf den Tag Jahwes hergestellt, der ausdrücklich das Thema von 3–4 ist, aber bereits in 115 und 21–2.10–11 erscheint. Im heutigen Zustand des Buches ist die Heuschreckenplage das Vorzeichen für das große Gericht Gottes. Vielleicht ist diese Verknüpfung ursprünglich, vielleicht wurden auch die Kapitel 3–4 von einem anderen inspirierten Verfasser hinzugefügt. In jedem Falle stammen die beiden Teile annähernd aus der gleichen Zeit, denn sie setzen die gleichen Verhältnisse voraus, die Verhältnisse der nachexilischen Gemeinde: kein König, betonte Hervorhebung des

Kultes, Verwendung früherer Propheten, besonders Ezechiels und Obadjas, der in 3_{5} zitiert wird. Das Buch dürfte um 400 verfaßt sein.
Das Neue, das Joel bringt, ist die Ankündigung einer Ausgießung des Geistes über das ganze Gottesvolk in der messianischen Zeit, 3_{1-5}. Sie geht bei der Herabkunft des Geistes über die Apostel Jesu in Erfüllung, Petrus zitiert diesen ganzen Abschnitt, Apg 2_{16-21}: Joel ist der Prophet von Pfingsten. Er ist auch der Prophet der Buße; seine Aufforderungen zu Fasten und Gebet, die dem Tempelkult entnommen oder nach dessen Vorbild abgefaßt wurden, fügen sich organisch in die christliche Liturgie der Fastenzeit ein.

Das Buch Jona

Dieses kleine Buch unterscheidet sich von allen anderen Prophetenbüchern. Es ist ausschließlich eine Erzählung: die Geschichte von einem ungehorsamen Propheten, der sich zuerst seiner Sendung entziehen will und sich dann bei Gott über den unerwarteten Erfolg seiner Predigt beklagt. Der Held, dem dieses der Komik nicht entbehrende Abenteuer zugeschrieben wird, ist ein Prophet aus der Zeit Jerobeams II., der in 2 Kg 14_{25} erwähnt wird. Aber das Büchlein gibt sich nicht als sein Werk aus und kann in der Tat auch nicht von ihm stammen. Die „große Stadt“ Ninive, im Jahre 612 zerstört, ist nur noch eine ferne Erinnerung, Denkart und Ausdrucksweise haben bei Jeremia und Ezechiel Anleihen gemacht, die Sprache ist spät. Nach allem ist die Abfassung in nachexilische Zeit anzusetzen (5. Jahrhundert). Der Psalm, 2_{3-10}, in einer anderen literarischen Form gehalten und ohne besondere Beziehung zur konkreten Situation des Jona wie zur Lehre des Buches, ist wahrscheinlich eingeschaltet.
Schon dieses späte Abfassungsdatum muß gegen eine historische Deutung bedenklich stimmen. Sie wird auch durch andere Argumente ausgeschlossen: Gott vermag die Herzen zu wandeln, aber eine plötzliche Bekehrung des Königs von Ninive und seines ganzen Volkes zum Gott Israels hätte in den assyrischen Urkunden und in der Bibel Spuren hinterlassen. Gott ist auch der Herr der Naturgesetze, aber hier häufen sich die Wundergeschichten; sie sind gleichsam Streiche, die Gott seinem Propheten spielt: der plötzliche Sturm, die Wahl Jonas durch das Los, der riesenhafte Fisch, die Rizinusstaude, die in einer Nacht wächst und in einer Stunde verdorrt; das Ganze ist mit einem unverhüllten Spott erzählt, wie er der Geschichtsschreibung ganz fremd ist.
Das Buch will gefallen und auch belehren. Es ist eine kunstvolle Lehrerzählung, die in ihrem Heilsverständnis einen Höhepunkt des AltenTestamentes darstellt. Das Büchlein bricht mit einer engherzigen Auslegung der Weissagungen und sagt, daß selbst die nachdrücklichsten Drohungen Ausdruck des barmherzigen Willens Gottes sind, der nur auf ein Zeichen der Reue wartet, um Vergebung zu gewähren; es bricht mit dem Partikularismus, in dem sich abzukapseln die nachexilische Gemeinde versucht war, und predigt einen außerordentlich offenen und weiten Universalismus. In dieser Geschichte ist die ganze Welt sympathisch: die heidnischen Seeleute in Seenot, der König, die Bewohner und selbst die Tiere Ninives, alle Welt bis auf den einzigen Israeliten, der auftritt, und das ist ein Prophet, Jona! Gott ist barmherzig mit allen, er ist sogar nachsichtig mit seinem rebellischen Propheten! Das Beispiel aufrichtiger Unterwerfung wird Israel ausgerechnet von seinem erbittertsten Feind gegeben!
Hier steht man dem Evangelium ganz nahe. In Mt 12_{41} und Lk 11_{29-32} nennt Jesus die Bekehrung der Niniviten als ein Vorbild; Mt 12_{40} sieht in dem im Bauch des Ungeheuers eingeschlossenen Jona eine Vorausdarstellung für das Weilen Jesu im Grabe. Diese Verwendung der Jonageschichte darf nicht als ein Beweis für seine Geschichtlichkeit herangezogen werden: Jesus benützt diese lehrhafte Geschichte des Alten Testaments, wie die christlichen Prediger die Gleichnisse des Neuen benützen; ausschlaggebend ist das gleiche Anliegen, durch Bilder zu lehren, die den Hörern vertraut sind, ohne daß damit ein Urteil über die historische Wirklichkeit der Ereignisse ausgesprochen würde.

Das Buch Jesaja

I. ERSTER TEIL DES BUCHES JESAJA

1. SPRÜCHE AUS DER ZEIT VOR DEM SYROEPHRAIMITISCHEN KRIEG

Überschrift

1 1 Gesicht Jesajas, des Sohnes des
Amoz, das er sah über Juda und
Jerusalem in den Tagen des Usija,
Jotam, Achas und Hiskija, der Könige
von Juda.

Gegen ein Volk ohne Verstand

2 Höret, ihr Himmel, horche auf,
du Erde, denn Jahwe spricht: „Söhne
habe ich aufgezogen und groß ge-
macht; sie aber sind mir untreu gewor-
den. 3 Das Rind kennt seinen Besitzer
und der Esel die Krippe seines Herrn.
Israel erkennt nicht, mein Volk hat
keine Einsicht."

Judas Bestrafung

4 Wehe, sündiges Volk, schuld-
beladene Nation, nichtswürdige Brut,
verkommene Söhne! Sie haben Jahwe
verlassen, verschmäht den Heiligen
Israels, ihm den Rücken gekehrt.
5 Wo soll man euch noch schlagen,
da ihr den Abfall mehrt? Alles Haupt
ist krank, alles Herz ist siech. 6 Von
der Fußsohle bis zum Scheitel ist kein
heiler Fleck, nur Beulen, Striemen und
frische Wunden – nicht ausgedrückt,
nicht verbunden, nicht gelindert mit
Öl.
7 Euer Land ist verwüstet, eure
Städte sind in Flammen aufgegangen,
euren Acker verzehren Fremde vor
euren Augen, und eine Verwüstung
ist wie nach der Zerstörung von So-
dom.
8 Nur die Tochter Zion ist übrig-
geblieben wie eine Hütte im Weinberg,
wie ein Wächterhaus im Gurkenfeld,
wie eine belagerte Stadt. 9 Wenn
Jahwe Zebaot uns nicht einen Rest
übriggelassen hätte, wie Sodom wären
wir, Gomorra wären wir gleich.

Gegen die religiöse Heuchelei

10 Höret das Wort Jahwes, ihr So-
domsfürsten, vernimm unseres Gottes
Weisung, du Gomorravolk!
11 „Was soll mir die Menge eurer
Schlachtopfer?", spricht Jahwe.
„Brandopfer von Widdern und Fett
von Mastkälbern habe ich satt. Das
Blut von Stieren und Böcken bin ich
leid. 12 Wenn ihr kommt, mein Ange-
sicht zu schauen – wer hat von euch
verlangt, daß ihr meine Vorhöfe zer-
stampft? 13 Bringt mir nicht dauernd
vergebliche Gaben, ihr Rauch ist mir
ein Greuel. Neumond und Sabbat und
den Ruf zu Festversammlungen – ich
ertrage nicht länger Feier und Fest!
14 Eure Neumonde und Festzeiten
haßt meine Seele; sie sind mir zur
Last geworden. Ich bin es müde, sie zu

→ 1 1 *(Überschrift)* Der einleitende Vers dürfte sich ursprünglich als Überschrift auf die Spruchsammlungen in 1–12 bezogen haben. Mehrere dieser Prophetien handeln jedoch von Samaria und Assyrien.

→ 1 2–3 *(Gegen ein Volk ohne Einsicht)* Die vierzeilige Anklagerede Jahwes ist entweder als ein unabhängiger Spruch aufzufassen, der das Grundthema der ganzen frühen Verkündigung Jesajas zusammenfaßt, oder als Einleitung zu dem folgenden Gedicht.

→ 1 4–9 *(Judas Bestrafung)* Die Scheltrede des Propheten zeigt, daß das Land verwüstet, vgl. 6 11–12, und Jerusalem belagert ist; danach ist das Gedicht in die Zeit einer der beiden Belagerungen anzusetzen, welche die Stadt zur Zeit Jesajas durchmachte, entweder in das Jahr 701 oder eher 735.

→ 1 5–6 Diese Verse, die dem Wortsinn nach das schuldbeladene und dafür bestrafte Volk von Juda meinen, werden von der Liturgie der Kirche auf den leidenden Messias angewendet.

→ 1 7 *von Sodom* Korr.; M: „von Fremden".

→ 1 8 *die Tochter Zion* Jerusalem.

→ 1 10–20 *(Gegen die religiöse Heuchelei)* Ein wohl im Tempel gesprochenes Orakel aus der Frühzeit des Wirkens Jesajas, jedenfalls vor 735, da der Schluß dem Volk noch eine Möglichkeit läßt, dem Strafgericht zu entrinnen. Wie Amos, 5 21+, wendet sich Jesaja gegen ein äußerliches Vollziehen von Festfeiern und Opferriten, dem aber kein sittliches Tun von Recht und Gerechtigkeit entspricht.

→ 1 11 *Das Blut von Stieren und Böcken* G; M: „Das Blut von Stieren und Lämmern und Böcken".

→ 1 13 *Feier* G; M: „Frevel".

ertragen. 15 Und wenn ihr eure Hände
ausbreitet, dann verhülle ich meine
Augen vor euch. Mögt ihr noch so-
viel beten, ich höre nicht hin. Eure
Hände sind voll Blut. 16 Waschet und
reinigt euch!

Schafft eure schlechten Werke aus
meinen Augen! Hört auf, Böses zu
tun! 17 Lernet Gutes tun, und trachtet
nach Gerechtigkeit! Helft dem Be-
drückten, schafft Recht den Waisen,
und seid ein Anwalt der Witwen!"

18 „Wohlan, wir wollen miteinander
rechten!" spricht Jahwe. „Sind eure
Sünden auch wie Scharlach, sie sollen
weiß werden wie Schnee; sind sie auch
rot wie Purpur, sie sollen werden wie
Wolle.

19 Wenn ihr willig seid und hört,
sollt ihr die Güter des Landes ge-
nießen. 20 Doch weigert ihr euch und
verharrt ihr im Trotz, dann wird das
Schwert euch fressen." Wahrlich, der
Mund Jahwes hat gesprochen.

Klage über Jerusalem

21 Ach, wie ist zur Dirne geworden
die treue Stadt. Zion, voll des Rech-
tes – Gerechtigkeit wohnte darin, nun
aber Mörder.

22 Dein Silber ist zu Schlacken ge-
worden, dein Wein ist verwässert.
23 Deine Fürsten sind Abtrünnige und
Diebsgenossen.

Sie alle lieben Bestechung und jagen
Geschenken nach. Der Waise schaffen
sie kein Recht, und die Sache der
Witwe lassen sie nicht vor sich kom-
men.

24 Darum spricht der Herr Jahwe
Zebaot, der Starke Israels: „Ha! Ich
will mich letzen an meinen Feinden
und Rache nehmen an meinen Wider-
sachern.

25 Ich kehre meine Hand gegen
dich, um deine Schlacken im Ofen
auszuschmelzen und auszuscheiden
all dein Blei.

26 Und wieder gebe ich dir Richter
wie in alten Zeiten, Ratsherrn wie im
Anbeginn. Dann nennt man dich wie-
der ‚Burg der Gerechtigkeit' und
‚treue Stadt'.

27 Zion wird durch Recht erlöst
und seine Bekehrten durch Gerechtig-
keit. 28 Verderben aber den Treu-
losen und Sündern zumal! Die Jahwe
verlassen, gehen zugrunde.

Gegen die heiligen Bäume

29 Ihr werdet zuschanden ob der
Terebinthen, die ihr liebt, und erröten
ob der Gärten, die euch gefallen.
30 Wahrlich, ihr sollt einer Terebinthe
gleichen, deren Blätter welken, einem
Garten ohne Wasser. 31 Der Starke
wird dann zu Werg und sein Tun zum
Funken. Beide werden zusammen
brennen, und niemand löscht.

Der ewige Frieden

2 1 Wort, das Jesaja, der Sohn des
Amoz, über Juda und Jerusalem
schaute.

2 In der Folge der Tage wird es
geschehen: Da wird der Berg des
Hauses Jahwes festgegründet stehen
an der Spitze der Berge und erhaben

→1 15 *voll Blut* Das Blut Unschuldiger wie auch das Blut der geschlachteten Opfertiere.
→1 17 *Helft dem Bedrückten* Üss.
→1 20 *das Schwert* Das Schwert der Eroberer.
→1 21–27 Die Klage über Jerusalem verwendet zu Beginn den asymmetrischen Rhythmus der *qina* oder des Leichenklageliedes (3 + 2 oder 4 + 3 Hebungen).
→1 21 *treue Stadt* Vgl. v. 26. Jesaja denkt an die Treue Jerusalems zur Zeit Davids und Salomos.
→1 21 *Zion* G; fehlt in M.
→1 25 *im Ofen* Korr.; M: „wie mit Lauge".
→1 26 *‚Burg der Gerechtigkeit' und ‚treue Stadt'* Dem künftigen Jerusalem werden neue Namen gegeben, die seine Berufung anzeigen. Der Name eines Wesens offenbart, was es ist, vgl. Ex 3 14+, oder wozu es bestimmt ist. Schon die alten Erzählungen bezogen den Namen (einer Person oder eines Ortes) gern auf ein Geschehen, in dem sich Jahwe kundgab: Abraham, Gn 17 5; Isaak, Gn 21 6; Israel, Gn 32 29; Betel, Gn 28 17, usw. Dieses Verfahren wird von den Propheten aufgegriffen und ausgeweitet. Die Namen, die sie einer Stadt, hier und Ez 48 35, oder einer Person geben, Hos 1 4.6.9; 2 1–3.25; Js 7 14 (vgl. 8 10); 8 1–4; 7 3 (vgl. 10 21); 9 5, vgl. auch Js 60 14+, sind prophetische Namen: Da sie dem Namensträger wie ein Segen oder ein Fluch anhaften, offenbaren sie sein Schicksal, oder – noch mehr – sie weihen ihn diesem Schicksal; sie sind dessen Zeichen, Js 8 18; Sach 3 8, wirksamer noch als eine Zeichenhandlung, vgl. Einleitung, S. 1008, und Js 20 4+.
→1 26 *Gerechtigkeit* Für Jesaja wie für Amos zuerst die Gerechtigkeit im Rechtsvollzug, in einem tieferen Sinne dann Merkmal eines Reiches, in dem Jahwe seinem Volk etwas von seiner eigenen Heiligkeit und Gerechtigkeit mitteilt, vgl. 5 16+.
→1 29–31 *(Gegen die heiligen Bäume)* Einer der seltenen Sprüche, in denen Jesaja heidnische Kultbräuche angreift; vielleicht meint er hier Samaria.
→1 29 *Ihr werdet* Korr.; M: „Sie werden".
→2 1 Diese neue Überschrift dürfte als Einleitung zu einer kleineren Spruchsammlung, wahrscheinlich 2–5, eingefügt sein.
→2 2–5 Diese Heilsweissagung findet sich teilweise wörtlich in Mich 4 1–3 wieder,

sein über die Hügel. Zu ihm strömen
alle Völker. 3 Dorthin pilgern viele
Nationen und sprechen:
„Auf, laßt uns hinaufziehen zum
Berge Jahwes, zum Hause des Gottes
Jakobs! Er lehre uns seine Wege, und
wir wollen auf seinen Pfaden wandeln.
Denn von Zion wird ausgehen das Gesetz
und das Wort Jahwes von Jerusalem.“
4 Dann wird er richten zwischen
den Völkern und vielen Nationen
Schiedsrichter sein. Sie werden umschmieden
ihre Schwerter zu Pflugscharen
und ihre Speere zu Winzermessern.
Nimmer wird Volk gegen
Volk zum Schwerte greifen; üben
wird man nicht mehr zum Krieg.
5 Haus Jakobs, wohlan! Laßt uns
wandeln im Lichte Jahwes!

Die Parusie Jahwes

6 Fürwahr, verworfen hast du dein
Volk, das Haus Jakobs. Denn es ist
voll von Wahrsagern, von Zauberern
wie die Philister, und man schlägt ein
in die Hände von Fremden. 7 Sein
Land ist voll von Silber und Gold, und
endlos sind seine Schätze. Sein Land
ist voll von Kriegsrossen, und endlos
sind seine Streitwagen. 8 Sein Land
ist voll von Götzen. Vor dem Werk
ihrer Hände fallen sie nieder, vor dem,
was ihre Finger gebildet.
9 Der Mensch wird gebeugt, und
geduckt wird der Mann; vergib ihnen
nicht! 10 Verkriech dich in die Felsen,
vergrab dich in den Staub vor dem
Schrecken Jahwes, vor dem Glanz
seiner Majestät, wenn er aufsteht, zu
schrecken die Erde.
11 Da werden die stolzen Augen
der Menschen sich senken, und gedemütigt
wird der Hochmut der Männer.
Jahwe allein ist erhaben an jenem
Tag. 12 Denn der Tag für Jahwe Zebaot
wird es sein über alles Stolze und
Hohe und über alles, was aufragt,
damit es erniedrigt wird: 13 über alle
Zedern des Libanon und über alle
Eichen Baschans, 14 über alle hohen
Berge und alle ragenden Hügel, 15 über
jeden hohen Turm und jede feste
Mauer, 16 über alle Schiffe von Tarschisch
und über jedes kostbare
Schaustück.
17 Da wird der Stolz der Menschen
gebeugt und gedemütigt der Hochmut
der Männer. Jahwe allein ist erhaben
an jenem Tag. 18 Die Götzen aber
werden alle verschwinden.
19 Man verkriecht sich in Felshöhlen
und vergräbt sich in Erdlöcher
vor dem Schrecken Jahwes, vor dem
Glanz seiner Majestät, wenn er aufsteht,
zu schrecken die Erde.
20 An jenem Tag wirft der Mensch
seine Götzen von Silber und seine
Götzen von Gold, die er sich machte,
um sie anzubeten, den Maulwürfen
und Fledermäusen hin, 21 damit er
entkomme in Steinklüfte und Felsspalten
vor dem Schrecken Jahwes,
vor dem Glanz seiner Majestät, wenn
er aufsteht, zu schrecken die Erde.
22 Drum sagt euch los von dem
Menschen, in dessen Nase nur Hauch
ist. Wofür ist er zu achten?

Der Zusammenbruch in Jerusalem

3 1 Denn siehe, der Herr Jahwe
Zebaot nimmt von Jerusalem

---

erinnert aber auch an Js 96 und 116–9. Sie spricht die gleiche Treue gegen Jerusalem, den Mittelpunkt der Offenbarung, aus, vgl. 2 Sm 59+, geht aber gleichzeitig durch ihren Universalismus weit über den Horizont Palästinas hinaus. Falls sie authentisch ist, wäre sie dem messianischen Zyklus der Kapitel 9 und 11 zugehörig.

→23 *von Zion wird ausgehen das Gesetz* . . . Es handelt sich anscheinend nicht nur um das durch Mose verkündete Gesetz und um ein Orakelgerät wie ehedem das Ephod, 1 Sm 228+, sondern um eine Person, um einen Propheten, der die Weisung Jahwes lehrt.

→24 *Dann wird er richten* Jahwe.

→26–22 *(Die Parusie Jahwes)* Der Spruch, der ein gewaltiges Eingreifen Jahwes ankündigt, gehört in die Anfangszeit des Wirkens Jesajas, zwischen 740 und 736. Er scheint sich vor allem auf Samaria, damals eine blühende Stadt, zu beziehen.

→26 *von Wahrsagern* Korr.; M: „von Osten“. Wahrsagerei war in Palästina wie im ganzen Orient gebräuchlich, vgl. Ex 2217; Lv 1931; 2027; Dt 1810–11 und 1 Sm 283.9; Js 819.

→26 *Hände* Korr.; M: „Kinder“. Zeichen der Verbrüderung oder magischer Ritus; der Text ist dunkel.

→29 *vergib ihnen nicht* Vielleicht Zusatz.

→210 *wenn er aufsteht, zu schrecken die Erde* G; fehlt in M (vgl. 219.21). Es ist der „Tag Jahwes“, vgl. Am 518+. Die Bilder, mit denen er beschrieben wird, sind dem Handeln Gottes in der Geschichte Israels (Rotes Meer, Sinai usw., vgl. Ex 1321+ und Ex 1916+) oder in der Natur mit ihren entfesselten Gewalten (Stürme, Erdbeben) entnommen, vgl. Am 89+.

→213 *über alle Zedern des Libanon* Danach Zusatz in M: „die stolzen und die erhabenen“.

→220 Wahrscheinlich Zusatz, auf den (in v. 21) eine teilweise Wiederholung des Kehrverses, vgl. 210.19, folgt.

→222 Fehlt in G.

→31–15 Dieses Orakel wird gewöhnlich in die Anfangszeit der Regierung des Achas, um 735, datiert.

und Juda Stab und Stütze [jede
Stütze an Brot und jede Stütze an
Wasser]; 2 Held und Kriegsmann,
Richter und Propheten, Wahrsager
und Älteste, 3 Hauptleute und Adel,
Ratsherrn, Beschwörer und Zauber-
kundige. 4 „Ich gebe ihnen Knaben
zu Fürsten, und Buben sollen über
sie herrschen.“ 5 Im Volk wird einer
den andern bedrängen, Mann gegen
Mann. Der Knabe erhebt sich frech
wider den Greis, der Geringe gegen
den Hochgestellten. 6 Da wird einer
seinen Bruder im väterlichen Hause
anfassen: „Du hast noch einen Rock,
du mußt unser Fürst sein, und diese
Trümmer seien dir untertan!“

7 Der aber wird an jenem Tag
rufen: „Ich kann nicht Wundarzt sein,
ist doch in meinem Haus weder Brot
noch Gewand. Macht mich also nicht
zum Fürsten über das Volk!“ 8 Ja,
Jerusalem stürzt, und Juda bricht
zusammen, weil sich ihr Reden und
Tun gegen Jahwe richtet, um seinen
hehren Augen zu trotzen.

9 Der Hochmut ihrer Gesichter
zeugt gegen sie; sie reden von ihren
Sünden so unverhohlen wie Sodom.
Wehe ihnen, sie bereiten selbst ihr
Verderben. 10 Sprecht: „Heil dem
Gerechten! Denn ihm geht es gut. Die
Frucht seiner Taten wird er genießen.
11 Doch wehe dem Gottlosen! Denn
ihm geht es böse. Was seine Hände
verübten, wird ihm heimgezahlt.“

12 Mein Volk! Ein Bube bedrückt
es, und Weiber beherrschen es. Mein
Volk! Die dich leiten, sind Verführer;
sie verwirren den Weg deines Wan-
dels.

13 Jahwe ist zum Rechtsstreit hin-
getreten; er steht da, sein Volk zu
richten. 14 Jahwe geht ins Gericht
mit den Ältesten seines Volkes und
mit seinen Fürsten:

„Ihr habt den Weinberg abgeweidet,
und in euren Häusern liegt das ge-
raubte Gut der Armen. 15 Was fällt
euch ein, mein Volk zu zertreten, das
Angesicht der Armen zu zermalmen?“
spricht der Herr Jahwe Zebaot.

Spottlied auf die Frauen

16 Und Jahwe sprach: „Weil die
Töchter Zions so hochmütig sind und
mit gerecktem Hals einhergehen und
freche Blicke werfen, weil sie tänzelnde
Schritte machen und mit den Fuß-
spangen klirren, 17 wird der Herr den
Scheitel der Zionstöchter kahl machen
und ihre Blöße aufdecken.

18 An jenem Tage nimmt der Herr
den Schmuck hinweg, die Fußspan-
gen, Stirnbänder und Halbmonde,
19 die Ohrgehänge, Armbänder
und Schleier, 20 den Kopfschmuck,
die Schrittkettchen und die prächtigen
Gürtel, die Riechfläschchen und
Amulette, 21 die Finger- und Nasen-
ringe, 22 die Feierkleider und Mäntel,
die Tücher und Taschen, 23 die Spie-
gel, die Linnenhemdchen, den Kopf-
bund und den Flor. 24 Statt des Bal-
sams gibt es Moder, statt des Gürtels
einen Strick, statt des Lockengekräu-
sels eine Glatze, statt des Prachtman-
tels Umgürtung mit dem Sack, ein
Brandmal statt der Schönheit.

Die Witwen in Jerusalem

25 Deine Männer fallen durch das
Schwert und deine Recken im Krieg.
26 Es seufzen und trauern ihre Tore;
ausgeplündert sitzt sie am Boden.

4 1 An jenem Tage werden sieben
Frauen sich an einen Mann klam-
mern und ihm sagen: „Wir wollen uns
selbst ernähren und selbst für unsere
Kleider sorgen; nur laß uns deinen
Namen führen, nimm unsere Schmach
hinweg.“

Jerusalems Rest

2 An jenem Tag wird der Sproß
Jahwes Glanz und Herrlichkeit und
die Frucht des Landes Zierde und
Ruhm sein für die Geretteten Israels.

3 Die Überlebenden in Zion, wer
übriggbleibt in Jerusalem, wird heilig

→311 *ihm* Hinzugefügt.
→312 *Ein Bube bedrückt es* Korr. Vielleicht Anspielung auf den jungen König und die Frauen am Hof.
→313 *sein Volk* G, S; M: „Völker“.
→325 – 41 Spruch aus der Zeit einer der beiden Belagerungen Jerusalems, 735 oder 701.
→41 Weil das Heer vernichtet oder gefangengenommen ist, kommt auf sieben Frauen nur ein Mann. Um der Schande der Ehelosigkeit und Unfruchtbarkeit zu entgehen, wollen diese Frauen unentgeltlich in den Harem der Überlebenden eintreten.
→42–3 Das Heilswort gehört zum messianischen Zyklus der Kapitel 9 und 11.
→42 „Sproß“ und „Frucht des Landes“ bezeichnen entweder den Messias oder den „Rest“ Israels, vgl. 43+, der mit einem auf dem Boden Palästinas neu treibenden Baum verglichen wird.
→43 Das treulose Israel wird bestraft werden. Weil aber Gott sein Volk liebt, wird ein kleiner „Rest“ dem Schwert der Eroberer entrinnen. Dieses Thema, das schon Amos kennt, 312; 515; 98–10, wird von Jesaja wiederaufgenommen, 42–3; 613; 73 und 1019–21; 285–6; 374 (= 2 Kg 194); 3731–32, vgl. Mich 47; 52; Zeph 27.9; 312;

genannt werden, jeder, der zum Leben
in Jerusalem eingeschrieben ist.

Wiederherstellung in der Zukunft

4 Wenn der Herr den Schmutz der
Tochter Zion abgewaschen und die
Blutschuld Jerusalems gereinigt hat
aus seiner Mitte durch den Hauch des
Gerichts und den Hauch der Ver-
wüstung, 5 dann wird Jahwe kommen
und sich niederlassen über dem gan-
zen Raum des Berges Zion und denen,
die sich dort versammeln, als Wolke
bei Tag und als Rauch und als lohen-
der Feuerglanz bei Nacht. Denn über
allem wird die Herrlichkeit Jahwes
ein Obdach sein 6 und ein Zelt zum
Schatten gegen die Hitze des Tages
und zum Schutz und Schirm gegen
Unwetter und Regen.

Das Weinberglied

5 1 Singen will ich für meinen
Freund das Lied seiner Liebe zu
seinem Weinberg.
Einen Weinberg hatte mein Freund
auf fruchtbarer Höhe. 2 Er grub ihn
um, entsteinte ihn und pflanzte ihn
mit edlen Reben an. Er baute darin
einen Turm, hieb eine Kelter aus und
hoffte, daß er Trauben brächte; doch
er brachte nur Herlinge.
3 Und nun, ihr Bewohner Jerusa-
lems und ihr Männer von Juda, ur-
teilt zwischen mir und meinem
Weinberg! 4 Was hätte an meinem
Weinberg noch getan werden können,
das ich an ihm nicht getan? Warum
habe ich erwartet, daß er Trauben
brächte, und er hat nur Herlinge
hervorgebracht?
5 So will ich euch nun künden,
was ich mit meinem Weinberg tun
will. Ich nehme seinen Zaun hinweg,
daß er abgeweidet werde; ich reiße
seine Mauer nieder, daß er zertreten
werde. 6 Ich will ihn zur Wüste
machen. Nicht soll man ihn beschnei-
den und behacken; Dornen und
Disteln sollen dort wuchern, und den
Wolken will ich verbieten, ihm Regen
zu spenden.
7 Ja, der Weinberg Jahwes Zebaot
ist das Haus Israel, und die Männer
von Juda sind seine Lieblingspflan-
zung. Er hoffte auf Rechtsspruch,
und siehe da, Rechtsbruch; er hoffte
auf Wohlbetragen, und siehe da,
Weheklagen.

Die Weherufe

8 Wehe denen, die Haus an Haus
reihen und Acker zu Acker fügen, bis
kein Raum mehr da ist und ihr allein
im Lande wohnt. 9 So hat Jahwe
Zebaot in meine Ohren geschworen:
„Wahrlich, die vielen Häuser sollen
veröden und die großen und schönen
Paläste menschenleer werden. 10 Denn
zehn Joch Weinberg werden nur
einen Eimer und ein Malter Aussaat
nur einen Scheffel bringen."

Jr 314; 518; Ez 53; 9. Der in Jerusalem verbliebene, geläuterte und nun getreue Rest wird wieder zu einem mächtigen Volk. Nach der Katastrophe von 587 taucht eine neue Vorstellung auf: Der Rest wird sich unter den Verbannten finden, Ez 1216; Bar 213, im Exil wird er sich bekehren, Ez 68–10, vgl. Dt 301–2, und dann wird Gott ihn zur messianischen Wiederherstellung zusammenführen, Jr 233; 317; 5020; Ez 2037; Js 1111.16; Mich 212–13. Nach der Rückkehr aus dem Exil wird der immer noch treulose Rest erneut gesiebt und gereinigt, Sach 13; 811; Hag 112; Ob 17 = Joel 35; Sach 138–9; 142. Der wahre „Sproß" des neuen und geheiligten Israels wird Jesus Christus sein, Js 111.10, vgl. 42; Jr 233–6. – Im Gegensatz zu Israel werden die Heidenvölker keinen „Rest" haben, Js 1422.30; 159; 1614; Am 18; Ez 2137; Ob 18.

→44–6 *(Wiederherstellung in der Zukunft)* Die Fortsetzung des Gedichtes scheint in der Exilszeit angefügt zu sein; in v. 4 dürfte auf den Fall Jerusalems 587 angespielt sein.

→44 *der Tochter* Korr.; M: „der Töchter".

→45 *dann wird Jahwe kommen (und sich niederlassen)* G, L, V; M: „dann wird Jahwe erschaffen".

→45 *über allem wird die Herrlichkeit Jahwes* Korr. nach G^A ; M: „über aller Herrlichkeit".

→51–7 *(Das Weinberglied)* Ein Gedicht, das Jesaja zu Beginn seines Wirkens, wahrscheinlich anläßlich des Weinlesefestes, vortrug. Das Motiv vom Weinberg Israel, der erwählt und dann verworfen wird, klingt bereits bei Hosea an, 101, und wird von Jeremia, 221; 510; 69; 1210, und Ezechiel, 151–8; 173–10; 1910–14, wiederaufgenommen, vgl. Ps 809–19; Js 272–5. Jesus verwendet es im Gleichnis von den bösen Winzern, Mt 2133–44 par (vgl. auch den Feigenbaum, der verflucht wird, Mt 2118–19 par). In Jo 151–2 enthüllt er das Geheimnis des „wahren" Weinstocks. In Dt 3232–33 und Sir 2417 erscheint das Thema vom Weinberg unter anderen Gesichtspunkten.

→51 *seiner Liebe* Korr.; M: „meines Freundes".

→52 *mit edlen Reben* Hebräisch: *soreq*, wahrscheinlich eine erlesene Rebpflanze mit roten Trauben.

→58–24 Das Gedicht dürfte ebenfalls aus der Frühzeit Jesajas stammen. Mit diesen sechs Weherufen wird von manchen Auslegern der Weheruf in 101–4 verbunden.

→59 *So hat . . . geschworen* Korr. nach G; fehlt in M.

→510 *einen Eimer . . . einen Scheffel* Wörtlich: ein *bat* und ein *homer* Aussaat nur ein *'epha*.

11 Wehe denen, die schon am frühen
Morgen dem Rauschtrank nach-
jagen und am Abend verweilen, vom
Weine erhitzt! 12 Zither und Harfe,
Pauke und Flöte und Wein vereinen
sie zum Gelage, das Walten Jahwes
aber kümmert sie nicht, und was
seine Hände tun, sehen sie nicht.
13 Darum zieht mein Volk in die
Verbannung, weil es keine Einsicht hat.
Seine Vornehmen leiden Hunger, und
die Masse verschmachtet vor Durst.
14 Schon öffnet die Scheol ihren
Schlund; sie sperrt ihren Rachen
maßlos auf, und hinunter fährt seine
glänzende Menge, die jetzt so fröhlich
lärmt. 15 So werden die Menschen
gebeugt und die Männer gedemütigt,
und es senken sich die Augen der
Stolzen. 16 Erhaben aber zeigt sich
Jahwe Zebaot durch das Gericht, und
der heilige Gott erweist seine Heilig-
keit durch Gerechtigkeit.
17 Dann weiden dort Lämmer wie
auf ihrer Trift, und auf den Trümmer-
stätten der Reichen grasen die Böcke.
18 Wehe denen, die die Schuld her-
beiziehen mit Ochsenstricken und die
Sünde wie mit Wagenseilen, 19 die
sprechen: „Schnell, es eile sein Werk,
damit wir es sehen; es nahe und ver-
wirkliche sich der Plan des Heiligen
Israels, damit wir kennenlernen."
20 Wehe denen, die Böses gut und
Gutes böse nennen, die Finsternis zu
Licht machen und Licht zu Finsternis,
die Bitteres süß und Süßes bitter
machen!
21 Wehe denen, die weise sind in
ihren eigenen Augen und klug vor
sich selbst!
22 Wehe denen, die im Weinvertil-
gen Helden sind und tapfer beim
Mischen des Rauschtranks, 23 die
den Schuldigen für Bezahlung frei-
sprechen und den Gerechten seines
Rechtes berauben! 24 Darum, wie
Feuerlohe die Stoppeln frißt und in
der Flamme dürres Gras zusammen-
sinkt, so soll ihre Wurzel zu Moder
werden und ihre Blüte gleich dem
Staub verfliegen. Denn sie haben das
Gesetz Jahwes Zebaot verworfen und
das Wort des Heiligen Israels ver-
achtet.

Der Zorn Jahwes

25 Deshalb ist der Zorn Jahwes
gegen sein Volk entbrannt; er hat
seine Hand gegen es ausgestreckt und
es geschlagen; er hat die Fürsten
getötet, und ihre Leichen liegen wie
Kot in den Gassen. Bei alledem legte
sich nicht sein Zorn, und seine Hand
blieb noch ausgestreckt.

Der Ansturm der Assyrer

26 Ein Panier pflanzt er auf für
ein Volk aus der Ferne und pfeift es
herbei von den Enden der Erde. Und
siehe, in Eilmärschen kommt es heran.
27 Kein Müder ist darunter und kein
Matter; keiner schlummert, und keiner
schläft. Kein Gurt löst sich von den
Hüften, kein Riemen zerreißt an seinen
Schuhen.
28 Geschärft sind seine Pfeile und
alle seine Bogen gespannt. Wie Kiesel
sind die Hufe seiner Rosse und gleich
dem Sturmwind die Räder seiner
Wagen.
29 Sein Gebrüll ist wie das des Lö-
wen, er brüllt wie die Jungen des Lö-
wen. Er knurrt und packt den Raub,
schleppt ihn fort, und niemand ent-
reißt ihn ihm.

→514–16 Diese aus dem Zusammenhang herausfallenden Verse gehören wahrscheinlich zu 26–22.

→514 *seine glänzende Menge* Die Volksmenge einer Stadt, deren Name fehlt, vielleicht Samaria.

→516 *seine Heiligkeit* Die „Heiligkeit", vgl. 63+, „trennt" Gott von allen Geschöpfen; über ihnen stehend, wird er von ihnen nicht besudelt. Diese transzendente Heiligkeit Gottes aber drückt sich in seinem Verhältnis zu den Menschen durch seine „Gerechtigkeit" aus, womit ihr sittlicher Charakter betont ist: Gott vergilt das Gute und bestraft das Böse bei seinem „Gericht". Diese Gerechtigkeit steht nicht im Gegensatz zur barmherzigen Güte, denn wiederum ist es seine „Gerechtigkeit", die der seinen Verheißungen getreue Gott erfüllt, wenn er Israel oder einem reumütigen Sünder verzeiht, Mich 79; Ps 5116. Gerechtigkeit wird das Kennzeichen des messianischen Reiches schlechthin sein, Gott wird seinem Volk Anteil an seiner Heiligkeit geben, Js 126; 43, vgl. Mt 548.

→517 *Böcke* G; M: „Fremdlinge".

→518 *Ochsenstricken* Korr.; M: „Stricken des Wahns".

→519 *sein Werk* Der „Tag Jahwes", den man sich fälschlich als politischen Sieg Israels vorstellt. Vgl. Am 518+.

→525 Dieses Fragment wird von vielen Auslegern zu dem großen Gedicht 97 – 104 gezogen, dessen Kehrvers sich hier wiederfindet.

→525 *er hat die Fürsten getötet* Korr.; M: „die Berge haben geschwankt".

→526–30 *(Der Ansturm der Assyrer)* Das Gedicht bezieht sich wohl auf einen der großen assyrischen Einfälle zur Zeit Jesajas: die Feldzüge Tiglatpilesers III. in den Jahren 735 und 732, den Feldzug Salmanassars im Jahre 722, Sargons 711 oder Sancheribs 701.

30 An jenem Tage dröhnt es über
ihm wie Meeresdröhnen. Blickt man
auf das Land, siehe: angstvolle Fin-
sternis und das Licht durch Wolken-
dunkel verfinstert.

2. DAS IMMANUELBUCH

Berufung des Jesaja

6 1 Im Todesjahr des Königs Usija
sah ich den Herrn Jahwe auf einem
hohen und erhabenen Throne sitzen;
seine Schleppe füllte das Heiligtum.
2 Seraphe standen vor ihm; jeder hatte
sechs Flügel. Mit zweien bedeckte er
sein Angesicht, mit zweien bedeckte er
seine Füße, und mit zweien schwebte
er.
3 Und immerfort rief einer dem
andern zu: „Heilig, heilig, heilig ist
Jahwe Zebaot, die ganze Erde ist voll
seiner Herrlichkeit."
4 Von der Stimme der Rufenden
erbebten die Grundfesten der Schwel-
len, und der Tempel füllte sich mit
Rauch.
5 Da sprach ich:
„Wehe mir, ich bin verloren. Denn
ich bin ein Mann mit unreinen Lippen
und wohne unter einem Volk mit
unreinen Lippen, und meine Augen
haben den König, Jahwe Zebaot,
geschaut!"
6 Da schwebte einer der Seraphe
auf mich zu, eine Glühkohle in seiner
Hand, die er mit einer Zange vom
Altar genommen hatte.
7 Er berührte
damit meinen Mund und sprach:
„Siehe, dies hat deine Lippen be-
rührt. Deine Schuld ist hinweggenom-
men und deine Sünde getilgt."
8 Dann hörte ich die Stimme des
Herrn, der sprach:
„Wen soll ich senden? Wer wird für
uns gehen?"
Da antwortete ich: „Hier bin ich,
sende mich!"
9 Und er sprach:
„Gehe und verkünde diesem Volk
da: ‚Höret, ja, höret, doch verstehet
nicht! Sehet, ja, sehet, doch erkennet
nicht!'
10 Verstocke das Herz dieses
Volkes, mache seine Ohren taub, ver-
klebe seine Augen, daß es mit seinen
Augen nicht sehe, mit seinen Ohren
nicht höre, sein Herz nicht zur Einsicht
komme, daß es sich nicht bekehre und
Heilung finde."
11 Da sprach ich: „Bis wann, o
Herr?" Er antwortete:
„Bis die Städte zerstört und ohne
Bewohner, bis die Häuser menschen-
leer und der Acker als Wüste daliegt,

→530 *über ihm* Hiermit ist vielleicht nicht der Eroberer, sondern das Volk von Juda und Israel gemeint.

→61–13 *(Berufung des Jesaja)* Die Berufsvision, die man eigentlich am Anfang des Buches erwarten würde, hat dennoch auch hier einen sinnvollen Platz als Einleitung zum Immanuelbuch, dessen Sprüche im Zusammenhang mit dem syrisch-ephraimitischen Krieg gegen Jerusalem stehen; denn in ihm erfüllen sich die Drohungen von v. 11–13.

→61 *Im Todesjahr des Königs Usija* Im Jahr 740, wie man gewöhnlich annimmt.

→61 *Jahwe* Mit einer Reihe Hss von M eingefügt.

→61 *das Heiligtum* Der *Hekal*, die vor dem *Debir* oder „Allerheiligsten" liegende Halle, vgl. 1 Kg 61–38.

→62 *Seraphe* Himmlische Wesen, die Jesaja als erster Jahwe zuordnet. Ihr Name bedeutet die „Brennenden" (vgl. die „Feuerschlangen" in Nm 216+; Dt 815, und die geflügelten Drachen in Js 1429; 306). Vielleicht sind sie mit den Keruben identisch, welche die Bundeslade umgeben, Ex 2518+.

→62 *bedeckte er sein Angesicht* Aus Furcht, Jahwe zu schauen, vgl. Ex 3320+.

→62 *seine Füße* Zugleich Umschreibung für die Geschlechtsteile.

→63 *Heilig, heilig, heilig* Die Heiligkeit Gottes, vgl. Lv 171+, ist ein Hauptthema der Botschaft Jesajas, der Jahwe oft den „Heiligen Israels" nennt, 14; 519.24; 1017.20; 4114.16.20 usw. Diese Heiligkeit Gottes verlangt vom Menschen, daß er selbst geheiligt sei, d. h. vom Profanen abgesondert, Lv 171+, von der Sünde gereinigt, hier v. 5–7, da er an der „Gerechtigkeit" Gottes teilhat, vgl. 126+ und 516+.

→64 *Rauch* Er entspricht der Wolke vom Sinai.

→66–7 Die Glühkohle ist heilig, weil sie an der göttlichen Heiligkeit Anteil hat, die Jahwe dem Altar überträgt. Feuer gehört gewöhnlich zu den Begleiterscheinungen der Theophanien am Sinai, Ex 1918; Dt 411–12.15.33.36. Dieses Feuer ist verzehrend, Ex 2417; Nm 111–3; hier aber spielt es eine reinigende Rolle, vgl. Js 125; Mt 311+.

→68 *Hier bin ich, sende mich* Die sofortige Bereitschaft Jesajas erinnert an den Glauben Abrahams, Gn 121–4, und steht im Gegensatz zu dem furchtsamen Zögern des Mose, Ex 410–12, und vor allem des Jeremia, Jr 16.

→610 Der in seiner Form typisch semitische Satz, der von den Evangelien wiederholt wird, vgl. Mt 1313+, bedeutet nicht, daß die Verstockung des Volkes unmittelbar von Gott gewollt wird; sie ist von Gott vorausgesehen, sie geht in seine Pläne ein und darf darum den Propheten nicht entmutigen.

→611 *Bis wann, o Herr* Die Frage läßt die Hoffnung auf eine Umkehr durchscheinen. Ohne eine solche Möglichkeit auszuschließen, betont die Antwort das Ausmaß der Prüfungen, die nur ein „kleiner Rest" vgl. 43+, überstehen wird.

→611 *der Acker als Wüste daliegt* G, V; M: „der Acker in Wüste verwüstet ist".

12 bis Jahwe die Menschen vertrieben.
Dann wird die Verödung groß sein
im Lande. 13 Bleibt noch ein Zehntel
der Leute darin, so wird es der Vertil-
gung anheimfallen wie eine Terebinthe,
von der beim Fällen nur ein Wurzel-
stumpf bleibt. Der Wurzelstumpf ist
heiliger Same."

Erste Warnung an Achas

7 1 Zur Zeit, da Achas, der Sohn
Jotams, des Sohnes Usijas, König
von Juda war, zogen Razon, der König
von Aram, und Pekach, der Sohn
Remaljahus, der König von Israel,
gegen Jerusalem, um es zu belagern,
konnten es aber nicht einnehmen.

2 Als dem Hause Davids gemeldet
wurde: „Aram hat sich in Ephraim
gelagert", da erbebte sein Herz und das
Herz seines Volkes, wie die Bäume
des Waldes vor dem Sturm erbeben.
3 Da sprach Jahwe zu Jesaja: „Geh
hinaus zu Achas, du und dein Sohn
Schear-Jaschub, an das Ende der
Wasserleitung des oberen Teiches, auf
den Weg am Walkerfeld 4 und sprich
zu ihm:

Hüte dich, bewahre die Ruhe und sei
ohne Furcht! Dein Herz verzage nicht
wegen dieser beiden rauchenden
Brennholzstummel, 5 weil Aram,
Ephraim und der Sohn des Remal-
jahu dein Verderben beschlossen haben
und sagen: 6 ‚Laßt uns gegen Juda
ziehen, es schrecken und für uns er-
obern und dann den Sohn Tabeels
zum König machen!' 7 So spricht
Jahwe: Das wird nicht bestehen und
wird nicht sein. 8A Damaskus ist
Arams Hauptstadt und Razon das
Haupt von Damaskus; 9A Samaria ist
Ephraims Hauptstadt und der Sohn
Remaljahus das Haupt Samarias.
8B Noch sechs oder fünf Jahre, und
Ephraim, zerschlagen, hört auf, ein
Volk zu sein. 9B Aber wenn ihr euch
nicht an mich haltet, werdet ihr keinen
Halt haben."

Zweite Warnung. Das Immanuelzeichen

10 Und weiter redete Jahwe zu
Achas und sprach: 11 „Erbitte dir ein
Zeichen von Jahwe, deinem Gott, aus
der Tiefe der Scheol oder hoch oben
aus der Höhe." 12 Achas entgegnete:
„Ich will keins erbitten und Jahwe
nicht versuchen." 13 Da sprach er:

Hört, ihr vom Hause Davids! Ist es
euch nicht genug, Menschen zu ermü-
den, daß ihr auch meinen Gott ermü-
det? 14 Darum wird euch der Herr
selbst ein Zeichen geben: Seht, das
junge Mädchen wird empfangen und

→613 Verderbter und überladener Text. Der letzte Satz fehlt in G.

→71 *Razon* Nach G und den assyrischen Urkunden; M: „Rezin".

→73 *Schear-Jaschub* Dieser prophetische Name, vgl. 126+, bedeutet „Ein Rest kehrt um", d. h. wird sich zu Jahwe bekehren und so dem Strafgericht entrinnen, vgl. 43+ und auch 1021–22.

→74 *Brennholzstummel* Verächtliche Bezeichnung für die Könige von Damaskus und Israel: Sie gleichen qualmenden, aber bereits verlöschenden Brandscheiten. – In M ist ein erklärender Zusatz angefügt: „vor der Zornesglut des Razon, Aram und des Sohnes Remaljahus". G liest ganz anders.

→76 *den Sohn Tabeels* Wahrscheinlich ein Aramäer am Hofe von Damaskus.

→78A.9A Beide Verse sind ironisch gemeint: Damaskus und Samaria haben nur Menschen als Haupt (mit „Hauptstadt" und „Haupt" ist das gleiche hebräische Wort *rosch* „Haupt" wiedergegeben), Jerusalem hat Jahwe als wahren König.

→78B *Noch sechs oder fünf Jahre* Korr.; M: „Noch fünfundsechzig Jahre". Samaria fiel im Jahre 722.

→79B *wenn ihr euch nicht an mich haltet* Oder: „wenn ihr nicht glaubt". Was Jesaja von Achas fordert, ist ein Akt des Glaubens. Der Glaube ist bei den Propheten weniger ein abstraktes Überzeugtsein, daß Gott existiert und daß er der einzige Gott ist, sondern ein Festhalten an ihm, ein Vertrauen auf ihn, das auf der Erwählung beruht: Jahwe hat Israel erkoren, er ist sein Gott, Dt 76+, und er allein kann es retten. Dieses absolute Vertrauen, das Unterpfand des Heiles, Js 2816, schließt jeden Rückgriff auf irgendeinen anderen Halt – auf Menschen oder noch mehr auf falsche Götter – aus, Js 3015; Jr 175; Ps 529.

→714 *ein Zeichen* Die Verheißung des Immanuel ist einer der großen Texte des „Königsmessianismus" Jesajas. Nach der Deutung vieler, auch katholischer Bibelgelehrter besteht das hier vorgelegte „Zeichen" in der bevorstehenden Geburt des künftigen Königs Hiskija, des Sohnes des Achas. Seit der Verheißung Natans, 2 Sm 71+, ruhte die Hoffnung der Jahwegläubigen auf der Fortdauer des Geschlechtes Davids. Aber die Feierlichkeit des Spruches und der dem Kind gegebene symbolische Name weisen darauf hin, daß der Prophet in dieser Königsgeburt über die Fortdauer der Dynastie hinaus ein entscheidendes Eingreifen Gottes im Hinblick auf das endgültige messianische Reich sieht, das die Sprüche von 91–6 und 111–9 aufzeigen. Die Immanuelverheißung geht so über die Person Hiskijas hinaus; die Evangelisten (Mt 123, wo Js 714; Mt 415–16, wo Js 823 – 91 zitiert wird, vgl. Jo 15) und danach die ganze christliche Überlieferung haben hierin die verhüllte Ankündigung der Geburt Christi gesehen. – In seiner unmittelbaren Bedeutung jedoch meint das Zeichen ein Doppeltes: Es kündigt die Befreiung der

einen Sohn gebären und seinen Namen
Immanuel nennen. 15 Von Dickmilch
und Honig wird er sich nähren, bis er
versteht, das Böse zu verwerfen und
das Gute zu erwählen. 16 Denn ehe
noch der Knabe weiß, das Böse zu ver-
werfen und das Gute zu erwählen, wird
das Land verödet sein, vor dessen bei-
den Königen dir graut. 17 Über dich
und über dein Volk und über das Haus
deines Vaters läßt Jahwe Tage kom-
men, wie sie so nicht gewesen sind,
seitdem sich Ephraim von Juda trennte
[den König von Assur]. 18 An jenem
Tage wird Jahwe die Fliegen von den
äußersten Nilarmen in Ägypten und
die Bienen aus dem Land Assur herbei-
pfeifen. 19 Sie werden alle kommen
und sich niederlassen in den Tal-
schluchten und Felsspalten, in allen
Dornhecken und auf allen Triften.
20 An jenem Tage wird der Herr mit
dem Messer, das er jenseits des Stromes
gedungen hat, [dem König von Assur]
den Kopf und die Haare des Leibes
scheren und selbst den Bart abnehmen.
21 An jenem Tage wird jeder nur eine
junge Kuh und zwei Stück Kleinvieh
halten, 22 und wegen der Fülle der
Milch, die sie geben, werden sich alle
Übriggebliebenen im Lande von Dick-
milch und Honig ernähren. 23 An je-
nem Tage wird jeder Ort, wo tausend
Weinstöcke im Wert von tausend
Schekeln stehen, den Dornen und dem
Gestrüpp verfallen. 24 Nur mit Pfeil
und Bogen wird man dorthinkommen,
denn alles Land wird zu Dornen und
Gestrüpp. 25 Auf alle Berge, die man
sonst mit der Hacke behackt, wird
man nicht gehen aus Furcht vor Dor-
nen und Gestrüpp. Man treibt die
Rinder hin und läßt dort die Schafe
weiden.

Geburt eines Jesaja-Sohnes

8 1 Jahwe sprach zu mir: „Nimm
ein großes Siegel und schreibe dar-
auf mit deutlicher Schrift: Maher-
Schalal-Hasch-Bas. 2 Dann finde mir
zuverlässige Zeugen: den Priester
Urija und Sacharjahu, den Sohn des
Jeberechjahu."

3 Darauf nahte ich der Prophetin;
sie empfing und gebar einen Sohn. Da
sprach Jahwe zu mir: „Nenne seinen
Namen Maher-Schalal-Hasch-Bas.
4 Denn noch ehe der Knabe ‚mein
Vater' und ‚meine Mutter' sagen lernt,
wird man den Reichtum von Damas-
kus und die Beute von Samaria vor
dem König von Assur hertragen."

Siloach und Euphrat

5 Und weiter sprach Jahwe zu mir
und sagte:

6 Weil dieses Volk die stillfließenden
Wasser Siloachs verachtet hat und vor
Razon und dem Sohn des Remaljahu
zittert, 7 siehe, darum läßt der Herr
die mächtigen und großen Wasser des
Stromes heraufsteigen gegen sie [den

Stadt und die Fortdauer des Davidsgeschlechtes an, aber auch die Verwüstungen, die gleichzeitig über Juda und über seine Angreifer kommen werden.

→7 14 *das junge Mädchen* G übersetzt mit „die Jungfrau" und präzisiert damit den hebräischen Ausdruck *('alma)*, der sowohl ein junges Mädchen als auch eine jung verheiratete Frau bezeichnen kann. Der Text von G aber ist ein bedeutender Zeuge für eine schon frühe jüdische Auslegung, an die der Evangelist anknüpft: Mt 1 23 sieht hierin die Ankündigung der jungfräulichen Empfängnis Jesu.

→7 14 *und (sie wird) nennen* M; einige Hss von M, G: „und du wirst nennen"; 1QJs[a]: „und er wird nennen"; V: „und er wird genannt werden".

→7 14 *Immanuel* Der prophetische Name, vgl. Js 1 26+, bedeutet „Gott mit uns", vgl. 8 8.10; Ps 46 8.12.

→7 15 *Von Dickmilch und Honig* Über den Sinn dieser Nahrung vgl. 7 22+.

→7 18–19 Jesaja kündet also einen Kampf zwischen Ägypten und Assur auf dem Gebiet von Juda an.

→7 20 Die verwüstenden assyrischen Heere als Werkzeug des Herrn. Der „Strom" ist der Euphrat.

→7 22 *geben* Danach Zusatz in M: „wird er Rahm essen"; fehlt in G.

→7 22 Die Kriegsverwüstungen werden den Ackerbau zugrunde richten. Die Übriggebliebenen sind gezwungen, zum Hirtenleben zurückzukehren, und leben von dicker Milch. Der Überfluß an solcher Elementarnahrung aber, der in diesen Notzeiten an „Milch und Honig" des Verheißungslandes erinnert, Ex 3 8+, wird sie für die Übriggebliebenen wie für den Immanuel, v. 15, zu einer Gnadennahrung machen.

→8 1 *Maher-Schalal-Hasch-Bas* D. h. „Eilebeute-Raubebald", ein Eigenname, vgl. 8 3.

→8 2 *finde mir* Üss; M: „nehme ich mir".

→8 3 *Maher-Schalal-Hasch-Bas* Zum drittenmal verwendet Jesaja einen sinnbildlichen Namen, vgl. 1 26+. Wie Schear-Jaschub und Immanuel ist dieses Kind ein Zeichen für die Niederlage der Verbündeten; vgl. die Namen, die Hosea seinen Kindern gibt, Hos 1 4.6.9; 2 1–3.25.

→8 6 *Wasser Siloachs* Die einzige Wasserquelle Jerusalems, vgl. 2 Kg 20 20+. Sie ist ein Sinnbild für den verborgenen Schutz Gottes, den wahren Grund des Vertrauens.

→8 6 *und vor Razon . . . zittert* (Wörtlich: zerfließt) Korr.; M: „und sich ergötzt an".

→8 7 *den König . . .* Den Achas in seiner Kurzsichtigkeit zu Hilfe rief, 2 Kg 16 7–9: erklärender Zusatz. – Der „Strom" ist der Euphrat.

König von Assur und seine herrliche
Macht]. Er wird über sein Bett steigen
und über alle seine Ufer treten. 8 Er
wird in Juda eindringen, es durchfluten
und überschwemmen, bis er zum Halse
reicht; und seine ausgespannten Flügel
werden dein Land in seiner ganzen
Breite füllen, o Immanuel.

Angst der Eindringlinge

9 Erkennt es, ihr Völker, ihr werdet
niedergeworfen! Hört es, ihr fernen
Nationen der Erde! Rüstet nur, ihr
werdet niedergeworfen! Rüstet nur, ihr
werdet niedergeworfen! 10 Schmiedet
Pläne, sie werden vereitelt! Faßt Be-
schlüsse, sie werden nicht zustande
kommen! Denn mit uns ist Gott.

Jahwe, der Stein des Anstoßes

11 Denn so sprach Jahwe zu mir,
als seine Hand mich ergriff und er mich
mahnte, nicht die Wege dieses Volkes
zu gehen. 12 Ihr sollt nicht alles Ver-
schwörung nennen, was dieses Volk Ver-
schwörung nennt. Was es fürchtet, das
sollt ihr nicht fürchten und davor nicht
erschrecken. 13 Jahwe Zebaot, ihn hal-
tet heilig! Er sei eure Furcht und euer
Schrecken! 14 Er ist das Heiligtum
und der Stein des Anstoßes und der
Fels des Strauchelns für die beiden
Häuser Israels; eine Schlinge und ein
Fallstrick für die Bewohner Jeru-
salems. 15 Viele unter ihnen werden
straucheln und fallen und sich zer-
schmettern; sie werden sich verstricken
und gefangen werden.

Weisung des Jesaja an seine Jünger

16 Ich will dieses Zeugnis verwahren,
diese Offenbarung im Herzen meiner
Jünger versiegeln. 17 Ich will harren
auf Jahwe, der sein Angesicht vor
Jakobs Haus verbirgt, und auf ihn
hoffen. 18 Siehe, ich und die Kinder,
die Jahwe mir gegeben hat, wir sind
Sinnbilder und Zeichen in Israel von
Jahwe Zebaot, der auf dem Berge Zion
wohnt. 19 Wenn man euch sagt: „Be-
fragt doch die Totengeister und die
Wahrsagegeister, die flüstern und
murmeln!" (so entgegnet:) „Soll doch
ein Volk seine Götter befragen und für
die Lebenden bei den Toten Auskunft
suchen!"

20 Zur Offenbarung und zum Zeug-
nis! Wer so nicht spricht, für den gibt
es keine Morgenröte.

Das Gehen in der Nacht

21 Er wird umherirren, niederge-
drückt und hungrig. Und wer Hunger
leidet, wird ergrimmen und fluchen auf
seinen König und seinen Gott. Ob er
sich nach oben wendet 22 oder zur
Erde blickt, da sieht er nur Not und
Finsternis und angstvolles Dunkel und
nichts als Nacht. 23 Ist nicht Finsternis
dort, wo die Angst ist?

Die Erscheinung

In der früheren Zeit hat er das Land
Sebulun und Naphtali verachtet, in der
künftigen Zeit aber wird er die Meeres-
straße und das Gebiet jenseits des
Jordan, den Bezirk der Völker, zu
Ehren bringen.

9 1 Das Volk, das im Finstern wan-
delt, schaut ein großes Licht; über
denen, die im Lande der Dunkelheit
wohnen, erstrahlt ein Licht. 2 Du
machst groß ihren Jubel und gewaltig
ihre Freude. Sie freuen sich vor dir, wie
man sich in der Ernte freut, wie man
frohlockt beim Beuteteilen.

3 Denn ihr drückendes Joch, die
Stange auf ihrem Nacken, den Stock
des Bedrückers zerbrichst du wie am
Tage von Midian.

4 Denn jeder Soldatenstiefel, der
dröhnend auftritt, und jeder Mantel,

→89 *Erkennt es* G; M: „Tobet".
→810 *Denn mit uns ist Gott* Dies bedeutet der Name Immanuel.
→814 *das Heiligtum* Wahrscheinlich Fehler eines Abschreibers, vgl. T: „der Fallstrick".
→819 *Soll doch . . . Auskunft suchen* Wahrscheinlich ironische Antwort. Jesaja verspottet das Volk, das lieber die Totenbeschwörer befragt als den Propheten. Vgl. Dt 2814; 1 Sm 289.
→820 Schwieriger Text. Der letzte Satz gehört vielleicht zum folgenden.
→821–23 *(Das Gehen in der Nacht)* Es handelt sich um einen Menschen, der durch den Krieg von Hause vertrieben wurde. Die vielleicht verstümmelte Stelle scheint nicht im ursprünglichen Textzusammenhang zu stehen.
→823 Der Vers ist wohl ein erklärender Zusatz.
→823B Der vermutlich spätere Abschnitt (in Prosa) leitet eine Weissagung (in Versen) ein, die wahrscheinlich bei der Deportierung von Galiläern nach dem Feldzug Tiglatpilesers III. 732 gesprochen wurde. Sie verkündet den „Tag Jahwes", der den Deportierten die Befreiung bringen und einem Kinde aus königlichem Geblüt – offenbar dem Immanuel, vgl. 714+ – das Friedensreich übergeben wird. Mit der Ankunft Jesu in Galiläa wird diese Verheißung zur vollen Verwirklichung kommen.
→92 *ihren Jubel* Korr.; M: „das Volk für ihn".
→93 *die Stange* Korr. (im Sinne von Jochholz); M: „Stab" (im Sinne von Prügelstock).

der in Blut gewälzt, wird verbrannt
und eine Speise des Feuers.
5 Denn ein Kind ist uns geboren, ein
Sohn ist uns geschenkt; die Herrschaft
ruht auf seinen Schultern. Man nennt
seinen Namen: Wunderrat, starker
Gott, Ewigvater, Friedensfürst.
6 Groß ist die Herrschaft und endlos
der Friede für Davids Thron und sein
Königreich, das er aufrichtet und festigt
in Recht und Gerechtigkeit. Von nun
an bis in Ewigkeit wird die eifersüch-
tige Liebe Jahwes Zebaot solches tun.

Die Rache Jahwes

7 Ein Wort hat der Herr wider Ja-
kob entsandt, und es fällt nieder auf
Israel. 8 Das ganze Volk erkennt es,
Ephraim und die Bewohner Samarias,
die voll Hochmut und stolzen Sinnes
sprechen: 9 „Ziegelbauten sind ein-
gestürzt, mit Quadern bauen wir wie-
der auf; Maulbeerbäume hat man ge-
fällt, wir setzen Zedern an ihre Stelle."
10 Aber Jahwe läßt gegen dieses Volk
seine Widersacher aufstehen und sta-
chelt seine Feinde auf: 11 Aram im
Osten und die Philister im Westen. Sie
verschlingen Israel mit vollem Rachen.
Bei alledem hat sein Zorn sich noch
nicht gelegt, und seine Hand bleibt
ausgestreckt.
12 Doch das Volk bekehrte sich
nicht zu dem, der es schlug, und es
suchte nicht Jahwe Zebaot. 13 Darum
hieb Jahwe von Israel ab Kopf und
Schwanz, Palmzweig und Binse an
einem Tag. 14 [Die Vornehmen und
Angesehenen sind der Kopf, und die
Lügenpropheten sind der Schwanz.]
15 Die Führer dieses Volkes wurden
Verführer, und seine Geführten sind
in die Irre gegangen. 16 Darum wird
der Herr seine junge Mannschaft nicht
schonen und sich seiner Waisen und
Witwen nicht erbarmen. Denn sie alle
sind gottlos und böse, und jeder Mund
spricht Torheit. Bei alledem hat sein
Zorn sich noch nicht gelegt, und seine
Hand bleibt ausgestreckt.
17 Denn die Gottlosigkeit brennt
wie ein Feuer, das Dornen und Ge-
strüpp verzehrt und im Dickicht des
Waldes zündet, daß hoch die Rauch-
säulen aufwirbeln. 18 Durch die
Zornesglut Jahwes Zebaot wird das
Land versengt und das Volk zur Speise
des Feuers. Keiner verschont den an-
dern. 19B Jeder verschlingt das Fleisch
seines Nächsten. 19A Man verschlingt
zur Rechten und bleibt dennoch hung-
rig; man frißt zur Linken und wird
doch nicht satt. 20 Manasse verschlingt
Ephraim und Ephraim Manasse, und
beide zusammen fallen über Juda her.
Bei alledem hat sein Zorn sich noch
nicht gelegt, und seine Hand bleibt
ausgestreckt.
10 1 Wehe denen, die Gesetze des
Unheils machen, und den Schrei-
bern, die nur Bedrückung schreiben,
2 um die Schwachen vom Rechtsweg
abzudrängen und die Armen meines
Volkes ihres Rechtes zu berauben, so
daß die Witwen ihre Beute werden und
sie die Verwaisten plündern! 3 Was
wollt ihr tun am Tag der Heimsuchung
und bei dem Sturm, der aus der Ferne
kommt? Zu wem wollt ihr hilfesuchend
fliehen? Wo wollt ihr euren Reichtum
lassen? 4 Nur hinsinken unter Gefan-
gene, nur fallen unter Erschlagene. Bei
alledem hat sein Zorn sich noch nicht
gelegt, und seine Hand bleibt ausge-
streckt.

Gegen einen König von Assur

5 Wehe Assur, dem Stock meines
Zornes, der Rute, die mein Grimm
schwingt! 6 Gegen ein gottloses Volk
sende ich ihn, und gegen eine Nation,
der ich zürne, entbiete ich ihn. Er soll
Beute machen und Raub sich holen
und sie zertreten wie Gassenkot.
7 Aber er faßt es anders auf, nicht so
meint es sein Herz. Auf Vernichtung

→95 *seinen Namen* Ein prophetischer Eigenname, vgl. 126+. Das Kind besitzt in höchstem Maße die Eigenschaften aller großen Gestalten seines Geschlechtes: die Weisheit Salomos, die Tapferkeit Davids, die Gotteserkenntnis des Mose und der Patriarchen, vgl. 112. Wenn die christliche Überlieferung und die Liturgie von Weihnachten diese Titel auf Jesus Christus überträgt, will sie damit sagen, daß er der wahre Immanuel ist.

→96 *Groß* G, T.

→97 – 104 *(Die Rache Jahwes)* Gedicht gegen Samaria und das Nordreich, das in einer Zeit der Feindschaft zwischen Israel und Juda verkündet wurde, entweder 739, als der Krieg gegen Achas angezettelt wurde, oder 734, nach diesem Krieg, als das Nordreich der Willkür der assyrischen Oberherrschaft ausgeliefert war.

→910 *seine Widersacher* Korr.; M: „die Feinde des Razon".

→916 *nicht schonen* 1QJs[a]; M: „sich nicht freuen".

→919B *seines Nächsten* Üss; M: „seines Armes".

→920 *verschlingt* 1QJs[a], G.

→105–19 *(Gegen einen König von Assur)* Es handelt sich wahrscheinlich um Sancherib und den Feldzug von 701.

→105 *die . . . schwingt* Korr.; M: „in ihrer Hand".

geht sein Sinn und auszurotten nicht
wenige Völker. 8 Denn er spricht:
„Sind meine Fürsten nicht allesamt
Könige? 9 Erging es nicht Kalno wie
Karkemisch, nicht Hamat wie Arpad,
nicht Samaria wie Damaskus? 10 Wie
meine Hand die Königreiche der Göt-
ter traf, deren Bilder doch zahlreicher
waren als die von Jerusalem und Sa-
maria, 11 wie ich an Samaria und an sei-
nen Götzen tat, sollte ich so nicht auch
an Jerusalem und seinen Bildern tun?"

12 Aber wenn der Herr sein ganzes
Werk am Berge Zion und an Jerusalem
vollendet hat, dann wird er die Frucht
des Übermutes des Königs von Assur
und seiner stolz erhobenen Augen
ahnden.

13 Denn er sprach:

„Durch meine starke Hand habe ich
es ausgeführt und durch meine Weis-
heit, denn ich verstehe mich darauf.
Ich habe die Grenzen der Völker ver-
schoben und ihre Schätze ausgeplün-
dert; ich habe in den Staub die Be-
wohner gestürzt. 14 Meine Hand griff
nach den Schätzen der Nationen wie
nach einem Nest. Wie man verlassene
Eier einrafft, so habe ich die ganze
Welt eingerafft. Da war keiner, der die
Flügel regte, der den Schnabel auftat
und zu piepen wagte."

15 Brüstet sich die Axt vor dem, der
mit ihr schlägt? Tut die Säge groß
vor dem, der sie zieht? Als wollte der
Stab den schwingen, der ihn ergreift,
und der Stock den heben, der nicht
von Holz ist. 16 Darum wird Jahwe
Zebaot unter seine Starken die
Schwindsucht senden, und unter sei-
nem Überfluß entbrennt ein Brand,
wie ein Feuer auflodert. 17 Dann wird
Israels Licht zum Feuer und sein Hei-
liger zur Flamme, die seine Dornen
und sein Gestrüpp an einem Tage ver-
brennt und verzehrt. 18 Sie vernichtet
seinen schönen Wald und seine Frucht-
gefilde von Seele bis Leib. Es wird sein,
wie wenn ein Kranker dahinsiecht.
19 Den Rest der Bäume seines Waldes
wird man zählen können; ein Knabe
vermag sie aufzuschreiben.

Der Name Schear-Jaschub

20 An jenem Tag aber werden der
Rest Israels und die Geretteten vom
Hause Jakobs sich nicht mehr stützen
auf den, der sie schlägt, sondern sie
werden in Wahrheit sich stützen auf
Jahwe, den Heiligen Israels. 21 Ein
Rest wird sich bekehren, der Rest aus
Jakob, zu dem starken Gott.

Die Ankündigung des Untergangs

22 Denn wäre auch dein Volk, o
Israel, wie der Sand am Meer, nur ein
Rest davon wird sich bekehren. Die
Vertilgung ist beschlossen, und das
gerechte Gericht kommt wie eine Flut.
23 Ja, die beschlossene Vertilgung wird
der Herr, Jahwe Zebaot, vollziehen
auf der ganzen Erde.

Spruch

24 Also spricht Jahwe Zebaot:
„Fürchte dich nicht, mein Volk, das
in Zion wohnt, vor Assur, der dich
mit der Rute schlägt und gegen dich
den Stock erhebt.

25 Denn nur noch eine kleine Weile,
dann ist das Zürnen vorüber, und
mein Grimm wird sie vernichten."
26 Dann wird Jahwe Zebaot die Geißel
über es schwingen wie damals, als er
Midian schlug am Rabenfelsen. Er
wird seinen Stab über das Meer aus-
strecken, wie er ihn erhob auf dem
Wege Ägyptens. 27 An jenem Tag
wird seine Last von deinen Schultern
schwinden und sein Joch von deinem
Hals weichen.

Der Angreifer

Er rückt von Rimmon heran,
28 kommt auf Ajat zu, zieht durch
Migron, in Michmas läßt er seinen
Troß. 29 Sie überschreiten den Paß,
in Geba machen sie Nachtquartier.
Rama zittert, es flieht das Gibea Sauls.
30 Schreie auf, Bat-Gallim! Horche,

→109 *Kalno* Stadt in Nordsyrien, die von Tiglatpileser III. 738 erobert wurde. *Karkemisch*, Stadt der Hethiter, von Sargon 717 erobert. *Hamat*, syrische Stadt am Orontes, von Sargon 720 erobert. *Arpad*, nördlich von Aleppo, 728 erobert.

→1012 *wird er* G; M: „werde ich". Dieser Vers (in Prosa) scheint ein Einschub zu sein.

→1013 *in den Staub* Korr.; M: „wie ein Held".

→1016–19 Nach Ansicht mancher bezieht sich dieses Fragment nicht mehr auf den König von Assur, sondern auf die Judäer.

→1020–21 Das kurze Orakel, das den Namen des ältesten Sohnes Jesajas erklärt, 73, vgl. 126+, könnte aus der Anfangszeit seines Wirkens stammen.

→1024–27 Von Jesaja 701 bei den Versuchen Sancheribs, Jerusalem einzunehmen, verkündet.

→1024 *Jahwe* G; M: „der Herr Jahwe".

→1024 Am Versende Zusatz in M: „auf dem Wege Ägyptens", vgl. v. 26.

→1027B–34 *(Der Angreifer)* Der Assyrer.

→1027B *Er rückt von Rimmon heran* Korr.

Laischa! Antworte ihm, Anatot!
31 Madmena irrt umher; die Bewohner
Gebims ergreifen die Flucht. 32 Noch
heute steht er in Nob. Schon erhebt er
seine Hand gegen den Berg der Toch-
ter Zion, gegen den Hügel Jerusalems.
33 Doch seht! Da haut der Herr Jahwe
Zebaot mit schrecklicher Gewalt die
Zweige ab, die ragenden Wipfel sind
gefällt, das Hochgewachsene stürzt
zu Boden. 34 Unter der Axt bricht des
Waldes Dickicht, und der Libanon
fällt mit seinen herrlichen (Zedern).

Das Auftreten des gerechten Königs

11 1 Aus Isais Stumpf aber sproßt
ein Reis, und ein Schößling bricht
hervor aus seinem Wurzelstock. 2 Auf
ihm ruht der Geist Jahwes: der Geist
der Weisheit und des Verstandes, der
Geist des Rates und der Stärke, der
Geist der Erkenntnis und der Furcht
Jahwes. [Ihn erfüllt die Furcht Jahwes.]
3 Nicht richtet er nach dem Augen-
schein, noch fällt er sein Urteil nach
dem Hörensagen. 4 Sondern er richtet
die Geringen in Gerechtigkeit und ent-
scheidet in Geradheit über die Armen
des Landes. Er schlägt den Gewalt-
tätigen mit dem Stab seines Mundes
und tötet den Frevler mit dem Hauch
seiner Lippen.
5 Gerechtigkeit ist der Schurz seiner
Lenden und Treue der Gurt seiner
Hüften.
6 Dann wohnt der Wolf bei dem
Lamm und lagert der Panther bei dem
Böcklein. Kalb und Löwenjunges
weiden gemeinsam, ein kleiner Knabe
kann sie hüten. 7 Die Kuh wird sich
der Bärin zugesellen, und ihre Jungen
liegen beieinander; der Löwe nährt
sich wie das Rind von Stroh. 8 Der
Säugling spielt am Schlupfloch der
Otter, und in die Höhle der Natter
streckt das entwöhnte Kind seine
Hand.
9 Sie schaden nicht und richten
kein Verderben an auf meinem ganzen
heiligen Berg, Denn das Land ist voll
der Erkenntnis Jahwes, wie die Wasser
das Meer bedecken.

→1030 *Antworte ihm* Korr.

→1034 *mit seinen herrlichen* Korr. nach G (?).

→111–9 *(Das Auftreten des gerechten Königs)* Messianisches Gedicht, das bestimmte Wesenszüge des künftigen Messias heraushebt: Er ist aus davidischem Geblüt, v. 1, er wird mit prophetischem Geist erfüllt, v. 2, er wird unter den Menschen die Gerechtigkeit, ein irdischer Abglanz der Heiligkeit Jahwes, herrschen lassen, v. 3f, vgl. 126+ und 516+, er wird den paradiesischen Frieden, v. 6–8, die Frucht der Erkenntnis Jahwes, v. 9, wieder aufrichten.

→112 *der Geist Jahwes* Der „Geist Jahwes" oder der „heilige Geist Jahwes", 421; 611f; 6310–13; Ps 5113; Weish 15; 917, sein „Hauch" („Hauch" und „Geist" sind Übersetzung für das gleiche hebräische Wort *ruach*), ist die ganze biblische Geschichte hindurch am Werk. Schon vor der Schöpfung ruht er über dem Chaos, Gn 12, er gibt allen Wesen das Leben, Ps 10429–30; 336; Gn 27, vgl. Ez 375–6.9–10. Er kommt über die Richter, Ri 310; 634; 1129, und Saul, 1 Sm 116. Er verleiht den Handwerkern Geschick, Ex 313; 3531, den Richtern Urteilskraft, Nm 1117, dem Joseph Weisheit, Gn 4138. Schließlich und vor allem treibt er die Propheten, Nm 1117 (Mose). 25–26; 242; 1 Sm 106.10; 1920; 2 Sm 232 (David); 2 Kg 29 (Elija); Mich 38; Js 4816; 611; Sach 712; 2 Chr 151; 2014; 2420, während die falschen Propheten ihrem eigenen Geist folgen, Ez 133, vgl. auch Dn 45.15; 511–12.14. Der vorliegende Text lehrt, daß dieser Geist der Propheten dem Messias gegeben wird; Joel 31–2 verkündet dann für die messianische Zeit seine universale Ausgießung, vgl. Apg 216–18. Wie die Lehre von der Weisheit, vgl. Spr 822+; Weish 722+, wird die Lehre vom Geist ihren endgültigen Ausdruck im Neuen Testament finden, vgl. Jo 133+; 1416+; 1426+; Apg 18+; 2+; Röm 55+.

→112 Der prophetische Geist verleiht dem Messias die hervorragenden Eigenschaften seiner großen Vorväter: Weisheit und Verstand Salomos, Rat und Stärke Davids, Erkenntnis und Furcht Jahwes der Patriarchen und Propheten, Moses, Jakobs und Abrahams, vgl. 95. Die Aufzählung dieser Gaben in G und V („Furcht Jahwes" ist hier doppelt, mit „Furcht des Herrn" und „Frömmigkeit", übersetzt) ergibt die „sieben Gaben des Heiligen Geistes".

→114 *den Gewalttätigen* Korr.; M: „die Erde".

→115 *der Schurz seiner Hüften* Üss; M: „der Gurt seiner Hüften".

→116 Der Aufstand des Menschen gegen Gott, Gn 3, hatte die Eintracht zwischen Mensch und Natur, Gn 317–19, zwischen Mensch und Mensch, Gn 4, zerbrochen. Die Propheten kündigen Kriege und Unterdrückung als Strafe für Israels Untreue an. Die messianische Zeit dagegen wird Vergebung der Sünden und Versöhnung mit Gott bringen und damit den Frieden errichten, der sich hieraus ergibt: Fruchtbarkeit des Landes, Am 913–14; Hos 220.23–24; allgemeine Abrüstung, Js 24; 94; Mich 43–4; 59–10; Sach 910; ewiger Friede, Js 96; 3217; 6017–18; Zeph 313; Sach 310; Joel 417. Der neue Bund ist ein Friedensbund, Ez 3425; 3726. Das messianische Reich ist ein Friedensreich, Sach 98–10; Ps 723.7. Hier wird das messianische Zeitalter sinnbildlich als eine Wiederkehr paradiesischen Friedens beschrieben.

→116 *weiden* Korr.

→117 *sich . . . zugesellen* Korr.

Die Heimkehr der Verbannten

10 An jenem Tage steht der Sproß
aus Isais Wurzel da als ein Panier für
die Völker. Die Heiden werden ihn auf-
suchen, und seine Ruhestätte wird
herrlich sein. 11 An jenem Tage wird
Jahwe zum zweitenmal die Hand er-
heben, um sich den Rest seines Volkes
zu erwerben, was übrig ist aus Assur
und Ägypten, aus Patros und Kusch,
aus Elam und Schinear, aus Hamat
und von den Inseln des Meeres. 12 Er
pflanzt ein Panier für die Völker auf,
sammelt die Vertriebenen Israels und
bringt die Zerstreuten Judas von den
vier Enden der Erde zusammen.
13 Dann wird die Eifersucht Ephraims
verschwinden, und die Feindschaft
Judas wird ausgerottet. Ephraim
wird Juda nicht mehr beneiden, und
Juda wird Ephraim nicht mehr befeh-
den. 14 Vielmehr werden sie meer-
wärts auf die Küsten der Philister
fliegen und vereint die Söhne des Ostens
plündern. Auf Edom und Moab legen
sie ihre Hand, und die Söhne Ammons
werden ihnen untertan. 15 Jahwe wird
den Golf des ägyptischen Meeres aus-
trocknen und seine Hand über den
Strom schwingen durch seines Hauches
Gewalt. Er wird ihn in sieben Bächlein
schlagen, so daß man mit Sandalen
hindurchgehen kann. 16 So wird eine
Straße sein für den Rest seines Volkes,
der von Assur übrigblieb, wie eine für
Israel war, als es heraufzog aus dem
Land Ägypten.

Zwei Danklieder

12 1 An jenem Tag wirst du spre-
chen: Ich preise dich, Jahwe.
Du zürntest mir; doch dein Zorn hat
sich gelegt, und du hast mich getröstet.
2 Seht, er ist der Gott meines Heils!
Ich bin voll Vertrauen und fürchte
mich nicht. Denn meine Stärke und
mein Lied ist Jahwe; er ward mir zum
Heil. 3 Ihr werdet mit Frohlocken
Wasser schöpfen aus den Quellen des
Heils.

4 An jenem Tage werdet ihr spre-
chen: „Preiset Jahwe und rufet seinen
Namen an! Erzählt den Völkern seine
Taten und verkündet, daß sein Name
hocherhaben ist! 5 Lobsinget Jahwe;
denn Großes hat er vollbracht. Kund
sei dies der ganzen Erde. 6 Jubelt und
jauchzt, ihr Bewohner Zions! Denn
groß ist in eurer Mitte der Heilige
Israels."

3. SPRÜCHE ÜBER DIE FREMDVÖLKER

Gegen Babel

13 1 Spruch über Babel, den Jesaja,
der Sohn des Amoz, schaute:
2 Auf kahlem Berge stellt ein Panier
auf! Stoßt den Kriegsschrei aus! Winkt
mit der Hand, daß sie durch das fürst-
liche Tor einziehen! 3 Ich selbst habe
die mir geweihten Krieger aufgeboten;
ich habe meine Helden zu meinem
Zorngericht gerufen, meine hoch-
gemuten Scharen. 4 Horch, Lärm auf
den Bergen wie von vielem Volk!
Horch, ein Tosen von Königreichen,
von versammelten Nationen! Jahwe
Zebaot mustert das Kriegsheer. 5 Sie
kommen aus einem fernen Land, vom
Rand des Himmels her, Jahwe und die
Werkzeuge seines Grimmes, um die
ganze Erde zu verderben. 6 Heult,
denn der Tag Jahwes ist nahe! Er
kommt wie eine Verwüstung von
Schaddai. 7 Darob erschlaffen alle
Hände, und jedes Menschenherz ver-
zagt. 8 Sie zittern; Krämpfe packen
sie und Wehen, sie winden sich wie
eine gebärende Frau. Einer starrt den
andern an, und wie Flammen glüht
ihr Gesicht. 9 Seht, es kommt der Tag
Jahwes, furchtbar und voll Grimm
und Zornesglut, um die Erde in eine
Wüste zu verwandeln und die Sünder
daraus zu vertilgen. 10 Des Himmels
Sterne und sein Orion hören auf zu
leuchten. Bei ihrem Aufgang schon
verfinstert sich die Sonne, und der
Mond läßt seinen Glanz nicht mehr
leuchten. 11 Ich suche an der Welt die
Bosheit heim, an den Frevlern ihre
Missetat. Dem Stolz der Übermütigen
mache ich ein Ende und beuge den

→11 10–16 Das Heilswort gehört zur Sammlung von Sprüchen über die Rückkehr aus dem babylonischen Exil.
→11 11 Es werden die Länder der Diaspora genannt, in die Israel nach der Zerstörung Jerusalems zerstreut wurde.
→11 15 *Strom* Der Euphrat.
→11 15 *austrocknen* Korr.; M: „dem Bann übergeben".
→12 1–6 Zwei Psalmen oder zwei Strophen eines Psalmes, v. 1–3.4–6, ungewisser Entstehungszeit und Herkunft.
→12 1 *wirst du sprechen* Israel.
→13 1–22 *(Gegen Babel)* Dieses Gedicht stammt trotz der Überschrift, die ein Zusatz sein muß, offenbar aus der Zeit des babylonischen Exils, ebenso wie der zweite Teil des Jesajabuches. Es ist ein Klagelied (*qina*, vgl. 12 1+).
→13 2 *Kriegsschrei* Korr.; M: „Schrei für sie".
→13 2 *sie* Die persischen Eroberer.
→13 2 *durch das fürstliche Tor* Wahrscheinlich Name eines der Tore von Babel.

Hochmut der Tyrannen. 12 Die Men-
schen werde ich seltener als Feingold
machen, die Sterblichen seltener als
Ophirgold. 13 Deshalb erschüttere ich
den Himmel, und die Erde bebt von
ihrer Stätte bei dem Grimm Jahwes
Zebaot am Tage seiner Zornesglut.
14 Wie aufgescheuchte Gazellen, wie
Schafe, die niemand mehr zusammen-
hält, so eilt dann jeder fort zu seinem
Volk, flieht alles seiner Heimat zu.
15 Wen man findet, der wird nieder-
gestoßen; wer ergriffen wird, fällt
durch das Schwert. 16 Ihre Kinder
werden vor ihren Augen zerschmettert,
ihre Häuser geplündert und ihre
Frauen geschändet. 17 Seht, ich biete
gegen sie die Meder auf, die nicht das
Silber achten, noch nach Gold begeh-
ren. 18 Alle Knaben werden zerschla-
gen und die Mädchen zerschmettert;
sie haben kein Erbarmen selbst mit der
Leibesfrucht, ihr Auge kennt kein
Mitleid mit den Kindern. 19 Und
Babel, dem Glanz der Königreiche,
der stolzen Zierde der Chaldäer, wird
es ergehen wie Sodom und Gomorra,
die Gott bis auf den Grund zerstörte.
20 Auf ewige Zeiten bleibt es unbe-
wohnt, unbesiedelt durch alle Ge-
schlechter. Kein Araber wird dort
zelten, kein Hirte wird dort lagern.
21 Nur Wüstentiere hausen dort, und
Eulen füllen die Häuser. Strauße
wohnen dort, und Bocksgeister führen
dort ihre Tänze auf. 22 In den Palä-
sten antworten nur Schakale und
Hyänen in den Hallen der Lust. Nahe
ist der Anbruch jener Zeit, und seine
Tage zögern nicht.

Die Rückkehr aus dem Exil

14 1 Denn Jahwe will sich Jakobs
erbarmen und Israel von neuem
erwählen und ihnen Ruhe geben in
ihrer Heimat. Dann werden Fremde
sich ihnen anschließen und sich dem
Hause Jakobs zugesellen. 2 Völker
werden sie nehmen und sie zu ihrer
Stätte führen. Das Haus Israel wird
sie im Land Jahwes als Knecht
und Magd besitzen. Sie werden die
Fänger ihrer Fänger sein und über
ihre Zwingherrn gebieten.

Spottlied auf den Tod eines Tyrannen

3 Am Tage, da Jahwe dir Ruhe
schafft von deinen Plagen und von
deiner Angst, von deiner harten Fron,
womit man dich geknechtet hat, 4 da
wirst du auf Babels König dieses
Spottlied anstimmen und sprechen:

Wie hat der Zwingherr doch geendet,
geendet seine Anmaßung. 5 Es brach
Jahwe den Stab der Frevler, den Stock
der Tyrannen, 6 der mit Ingrimm die
Nationen schlug, mit Schlägen ohne
Zahl, der im Zorne Völker niedertrat,
sie schonungslos verfolgte. 7 Nun
ruht und rastet alle Welt, man bricht
in Jubel aus. 8 Selbst die Zypressen
freun sich über dich, die Zedern auf
dem Libanon: „Seit du hier liegst,
steigt keiner mehr zu uns herauf, um
uns zu fällen.“

9 Die Scheol aber drunten ist deinet-
wegen aufgeschreckt in der Erwartung
deines Kommens. Sie jagt die Schatten
auf um deinetwillen, der Erde Fürsten
insgesamt; läßt von ihren Thronen sich
erheben alle Könige der Völker. 10 Sie
alle heben an und sprechen nun zu dir:
„Auch du bist kraftlos nun wie wir, du
bist uns gleich geworden? 11 Hinab
in die Scheol fuhr deine Pracht, das
Rauschen deiner Harfen. Auf Moder
bist du jetzt gebettet, Gewürm ist deine
Decke. 12 Wie bist du vom Himmel
gefallen, Glanzgestirn, Sohn der
Morgenröte! Wie bist du zu Boden
geschmettert, du, der alle Völker ver-
sklavte! 13 Du plantest in deinem
Herzen: ‚Zum Himmel will ich steigen,
meinen Thron über Gottes Sterne
setzen, auf dem Versammlungs-
berg im höchsten Norden will ich

→13 18 *Alle Knaben ... zerschmettert* Korr.; Text in M verderbt.
→13 22 *In den Palästen* Korr.
→14 1–2 *(Die Rückkehr aus dem Exil)* Der Spruch, der sich auf die Rückkehr aus dem Exil und die Bekehrung der Heidenvölker bezieht, gehört zum „Trostbuch Israels“, Js 40–55.
→14 3–21 Dieser *maschal* (vgl. Einleitung zu den Weisheitsbüchern, S. 822f), ein Spottlied über einen gestürzten Tyrannen, ist nach manchen von Jesaja selbst verfaßt, um den Tod Sargons II. (oder Sancheribs) zu feiern, und zur Zeit des Exils durch einige einleitende Zeilen ergänzt, um ihn auf einen König von Babel zu beziehen. Nach vielen anderen aber ist das Gedicht von Hause aus unmittelbar gegen Nebukadnezar oder Nabonid gerichtet.
→14 4 *Anmaßung* Üss, 1QJs[a].
→14 8 *um uns zu fällen* Um Paläste zu erbauen.
→14 12–14 In diesem Teil des Gedichtes berühren sich mehrere Ausdrücke mit der phönizischen Mythologie: der „Versammlungsberg“ der Götter; der „Allerhöchste“, Name für Jahwe, aber auch für den phönizischen Baal. Die Kirchenväter haben den Fall des „Glanzgestirns“ (V: „Luzifer“) als den Sturz des Fürsten der Dämonen angesehen, dessen Repräsentant und Sinnbild der heidnische Tyrann ist.

wohnen. 14 Ich will zu Wolkenhöhen
mich erheben, gleich sein dem Aller-
höchsten. 15 Doch hinabgestürzt bist
du in die Scheol, in die allertiefste
Tiefe."
16 Die dich einst sahen, betrachten
dich nun, schauen dich sinnend an:
„Ist das der Mann, der die Welt er-
schütterte, der Königreiche wanken
ließ, 17 der die Welt zur Wüste machte
und ihre Städte niederriß, der seinen
Gefangenen niemals das Gefängnis
geöffnet?" 18 Die Könige der Völker
ruhen all in Ehren, ein jeder liegt in
seiner Gruft. 19 Du aber bist weg-
geworfen, ohne Grab, wie ekliger Ab-
fall. Unter Erschlagenen und Schwert-
durchbohrten, die zu den Steinen der
Grube fahren, bist du wie ein zertrete-
nes Aas.
20 Nicht wirst du das Grab mit
ihnen teilen, weil du dein Land ver-
wüstet, dein eigenes Volk gemordet
hast. In Ewigkeit soll man des Frev-
lers Brut nicht mehr nennen. 21 Rich-
tet eine Schlachtbank für seine Söhne
her ob ihrer Väter Schuld, daß sie
nimmer sich erheben, um die Welt zu
erobern und das Antlitz der Erde zu
bedecken.

Spruch gegen Babel

22 Ich will mich gegen sie erheben,
spricht Jahwe Zebaot, ich will von Ba-
bel vertilgen Namen und Samen,
Schoß und Sproß, so spricht Jahwe.
23 Ich will es zum Besitz des Igels ma-
chen, zu einem Wassersumpf, es weg-
fegen mit dem Besen der Vernichtung,
so spricht Jahwe Zebaot.

Assur wird zerschmettert

24 Geschworen hat Jahwe Zebaot:
Wahrlich, wie ich es beschloß, so wird
es geschehen; wie ich es plante, so
wird es kommen:
25 Ich will Assur in meinem Land
zerschmettern und auf meinen Bergen
es zertreten, daß sein Joch von ihnen
weiche und seine Last von ihren Schul-
tern schwinde.
26 Das ist der Ratschluß, der für die
ganze Erde Geltung hat, und das ist
die Hand, die ausgestreckt ist über
alle Völker.
27 Denn Jahwe Zebaot hat es be-
schlossen, wer kann es vereiteln? Seine
Hand ist ausgestreckt, wer kann sie
zurückbiegen?

Warnung an die Philister

28 Im Todesjahr des Königs Achas
erging dieser Spruch:
29 Freue dich nicht, gesamtes Phi-
listerland, daß nun der Stock, der dich
schlug, zerbrochen ist. Denn aus der
Schlangenwurzel kommt eine Natter
hervor, und ihre Frucht ist ein geflü-
gelter Drache.
30 Die Armen aber werden weiden
auf meiner Trift und die Dürftigen
in Sicherheit lagern; doch deine Nach-
kommen lasse ich durch Hunger ster-
ben, und morden werde ich deinen
Rest.
31 Heule, du Tor! Schreie, du Stadt!
Erbebe, gesamtes Philisterland! Denn
von Norden her kommt Rauch,
nicht einer sondert sich ab von seiner
Schar.
32 Was wird man den Boten des Vol-
kes sagen? „Jahwe hat Zion festge-
gründet; dort sind die Armen seines
Volkes geborgen."

Klage über Moab

15 1 Spruch über Moab:
In der Nacht, da Ar ward verwü-

→14 19 *Abfall* Nach G; M: „Sprößling".
→14 22–23 Dieser kurze Spruch gehört ebenfalls zu den antibabylonischen Gedichten im zweiten Teil des Jesajabuches.
→14 24–27 Ein Orakel von Jesaja, wahrscheinlich 701 beim Einfall Sancheribs verkündet.
→14 28 *Todesjahr des Königs Achas* Durch diese Zeitangabe wollte offenbar ein Redaktor die Bilder Jesajas von der Schlange, der Natter, dem Drachen auf den König von Juda anwenden. Aber mit dem „Stock, der dich (nämlich die Philister) schlug", dürfte eher Sargon II. (gestorben 705) gemeint sein.
→14 29 *ein geflügelter Drache* Der „Drache" *(saraph)* ist die „Feuerschlange" von Nm 21 6.8; Dt 8 15. – Den Philistern wird der Tod des assyrischen Herrschers nichts einbringen; seine Nachfolger werden noch viel furchtbarer sein.
→14 30 *auf meiner Trift* Korr.; M: „die Erstgeborenen".
→14 30 *deine Nachkommen* G, L, V; M: „deine Wurzel".
→14 30 *morden werde ich* V, 1QJs[a]; M: „morden wird er".
→14 31 *von Norden* Von dort kamen die assyrischen Heere. Im prophetischen Stil des Jeremia und Ezechiel wird der Feind immer als von Norden kommend angesehen.
→14 32 Die Antwort unterstreicht die Unverletzlichkeit des Zion, der Zufluchtsstadt während des Krieges.
→15 1–9 *(Klage über Moab)* Von Jesaja offenbar bei einem der assyrischen Feldzüge verfaßt, die Moab verheerten. Das Gedicht trägt den Rhythmus der *qina*.
→15 1 M hat eine andere Aufteilung des Textes („da es ward verwüstet, ist Ar-Moab gefallen ... ist Kir-Moab gefallen"). Ar-

stet, ist Moab gefallen! In der Nacht, da
Kir ward verwüstet, ist Moab gefallen!
2 Zum Tempel von Dibon steigt
man hinauf, zu den Höhen, um zu
weinen; es klagt Moab auf dem Nebo
und zu Medba.
Auf allen Häuptern ist eine Glatze,
und jeder Bart ist abgeschoren. 3 Auf
ihren Gassen legt man den Sack an,
auf ihren Dächern ist Klagegeheul.
Auf ihren Plätzen jammert alles,
zerfließt in Tränen. 4 Es schreien
Heschbon und Elale, man hört bis
Jahaz ihre Stimme.
Darob erzittern die Lenden Moabs;
in ihm bebt seine Seele. 5 Moabs Herz
schreit auf, seine Flüchtlinge kommen
bis Zoar [Eglat Schelischija].
Ja, die Steige von Luchit steigt man
weinend hinauf; auf dem Wege nach
Horonajim erheben sie Geschrei ob des
Zusammenbruchs.
6 Ja, die Wasser von Nimrim werden zur Öde; denn verdorrt ist das
Gras, verwelkt das Kraut, alles Grün
ist verschwunden.
7 Darum tragen sie, was sie erübrigt,
was sie an Habe wohl verwahrten, über
den Weidenbach hinüber.
8 Ja, Wehegeschrei umkreist die
Grenzen Moabs, bis nach Eglajim
schallt sein Jammern, bis Beer-Elim
seine Klage.
9 Die Wasser Dimons sind voll Blut.
Doch neues Unheil will ich über Dimon
kommen lassen, einen Löwen über die
Entronnenen von Moab und über den
Rest des Landes.

Die Moabiter fliehen nach Juda

16 1 Sendet Lämmer für den Herrn
des Landes von Sela durch die
Wüste zu dem Berg der Tochter Zion!
2 Wie flüchtige Vögel, wie ein aufgescheuchtes Nest, so sind die Töchter
Moabs an den Furten des Arnon.
3 „Schaffe Rat, gib Entscheid!
Mache am hellen Mittag deine
Schatten gleich der Nacht; verbirg die
Versprengten, verrate die Flüchtlinge
nicht!
4 Laß die Versprengten Moabs bei
dir wohnen, sei ihnen Schutz vor dem
Verwüster."
Wenn die Bedrückung vorbei ist,
am Ende der Verwüster, verschwunden, die das Land zertreten, 5 wird in
Gnaden ein Thron errichtet; auf ihm
sitzt einer in Treuen in Davids Zelt,
ein Richter, besorgt um das Recht und
eifrig zur Gerechtigkeit.

Klage über Moab

6 Wir haben von Moabs Stolz gehört, dem übergroßen, von seiner Hoffart, seiner Anmaßung, von seinem
Übermut und seinem nichtigen Prahlen.
7 Deshalb wird Moab um Moab
heulen, heulen werden sie allesamt; um
die Traubenkuchen von Kir-Heres
werden sie verzweifelt klagen.
8 Denn verwelkt sind Heschbons
Gefilde, die Weinstöcke Sibmas. Völkergebieter zertraten ihre Reben.
Sie reichten bis Jaser, sie schlangen
sich durch die Wüste, ihre Ranken
dehnten sich weithin und gingen selbst
bis über das Meer hinüber.
9 Darum will ich weinen, wie Jaser
weint, um Sibmas Reben. Ich netze
dich mit meinen Tränen, Heschbon
und Elale.
Denn über deine Ernte und dein
Herbsten ist ein Schrei zu hören.
10 Verschwunden ist Freude und
Frohlocken aus den Gärten.
In den Weinbergen erschallt kein
Jauchzen mehr, kein Jubelruf. Kein
Keltertreter tritt noch Wein in den
Kufen, und der Ruf ist verstummt.
11 Daher seufzt mein Inneres um

Moab liegt 22 km südlich des Arnon; Kir-Moab (oder Korha) ist die Hauptstadt Moabs, an der Stelle des heutigen Kerak.
→15 2 *Zum Tempel von Dibon* Korr.; M: „Zum Tempel und Dibon".
→15 3 *ist Klagegeheul* Hinzugefügt nach Jr 48 38. – Vers 2f beschreibt die üblichen Zeichen der Trauer.
→15 4 *erzittern die Lenden* Nach G, S; M: „schreien die Gerüsteten".
→15 5 *Moabs Herz* Nach G; M: „Mein Herz (schreit auf) über Moab".
→15 5 *seine Flüchtlinge* Korr.
→15 5 *Eglat Schelischija* Zusatz.
→16 1 Sehr unsicherer Text. Wörtlich: „Sendet ein Lamm, Landesfürst (oder: Das Lamm des Landesfürsten) von Sela („dem Felsen": Petra) zur Wüste (oder: auf dem Wüstenweg), zu dem Berg der Tochter Zion". Jesaja scheint die Flüchtlinge Moabs aufzufordern, dem König von Juda Huldigungsgeschenke zu senden, um sich unter seinen Schutz zu stellen. Die Auslegung des Hieronymus: „Sende, Herr, das Lamm, den Fürsten der Erde, vom Felsen der Wüste zum Berge der Tochter Zion" gibt dem Text eine messianische Bedeutung.
→16 3 *Schaffe Rat, gib Entscheid* Hier beginnt das Orakel. Im Namen Jahwes fordert der Prophet Juda auf, die Moabiter, den Erbfeind, aufzunehmen.
→16 4 *die Versprengten Moabs* Üss; M: „meine Versprengten, Moab".
→16 4 *der Verwüster* S; M: „die Verwüstung".
→16 7 *werden sie* Korr.; M: „werdet ihr".
→16 9 *ein Schrei* Der Kriegsschrei.
→16 10 *der Ruf* Der Jubelruf der Winzer.

Moab gleich der Zither und mein Herz
um Kir-Heres.
12 Wenn auch Moab erscheint, sich
abmüht auf den Höhen und zum
Gebet in seinen Tempel geht, nichts
wird es erreichen.

Spruch über Moab

13 Das ist das Wort, das Jahwe einst
über Moab sprach. 14 Jetzt aber hat
Jahwe dies gesprochen: „In drei Jahren
gleich den Jahren eines Söldners wird
Moabs Macht mit der ganzen Menge
seines Volkes verächtlich geworden
sein, und sein Rest wird ganz winzig
sein, klein und schwach."

Über Damaskus

17 1 Spruch über Damaskus:
Seht, Damaskus wird als Stadt
verschwinden und zu einem Trümmer-
haufen werden. 2 Verödet sind auf
immer seine Städte und den Herden
überlassen; sie lagern dort, und nie-
mand scheucht sie auf. 3 Ein Ende hat
das Bollwerk Ephraims und das
Königtum in Damaskus. Dem Rest
Arams wird es wie der Herrlichkeit der
Söhne Israels ergehen, spricht Jahwe
Zebaot.
4 An jenem Tage wird Jakobs Herr-
lichkeit verkümmern und das Fett
seines Fleisches schwinden. 5 Es wird
zugehen, wie wenn ein Schnitter die
Halme faßt und sein Arm die Ähren
sichelt, und es wird zugehen, wie wenn
einer Ähren liest im Tale Rephaim.
6 Nur eine Nachlese wird davon übrig-
bleiben wie beim Olivenschlagen: zwei,
drei Beeren hoch im Wipfel, vier oder
fünf an den Zweigen des Baumes,
spricht Jahwe Zebaot.

Das Ende des Götzendienstes

7 An jenem Tage schaut der Mensch
auf seinen Schöpfer hin, und seine
Augen sehen auf den Heiligen Israels.
8 Er wird sich nicht mehr um die Al-
täre kümmern, die seine Hände bau-
ten, und auf das, was seine Finger
schufen; nach den heiligen Pfählen
und Sonnensäulen wird er nicht mehr
sehen.

Gegen die Adonisgärten

9 An jenen Tagen werden deine
festen Städte so verlassen sein wie die
Trümmerstätten der Hiwwiter und der
Amoriter, die sie räumten vor den
Söhnen Israels; es wird alsdann eine
Wüste sein. 10 Denn du hast den Gott
deines Heils vergessen, an den Felsen
deiner Kraft nicht mehr gedacht.
Darum pflanze dir Adonispflanzungen
und besetze sie mit fremdem Reis.
11 Am Tage, da du sie pflanzest, laß
sie sprossen und schon am Morgen
deine Setzlinge blühen. Doch ver-
schwunden wird die Ernte sein am
Tage deines Siechtums und unheil-
baren Schmerzes.

Die Springflut der Völker

12 Wehe, ein Tosen vieler Völker,
wie Meerestosen tosen sie; ein Rau-
schen von Nationen, wie das Rauschen
vieler Wasser rauschen sie. 13 [Die
Völker rauschen wie das Rauschen
mächtiger Wasser.]

Doch er droht ihnen, und sie flie-
hen in die Weite. Sie werden wie
Spreu auf den Bergen vor dem Wind
gejagt und wie die Raddistel vor dem
Sturm.

14 Zur Abendzeit, siehe da, Bestür-
zung. Ehe der Morgen graut, sind sie
schon dahin. Das ist das Schicksal
derer, die uns geplündert haben;
das ist das Los für jene, die uns be-
rauben.

→16 13–14 Wohl die Zusammenfassung eines Jesaja-Spruches, der drei Jahre vor der Eroberung Moabs verkündet wurde.

→17 1–6 Ein Spruch aus der Zeit vor 732, dem Jahre, in dem Tiglatpileser III. Damaskus, die Hauptstadt des Aramäerreiches, eroberte.

→17 2 *seine Städte* Die Städte des aramäischen Reiches.

→17 2 *Verödet sind auf immer seine Städte* Nach G; M: „Verödet sind die Städte der Aroër".

→17 3 *Ephraims* Ephraim, d. h. das Nordreich Israel, war mit Damaskus gegen Juda verbündet. Hoschea, der neue König von Samaria, schürte aufs neue gegen Assyrien.

→17 4–7 Der zweite Teil des Spruches meint das Reich Israel. Er wird 722 in Erfüllung gehen, dem Jahr der Eroberung Samarias.

→17 5 *ein Schnitter* Korr.; M: „die Ernte".

→17 9–11 Die Gärten des Adonis, des Frühlingsgottes, waren mit rasch aufblühenden und verwelkenden Blumen bepflanzt.

→17 9 *werden deine festen Städte so verlassen sein wie die Trümmerstätten der Hiwwiter und der Amoriter* Nach G. Jesaja wirft seinen Zeitgenossen vor, die Riten der heidnischen Völker, die einst von Jahwe besiegt wurden, zu übernehmen.

→17 10 *Adonispflanzungen* Wörtlich: Pflanzungen des Lieblichen.

→17 12–14 *(Die Springflut der Völker)* Ein Orakel, das vielleicht 701 beim großen Feldzug Sancheribs verkündet wurde. Der Einfall läßt an das Chaos der Urwasser denken, die von Jahwe, dem Schöpfer, im Anfang bezwungen wurden, vgl. Ib 7 12+.

Spruch gegen Kusch

18 1 Wehe dem Land des Flügel-
geschwirres jenseits der Ströme
von Kusch, 2 das Boten auf dem Nil
aussendet, über das Wasser auf
Papyrusnachen!
Eilet nur, ihr schnellen Boten, zu dem
hochgewachsenen und glanzfarbenen
Volk, zu dem von jeher gefürchteten
Volk, voll Kraft alles niedertretend,
durch dessen Heimat Ströme fließen.
3 All ihr Weltbewohner und ihr
Erdenbürger! Wird auf den Bergen ein
Banner aufgerichtet, so schaut, und
wenn man in die Posaune stößt, so
horchet auf!
4 Denn also sprach Jahwe zu mir:
Von dort, wo ich bin, schaue ich zu,
ruhig wie die heiße Luft bei Sonnen-
schein und wie Taugewölk in der
Ernteglut.
5 Denn vor der Weinlese, wenn die
Blüte vorüber ist und der Büschel
schon zur reifen Traube wird, da
schneidet er die Reben mit dem Messer
ab und reißt die Ranken weg.
6 Sie werden allesamt den Geiern
auf den Bergen und dem Wild des
Feldes preisgegeben. Es bringen die
Raubvögel darauf den Sommer zu,
und die Tiere der Erde werden darauf
überwintern.
7 In jener Zeit werden für Jahwe
Zebaot Geschenke dargebracht von
dem hochgewachsenen und glanz-
farbenen Volk, von dem von jeher
gefürchteten Volk, von dem Volk, voll
Kraft alles niedertretend, durch dessen
Heimat Ströme fließen, hin zur Stätte
des Namens Jahwes Zebaot, zum
Berge Zion.

Gegen Ägypten

19 1 Spruch über Ägypten:
Seht, auf schneller Wolke fährt
Jahwe dahin und kommt nach Ägyp-
ten. Die Götter Ägyptens beben vor
ihm, und das Herz Ägyptens verzagt
in seiner Brust.
2 Dann stachle ich Ägypter gegen
Ägypter auf, daß Bruder gegen Bruder
kämpft, Freund gegen Freund, Stadt
gegen Stadt und Reich gegen Reich.
3 Die Einsicht wird Ägypten aus
seinem Herzen schwinden, und ihre
Pläne will ich verwirren. Dann mögen
sie ihre Götzen und Beschwörer fragen,
die Toten- und Wahrsagegeister.
4 Ich werde Ägypten der Gewalt
eines harten Herrn überliefern, und ein
strenger König soll über sie herrschen,
spricht der Herr, Jahwe Zebaot.
5 Versiegen werden die Wasser des
Nil, und der Strom trocknet völlig aus.
6 Die Kanäle werden stinkend, die Nil-
arme Ägyptens werden seicht und
trocknen aus.
Rohr und Schilf verwelken. 7 Die
Auen am Rande des Nil, alle Saat-
felder am Nil verdorren, verschwinden
und werden nicht mehr sein.
8 Es klagen die Fischer und trauern
alle, welche die Angel in den Strom
auswerfen; die das Netz auf dem
Wasser ausbreiten, werden ver-
schmachten.
9 Zuschanden werden, die den
Flachs bearbeiten, die Hechler und
Weber von weißem Linnen. 10 Die ihn
weben, sind wie zerschlagen, alle Lohn-
arbeiter sind bekümmerten Herzens.
11 Als eitle Toren stehen die Fürsten
von Zoan da, die weisen Ratgeber des
Pharao sind ein töricht gewordener
Rat. Wie könnt ihr zu dem Pharao
sagen: „Ich gehöre zur Zunft der Wei-
sen, ich bin von altem königlichem
Geschlecht"?
12 Wo sind nun deine Weisen? Sie
mögen dir kundtun und dich erkennen

→18 1–7 Kusch, der alte Name für Äthiopien, bezeichnet hier Ägypten, das zur Zeit Jesajas unter der Herrschaft von aus Nubien stammenden Pharaonen stand.

→18 1 *Land des Flügelgeschwirres* So genannt wegen der hier vorkommenden großen Insektenschwärme.

→18 2 *ihr schnellen Boten* Die Boten des Pharaos, die der Prophet auffordert, nach Hause zu eilen und nicht mehr für eine Koalition gegen Assyrien zu schüren.

→18 2 *von jeher* Oder: „überall".

→18 4 *Von dort, wo ich bin* D. h. vom Himmel.

→18 5 *Weinlese* Korr.; M: „Ernte".

→18 6 *Sie* Die Besiegten, weggeworfen wie abgeschnittene Rebzweige: wahrscheinlich die im Kampf gegen die Assyrer gefallenen Ägypter und Nubier.

→18 7 *von dem . . . Volk* G, V.

→19 1–15 *(Gegen Ägypten)* Jesaja mußte gegen Ägypten vor allem zwischen 718 und 701 predigen, als Sibo, der Gesandte des Pharaos Tephnakt, den Vorderen Orient zu einem Bündnis gegen Assyrien zusammenzubringen versuchte.

→19 5–10 Die Verse kündigen eine neue Plage über Ägypten an, die Austrocknung des Nils, was den Ruin der Fischer und Weber bedeutet.

→19 9 *die Hechler* Nach S, V; M: „Gehecheltes".

→19 11 *Zoan* Name für Tanis, einer Stadt im Nildelta.

→19 11 *Zunft der Weisen* Die ägyptischen Weisheitslehrer waren berühmt. Viele Weisheitsschriften tragen den fiktiven Verfassernamen alter Pharaonen.

→19 12 *dich erkennen lassen* G; M: „(sie mögen) erkennen".

lassen, was Jahwe Zebaot über Ägyp-
ten beschlossen hat.
13 Zu Toren sind die Fürsten von
Zoan geworden, und die Fürsten von
Noph haben sich getäuscht; die Häup-
ter seiner Gaue haben Ägypten irre-
geführt.
14 Jahwe hat in ihnen einen Geist
des Schwindels bereitet, daß sie Ägyp-
ten zum Taumeln bringen in all seinem
Werk, wie ein Betrunkener taumelt in
seinem Gespei.
15 Kein Werk wird Ägypten mehr
vollbringen, sei es vom Haupt oder
vom Schwanz, vom Palmzweig oder
von der Binse.

Bekehrung Ägyptens und Assyriens

16 An jenem Tage werden die Ägyp-
ter Frauen gleichen; sie werden zittern
und beben vor dem Schwingen der
Hand Jahwes Zebaot, die er gegen sie
schwingt. 17 Dann wird das Land Juda
für Ägypten ein Schrecken sein, und
sooft einer es erwähnt, wird Ägypten
in Furcht geraten vor dem Plan Jah-
wes Zebaot, den er gegen Ägypten
gefaßt hat. 18 An jenem Tage werden
fünf Städte im Land Ägypten die
Sprache Kanaans reden und bei Jahwe
Zebaot schwören; die eine wird Ir
Haheres heißen. 19 An jenem Tage
wird es einen Altar Jahwes mitten im
Land Ägypten geben und eine Denk-
säule Jahwes an seinen Grenzen. 20 Sie
werden ein Zeichen und ein Zeugnis
für Jahwe im Land Ägypten sein. Wenn
sie vor ihren Bedrängern zu Jahwe
rufen, dann wird er ihnen einen Retter
senden, der für sie streitet und sie
befreit. 21 Jahwe wird sich den Ägyp-
tern offenbaren, und die Ägypter wer-
den an jenem Tag Jahwe erkennen und
ihm durch Schlachtopfer und Speise-
opfer dienen; sie werden Jahwe Ge-
lübde machen und sie erfüllen. 22 So
wird Jahwe Ägypten zum Heile schla-
gen; sie werden sich zu Jahwe bekeh-
ren, und er wird sich von ihnen er-
bitten lassen und sie heilen. 23 An
jenem Tage wird eine gebahnte Straße
von Ägypten nach Assur führen; Assur
wird mit Ägypten und Ägypten mit
Assur verkehren, und Ägypten wird
Assur dienen.
24 An jenem Tage wird auch Israel
als Dritter im Bund mit Ägypten und
Assur ein Segen sein inmitten der Erde.
25 Jahwe segnet und spricht: „Geseg-
net sei mein Volk Ägypten und Assur,
das Werkzeug meiner Hände, und
Israel, mein Eigentum."

Die Ankündigung der Einnahme von Aschdod

20 1 In dem Jahr, in dem der Ober-
mundschenk nach Aschdod
kam, als ihn Sargon, der König von
Assur, sandte und er gegen Aschdod
kämpfte und es eroberte, 2 damals
redete Jahwe durch Jesaja, den Sohn
des Amoz, und sprach: „Wohlan, lege
den Sack um deine Hüften und löse
deine Schuhe von deinen Füßen."
Er tat so und ging nackt und barfuß
einher. 3 Da sprach Jahwe: „So wie
mein Knecht Jesaja drei Jahre einher-
geht nackt und barfuß als ein Wahr-
zeichen und eine Vorbedeutung für
Ägypten und Kusch, 4 so wird der
König von Assur die gefangenen
Ägypter und die Verbannten von
Kusch, Jünglinge und Greise, weg-
führen, nackt und barfuß und mit ent-
blößtem Gesäß – die Schande Ägyp-
tens. 5 Dann wird man bestürzt und

→19 13 *Noph* Name für Memphis.

→19 16–25 *(Bekehrung Ägyptens und Assyriens)* Dieser Abschnitt ist viel später als der vorangehende. Er stammt vielleicht aus der Zeit, als sich jüdische Siedler im Nildelta niederzulassen begannen, vgl. Jr 43 1 f. Am Schluß kommt ein starker Universalismus zum Ausdruck, der dem des „Trostbuches Israels" nahesteht. Durch eine Umkehrung der Situation des Auszuges macht sich Jahwe zum Befreier des unterdrückten Ägyptens und geht so weit, es „mein Volk" zu nennen. An seinem „Tage" werden sich die Erbfeinde: Ägypten, Assur und Israel, unter seinem Segen versöhnen.

→19 16 *An jenem Tage* Verhüllte Anspielung auf den „Tag Jahwes".

→19 18 *Ir Haheres* Zahlreiche Vorschläge wurden gemacht, den Namen dieser Stadt zu identifizieren oder zu korrigieren. Die griechische Übersetzung (G) liest: „Stadt Asedek" (d. h. „Stadt der Gerechtigkeit").

→19 23 *Ägypten wird Assur dienen.* Wahrscheinlich muß man korrigieren: „Sie werden Jahwe dienen".

→20 1–6 *(Die Ankündigung der Einnahme von Aschdod)* Aschdod, eine Philisterstadt, wurde von Sargon II. 711 eingenommen. Die Stadt hatte sich, auf Betreiben Ägyptens, gegen Assur erhoben. Das folgende Stück ist das Werk eines Biographen des Propheten.

→20 1 Der Vers ist lediglich eine Überschrift. Der „Obermundschenk", vgl. 2 Kg 18 17, ist hier der assyrische Oberkommandierende.

→20 3–4 Jesaja sollte nicht drei Jahre lang nackt bleiben, sondern nur bei seiner Predigt so auftreten, um vor den Augen der Menge die bevorstehende Gefangenschaft der ägyptischen Soldaten nachzuahmen. Zu diesen sinnbildlichen Handlungen vgl. Einleitung, S. 1008, und Jr 18 1 +.

beschämt sein wegen Kusch, nach dem
man ausgeschaut, und wegen Ägypten,
womit man sich gebrüstet hat. 6 Und
die Bewohner dieses Küstenlandes
werden an jenem Tage sprechen: ‚Seht,
wenn es denen so erging, nach denen
wir ausgeschaut und die wir um Hilfe
angefleht haben, damit sie uns vor dem
König von Assur retten, wie können
wir selbst da entrinnen?'"

Babels Fall

21 1 Spruch über die „Meeres-
wüste":
Wie Stürme, über den Negeb brau-
send, aus der Wüste kommen, aus
furchtbarem Land – 2 eine schlimme
Schau ward mir kundgetan –, so raubt
der Räuber und der Verwüster ver-
wüstet.
„Elam, ziehe herauf! Medien, be-
lagere! Allem Seufzen über sie mache
ich ein Ende."
3 Darob krampfen sich meine Len-
den, Wehen haben mich erfaßt gleich
den Wehen einer Gebärenden. Ich bin
betäubt von dem, was ich höre; ich bin
verwirrt von dem, was ich sehe.
4 Mir taumelt der Sinn, Entsetzen
hat mich befallen. Die Dämmerung,
mir sonst so lieb, macht es mir zum
Schrecken.
5 Man deckt den Tisch, breitet die
Decken aus, schmaust und zecht. Auf,
ihr Fürsten, salbet den Schild!
6 Denn also sprach Jahwe zu mir:
„Gehe, stelle einen Späher auf; was er
sieht, soll er melden.
7 Sieht er einen Zug von Reitern,
Reisigen paarweise, einen Zug von
Eseln, einen Zug von Kamelen, so
horche er ganz gespannt."
8 Der Seher rief: „Auf der Warte,
Herr, stehe ich hier immerfort bei Tag,
und auf meine Wache stelle ich mich
alle Nächte."
9 Siehe da, es kommt ein Zug be-
rittener Männer, Reisige paarweise.
Sie sagten zu mir und sprachen: „Ge-
fallen, gefallen ist Babel! Alle seine
Götzenbilder sind zu Boden geschmet-
tert."
10 O du, den man zertritt auf der
Tenne, den man zerschlägt! Was ich
von Jahwe Zebaot, dem Gott Israels,
vernommen habe, das tu ich dir kund.

Antwort an die Edomiter

11 Spruch über Edom:
Aus Seïr ruft man mir zu: „Wächter,
wie weit ist es in der Nacht? Wächter,
wie weit ist es in der Nacht?"
12 Der Wächter spricht: „Es kommt
Morgen und Nacht. Wollt ihr fragen, so
fragt! Kehrt um und kommt wieder!"

Spruch über die Araber

13 Spruch über die Steppe:
Im Busch verbringt die Nacht, ihr
Karawanen von Dedan! 14 Bringt den
Dürstenden Wasser entgegen, ihr Be-
wohner des Landes Tema, reicht den
Flüchtlingen Brot! 15 Denn vor
Schwertern sind sie geflohen, vor dem
gezückten Schwert, vor dem gespann-
ten Bogen, vor der Wucht der Schlacht.

Gegen Kedar

16 Denn also sprach Jahwe zu mir:
„Noch ein Jahr wie das Jahr eines
Söldners, und alle Herrlichkeit Kedars
ist dahin. 17 Was von der Zahl der
tapferen Bogenschützen der Söhne
Kedars übrigbleibt, wird wenig sein.
Denn Jahwe, der Gott Israels, hat ge-
sprochen."

→21 1–10 *(Babels Fall)* Dieses Orakel stammt wahrscheinlich aus dem Exil, es sei denn, hier wäre die Eroberung Babels durch Sargon im Jahre 710 gemeint.

→21 1 *Meereswüste* Hier stand sicher das assyrische *mat tamti* Pate, eine Bezeichnung für Babylonien.

→21 2 *Elam . . . Medien* Elam ist der Name für die alte Bevölkerung der Hochebenen, von denen aus die Perser zum Angriff auf Babel losbrachen. Die Meder wurden von Cyrus vor der Eroberung Babels unterworfen.

→21 5 Nach einer Überlieferung, die von Dn 5 und Herodot bezeugt wird, fiel Babel während eines nächtlichen Gelages.

→21 8 *Der Seher* Korr.; M: „Ein Löwe".

→21 10 *O du, den man zertritt auf der Tenne, den man zerschlägt* Wörtlich: Mein Ausgedroschnes, das Erzeugnis meiner Tenne. Es handelt sich um das in Babel in Verbannung lebende jüdische Volk.

→21 11–12 *(Antwort an die Edomiter)* Die Edomiter waren 711 die Verbündeten der Philister gegen Sargon. Von den Assyrern geschlagen, werden sie hier so dargestellt, als ob sie Jesaja fragten, wie lange noch ihre Unterwerfung dauern würde.

→21 11 *Edom* G; M: „Duma".

→21 12 *Es kommt Morgen und Nacht* D. h. Befreiung und wiederum Unterdrückung, wenigstens wenn sich die Edomiter nicht bekehren.

→21 13 *Dedan* Ein Stamm arabischer Beduinen, die mit Scheba verbündet sind, vgl. 1 Kg 10 1+. Jesaja fordert die Bewohner von Tema auf, den Flüchtlingen zu helfen.

→21 14 *Tema* Land nordöstlich von Arabien. Seine Bewohner stammen nach Gn 15 15 von Ismael ab.

→21 16 *Kedar* Ein arabischer Nomadenstamm, auf den auch in Jr 2 10; 49 28; Ez 27 21; Js 42 11; 60 7 angespielt wird.

Gegen die leichtfertige Freude Jerusalems

22 1 Spruch über das Hinnomtal:
Was ist dir doch, daß all dein
Volk auf die Dächer gestiegen ist, 2 du
Stadt voller Lärm und Gedränge, du
fröhliche Feste? Deine Erschlagenen
sind nicht durch das Schwert erschlagen,
deine Gefallenen sind nicht im
Kampf gefallen. 3 Deine Anführer
sind insgesamt geflohen, sie wurden
ohne Bogenschuß gefangen; deine
Helden wurden insgesamt gefangen,
sie sind weit weg geflohen. 4 Darum
sage ich: „Blicket weg von mir, ich
muß bitterlich weinen; bemüht euch
nicht, mich zu trösten ob dem Untergang
der Tochter meines Volkes."
5 Denn ein Tag der Bestürzung und
der Verwirrung kommt von dem Herrn
Jahwe Zebaot. Im Hinnomtal ist eine
Mauer gestürzt, man schreit um Hilfe
auf dem Berg. 6 Elam hat nach dem
Köcher gegriffen, Aram hat die Rosse
angespannt, Kir hat den Schild entblößt.
7 Deine herrlichen Talgründe
sind mit Wagen gefüllt, und Reiter
haben sich am Tore aufgestellt. 8 So
fällt der Schutz Judas.

Gegen die militärischen Vorbereitungen

Aber du blickst an jenem Tag nach
dem Rüstzeug des Waldhauses. 9 Ihr
seht die Risse der Davidsstadt, daß sie
zahlreich sind; ihr sammelt das Wasser
des unteren Teiches. 10 Ihr zählt die
Häuser Jerusalems und reißt die Häuser
nieder, um die Mauern zu verstärken.
11 Auch macht ihr ein Sammelbecken
im Zwischenraum der beiden
Mauern für das Wasser aus dem alten
Teich. Aber nach dem, der es fügt, seht
ihr nicht und blickt nicht auf den, der
es von lange her bereitet.
12 Der Herr Jahwe Zebaot rief an
jenem Tage zum Weinen und zum
Wehklagen auf, daß man sich kahl
schere und mit dem Sack umgürte.
13 Aber siehe da, Freude und Jubel,
Rindertöten und Schafeschlachten,
Fleischverzehren und Weinvertilgen:
„Laßt uns essen und trinken, denn
morgen sind wir tot!" 14 Meine Ohren
haben von Jahwe Zebaot diese Offenbarung
erhalten: „Wahrlich, dieser
Frevel soll euch nicht vergeben werden,
bis ihr tot seid", spricht der Herr
Jahwe Zebaot.

Gegen Schebna

15 So spricht der Herr Jahwe
Zebaot: Auf, geh zu diesem Verwalter
da, zu Schebna, dem Hausminister,
16 der sich auf der Höhe ein Grab aushauen
und in den Felsen eine Kammer
meißeln läßt: „Was hast du hier und
wen hast du hier, daß du dir ein Grab
aushauen läßt? 17 Siehe, der Herr,
er packt dich und wirft dich hin mit
einem Wurf, er umschlingt dich mit
einer Umschlingung. 18 Wie einen
Knäuel rollt er dich zusammen und
schleudert dich wie einen Ball in ein
weites, breites Land. Dort wirst du
sterben, dorthin kommen deine stolzen
Wagen, du Schmach im Hause deines
Herrn."

Neuer Spruch gegen Schebna

19 Ich werde dich von deinem Posten
stoßen und dich deines Amtes entsetzen.
20 An jenem Tage will ich meinen
Knecht Eljakim, den Sohn des
Hilkijahu, berufen. 21 Ich werde ihn
mit deinem Gewand bekleiden und mit
deinem Gürtel ihn umgürten und ihm
deine Macht in seine Hände geben.
Er wird zum Vater für die Bewohner
Jerusalems und für das Haus Juda.
22 Ich lege den Schlüssel des Hauses
David auf seine Schulter; wenn er
öffnet, wird niemand schließen, wenn

→22 1–8 *(Gegen die leichtfertige Freude Jerusalems)* Offenbar aus dem Jahre 705, als Hiskija einen ersten Erfolg gegen die Verbündeten Assyriens errang, vor dem Einfall Sancheribs. Der Prophet tadelt das siegestrunkene Volk und sagt die Katastrophe voraus.

→22 1 *Hinnomtal* Korr.; M: „Schautal"; G: „Ziontal". Ebenso in v. 5. Dieses Tal begrenzte Jerusalem im Südwesten.

→22 3 *deine Helden* G; M: „deine Aufgegriffenen".

→22 4 *der Tochter meines Volkes* Jerusalem.

→22 5 Nach *Verwirrung* Zusatz in M: „und der Verheerung".

→22 6 *Aram hat die Rosse angespannt* Korr.; M: „mit bemanntem Wagen". Die besiegten Aramäer lieferten (ebenso wie die Elamiter) Soldaten für die Heere Sancheribs.

→22 6 *Kir* Nicht sicher bekannt.

→22 8B–14 *(Gegen die militärischen Vorbereitungen)* Kurz vor dem Feldzug Sancheribs unternahm Hiskija Arbeiten zur Befestigung und Verteidigung von Jerusalem, vgl. 2 Kg 14 13+ und 2 Kg 20 20+.

→22 13 *Rindertöten und Schafeschlachten* Offenbar, um mit Opfern und Festen den Beginn der Befestigungsarbeiten oder einen Sieg Hiskijas zu feiern.

→22 16 Die beiden Halbverse sind umgestellt.

→22 19 *Ich werde* Üss; M: „Er wird".

→22 20–23 Nach Apk 3 7 haben die Kirchenväter in Eljakim eine Vorausdarstellung des Messias gesehen. Die Liturgie verwendet in diesem Sinne v. 22 (= Apk 3 7) in der Antiphon *O clavis*.

er schließt, wird niemand öffnen.
23 Ich schlage ihn als Nagel ein an ei-
nen festen Ort, und er soll ein Ehren-
stuhl für das Haus seines Vaters wer-
den.

Untergang der Familie Eljakims

24 Doch wenn an ihn sich die ganze
Menge seines väterlichen Hauses
hängt, alle Schößlinge und Sprößlinge,
alles kleine Geschirr, alles Trink-
geschirr und alles Kruggeschirr, 25 an
jenem Tage, so spricht Jahwe Zebaot,
wird der Nagel weichen, der an einem
festen Ort eingeschlagen war. Er wird
herabgeschlagen und herunterfallen;
die Last, die an ihm hing, wird zer-
schlagen. Denn Jahwe hat gesprochen.

Über Tyrus und Sidon

23 1 Spruch über Tyrus:
Heulet, ihr Schiffe von Tar-
schisch; denn zerstört ist eure Feste!
Als sie kamen aus dem Land der Kit-
täer, ist es ihnen bekanntgeworden.
2 Seid entsetzt, ihr Bewohner der Küste,
ihr Kaufleute von Sidon, deren Boten
das Meer durchfahren 3 auf den uner-
meßlichen Wassern. Die Saat des Nils
und die Ernte des Stromes war ihr
Reichtum, der zum Erwerb der Völker
wurde. 4 Erröte vor Scham, Sidon,
denn so spricht das Meer: „Ich habe
nie in Wehen gelegen und nie geboren,
noch Jünglinge großgezogen und Jung-
frauen hochgebracht."
5 Wenn es den Ägyptern kund
wird, werden sie zittern über das
Schicksal von Tyrus. 6 Fahrt nach
Tarschisch hinüber, heulet, ihr Küsten-
bewohner!
7 Ist das eure fröhliche Stadt, deren
Ursprung in den Tagen der Urzeit
liegt, deren Füße sie fernhin trugen,
um sich dort anzusiedeln? 8 Wer hat
solches verhängt über Tyrus, die Ge-
krönte, dessen Kaufleute Fürsten wa-
ren und dessen Händler die Vor-
nehmsten der Welt? 9 Jahwe Zebaot
hat es beschlossen, um den Stolz alles
Glanzes zu schänden, zu demütigen
alle Vornehmsten auf Erden. 10 Be-
baue dein Land, Tochter Tarschisch!
Es gibt keinen Hafen mehr. 11 Er hat
seine Hand über das Meer ausgestreckt,
ließ Königreiche erschüttern. Jahwe
hat gegen Kanaan geboten, seine
Festungen zu zerstören.
12 Er sprach: Nicht sollst du länger
fröhlich sein, du geschändete Jung-
frau, Tochter Sidon! Auf, fahre hin-
über zu den Kittäern, auch dort wird
dir keine Ruhe werden. 13 Siehe, das
Land der Kittäer ... Man errichtet
Belagerungstürme, zerstört seine Be-
festigungswerke und verwandelt sie
in Trümmerhaufen. 14 Heulet, ihr
Schiffe von Tarschisch, denn zerstört
ist eure Feste!

Unterwerfung von Tyrus

15 An jenem Tag wird es geschehen:
Tyrus wird siebzig Jahre vergessen sein.
Aber wenn die Herrschaft eines ande-
ren Königs kommt nach siebzig Jahren,
da wird es Tyrus ergehen, wie es im
Lied der Buhle heißt:
16 „Nimm die Zither, durchziehe
die Stadt, vergessene Buhle! Spiele
schön, singe lieblich, daß man dein
gedenke!"
17 Nach siebzig Jahren wird Jahwe
abermals Tyrus heimsuchen. Es wird
wieder zu seinem Buhlenlohn kommen,

→22 24–25 Diese Ergänzung (in Prosa) meint das Exil, in dem die Familie Eljakims in Vergessenheit fällt.
→23 1–14 *(Über Tyrus und Sidon)* Das folgende Stück scheint zwei Gedichte zu vereinen: eines gegen Sidon, v. 1–4 und 12–14, ein zweites gegen Tyrus, v. 5–11. Das erste muß Jesaja vor 701 verkündet haben, als der König Luli nach Zypern floh, wo er ermordet wurde. Der Spruch gegen Tyrus wurde später angefügt.
→23 1 *Tarschisch* Vielleicht Tartessos in Spanien; der Ort bezeichnete soviel wie „das Ende der Welt", vgl. Ez 27 12. Die „Schiffe von Tarschisch" sind große Hochseeschiffe.
→23 1 *eure Feste* Korr.; M: „ohne Haus".
→23 1 *Land der Kittäer* Zypern.
→23 2 *Boten* Korr.
→23 4 *Meer* Danach Zusatz in M: „die Feste des Meeres, sprechend".
→23 4 Die Seeleute wurden „die Söhne des Meeres" genannt; das Meer trauert um sie.
→23 6 *Fahrt nach Tarschisch hinüber* Flieht bis an das Ende der Welt.
→23 8 *die Gekrönte* Üss; M: „die Bekränzende".
→23 10 *Bebaue dein Land* G; M: „Durchziehe dein Land wie der Nil".
→23 10 *Hafen* Korr.; M: „Gürtel".
→23 13 *Kittäer* Korr.; M: „Chaldäer" und Zusatz: „sie waren kein Volk, Assur hat es bestimmt für die Wüstentiere", verderbter Text.
→23 13 *Man* Es handelt sich wahrscheinlich um Sancherib.
→23 15 *nach siebzig Jahren* Eine offenbar symbolische Zahl, die eine lange Zeitdauer bezeichnet.
→23 15 *anderen* Korr.; M: „einzigen".
→23 17 *heimsuchen* Die Völker werden von Jahwe „heimgesucht", um sie zu bestrafen, um sie zu erproben oder um ihnen Gutes zu tun.

und es wird buhlen mit allen König-
reichen der Welt, die es auf Erden gibt.
18 Aber sein Gewinn und sein Erwerb
wird eine heilige Gabe sein für Jahwe.
Er wird nicht zurückgelegt und auf-
gespart, sondern denen, die vor Jahwe
wohnen, wird sein Gewinn zufallen,
daß sie sich reichlich sättigen und sich
in Pracht kleiden.

4. APOKALYPSE

Das Gericht

24 1 Siehe, Jahwe leert und ver-
heert die Erde, er kehrt ihr Ange-
sicht um und zerstreut ihre Bewohner.
2 Wie dem Volk ergeht es dem Priester,
wie dem Knecht so seinem Herrn, wie
der Magd so ihrer Herrin, wie dem
Käufer so dem Verkäufer, wie dem
Verleiher so dem Entleiher, wie dem
Gläubiger so dem Schuldner. 3 Die
Erde wird entleert und völlig aus-
geplündert; denn so hat Jahwe Wort
gesprochen. 4 Es trauert und verwelkt
die Erde; es verschmachtet und ver-
welkt der Erdkreis, es verschmachtet
der Himmel mit der Erde. 5 Die Erde
ist entweiht unter ihren Bewohnern;
denn sie haben das Gesetz übertreten,
das Recht verkehrt und den ewigen
Bund gebrochen. 6 Darum zehrt ein
Fluch an der Erde, und es müssen
büßen, die auf ihr wohnen. Darum
werden die Bewohner ausgebrannt,
und nur wenige Menschen bleiben
übrig.

Die zerstörte Stadt

7 Es trauert der Most, der Wein-
stock verwelkt; es seufzen alle, die
fröhlichen Herzens sind. 8 Verklungen
ist der frohe Schall der Pauken, ein
Ende hat der Lärm der Fröhlichen,
verstummt ist der Klang der Zither.
9 Nicht mehr trinkt man Wein zum
Gesang, bitter schmeckt den Zechern
der Rauschtrank. 10 Zertrümmert ist
die nichtige Stadt, dem Eintritt ist jedes
Haus verschlossen. 11 Wehklagen um
den Wein auf den Straßen, dahin ist
alle Freude, weggezogen ist aller Froh-
sinn auf Erden. 12 Nur Verödung ist in
der Stadt zurückgeblieben, in Stücke
ist das Tor zerschlagen. 13 Es geht den
Völkern inmitten der Erde wie beim
Abklopfen der Oliven, wie bei der
Nachlese, wenn die Ernte vorüber ist.
14 Sie erheben ihre Stimme und
jubeln, sie jauchzen im Westen ob der
Hoheit Jahwes. 15 Auch auf den Inseln
preist man Jahwe, auf den Inseln des
Meeres den Namen Jahwes, des Gottes
Israels. 16 Vom Saum der Erde hören
wir Lobgesänge: „Preis dem Gerech-
ten!“

Ich aber sprach: „Genug, genug!
Wehe diesen Abtrünnigen, die ab-
trünnig handeln, diesen Abtrünnigen,
die durch und durch abtrünnig sind!“
17 Grauen und Grube und Garn über
dich, Erdbewohner! 18 Wer vor dem
Grauen flieht, fällt in die Grube; wer
aus der Grube entkommt, fängt sich
im Garn.

Fortsetzung der Gerichtsweissagung

Denn die Schleusen der Höhe öffnen
sich, und die Grundfesten der Erde
erbeben. 19 Es berstet und zerbricht
die Erde, es reißt und zerreißt die Erde.
20 Wie ein Trunkener taumelt die Erde,
sie schwankt wie eine Hängematte hin
und her. Schwer lastet ihr Frevel auf
ihr; sie fällt und steht nimmer auf.

→241 – 2713 *(Apokalypse)* Diese Kapitel blicken über die bevorstehenden Ereignisse hinaus auf ein Endgericht Gottes und bieten dessen dichterische Beschreibung, die von Bitt- und Danksagungspsalmen unterbrochen wird. Obwohl der Abschnitt noch nicht alle Kennzeichen der apokalyptischen Literatur enthält, bildet er doch eine Vorstufe zu dieser literarischen Gattung, die sich dann in Dn, Sach 9–14 und im apokryphen Henochbuch entfaltet. Hier liegt wahrscheinlich der späteste Teil des Jesajabuches vor.

→241–6 *(Das Gericht)* Es handelt sich um das Endgericht über alle Menschen.

→244 *der Himmel mit der Erde* Korr.; M: „der Himmel des Volkes der Erde“.

→245 *den ewigen Bund* Anscheinend geht es hier nicht um den Bund mit Abraham oder den mosaischen Bund, sondern um einen universalen Bund Gottes mit den Menschen wie – nach der priesterschriftlichen Überlieferung der Genesis – der Bund mit Noach, Gn 99+. Da dieser Bund gebrochen ist, wird das Gericht hereinbrechen wie eine neue Sintflut (v. 6).

→2410 *die nichtige Stadt* Es ist nicht sicher, welche Stadt gemeint ist: Babel (485 von Xerxes I. zerstört), Tyrus, Samaria oder eine Hauptstadt Persiens oder des Orients; oder vielleicht die symbolische Stadt des Bösen, die Jerusalem, der Stadt Gottes, gegenübergestellt ist.

→2411 *dahin ist* Üss.

→2414 *Sie* Die geretteten Juden, zu denen sich die Bewohner der „Inseln“ (ferne Landstriche) gesellen, die sich zu Jahwe bekehrt haben.

→2415 *auf den Inseln preist man* Korr.; M: „in den Feuern preiset“.

→2416 *Genug, genug* Unsichere Übersetzung.

→2416 *Wehe diesen Abtrünnigen* Nach T; M: „Wehe mir, diese Abtrünnigen“.

21 An jenem Tag wird Jahwe heim-
suchen das Heer des Himmels in der
Höhe und die Könige der Welt auf der
Erde. 22 Sie werden wie Gefangene
in die Grube gesperrt, sie werden im
Kerker eingeschlossen und heim-
gesucht nach vielen Tagen. 23 Der
Mond wird erröten, und die Sonne
wird sich schämen. Denn Jahwe Zebaot
tritt die Königsherrschaft an auf dem
Berge Zion und in Jerusalem, und vor
seinen Ältesten erstrahlt seine Herr-
lichkeit.

Dankgebet

25 1 Jahwe, du bist mein Gott, ich
rühme dich und preise deinen
Namen. Denn Wunderbares hast du
vollbracht, Ratschlüsse aus alter Zeit
in unwandelbarer Treue. 2 Du hast ja
die Stadt zu einem Steinhaufen ge-
macht, die starke Feste zu einem
Trümmerfeld, die Hochburg der Stol-
zen zu einer verschollenen Stadt, die
in Ewigkeit nicht mehr ersteht. 3 Dar-
um werden starke Völker dich ehren,
und die Städte von gewaltigen Ge-
schlechtern werden dich fürchten.
4 Du warst ein Hort den Bedrängten,
ein Hort des Armen in seiner Not, eine
Zuflucht vor dem Ungewitter, ein
Schatten vor der Hitze. Denn das
Schnauben der Gewaltigen ist wie ein
Winterregen. 5 Wie Sonnenglut über
dürrem Land hast du gedämpft das
Toben der Stolzen; wie durch Wolken-
schatten die Hitze hast du den Jubel
der Bedrücker unterdrückt.

Das messianische Fest

6 Jahwe Zebaot wird allen Völkern
ein fettes Mahl bereiten auf diesem
Berg, ein Mahl von abgelagerten Wei-
nen, von markig-fetten Speisen mit
geseihtem Hefenwein. 7 Auf diesem
Berg nimmt er die Hülle weg, die auf
allen Völkern liegt, und die Decke,
die über allen Heiden ausgebreitet ist.
8 Er vernichtet den Tod auf immer, und
der Herr Jahwe wischt ab die Tränen
von jedem Angesicht und nimmt sei-
nes Volkes Schmach hinweg von der
ganzen Welt. Denn Jahwe hat gespro-
chen. 9 An jenem Tage wird man
sagen: Seht, das ist unser Gott, auf den
wir hofften, daß er uns helfe, das ist
Jahwe, auf den wir harrten. Laßt uns
jubeln und frohlocken ob seiner Hilfe.
10 Denn die Hand Jahwes wird auf die-
sem Berge ruhen. Moab aber wird an
seiner Statte zerstampft, wie man das
Stroh im Misttümpel zerstampft.
11 Und breitet es darin seine Hand
aus, wie ein Schwimmer sie ausbreitet
beim Schwimmen, so schlägt Jahwe
seinen Hochmut nieder trotz der ge-
wandten Bewegung seiner Hände.
12 Deine festen, hochragenden Mauern
reißt er ein, wirft sie nieder und stürzt
sie zu Boden in den Staub.

Siegeslied

26 1 An jenem Tage wird man die-
ses Lied im Lande Juda singen:
„Wir haben eine feste Stadt; uns
zum Schutz setzte er Mauer und Wall.
2 Öffnet die Tore, daß einziehe ein
gerechtes Volk, das die Treue bewahrt!
3 Sein Sinn ist fest; es bewahrt den
Frieden, weil es auf dich vertraut.
4 Vertraut auf Jahwe für immer, denn
Jahwe ist der ewige Fels! 5 Die Bewoh-
ner der Höhe hat er gebeugt, nieder-
geworfen die hochragende Stadt, bis
zum Staub hinabgestoßen. 6 Nun zer-
tritt sie der Fuß, die Füße der Armen,
die Tritte der Geringen."

Psalm

7 Der Pfad des Gerechten ist gerade;
du hast den Weg der Gerechten ge-
ebnet. 8 Ja, wir harrten auf den Weg
deiner Gerichte, Jahwe, nach deinem
Namen und deinem Gedenken stand
der Seele Verlangen.

9 Meine Seele sehnt sich nach dir
bei Nacht, und mein Geist sucht dich
in meinem Innern. Denn wenn deine
Gerichte die Erde treffen, lernen die
Bewohner des Erdkreises Gerechtigkeit.

10 Wird aber dem Frevler Gnade
zuteil, lernt er niemals Gerechtigkeit.
Im Land der Geradheit verübt er den
Frevel und kümmert sich nicht um die
Hoheit Jahwes.

11 Jahwe, deine Hand ist erhoben,
sie sehen es nicht. Möchten sie doch
sehen deinen Eifer für dieses Volk und

→2421 *das Heer des Himmels in der Höhe* Die Gestirnsgottheiten im semitischen Heidentum.
→254 *Winterregen* Korr.; M: „Regen gegen die Wand".
→256–12 *(Das messianische Fest)* Nun erscheint die Heilsseite des Gerichtes, beschrieben im Bild eines Festmahles, zu dem alle Völker nach Jerusalem strömen. Dieses Bild ist im Gleichnis des Evangeliums wiederaufgenommen, Mt 222–10 par.
→256 *auf diesem Berg* Zion.
→2510–12 Diese Verse über Moab scheinen ein Zusatz zu sein.
→263 *es bewahrt den Frieden* Korr.; M: „du bewahrst den Frieden".
→267–19 Gebet, um das Gericht zu beschleunigen, vgl. Apk 2220.

zuschanden werden; das Feuer, das
bereitet für deine Feinde, möge sie
fressen.

12 Jahwe, du wirst uns Frieden ge-
ben; denn wie unser Tun es verdiente,
hast du getan. 13 Jahwe, unser Gott,
über uns herrschten andere Herren
als du; doch wir rühmen nur deinen
Namen.

14 Die Toten leben nicht wieder, die
Schatten stehen nimmer auf; denn du
hast sie heimgesucht und vernichtet,
und jedes Andenken an sie ist ausge-
löscht.

15 Vermehre das Volk, Jahwe, ver-
mehre es; dem Volke gib Ruhm, rücke
hinaus alle Grenzen des Landes!

16 Jahwe, in der Drangsal suchen
wir dich; die Angst der Bedrückung
war deine Züchtigung, die uns traf.
17 Wie eine Mutter bei der Nähe der
Geburt sich windet und schreit in ihren
Wehen,

so waren wir vor dir, Jahwe. 18 Wir
waren schwanger und lagen in Wehen,
als ob wir gebären würden; den Geist-
hauch des Heils verschafften wir nicht
dem Lande noch wurden Erdenbürger
geboren.

19 Doch deine Toten leben wieder
auf, und ihre Leichen werden wieder
auferstehen. Erwachet und jubelt, die
ihr im Staube ruht! Denn Tau des
Lichtes ist dein Tau, und die Erde
wird Schatten gebären.

Weissagung

20 Wohlan, mein Volk, gehe in deine
Kammer, verschließe deine Türe hinter
dir. Verbirg dich eine kleine Weile,
bis der Zorn vorüber ist.

21 Denn siehe, Jahwe zieht schon
aus von seiner Stätte, um die Schuld
der Erdbewohner zu ahnden. Die
Erde deckt auf ihr Blut und bedeckt
nicht länger ihre Erschlagenen.

27 1 An jenem Tage sucht Jahwe
heim mit seinem Schwert, dem
harten, großen und starken, den
Leviatan, die flüchtige Schlange, den
Leviatan, die gewundene Schlange, und
tötet den Drachen, der im Meere ist.

Der Weinberg Jahwes

2 An jenem Tage wird man sagen:
„Ein köstlicher Weinberg, besinget
ihn!“ Ich, Jahwe, behüte ihn. 3 Immer-
fort tränke ich ihn, daß sein Laubwerk
nicht falle; bei Tag und Nacht bewache
ich ihn.

4 Ich zürne nicht mehr. Fände ich
dennoch Dornen und Disteln, ich
würde im Kampf darauf losgehen und
sie allesamt verbrennen. 5 Es sei
denn, daß man meinen Schutz ergriffe,
mit mir Frieden machte, Frieden
mit mir.

Jakobs Begnadigung und die Bestrafung des Unterdrückers

6 In den kommenden Tagen wird
Jakob Wurzel schlagen, wird Israel
blühen und sprossen und den Erdkreis
mit Früchten füllen. 7 Hat er sie so
geschlagen, wie er deren Schläger
schlug? Oder wurden sie gewürgt, wie
er deren Würger würgte? 8 Er nahm
Rache an ihr durch ihre Verstoßung
und Vertreibung und jagte sie weg
durch seinen heftigen Sturm am Tage
des Ostwinds. 9 Darum wird also
Jakobs Schuld gesühnt, und das ist
die volle Frucht seiner Entsündigung,
daß er alle Altarsteine wie Kalksteine
zerschlägt und die heiligen Pfähle und
Sonnensäulen nie mehr erstehen.
10 Denn einsam liegt die feste Stadt,
ein Platz verödet und verlassen wie
die Wüste. Dort weidet das Rind, dort
lagert es und frißt ihre Zweige ab.
11 Sind ihre Reiser dürr geworden,
bricht man sie ab; Frauen kommen
und zünden sie an. Denn es ist ein
Volk ohne Einsicht. Deshalb wird sein
Schöpfer sich seiner nicht erbarmen,
und der es gebildet, begnadigt es nicht.

→2616 *suchen wir dich; die Angst der Bedrückung* Nach G.

→2618 M zieht „Hauch“ zum Vorhergehenden und liest: „Wir haben Wind geboren; das Heil verschafften wir nicht dem Lande“.

→2619 *ihre Leichen* S, T; M: „meine Leichen“.

→2619 Manche sehen in diesem Text eine Ankündigung der Auferstehung (vgl. 2 Makk 79+), andere nur die Ankündigung einer nationalen Wiedergeburt Israels, vgl. Ez 37.

→2620 – 271 Antwort Jahwes auf den vorhergehenden Psalm.

→271 *Leviatan* Die Texte von Ras Schamra kennen „Leviatan, die flüchtige und gewundene Schlange“, vgl. Ib 38+.

→272–6 Der Weinberg bezeichnet allegorisch Israel. Dieses Gedicht bildet gleichsam das Gegenstück zu Js 51–7.

→272 *köstlicher Weinberg* Korr.; M: „Weinberg der Gärung“.

→273 *daß sein Laubwerk nicht falle* Korr.; M: „daß man ihn nicht heimsuche“.

→276 *In den kommenden Tagen* „Tagen“ ist hinzugesetzt.

→277 Der Sinn ist: Jahwe hat Israel nicht so hart gestraft, wie er die Unterdrücker seines Volkes gestraft hat.

→278 *an ihr* An der Stadt der Unterdrücker.

Weissagung

12 An jenem Tag wird Jahwe ein
Ährenklopfen halten von der Ähre des
Stromes bis an den Bach Ägyptens.
Dann werdet ihr einzeln eingesammelt,
ihr Söhne Israels. 13 An jenem Tage
wird man in die große Posaune stoßen,
dann werden kommen, die im Land
Assur sich verloren und die nach
Ägypten versprengt sind, und sie wer-
den Jahwe anbeten auf dem heiligen
Berg in Jerusalem.

5. WORTE ÜBER ISRAEL UND JUDA

Warnung an Samaria

28 1 Wehe der stolzen Krone der
Trunkenen Ephraims, der wel-
kenden Blume seiner prächtigen Zier
auf dem Haupt des üppigen Tales der
vom Wein Berauschten! 2 Seht, einen
Starken und Gewaltigen schickt der
Herr wie Hagelwetter, wie einen ver-
heerenden Sturm, wie einen Schwall
gewaltig flutender Wasser, und er reißt
sie zu Boden mit Macht. 3 Mit den
Füßen wird die stolze Krone der
Trunkenen Ephraims zertreten. 4 Und
der welkenden Blume seiner prächti-
gen Zier, die auf dem Haupt des üppi-
gen Tales liegt, wird es wie einer Früh-
feige vor der Ernte ergehen. Wer sie
erblickt, der hat sie, kaum mit der
Hand ergriffen, schon verschlungen.
5 An jenem Tag wird Jahwe Zebaot
selbst eine herrliche Krone und ein
prächtiger Stirnreif sein für den Rest
seines Volkes, 6 ein Geist des Rechts
für den, der zu Gericht sitzt, und
Heldenkraft für die, die den Kampf
zum Tor zurücktreiben.

Gegen Priester und falsche Propheten

7 Doch auch diese da wanken von
Wein und schwanken vom Rausch-
trank. Priester und Propheten wanken
vom Rauschtrank, übermannt vom
Wein; sie taumeln vom Rauschtrank
und wanken beim Schauen und
schwanken beim Richten. 8 Ja, alle
Tische sind voll Gespei und Unflat
bis zum letzten Platz.
9 „Wen will denn der Erkenntnis
lehren? Wem die Offenbarung aus-
legen? Kindern, die kaum der Milch
entwöhnt, die eben von der Mutter-
brust genommen sind, 10 wenn er sagt:
‚Zaw la zaw, zaw la zaw; kaw la kaw,
kaw la kaw; seher scham, seher
scham.'"
11 Jawohl, mit Lippengestammel
und mit fremdartiger Sprache wird
er zu diesem Volke reden, 12 er, der zu
ihnen sprach: „Das ist die Ruhe, gön-
net Ruhe den Müden, und das ist die
Erholung!" Doch sie wollen nicht
hören. 13 Darum spricht Jahwe also
zu ihnen: „Zaw la zaw, zaw la zaw;
kaw la kaw, kaw la kaw; seher scham,
seher scham", damit sie auf ihrem
Wege rücklings straucheln, zerschel-
len, sich verstricken und gefangen
werden.

Gegen die schlechten Ratgeber

14 Darum hört das Wort Jahwes, ihr
Spötter, ihr Gebieter dieses Volkes in
Jerusalem! 15 Ihr habt gesagt: „Wir
haben einen Bund mit Mot geschlossen
und mit der Scheol einen Vertrag
gemacht. Saust die verwüstende Geißel
heran, sie wird uns nicht treffen.
Denn wir haben die Lüge zu unserer
Burg gemacht und uns im Trug ge-
borgen."

Weissagung

16 Deswegen spricht also Jahwe:
„Seht, ich lege in Zion einen Grund-

→28 1–6 Ein Orakel aus der Zeit vor dem Fall Samarias 722.
→28 2 *wie einen verheerenden Sturm* Die Heere Sargons.
→28 7–13 Spruch gegen die Teilnehmer an religiösen Mählern, die sich über Jesaja lustig machen.
→28 10 Lautmalerei. Wortwörtlich könnten diese Worte folgendes bedeuten: „Gebot an Gebot, Gebot an Gebot, Regel an Regel, Regel an Regel, ein bißchen hierin, ein bißchen dorthin". Sie wurden wegen ihres Gleichklangs gewählt und sollen das Lallen eines Kindes nachahmen. Die Festgenossen verspotten das prophetische Wort Jesajas, das sie als unverständlich ansehen.
→28 11 *mit fremdartiger Sprache* Die fremden Sprachen der assyrischen Soldaten, die zu verschiedenen Rassen gehörten. Die Hörer Jesajas haben sein Wort nicht verstehen wollen. Jahwe, der ihnen durch die Stimme Jesajas den Frieden angeboten hatte, wird sie als Strafe dafür ein anderes, unverständliches Wort hören lassen: die Sprache der Eroberer.
→28 14–15 *(Gegen die schlechten Ratgeber)* Gemeint sind die Berater des Königs von Juda, entweder während der Regierungszeit des Achas oder in dem Augenblick, da Hiskija daran dachte, sich an einer Koalition gegen Assyrien zu beteiligen.
→28 15 *mit Mot* Korr.; M: „mit dem Tod". Mot ist der phönizische Gott des Getreides, des Keimens und der Unterwelt. Er entspricht Osiris im ägyptischen Pantheon.
→28 15 *einen Vertrag gemacht* Üss; M: „ein Gesicht gehabt".
→28 16–17 Dieser eingeschaltete Spruch unterbricht das Gedicht, das in v. 17c fortgesetzt wird.

stein, einen bewährten Stein, einen
kostbaren Eckstein. ‚Wer glaubt, wird
nicht wanken.‘ 17 Ich mache das
Recht zur Richtschnur, zum Senkblei
die Gerechtigkeit.“

Fortsetzung des Drohwortes gegen die schlechten Ratgeber

Hagel aber wird die Lügenburg ver-
nichten, und Wasser schwemmen den
Zufluchtsort hinweg. 18 Euer Bund
mit Mot wird vernichtet, und euer
Vertrag mit der Scheol wird nicht
halten. Saust die verwüstende Geißel
heran, werdet ihr von ihr zermalmt
werden. 19 Sooft sie heransaust, wird
sie euch treffen. Morgen für Morgen
saust sie heran, bei Tag und bei Nacht.
Ein Schrecken nur wird es dann sein,
dessen Offenbarung zu wissen.

20 Denn zu kurz ist das Bett, um
sich auszustrecken, und die Decke zu
schmal, um sich einzuhüllen. 21 Für-
wahr, wie einst am Berge Perazim
erhebt sich Jahwe, und wie im Tale
Gibeon tobt er im Wetter, um sein
Werk zu vollbringen, sein befremd-
liches Werk, um seine Arbeit zu voll-
enden, seine seltsame Arbeit.

22 Und nun laßt euren Spott, sonst
werden eure Fesseln nur noch fester
angezogen. Denn von beschlossener
Vertilgung hörte ich vom Herrn
Jahwe Zebaot über die ganze Erde.

Das Gleichnis vom Ackermann

23 Horcht auf und hört meine
Stimme! Merkt auf und vernehmt
mein Wort! 24 Pflügt etwa der Pflüger
alle Tage, bricht er nur um, und eggt
er seinen Acker immerfort? 25 Nicht
wahr, wenn er die Fläche geebnet hat,
streut er Dill darauf und sät Küm-
mel; dann legt er Weizen und Gerste
und schließlich Spelt an die Ränder.
26 Das rechte Verfahren hat ihn sein
Gott gelehrt und ihn darin unter-
wiesen.

27 Ferner, der Dill wird nicht mit
dem Schlitten gedroschen, und nicht
wird das Dreschrad über den Kümmel
gezogen, sondern den Dill klopft man
mit dem Stabe aus und den Kümmel
mit dem Stecken. 28 Wird Brotkorn
etwa zermalmt? Es drischt doch der
Drescher nicht immerfort, noch treibt
er ständig das Rad seines Wagens
darüber hin; er körnt es aus, doch zer-
malmt er es nicht. 29 Auch dies geht
von Jahwe Zebaot aus. Wunderbar
ist sein Ratschluß und groß seine
Weisheit.

Über Ariel

29 1 Wehe, Ariel, Ariel, du Stadt,
wo David lagerte! Fügt noch
ein Jahr zu diesem Jahr hinzu, und
laßt die Feste nochmals kreisen, 2 dann
will ich Ariel bedrängen, daß Klage
und Wehegeschrei ertönt.

Du wirst für mich ein Ariel sein.
3 Ich schlage mein Lager gegen dich
auf wie David, ich schließe dich mit
Posten ein und lasse Schanzen gegen
dich errichten.

4 Auf den Boden erniedrigt, wirst du
von dorther reden, und aus dem Staub
wird man dumpf deine Worte ver-
nehmen. Deine Stimme wird wie die
eines Totengeistes von der Erde her
klingen, und aus dem Staub wird man
deine Stimme flüsternd hören.

5C Ganz plötzlich, in einem Augen-
blick wird es geschehen, 6 da wirst du
heimgesucht von Jahwe Zebaot mit
Donner und Beben und lautem
Krachen, mit Wirbel und Sturm und
verzehrenden Feuerflammen. 5AB Wie
feiner Staub wird der Schwarm deiner
Feinde sein, wie fliegende Spreu der
Schwarm der Bedränger. 7 Wie ein
Traum, ein Nachtgesicht, so wird der
Schwarm aller Völker sein, die wider
Ariel zu Felde ziehen.

Und allen, die es bekämpfen, und
allen Schanzen, die wider es errichtet

→2816 *wird nicht wanken* Korr.; M: „wird nicht eilen“; G: „wird nicht erröten“. Dieser Satz ist der Name des Grundsteins des neuen Jerusalem, vgl. 126+.
→2818 *vernichtet* Korr.; M: „entsühnt“.
→2820 Sprichwörtliche Beschreibung einer schwierigen Situation.
→2823–29 *(Das Gleichnis vom Ackermann)* Die Weisheit des Bauern, die selbst der göttlichen Weisheit entstammt, wird zum Bild für das Verhalten Jahwes gegenüber seinem Volk.
→2824 *alle Tage* Danach Zusatz in M: „um zu säen“.
→2825 *Weizen und Gerste* G; M fügt zwei wahrscheinlich gleichbedeutende Wörter hinzu.
→2827 *das Dreschrad* Dreschgerät mit schneideartigen Eisen- oder Steinwalzen zum Entkörnen des Getreides.
→2828 *er körnt es aus* Korr.; M: „und seine Pferde“.
→291–10 *(Über Ariel)* Dieser Spruch könnte aus der Zeit unmittelbar vor der Belagerung und Befreiung Jerusalems im Jahre 701 stammen, die der Prophet ankündigt. *Ariel* „Löwe Gottes“ ist ein sinnbildlicher Name, den Jesaja Jerusalem gibt, vgl. 126+.
→292 *Du wirst* Korr.; M: „Sie wird“.
→293 *wie David* Nach G; M: „im Kreise“.
→295 Vers 5A.B nach v. 6 umgestellt.
→297 *Schanzen, die wider es errichtet sind* Korr.

sind, 8 wird es ergehen, wie wenn ein
Hungriger träumt, er esse, dann aber
mit ungestillter Gier erwacht,
und wie wenn ein Durstiger träumt,
er trinke, und matt und dürstend
erwacht. So wird es dem Schwarm
aller Völker ergehen, die wider den
Berg Zion zu Felde ziehen.
9 Starret und staunet! Werdet ver-
blendet und blind! Werdet trunken,
doch nicht vom Wein, taumelt, doch
nicht vom Rauschtrank!
10 Denn Jahwe hat über euch einen
Geist der Betäubung ausgegossen; er
hat eure Augen [die Propheten] ver-
schlossen und eure Häupter [die
Seher] verhüllt.

Das Geheimnis der Offenbarung

11 So wurde euch die Offenbarung
all dieser Dinge wie der Inhalt eines
versiegelten Buches. Gibt man es
einem, der des Lesens kundig ist, und
sagt zu ihm: „Lies es!“, dann erwidert
er: „Ich kann es nicht, es ist ja
versiegelt.“ 12 Reicht man das
Buch einem andern hin, der nicht
des Lesens kundig ist, und sagt
ihm: „Lies es!“, dann erwidert er:
„Ich verstehe mich auf die Buch-
staben nicht.“

Drohwort

13 So spricht Jahwe: „Weil dieses
Volk mir nur mit seinem Munde naht
und mich nur mit seinen Lippen ehrt,
sein Herz aber fern von mir bleibt und
sie mich nur nach angelernter Men-
schensatzung ehren, 14 darum will ich
weiter zum Verwundern verfahren, ja,
sehr zum Verwundern, daß die Weis-
heit seiner Weisen verlorengeht und
die Klugheit seiner Klugen sich ver-
birgt.“

Gegen die schlechten Ratgeber

15 Wehe denen, die sich vor Jahwe
verstecken, um ihre Pläne zu ver-
bergen, die ihr Werk im Finstern
treiben und sprechen: „Wer kann uns
sehen und wer uns erkennen?“
16 Welche Verkehrung! Ist denn der
Ton dem Töpfer gleichzuachten? Sagt
denn das Werk zu seinem Werk-
meister: „Er hat mich nicht gemacht“,
und der Topf zu seinem Töpfer: „Er
kennt mich nicht“?
17 Ist es nicht nur eine kleine Weile
noch, und der Libanon wird zu einem
Garten, und der Garten erscheint als
Wald? 18 An jenem Tage werden
auch die Tauben die Worte des Buches
hören, und aus Dunkel und Finsternis
werden die Augen der Blinden sehen.
19 Die Demütigen werden erneuern
ihre Freude an Jahwe, und die Ärm-
sten unter den Menschen jubeln über
den Heiligen Israels. 20 Denn der
Gewaltherrscher ist dahin, der Spötter
ist verschwunden. Ausgerottet sind
alle, die auf Bosheit sannen:
21 die mit ihren Worten andere
Menschen der Verbrechen schuldig
sprechen und dem Richter am Tor
Schlingen legen und den, der recht hat,
durch nichtige Gründe ins Unrecht
setzen.
22 Darum spricht also Jahwe, der
Abraham erlöste, der Gott des Hauses
Jakob: „Jakob soll nicht mehr be-
schämt werden und sein Angesicht
nicht mehr erblassen, 23 denn sehen
wird er das Werk meiner Hände in
seiner Mitte, und heiligen wird er
meinen Namen.“ Sie werden heiligen
den Heiligen Jakobs und fürchten den
Gott Israels. 24 Dann werden, die
verkehrten Sinnes waren, zur Einsicht
kommen, und die murrten, nehmen
Belehrung an.

Gegen das Bündnis mit Ägypten

30 1 Wehe den abtrünnigen Söh-
nen, spricht Jahwe, die Pläne
vollführen, die nicht von mir aus-
gehen, die Verträge schließen ohne
meinen Geist, um Sünde auf Sünde zu
häufen, 2 die im Begriffe sind, nach

→29 9–10 Diese Verse wenden sich an die ungläubigen Judäer.
→29 11–12 Wahrscheinlich Zusatz zur Erklärung von V. 10.
→29 13–14 Ein schwer zu datierender Spruch gegen scheinheiligen Kult.
→29 13 *Jahwe* Mehrere Hss von M; M: „der Herr“.
→29 15–24 Der Spruch wurde wohl bei gleicher Gelegenheit wie 28 14–22 verkündet. Doch scheint Samaria gemeint zu sein.
→29 16 Bereits der alte Schöpfungsbericht, Gn 2 7, stellte Jahwe dar, wie er den Menschen aus Erde nach Art eines Töpfers bildet. Das Bild wird häufig von den Propheten nach Jesaja und schließlich von Paulus verwendet, um die völlige Abhängigkeit des Menschen und seine Gebrechlichkeit unter den Händen Gottes hervorzuheben.
→29 17–18.21 Diese Verse scheinen später eingefügt zu sein.
→29 23 *sehen wird er das Werk* Korr.; M: „sehen wird er seine Kinder, das Werk“ – erklärender Zusatz.
→30 1–5 *(Gegen das Bündnis mit Ägypten)* Das Orakel wurde beim Aufbruch einer Gesandtschaft verkündet, die Hiskija an den Pharao um 703–702 schickte, um Ägypten gegen die Assyrer um Hilfe zu bitten.

Ägypten hinabzuziehen, ohne meinen
Mund zu befragen, um in den Schutz
des Pharao zu flüchten und sich im
Schatten Ägyptens zu bergen! 3 Doch
der Schutz des Pharao wird euch zur
Schande und das Bergen im Schatten
Ägyptens zur Schmach. 4 Denn schon
sind seine Fürsten nach Zoan gegan-
gen, und seine Boten haben Hanes
erreicht. 5 Sie alle bringen Geschenke
einem Volk, das ihnen nichts nützt,
das ihnen keine Hilfe und keinen Vor-
teil bringt, sondern nur Schmach und
Schande.

Weiterer Spruch gegen das Bündnis

6 Ausspruch über die Tiere des
Negeb:
Durch ein Land der Angst und
Drangsal, wo Leuen und brüllende
Löwen sind, Ottern und fliegende
Drachen,
auf dem Rücken der Esel bringen
sie ihre Reichtümer und auf dem
Höcker der Kamele ihre Schätze zu
einem Volk, das nichts nützt.
7 Denn eitel und nichtig ist die
Hilfe Ägyptens. Darum nenne ich es:
Rahab, die Untätige.

Denkschrift

8 Nun gehe hin und schreibe es für
sie auf eine Tafel und zeichne es auf
in ein Buch, daß es für die Folgezeit
immerfort zum Zeugnis diene:
9 Es ist ein widerspenstiges Volk, es
sind verlogene Söhne, Söhne, die auf
die Weisung Jahwes nicht hören
wollen.
10 Zu den Sehern sprechen sie:
„Sehet nicht!" und zu den Schauen-
den: „Schauet uns nicht die Wahrheit!
Sagt uns Schmeicheleien und schaut
uns Täuschung! 11 Weicht ab vom
Weg, biegt ab vom Pfad, laßt uns in
Ruhe mit dem Heiligen Israels!"
12 Deshalb spricht also der Heilige
Israels: Weil ihr dieses mein Wort
verschmäht und auf Verkehrtes und
Falsches vertraut und euch darauf
stützt,
13 darum wird euch dieser Frevel
sein wie ein Riß an einer hohen Mauer,
der immer weiter klafft,
bis sie plötzlich und unversehens
zusammenstürzt, 14 wie man ein
Töpfergeschirr zertrümmert, es scho-
nungslos zerschlägt, daß sich unter
dessen Stücken nicht eine Scherbe
findet, um etwas Feuer aus dem Herd
zu nehmen oder Wasser aus der
Zisterne zu schöpfen.
15 Denn so spricht der Herr Jahwe,
der Heilige Israels: In Umkehr und
Ruhe war das Heil, in Stillsein und
Vertrauen war eure Stärke. Doch ihr
habt nicht gewollt.
16 Ihr spracht: „Nein, auf Rossen
wollen wir fliegen!" Darum sollt ihr
fliehen. „Auf Rennern wollen wir
reiten!" Darum werden eure Verfolger
die Renner sein.
17 Tausend werden vor dem Dro-
hen eines einzigen fliehen, und vor dem
Drohen von fünfen werdet ihr fliehen,
bis euer Rest einem Mast auf dem
Bergesgipfel, einem Panier auf dem
Hügel gleicht.
18 Dennoch wartet Jahwe, daß er
sich euer erbarmt, erhebt er sich, um
euch zu begnadigen. Denn Jahwe ist
ein Gott des Rechtes. Heil allen, die
auf ihn harren!

Das künftige Glück

19 Denn du Volk auf Zion, das
du in Jerusalem wohnst, du sollst nicht
länger weinen. Begnadigen wird er
dich ob deines lauten Flehens. Sobald
er es vernimmt, wird er dich erhören.
20 Wohl gibt der Herr euch Brot der
Bedrängnis und Wasser der Trübsal.
Doch nicht mehr wird sich dein Leh-
rer verbergen; deine Augen werden
deinen Lehrer sehen. 21 Deine Ohren
werden hinter dir den Zuruf hören:
„Dies ist der Weg, darauf wandelt!",
wenn ihr nach rechts oder links ab-
biegen wollt. 22 Dann wirst du deine
mit Silber beschlagenen Götzen und
deine mit Gold verkleideten Bilder als
unrein ansehen. Du wirfst sie weg wie
Unrat und sprichst dazu: „Hinaus
damit!" 23 Dann wird er Regen

→304 *Zoan ... Hanes* Zwei Städte im Nildelta (Tanis und Anusis).
→305 *bringen Geschenke* Korr.; Text von M ist unsicher.
→306 *brüllende Löwen* Korr.; M: „Löwen von ihnen".
→307 *die Untätige* Korr. Ein sinnbildlicher, vgl. 126+, und ironischer Name, den Jesaja Ägypten gibt. Rahab, ein Ägypten oft gegebener Name, ist auch der Name eines mythologischen Ungeheuers, vgl. Ib 913; 2612, wie Leviatan, Ib 38+. Der Sinn scheint zu sein, daß Ägypten nicht mehr als eine kraftlose Vogelscheuche ist.
→308–18 *(Denkschrift)* Dieses Orakel wiederholt alle Klagen Jesajas gegen seine Zeitgenossen.
→308 *schreibe es* G; M: „schreibe in ihrer Gegenwart".
→308 *Zeugnis* Üss.
→3012 *auf Verkehrtes* Korr.
→3017 *werden ... fliehen* G; M: „einer".
→3019–26 Dieses Orakel (in Prosa) scheint aus der Exilszeit zu stammen.

spenden für deine Saat, die du auf deinen Acker streust, und das Brot, der Ertrag des Ackers, wird gut und kräftig sein, und auf weiter Au wird dein Vieh an jenem Tage weiden. 24 Die Rinder und Esel, die das Feld bebauen, werden gesalzenes Mengfutter fressen, das mit Schaufel und Schwinge geworfelt ist. 25 Auf jedem hohen Berg und auf allen ragenden Hügeln werden Wasserbäche strömen am großen Tag des Mordens, wenn die Türme stürzen. 26 Das Licht des Mondes wird dem Sonnenlichte gleichen, und das Licht der Sonne wird siebenfältig sein wie das Licht von sieben Tagen, am Tage, da Jahwe die Wunde seines Volkes verbindet und die Striemen seiner Schläge heilt.

Assur wird geopfert

27 Siehe, der Name Jahwes kommt aus der Ferne, sein Zorn lodert empor, schwer lastet sein Druck, seine Lippen sind voll des Grimmes, und seine Zunge ist wie ein verzehrendes Feuer, 28 sein Odem ist wie ein überflutender Strom, der bis zum Halse reicht. (Er kommt,) die Völker zu schwingen mit der Schwinge des Verderbens, das Gebiß seines Zaumzeugs zu legen an die Backen der Völker. 30 Und Jahwe läßt seine mächtige Stimme hören und schauen das Niederfahren seines Armes mit grimmem Zorn und die verzehrende Feuerflamme bei Wettersturm und Hagelsteinen.

31 Denn bei der Stimme Jahwes wird Assur zerschlagen und ausgepeitscht mit der Rute. 32A Jedesmal trifft der Stab seiner Züchtigung, den Jahwe auf es niederfahren läßt.

29 Dann werdet ihr Lieder singen wie in der Nacht des Festes, und euer Herz wird sich freuen, wie man bei Flötenspiel hinaufzieht, um auf den Berg Jahwes zu gehen, zum Felsen Israels, 32B unter Pauken und Zithern und mit Reigen . . . 33 Denn schon längst ist im Tophet bereitet – auch für Melech ist sie bestimmt – eine tiefe und breite Grube mit Stroh und Holz in Fülle. Der Odem Jahwes setzt sie gleich einem Schwefelstrom in Brand.

Gegen Ägypten

31 1 Wehe denen, die der Hilfe wegen nach Ägypten hinabziehen, die auf Kriegsrosse ihre Hoffnung setzen und vertrauen auf die Menge der Streitwagen und auf die große Schar der Reiter! Aber auf den Heiligen Israels schauen sie nicht und fragen nicht nach Jahwe.

2 Und doch ist auch er weise. Er führt das Unheil herbei und nimmt sein Wort nicht zurück; er steht auf gegen das Haus der Frevler und gegen die Hilfe der Übeltäter.

3 Die Ägypter sind nur Menschen und nicht Gott, ihre Rosse sind Fleisch und nicht Geist. Wenn Jahwe seine Hand ausstreckt, so stürzt der Helfer und fällt, dem er helfen will; so kommen alle miteinander um.

Jahwe kämpft gegen Assur

4 Denn so spricht Jahwe zu mir: Gleich wie ein Löwe knurrt, ein Jungleu über seiner Beute, gegen den alle Hirten aufgeboten sind – er fürchtet sich vor ihrem Schreien nicht und duckt sich nicht vor ihrem Lärm –, so steigt Jahwe Zebaot herab zum Kampf auf den Berg Zion und seine Höhe. 5 Wie flatternde Vögel wird Jahwe Zebaot Jerusalem schützen, schirmen, schonen und retten. 6 Kehrt also um zu dem, von dem ihr so tief abgefallen seid, ihr Söhne Israels!

7 Denn an jenem Tag wird jeder seine silbernen Götzen wegwerfen und seine goldenen Bilder, die eure Hände euch zur Sünde gemacht haben.

8 Assur fällt durch das Schwert eines Nicht-Mannes, das Schwert eines Nicht-Menschen wird es fressen. Flieht es auch vor dem Schwert, so werden seine Jünglinge dennoch dienstbar werden. 9 Sein Fels vergeht vor Schrecken, und seine Fürsten werden fahnenflüchtig, spricht Jahwe, dessen Feuer in Zion ist und dessen Glutofen in Jerusalem.

Die Gerechtigkeit des Königs

32 1 Siehe, in Gerechtigkeit wird ein König herrschen, und Fürsten schalten nach dem Recht.

→30 27–33 Wahrscheinlich aus der Zeit, als Sancherib Jerusalem bedrohte.
→30 28 *seines Zaumzeugs* Korr.; M: „der Verwirrung". Vers 29 zwischen v. 32A und 32B umgestellt.
→30 32A *seiner Züchtigung* Einige Hss von M; M: „der Gründung".
→30 29 Vielleicht Anspielung auf das Paschafest (vgl. Ex 12 1+).
→30 32B *mit Reigen* Korr.; M: „in Kämpfen". Das Folgende ist unverständlich: „die Erregung, und er wird kämpfen".
→30 33 *schon längst* Korr. Tophet ist die Stätte, wo man Menschenopfer „für Molech" darbrachte, vgl. Lv 18 21+.
→30 33 *Stroh* Korr.; M: „Feuer".
→31 1–3 Ein Spruch, der wahrscheinlich bei gleicher Gelegenheit wie 30 1–7 verkündet wurde.
→31 4–9 Es ist wohl Sancherib gemeint.

2 Ein jeder ist wie eine Deckung vor
dem Sturm, wie ein Schutz vor dem
Unwetter, wie Wasserbäche in dürrer
Steppe, wie der Schatten eines großen
Felsens in lechzendem Land. 3 Die
Augen der Sehenden sind nicht mehr
verklebt, und die Ohren der Hörenden
merken auf. 4 Das Herz der Unbe-
sonnenen lernt Einsicht, und die
Zunge der Stammelnden redet geläufig
und klar. 5 Nicht mehr wird man den
Toren einen Edlen heißen, noch wird
der Betrüger ein ehrlicher Mann ge-
nannt.

Gegensatz zwischen dem Toren und dem Edlen

6 Denn ein Tor redet Torheit, und
sein Herz sinnt Unheil, um ruchlos zu
handeln und lästerlich gegen Jahwe
zu reden, um ungestillt zu lassen die
Begier der Hungernden und den
Durstigen den Trank zu entziehen.

7 Die Waffen des Arglistigen sind
schlecht, denn er schmiedet schlimme
Pläne, die Armen durch Lügenreden
zu verderben, wenn auch der Ge-
ringe sein Recht beweist. 8 Der Edle
aber sinnt nur Edles und bleibt bei
seiner edlen Gesinnung.

An die sorglosen Frauen

9 Ihr sorglosen Frauen, wohlan, so
hört meine Stimme! Ihr zuversicht-
lichen Töchter, merkt auf meine
Rede!

10 Über Jahr und Tag werdet ihr
Zuversichtlichen erbeben, weil die
Weinlese vernichtet ist und keine Obst-
ernte einkommt.

11 Erschreckt, ihr Sorglosen, zittert,
ihr Zuversichtlichen, legt eure Ge-
wänder ab, entblößt euch und gürtet
die Lenden mit dem Trauerkleid.

12 Schlagt an die Brust ob der
herrlichen Fluren, ob des frucht-
tragenden Weinstocks, 13 ob des
Ackerbodens meines Volkes, der
Dornen und Disteln trägt, ja ob aller
feiernden Häuser und der fröhlichen
Stadt.

14 Denn der Palast ist verlassen
und der lärmende Verkehr in der Stadt
verstummt. Ophel und Warte dienen
als Schlupfwinkel auf lange Zeit, als
Tummelplatz der Wildesel, als Weide
für die Herde.

Das Heil Jahwes

15 Aufs neue wird über uns ausge-
gossen der Geist aus der Höhe; dann
wird die Wüste zum fruchtbaren
Garten, und der Garten wird als
Wald erscheinen.

16 Dann weilt in der Wüste das
Recht, und im Fruchtgarten wohnt
die Gerechtigkeit. 17 Die Wirkung
der Gerechtigkeit wird Friede sein,
die Frucht des Rechtes ewige Sicher-
heit.

18 Dann wird mein Volk auf fried-
lichen Auen siedeln, in sicheren
Wohnstätten, in sorglosen Ruhe-
plätzen, 19 – der Wald wird gefällt,
und die Stadt wird erniedrigt.

20 Heil euch, die ihr sät an allen
Gewässern, frei laufen laßt Rinder
und Esel!

Psalmen der Hoffnung auf Jahwe

33 1 Wehe dir, Verwüster, der du
noch unverwüstet bliebst, und
dir, Betrüger, der du noch nicht be-
trogen wurdest! Wenn du zu Ende
bist mit dem Verwüsten, wirst du
selbst verwüstet, wenn du den Betrug
vollendet hast, wirst du selbst be-
trogen sein.

2 Jahwe, sei uns gnädig, auf dich
hoffen wir! Sei unser Arm jeden Mor-
gen und unsere Hilfe zur Zeit der
Not!

3 Vor deiner Donnerstimme fliehen
die Völker; wenn du dich erhebst,
zerstieben die Nationen. 4 Dann
rafft man Beute auf, wie die Heu-
schrecken raffen; man fällt darüber
her, wie es die Heuschrecken tun.

5 Erhaben ist Jahwe. Denn er
wohnt in der Höhe, erfüllt Zion mit
Recht und Gerechtigkeit.

6 Seine Zeiten werden beständig

→326–8 Gedicht im Stil eines Weisheitsspruches.

→326 *sinnt* Üss; M: „macht“.

→329–14 Warnung an die Frauen aus dem Jahre 702 vor dem Feldzug Sancheribs.

→3212 *Schlagt an die Brust* Korr.; M: „Man schlägt an die Brust“. Geste der Trauer.

→3215–20 Dieses Gedicht gehört zum Zyklus der „Sprüche über die Rückkehr aus dem Exil“.

→3217 *die Frucht des Rechtes ewige Sicherheit* Korr.; M: „die Frucht der Gerechtigkeit Ruhe und Sicherheit für immer“.

→3219 Zusatz.

→3219 *gefällt* Korr.; M: „und es wird hageln“.

→331–6 Dieser Psalm läßt sich schwer mit bestimmten geschichtlichen Ereignissen in Zusammenhang bringen.

→332 *unser Arm* Hss, Üss; M: „ihr Arm“.

sein, Fülle des Heiles, der Weisheit
und der Erkenntnis; die Furcht Jah-
wes ist sein Schatz.

Jahwes Eingreifen

7 Seht, draußen klagt Ariel, die
Boten des Friedens weinen bitter-
lich.
8 Verödet sind die Straßen, kein
Wanderer zieht des Weges! Denn man
brach den Bund, verachtete die Zeu-
gen, und die Menschen galten
nichts.
9 Es trauert das Land und schmach-
tet dahin, beschämt steht der Libanon
da und verwelkt; die Saronsebene
gleicht der Steppe, Baschan und Kar-
mel sind entlaubt.
10 „Jetzt stehe ich auf, spricht
Jahwe, jetzt richte ich mich auf, jetzt
erhebe ich mich. 11 Ihr geht mit
dürrem Grase schwanger, gebärt Stop-
peln; mein Hauch ist wie ein Feuer,
das euch selber frißt.
12 Da verbrennen die Völker zu
Kalk, wie abgehauene Dornen ver-
lodern sie im Feuer. 13 Hört, ihr
Fernen, was ich getan, und ihr Nahen,
erkennt meine Kraft!“
14 In Zion erbeben die Sünder,
und die Gottlosen erfaßt Entsetzen.
Wer von uns kann weilen bei diesem
fressenden Feuer, wer von uns kann
weilen bei diesen ewigen Gluten?
15 Wer rechtschaffen wandelt und
die Wahrheit redet, wer Gewinn
durch Erpressung verschmäht, wer
seiner Hand verwehrt, Bestechung
auch nur anzufassen, wer sein Ohr
verstopft, um keinem Mordplan je
Gehör zu schenken, wer seine Augen
verschließt, um Böses nicht einmal
anzusehen,
16 der wird auf Höhen wohnen,
eine Felsenfeste ist seine Burg; ihm
bleibt sein Brot, und sein Wasser
wird nie versiegen.

Die herrliche Zukunft

17 Den König in seiner Herrlich-
keit sehen deine Augen, sie über-
schauen ein weites Land. 18 Dein
Herz muß sich auf die Schreckenszeit
besinnen: Wo ist nun, der zählte? Wo
nun, der abwog? Wo ist nun, der die
Kleinodien zählte? 19 Das freche
Volk wirst du nicht mehr sehen, das
Volk mit dunkler und unverständ-
licher Rede, mit einer stammelnden,
sinnlosen Sprache. 20 Blicke auf Zion,
die Stadt unserer Feste! Deine Augen
sehen Jerusalem als sichere Stätte,
als ein Zelt, das nimmer abgebrochen
wird, dessen Pflöcke in Ewigkeit nicht
herausgerissen werden, von dessen
Seilen keines jemals reißt.
21 Denn dort wohnt für uns ein
Herrlicher, Jahwe. Es ist ein Ort, von
breiten Strömen rings umflossen, auf
die kein Ruderboot sich wagt, die
kein stolzes Schiff durchquert:
23A Schlaff hängen seine Taue; sie
halten den Mast nicht mehr fest, sie
hissen nicht mehr das Signal. 22 Denn
Jahwe ist unser Richter, Jahwe ist
unser Gebieter, Jahwe unser König,
er rettet uns. 23B Dann wird Beute in
großer Menge verteilt, Lahme gehen
ans Plündern. 24 Und kein Bewohner
sagt: „Ich bin krank.“ Das Volk, das
dort wohnt, ist befreit von aller
Schuld.

Das Ende Edoms

34 1 Naht, ihr Völker, zu hören!
Ihr Nationen, merket auf! Es
höre die Erde und was sie erfüllt, der
Erdkreis und was immer darauf
wohnt!
2 Denn der Grimm Jahwes gilt
allen Völkern, sein Zorn all ihren
Heeren; er hat sie gebannt und zur
Schlachtung bestimmt.
3 Ihre Erschlagenen werden hin-
geworfen, von ihren Leichen steigt
der Gestank auf, und die Berge zer-
gehen von ihrem Blut. 4 Das ganze
Himmelsheer vergeht.
Der Himmel rollt sich zusammen
wie ein Buch, all sein Heer welkt
dahin, wie das Laub vom Weinstock
welkt und das Verwelkte vom Feigen-
baum fällt.
5 Wenn mein Schwert im Himmel

→33 7–16 *(Jahwes Eingreifen)* Manche bringen dieses Gedicht in Zusammenhang mit der Bedrohung Sancheribs gegen Jerusalem. Andere denken an ein Gedicht der Heimkehr aus dem Exil.
→33 7 *klagt Ariel* Korr.; M: „stoßen ihre Helden Schreie aus“.
→33 8 *die Zeugen* 1QJs[a]; M: „Die Städte“.
→33 11 *mein Hauch* Korr.; M: „ihr Hauch“.
→33 17–24 Dieses Prophetenwort wird gewöhnlich in die Perserzeit verlegt.
→33 18 *Kleinodien* Korr.; M: „Türme“.
→33 21 *von breiten Strömen* Korr.; M setzt hinzu: „und Flüssen“ – unsicherer Text.
→33 23A Anspielung auf Ägypten oder auf eine andere Seemacht, die Zion nicht mehr bedrohen wird.
→34 1–17 *(Das Ende Edoms)* Dieses apokalyptische Gedicht über das Ende Edoms gehört zum Zyklus der Sprüche gegen Babel und scheint jünger als die Kapitel 40–66 zu sein, von denen der Verfasser beeinflußt ist. Es bildet vielleicht mit Kapitel 35 ein Ganzes.

vom Zorne trunken ist, dann fährt
es zum Strafgericht auf Edom nieder,
auf das von mir dem Bann geweihte
Volk.
6 Das Schwert Jahwes ist voller
Blut, es trieft von Fett, vom Blut der
Lämmer und der Böcke und vom
Nierenfett der Widder.
Denn ein Opferfest hält Jahwe in
Bozra, ein großes Schlachten im
Lande Edom. 7 Statt Wildochsen
stürzen Völker hin, anstelle von
Stieren ein Volk von Helden.
Ihr Land berauscht sich vom Blut,
und ihr Boden trieft von Fett. 8 Denn
dies ist der Tag der Rache Jahwes, ein
Jahr der Vergeltung für Zions Verteidiger.
9 Da wandeln sich seine Ströme in
Pech und sein Staub in Schwefel, sein
Land wird zu brennendem Pech . . .
10 Bei Tag und Nacht verlischt es
nicht, sein Rauch steigt ewig auf, von
Geschlecht zu Geschlecht liegt es
wüst, auf ewige Zeiten wandert keiner
mehr hindurch.
11 Pelikan und Igel wohnen dort,
darinnen hausen Eule und Rabe. Die
Meßschnur der Leere spannt er
darüber aus und das Senkblei der
Verödung.
12 Bocksgeister hausen dort, seine
Edlen werden nicht mehr sein; dort
wird es kein Königtum mehr zum
Ausrufen geben, alle seine Fürsten
sind dahin.
13 In seinen Schlössern schießen
Dornen auf, Disteln und Nesseln in
seinen Burgen; sie werden zur Behausung der Schakale und zum Lager
der Strauße.
14 Dort begegnen sich wilde Katzen
und Wüstenhunde, Bocksgeister halten dort ihr Stelldichein; dort rastet
Lilit und findet einen stillen Ort für
sich.
15 Dort nistet die Pfeilschlange,
legt, brütet und hegt ihre Eier. Dort
versammeln sich die Geier, 16C sie
alle finden sich wieder.
16AB Forschet im Buche Jahwes und
leset! Nicht eines von ihnen fehlt; denn
sein Mund hat es geboten, 16D und
sein Geist hat sie versammelt.
17 Er selbst hat ihnen das Los geworfen, und seine Hand hat es mit
der Meßschnur ihnen zugeteilt. Auf
ewig sollen sie es besitzen und durch
alle Geschlechter darin wohnen.

Das Gericht Gottes

35 1 Jauchzen sollen Wüste und
Öde, frohlocken soll die Steppe
und erblühen. 2 Wie Krokus soll sie
blühen und jubeln und jauchzend
frohlocken.
Die Pracht des Libanon wird ihr
geschenkt, die Schönheit von Karmel
und Saron. Nun schauen sie die
Herrlichkeit Jahwes, den Glanz unseres Gottes.
3 Stärket die erschlafften Hände,
und festigt die wankenden Knie. 4 Sagt
den verzagten Herzen: „Mut! Fürchtet euch nicht!
Seht da, euer Gott! Es kommt die
Rache, es naht Gottes Vergeltung! Er
selber kommt, um euch zu retten.“
5 Dann öffnen sich die Augen der
Blinden und tun sich die Ohren der
Tauben auf. 6 Dann springt der Lahme
wie ein Hirsch, und die Zunge der
Stummen jubelt.
Denn in der Wüste brechen Wasser
hervor und Ströme in der Steppe.
7 Der dürre Boden wird zum See und
das lechzende Land zu Wasserquellen.
An dem Ort, wo Schakale hausten,
sprossen grünes Gras und Schilf . . .
8 Dort entsteht eine reine Straße,
man nennt sie: Heiliger Weg. Kein
Unreiner darf ihn betreten, und Toren
irren nicht auf ihm herum.
9 Dort gibt es keine Löwen, ihn
betritt kein wildes Tier; sondern
Erlöste wandeln auf ihm, 10 die Befreiten Jahwes kehren heim.
Mit Jauchzen kommen sie nach
Zion, und ewige Freude ist auf ihrem
Haupt. Sie erlangen Freude und
Wonne; es fliehen Kummer und
Seufzen.

ANHANG

Der Feldzug Sancheribs

36 1 Im vierzehnten Jahr des
Königs Hiskija zog Sancherib,

→347 *Völker* Korr.; M: „mit ihnen“.
→347 *ein Volk* Korr.; M: „mit“.
→348 *Verteidiger* Korr.; M: „Streit“.
→3412 *Bocksgeister . . . sein* Nach G.
→3415 *ihre Eier* Korr.; M: „in ihrem Schatten“.
→3416A *im Buche Jahwes* Wahrscheinlich das Jesajabuch, vgl. 1320–22.
→3416B *sein Mund* 1QJs^{a}; M: „mein Mund“.
→351–10 Gedicht über die Heimkehr aus dem Exil, es hängt mit dem zweiten Teil des Buches Jesaja zusammen.
→358 *eine reine Straße* Nach G; M: „eine Straße und ein Weg“.
→358 *betreten* Danach Zusatz in M: „er wird für sie sein, den Weg machend“.
→359 *Tier* Danach Zusatz in M: „Er wird nicht gefunden“.
→361 – 398 *(Anhang)* Dieser Abschnitt

der König von Assur, gegen alle be-
festigten Städte Judas und nahm sie
ein. 2 Da sandte der König von Assur
den Obermundschenk von Lachisch
nach Jerusalem an den König Hiskija
mit großer Heeresmacht. Dieser nahm
Aufstellung an der Wasserleitung des
oberen Teiches an dem Weg nach dem
Walkerfeld. 3 Da gingen der Haus-
minister Eljakim, der Sohn des
Hilkija, ferner der Staatsschreiber
Schebna und der Kanzler Joach,
der Sohn Asaphs, zu ihm hinaus.
4 Der Obermundschenk sprach zu
ihnen: „Meldet dem König Hiskija:
So spricht der Großkönig, der König
von Assur: Worauf stützt sich das
Vertrauen, das du hegst? 5 Du
meinst wohl, bloße Worte bedeuten
schon Rat und Macht zum Kriege?
Nun, auf wen hast du deine Zuver-
sicht gesetzt, daß du von mir abge-
fallen bist? 6 Siehe, du hast dich
auf den zerbrochenen Rohrstab da
verlassen, auf Ägypten, der jedem in
die Hand fährt, der sich auf ihn
stützt, und ihn durchbohrt. So macht
es der Pharao, der König von Ägyp-
ten, mit allen, die sich auf ihn ver-
lassen. 7 Und wenn ihr mir sagt:
‚Auf Jahwe, unseren Gott, vertrauen
wir!' Ist es nicht derselbe, dessen
Höhen und Altäre Hiskija abgeschafft
hat, indem er Juda und Jerusalem
befahl: ‚Nur vor diesem Altar sollt ihr
anbeten!' 8 Nun denn, geh doch mit
meinem Herrn, dem König von Assur,
eine Wette ein: Ich will dir zweitau-
send Pferde geben, wenn du imstande
bist, die Reiter dazu zu beschaffen.
9 Wie willst du da einen der geringsten
Knechte meines Herrn zurückschla-
gen? Darum hast du dich ja auf
Ägypten wegen seiner Wagen und
Reiter verlassen. 10 Ferner, bin ich
etwa ohne Jahwes Willen gegen dieses
Land gezogen, um es zu verwüsten?
Jahwe hat mir geboten: ‚Ziehe gegen
dieses Land und verwüste es!'"

11 Da sprachen Eljakim, Schebna
und Joach zum Obermundschenk:
„Sprich doch aramäisch zu deinen
Knechten, denn wir verstehen es;
sprich nicht judäisch zu uns vor den
Ohren des Volkes auf der Stadt-
mauer." 12 Der Obermundschenk
aber entgegnete: „Hat mich mein
Herr etwa an deinen Herrn und an
dich gesandt, um diese Worte zu mel-
den, und nicht vielmehr zu den Män-
nern, die auf der Mauer sitzen, die
mit euch ihren Kot essen und ihren
Harn werden trinken müssen?"

13 Und der Obermundschenk stellte
sich hin und sprach auf judäisch mit
lauter Stimme: „Höret die Worte des
Großkönigs, des Königs von Assur!
14 So spricht der König: Laßt euch
nicht von Hiskija täuschen, denn er
wird euch nicht retten können. 15 Laßt
euch nicht von Hiskija damit auf
Jahwe vertrösten, daß er sagt: ‚Jahwe
wird uns sicher retten, und diese Stadt
wird nicht in die Hand des Königs von
Assur fallen.' 16 Hört nicht auf
Hiskija! Denn so spricht der König
von Assur: Macht Frieden mit mir
und kommt zu mir heraus! Dann soll
jeder von euch von seinem Weinstock
und von seinem Feigenbaum genießen
und jeder das Wasser seines Brunnens
trinken, 17 bis ich komme und euch
in ein Land hole, das eurem Land
ähnlich ist, ein Land mit Korn und
Most, ein Land voll Brot und Wein.
18 Laßt euch doch nicht durch Hiskija
verführen, wenn er sagt: ‚Jahwe wird
uns retten!' Hat denn einer von den
Göttern der Völker sein Land aus der
Hand des Königs von Assur gerettet?
19 Wo sind die Götter von Hamat und
Arpad? Wo die Götter von Sephar-
waim? Wo die Götter des Landes
Samaria? Haben sie vielleicht Samaria
aus meiner Hand befreit? 20 Gibt es
unter allen Göttern dieser Länder
solche, die ihr Land aus meiner Hand
befreit hätten, und Jahwe soll Jerusa-
lem aus meiner Hand erretten kön-
nen?"

21 Da schwiegen sie und entgeg-
neten kein Wort; denn der König
hatte ihnen befohlen: „Antwortet
nicht!" 22 Darauf kehrten der Haus-
minister Eljakim, der Sohn des
Hilkija, der Staatsschreiber Schebna
und der Kanzler Joach, der Sohn
Asaphs, mit zerrissenen Kleidern zu
Hiskija zurück und meldeten ihm
diese Worte.

Zuflucht beim Propheten Jesaja

37 1 Als der König Hiskija diese
Worte vernahm, zerriß er seine
Kleider, zog einen Sack an und ging
in das Haus Jahwes. 2 Auch sandte er

---

ist bis auf 389–20 mit einigen Abweichungen aus 2 Kg 1813 – 2019 wiederholt, vgl. die Anmerkungen in 2 Kg.

→365 *Du meinst* Hss von M und 2 Kg 1820; M: „Ich habe gesagt".

→369 *einen* Korr.; M: „einen Hauptmann".

→3613 *auf judäisch* D. h. auf hebräisch.

→3619 *Wo die Götter des Landes Samaria* Eingefügt nach 2 Kg 1834.

den Hausminister Eljakim, den Staats-
schreiber Schebna und die Ältesten
der Priester, bekleidet mit einem
Sack, zu dem Propheten Jesaja, dem
Sohne des Amoz. 3 Sie sprachen zu
ihm: „So spricht Hiskija: Ein Tag der
Bedrängnis, der Züchtigung und
Schmähung ist dieser Tag; denn die
Kinder sind reif zur Geburt, aber es
ist keine Kraft da, zu gebären. 4 Viel-
leicht hört Jahwe, dein Gott, die Worte
des Obermundschenks, den der König
von Assur, sein Herr, gesandt hat, den
lebendigen Gott zu lästern, und
ahndet die Worte, die Jahwe, dein
Gott, vernommen hat. Lege doch Für-
bitte ein für den Rest, der noch vor-
handen ist!“

5 Als nun die Minister des Königs
Hiskija zu Jesaja kamen, 6 antwortete
ihnen Jesaja: „Meldet dies eurem
Herrn: So spricht Jahwe: Fürchte
dich nicht vor den Worten, die du
vernommen hast, womit die Knechte
des Königs von Assur mich gelästert
haben. 7 Siehe, ich werde ihm einen
Geist eingeben, er wird ein Gerücht
hören und daraufhin wieder in sein
Land ziehen, und ich lasse ihn in
seinem eigenen Land durch das
Schwert umkommen.“

Rückkehr des Obermundschenks

8 Der Obermundschenk kehrte zu-
rück und traf den König von Assur
bei der Belagerung von Libna; denn
er hatte gehört, daß er von Lachisch
abgezogen sei, 9 weil ihm über Tir-
haka, den König von Kusch, gemeldet
worden war: „Er ist ausgezogen, um
wider dich zu kämpfen!“

Zweiter Bericht
von der Botschaft Sancheribs

Da sandte (Sancherib) abermals
Boten an Hiskija mit dem Auftrag:
10 „Also redet zu Hiskija, dem König
von Juda: Laß dich nicht täuschen
durch deinen Gott, auf den du ver-
traust, indem du denkst, Jerusalem
werde nicht in die Hand des Königs
von Assur übergeben werden. 11 Siehe,
du hast selbst gehört, wie die Könige
von Assur mit allen Ländern verfahren
sind, da sie an ihnen den Bann voll-
streckten, und du solltest allein gerettet
werden? 12 Haben etwa die Götter
jener Völker, die meine Väter vernich-
tet haben, diese gerettet? Gosan und
Haran und Rezeph und die Leute von
Eden in Tell Basar? 13 Wo ist der
König von Hamat, wo der König von
Arpad und der König von Sephar-
waim, von Hena und Iwwa?“

14 Als Hiskija das Schreiben aus der
Hand der Boten empfangen hatte, ging
er hinauf in das Haus Jahwes und
breitete es vor Jahwe aus. 15 Und His-
kija betete zu Jahwe und sprach:
16 „Jahwe Zebaot, Gott Israels, der du
über den Keruben thronst! Du allein
bist Gott über alle Reiche der Erde; du
hast Himmel und Erde geschaffen.

17 Neige, Jahwe, dein Ohr und höre;
öffne, Jahwe, deine Augen und sieh;
ja höre alle die Worte Sanheribs, die
er überbringen ließ, um den lebendigen
Gott zu lästern.

18 Freilich haben, Jahwe, die Könige
von Assur alle Völker und deren Ge-
biete verheert 19 und ihre Götzen ins
Feuer geworfen; denn es waren keine
Götter, sondern Werke von Menschen-
händen, Holz und Stein, und darum
haben sie jene vernichtet. 20 Nun aber,
Jahwe, unser Gott, rette uns aus seiner
Hand, damit alle Reiche der Erde er-
kennen, daß du, Jahwe, allein Gott
bist.“

Das Eingreifen des Jesaja

21 Da sandte Jesaja, der Sohn des
Amoz, zu Hiskija und ließ ihm sagen:
„So spricht Jahwe, der Gott Israels, zu
dem, was du wegen Sancheribs, des
Königs von Assur, zu mir gebetet hast.
22 Dies ist das Wort, das Jahwe über
ihn gesprochen hat:

Es verachtet dich und spottet deiner
die Jungfrau, die Tochter Zion, hinter
dir schüttelt das Haupt die Tochter
Jerusalem. 23 Wen hast du gelästert
und geschmäht, gegen wen hast du
deine Stimme erhoben und stolz deine
Augen gerichtet? Gegen den Heiligen
Israels! 24 Durch deine Knechte hast
du den Herrn gelästert und gesprochen:
‚Mit meinen vielen Wagen habe ich die
Höhen der Berge im hintersten Winkel
des Libanon erstiegen, ich habe die
hochragenden Zedern und seine aus-
erlesenen Zypressen gefällt, ich bin bis
in sein letztes Versteck vorgedrungen,
bis zum dichten Wald seiner Bäume.
25 Ich habe fremde Wasser gegraben
und getrunken und mit den Sohlen

→37 9 *abermals* Korr. nach 2 Kg 19 9; M: „und er hörte“.
→37 12 *Tell Basar* Korr.; M: „Telassar“.
→37 13 *Arpad* Danach Zusatz in M: „ein König je Stadt“.
→37 18 *alle Völker* Korr. nach 2 Kg 19 17, G; M: „alle Länder“.
→37 20 *allein Gott bist* Eingefügt nach 2 Kg 19 19; M: „allein bist“.
→37 25 *fremde* Nach 2 Kg 19 24.

meiner Füße alle Flüsse Ägyptens aus-
getrocknet.‘
26 Hast du nicht gehört? Von längst-
her hatte ich es bereitet, von alters her
hatte ich es geplant und herbeigeführt.
So warst du dazu bestimmt, feste
Städte in wüste Steinhaufen zu ver-
wandeln. 27 Ihre Bewohner erschraken
in ihrer Ohnmacht und wurden zu-
schanden; sie wurden wie das Kraut
des Feldes und wie junges Grün, wie
Gras auf den Dächern und Steppen-
land unter dem Ostwind. Ich kenne
dein Aufstehen 28 und dein Nieder-
sitzen, dein Gehen und Kommen kenne
ich wohl. 29 Da dein Toben wider
mich und dein Übermut zu meinen
Ohren drang, so will ich meinen Ring
durch deine Nase ziehen und meinen
Zaum an deine Lippen legen und dich
zurückführen auf dem Wege, auf dem
du gekommen bist.

Das Zeichen für Hiskija

30 Und dies soll dir zum Zeichen
sein: In diesem Jahre wird man den
Altwuchs essen und im zweiten Jahr
den Wildwuchs, im dritten Jahr aber
sollt ihr säen und ernten, Weinberge
anpflanzen und deren Früchte genie-
ßen. 31 Was dem Untergang entronnen
und was vom Hause Juda übriggeblie-
ben ist, wird wiederum nach unten
Wurzel treiben und nach oben Früchte
tragen. 32 Denn ein Rest breitet sich
aus von Jerusalem und das Entronnene
vom Berge Zion. Der Eifer Jahwes
Zebaot wird es vollbringen.

Spruch über Assur

33 Darum spricht Jahwe also über
den König von Assur: Er wird nicht
in diese Stadt hineinkommen, noch
einen Pfeil in sie abschießen und mit
keinem Schild gegen sie vorrücken,
noch einen Wall ringsum aufwerfen.
34 Auf dem Weg, auf dem er gekommen
ist, wird er umkehren, doch in die
Stadt wird er nicht kommen, spricht
Jahwe. 35 Denn ich will diese Stadt
beschützen und erretten um meinet-
willen und um meines Knechtes David
willen.

Sancheribs Bestrafung

36 Da ging der Engel Jahwes aus
und schlug im Lager der Assyrer
hundertfünfundachtzigtausend Mann.
Und als man am Morgen aufstand,
da waren diese alle tot.
37 Da brach Sancherib, der König
von Assur, auf, zog ab und kehrte zu-
rück und blieb in Ninive. 38 Als er eines
Tages im Tempel seines Gottes Nis-
roch anbetete, erschlugen ihn seine
Söhne Adrammelech und Sareser mit
dem Schwert. Sie flüchteten in das
Land Ararat; sein Sohn Asarhaddon
wurde König an seiner Statt.

Krankheit und Gesundung des Hiskija

38 1 In jenen Tagen wurde Hiskija
todkrank. Da kam der Prophet
Jesaja, der Sohn des Amoz, zu ihm und
sprach zu ihm: „So spricht Jahwe: Be-
stelle dein Haus; denn du wirst sterben
und nicht mehr genesen.“ 2 Darauf
wandte Hiskija sein Gesicht zur Wand
hin, betete zu Jahwe 3 und sprach:
„Ach, Jahwe, gedenke doch, daß ich
treu und mit ungeteiltem Herzen vor
deinem Angesicht gewandelt bin und
tat, was dir wohlgefällig ist.“ Dabei
brach Hiskija in lautes Weinen aus.
4 Da erging das Wort Jahwes an
Jesaja: 5 „Gehe hin und sage zu His-
kija: So spricht Jahwe, der Gott deines
Ahnherrn David: Ich habe dein Gebet
erhört und deine Tränen gesehen. Ich
will dich heilen; in drei Tagen wirst du
zum Tempel Jahwes hinaufsteigen.
Siehe, ich will zu deiner Lebenszeit
noch fünfzehn Jahre hinzufügen.
6 Auch will ich dich und diese Stadt
aus der Gewalt des Königs von Assur
erretten und diese Stadt beschirmen.“
21 Jesaja sprach: „Nehmt einen Fei-
genkuchen, streicht ihn auf das Ge-
schwür, damit er genese!“ 22 Hiskija
sprach: „Was ist das Zeichen dafür, daß
ich wieder hinaufsteigen werde zum
Hause Jahwes?“ 7 Jesaja erwiderte:
„Dies sei dir ein Zeichen von Jahwe,
daß Jahwe das Wort, das er sprach, auch
erfüllen wird: 8 Siehe, ich lasse den
Schatten so viele Stufen, als die Sonne
an den Stufen des Achas bereits herab-
gestiegen ist, wieder zurückgehen,
zehn Stufen.“ Da ging die Sonne die
zehn Stufen, die sie auf den Stufen
herabgestiegen war, wieder zurück.

Hiskijas Lied

9 Lied des Hiskija, des Königs von
Juda, als er krank war und wieder von
seiner Krankheit genas:

→37_{27} *unter dem Ostwind. Ich kenne dein Aufstehen* 1QJs[a], vgl. 2 Kg; M: „vor dem Getreidehalm (?)“.
→38_{5} *Ich will dich heilen; in drei Tagen wirst du zum Tempel Jahwes hinaufsteigen* Text nach 2 Kg 20_{5} ergänzt; fehlt in M.
→38_{7} *Jesaja erwiderte* Ergänzt nach 2 Kg 20_{9}.
→38_{9} *Lied* Korr.; M: „Schrift“.
→38_{9-20} Dieses Lied, das im Parallel-

10 Ich sprach: In der Mitte meiner
Lebenstage muß ich scheiden zu den
Toren der Scheol, beraubt des Restes
meiner Tage.
11 Ich sprach: Nicht länger soll ich
Jahwe schauen im Lande der Lebendi-
gen, nicht mehr die Menschen sehen
bei den Bewohnern der Welt.
12 Abgebrochen wird meine Hütte,
weggebracht von mir wie das Zelt der
Hirten. Wie ein Weber hast du mein
Leben aufgerollt, vom Trumm mich
abgetrennt.
Ehe noch die Nacht dem Tage folgt,
vollendest du mich. 13 Ich schreie bis
zum Morgen, wie ein Löwe zerbricht
er all mein Gebein. Ehe noch die Nacht
dem Tage folgt, vollendest du mich.
14 Ich zwitschere wie eine Schwalbe,
ich girre wie eine Taube. Ermattet
blicken meine Augen zur Höhe: Nimm
dich meiner an, tritt für mich ein!
15 Was soll ich sagen? Was zu ihm
sprechen? Er selbst hat es getan. Ich
will dir lobsingen alle meine Jahre ob
des Kummers meiner Seele.
16 O Herr, für dich wird aufleben
mein Herz und aufleben mein Geist.
Du hast mich geheilt und neu belebt.
17 Fürwahr, zum Heil ward mir das
Bittere.
Du hast meine Seele bewahrt vor
der Grube der Vernichtung; alle meine
Sünden hast du geworfen hinter mei-
nen Rücken.
18 Dich preist ja nicht die Scheol,
nicht rühmt dich der Tod; die zur
Grube fahren, harren nicht mehr auf
deine Huld.
19 Nur wer lebt, wer lebt, der prei-
set dich, wie ich es heute tue. Der Vater
macht den Söhnen kund deine Treue.
20 Jahwe, komm mir zu Hilfe! Dann
laßt uns die Saiten rühren alle Tage
unsres Lebens beim Hause Jahwes!

Die babylonische Gesandtschaft

39 1 In jener Zeit sandte Merodach-
Baladan, der Sohn Baladans, der
König von Babel, ein Schreiben mit
Geschenken an Hiskija. Denn er hatte
gehört, daß er krank gewesen und wie-
der genesen sei. 2 Hiskija aber war
darüber sehr erfreut und zeigte den
Gesandten sein Schatzhaus, das Silber
und Gold, die Spezereien und das feine
Öl, sein ganzes Zeughaus und alles,
was sich in seinen Schatzkammern
befand. Es gab nichts, was ihnen His-
kija in seinem Palast und im ganzen
Bereich seiner Herrschaft nicht gezeigt
hätte.
3 Da begab sich der Prophet Jesaja
zum König Hiskija und sprach: „Was
haben dir diese Männer gesagt, und
woher sind sie zu dir gekommen?“
Hiskija erwiderte: „Aus fernen Landen
sind sie zu mir gekommen, aus Babel.“
4 Darauf fragte er weiter: „Was haben
sie in deinem Palast gesehen?“ Hiskija
antwortete: „Sie haben alles gesehen,
was in meinem Hause sich befindet.
Es gibt nichts in meiner Schatzkammer,
was ich ihnen nicht gezeigt hätte.“
5 Da sprach Jesaja zu Hiskija:
„Höre das Wort Jahwes Zebaot: 6 Es
wird eine Zeit kommen, wo alles, was
sich in deinem Palast befindet, was
deine Väter bis auf den heutigen Tag
aufgespeichert haben, nach Babel ge-
bracht wird. Nichts wird zurückblei-
ben, spricht Jahwe. 7 Und von deinen
Söhnen, die von dir abstammen, die
du zeugen wirst, wird man einige neh-
men, daß sie im Palast des Königs von
Babel als Eunuchen dienen.“ 8 His-
kija aber sprach zu Jesaja: „Das Wort
Jahwes, das du verkündet hast, ist
günstig.“ Denn er dachte: „Es wird ja,
solange ich lebe, Friede und Sicherheit
herrschen.“

II. DAS TROSTBUCH ISRAELS

Berufung des Propheten

40 1 „Tröstet, tröstet mein Volk!“
spricht euer Gott. 2 „Redet
Jerusalem zu Herzen und ruft ihm zu:
Zu Ende ist seine Knechtschaft, ge-
sühnt ist seine Schuld. Zweifaches hat

---

bericht von 2 Kg fehlt, gehört nicht in den jetzigen Zusammenhang. Es handelt sich hier anscheinend um einen nachexilischen Psalm. Der Text ist schlecht erhalten.
→3811 *der Welt* Korr., vgl. Ps 492.
→3812 *hast du aufgerollt* Korr.; M: „habe ich aufgerollt“.
→3813 *Ich schreie* Korr., vgl. T; M: „Ich bin beruhigt(?)“.
→3814 Nach *Schwalbe* Zusatz in M: „der Kranich“.
→3814 *blicken meine Augen* Korr.; M: „Meine Augen sind ermattet“.
→3814 *Höhe* Danach Zusatz in M: „Herr“.
→3814 *Nimm dich meiner an* Üss; M: „Herr, ich leide Pein“.
→3815 *Was zu ihm sprechen* 1QJs[a], T; M: „Er spricht zu mir“.
→3815 *Ich will dir lobsingen* Korr.; M: „Ich will gehen“.
→3816 *für dich wird ... mein Geist* Korr. nach G; M unverständlich.
→3820 Die Verse 21–22 sind nach 386 umgestellt.
→401 – 5513 *(Das Trostbuch Israels)* Vgl. Einleitung, S. 1016–1017.

es empfangen aus der Hand Jahwes
für alle seine Sünden."
3 Eine Stimme ruft: „Bahnt in der
Wüste eine Straße für Jahwe, macht
in der Steppe einen ebenen Weg für
unseren Gott! 4 Jedes Tal soll auf-
gefüllt, jeder Berg und Hügel abge-
tragen werden; was krumm ist, soll
gerade, was zerklüftet ist, zu einem
Talgrund werden. 5 Dann wird die
Herrlichkeit Jahwes offenbar, und
sehen wird es alles Fleisch miteinander.
Denn der Mund Jahwes hat gespro-
chen."
6 Eine Stimme gebietet: „Ver-
künde!" Da sprach ich: „Was soll ich
verkünden?" „Alles Fleisch ist Gras
und all seine Schönheit wie die Blume
des Feldes. 7 Das Gras verdorrt, die
Blume verwelkt, wenn Gottes Odem
sie anweht. [Ja, Gras ist das Volk.]
8 Das Gras verdorrt, die Blume ver-
welkt, das Wort unseres Gottes aber
bleibt ewig."

Ankündigung der Gotteserscheinung

9 Steige auf einen hohen Berg,
Freudenbotin für Zion; erhebe mächtig
deine Stimme, Freudenbotin für Jeru-
salem! Erhebe sie und fürchte dich
nicht! Rufe den Städten Judas zu:
„Seht da, euer Gott!"
10 Seht, der Herr Jahwe kommt mit
Macht, und sein Arm unterwirft ihm
alles. Seht, mit ihm kommt sein Sieges-
lohn, und seine Siegeszeichen gehen
vor ihm her. 11 Wie ein Hirte weidet
er seine Herde, auf seinen Arm
nimmt er die Lämmer; er trägt sie
an seinem Busen und leitet sorgsam
die Mutterschafe.

Die göttliche Größe

12 Wer maß mit seiner hohlen Hand
das Wasser des Meeres, und wer be-
stimmte den Himmel mit der Spanne,
faßte in ein Drittelmaß die Erde und
wog mit der Waage die Berge und auf
den Schalen die Hügel?
13 Wer hat den Geist Jahwes be-
stimmt und ihn als sein Berater unter-
wiesen? 14 Mit wem besprach er sich,
daß er ihm Weisheit gäbe und ihn den
rechten Weg erkennen ließ und ihm den
Pfad der Klugheit zeigte?
15 Seht, Völker sind vor ihm wie
ein Tropfen am Eimer, und wie ein
Stäubchen an der Waage gelten sie vor
ihm; seht, die Inseln wiegen wie ein
Sandkorn. 16 Der Libanon reicht nicht
zum Brennholz, und sein Wild genügt
nicht zum Opfer. 17 Alle Völker sind
vor ihm wie ein Nichts; null und nich-
tig gelten sie vor ihm.
18 Mit wem wollt ihr Gott ver-
gleichen, und was wollt ihr neben ihn
stellen?
19 Das Götzenbild gießt ein Meister,
der Goldschmied überzieht es mit
Gold und gießt silberne Ketten.

→40 1–8 *(Berufung des Propheten)* Das Eingangsgedicht spielt im Trostbuch die Rolle des Berufungsberichtes in den anderen prophetischen Sammlungen. Es beschreibt in der beim Verfasser üblichen verhüllten Weise eine Gottesoffenbarung: Die „Stimme" Jahwes, V. 3 und 6, ersetzt hier die Gotteserscheinung, die sich in Js 6 oder Ez 1–3 findet, und läßt ein weiterentwickeltes Empfinden für die Transzendenz Gottes erkennen. Das Berufungsgedicht faßt die Botschaft des Buches zusammen: Israel in Babylon zu „trösten", V. 1, durch die Verheißung der Rückkehr, gewirkt durch das schöpferische Wort Gottes.

→40 3 *Eine Stimme* Die Stimme Jahwes, die zum Propheten spricht. Die Evangelisten, die diesen Text nach G zitieren: „Stimme eines Rufenden in der Wüste ...", sahen hierin die Stimme Johannes' des Täufers, des Vorläufers des Messias.

→40 3 *Bahnt in der Wüste eine Straße für Jahwe* Jahwe wird sich an die Spitze seines Volkes stellen und es in einem neuen Auszug bis nach Palästina führen. Bereits Jesaja, 10 25–27, hatte an die Wunderzeichen des Exodus als Unterpfand göttlichen Schutzes erinnert. Von den Exilspropheten wird dieses Thema weiterentwickelt. Wie ehedem wird Gott kommen, sein Volk zu retten, Jr 16 14–15; 31 2; Js 46 3–4 und 63 9 (diese Texte greifen auf Ex 19 4 zurück). Der erste Exodus mit seinen Wundern, Mich 7 14–15: der Durchzug durch das Schilfmeer, Js 11 15–16; 43 16–21; 51 10; 63 11–13, das wunderbare Wasser, 48 21, die leuchtende Wolke, 52 12, vgl. 4 5–6, der Zug durch die Wüste, 40 3 f, vgl. Bar 5 7–9, wird gleichzeitig zum Typus und zum Unterpfand des neuen Exodus von Babel nach Jerusalem. Zum Thema des Auszuges vgl. auch Hos 2 16+.

→40 4 Schon Jesaja, 2 12–15, sah in der Erniedrigung der Berge, dem Symbol der hochmütigen Großen, ein Zeichen des „Tages Jahwes".

→40 6 *Da sprach ich* Üss; M: „Da sprach er".

→40 6 *Was soll ich verkünden* Zu diesem Dialog zwischen Jahwe und dem Propheten über den Inhalt seiner Sendung vgl. Js 6 8–13; Jr 1 4–8; Ez 2 3–7; Ex 3 1 – 4 17.

→40 9 *Steige auf einen hohen Berg* Um von der ganzen Erde gehört zu werden.

→40 10 *mit Macht* Üss; M: „als der Starke".

→40 12 Meer, Himmel, Erde: die drei Elemente der Welt.

→40 14 *erkennen ließ und ihm den Pfad* G; M: „erkennen ließ und ihn Erkenntnis lehrte und ihm den Pfad", Zusatz.

→40 19 *und gießt* Korr.; M: „Goldschmied".

→40 19–20 Diese Verse sind ein Einschub wie 41 6–7, die sich hieran anschließen;

20C Ein tüchtiger Bildhauer sucht ihm
20A einen kostbaren Palmstamm,
20B wählt Holz, das nicht fault, 20D
um ein Bild zu errichten, das nicht
wackelt.

21 Wißt ihr es nicht? Habt ihr es
nicht gehört? Ist es euch nicht kund-
getan von Anbeginn? Kennt ihr der
Erde Gründung nicht! 22 Er ist es, der
über dem Erdkreis thront – wie Heu-
schrecken sind [ihm] seine Bewohner –,
der den Himmel ausspannt wie ein
Flortuch, ausbreitet wie ein Wohnzelt.
23 Er ist es, der die Fürsten vergehen
läßt und die Erdenrichter in ein Nichts
verwandelt. 24 Kaum sind sie ge-
pflanzt, kaum gesät, ehe noch ihr
Stamm im Boden Wurzel schlug, bläst
er sie an, und sie verdorren, und der
Sturm trägt sie fort wie die Spreu.

25 „Wem also wollt ihr mich ver-
gleichen, daß ich ihm ähnlich sei?“,
spricht der Heilige. 26 Erhebt zur
Höhe eure Augen! Wer hat diese
(Sterne) geschaffen? Er, der ihr Heer
herausführt, wohlgezählt, und sie alle
mit Namen ruft. Ob der Fülle seiner
Macht und gewaltigen Stärke bleibt
auch nicht einer aus.

Die allmächtige Vorsehung

27 Warum sagst du, Jakob, und
sprichst du, Israel: „Mein Schicksal
ist vor Jahwe verborgen, und meinem
Gott entgeht mein Recht!“? 28 Weißt
du es denn nicht? Hast du es nicht
gehört?

Ein ewiger Gott ist Jahwe, der die
Enden der Erde schuf. Er ermattet
nicht und wird nicht müde, seine Weis-
heit ist unerforschlich. 29 Er gibt dem
Müden Kraft und dem Erschöpften
Stärke.

30 Die Jugend wird müde und er-
mattet, selbst junge Krieger brechen
zusammen. 31 Die aber auf Jahwe
hoffen, schöpfen neue Kraft, empfan-
gen Schwingen gleich dem Adler. Sie
laufen und werden nicht müde, sie
gehen und werden nicht matt.

Die Berufung des Cyrus

41 1 Schweigend horcht auf mich,
ihr Inseln, die Völker mögen ihre
Kräfte sammeln; zur Unterredung sol-
len sie erscheinen, zu einem Rechts-
streit wollen wir zusammentreten.

2 „Wer hat von Osten her erweckt,
dem Sieg auf Schritt und Tritt begeg-
net? Wer gibt ihm Völker preis und
wirft die Könige zu Boden?

Sein Schwert macht sie dem Staube
gleich, sein Bogen verstreut sie wie
Spreu. 3 Er verfolgt sie und schreitet
unversehrt, seine Füße berühren kaum
den Weg.

4 Wer hat es geplant und es voll-
bracht? Der die Geschlechter rief von
Anbeginn, ich, Jahwe, der Erste, und
bei den Letzten bin ich noch derselbe.“

5 Die Inseln sehen es und beben; es
erzittern die Grenzen der Erde. Sie
nahen, und sie sind da.

6 Einer steht dem andern bei und
spricht zu seinem Genossen: „Nur
Mut!“ 7 Der Gießer muntert den
Goldschmied auf; der mit dem Ham-
mer glättet, ermuntert den, der auf den
Amboß schlägt, indem er von der
Lötung sagt: „Sie ist jetzt gut!“ Dann

Polemik gegen die heidnischen Götter, vgl. 4121+; 428+, und Anspielungen auf die Anfertigung der Götzenbilder, vgl. 4217; 4516.20; 465–7, kommen im zweiten Teil des Jesajabuches häufig vor. Das letzte Thema wird in zwei Spottliedern, vgl. v. 19–20 zusammen mit 416–7 und 449–20, die später eingefügt zu sein scheinen, ausgeführt; sie erinnern an Jr 101–16.

→4025 *der Heilige* Der Verfasser des Trostbuches nimmt den Namen auf, mit dem Jesaja den erhabenen, furchterregenden Gott in seinem sittlich bestimmten Heiligkeitswillen bezeichnet hatte, vgl. 63+.

→411–7 *(Die Berufung des Cyrus)* Cyrus, der künftige Befreier der in Babel verbannten Judäer, spielt im Trostbuch eine große Rolle. Jahwe setzt ihn ein, nicht um zu strafen wie einst Sancherib oder Nebukadnezar, sondern um zu befreien. Eine alte jüdische Überlieferung wandte diese Stelle auf die Berufung Abrahams an. Hieronymus (der in v. 2 übersetzt: „der vom Osten her den Gerechten erweckt hat“) wendet ihn auf den Messias an, der die endgültige Befreiung bringen wird; jedenfalls ist Cyrus, der „der Gesalbte Jahwes“ genannt wird, 451+, eine Vorausdarstellung des Messias.

→412 *Sieg* Das hier (und sonst im Trostbuch) mit „Sieg“ übersetzte hebräische Wort wird gewöhnlich mit „Recht, Gerechtigkeit, Heil“ wiedergegeben. Im Zusammenhang des Textes ist die Bedeutung Sieg nahegelegt, mit dem eine Wiederherstellung der von Jahwe gewollten Ordnung verbunden ist. 1QJs[a] und Üss lesen: „Wer hat vom Osten her den Sieg (V: den Gerechten) erweckt und ihn berufen . . .“

→412 *macht sie dem Staube gleich* Korr.

→412 *verstreut sie wie Spreu* Korr.

→413 *seine Füße berühren kaum den Weg* Bild für die Schnelligkeit, mit der Cyrus von Sieg zu Sieg zu fliegen scheint.

→414 *rief* Durch sein erschaffendes Wort, vgl. Gn 1.

→414 *ich, Jahwe, der Erste, und bei den Letzten bin ich noch derselbe* Ausdruck für die Ewigkeit Jahwes.

→416–7 Diese Verse sind ein Einschub, der sich an 4019–20 anschließt.

→417 *ermuntert* Korr.

macht er das Bild mit Nägeln fest,
daß es nicht wackelt.

Gott ist mit Israel

8 Du aber, Israel, mein Knecht, du,
Jakob, den ich auserkor, du, Sproß
Abrahams, meines Freundes!
9 Du, den ich von den Grenzen der
Welt geholt und aus ihrem äußersten
Winkel berufen habe! Zu dir sprach
ich: „Mein Knecht bist du, ich habe
dich erwählt und nie verworfen."
10 Fürchte dich nicht, denn ich bin
mit dir; schau dich nicht ängstlich um,
ich bin ja dein Gott. Ich stärke dich,
ich helfe dir, ich stütze dich mit meiner
siegreichen Rechten.
11 Siehe, beschämt und zuschanden
werden alle, die gegen dich entbrennen;
es werden zunichte und verschwinden,
die gegen dich streiten.
12 Du wirst sie suchen und nicht
mehr finden, die Leute, die mit dir
hadern; es werden vernichtet und vergehen,
die dich bekämpfen.
13 Denn ich bin Jahwe, dein Gott, der
deine Rechte erfaßt, der zu dir spricht:
„Fürchte dich nicht, ich helfe dir!"
14 Fürchte dich nicht, du armer
Wurm Jakob, du Würmchen Israel!
Ich selber helfe dir, spricht Jahwe;
dein Erlöser ist der Heilige Israels.
15 Siehe, ich mache dich zu einem
Dreschschlitten, zu einem neuen und
scharfen mit vielen Schneiden. Du
wirst Berge dreschen und zermalmen
und Hügel in Spreu verwandeln.
16 Du wirst sie worfeln, der Wind
wird sie verwehen und der Sturm sie
zerstreuen. Du aber wirst frohlocken
in Jahwe und dich rühmen im Heiligen
Israels.

Die neuen Wunderzeichen des neuen Auszugs

17 Die Elenden und die Armen suchen
Wasser, aber es ist keines da;
ihre Zunge ist vor Durst vertrocknet.
Doch ich, Jahwe, ich erhöre sie; ich,
der Gott Israels, ich verlasse sie nicht.
18 Auf kahlen Hügeln lasse ich
Ströme hervorbrechen und Quellen
mitten in den Tälern; die Wüste mache
ich zu Wasserteichen und zu Wasserquellen
dürres Land.
19 Ich lasse in der Wüste Zedern
wachsen, Akazien, Myrten und Oliven;
ich will Zypressen in der Steppe pflanzen,
Ulmen und Fichten zumal.
20 Sie sollen sehen und erkennen,
beachten und verstehen, daß die Hand
Jahwes dies vollbracht, daß der Heilige
Israels es geschaffen.

Jahwe ist der einzige Gott

21 „Nun bringt eure Sache vor,
spricht Jahwe; legt eure Beweise dar,
spricht der König Jakobs.
22 Sie mögen nähertreten und uns künden, was
sich ereignen wird. Das Frühere – was
haben sie davon kundgetan, damit wir
es im Auge behalten? Oder was noch
kommen wird, das laßt uns hören, daß
wir auf seinen Ausgang merken.

→418 *mein Knecht* Der zweite Teil des Jesajabuches stellt den Bund häufig unter dem Bild eines „Knechtes" dar, den Gott erwählt und ausgesondert hat (aus den Völkern, unter die er zerstreut wurde, v. 9), um vor allen Nationen sein Zeuge zu sein, 4310. Dieser „Knecht", Israel, ist untreu gewesen, 4219, aber Jahwe wird ihm vergeben und ihn retten, 441 f; 458; 4820. In den „Liedern vom Gottesknecht" hat der Ausdruck eine andere Bedeutung, vgl. 421+.

→4114 *Würmchen Israel* Korr.; M: „Leute Israels".

→4114 *dein Erlöser* Der „Erlöser" *(goël)* ist zunächst der Bluträcher, Nm 3519+, dann jener, der den Schuldgefangenen loskauft, ferner der nahe Verwandte, der die Aufgabe hat, die Witwe zu verteidigen, Rt 220+. Mit diesem Wort wird Gott als der Rächer des Unterdrückten oder als Befreier seines Volkes bezeichnet. So verstanden, kommt es in den Psalmen, Ps 1915+, und im zweiten Teil des Jesajabuches, 4314; 446.24; 474; 4817; 5920, vgl. Jr 5034, häufig vor. Das NT und die christliche Theologie wenden es schließlich auf Jesus, den Befreier von der Sünde, an.

→4117–20 *(Die neuen Wunderzeichen des neuen Auszugs)* Der neue Auszug, vgl. 403+, überbietet den alten. Jahwe gibt seinem Volk nicht nur in der Wüste zu trinken, sondern er macht die Wüste fruchtbar, seine überströmende Gnade macht aus ihr ein neues Paradies. Diese symbolische Fruchtbarkeit ist ein Kennzeichen für die messianische Zeit, vgl. Js 116+, die in der Rückkehr aus dem Exil schon ein Vorspiel hat, vgl. Ez 471–12.

→4121–24 *(Jahwe ist der einzige Gott)* Die alten Propheten verurteilten wie die alten Gesetze den Kult fremder Götter, die sie als „Nichtse" behandelten. Dieser monotheistische Glaube spricht sich vom Exil an in ausdrücklichen Beweisen für die Nichtexistenz dieser Götter aus; hier wird sie aufgezeigt an ihrer Unfähigkeit, die Zukunft vorauszusagen und auf die Welt zu wirken: Allein Jahwe, v. 25 f, hat den Sieg des Cyrus vorausgesagt und hervorgerufen, vgl. 447; 4521; 485. Polemik gegen die falschen Götter, einfache von Menschenhand gefertigte Götzenbilder, vgl. 4020+, wird im Judentum zu einem Lieblingsthema, vgl. Bar 61–72.

→4122 *Sie mögen nähertreten* Üss; M: „Sie sollen vorbringen".

→4122 *was haben sie davon kundgetan* Korr.; M: „tut es kund".

23 Verkündet, was in Zukunft sich er-
eignen wird, damit wir erkennen, daß
ihr Götter seid. Ja, tut irgend etwas,
damit wir staunen und schauen alle-
samt. 24 Seht da, ihr seid ein Nichts,
und euer Tun ist nichtig; ein Greuel
ist, wer euch erwählt."

Jahwe hat den Sieg des Cyrus voraus-gesagt

25 Ich aber erwecke den Retter von
Norden her, und er kommt; vom Auf-
gang der Sonne her rufe ich ihn bei
seinem Namen. Er zerstampft die
Satrapen wie Ton, wie ein Töpfer den
Lehm zusammentritt. 26 Wer hat
solches von Anbeginn kundgetan, daß
wir es wissen, und im voraus, daß wir
sagen können: „Es stimmt"? Doch
keiner hat solches kundgetan, keiner
hat so etwas je bekanntgegeben; nie-
mand hat ein Wort von euch vernom-
men. 27 Als erster habe ich Zion
gesagt: „Siehe, da sind sie!" Ich habe
schon einen Freudenboten für Jeru-
salem bestellt. 28 Ich schaue mich
um, da ist niemand, da ist keiner von
diesen, der Rat weiß und der Bescheid
geben könnte, wenn ich sie frage.
29 Seht, sie alle sind nichts, nichtig ist
ihr Tun, Hauch und Luft sind ihre
Bilder.

Erstes Lied vom Gottesknecht. Erster Teil

42 1 Seht, mein Knecht, den ich
stütze, mein Erwählter, an dem
ich mein Wohlgefallen habe! Ich lege
meinen Geist auf ihn, daß er den Völ-
kern die Wahrheit verkünde.
2 Er wird nicht schreien und nicht
lärmen, noch läßt er auf den Straßen
seine Stimme hören. 3 Ein geknicktes
Rohr zerbricht er nicht, und einen
glimmenden Docht löscht er nicht aus.
In Treue trägt er das Recht hinaus.
4 Er wird nicht ermatten und nicht
zusammenbrechen, bis er das Recht
auf Erden begründet; denn die Inseln
harren auf seine Weisung.

Zweiter Teil

5 So spricht Jahwe Gott, der den
Himmel schuf und ihn ausspannte, der
die Erde hinbreitete mit ihren Ge-
wächsen, der den Lebenshauch dem
Volke gibt, das auf ihr wohnt, und
Odem denen, die auf ihr wandeln.

→41 23 *Ja, tut irgend etwas* Wörtl.: irgend etwas, Gutes oder Schlechtes – Hebraismus.
→41 24 *ein Nichts* Korr., vgl. v. 29.
→41 24 *nichtig* Korr.
→41 25 *rufe ich ihn bei seinem Namen* Korr.; M: „ruft er mich bei meinem Namen".
→41 25 *Er zerstampft* Korr.; M: „Und er wird kommen".
→41 27 *Als erster habe ich Zion gesagt: Siehe, da sind sie* Unsicherer Text (wörtlich: Als erster an Zion: Siehe, da ist es, da sind sie).
→41 29 *nichts* T; M: „Bosheit".
→42 1–9 *(Erstes Lied vom Gottesknecht)* Das Trostbuch stellt Israel häufig unter dem Bild eines „Knechtes Jahwes" dar, der erwählt, ausgesondert und errettet wird, um Gottes Zeuge vor den Völkern zu sein, vgl. 41 8+. In den vier „Liedern vom Gottesknecht", 42 1–9; 49 1–6; 50 4–11; 52 13 – 53 12, tritt aber ein geheimnisvoller „Knecht" auf, der in manchen Zügen dem Knecht Israel anderer Texte ähnlich ist (mit dem ihn ein Zusatz gleichsetzt, 49 3), der aber in anderen Zügen, die ihn als eine Person bezeichnen, hiervon unterschieden und ihm gegenübergestellt wird, 49 5–6. Von Jahwe berufen seit dem Schoß seiner Mutter, 49 1.5 (vgl. Jr 1 5), von ihm „gebildet", 42 6; 49 5, von seinem Geist erfüllt, 42 1, erscheint der Gottesknecht als ein „Jünger", dem Jahwe „das Ohr geöffnet" hat, 50 4–5, damit er seinerseits, indem er das Recht auf Erden bringt, 42 1.3, die Menschen lehre, 42 4; 50 4, durch sein Wort scheide und richte, 50 10–11. Er erfüllt seine Sendung ohne äußeres Aufsehen, in Milde, 42 2–3, im anscheinenden Scheitern, 49 4. Schmach und Verachtung, denen er ausgesetzt wird, nimmt er an, 50 5–6; 52 14; 53 2–3, er wird nicht schwach, denn Jahwe hält ihn, 42 4; 49 5; 50 7.9. Das vierte Lied, in dem manche Züge vom Beispiel des Jeremia beeinflußt sein mögen (vgl. auch Ps 22), betrachtet dieses Leiden des Knechtes, der, unschuldig – 53 9, wie Ijob –, dennoch behandelt wird als ein Missetäter, den Gott geschlagen hat, 53 4.12, und der einem schmachvollen Tod preisgegeben ist, 53 8–9. In Wirklichkeit aber hat er sich selbst für die Sünder hingegeben, deren Sünden er trug, für die er eintrat, 53 4–5.8.11–12; Jahwe hat durch einen unausdenklichen Machterweis, 52 15 – 53 1, aus diesem Sühneleiden das Heil aller geschaffen, 53 6.10–12. Daher wird der Knecht groß werden, 52 13, er wird „Nachwuchs sehen", 53 10, und die Vielen, deren Schuld er trug, werden ihm gehören, 53 12. Er wird nicht nur Israel zusammenführen, 49 5–6, sondern das Licht der Völker sein, 42 6; 49 6, vgl. 50 10. Das NT, vgl. Mt 3 17+; Lk 4 17–21; Apg 3 13+; 8 32–33, hat im Knecht Jesus den Christus wiedererkannt, der in seiner Person die Züge des Messiaskönigs, des Sohnes Davids, 2 Sm 7 1+; Js 7 14+, und des Leidensknechtes vereint.
→42 1 *mein Knecht, den ich stütze* Jahwe spricht; er bestimmt und weiht den Knecht.
→42 1 *meinen Geist* Der prophetische Geist, vgl. Js 11 2+, dessen Ausgießung das messianische Zeichen schlechthin ist, Joel 3 1–5, vgl. Apg 2 16–21.
→42 4 *und nicht zusammenbrechen* G, T; M: „und nicht laufen". Der Knecht wird dem glimmenden Docht und dem geknickten Rohr in v. 3 entgegengestellt.

6 Ich, Jahwe, ich habe dich in Ge-
rechtigkeit berufen; ich habe deine
Hand erfaßt und dich gebildet. Ich
habe dich zum Bunde für das Volk
gemacht und zum Lichte für die
Heiden,
7 daß du blinde Augen öffnest,
Gefangene aus dem Gefängnis befreist
und aus dem Kerker, die im Finstern
sitzen.
8 Ich, Jahwe, das ist mein Name,
meine Ehre gebe ich keinem andern,
noch meinen Ruhm den Götzenbil-
dern.
9 Das Frühere, seht, es ist ein-
getroffen; nun tue ich Neues kund.
Bevor es aufsproßt, lasse ich es euch
hören.

Siegeshymnus

10 Singet Jahwe ein neues Lied, sein
Lob bis zu den Grenzen der Erde. Es
jauchze das Meer mit allem, was es
belebt, die Inseln und ihre Bewohner.
11 Es frohlocke die Wüste mit ihren
Städten, die Dörfer, in denen Kedar
zeltet. Jauchzen sollen des Felsens
Bewohner, jubeln von den Gipfeln
der Berge. 12 Jahwe sollen sie die
Ehre geben und auf den Inseln sein
Lob verkünden.
13 Jahwe zieht aus wie ein Held,
wie ein Krieger entfacht er seinen
Eifer. Er stößt den Kriegsschrei aus,
läßt den Schlachtruf erschallen und
geht mannhaft gegen seine Feinde
vor.
14 „Ich habe lange Zeit geschwie-
gen; ich war still und habe an mich
gehalten. Wie eine Frau beim Gebären
will ich nun schreien, will schnauben
und schnaufen zumal.
15 Verdorren lasse ich Berge und
Hügel und all ihr Grün verwelken;
Ströme will ich in Tümpel verwandeln
und Wasserteiche austrocknen.
16 Ich führe Blinde auf dem Wege
und lasse sie auf Pfaden schreiten. Das
Dunkel mache ich vor ihnen zum
Licht und wandle das Holperige zu
ebenem Weg.
Das ist es, was ich vollbringe und
nimmer unterlasse."
17 Es weichen zurück und werden
beschämt, die auf Götzen vertrauen,
die zu Gußbildern sagen: „Ihr seid
unsere Götter!"

Die Blindheit des Volkes

18 Ihr Tauben, höret doch; ihr
Blinden, schauet auf und seht! 19 Wer
ist blind, wenn nicht mein Knecht?
Wer ist taub, wenn nicht mein Bote,
den ich sende? [Wer ist so blind wie
der Vertraute und stumm wie der
Knecht Jahwes?] 20 Du hast vieles
gesehen, doch nicht beachtet; du
hattest offene Ohren, hörtest aber
nicht. 21 Jahwe gedachte um seiner
Gerechtigkeit willen, das Gesetz groß
und herrlich zu machen. 22 Doch nun
sind sie ein geplündertes und ausge-
raubtes Volk. Geknebelt liegen sie
in Verliesen allesamt und im Gefäng-
nis eingeschlossen.
Sie sind zum Raub geworden, und
keiner ist, der sie befreit, zur Beute,
und niemand sagt: „Gib sie heraus!"
23 Wer von euch wird auf das Folgende
hören, darauf merken und es für
später beachten?
24 Wer gab Jakob der Plünderung
preis und Israel den Räubern? War
es nicht Jahwe, gegen den wir uns
versündigt haben? Sie wollten nicht
auf seinen Wegen wandeln und nicht
auf seine Weisung hören.
25 Da goß er die Wut seines Zornes

→42 6 *gebildet* Im Hebräischen das gleiche Wort wie in Gn 2 7, um Jahwe zu beschreiben, der den Leib des ersten Menschen „bildet".

→42 8 *Jahwe, das ist mein Name* Der Name, der dem Mose geoffenbart wurde, Ex 3 14+, der Name dessen, der allein da ist. Es gibt keinen anderen Gott als ihn, vgl. Js 40 25; 43 10–12; 44 6–8; 45 3.5–6.14–15.18.20–22; 46 5–7.9; 48 11, vgl. 41 21–29. Er ist der Schöpfer des Alls, 40 12f.21f.28; 42 5; 43 1; 44 24; 45 9–12.18; 48 13; 51 13; 54 5, der ewige Schöpfer, 41 4; 44 6; 48 12, „der Gott der ganzen Erde", 54 5. Er „gibt seine Ehre keinem anderen", hier und 48 11. Dieser triumphierende Monotheismus des Trostbuches greift damit das frühere Thema von der „Eifersucht" Jahwes, Dt 4 24+, vgl. Ex 20 3, neu auf und weitet es aus durch die ausdrückliche Aussage der Transzendenz Gottes.

→42 10–17 Loblied auf den Sieg Jahwes, ähnlich den Hymnen im Psalmenbuch.

→42 10 *Es jauchze das Meer* Korr.; M: „die hinabfahren aufs Meer".

→42 14 *Ich* Jahwe spricht.

→42 15 *in Tümpel* Korr.; M: „in Inseln".

→42 16 *Blinde* Das Volk Israel, das Jesaja als blind behandelt hatte, vgl. 6 9–10, auch 42 19.

→42 16 *auf dem Wege* Danach Zusatz in M: „den sie nicht kennen"; ebenso nach *Pfaden*.

→42 18–25 *(Die Blindheit des Volkes)* Dieses Orakel ist die Antwort auf die Sendung, die Jesaja empfangen hat, das Volk mit Blindheit zu schlagen, 6 9–10, vgl. 48 4+. Die Verse 21 und 24B sind vielleicht Einschübe.

→42 22 *Geknebelt liegen sie in Verliesen* Korr.; M: „Sie knebeln die jungen Leute".

→42 24 *Plünderung* Durch Nebukadnezar oder Nabonid.

darüber aus und die Wucht des Krie-
ges. (Sein Zorn) flammte rings um
ihn auf, aber er kam nicht zur Ein-
sicht; er versengte ihn, aber er nahm
es nicht zu Herzen.

Israels Befreiung

43 1 Nun aber spricht also Jahwe,
dein Schöpfer, Jakob, dein
Bildner, Israel:
„Fürchte dich nicht; denn ich erlöse
dich und rufe dich beim Namen, mein
bist du. 2 Gehst du durch Wasser, ich
bin bei dir, durch Ströme, sie werden
dich nicht überfluten. Gehst du durch
Feuer, du wirst nicht verbrennen; die
Flamme wird dich nicht versengen.
3 Denn ich, Jahwe, bin dein Gott, der
Heilige Israels ist dein Helfer.
Ich gebe Ägypten für dich als Löse-
geld hin, Kusch und Saba an deiner
Statt. 4 Weil du mir so teuer bist in
meinen Augen, so wertgeschätzt, und
ich dich liebe, gebe ich Menschen für
dich hin und Völker für dein Leben.
5 Fürchte dich nicht; denn ich bin mit
dir.
Von Osten führe ich dein Geschlecht
herbei, und vom Westen werde ich
dich sammeln. 6 Zum Norden sage
ich: ‚Gib heraus!‘ und zum Süden:
‚Halte sie nicht zurück!‘ Bringt meine
Söhne aus der Ferne her und meine
Töchter von den Grenzen der Erde,
7 alle, die nach meinem Namen ge-
nannt sind, die ich zu meiner Ehre
geschaffen, gebildet und geformt.“

Jahwe ist allein Gott

8 Laßt hervortreten das Volk, das
blind ist, obwohl es Augen hat, das
taub ist, obwohl es Ohren hat! 9 Alle
Völker sollen sich versammeln und
die Nationen sich zusammenscharen!
Wer unter ihnen kann solches künden,
uns Früheres vernehmen lassen? Sie
sollen ihre Zeugen bringen, daß sie
recht bekommen, daß man es höre
und dann sage: „Es ist richtig.“ 10 Ihr
seid meine Zeugen, spricht Jahwe, und
meine Knechte, die ich erkoren habe,
damit man erkennt und mir glaubt
und einsieht, daß ich es bin. Vor mir
ward kein Gott gebildet, noch wird
es nach mir einen geben. 11 Ich, ich
allein bin Jahwe, außer mir gibt es
keinen Helfer. 12 Ich habe es ange-
kündigt und dann geholfen; ich ließ
es wissen, als es unter euch noch keine
fremden Götter gab. Ihr selbst seid
meine Zeugen, spricht Jahwe. 13 Ich
bin Gott, ich bin es von Ewigkeit.
Niemand kann aus meiner Hand er-
retten. Ich tue es, wer will es ändern?

Babel wird zerstört werden

14 So spricht Jahwe, euer Erlöser,
der Heilige Israels:
Um euretwillen sende ich nach Babel
und lasse die Riegel der Kerker fallen,
und die Chaldäer brechen in Klage aus.
15 Ich bin Jahwe, euer Heiliger, der
Schöpfer Israels, euer König.

Die Wunderzeichen des neuen Auszugs

16 So spricht Jahwe, der einst durch
das Meer eine Straße bahnte und einen
Pfad durch mächtige Wasser, 17 der
herausführte Ägyptens Wagen und
Rosse, Heer und Führer zumal. Da
liegen sie und stehen nimmer auf; sie
sind ausgelöscht und verglommen wie
ein Docht.
18 Doch denkt nicht mehr an das,
was früher geschah, schaut nicht mehr
auf das, was längst vergangen ist!
19 Seht, ich schaffe Neues; schon
sproßt es auf. Merkt ihr es nicht?
Fürwahr, ich schaffe in der Wüste
einen Weg und Pfade in ödem Land.
20 Preisen wird mich das Wild des
Feldes, Schakale und Strauße, daß
ich Wasser in der Wüste gab [Ströme
in ödem Land], um mein auserwähltes
Volk zu tränken. 21 Das Volk, das ich
mir selbst gebildet habe, soll mein
Lob verkünden.

Israels Undank

22 Du hast mich nicht gerufen,
Jakob, hast dich, o Israel, nicht um

→43 10 *meine Knechte* Korr.; M: „mein Knecht“.
→43 10 *damit man erkennt* ... Korr.; M: „damit ihr erkennt ...“
→43 13 *von Ewigkeit* Üss; M: „von heute“. Man beachte die Verwandtschaft von V. 10–13 mit dem „Heiligkeitsgesetz“, Lv 17 1+.
→43 14 *Erlöser* Vgl. 41 14+.
→43 14 *die Riegel der Kerker* Korr.; M: „alle Riegel“.
→43 14 *brechen in Klage aus* Korr.; M: „auf den Schiffen ihres Jubels“.
→43 17 Streitwagen, Rosse und das Heer des Pharaos, Ex 14 6f.
→43 18 *denkt nicht mehr an das, was früher geschah* An die Wunder des Auszuges, die von den Wundern des neuen Auszuges überboten werden.
→43 19 *Pfade* 1QJs[a]; M: „Ströme“.
→43 20 *in der Wüste* In der syrischen Wüste, die die aus Babel Heimkehrenden durchqueren mußten.
→43 22–28 *(Israels Undank)* Dieses Orakel, in dem Gott Israel vorwirft, seinen Kult vernachlässigt zu haben, steht in Span-

mich bemüht. 23 Du brachtest mir
kein Lamm zum Opfer dar, mit deinen
Schlachtopfern hast du mich nicht
geehrt, mit Speiseopfern habe ich
dich nicht belastet und habe dich mit
Weihrauchspenden nicht geplagt.
24 Nicht hast du für mich um Geld
Gewürzrohr eingekauft, mit dem Fett
der Opfer hast du mich nicht ge-
sättigt. Wohl aber warst du mir mit
deinen Sünden beschwerlich, fielst mir
zur Last mit deinen Missetaten. 25 Ich
selbst, ich bin es, der alles tilgt, und
will deiner Sünden nicht mehr geden-
ken.

26 Erinnere dich nur! Wir wollen
miteinander rechten. Bringe etwas
vor, damit du recht bekommst.
27 Schon dein erster Vater hat gesün-
digt, und deine Mittler brachen mir
die Treue. 28 Deine Fürsten haben
mein Heiligtum entweiht; ich habe
Jakob dem Banne und Israel der
Verspottung hingegeben.

Segen über Israel

44 1 Nun aber höre, Jakob, mein
Knecht, und Israel, das ich
erwählte! 2 So spricht Jahwe, der
dich geschaffen und gebildet hat vom
Mutterleib an, der dir hilft: „Fürchte
dich nicht, mein Knecht Jakob,
Jeschurun, den ich mir erkoren
habe.

3 Denn ich gieße Wasser über
lechzendes Land und Bäche über
ausgetrocknetes Erdreich. Ich gieße
meinen Geist aus auf dein Geschlecht
und meinen Segen auf deine Spröß-
linge. 4 Sie sollen sprossen wie Gras,
umgeben von Wasser, wie die Weiden
an Wasserläufen.

5 Der eine wird dann sagen: ‚Ich
gehöre Jahwe', der andere wird sich
mit Jakobs Namen nennen; dieser
schreibt auf seine Hand: ‚Jahwe', und
jener erhält den Ehrennamen Israel."

Absoluter Monotheismus

6 So spricht der König Israels und
sein Erlöser, Jahwe Zebaot: „Ich bin
der Erste und der Letzte; außer mir
gibt es keinen Gott. 7 Wer ist mir
gleich? Er trete auf, melde sich, er tue
kund und lege es mir vor! Wer ließ
von Urzeit her das Künftige hören,
und das Kommende, das soll man
uns künden! 8 Fürchtet euch nicht
und seid nicht bange! Hab ich es dir
nicht längst schon kundgetan und
angezeigt? Ihr seid meine Zeugen.
Gibt es außer mir noch einen Gott?
Von einem anderen Felsen weiß ich
nichts.

Spott über den Götzendienst

9 Die Götzenbildner sind allesamt
nichtig, und ihre Lieblingswerke sind
unnütz. Ihre Knechte sehen nichts
und merken nichts, damit sie zu-
schanden werden. 10 Wer einen
Götzen macht und ein Bild sich
gießt, tut es ohne Nutzen. 11 Ja, be-
trogen werden alle seine Verehrer,
und seine Verfertiger müssen erröten.
Sie sollen alle zusammentreten und
erscheinen; sie werden erschrecken
und beschämt werden.

---

nung zu Js11 f. Es greift aber das Thema der alten Propheten über die freie Erwählung Israels wieder auf, vgl. Dt 76+.

→4322 *nicht um mich bemüht* G, V; M: „um mich bemüht".

→4323 Im Gesetz waren diese Übungen zwar vorgeschrieben, aber das Wesentliche der Religion lag nicht hierin. Die alten Gesetzestexte, das Bundesbuch und Dt, legen auf das Ritual verhältnismäßig wenig Gewicht; die Propheten haben das Rechttun und die Bruderliebe an die erste Stelle gesetzt.

→4324 *Gewürzrohr* Wie es in den orientalischen Kulten als Räucherwerk benützt wurde.

→4325 *der alles tilgt* Nach Hss von M, V; M: „der deine Vergehen um meinetwillen tilgt".

→4326 *Erinnere dich nur* Korr.; M: „Erinnere mich nur".

→4327 *dein erster Vater* Jakob. Anspielung auf Gn 271–29 und vielleicht Gn 3025–43; 322–23.

→4327 *deine Mittler* Die Propheten, die Vermittler zwischen dem Volk und Gott.

→4328 *Deine Fürsten haben mein Heiligtum entweiht* Nach G; M: „Ich habe die Fürsten meines Heiligtums entweiht".

→442 *Jeschurun* Dieser Beiname Israels, dessen Bedeutung unsicher ist, kommt nur hier und in Dt 32 und 33 vor. Die alten Üss haben ihn durch „Israel" ersetzt.

→444 *wie Gras, umgeben von Wasser* G, S; M: „wie zwischen Gras".

→445 *schreibt auf seine Hand* Wie die Anhänger mancher Kulte sich den Namen ihres Gottes in die Haut eintätowieren, vgl. Apk 1316.

→445 *wird sich . . . nennen* Symmachus; M: „wird nennen".

→445 *erhält* T, S; M: „gibt".

→446 *So spricht der König Israels* G; M: „So spricht Jahwe, der König Israels".

→447 *Wer ließ von Urzeit her das Künftige hören, und das Kommende, das soll man uns künden* Korr.; M: „Seit ich gesetzt ein ewiges Volk, und das Kommende, das soll man ihnen künden".

→449–20 Dieses Spottlied über den Götzendienst könnte ein Einschub sein.

→449 *Knechte* Korr.; M: „Zeugen".

→4411 *müssen erröten* Korr.; M: „sind Menschen".

12 Der Schmied arbeitet über der
Kohlenglut und formt sein Werk mit
dem Hammer und gestaltet es mit
seinem starken Arm. Dabei wird er
hungrig und entkräftet, trinkt kein
Wasser und ist erschöpft.
13 Der Holzschnitzer spannt die
Schnur, zeichnet einen Riß mit seinem
Stift, gibt mit dem Messer dem Holz
eine Gestalt und formt es nach dem
Zirkel. Er macht es zur Figur eines
Mannes, zum Bild eines Menschen-
gesichts, daß es in einem Tempel
wohne. 14 Ein anderer fällt eine
Zeder oder nimmt eine Eiche oder
Terebinthe oder zieht sich sonst einen
Waldbaum groß, oder pflanzt eine
Fichte, und der Regen läßt sie wach-
sen, 15 damit sie dem Menschen zur
Feuerung diene. Er nimmt davon, um
sich zu wärmen, zündet es an, um
Brot zu backen. Auch macht er daraus
einen Gott und wirft sich davor nieder,
macht ein Götzenbild davon und
beugt sich vor ihm. 16 Den einen
Teil verbrennt er im Feuer, über sei-
nen Kohlen brät er das Fleisch, ver-
zehrt den Braten und sättigt sich.
Auch wärmt er sich und spricht: „Ha,
mir wird warm, ich spüre das Feuer!"
17 Den Rest davon macht er zu seinem
Gott, zu seinem Götzenbild. Er beugt
sich vor ihm, wirft sich vor ihm nieder
und fleht zu ihm: „Hilf mir, du bist
ja mein Gott!"
18 Sie sind unverständig und sehen
es nicht ein; denn ihre Augen sind
verklebt, so daß sie nicht sehen, und
ihre Herzen, daß sie nicht zur Ein-
sicht kommen. 19 Keiner denkt
darüber nach, keiner hat so viel Ein-
sicht und Verstand, daß er sich sagt:
„Einen Teil habe ich im Feuer ver-
brannt, ich habe auf seinen Kohlen
Brot gebacken, Fleisch gebraten
und es gegessen. Den Rest davon
soll ich zum Greuelbild machen,
mich vor einem Holzklotz nieder-
werfen?"
20 Wer Asche hütet, den hat sein
törichtes Herz verführt. Nicht wird
er seine Seele retten, und nicht wird
er sprechen: „Ist es nicht Trug, was
ich in meiner Rechten halte?"

Mahnwort

21 Jakob, denke an all dies, und
daß du mein Knecht bist, Israel!
Ich habe dich gebildet. Mein Knecht
bist du; du bleibst mir unvergessen,
Israel! 22 Ich tilge deine Missetaten
wie eine Wolke und deine Sünden
wie ein Gewölk. O kehre um zu mir;
denn ich habe dich erlöst!

Jubellied

23 Jauchzet, ihr Himmel, denn
Jahwe hat gehandelt! Frohlockt, ihr
Tiefen der Erde! Ihr Berge, brecht in
Jubel aus, du Wald und all ihr Bäume
darin! Denn Jahwe hat Jakob erlöst
und sich an Israel verherrlicht.

Die Macht Jahwes

24 So spricht Jahwe, der dich erlöst
und dich vom Mutterschoß an ge-
bildet hat: Ich bin Jahwe, der alles
schuf, der ganz allein den Himmel
ausgespannt, der die Erde hingebreitet
hat ohne fremde Hilfe;
25 der die Zeichen der Zauberer
vereitelt und die Wahrsager zu Toren
macht, der die Weisen zurückdrängt
und ihre Kunst als Narrheit erweist,
26 der aber das Wort seines Knechtes
erfüllt und den Plan seiner Boten
verwirklicht;
der zu Jerusalem sagt: „Es werde
bewohnt!" und zu den Städten Judas:
„Sie sollen wieder aufgebaut werden",
und: „Ich richte die Trümmer wieder
her"; 27 der zur Tiefe spricht: „Ver-
siege!" und: „Deine Fluten will ich
vertrocknen lassen";
28 der von Cyrus sagt: „Er ist mein
Hirt, und meinen ganzen Plan wird er
ausführen und von Jerusalem sagen:
‚Es werde wieder aufgebaut', und von
dem Tempel: ‚Er soll aufs neue er-
richtet werden.'"

Spruch zugunsten von Cyrus

45 1 So spricht Jahwe zu Cyrus,
seinem Gesalbten, dessen

→44 12 *arbeitet* Korr.; in M: Zusatz: „die Axt".
→44 12 *Dabei wird er hungrig* ... Vielleicht handelt es sich um ein Fasten, das dem Arbeiter auferlegt wurde, während er das Götzenbild anfertigte.
→44 16 *über seinen Kohlen* G, S; M: „über der Hälfte".
→44 20 *Wer Asche hütet* Asche stellt wie Staub das Unbeständige dar.
→44 21 *denke an all dies* An die Nichtigkeit der Götzenbilder, wenn dieser Text mit dem vorausgehenden zusammenhängt; oder auch (wenn es sich um einen unabhängigen Spruch handelt): an die Erwählung Israels.
→44 25 *der Zauberer* Korr.; M: „der Schwätzer".
→44 28 *und von Jerusalem sagen* Oder nach Üss: „und der von Jerusalem sagt".
→45 1–6 *(Spruch zugunsten von Cyrus)* Dieses Orakel (zu dem wohl 44 24–28 als Einleitung und 45 6c–7 als Abschluß gehören) nimmt das Thema von der Berufung des

Rechte er ergriffen hat, um vor ihm
die Völker niederzuwerfen und zu
entgürten die Hüften der Könige, vor
ihm die Türen zu öffnen, daß ihm kein
Tor verschlossen bleibt:
2 „Ich gehe vor dir her und ebne die
Höhen, ich sprenge eherne Pforten
und zerbreche eiserne Riegel. 3 Ich
gebe dir verborgene Schätze und ver-
steckte Kostbarkeiten, damit du er-
kennst, daß ich Jahwe bin, der dich
beim Namen rief, der Gott Israels.
4 Um meines Knechtes Jakob wil-
len, um Israels, meines Auserwählten,
willen rief ich dich beim Namen,
verlieh dir Ehrennamen, obwohl du
mich nicht kanntest. 5 Ich bin Jahwe,
und sonst ist keiner; außer mir gibt
es keinen Gott. Ich gürte dich, obwohl
du mich nicht kennst, 6 damit man
wisse vom Sonnenaufgang bis zu ihrem
Untergang, daß neben mir kein an-
derer ist."

Heilsweissagung

Ich bin Jahwe, und sonst ist keiner,
7 der Licht bildet und Finsternis
schafft, der Heil wirkt und Unheil
schafft; ich bin Jahwe, der alles dieses
wirkt.
8 Tauet, ihr Himmel, aus der Höhe,
und ihr Wolken, laßt regnen den
Sieg; die Erde tue sich auf, und es
reife das Heil, und Befreiung sprosse
zumal. Ich, Jahwe, will es schaffen.

Jahwes Machtüberlegenheit

9 Hadert er wohl mit seinem Bild-
ner, ein Krug unter irdenen Krügen?
Spricht wohl der Ton zu seinem
Töpfer: „Was machst du da?", und
sein Werk: „Du hast ja kein Ge-
schick!" 10 Wehe dem, der zu seinem
Vater sagt: „Was zeugest du?", und
zur Frau: „Warum gebärst du doch?"
11 So spricht Jahwe, der Heilige
Israels, sein Bildner: „Ihr stellt mich
zur Rede wegen meiner Söhne und
macht mir Vorschriften über die
Werke meiner Hände. 12 Ich bin es,
der die Erde bildete und die Menschen
auf ihr erschuf. Meine Hände haben
den Himmel ausgespannt, und all sein
Heer habe ich entboten. 13 Ich habe
ihn zum Heil erweckt und ebne alle
seine Wege. Er wird meine Stadt
wieder aufbauen und meine Ge-
fangenen entlassen, nicht um Geld,
nicht um Geschenke", spricht Jahwe
Zebaot.

Die Heiden werden sich zu Jahwe bekehren

14 So spricht Jahwe: Die Bauern
Ägyptens und die Kaufleute von
Kusch und die Sabäer, die hochge-
wachsenen Männer, werden an dir
vorüberziehen und dir gehören, sie
werden dir folgen in Ketten, vor dir
niederfallen und dich anflehen: „Gott
ist nur bei dir, und keiner ist sonst,
kein anderer Gott." 15 Fürwahr, bei
dir ist Gott verborgen, der Gott
Israels, der Retter. 16 Beschämt und
zuschanden werden alle, die gegen
dich entbrennen; alle gehen dahin

Cyrus, wie 41 1–5, wieder auf. Es geht aber viel weiter, wenn Cyrus hier der Titel „Gesalbter Jahwes" gegeben wird, der ursprünglich dem König von Israel vorbehalten war, 1 Sm 9 26+, und zu einem Messiastitel wurde („Gesalbter" entspricht dem hebräischen *maschiach* „Messias", im Griechischen mit „Christos" übersetzt). Cyrus wird „beim Namen gerufen", v. 3 und 4, von Jahwe, den er nicht kennt, v. 4 und 5, mit demselben schöpferischen Ruf, den die Propheten und die Könige empfingen.

→45 1 *entgürten die Hüften der Könige* Dadurch, daß man die Waffen an ihrem Gürtel abnimmt, daß man sie entwaffnet.

→45 6c–8 *(Heilsweissagung)* Die Verse 6c und 7 sind vielleicht noch mit dem vorhergehenden Gedicht zu verbinden.

→45 8 *Sieg* Das hebräische Wort *zedeq*, hier mit „Sieg" wiedergegeben, wird gewöhnlich mit „Gerechtigkeit" (V: „der Gerechte") übersetzt, ebenso *zedaqa* „Befreiung" am Versende; vgl. aber 41 2+. Dieselben Ausdrücke finden sich in v. 13 und 24–25 wieder. Vers 8, dessen Heilserwartung in der Übersetzung von V auf den Messias bezogen ist, wurde darum in das *Rorate coeli* der Adventsliturgie aufgenommen.

→45 8 *sprosse* Bereits Jesaja verglich den Messiasfürsten mit einem neuen Sproß, der aus der Wurzel Davids hervorgeht, 6 13; 11 1. In Jr 23 5; 33 15; Sach 3 8; 6 12, vgl. bereits Js 4 2, ist „Sproß" ein Messiasname.

→45 9 *Hadert er* Korr.; M: „Wehe dem, der hadert".

→45 9 *Bildner* Wie Jahwe den Leib Adams „formte" oder „bildete", Gn 2 7.

→45 13 *ihn* Cyrus.

→45 14–17 *(Die Heiden werden sich zu Jahwe bekehren)* Dieser Universalismus, der alle Völker in der Zukunft sich in Jerusalem versammeln sieht, um dem Gott Israels zu dienen, erschien bereits in Js 2 2–4 (= Mich 4 1–3); Jr 12 15–16; 16 19–21; Zeph 3 9–10. Er ist ein Hauptthema des Trostbuches, Js 42 1–4.6; 45 14–16.20–25; 49 6; 55 3–5, vgl. 60. Er kommt auch nach dem Exil zum Ausdruck, vgl. Sach 2 15; 8 20–23; 14 9.16, vgl. auch Ps 87 und Jon.

→45 14 *Die Bauern Ägyptens und die Kaufleute von Kusch* Korr. („Kaufleute" nach S); M: „Der Erwerb Ägyptens und der Gewinn von Kusch".

→45 15 *bei dir* Korr.; M: „du bist".

→45 16 *alle, die gegen dich entbrennen* G; M: „sie alle zumal".

mit Schmach bedeckt, die Götzen-
bildner. 17 Doch Israel wird durch
Jahwe gerettet, gerettet auf ewig; in
Ewigkeit trifft euch nimmer Schmach
und Schande.

Jahwes Werk ist offenkundig

18 Denn also spricht Jahwe, der
den Himmel schuf, der Gott ist, der
die Erde gebildet und geformt und
der sie erhält, der sie nicht als Chaos
erschaffen, sondern zum Bewohnen
gebildet hat:
„Ich bin Jahwe, und keiner sonst!
19 Nicht im Verborgenen habe ich
geredet, nicht an einem finsteren
Winkel der Erde. Zu den Nachkom-
men Jakobs habe ich nicht gesagt:
Sucht mich im Chaos! Ich, Jahwe, ich
rede, was richtig, und verkünde, was
recht ist.

Jahwe ist der universale Gott

20 Versammelt euch, kommt und
tretet alle heran, ihr Entronnenen der
Völker! Unverständig sind, die sich
mit dem Holz der Götzenbilder ab-
schleppen und zu einem Gott flehen,
der nicht helfen kann. 21 Legt dar und
bringt vor! Sie mögen sich beraten
allzusammen: Wer hat das vor langer
Zeit verkündet, es von alters her kund-
getan? Nicht ich, Jahwe? Denn keinen
Gott gibt es außer mir, dem gerechten
Gott und dem Retter, keinen neben
mir. 22 Darum wendet euch zu mir
und laßt euch retten, all ihr Enden der
Erde! Denn ich bin Gott und keiner
sonst!
23 Ich habe bei mir geschworen; von
meinem Munde geht Wahrheit aus,
ein unwiderrufliches Wort: Vor mir
wird sich jedes Knie beugen, und jede
Zunge wird bei mir schwören 24 und
sagen: Nur in Jahwe ist Heil und
Kraft! Zu ihm kommen tief beschämt
alle, die wider ihn geeifert haben. 25 In
Jahwe aber werden siegreich und
ruhmvoll sein alle Nachkommen
Israels."

Sturz des Bel

46 1 Hingesunken ist Bel, zusam-
mengebrochen ist Nebo! Ihre
Bilder werden Tier und Lastvieh auf-
geladen, fortgeschafft als Lasten auf
erschöpftem Vieh.
2 Sie krümmen sich und brechen
alle in die Knie; sie vermögen nicht
zu retten ihre Träger und müssen
selbst in die Gefangenschaft wandern.
3 „Hört auf mich, ihr vom Hause
Jakobs, der ganze Rest vom Hause
Israel, die ihr vom Mutterleibe an
aufgebürdet seid und mit denen ich
mich beladen habe vom Mutter-
schoße an.
4 Selbst bis in euer Alter bleibe ich
derselbe, und bis in die greisen Jahre
will ich euch tragen. Ich habe es ge-
tan und werde weiter tragen; ich
werde halten und retten.

Jahwe ist unvergleichbar

5 Mit wem wollt ihr mich verglei-
chen und messen? Wem wollt ihr
mich an die Seite stellen, daß wir uns
glichen? 6 Die das Gold aus dem
Beutel schütten und das Silber auf
der Waage wiegen, sie dingen einen
Goldschmied, daß er einen Gott
daraus mache. Dann fallen sie vor
ihm nieder und beten ihn an. 7 Sie
nehmen ihn auf die Schultern und
tragen ihn und setzen ihn nieder; er
bleibt auf seinem Platze stehen und
regt sich nicht von seiner Stelle.
Schreit man ihn an, so gibt er keine
Antwort und rettet nicht aus der
Not.

Jahwe ist der Herr der Zukunft

8 Bedenkt dies und schämt euch
und nehmt es zu Herzen, ihr Ab-

→45 18–19 *(Jahwes Werk ist offenkundig)* Wenn Jahwe während des Exils nicht in sichtbarer Weise in die Geschichte zugunsten seines Volkes eingreift, bleibt er doch nicht weniger der Schöpfer der Welt, dessen schöpferisches Wirken vor aller Augen offenliegt.

→45 19 *im Chaos* Die Welt, so wie sie vor dem ordnenden Wirken Gottes war, Gn 1 2.

→45 20–25 *(Jahwe ist der universale Gott)* Der messianische Universalismus, 45 14+, hat sich sonst nirgends so klar ausgesprochen wie in diesem Orakel.

→45 21 *Wer hat das vor langer Zeit verkündet ...* Jahwe allein sieht die Zukunft voraus und kündet sie an: ein Gedanke, der im Trostbuch öfters wiederholt wird, vgl. 41 21+.

→45 24 *und sagen: Nur in Jahwe* Üss; M: „Nur in Jahwe, sagt er mir".

→46 1–4 *(Sturz des Bel)* Die von Cyrus besiegten Babylonier fliehen und tragen dabei ihre Götter mit. Umgekehrt ist es bei Israel, das von Jahwe, seinem Retter, „getragen" wurde.

→46 1 Bel ist der Gott des Himmels im assyrisch-babylonischen Pantheon. Nebo oder Nabu ist der Gott der Schreibkunst und der Weisheit in Babel.

→46 1 *fortgeschafft als Lasten* Korr.; M: „eure fortgeschafften (Sachen) sind aufgeladen als Lasten".

→46 2 *ihre Träger* S, T; M: „die Last".

→46 8 *Bedenkt dies* Die ganze frühere Geschichte Israels.

→46 8 *schämt euch* Nach V.

trünnigen. 9 Denkt an das Vergangene
von der Urzeit her, daß ich allein
Gott bin und keiner sonst, der wahre
Gott, dem niemand gleicht, 10 der
von Anfang an den Ausgang kund-
getan und das noch Ungeschehene in
der Vorzeit;
der da spricht: Mein Ratschluß
wird sich sicher erfüllen, und was
immer ich will, das führe ich aus,
11 der von Osten her den Adler rief,
aus fernen Landen den Mann seines
Ratschlusses. Wie ich gesagt, so habe
ich getan; kaum ist es geplant, so
habe ich es schon vollbracht.
12 So hört auf mich, die ihr das
Herz verliert und fern seid vom Sieg.
13 Meinen Sieg lasse ich nahen, er ist
nicht mehr fern, und mein Heil säu-
met nicht. In Zion spende ich Heil,
Israel meine Herrlichkeit.“

Klage über Babel

47 1 Steige herab und setze dich
in den Staub, jungfräuliche
Tochter Babel! Setz dich entthront
auf die Erde, Tochter der Chaldäer!
Nicht mehr wird man dich Zarte und
Feine nennen. 2 Nimm die Mühle und
mahle Mehl; decke deine Schleier auf
und nimm deine Schleppe hoch, ent-
blöße deine Schenkel und durchwate
die Ströme. 3 Aufgedeckt wird deine
Blöße, man soll deine Schande sehen.
Ich nehme Rache, und niemand soll
fürbittend eintreten.
4 Unser Erlöser, dessen Name
Jahwe Zebaot, der Heilige Israels
spricht: 5 Sitze still und verkrieche
dich in Finsternis, Tochter der Chal-
däer! Denn man nennt dich nicht mehr
Herrin der Königreiche.
6 Ich zürnte wider mein Volk, ent-
weihte mein Erbe, gab es in deine
Gewalt. Doch du hattest mit ihm kein
Erbarmen; selbst auf den Greis hast
du ein überschweres Joch gelegt. 7 Du
wähntest: „Ewig werde ich Herrin
sein.“ Du nahmst dir dies nicht zu
Herzen und bedachtest nicht, wie es
endet.
8 Nun höre dies, du Wollüstige, die
so sicher thront und in ihrem Herzen
denkt: „Ich und sonst nichts mehr!
Ich werde nie als Witwe sitzen und
nichts von Kinderlosigkeit erfahren.“
9 Dennoch wird beides plötzlich an
einem Tag über dich kommen: Kin-
derlosigkeit und Witwenschaft. In
seiner ganzen Schwere wird es über
dich kommen trotz deiner vielen
Zaubersprüche und der Menge deiner
Beschwörungen.
10 Du fühltest dich in deiner Bos-
heit sicher und dachtest: „Mich sieht
keiner!“ Deine Weisheit und dein
Wissen haben dich betrogen, daß du
im Herzen dachtest: „Ich und sonst
nichts mehr!“ 11 Dennoch wird dich
Unheil treffen. Verderben wird über
dich hereinbrechen, gegen das du kei-
nen Zauber weißt. Plötzlich kommt
über dich der Untergang, ehe du dich
dessen versiehst.
12 Nun tritt auf mit deinen Bann-
sprüchen und mit deinen vielen Zau-
berkünsten, mit denen du dich von
Jugend an abgemüht hast. Vielleicht
verschaffst du dir Nutzen und jagst
Schrecken ein. 13 Du bist müde ge-
worden von deinen vielen Beratern.
So mögen nun auftreten und dich
retten, die den Himmel abteilen, die
nach den Sternen sehen und an jedem
Neumond zu sagen wissen, was über
dich kommt.
14 Siehe, wie Stoppeln sind sie ge-
worden, die das Feuer verzehrt. Sie
können sich selbst nicht aus der Ge-
walt der Flammen retten. Da ist keine
Kohlenglut für das Brot, kein Herd-
feuer, um davorzusitzen. 15 So ergeht
es denen, um die du dich abgemüht
hast, deinen Zauberern von deiner
Jugend an. Jeder taumelt gerade vor
sich hin, keiner ist, der dich befreit.

Jahwe handelt allein und ist allein der Herr der Zukunft

48 1 Hört dies, ihr vom Hause
Jakobs, die sich nach Israels
Namen nennen und aus dem Samen

→4611 *den Adler* Cyrus unter dem Bild des Raubvogels.
→4612 *die ihr das Herz verliert* G; M: „die ihr harten Herzens seid“.
→471–15 *(Klage über Babel)* Dieses Gedicht ist eine *qina*, d. h. ein Leichenklagelied in asymmetrischem Rhythmus; es umfaßt sechs Strophen zu sechs Versen (mit Zusätzen, v. 4 und 7B, und einem unvollständigen Vers in v. 12).
→471 *Tochter Babel* Die personifizierte Stadt.
→472 ... *mahle Mehl* Eine Sklavenarbeit.
→473 *niemand soll ... eintreten* Nach G; M: „ich werde eintreten“.
→474 *der Heilige Israels spricht* G; M: „der Heilige Israels“.
→477 *Herrin* G; M: „Herrin für immer“.
→478 *Ich und sonst nichts mehr* Babel wollte sich in seinem Irrsinn mit Jahwe gleichstellen, vgl. 428+.
→4711 *gegen das du keinen Zauber weißt* Korr., vgl. T; M: „dessen Morgenröte du nicht kennst“.
→4713 *vielen Beratern* Korr.; M: „vielen Ratschlägen“.

Judas hervorgegangen sind, die schwö-
ren bei dem Namen Jahwes und den
Gott Israels bekennen, doch nicht
aufrichtig und wie es recht ist. 2 Sie
nennen sich wohl nach der heiligen
Stadt und stützen sich auf den Gott
Israels, dessen Name Jahwe Zebaot
ist.
3 Das Frühere habe ich vor langer
Zeit verkündet. Aus meinem Munde
war es gekommen, und ich hatte es
hören lassen. Plötzlich schritt ich zur
Tat, und es traf ein. 4 Weil ich wußte,
daß du harten Sinnes bist, daß dein
Nacken ein Eisenband und deine
Stirne ehern sei, 5 tat ich es dir schon
lange vorher kund, ließ es dich wissen,
ehe es geschah, damit du nicht etwa
sagst: „Mein Götze hat es getan,
mein Schnitz- und Gußbild hat es an-
geordnet.“ 6 Du hast es damals
gehört. Betrachte nun alles, und ihr,
ihr wollt es mir nicht bezeugen?
Neues tue ich dir von jetzt ab kund,
Verborgenes, was du noch nicht kann-
test. 7 Jetzt erst ist es geschaffen und
nicht früher; bis jetzt hast du nichts
davon gehört, damit du nicht etwa
sagtest: „Siehe, ich habe es gewußt.“
8 Davon hast du nichts gehört,
noch gewußt, noch war ehedem dein
Ohr dafür erschlossen. Denn ich
wußte, daß du ganz treulos bist und
man dich Abtrünnige vom Mutter-
schoß an nennt.
9 Um meines Namens willen halte
ich meinen Zorn zurück, um meiner
Ehre willen habe ich mich bezähmt,
daß ich dich nicht vertilgte. 10 Siehe,
ich habe dich geschmolzen wie das
Silber, ich habe dich geprüft im Ofen
der Leiden. 11 Um meinetwillen, nur
um meinetwillen tat ich es. Denn wie
wäre mein Name entweiht! Meine
Ehre gebe ich keinem anderen.

Cyrus ist der Geliebte Jahwes

12 Hört auf mich, Jakob und Israel,
meine Berufenen: Ich bin es, ich der
Erste und Letzte. 13 Hat doch meine
Hand die Erde gegründet und meine
Rechte den Himmel ausgespannt.
Rufe ich sie, so stehen sie allzumal.
14 Versammelt euch alle und hört:
Wer unter ihnen hat solches kundge-
tan: „Mein Liebling wird meinen
Willen vollstrecken an Babel und an
den Chaldäern.“ 15 Ich, ich habe es
vorhergesagt und ihn berufen; ich
ließ ihn kommen und seine Pläne ge-
lingen. 16 Tretet zu mir heran und
hört dies an: „Von Anfang an habe
ich nie im Verborgenen geredet, und
in der Zeit, da es sich zu verwirklichen
begann, war ich dabei.“ – „Jetzt hat
der Herr Jahwe mich gesandt und
seinen Geist.“

Jahwes Plan mit Israel

17 So spricht Jahwe, dein Erlöser,
der Heilige Israels: Ich bin es, Jahwe,
dein Gott, der dich lehrt, was dir
frommt, und dich auf dem Weg ge-
leitet, den du wandeln sollst. 18 Oh,
hättest du auf mein Gesetz geachtet,
dann wäre einem Strome gleich dein
Glück und deine Gerechtigkeit wie
Meereswogen. 19 Dein Geschlecht
wäre wie der Sand, wie seine Körner
deine Leibesfrucht. Nie würde dein
Name ausgerottet noch ausgetilgt vor
meinem Angesicht.

Lied des Auszugs aus Babel

20 Nun aber brecht auf aus Babel,
zieht eilends weg aus Chaldäa!

→484 Die Verhärtung Israels: ein klassisches Thema bei den Propheten und in den Geschichtsbüchern. Israel ist „halsstarrig“ geworden, Ex 329; Dt 913+; 2 Kg 1714; Jr 726+, es hat sich blind und taub gestellt, Js 69–10+; 4219–20; 438, da es sich weigerte, Gott zu dienen, da es das Joch seines Gesetzes zerbrach, Jr 220; 55; so wird es bestraft, daß es seinen Nacken unter das Joch eines fremden Volkes beugen muß, Dt 2848, vgl. Jr 278.11; 28; 308; Js 93; 1027. Jahwe aber hat um seiner selbst willen sein Volk nicht verworfen, v. 9–11, und die Offenbarung seines Heiles wird über die Blindheit der Aufrührer triumphieren, 427.16.18; 438f.

→486 *Neues tue ich dir . . . kund* Die ganze Botschaft des Trostbuches von der Befreiung.

→487 *bis jetzt* G, L, V; M: „und vor dem Tage und nicht“.

→4810 *wie das Silber* Korr.; M: „ohne Silber“.

→4810 *ich habe dich geprüft* Korr.; M: „ich habe dich erwählt“.

→4811 *mein Name* G, L, V; fehlt in M.

→4814 *Wer unter ihnen* Den falschen Göttern, vgl. 4121+.

→4814 *Mein Liebling* Cyrus.

→4814 *Mein Liebling wird meinen Willen . . .* 1QJs[a], vgl. G; M: „Jahwe ist sein Liebling, er wird seinen Willen . . .“

→4815 *ich ließ* Üss; M: „er ließ“.

→4816 *Jetzt hat der Herr Jahwe mich gesandt* Nach dem heutigen Text handelt es sich um eine Antwort des Cyrus.

→4817–19 *(Jahwes Plan mit Israel)* Wehmütige Erinnerung an den Plan, den Jahwe mit einem treuen Israel vorhatte. Die Verheißungen sind jene, die Jahwe dem Abraham machte, Gn 1316; 176f; 2217, und die in der ganzen Bibel, besonders in Dt und bei den Propheten, wiederkehren, vgl. 1 Kg 420; Hos 21.

→4819 *dein Name* G; M: „sein Name“.

Mit Jubelschall verkündet dies und
laßt es hören, tragt es hinaus bis
an die Grenzen der Erde und sagt:
Jahwe hat Jakob, seinen Knecht,
erlöst!
21 Sie litten nicht an Durst, als er
sie durch die Wüste führte. Aus
Felsen ließ er ihnen Wasser rinnen;
er spaltete Felsen, und die Wasser
flossen. 22 Für die Gottlosen aber
gibt es keinen Frieden.

Zweites Lied vom Gottesknecht

49 1 Hört mich, ihr Inseln, und
merkt auf, ihr fernen Völker!
Jahwe berief mich vom Mutterleib,
vom Mutterschoße an nannte er mei-
nen Namen.
2 Er machte meinen Mund zu
einem scharfen Schwert und hielt
mich fest im Schatten seiner Hand;
er machte mich zu einem glatten
Pfeil, in seinem Köcher barg er mich.
3 Und er sprach zu mir: „Mein
Knecht bist du, [Israel,] durch den
ich mich verherrlichen will.“ 4 Ich
aber sagte: „Ich habe mich umsonst
gemüht, vergebens und nutzlos meine
Kraft verzehrt.“
Doch fürwahr, mein Recht steht
bei Jahwe, der Lohn bei meinem Gott.
5B Ich wurde geehrt in den Augen
Jahwes, mein Gott war meine Stärke.
5A Nun aber spricht Jahwe, der
Herr, der mich vom Mutterleib zu
seinem Knecht gebildet hat, um
Jakob zu ihm zurückzuführen, und
daß ihm Israel gesammelt werde:
6 „Zu wenig ist, daß du mein
Knecht nur seist, um die Stämme
Jakobs wieder aufzurichten und
zurückzuführen, was aus Israel noch
übrigbleibt. Ich mache dich zum
Licht der Heiden, daß mein Heil bis
an die Grenzen der Erde reiche.“

Die wunderbare Heimkehr

7 So spricht Jahwe, der Erlöser
Israels und sein Heiliger, zu dem, des-
sen Leben verachtet und den die
Völker verabscheuen, zu dem Knechte
der Tyrannen: Könige werden es se-
hen, und Fürsten werden sich erheben,
und sie werden sich niederwerfen um
Jahwes willen, der sich als treu er-
wiesen, des Heiligen Israels, der dich
erkoren hat.
8 So spricht Jahwe: Zur Zeit der
Huld erhöre ich dich, ich helfe dir
am Tag des Heils. [Ich habe dich
geschaffen und dich zum Bunde für
das Volk gemacht.] Ich werde das
Land aufrichten und das verwüstete
Erbgut verteilen, 9 den Gefangenen
sagen: „Kommt heraus!“ und denen,
die im Finstern sitzen: „Kommt ans
Licht!“
Auf allen Wegen werden sie weiden,
und auf allen kahlen Hügeln werden
Triften für sie sein. 10 Sie werden
nicht hungern und nicht dürsten,
nicht wird sie der Glutwind noch die
Sonne stechen. Denn ihr Erbarmer
wird sie leiten und sie zu Wasser-
quellen führen. 11 Ich will alle Berge
zu Wegen machen, und meine Straßen
sollen aufgeschüttet werden.
12 Seht, aus weiter Ferne kommen
sie; seht, diese von Norden und vom
Westen her, und jene vom Lande der
Siniter. 13 Jauchzet, ihr Himmel, und
frohlocke, du Erde, brecht in Jubel
aus, ihr Berge! Denn Jahwe hat sein
Volk getröstet, und seiner Armen hat
er sich erbarmt.
14 Zion aber sprach: „Jahwe hat
mich verlassen, der Herr hat mich
vergessen.“ 15 Vergißt wohl eine
Frau das Kind, das sie nährt; hört
sie auf, den Sohn ihres Schoßes zu
lieben? Und wenn sie es vergäße, ich
vergesse dich nicht.
16 Siehe, ich habe dich auf meine
Hand gezeichnet; deine Mauern sind
immerdar vor meinen Augen. 17 Es
kommen eilends deine Erbauer, deine
Zerstörer und Verwüster ziehen fort
von dir.

→48 22 Dieser Vers könnte ein Zusatz sein.
→49 1–6 *(Zweites Lied vom Gottesknecht)* Manche rechnen zu diesem Lied noch V. 7 oder V. 7–9A hinzu.
→49 3 *[Israel]* Diese Verdeutlichung, mit V. 5–6 schwer zu vereinen, vgl. 42 1+, ist wahrscheinlich ein von 44 21 beeinflußter Zusatz.
→49 5A *zu ihm* Nach einigen Hss von M, T; M (Ketib): „nicht“.
→49 7 *dessen Leben verachtet* Hss, 1QJs[a]; M: „um sein Leben zu verachten“.
→49 7 *den die Völker verabscheuen* Wörtlich: den Verabscheuten der Leute, Üss; M: „der die Leute verabscheut“.
→49 9 *Auf allen Wegen* G; M: „Auf den Wegen“. Es handelt sich um die Verwandten auf dem Weg der Heimkehr; sie kommen zurück, wie Schafe in die Hürde heimkehren.
→49 11 *alle Berge* G, S, T; M: „alle meine Berge“.
→49 12 *vom Lande der Siniter* Syene (Assuan) südlich von Ägypten.
→49 14–15 Die Botschaft des Hosea, Jeremia und des Deuteronomium, die bereits diese unverbrüchliche Liebe Jahwes zu Israel aussprachen, läßt sich kaum schöner zusammenfassen als in diesen Versen, vgl. 54 8+.
→49 17 *deine Erbauer* Üss, 1QJs[a]; M: „deine Söhne“.

18 Erhebe ringsum deine Augen und
schaue: sie alle sammeln sich und
kommen jetzt zu dir. So wahr ich lebe,
spricht Jahwe, du sollst sie anlegen
allesamt wie einen Schmuck und dich
damit gürten wie eine Braut. 19 Denn
deine Trümmer, deine Wüsteneien
und dein verheertes Land werden nun
zu eng sein für die Bewohner, weit
weg von dir sind deine Verderber.
20 Noch werden die Söhne deiner
Einsamkeit vor deinen Ohren spre-
chen: „Mir ist zu eng, schaffe mir
Raum, daß ich wohnen kann!“ 21 Du
wirst dann bei dir denken: „Wer hat
mir diese geboren? Ich war doch
kinderlos und unfruchtbar. Wer hat
diese großgezogen? Ich war doch
allein übriggeblieben. Woher stam-
men sie?“ 22 So spricht der Herr
Jahwe: Siehe, ich erhebe zu den
Heidenvölkern meine Hand und er-
richte für die Nationen mein Panier.
Dann bringen sie in ihrem Mantel dei-
ne Söhne und tragen deine Töchter
auf den Schultern. 23 Es werden
Fürsten deine Pfleger sein und Köni-
ginnen deine Ammen. Das Antlitz zur
Erde tief gebeugt, werden sie dir
huldigen und den Staub deiner Füße
küssen. Du wirst erfahren, daß ich
Jahwe bin, der nicht zuschanden
werden läßt, die auf mich vertrauen.
24 Kann man einem Starken die
Beute nehmen und einem Gewaltigen
die Gefangenen entreißen? 25 Für-
wahr, so spricht Jahwe: Auch dem
Gewaltigen werden die Gefangenen
entrissen, und dem Starken wird die
Beute abgenommen. Ich selbst werde
mit deinen Gegnern streiten, ich
selbst werde deine Söhne befreien.
26 Ich gebe deinen Peinigern ihr
eigenes Fleisch zu essen; wie an
Most sollen sie sich an ihrem Blut
berauschen. So wird alles Fleisch
erfahren, daß ich Jahwe, dein Retter
bin, dein Erlöser, der Starke Israels.

Das Heil wird immer angeboten

50 1 So spricht Jahwe: Wo ist
denn der Scheidebrief eurer
Mutter, mit dem ich sie entlassen
hätte? Wer ist mir Gläubiger, an den
ich euch verkauft hätte? Seht, um
eurer Sünden willen wurdet ihr ver-
kauft, um eurer Frevel willen wurde
eure Mutter verstoßen.
2 Warum war niemand da, als ich
kam? Warum gab niemand Antwort,
als ich rief? Ist denn meine Hand zu
kurz, um zu erlösen, oder fehlt mir die
Kraft, zu retten? Seht, schon durch
mein Schelten lasse ich das Meer ver-
trocknen und wandle Ströme um zur
Wüste, so daß die Fische darin ver-
trocknen, weil sie kein Wasser haben,
und aus Durst verkommen. 3 Ich
kleide den Himmel in Trauer und
bedecke ihn mit dem Sack.

Drittes Lied vom Gottesknecht.
A. Der Knecht spricht

4 Der Herr Jahwe gab mir eine
Jüngerzunge. Damit ich verstünde,
dem Müden zu antworten, bewirkt er
ein Wort. Er weckt an jedem Morgen
mir das Ohr, damit ich wie ein Jünger
höre. 5 Der Herr Jahwe hat mir das
Ohr geöffnet.
Ich aber widerstrebte nicht, wich
nicht zurück. 6 Meinen Rücken bot
ich den Schlagenden dar und meine
Wangen den Raufenden. Ich verbarg
mich nicht vor Schmähung und Be-
speien. 7 Der Herr Jahwe war mein
Helfer; ich wurde deshalb nicht zu-
schanden. Darum machte ich mein
Angesicht zu einem harten Kiesel;
ich wußte ja, daß ich nicht beschämt
werde.
8 Nahe ist, der mir zum Recht ver-
hilft. Wer will mit mir streiten? Lasset
uns zusammentreten! Wer ist mein
Gegner? Er trete zu mir heran!
9 Seht, der Herr Jahwe ist mein
Helfer. Wer will mich verdammen?

→4921 *unfruchtbar* G; M: „unfruchtbar, verbannt und verstoßen“.

→4922 *mein Panier* In 526 rief dieses Signal den Eroberer herbei. Nun kündet es das Heil an.

→4922 *bringen sie in ihrem Mantel deine Söhne* Wie man voller Behutsamkeit kleine Kinder trägt.

→4924 *einem Gewaltigen* Üss, 1QJs^{a}, vgl. v.25; M: „einem Gerechten“.

→4926 *Ich gebe deinen Peinigern ihr eigenes Fleisch zu essen* D. h., sie werden sich gegenseitig umbringen.

→501 Über Israel, die treulose Gattin, vgl. Hos 24–9+. Hier betont der Prophet, daß es keine rechtskräftige Verstoßung, vgl. Dt 241–4, Israels gegeben habe, an das Jahwe also gebunden bleibt.

→503 Der schwarze Gewitterhimmel ist Vorbote des Sturmes, der die Gotteserscheinungen begleitet, vgl. Ex 1322+; 1916+. Es handelt sich um die Vorzeichen des Gerichtes.

→504 *antworten* G; M: „stärken“; T: „weiden“.

→505 *Jahwe hat mir das Ohr geöffnet* Der Gottesknecht, vgl. 421+, erscheint hier weniger als ein Prophet denn als ein von Jahwe inspirierter Weisheitslehrer.

→506 Diese Beschreibung der Leiden des Knechtes wird im vierten Lied wiederholt, 5213 – 5312.

Seht, sie alle zerfallen wie ein Kleid;
die Motte wird sie fressen.

B. Mahnung, dem Knecht zu folgen

10 Wer unter euch Jahwe fürchtet,
der höre auf die Stimme seines Knech-
tes, der im Finstern wandelte und
keinen Lichtstrahl sah und dennoch
auf den Namen Jahwes vertraute und
sich stützte auf seinen Gott.
11 Seht, ihr alle aber, die ihr ein
Feuer anfacht und Brandpfeile entzün-
det, ihr sollt in die Glut eures Feuers
fahren und in die Brandpfeile, die ihr
angezündet habt. Von meiner Hand
geschieht euch dies; in Qualen sollt
ihr gebettet sein.

Das Heil der Kinder Abrahams

51 1 Hört mich, die ihr nach
Gerechtigkeit trachtet, die ihr
Jahwe sucht! Blickt auf den Felsen,
aus dem ihr herausgehauen seid, auf
den Brunnenschacht, aus dem ihr
gegraben seid! 2 Blickt hin auf Abra-
ham, euren Vater, und auf Sara, die
euch gebar. Denn als einzelnen habe
ich ihn berufen, gesegnet und gemehrt.
3 So wird Jahwe auch Zion trösten,
trösten alle seine Trümmer. Seine
Wüste wird er zu einem Paradiese
machen und seine Steppe wie zu
einem Gottesgarten. Dort wird Freude
und Wonne gefunden, Preis und
Lobgesang.

Jahwe wird die Welt richten

4 Höret auf mich, ihr Völker, und
merkt auf, ihr Nationen! Denn von
mir geht Unterweisung aus, und
mein Urteil wird das Licht der Völker
sein. Kommen lasse ich 5 plötzlich
meine Gerechtigkeit, mein Heil wird
kommen wie das Licht. Mein Arm
wird die Völker richten. Die Inseln
werden auf mich harren und hoffen
auf meinen Arm.
6 Erhebt zum Himmel eure Augen
und schaut auf die Erde unten! Der
Himmel wird wie Rauch vergehen
und die Erde wie ein Kleid zerfallen,
und ihre Bewohner schwinden wie sie
dahin. Doch mein Heil besteht in
Ewigkeit, und meine Gerechtigkeit
nimmt nie ein Ende.
7 Hört auf mich, die ihr das Recht
kennt, du Volk, das mein Gesetz in
seinem Herzen trägt! Fürchtet nicht
den Spott der Menschen, und vor
ihrem Schmähen banget nicht! 8 Wie
ein Kleid wird sie die Motte fressen
und wie Wolle sie die Schabe ganz
zernagen. Meine Gerechtigkeit aber
besteht in Ewigkeit und mein Heil
von Geschlecht zu Geschlecht.

Jahwes Erwachen

9 Erhebe dich, erhebe dich, um-
kleide dich mit Kraft, du Arm Jahwes!
Erhebe dich wie in den Tagen der Vor-
zeit, bei den längst vergangenen Ge-
schlechtern! Warst du es nicht, der
Rahab zerhieb, den Drachen durch-
bohrte? 10 Warst du es nicht, der das
Meer vertrocknen ließ, das Wasser
der gewaltigen Flut, der die Tiefe des
Meeres zum Wege schuf, daß die
Erlösten durch sie hindurchziehen
konnten?
11 Die Jahwe erlöste, kehren heim,
jauchzend werden sie nach Zion kom-
men, ewige Freude strahlt über ihren
Häuptern. Jubel und Wonne wird ihr
Anteil, entflohen sind Leid und Kum-
mer.

Jahwe ist ein allmächtiger Tröster

12 Ich, ich selbst bin es, der dich
tröstet. Wer bist du, daß du dich vor
sterblichen Menschen fürchtest, vor
Menschenkindern, die wie Gras ver-
welken? 13 Du hast Jahwe vergessen,
deinen Schöpfer, der den Himmel aus-
gespannt und die Erde gegründet hat,
und zitterst immerfort, jeden Tag vor
dem Grimm deines Drängers, weil er
dich vernichten wollte. Wo ist denn nun
des Bedrängers Wut?

→50 10 Mit den frommen Juden („Wer unter euch Jahwe fürchtet") sind also die Heiden, die ihn noch nicht kennen, zum Heil berufen. Beide werden nach ihrer Treue gegen die Weisung des Knechtes beurteilt, v. 11.

→50 11 *entzündet* Üss; M: „euch gürtet".

→51 2 *habe ich ihn . . . gesegnet und gemehrt* Üss; M: „werde ich ihn . . . segnen und mehren".

→51 4 *ihr Völker . . . ihr Nationen* Hss von M, S; M: „mein Volk . . . meine Nation".

→51 5 *wie das Licht* G; fehlt in M.

→51 6 *nimmt nie ein Ende* G, V; M: „wird nicht erschüttert".

→51 9–10 „Rahab", Ägypten, ist auch das Sinnbild für das uranfängliche Chaos, das vom Schöpfer überwunden wurde, Ib 7 12+; „Wasser der gewaltigen Flut" bezeichnet das Schilfmeer, das beim Auszug durchschritten wurde, es ist aber auch das Urmeer, das die Welt umgibt. Die Wundertaten des Exodus waren das Werk der schöpferischen Macht.

→51 11 Das Gedicht von der Befreiung, das durch die beiden folgenden Stücke unterbrochen ist, wird in v. 17 fortgesetzt.

→51 12 *dich tröstet* G, S; M: „euch tröstet".

Das Heil

14 Gleich wird der Gefesselte befreit;
er wird nicht tot zur Grube fahren,
noch wird es ihm ferner an Speise
mangeln. 15 Ich bin Jahwe, dein Gott,
der das Meer erregt, daß seine Wogen
brausen, Jahwe Zebaot ist mein Name.
16 Ich habe mein Wort in deinen Mund
gelegt und dich im Schatten meiner
Hand geborgen, um einen Himmel
auszuspannen und eine Erde zu be-
gründen und um Zion zu sagen: „Mein
Volk bist du!"

Jerusalems Erwachen

17 Erhebe dich, erhebe dich, steh
auf, Jerusalem, das du aus der Hand
Jahwes den Becher seines Zornes ge-
trunken und den Taumelkelch bis zur
Neige geleert hast!
18 Da war keiner, der sie führte von
allen Söhnen, die sie gebar; da war
niemand, der sie bei der Hand nahm
von allen Kindern, die sie großgezogen
hat.
19 Zwei Dinge haben dich getroffen
– wem tut es leid um dich? –: Verwü-
stung und Verderben, Hunger und
Schwert. – Wer tröstet dich?
20 Deine Kinder sanken ohnmächtig
hin, lagen an allen Straßenecken wie
eine im Netz gefangene Gazelle, voll
vom Grimm Jahwes, vom Zorn deines
Gottes.
21 Darum höre dies, Gebeugte und
Trunkene, doch nicht vom Wein!
22 So spricht dein Herr Jahwe, dein
Gott, der für sein Volk streitet:
Siehe, ich nehme dir den Taumel-
becher aus der Hand, den Kelch meines
Grimmes; du sollst ihn fürder nicht
mehr trinken. 23 Ich will ihn in die
Hand deiner Peiniger geben, die zu dir
sagten: „Bück dich, damit wir darüber-
gehen", und du hast deinen Rücken
zum Boden gemacht und zu einem
Weg für die Darübergehenden.

52 1 Steh auf, steh auf, lege deinen
großen Schmuck an, Zion, und
hülle dich in deine Prachtgewänder,
Jerusalem, du heilige Stadt! Denn nie-
mals mehr wird dich ein Unbeschnitte-
ner und Unreiner betreten.
2 Schüttle den Staub von dir ab,
erhebe dich, gefangenes Jerusalem,
löse die Fesseln von deinem Hals,
gefangene Tochter Zion!

Bedingungen der Gefangenschaft des Volkes

3 Denn so spricht Jahwe: Umsonst
wurdet ihr verkauft, ohne Entgelt sollt
ihr erlöst werden. 4 Denn so spricht
der Herr Jahwe: Nach Ägypten ist
vormals mein Volk hinabgezogen, um
dort zu wohnen, und Assur hat es hart
bedrückt. 5 Und nun, was habe ich
hier zu tun?, spricht Jahwe. Man hat
ja mein Volk um nichts hinweggenom-
men. Seine Zwingherrn prahlen, spricht
Jahwe, und immerfort, alle Tage wird
mein Name gelästert. 6 Darum soll
mein Volk meinen Namen erkennen;
es soll erkennen an jenem Tag, daß ich
es bin, der spricht: „Hier bin ich!"

Das Erwachen Jahwes und Jerusalems

7 Wie lieblich sind auf den Bergen
die Füße des Freudenboten, der den
Frieden verkündet, der frohe Kunde
bringt, das Heil ansagt und zu Zion
spricht: „Dein Gott ist König!"
8 Horch, deine Wächter erheben
ihre Stimmen und jauchzen zumal;
denn sie sehen Auge in Auge Jahwe
zurückkehren nach Zion.
9 Brecht in Jubel aus und frohlockt,
all ihr Trümmer Jerusalems, denn

→51 16 *auszuspannen* S (vgl. 51 13B); M: „zu pflanzen".
→51 17 – 52 2 *(Jerusalems Erwachen)* Fortsetzung des Gedichtes 51 9–11.
→51 17 *Becher seines Zornes* Das Bild vom „Becher des Zornes Jahwes" mit berauschendem und betäubendem Wein kehrt wieder in Jr 13 13; 25 15–17; 48 26; 49 12; 51 7; Ez 23 32–34; Hab 2 15–16; Ob 16; Sach 12 2; Ps 75 9; Klgl 4 21. An anderen Stellen dient der „Becher" zur Befragung der Gottheit oder zum Werfen der Lose, auch bezeichnet er den durch das Los zugefallenen Anteil, Ps 11 6; 16 5.
→51 19 *Wer tröstet dich* Üss, 1QJs[a]; M: „Wie tröste ich dich".
→51 23 *Bück dich, damit wir darübergehen* Die Gefangenen wurden im Altertum oft einer solchen Erniedrigung unterworfen.
→52 2 *du Gefangene* Korr.; M: „setze dich".
→52 2 Fortsetzung des Gedichtes in v. 7.
→52 4 *hart* G; M: „grundlos".
→52 6 *es soll erkennen* Korr.; M: „darum", fehlt in G und 1QJs[a].
→52 7 Fortsetzung des großen, nach v. 2 unterbrochenen Gedichtes über die Befreiung Jerusalems.
→52 7 *frohe Kunde* Das Trostbuch ist ein „Evangelium", vgl. Mt 4 23+.
→52 7 *Dein Gott ist König* Die Rückkehr aus dem Exil führt in ein neues Zeitalter, in dem weniger ein irdischer König als vielmehr Jahwe selbst, der König auf Zion und über die ganze Erde, herrscht und seine Macht in den Dienst seines Heilswillens stellt. Diese Herrschaft, angekündigt in Mich 2 13; 4 7; Zeph 3 15; Jr 3 17; 8 19; Ez 20 33 (vgl. 34 11 f); Js 43 15; 24 23; Ob 21; Sach 14 9, wird in den „Psalmen vom Königtum Jahwes", Ps 47; 93; 96; 97; 98; 99, besungen.

Jahwe tröstet sein Volk, erlöst Jeru-
salem!
10 Jahwe hat seinen heiligen Arm
vor den Augen aller Völker enthüllt,
und alle Enden der Erde schauen das
Heil unseres Gottes.
11 „Fort! Fort! Zieht weg von dort!
Rührt nichts Unreines an! Zieht hin-
weg aus ihrer Mitte! Reinigt euch, die
ihr die Gefäße Jahwes tragt!
12 Nicht in Hast sollt ihr ausziehen,
nicht fluchtartig hinwegeilen. Denn
Jahwe geht vor euch her, und eure
Nachhut ist der Gott Israels."

Viertes Lied vom Gottesknecht

13 Seht, mein Knecht wird erfolg-
reich sein, erhöht werden, hoch empor-
steigen und sehr erhaben sein.
14 Wie sich viele über ihn entsetzten
– so unmenschlich entstellt war sein
Aussehen, und seine Gestalt nicht mehr
die der Menschenkinder –, 15 so wer-
den viele der Völker in Staunen gera-
ten. Könige werden vor ihm ihren
Mund verschließen; denn was ihnen
noch nie verkündet wurde, sehen sie,
und was sie niemals gehört, vernehmen
sie:

53 1 „Wer glaubte dem, was wir
vernahmen? Wem ward der
Arm Jahwes enthüllt?"
2 Er wuchs empor vor uns wie ein
Reis, wie eine Wurzel aus dürrem Erd-
reich. Keine Gestalt besaß er, noch
Schönheit; [wir schauten,] und es war
kein Anblick, daß wir sein begehrten.
3 Verachtet war er und von den
Menschen gemieden, ein Mann
von Schmerzen, leiderfahren; wie
einer, vor dem man sein Angesicht
verhüllt, verabscheut, von niemand
beachtet.
4 Aber wahrlich, unsere Krankheiten
hat er getragen, unsere Schmerzen hat
er auf sich geladen; doch wir hielten
ihn für einen Geschlagenen, den Gott
getroffen und gebeugt hat. 5 Er ward
durchbohrt um unserer Sünden willen,
zerschlagen für unsere Missetaten. Zu
unserem Frieden lag die Strafe auf ihm;
durch seine Striemen ist uns Heilung
geworden.
6 Wir alle irrten umher wie die
Schafe, jeder ging seine eigenen Wege.
Aber Jahwe ließ ihn treffen die Schuld
von uns allen. 7 Er wurde mißhandelt,
doch er beugte sich. Er öffnet nicht
seinen Mund. Wie ein Lamm, das man
zur Schlachtbank führt; wie ein Schaf
vor dem Scherer verstummt, öffnet er
nicht seinen Mund.
8 Durch Gewalt und Gericht ward
er ergriffen; wer kümmert sich um
seinen Rechtsfall? Er ward heraus-
gerissen aus dem Land der Lebendigen;
unserer Sünden wegen ward er zu
Tode getroffen. 9 Bei Verbrechern
bestimmte man sein Grab und bei
Reichen seine Gruft, obgleich er nie-
mals Unrecht tat und kein Trug in sei-
nem Munde war.
10 Jahwe gefiel es, ihn durch Leiden
zu zermalmen; wenn er sein Leben

→52 10 *seinen heiligen Arm . . . enthüllt* Um zu streiten wie in jener Zeit, da er „mit der Stärke des Armes" Israel aus Ägypten, dem Sklavenhause, herausführte.
→52 11 *aus ihrer Mitte* Aus Babel.
→52 11 *die Gefäße Jahwes* Die heiligen, von Cyrus zurückgegebenen Tempelgeräte, vgl. Esr 1 7–11.
→52 13 – 53 12 *(Viertes Lied vom Gottesknecht)* Über den Sinn dieses Liedes vgl. 42 1+. Das Gedicht erscheint als ein Zwiegespräch. Nach einem Gottesspruch, v. 13, ergreifen die Könige der Völker, v. 14f, dann vielleicht die Völker das Wort, das Gedicht schließt mit einem erneuten Orakel, 53 11–12. Es ist aber schwierig, den Wechsel der Sprecher mit Sicherheit jeweils genau anzugeben.
→52 14 *über ihn* T, S; M: „über dich".
→52 14 *so unmenschlich entstellt war sein Aussehen* Eine Variante von 1QJs[a] liest (kaum ursprünglich): „durch meine Salbung nahm ich sein menschliches Aussehen hinweg".
→52 15 *(sie werden) in Staunen geraten* G, V; M: „er wird aufbrechen lassen".
→53 2 *vor uns* Korr.; M: „vor ihm".
→53 2 *Wurzel* Das Bild von der Wurzel bezeichnete in 11 1.10 den Immanuel.
→53 3 *vor dem man sein Angesicht verhüllt* Der Ausdruck bezeichnete die Aussätzigen.
→53 8 *Durch Gewalt und Gericht ward er ergriffen* Dies scheint darauf hinzudeuten, daß der Knecht durch ein Gericht verurteilt wurde.
→53 8 *seinen Rechtsfall* Korr.; M: „sein Geschlecht". Die Auslegung ist umstritten. G und V haben verstanden: „Wer wird sein Geschlecht erzählen", was die christliche Überlieferung auf die geheimnisvolle Herkunft Christi gedeutet hat; das hebräische *dor* „Geschlecht" kann aber nicht die Geburt bezeichnen.
→53 8 *unserer Sünden wegen* Korr.; M: „der Sünden meines Volkes wegen".
→53 9 *und bei Reichen seine Gruft* Nach 1QJs[a]; M: „und bei seinem Tode ist er mit den Reichen". Die urchristliche Verkündigung scheint an diesen Text gedacht zu haben, wenn sie die Bestattung Jesu im Grabe des Joseph von Arimathäa, des „reichen Mannes", erwähnte, Mt 27 57–60. Man könnte auch korrigieren: „und bei seinem Tode ist er mit den Übeltätern", vgl. Lk 22 37 (was sich aber eher auf v. 12 bezieht).
→53 10 *durch Leiden* Korr., vgl. Üss; 1QJs[a]: „Und er hat ihn durchbohrt", v. 5.

als Schuldopfer hingibt, wird er Nach-
wuchs sehen und viele Lebenstage, und
der Plan Jahwes wird durch seine Hand
gelingen.
11 „Nach der Mühsal seiner Seele
wird er Licht sehen und sich sättigen.
Durch sein Leiden wird mein Knecht
viele rechtfertigen, indem er ihr Ver-
schulden auf sich nimmt.
12 Darum will ich ihm die Vielen
als Anteil geben, und die Mächtigen
fallen ihm als Beute zu dafür, daß er
sein Leben in den Tod dahingegeben
hat und unter die Übeltäter gezählt
ward, während er doch die Schuld der
Vielen trug und für die Sünder eintrat."

Jerusalems Fruchtbarkeit

54 1 Frohlocke, du Unfruchtbare,
die nicht gebar, juble und
jauchze, die nicht in Wehen lag! Denn
zahlreicher sind die Söhne der Ver-
einsamten als die Kinder der Vermähl-
ten, spricht Jahwe.
2 Erweitere den Raum deines Zeltes,
deine Decken spanne aus und spare
nicht damit! Mache länger deine Seile
und schlage fester deine Pflöcke ein!
3 Denn nach rechts und links wirst du
dich ausbreiten; dein Geschlecht wird
Völker in Besitz nehmen und die öden
Städte wiederum besiedeln.

Die Liebe Jahwes

4 Fürchte dich nicht, du wirst nicht
zuschanden werden! Schäme dich
nicht, du brauchst nicht zu erröten!
Denn die Schmach deiner Jugendzeit
sollst du vergessen und der Schande
deiner Witwenschaft nicht mehr ge-
denken. 5 Dein Gemahl ist ja dein
Schöpfer – Jahwe Zebaot ist sein
Name –, und dein Erlöser ist der Hei-
lige Israels; „Gott der ganzen Erde"
wird er genannt. 6 Denn wie ein ver-
lassenes und herzbetrübtes Weib ruft
dich der Herr zurück. Kann man die
Gattin der Jugend verschmähen?
spricht dein Gott.
7 Nur eine kleine Weile verließ ich
dich, und mit großer Liebe hole ich
dich wieder heim. 8 Als sich mein Zorn
ergoß, verbarg ich auf kurze Zeit mein
Angesicht vor dir; doch mit ewiger
Huld erbarme ich mich deiner, spricht
Jahwe, dein Erlöser.
9 Wie in Noachs Tagen tue ich auch
diesmal. Wie ich damals schwur,
Noachs Fluten sollten nicht mehr die
Erde überschwemmen, so schwöre ich
auch jetzt, dir nimmermehr zu zürnen,
noch dich zu schelten.
10 Wahrlich, die Berge mögen wei-
chen, und die Hügel mögen wanken,
meine Liebe wird nimmer weichen,
und mein Friedensbund wird nimmer
wanken, spricht Jahwe, dein Er-
barmer.

Das neue Jerusalem

11 Du Arme, vom Wettersturm
umhergeworfen, ganz ohne Trost!
Siehe, ich werde deine Grundsteine
in Karfunkel legen und deine Funda-
mente auf Saphir gründen. 12 Aus
Rubin mache ich deine Zinnen und
deine Tore aus Saphir und aus Juwe-
len deine Ummauerung. 13 Alle deine
Söhne sind Jünger Jahwes, und groß
wird das Glück deiner Kinder sein.
14 Auf Gerechtigkeit wirst du gegrün-
det sein, fern von Drangsal, denn du
hast nichts zu fürchten fern von Schrek-
ken, denn er naht dir nicht. 15 Greift
man dich an, so geht es nicht von mir
aus; wer gegen dich streitet, kommt zu
Fall.
16 Siehe, ich habe den Schmied
geschaffen, der das Kohlenfeuer an-
facht und Waffen anfertigt für seinen
Zweck. Ich habe aber auch den Ver-
derber zum Zerstören erschaffen.
17 Keine Waffe, die man gegen dich
schmiedet, wird Erfolg haben; jede
Zunge, die im Gericht gegen dich strei-
tet, wirst du Lügen strafen. Das ist das
Erbe der Knechte Jahwes und die Sie-
ge, die ich ihnen sichere, spricht Jahwe.

→5311 *Licht* G, 1QJs[a], 1QJs[b]; fehlt in M.
→5311 *Durch sein Leiden* Korr. nach einer Hs von M; M: „Durch seine Erkenntnis".
→5311 *wird mein Knecht* Korr.; M: „wird der Gerechte, mein Knecht".
→541 Paulus wendet dieses Bild auf die Kirche, das neue Jerusalem, an.
→542 *deine Decken* G; M: „die Decken deiner Wohnungen".
→542 *spanne aus* Üss; M: „spannet aus".
→545 *Dein Gemahl* Korr.; M: „Dein Besitzer". Das Bild von der verstoßenen Ehefrau, der verziehen wurde – ein Lieblingsthema bei Hosea und Jeremia –, wird wiederaufgenommen.
→548 *mit ewiger Huld* Die „ewige Liebe" Jahwes zu seinem Volk, Jr 313; Zeph 317; Dt 437; 78; 1015; Js 434, vgl. auch Mal 12, vergleichbar der Liebe eines Vaters zu seinen Kindern, Hos 16; 23.25; 11; Jr 3120; Js 4914–16, dem Verlangen eines Mannes nach einer Frau, Hos 216–17.21–22; 31; Jr 22; 3121–22; Ez 168.60; Js 624–5, kommt hier zum Ausdruck in ihrer ganzen Ungeschuldetheit, vgl. 1 Jo 410.19, ihrer unverbrüchlichen Treue, vgl. Röm 1129, und ihrer schöpferischen Macht, vgl. 1 Jo 31–2.
→5411 *Karfunkel* G; M: „Antimon" (?). Die Bedeutung dieses Wortes ist umstritten.

Die Nahrung der Armen

55 1 Wohlan, all ihr Dürstenden,
kommt zum Wasser! Die ihr
kein Geld habt, kommt ohne Geld,
kauft Getreide und eßt ohne Bezah-
lung Wein und Milch! 2 Warum wägt
ihr Silber dar für das, was kein Brot
ist, und gebt euer mühsam Erworbenes
für das, was nicht sättigt? Höret doch
auf mich, und ihr sollt das Beste essen,
und eure Seele soll sich am Fett
laben. 3 Neigt euer Ohr und kommt
zu mir! Höret, und eure Seele wird
leben!

Der Bund

Ich will mit euch einen ewigen Bund
schließen auf Grund der David ver-
heißenen Gnaden. 4 Siehe, zum Zeugen
habe ich dich für die Völker bestimmt,
zum Fürsten und zum Gebieter der
Nationen. 5 Siehe, Völker, die du nicht
kennst, wirst du rufen, und die dich
nicht kennen, werden zu dir eilen um
Jahwes, deines Gottes, und des Hei-
ligen Israels willen, weil er dich ver-
herrlicht.

Jahwes Nähe und Größe

6 Suchet Jahwe, solange er sich fin-
den läßt; rufet ihn, solange er nahe ist!
7 Der Gottlose verlasse seinen Weg
und der Frevler seine Pläne. Er kehre
zu Jahwe zurück, daß er sich seiner
erbarme, und zu unserem Gott, er ist
groß im Verzeihen. 8 Denn meine
Gedanken sind nicht eure Gedanken,
und eure Wege sind nicht meine Wege,
spricht Jahwe. 9 Vielmehr, so hoch
der Himmel über der Erde ist, so hoch
sind meine Wege über euren Wegen
und meine Gedanken über den euren.

Die Wirksamkeit des Wortes Jahwes

10 Gleichwie Regen und Schnee
vom Himmel fallen und dorthin nicht
zurückkehren, ohne die Erde zu trän-
ken, zu befruchten und sie sprossen zu
lassen, so daß sie Samen den Säenden
und Brot den Essenden gibt, 11 so ver-
hält es sich mit meinem Wort, das aus
meinem Mund hervorgeht: Es kommt
nicht leer zu mir zurück, ohne voll-
bracht zu haben, was ich wollte, und
ausgeführt zu haben, wozu ich es
sandte.

Schluß des Buches

12 Fürwahr, mit Freude werdet ihr
ausziehen und in Frieden geleitet wer-
den. Die Berge und die Hügel brechen
vor euch in Jubel aus, alle Bäume des
Feldes klatschen in die Hände. 13 Zy-
pressen wachsen statt der Dornen,
statt der Nesseln sprossen Myrten.
Dies wird Jahwe zum Ruhme sein und
zu einem ewigen Zeichen, das nicht
vergeht.

III. DRITTER TEIL DES BUCHES JESAJA

Die Aufnahme der Proselyten

56 1 So spricht Jahwe: Wahret das
Recht und übet Gerechtigkeit,
denn schon ist nahe mein Heil, und
bald offenbart sich meine Gerechtigkeit.
2 Wohl dem Mann, der dies tut, und
dem Menschenkind, das daran fest-
hält, das den Sabbat hält und ihn nicht
entheiligt und seine Hände vor allem
bösen Tun bewahrt.
3 Nicht spreche der Fremde, der
sich Jahwe angeschlossen hat: „Jahwe
wird mich gewiß aus seinem Volk aus-
schließen.“ Nicht sage der Verschnit-
tene: „Ach, ich bin ein dürrer Baum!“
4 Denn so spricht Jahwe: Den Ver-
schnittenen, die meinen Sabbat halten
und erwählen, was mir wohlgefällt, und
treu zu meinem Bunde stehen, 5 denen
will ich in meinem Haus und in meinen
Mauern eine Säule und einen Namen
geben, der besser ist als Söhne
und Töchter, einen ewigen Namen
gebe ich ihnen, der nimmer ausgetilgt
wird.
6 Und die Fremden, die sich Jahwe

→551 *eßt* G, 1QJs[a]; M: „eßt, kommt und kauft“.
→553 *einen ewigen Bund* Zu diesem ewigen Bund, 5921; 618, der auch der neue Bund ist, vgl. Jr 3131+.
→554 *dich* Korr.; M: „ihn“.
→554 *Völker* Üss; M: „Nationen“.
→555 *die dich nicht kennen* Davor wiederholender Zusatz in M: „Völker“.
→5510–11 Das Wort Jahwes wird hier personifiziert, vgl. Spr 822+.
→561–6624 *(Dritter Teil des Buches Jesaja)* Vgl. Einleitung, S. 1017.
→561–8 *(Die Aufnahme der Proselyten)* Dieses Orakel stammt wahrscheinlich aus der Zeit nach der Rückkehr aus dem Exil. Der universalistischen Linie der großen Propheten getreu, vgl. 4514+, verkündet der Verfasser, daß die fremden Proselyten in der Gemeinde zugelassen werden sollen unter der Bedingung, daß sie sich dem Ritualgesetz unterwerfen.

anschließen, um ihm zu dienen und
seinen Namen zu lieben und seine
Knechte zu sein, wer immer von ihnen
den Sabbat beobachtet und ihn nicht
entheiligt und festhält an meinem
Bund, 7 die führe ich zu meinem hei-
ligen Berg und lasse sie sich in meinem
Bethaus freuen. Ich nehme ihre Brand-
und Schlachtopfer auf meinem Altar
gnädig an; denn mein Haus soll ein
Bethaus für alle Völker heißen.
8 So spricht der Herr Jahwe, der die
Versprengten Israels sammelt: Ich
werde zu seinen Gesammelten noch
andere sammeln.

Die Unwürdigkeit der Führer

9 Alle Tiere des Feldes, kommt her-
bei zum Fraße, und alle Tiere des
Waldes! 10 Seine Wächter sind alle
blind und haben keine Einsicht.
Alle sind sie stumme Hunde, die
nicht bellen können; träumend liegen
sie da und lieben zu schlummern.
11 Aber gierig sind diese Hunde und
werden nimmer satt. Ja, das sind die
Hirten: Sie passen nicht auf, sondern
denken nur an ihre eigenen Wege und
jedermann nur an seinen eigenen
Gewinn.
12 „Kommt, ich hole Wein, und
laßt uns vom Rauschtrank zechen;
und wie heute soll es morgen gehen,
hoch soll es hergehen!“

57
1 Der Gerechte kommt um,
und niemand nimmt es sich
zu Herzen. Die frommen Männer
schwinden dahin, und niemand achtet
darauf.
Ja, der Bosheit wegen wird der
Gerechte hinweggenommen, 2 um
einzugehen zum Frieden, und auf ih-
rem Lager ruhen, die den geraden Weg
gegangen sind.
3 Ihr aber kommt her, ihr Söhne
der Zauberin, du Brut der Ehebreche-
rin und der Dirne!
4 Über wen macht ihr euch lustig?
Gegen wen reißt ihr den Mund auf
und streckt die Zunge heraus? Seid ihr
nicht Kinder des Frevels, eine Lügen-
brut?
5 Die ihr unter den Terebinthen und
unter jedem grünen Baum in Brunst
geratet, die ihr in Tälern und in Fels-
klüften Kinder schlachtet!

Prophetenklage gegen den Götzendienst

6 Bei den Kieseln der Bachtäler liegt
dein Anteil; sie sind dein Los. Du hast
ihnen Trankopfer ausgegossen und
Speiseopfer dargebracht, und ich sollte
mich damit zufriedengeben? 7 Hoch
auf steilen, ragenden Bergen hast du
dein Lager hingestellt, dorthin bist du
hinaufgestiegen, um Schlachtopfer
darzubringen.
8 Und hinter Tür und Pfosten hast
du dein Denkzeichen angebracht.
Treulos gegen mich hast du dein Lager
aufgedeckt, bestiegen und es breit
gemacht.
Du hast mit denen paktiert, deren
Bett du liebtest; du hast deine Unzucht
mit ihnen gehäuft, im Schauen auf die
Säule.
9 Du hast dich schön gemacht für
Melech mit Öl, und deine Salben ver-
schwendet; du sandtest weithin deine
Boten und erniedrigtest dich bis zur
Scheol.
10 Wohl plagtest du dich mit vielem
Wandern; aber du sagtest nicht: „Es
war umsonst!“ Du fandest neue Be-
lebung deiner Kraft; darum verdroß
es dich nicht.
11 Wen hast du gescheut und ge-
fürchtet, daß du treulos wurdest, daß
du meiner nicht gedachtest und dich
nicht um mich kümmertest?

→568 *noch andere* Die Proselyten.
→569 – 575 *(Die Unwürdigkeit der Führer)* Dieser vielleicht vorexilische Spruch entfaltet ein Lieblingsthema des Jeremia, 28.26–27; 54–5.31; 1021; 231–2.11f, und Ezechiel, 811f; 34: die Unwürdigkeit der Führer Judas im 7. Jahrhundert.
→5611 *Aber gierig ... nicht auf* Wahrscheinlich Zusatz.
→5611 *Gewinn* G; M: „Gewinn, ohne Ausnahme“.
→571 *Die frommen Männer schwinden dahin* Vielleicht Anspielung auf die Verfolgung unter Manasse.
→572 *die ... gegangen sind* G; M: „der ... gegangen ist“.
→573 *Brut der Ehebrecherin und der Dirne* Üss; M: „Brut des Ehebrechers, und du hurst“.
→575 *in Felsklüften* G; M: „unter Felsklüften“. Anspielung auf die Menschenopfer der kanaanäischen Kulte.
→576–13 *(Prophetenklage gegen den Götzendienst)* Dieses Orakel ist wie das vorhergehende wahrscheinlich vorexilisch. Es wendet sich im Stil der Propheten des 7. Jahrhunderts gegen den Götzenkult Jerusalems, Jr 116; 718 usw.; Ez 8 usw., vgl. Js 26–8.
→578 *dein Denkzeichen* Häusliches Götterbild, das bei der Schwelle oder neben der Tür aufgestellt war.
→578 *du hast deine Unzucht mit ihnen gehäuft* G; fehlt in M.
→579 *Du hast dich schön gemacht* Symmachus, V; M: „Du bist hingelaufen“.
→579 *und ließest sie hinabsteigen bis zur Scheol* Durch die Kinderopfer.
→5711 *und die Augen schloß* Üss; M: „und seit Ewigkeit“.

Nicht wahr, weil ich schwieg und
die Augen schloß, deshalb hattest du
keine Furcht vor mir. 12 Aber ich will
deine Gerechtigkeit kundmachen, und
deine Machwerke werden dir nichts
nützen.
13 Wenn du schreist, dann mögen
dich Greuelgötzen retten! Doch ein
Windhauch führt sie allesamt hinweg,
ein Lüftchen bläst sie fort. Nur wer
auf mich vertraut, der erbt das Land,
nimmt Besitz von meinem heiligen
Berg.

Trostgedicht

14 Dann wird man sagen: Machet
Bahn, machet Bahn, ebnet den Weg
und räumet jeden Anstoß aus dem
Wege meines Volkes! 15 Denn so
spricht der Hohe und Erhabene, der
ewig thront, dessen Name ist der Hei-
lige:
„Ich throne in der Höhe, im Heilig-
tum. Dennoch bin ich bei den Zer-
knirschten und Demütigen, um den
Mut der Gebeugten zu beleben, zu
beleben das Herz der Zerschlagenen.
16 Denn nicht auf ewig will ich
hadern, und nicht endlos will ich
zürnen, weil sonst der Geist vor mir
verschmachtet und die Seelen, die ich
doch erschaffen habe.
17 Ob seiner frevlen Gier zürnte ich
dem Volk und schlug es, verhüllte mich
und grollte. Es ging in die Irre auf dem
Wege seines eigenen Herzens. 18 Ich
sah seine Wege.
Doch ich will es heilen und Trost
verschaffen ihm und den trauernden
Seinen. 19 Ich schaffe der Lippen
Frucht: Friede, ja Friede den Fernen
und den Nahen, spricht Jahwe; ich
heile es."
20 Die Gottlosen aber sind wie das
aufgewühlte Meer, das nicht zur Ruhe
kommt, dessen Wogen Kot und
Schlamm auswerfen. 21 „Für die
Gottlosen gibt es keinen Frieden",
spricht mein Gott.

Das Fasten

58 1 Rufe aus vollem Hals und
halte nicht zurück! Erhebe deine
Stimme gleich einer Posaune und
künde meinem Volk seine Frevel, dem
Hause Jakob seine Sünden!
2 Sie befragen mich zwar Tag für
Tag und möchten meine Wege kennen-
lernen, als wären sie ein Volk, das
Gerechtigkeit übt und das Recht seines
Gottes nicht verläßt.
Sie fordern von mir gerechte Ge-
richte und begehren, daß Gott sich
nahe. 3 „Warum fasten wir, ohne daß
du es beachtest, und warum kasteien
wir uns, ohne daß du es siehst?"
Seht, am Tag, da ihr fastet, geht ihr
den Geschäften nach und drängt alle
eure Arbeiter. 4 Seht, zu Streit und
Hader fastet ihr und schlagt dabei
den Armen mit der Faust.
Euer jetziges Fasten ist nicht so,
daß es eurem Rufen in der Höhe
Gehör verschaffen kann. 5 Ist das
ein Fasten, wie ich es liebe, ein Tag,
an dem man sich kasteit?
Daß man seinen Kopf wie ein
Schilfrohr hängen läßt und sich in
Sack und Asche bettet? Das heißest
du ein Fasten, einen Tag, der Jahwe
gefallen soll?
6 Wißt ihr nicht, wie das Fasten
ist, das ich liebe? So spricht der Herr
Jahwe: Ungerechte Fesseln öffnen
und des Joches Stricke lösen;
die Bedrückten frei entlassen und
jegliches Joch zerbrechen; 7 dein
Brot dem Hungrigen brechen und
obdachlose Arme aufnehmen in dein
Haus; den Nackten, den du siehst,
bekleiden und dich deinen Mitmen-
schen nicht entziehen. 8 Dann bricht

→57 12 *ich will deine Gerechtigkeit kundmachen* Ironische Formulierung.

→57 13 *deine Greuelgötzen* T; M: „deine angehäuften (Götzen)".

→57 14–21 *(Trostgedicht)* In diesem Gedicht aus der Zeit vor der Rückkehr aus dem Exil erscheint Jahwe als jener, der sich der „Armen" annimmt, vgl. Zeph 2 3+, wie in vielen Psalmen aus der gleichen Zeit.

→57 17 *mich verbergend voller Zorn* Das bedeutet entweder „mein Angesicht verbergend" – Ausdruck der göttlichen Ungnade – oder auch: „ohne mein Eingreifen zu enthüllen".

→57 18 *und es trösten* G, S; M: „und es leiden".

→58 1–12 *(Das Fasten)* Nachexilischer Spruch, vgl. 58 12+. Er betont, entsprechend dem Geist der großen Propheten, vgl. Am 5 21+, die sittlichen Grundforderungen der Bundesordnung gegenüber veräußerlichter Kultpraxis.

→58 1 *Posaune* Die Posaune oder das Horn kündigte die Feste und den Beginn der Fastenzeiten an.

→58 3 Das Gesetz schrieb ein Fasten nur für den Versöhnungstag vor, Lv 23 26–32, vgl. Lv 16 1+; zu bestimmten Zeiten hat man aber offenbar die Fasttage vermehrt, um das Jahresgedächtnis von Niederlagen zu begehen, vgl. Sach 7 1–5; 8 18–19, oder um Gottes Erbarmen zu erflehen.

→58 4 *den Armen mit der Faust* Üss; M: „mit frevelhafter Faust".

→58 6 *So spricht der Herr Jahwe* G; fehlt in M. – Das Evangelium wird diese tiefe Auffassung von der Buße, mit der sich Bruderliebe verbinden muß, aufnehmen.

wie Morgenröte dein Licht hervor,
und schnell wird deine Heilung
sprossen.
Deine Gerechtigkeit geht alsdann
vor dir her, und die Herrlichkeit
Jahwes wird deine Nachhut bilden.
9 Dann wirst du rufen, und Jahwe
wird dir antworten; du wirst flehen, und
er wird sagen: „Siehe, hier bin ich?“
Wenn du aus deiner Mitte Be-
drückung, Fingerrecken und Unheils-
rede entfernst,
10 wenn du Hungrigen
dein Brot schenkst und den Gebeugten
sättigst,
dann wird im Dunkel dein Licht
erstrahlen, und deine Finsternis wird
zur Mittagshelle.
11 Dann wird Jahwe
dich allezeit leiten und deine Seele
selbst im dürren Lande sättigen.
Er wird deine Glieder mit Kraft
erfüllen; du wirst wie ein wohlbewäs-
serter Garten sein, wie eine Quelle,
deren Wasser nie versiegt.

12 Und du wirst uralte Trümmer
wieder aufbauen, die Grundmauern
vergangener Geschlechter wirst du
wieder aufrichten. Dann wird man
dich nennen: Der Breschen vermauert,
und: Der Trümmer zum Wohnen
wiederherstellt.

Über den Sabbat

13 Wenn du am Sabbat deinen Fuß
zurückhältst, deine Geschäfte an
meinem heiligen Tag zu betreiben;
wenn du den Sabbat eine Wonne
nennst und den heiligen Tag Jahwe
verehrungswürdig; wenn du ihn da-
durch ehrst, daß du an ihm nicht deine
Gänge machst noch deiner Arbeit
nachgehst und keine eitlen Reden
führst,
14 dann wirst du deine Freude
haben an Jahwe, und ich lasse dich
auf den Höhen des Landes einher-
fahren und das Erbteil deines Vaters
Jakob genießen. Denn der Mund
Jahwes hat gesprochen.

Psalm

59
1 Seht, die Hand Jahwes ist
nicht zu kurz, um zu helfen; sein
Ohr ist nicht taub, daß er nicht hört.
2 Nein, eure Frevel sind zur Scheide-
wand geworden zwischen euch und
eurem Gott; eure Sünden haben sein
Angesicht vor euch verhüllt, daß er
euch nicht hörte.
3 Denn eure Hände
sind mit Blut besudelt und mit Un-
recht eure Finger, eure Lippen reden
Trug, und eure Zunge spricht Frevel.
4 Keiner klagt gerechterweise, und
keiner führt mit Ehrlichkeit Prozeß.
Man vertraut auf Nichtigkeit und
redet Eitles, geht mit Mühsal schwan-
ger und gebiert Unheil.

5 Sie brüten Basiliskeneier aus und
weben Spinngewebe. Wer von ihren
Eiern ißt, muß sterben; wenn man sie
zerdrückt, schlüpft eine Otter aus.
6 Ihre Fäden taugen nicht zur Klei-
dung, mit ihrem Gewebe kann man
sich nicht bedecken. Unheil sind ihre
Werke, und Freveltaten sind in ihren
Händen.
7 Ihre Füße laufen zum
Bösen und eilen, unschuldiges Blut
zu vergießen; ihre Gedanken sind
Gedanken des Unheils; Verheerung
und Zerstörung sind auf ihren Wegen.
8 Den Weg des Friedens kennen sie
nicht; auf ihren Bahnen gibt es kein
Recht. Sie machen ihre Pfade krumm,
und wer sie betritt, weiß nichts von
Frieden.

9 Deshalb ist fern von uns das
Recht, und die Gerechtigkeit erreicht
uns nicht. Wir hoffen auf Licht, und
siehe, es bleibt finster, auf Helle, doch
wir wandeln im Dunkeln.
10 Wir
tappen wie Blinde an der Wand und
zögern wie solche, die keine Augen
haben. Wir straucheln am Mittag wie
in der Dämmerung, wir wohnen in
Finsternis den Toten gleich.
11 Wir
brummen alle wie die Bären und
girren wie die Tauben; wir harren auf
Recht, und es kommt nicht, auf das
Heil, und es bleibt uns fern.

12 Denn zahlreich sind unsere Sün-
den vor dir, und unsere Frevel zeugen
gegen uns; unserer Vergehen sind wir
bewußt, und wir kennen unsere
Missetaten:
13 Wir wurden untreu

→58 10 *wenn du ... schenkst* Korr. M: „wenn er ... schenkt“.
→58 10 *dein Brot* Hss von M, Üss; M: „deine Seele“.
→58 12 *du wirst ... aufbauen* G; M: „sie werden ... von dir aufbauen“.
→58 12 *Trümmer zum Wohnen* Korr.; M: „Wiege zum Wohnen“. Nach dieser Anspielung ließe sich die Prophetie auf die Zeit zwischen der Zerstörung Jerusalems durch Nebukadnezar und dem Wiederaufbau der Stadt durch Nehemia datieren.
→59 1–14 *(Psalm)* Dieser ziemlich späte Psalm enthält drei Teile: Akt des Glaubens an Jahwe, v. 1–4 (vielleicht der älteste Teil); Polemik gegen die Feinde des nachexilischen Judentums, v. 5–11; Bekenntnis ähnlich wie in den „Bußpsalmen“, v. 12–14.
→59 4 *Nichtigkeit* Mit diesem Wort werden oft die Götzenbilder bezeichnet.
→59 5 *Sie* Wahrscheinlich heuchlerische Führer der jüdischen Gemeinde.
→59 10 *zögern* Korr.; M: „tappen“.
→59 10 *wir wohnen in Finsternis* Korr. nach T, V; M unverständlich.

und verleugneten Jahwe, wir fielen
ab von unserem Gott; wir führten
Reden der Treulosigkeit und des
Abfalls und raunten im Herzen nur
Worte der Lüge. 14 So ist das Recht
zurückgedrängt, und die Gerechtig-
keit muß fernstehen; die Redlichkeit
strauchelt auf der Gasse, und die
Geradheit findet keinen Eingang.

Apokalypsefragment

15 Es wird die Redlichkeit vermißt,
und wer das Böse meidet, ist vogel-
frei. Jahwe sah dies, und es mißfiel
ihm, daß es kein Recht mehr gab.
16 Er sah, daß niemand da war, und er
staunte, daß niemand eingriff. Da
half ihm sein eigener Arm, und seine
Gerechtigkeit stützte ihn. 17 Er zog
die Gerechtigkeit wie einen Panzer an,
und der Helm des Heils war auf seinem
Haupt. Er legte die Rache als Kleid an
und hüllte sich in den Eifer wie in
einen Mantel. 18 Nach dem Maß der
Taten wird er vergelten, Grimm sei-
nen Widersachern, Strafe seinen Fein-
den. 19 Dann werden die im Westen
den Namen Jahwes schauen, und die
im Osten seine Herrlichkeit. Denn er
wird kommen wie ein eingeengter
Strom, den der Sturm Jahwes daher-
jagt. 20 Doch für Zion kommt er als
Erlöser, und für jene von Jakob, die
sich von ihrem Abfall bekehren,
spricht Jahwe.

Weissagung

21 Was mich betrifft, das ist mein
Bund mit ihnen, spricht Jahwe: Mein
Geist, der auf dir ruht, und meine
Worte, die ich in deinen Mund gelegt
habe, sollen nicht weichen aus deinem
Munde und dem Munde deiner Kin-
der und der Kinder deiner Kindes-
kinder – spricht Jahwe – von nun an
bis in Ewigkeit.

Die herrliche Auferstehung Jerusalems

60 1 Steh auf, Jerusalem, werde
licht! Denn gekommen ist dein
Licht, und die Herrlichkeit Jahwes
strahlt über dir. 2 Siehe, Finsternis
bedeckt die Erde und Dunkelheit die
Nationen.

Doch über dir strahlt Jahwe, über
dir erscheint seine Herrlichkeit. 3 Völ-
ker ziehen zu deinem Licht und Könige
zu dem Glanze, der dich überstrahlt.

4 Laß deine Augen ringsum schwei-
fen und siehe: Sie alle sammeln sich,
um zu dir zu gehen. Deine Söhne
kommen aus weiter Ferne, und deine
Töchter trägt man auf den Hüften.

5 Da wirst du schauen und strah-
len, dein Herz wird pochen und sich
weiten. Denn die Schätze des Meeres
fluten zu dir hin, und es strömt zu dir
der Reichtum der Nationen.

6 Eine Menge von Kamelen wird
dich überfluten, Dromedare von
Midian und Epha. Sie alle werden
von Saba kommen und Gold und
Weihrauch bringen und die Ruhmes-
taten Jahwes verkünden.

7 Alle Herden Kedars sammeln
sich bei dir, die Widder Nebajots
stehen dir zu Diensten. Als wohlge-
fälliges Opfer kommen sie auf meinen
Altar; das Haus meiner Herrlichkeit
will ich schmücken.

8 Wer sind sie, die wie Wolken
fliegen, wie Tauben nach ihren
Schlägen? 9 Ja, die Schiffe sammeln
sich für mich, voran die Schiffe von
Tarschisch,

um deine Söhne aus der Ferne
heimzubringen, mit ihnen auch ihr
Silber und ihr Gold für den Namen

→59 13 *Reden der Treulosigkeit* T; M: „Reden der Bedrückung".

→59 13 *raunten* 1QJs[a]; M: „dachten und raunten".

→59 15–20 Dieses Apokalypsenfragment gehört wahrscheinlich zu 24–27. Vielleicht ist der erste Vers noch zum vorhergehenden Stück zu ziehen.

→59 18 *seinen Feinden* G; M: „seinen Feinden. Den Inseln wird er Vergeltung heimzahlen".

→59 19 *schauen* Einige Hss von M; M: „fürchten".

→59 20 *für Zion* Röm 11 26: „von Zion"; 1QJs[a]: „auf Zion".

→59 21 Der ewige Bestand des Bundes zwischen Jahwe und Israel, vgl. 55 3+ und Jr 31 31+.

→60 1 f Die Gedichte der Kapitel 60 und 62 bilden eine Einheit. Sie sind mit 40–55 nach Stil und Gedankenwelt verwandt; wenn sie nicht vom Verfasser des Trostbuches selbst stammen, so doch wenigstens von einem seiner unmittelbaren Schüler.

→60 5–6 Die Schätze des Meeres (d. h. der meerbeherrschenden Mächte Phönizien und Griechenland) kommen auf Schiffen von Westen, die Schätze des Ostens und Ägyptens kommen mit Karawanen von der Wüste Syriens und des Sinai. Midian, Epha und Saba sind Völkerschaften Arabiens. Die Liturgie des Festes Epiphanie wendet diese Stelle auf die Huldigung der Magier an, Mt 2 1–12. Die Aussageabsicht des Textes ist eine andere, aber seine universalistische Perspektive, vgl. Js 45 14+, legte die Verbindung nahe.

→60 7 Kedar, 21 16–17, ein Beduinenstamm; Nebajot eine arabische Völkerschaft.

→60 9 *Ja, die Schiffe sammeln sich für mich* Korr.; M: „Ja, auf mich warten die Inseln".

Jahwes, deines Gottes, und für den
Heiligen Israels, der dich verherrlicht.
10 Dann bauen Fremde deine
Mauern auf, und ihre Könige werden
dich bedienen. Denn schlug ich dich
auch in meinem Grimm, so erbarme
ich mich nun deiner in Huld.
11 Deine Tore werden immer offen
stehen; man schließt sie nicht bei
Tag und Nacht, um zu dir den Reich-
tum der Nationen hineinzubringen
und ihre Könige dir zuzuführen.
12 Das Volk aber und das Reich, die
dir nicht dienen wollen, werden unter-
gehen, und diese Völker werden gänz-
lich ausgerottet.
13 Die Pracht des Libanon wird zu
dir kommen, Zypressen, Ulmen und
Fichten zumal, um den Ort meines
Heiligtums zu zieren, die Stätte mei-
ner Füße zu ehren.
14 Und tief gebeugt werden die
Söhne derer, die dich bedrückten,
zu dir kommen; die dich schmähten,
werden dir zu Füßen fallen. Sie wer-
den dich nennen: Stadt Jahwes, Zion
des Heiligen Israels.
15 Weil du verlassen warst, gehaßt
und im Stiche gelassen, mache ich dich
zum ewigen Stolz, zur Freude von
Geschlecht zu Geschlecht.
16 Dann wirst du die Milch der
Völker trinken und dich von den
Reichtümern der Könige nähren; dann
wirst du erkennen, daß ich, Jahwe, dein
Retter bin, dein Erlöser, der Starke
Jakobs.
17 Statt des Erzes bringe ich Gold,
statt des Eisens Silber, statt des Hol-
zes Erz und statt der Steine Eisen.
Zu deiner Obrigkeit mache ich den
Frieden und Gerechtigkeit zu deinem
Herrn.
18 Nicht wird man mehr in deinem
Land von Gewalttat hören, nicht von
Zerstörung und Verwüstung in deinen
Grenzen. „Heil" wirst du deine Mau-
ern nennen und „Ruhm" deine Tore.
19 Nicht wird die Sonne dir mehr
am Tage als Licht dienen, noch dir
der Glanz des Mondes leuchten.
Denn Jahwe wird dein ewiges Licht
sein und dein Gott dein Glanz.
20 Deine Sonne wird niemals unter-
gehen und dein Mond nicht ver-
schwinden; denn Jahwe wird dein
ewiges Licht sein, und zu Ende sind
die Tage der Trauer.
21 Deine Bürger sind lauter Ge-
rechte; auf immer besitzen sie das
Land, ein Sproß der Pflanzungen Jah-
wes, das Werk meiner Hände zur
Verherrlichung.
22 Der Kleinste wird zu tausend
werden und der Geringste zu einem
starken Volk. Ich, Jahwe, habe es
gesagt, schnell laß ich es kommen zu
seiner Zeit.

Die Sendung des Propheten

61 1 Der Geist des Herrn Jahwe
ruht auf mir; denn Jahwe hat
mich gesalbt. Er hat mich gesandt,
den Armen die Frohbotschaft zu
bringen, zu heilen, die gebrochenen
Herzens sind;
den Gefangenen Befreiung und den
Gefesselten Erlösung anzukündigen,
2 auszurufen ein Jahr der Gnade von
Jahwe, einen Tag der Rache für unse-
ren Gott;
alle Betrübten zu trösten 3 und
ihnen die Asche mit einem Diadem,
das Trauerkleid mit Freudenöl und
den verzagten Geist mit Festgesang
zu vertauschen. Man wird sie Tere-
binthen der Gerechtigkeit nennen,
eine Pflanzung Jahwes zu seiner Ver-
herrlichung. 4 Sie werden uralte
Trümmer wieder aufbauen, wieder
aufrichten, was schon vor Zeiten
verwüstet lag; verödete Städte wer-

→60 11 *offenstehen* Üss; M: „öffnen".
→60 11 *unter Führung ihrer Könige* Wörtlich: ihre Könige als Führende, Korr.; M: „ihre Könige als Geführte".
→60 12 Wahrscheinlich ein Zusatz.
→60 13 *Die Pracht des Libanon* Die Zedern. Man wird sie verwenden, um das neue Jerusalem zu bauen wie einst den Tempel Salomos, 1 Kg 5 15 f.
→60 14 *Stadt Jahwes, Zion des Heiligen Israels* Ein neuer sinnbildlicher Name wie jener, den Jesaja Jerusalem gab, 1 26+. Ebenso handelt es sich bei den Namen der Mauern und Tore, 60 18, den Namen Zions und seines Landes, 62 4, den Namen des Volkes und der Stadt, 62 12, um sinnbildliche Namen.
→60 15 *im Stich gelassen* G; M: „ohne einen Hinzukommenden".
→60 16 *von den Reichtümern* G; M: „von der Brust".
→60 18 Die Mauern und Tore Jerusalems trugen Namen. Hier handelt es sich um neue, sinnbildliche Namen, vgl. 60 14+ und 1 26+. Die Apokalypse des Johannes wird den Toren und Mauern des neuen Jerusalem ähnliche Namen geben, vgl. Apk 21 12.14.
→60 21 *Pflanzungen Jahwes* 1QJs[a]; M: „meiner Pflanzungen".
→60 22 *habe es gesagt* Korr. (für ausgefallenes Wort eingesetzt).
→61 1–11 Dieses Gedicht könnte zur Sammlung 60–62 gehören oder wurde von einem Schüler in sie eingefügt.
→61 3 Am Versanfang Einfügung in M: „zu setzen den Trauernden von Zion", wohl Glosse.

den sie erneuern, die viele Geschlech-
ter hindurch in Trümmern lagen.
5 Dann stehen Fremde da und
weiden eure Herden, Ausländer sind
eure Ackersleute und eure Winzer.
6 Ihr aber werdet genannt: Priester
Jahwes; ihr werdet heißen: Diener
unseres Gottes. Den Reichtum der
Völker werdet ihr genießen, und mit
ihren Schätzen werdet ihr euch
schmücken.
7 Weil zweifach ihre Schande, weil
Schmähung und Bespeiung ihr Anteil
war, werden sie ein zweifaches Erbe
in ihrem Land erhalten, ewige Freude
wird ihnen zuteil.
8 Denn ich, Jahwe, liebe das Recht
und hasse frevlerischen Raub. Ich
gebe in Treue ihren Lohn und
schließe einen ewigen Bund mit ihnen.
9 Ihre Nachkommen werden unter
den Völkern bekannt werden und
ihre Sprößlinge unter den Nationen.
Alle, die sie sehen, werden einge-
stehen, daß sie ein Geschlecht sind,
das Jahwe gesegnet hat.
10 „Darum will ich frohlocken in
Jahwe, und jubeln soll meine Seele
in meinem Gott. Denn er hat mich
mit den Gewändern des Heils beklei-
det, in den Mantel der Gerechtigkeit
mich gehüllt, wie ein Bräutigam sich
den Kopfschmuck aufsetzt, wie eine
Braut sich schmückt mit ihrem Ge-
schmeide.
11 Denn wie die Erde Gewächse
hervorbringt und wie im Garten
sproßt die Saat, so läßt der Herr
Jahwe Gerechtigkeit sprossen und
Ruhm vor allen Völkern."

Zweites Gedicht über die herrliche Auferstehung Jerusalems

62 1 Um Zions willen darf ich
nicht schweigen, Jerusalems
wegen nicht ruhen, bis wie Lichtglanz
seine Gerechtigkeit hervorbricht und
sein Heil brennt wie eine Fackel.
2 Dann werden die Völker deine
Gerechtigkeit schauen und alle Könige
deine Herrlichkeit, und man wird
dich mit einem neuen Namen nennen,
den der Mund Jahwes bestimmen
wird. 3 Du wirst eine prachtvolle
Krone in der Hand Jahwes sein, ein
königliches Diadem in der Hand
deines Gottes.
4 Man wird dich nicht länger mehr
„Verlassene" nennen und dein Land
nicht mehr „Preisgegeben", sondern
man wird dich „Meine-Lust-an-dir"
heißen und dein Land „Vermählte".
Wird doch Jahwe an dir wieder Ge-
fallen haben, und dein Land wird
wiederum vermählt.
5 Denn wie der Jüngling eine Jung-
frau freit, so wird dein Erbauer dich
freien; wie der Bräutigam seine Wonne
an der Braut hat, so wird dein Gott an
dir seine Wonne haben.
6 Über deine Mauern, Jerusalem,
habe ich Wächter bestellt, den ganzen
Tag und die ganze Nacht sollen sie
nicht schweigen.
Die ihr Jahwe erinnern solltet,
gönnt euch keine Ruhe! 7 Laßt ihm
keine Ruhe, bis er Jerusalem wieder-
herstellt und zum Lobpreis auf Erden
macht!
8 Jahwe hat geschworen bei seiner
Rechten und bei seinem starken
Arm: „Nimmer will ich dein Korn
deinen Feinden zu essen geben, nicht
wieder sollen Fremde deinen Most
trinken, um den du dich abgemüht
hast.
9 Nein, wer geerntet hat, soll es
auch essen und Jahwe preisen; und
die geherbstet haben, sollen auch
trinken in meinen heiligen Vorhöfen."

Schluß

10 Zieht aus, zieht aus durch die
Tore! Bahnt dem Volk den Weg!
Schüttet die Straße auf und macht sie
von Steinen frei! Pflanzt ein Panier
für die Völker auf!
11 Seht, Jahwe läßt es künden bis
an die Grenzen der Erde:
„Saget der Tochter Zion: Siehe, es
kommt dein Erretter. Siehe, sein
Lohn ist mit ihm, und seine Vergel-

→616 *euch schmücken* G; M: „ihnen folgen".
→617 *ihre Schande* Die Schande der Juden.
→617 *Weil zweifach ihre Schande* Korr.; M: „Statt eurer Schande das Zweifache".
→617 *und Bespeiung* Korr.; M: „sie werden jubeln".
→618 *und Frevel* T, S; M: „im Brandopfer".
→6110 *sich den Kopfschmuck aufsetzt* Korr. nach G.
→621 *brennt wie eine Fackel* G, 1QJs[a]; M: „wie eine Fackel brennt".
→624 *Asuba* „Verlassene" und *Hephziba* „Meine-Lust-an-dir", hier symbolische Namen Zions, vgl. 6014+, sind zunächst Eigennamen, die in 1 Kg 2242 und 2 Kg 211 vorkommen.
→625 *Denn wie* 1QJs[a], G; M: „Denn weil".
→625 *wird dein Erbauer* Korr.; M: „werden deine Söhne".
→6210–12 *(Schluß)* Abschluß des Abschnittes 60–62.
→6211 *es kommt dein Erretter* G; M: „es kommt dein Heil".

tung geht vor ihm her. 12 Man wird
sie nennen: Heiliges Volk, Erlöste
Jahwes. Du aber wirst heißen: Ge-
suchte, nie verlassene Stadt."

Apokalyptisches Gedicht über die göttliche Rache

63 1 Wer ist dieser, der von Edom
kommt, in roten Kleidern von
Bozra, prangend in seinem Gewand,
ausschreitend in seiner strotzenden
Kraft?

„Ich bin es, der Gerechtigkeit redet
und Macht besitzt, zu retten."

2 Warum ist rot dein Gewand und
sind deine Kleider wie die eines
Keltertreters?

3 „Die Kelter habe ich allein ge-
treten, von meinem Volk war niemand
bei mir. Ich trat sie nieder in meinem
Zorn und zerstampfte sie in meinem
Grimm, daß ihr Blut an meine Kleider
spritzte und ich mein Gewand be-
sudelte.

4 Denn ein Tag der Rache lag mir im
Sinn, und das Jahr meiner Vergeltung
war gekommen. 5 Ich schaute aus, doch
es fand sich kein Helfer; ich staunte,
doch es fand sich kein Beistand. Da
half mir mein eigener Arm, und mein
Grimm war meine Stütze. 6 So zer-
trat ich die Völker in meinem Zorn
und zermalmte sie in meinem Grimm.
Ich ließ ihr Blut zur Erde rinnen."

Psalm

7 Die Gnaden Jahwes will ich
preisen, die Ruhmestaten Jahwes nach
allem, was Jahwe uns getan, und die
reiche Güte, die er uns erwiesen nach
seiner Erbarmung und nach der Fülle
seiner Liebe.

8 Er sprach: „Sie sind ja mein
Volk, sind Kinder, die nicht treulos
werden." Darum ward er ihnen zum
Retter 9 in all ihrer Drangsal. Kein
Bote und kein Engel, sondern sein
Antlitz rettete sie. In seiner Liebe und
Erbarmung erlöste er sie, hob sie auf
und trug sie alle Tage der Vorzeit.
10 Sie aber empörten sich und betrüb-
ten seinen heiligen Geist. Da wandelte
er sich in einen Feind und kämpfte
selbst gegen sie. 11 Da gedachten sie
der Tage der Vorzeit und Moses,
seines Knechtes: Wo ist der, der den
Hirten seiner Herde aus dem Meer
herausholte? Wo ist der, der in dessen
Inneres seinen heiligen Geist legte,
12 der seinen herrlichen Arm zur
Rechten des Mose gehen ließ, der vor
ihnen die Wasser spaltete, um sich
einen ewigen Namen zu machen, 13 der
sie durch die Wasserflut schreiten
ließ, so leicht wie ein Roß durch die
Steppe? Sie strauchelten nicht mehr,
14 so wie das Vieh hinabsteigt ins Tal.
Der Geist Jahwes führte sie zur Ruhe.
So hast du dein Volk geleitet, um dir
einen ruhmvollen Namen zu machen.

15 Blicke vom Himmel herab und
schaue hernieder von deiner heiligen
und herrlichen Wohnung! Wo ist dein
Eifer und deine Macht, das Beben
deines Innern? Verschließe dich nicht
dem Erbarmen, 16 denn du bist unser
Vater! Abraham weiß ja nicht um
uns, und Israel kennt uns nicht. Du
bist unser Vater; „unser Erlöser"
ist von alters her dein Name. 17 War-

→63 1–6 Dieses apokalyptische Gedicht über die göttliche Rache hat die Form eines Wechselgespräches zwischen Jahwe und dem Propheten.

→63 1 Jahwe erscheint als ein Rächer mit rotbefleckten Kleidern. Aber er hat nicht die Kelter getreten, sondern die Völker, von deren Blut er gerötet ist; Edom ist gleichsam der Inbegriff dieser feindlichen Völker. Manche korrigieren „Edom" und „Bozra" und übersetzen: „Wer ist dieser, der gerötet einherkommt, röter die Kleider als ein Winzer"; so konnte dann dieser Text auf den leidenden Messias bezogen werden.

→63 1 *ausschreitend* Symmachus, V; M: „sich beugend".

→63 3 *von meinem Volk* 1QJs[a]; M: „von den Völkern".

→63 6 *zermalmte* Einige Hss von M; M: „machte trunken".

→63 7 – 64 11 *(Psalm)* Dieser große Psalm dürfte aus der Zeit des Exilsendes oder des Anfangs der Rückkehr stammen. Er ruft die Vergangenheit Israels in Erinnerung, besingt die göttliche Versöhnung und fleht Jahwe an, zu kommen und Stadt und Tempel wiederaufzubauen.

→63 7 *reiche Güte* Korr.; M: „reiche Güte zum Hause Israel".

→63 9 *Kein Bote und kein Engel, sondern sein Antlitz* G, V; M (Kere): „Er war in der Drangsal, und der Engel seines Antlitzes rettete sie".

→63 11 *Da gedachten sie* Korr.; M: „Da gedachte er".

→63 11 *seines Knechtes* S; M: „seines Volkes".

→63 11 *Moses, seines Knechtes* Fehlt in G und V.

→63 11 *herausholte* 1QJs[a], Üss; M: „sie herausholte".

→63 11 *in dessen Inneres* In Israel oder in Mose.

→63 13 *durch die Tiefen* Das Schilfmeer wird mit den Tiefen des Urmeeres verglichen, über das Jahwe siegt, vgl. Ib 7 12+.

→63 15 *Verschließe dich nicht dem Erbarmen* Korr. nach G.

→63 16 *Israel* Hier ist der Patriarch gemeint, nicht das Volk, das seinen Namen trägt.

um, Jahwe, hast du uns von deinen
Wegen abirren lassen und unser Herz
verhärtet, daß es dich nicht mehr
fürchtet? Wende dich wieder zu uns
um deiner Knechte willen, der Stäm-
me deines Erbes! 18 Warum sind
Gottlose in dein Heiligtum einge-
drungen, warum haben unsere Feinde
dein Heiligtum zertreten? 19 Es ist
uns, als hättest du nie seit alter Zeit
über uns geherrscht, als wären wir
nie nach deinem Namen genannt
worden.

O daß du die Himmel zerrissest
und herabstiegest – vor deinem Ange-
sicht würden die Berge erbeben,

64 1 wie Feuer Reisig entzündet,
Feuer Wasser in Wallung
bringt –, um deinen Namen deinen
Feinden kundzutun und die Völker vor
deinem Angesicht erzittern zu lassen,
2 indem du Wundertaten vollbringst,
die keiner erwartet 3 und von denen
seit Urzeit niemand gehört hat.

Kein Ohr hat gehört, kein Auge hat
gesehen einen Gott außer dir, der
für den eintrat, der auf ihn harrte.
4 Du kommst dem entgegen, der Ge-
rechtigkeit übt, denen, die deiner
Wege gedenken. Siehe, du zürntest,
wir aber sündigten weiter. Gegen dich
wurden wir abtrünnig von Urzeit an.
5 So sind wir alle wie Unreine ge-
worden, unsere Gerechtigkeit glich
einem besudelten Kleid. Wir alle
welkten dahin wie das Laub, unsere
Frevel trugen uns fort wie der Wind.
6 Niemand rief deinen Namen an;
niemand raffte sich auf, um an dir
festzuhalten. Denn du hattest dein
Angesicht vor uns verborgen und uns
der Gewalt unserer Schuld überlassen.
7 Und doch, Jahwe, du bist unser
Vater; wir sind der Ton, du bist unser
Bildner; das Werk deiner Hände sind
wir alle. 8 Zürne nicht allzusehr,
Jahwe, und gedenke nicht auf ewig
unserer Schuld. Siehe, blicke her, wir
alle sind dein Volk! 9 Deine heiligen
Städte sind zerstört, Zion ist zur
Wüste geworden, Jerusalem zur Ein-
öde. 10 Das Haus, das uns Heiligtum
und Zierde war, wo unsere Väter dich
gepriesen haben, ist ein Raub der
Flammen geworden; alles, was uns
Augenweide war, liegt in Trümmern.
11 Kannst du dabei noch an dich
halten, Jahwe, kannst du schweigen
und uns niederbeugen bis zum Über-
maß?

Diatribe gegen den Götzendienst und eschatologische Rede

65 1 Ich war zu erfragen für die,
die nicht nach mir begehrten;
ich war zu finden für die, die mich
nicht suchten. Ich sprach: „Siehe, da
bin ich, da bin ich!" zu einem Volk,
das meinen Namen nicht mehr an-
rief. 2 Ich habe allezeit meine Hände
nach einem widerspenstigen Volk
ausgebreitet, nach solchen, die auf
schlimmen Wegen ihren eigenen Ge-
danken nachgingen, 3 nach Leuten,
die mich fort und fort ins Angesicht
zum Zorn reizten, indem sie in den
Gärten opferten und auf den Ziegel-
steinen räucherten, 4 die in Gräbern
hockten und an abgeschlossenen
Orten nächtigten, die Schweinefleisch
verzehrten und deren Gefäße voll von
unsauberer Brühe sind, 5 die da sagen:
„Komme mir nicht zu nahe, berühre
mich nicht, denn ich mache dich
sonst heilig!" Diese sind Rauch in
meiner Nase, ein Feuer, das immer-
fort lodert. 6 Siehe, das liegt aufge-
schrieben vor mir; ich werde nicht
ruhen, bis ich heimgezahlt habe 7 ihre
Sünden und die Sünden ihrer Väter
allesamt – spricht Jahwe –, die auf
den Bergen geopfert und mich auf den
Höhen gelästert haben. Ich werde
diesen ihren Lohn in vollem Maß
heimzahlen.

8 So spricht Jahwe: Wie man von
einer Traube, in der sich Saft findet,
sagt: „Verdirb sie nicht, es ist Segen

→63 18 *Warum sind Gottlose in dein Heiligtum eingedrungen* Korr.; M verderbt.

→64 2 Am Versende wiederholt M: „O daß du herabstiegest – vor deinem Angesicht würden die Berge erbeben".

→64 3 *Kein Ohr hat gehört* Nach 2 Kor 2 9; M: „Sie haben nicht gehört".

→64 4 *entgegen* Danach Zusatz in M: „der sich freut".

→64 4 *Gegen dich wurden wir abtrünnig von Urzeit an* Korr. nach G, V, L; M: „in ihnen ewig, und wir werden gerettet".

→64 6 *überlassen* Üss; M: „zittern lassen".

→65 1 – 66 24 Anscheinend eine zusammengehörende Apokalypse (bis auf 66 1–2); sie könnte aus der Zeit der Rückkehr aus dem Exil oder aus späterer Zeit stammen.

→65 1 Es handelt sich um die Juden.

→65 4 *an abgeschlossenen Orten nächtigten* Wahrscheinlich Anspielung auf Inkubationsriten, bei denen man die Nacht in der Dunkelheit eines Heiligtums verbrachte, um Traumoffenbarungen zu erlangen.

→65 5 *ich mache dich sonst heilig* Symmachus, Theodotion; M unsicher. Die Eingeweihten meinen Träger einer Heiligkeit zu sein, die sich durch einfache Berührung übertragen würde.

→65 7 *ihre Sünden . . . ihrer Väter* Üss; M: „eure Sünden . . . eurer Väter".

darin!“, so will ich um meiner Knechte
willen tun und nicht das Ganze ver-
derben. 9 Ich will aus Jakob ein
Geschlecht hervorgehen lassen und
aus Juda einen Erben meiner Berge.
Meine Auserwählten sollen ihn erben
und meine Knechte daselbst wohnen.
10 Die Saronsebene soll zur Schaftrift
werden und das Achortal zur Rinder-
weide für mein Volk, das nach mir
fragte.

11 Ihr aber, die ihr Jahwe verlassen,
die ihr meinen heiligen Berg vergessen
habt, die ihr für Gad einen Tisch
gedeckt und Meni einen Mischtrank
eingeschenkt habt, 12 euch bestimmte
ich für das Schwert. Zur Schlachtung
müßt ihr euch alle ducken, weil ich
rief und ihr keine Antwort gabt, weil
ich sprach und ihr nicht hören wolltet,
sondern tatet, was böse ist in meinen
Augen, und erwähltet, was mir nicht
gefiel. 13 Darum spricht so der Herr
Jahwe: Seht, meine Knechte werden
essen, ihr aber werdet hungern; seht,
meine Knechte werden trinken, ihr
aber werdet dürsten; seht, meine
Knechte werden sich freuen, ihr aber
werdet beschämt werden; 14 seht,
meine Knechte werden aufjubeln vor
Herzenswonne, ihr aber werdet auf-
schreien vor Herzenspein und heulen
ob des gebrochenen Geistes.

15 Und ihr werdet eure Namen für
meine Auserwählten zum Fluchwort
hinterlassen: „So töte dich Jahwe!“
Meinen Knechten aber wird ein neuer
Name gegeben. 16 Wer sich im Lande
segnet, wird sich bei dem Gott der
Treue segnen; wer schwört im Land,
wird bei dem Gott der Treue schwören.
Denn die früheren Drangsale werden
vergessen sein, verschwunden vor
meinen Augen. 17 Denn siehe, ich will
einen neuen Himmel und eine neue
Erde schaffen, an das Frühere wird
man nicht mehr denken, es kommt
nicht mehr in den Sinn. 18 Vielmehr
wird man sich freuen und immerdar
frohlocken über das, was ich schaffe.
Denn seht, ich schaffe Jerusalem um
zum Frohlocken und mein Volk zum
Jubel. 19 Ich selbst will über Jerusa-
lem frohlocken und mich über mein
Volk freuen; nicht soll man fürder
darin Weinen und Weheklagen hören.
20 Nicht wird es dort ein Kind von
nur wenigen Tagen geben noch einen
Greis, der nicht seine Tage auslebt.
Denn der Jüngling wird als Hundert-
jähriger sterben, wer die hundert
Jahre nicht erreicht, gilt als ein dem
Fluch verfallener Frevler. 21 Sie wer-
den Häuser bauen und darin wohnen,
Weinberge pflanzen und ihre Frucht
selbst genießen. 22 Nicht werden sie
bauen und ein anderer wird darin
wohnen, nicht werden sie pflanzen
und ein anderer wird es genießen.
Denn die Tage meines Volkes werden
wie die Lebenstage eines Baumes sein;
was ihre Hände gearbeitet haben,
werden meine Auserwählten selbst
verbrauchen. 23 Nicht umsonst wer-
den sie sich mühen und nicht Kinder
zu jähem Tod gebären; denn sie
sind ein Geschlecht der Gesegneten
Jahwes, und ihre Sprößlinge bleiben
bei ihnen. 24 Bevor sie noch rufen,
werde ich ihnen antworten, und
während sie noch reden, werde ich
sie schon erhören. 25 Wolf und Lamm
werden beieinander weiden, der Löwe
wird Stroh fressen wie ein Rind, und
Staub wird die Speise der Schlange
sein. Nicht werden sie Schaden und
Unheil stiften auf meinem ganzen
heiligen Berg, spricht Jahwe.

Mahnwort

66 1 So spricht Jahwe: Der Him-
mel ist mein Thron und die
Erde der Schemel meiner Füße. Was
für ein Haus wolltet ihr mir bauen,
und welcher Art ist der Ort meiner
Ruhestatt? 2 Hat doch alles dies
meine Hand gemacht, alles dies ist mir
zu eigen, spricht Jahwe. Ich schaue
auf den, der demütig und zerknirsch-
ten Herzens ist, auf den, der Ehrfurcht
vor meinem Worte hat.

Gegen Synkretismus im Kult

3 Man schlachtet einen Stier, man
tötet einen Menschen; man opfert
ein Schaf, man erwürgt einen Hund;
man bringt ein Speiseopfer dar von
Schweineblut; man spendet Weihrauch
und grüßt Götzen. Wie diese ihre
eigenen Wege sich erwählen und sich

→6511 Gad ist hier der aramäische Gott des Glückes, Meni ist ein sonst unbekannter Gott.
→6515 *So* Gemeint ist „wie sie“.
→6515 *Meinen Knechten* G, V, L; M: „Seinen Knechten“.
→6525 Die künftige Wiederherstellung wird wie eine neue Schöpfung sein. Zu dieser Rückkehr zum paradiesischen Leben vgl. 116+.
→661–2 *(Mahnwort)* Dieses Orakel dürfte beim Wiederaufbau des Tempels gesprochen sein. Es ist eine Mahnung gegen eine zu verdinglichte Vorstellung von der Gegenwart Gottes im Heiligtum.
→662 *mir zu eigen* G, S; M: „gewesen“.

an ihren Greueln ergötzen, 4 so will
auch ich meine Lust an ihrem Un-
glück haben, und ich lasse über sie
kommen, wovor ihnen graut. Denn
ich rief, und niemand gab mir Ant-
wort; ich sprach, und sie hörten nicht;
sie taten, was böse ist in meinen
Augen, und erwählten, was mir nicht
gefällt.

Apokalyptisches Gedicht

5 Höret das Wort Jahwes, die ihr
zittert vor seinem Wort! Es sagten
eure Brüder, die euch hassen, die euch
um meines Namens willen geächtet
haben: „Es möge doch Jahwe seine
Herrlichkeit offenbaren, damit wir
Zeuge bei eurer Freude sind!" Doch
sie werden zuschanden werden.

6 Horch, Lärm aus der Stadt!
Horch, Lärm vom Tempel her!
Horch, Jahwe zahlt seinen Feinden
heim!

7 Ehe sie noch kreißte, hat sie ge-
boren; ehe noch Wehen über sie
kamen, hat sie ein Kindlein zur Welt
gebracht.

8 Wer hat solches je gehört und
wer je solches gesehen? Wird ein Land
an einem Tag zur Welt gebracht?

Wird denn ein Volk auf einmal
geboren? Kaum ist Zion in Wehen,
hat es seine Kinder schon geboren.

9 Sollte ich durchbrechen, aber
nicht gebären lassen? spricht Jahwe.
Sollte ich, der gebären läßt, den Schoß
verschließen? spricht dein Gott.

10 Freu dich, Jerusalem, jubelt über
sie, ihr alle, die ihr sie liebt! Jubelt und
frohlockt mit ihr, die ihr um ihret-
willen getrauert habt!

11 Auf daß ihr trinket und gesättigt
werdet an der Brust ihrer Tröstungen,
auf daß ihr trinket und in Wonne
überfließt von der Fülle ihrer Herr-
lichkeit. 12 Denn so spricht Jahwe:
Siehe, einem Strome gleich leite ich
den Frieden zu ihr hin, und wie einen
überflutenden Bach den Reichtum
der Nationen.

Ihre Säuglinge wird man auf den
Hüften tragen und auf den Knien
liebkosen. 13 Wie einen, den seine
Mutter tröstet, will ich euch trösten.
[Durch Jerusalem sollt ihr getröstet
werden.]

14 Ihr werdet es sehen, und euer
Herz wird sich freuen, und eure Ge-
beine werden aufsprossen wie das
Gras. Die Hand Jahwes wird sich an
seinen Knechten kundtun, seine
Feinde aber wird er bedrohen.

15 Denn seht, Jahwe kommt im
Feuer, dem Sturmwind gleich sind
seine Wagen, um in Glut seinen Zorn
auszulassen und sein Schelten in
lodernden Flammen.

16 Denn mit Feuer wird Jahwe
Gericht halten und mit dem Schwert
über alles Fleisch, und zahlreich wer-
den die von Jahwe Erschlagenen sein.

Fragment gegen die heidnischen Mysterienkulte

17 Die sich weihen und sich reini-
gen für die Gärten hinter einem
(Mysten) in der Mitte, die Schweine-
fleisch essen und Kriechtiere und
Mäuse, ihre Werke und ihre Pläne
werden zusammen hinweggerafft,
spricht Jahwe.

Eschatologische Rede

18 Ich aber komme, um alle Völker
und alle Zungen zu versammeln; sie
werden kommen und meine Herr-
lichkeit schauen. 19 Ich werde an
ihnen ein Zeichen wirken; einige aus
ihnen, die entronnen sind, sende ich zu
den Völkern nach Tarschisch, Put und
Lud, nach Moschech, Rosch, Tubal
und Jawan, zu den fernsten Gestaden,
zu denen noch keine Kunde von mir
gedrungen ist und die meine Herrlich-
keit noch nicht geschaut haben; sie
werden unter den Völkern meine

→665–16 Der Trostteil der Apokalypse 65–66.
→665 *seine Herrlichkeit offenbaren* Üss.
→667 Das neue, von Jerusalem geborene Volk. Das Bild zeigt den plötzlichen Charakter des Anbruches der neuen Welt an.
→669 *ich* Jahwe, der Schöpfer, der die Fruchtbarkeit gibt.
→6610 *Freu dich* G; M: „Freuet euch".
→6611 *von der Fülle ihrer Herrlichkeit* Konjekturale Übersetzung.
→6612 *Ihre Säuglinge* G; M: „ihr sauget".
→6617 Dieses Fragment ist vielleicht zu 663–4 zu ziehen.
→6617 *hinter einem* Offenbar der Einweihende (oder eine Priesterin, der Text steht im Femininum) im Mittelpunkt der Prozession durch den heiligen Garten.
→6617 *Kriechtiere* Korr.; M: „Greuel".
→6617 *ihre Werke und ihre Pläne* In M zu v. 18 gezogen.
→6619 *aus ihnen* Aus den von Jahwe besiegten Völkern.
→6619 Tarschisch, vgl. Ps 488+, bezeichnet vielleicht Tartessos in Spanien am Ende der damals bekannten Welt. Put (nach G; M: „Pul") ist das Somaliland, Lud offenbar Libyen. Moschech und Tubal sind Bevölkerungen Kleinasiens. Rosch, vgl. Ez 382, ist unbekannt. Jawan bezeichnet die Ionier. Vgl. die Völkertafel in Gn 10 und Ez 38.

Herrlichkeit verkünden. 20 Und diese
werden alle eure Brüder herbeiführen
aus allen Nationen als Weihegabe für
Jahwe auf Rossen, Wagen und Sänf-
ten, auf Maultieren und Dromedaren
zu meinem heiligen Berg Jerusalem –
spricht Jahwe –, gleichwie die Kinder
Israels das Speiseopfer in reinen Hän-
den zum Hause Jahwes zu bringen
pflegen. 21 Aus diesen will ich Priester
und Leviten nehmen, spricht Jahwe.

22 Denn wie der neue Himmel und
die neue Erde, die ich schaffe, vor
mir bestehen werden – spricht Jahwe –,
so wird euer Geschlecht und euer
Name bestehen.

23 Und Neumond um Neumond
und Sabbat um Sabbat wird alles
Fleisch kommen, um anzubeten vor
meinem Angesicht, spricht Jahwe.

24 Sie werden hinausgehen und die
Leichen derer schauen, die von mir
abgefallen sind. Denn ihr Wurm
stirbt nicht, und ihr Feuer erlischt
nicht; sie werden zum Abscheu sein
für alles Fleisch.

Das Buch Jeremia

Überschrift

1 1 Worte des Jeremia, des Sohnes
des Hilkijahu, aus einem Priester-
geschlecht in Anatot, im Lande Ben-
jamin, 2 an welchen das Wort Jahwes
erging in den Tagen des Josija, des
Sohnes Amons, des Königs von Juda,
im dreizehnten Jahr seiner Regierung,
3 ferner in den Tagen des Jojakim,
des Sohnes Josijas und Königs
von Juda bis zum Ende des elften
Jahres des Zidkija, des Sohnes Josijas
und Königs von Juda, bis die Ein-
wohner Jerusalems in die Verbannung
weggeführt wurden, im fünften Mo-
nat.

I. SPRÜCHE GEGEN JUDA UND JERUSALEM

1. AUS DER ZEIT DES JOSIJA

Jeremias Berufung

4 Und das Wort Jahwes erging an
mich, wie folgt:
5 Bevor ich dich im Mutterleib bil-
dete, habe ich dich erkannt; bevor du
aus dem Mutterschoß hervorgingst,
habe ich dich geheiligt. Zum Völker-
propheten habe ich dich gemacht.
6 Da sagte ich: „Ach, Herr Jahwe,
sieh, ich weiß nicht zu reden, ich bin
zu jung."
7 Da sprach Jahwe zu mir:
Sag nicht: „Ich bin zu jung." Son-
dern: wohin immer ich dich sende, da-
hin wirst du gehen, und was immer ich
dich heiße, das wirst du reden. 8 Fürch-
te dich nicht vor ihnen; denn ich bin
mit dir, um dich zu retten, spricht Jahwe.
9 Darauf streckte Jahwe seine Hand
aus und berührte (damit) meinen Mund.
Dann sprach Jahwe zu mir:
Hiermit habe ich meine Worte in
deinen Mund gelegt. 10 Siehe, ich
habe dich heute über die Völker und
über die Königreiche gesetzt, auszu-
rotten und niederzureißen und zu ver-
derben und zu zerstören, aufzubauen
und zu pflanzen.
11 Und das Wort Jahwes erging
an mich, wie folgt: „Was siehst du,
Jeremia?" Ich antwortete: „Einen
‚Wachebaum'zweig sehe ich." 12 Da
sagte Jahwe zu mir: „Du hast richtig
gesehen. Ja, ich wache über mein Wort,
um es auszuführen."
13 Und das Wort Jahwes erging
zum zweiten Male an mich: „Was
siehst du?" Ich antwortete: „Einen
übersiedenden Topf sehe ich und
sein Inhalt (drohend) von Norden
her."
14 Da sprach Jahwe zu mir:
Von Norden her siedet das Unheil
über alle Bewohner des Landes.

→1 1 *Worte* Hier im Sinne von „Reden und Taten", d. h. von „Geschichte", zu verstehen.

→1 1 *Anatot* Dorf in der Nähe von Jerusalem, wohin der Priester Ebjatar von Salomo verbannt worden war.

→1 2 Überschrift zum Berufungsbericht, 1 4–19; die Berufung ereignete sich im Jahre 626 v. Chr.

→1 3 Diese Überschrift bezieht sich auf die Zeit von 608 bis Juli 587 v. Chr. Sie umfaßt also nicht die Kapitel 40–44. (Zur heutigen Gestalt des Buches Jeremia vgl. Einleitung zu den Prophetenbüchern, S. 1018–1019.)

→1 5 *erkannt* „Erkennen" von seiten Jahwes bedeutet soviel wie: erwählen und vorherbestimmen, vgl. Am 3 2; Röm 8 29. Zur „Erkenntnis Jahwes" durch den Menschen vgl. Hos 2 22+.

→1 5 *geheiligt* Hierbei handelt es sich nicht so sehr um persönliche Heiligung, sondern um Beauftragung und Weihe zum Prophetenamt.

→1 11 *Wachebaum* Hebräisch: *schaqed* „der Wachsame" (gemeint ist der Mandelbaum, der als erster im Frühling blüht) klingt an *schoqed* „ich wache" in V. 11B an. Ähnliche Wortspiele finden sich bei den Propheten häufig.

→1 13 Jeremia sieht auf seinem Herd einen geneigt stehenden Kessel, der überkocht. Dies ist der Ausgangspunkt einer Gottesoffenbarung.

→1 14 *siedet* G; M: „öffnet sich".

15 Denn siehe, ich biete alle König-
reiche des Nordens auf – spricht
Jahwe –, und sie werden kommen, und
jeder wird seinen Thron aufschlagen
vor den Toren Jerusalems und wider
alle seine Mauern ringsum und wider
alle Städte Judas. 16 Und ich werde
sie zur Rechenschaft ziehen wegen all
ihres Bösen, weil sie mich verlassen
haben und fremden Göttern geräu-
chert und sich niedergeworfen vor
dem Werk ihrer Hände.

17 Du aber gürte deine Lenden,
tritt auf und sag ihnen alles, was ich
dich heiße. Hab keine Angst vor ihnen,
damit nicht ich dir Angst einjage vor
ihren Augen. 18 Denn siehe, ich
mache dich heute zu einer festen Stadt
und zu einer eisernen Säule und zu
einer ehernen Mauer wider das ganze
Land, sowohl wider die Könige Judas,
seine Fürsten und Priester, als auch
wider das Volk des Landes. 19 Sie
werden Krieg gegen dich führen, aber
sie werden dich nicht bezwingen. Denn
ich bin mit dir, um dich zu retten,
spricht Jahwe.

Die ältesten Predigten: Der Abfall Israels

2 1 Und das Wort Jahwes erging an
mich, wie folgt: 2 Geh und ruf
den Bewohnern Jerusalems in die
Ohren:

So spricht Jahwe: Noch denke ich
an den Bundessinn deiner Jugend, an
die Liebe deiner Brautzeit. Wie du
hinter mir herzogst in der Wüste, im
Land ohne Aussaat. 3 Damals war
Israel Jahwes heiliger Besitz, die
Erstlingsgabe seiner Ernte. Alle, die
davon aßen, mußten es büßen: Unheil
kam über sie, spricht Jahwe.

4 Höret das Wort Jahwes, ihr vom
Hause Jakob und alle Geschlechter
des Hauses Israel. 5 So spricht Jahwe:
Was haben eure Väter an mir Un-
rechtes gefunden, daß sie von mir
weggingen? Daß sie hinter dem Nichts
herliefen und selbst zu nichts wurden?
6 Sie fragten nicht mehr: „Wo ist
Jahwe, der uns heraufgeführt hat aus
dem Ägypterland, der uns in der
Wüste geleitet hat, im Lande der
Steppen und Schluchten, im Lande
der Dürre und des Dunkels, einem
Lande, das kein Wanderer durchzieht
und in dem kein Mensch wohnt?“
7 Ich aber brachte euch in ein Garten-
land, damit ihr seine Frucht und seine
Güter genießen solltet. Ihr seid einge-
zogen und habt mein Land besudelt,
mein Eigentum zur Stätte des Greuels
gemacht. 8 Die Priester fragten nicht:
„Wo ist Jahwe?“ Die sich mit dem
Gesetz befassen, kannten mich nicht.
Die Hirten sind von mir abgefallen.
Die Propheten haben im Namen des
Baal geweissagt. Und hinter Ohn-
mächtigen sind sie hergelaufen. 9 Dar-
um muß ich noch weiter mit euch
rechten, spricht Jahwe. Und mit euren
Kindeskindern werde ich rechten
müssen. 10 Geht doch hinüber zu
den Inseln der Kittäer, schickt nach
Kedar und seht euch genau um und
schaut, ob je so etwas geschah: 11 Hat
je ein Volk seine Götter vertauscht?
Und das sind nicht einmal Götter!
Mein Volk aber hat seine Herrlichkeit
gegen Ohnmacht eingetauscht. 12 Ent-
setzt euch darüber, ihr Himmel, er-
bebet gewaltig, spricht Jahwe. 13 Dop-
pelt Schlimmes hat mein Volk getan:
Mich haben sie verlassen, den Quell
lebendigen Wassers, und haben sich

→1 15 *alle Königreiche* G; M: „alle Stämme der Königreiche“.

→2 1 – 6 30 *(Die ältesten Predigten)* Mit wenigen Ausnahmen beziehen sich die Sprüche dieses Abschnitts auf die erste Periode des Wirkens Jeremias (vor der Reform des Josija, 621 v. Chr.). Die Sammlung erhielt während der Regierungszeit Jojakims mit ihrem Rückfall in Götzendienst und der Bedrohung durch Nebukadnezar erneute Gegenwartsbedeutung.

→2 2 *Bundessinn* Hebräisch: *chesed*, vgl. Hos 2 21 +; bezeichnet hier die Treue (wobei auch die Bedeutung herzlicher Zuneigung mitklingt) im Bundesverhältnis zwischen Israel und seinem Gott.

→2 5 Der Mensch wird dem Gott ähnlich, den er anbetet. „Nichts“ ist häufig Bezeichnung für die falschen Götter.

→2 6 *des Dunkels* Korr.; M: „des Todesschattens“.

→2 8 *Die sich mit dem Gesetz befassen* Hiermit sind ebenfalls die Priester gemeint.

→2 8 *Die Hirten* Der König und die führende Schicht.

→2 10 *Kittäer* Danach Zusatz in M: „und schauet“. Der Name hängt mit der alten phönizischen Kolonie Kition (Citium) auf der Insel Zypern zusammen; hier im weiteren Sinne als Bezeichnung für die Bewohner der Inseln und Küsten des Mittelmeeres gebraucht.

→2 10 *Kedar* Ostjordanischer Beduinenstamm. Jahwe fordert also auf, nach Osten wie nach Westen zu schauen.

→2 11 *Ohnmacht* Im monotheistischen Glauben der vorexilischen Propheten ist die Verwerfung der fremden Götter mitenthalten, die von ihnen als „Trug“, „Ohnmacht“, „Nichts“ behandelt werden. Vom Exil an wird diese Verurteilung zu einem ausdrücklichen Aufzeigen ihrer Nichtexistenz, vgl. Js 41 21 +; 40 20 +; Jr 10 1–16.

→2 12 *erbebet* S, M: „vertrocknet“.

Zisternen gegraben, rissige Zisternen,
die das Wasser nicht halten.
14 Ist Israel denn ein Sklave, als
Leibeigener geboren? Warum ist es
zu einer Beute geworden, 15 über die
die jungen Löwen brüllen mit lautem
Geheul? Man hat sein Land zur
Wüste gemacht. Seine Städte sind
verbrannt. Niemand wohnt mehr
darin. 16 Selbst die von Noph und
Tachpanches haben dir den Scheitel
kahlgeschoren. 17 Verdankst du das
nicht deinem Abfall von Jahwe, dei-
nem Gott? 18 Und was hast du jetzt
noch in Ägypten zu suchen, um das
Wasser des Nils zu trinken? Und was
hast du in Assur zu suchen, um das
Wasser des Stromes zu trinken? 19 So
wird deine Bosheit dich strafen und
dein Abfall dich züchtigen, daß du
erkennst und einsiehst, wie böse und
bitter es ist, Jahwe, deinen Gott,
verlassen zu haben und um die
Furcht vor mir dich nicht mehr zu
kümmern, spricht der Herr Jahwe
Zebaot.

20 Seit unvordenklichen Zeiten hast
du ja dein Joch zerbrochen und deine
Bande zerrissen und gesagt: „Ich will
nicht dienen." Dafür legst du dich auf
jedem ragenden Hügel und unter
jedem grünen Baume hin, um zu buh-
len. 21 Und ich hatte dich doch als
Edelrebe gepflanzt, als ganz echten
Steckling. Wie hast du dich zum
Wildling verwandelt, du entarteter
Weinstock? 22 Denn wenn du dich
auch mit Natron wäschst und viele
Lauge dazu verwendest: deine Schuld
bleibt als schmutziger Flecken vor
meinen Augen stehen, spricht der
Herr Jahwe. 23 Wie kannst du da
noch behaupten: „Ich habe mich gar
nicht befleckt. Ich bin nicht hinter den
Baalen hergelaufen." Schau doch, wie
du es treibst im Tal, sieh ein, was du
getan. Du leichtfüßige Kamelstute, die
kreuz und quer dahinrennt, 24 die
ausbricht in die Wüste: von ihrer
Gier gehetzt, schnappt sie nach Luft.
Wer kann ihre Leidenschaft dämmen?
Wer immer sie sucht, hat keine Mühe:
er trifft sie bei ihrem vertrauten Um-
gang. 25 Schone deine Füße, daß du
die Schuhe nicht verlierst, deine Kehle,
daß sie nicht verdurste. Aber du sagst:
„Es ist umsonst. Nein! Ich habe die
Fremden so lieb, ich muß ihnen
nach."

26 Wie ein Dieb zuschanden wird,
wenn man ihn ertappt, so ist das Haus
Israel zuschanden geworden, sie, ihre
Könige, ihre Fürsten und Priester und
Propheten, 27 die zum Holze sagen:
„Mein Vater bist du", und zum Stein:
„Du hast mich geboren." Denn mir
haben sie den Rücken zugekehrt und
nicht das Angesicht. Aber wenn es
ihnen schlecht geht, dann sagen sie:
„Mach dich auf und hilf uns." 28 Wo
sind denn deine Götter, die du dir
selbst gemacht hast? Die sollen sich
erheben, wenn sie dir helfen können
zur Zeit deiner Not! Denn soviel
Städte du hast, Juda, so viele Götter
hast du auch, und soviel Gassen Jeru-
salem zählt, so viele Baalsaltäre gibt
es dort. 29 Warum wollt ihr rechten
mit mir? Ihr selbst seid alle von mir
abgefallen, spricht Jahwe. 30 Vergeb-
lich habe ich eure Kinder geschlagen.
Ihr nehmt keine Zucht an. Das Schwert
hat eure Propheten gefressen wie ein
würgender Löwe. 31 Sippschaft, die
ihr seid, sehet das Wort Jahwes: Bin
ich denn für Israel zur Wüste gewor-
den, zum dunkeln Land? Warum
sagt mein Volk: „Wir laufen hierhin
und dorthin, zu dir werden wir nicht
mehr kommen"? 32 Vergißt denn
eine Jungfrau ihr Geschmeide, eine
Braut ihren Gürtel? Und mein Volk
hat mich vergessen schon ungezählte
Tage.

33 Wie gut verstehst du dich darauf,
Liebschaften anzuknüpfen. Darum

→2 16 *kahlgeschoren* Korr.; M: „abgeweidet". Noph ist Memphis, die Hauptstadt Unterägyptens; Tachpanches eine Grenzstadt östlich des Nildeltas. Jeremia spielt auf das ägyptische Eingreifen 608 bis 605 v. Chr. an.

→2 17 Zusatz in M am Versende: „als er dich des Weges geleitete".

→2 18 *des Nils* Wörtlich: „des Schichor", eines der Nilarme. Der „Strom" ist der Euphrat. Die Bilder beziehen sich auf eine Bündnispolitik mit den Großmächten, der sich die Propheten stets entgegengestellt haben.

→2 20 Trotz seiner Unabhängigkeitsbeteuerungen hat Israel sich den falschen Göttern unterworfen. Buhlerei bezeichnet hier wie bei Hosea den Götzendienst, vgl. Hos 1 2+, aber mit Anspielung auf die sakrale Prostitution, vgl. Dt 23 19+.

→2 21 *zum Wildling* Korr.

→2 23 *Tal* Das Tal Ben-Hinnom oder Gehenna, wo sich der Tophet befand, vgl. Jr 7 31 und Lv 18 21+.

→2 24 *die ausbricht* Korr.

→2 24 *bei ihrem vertrauten Umgang* Korr.; M: „in ihrem Monat".

→2 28 *und soviel Gassen . . . dort* G, vgl. 11 13; fehlt in M.

→2 30 *Ihr nehmt* G; M: „Sie nehmen".

→2 31 *Sippschaft . . . Wort Jahwes* Unsicherer Text.

hast du selbst ans Verbrechen deine
Wege gewöhnt. 34 Findet man doch
an deinen Händen Blutspuren von
Unschuldigen! Diese hast du nicht
überrascht beim Einbruch! Ja, für
sie alle wirst du dich verantworten
müssen. 35 Und da behauptest du:
„Ich bin unschuldig. Sein Zorn ist ja
von mir gewichen." Wahrhaftig, ich ge-
he mit dir ins Gericht, weil du so frech
behauptest: „Ich habe nicht gesündigt."
36 Du nimmst es allzu leicht, deinen
Weg zu wechseln. Auch an Ägypten
wirst du zuschanden werden, wie du
dir Schande geholt hast in Assur.
37 Auch von dort wirst du abziehen
müssen, die Hände auf deinem Haupt.
Denn Jahwe hat die verworfen, auf
die du vertrautest. Drum wirst du
kein Glück mit ihnen haben.

Die Bekehrung

3 1 Und das Wort Jahwes erging an
mich, wie folgt:
Wenn ein Mann sein Weib entläßt
und sie geht von ihm fort und wird
eines andern Mannes Frau, darf sie
dann wieder zu ihm zurückkehren?
Würde da nicht ganz entweiht jenes
Land? Und du hast mit vielen Freun-
den gebuhlt, und es sollte ein Zurück
geben zu mir? spricht Jahwe.
2 Blick hinauf zu den Höhen und
schau: Wo bist du nicht geschändet
worden? Auf den Straßen bist du für
sie bereit gewesen, wie ein Araber in
der Wüste, und hast das Land besudelt
mit deiner Unzucht und mit deiner
Bosheit: 3 darum bleiben die Regen-
güsse aus, und kein Spätregen kam.
Doch du behieltest die Stirn einer
Buhlerin, wolltest dich nicht schämen.
4 Hast du nicht auch jetzt noch zu mir
gerufen: „Mein Vater! Du bist doch
der Vertraute meiner Jugend! 5 Er
wird doch nicht ewig zürnen, ohne
Ende böse sein?" So redest du, und
dabei verübst du Schlechtigkeiten und
bist noch stolz darauf.

Einladung an das Nordreich zur Umkehr

6 Und Jahwe sprach zu mir in den
Tagen des Königs Josija: Hast du ge-
sehen, was die Abtrünnige, Israel,
getan hat, wie sie auf jeden hohen
Berg ging und unter jeden grünen
Baum und dort hurte? 7 Ich dachte:
„Wenn sie das alles getan hat, wird
sie zu mir zurückkehren." Aber sie
kehrte nicht zurück. Das sah die
Treulose, ihre Schwester Juda. 8 Sie
sah auch, daß ich die Abtrünnige,
Israel, gerade deshalb, weil sie die
Ehe gebrochen hatte, fortschickte und
ihr den Scheidebrief gab. Aber sie
geriet nicht in Furcht, die Treulose,
Juda, ihre Schwester, sondern sie
ging hin und hurte selbst. 9 Und
schließlich war das ganze Land ent-
weiht durch ihr gemeines Buhlen,
trieb sie doch ehebrecherischen Um-
gang mit dem Stein und dem Holz.
10 Und bei all dem kehrte auch die
Treulose, Juda, nicht mit ihrem gan-
zen Herzen zu mir zurück, sondern
es war nur Heuchelei, spricht Jahwe.
11 Und Jahwe sprach zu mir: Es
hat sich herausgestellt, daß die Ab-
trünnige, Israel, weniger schuldig ist
als die Treulose, Juda. 12 Geh also
hin und rufe diese Worte nach dem
Norden hin: Sprich:
Kehre zurück, Abtrünnige, Israel,
spricht Jahwe, ich will dir nicht mehr
böse sein, denn ich bin gnädig, spricht
Jahwe, ich zürne nicht auf ewig.
13 Aber erkenne deine Schuld, daß du

→234 *Händen* G; M: „Säumen".
→234 *Unschuldigen* Davor Zusatz in M: „Amen". Es handelt sich um die ermordeten Propheten oder die geopferten Kinder, vgl. 324; 731; 195, ferner Lv 1821+.
→234 *nicht überrascht beim Einbruch* Die einzige Entschuldigung für Totschlag war in dem Fall gegeben, daß einer beim Einbruch auf frischer Tat ertappt wurde, Ex 221.
→234 *Ja . . . müssen* Korr.
→31–5 Das Gedicht wird durch die beiden Abschnitte 36–13 und 314–18 unterbrochen; seine Fortsetzung ist 319 – 44.
→31 *darf sie . . . zu ihm* G; M: „darf er . . . zu ihr". In Dt 241–4 ist eine solche Wiederverheiratung verboten. Daß Israel, die treulose Gemahlin Jahwes, sich ihm wieder zuwendet und wieder aufgenommen wird, dazu ist ein Gnadenwunder notwendig, vgl. v. 19f; 3123; Hos 1–3.
→32 *zu den Höhen* Wörtlich: Kahlhänge, ein Lieblingsausdruck Jeremias, mit dem hier die Höhenheiligtümer gemeint sind.
→34 *auch jetzt noch* Korr.; M: „von jetzt an".
→35 *So* Korr.; M: „Siehe".
→36–13 Dieses Stück stammt aus der Regierungszeit Josijas und dürfte nach der Reform von 621 v. Chr. anzusetzen sein. Es bezeugt die Hoffnung, die Jeremia gegenüber dem Nordreich immer behielt, vgl. 301 – 3122. Die Stelle scheint auf Ez 23 eingewirkt zu haben.
→36 *(sie) hurte* Korr.; M: „du hurtest".
→38 *Sie sah* S; M: „Ich sah".
→39 Anspielung auf den religiösen Synkretismus unter Manasse und Amon.
→312 *dir* Korr.; M: „euch".
→313 *nach Fremden* Nach den falschen Göttern. Danach Zusatz in M: „unter jedem grünen Baum".

gegen Jahwe, deinen Gott, gefrevelt
hast, indem du kreuz und quer ge-
laufen bist (auf der Suche) nach
Fremden, auf meine Stimme aber
nicht hörtest, spricht Jahwe.

Das messianische Volk auf dem Zion

14 Kehret zurück, abtrünnige Söh-
ne – spricht Jahwe –, denn ich will
euer Herr sein und will euch heraus-
holen, einen aus einer Stadt und zwei
aus einer Sippe, und will euch nach
Zion führen. 15 Und ich gebe euch
Hirten nach meinem Herzen, die euch
mit Einsicht und mit Weisheit weiden
werden. 16 Wenn ihr euch alsdann in
jenen Tagen im Lande vermehrt und
fruchtbar seid, spricht Jahwe, dann
wird man nicht mehr sagen: „Wo ist
die Bundeslade Jahwes?“ Man wird
nicht mehr an sie denken und sich
ihrer nicht mehr erinnern, noch sie
vermissen, auch wird man keine neue
mehr anfertigen. 17 In jener Zeit
wird man Jerusalem „der Thron
Jahwes“ nennen, und alle Heiden-
völker werden sich dahin begeben,
zum Namen Jahwes, und sie werden
nicht mehr nach dem Starrsinn ihres
bösen Herzens wandeln.

18 In jenen Tagen wird das Haus
Juda mit dem Hause Israel zusammen-
gehen, und sie werden gemeinsam aus
dem Nordland in das Land ziehen,
das ich euren Vätern als Erbe gegeben
habe.

Fortsetzung des Gedichtes über die Bekehrung

19 Ich hatte doch gedacht: Wie
wollte ich dich gleich einem Sohne
halten und dir ein liebliches Land
verleihen, den herrlichsten Erbbesitz
unter allen Völkern. Denn ich dachte,
du würdest mich „Mein Vater“
nennen und niemals mich verlassen.
20 Aber wie eine Frau, die ihrem Ehe-
gefährten die Treue bricht, so hat das
Haus Israel mir die Treue gebrochen,
spricht Jahwe.

21 Horch, auf den Höhen hört man
Stimmen, flehentliches Weinen der
Kinder Israels, weil sie krumme Wege
gegangen sind, Jahwe, ihren Gott, ver-
gessen haben. – 22 Kehret zurück,
abtrünnige Kinder, ich will euch
heilen von eurem Abfall. – Ja, hier
sind wir. Wir kommen zu dir. Denn
du bist Jahwe, unser Gott. 23 Ja,
wahrlich, trügerisch sind die Hügel,
das lärmende Getümmel auf den
Bergen.

Wahrlich, nur in Jahwe, unserem
Gott, ist Israels Heil. 24 Und der
Schandgötze hat seit unserer Jugend-
zeit den Erwerb unserer Väter ge-
fressen [ihre Schafe und Rinder, ihre
Söhne und Töchter]. 25 Nun müssen
wir uns in unsere Schande betten und
uns bedecken mit unserer Schmach,
weil wir gegen Jahwe, unsern Gott,
gesündigt haben [wir und unsere
Väter, von unserer Jugend an bis auf
den heutigen Tag, und weil wir nicht
gehört haben auf die Stimme Jahwes,
unseres Gottes].

4 1 Wenn du zurückkehren willst,
Israel – spricht Jahwe –, darfst du
zu mir zurück. Wenn du deine Scheu-
sale mir aus den Augen schaffst, dann
brauchst du nicht mehr vor mir zu
fliehen. 2 Und wenn du wieder
schwörst: „So wahr Jahwe lebt“,
aufrichtig, ehrlich und recht, dann
werden in dir die Völker sich segnen
und sich rühmen in dir. 3 Denn so
spricht Jahwe zu den Männern von
Juda und zu den Bewohnern von
Jerusalem: Brecht euren Acker von
Grund auf um und sät nicht auf
Dornen. 4 Beschneidet euch für Jahwe
und entfernt die Vorhaut eures Her-

→313 *hörtest* G, V; M: „hörtet“.
→314–18 Dieses Stück setzt die Ereignisse von 587 v. Chr. voraus.
→316 *Wo ist* Korr.; fehlt in M.
→316 *keine neue mehr anfertigen* Die Bundeslade muß 587 v. Chr. von den Chaldäern verbrannt worden sein. Das zukünftige Jerusalem aber wird insgesamt der „Thron Jahwes“ sein, wie es die Lade war, Ex 2510+; 2 Sm 67.
→317 *Namen Jahwes* Danach Zusatz in M: „in Jerusalem“.
→318 Mit der messianischen Erneuerung künden die Propheten die künftige Einheit des Reiches wie zur Zeit Davids und Salomos an, Jr 235–6; 311; Ez 3715–27; Hos 22; Js 1113–14; Mich 212; Sach 910.
→319 – 44 Fortsetzung von 31–5. Was, rechtlich gesehen, unmöglich war, 31, wird möglich gemacht durch die Gnade Jahwes.
→319 *du würdest* M (Kere), T, V; M (Ketib); „ihr würdet“.
→320 *wie* G, V; fehlt in M.
→320 *so hat* G; M: „so habt ihr“.
→321 *auf den Höhen* Kontrast zu 32.
→322 Zwiegespräch zwischen Jahwe und der reumütigen Gemeinde.
→323A.B Nach G.
→324 *Schandgötze* Bezeichnung für Baal.
→41 *vor mir zu fliehen* G; M: „(deine Scheusale) vor mir“.
→42 *in dir* Korr.; M: „in ihm“. Die Verheißung an Abraham wird hier wiederaufgenommen.
→44 *Beschneidet* Die Beschneidung, Gn 1710+, war in Israel das Zeichen des Bundes. Für Jeremia gilt dieses Zeichen nichts, wenn ihm nicht die innere Treue, die „Be-

zens [ihr Männer von Juda und ihr
Bewohner Jerusalems]. Sonst wird
mein Zorn ausbrechen wie Feuer
und brennen, ohne daß einer zu
löschen vermag, wegen eurer bösen
Taten.

Der Feindeinfall von Norden her

5 Verkündet in Juda, macht es be-
kannt in Jerusalem! Stoßt in das Horn
im Lande, schreit aus vollem Hals
und sprecht: Sammelt euch! Wir
müssen in die festen Städte ziehen!
6 Errichtet ein Signal auf dem Weg
nach Zion! Flieht! Bleibt nicht ste-
hen! Denn ich führe Unheil heran
vom Norden her und gewaltigen Zu-
sammenbruch. 7 Der Löwe ist aus
seinem Dickicht hervorgekrochen.
Der Völkerwürger hat sich aufge-
macht, hat seine Behausung verlassen,
um dein Land zur Wüste zu machen.
Deine Städte sollen verbrannt werden,
daß niemand mehr darin wohnt. 8 Des-
halb zieht den Sack an, klaget und
heult! Denn die Zornglut Jahwes ist
nicht von uns gewichen.

9 Und an diesem Tage wird es ge-
schehen, spricht Jahwe, da wird dem
König der Mut entsinken mitsamt den
Fürsten, und die Priester werden er-
schaudern und die Propheten sich
entsetzen. 10 Und sie werden sagen:
„Ach, Herr Jahwe, du hast wahrhaftig
uns gründlich betrogen, als du sagtest:
‚Ihr werdet Frieden haben.‘ Jetzt geht
uns das Schwert ans Leben." 11 In
jener Zeit wird man zu diesem Volke
und zu Jerusalem sagen: Ein Glut-
wind von den Höhen kommt aus der
Wüste über die Tochter meines Vol-
kes. – Keiner zum Worfeln und keiner
zum Sieben! – 12 Ein Wind voller
Drohung kommt auf meinen Befehl.
Jetzt werde ich selbst das Urteil über
sie sprechen.

13 Schau doch, den Wolken gleich
zieht er herauf, wie der Sturmwind
sind seine Wagen, schneller als Adler
sind seine Pferde. Weh uns, wir sind
verloren!" 14 Wasch dein Herz vom
Bösen rein, Jerusalem, damit du ge-
rettet wirst! Wie lange noch sollen in
deiner Brust heillose Pläne hausen?
15 Horch, ein Bote von Dan! Vom
Gebirge Ephraim kündet man Unheil!
16 Rufet, berichtet nach Juda, meldet
in Jerusalem: Feinde sind gekommen
aus fernem Land. Sie erheben ihr
Kriegsgeschrei über die Städte Judas.
17 Wie Feldhüter haben sie es ringsum
eingeschlossen, weil es sich gegen
mich aufgelehnt hat, spricht Jahwe.
18 Dein Wandel und deine Taten haben
dir das eingebracht. Das ist deine
Bosheit, was jetzt so bitter dich ins
Herz trifft.

19 Meine Brust! Meine Brust! Der
Schmerz zerreißt mich! Die Wände
meines Herzens! Mein Herz tobt in
mir! Ich kann nicht schweigen! Denn
das Blasen des Horns höre ich, den
Kriegsschrei. 20 Man meldet Zusam-
menbruch über Zusammenbruch. Ver-
wüstet ist das ganze Land. In einem
Augenblick waren meine Hütten ver-
nichtet, im Nu meine Zelte. 21 Wie
lange muß ich noch Kriegsfahnen
sehen, das Hörnerblasen hören?

22 Mein Volk ist eben ein törichtes
Volk. Mich haben sie nicht erkannt.
Unverständige Kinder sind sie, ent-
behren aller Einsicht. Weise sind sie,
wenn es gilt, Böses zu tun, aber Gutes
zu tun verstehen sie nicht.

23 Ich blickte über die Erde hin: ein
Chaos. Zum Himmel hinauf: sein
Licht war erloschen. 24 Ich schaute zu

---

schneidung des Herzens", entspricht, vgl. Dt 1016. Israel weigert sich, Jahwe zu hören: es hat „unbeschnittene Ohren", Jr 610; es weigert sich umzukehren: es hat „ein unbeschnittenes Herz", 924–25, vgl. Lv 2641. Jahwe selbst wird, wenn Israel umkehrt, Israels Herz beschneiden, Dt 306. Die Fremden sind Unbeschnittene an Herz und Leib, Ez 447. Das NT nimmt dieses Bild auf, Apg 751; Paulus sagt, daß die wahre Beschneidung, die das wahre Israel ausmacht, die Beschneidung des Herzens ist, Röm 225–29, vgl. 1 Kor 719; Gal 56; 615; Phil 33; Kol 211; 311.

→45–31 *(Der Feindeinfall von Norden her)* Wie in 115 ist der Feind vom Norden nicht ein bestimmtes Volk. Gemeint sind vielleicht gleichzeitig die Skythen (die zwischen 630 und 625 v. Chr. an den Küsten von Syropalästina erschienen) und das assyrische Heer. Das Orakel wurde 605 v. Chr., als die Chaldäer in das Land einbrachen, auf eine schreckensvolle Weise wieder aktuell.

→410 *sie werden sagen* G; M: „ich werde sagen".

→410 *uns (gründlich betrogen)* Korr.; M: „dieses Volk und Jerusalem" (v. 11).

→410 *als du sagtest* Anspielung auf die Verheißungen der falschen Propheten.

→411 *kommt aus der Wüste* Korr.; M: „in der Wüste".

→412 *voller Drohung* Korr.; M: „voller als diese".

→413 *er* Der Völkerwürger von v. 7.

→416 *berichtet nach Juda* Korr.; M: „den Völkern: Siehe".

→416 *Feinde* Korr., vgl. G; M: „Wächter".

→419–22 Klage des Propheten, der sich mit dem Schicksal des Landes identifiziert und so als persönlich Betroffener spricht.

→422 Jahwe spricht.

den Bergen empor: sie wankten. Und
alle Hügel wurden geschüttelt. 25 Ich
schaute mich um: da war kein Mensch
mehr, und alle Vögel des Himmels
waren entflogen. 26 Ich blickte weiter:
das Fruchtland war Wüste, und alle
seine Städte verbrannt. Von Jahwe
ging es aus, von der Glut seines Zornes.
27 Denn so spricht Jahwe: Zur Wüste
soll das ganze Land werden. Ich will
ihm den Gnadenstoß geben. 28 Dar-
über wird die Erde trauern und werden
die Himmel droben sich in Dunkel
hüllen. Denn ich hab es gesagt und
laß es mich nicht gereuen. Ich hab es
beschlossen und mache es nicht mehr
rückgängig. 29 Vor dem Schrei „Rei-
ter und Bogenschützen!“ flüchtet das
ganze Land. In die Höhlen sind sie
gelaufen, im Gestrüpp versteckt, auf
Felsen geklettert. Alle Städte sind ver-
lassen, kein Mensch mehr wohnt
darin. 30 Und du, was tust du da, daß
du dich in Scharlach kleidest, mit Gold
dich schmückst und deine Augen mit
Schminke erweiterst? Umsonst machst
du dich schön. Deine Liebhaber haben
dich satt. Sie wollen dein Leben. 31 Ich
höre Gejammer wie von einer, die in
Wehen liegt, Geschrei wie von einer
Erstgebärenden! Es ist die Stimme der
Tochter Zion. Sie keucht vor Schrek-
ken und breitet die Hände aus: „O
wehe mir! Mein Leben sinkt dahin,
eine Beute der Mörder.“

Die Gründe für die Invasion

5 1 Durchstreifet die Gassen Jeru-
salems, seht euch um, überzeugt
euch selbst, sucht nach auf seinen
Plätzen, ob ihr einen findet, der recht
tut, der Treue sucht, dann will ich ihr
verzeihen, spricht Jahwe. 3A Sind
deine Augen nicht auf Treue gerichtet,
Jahwe? 2 Wenn sie aber sagen: „So
wahr Jahwe lebt“, dann schwören sie
gewiß einen Meineid. 3B Du hast sie
geschlagen, aber es tat ihnen nicht
weh. Du hast sie zermalmt, aber sie
wollten keine Zucht annehmen. Sie
haben ihr Angesicht härter gemacht
als Felsgestein, sie wollen sich
nicht bekehren. 4 Da dachte ich:
„Nur die geringen Leute sind so, sie
handeln töricht. Denn sie kennen
nicht den Weg Jahwes, noch das
Recht ihres Gottes. 5 Ich will doch
einmal zu den Vornehmen gehen und
mit ihnen reden. Denn die kennen
den Weg Jahwes und das Recht ihres
Gottes.“ Aber gerade sie haben alle
miteinander das Joch zerbrochen,
die Bande zerrissen. 6 Deshalb wird
sie der Löwe aus dem Walde schla-
gen, der Steppenwolf wird sie
erwürgen. Ein Panther lauert vor
ihren Städten. Jeder, der aus ihnen
herauskommt, wird zerrissen wer-
den. So zahlreich sind ihre Sün-
den, so vielfach die Taten ihres
Abfalls.

7 Warum sollte ich dir verzeihen?
Deine Söhne haben mich verlassen
und schwören bei solchen, die keine
Götter sind. Ich mache sie satt. Dafür
brechen sie die Ehe und treiben sich
im Hurenhause herum. 8 Feiste,
wohlgebaute Hengste sind sie, jeder
wiehert nach dem Weibe seines
Nächsten. 9 Und das sollte ich nicht
ahnden – spricht Jahwe –, an einem
solchen Volke sollte ich nicht meine
Rache nehmen? 10 Steigt hinauf
auf ihre Rebenterrassen und ver-
nichtet sie! Besorgt es ganz gründ-
lich! Reißt ihre Ranken herunter!
Denn sie gehören nicht Jahwe an.
11 Denn verraten, verraten hat mich
das Haus Israel, spricht Jahwe.

12 Jahwe verleugnen sie und sagen:
„Es ist nichts mit ihm. Es kommt kein
Unglück über uns, das Schwert und

→4 27 *Ich will ihm ... geben* Korr.; M: „Ich will nicht ... geben“.
→4 28 *Denn* Korr.; M: „(Dar)über, denn“.
→4 28 *Ich hab' es beschlossen* Umgestellt mit G; in M nach „gesagt“.
→4 29 *das ganze Land* G; M: „die ganze Stadt“.
→4 29 *Alle Städte* G; M: „die ganze Stadt“.
→5 1–17 *(Die Gründe für die Invasion)* Der Hauptgrund ist Abfall von Jahwe und Bruch der Bundesordnung; hieran schließt Jeremia weitere Vorwürfe an, wie praktische Verleugnung Gottes und Unbelehrbarkeit, v. 3.12–13, Unzucht, v. 7–8, soziale Ungerechtigkeit, v. 26–29. Er weist auf die Verantwortung der führenden Schichten, v. 4–5, der Priester und Propheten, v. 31, hin.
→5 1 *spricht Jahwe* Korr.; fehlt in M.
→5 2 *gewiß* Hss von M, S; M: „deshalb“.
→5 7 *treiben sich herum* Hss von M, G; M: „machen sich Einschnitte“.
→5 8 *wohlgebaute* Korr.; M: „umherschweifende“.
→5 10 *Besorgt es* Korr.; M: „Besorgt es nicht“, vgl. 4 27+. G fährt fort: „Pflegt ihre Ranken, denn sie gehören Jahwe“.
→5 11 *Israel* Danach Zusatz in M: „und das Haus Juda“. Es handelt sich aber nur um das Südreich, das hier mit dem sakralen Namen Israel genannt ist.
→5 12 *Es ist nichts mit ihm* Wörtlich: Er nicht. Der Gottlose verficht keinen theoretischen Atheismus, sondern nach ihm wird Gott nicht handeln, ist von Gott nichts zu erwarten und nichts zu befürchten; er existiert in seinen Augen praktisch nicht, vgl. Ps 14 1+. Man könnte auch verstehen: „Ihn (wollen wir) nicht!“

den Hunger kriegen wir nicht zu
spüren. 13A Die Propheten sind nur
Wind, und das Wort ist nicht in
ihnen!“ 14A Darum spricht Jahwe,
der Gott Zebaot, also: 13B So soll es
ihnen geschehen: 14B Weil sie solche
Worte reden, mache ich jetzt meine
Worte in deinem Munde zu Feuer und
dieses Volk zu Brennholz, und es soll
sie auffressen. 15 Ja, ich bringe über
euch, Haus Israel, ein Volk aus der
Ferne, spricht Jahwe. Ein unüber-
windliches Volk ist es, ein Volk von
uraltem Stamm. Ein Volk, dessen
Sprache du nicht kennst, und du
verstehst nicht, was es spricht. 16 Sein
Köcher ist ein offenes Grab. Es be-
steht aus lauter Helden. 17 Das wird
deine Ernte und dein Brot wegfressen.
Deine Söhne und Töchter wird es
fressen, aufzehren wird es deine
Schafe und Rinder, deine Wein-
stöcke und deine Feigenbäume. Das
wird deine festen Städte zerschla-
gen, auf die du dein Vertrauen
setzest.

Zwei Zusätze

18 Aber auch in jenen Tagen –
spricht Jahwe – werde ich euch nicht
den Garaus machen.
19 Und wenn sie dann fragen:
„Warum hat Jahwe uns dies alles ge-
tan?“, dann sollst du ihnen antworten:
„So wie ihr mich verlassen habt und
fremden Göttern dientet in eurem
eigenen Land, so sollt ihr jetzt Frem-
den dienstbar sein in einem Lande, das
euch nicht gehört.“

Aus Anlaß einer Hungersnot(?)

20 Verkündet dies im Hause Jakob
und macht es bekannt in Juda: 21 Hö-
ret dies also, törichtes Volk ohne Ver-
stand, das Augen hat und nicht sieht,
Ohren hat und nicht hört. 22 Mich
fürchtet ihr nicht? spricht Jahwe. Vor
meinem Angesicht erbebt ihr nicht?
Und ich habe doch dem Meer die
Düne als Grenze gesetzt, als ewige
Schranke, die es nicht überschreiten
darf. Mag es auch toben, es vermag
nichts dagegen, mögen seine Wogen
brausen, sie kommen nicht darüber.
23 Aber dieses Volk hat einen trotzi-
gen und widerspenstigen Sinn. Sie
sind abgefallen: das bringen sie
fertig! 24 Und es fällt ihnen nicht ein,
zu sagen: „Wir wollen doch Jahwe,
unseren Gott, fürchten, der den Regen
spendet, den Frühregen und Spätregen
zu seiner Zeit, der uns die festge-
setzten Erntewochen sichert.“ 25 Eure
Sünden haben das verhindert, eure
Missetaten haben den Segen von euch
ferngehalten.

Wiederholung des Themas

26 Denn in meinem Volke finden
sich Übeltäter, die Netze legen; wie
Vogelsteller stellen sie Fallen auf,
Menschen fangen sie. 27 Wie ein
Korb sich mit Vögeln füllt, so füllen
sich ihre Häuser mit betrügerisch
erworbenem Gut. Auf solche Weise
sind sie hochgekommen und reich
geworden. 28 Fett sind sie geworden
und feist. Ja, sie lassen das Maß des
Bösen überlaufen und setzen sich
über das Recht hinweg. Sie schaffen
der Waise nicht Recht vor Gericht,
und für die Sache der Armen treten
sie nicht ein. 29 Und das sollte ich
nicht ahnden – spricht Jahwe –, an
einem solchen Volke sollte ich nicht
meine Rache nehmen? 30 Entsetz-
liche, abscheuliche Dinge geschehen
im Lande. 31 Die Propheten weis-
sagen im Namen der Lüge, und die
Priester lehren auf eigene Faust. Und
meinem Volk gefällt es so. Aber was
werdet ihr tun, wenn das Ende davon
kommt?

Wiederum der Feindeinfall

6 1 Flieht, ihr Leute von Benjamin,
aus Jerusalem fort! Blast das Horn
in Tekoa, und in Bet-Hakkerem er-
richtet ein Panier! Denn Unheil droht
vom Norden her und gewaltiger Zu-
sammenbruch. 2 Ist sie einer lieb-
lichen Weide gleich, die Tochter Zion?
3 Hirten werden zu ihr kommen mit
ihren Herden, die werden ihre Zelte
aufschlagen rings um sie herum, und
jeder wird seinen Anteil abweiden.
4 Bereitet euch zum Kampf gegen sie!

→517 Zusatz in M am Versende: „durch das Schwert“. Fortsetzung des Orakels in V. 26.
→519 *sie . . . fragen* Korr.; M: „ihr fragt“.
→523 *das bringen sie fertig* Korr.; M: „und gingen weg“.
→526 *die Netze legen; wie Vogelsteller* Korr.
→531 *lehren* Korr.; M: „herrschen“.
→61 *Leute von Benjamin* Vielleicht Landsleute des Propheten aus Anatot, die aufgefordert werden, aus Jerusalem zu flüchten.
→61 *Blast das Horn in Tekoa* Als Signal zum Sammeln für die nach Süden Fliehenden. Tekoa, die Heimat des Propheten Amos, liegt 8 km südlich von Betlehem.
→62 *Ist sie einer lieblichen Weide gleich* Korr.; M: „Die Schöne und Verwöhnte vernichte ich“.
→64 *Bereitet euch* Wörtlich: Heiligt euch;

Auf, am Mittag steigen wir hinauf!
Wehe uns, schon neigt sich der Tag,
die Abendschatten dehnen sich. 5 Auf,
wir steigen bei Nacht hinauf und zer-
stören ihre Paläste! 6 Denn so hat
Jahwe Zebaot gesprochen: Fällt
Bäume und schüttet einen Wall auf
gegen Jerusalem. Sie, die Stadt der
Lüge. Alles in ihr ist Bedrückung.
7 Wie ein Brunnen sein Wasser frisch
erhält, so hält sie ihre Bosheit stetig
frisch. Von Gewalt und Unrecht hört
man in ihr. Ich sehe ständig vor Augen
Krankheit und Wunde. 8 Laß dich
warnen, Jerusalem, damit meine Seele
sich nicht von dir abwende. Damit ich
dich nicht zur Wüste mache, zum un-
bewohnten Land.

9 So spricht Jahwe Zebaot: Halte
Nachlese, halte Nachlese am Rest
Israels wie an einem Weinberg, leg
deine Hand wie ein Winzer an ihre
Ranken. – 10 Zu wem soll ich denn
reden und Mahnungen geben, daß sie
darauf hören? Sieh doch: Unbeschnit-
ten sind ihre Ohren, sie können gar
nicht aufmerken. Das Wort Jahwes
ist ihnen doch nur zum Spott. Sie
mögen es nicht. 11 Doch ich bin ganz
angefüllt von der Zornesglut Jahwes,
ich kann sie nicht mehr in mir halten. –
Gieße sie aus auf das Kind auf der
Straße und auf den fröhlichen Kreis
der Jünglinge zumal. Ob Mann oder
Frau, in die Gefangenschaft müssen
sie wandern, der Greis und der Voll-
betagte. 12 Und ihre Häuser sollen in
fremden Besitz übergehen, ihre Felder
und auch ihre Frauen. Ja, ich strecke
meine Hand aus gegen die Bewohner
dieses Landes, spricht Jahwe. 13 Denn
klein und groß, jeder von ihnen ist
gierig nach Gewinn. Prophet und
Priester, jeder übt Trug. 14 Und sie
heilen den Schaden meines Volkes
obenhin, indem sie schreien: „Frieden!
Frieden!“ Aber es gibt keinen Frieden!
15 Zuschanden müssen sie werden,
denn ein Greuel ist, was sie tun. Und
sie können nicht einmal mehr erröten.
Sie haben alle Scham verlernt. Darum
sollen sie fallen, wenn alles fällt, zur
Zeit ihrer Heimsuchung werden sie zu
Boden stürzen, spricht Jahwe.

16 So spricht Jahwe: „Stellt euch an
die Wege von einst und fragt nach den
uralten Pfaden, welches der Weg zum
Guten ist. Diesen geht, damit ihr
Ruhe findet für eure Seelen.“ Aber sie
haben geantwortet: „Wir wollen diesen
nicht gehen.“ 17 Da habe ich ihnen
Wächter bestellt: „Horcht auf das
Blasen des Horns!“ Aber sie haben
geantwortet: „Wir wollen nicht hor-
chen.“ 18 Darum höret, ihr Völker,
erkenne, Versammlung, was ich mit
ihnen tun will. 19 Höre es, Erde: Siehe,
ich führe Unheil herbei über dieses
Volk, die Frucht ihres Abfalls. Denn
auf meine Worte wollten sie nicht hor-
chen, und mein Gebet verwarfen sie.
20 Was soll ich mit dem Weihrauch,
der aus Saba kommt, und mit dem
köstlichen Gewürzrohr aus fernem
Land? An euren Brandopfern habe
ich keine Freude, und eure Schlacht-
opfer mag ich nicht. 21 So spricht
darum Jahwe: „Wahrlich, ich werde
diesem Volke Hindernisse hinlegen,
an denen sie straucheln, Väter und
Söhne miteinander, Nachbarn und
Freunde gehen zugrunde.“

22 So spricht Jahwe: Siehe, ein Volk
kommt aus dem Lande hoch im Nor-
den, ein gewaltiges Volk macht sich
auf von den Enden der Erde her.
23 Sie führen Bogen und Lanze, grau-
sam sind sie und ohne Erbarmen. Ihr
Lärmen gleicht dem Rauschen des
Meeres. Auf Rossen reiten sie daher,

---

der Krieg galt als eine heilige Handlung, vgl. 227; Joel 49.
→66 *Stadt der Lüge* G; M: „heimgesuchte Stadt“.
→69 *halte Nachlese* Korr.; M: „sie werden Nachlese halten“. Jahwe fordert den Propheten auf, nachzusuchen, ob sich nicht doch einer findet, der hört. Die Verse 10–11 sprechen von der Entmutigung des Propheten, dann von der Antwort Jahwes.
→69 *Rest Israels* Der Ausdruck ist hier wie in 83 noch nicht zu einer festen Bezeichnung (so in 233; 317) für das treugebliebene Restvolk geworden, das des Heiles teilhaftig werden soll, vgl. Js 43+.
→611 *Doch ich* Korr.
→614 Anspielung auf die trügerischen Verheißungen der falschen Propheten, 1413; 2317; 288–9, mit denen Jeremia wegen seiner Unheilsankündigungen in schwere Auseinandersetzungen gerät. Sie künden „Frieden“ *(schalom)* an; damit ist für den Hebräer nicht nur das Fernsein äußerer Gefahr gemeint (ein solches Verständnis erscheint freilich zur Zeit Jeremias in erster Linie), sondern ein Leben des einzelnen wie des Volkes in Glück und Heil, Gesundheit und Sicherheit, Wohlstand und sozialem Gleichgewicht (ein Ideal, das im messianischen Frieden Wirklichkeit wird, vgl. Js 116+). „Frieden! Frieden!“ heißt also etwa soviel wie „Alles in bester Ordnung“.
→616 *Wege von einst* Korr.; M: „Wege und sehet“.
→617 *Wächter* Die Propheten.
→618 *ich tun will* Eingefügt.
→619 *ihres Abfalls* G; M: „ihrer Gedanken“.
→623 *jedermann ist gerüstet* Korr.; M: „gerüstet wie ein Mann“.

jeder Mann ist zum Kampfe gerüstet
gegen dich, Tochter Zion! 24 Wir ha-
ben die Kunde gehört. Unsere Hände
sinken. Die Angst packt uns, Zittern
wie eine Gebärende. 25 Geht nicht
aufs Feld hinaus! Betretet die Straße
nicht! Denn da wütet das Feindes-
schwert, Grauen ringsum. 26 Tochter
meines Volkes, zieh den Sack an, wälz
dich im Staub. Stimm die Totenklage
an wie um den einzigen Sohn, bitteres
Weinen. Wie jäh ist doch der Ver-
wüster über uns gekommen.
27 Ich habe dich bestellt zum Prüfer
meines Volkes, damit du ihren Wandel
erforschest und prüfest. 28 Alle mit-
einander sind Empörer, laufen mit
Verleumdungen herum. Alle mitein-
ander sind verdorben. 29 Der Blas-
balg schnaubte, damit das Blei vom
Feuer aufgezehrt würde. Umsonst hat
der Schmelzer geschmolzen. Die
Schlacken waren nicht auszuscheiden."
30 „Verworfenes Silber" soll man sie
nennen. Denn Jahwe hat sie verworfen.

2. SPRÜCHE, VORWIEGEND AUS DER ZEIT JOJAKIMS

Der wahre Kult

a) Der Angriff auf den Tempel

7 1 Das Wort, das an Jeremia er-
ging von seiten Jahwes: 2 Stell
dich ins Tor des Hauses Jahwes und
verkünde dort dieses Wort. Sprich:
Höret das Wort Jahwes, alle Leute
von Juda, die ihr durch diese Tore
eintretet, um Jahwe anzubeten. 3 So
spricht Jahwe Zebaot, der Gott Israels:
Bessert eure Wege und eure Werke,
dann will ich mit euch wohnen an
diesem Ort. 4 Vertraut aber nicht auf
die Lügenworte: „Der Tempel Jahwes,
der Tempel Jahwes, der Tempel
Jahwes ist hier." 5 Denn nur wenn ihr
ernsthaft eure Wege und eure Werke
bessert, wenn ihr wirklich unterein-
ander recht tut, 6 wenn ihr Fremd-
linge, Witwen und Waisen nicht be-
drückt [kein unschuldiges Blut ver-
gießt an diesem Ort] und keinen frem-
den Göttern nachlauft zu eurem eige-
nen Unglück, 7 dann will ich mit euch
wohnen an diesem Ort, in dem Lande,
das ich euren Vätern geschenkt habe
seit langem und für immer. 8 Aber
siehe, ihr setzt euer Vertrauen auf
Lügenworte, die euch nichts helfen.
9 Ja, stehlen, morden, ehebrechen,
falsche Eide schwören, dem Baal räu-
chern, fremden Göttern nachlaufen,
die euch nichts angehen, 10 und dann
kommt ihr und stellt euch vor mich
hin in diesem Hause, das nach meinem
Namen genannt ist, und sagt: „Wir
sind in Sicherheit", um (dann von
neuem) alle diese Greueltaten zu ver-
üben. 11 Ist denn dieses Haus da, das
nach meinem Namen genannt ist, in
euren Augen eine Räuberhöhle? Wahr-
lich, auch ich kann es sehen, spricht
Jahwe.
12 Geht doch nur einmal an meine
Stätte in Schilo, wo ich früher meinen
Namen habe wohnen lassen, und
schaut, was ich daraus gemacht habe
wegen der Bosheit meines Volkes
Israel. 13 Und jetzt, weil ihr alle diese
Taten verrichtet, spricht Jahwe, obwohl
ich unermüdlich zu euch gesprochen
habe, ohne daß ihr darauf hörtet, und
euch gerufen habe, ohne daß ihr Ant-
wort gabt, 14 jetzt werde ich mit dem
Hause, das nach meinem Namen be-
nannt ist und auf das ihr eure Hoff-

→627 *Volkes* Danach Zusatz in M: „wie ein Bollwerk".

→628 *Empörer* G; M: „Empörer der Empörer".

→628 *herum* Danach Zusatz in M: „(sie sind nur) Erz und Eisen".

→629 *vom Feuer aufgezehrt* Hss von M, G; M: „von ihrem Feuer". Silbererze wurden in geschmolzenes Blei geworfen, um das Silber von den Schlacken, die sich zusammen mit dem oxydierten Blei am Boden des Schmelzofens sammelten, zu scheiden. Hier ist die Mühe umsonst; der Schmelzprozeß ergibt kein reines Metall.

→71 – 83 Die folgenden Prophetenworte, die aufgrund ihrer thematischen Verbundenheit mit dem Kult zusammengestellt wurden, dürften sich auf die Regierungszeit Jojakims beziehen.

→71–15 *(Der Angriff auf den Tempel)* Kapitel 26 erzählt die Umstände, die zur Tempelrede (aus der Anfangszeit der Regierung Jojakims, 608 v. Chr.) führten. Der Tempel, durch die Gegenwart Jahwes geheiligt, 1 Kg 810f, vgl. Dt 47+, konnte als unantastbar erscheinen; der Mißerfolg Sancheribs vor den Mauern Jerusalems 701 v. Chr. hatte den Schutz Jahwes über die Heilige Stadt deutlich gezeigt, 2 Kg 1932–34; Js 3733–35. Aus dieser Bewahrung zog man allzuleicht den Schluß, daß Jahwe seine Stadt wiederum mit Sicherheit beschützen würde. Jeremia stößt das Volk vor den Kopf, 26, wenn er (wie vor ihm Micha, Mich 312) behauptet, daß ein solches Vertrauen trügerisch ist: Gott kann seinen Tempel preisgeben. Ezechiel sieht sogar die Herrlichkeit Jahwes das Heiligtum verlassen, Ez 1123.

→73 *dann will ich mit euch wohnen* Aquila, V; M: „dann will ich euch wohnen lassen"; ebenso in v. 7.

→712 *Schilo* Das Heiligtum von Schilo war durch die Philister zerstört worden.

nung setzt, und mit der Stätte, die ich
euch und euren Vätern geschenkt habe,
so verfahren, wie ich mit Schilo verfuhr.
15 Und euch werde ich von meinem
Angesicht verstoßen, so wie ich alle
eure Brüder verstoßen habe, das ganze
Geschlecht Ephraims.

b) Die fremden Götter

16 Du aber sollst nicht für dieses
Volk beten und mich nicht seinet-
wegen anflehen und in mich dringen.
Denn ich höre doch nicht auf dich.
17 Oder siehst du denn nicht, was sie
in den Städten Judas und in den Stra-
ßen Jerusalems treiben? 18 Die Kinder
lesen Holz zusammen, die Väter zün-
den das Feuer an, und die Frauen
kneten Teig, um der Himmelskönigin
Kuchen zu backen, und man bringt
fremden Göttern Trankopfer dar, um
mich zu kränken. 19 Kränken sie aber
mich dabei – spricht Jahwe – und nicht
vielmehr sich selbst zu ihrer eigenen
Schande? 20 Darum spricht so der
Herr Jahwe: Siehe, mein Zorn und mein
Grimm ergießt sich über diesen Ort,
über Mensch und Vieh, über die Bäume
auf dem Felde und über die Frucht
des Bodens; er brennt und erlischt
nicht.

c) Der Kult ohne die Treue

21 So spricht Jahwe Zebaot, der
Gott Israels: Legt nur eure Brandopfer
mit euren Schlachtopfern zusammen
und eßt das Fleisch! 22 Denn ich habe
euren Vätern, als ich sie aus dem
Ägypterlande herausführte, nichts ge-
sagt und nichts befohlen über Brand-
und Schlachtopfer. 23 Aber das Gebot
habe ich ihnen gegeben: Höret auf
meine Stimme, dann will ich euer Gott
sein, und ihr sollt mein Volk sein, und
wandelt ganz auf dem Wege, den ich
euch befohlen habe, damit es euch
wohlergehe. 24 Sie haben jedoch nicht
gehört und haben ihr Ohr nicht ge-
neigt, sondern sie folgten ihrem ver-
stockten, bösen Herzen und kehr-
ten mir den Rücken zu und nicht das
Angesicht. 25 Von den Tagen an, da
ihre Väter das Ägypterland verließen,
bis auf den heutigen Tag, habe ich alle
meine Knechte, die Propheten, zu
ihnen gesandt, Tag für Tag, unermüd-
lich. 26 Aber sie hörten nicht auf mich
und neigten ihr Ohr nicht, sondern sie
versteiften ihren Nacken noch schlim-
mer als ihre Väter. 27 Und wenn du
ihnen alle diese Worte sagst, sie wer-
den nicht auf dich hören; rufst du
ihnen, so geben sie dir keine Antwort.
28 So sage zu ihnen: Das ist das Volk,
das nicht auf die Stimme Jahwes, sei-
nes Gottes, hört und keine Zucht
annimmt. Verloren ist die Treue, aus-
gerottet aus ihrem Mund.

*d) Wiederum der Götzendienst; dro-
hende Verbannung*

29 Schneide ab dein langes Haar
und wirf es weg! Stimme Klage an auf
den Höhen!

Denn Jahwe hat verschmäht und
verworfen das Geschlecht, dem er
zürnt.

30 Haben doch die Kinder Judas
getan, was mir zuwider ist, spricht
Jahwe. Sie haben ihre Scheusale auf-
gestellt in dem Hause, das nach meinem
Namen genannt ist, um es zu be-
schmutzen. 31 Und sie haben die
Opferstätte des Tophet gebaut im
Tale Ben-Hinnom, um ihre Söhne und
Töchter im Feuer zu verbrennen, was
ich sie nicht geheißen habe und was
mir nie in den Sinn gekommen ist.
32 Deshalb werden Tage kommen –
spricht Jahwe –, da wird man nicht
mehr Tophet sagen und Tal Ben-
Hinnom, sondern „Würgetal“, und
man wird im Tophet begraben, weil
sonst kein Platz mehr ist. 33 Dann
werden die Leichen dieses Volkes den
Vögeln des Himmels und den Tieren
des Feldes zum Fraße dienen, ohne
daß jemand sie verjagt. 34 Und ich
werde in den Städten Judas und in den
Straßen Jerusalems jeden Freude-
laut und jede Äußerung der Fröhlich-
keit, die Stimme des Bräutigams und
die Stimme der Braut zum Verstum-
men bringen. Denn das Land wird zur
Wüste werden.

8 1 In jener Zeit – spricht Jahwe –
wird man die Gebeine der Könige
Judas und die Gebeine seiner Fürsten
und die der Priester und Propheten
und der Bewohner Jerusalems aus
ihren Gräbern herausholen 2 und vor
der Sonne hinbreiten und vor dem

→7 18 *Himmelskönigin* Aquila, V und G in 44 17; M: „Himmelsheer“. Die „Himmelskönigin“ ist Ischtar, die Göttin der Fruchtbarkeit im assyrischen Pantheon.

→7 24 *folgten* Danach Zusatz in M: „in den Plänen“; fehlt in G.

→7 25 *Tag für Tag* Hs von M, S; M: „Tag“.

→7 30 *Scheusale* Abfällige Bezeichnung für die falschen Götter.

→7 31 *Opferstätte* G, T; M: „Opferstätten“.

→8 2 Gestirnkult war unter Manasse und Amon in Israel eingedrungen und weit verbreitet.

Mond und dem ganzen Heer des
Himmels, die sie geliebt und denen sie
gedient haben und hinter denen sie her-
gelaufen sind, die sie um Hilfe ange-
gangen und angebetet haben. Man
wird sie nicht mehr zusammenlesen
und nicht mehr begraben. Als Dünger
werden sie auf dem Erdboden liegen.
3 Und dem ganzen Rest, allen, die
übrigbleiben werden von diesem
bösen Geschlecht, wird der Tod lieber
sein als das Leben, an all den Orten,
wohin ich sie verstoße, spricht Jahwe
Zebaot.

Drohworte, Klage, Unterweisung. Israels Verirrung

4 Sag zu ihnen: So spricht Jahwe:
Steht denn nicht jeder wieder auf, der
hingefallen ist? Kehrt nicht jeder
wieder um, der einen verkehrten Weg
eingeschlagen hat? 5 Warum hat sich
dieses Volk ein für allemal abgekehrt?
Warum halten sie fest am Trug, wei-
gern sich, umzukehren? 6 Ich habe
aufgepaßt und hingehorcht. Sie reden
kein wahres Wort. Kein einziger bereut
seine Bosheit, daß er spräche: „Was
habe ich getan?" Alle miteinander
haben sich abgekehrt und jagen davon
wie ein Roß, das in die Schlacht stürmt.
7 Selbst der Storch am Himmel droben
kennt seine Zeiten, und Turteltaube
und Schwalbe und Kranich halten
die Zeit ihrer Wiederkunft ein. Aber
mein Volk kennt nicht das Recht
Jahwes.

Das Gesetz in der Hand der Priester

8 Wie könnt ihr behaupten: „Wir
sind weise, wir haben doch das Gesetz
Jahwes"? Ja wahrlich, zur Lüge hat
es der Lügengriffel der Schreiber ge-
macht. 9 Zuschanden werden die
Weisen, in Schrecken werden sie ge-
raten und sich verfangen. Haben sie
doch das Wort Jahwes verschmäht,
und ihre Weisheit – was nützt sie
ihnen?

Wiederholung eines Drohspruchfragments

10 Darum gebe ich eure Frauen den
Fremden preis und eure Fluren
Eroberern. Denn klein und groß, jeder
von ihnen ist gierig nach Gewinn.
Prophet und Priester, jeder übt Trug.
11 Und sie heilen den Schaden meines
Volkes obenhin, indem sie schreien:
„Frieden! Frieden!" Aber es gibt
keinen Frieden! 12 Zuschanden müs-
sen sie werden, denn ein Greuel ist,
was sie tun. Und sie können nicht ein-
mal mehr erröten. Sie haben alle
Scham verlernt. Darum sollen sie
fallen, wenn alles fällt, zur Zeit ihrer
Heimsuchung werden sie stürzen,
spricht Jahwe.

Drohworte über den Weinstock Juda

13 Will ich Lese bei ihnen halten –
spricht Jahwe –, so sind keine Trauben
am Weinstock, keine Feigen am
Feigenbaum, und das Laub ist welk.
Darum gab ich ihnen Verwüster, die
sie verwüsten. 14 „Was bleiben wir
noch ruhig sitzen? Sammelt euch! Wir
wollen in die festen Städte ziehen und
dort untergehen! Denn Jahwe, unser
Gott, hat uns ja doch dem Untergang
preisgegeben. Er tränkt uns mit Gift-
wasser, weil wir gegen ihn gesündigt ha-
ben. 15 Man harrt auf Frieden, aber es
gibt nichts Gutes, auf die Zeit der Hei-
lung, aber da ist nur Schrecken. 16 Von
Dan her vernimmt man das Schnauben
seiner Rosse. Vom lauten Gewieher
seiner Hengste erbebt die ganze Erde.
Sie kommen und fressen das Land mit
allem, was darauf wächst, die Stadt
mit allen, die darin wohnen." 17 Ja,
siehe, ich lasse giftige Schlangen auf
euch los, gegen die es keine Beschwö-
rung gibt, sie werden euch beißen,
spricht Jahwe, 18 unheilbar.

Klage des Propheten über eine Hungersnot

Schmerz überfällt mich, mein Herz

→84 – 1025 In dieser Sammlung sind Prophetensprüche aus der Zeit Jojakims, um 605 v. Chr., vereinigt. In den drei Gedichten 84–7; 813–18; 91–8 sind die Anklagen an Israel fortgesetzt und weiter entfaltet. Die Klage 99–21 geht in 1017–22 weiter und endet mit einem Gebet Jeremias, 1023–24. Schließlich wurden noch andere Worte Jeremias hinzugefügt, 88–9; 810–12; 818–23; 922–23; 924–25. Das Fragment 101–16 scheint nicht authentisch zu sein.

→85 *dieses Volk* Danach Zusatz in M: „Jerusalem"; fehlt in G.

→88 *Schreiber* Hier die Priester, die Hüter der schriftlich niedergelegten Überlieferung. Mit „Wort" ist in v. 9 das Wirken der Propheten bezeichnet.

→89 *ihre Weisheit* Korr.; M: „was für eine Weisheit".

→810–12 Dieses Fragment, eine Dublette zu 612–15, fehlt in G.

→813 *Will ich Lese bei ihnen halten* Nach G; M: „Ich will sie gänzlich wegnehmen".

→813 *Darum gab ich ihnen Verwüster, die sie verwüsten* Korr.; fehlt in G.

→818 *unheilbar* G.

→818–23 *(Klage des Propheten über eine Hungersnot)* Die Hungersnot wird in v. 20 genannt.

→818 *überfällt mich* Korr.

versagt. 19 Siehe, der Klageschrei
der Tochter, meines Volkes, allüberall
im Lande: „Ist Jahwe nicht mehr in
Zion? Sein König nicht mehr dort?
[Warum haben sie mich geärgert durch
ihre Bilder, durch die nichtigen frem-
den Götzen!] 20 Die Ernte ist vorüber,
der Sommer ist zu Ende, und uns ist
nicht geholfen." 21 Der Zusammen-
bruch der Tochter, meines Volkes,
läßt mich zusammenbrechen. Ich bin
traurig, Entsetzen hält mich umfaßt.
22 Gibt es denn keinen Balsam in
Gilead, ist dort kein Arzt? Ja, warum
kommt sie nicht, die Heilung der Toch-
ter, meines Volkes? 23 O daß doch
mein Haupt zu Wasser würde und
mein Auge zum Tränenquell. Dann
würde ich Tag und Nacht weinen über
die Erschlagenen der Tochter, meines
Volkes.

Judas sittlicher Verfall

9 1 Hätte ich doch in der Wüste eine
Wanderhütte, dann verließe ich
mein Volk und zöge fort von ihnen.
Denn es sind lauter Ehebrecher, eine
treulose Gesellschaft. 2 Sie spannen
ihre Zunge wie einen Bogen. Lüge und
nicht Wahrheit hat die Oberhand im
Lande. Sie schreiten von Bosheit zu
Bosheit, aber Jahwe kennen sie nicht.
3 Hütet euch voreinander, und keiner
traue seinem Bruder. Denn jeder Bru-
der spielt Jakobs Rolle, und jeder
Freund verbreitet Verleumdung. 4 Ei-
ner hintergeht den andern, sie reden
kein wahres Wort. Sie haben ihre
Zunge eingeübt zum Lügenreden, sie
sind gründlich verdorben, sie können
nicht mehr 5 umkehren. Gewalt auf
Gewalt, Trug auf Trug. Sie wollen
Jahwe nicht erkennen. 6 Deshalb
spricht so Jahwe Zebaot: Wahrlich,
ich werde sie schmelzen und prüfen,
wie aber soll ich mit ihrer Bosheit ver-
fahren? 7 Ihre Zunge gleicht einem
tödlichen Pfeil, Trug sind die Worte
ihres Mundes. Frieden sagt man zu
seinem Nächsten, aber im Herzen stellt
man ihm eine Falle. 8 Sollte ich sie
dafür nicht heimsuchen – spricht
Jahwe –, sollte ich nicht Rache neh-
men an einem solchen Volk?

Klagelied auf Zion

9 Hebt an zu weinen und zu klagen
über die Berge, und über die Auen der
Trift singet den Totengesang. Denn
sie sind verheert. Kein Mensch zieht
mehr hindurch, noch hört man das
Blöken der Herden. Von den Vögeln
in der Luft bis zum Vieh ist alles ent-
flohen, verschwunden. 10 Und ich
mache aus Jerusalem einen Stein-
haufen, eine Wohnung der Schakale.
Und die Städte Judas mache ich zur
Einöde, in der niemand wohnt.

11 Wo ist ein weiser Mann, der da-
für Verständnis hat, zu dem darum
der Mund Jahwes reden könnte, und
der dann kund tun könne, warum
das Land zugrunde gegangen, ver-
heert ist wie eine Wüste, die niemand
durchwandert?

12 Und Jahwe sprach: Weil sie mein
Gesetz verlassen haben, das ich ihnen
gegeben hatte, und weil sie nicht auf
meine Stimme gehört, noch sich da-
nach gerichtet haben, 13 sondern
ihrem verstockten Sinne gefolgt und
den Baalen nachgelaufen sind, wie
ihre Väter sie gelehrt haben. 14 Des-
halb spricht so Jahwe Zebaot, der Gott
Israels: Siehe, ich will ihnen Wermut
zum Essen geben und Giftwasser zum
Trinken, 15 und will sie unter die Völker
zerstreuen, von denen weder sie noch
ihre Väter etwas wußten. Und hinter
ihnen drein werde ich das Schwert
senden, bis ich sie vernichtet habe.

16 Auf! Ruft die Klageweiber, daß
sie kommen! Sendet nach weisen
Frauen, daß sie kommen! 17 Schnell,

→92 *nicht Wahrheit hat die Oberhand* G; M: „nicht für die Wahrheit sind sie mächtig".

→92 *aber Jahwe* Korr.; M: „aber mich". Zusatz in M am Versende: „Spruch Jahwes"; fehlt in G.

→93 *spielt Jakobs Rolle* Anspielung auf den Namen Jakob „der Betrüger", Gn 2526+. Man könnte auch übersetzen: „denkt nur daran, zu betrügen".

→94–5 *sie sind gründlich verdorben, sie können nicht mehr umkehren. Gewalt auf Gewalt* G; M: „sie erschöpfen sich im Bösestun. Dein Wohnsitz ist inmitten der Gewalt."

→95 *Jahwe* Korr.; M: „mich".

→95 Zusatz in M am Versende: „Spruch Jahwes"; fehlt in G.

→96 *ihrer Bosheit* Nach G; M: „der Tochter meines Volkes".

→97 *Trug sind die Worte ihres Mundes* G; M: „Trug spricht er; in seinem Mund". In diesem Vers weichen M und G im Gebrauch von Singular und Plural voneinander ab.

→97 *Frieden* Die übliche Grußformel ist ein Friedenswunsch *(schalom)*, vgl. 614+.

→99 *Hebt an* G; M: „Ich hebe an".

→99 *Denn sie sind verheert* Bezieht sich vielleicht auf den ersten Feldzug Nebukadnezars 605 v. Chr., 2 Kg 241. Jerusalem ist bedroht.

→916 Zusatz in M am Versanfang: „So spricht Jahwe Zebaot"; das folgende enthält aber kein Orakel und muß sich auf v. 10 beziehen.

sie sollen ein Klagelied über uns anstimmen, daß unsere Augen in Tränen
zerfließen, von unseren Wimpern das
Wasser rinnt. 18 Horch, man hört
Klagegesang von Zion her: „Wie sind
wir vergewaltigt worden, in maßlose
Schande geraten! Denn wir müssen
das Land verlassen, unsere Wohnungen
preisgeben.“ 19 Ja, höret das Wort
Jahwes, ihr Weiber, und euer Ohr vernehme das Wort seines Mundes. Lehret
eure Töchter den Klagegesang und
eine die andere das Totenlied: 20 „Der
Tod stieg ein in unsere Fenster, drang
ein in unsere Paläste. Er raffte hinweg
das Kind von der Straße und die Jünglinge von den Plätzen. 21 Und die
Leichen der Menschen liegen umher
wie Mist auf dem Acker und wie Garben hinter dem Schnitter. Und niemand ist da, der sie sammelt.“

Die wahre Weisheit

22 So spricht Jahwe: Der Weise
rühme sich nicht seiner Weisheit, und
der Starke rühme sich nicht seiner
Kraft, und der Reiche rühme sich
nicht seines Reichtums. 23 Sondern
dessen soll sich rühmen, wer sich
rühmen will: Einsicht zu haben und
mich zu erkennen. Denn ich bin Jahwe,
der Gnade und Recht und Gerechtigkeit walten läßt auf Erden. Ja, an
solchen habe ich Wohlgefallen, spricht
Jahwe.

Die falsche Hoffnung auf die Beschneidung

24 Wahrlich, es werden Tage kommen – spricht Jahwe –, da werde ich
jeden, der an der Vorhaut beschnitten
ist, heimsuchen: 25 Ägypten und Juda
und Edom, die Söhne Ammons und
Moab, und alle mit geschorenen
Schläfen, die in der Wüste wohnen.
Denn alle diese Völker da und auch das
ganze Haus Israel sind unbeschnittenen Herzens.

Die Götzenbilder und der wahre Gott

10 1 Höret das Wort, das Jahwe zu
euch spricht, Haus Israel. 2 So
spricht Jahwe:

Gewöhnt euch nicht an den Weg
der Heiden und laßt euch nicht in
Schrecken setzen durch die Zeichen
des Himmels. Denn davor erschrecken
die Heiden. 3 Denn der Schrecken der
Völker ist ein reines Nichts, ist nur
Holz, das man im Walde gefällt hat,
ein Werk von Künstlerhänden, mit
dem Schnitzmesser verfertigt, 4A geschmückt mit Silber und Gold,
9 – dünngeschlagenes Silber aus Tarschisch und Gold aus Ophir –, Arbeit
des Künstlers und der Goldschmiedehand: alle sind sie nur Künstlerwerk,
mit blauem und rotem Purpur bekleidet, 4B befestigt mit Nägeln und Hammer, damit sie nicht wackeln. 5 Einer
Vogelscheuche im Gurkenfeld gleichen
sie, vermögen nicht zu reden. Man muß
sie tragen, denn selbst können sie
nicht gehen. Die braucht ihr nicht zu
fürchten, sie können nichts Böses zufügen. Aber auch Gutes zu tun steht
nicht in ihrer Gewalt.

6 Wer ist wie du, Jahwe? Du bist
groß, und groß ist dein mächtiger
Name. 7 Wer sollte dich nicht fürchten, du König der Völker? Ja, dir
gebührt es. Denn unter allen Weisen
der Völker und all ihren Königen
kommt keiner dir gleich.

8 Sind sie doch alle miteinander
dumm und töricht. Die Unterweisung der Götzen ist sinnlos. 10 Jahwe
aber ist der wahre Gott. Er ist der
lebendige Gott und der ewige König.
Vor seinem Zorn erbebt die Erde,
und die Völker halten seinen Grimm
nicht aus.

11 [Deshalb sollt ihr zu ihnen
sagen: „Die Götter, die Himmel
und Erde nicht gemacht haben,
müssen verschwinden von der Erde
und unter dem Himmel.“]

→918 *wir müssen preisgeben* G; M: „sie haben niedergerissen“.
→921 Zusatz in M am Versanfang: „Rede so, Spruch Jahwes“; fehlt in G.
→923 *erkennen* Die „Erkenntnis Jahwes“, in der die wahre Religion zusammengefaßt ist, vgl. Hos 222+, ist eines der Hauptthemen der Predigt Jeremias, vgl. Jr 28; 2215–16; 247; 3134.
→925 *alle mit geschorenen Schläfen* Die Araber.
→925 *alle diese Völker da* Korr.; M: „alle Völker (sind) unbeschnitten“; Zusatz in G: „am Leibe“, was aber bei einer Reihe der aufgezählten Völker nicht zutraf.
→101–16 *(Die Götzenbilder und der wahre Gott)* Der Abschnitt, der kaum authentisch sein dürfte, entfaltet Themen, die Deutero-Js nahestehen: die Nichtigkeit der falschen Götter, vgl. Js 4020+, das Lob Jahwes als Schöpfergott, vgl. Js 428+. Der Text ist überladen; die Verse 6–8.10 fehlen in G; außerdem hat G eine andere Reihenfolge. Vers 11 ist eine aramäische Glosse zu v. 12.
→102 *Zeichen des Himmels* Die Sterne.
→103 *der Schrecken* Korr.; M: „die Gesetze“.
→109 *Ophir* T, S.
→109 *sie* Die falschen Götter. Die beiden letzten Versglieder sind umgestellt.
→108 Fortsetzung von v. 5.
→108 *sinnlos* Korr.; M: „aus Holz“. Vers 9 ist zwischen v. 4A und 4B umgestellt.

12 Er ist es, der die Erde erschaffen
hat in seiner Kraft, der in seiner
Weisheit den Erdkreis gegründet und
in seiner Einsicht den Himmel ausgespannt hat.
13 Läßt er seine Donnerstimme erschallen, so antwortet Wassergebraus am Himmel, und Wolken
führt er herauf vom Ende der Erde.
Er erschafft Blitze mit Regen, läßt die
Winde aus seinen Schatzkammern
hervorgehen.
14 Da steht jedem
Menschen der Verstand still, er kann
es nicht begreifen. Und jeder Goldschmied muß sich seines Bildwerks
schämen. Denn seine Bilder sind
Trug, sie haben nicht Odem.
15 Ein
Nichts sind sie, ein lächerliches Machwerk. Zur Zeit ihrer Heimsuchung
werden sie zugrunde gehen.
16 Ganz
anders als diese ist „Jakobs Anteil".
Denn er ist der Schöpfer des Alls, und
Israel ist der Stamm seines Erbteils.
Jahwe Zebaot ist sein Name.

Panik im Land

17 Packe dein Bündel, das Land zu
verlassen, die du in Belagerung bist.
18 Denn so hat Jahwe gesprochen:
Siehe, diesmal schleudere ich die Bewohner des Landes hinaus und führe
sie in Bedrängnis, damit sie mich finden.
19 „Weh mir! Welch ein Schlag!
Unheilbar meine Wunde! Und ich
hatte gedacht: Das ist nur eine
Krankheit, die ich ertragen kann.
20 Nun ist mein Zelt zerstört, und alle
meine Zeltstricke sind zerrissen.
Meine Kinder haben mich verlassen:
sie sind nicht mehr. Keiner wird mehr
mein Zelt aufrichten und meine Zeltdecken ausspannen."
21 Ja, die Hirten hatten den Verstand verloren und
nicht nach Jahwe gesucht. Deshalb
haben sie kein Glück gehabt und
ist ihre ganze Herde zerstreut.
22 Horch! Eine Kunde! Schon ist es
da! Ein gewaltiges Getöse aus dem
Land im Norden, um aus den Städten
Judas eine Einöde zu machen, eine
Behausung der Schakale.

Gebet des Jeremia

23 Du weißt es, Jahwe, daß des
Menschen Weg nicht in seiner Gewalt steht und daß es dem Menschen
nicht gegeben ist, seinen Gang zu
bestimmen und seine Schritte zu lenken.
24 Züchtige uns, Jahwe, aber
mit Maß, nicht in deinem Zorne,
damit du uns nicht zu klein machst.
[25 Gieß deinen Grimm aus über
die Völker, die dich nicht kennen, und
über die Geschlechter, die deinen
Namen nicht anrufen. Denn sie haben
Jakob gefressen und aufgezehrt und
seine Aue zur Wüste gemacht.]

Jeremia und die Worte des Bundes

11
1 Das Wort, das an Jeremia erging von seiten Jahwes:
2 Sprich
zu den Leuten Judas und zu den Bewohnern Jerusalems,
3 und sage
zu ihnen: So spricht Jahwe, der
Gott Israels: Verflucht sei der
Mensch, der auf die Worte dieses
Bundes nicht hört,
4 die ich euren
Vätern befohlen habe, als ich sie aus
dem Lande Ägypten, dem Schmelzofen des Eisens, herausführte und
ihnen sagte: Höret auf meine Stimme,
und handelt genau so, wie ich euch
befohlen habe. Dann seid ihr mein
Volk, und ich werde euer Gott sein,
5 damit ich den Eid aufrechterhalten
kann, den ich euren Vätern geschworen
habe, ihnen ein Land zu geben, das
von Milch und Honig fließt, wie es
heute der Fall ist. Ich antwortete und
sprach: Jawohl, Jahwe.
6 Und Jahwe
sprach weiter zu mir: Verkündige
diese Worte in den Städten Judas und
in den Gassen Jerusalems und sage:
Höret auf die Worte dieses Bundes
und haltet sie!
7 Denn mit aller Ein-

→1013 *Läßt er seine Donnerstimme erschallen* Korr.

→1017 Dem personifizierten Juda wird das Exil angedroht. Die Gefahr scheint näher als in 99–21 zu sein.

→1018 *mich finden* Korr.; M: „finden". Das Versende ist ironisch gemeint.

→1019 *Weh mir* Klage des personifizierten Volkes. Der Prophet spricht anscheinend wieder in v. 21.

→1023 *Du weißt es* Korr.; M: „Ich weiß es".

→1024 *du uns* G; M: „du mich".

→1025 *gefressen* Danach wiederholender Zusatz in M: „sie haben ihn gefressen"; fehlt in G.

→111–14 *(Jeremia und die Worte des Bundes)* 622 v. Chr. unternahm der König Josija, unterstützt von priesterlichen und prophetischen Kreisen, eine religiöse Reform, 2 Kg 223 – 2327+. Es scheint, daß sich Jeremia aktiv beteiligte und daß der vorliegende Abschnitt eine Erinnerung hieran bewahrt. Es kommen zahlreiche Ausdrücke vor, die für das Deuteronomium typisch sind (die Auffindung des deuteronomischen Rechtsbuches, 2 Kg 228, bildete den Ausgangspunkt der Reform). Der Kern (v. 6, das Ende von v. 8, v. 9–12) dürfte auf Jeremia zurückgehen, der Rest stellt sekundäre Erweiterungen dar. Die Verse 7–8 fehlen in G.

→112 M am Versanfang: „Höret die Worte dieses Bundes und", was hier keinen Sinn ergibt.

→112 *Sprich* G; M: „Sprecht".

dringlichkeit habe ich euren Vätern
eingeschärft, als ich sie aus dem Lande
Ägypten herausführte, und bis auf den
heutigen Tag habe ich es immer wie-
der eingeschärft: Höret auf meine
Stimme! 8 Aber sie haben nicht
gehört und ihr Ohr nicht geneigt,
sondern jeder folgte dem Starrsinn
seines bösen Herzens, und so ließ ich
alle Worte dieses Bundes über sie
kommen, die zu halten ich ihnen be-
fohlen und die sie nicht gehalten
haben.

9 Da sprach Jahwe zu mir: Es be-
steht eine Verschwörung unter den
Leuten Judas und unter den Bewoh-
nern Jerusalems. 10 Sie sind zu den
Sünden ihrer Vorfahren zurückge-
kehrt, die sich weigerten, auf meine
Worte zu hören. So laufen auch sie
fremden Göttern nach und dienen
ihnen. Das Haus Israel und das Haus
Juda haben meinen Bund gebrochen,
den ich mit ihren Vätern geschlossen
hatte. 11 Darum spricht Jahwe also:
Siehe, ich werde Unheil über sie brin-
gen, dem sie nicht werden entrinnen
können, und wenn sie zu mir schreien,
werde ich nicht auf sie hören. 12 Dann
mögen die Städte Judas und die Be-
wohner Jerusalems hingehen und zu
ihren Göttern schreien, denen sie
räuchern, aber helfen werden sie
ihnen doch nicht in der Zeit ihrer Not.

13 Denn soviel Städte du hast, so-
viel Götter hast du auch, Juda, und
soviel Gassen es gibt in Jerusalem,
ebenso viele Altäre habt ihr aufgestellt,
um dem Baal zu räuchern.

14 Du aber sollst für dieses Volk
nicht beten und nicht flehentliche
Fürbitte für sie einlegen, denn ich
werde doch nicht auf sie hören, wenn
sie zur Zeit ihrer Not zu mir rufen.

Vorwurf an die Tempelgänger

15 Was sucht meine Geliebte in
meinem Haus? Schurkerei ist ihr
Handeln. Werden Gelübde und hei-
liges Fleisch dein Unglück von dir
abwenden? Könnte ich dafür dich
rein sprechen? 16 „Einen frischgrünen
Ölbaum, von schönem Wuchs", so hat
Jahwe dich genannt. Unter großem
Krachen legt er Feuer an sein Laub-
werk, da verbrennen seine Zweige.

17 Jahwe Zebaot, der dich ge-
pflanzt hat, hat Unheil über dich
ausgesprochen wegen der Bosheit, die
das Haus Israel und das Haus Jahwes
verübt haben, um mich zu kränken,
indem sie dem Baal räucherten.

Jeremia, in Anatot verfolgt

18 Und Jahwe machte mich auf-
merksam, und ich paßte auf. Damals
öffnetest du, Jahwe, meine Augen für
ihr Tun. 12 6 „Selbst deine Brüder
und deine Verwandten sind falsch
gegen dich. Auch sie schreien hinter
deinem Rücken aus vollem Hals. Trau
ihnen nicht, wenn sie dir freundliche
Worte geben!" 11 19 Und ich war
wie ein argloses Lamm, das zur
Schlachtbank geführt wird, und hatte
nicht gemerkt, was sie gegen mich
sannen: „Laßt uns den Baum im
Saft vernichten und ihn ausreißen aus
dem Lande der Lebenden, daß nie-
mand mehr seines Namens gedenkt!"

20 Du aber, Jahwe Zebaot, gerech-
ter Richter, der Herz und Nieren
prüft, laß mich deine Rache an ihnen
erleben, denn dir habe ich meine
Sache anvertraut.

21 Deshalb hat Jahwe Zebaot so
gesprochen über die Männer von
Anatot, die mir nach dem Leben
trachten und sagen: „Du sollst nicht
weissagen im Namen Jahwes, sonst
muß du sterben durch unsere Hand":
22 Siehe, ich werde sie heimsuchen. Ihre
jungen Männer werden durch das
Schwert umkommen, ihre Söhne und
Töchter werden Hungers sterben.
23 Kein Überleben wird es für sie

→11 13 *aufgestellt* Danach Zusatz in M: „Altäre für Schandgötzen"; fehlt in G.
→11 14 *zur Zeit* Hss von M, Üss; M: „wegen".
→11 15–17 Wahrscheinlich im Tempel verkündetes Orakel aus der gleichen Zeit wie Kapitel 7. Vers 17 gehört zu 11 1–14.
→11 15 *meine Geliebte* G; M: „mein Geliebter". Der Text dieses Verses ist verderbt; hier teilweise nach G übersetzt.
→11 16 *von schönem Wuchs* G; M: „von schönem Fruchtwuchs".
→11 16 *sein Laubwerk* Korr.; M: „ihn".
→11 16 *verbrennen* V; M: „sind schlecht".
→11 18–23 Als Verfechter der Reform, die mit ihrer Kultzentralisation die örtlichen Heiligtümer beseitigte, Dt 12 5, vgl. 2 Kg 23, machte sich Jeremia seine Landsleute aus Anatot zu erbitterten Feinden. Vers 12 6 ist nach 11 18 umgestellt.
→11 19 *im Saft* Korr.; M: „in seinem Brot"; G: „Wir wollen ihm Holz (d. h. Gift, nach T) in sein Brot geben". Vers 19 wurde von der christlichen Liturgie auf das Leiden Christi angewendet.
→11 20 *anvertraut* Korr.; M: „aufgedeckt". Zu diesem Gebet um Vergeltung vgl. Ps 51 1+.
→11 21 *mir* G; M: „dir".
→11 22 Wiederholung in M am Versanfang: „Deshalb hat Jahwe Zebaot so gesprochen"; fehlt in G.

geben, wenn ich das Unheil bringe
über die Leute von Anatot im Jahr
meiner Heimsuchung.

Das Glück der Gottlosen

12 1 Du behältst recht, Jahwe, auch
wenn ich mit dir streiten wollte.
Nur eine Frage möchte ich mit dir
besprechen: Warum haben die Gott-
losen Glück in ihrem Leben? Warum
genießen die treulosen Betrüger siche-
re Ruhe? 2 Du hast sie gepflanzt, und
sie fassen Wurzel, sie treiben Sprossen
und bringen Frucht. Du bist nur
ihrem Munde nah, aber fern von
ihrem Innern. 3 Aber du, Jahwe,
kennst und durchschaust mich doch,
du prüfst mein Herz, es ist mit dir.
Scheide sie aus wie Schafe zur
Schlachtung, weihe sie für den Tag
des Mordens.

4 [Wie lange noch soll die Erde
trauern und alles Grün auf dem Felde
verdorren? Wegen der Bosheit ihrer
Bewohner werden Vieh und Vögel
hinweggerafft.]

Denn sie sprechen: Gott sieht nicht
unsere Wege. –

5 Wenn du mit Fußgängern läufst
und sie dich schon ermüden, wie
willst du da mit Rossen um die Wette
rennen? Und bist du im friedlichen
Lande nicht sicher, was wirst du erst
tun im Dickicht des Jordan?

Klage Jahwes über sein verwüstetes Eigentum

7 Ich habe mein Haus verlassen,
mein Erbe verstoßen. Woran meine
Seele hing, übergab ich der Hand sei-
ner Feinde. 8 Mein Erbe wurde zu
mir wie ein Löwe im Walde. Er erhob
gegen mich sein Gebrüll. Darum mußte
ich ihn hassen. 9 Ist denn mein Erbe
ein schöngefiederter Vogel, daß die
Vögel sich rings um ihn scharen? Auf,
sammelt euch, alle Tiere des Feldes,
kommt herbei zum Fraß! 10 Hirten
in großer Zahl haben meinen Wein-
berg verheert, mein Ackerland zer-
treten. Sie haben mein kostbares
Ackerland zur öden Wüste gemacht.
11 Ja, eine traurige Wüste haben sie
daraus gemacht, brach liegt sie vor mir.
Verödet ist das ganze Land, denn nie-
mand nimmt es sich zu Herzen. 12 Über
alle kahlen Hügel der Steppe her sind
Verwüster eingedrungen [denn Jahwe
hat ein fressendes Schwert]: von einem
Ende des Landes bis zum andern bleibt
kein Fleisch in Frieden. 13 Sie hatten
Weizen gesät, nun ernten sie Dornen,
vergeblich haben sie sich abgemüht.
Nun müssen sie sich schämen über
ihren Ertrag wegen des Zornes Jahwes.

Gericht und Heil über die Nachbarvölker

14 So spricht Jahwe: Alle meine
bösen Nachbarn, die das Erbe ange-
tastet haben, das ich meinem Volke
Israel verliehen habe, die werde ich
wahrhaftig aus ihrem Boden heraus-
reißen. [Aber auch das Haus Juda wer-
de ich aus ihrer Mitte herausreißen.]
15 Wenn ich sie aber herausgerissen
habe, werde ich mich ihrer wieder
erbarmen und werde jeden in sein
Erbe und jeden wieder in sein Land
zurückbringen. 16 Und wenn sie dann
den Weg meines Volkes erlernen und
bei meinem Namen schwören: „So
wahr Jahwe lebt“, so wie sie mein
Volk gelehrt haben, beim Baal zu
schwören, dann sollen sie in mein
Volk eingebaut werden. 17 Wenn sie
aber nicht hören wollen, dann werde
ich ein solches Volk völlig ausreißen
und vernichten, spricht Jahwe.

Der Gürtel am Euphrat

13 1 So sprach Jahwe zu mir:
„Geh und kauf dir einen leine-

→12 1–6 *(Das Glück der Gottlosen)* Hier wird dieses Problem zum erstenmal im AT gestellt; vgl. Einleitung zu den Weisheitsbüchern, S. 822.

→12 4 Glosse, die den Textzusammenhang stört; sie steht anderen Stellen bei Jr nahe, in denen ebenfalls von einer Dürre die Rede ist.

→12 4 *Gott sieht nicht unsere Wege* G; M: „Er sieht nicht unser Ende“.

→12 5 *nicht sicher* G; M: „sicher“.

→12 5 Statt die erflehte Rache zu gewähren, kündigt diese Antwort Jahwes dem Propheten weitere Verfolgungen an; statt auf seine Frage zu antworten, 12 1+, beläßt sie in Gottes Geheimnis, wie den Guten und wie den Bösen vergolten wird, vgl. Ib 38 1 f; 14 1–5; 42 1–6 und Jr 15 19. Vers 6 ist nach 11 18 umgestellt.

→12 7 *Haus* Bezeichnet hier wie in Sach 9 8 das Land. Das „Erbe“ Jahwes ist sein Volk und sein Land.

→12 9 *daß die Vögel* Korr.; M: „für mich; werden die Vögel“. Die Raubvögel stürzen sich auf Israel wie auf einen Köder. Anspielung auf die Einfälle der Moabiter, Ammoniter und Edomiter in Palästina nach 602 v. Chr., 2 Kg 24 1–2.

→12 9 *sammelt euch . . . Kommt herbei* V; M: „sammelt . . . Laßt kommen“.

→12 11 *haben sie* S, V, T; M: „hat er“.

→12 13 *ihren Ertrag* G; M: „euren Ertrag“.

→12 14 *Jahwe: Alle* Korr.; M: „Jahwe über alle“.

→12 16 *den Weg* G; M: „die Wege“. Gemeint ist die Religion Israels.

→13 1–11 *(Der Gürtel am Euphrat)* Es han-

nen Gürtel und lege ihn um deine
Hüften. Laß ihn aber nicht ins Wasser
kommen." 2 Da kaufte ich solch einen
Gürtel nach dem Befehl Jahwes und
legte ihn um meine Hüften. 3 Hierauf
erging das Wort Jahwes zum zweiten-
mal an mich: 4 „Nimm den Gürtel,
den du gekauft hast und an den Hüften
trägst, und mach dich auf und geh an
den Euphrat und vergrabe ihn dort in
einer Felsspalte." 5 Da ging ich hin
und vergrub ihn am Euphrat, wie mich
Jahwe geheißen hatte. 6 Nach langer
Zeit aber sprach Jahwe zu mir: „Mach
dich auf, geh an den Euphrat und hol
den Gürtel dort heraus, wo du ihn
auf mein Geheiß vergraben hast."
7 Da ging ich an den Euphrat und
grub nach und nahm den Gürtel von
der Stelle weg, wo ich ihn vergraben
hatte, und siehe da, der Gürtel war
verdorben, er taugte zu nichts mehr.
8 Da erging folgendes Wort Jahwes
an mich. 9 „So spricht Jahwe: Ebenso
werde ich den Hochmut Judas und
den Hochmut Jerusalems, diesen
großen Hochmut, dem Verderben
preisgeben. 10 Dieses böse Volk, das
sich geweigert hat, auf meine Worte
zu hören, das der Härte seines Herzens
folgt und anderen Göttern nachläuft,
um ihnen zu dienen und sie anzubeten,
dem wird es ergehen wie diesem
Gürtel, der zu nichts mehr taugt.
11 Denn wie der Gürtel den Hüften
des Mannes sich anschließt, so habe
ich mir das ganze Haus Juda ange-
schlossen – spricht Jahwe –, damit sie
mein Volk, mein Ruhm, mein Preis
und mein Schmuck seien. Aber sie
haben nicht gehört."

Die zerschlagenen Weinkrüge

12 Sag zu diesem Volk: „Jeder
Krug wird mit Wein gefüllt." Und
wenn sie dir antworten: „Wissen wir
das etwa nicht, daß jeder Krug mit
Wein gefüllt wird?", 13 dann sag zu
ihnen: „So spricht Jahwe: Siehe, ich
werde alle Einwohner dieses Landes, die
Könige, die auf Davids Thron sitzen,
und die Priester und die Propheten und
alle Einwohner Jerusalems mit Trun-
kenheit füllen 14 und sie, einen am
andern, zerschmettern, die Väter
zusammen mit den Söhnen; und kein
Mitleid und keine Schonung und kein
Erbarmen wird mich davon abhalten,
sie zu vernichten."

Aussicht auf Verbannung

15 Höret und achtet darauf: Seid
nicht hochmütig; denn Jahwe hat
gesprochen. 16 Gebt Jahwe, eurem
Gott, die Ehre, bevor es finster wird,
bevor eure Füße anstoßen an den
Bergen im Dämmerdunkel und ihr auf
Licht harret, aber er hat es in tiefe
Nacht verwandelt, hat Wolkendunkel
daraus gemacht. 17 Und wenn ihr
nicht hört, dann muß meine Seele im
Verborgenen weinen wegen des Hoch-
muts, und mein Auge muß in Tränen
zerfließen, weil die Herde Jahwes in
Gefangenschaft weggeführt wird.

Drohworte an Jojachin

18 Sagt dem König und der Herrin:
Setzt euch tief herunter. Denn die
herrliche Krone ist von eurem Haupt
herabgefallen. 19 Die Städte des
Negeb sind verschlossen, und keiner
schließt sie auf. Ganz Juda wan-
dert in Gefangenschaft. Alles ist ge-
fangen.

*Mahnung an das unbußfertige Jeru-
salem*

20 Schlag die Augen auf, Jerusalem,
und schau, wie sie kommen von
Norden her. Wo ist die Herde, die
dir gegeben ward, deine herrlichen
Schafe? 21 Was wirst du sagen, wenn
sie sich über dich zu Herren machen,
die du selbst an trauten Umgang mit
dir gewöhnt hast? Werden dich da
nicht Wehen ergreifen wie eine ge-
bärende Frau? 22 Und wenn du dir
dann selbst die Frage stellst: Warum
hat mich solches getroffen? Wegen
der Größe deiner Schuld ist deine
Schleppe hochgehoben worden, hat

---

delt sich hier kaum um einen realen Vorgang, sondern um eine symbolische Schau, deren Sinn klar ist: Israel, das Jahwe an sich gebunden hat wie einen Gürtel um die Hüften, Ps 7611+, hat sich von ihm gelöst und ist in der Berührung mit dem babylonischen Götzendienst verdorben.

→1311 *mir* Danach Zusatz in M: „das ganze Haus Israel und"; fehlt in der Syro-Hexapla.

→1312 *Sag zu diesem Volk* G; M: „Sag zu ihnen dieses Wort: So spricht Jahwe, der Gott Israels."

→1317 *Hochmut* Danach Zusatz in M: „und es weint unablässig (mein Auge)"; fehlt in G.

→1318–19 Jojachin regierte nur drei Monate; 589 v. Chr. wurde er mit seiner Mutter nach Babel deportiert.

→1318 *von eurem Haupt* G; M: „was euch zu Häupten ist".

→1319 *verschlossen* Offenbar durch die Edomiter.

→1320 *Schlag die Augen auf, Jerusalem* G; M: „Schlagt eure Augen auf".

→1321 *wenn sie* G; M: „wenn er".

man dir Gewalt angetan. 23 Kann
etwa ein Mohr seine Haut wechseln
oder ein Panther sein buntes Fell?
Und ihr könntet gut handeln, die ihr
ans Böse gewohnt seid. 24 Darum
werde ich euch zerstreuen wie die
Spreu, die vor dem Wüstenwind ver-
fliegt. 25 Das ist dein Los, der Lohn
für deine Empörung, den ich dir zahle –
spricht Jahwe –, weil du mich ver-
gessen hast und auf Trug dein Ver-
trauen setztest. 26 Ich selbst ziehe dir
deine Schleppe hoch bis zu deinem
Gesicht hinauf, daß man deine Schande
sehen kann. 27 Deine Ehebrüche, dein
geiles Gewieher und dein schandbares
Buhlen! Auf den Höhen und im Feld
habe ich deine Greuel gesehen. Weh
dir, Jerusalem, daß du nicht rein
sein kannst! Wie lange noch zö-
gerst du . . .?

Die große Dürre

14 1 Das Wort Jahwes, das an
Jeremia erging aus Anlaß der
Dürre:

2 Juda ist in Trauer, und seine
Städte schmachten dahin. Sie sinken
zu Boden, Jerusalems Geschrei steigt
auf. 3 Die Reichen schicken die
Knechte nach Wasser. Sie kommen zu
den Brunnen und finden kein Wasser.
Sie kehren zurück mit leeren Krügen.
4 Der Boden hört auf, Frucht zu brin-
gen. Denn es gibt keinen Regen.
Schambedeckt stehen die Ackersleute
da, verhüllen ihr Haupt. 5 Ja selbst
die Hindin auf der Flur läßt ihr eben
Geborenes im Stich. Denn es gibt kein
Gras. 6 Und die Wildesel stehen
auf den kahlen Höhen, schnappen
nach Luft wie die Schakale, mit
matten Augen. Denn es gibt nichts
Grünes.

7 Wenn unsere Sünden gegen uns
zeugen, Jahwe, so greif trotzdem ein
um deines Namens willen. Ja, zahl-
reich war unser Abfall. Gegen dich
haben wir gesündigt. 8 Du Hoffnung
Israels, Jahwe, sein Helfer in der Zeit
der Not, warum bist du wie ein frem-
der Gast im Lande, wie ein Wanderer,
der nur über Nacht bleibt? 9 Warum
bist du wie einer, den der Schrecken
gelähmt hat, wie ein Mann, der nicht
zu helfen vermag? Du wohnst doch
mitten unter uns, Jahwe. Nach deinem
Namen sind wir genannt. Gib uns
nicht auf!

10 So spricht Jahwe über dieses
Volk: Ja, so hin und her zu laufen, das
lieben sie; ihre Füße schonen sie nicht.
Aber Jahwe hat kein Gefallen an ihnen.
Jetzt denkt er an ihre Frevel, straft
ihre Sünden. 11 Und Jahwe sprach zu
mir: „Du sollst für dieses Volk nicht
um Gnade bitten. 12 Mögen sie auch
fasten, ich höre nicht auf ihr Flehen.
Mögen sie Brand- und Speiseopfer
darbringen, ich habe kein Gefallen an
ihnen. Sondern durch Schwert und
Hunger und Pest vernichte ich sie
jetzt."

13 Da sprach ich: „Ach, Herr Jah-
we, siehe doch, die Propheten sagen
zu ihnen: Ihr werdet das Schwert nicht
zu sehen bekommen, auch keine
Hungersnot wird euch treffen, ich
will euch vielmehr dauernden Frieden
geben an diesem Orte." 14 Da sprach
Jahwe zu mir: „Lüge weissagen die
Propheten in meinem Namen. Ich
habe sie nicht gesandt und ihnen kei-
nen Auftrag erteilt und überhaupt nicht
zu ihnen gesprochen. Lügengesichte
und leere Wahrsagung und selbst-
erfundenen Trug weissagen sie euch.
15 Darum spricht so Jahwe: Diese Pro-
pheten, die in meinem Namen weissa-
gen, ohne daß ich sie gesandt habe, und
die sagen: Schwert und Hunger wird
es nicht geben in diesem Lande, diese
Propheten werden durch Schwert und
Hunger umkommen. 16 Und die
Leute, denen sie weissagen, werden auf
den Straßen Jerusalems vom Hunger
und Schwert hingestreckt daliegen,
ohne daß sie jemand begräbt, sie, ihre
Frauen und Söhne und Töchter, und
ich gieße ihr Unheil über sie aus."

→13 24 *euch* Korr.; M: „sie".
→13 25 *Empörung* G; M: „Maß".
→13 27 *Greuel* Bezeichnung für die falschen Götter, ebenso „Trug" in v. 25.
→14 1 – 15 4 *(Die große Dürre)* Vermutlich unter Jojakim. Der Dialog des Propheten mit Jahwe trägt Züge einer Klageliturgie, vgl. Joel 1–2; Ps 74 und 79. Aber auf das gemeinsame Schuldbekenntnis, das dem Volk in den Mund gelegt wird, wie auf die Fürsprache des Jeremia antwortet Jahwe negativ und fügt zur Drohung mit Hungersnot noch die Drohung mit Kriegsnot. Die einzelnen Teile: Beschreibung der Not, 14 2–6; Volksklage, v. 7–9; Antwort Jahwes, v. 10–12; Fürbitte Jeremias, v. 13–16; erneute Beschreibung der Not, v. 17–18; wiederum Klage des Volkes, v. 19–22; erneute Antwort Jahwes, 15 1–4.
→14 2 *seine Städte* Wörtlich: seine Tore.
→14 3 Zusatz in M am Versende: „Sie sind beschämt und enttäuscht und verhüllen das Haupt"; fehlt in G.
→14 4 *hört auf* G; M: „ist bestürzt".
→14 4 *verhüllen ihr Haupt* Zeichen der Trauer.
→14 8 *Jahwe* Einige Hss von M, Üss; fehlt in M.

17 Und du sollst zu ihnen folgendes
Wort sagen: Meine Augen zerfließen
in Tränen bei Nacht und bei Tage und
dürfen nicht zur Ruhe kommen. Denn
ein gewaltiger Schlag hat die Tochter
meines Volkes getroffen, eine ganz
schwere Wunde. 18 Gehe ich aufs
Feld hinaus: so liegen da vom Schwert
Erschlagene. Kehre ich in die Stadt
zurück: so sehe ich Hungerqualen.
Selbst Prophet und Priester irren im
Land umher und haben die Besinnung
verloren.
19 Hast du denn Juda ganz verstoßen,
ist Zion deiner Seele zum Ekel geworden?
Warum hast du uns so geschlagen,
daß es keine Heilung mehr für uns
gibt? Man harrt auf Frieden, und es
gibt nichts Gutes. Auf die Zeit der
Heilung, und es gibt nur Schrecken.
20 Jahwe, du kennst unsere Bosheit,
die Schuld unserer Väter: ja, wir haben
gesündigt gegen dich. 21 Verschmäh
uns nicht um deines Namens willen,
gib deinen herrlichen Thron nicht
selbst der Schande preis. Sei eingedenk
und brich nicht deinen Bund mit uns.
22 Gibt es denn unter den Götzen der
Völker Regenspender? Oder sendet
der Himmel die Regenstrahlen von
selbst? Bist du es nicht, Jahwe? Unser
Gott, auf dich harren wir. Denn du
hast dieses alles gemacht.

15 1 Da sprach Jahwe zu mir: Selbst
wenn Mose und Samuel vor
mich hintreten würden, so will ich
doch von diesem Volk nichts wissen.
Schick sie weg aus meinen Augen. Sie
sollen gehen! 2 Und wenn sie dich
fragen: Wohin sollen wir gehen?, dann
sag zu ihnen: So spricht Jahwe:

Wer für die Pest bestimmt ist, zur
Pest! Und wer für das Schwert, zum
Schwert! Und wer für den Hunger,
zum Hunger! Und wer für die Gefangenschaft,
in die Gefangenschaft!
3 Und ich beauftrage gegen sie vier
Sippen, spricht Jahwe: das Schwert
zum Morden, die Hunde zum Zerren,
die Vögel des Himmels und das Getier
des Feldes zum Fressen und zum Vertilgen.
4 Und ich mache sie zum Gegenstand
des Entsetzens für alle Königreiche
der Erde wegen Manasse, des
Sohnes Hiskijas, des Königs von Juda,
wegen dessen, was er in Jerusalem
getan hat.

Die Not des Krieges

5 Wer hat Mitleid mit dir, Jerusalem,
wer tröstet dich? Wer biegt vom
Wege ab, zu fragen, wie es dir geht?
6 Du selbst hast mich verworfen, gingst
weg von mir. So habe ich denn meine
Hand ausgestreckt und dich vernichtet.
Ich war es müde, mich zu erbarmen.
7 Und ich worfelte sie mit der Wurfschaufel
an den Toren des Landes.
Ich habe mein Volk seiner Kinder beraubt
und zugrunde gerichtet. Sie
kehrten ja doch nicht um von ihren
Wegen. 8 Ihre Witwen sind zahlreicher
geworden als der Sand am
Meere. Ich habe über die Mütter der
jungen Männer am hellen Mittag den
Verwüster gebracht, ließ jählings
Angst und Schrecken auf sie fallen.
9 Ohnmächtig bricht die zusammen,
die sieben geboren hat, und haucht
ihre Seele aus. Ihre Sonne ist untergegangen
noch bei vollem Tag. Um
alle ihre Hoffnung war sie betrogen.
Und was von ihnen noch übrig ist, das
geb ich dem Schwerte preis auf der
Flucht vor ihren Feinden, spricht
Jahwe.

Die erneuerte Berufung

10 Weh mir, meine Mutter, daß du
mich geboren hast, den Mann des
Streites und des Haders für das ganze
Land. Ich habe keinem geliehen und
bin niemandem etwas schuldig, und
doch fluchen mir alle. 11 Wahrlich,
Jahwe, habe ich dir nicht gut gedient,
bin bei dir eingetreten für meinen

→1417 *die Tochter* Davor Zusatz in M: „die Jungfrau"; fehlt in G.
→1421 *deinen herrlichen Thron* Zion.
→151 *Mose und Samuel* Die großen Fürbitter, vgl. Ex 3211+. Die spätere Tradition wird auch Jeremia zu ihnen zählen, 2 Makk 1514+.
→154 *Manasse* Er gilt als der Hauptverantwortliche für die offizielle Vermischung des Jahwekultes mit heidnischen Riten (während sieben Jahrzehnten!), 2 Kg 21.
→155–9 Der Spruch stammt vermutlich aus der Zeit unmittelbar vor der Belagerung 598 v. Chr.
→158 *Ich habe* Danach Zusatz in M: „für sie"; fehlt in G.
→1510–21 *(Die erneuerte Berufung)* Ein weiterer Dialog des Propheten mit Gott, vgl. 1118 – 125; die Klage Jeremias gibt Zeugnis von einer Krise in seinem Prophetenberuf. Hier wie in 125 besänftigt Jahwe keineswegs die Not Jeremias, sondern verurteilt sie als „niedrig", v. 19, und verlangt vom Propheten eine neue Bekehrung, was er durch eine fast wörtliche Erneuerung der Weisungen und Verheißungen der Berufung bekräftigt, v. 19–20, vgl. 19.17–19. Zu diesen „Konfessionen Jeremias", 1118 bis 125; 1510–21; 1714–18; 1818–23; 207–18, vgl. Einleitung zu den Prophetenbüchern, S. 1017.
→1511 *Wahrlich, Jahwe* G; M: „Es spricht Jahwe" (als Einleitung zum Orakel von v. 12–14).

Feind zur Zeit seiner Drangsal und
seiner Not? 15A Du weißt es.
12 Bricht man Eisen, Eisen des Nor-
dens und Erz? 13 Deine Habe und
deine Schätze gebe ich der Plünderung
preis: das ist die Bezahlung für alle
deine Sünden in deinem ganzen Land.
14 Ich mache dich zum Sklaven deiner
Feinde in einem Land, das du nicht
kennst; denn mein Zorn hat ein Feuer
entfacht, das über euch brennen wird.
15B Jahwe, denk an mich und sorge
für mich und nimm Rache für mich
an meinen Verfolgern. Dein Zorn ist
zu langsam, laß mich nicht dahingerafft
werden. Denk daran, daß ich um deinet-
willen Schmach tragen muß. 16 Fanden
sich Worte von dir, so verschlang ich
sie, eine Wonne war mir dein Wort
und meine Herzensfreude. Ich bin doch
nach dir genannt, Jahwe, Gott Zebaot.
17 Nie saß ich fröhlich im Kreise der
Lacher. Unter der Wucht deiner Hand
saß ich einsam da, weil du mich mit
Grimm gefüllt hast. 18 Warum bohrt
mein Schmerz ohne Unterlaß? Warum
ist meine Wunde hoffnungslos, will
nicht heilen? Ach, solltest du für mich
wie ein Trugbach sein, dessen Wasser
nicht Wort halten?
19 Darum spricht Jahwe also: Wenn
du umkehrst, so lasse ich dich wieder
zu mir zurück, dann darfst du (wieder)
mir dienen. Und wenn du Edles äu-
ßerst, nichts Niedriges mehr, dann
sollst du mein Mund sein. Jene sollen
sich nach dir kehren. Aber du darfst
dich nicht nach ihnen kehren. 20 Dann
mache ich dich für dieses Volk zur
ehernen, unersteigbaren Mauer. Wenn
sie auch gegen dich kämpfen: sie wer-
den dich nicht bezwingen. Denn ich
selbst bin mit dir, dir zu helfen und
dich zu retten, spricht Jahwe. 21 Und
ich werde dich retten aus der Hand der
Bösen und dich aus der Faust der
Gewaltmenschen befreien.

Das Leben des Propheten als Zeichen

16 1 Und das Wort Jahwes erging
an mich, wie folgt:
2 Du sollst dir keine Frau nehmen,
noch sollst du Söhne oder Töchter
haben an diesem Ort. 3 Denn so hat
Jahwe gesprochen über die Söhne und
Töchter, die an diesem Ort geboren
werden, und über die Mütter, die sie
gebären, und über die Väter, die sie
zeugen an diesem Ort: 4 Eines qual-
vollen Todes werden sie sterben, ohne
Totenklage und ohne Begräbnis sein.
Zum Dünger sollen sie werden, auf
den Äckern zerstreut, durch Schwert
und Hunger werden sie umkommen,
und ihre Leichen werden den Vögeln
des Himmels und den Tieren des Fel-
des zum Fraße dienen.
5 Ja, so spricht Jahwe: Du darfst
kein Trauerhaus betreten, dich auch
nicht zur Totenklage einfinden und
ihnen auch kein Beileid bezeigen.
Denn ich habe meinen Frieden von
diesem Volke zurückgezogen – spricht
Jahwe –, die Liebe und das Erbarmen.
6 Groß und klein wird in diesem Lande
sterben, ohne ein Begräbnis zu finden.
Man wird ihnen keine Totenklage
halten noch sich blutig ritzen oder die
Haare scheren ihretwegen. 7 Auch
wird man für niemand, der in Trauer
ist, das Brot brechen, um ihn wegen
des Verstorbenen zu trösten, noch
wird man einem den Trostbecher rei-
chen wegen seines Vaters oder wegen
seiner Mutter.
8 Du sollst auch kein Haus betreten,
wo man ein Festmahl veranstaltet, und
mit ihnen beim Essen und Trinken
sitzen. 9 Denn so spricht Jahwe Ze-
baot, der Gott Israels: Siehe, ich lasse
verstummen an diesem Ort vor euren
Augen und noch in euren Tagen Freu-
denlaut und Jubelruf, die Stimme des
Bräutigams und die Stimme der Braut.
10 Wenn du diesem Volk all diese

→15 11 *habe ich dir (nicht gut) gedient* Korr.; M (Ketib): „ich habe dich hart gemacht"; M (Kere): „ich habe dich losgelassen".
→15 11 *seiner Drangsal und seiner Not* Nach G; M: „der Drangsal und der Not".
→15 12–14 Diese Verse fallen hier aus dem Zusammenhang des Textes heraus; die Verse 13–14 sind eine Dublette zu 17 3–4.
→15 13 *das ist die Bezahlung* G; M: „ohne Bezahlung".
→15 14 *Ich mache dich zum Sklaven* G; M: „Ich lasse dich gehen".
→15 15B *dahingerafft* Durch den Tod.
→15 17 *Lacher* Lacher, Reiche und Hochmütige stehen auf einer Stufe; diese Gruppe wird in den Weisheitspsalmen und im Evangelium verurteilt, Lk 6 25; Mt 5 3 f.
→16 1–13 *(Das Leben des Propheten als Zeichen)* Nicht nur symbolische Handlungen, vgl. 18 1+, bekräftigen die Predigt der Propheten, sondern ihr Leben selbst wird manchmal zum Sinnbild und Zeichen, vgl. Hos 1 und 3; Js 8 18; Ez 24 15–24.
→16 4 *ohne Totenklage und ohne Begräbnis* Dies ist Zeichen einer besonderen Grausamkeit oder eines Fluches, 22 18–19; 2 Sm 21 10.
→16 6 *blutig ritzen oder die Haare scheren* Begräbnisriten, die vom Gesetz verboten, Lv 19 27 f; Dt 14 1, aber dennoch in Israel gebräuchlich waren, Jr 7 29; 41 5.
→16 7 *der in Trauer ist* V; M: „wegen der Trauer". Es handelt sich um das Totenmahl.
→16 7 *das Brot* G; M: „für sie".

Worte ausrichtest und sie dich dann
fragen: „Wofür hat Gott solch großes
Unglück über uns ausgesprochen?
Was für ein Verbrechen und was für
eine Sünde haben wir denn begangen
gegen Jahwe, unseren Gott?“, 11 dann
sage ihnen: „Dafür, daß eure Väter
mich verlassen haben – spricht Jahwe –
und anderen Göttern nachgelaufen
sind, um ihnen zu dienen und sich vor
ihnen niederzuwerfen, mich aber haben
sie im Stich gelassen und sich um mein
Gesetz nicht gekümmert. 12 Und ihr
treibt es noch schlimmer als eure
Väter. Ja, von euch folgt jeder seinem
verstockten bösen Herzen, ohne auf
mich zu hören. 13 Darum schleudere
ich euch aus diesem Lande hinaus in
ein Land, das ihr so wenig kennt wie
eure Väter. Dort könnt ihr dann frem-
den Göttern dienen bei Tag und bei
Nacht. Denn ich habe keine Gnade
mehr für euch.“

Heimkehr der Verstreuten Israels

14 Darum, siehe, es kommen Tage,
spricht Jahwe, wo man nicht mehr
sagen wird: „So wahr Jahwe lebt, der
die Kinder Israels aus dem Lande
Ägypten heraufgeführt hat“, 15 son-
dern: „So wahr Jahwe lebt, der die
Kinder Israels aus dem Nordland
heraufgeführt hat und aus allen Län-
dern, in die er sie verstoßen hatte.“
Da bringe ich sie in ihr eigenes Land
zurück, das ich ihren Vätern geschenkt
habe.

Ankündigung des Feindeinfalls

16 Ja, ich werde viele Fischer kom-
men lassen, spricht Jahwe. Die werden
sie herausfischen. Und nachher werde
ich viele Jäger kommen lassen. Die
werden sie von jedem Berg und Hügel
herunter und aus den Felsspalten
herausjagen. 17 Denn meine Augen
sind auf alle ihre Wege gerichtet, sie
sind vor mir nicht verborgen, und ihre
Schuld ist mir wohlbekannt. 18 Aber
ich werde ihnen ihre Schuld und ihre
Sünde doppelt vergelten dafür, daß sie
mein Land mit dem Aas ihrer Scheu-
sale entweiht, mein Erbe mit ihren
Greueln erfüllt haben.

Die Bekehrung der Völker

19 Jahwe, meine Stärke und meine
Feste, meine Zuflucht in der Zeit der
Not. Zu dir werden Heiden kommen
von den Enden der Erde. Und sie wer-
den sprechen: Lauter Lüge war das
Erbe unserer Väter, nichtige Götzen,
von denen keiner helfen kann. 20 Kann
denn ein Mensch sich Götter machen?
Das sind doch keine Götter. 21 Des-
halb werde ich ihnen nun die Augen
öffnen. Dieses Mal werde ich sie meine
Hand und meine Macht fühlen lassen,
und sie sollen erkennen, daß mein
Name Jahwe ist.

Judas Sünden durch Götzenkult

17 1 Die Sünde Judas ist aufge-
schrieben mit eisernem Griffel,
mit diamantener Spitze eingegraben
in die Tafel ihres Herzens und in die
Hörner ihrer Altäre, 2 als ein Mahn-
mal gegen sie, ihre Altäre und ihre
heiligen Pfähle [neben jedem grünen
Baum und auf den hohen Hügeln, 3 auf
den Bergen im Felde]. Deinen Reich-
tum und alle deine Schätze gebe ich
der Plünderung preis: das ist die Be-
zahlung für alle deine Sünden in
deinem ganzen Land. 4 Du wirst deine
Hand loslassen müssen von deinem
Erbgut, das ich dir einst geschenkt
habe. Und ich mache dich zum
Sklaven deiner Feinde in einem Land,
das du nicht kennst; denn mein Zorn
hat ein Feuer entfacht, das in Ewig-
keit brennt.

Weisheitssprüche

5 So spricht Jahwe:
Verflucht der Mann, der sich auf
Menschen verläßt und Fleisch zu
seinem Arme macht, dessen Herz
sich von Jahwe abwendet. 6 Er ist wie
ein kahler Strauch in der Steppe.
Er wird nicht erleben, daß Gutes
kommt. Er haust in der Dürre der
Wüste, im Salzland, wo niemand
wohnt.

→1613 *fremden Göttern dienen* Alte Redewendung für: in der Verbannung, 1 Sm 2619, vgl. 2 Kg 517, fern von Palästina, das allein als Land Jahwes angesehen wird, leben müssen.

→1616–18 Aus der Zeit vor 598 v. Chr.

→1618 „Scheusale“ und „Greuel“ sind die falschen Götter. Zur Unreinheit von Leichen vgl. Lv 1825f; 2630.

→1619–21 Ein Stück, das Deutero-Js nahesteht und wahrscheinlich nicht von Jeremia stammt.

→171–4 Diese Verse fehlen in der Übersetzung von G.

→171 *ihrer Altäre* V; M: „eurer Altäre“.

→172 *als ein Mahnmahl gegen sie* Korr.; M: „daß ihre Söhne gedenken“.

→173 *auf den Bergen* Korr.; M: „auf meinem Berg“.

→173 *das ist die Bezahlung für alle deine Sünden* Korr., vgl. 1513; M: „deine Höhen für die Sünde“.

→174 *hat ... entfacht* Korr., vgl. 1514; M: „ihr habt entfacht“.

7 Gesegnet der Mann, der sich auf
Jahwe verläßt und dessen Hoffnung
Jahwe ist. 8 Er ist wie ein Baum, am
Wasser gepflanzt, der seine Wurzeln
zum Bache hinbreitet. Er braucht
nichts zu fürchten, wenn die Hitze
kommt, sein Laub bleibt immer grün.
In einem dürren Jahr macht er sich
keine Sorgen, ohne Unterlaß bringt
er Frucht.
9 Arglistig, mehr als alles, ist das
Menschenherz. Es sitzt voll Unheil.
Wer kann es durchschauen? 10 Ich,
Jahwe, der die Herzen erforscht und
die Nieren prüft, um jedem zu ver-
gelten nach seinem Wandel und nach
der Frucht seiner Taten.
11 Wie ein Rebhuhn, das ausbrütet,
was es nicht gelegt hat, so ist der, der
sich Reichtum durch Unrecht erwor-
ben: in der Mitte seiner Tage muß er
sie lassen, und am Ende steht er als
Tor da.

Vertrauen auf den Tempel und auf Jahwe

12 Ein herrlicher Thron, erhaben
von Anbeginn, ist unsere heilige
Stätte. 13 Du Hoffnung Israels,
Jahwe! Alle, die dich verlassen,
werden zuschanden, und die von
dir abfallen, werden ausgerottet
aus diesem Land, denn sie haben
den Quell lebendigen Wassers ver-
lassen.

Ein Gebet um Rache

14 Heile mich, Jahwe, dann werde
ich heil. Hilf mir, dann ist mir gehol-
fen. Denn meine Hoffnung bist du.
15 Jene sagen zu mir: Wo ist das
Wort Jahwes? Es treffe doch ein!
16 Und ich habe dich doch nicht zum
Schlimmen gedrängt und habe den
Unglückstag nicht herbeigesehnt. Das
weißt du. Was über meine Lippen
gegangen ist, liegt offen vor dir da.
17 Werde mir nicht zum Schrecken!
Du bist doch meine Zuflucht am
Unglückstag. 18 Die mich verfolgen,
mögen zuschanden werden, aber nicht
ich. Sie mögen vom Schrecken über-
wältigt werden, aber nicht ich. Laß
den Unglückstag über sie herein-
brechen, und zerschmettere sie mit
doppeltem Schlage.

Die Sabbatheiligung

19 So hat Jahwe zu mir gesprochen:
Geh und stell dich ins Tor der Kinder
des Volkes, durch das die Könige Ju-
das ein- und auszugehen pflegen, und
in alle Tore Jerusalems, 20 und sage
zu ihnen: Höret das Wort Jahwes, ihr
Könige von Juda und alle Judäer und
alle Bewohner Jerusalems, die durch
diese Tore gehen. 21 So spricht Jahwe:
Hütet euch um eures Lebens willen,
am Sabbat eine Last zu tragen und
durch die Tore Jerusalems hereinzu-
bringen. 22 Auch sollt ihr am Sabbat
keine Last aus euren Häusern heraus-
tragen und überhaupt keine Arbeit
verrichten, sondern ihr sollt den
Sabbat heilig halten, so wie ich es
euren Vätern befohlen habe. 23 Aber
sie haben nicht gehorcht und mir kein
Gehör geschenkt, sondern sie ver-
steiften ihren Nacken, um nicht zu
gehorchen und die Weisung nicht
anzunehmen. 24 Wenn ihr aber
wirklich auf mich hört – spricht
Jahwe – und keine Lasten am Sabbat
durch die Tore dieser Stadt herein-
bringt, sondern den Sabbat heilig-
haltet, ohne an ihm irgendeine Arbeit
zu verrichten, 25 dann werden durch
die Tore dieser Stadt Könige einziehen,
die auf dem Thron Davids sitzen und
mit Rossen und Wagen fahren, sie und
ihre Würdenträger, die Leute von
Juda und die Bewohner Jerusalems,
und diese Stadt wird in Ewigkeit be-
wohnt bleiben. 26 Und man wird
von den Städten Judas her kommen
und aus der Umgegend Jerusalems,
aus dem Lande Benjamins und aus
der Niederung, aus dem Bergland und
aus dem Negeb, und wird Brandopfer
und Schlachtopfer, Speiseopfer und
Weihrauch samt Dankopfern herbei-
bringen ins Haus Jahwes. 27 Wenn
ihr aber nicht auf mich hört, den
Sabbat heiligzuhalten und keine Last

→178 *Er braucht nichts zu fürchten* M (Ketib), Üss; M: „Er sieht nicht".

→1712–13 Die beiden Verse scheinen nicht vom Propheten Jeremia zu stammen, vgl. 71–15.

→1713 *die von dir abfallen, werden ausgerottet* Korr.; M: „die von mir abfallen, werden eingeschrieben".

→1713 Zusatz in M am Versende: „Jahwe".

→1714 *meine Hoffnung* Korr.; M: „mein Lob"; G: „mein Ruhm".

→1715 Die Drohungen Jeremias gehen nicht in Erfüllung. Es ist also die Zeit vor 598 v. Chr.

→1716 *zum Schlimmen* Korr., vgl. 1511; M: „vom Hirten weg".

→1719–27 *(Die Sabbatheiligung)* Die Bedeutung, die hier dem Sabbat gegeben wird, ist bei Jeremia auffällig; deshalb wird ihm dieser Abschnitt gewöhnlich abgesprochen.

→1725 *Könige* Danach Zusatz in M: „und Fürsten".

zu tragen, um sie durch die Tore
Jerusalems zu bringen am Sabbat,
dann lege ich Feuer an dessen Tore.
Das wird die Paläste Jerusalems fressen
und nicht erlöschen.

Jeremia beim Töpfer

18 1 Das Wort, das an Jeremia
erging von seiten Jahwes:
2 „Mach dich auf und geh ins Haus
des Töpfers hinab. Dort will ich dich
meine Worte hören lassen.“ 3 Ich
ging also ins Haus des Töpfers hinab.
Der war gerade bei der Arbeit an den
Töpferscheiben. 4 Und sooft das
Gefäß, an dem er arbeitete, mißriet,
wie das mit dem Ton in der Hand des
Töpfers vorkommen kann, machte er
wieder ein anderes Gefäß daraus, wie
die Töpfer zu tun pflegen. 5 Da erging
das Wort Jahwes an mich: 6 Habe
ich nicht die Macht, mit euch zu verfahren
wie dieser Töpfer, Haus
Israel? spricht Jahwe. Geradeso wie
der Ton in der Hand des Töpfers, so
seid ihr in meiner Hand, Haus Israel.
7 Das eine Mal spreche ich über ein
Volk und über ein Königreich aus, daß
ich es ausrotten und niederreißen und
zugrunde richten werde. 8 Aber wenn
dieses Volk, gegen das ich gesprochen
habe, sich von seiner Bosheit bekehrt,
dann laß ich mich des Unheils gereuen,
das ich ihm anzutun beschlossen hatte.
9 Ein anderes Mal spreche ich über ein
Volk oder ein Königreich aus, daß
ich es aufbauen und einpflanzen wolle.
10 Aber da tut es, was schlecht ist
vor meinen Augen, ohne auf meine
Stimme zu hören, dann laß ich mich
des Guten gereuen, das ich ihm zu
tun versprochen hatte. 11 Sage nun
zu den Männern Judas und den Bewohnern
Jerusalems also: „So spricht
Jahwe: Seht, ich bereite gegen euch
Unheil und hege gegen euch einen
Plan. Kehret also um, ein jeder von
seinem bösen Wege, und bessert eure
Wege und eure Werke.“ 12 Sie werden
freilich sagen: „Umsonst! Wir wollen
unseren eigenen Plänen folgen und ein
jeder nach dem Starrsinn seines bösen
Herzens handeln.“

Israel vergißt Jahwe

13 Darum spricht Jahwe also: Erkundigt
euch doch bei den Heidenvölkern,
ob je einer so etwas gehört
hat. Greuel hat die Jungfrau Israel
getan. 14 Schwindet denn der Schnee
des Libanon von den hochragenden
Felsengipfeln weg? Versiegen die
übermütigen Wasser, die kühl dahinfließenden?
15 Aber mein Volk hat
mich vergessen, dem Nichtigen bringen
sie Rauchopfer dar. So sind sie zu

→18 1–12 *(Jeremia beim Töpfer)* Nach v. 12 spielt diese Gleichnishandlung vor dem Eintreten des Unheils, also vor 598 v. Chr. Bereits die alten Propheten wie Samuel, 1 Sm 15 27–28, Achija von Schilo, 1 Kg 11 29–39 (oder der falsche Prophet Zidkija, 1 Kg 22 11–12), vollzogen bei ihrer Verkündigung symbolische Handlungen, nicht so sehr um ihre Hörer stärker zu beeindrucken, sondern wegen der Wirkmächtigkeit dieser Zeichen: Es entsteht ein realer Zusammenhang zwischen der Zeichenhandlung und der Wirklichkeit, die sie bezeichnet, so daß die angekündigte Wirklichkeit jetzt ebenso unwiderruflich wird wie die vollzogene Zeichenhandlung. Dieses Verfahren findet sich bei den großen Propheten wieder: bei Hosea, dessen ganze Sendung von einer sinnbildlichen Handlung geprägt wird, die das Schicksal seines Lebens bestimmt, Hos 1–3; seltener bei Jesaja, vgl. jedoch Js 20 und die sinnbildlichen Namen, die er seinen Kindern gibt, Js 7 3 (vgl. 10 21); 8 1–4; 8 18, vgl. 12 6+. Jeremia vollzieht oder deutet zahlreiche sinnbildliche Handlungen und Vorgänge. Es sind dies: Der Mandelbaumzweig und der übersiedende Topf, 1 11–14; der im Euphrat verborgene Gürtel, 13 1–11 (obgleich diese Handlung nur in der Vision vollzogen zu sein scheint); der Töpfer, 18 1–12; der Krug, 19; die Feigenkörbe, 24; das Joch, 27–28; der Kauf des Ackers, 32. Ja sein Leben selbst ist ein Sinnbild, 16 1–8, und durch sein Leiden (wenn er dies auch nicht hervorhebt) ist er im voraus mit dem gestraften Volk gleichgesetzt; dadurch wird er zu einem Typus des leidenden Gottesknechtes, vgl. Js 42 1+. Auch Ezechiel vollzieht symbolische Handlungen. Vgl. die Texte: Der belagerte Ziegelstein, Ez 4 1–3; der Mangel an Nahrung, 4 9–17; die Haare, 5; die Nachahmung des Deportierten, 12 1–20; der Kessel, 24 3–14; die beiden Hölzer, 37 15–28. Wie Hosea deutet er seine eigenen Prüfungen als sinnbildliche Geschehnisse: die Krankheit, 4 4–8; den Tod seiner Frau, 24 15–24; die Stummheit und ihre Heilung, 24 27; 33 22. Sinnbildliche Handlungen kommen auch im NT vor: der von Jesus verfluchte Feigenbaum, Mt 21 18–19 par, die Prophetie des Agabus, Apg 21 10–14.

→18 8 *gegen das ich gesprochen habe* Fehlt in G; in M ist der Nebensatz nicht gut angefügt.

→18 13–17 *(Israel vergißt Jahwe)* Als Kommentar zu 18 12 fügte hier der Redaktor diesen Abschnitt an, der für die Anfänge Jeremias charakteristisch ist, vgl. 2 10.32, aber auch gut zum Wiederaufleben des Götzendienstes unter Jojakim paßt.

→18 14 *von den hochragenden Felsengipfeln* Korr.

→18 14 *Versiegen die übermütigen Wasser* Korr.

→18 15 *So sind sie zu Fall gekommen* G; M: „So haben sie sie zu Fall gebracht“.

→18 15 *wüste* Eingefügt.

Fall gekommen auf ihren Wegen, den
Spuren der Vorzeit, und müssen nun
wüste Pfade wandern, wo kein Weg ge-
bahnt ist, 16 um ihr Land zum Gegen-
stand des Entsetzens zu machen, zum
Spott für alle Zeiten. Jeder, der es
durchwandert, entsetzt sich und
schüttelt das Haupt. 17 Wie der Ost-
wind jage ich sie auseinander vor dem
Feinde. Den Rücken werde ich ihnen
zukehren statt des Angesichts am
Tage ihrer Not.

Aus Anlaß eines Mordanschlags auf Jeremia

18 Sie haben gesagt: „Auf, wir
wollen gegen Jeremia einen Plan
schmieden. Denn nicht wird dem
Priester die Tora fehlen und dem
Weisen der Rat und dem Propheten das
Wort. Auf! Wir wollen ihn mit seiner
eigenen Zunge schlagen und achtgeben
auf jedes seiner Worte."
19 Jahwe, merke auf mich und
höre, was meine Gegner sagen. 20 Man
vergilt doch nicht Gutes mit Bösem
[denn sie haben meinem Leben eine
Grube gegraben]. Denk vielmehr
daran, wie ich vor deinem Angesichte
stand, um Fürsprache für sie einzu-
legen, und deinen Zorn von ihnen ab-
zuwenden. 21 Darum gib ihre Kinder
dem Hunger preis und wirf sie hin
vor das Schwert. Ihre Frauen sollen
kinderlos und zu Witwen werden. Ihre
Männer soll die Pest erwürgen, und
ihre Söhne soll das Schwert erschlagen
im Kampf. 22 Wehgeschrei möge man
hören aus ihren Häusern, wenn
plötzlich raubende Banden sie über-
fallen. Denn sie haben eine Grube
gegraben, um mich zu fangen, haben
Fallen versteckt für meine Füße. 23 Du
aber, Jahwe, kennst alle ihre Mord-
pläne gegen mich. Vergib ihnen ihre
Schuld nicht und lösch ihre Sünde nicht
aus vor deinem Angesicht. Ihr Zu-
sammenbruch sei dir vor Augen. Zur
Zeit deines Zornes handle gegen sie!

Der zerschlagene Krug und die Auseinandersetzung mit Paschchur

19 1 Damals sprach Jahwe zu
Jeremia: Geh und kauf dir einen
Krug aus Ton und nimm einige von
den Ältesten des Volkes und von den
Priestern mit dir 2 und geh ins Tal
Ben-Hinnom, das am Eingang des
Scherbentores liegt, und verkündige
dort die Worte, die ich zu dir sprechen
werde. 3 Du sollst sagen: Höret das
Wort Jahwes, ihr Könige von Juda
und ihr Bewohner Jerusalems. So
spricht Jahwe Zebaot, der Gott Israels:
Wahrlich, ich bringe Unheil über diese
Stätte, so daß jedem, der davon hört,
die Ohren gellen werden. 4 Weil sie
mich verlassen und diesen Ort mir
fremd gemacht und dort anderen
Göttern Rauchopfer dargebracht ha-
ben, die weder sie noch ihre Väter,
noch die Könige von Juda kannten.
Und sie haben diesen Ort mit dem
Blute Unschuldiger angefüllt. 5 Denn
sie bauten Baalshöhen, um ihre Kin-
der im Feuer zu verbrennen, was ich
sie nicht geheißen und wovon ich
nichts gesagt hatte, und nie ist mir das
in den Sinn gekommen. 6 Darum,
siehe, es werden Tage kommen –
spricht Jahwe –, wo man diesen Ort
nicht mehr Tophet oder Tal Ben-
Hinnom nennen wird, sondern Würge-
tal. 7 Und ich werde die Klugheit
Judas und Jerusalems an diesem Ort
ausleeren, und ich werde sie durchs
Schwert fallen lassen vor ihren
Feinden und durch die Hand derer,

→18 17 *werde ich ihnen zukehren* Üss; M: „ich werde sie sehen".

→18 18 Die gewohnte Tätigkeit der geistigen Führerschaft (mit den drei Gruppen: Priester, Weisheitslehrer, Propheten) wird durch das Verschwinden eines Unruhestifters nicht zum Stillstand kommen.

→18 18 *mit seiner eigenen Zunge* S; M: „mit der Zunge".

→18 18 *achtgeben* G; M: „nicht achtgeben".

→18 23 *Ihr Zusammenbruch sei dir vor Augen* Nach G; M: „Sie sollen zusammenbrechen vor deinen Augen".

→19 1 – 20 6 Dieser Abschnitt scheint nicht aus einem Guß zu sein. Er umfaßt: 1. die sinnbildliche Handlung mit dem Krug vor einigen Zeugen beim Scherbentor, die anschließend im Tempel erläutert wird, woraufhin der Zusammenstoß mit Paschchur erfolgt: 19 1.2B.C.10–11A.14–15; 20 1–6; die Begebenheit dürfte sich um 605 v. Chr. (vor den in Kapitel 36 erzählten Vorgängen) abgespielt haben; 2. eine Rede, die am Tophet gehalten wurde und an die Könige von Juda und die Bewohner von Jerusalem gerichtet war: 19 2A.3–9.11B–13; sie wiederholt frühere Gedanken Jeremias, die unter Jojakim wieder aktuell geworden waren; in v. 7 ist auf die Handlung mit dem Krug angespielt.

→19 1 *Damals* G; M: „So".

→19 1 *zu Jeremia* Ergänzt, vgl. v. 14.

→19 1 *und nimm mit dir* Üss; fehlt in M.

→19 1 *von den Priestern* G; M: „von den Ältesten der Priester".

→19 2 *des Scherbentores* Vielleicht identisch mit dem Misttor, Neh 2 13.

→19 5 *verbrennen* Danach Zusatz in M: „als Brandopfer für Baal"; fehlt in G.

→19 7 *ausleeren* Hebräisch: *baqaq*, Wortspiel mit *baqbuq* „Krug".

die ihnen nach dem Leben trachten.
Ihre Leichen aber werde ich den
Vögeln des Himmels und den Tieren
des Feldes zum Fraße geben. 8 Und
diese Stadt mache ich zum Entsetzen
und Spott. Jeder, der an ihr vorbei-
zieht, wird erschrecken und spotten
über all ihre Schläge. 9 Und ich werde
sie das Fleisch ihrer Söhne und Töch-
ter essen lassen. Ja, jeder wird das
Fleisch seines Nächsten essen in der
schweren Drangsal, in die ihre Feinde
sie hineinbringen werden und die, die
nach ihrem Leben trachten.

10 Und du sollst den Krug vor den
Augen der Männer, die dich begleiten,
zerbrechen. 11 Und sollst zu ihnen
sagen: So spricht Jahwe Zebaot: So
werde ich dieses Volk und diese Stadt
zerbrechen, wie man ein Töpferge-
schirr zerbricht, so daß es nicht mehr
ganz gemacht werden kann.

Und im Tophet wird man begraben,
weil sonst kein Platz zum Begraben
ist. 12 So werde ich mit dieser Stätte
verfahren, spricht Jahwe. Ich werde
diese Stadt dem Tophet gleichmachen.
13 Und die Häuser Jerusalems samt
den Häusern der Könige Judas wer-
den verunreinigt werden wie die
Stätte des Tophet, all die Häuser, auf
deren Dächern man dem ganzen
Himmelsheer Rauchopfer dargebracht
und den fremden Göttern Trankopfer
gespendet hat.

14 Als Jeremia nun vom Tophet,
wohin Jahwe ihn geschickt hatte, um
zu weissagen, zurückgekehrt war,
stellte er sich in den Vorhof des Hauses
Jahwes und sprach zu dem gesamten
Volk: 15 „So spricht Jahwe Zebaot,
der Gott Israels: Siehe, ich werde über
diese Stadt und über alle zu ihr ge-
hörenden Ortschaften all das Unheil
bringen, das ich über sie ausgesprochen
habe. Denn sie haben ihren Nacken
versteift, um nicht auf meine Worte
zu hören."

20 1 Paschchur aber, der Sohn des
Immer, der Aufsicht führte im
Tempel Jahwes, hörte zu, als Jeremia
diese Worte weissagte. 2 Da ließ
Paschchur den Propheten Jeremia
schlagen und in den Block legen, der
sich im Benjamintor, dem oberen, das
am Tempel Jahwes ist, befindet. 3 Als
aber Paschchur am anderen Morgen
Jeremia aus dem Block losließ, sagte
Jeremia zu ihm: „Nicht Paschchur
nennt dich Jahwe, sondern ‚Grauen'.
4 Denn so spricht Jahwe: Siehe, ich
mache dich zum Grauen für dich und
für alle deine Freunde. Sie werden
durch das Schwert ihrer Feinde fallen,
und du selbst wirst dabei zusehen
müssen. Ganz Juda aber werde ich in
die Gewalt des Königs von Babel
geben. Der wird sie nach Babel in die
Gefangenschaft führen und mit dem
Schwert erschlagen. 5 Und alle Vor-
räte dieser Stadt und all ihren Besitz
und all ihre Kostbarkeiten und alle
Schätze der Könige von Juda werde
ich der Hand ihrer Feinde preisgeben.
Sie werden sie ausplündern und weg-
nehmen und nach Babel bringen.
6 Du aber, Paschchur, wirst mit allen
Bewohnern deines Hauses nach Babel
wandern müssen. Ja, nach Babel wirst
du kommen und dort sterben und
begraben werden, du mit allen deinen
Freunden, denen du Lügen geweis-
sagt hast."

Einzelne Stücke der „Konfessionen"

7 Du hast mich verlockt, Jahwe,
und ich ließ mich verlocken, du hast
mich gepackt und überwältigt. Ich
bin zum Gelächter geworden tagaus
tagein, jedermann spottet mich aus.
8 Denn sooft ich reden will, muß ich
aufschreien und rufen: „Gewalt und
Untergang!" Ist doch das Wort
Jahwes für mich zum Hohn und
Spott geworden den ganzen Tag.
9 Sooft ich mir vornahm: Ich will
nicht mehr daran denken und nicht
mehr in seinem Namen reden, da
brannte es in meinem Innern wie ein
verzehrendes Feuer, das eingeschlossen
in meinem Gebein. Ich wurde müde, es
auszuhalten, ich konnte es nicht er-
tragen.

10 Ich hörte das Zischeln der Vie-
len: „Grauen ringsum! Zeigt ihn an,
wir wollen ihn anzeigen!" Alle meine

→1912 *Jahwe* Danach Zusatz in M: „und mit seinen Bewohnern".
→1913 *verunreinigt* Wegen der Leichen, vgl. Lv 1825f; 2630.
→201 *führte* Danach Zusatz in M: „Führer".
→202 *im Benjamintor, dem oberen* Also von einem anderen Stadttor gleichen Namens zu unterscheiden.
→203 *Grauen* Nach G; M: „Grauen ringsum", vgl. 2010; 625.
→207 Die kühnen Bilder von der Verführung und Vergewaltigung weisen auf das geradezu unwiderstehliche Ergriffenwerden des Propheten durch Gott hin; Jahwe hat seine Hand auf ihn gelegt (vgl. Js 811; Ez 13+), d. h., er hat ihn in Besitz genommen.
→209 *ertragen* G; fehlt in M.
→2010 *Grauen ringsum* Typische Wendung Jeremias, 625; 203; 465; 4929, die seine Gegner spöttisch aufgreifen.

Vertrauten warten auf einen Fehltritt
von mir: „Vielleicht läßt er sich ver-
leiten, dann gewinnen wir Macht über
ihn und nehmen Rache an ihm!“
11 Aber Jahwe ist mit mir als ein
furchtbarer Held. Drum werden meine
Verfolger straucheln und nicht ob-
siegen. Sie werden sich schämen
müssen über die Maßen, weil sie
nichts erreichen. Ewig wird ihre
Schande dauern und nicht vergessen
werden. 12 Du aber, Jahwe Zebaot, du
richtest gerecht, durchschaust Nieren
und Herz. Ich werde deine Rache an
ihnen erleben. Denn dir habe ich meine
Sache anheimgestellt. 13 Lobsinget
Jahwe, preiset Jahwe. Denn er hat
das Leben des Armen herausgerissen
aus der Gewalt der Gottlosen.

14 Verflucht sei der Tag, an dem ich
geboren. Der Tag, an dem meine
Mutter mich gebar, er sei nicht ge-
segnet. 15 Verflucht sei der Mann, der
meinem Vater fröhlich meldete: „Ein
Sohn ist dir geboren“, eine Freuden-
botschaft für diesen. 16 Dem Mann
ergehe es wie den Städten, die Jahwe
erbarmungslos in Trümmer legte. Am
frühen Morgen schon soll er Schrek-
kensrufe hören, und Kriegsgeschrei
am hellen Mittag. 17 Weil er mich
nicht im Mutterleib sterben ließ, daß
meine Mutter mir zum Grab geworden
wäre, und ihr Schoß schwanger ge-
blieben in Ewigkeit. 18 Warum denn
mußte ich aus dem Mutterschoß
hervorgehen? Um Mühsal und Leid zu
erleben und mein Leben in Schmach
zu enden!

3. SPRÜCHE, VORWIEGEND AUS DER ZEIT NACH JOJAKIM

Die Antwort an die Boten Zidkijas

21 1 Das Wort, das an Jeremia
erging von seiten Jahwes, als der
König Zidkija den Paschchur, den
Sohn Malkijas, und den Priester
Zephanja, den Sohn Maasejas, zu ihm
sandte mit dem Ersuchen: 2 „Wende
dich doch für uns an Jahwe, weil
Nebukadrezar, der König von Babel,
gegen uns Krieg führt, ob Jahwe viel-
leicht mit uns verfahren will wie bei
allen seinen Wundertaten, so daß jener
von uns wegzieht.“ 3 Da sprach
Jeremia zu ihnen: „Bringt dem Zidkija
folgende Antwort. 4 So spricht Jahwe,
der Gott Israels: Siehe, ich kehre die
Kriegswaffen in eurer Hand um, mit
denen ihr gegen den König von Babel
und gegen die euch bedrängenden
Chaldäer außerhalb der Stadt kämpft,
und ich bringe jene allzusammen mit-
ten in diese Stadt hinein. 5 Und ich
selbst werde gegen euch kämpfen mit
ausgestreckter Hand und mit starkem
Arm in Zorn und Grimm und gewal-
tiger Wut. 6 Und ich werde die Be-
wohner dieser Stadt, Mensch und Vieh,
mit schwerer Pest schlagen. Sterben
sollen sie! 7 Und nachher werde ich –
spricht Jahwe – Judas König Zidkija
samt seinen Dienern und dem Volk,
das in dieser Stadt von Pest und
Schwert und Hunger noch übrigge-
blieben ist, in die Hand Nebukadre-
zars, des Königs von Babel, ausliefern
und in die Hand ihrer Feinde und
derer, die ihnen nach dem Leben
trachten. Er wird sie mit dem scharfen
Schwerte niederhauen, ohne Scho-
nung, ohne Mitleid und ohne Erbar-
men.“

8 Diesem Volke aber sollst du
sagen: „So spricht Jahwe: Siehe, ich
lasse euch wählen zwischen dem Weg
des Lebens und dem Weg des Todes.
9 Wer in dieser Stadt bleibt, der wird
durch Schwert und Hunger und Pest
sterben. Wer aber hinausgeht und sich
den Chaldäern ergibt, die euch bela-
gern, der bleibt am Leben, und sein Le-
ben wird ihm als Beute gehören. 10 Denn
ich richte mein Antlitz wider diese
Stadt zum Unheil und nicht zum Heil,
spricht Jahwe; in die Hand des Königs
von Babel wird sie überliefert werden.
Der wird sie einäschern.“

→2012 *du richtest gerecht* Zwei Hss von M, S, A, vgl. 1120; M: „du richtest den Gerechten“.

→2012 *anheimgestellt* Korr., vgl. 1120; M: „aufgedeckt“. Der Vers, eine Wiederholung von 1120, scheint hier nicht ursprünglich zu sein.

→2013 *des Armen* Der „Arme“ *('ebjon)* ist hier nicht so sehr im sozialen, sondern im religiösen Sinne des Wortes verstanden; es ist der „Fromme“, der Anhänger Jahwes. Die „Armen Jahwes“, vgl. Zeph 23+, werden die geistige Nachkommenschaft Jeremias sein.

→2014 Jeremia, seit dem Mutterschoß berufen, 15, verflucht den Tag seiner Geburt. Dieser Fluch, den Ib 3 wiederaufnimmt, zeigt, bis an welche äußerste Grenze die Not des Propheten gelangt ist.

→2017 *im Mutterleib* G, S; M: „vom Mutterschoß an“.

→211–10 *(Die Antwort an die Boten Zidkijas)* Es handelt sich um eine Episode aus der Belagerung Jerusalems 588 v. Chr.; hier vielleicht wegen des Gegensatzes zwischen dem Paschchur von v. 1 und dem von 201 eingefügt. Der Text von G enthält mehrere Auslassungen.

Allgemeine Mahnung an das Königshaus

11 An das Königshaus Judas:
Höret das Wort Jahwes, 12 Haus Da-
vids! So spricht Jahwe:
Haltet jeden Morgen gerechtes
Gericht und entreißet den Unter-
drückten der Hand seines Bedrückers,
damit mein Zorn nicht hervorbreche
wie Feuer, das brennt, ohne daß einer
es zu löschen vermag. 13 Siehe, ich
komme an dich, die du thronst auf
dem Fels in der Ebene – spricht
Jahwe –, an euch, die ihr sagt: „Wer
wird uns beikommen, und wer wird
in unsere Behausungen eindringen?“
14 [Aber ich werde euch heimzahlen
nach der Frucht eurer Taten, spricht
Jahwe.] Ich werde Feuer anlegen an
ihren Wald; das wird alles rings um
sie fressen.

22 1 So sprach Jahwe: Steig hinab
in den Palast des Königs von
Juda und verkünde dort folgendes
Wort: 2 So sollst du sagen: Höre das
Wort Jahwes, König von Juda, der
auf dem Throne Davids sitzt, du samt
deinen Dienern und Untertanen, die
durch diese Tore eingehen. 3 So
spricht Jahwe: Übet Recht und Ge-
rechtigkeit und entreißt den Unter-
drückten der Hand seines Bedrückers!
Bedrückt keinen Fremdling, keine
Waise und Witwe, übt keine Gewalt
und vergießt kein unschuldiges Blut
an diesem Ort! 4 Denn wenn ihr
wirklich und ehrlich nach diesem Wort
handelt, dann werden durch die Tore
dieses Palastes Könige, die auf dem
Throne Davids sitzen, zu Roß und
Wagen ein und aus ziehen, sie und
ihre Diener und ihre Untertanen.
5 Wenn ihr aber nicht auf diese
Worte hört, dann habe ich bei
mir selbst geschworen, spricht Jah-
we: Dieser Palast soll zur Ruine
werden!
6 Denn so spricht Jahwe über den
Palast des Königs von Juda:
Ein Gilead bist du mir einst gewe-
sen, ein Libanongipfel. Aber wahrlich,
ich mache dich zur Wüste, zur unbe-
wohnten Stadt. 7 Und ich weihe Ver-
derber gegen dich, einen jeden mit
seinem Handwerkszeug. Die werden
deine herrlichen Zedern umhauen und
ins Feuer werfen.
8 Und wenn dann viele Leute an
dieser Stadt vorbeiwandern und ein-
ander gegenseitig fragen: „Warum
hat Jahwe an dieser großen Stadt so
gehandelt?“, 9 dann wird man ant-
worten: „Weil sie den Bund Jahwes,
ihres Gottes, verlassen und andere
Götter angebetet und ihnen gedient
haben.“

Sprüche gegen verschiedene Könige: Gegen Joachas

10 Weinet nicht über den Toten und
beklaget ihn nicht. Weinet vielmehr
über den Scheidenden; denn er wird
nicht wiederkommen und sein Hei-
matland nie mehr sehen. 11 Denn so
hat Jahwe über Schallum, den Sohn
Josijas, den König von Juda, gespro-
chen, der an Stelle seines Vaters Josija
König wurde und diesen Ort verlassen
mußte: er wird nie mehr dahin zu-
rückkehren, 12 sondern an dem Ort,
wohin man ihn gefangen weggeführt
hat, wird er sterben, und dieses Land
wird er nie mehr sehen.

Gegen Jojakim

13 Wehe dem, der sein Haus mit
Ungerechtigkeit baut und seine Söller
mit Unrecht, der seinen Volksgenossen
umsonst arbeiten läßt und ihm seinen
Lohn vorenthält, 14 der da sagt: „Ich
will mir ein geräumiges Haus bauen
und luftige Söller!“ Fenster bricht er
daran aus, täfelt es mit Zedernholz
und bemalt es mit roter Farbe. 15 Be-
steht darin dein Königtum, daß du
um die Wette Zedernholzbauten er-
richtest? Hat nicht dein Vater ge-
gessen und getrunken, aber auch für

→21 11 *An das Königshaus Judas* Diese Überschrift (vgl. 23 9) gehört zum Abschnitt 21 11 – 23 8 und deutet auf eine ursprünglich vielleicht selbständige Sammlung.

→21 11 Zusatz in M am Versende: „wegen ihrer bösen Taten“, vgl. 4 4; fehlt in G.

→21 13 *die du thronst auf dem Fels in der Ebene* Korr.; M: „Bewohnerin des Tales, des Felsens in der Ebene“. Es handelt sich anscheinend um die Bewohner des Königspalastes, der auf dem Ophel gebaut ist und das Tal (oder die „Ebene“) des Kidron beherrscht. Das Bild vom Wald, v. 14, kommt auch in 22 6f wieder vor; dort bezieht es sich auf die kostbaren Hölzer, mit denen der Palast geschmückt war, vgl. 1 Kg 7 2.

→22 1 *Steig hinab* Vom Tempel, der den Palast überragte, vgl. 26 10; 36 12.

→22 6 *zur unbewohnten Stadt* Korr.; M: „zu unbewohnten Städten“.

→22 7 *ich weihe* Vgl. 6 4+.

→22 10 *über den Toten* G, S (es handelt sich um Josija); M: „über einen Toten“.

→22 10 *über den Scheidenden* Joachas, der nach Ribla vor den Pharao Necho gerufen und nach Ägypten deportiert wurde.

→22 11 *Schallum* Statt dessen liest G[L]: „Joachas“ (Joachas war der Krönungsname, Schallum der Geburtsname des Königs).

Recht und Gerechtigkeit gesorgt?
Deshalb ging es ihm auch gut. 16 Er
hat dem Bedrückten und Armen zum
Recht verholfen. Deshalb ging es gut.
Heißt nicht das, mich kennen?
spricht Jahwe. 17 Aber deine Augen
und dein Herz gehen nur auf deinen
Gewinn, und wie du unschuldiges
Blut vergießen und Erpressung und
Bedrückung ausüben kannst.

18 Darum spricht Jahwe über
Jojakim, den Sohn des Josija, den
König von Juda: Wehe über diesen
Mann! Man wird nicht über ihn
klagen: „Ach, mein Bruder! Ach
meine Schwester!“ Noch wird man
über ihn klagen: „Ach, Herr! Ach,
seine Majestät!“ 19 Ein Eselsbegräb-
nis wird ihm zuteil werden, er wird
hinausgeschleift und weggeworfen,
draußen vor den Toren Jerusalems.

Gegen Jojachin

20 Steig auf den Libanon und heule,
laß deinen Klageruf in Baschan er-
schallen. Schreie vom Abarim herun-
ter. Denn alle deine Freunde sind
zerschmettert. 21 Ich habe dir zu-
geredet in den Tagen deines ruhigen
Glückes. Du aber sagtest: „Ich will
nicht hören.“ Das war deine Art von
Jugend an: du hörtest niemals auf
meine Stimme. 22 Alle deine Hirten
weidet jetzt der Wind, und deine
Freunde wandern in Gefangenschaft.
Nun trifft dich Schande und Schmach
wegen all deiner Bosheit. 23 Die da
wohnt auf dem Libanon, die in Zedern
nistet, wie wirst du stöhnen, wenn
Wehen über dich kommen, die
Krämpfe einer Gebärenden!

24 So wahr ich lebe, spricht Jahwe,
auch wenn Konjahu, der Sohn Joja-
kims, der König von Juda, ein Siegel-
ring an meiner rechten Hand wäre, ich
würde ihn von da wegreißen. 25 Und
ich gebe dich in die Hand derer, die dir
nach dem Leben trachten, und in die
Hand derer, vor denen dir graut, und in
die Hand Nebukadrezars, des Königs
von Babel, und in die Hand der Chal-
däer. 26 Und ich schleudere dich samt
deiner Mutter, die dich geboren hat, in
ein anderes Land, in dem ihr nicht ge-
boren wurdet, und dort werdet ihr
sterben. 27 Aber in das Land, in das
zurückzukehren sie sich sehnen, wer-
den sie nicht zurückkehren.

28 Ist dieser Konjahu denn ein ver-
ächtliches, zertrümmertes Gebilde, ein
Gefäß, an dem niemand Gefallen hat?
Warum wurde er weggeschleudert, er
und sein Geschlecht, und in ein Land
geworfen, das sie nicht kennen?
29 Land, Land, Land, höre das Wort
Jahwes! 30 So spricht Jahwe: Ver-
zeichnet diesen Mann als kinderlos,
als einen Mann, dem nichts glückt in
seinem Leben. Denn keinem von
seiner Nachkommenschaft wird mehr
das Glück zuteil, auf dem Throne
Davids zu sitzen und über Juda zu
herrschen.

Messianische Sprüche. Der König der Zukunft

23 1 Wehe den Hirten, die die
Schafe meiner Herde sich ver-
laufen und zerstreuen lassen, spricht
Jahwe. 2 Deshalb, so spricht Jahwe,
der Gott Israels, über die Hirten, die
mein Volk zu weiden haben: Ihr habt
meine Schafe zerstreut und auseinan-
dergetrieben und euch nicht um sie
gekümmert. Deshalb werde ich euch
jetzt eure bösen Taten heimzahlen,
spricht Jahwe. 3 Ich selbst aber werde
den Rest meiner Schafe aus allen
Ländern sammeln, wohin ich sie ver-
sprengt habe, und werde sie auf ihre
Weideplätze zurückführen. Da wer-
den sie fruchtbar sein und sich mehren.
4 Und ich werde sie Hirten anver-
trauen, die sie wirklich weiden, so daß
sie nichts mehr zu fürchten und vor
nichts mehr zu erschrecken brauchen
und nicht mehr verlorengehen, spricht
Jahwe.

5 Siehe, es kommen Tage, spricht
Jahwe, in denen ich dem David einen
gerechten Sproß werde erstehen lassen.
Der wird als König herrschen und

→22 18 *Wehe über diesen Mann* G; fehlt in M.
→22 18 Jeremia gebraucht Klagerufe, wie sie üblich waren.
→22 20–30 Jeremia wendet sich zuerst, v. 20–23, an das personifizierte Jerusalem und deutet schonungslos die Ereignisse von 598 v. Chr., über die es sich beklagt.
→22 20 *Abarim* Gebirgskette östlich des Jordans mit dem Nebo als höchstem Gipfel.
→22 20 *deine Freunde* Hier nicht die falschen Götter, vgl. 3 13, und auch nicht die Verbündeten, vgl. 4 30, sondern die Könige und führenden Männer von Juda, vgl. v. 22.
→22 23 *wie wirst du stöhnen* Üss; M: „wie wirst du Erbarmen finden“.
→22 24 *ihn* V; M: „dich“. Konjahu ist ein anderer Name für Jojachin.
→22 30 *Verzeichnet* In den Geschlechtsregistern der Könige, vgl. Js 4 3.
→22 30 *diesen Mann* Serubbabel, der Enkel des Jojachin, war nur Statthalter von Juda bei der Rückkehr aus dem Exil.
→23 5 *Sproß* Der Name „Sproß“ wird später zu einer Messiasbezeichnung, Sach 3 8; 6 12.

weise walten und für Recht und Ge-
rechtigkeit im Lande sorgen. 6 In
seinen Tagen wird Juda Heil erfahren,
und Israel wird in Sicherheit wohnen.
Und das ist sein Name, den man ihm
geben wird: „Jahwe unsere Gerechtig-
keit."
7 Darum, siehe, es kommen Tage,
spricht Jahwe, wo man nicht mehr
sagen wird: „So wahr Jahwe lebt, der
die Kinder Israels aus dem Lande
Ägypten heraufgeführt hat", 8 son-
dern: „So wahr Jahwe lebt, der die
Nachkommenschaft des Hauses Israel
aus dem Nordland heraufgeführt und
heimgebracht hat, und aus allen
Ländern, wohin er sie auseinander-
gejagt hatte, so daß sie jetzt auf ihrem
Heimatboden wohnen."

Sammlung von Sprüchen gegen die falschen Propheten

9 An die Propheten:
Mir bricht das Herz in der Brust, es
zittern alle meine Gebeine. Ich bin wie
ein Betrunkener, wie ein Mann, den der
Wein überwältigt hat, vor Jahwe und
vor seinen heiligen Worten. 10 Das
Land ist voll von Ehebrechern. [Denn
ihretwegen trauert das Land, sind
die Auen der Steppe verdorrt.] Sie
laufen dem Bösen nach, ihre An-
strengung geht auf das Unrechttun.
11 Ja, auch Prophet und Priester sind
gottlos geworden. Selbst in meinem
Hause bin ich auf ihre Bosheit ge-
stoßen, spricht Jahwe. 12 Darum wird
ihnen ihr Weg zum schlüpfrigen Boden,
auf dem sie in der Dunkelheit sich
stoßen und fallen. Denn ich bringe
Unheil über sie im Jahre ihrer Heim-
suchung, spricht Jahwe."
13 Auch bei den Propheten Sama-
rias habe ich Widerwärtiges gesehen:
sie weissagten im Namen des Baal und
führten mein Volk Israel in die Irre.
14 Aber bei den Propheten Jerusalems
muß ich Greuliches erblicken: Ehe-
brecherei und durch und durch lügen-
haften Wandel. So machen sie den
Bösen Mut, daß keiner sich von seiner
Bosheit abkehrt. Für mich sind sie alle
wie Sodom und seine Bewohner wie
Gomorra. 15 Deshalb spricht Jahwe
Zebaot also über die Propheten: Siehe,
ich gebe ihnen Wermut zur Speise und
tränke sie mit Gift. Denn von den Pro-
pheten Jerusalems ist die Gottlosigkeit
ausgegangen ins ganze Land.
16 So spricht Jahwe Zebaot: Höret
nicht auf die Worte der Propheten. Sie
betören euch nur. Sie verkündigen
selbsterfundene Gesichte, nichts, was
aus dem Munde Jahwes kommt.
17 Den Verächtern von Jahwes Wort
sagen sie: „Es wird euch gut gehen."
Und jedem, der nach seinem verstock-
ten Sinn wandelt: „Es wird kein Un-
heil über euch kommen." 18 [Wer ist
denn im Rate Jahwes gestanden, wer
hat ihn geschaut und hat sein Wort
gehört? Wer hat sein Wort erlauscht,
daß er es kundtun könnte?] 19 Siehe,
ein Sturm Jahwes bricht los, eine
wirbelnde Windsbraut. Sie wirbelt
herab auf das Haupt der Gottlosen.
20 Der Zorn Jahwes wird sich nicht
wenden, bis er vollbracht und ausge-
führt hat, was er im Sinne führt. Am
Ende der Tage werdet ihr es deutlich
verstehen. 21 Ich habe die Propheten
nicht gesandt, und doch laufen sie. Ich
habe nicht zu ihnen gesprochen, und
doch prophezeien sie. 22 Ja, wenn sie
in meinem Rate gestanden hätten, dann
würden sie meinem Volke meine Worte
verkünden und sie abzubringen suchen
von ihrem schlechten Wege und von
ihren schlechten Taten.
23 Bin ich ein Gott nur aus der
Nähe – spricht Jahwe – und nicht ein
Gott aus der Ferne? 24 Kann jemand

→236 *Jahwe unsere Gerechtigkeit* Dieser sinnbildliche Name, vgl. Js 126+, der dem Messias gegeben wird, steht in Kontrast zum Namen *Zidkija(hu)* „Jahwe meine Gerechtigkeit".

→238 *er* G; M: „ich".

→239 *An die Propheten* Überschrift (wie 2111) einer kleineren, durch spätere Zusätze erweiterten Spruchsammlung, v. 9–40. Der erste Spruch, v. 9–12, in dem Jeremia anscheinend die Sittenverderbnis der falschen Propheten anprangert, könnte aus der Zeit Josijas stammen. Die folgenden Abschnitte passen ebenso in die Zeit des Jojakim wie des Zidkija. Zu dieser Polemik gegen die falschen Propheten vgl. Einleitung in die Prophetenbücher, S. 1009f.

→239 *Mir bricht das Herz* Es spricht Jeremia.

→2310–12 Es handelt sich (ausgenommen den Zusatz in Klammern) um Worte Jahwes.

→2310 *ihretwegen* G, S; M: „des Fluches wegen".

→2316 *der Propheten* Danach Zusatz in M: „die euch weissagen"; fehlt in G.

→2317 *Den Verächtern von Jahwes Wort* G; M: „Meinen Verächtern: Jahwe hat gesprochen".

→2318 *hat ihn geschaut* S; M: „hat geschaut".

→2318 *daß er es kundtun könnte* Korr.; M: „und hat es gehört".

→2319 *ein Sturm Jahwes* Danach Zusatz in M: „Zorn", vgl. v. 20.

→2322 Zu den Kennzeichen wahren Prophetentums vgl. Einleitung in die Prophetenbücher, S. 1009f.

sich so heimlich verstecken, daß ich
ihn nicht sehe? spricht Jahwe. Fülle
ich nicht den Himmel und die Erde
aus? spricht Jahwe.
25 Ich höre wohl, was die Propheten
reden, die in meinem Namen Lügen
prophezeien und behaupten: „Ich habe
einen Traum gehabt! Ich habe einen
Traum gehabt!“ 26 Wie lange noch
haben sie solches im Sinn, diese Lügen-
propheten, die den Trug ihres Herzens
weissagen? 27 Sie gedenken durch ihre
Träume, die sie einander erzählen, bei
meinem Volk meinen Namen in Ver-
gessenheit zu bringen, so wie ihre Väter
meinen Namen über dem Baal ver-
gessen haben. 28 Der Prophet, der
einen Traum hat, der möge seinen
Traum erzählen, und wer ein Wort von
mir besitzt, der verkünde getreulich
mein Wort.
Was hat das Stroh gemein mit dem
Korn? spricht Jahwe. 29 Brennt nicht
mein Wort wie Feuer – spricht Jahwe –,
und gleicht es nicht einem Hammer,
der Felsen zerschmettert?
30 Deshalb spricht Jahwe: Siehe, ich
will an die Propheten, die einander
meine Worte stehlen. 31 Siehe, ich
will an die Propheten – spricht Jahwe –,
die sich die Zunge ausrenken und
Orakel orakeln. 32 Siehe, ich will an
die Propheten, die erlogene Träume
weissagen – spricht Jahwe – und sie
herumerzählen und mein Volk durch
ihre Lügen und Flunkereien in die
Irre führen. Ich habe sie wahrhaftig
nicht gesandt und ihnen keinen Auf-
trag erteilt, und sie bringen diesem
Volke gar keinen Nutzen, spricht
Jahwe.
33 Und wenn dich diese Leute oder
ein Prophet oder ein Priester fragen:
„Was ist die Last Jahwes?“, dann sollst
du ihnen antworten: „Ihr seid die Last
Jahwes, und ich werfe euch ab, spricht
Jahwe.“
34 Und wenn ein Prophet oder ein
Priester oder einer aus dem Volk sagt:
„Last Jahwes“, dann lasse ich es diesen
Menschen büßen und sein Haus.
35 So sollt ihr vielmehr untereinander
und zueinander sprechen: „Was hat
Jahwe geantwortet?“ oder: „Was hat
Jahwe gesprochen?“ 36 Aber das
Wort „Last Jahwes“ dürft ihr nicht
mehr erwähnen, sonst wird jedem
seine Rede zur „Last“ werden. Denn
ihr verdreht die Worte des lebendigen
Gottes, Jahwes Zebaot, unseres Gottes.
37 So sollst du zum Propheten sagen:
„Was hat dir Jahwe geantwortet?“
oder: „Was hat Jahwe gesprochen?“
38 Wenn ihr aber „Last Jahwes“ sagt –
nun denn –, so spricht Jahwe. Weil
ihr dieses Wort gebraucht „Last
Jahwes“; obwohl ich euch habe sagen
lassen, ihr sollt das Wort „Last Jahwes“
nicht gebrauchen, 39 deshalb hebe ich
euch auf und schleudere euch von mir
weg mitsamt der Stadt, die ich euch
und euren Vätern geschenkt habe.
40 Und ich verhänge über euch ewige
Schande und ewige Schmach, die nicht
vergessen werden wird.

Die beiden Feigenkörbe

24 1 Jahwe ließ mich folgendes
schauen: Zwei Körbe mit Feigen
standen vor dem Tempel Jahwes, nach-
dem Nebukadrezar, der König von
Babel, den Jechonja, den Sohn Joja-
kims, den König von Juda, samt den
Würdenträgern Judas und den Werk-
meistern und Handwerkern aus Jeru-
salem fortgeführt und nach Babel ge-
bracht hatte. 2 Der eine Korb enthielt
sehr gute Feigen, wie Frühfeigen, und
der andere Korb enthielt sehr schlechte
Feigen, so schlecht, daß man sie nicht
genießen konnte. 3 Da sprach Jahwe
zu mir: „Was siehst du, Jeremia?“
Ich antwortete: „Feigen. Die guten
sind sehr gut und die schlechten sehr
schlecht, so schlecht, daß man sie gar
nicht genießen kann.“ 4 Da erging an
mich folgendes Wort Jahwes: 5 So
spricht Jahwe, der Gott Israels. So wie
diese guten Feigen da, so werde ich
die Gefangenen Judas, die ich von die-

→2325 Träume können zwar als Mittel göttlicher Mitteilung dienen, Nm 126, aber man muß bei ihnen Inhalt und Ursprung unterscheiden.
→2328 *seinen Traum erzählen* G; M: „einen Traum erzählen“.
→2329 *Rennt nicht* Korr.; M: „Ist es nicht so“.
→2333 Jeremia weist den herkömmlichen Ausdruck *massa'* „Last“ zurück, der auch „Gottesspruch“ bedeutet (so in Js 131; 1428; 191; Sach 91; 121; Mal 11).
→2333 *Ihr seid die Last* G; M: „Welche Last“.
→2336 *erwähnen* G; M: „gedenken“.
→2339 *hebe ich euch auf* G; M: „vergesse ich euch“.
→241–10 *(Die beiden Feigenkörbe)* Die Vision, vgl. 131+, erinnert an Am 81–2. Sie dürfte um 593 v. Chr., in der Zeit Zidkijas, anzusetzen sein. Dem Urteil des Jeremia, vgl. auch 291–23, entspricht die These Ezechiels, 1114–21: Unter den Verbannten wird Gott sich ein Volk neuschaffen, das ihn sucht, vgl. Js 43+.
→241 *standen* G; M: „waren bestellt“. Die Bauern brachten die Erstlingsfrüchte ihrer Ernte zum Tempel.

ser Stätte weg ins Land der Chaldäer
verstoßen habe, gnädig anblicken,
6 und ich werde die Augen in Gnaden
auf sie richten und sie in dieses Land
zurückbringen. Da werde ich sie (wie-
der) aufbauen, ohne sie mehr einzu-
reißen, und ich werde sie (von neuem)
einpflanzen, ohne sie wieder auszu-
reißen. 7 Und ich schenke ihnen ein
Herz, mit dem sie mich erkennen, daß
ich Jahwe bin, und sie werden mein
Volk sein, und ich werde ihr Gott sein,
denn sie werden sich mit ihrem ganzen
Herzen zu mir bekehren. 8 Aber wie die
schlechten Feigen, die so schlecht sind,
daß man sie nicht genießen kann, ja, so
spricht Jahwe Zebaot, so werde ich den
Zidkija, den König von Juda, machen,
und seine Würdenträger samt denen,
die von den Bewohnern Jerusalems in
diesem Lande übriggeblieben sind,
sowie jene, die sich im Lande Ägypten
niedergelassen haben. 9 Ja ich mache
sie zum Entsetzen für alle Königreiche
der Erde und zum Schimpf und Spott
und Hohn und Fluch an allen Orten,
wohin ich sie auseinanderjage. 10 Und
ich lasse gegen sie das Schwert und
den Hunger und die Pest los, bis sie ver-
schwunden sind aus dem Land, das ich
ihnen und ihren Vätern gegeben habe.

4. BABEL, DIE GEISSEL JAHWES

25 1 Das Wort, das an Jeremia
über das ganze Volk Juda erging
im vierten Jahr des Jojakim, des Sohnes
des Josija, des Königs von Juda [das
ist das erste Jahr des Nebukadrezar,
des Königs von Babel], 2 und das er
an das ganze Volk Juda und an alle
Bewohner Jerusalems gerichtet hat,
wie folgt:
3 Seit dem dreizehnten Jahre des
Josija, des Sohnes des Amon, des
Königs von Juda, bis zu dem heutigen
Tage, also seit dreiundzwanzig Jahren,
erging das Wort Jahwes an mich und
habe ich unermüdlich immer wieder
zu euch geredet [aber ihr habt nicht
gehört. 4 Und Jahwe hat alle seine
Knechte, die Propheten, unermüdlich
immer wieder zu euch gesandt, aber
ihr habt nicht gehört und nicht darauf
geachtet, um zu hören] 5 und ge-
mahnt: Kehret um, ein jeder von euch,
von euren bösen Wegen und von euren
bösen Taten. Dann dürft ihr auf dem
Boden wohnen bleiben, den Jahwe
euch und euren Vätern geschenkt hat
für alle Zeiten. 6 [Und laufet nicht
fremden Göttern nach, um ihnen zu
dienen und sie anzubeten, und ärgert
mich nicht durch das Werk eurer
Hände, damit ich euch nichts Böses
antun muß.] 7 Aber ihr habt nicht
auf mich gehört [spricht Jahwe,
um mich zu ärgern durch das Werk
eurer Hände zu eurem eigenen Un-
heil].
8 Darum spricht so Jahwe Zebaot:
Weil ihr nicht auf meine Worte gehört
habt, 9 deshalb hole ich jetzt sämtliche
Völkerschaften des Nordens herbei
[spricht Jahwe, und meinen Knecht
Nebukadrezar, den König von Babel]
und führe sie heran gegen dieses Land
und gegen seine Bewohner [und gegen
alle diese Völker ringsum], und ich
übergebe sie dem Bann und mache sie
zum Entsetzen, zum Spott und zur
Schande für alle Zeit. 10 Und ich
bereite jedem Laut der Freude und
der Fröhlichkeit bei ihnen ein Ende,
dem Jubel des Bräutigams wie dem der
Braut, dem Geräusch der Handmüh-
len und dem Licht der Lampen. 11 Das
ganze Land wird zur Öde und Wüste
werden, und sie werden als Knechte
unter den Völkern dienen siebzig
Jahre lang. [12 Aber wenn die siebzig
Jahre vorüber sind, werde ich den
König von Babel und dieses Volk
heimsuchen – spricht Jahwe – wegen

→24,8 *die sich im Lande Ägypten niedergelassen haben* Vielleicht die Mitgefangenen des Joachas, 2 Kg 23,34, oder Israeliten, die nach Ägypten geflüchtet waren.

→24,9 *zum Entsetzen* Danach Zusatz in M: „Übel"; fehlt in G.

→25,1–13 *(Babel, die Geißel Jahwes)* Das Stück faßt das prophetische Wirken Jeremias seit seiner Berufung zusammen und sagt, daß die chaldäische Gefahr unmittelbar droht; dadurch erhalten alle früheren Drohworte eine neue Aktualität. Man kann den Abschnitt als Zusammenfassung, vgl. v. 13, der Rolle ansehen, die Jeremia 605 v. Chr. dem Baruch diktierte, vgl. 36,2, und die dann neu geschrieben und ergänzt wurde, 36,32, vgl. Einleitung in die Prophetenbücher, S. 1018. M und G bieten hier erhebliche Unterschiede. Die Übersetzung folgt – von Ausnahmen abgesehen – M. Die Klammern zeigen Texte an, die kaum ursprünglich sein dürften (fehlen teilweise in G).

→25,9 *zur Schande* G; M: „zu Trümmern".

→25,11 *und sie werden als Knechte unter den Völkern dienen* G; M: „und diese Völker werden dem König von Babel als Knechte dienen".

→25,11 *siebzig Jahre lang* Abgerundete Zahl für die Dauer des Exils; diese Zeitangabe kehrt in 29,10 und in anderer Form in 27,7 wieder. Das Thema findet sich auch in 2 Chr 36,21 wieder und liegt Dn 9 zugrunde.

ihrer Sünde, und das Land der Chal-
däer und werde ewige Wüsten daraus
machen.] 13 Und ich bringe über die-
ses Land alle meine Worte, die ich über
es ausgesprochen habe, alles, was in
diesem Buch geschrieben ist.

II. SPRÜCHE GEGEN DIE VÖLKER

1. EINLEITUNG

Die Bechervision

Das, was Jeremia über alle Völker
geweissagt hat.
[14 Denn auch sie werden starken
Völkern und großen Königen Knechte
sein, und ich werde ihnen vergelten,
wie ihre Taten und die Werke ihrer
Hände es verdienen.]
15 So sprach Jahwe, der Gott Israels,
zu mir: Nimm diesen Becher mit Wein
aus meiner Hand und laß alle Völker,
zu denen ich dich sende, daraus trin-
ken. 16 Sie sollen trinken, daß sie
taumeln und rasend werden vor dem
Schwert, das ich unter sie loslasse.
17 Da nahm ich den Becher aus der
Hand Jahwes und ließ alle Völker
trinken, zu denen mich Jahwe gesandt
hatte: 18 [Jerusalem und die Städte
Judas samt ihren Königen und Würden-
trägern, um sie zur Wüste, zum Ent-
setzen, zum Spott und zum Fluch zu
machen, wie es heute der Fall ist;]
19 den Pharao, den König von Ägyp-
ten, samt seinen Dienern und Würden-
trägern und seinem ganzen Volk,
20 sowie das ganze Völkergemisch [alle
Könige des Landes Uz]; alle Könige
des Philisterlandes, Askalon, Gasa, Ek-
ron und was von Aschdod noch übrig
ist; 21 Edom, Moab und die Ammo-
niter; 22 [alle] Könige von Tyrus und
[alle] Könige von Sidon sowie die
Könige des Küstenlandes jenseits des
Meeres; 23 Dedan und Tema und
Bus und alle mit geschorenem Haar-
rand; 24 alle Könige Arabiens, die in
der Wüste wohnen; 25 [alle Könige
von Simri] und alle Könige Elams
und alle Könige Mediens; 26 alle
Könige des Nordens, die nahen wie
die fernen, einen nach dem andern,
und alle Königreiche auf der ganzen
Oberfläche der Erde. [Aber der
König von Scheschak wird nach ihnen
trinken.]
27 Und du sollst zu ihnen sagen:
So spricht Jahwe Zebaot, der Gott
Israels: Trinket, daß ihr betrunken
werdet und speiet und hinfallet, ohne
wieder aufzustehen, vor dem Schwert,
das ich unter euch loslasse. 28 Wenn
sie sich aber weigern, den Becher aus
deiner Hand zum Trinken anzuneh-
men, dann sage zu ihnen: So spricht
Jahwe Zebaot: Ihr müßt trinken.
29 Denn bei der Stadt, die nach meinem
Namen genannt ist, habe ich mit dem
Unheil begonnen. Da solltet ihr straf-
los ausgehen? Nein, ihr werdet nicht
straflos ausgehen. Denn ich rufe das
Schwert herbei gegen alle Bewohner der
Erde, spricht Jahwe Zebaot.
30 Du aber weissage ihnen alle diese
Worte und sage zu ihnen: Jahwe brüllt
aus der Höhe. Von seiner heiligen
Stätte her läßt er seine Donnerstimme
erdröhnen. Laut brüllt er über seine
Aue hin, läßt ein Jauchzen erschallen
wie die Keltertreter. Über alle Bewoh-
ner der Erde 31 bricht jähe Verwüstung
herein bis ans Ende der Erde. Denn
Jahwe hat eine Klage gegen die Völker,
er geht ins Gericht mit allem Fleisch.

→25 13–38 Eine Art Vorwort zu den Fremdvölkerorakeln, 46–51; die ältesten dieser Sprüche gegen andere Völker dürften zur 605 diktierten Rolle gehört haben. G bietet den ganzen Abschnitt im Anschluß an Kapitel 25, M stellt ihn an das Ende des Buches. Auch in diesem Teil weisen M und G Unterschiede auf.

→25 14 *werden . . . Knechte sein* Korr.; M: „sind . . . Knechte gewesen".

→25 15 *mit Wein* Danach Zusatz in M: „Zorn".

→25 17–26 Die Liste der Völker, denen die Drohworte gelten, umfaßt vier Gruppen (hier in der Reihenfolge aufgezählt, in der sie in 46–51 erscheinen): 1. Ägypten; 2. im Westen die Philister; 3. im Osten Edom, Moab, Ammon; 4. im Südosten Dedan, Tema und Bus. Als die Sammlung der Fremdvölkerorakel die jetzige Gestalt erhielt, hat man v. 18–26 entsprechend ergänzt; es wurden eingefügt: die Phönizier, vgl. 47 4; Elam, vgl. 49 34; Babel, vgl. Kapitel 50–51.

→25 22 *die Könige des Küstenlandes* Die phönizischen Kolonien.

→25 23 *alle mit geschorenem Haarrand* Die Araber; vgl. 9 25.

→25 24 *Arabiens* Danach Zusatz in M: „und alle Könige des Völkergemischs".

→25 25 *Simri* Vielleicht *Simki*, was in verschlüsselter Schreibweise Elam bedeuten würde.

→25 26 *Scheschak* Vielleicht verschlüsselte Schreibweise für Babel.

→25 30–31 Diese Verse, die das universale Gericht Gottes beschreiben, sind wohl nachexilisch.

Die Gottlosen gibt er dem Schwerte
preis – Spruch Jahwes. 32 So spricht
Jahwe Zebaot: Siehe, Unheil wälzt
sich von Volk zu Volk, ein gewaltiger
Sturm bricht los von den Enden der
Erde her.

33 An jenem Tage wird es Erschla-
gene Jahwes geben von einem Ende
der Erde zum andern. Man wird ihnen
keine Totenklage halten und sie nicht
auflesen und nicht begraben. Als Dün-
ger werden sie auf offenem Felde liegen.

34 Heulet, ihr Hirten, und schreiet,
wälzt euch im Staube, ihr Führer der
Herde. Denn eure Zeit ist um, nun
geht es ans Schlachten. Ihr werdet
fallen wie ausgesuchte Böcke. 35 Ver-
loren ist alle Zuflucht für die Hirten
und alle Rettung für den Führer der
Herde. 36 Horch, wie die Hirten
schreien und wie die Führer der Herde
heulen, weil Jahwe ihre Weide ver-
wüstet hat 37 und die friedlichen Auen
verheert. 38 Der Löwe kommt aus
seinem Dickicht hervor, weil ihr Land
zur Wüste geworden ist vor dem wür-
genden Schwert, vor dem glühenden
Zorn Jahwes.

III. HEILSWEISSAGUNGEN

1. EINLEITUNG: JEREMIA IST DER WAHRE PROPHET

Verhaftung und Urteil über Jeremia wegen der Tempelpredigt

26 1 Im Anfang der Regierung
des Jojakim, des Sohnes Josijas,
des Königs von Juda, erging dieses
Wort an Jeremia von seiten Jahwes:
2 So sprach Jahwe: Stell dich in den
Vorhof des Hauses Jahwes und ver-
kündige allen Leuten aus den Städten
Judas, die gekommen sind, im Hause
Jahwes anzubeten, alle die Worte, de-
ren Verkündigung an sie ich dir auf-
getragen habe. Laß kein Wort aus!
3 Vielleicht hören sie darauf und be-
kehrt sich ein jeder von seinem schlech-
ten Wandel, so daß ich mich des Un-
heils gereuen lasse, das ich ihnen anzu-
tun gedenke wegen der Schlechtigkeit
ihrer Werke. 4 Du sollst also zu ihnen
sagen: So spricht Jahwe: Wenn ihr
nicht auf mich hört, daß ihr nach mei-
nem Gesetze wandelt, welches ich euch
vorgelegt habe, 5 indem ihr auf die
Worte meiner Knechte, der Propheten,
hört, die ich unermüdlich immer wieder
zu euch sende – obwohl ihr nicht auf
sie hört –, 6 dann mache ich dieses
Haus Schilo gleich, und diese Stadt
mache ich zu einem Fluch für alle
Völker der Erde.

7 Und die Priester und Propheten
und das ganze Volk hörten Jeremia,
während er diese Worte im Hause
Jahwes verkündete. 8 Als aber Jeremia
zu Ende war mit der Verkündigung
alles dessen, was Jahwe ihm aufgetra-
gen hatte, dem ganzen Volk zu sagen,
da packten ihn die Priester und die
Propheten und sagten: „Du mußt
sterben! 9 Warum hast du im Namen
Jahwes geweissagt: ‚Wie Schilo wird
dieses Haus werden, und diese Stadt
wird verwüstet werden, so daß niemand
mehr darin wohnt‘?“ Und das ganze
Volk scharte sich um Jeremia im Hause
Jahwes. 10 Als nun die Vorsteher Judas
von diesem Vorgang hörten, stiegen
sie vom Hause des Königs in das Haus
Jahwes hinauf und setzten sich zu
Gericht nieder am Eingang des neuen
Tores des Hauses Jahwes.

11 Die Priester und Propheten aber
sagten zu den Oberen und zu dem
ganzen Volk: „Dieser Mann hat den
Tod verdient, weil er gegen diese Stadt
geweissagt hat, wie ihr mit eigenen
Ohren gehört habt.“ 12 Da sprach
Jeremia zu den Oberen und zu dem
ganzen Volk: „Jahwe hat mich gesandt,
über dieses Haus und über diese Stadt
alle die Worte zu weissagen, die ihr
vernommen habt. 13 So bessert also
jetzt euren Wandel und euer Handeln
und hört auf die Stimme Jahwes, eures
Gottes, daß Jahwe sich des Unheils

→25 34 *Böcke* G; M: „Gefäße“.
→25 37 Zusatz in M am Versende: „vor dem glühenden Zorn Jahwes“.
→25 38 *Der Löwe* Korr.; M: „Wie der Löwe“. Mit „Löwe“ ist entweder Nebukadnezar oder Jahwe gemeint.
→25 38 *Schwert* G; M: „Zorn“.
→25 38 *Zorn Jahwes* Korr.; M: „seinem Zorn“.
→26 1–24 Diese biographischen Abschnitte dürften von Baruch stammen; er faßt hier die Tempelrede Jeremias, 7 1–15, zusammen und berichtet anschließend deren Folgen.
→26 1 *an Jeremia* L, S; fehlt in M, G.
→26 8 *Propheten* Danach Zusatz in M: „und das ganze Volk“ (was im Widerspruch zu v. 11 und 16 stünde).
→26 10 *und setzten sich zu Gericht nieder* Es handelt sich um ein ordentliches Gerichtsverfahren durch die Beamten des Königs.

gereuen lasse, das er über euch aus-
gesprochen hat. 14 Was mich anbe-
trifft, so bin ich in euren Händen. Tut
mit mir, wie es euch gut und recht er-
scheint. 15 Nur müßt ihr bedenken:
Wenn ihr mich tötet, dann bringt ihr
unschuldiges Blut über euch und über
diese Stadt und deren gesamte Ein-
wohnerschaft. Denn es ist wahr, daß
Jahwe mich zu euch gesandt hat, alle
diese Worte euren Ohren zu verkün-
digen."

16 Da sprachen die Oberen und das
ganze Volk zu den Priestern und zu
den Propheten: „Dieser Mann hat den
Tod nicht verdient; denn er hat im
Namen Jahwes, unseres Gottes, zu uns
gesprochen." 17 Auch standen Männer
auf von den Ältesten des Landes und
sagten zu der ganzen Volksversamm-
lung: 18 „Micha von Moreschet war
Prophet in den Tagen Hiskijas, des
Königs von Juda. Der hat zu dem
ganzen Volk Judas gesagt: ‚So spricht
Jahwe Zebaot:

Zion wird zum Acker umgepflügt,
und Jerusalem wird zu einem Trümmer-
haufen werden und der Tempelberg
zu einer Waldeshöhe.'

19 Hat ihn etwa Hiskija, der König
von Juda, und ganz Juda getötet? Hat
er nicht vielmehr Jahwe gefürchtet und
das Angesicht Jahwes besänftigt, so
daß Jahwe sich des Unheils gereuen
ließ, das er über sie ausgesprochen
hatte? Und wir sollten so großes Un-
heil auf uns herabbeschwören?"

20 Es war noch ein Mann, der im
Namen Jahwes weissagte, Urijahu, der
Sohn des Schemajahu, aus Kiriat-
Jearim. Der weissagte über diese Stadt
und über dieses Land ganz so wie Jere-
mia. 21 Und als der König Jojakim
mit allen seinen Kriegsobersten und
allen seinen Würdenträgern von seinen
Reden hörte, suchte der König, ihn zu
töten. Urijahu aber erhielt Kunde
davon, geriet in Furcht und ergriff die
Flucht und entkam nach Ägypten.
22 Da schickte der König Jojakim nach
Ägypten, nämlich den Elnatan, den
Sohn des Akbor, und andere Männer
mit ihm, 23 die den Urijahu aus Ägyp-
ten holten und zum König Jojakim
brachten. Der ließ ihn mit dem
Schwert hinrichten und seinen Leich-
nam zu den Gräbern des gemeinen
Volkes werfen. 24 Aber Achikam, der
Sohn des Schaphan, hielt seine Hand
über Jeremia, daß er nicht der Gewalt
des Volkes überliefert wurde, das ihn
sonst hingerichtet hätte.

2. DAS BÜCHLEIN FÜR DIE VERBANNTEN

Die sinnbildliche Handlung vom Joch und die Botschaft an die Könige des Westens

27 1 [Im Anfang der Regierung
des Zidkija, des Sohnes Josijas,
des Königs von Juda, erging dieses
Wort an Jeremia von seiten Jahwes:]
2 So sprach Jahwe zu mir: Mache dir
Stricke und Jochstangen und lege sie
auf deinen Nacken 3 und sende (Bot-
schaft) an den König von Edom und
den König von Moab und den König
der Ammoniter und den König von
Tyrus und den König von Sidon durch
Vermittlung ihrer Gesandten, die nach
Jerusalem zu Zidkija, dem König von
Juda, gekommen sind! 4 Und gib
ihnen folgenden Auftrag mit an ihre
Herren: „So hat Jahwe Zebaot, der
Gott Israels, gesprochen, so sollt ihr
euren Herren ausrichten: 5 Ich habe
die Erde erschaffen, Mensch und Vieh,
was auf der ganzen Erde lebt, durch
meine große Kraft und durch meinen
ausgespannten Arm, und ich gebe sie,
wem ich will. 6 Und jetzt gebe ich die
ganze Erde in die Hand des Nebukad-
nezar, des Königs von Babel, meines
Knechtes; auch die Tiere des Feldes
gebe ich ihm, in seinen Dienst. 7 [Und
alle Völker werden ihm und seinem
Sohn und seinem Enkel dienstbar sein,

→26 18 Die prophetische Botschaft des Micha war eine bedingte Drohung; sie beeinflußte vielleicht die von Hiskija versuchte Reform, 2 Kg 18 4 f.

→26 24 *Schaphan* Die einflußreiche Familie Schaphans, des königlichen Schreibers, der die Reform des Josija unterstützt hatte, 2 Kg 22 8 f, blieb Jeremia stets freundschaftlich verbunden. Auch der Enkel des Schaphan, Gedalja, wird sich für ihn einsetzen, 40 5–6.

→27 1 – 29 32 Sprachliche Besonderheiten (z. B. die Namensform „Nebukadnezar" [mit Ausnahme von 29 21] statt „Nebukadrezar", wie sonst in Jr) lassen Kapitel 27–29 als eine Sammlung mit deutlich eigenem Gepräge erkennen; vielleicht war diese Sammlung für die Verbannten bestimmt.

→27 1–22 Das Kapitel ist in G erheblich kürzer.

→27 1 *Zidkija* Korr. nach 28 1; M: „Jojakim".

→27 3 *sende (Botschaft)* G^L; M, G: „sende sie".

→27 3 Der Regierungsantritt von Psammetich II. in Ägypten führte zu einem gegen Babel gerichteten Bündnis der genannten Kleinstaaten, dem sich Juda anschloß (593–592 v. Chr.).

bis auch für sein Land die Zeit kommt,
wo mächtige Völker und große Könige
es dienstbar machen werden.] 8 Das
Volk und Reich aber, das ihm, dem
Nebukadnezar, dem König von Babel,
nicht dienen will und das seinen Hals
nicht in das Joch des Königs von
Babel stecken will, dieses Volk werde
ich mit Schwert und Hunger und Pest
heimsuchen – spricht Jahwe –, bis ich
sie in seine Hand gebracht habe. 9 Ihr
aber sollt nicht auf eure Propheten
hören und auf eure Wahrsager und
auf eure Träumer und auf eure Zei-
chendeuter und eure Zauberer, die
zu euch sagen: ‚Ihr werdet dem König
von Babel nicht untertan.‘ 10 Denn
sie weissagen euch Lüge, mit dem
einzigen Erfolg, daß ihr eure Heimat
verlassen müßt und ich euch ausein-
anderjage, so daß ihr zugrunde geht.
11 Aber das Volk, das seinen Hals in
das Joch des Königs von Babel
steckt und ihm untertan wird, das
lasse ich auf seinem Heimatboden –
spricht Jahwe –, daß es ihn bebauen
und in Frieden darauf wohnen kann.“
12 Und zum König Zidkija redete
ich ganz in der gleichen Weise und
sagte: „Steckt eure Hälse in das Joch
des Königs von Babel und werdet ihm
und seinem Volke untertan, damit ihr
am Leben bleibt. 13 [Warum wollt
ihr, du und dein Volk, durch Schwert,
Hunger und Pest zugrunde gehen, wie
Jahwe es ausgesprochen hat über das
Volk, das dem König von Babel nicht
untertan sein will?] 14 Höret nur nicht
auf die Worte der Propheten, die euch
verkündigen: ‚Ihr werdet dem König
von Babel nicht untertan sein.‘ Denn
sie weissagen euch Lüge. 15 Denn
ich habe sie nicht gesandt – spricht
Jahwe –, sondern sie weissagen Lüge
in meinem Namen, damit ich euch
auseinanderjage und ihr zugrunde
geht, ihr und die Propheten, die euch
weissagen.“
16 Und zu den Priestern und zu
diesem ganzen Volke sagte ich fol-
gendes: „So spricht Jahwe: Höret
nicht auf die Reden eurer Propheten,
die euch weissagen: ‚Die Geräte des
Hauses Jahwes werden [jetzt bald]
von Babel zurückgebracht werden.‘
Denn sie weissagen euch Lüge.
17 [Hört nicht auf sie, dienet dem
König von Babel, damit ihr am
Leben bleibt. Warum soll diese Stadt
zur Wüste werden?] 18 Wenn sie
wirklich Propheten sind und Jahwes
Wort bei ihnen ist, dann sollen sie
doch lieber Jahwe Zebaot darum
angehen, daß nicht die Geräte, die
im Hause Jahwes und im Palast des
Königs von Juda und in Jerusalem
noch übriggeblieben sind, auch noch
nach Babel kommen. 19 Denn so
spricht Jahwe Zebaot über [die Säulen
und das Meer und die Gestelle und]
den Rest der Geräte, die in dieser Stadt
übriggeblieben sind, 20 die Nebukad-
nezar, der König von Babel, nicht mit-
nahm, als er den Jechonja, den Sohn
des Jojakim, den König von Juda,
von Jerusalem nach Babel in die Ge-
fangenschaft schleppte [und alle Edlen
Judas und Jerusalems]. 21 Ja, so
spricht Jahwe Zebaot, der Gott Israels,
über die Geräte, die im Hause Jahwes
und im Hause des Königs von Juda
und in Jerusalem zurückgeblieben
sind: 22 Nach Babel werden sie ge-
bracht werden [und dort werden sie
bleiben bis zu dem Tage, wo ich sie
heimsuche] – spricht Jahwe – [und
wo ich sie wieder heraufführe und
zurückbringe an diese Stätte].“

Die Auseinandersetzung mit dem Propheten Hananja

28 1 Im selben Jahre, im Anfang
der Regierung des Zidkija, des
Königs von Juda, im vierten Jahr, im
fünften Monat, sagte der Prophet Ha-
nanja, der Sohn Assurs aus Gibeon,
im Hause Jahwes in Gegenwart der
Priester und des ganzen Volkes zu
Jeremia: 2 „So spricht Jahwe Zebaot,
der Gott Israels: Ich zerbreche das
Joch des Königs von Babel. 3 Noch
vor Ablauf zweier Jahre werde ich
alle Geräte des Hauses Jahwes, die
Nebukadnezar, der König von Babel,
von diesem Ort weggenommen und
nach Babel gebracht hat, an diesen
Ort zurückbringen. 4 Und den Jechon-
ja, den Sohn Jojakims, den König von
Juda, mit allen Gefangenen aus Juda,
die nach Babel wandern mußten, werde
ich an diesen Ort zurückbringen –
spricht Jahwe –, denn ich zerbreche
das Joch des Königs von Babel.“
5 Hierauf antwortete der Prophet
Jeremia dem Propheten Hananja in
Gegenwart der Priester und aller
Leute, die im Hause Jahwes weilten.
6 Der Prophet Jeremia antwortete also:
„Möge das geschehen. Jahwe füge es
so. Möge Jahwe dein Wort, das du

→278 *gebracht* S, T; M: „vernichtet“.
→279 *Träumer* G, V; M: „Träume“.
→281–17 Ein weiteres biographisches Ka-
pitel erzählt Begebenheiten aus der gleichen
Zeit wie Kapitel 27 (593 v. Chr.).
→281 *zu Jeremia* Korr.; M: „zu mir“.

geweissagt hast, in Erfüllung gehen
lassen und die Geräte des Hauses
Jahwes und alle Gefangenen von
Babel hierher zurückbringen. 7 Je-
doch höre auch dieses Wort, das ich
dir und dem ganzen Volke in die Ohren
rufe. 8 Die Propheten, die vor mir
und vor dir seit Urzeiten gewesen sind,
die haben über mächtige Länder und
große Königreiche von Krieg und
Hunger und Pest prophezeit. 9 Der
Prophet, der Frieden prophezeit –
erst am Eintreffen seines Wortes er-
weist sich der wirklich von Jahwe
gesandte Prophet."

10 Da nahm der Prophet Hananja
die Jochstange vom Halse des Prophe-
ten Jeremia weg und zerbrach sie.
11 Hierauf sagte Hananja in Gegen-
wart des ganzen Volkes: „So spricht
Jahwe: So zerbreche ich das Joch
Nebukadnezars, des Königs von
Babel, noch vor Ablauf zweier Jahre
vom Halse aller Völker." Darauf
ging der Prophet Jeremia seines
Weges.

12 Da erging folgendes Wort Jahwes
an Jeremia, nachdem der Prophet
Hananja das Joch vom Halse des
Propheten Jeremia zerbrochen hatte:
13 „Geh und sage dem Hananja fol-
gendes: So spricht Jahwe: Hölzerne
Joche hast du zerbrochen. Aber ich
mache statt ihrer eiserne. 14 Denn so
spricht Jahwe Zebaot, der Gott
Israels: Ein eisernes Joch lege ich
auf den Nacken aller dieser Völker,
daß sie dem Nebukadnezar, dem
König von Babel, untertan sein müs-
sen. [Sie werden ihm dienen müssen,
und selbst die wilden Tiere gebe ich
ihm.]"

15 Und der Prophet Jeremia sprach
zu dem Propheten Hananja: „Höre,
Hananja, Jahwe hat dich nicht
gesandt, und du hast in diesem Volk
trügerische Hoffnungen geweckt.
16 Deshalb spricht so Jahwe: Siehe,
ich schaffe dich vom Erdboden weg.
Noch in diesem Jahre wirst du sterben
[denn du hast Aufruhr gegen Jahwe
gepredigt]."

17 Und der Prophet Hananja starb
noch im selben Jahre, im siebten
Monat.

Der Brief an die Verbannten

29 1 Das ist der Wortlaut des
Briefes, den der Prophet Jere-
mia von Jerusalem aus an die Ältesten
der Verbannten und an die Priester
und Propheten und an das ganze übri-
ge Volk, das Nebukadnezar von
Jerusalem nach Babel weggeführt
hatte, überbringen ließ, 2 nachdem
der König Jechonja und die Königin-
mutter und die obersten Beamten, die
Würdenträger Judas und Jerusalems
samt den Werkmeistern und Hand-
werkern Jerusalem verlassen hatten.
3 (Er wurde überbracht) durch Eleasa,
den Sohn Schaphans, und Gemarja,
den Sohn Hilkijas, die Zidkija, der
König von Juda, an Nebukadnezar,
den König von Babel, nach Babel
schickte. Folgendes ist sein Inhalt:

4 „So spricht Jahwe Zebaot, der
Gott Israels, zu allen Verbannten, die
von Jerusalem nach Babel verbannt
worden sind: 5 Baut Häuser und be-
wohnt sie, pflanzt Gärten an und eßt
ihre Frucht, 6 nehmt Frauen und
erzeugt Söhne und Töchter, und nehmt
euren Söhnen Frauen und gebt eure
Töchter an Männer, damit die Söhne
und Töchter gebären, und ihr euch
mehret und nicht vermindert. 7 Be-
müht euch um die Wohlfahrt des Lan-
des, in das ich euch verbannt habe,
und betet für es zu Jahwe. Denn auf
seiner Wohlfahrt beruht eure Wohl-
fahrt. 10 Denn so spricht Jahwe: Erst
wenn volle siebzig Jahre für Babel ab-
gelaufen sind, werde ich euch heim-
suchen und mein Verheißungswort
an euch erfüllen, euch an diese Stätte
zurückzubringen. 11 Denn ich weiß
wohl, was für Gedanken ich über euch
hege – spricht Jahwe – Gedanken des
Heils und nicht des Unheils, euch eine
Zukunft und eine Hoffnung zu geben.
12 Dann, wenn ihr mich anruft und
kommt und zu mir betet, werde ich
euch erhören. 13 Wenn ihr mich
sucht, werdet ihr mich finden, weil
ihr mich aus ganzem Herzen gesucht

→28 8 *Hunger* Hss von M; M: „Böses".

→28 9 Jeremia sagt, daß der wahre Prophet Unheil ankündigt, und erinnert damit unausgesprochen an das Faktum der Schuld, das diesem Unheil zugrunde liegt und das die Propheten immer angeprangert haben. Zu den Kennzeichen wahren Prophetentums vgl. Einleitung zu den Prophetenbüchern, S. 1009f.

→28 13 *ich mache* G; M: „du machst".

→28 17 Die Erfüllung einer Prophetie in kurzer Frist ist ein Zeichen, durch das die Botschaft eines Propheten beglaubigt wird, vgl. 20 6; 29 32; 44 29–30; 45 5; ferner Dt 18 21+.

→29 1 *die Ältesten* G; M: „an den Rest der Ältesten".

→29 3 *nach Babel schickte* Vielleicht die gleiche Gesandtschaft wie in 51 59.

→29 4 *die . . . verbannt worden sind* S; M: „die ich . . . verbannt habe".

→29 8–9 Nach v. 15 umgestellt.

habt. 14 Ich werde mich von euch
finden lassen [– spricht Jahwe –, und
ich werde euer Schicksal wenden und
euch sammeln aus allen Völkern und
aus allen Orten, wohin ich euch ver-
stoßen habe – spricht Jahwe – und
euch an die Stätte zurückführen, von
der ich euch verbannt habe].

15 Ja, ihr sagt: ‚Jahwe hat uns
Propheten in Babel erweckt.‘ 8 Aber
so spricht Jahwe Zebaot, der Gott
Israels: Laßt euch nicht täuschen
durch eure Propheten, die unter euch
weilen, und durch eure Wahrsager,
und höret auch nicht auf ihre Träume,
die sie träumen. 9 Denn sie lügen euch
vor, in meinem Namen zu weissagen.
Ich habe sie aber nicht gesandt, spricht
Jahwe.

16 Denn so spricht Jahwe über den
König, der auf Davids Thron sitzt,
und über das ganze Volk, das in dieser
Stadt wohnt, eure Brüder, die nicht
mit euch in die Verbannung ziehen
mußten. 17 So spricht Jahwe Zebaot:
Siehe, ich lasse das Schwert gegen sie
los und den Hunger und die Pest und
mache sie ekelhaften Feigen gleich,
die so schlecht sind, daß man sie nicht
essen kann. 18 Und ich jage hinter
ihnen her mit dem Schwert und dem
Hunger und der Pest und mache sie
zum Entsetzen für alle Königreiche
der Erde, zum Fluch und zum Schau-
der und zum Spott und Hohn unter
allen Völkern, wohin ich sie verstoße,
19 weil sie nicht auf meine Worte ge-
hört haben – spricht Jahwe –, wo
ich doch meine Knechte, die Prophe-
ten, unermüdlich immer wieder zu
ihnen gesandt habe, aber sie haben
nicht gehört, spricht Jahwe. 20 Ihr
aber, höret das Wort Jahwes, ihr
Verbannte insgesamt, die ich aus
Jerusalem nach Babel geschickt
habe.

21 So spricht Jahwe Zebaot, der
Gott Israels, über Achab, den Sohn
Kolajas, und über Zidkijahu, den
Sohn Maasejas, die euch vorlügen,
in meinem Namen zu weissagen:
Siehe, ich gebe sie in die Hand des
Nebukadrezar, des Königs von Babel.
Der wird sie vor euren Augen nieder-
hauen lassen. 22 Und sie werden
Anlaß zu einem Fluchwort geben, das
bei allen Verbannten Judas, die sich
in Babel befinden, umgehen wird:
‚Jahwe bereite dir das Schicksal des
Zidkijahu und des Achab, die der
König von Babel im Feuer geröstet
hat‘, 23 weil sie Ruchloses in Israel ge-
tan haben, indem sie Ehebruch trieben
mit den Frauen ihrer Landsleute und
in meinem Namen Worte redeten, die
ich ihnen nicht aufgetragen hatte. Ja,
ich selbst weiß es und bin Zeuge,
spricht Jahwe."

Die Antwort eines Verbannten auf Jeremias Brief

24-25 Nun sandte Schemajahu, der
Nechlamit, von sich aus [an das ganze
Volk in Jerusalem und] an den Priester
Zephanja, den Sohn Maasejas [und
an alle Priester] einen Brief mit diesem
Inhalt: 26 „Jahwe hat dich zum Prie-
ster an Stelle des Priesters Jehojada
eingesetzt, damit du Oberaufseher im
Hause Jahwes seist für jeden Ver-
rückten und jeden, der sich als Pro-
phet gebärdet, um ihn in Block und
Halseisen zu legen. 27 Nun also,
warum bist du nicht gegen den Jere-
mia aus Anatot eingeschritten, der
sich vor euch als Prophet gebärdet?
28 Hat er uns doch nach Babel Bot-
schaft gesandt des Inhalts: ‚Es geht
noch lange. Baut Häuser und wohnt
darin, und pflanzt Gärten und eßt
deren Frucht‘."

29 Aber der Priester Zephanja las
diesen Brief dem Propheten Jeremia
vor. 30 Da erging dieses Wort Jahwes
an Jeremia: 31 Sende an alle Verbann-
ten folgende Botschaft: „So spricht
Jahwe über den Nechlamiten Sche-
majahu, weil Schemajahu euch ge-
weissagt hat, obwohl ich ihn nicht
gesandt habe, und falsche Hoffnungen
unter euch erweckt hat. 32 Deshalb
spricht Jahwe: Das werde ich an dem
Nechlamiten Schemajahu und seiner
Nachkommenschaft bestrafen. Er wird
keinen Nachkommen haben, der in-
mitten dieses Volkes bleiben darf, um
das Glück zu erleben, das ich meinem
Volke bereiten werde [Spruch Jahwes –
denn er hat Aufruhr gegen Jahwe ge-
predigt]."

3. DAS TROSTBUCH

Verheißung von Israels Wiederherstellung

30 1 Das Wort, das an Jeremia
erging von seiten Jahwes. 2 So

→298 *ihre Träume* Korr.; M: „eure Träume".
→2916–20 Fehlt in G.
→2919 *sie haben* Korr.; M: „ihr habt".
→2924–25 Der Text dieser Verse ist sehr gestört und hier durch Konjekturen rekonstruiert.
→301 – 3140 *(Das Trostbuch)* Der größere

spricht Jahwe, der Gott Israels: Schreib
dir alle Worte, die ich zu dir sage, in
ein Buch. 3 Denn siehe, es kommt eine
Zeit – spricht Jahwe –, da werde ich
das Geschick meines Volkes Israel
[und Juda] wenden – spricht Jahwe –
und sie in das Land zurückkehren
lassen, das ich ihren Vätern gegeben
habe, damit sie es wieder in Besitz
nehmen.

4 Das sind die Worte, die Jahwe
über Israel [und über Juda] gespro-
chen hat:

5 So spricht Jahwe. Einen Schrei
des Entsetzens höre ich: Schrecken,
nicht Frieden! 6 Erkundigt euch doch
und schaut euch um, ob je ein Mann
in Kindesnöten war. Woher kommt
es, daß ich alle Männer mit den Hän-
den an den Hüften sehe gleich einer
Gebärenden, daß alle Gesichter ver-
stört sind, leichenblaß 7 geworden?
Ja, groß ist jener Tag, keinen gibt es,
der ihm gleicht. Eine Zeit der Drang-
sal ist es für Jakob. Aber er wird
daraus gerettet. 8 An jenem Tage,
spricht Jahwe Zebaot, werde ich das
Joch von ihrem Halse zerbrechen und
ihre Bande zerreißen, so daß keine
Fremden ihn mehr knechten können.
9 Sondern sie werden Jahwe, ihrem
Gott, dienen und David, ihrem König,
den ich ihnen erstehen lasse.

10 Du also fürchte dich nicht, mein
Knecht Jakob – spricht Jahwe –, und
hab keine Angst, Israel. Denn siehe,
ich bringe dir Hilfe im fernen Land
und deinen Nachkommen im Lande der
Gefangenschaft: Jakob wird heim-
kehren und Ruhe finden. In Frieden
soll er leben, und niemand mehr wird
ihn aufschrecken. 11 Ja, ich bin mit
dir, um dir zu helfen. Denn ich werde
allen Völkern Vernichtung bringen,
wohin ich dich zerstreut habe. Aber
dir werde ich keine Vernichtung brin-
gen. Dich züchtige ich, wie es meiner
Gerechtigkeit entspricht. Denn ganz
ungestraft kann ich dich nicht lassen.

12 Denn so spricht Jahwe: Unheil-
bar ist deine Wunde, tödlich deine
Verletzung. 13 Keiner kümmert sich
um dein Geschwür, keine Genesung
gibt es für dich. 14 Alle deine Freunde
haben dich vergessen, fragen nicht
mehr nach dir. Denn wie ein Feind
schlägt, so habe ich dich geschlagen,
dich gezüchtigt mit grausamer Hand
[wegen der Größe deiner Schuld, weil
du so viel gesündigt hast]. 15 Warum
schreist du über deine Wunde, un-
heilbar sei dein Schmerz? Wegen der
Größe deiner Schuld, weil du so viel
gesündigt hast, habe ich dir dieses
angetan. 16 Aber alle, die dich gefres-
sen haben, sollen wieder gefressen
werden, und alle deine Bedränger
sollen in Gefangenschaft wandern. Die
dich ausgeplündert, sollen der Plünde-
rung verfallen, und alle, die dich aus-
geraubt, gebe ich dem Raube preis.
17B Denn sie nannten dich „Ver-
stoßene“, „Unsere Beute, der niemand
nachfragt“. 17A Aber ich bringe dir
wieder Genesung und heile dich von
deinen Wunden, spricht Jahwe.

Teil des „Trostbuches“, $30_{1} – 31_{22}$, wurde zwischen der Reform von 622 v. Chr. und dem Tode Josijas (609 v. Chr.) geschrieben. Die deuteronomische Reform, vgl. 2 Kg $22_{3} – 23_{24}$, beseitigte den von Manasse eingeführten religiösen Synkretismus; dadurch wurde der Jahweglaube erneuert und gleichzeitig neue national-politische Hoffnung im Volk geweckt: Wegen des Niedergangs der assyrischen Macht konnte Josija die Rückeroberung von Samaria und Galiläa in Angriff nehmen, 2 Kg $23_{15.19}$; 2 Chr 35_{18}. Eine solche Hoffnung entzündete sich an einer Rückkehr der 721 v. Chr. Deportierten in das wiederhergestellte Reich Davids. Die folgenden Gedichte bringen diese Hoffnung zum Ausdruck: Jahwe liebt auch Nordisrael, $31_{3.15-20}$, vgl. Hos 11_{8-9}; er wird die aus dem Nordreich Verbannten in ihr Land heimführen, 30_{3}; 31_{2-14}, vgl. Hos 10_{11}; er wird ihnen vom Zion her die religiöse Einheit wiedergeben, 31_{6}, vgl. Js 11_{10-16}. Diese Verheißung der Rückkehr wurde dann auf Juda ausgedehnt, das ebenfalls erobert und deportiert wurde. Spätere Sprüche, 30_{8-9}; $31_{1.23-26.27-28}$, und Zusätze in $30_{3.4}$; 31_{31} verbinden Juda mit Israel und geben so dem „Trostbuch“ Jeremias seine endgültige und messianische Bedeutung: Israel und Juda werden zusammengeführt werden, vgl. 31_{8}+, um in ihrem Lande „Jahwe, ihrem Gott, und David, ihrem König“, 30_{9}, zu dienen. Diese Zusammenführung des zerstreuten Israel ist ein Hauptthema der Propheten während des Exils, Js 43_{5f}; $49_{5-6.12.18-23}$ usw.; Ez 11_{17}; 20_{34}; 28_{25}; 34_{12-13} usw., und nach dem Exil, Sach 10_{6-12}. Vgl. Jo 11_{52}.

→30_{5} *höre ich* Korr.; M: „hören wir“.

→30_{6} *sind . . . geworden* G; M: „Wehe“.

→30_{8-9} Zusatz. Es handelt sich um das messianische Reich, vgl. Ez 37_{22}.

→30_{8} *das Joch* G; M: „sein Joch“.

→30_{8} *von ihrem Halse . . . Ihre Bande* G; M: „von deinem Halse . . . Deine Bande“.

→30_{11} *mit dir* Danach Zusatz in M: „Spruch Jahwes“; ebenso in 46_{28}.

→30_{12} *deine Wunde* Korr.; M: „an der Wunde“.

→30_{13} *keine Genesung* Davor Zusatz in M: „kein Heilmittel“.

→30_{14} *Alle deine Freunde* Die Völker, auf die sich Israel stützte.

→30_{16} *Aber* Korr.; M: „Deshalb“.

→30_{17B} *Unsere Beute* Nach G („Eure Beute“); M: „Zion“.

18 So spricht Jahwe: Siehe, ich
wende das Geschick der Zelte Jakobs
und erbarme mich seiner Wohnungen.
Die Stadt soll wieder aufgebaut wer-
den auf ihrem Hügel, und der Palast
soll von neuem auf seinem Platze
stehen, wohin er gehört. 19 Und Dank
soll aus ihnen erschallen und die Stim-
men froher Menschen. Ich mehre ihre
Zahl, so daß ihrer nicht wenige sein
werden. Ich bringe sie zu Ehren, daß
man sie nicht mehr verachtet. 20 Ihre
Söhne werden mir wert sein wie ehe-
dem, ihre Gemeinde wird festen
Bestand haben vor mir, und ich werde
alle ihre Bedränger heimsuchen.
21 Sein Machthaber wird wieder aus
ihm selbst entstammen, und sein
Herrscher wird aus seiner eigenen
Mitte hervorgehen. Und ich gewähre
ihm Zutritt zu mir, daß er sich mir
nahen darf. Denn wer möchte sonst
sein Leben dran wagen, sich mir zu
nahen? spricht Jahwe.

22 Und ihr werdet mein Volk sein,
und ich werde euer Gott sein. 23 Siehe,
ein Sturm Jahwes bricht los, eine
wirbelnde Windsbraut. Aufs Haupt
der Gottlosen fährt sie herab. 24 Jah-
wes Zorn hört nicht auf, bis er die
Pläne seines Herzens vollbracht und
ausgeführt hat. Am Ende der Tage
werdet ihr das einsehen.

31 1 In jener Zeit – spricht Jahwe –
werde ich allen Geschlechtern
Israels Gott sein, und sie werden mein
Volk sein. 2 So spricht Jahwe: Das
Volk der dem Schwert Entronnenen
hat Gnade gefunden in der Wüste,
Israel gelangt in seine Ruhe. 3 Aus
der Ferne erschien ihm Jahwe: Mit
ewiger Liebe habe ich dich geliebt,
deshalb habe ich dir meine Huld be-
wahrt. 4 Wiederum will ich dich auf-
bauen, und du sollst aufgebaut werden,
Jungfrau Israel. Wiederum wirst du
dich mit deinen Handpauken schmük-
ken und in frohem Reigen daher-
schreiten. 5 Wiederum wirst du Wein-
berge pflanzen auf Samarias Bergen
[und die da gepflanzt haben, werden
auch den Genuß davon haben].
6 Denn es kommt ein Tag, wo Wächter
auf dem Gebirge Ephraim rufen:
„Auf, wir wollen nach Zion hinauf,
zu Jahwe, unserem Gott!"

7 Denn so spricht Jahwe: Jauchzet
Jakob zu und brecht in Jubel aus über
das erste der Völker! Tut es laut kund
unter Lobgesang: „Jahwe hat sein
Volk gerettet, den Rest Israels!" 8 Ja,
ich bringe sie herbei aus dem Lande
im Norden und hole sie zusammen
aus den Winkeln der Erde. Blinde
sind darunter und Lahme, Schwangere
mit Wöchnerinnen zusammen, eine
große Gemeinde ist es, die heimkehrt.
9 In Tränen zogen sie aus, mit
Tröstung geleite ich sie heim. Ich
führe sie zu Wasserbächen auf
ebener Straße, auf der sie nicht strau-
cheln. Denn ich bin ein Vater für
Israel, und Ephraim ist mein Erst-
geborener.

10 Höret, ihr Völker, das Wort Jah-
wes und tut es kund an den fernen
Gestaden: „Der, der Israel zerstreut
hat, sammelt es wieder ein und hütet
es wie ein Hirt seine Herde." 11 Denn
Jahwe hat Jakob erlöst und hat ihn
befreit aus der Hand dessen, der
stärker als er. 12 Sie kommen und
jubeln auf Zions Höhe und strömen
hin zu den Segensgaben Jahwes, zum
Getreide und Most und Öl, zu den
Lämmern und Rindern. Ihre Seele ist
wie ein reich bewässerter Garten, sie
brauchen nimmermehr zu darben.
13 Da freut sich die Jungfrau wiederum
am Tanz, und jung und alt sind
fröhlich. Ich wandle ihre Trauer in
Jubel und spende ihnen Trost und
Freude nach all ihrem Leid. 14 Und
ich werde die Priester reichlich laben
am Fett, und mein Volk wird sich satt
essen an meinen Segensgaben, spricht
Jahwe.

15 So spricht Jahwe: Horch! In
Rama hört man Klagen und bitteres
Weinen: Rachel beweint ihre Kinder,
will sich nicht trösten lassen – ihre
Kinder, denn sie sind nicht mehr.

→30 21 *Sein Machthaber wird wieder aus ihm selbst entstammen* Im Gegensatz zur Periode der assyrischen Fremdherrschaft, in der der Statthalter die fremde Macht darstellte.

→30 24 *Zorn* Korr. nach 23 20; M: „Zornglut".

→31 2 Zur Bekehrung in der Wüste vgl. Hos 2 16+. Das hier und in v. 8–9.21 angeschnittene Thema vom neuen Auszug, der Israel aus dem Exil führen wird, wird von Deutero-Js aufgenommen und entfaltet, vgl. Js 40 3+.

→31 3 *erschien ihm* G; M: „erschien mir".

→31 6 *nach Zion hinauf* Die religiöse Einheit, die man an dem einen Heiligtum von Zion wiedergefunden hat.

→31 7 *hat sein Volk gerettet* G; M: „rette dein Volk".

→31 9 *zogen sie aus* G; M: „kommen sie".

→31 9 *mit Tröstung* G; M: „unter Flehrufen".

→31 13 *sind fröhlich* G; M: „zumal".

→31 15 *Rachel* Die Mutter von Ephraim und Manasse. Ihr Grab war in Rama.

→31 15 *sie sind* G; M: „er ist".

16 So spricht Jahwe: Wehre deiner
Stimme das Weinen und deinen
Augen die Tränen. Denn es gibt noch
einen Lohn für deine Mühen: sie
kommen heim aus dem Feindesland.
17 Ja, es gibt noch eine Hoffnung für
deine Nachkommen: die Kinder keh-
ren in ihre Heimat zurück. 18 Deut-
lich höre ich Ephraim klagen: „Du
hast mich gezüchtigt, und ich ließ
mich züchtigen wie ein ungezähmtes
Rind. Laß mich umkehren, daß ich
umkehren kann, denn du bist Jahwe,
mein Gott. 19 Denn nachdem ich
mich abgewandt hatte, kam mir die
Reue, und seit ich es eingesehen habe,
schlage ich an meine Brust. Ich
schäme mich und bin zerknirscht;
denn ich habe ja die Schande meiner
Jugend getragen." – 20 Ist mir denn
Ephraim ein so teurer Sohn? Ist er
mein Lieblingskind? Sooft ich ihn
auch schelte, immer wieder muß ich
an ihn denken. Deshalb schlägt ihm
mein Herz entgegen, ich muß mich
seiner erbarmen, spricht Jahwe.
21 Stell dir Merksteine auf, setze
dir Wegweiser ein. Besinn dich auf
die Straße, den Weg, den du einst
gezogen bist: Komm heim, Jungfrau
Israel, komm heim zu dieser deiner
Stätte. 22 Wie lange noch willst du
dich sträuben, widerspenstige Tochter?
Denn Jahwe schafft etwas Neues im
Lande: das Weib sucht seinen Mann.

Verheißung
von Judas Wiederherstellung

23 So spricht Jahwe Zebaot, der
Gott Israels: Wieder wird man im
Lande Juda und in seinen Städten,
wenn ich ihr Geschick gewendet habe,
dieses Wort sagen:

Jahwe segne dich, du Aue der
Gerechtigkeit, du heiliger Berg.

24 Und Juda samt allen seinen
Städten wird darin wohnen, Ackers-
leute und solche, die mit den Herden
wandern. 25 Denn ich labe die müde
Seele und spende jedem, der darbt,
meine Fülle. 26 Darum heißt es:

Ich wachte auf und war im Über-
fluß, mein Schlaf war mir Erquickung.

Israel und Juda

27 Siehe, es kommen Tage – spricht
Jahwe –, da werde ich über das Haus
Israel und das Haus Juda eine Saat
von Menschen und eine Saat von
Vieh säen. 28 Und gerade so, wie ich
einst über sie gewacht habe, um aus-
zureißen und einzureißen und nieder-
zureißen und zu verderben und Unheil
zu bringen, so werde ich über sie
wachen, um zu bauen und zu pflanzen,
spricht Jahwe.

Die persönliche Vergeltung

29 In jenen Tagen wird man nicht
mehr sagen:

Die Väter haben saure Trauben
gegessen, und den Kindern werden
die Zähne stumpf.

30 Sondern jeder wird nur um seiner
eigenen Schuld willen sterben; jeder
Mensch, der saure Trauben ißt, dem
werden die eigenen Zähne stumpf.

Der neue Bund

31 „Siehe, es kommen Tage – spricht
Jahwe –, da werde ich mit dem Hause
Israel [und dem Hause Juda] einen

→31 16 *Mühen* Danach Zusatz in M: „Spruch Jahwes"; fehlt in G.

→31 17 *Nachkommen* Danach Zusatz in M: „Spruch Jahwes"; fehlt in G.

→31 19 *schlage ich an meine Brust* Wörtlich: auf die Hüfte, Zeichen des Schmerzes.

→31 22 *das Weib sucht ihren Mann* Das hebräische Zeitwort bedeutet: umwenden, umwandeln, umgeben, suchen; dieser in seiner Deutung stark umstrittene Text spricht offenbar von der Wiederaufnahme der „Ehe" zwischen Israel und seinem Gemahl Jahwe, vgl. Hos 1 2+; Js 54 5–8; Ez 16 59–60. Die Übersetzung von V geht auf eine messianische Deutung hinaus (*femina circumdabit virum* „das Weib wird den Mann umgeben", im Sinne der jungfräulichen Empfängnis Jesu).

→31 23–24 Dieser und der folgende Spruch wurden um 587 v. Chr. verkündet, vgl. 30 1+.

→31 26 *Darum heißt es* Wahrscheinlich Anspielung auf ein Volkslied.

→31 26 *und war im Überfluß* Korr.; M: „und schaute".

→31 29–30 *(Die persönliche Vergeltung)* Jeremia vertritt hier einen Standpunkt, der einem auch in Ez 18 2 genannten Sprichwort genau entgegengesetzt ist. Dieses Sprichwort drückte den alten Grundsatz der kollektiven Verantwortung aus; d. h., daß die Söhne für die Sünden der Väter büßen müssen, daß also die Glieder der gleichen Familie in der Strafe solidarisch sind. Dagegen verkündet Jeremia einen neuen Grundsatz, der in der Zukunft gelten wird (Ezechiel wird dessen Anwendung für die Gegenwart beanspruchen), den Grundsatz der persönlichen Bestrafung des Sünders, vgl. Ez 14 12+; 18.

→31 31–34 *(Der neue Bund)* Diese Verse bilden den Höhepunkt des Buches Jeremia. Nach dem Scheitern des alten Bundes, v. 32; Ez 16 59, und dem vergeblichen Restaurationsversuch des Josija erscheint der Heilsplan Gottes in einem neuen Licht. Nach einer Katastrophe, in der nur ein „Rest" übrigbleibt, Js 4 3+, wird ein ewiger Bund, v. 31, wie in den Tagen Noachs, Js 54 9–10, aufs neue geschlossen. Die alten

neuen Bund schließen. 32 Nicht wie der Bund, den ich mit ihren Vätern geschlossen habe, damals, als ich sie bei der Hand nahm und aus dem Lande Ägypten herausführte, diesen Bund – meinen Bund –: sie haben ihn gebrochen, obwohl ich ihr Herr war, spricht Jahwe. 33 Sondern das ist der Bund, den ich mit dem Hause Israel nach jenen Tagen schließen werde, spricht Jahwe: Ich werde mein Gesetz in ihr Inneres legen und ihnen ins Herz hinein schreiben, und ich werde ihr Gott sein, und sie werden mein Volk sein. 34 Dann brauchen sie sich nicht mehr gegenseitig zu belehren und einer zum andern zu sagen: „Erkennet Jahwe!“ Sondern sie alle werden mich erkennen, klein und groß, spricht Jahwe. Denn ich vergebe ihre Schuld und denke nicht mehr an ihre Sünde.

Israels Dauer

35 So spricht Jahwe, der die Sonne zur Leuchte für den Tag gemacht und den Mond und die Sterne als Leuchten der Nacht eingesetzt hat, der das Meer aufwühlt, so daß seine Wogen brausen, Jahwe Zebaot ist sein Name. 36 Wenn diese Ordnungen vor mir ins Wanken geraten – spricht Jahwe –, dann wird auch die Nachkommenschaft Israels aufhören, vor mir ein Volk zu sein allezeit. 37 Wenn die Himmel in der Höhe ausgemessen werden können und die Gründe der Erde in der Tiefe erforschbar sind, dann werde auch ich die Nachkommenschaft Israels verwerfen wegen alles dessen, was sie getan haben, spricht Jahwe.

Jerusalems Wiederaufbau und Größe

38 Siehe, es kommen Tage – spricht Jahwe –, da wird die Stadt wieder aufgebaut werden für Jahwe, vom Turm Hananels bis zum Ecktor. 39 Und die Meßschnur wird noch weiterlaufen geradeaus bis zum Hügel Gareb und dann nach Goa abbiegen. 40 Und das ganze Tal mit den Leichen und der Asche, und das ganze Totenfeld neben dem Kidronbach, bis zur Ecke des Roßtores im Osten, wird Jahwe heilig sein. In Ewigkeit wird es nicht mehr niedergerissen und zerstört werden.

4. ZUSÄTZE ZUM TROSTBUCH

Der Kauf eines Ackers als Unterpfand für Judas Heilszukunft

32 1 Das Wort, das an Jeremia erging von seiten Jahwes im zehnten Jahr des Zidkija, des Königs von Juda, das ist das achtzehnte Jahr des Nebukadrezar. 2 Damals nämlich belagerte das Heer des Königs von Babel Jerusalem, und der Prophet Jeremia saß gefangen im Wachthof des Hauses des Königs von Juda. 3 Zidkija, der König von Juda, hatte ihn dort eingesperrt mit der Begründung: „Warum hast du geweissagt: So spricht Jahwe: Siehe, ich gebe diese Stadt in die Hände des Königs von Babel, so daß er sie einnimmt. 4 Und Zidkija, der König von Juda, wird der

---

Grundvorstellungen bleiben: Treue des Menschen zum Gesetz – Gegenwart Gottes, die den Menschen Frieden und Wohlstand sichert, Ez 3629–30; dieses Ideal kommt in der Bundesformel zum Ausdruck: „Ich werde ihr Gott sein, und sie werden mein Volk sein“, V. 33; 247; 3238; Ez 1120; 3628; 3727; Dt 76+. Das Neue des Bundes bezieht sich auf dreierlei: 1. die göttliche Initiative zur Sündenvergebung, V. 34; Ez 3625.29; Ps 513–4.9; 2. die persönliche Verantwortlichkeit und Vergeltung, V. 29, vgl. Ez 1412+; 3. die Verinnerlichung der Religion: Das Gesetz ist nicht mehr nur eine äußere Charta, sondern wird dem Menschen ins Innere gelegt, „ins Herz geschrieben“, V. 33; 247; 3239, unter dem Einfluß des Gottesgeistes, der dem Menschen ein neues Herz gibt, Ez 3626–27; Ps 5112, vgl. Jr 44+, fähig, Gott zu „erkennen“, Hos 222+. Dieser neue und ewige Bund, der auch in Ez 3625–28; Js 553; 5921; 618, vgl. Bar 235; Ps 51, zur Sprache kommt, wird durch das Opfer Christi gestiftet, Mt 2628 par, und die Apostel verkünden seine Erfüllung, 2 Kor 36; Röm 1127; Hebr 86–13; 915f; 1 Jo 520+.

→3135 *den Mond* Davor Zusatz in M: „die Bestimmungen“, vgl. V. 36; fehlt in G.

→3137 Zusatz in M am Versanfang: „So spricht Jahwe“; fehlt in G.

→3138–40 Die Stadt, deren Wiederaufbau angekündigt wird, entspricht in ihrem Umfang dem alten, durch die Chaldäer zerstörten Jerusalem; ebenso in Sach 1410.

→3139 *Goa* Muß an der Stelle gelegen haben, Sach 145, wo die drei Täler Ben-Hinnom, Tyropöon und Kidron zusammentrafen.

→3140 *neben* Eine Hs von M; M: „bis zum“.

→321–44 *(Der Kauf eines Ackers)* Die Begebenheit, die sinnbildliche Bedeutung erhält, vgl. 181+, geschah 587 v. Chr., nachdem die Stadt (wie in 3421–22 angekündigt) erneut belagert wurde, V. 2.24. Der Kauf des Ackers hängt offenbar mit der Erbteilung zusammen, deretwegen Jeremia nach Anatot gehen wollte, 3712. Der ursprüngliche, autobiographische Text, V. 6B–17A.24–29A.42–44, scheint später erweitert zu sein durch eine Einleitung, V. 1–6A, ein Gebet, V. 17B–23, das an Neh 9 erinnert, und durch Ausführungen über Gericht und Heil, V. 29B–41, die Themen von Jr aufgreifen.

Gewalt der Chaldäer nicht entrinnen,
sondern er wird ganz bestimmt in die
Hand des Königs von Babel gegeben
werden und von Mund zu Mund zu
ihm reden und ihn von Angesicht zu
Angesicht sehen. 5 Nach Babel wird
er Zidkija bringen, und dort wird er
bleiben [bis ich ihn heimsuche, spricht
Jahwe. Wenn ihr gegen die Chaldäer
kämpft, werdet ihr kein Glück
haben.]."
6 Jeremia also sagte: Folgendes
Wort Jahwes erging an mich: 7 „Bald
wird Hanamel, der Sohn deines Onkels
Schallum, zu dir kommen mit der
Bitte: ‚Kauf dir doch meinen Acker in
Anatot; denn du hast das Vorkaufs-
recht.'" 8 Gemäß dem Wort Jahwes
kam mein Vetter Hanamel zu mir in
den Wachthof und sagte zu mir: „Kauf
doch meinen Acker in Anatot; denn
dir steht das Erbrecht zu, und du hast
das Vorkaufsrecht. Kauf ihn dir." Da
merkte ich, daß es Jahwes Wort war.
9 Ich kaufte also den Acker in Anatot
von meinem Vetter Hanamel und wog
ihm den Preis dar, siebzehn Silber-
schekel. 10 Und ich schrieb es auf ein
Blatt, versiegelte das, zog Zeugen hin-
zu und wog das Geld auf der Waage
ab. 11 Hierauf nahm ich den Kauf-
brief, sowohl den versiegelten als auch
den offenen, nach den gesetzlichen
Vorschriften, 12 und übergab den
Kaufbrief dem Baruch, dem Sohn
Nerijas, des Sohnes des Machseja, in
Gegenwart meines Vetters Hanamel
und in Gegenwart der Zeugen, die den
Kaufbrief unterschrieben hatten, und
in Gegenwart aller im Wachthof an-
wesenden Juden. 13 Darauf gab ich
dem Baruch in ihrer Gegenwart fol-
genden Auftrag: 14 „Nimm diese
Urkunden, diesen Kaufbrief, den ver-
siegelten und den offenen, und tu sie
in ein Tongefäß, damit sie auf lange
Zeit erhalten bleiben. 15 Denn so
spricht Jahwe Zebaot, der Gott Israels:
Man wird noch einmal Häuser und
Äcker kaufen in diesem Lande."
16 Und nachdem ich den Kaufbrief
dem Baruch, dem Sohn Nerijas, über-
geben hatte, betete ich zu Jahwe:
17 „Ach, Herr Jahwe, siehe, du hast
den Himmel und die Erde mit deiner
großen Kraft und mit deinem ausge-
reckten Arm gemacht. Nichts ist für
dich unmöglich. 18 Du erweisest Tau-
senden Gnade und zahlst die Schuld
der Väter noch ihren Kindern in den
Schoß. Du großer und mächtiger Gott,
dessen Name Jahwe Zebaot, 19 groß
an Rat und mächtig an Tat, dessen
Augen offen sind über allen Wegen
der Menschenkinder, um einem jeden
zu vergelten nach seinem Wandel und
nach der Frucht seiner Werke. 20 Du
hast Zeichen und Wunder gewirkt im
Lande Ägypten und bis auf den heuti-
gen Tag an Israel und an den (anderen)
Menschen und hast dir einen Namen
geschaffen, wie du ihn heute besitzest.
21 Und du hast dein Volk Israel aus
dem Lande Ägypten herausgeführt
unter Zeichen und Wundern, mit star-
ker Hand und mit ausgestrecktem
Arm und unter großen, furchterregen-
den Taten 22 und hast ihnen dieses
Land geschenkt, so wie du ihren Vätern
geschworen hattest, ihnen ein Land zu
geben, das von Milch und Honig fließt.
23 Und die kamen und nahmen es in
Besitz. Aber sie hörten nicht auf deine
Stimme und wandelten nicht nach dei-
nem Gesetz. Nichts von dem, was du
ihnen zu tun befohlen hast, haben sie
getan. Darum ließest du all dieses Un-
heil über sie kommen. 24 Siehe, schon
sind die Belagerungswälle bis zur
Stadt vorgerückt, um sie einzunehmen,
und die Stadt fällt durch Schwert,
Hunger und Pest in die Hände der
Chaldäer, die wider sie kämpfen. Was
du angedroht hast, geht in Erfüllung.
Du siehst es selbst. 25 Und doch hast
du, Herr Jahwe, zu mir gesagt: ‚Erwirb
dir den Acker um Geld und ziehe Zeu-
gen hinzu.' Und dabei ist die Stadt
doch in die Hände der Chaldäer ge-
geben!"
26 Da erging folgendes Wort Jahwes
an mich: 27 Siehe, ich bin Jahwe, der
Gott alles Fleisches. Ist irgend etwas
für mich unmöglich?
28 Deshalb – so spricht Jahwe – gebe
ich diese Stadt in die Hand des Königs
von Babel. Und er wird sie einnehmen,
29 und die Chaldäer, die gegen diese
Stadt streiten, werden kommen und
Feuer an diese Stadt legen und die
Häuser verbrennen, auf deren Dächern
man dem Baal geräuchert und fremden
Göttern Trankopfer dargebracht hat,
um mich zu beleidigen. 30 Denn die

→32 7 Das Recht des *goël*, des „Lösers", vgl. Nm 35 19+; Rt 2 20+, erscheint hier als Vorkaufsrecht, in Rt 4 als Rückkaufsrecht.

→32 8 *Anatot* Danach Zusatz in M: „das im Lande Benjamin liegt".

→32 12 *Baruch* Der Schreiber, der Jeremia als Sekretär diente, 36; 45.

→32 14 Zusatz in M am Anfang des Verses: „So spricht Jahwe Zebaot, der Gott Israels".

→32 26 *an mich* G, V; M: „an Jeremia".

Kinder Israels und die Kinder Judas
verüben von ihrer Jugend an nur Böses
vor meinen Augen [denn die Kinder
Israels beleidigen mich stets durch ihr
ganzes Tun, spricht Jahwe]. 31 Ja, diese
Stadt hat mir Ärger und Zorn bereitet
vom Tage ihrer Gründung an bis zu
dem heutigen Tag, so daß ich sie mir
aus den Augen schaffen muß, 32 wegen
all des Bösen, das die Kinder Israels
und die Kinder Judas begangen haben,
um mich zu beleidigen, sie selbst samt
ihren Königen und Führern und Prie-
stern und Propheten, sowohl die Leute
von Juda als auch die Bewohner Jeru-
salems. 33 Sie haben mir stets den
Rücken zugekehrt und nicht das An-
gesicht, und wenn ich auch noch so
sehr mich bemühte, sie zu unterweisen,
so hörten sie nicht und nahmen keine
Zucht an. 34 Haben sie doch sogar
ihre Scheusale in dem Hause auf-
gestellt, das nach meinem Namen
benannt ist, um es zu beschmutzen.
35 Und sie haben die Baalshöhen im
Tal Ben-Hinnom erbaut, um ihre
Söhne und Töchter für den Moloch
durch das Feuer gehen zu lassen – was
ich sie niemals geheißen habe, und
niemals ist es mir in den Sinn gekom-
men, daß sie diese Greuel verüben
sollten – und Juda dadurch in die
Sünde zu führen.

36 Jetzt aber spricht darum Jahwe,
der Gott Israels, über diese Stadt, von
der du sagst: „Durch Schwert und
Hunger und Pest ist sie in die Hand
des Königs von Babel gegeben":
37 Siehe, ich lese sie zusammen aus
allen Ländern, wohin ich sie aus-
einandergejagt habe in meinem Zorn
und Grimm und in gewaltiger Ent-
rüstung, und führe sie an diese Stätte
zurück und lasse sie in Sicherheit woh-
nen. 38 Und sie werden mein Volk
sein, und ich werde ihr Gott sein.
39 Ich verleihe ihnen einen anderen
Sinn und einen anderen Wandel, so
daß sie mich jederzeit fürchten zu
ihrem eigenen Wohl und dem ihrer
Kinder nach ihnen. 40 Ich werde einen
ewigen Bund mit ihnen schließen und
nicht mehr aufhören, ihnen meine
Güte zu erweisen; auch werde ich
ihnen die Furcht vor mir ins Herz
legen, so daß sie nicht mehr von mir
lassen. 41 Und es wird meine Freude
sein, ihnen Güte zu erweisen, und ich
werde sie in dieses Land einpflanzen
in Treuen, mit meinem ganzen Herzen
und mit meiner ganzen Seele. 42 Denn
so spricht Jahwe: Ebenso wie ich über
dieses Volk all dies Unglück gebracht
habe, so werde ich auch all den Segen
über sie bringen, den ich ihnen ver-
heiße. 43 Ja, es werden noch Äcker
gekauft in diesem Lande, von dem du
sagst: „Es ist eine Wüste, ohne Men-
schen und Vieh darin, es ist in die Hand
der Chaldäer überliefert." 44 Man wird
Äcker um Geld erwerben und Kauf-
briefe schreiben und sie versiegeln und
Zeugen hinzuziehen im Lande Ben-
jamin und in der Umgebung Jerusa-
lems, in den Städten Judas und in den
Städten des Berglandes, in den Städten
der Niederung und in den Städten des
Negeb. Denn ich wende ihr Geschick,
spricht Jahwe.

Weitere Verheißung von Jerusalems und Judas Wiederherstellung

33 1 Hierauf erging das Wort
Jahwes zum zweiten Male an
Jeremia, während er noch im Wacht-
hause in Haft saß: 2 So spricht Jahwe,
der die Erde geschaffen und sie gebildet
und ihr Festigkeit verliehen hat, Jahwe
ist sein Name. 3 Rufe zu mir, so will
ich dir antworten und dir große und un-
faßbare Dinge kundtun, von denen du
nichts weißt. 4 Denn so spricht Jahwe,
der Gott Israels, über die Häuser dieser
Stadt und über die Häuser der Könige
von Juda, die niedergerissen sind.
Gegen die Belagerungswerke und den
Wall 5 nimmt man den Kampf auf
gegen die Chaldäer, aber das führt
nur dazu, die Stadt mit den Leichen
der Menschen anzufüllen, die ich in
meinem Zorn und Grimm erschlagen
und vor denen ich mein Angesicht
verborgen habe wegen all ihrer Bosheit.

6 Siehe, ich schaffe ihnen Gesun-
dung und Heilung und mache sie wie-
der gesund und eröffne ihnen Sicher-
heit und Frieden in Fülle. 7 Und ich
wende das Geschick Judas und das

→32 33 *wenn ich ... mich bemühte* Üss; M: „beim Bemühen".
→32 36 *du sagst* G; M: „ihr sagt"; ebenso in v. 43.
→32 39 *einen anderen Sinn und einen anderen Wandel* G; M: „einen einzigen Sinn und einen einzigen Wandel".
→33 1–13 Diese Heilsverheißung stammt aus der gleichen Zeit wie Kapitel 32.
→33 2 *der die Erde geschaffen* G; M: „der sie geschaffen; Jahwe".
→33 4 *den Wall* G; M: „das Schwert".
→33 5 *die Stadt* Wörtlich: sie (Singular) G; M: „sie" (Plural).
→33 5 *vor ihnen* G; M: „vor dieser Stadt".
→33 6 *ihnen Gesundung* G[A], V, T; M: „ihr Gesundung".
→33 7 *Jerusalems* G[S]; M: „Israels".

Geschick Jerusalems und baue sie
wieder auf wie ehedem. 8 Und ich
reinige sie von all ihrer Schuld, die sie
sich durch ihre Sünden gegen mich
zugezogen haben, und ich vergebe
ihnen alle ihre Sünden, die sie gegen
mich begangen und wodurch sie gegen
mich gefrevelt haben. 9 Und Jerusalem
wird mir zur Freude gereichen, zum
Preis und Ruhm bei allen Völkern
der Erde. Wenn diese von all dem
Guten hören, das ich tue, werden sie
von Furcht und Zittern ergriffen wegen
all des Glückes und all des Heiles, das
ich ihr bereite.
10 So spricht Jahwe: An der Stätte,
von der ihr sagt: „Sie ist ganz verlassen,
ohne Mensch und Vieh", in den Städ-
ten Judas und in den Straßen Jerusa-
lems, die jetzt verödet liegen ohne
Menschen, ohne Bewohner, ohne Vieh,
da wird man wieder hören 11 Freuden-
und Wonnerufe, den Jubel des Bräuti-
gams und den Jubel der Braut, das
Singen derer, die da rufen: „Preiset
Jahwe Zebaot, denn gut ist Jahwe;
denn ewig währt seine Gnade", wenn
sie Lobopfer in das Haus Jahwes
bringen. Denn ich wende das Ge-
schick des Landes (und mache es),
wie es ehemals gewesen ist, spricht
Jahwe.
12 So spricht Jahwe Zebaot: An
diesem Ort, der jetzt verlassen ist,
ohne Menschen und ohne Vieh, und
in allen seinen Städten wird es noch
eine Aue für die Hirten geben, die ihre
Herde weiden. 13 In den Städten des
Berglandes und in den Städten der
Niederung und in den Städten des
Negeb, im Lande Benjamin und in der
Umgebung Jerusalems und in den
Städten Judas werden noch einmal die
Schafe unter der Hand des Hirten
vorüberziehen, der sie zählt, spricht
Jahwe.

König- und Priestertum in der Zukunft

14 Siehe, es kommen Tage – spricht
Jahwe –, da erfülle ich das Verheißungs-
wort, das ich dem Hause Israel und
dem Hause Juda gegeben habe.
15 In jenen Tagen und in jener Zeit
lasse ich David einen gerechten Sproß
entsprießen; der wird Recht und Ge-
rechtigkeit im Lande üben. 16 In jenen
Tagen wird Juda Heil erfahren, und
Jerusalem wird in Sicherheit wohnen.
Und das ist der Name, den man der
Stadt geben wird: „Jahwe unsere
Gerechtigkeit."
17 Denn so spricht Jahwe: Nie soll
es David an einem Nachkommen feh-
len, der auf dem Thron des Hauses
Israel sitzt. 18 Und nie soll es den
levitischen Priestern an einem Nach-
kommen fehlen, der vor mir steht, der
Brandopfer darbringt und Speise-
opfer in Rauch aufgehen läßt und
Schlachtopfer vollzieht alle Zeit.
19 Das Wort Jahwes erging an Jere-
mia: 20 So spricht Jahwe: Wenn ihr
meinen Bund mit dem Tage und mei-
nen Bund mit der Nacht brechen könnt,
so daß Tag und Nacht nicht mehr eintre-
ten zu ihren Zeiten, 21 dann wird auch
mein Bund mit meinem Knecht David
gebrochen, so daß er keinen Sohn mehr
hat, der auf seinem Thron als König
sitzt, und mein Bund mit den leviti-
schen Priestern, die meinen Dienst ver-
sehen. 22 Wie das Heer des Himmels
nicht gezählt und der Sand am Ufer
des Meeres nicht gemessen werden
kann, so zahlreich werde ich die Nach-
kommen meines Knechtes David ma-
chen und die levitischen Priester, die
mit ihnen zusammen meinen Dienst
versehen.
23 Das Wort Jahwes erging an Jere-
mia: 24 Beobachtest du nicht, was diese
Leute da behaupten: „Die zwei Ge-
schlechter, die Jahwe erwählt hatte,
die hat er verworfen", und wie sie ver-
ächtlich von meinem Volk reden, daß
es ihnen nicht mehr als ein Volk gelte?
25 So spricht Jahwe: So wahr ich Tag
und Nacht erschaffen und die Gesetze

→33 9 *Jerusalem wird mir zur Freude* Korr.; M: „es wird mir zum Freudennamen". Zum messianischen Namen Jerusalems vgl. Ez 48 35 und Js 1 26+.
→33 12–26 Fehlt in G.
→33 12–13 Die Rückkehr zum Hirtenleben ist eine messianisches Thema.
→33 14–26 *(König- und Priestertum in der Zukunft)* Der nicht authentische Abschnitt beschreibt die Einrichtungen des messianischen Volkes in derselben Art wie Sach 4 1–14; 6 13. In der Heilszeit werden königliche und priesterliche Gewalt einträchtig nebeneinander bestehen.
→33 15–16 Die Verse greifen auf 23 5–6 zurück; hier wird aber der Heilsname (am Schluß von v. 16) auf Jerusalem übertragen.
→33 16 *der Name* Theodotion, V; fehlt in M.
→33 20 *mit dem Tage* Korr.; M: „des Tages". Ebenso: mit der Nacht.
→33 21 *den levitischen Priestern* Korr., vgl. v. 18; M: „den Leviten, den Priestern".
→33 22 *Wie* Üss; M: „Denn".
→33 22 *die mit ihnen zusammen meinen Dienst versehen* Korr.; M: „die meinen Dienst versehen".
→33 25 *Tag und Nacht erschaffen* Korr.; M: „meinen Bund des Tages und der Nacht".

für den Himmel und die Erde fest-
gelegt habe, 26 so gewiß werde ich die
Nachkommen Jakobs und meines
Knechtes David niemals verwerfen, so
daß ich aus seinen Nachkommen keine
Herrscher mehr entnehme über die
Nachkommen Abrahams, Isaaks und
Jakobs. Denn ich wende ihr Geschick
und erbarme mich ihrer.

5. VERSCHIEDENES

Das Endschicksal des Zidkija

34 1 Das Wort, das an Jeremia
erging von seiten Jahwes, wäh-
rend Nebukadrezar, der König von
Babel, und sein ganzes Heer und alle
Königreiche seines Herrschaftsgebietes
und alle Völker Jerusalem belagerten
und alle dazu gehörigen Städte. 2 So
spricht Jahwe, der Gott Israels: Geh
und rede mit Zidkija, dem König von
Juda, und sage ihm: So spricht Jahwe:
Siehe, ich gebe diese Stadt in die Hand
des Königs von Babel; der wird sie in
Flammen aufgehen lassen. 3 Du aber
entrinnst seiner Hand nicht. Sondern
du wirst bestimmt ergriffen und in
seine Hand ausgeliefert, und deine
Augen werden in die Augen des Königs
von Babel schauen, und er wird von
Mund zu Mund mit dir reden, und du
kommst nach Babel. 4 Höre jedoch
auf das Wort Jahwes, Zidkija, König
von Juda, und du wirst nicht durch
das Schwert sterben. 5 In Frieden
wirst du sterben, und wie man deinen
Vätern, den früheren Königen, die vor
dir gewesen sind, Leichenbrände ver-
anstaltet hat, so wird man auch für dich
einen Leichenbrand veranstalten und
die Totenklage über dich halten: „Ach!
Herr!" Das ist ein Wort, das ich ge-
sprochen habe, spricht Jahwe.

6 Und der Prophet Jeremia richtete
dem Zidkija, dem König von Juda, alle
diese Worte aus in Jerusalem, 7 wäh-
rend das Heer des Königs von Babel
Jerusalem belagerte samt allen noch
übrigen Städten Judas, nämlich La-
chisch und Aseka; denn diese hielten
sich allein als befestigte Städte unter
denen in Juda.

Die Angelegenheit der Sklavenfreilassung

8 Das Wort, das an Jeremia erging
von seiten Jahwes, nachdem der König
Zidkija mit dem ganzen in Jerusalem
anwesenden Volk eine feierliche Ab-
machung eingegangen war, ihnen eine
Freilassung ausrufen zu lassen: 9 es
solle jeder seinen hebräischen Sklaven
oder seine hebräische Sklavin auf freien
Fuß setzen, daß keiner mehr seinen
jüdischen Bruder als Sklaven hielte.
10 Und alle Oberen und das ganze Volk,
das der Abmachung beigetreten war:
es solle jeder seinen Sklaven und seine
Sklavin auf freien Fuß setzen und sie
nicht mehr als Sklaven halten, leisteten
insgesamt Folge und setzten sie auf
freien Fuß. 11 Aber nachher änderten
sie ihren Sinn und holten die Sklaven
und Sklavinnen, die sie auf freien Fuß
gesetzt hatten, wieder zurück und
machten sie wieder mit Gewalt zu
Sklaven und Sklavinnen. 12 Da erging
das Wort Jahwes an Jeremia: 13 So
spricht Jahwe, der Gott Israels: Ich
habe mit euren Vätern an dem Tage,
als ich sie aus dem Lande Ägypten,
dem Hause der Knechtschaft, heraus-
führte, einen Bund geschlossen und
verfügt: 14 „Nach Ablauf von sieben
Jahren soll jeder von euch seinen
hebräischen Bruder, der sich ihm ver-
kauft und sechs Jahre lang als Sklave
gedient hat, auf freien Fuß setzen."
Aber eure Väter haben nicht auf mich
gehört und mir ihr Ohr nicht zugeneigt.
15 Nun seid ihr diesmal in euch ge-
gangen und habt getan, was in meinen
Augen recht ist, indem ihr gemeinsam
eine Freilassung für euren Nächsten
ausgerufen und vor meinem Angesicht
eine feierliche Verpflichtung auf euch
genommen habt in dem Hause, das
nach meinem Namen genannt ist.
16 Aber jetzt habt ihr euren Sinn wieder
geändert und meinen Namen entheiligt,
und jeder von euch hat seinen Sklaven
und seine Sklavin, die ihr bereits auf
freien Fuß gesetzt hattet, wieder her-
geholt, um sie von neuem mit Gewalt
zu euren Sklaven und Sklavinnen zu
machen.

17 Darum spricht Jahwe also: Ihr

→341–7 *(Das Endschicksal des Zidkija)* Die Begebenheit dürfte sich am Anfang der Belagerung von 588–587 v. Chr. ereignet haben, als sich der Krieg noch nicht auf Jerusalem konzentriert hatte, sondern im Süden und Südwesten weiterging, v. 7: Zidkija kann die Katastrophe noch aufhalten, wenn er sich wie Jojakim 605 v. Chr. unterwirft.

→344 *und* Hinzugefügt.

→344 *Juda* Danach Zusatz in M: „So spricht Jahwe über dich".

→348–22 Aus der Zeit, als die Belagerung unterbrochen wurde, v. 21–22. Vermutlich wurden die Sklaven freigelassen, um das Heer zu verstärken.

→3412 *Jeremia* Danach Zusatz in M: „von seiten Jahwes"; fehlt in G.

habt nicht auf mich gehört, daß ihr ein
jeder seinem Bruder und Nächsten
Freilassung gewährt hättet. Wohlan
denn, so gewähre ich euch eine Frei-
lassung – spricht Jahwe – für das
Schwert und für die Pest und für den
Hunger und mache euch zum Entset-
zen für alle Königreiche der Erde.
18 Und die Männer, die die mir gegen-
über übernommene Verpflichtung nicht
eingehalten und die Bestimmungen der
feierlichen Abmachung, die sie vor
meinem Angesicht eingegangen sind,
nicht ausgeführt haben, die behandle
ich wie das Kalb, das sie in zwei Hälften
zerschnitten haben und zwischen
dessen Stücken sie hindurchgeschritten
sind. 19 Die Herren Judas und die
Herren Jerusalems, die Würdenträger
und die Priester und alle übrigen
Leute, die zwischen den Stücken des
Kalbes hindurchgeschritten sind,
20 die gebe ich in die Gewalt ihrer
Feinde, in die Gewalt derer, die ihnen
nach dem Leben trachten, und ihre Lei-
chen sollen den Vögeln des Himmels
und den Tieren der Erde zum Fraße
dienen. 21 Den Zidkija aber, den
König von Juda, und seine Minister
gebe ich in die Gewalt ihrer Feinde
und in die Gewalt derer, die ihnen
nach dem Leben trachten, und in die
Gewalt des Heeres des Königs von
Babel, das gegenwärtig von euch ab-
gezogen ist. 22 Siehe, ich gebe Befehl
– spricht Jahwe – und bringe sie zu
dieser Stadt zurück, und sie werden
sie belagern und einnehmen und in
Flammen aufgehen lassen. Die Städte
Judas aber mache ich zur Wüste, wo
niemand wohnt.

Das Beispiel der Rechabiter

35 1 Das Wort, das an Jeremia
erging von seiten Jahwes in den
Tagen des Jojakim, des Sohnes Josijas,
des Königs von Juda: 2 „Begib dich
zu der Gemeinschaft der Rechabiter,
und rede mit ihnen und bringe sie in
das Haus Jahwes in eine der Zellen
und gib ihnen Wein zu trinken."
3 Da holte ich den Jaasanja, den Sohn
Jirmejahus, des Sohnes des Habazzin-
jas, samt seinen Brüdern und der gan-
zen Familie der Rechabiter, 4 und
führte sie in das Haus Jahwes in die
Zelle des Gottesmannes Ben-Jochanan,
des Sohnes Jigdaljahus, die sich neben
der Zelle der Oberen und über der des
Schwellenhüters Maaseja, des Sohnes
Schallums, befindet. 5 Hierauf setzte
ich den Angehörigen der Familie der
Rechabiter gefüllte Weinkrüge und
Becher vor und sagte zu ihnen: „Trinkt
Wein!"
6 Sie aber antworteten: „Wir trin-
ken keinen Wein. Denn unser Ahn-
herr Jonadab, der Sohn Rechabs, hat
uns folgendes Gebot gegeben: ‚Ihr
dürft niemals Wein trinken, weder ihr
noch eure Kinder. 7 Auch dürft ihr
kein Haus bauen, keine Saat bestellen
und keinen Weinberg anpflanzen oder
besitzen. Vielmehr sollt ihr euer Leben
lang in Zelten wohnen, damit ihr lange
lebet auf dem Boden, auf dem ihr als
Fremdlinge weilet.' 8 Und wir haben
alles, was unser Ahnherr Jonadab, der
Sohn Rechabs, uns befohlen hat,
getreu gehalten. Wir trinken also zeit-
lebens keinen Wein, weder wir noch
unsere Frauen noch unsere Söhne und
Töchter. 9 Auch bauen wir keine
Häuser, um darin zu wohnen, und
besitzen weder Weinberge noch Saat-
felder. 10 Wir wohnen vielmehr in
Zelten und halten uns gehorsam an
alle Weisungen, die unser Ahnherr uns
gegeben hat. 11 Nur als Nebukadrezar,
der König von Babel, heranzog gegen
das Land, haben wir gesagt: ‚Kommt,
wir wollen nach Jerusalem ziehen vor
den Heeren der Chaldäer und Ara-
mäer.' Und so wohnen wir in Jeru-
salem."
12 Da erging dieses Wort Jahwes an
Jeremia: 13 So spricht Jahwe Zebaot,
der Gott Israels: Geh und verkündige

→34 18 *wie das Kalb* Korr.; M: „das Kalb". Zu diesem alten Bundesschlußritus, bei dem die Bündnispartner zwischen den Stücken eines geopferten Tieres hindurchgingen, vgl. Gn 15 17+.

→35 1–19 *(Das Beispiel der Rechabiter)* Die Begebenheit gehört in die späte Regierungszeit Jojakims. Um den syrischen Banden, die in das Heer Nebukadnezars aufgenommen worden waren, zu entrinnen, fliehen die Leute vom Land in die Hauptstadt (wie 605 v. Chr.).

→35 4 *Ben-Jochanan* Nach G^B; M: „der Söhne des Hanan".

→35 4 *des Gottesmannes* Wahrscheinlich ein zum Tempel gehöriger und mit Jeremia befreundeter Prophet.

→35 6–7 Die Gruppe der Rechabiter mit ihrem Festhalten an der nomadischen Lebensweise (kein Wohnen in Häusern, kein Acker- und Weinbau) verkörpert eine bewußte Reaktion gegen die Kultur der seßhaften Bauern und der Stadtbewohner und gegen die hiermit verbundenen Gefahren für den Jahweglauben. Die Rechabiter verkörpern die Grundsätze und Mahnungen der alten Religion der Wüstenzeit, vgl. Hos 2 16+.

→35 9 *noch Saatfelder* Korr.; M: „noch Felder noch Saat".

den Leuten von Juda und den Be-
wohnern von Jerusalem: Wollt ihr
keine Zucht annehmen, um auf meine
Worte zu hören? – spricht Jahwe.
14 Das Wort Jonadabs, des Sohnes
Rechabs, der seinen Söhnen das
Weintrinken verboten hat, wird ein-
gehalten. Sie trinken tatsächlich kei-
nen bis auf den heutigen Tag; denn
sie befolgen das Gebot des Ahnherrn.
Ich aber habe unermüdlich immer
wieder zu euch gesprochen; aber
mir folgt ihr nicht. 15 Und unermüd-
lich habe ich immer wieder alle meine
Knechte, Propheten, zu euch gesandt
und euch sagen lassen: Kehrt doch
alle miteinander um von euren bösen
Wegen und bessert euren Wandel, und
laufet nicht fremden Göttern nach, um
ihnen zu dienen, dann dürft ihr woh-
nen bleiben auf dem Boden, den ich
euch und euren Vätern gegeben habe;
aber ihr habt mir kein Gehör ge-
schenkt und habt nicht gefolgt. 16 Die
Söhne Jonadabs, des Sohnes Rechabs,
haben den Befehl, den ihnen ihr Ahn-
herr gegeben hat, ausgeführt. Aber
dieses Volk hört auf mich nicht.
17 Deshalb spricht Jahwe, der Gott
Zebaot, der Gott Israels, also: Siehe,
ich bringe über Juda und über alle
Bewohner Jerusalems all das Unheil,
das ich ihnen angedroht habe,
weil ich zu ihnen geredet habe, ohne
daß sie hörten, ihnen rief, ohne daß
sie antworteten.

18 Zur Gemeinschaft der Rechabiter
aber sagte Jeremia: „So spricht
Jahwe Zebaot, der Gott Israels: Weil
ihr der Weisung eures Ahnherrn
Jonadab Folge geleistet und alle seine
Satzungen beobachtet und ganz seinem
Befehl gemäß gehandelt habt, 19 des-
halb spricht Jahwe Zebaot, der Gott
Israels: Dem Jonadab, dem Sohne
Rechabs, soll es niemals an einem
Nachkommen fehlen, der vor meinem
Angesichte steht.“

IV. DIE LEIDEN DES JEREMIA

Die Buchrolle des Jahres 605–604

36 1 Im vierten Jahr des Jojakim,
des Sohnes Josijas, des Königs
von Juda, erging dieses Wort an
Jeremia von seiten Jahwes: 2 Nimm
eine Buchrolle und schreibe alle Worte
hinein, die ich dir über Jerusalem
und Juda und alle Völker geoffen-
bart habe, seitdem ich zu dir redete,
von den Tagen des Josija an bis
heute. 3 Vielleicht hört das Haus Juda
auf all das Unheil, das ich ihnen anzu-
tun gedenke, so daß sich jeder von ih-
nen von seinem bösen Wandel bekehrt
und ich ihnen ihre Schuld und Sünde
vergeben kann. 4 Da holte Jeremia
den Baruch, den Sohn des Nerija, und
Baruch schrieb nach dem Diktat
Jeremias alle Worte Jahwes, die er ihm
geoffenbart hatte, in eine Buchrolle.

9 Im fünften Jahr des Jojakim, des
Sohnes Josijas, des Königs von Juda,
im neunten Monat, ereignete es sich,
daß man die ganze Bevölkerung Jeru-
salems und das ganze Volk, das aus
den Städten Judas nach Jerusalem
gekommen war, zu einem Fasten vor
Jahwe berief. 5 Da gab Jeremia dem
Baruch diesen Auftrag: „Mir ist es
verwehrt, in das Haus Jahwes zu
gehen; 6 also lies du aus der Rolle, die
du nach meinem Diktat geschrieben
hast, die Worte Jahwes am Fasttag im
Hause Jahwes dem Volke vor. Auch
allen Bewohnern Judäas, die aus ihren
Städten hergekommen sind, sollst du
sie vorlesen. 7 Vielleicht gelangt ihr
Flehen bis zum Angesichte Jahwes
und bekehrt sich jeder von ihnen von
seinem schlechten Wandel; denn der
Zorn und Grimm Jahwes, mit dem
er dieses Volk bedroht, ist groß.“
8 Und Baruch, der Sohn des Nerija,
führte alles aus, wie ihm der Prophet
Jeremia befohlen hatte, aus dem
Buche die Worte Jahwes im Hause
Jahwes vorzulesen. 10 Da las Baruch
die Worte des Jeremia im Hause
Jahwes, in der Zelle Gemarjahus, des
Sohnes des Schreibers Schaphan, im
oberen Vorhof am Eingang des neuen
Tempeltores, dem ganzen Volk aus
dem Buch vor.

11 Als nun Michajehu, der Sohn Ge-

→35 19 *der vor meinem Angesicht steht* Der Ausdruck bezeichnet gewöhnlich den kultischen Dienst des Priesters; aber er kann auch auf den einfachen Gläubigen angewendet werden. Man steht vor Jahwes Angesicht, wenn man auf seiner Erde lebt.
→36 1–32 *(Die Buchrolle des Jahres 605–604)* Vgl. hierzu die Einleitung, S. 1018 f.
→36 1 605 v. Chr. Jojakim hat sich Nebukadnezar unterworfen und fühlt sich in Sicherheit.
→36 2 *Jerusalem* Hss von G; M: „Israel“.
→36 4 Vers 9 vor v. 5 umgestellt.
→36 9 Dezember 604 v. Chr.

marjahus, des Sohnes Schaphans, alle
in dem Buch enthaltenen Worte
Jahwes gehört hatte, 12 begab er sich
in den Königspalast hinab in die
Zelle des Schreibers, während gerade
alle obersten Beamten darin saßen:
der Schreiber Elischama, Delajahu,
der Sohn Schemajahus, Elnatan, der
Sohn Achbors, Gemarjahu, der Sohn
Schaphans, Zidkijahu, der Sohn
Hananjahus, und alle anderen Oberen.
13 Und Michajehu erstattete ihnen
Bericht über all die Worte, die er ge-
hört hatte, als Baruch dem Volke aus
dem Buch vorlas. 14 Hierauf sandten
alle Oberen Jehudi, den Sohn des
Netanjahu, und Schelemjahu, den
Sohn des Kuschi, zu Baruch mit der
Aufforderung: „Nimm die Buchrolle,
aus der du dem Volke vorgelesen
hast, und komm!“ Da nahm Baruch,
der Sohn Nerijas, die Rolle und begab
sich zu ihnen. 15 Nun forderten sie
ihn auf: „Setz dich und lies sie uns
vor.“ Da las Baruch sie ihnen vor.
16 Als sie aber alle diese Worte hörten,
erschraken sie und sprachen zuein-
ander: „Wir müssen diese ganze Sache
dem König berichten.“ 17 Und sie
fragten den Baruch: „Erkläre uns, wie
du alle diese Worte geschrieben hast.“
18 Baruch antwortete ihnen: „Jeremia
hat mir all diese Worte diktiert, und
ich habe sie mit Tinte in das Buch
geschrieben.“ 19 Darauf sagten die
Oberen zu Baruch: „Geh, verstecke
dich, du und Jeremia; kein Mensch
darf wissen, wo ihr seid.“ 20 Dann
begaben sie sich in den Hof zum
König, nachdem sie die Buchrolle in
der Zelle des Schreibers Elischama
verwahrt hatten, und erstatteten dem
König Bericht über die ganze Sache.

21 Da schickte der König den
Jehudi, die Rolle zu holen. Der brachte
sie aus der Zelle des Schreibers
Elischama, und dann las Jehudi sie dem
König und allen Oberen, die um den
König herumstanden, vor. 22 Der
König aber saß im Winterhaus – es
war der neunte Monat –, und das
Feuer eines Kohlenbeckens brannte
vor ihm. 23 Und jedesmal, wenn
Jehudi drei oder vier Spalten gelesen
hatte, schnitt er (der König) sie mit
dem Schreibermesser ab und warf sie
in das Feuer im Kohlenbecken, bis
die ganze Rolle durch das Feuer im
Kohlenbecken vernichtet war. 24 Aber
weder der König noch seine Diener
erschraken oder zerrissen ihre Kleider,
als sie alle diese Worte hörten. 25 Selbst
als Elnatan und Delajahu und
Gemarjahu den König dringend baten,
er möge die Rolle nicht verbrennen,
hörte er nicht auf sie. 26 Dann gab
der König dem Prinzen Jerachmeel
und Serajahu, dem Sohn des Asriel,
und Schelemjahu, dem Sohn des Ab-
deel, den Befehl, den Schreiber Baruch
und den Propheten Jeremia zu verhaf-
ten. Aber Jahwe hielt sie verborgen.

27 Nachdem also der König die
Buchrolle mit den Worten, die Baruch
nach dem Diktat des Jeremia ge-
schrieben, verbrannt hatte, erging das
Wort Jahwes an Jeremia: 28 „Nimm
eine andere Rolle und schreibe alle
Worte hinein, die in der ersten Rolle
standen, die Jojakim, der König von
Juda, verbrannt hat. 29 Über Jojakim
aber, den König von Juda, sollst du
sprechen: So spricht Jahwe: Du hast
diese Rolle verbrannt, indem du
sagtest: ‚Warum hast du da hineinge-
schrieben: Der König von Babel wird
bestimmt kommen und dieses Land
verwüsten und Mensch und Vieh
daraus ausrotten?‘ 30 Darum spricht
so Jahwe über Jojakim, den König von
Juda: Er soll keinen Nachkommen
auf dem Throne Davids haben, und
man wird seinen Leichnam auf die
Straße werfen, daß er der Hitze des
Tages und der Kälte der Nacht
preisgegeben ist. 31 Ich werde ihm
und seinen Nachkommen und seinen
Dienern ihre Schuld heimzahlen,
und ich werde über sie und die Be-
wohner Jerusalems und die Leute
Judas all das Unheil bringen, das ich
ihnen angedroht habe, ohne daß sie
darauf hörten.“

32 Da nahm Jeremia eine andere
Rolle, gab diese dem Schreiber
Baruch, dem Sohne Nerijas, und der
schrieb nach dem Diktat Jeremias
alle Worte des Buches hinein, das
Jojakim, der König von Juda, im
Feuer verbrannt hatte. Und noch
viele Worte ähnlicher Art wurden
hinzugefügt.

Gesamturteil über Zidkija

37 1 Zidkija, der Sohn des Josija,
wurde König an Stelle des
Konjahu, des Sohnes Jojakims. Nebu-
kadrezar, der König von Babel, hatte

→36 14 *und Schelemjahu* Korr.; M: „Sohn des Schelemjahu“.
→36 16 *zueinander* Danach Zusatz in M: „zu Baruch“; dieser Zusatz fehlt in G.
→36 17 Zusatz in M am Versende: „nach seinen Angaben“; fehlt in G.

ihn zum König eingesetzt über das
Land Juda. 2 Aber weder er noch
seine Diener noch das Volk des
Landes hörten auf die Worte Jahwes,
die dieser durch den Propheten
Jeremia verkündigen ließ.

Zidkija befragt Jeremia während der Unterbrechung der Belagerung im Jahr 588

3 Da schickte der König Zidkija
den Juchal, den Sohn des Schelem-
jahu, und den Priester Zephanjahu,
den Sohn des Maaseja, zu dem Prophe-
ten Jeremia mit der Botschaft: „Bete
für uns zu Jahwe, unserem Gott."
4 Jeremia konnte sich noch frei bewe-
gen und war noch nicht gefangen-
gesetzt. 5 Damals war das Heer des
Pharao aus Ägypten aufgebrochen und
als die Chaldäer, die Jerusalem belager-
ten, davon Kunde erhalten hatten,
waren sie von Jerusalem abgezogen.

6 Da erging dieses Wort Jahwes
an den Propheten Jeremia: 7 So
spricht Jahwe, der Gott Israels: Gebt
dem König von Juda, der euch zu mir
geschickt hat, um mich zu befragen,
folgende Antwort: Das Heer des
Pharao, das im Anmarsch ist, um
euch zu Hilfe zu kommen, wird wieder
umkehren in sein Land Ägypten.
8 Und die Chaldäer werden zurückkeh-
ren und gegen diese Stadt kämpfen
und sie einnehmen und in Flammen
aufgehen lassen. 9 So spricht Jahwe:
Täuscht euch nicht selbst in dem Ge-
danken: „Die Chaldäer sind end-
gültig von uns abgezogen." Denn sie
sind nicht fort. 10 Selbst wenn ihr
das Heer der Chaldäer, die gegen euch
kämpfen, schlagen würdet, so daß
nur Verwundete bei ihnen übrig-
blieben, so würden sie, jeder in seinem
Zelt, wieder aufstehen und diese Stadt
in Flammen aufgehen lassen."

Jeremias Gefangennahme. Verbesserung seiner Lage

11 Damals, als das Heer der Chaldäer
wegen des Heeres des Pharao von
Jerusalem abgezogen war, 12 wollte
Jeremia Jerusalem verlassen, um sich
ins Land Benjamin zu begeben, in der
Absicht, dort bei seinen Verwandten
eine Erbteilung zu regeln. 13 Als er
aber am Benjamintor angelangt war,
stand dort der Wachthabende na-
mens Jirija, der Sohn Schelemjahus,
des Sohnes Hananjas. Der hielt den
Propheten Jeremia an und sagte: „Du
willst zu den Chaldäern überlaufen."
14 Jeremia antwortete: „Das ist nicht
wahr. Ich laufe nicht zu den Chaldäern
über." Aber ohne auf Jeremia zu
hören, nahm Jirija ihn fest und
führte ihn zu den Oberen. 15 Die
Oberen aber wurden sehr zornig auf
Jeremia, schlugen ihn und ließen ihn
im Hause des Schreibers Jehonatan
gefangensetzen. Das hatten sie näm-
lich als Gefängnis eingerichtet. 16 So
kam Jeremia in die Gewölbe des
Zisternenraumes. Dort blieb Jeremia
lange Zeit.

17 Da traf es sich, daß der König
Zidkija ihn zu sich holen ließ, und der
König befragte ihn heimlich in seinem
Palaste: „Ist ein Wort da von Jahwe?"
Jeremia antwortete: „Ja." Und er
erklärte: „Du wirst in die Hand des
Königs von Babel kommen." 18 Wei-
ter sagte Jeremia zum König Zidkija:
„Was habe ich gesündigt wider dich
und deine Diener und dieses Volk,
daß ihr mich ins Gefängnis geworfen
habt? 19 Wo sind denn jetzt eure
Propheten, die euch geweissagt ha-
ben: ‚Der König von Babel wird nicht
über euch und über dieses Land kom-
men'? 20 So höre denn jetzt auf mich,
mein Herr König, nimm meine Bitte
gnädig auf und laß mich nicht mehr
in das Haus des Schreibers Jehonatan
zurückbringen, damit ich dort nicht
sterbe." 21 Da gab der König Zidkija
entsprechende Anweisung, und so
brachte man den Jeremia im Wachthof
unter und gab ihm täglich einen Laib
Brot aus der Bäckergasse, bis das
Brot alle war in der Stadt. Jeremia
blieb also im Wachthof.

Jeremia in der Zisterne. Eingreifen des Ebed-Melech

38 1 Da erhielten Schephatja, der
Sohn Mattans, und Gedalja,
der Sohn Paschchurs, und Juchal, der
Sohn Schelemjahus, und Paschchur,
der Sohn Malkijas, Kunde von den
Reden, die Jeremia mit allen Leuten
führte, daß er nämlich sagte: 2 „So
spricht Jahwe: Wer in dieser Stadt
bleibt, wird durch Schwert, Hunger
und Pest umkommen; wer aber zu
den Chaldäern hinausgeht, erhält sein
Leben als Beute und bleibt am Leben.
3 Denn so spricht Jahwe: Diese
Stadt wird ganz bestimmt der Gewalt
des Heeres des Königs von Babel
preisgegeben werden, und dieses wird
sie einnehmen."

→381 *von den Reden, die Jeremia mit allen Leuten führte* Jeremia wurde im Wachthof gefangengehalten; so konnten Besucher zu ihm kommen.

4 Da sprachen die Oberen zum
König: „Der Mann da muß getötet
werden. Denn auf diese Weise ent-
mutigt er die Soldaten, die noch in
dieser Stadt vorhanden sind, und das
ganze Volk, wenn er solche Reden
vor ihnen führt. Der Mann ist ja nicht
auf das Wohl dieses Volkes bedacht,
sondern auf dessen Verderben.“
5 Da antwortete der König Zidkija:
„Nun, er ist in eurer Gewalt; der
König hat ja doch keine Macht über
euch.“ 6 Hierauf ergriffen sie Jeremia
und warfen ihn in die Zisterne des
Prinzen Malkijahu, die sich im Wacht-
hofe befand. Und zwar ließen sie den
Jeremia an Stricken hinab. In der
Zisterne aber war kein Wasser, son-
dern nur Schlamm, so daß Jeremia
ganz in den Schlamm einsank.

7 Aber der Kuschite Ebed-Melech,
ein Hofbeamter, der sich im Palaste
befand, hörte davon, daß man Jeremia
in die Zisterne getan habe, während
der König gerade am Benjamintor
sich aufhielt. 8 Da verließ Ebed-
Melech den Palast und redete mit
dem König: 9 „Mein Herr König,
diese Männer haben sehr schlecht an
dem Propheten Jeremia gehandelt,
daß sie ihn in die Zisterne geworfen
haben, wo er auf der Stelle sterben
muß.“ 10 Hierauf gab der König dem
Kuschiten Ebed-Melech folgenden
Auftrag: „Nimm drei Mann von hier
mit und hol den Propheten Jeremia
aus der Zisterne herauf, bevor er
stirbt.“ 11 Da nahm Ebed-Melech
die Männer mit sich, begab sich in
die Kleiderkammer im Vorratshaus,
holte daraus Lappen von abgetragenen
und zerrissenen Kleidern und ließ sie
dem Jeremia an Stricken in die
Zisterne hinab. 12 Und der Kuschite
Ebed-Melech sagte zu Jeremia: „Lege
die Lappen von den abgetragenen
und zerrissenen Kleidern in deine
Achselhöhlen unter die Stricke.“
Das tat Jeremia. 13 Hierauf zogen sie
Jeremia an den Stricken in die Höhe
und hoben ihn aus der Zisterne
empor. Fortan verblieb Jeremia im
Wachthof.

Letzte Unterredung Jeremias mit Zidkija

14 Der König Zidkija sandte hin
und ließ den Propheten Jeremia zu
sich rufen an den dritten Eingang,
der in das Haus Jahwes führt, und der
König sprach zu Jeremia: „Ich
möchte dich nach einem Wort fragen.
Verschweige mir nichts!“ 15 Jeremia
antwortete dem König: „Ist es nicht
so? Wenn ich es dir verkünde, so
tötest du mich, und wenn ich dir einen
Rat gebe, so hörst du nicht auf mich.“
16 Da versprach der König Zidkija
dem Jeremia insgeheim unter Eid: „So
wahr Jahwe lebt, der uns dieses Leben
erschaffen hat, ich werde dich nicht
töten und auch nicht der Gewalt die-
ser Männer preisgeben, die dir nach
dem Leben trachten.“ 17 Da sprach
Jeremia zu Zidkija: „So spricht Jahwe,
der Gott Zebaot, der Gott Israels:
Wenn du dich entschließen kannst, zu
den Heerführern des Königs von
Babel hinauszugehen, so wirst du
selbst am Leben bleiben, und diese
Stadt wird nicht ein Raub der Flam-
men werden, und dir und deiner
Familie wird man das Leben schenken.
18 Wenn du aber nicht zu den Heer-
führern des Königs von Babel hinaus-
gehst, dann wird diese Stadt in die
Gewalt der Chaldäer fallen. Sie werden
sie in Flammen aufgehen lassen, und
du selbst wirst ihrer Hand nicht entrin-
nen.“ 19 Aber der König Zidkija
antwortete dem Jeremia: „Ich habe
Angst vor den Juden, die zu den
Chaldäern übergelaufen sind, daß
man mich ihrer Gewalt preisgibt und
sie ihren Mutwillen an mir auslassen.“
20 Darauf erwiderte Jeremia: „Das
wird man nicht tun. Höre doch auf die
Stimme Jahwes, so wie ich es dir
sage. Das wird dir zum Heile gereichen,
und du wirst dein Leben retten.
21 Wenn du dich aber weigerst hinaus-
zugehen, dann ist das das Wort, das
Jahwe mich schauen läßt: 22 Siehe,
alle Frauen, die sich noch im Hause
des Königs von Juda befinden, werden
hinausgeführt zu den Heerführern
des Königs von Babel. Und sie singen
dabei:

Verlockt und verführt haben dich
deine Freunde, die feinen; deine Füße
stecken im Dreck? Sie sind weg!

23 Ja, alle deine Frauen und Kinder
müssen hinauswandern zu den Chal-
däern, und du selbst entgehst ihrer
Hand nicht, sondern du wirst er-
griffen von der Hand des Königs von

→38 5 *über euch* Korr.; M: „(sondern) ihr“.
→38 9 *sterben muß* Korr.; M: „starb“. Zusatz in M nach 37 21: „vor Hunger; denn es gab kein Brot mehr in der Stadt“.
→38 10 *drei* Eine Hs von M; M: „dreißig“.
→38 11 *Kleiderkammer im Vorratshaus* Korr., vgl. 2 Kg 10 22.
→38 23 *wird in Flammen aufgehen* Hss von M, G; M: „wirst du in Flammen setzen“.

Babel, und diese Stadt wird in Flammen aufgehen."
24 Zidkija sagte zu Jeremia: „Kein Mensch darf etwas von dieser Sache wissen, sonst mußt du sterben.
25 Wenn also die Oberen erfahren, daß ich mit dir geredet habe, und wenn sie zu dir kommen und sagen: ‚Verrate uns doch, was der König mit dir geredet hat; verheimliche uns nichts, sonst bringen wir dich um', 26 dann mußt du ihnen antworten: ‚Ich habe dem König meine Bitte vorgetragen, mich nicht mehr in das Haus Jehonatans zurückbringen zu lassen, daß ich dort sterbe.'"

27 Tatsächlich kamen auch alle Oberen zu Jeremia und fragten ihn aus. Aber er antwortete ihnen genau so, wie der König ihn geheißen hatte. Und so ließen sie ihn in Ruhe; denn die Sache kam nicht heraus. 28 Jeremia verblieb also im Wachthof bis zu dem Tage, an dem Jerusalem eingenommen wurde.

Jeremias Schicksal bei der Eroberung Jerusalems

Als Jerusalem eingenommen war ...

39 1 Im neunten Jahr der Regierung Zidkijas, des Königs von Juda, im zehnten Monat, war Nebukadrezar, der König von Babel, mit seinem ganzen Heer gegen Jerusalem gezogen und belagerte es. 2 Im elften Jahre der Regierung Zidkijas, im vierten Monat, am Neunten des Monats, wurde Bresche in die Stadt gelegt.

3 ... da zogen alle Heerführer des Königs von Babel ein und ließen sich am mittleren Tore nieder: Nergalsarezer, der Fürst von Sin-Magir, der Oberbefehlshaber, Nebuschasban, der hohe Würdenträger, und alle übrigen Heerführer des Königs von Babel ...
4 Sobald der König von Juda und alle Kriegsleute dies sahen, ergriffen sie die Flucht und verließen bei Nacht die Stadt in der Richtung zum Königsgarten hin durch das Tor zwischen den beiden Mauern, worauf sie die Richtung zur Araba hin einschlugen.
5 Aber die chaldäischen Truppen setzten ihnen nach, holten Zidkija in der Steppe von Jericho ein, nahmen ihn gefangen und schleppten ihn zu Nebukadrezar, dem König von Babel, nach Ribla im Gebiet von Hamat. Der sprach ihm das Urteil.
6 Und der König von Babel ließ die Kinder des Zidkija in Ribla vor dessen Augen abschlachten. Auch alle Vornehmen Judas ließ der König von Babel hinrichten.
7 Den Zidkija aber blendete er und ließ ihn in Ketten legen, um ihn nach Babel zu schleppen.
8 Darauf zerstörten die Chaldäer den Palast des Königs und die Häuser der Einwohner durch Feuer und rissen die Mauern Jerusalems nieder.
9 Was aber von den Bewohnern der Stadt noch übrig war, und die Überläufer, die sich freiwillig ergeben hatten, und den Rest der Handwerker führte Nebusaradan, der Kommandant der Leibwache, in die Gefangenschaft nach Babel.
10 Von den armen Leuten jedoch, die keinerlei Besitz hatten, ließ Nebusaradan, der Kommandant der Leibwache, einen Teil im Lande Juda zurück und wies ihnen Weinberge und Äcker an.

11 Bezüglich des Jeremia aber erteilte Nebukadrezar, der König von Babel, dem Nebusaradan, dem Kommandanten der Leibwache, folgenden Befehl:
12 „Laß ihn holen und sorge für ihn. Tu ihm kein Leid an, sondern behandle ihn entsprechend den Wünschen, die er dir äußert."

13 Da schickten [Nebusaradan, der Kommandant der Leibwache,] Nebuschasban, der hohe Würdenträger, und

---

→3825 *was der König mit dir geredet hat* Umgestellt mit S; steht in M am Ende des Verses.

→391–14 *(Jeremias Schicksal bei der Eroberung Jerusalems)* Der Text dieses Abschnittes besteht aus verschiedenartigen Stücken, die fast unverbunden aneinandergereiht sind. 3828B und 394–13 fehlen in G. Anscheinend wurde in die ursprüngliche biographische Notiz über das Schicksal Jeremias, 3828B; 393.14, zuerst 391–2 eingeschaltet: Bericht über den Anfang der Belagerung bis zur Öffnung einer Bresche (in Anlehnung an 2 Kg 251–4A = Jr 524–7A); dann 394–10: Bericht über das Ende der Belagerung und ihre Folgen (in Zusammenfassung von 2 Kg 254B–7.9–12 = Jr 527B–16); schließlich 3911–13: Angabe von Einzelheiten über die Befreiung des Propheten.

→391 Januar–Februar 588 v. Chr.

→392 August 587 v. Chr.

→393 *der hohe Würdenträger* Wörtlich: „Obereunuch"; der Ausdruck „Eunuchen" scheint aber mehr die Würdenträger des Hofes zu bezeichnen. Die Namen der chaldäischen Beamten sind nach v. 13 wiederhergestellt.

→394 *dies* Korr.; M: „diese".

→394 *sie ... einschlugen* Korr.; M: „er ... hinausging". Araba ist hier das tiefe Jordantal.

→399 *der Handwerker* Korr., vgl. 5215; M: „des Volkes". Danach Zusatz in M: „das er übriggelassen hatte".

→3911 *dem Nebusaradan* Korr.; M: „durch Nebusaradan".

Nergalsarezer, der Oberbefehlshaber,
und alle Heerführer des Königs von
Babel.
14 . . . und sie schickten hin und
ließen Jeremia aus dem Wachthof
herausholen und gaben ihm Erlaub-
nis, frei aus und ein zu gehen. So
wohnte er inmitten des Volkes.

Heilsweissagung für Ebed-Melech

15 Während Jeremia noch im
Wachthof gefangen saß, war dieses
Wort Jahwes an ihn ergangen: 16 Geh
und sage dem Kuschiten Ebed-Melech:
So spricht Jahwe Zebaot, der Gott
Israels: Ich werde nun meine Worte
gegen diese Stadt in Erfüllung gehen
lassen zum Unheil und nicht zum
Segen. Und wenn du an jenem Tage
ihre Erfüllung mit eigenen Augen
sehen wirst, 17 dann werde ich dich
an jenem Tage retten, spricht Jahwe.
Du wirst nicht in die Gewalt derer
fallen, vor denen du dich fürchtest.
18 Denn ich werde dich bestimmt
retten, so daß du nicht durch das
Schwert fallen wirst, sondern du wirst
dein Leben als Beute erhalten, weil du
auf mich vertraut hast, spricht Jahwe.

Wiederum das Schicksal Jeremias

40 1 Das Wort, das von seiten Jah-
wes an Jeremia erging, nachdem
Nebusaradan, der Kommandant der
Leibwache, ihn in Rama freigelassen
hatte, wobei er ihn holen ließ, wäh-
rend er mit Ketten gefesselt unter der
Schar der Gefangenen aus Jerusalem
und Juda weilte, die nach Babel abge-
führt werden sollten.
2 Und der Kommandant der Leib-
wache ließ Jeremia holen und sagte
zu ihm: „Jahwe, dein Gott, hatte
dieses Unheil über diesen Ort ange-
droht. 3 Und Jahwe hat es nun aus-
geführt und seiner Drohung gemäß
gehandelt, weil ihr gegen Jahwe ge-
sündigt und nicht auf seine Stimme
gehört habt. Darum ist es euch jetzt
so ergangen. 4 Ich mache dich also
jetzt los von den Ketten an deinen
Händen. Wenn du Lust hast, mit mir
nach Babel zu gehen, so komm mit,
und ich werde für dich sorgen. Wenn
du aber keine Lust dazu hast, so laß
es. Siehe, das ganze Land steht dir
offen, du kannst gehen, wohin du
gehen magst. 5 Du kannst dich also
Gedalja, dem Sohn Achikams, des
Sohnes Schaphans, zuwenden, den der
König von Babel zum Statthalter über
die Städte Judas eingesetzt hat, und
bei ihm inmitten des Volkes bleiben
oder überall hingehen, wohin es dir
gefällt." Darauf gab ihm der Komman-
dant der Leibwache Verpflegung und
ein Geschenk und entließ ihn. 6 Jere-
mia aber begab sich zu Gedalja,
dem Sohn Achikams, nach Mizpa
und blieb bei ihm inmitten des
Volkes, das im Lande übriggeblieben
war.

Der Statthalter Gedalja;
seine Ermordung

7 Als nun alle Heerführer, die sich
mit ihren Mannschaften noch im
offenen Lande befanden, hörten, daß
der König von Babel den Gedalja,
den Sohn Achikams, zum Statthalter
über das Land eingesetzt und ihm die
Männer und Frauen und Kinder und
diejenigen von den Armen des Landes,
die nicht in die Gefangenschaft nach
Babel geführt worden waren, anver-
traut hatte, 8 da kamen sie mit ihren
Leuten zu Gedalja nach Mizpa, näm-
lich Jischmael, der Sohn Netanjahus,
Jochanan, der Sohn des Kareach, und
Seraja, der Sohn des Tanchumet,
ferner die Söhne des Netophatiters
Ephai, und Jisanjahu, der Sohn des
Maakatiters. 9 Und Gedalja, der
Sohn Achikams, des Sohnes Scha-
phans, redete ihnen und ihren Leuten
unter eidlicher Versicherung zu:
„Fürchtet euch doch nicht vor den
Beamten der Chaldäer. Bleibt im
Lande wohnen und seid dem König
von Babel untertan, so wird es euch
gut gehen. 10 Ich selbst will in Mizpa
bleiben als Verantwortlicher vor den
Chaldäern, die zu uns kommen. Ihr
aber erntet Wein und Obst und Öl und

→39 14 *und gaben ihm Erlaubnis, frei aus und ein zu gehen* Korr.; M: „und übergaben ihn dem Gedalja, dem Sohn des Achikam, des Sohnes des Schaphan, damit er ihn nach Hause gehen lasse" (in Widerspruch zu 40 1 f).

→39 15–18 Der Abschnitt schließt an 38 13 an.

→40 1 Die Sammlung von Erzählungen über das Schicksal Jeremias ist offensichtlich lückenhaft. Nachdem der Prophet in Jerusalem befreit wurde, 39 14, findet man ihn hier unter den Gefangenen zu Rama (9 km nördlich von Jerusalem) wieder. Dieser zweite Bericht ist in Zusammenhang mit 39 11–12 zu sehen.

→40 5 Zusatz in M am Versanfang: „Und er kehrte noch nicht zurück".

→40 7 *Gedalja* Er stammt aus einer hochgestellten jüdischen Familie, die mit Jeremia befreundet war, 26 24 +.

→40 8 *Jochanan* Danach Zusatz in M: „und Jonatan"; fehlt in G und an den Parallelstellen.

bringt es in eure Speicher und wohnt
in den Städten, die ihr in Besitz neh-
men werdet."
11 Auch alle Juden, die in Moab und
bei den Ammonitern und in Edom
weilten, und die in allen übrigen Län-
dern zerstreuten Juden vernahmen,
daß der König von Babel einen Rest
von Juda übriggelassen und daß er
Gedalja, den Sohn Achikams, des
Sohnes Schaphans, als Statthalter
über sie eingesetzt habe. 12 Da kehrten
alle Juden heim aus allen Orten, wohin
sie auseinandergejagt worden waren,
und kamen ins Land Juda zu Gedalja
nach Mizpa, und sie hatten eine sehr
große Wein- und Obsternte.
13 Jochanan aber, der Sohn Kare-
achs, und alle Heerführer, die sich im
offenen Lande befanden, begaben sich
zu Gedalja nach Mizpa 14 und spra-
chen zu ihm: „Weißt du auch, daß
der Ammoniterkönig Baalis den
Jischmael, den Sohn Netanjas, aus-
gesandt hat, dich zu ermorden?"
Aber Gedalja, der Sohn Achikams,
glaubte es ihnen nicht. 15 Da sagte
Jochanan, der Sohn des Kareach,
heimlich zu Gedalja in Mizpa: „Ich
will hingehen und Jischmael, den
Sohn Netanjas, umbringen, ohne daß
es jemand merkt. Warum soll er dich
ermorden und soll ganz Juda, das sich
um dich gesammelt hat, wieder zer-
streut werden und auch der Rest
Judas zugrunde gehen?" 16 Aber
Gedalja, der Sohn Achikams, gab
dem Jochanan, dem Sohn des Kareach,
zur Antwort: „Nein, das tust du
nicht! Denn das ist eine Lüge, was
du da über Jischmael sagst."

41 1 Aber im siebten Monat kam
Jischmael, der Sohn Netanjas,
des Sohnes Elischamas, aus könig-
lichem Geschlechte, mit zehn Mann
zu Gedalja, dem Sohne Achikams,
nach Mizpa, und sie aßen dort gemein-
sam in Mizpa. 2 Da erhob sich Jisch-
mael, der Sohn Netanjas, mit den zehn
Mann, die bei ihm waren, und sie er-
schlugen den Gedalja, den Sohn Achi-
kams, des Sohnes Schaphans, mit dem
Schwert. So tötete er den, den der
König von Babel als Statthalter über
das Land eingesetzt hatte. 3 Auch
alle Judäer, die bei ihm auf dem Fest
waren, und die Chaldäer, Kriegsleute,
die sich dort befanden, erschlug
Jischmael.
4 Nun geschah es am folgenden
Tage nach der Ermordung des Gedalja,
als noch niemand etwas davon ge-
merkt hatte, 5 daß Leute aus Sichem,
Silo und Samaria des Weges zogen,
achtzig Mann im ganzen, mit ge-
schorenen Bärten, zerrissenen Kleidern
und eingeritzter Haut. Sie führten
Opfergaben und Weihrauch mit sich,
um sie zum Tempel Jahwes zu bringen.
6 Da ging ihnen Jischmael, der Sohn
Netanjas, von Mizpa aus entgegen,
während sie weinend ihres Weges zo-
gen. Und als er mit ihnen zusammen-
traf, sagte er zu ihnen: „Kommt zu
Gedalja, dem Sohn des Achikam."
7 Als sie aber mitten in die Stadt hinein-
gekommen waren, metzelte Jischmael,
der Sohn Netanjas, sie nieder, er mit-
samt seinen Leuten, und ließ sie in die
Zisterne werfen. 8 Es befanden sich
jedoch zehn Männer unter ihnen, die
sagten zu Jischmael: „Töte uns nicht;
denn wir haben Vorräte von Weizen
und Gerste und Öl und Honig im Felde
vergraben." Da ließ er von ihnen ab
und tötete sie nicht wie ihre Brüder.
9 Die Zisterne aber, in die Jischmael
alle Leichen der von ihm Erschlagenen
hineinwarf – eine große Zisterne –, war
dieselbe, die der König Asa gegen
Bascha, den König von Israel, hatte
anlegen lassen. Die füllte jetzt Jisch-
mael, der Sohn Netanjas, mit Erschla-
genen an. 10 Darauf schleppte Jisch-
mael alles, was an Volk noch übrig war
in Mizpa, mitsamt den königlichen
Prinzessinnen, die Nebusaradan, der
Kommandant der Leibwache, der Ob-

→40 14 *der Ammoniterkönig* Er leistete Nebukadnezar noch Widerstand und geriet wohl durch die Unterwerfung Gedaljas in Schwierigkeiten.
→41 1 *mit zehn Mann* Davor Zusatz in M: „mit den Großen des Königs und"; fehlt in G und 2 Kg 25 25.
→41 3 *bei ihm* Danach Zusatz in M: „bei Gedalja"; fehlt in G.
→41 3 *auf dem Fest* Korr.; M: „in Mizpa".
→41 3 Der Jahrestag dieses Ereignisses (September 587 v. Chr.) wurde in den folgenden Jahren gefeiert, vgl. Sach 7 5; 8 19.
→41 5 Jerusalem war also für zahlreiche Israeliten des Nordreiches das Hauptheiligtum geblieben oder seit der Reform Josijas, 2 Kg 23 19–20, wieder geworden. Trotz der Zerstörung ging ein Gottesdienst weiter.
→41 6 *während sie . . . zogen* G; M: „während er . . . zog".
→41 7 *und ließ sie werfen* S; fehlt in M. Das Mordmotiv wird nicht deutlich; vielleicht Habgier, vgl. v. 8, oder der Wunsch, die jüngsten Ereignisse zu verheimlichen.
→41 9 *eine große Zisterne* G; M: „durch die Hand Gedaljas".
→41 10 *Prinzessinnen* Danach wiederholender Zusatz in M: „und allem, was an Volk noch übrig war in Mizpa"; fehlt in G, S.

hut des Gedalja, des Sohnes Achikams,
anvertraut hatte, gefangen mit sich
fort und machte sich ganz früh auf den
Weg, um sich ins Gebiet der Ammoni-
ter zu begeben.
11 Als aber Jochanan, der Sohn
Kareachs, und alle Heerführer, die
sich bei ihm befanden, von den vielen
Freveltaten erfuhren, die Jischmael,
der Sohn Netanjas, verübt hatte,
12 holten sie ihre ganze Mannschaft
zusammen und zogen aus zum Kampf
mit Jischmael, dem Sohn Netanjas.
Und sie stießen auf ihn am großen Was-
ser bei Gibeon. 13 Sobald nun alle die
Leute, die bei Jischmael waren, Jocha-
nan, den Sohn Kareachs, und alle die
Heerführer bei ihm erblickten, freuten
sie sich, 14 und alles Volk, das Jisch-
mael von Mizpa gefangen weggeführt
hatte, machte kehrt und lief zurück zu
Jochanan, dem Sohne Kareachs.
15 Jischmael aber, der Sohn Netanjas,
entkam vor Jochanan mit acht Mann
und ging zu den Ammonitern. 16 Dar-
auf nahmen Jochanan, der Sohn
Kareachs, und alle Heerführer, die sich
bei ihm befanden, den ganzen Rest des
Volkes, das Jischmael, der Sohn Netan-
jas, nach der Ermordung des Gedalja,
des Sohnes Achikams, von Mizpa fort-
geschleppt hatte, Männer, Frauen,
Kinder und Eunuchen, die er (Jocha-
nan) von Gibeon zurückgebracht hatte,
17 und sie zogen fort und machten Rast
in Gerut Kimham in der Nähe von
Betlehem, in der Absicht, nach Ägyp-
ten auszuwandern 18 wegen der Chal-
däer; denn sie fürchteten sich vor ih-
nen, weil Jischmael, der Sohn Netan-
jas, den Gedalja, den Sohn Achikams,
erschlagen hatte, den der König von
Babel als Statthalter über das Land
eingesetzt hatte.

Die Flucht nach Ägypten

42 1 Hierauf wandten sich alle
Heerführer und Jochanan, der
Sohn Kareachs, und Asarja, der Sohn
Hoschajas, sowie das ganze Volk,
groß und klein, 2 an den Propheten
Jeremia und baten ihn: „Achte doch
auf unsere Bitte und flehe zu Jahwe,
deinem Gott, für diesen ganzen Über-
rest; denn unser sind nur noch so
wenige von einer (einst) großen Zahl,
wie du ja selber siehst. 3 Jahwe möge
uns kundtun, welchen Weg wir ein-
schlagen und was wir anfangen sollen.“
4 Der Prophet Jeremia antwortete
ihnen: „Ich höre. Ich werde zu Jahwe,
eurem Gott, beten eurem Wunsch
gemäß. Und ich werde euch alles, was
Jahwe, euer Gott, antwortet, mit-
teilen und euch kein Wort vorenthal-
ten.“ 5 Da sprachen sie zu Jeremia:
„Jahwe sei wahrhaftiger und zuver-
lässiger Zeuge gegen uns, wenn wir
nicht ganz so handeln, wie Jahwe, dein
Gott, uns durch dich weisen wird.
6 Möge (die Antwort) günstig oder
ungünstig ausfallen, wir werden auf
die Stimme Jahwes, unseres Gottes,
hören, zu dem wir dich senden,
damit es uns wohl ergehe, wenn wir
auf die Stimme Jahwes, unseres Gottes,
hören.“
7 Nach Verlauf von zehn Tagen
nun erging das Wort Jahwes an Jere-
mia. 8 Da rief er Jochanan, den Sohn
Kareachs, und alle Heerführer bei
ihm und das ganze Volk, klein und
groß, 9 und sagte zu ihnen: „So spricht
Jahwe, der Gott Israels, zu dem ihr
mich geschickt habt, um ihm euer
Anliegen vorzutragen: 10 Wenn ihr
ruhig in diesem Lande wohnen bleibt,
dann baue ich euch auf und reiße nicht
nieder, und ich pflanze euch ein und
reiße nicht aus. Denn es ist mir leid
wegen des Bösen, das ich euch angetan
habe. 11 Fürchtet euch nicht vor dem
König von Babel, vor dem ihr so Angst
habt. Ihr braucht euch nicht vor ihm
zu fürchten – spricht Jahwe –, denn ich
bin mit euch, um euch zu helfen und
euch aus seiner Hand zu retten. 12 Und
ich verschaffe euch Erbarmen, so daß
er sich eurer erbarmt und euch auf
eurem Heimatboden wohnen läßt.
13 Wenn ihr aber sagt: ‚Wir wollen
nicht in diesem Lande bleiben‘, wenn
ihr auf die Stimme Jahwes, eures Got-
tes, nicht hört, 14 sondern erklärt:
‚Nein, wir wandern nach Ägypten aus,
um keinen Krieg mehr zu sehen und
keinen Hörnerklang zu hören und
keinen Hunger mehr zu leiden; dort
lassen wir uns nieder‘, 15 dann hört
das Wort Jahwes, Rest Judas. So
spricht Jahwe Zebaot, der Gott Israels:
Wenn ihr darauf besteht, nach Ägyp-
ten auszuwandern, und wenn ihr wirk-
lich auswandert, um euch dort nieder-

→41 16 *das Jischmael ... fortgeschleppt hatte* Korr.; M: „das er von Jischmael ... zurückgebracht hatte“.
→41 16 *Männer* Danach Zusatz in M: „Soldaten“.
→42 1 *Asarja* G und 43 2; M: „Jesanja“.
→42 2 *flehe zu Jahwe* Jeremia übernimmt hier, vgl. 15 1; 2 Makk 15 14+, die Rolle eines Fürsprechers wie Mose, Ex 32 11+.
→42 4 *was Jahwe, euer Gott* Korr.; M: „was Jahwe euch“.
→42 10 *ruhig* Üss; M: „wieder“.

zulassen, 16 dann wird das Schwert,
vor dem ihr euch fürchtet, euch dort
einholen im Lande Ägypten, und der
Hunger, vor dem ihr Angst habt, wird
sich dort, in Ägypten, euch an die
Fersen heften, und dort werdet ihr
sterben. 17 Und alle die Männer, die
es sich in den Kopf gesetzt haben, nach
Ägypten auszuwandern, um sich dort
niederzulassen, werden durch Schwert,
Hunger und Pest den Tod finden, und
kein einziger von ihnen wird dem Un-
heil, das ich über sie bringe, entrinnen,
keiner wird entkommen. 18 Denn so
spricht Jahwe Zebaot, der Gott Israels:
Gerade so, wie sich mein Zorn und
mein Grimm über die Einwohner Jeru-
salems ergossen hat, so wird sich mein
Grimm über euch ergießen, wenn ihr
nach Ägypten auswandert, und ihr
werdet zum Fluch und zum Entsetzen
und zur Verachtung und zur Schande
werden, und diese Stätte werdet ihr
nicht mehr sehen."

43 1 Als nun Jeremia dem ganzen
Volke alle Worte Jahwes, ihres
Gottes, die Jahwe ihm an sie aufgetra-
gen hatte, bis zu Ende ausgerichtet
hatte, alle jene Worte, 2 da antworte-
ten Asarja, der Sohn Hoschajas, und
Jochanan, der Sohn Kareachs, und all
die frechen und aufrührerischen Män-
ner dem Jeremia: „Du sprichst Lüge;
Jahwe hat dir nicht aufgetragen zu sa-
gen: ‚Wandert nicht nach Ägypten aus,
um euch dort niederzulassen.‘ 3 Son-
dern Baruch, der Sohn Nerijas, hetzt
dich gegen uns auf, um uns der Gewalt
der Chaldäer auszuliefern und so den
Tod oder die Gefangenschaft in Babel
über uns zu bringen."

42 19 (Da antwortete Jeremia:)
„Jahwe hat es euch gesagt,
Rest Judas, daß ihr nicht nach Ägyp-
ten auswandern sollt. Denkt daran,
daß ich heute als Zeuge gegen euch
aufgetreten bin. 20 Denn ihr betrügt
euch selbst. Habt doch ihr selbst mich
zu Jahwe, eurem Gott, gesandt mit dem
Auftrag: ‚Vermittle für uns bei Jahwe,
unserem Gott, und richte uns alles
aus, was Jahwe, unser Gott, sagen
wird. Wir werden es tun. 21 Und nun
habe ich es euch heute ausgerichtet;
aber ihr hört nicht auf die Stimme Jah-
wes, eures Gottes, der mich zu euch
gesandt hat. 22 Nun also merkt es
euch: Durch Schwert und Hunger und
Pest werdet ihr den Tod finden an dem
Orte, wohin ihr auswandern wollt, um
euch dort anzusiedeln.

43 4 Aber Jochanan, der Sohn
Kareachs, und alle Heerführer
und das ganze Volk hörten nicht auf
die Stimme Jahwes, so daß sie im
Lande Juda geblieben wären. 5 Son-
dern Jochanan, der Sohn Kareachs,
und alle Heerführer nahmen den gan-
zen Rest Judas, dieselben Leute, die
aus allen Ländern, wohin sie ausein-
andergejagt worden waren, sich wieder
eingefunden hatten, um sich im Lande
Juda niederzulassen, 6 Männer,
Frauen und Kinder samt den könig-
lichen Prinzessinnen und alle Leute,
die Nebusaradan, der Kommandant
der Leibwache, bei Gedalja, dem
Sohne Achikams, des Sohnes Scha-
phans, zurückgelassen hatte, auch den
Propheten Jeremia und Baruch, den
Sohn Nerijas, 7 und wanderten nach
Ägypten aus, weil sie nicht auf die
Stimme Jahwes hörten. Und sie ge-
langten nach Tachpanches.

Jeremia sagt den Einfall Nebukadnezars in Ägypten voraus

8 In Tachpanches erging dieses
Wort Jahwes an Jeremia: 9 Nimm
große Steine in deine Hand und senke
sie vor den Augen judäischer Männer
in den Lehmboden auf dem rechtecki-
gen Platz ein, der sich vor dem Tor des
Palastes des Pharao in Tachpanches
befindet, 10 und sag zu ihnen: So
spricht Jahwe Zebaot, der Gott Isra-
els: Siehe, ich lasse meinen Knecht
Nebukadrezar, den König von Babel,
kommen. Der wird seinen Thron über
diesen Steinen aufschlagen, die ich da
eingesenkt habe, und wird sein Pracht-
zelt darüber ausspannen. 11 Ja, er
wird kommen und das Land Ägypten
schlagen:

Wer für die Pest bestimmt ist, zur
Pest! Wer für die Gefangenschaft, in
die Gefangenschaft! Wer für das
Schwert, zum Schwert!

→42 18 43 1–3 ist vor v. 19 umgestellt.
→43 1 *Jahwe* Danach Zusatz in M: „ihr Gott"; fehlt in G.
→43 2 *und aufrührerischen* Korr.; M: „sprechende".
→42 19 *(Da antwortete Jeremia:)* Wegen der Umstellung von 43 1–3 sinngemäß hinzugefügt. Vers 4 von Kapitel 43 ist hinter 42 22 gestellt.
→43 7 *Tachpanches* Grenzstadt östlich des Nildeltas.
→43 9 *auf dem rechteckigen Platz* Wörtlich: in der Ziegelform (vgl. Nah 3 14); Bedeutung unsicher. Jeremia legt symbolisch, vgl. 18 1+, die Fundamente des Thrones Nebukadnezars.
→43 10 *Der wird* G, S; M liest: „Ich werde".

12 Und er wird Feuer an die Tempel
der Götter Ägyptens legen und sie ver-
brennen oder mit sich fortführen, und
er wird das Land Ägypten lausen, wie
ein Hirt seinen Mantel laust. Dann
wird er unbehelligt wieder von da ab-
ziehen. 13 Und die Obelisken des Son-
nentempels, die in On sind, wird er zer-
trümmern, und die Tempel der Götter
Ägyptens wird er mit Feuer ver-
brennen.

Jeremias letzte Aufgabe: Die Juden und die Himmelskönigin

44 1 Das Wort, das an Jeremia
für alle Juden erging, die im
Lande Ägypten wohnten, die in Migdol,
Tachpanches, Noph und im Lande
Patros wohnten:

2 So spricht Jahwe Zebaot, der Gott
Israels: Ihr habt selbst das Unheil mit-
erlebt, das ich über Jerusalem und alle
Städte Judas habe kommen lassen:
Sie sind jetzt ein Trümmerhaufen, und
kein Mensch wohnt mehr darin. 3 (Das
ist geschehen) wegen des Bösen, das sie
getan, weil sie mich beleidigten, in-
dem sie hingingen, anderen Göttern zu
opfern und zu dienen, die sie nicht
kannten – sie, ihr und eure Väter.
4 Und ich hatte ihnen doch unermüd-
lich immer wieder alle meine Knechte,
die Propheten, gesandt und sie ge-
warnt: „Unterlaßt doch diese greuli-
chen Dinge, die ich hasse!“ 5 Aber sie
haben nicht gehört und ihr Ohr nicht
geneigt, so daß sie sich von ihrer
Schlechtigkeit abgewendet und auf-
gehört hätten, anderen Göttern zu
opfern. 6 Darum ergoß sich mein
Grimm und mein Zorn und flammte
auf in den Städten Judas und in den
Straßen Jerusalems, so daß sie zur
Trümmerstätte und zur Wüste wurden,
wie sie es heutigentags sind. 7 War-
um also denn – so spricht Jahwe, der
Gott Zebaot, der Gott Israels – tut
ihr euch jetzt selbst so großes Unheil
an, daß ihr euch, Mann und Frau,
Kind und Säugling, gänzlich aus Juda
ausrottet, ohne euch auch nur einen
Überrest übrigzulassen, 8 dadurch,
daß ihr mich kränkt durch eurer
Hände Werk und anderen Göttern
räuchert im Lande Ägypten, wohin
ihr ausgewandert seid, um euch dort
niederzulassen und zum Schimpf und
zur Schande zu werden unter allen
Völkern der Erde? 9 Habt ihr denn
das Böse eurer Väter vergessen und
das Böse der Könige von Juda und
das Böse ihrer Frauen und das Böse
eurer Vorgesetzten und euer eigenes
Böses sowie das Böse eurer Frauen,
das sie im Lande Juda und auf den
Straßen Jerusalems verübt haben?
10 Bis auf den heutigen Tag sind sie
nicht in sich gegangen, haben sich
nicht gefürchtet und sind nicht nach
meinen Geboten und meinen Satzun-
gen gewandelt, die ich euch und euren
Vätern vor Augen gestellt habe. 11 So
spricht deshalb nun Jahwe Zebaot,
der Gott Israels: Siehe, ich richte mein
Antlitz gegen euch zum Unheil: Ich
werde ganz Juda ausrotten. 12 Ja,
ich werde den Rest Judas, die, die
darauf bestanden hatten, ins Land
Ägypten auszuwandern, um sich dort
niederzulassen, hinwegraffen. Sie sol-
len alle miteinander aufgerieben wer-
den. Im Lande Ägypten sollen sie
fallen: durch Schwert und Hunger
werden sie aufgerieben, groß und
klein. Durch Schwert und Hunger
werden sie sterben, und sie werden
zum Fluch und zum Entsetzen und
zur Schmach und zur Schande
werden. 13 Ja, ich werde die, die im
Lande Ägypten wohnen, strafen, so
wie ich Jerusalem gestraft habe, durch
Schwert, Hunger und Pest. 14 Und es
wird keinem vom Rest Judas, der
kam, um sich im Lande Ägypten
niederzulassen, gelingen, sich zu retten
und zu entkommen, um ins Land
Juda zurückzukehren, wohin zurück-
zukehren und sich niederzulassen sie
so große Sehnsucht haben. Nein, sie
werden nicht zurückkehren außer
(einigen) Flüchtlingen.

15 Da gaben alle Männer, die wohl
wußten, daß ihre Frauen anderen
Göttern Rauchopfer darbrachten, und
alle Frauen, die in einem großen
Haufen zusammenstanden [und alles
Volk, das im Lande Ägypten und in
Patros wohnte], dem Jeremia folgende

→43 12 *Und er wird* Üss; M: „Und ich werde“.

→43 12 Dieser siegreiche Überfall geschah 568–567 v. Chr. unter dem Pharao Amasis.

→43 13 *die in On sind* G; M: „der im Lande Ägypten liegt“. On (= Heliopolis, in der Nähe von Kairo) besaß einen Tempel des Sonnengottes Ra.

→44 1 Migdol liegt östlich von Tachpanches, 43 7+. Noph ist Memphis in Unterägypten. Das Land Patros ist Oberägypten. Diese Einleitung läßt also die Rede Jeremias an die ganze ägyptische Diaspora gerichtet sein (Elephantine in Oberägypten hatte bereits eine jüdische Kolonie, vgl. 2 Makk 1 1+).

→44 7 *aus Juda* Gemeint ist das Volk, nicht das Land.

→44 9 *ihrer Frauen* Korr.; M: „seiner Frauen“; G: „eurer Fürsten“.

Antwort: 16 „Was das Wort betrifft,
das du im Namen Jahwes uns verkündet hast, so hören wir nicht auf
dich. 17 Wir werden vielmehr das
Wort, das wir gegeben haben, ganz und voll ausführen: nämlich der Himmelskönigin Rauchopfer darzubringen und ihr Trankspenden auszugießen, wie wir und unsere Väter, unsere Könige und unsere Vorgesetzten es in den Städten Judas und in den Straßen Jerusalems getan haben, wobei wir uns satt essen konnten und uns wohl befanden und kein Unglück
erlebten. 18 Aber seit wir aufgehört
haben, der Himmelskönigin Rauchopfer darzubringen und Trankspenden auszugießen, hat es uns an allem gefehlt und sind wir durch Schwert und
Hunger aufgerieben worden.“ 19 Die
Frauen aber sagten: „Wenn wir der Himmelskönigin Rauchopfer darbringen und Trankspenden ausgießen, machen wir ihr da etwa ohne Einwilligung unserer Männer Kuchen mit ihrem Bilde und spenden ihr Trankopfer?“

20 Da gab Jeremia dem ganzen
Volk, den Männern und den Frauen und allen Leuten, die ihm mit solcher Rede begegnet waren, folgende
Antwort: 21 „War es nicht das
Rauchopfer, das ihr in den Städten Judas und in den Straßen Jerusalems angezündet habt, ihr, eure Väter, eure Könige, eure Vorgesetzten und die Bevölkerung des Landes – war es nicht gerade das, was Jahwe sich gemerkt und zu Herzen genommen
hat? 22 Und schließlich konnte
Jahwe es nicht mehr aushalten wegen der Verdorbenheit eures Tuns und wegen der Greuel, die ihr verübtet, und darum wurde euer Land zum Trümmerhaufen und zur Wüste und zu einer Stätte des Fluches, wo kein Mensch mehr wohnt, wie es heute der
Fall ist. 23 Wegen eurer Rauchopfer
und wegen eurer Sünden gegen Jahwe und weil ihr auf die Stimme Jahwes nicht gehört habt und nicht nach seinen Geboten und Satzungen und Zeugnissen gewandelt seid, deshalb ist euch dieses Unheil widerfahren.“

24 Zum ganzen Volke, besonders
zu allen Frauen, sagte Jeremia: „Höret
das Wort Jahwes: 25 So spricht Jahwe
Zebaot, der Gott Israels: Was ihr, ihr Frauen, mit eurem Munde aussprecht, das vollführt ihr mit euren Händen; ihr sagt: ‚Unsere Gelübde, die wir abgelegt haben, der Himmelskönigin Rauchopfer darzubringen und ihr Trankspenden auszugießen, die erfüllen wir unter allen Umständen.‘ Gut, haltet nur ja eure Gelübde und bringt eure Trankspenden dar.
26 Hört aber dafür das Wort Jahwes,
alle ihr Judäer, die im Lande Ägypten wohnen: Siehe, ich schwöre es bei meinem erhabenen Namen, spricht Jahwe: Mein Name soll nie mehr vom Mund eines Judäers ausgesprochen werden, daß noch irgend jemand im ganzen Lande Ägypten etwa spräche:
‚So wahr Jahwe lebt!‘ 27 Ja, ich wache
über sie zum Unheil und nicht zum Segen, und alle Juden im Lande Ägypten werden durch Schwert und Hunger aufgerieben werden bis zur
vollständigen Vernichtung. 28 Nur
(einige) dem Schwert Entronnene, die leicht zu zählen sind, werden aus dem Lande Ägypten ins Land Juda zurückkehren. Dann wird der ganze Rest Judas, alle, die ins Land Ägypten ausgewandert sind, um sich dort niederzulassen, merken, wessen Wort Bestand hat, meines oder ihres.

29 Und das soll euch zum Zeichen
dienen – spricht Jahwe –, daß ich euch an diesem Orte strafen werde, damit ihr erkennet, daß meine Unheilsankündigung gegen euch sich wirklich erfüllen wird:

30 So spricht Jahwe: Siehe, ich
werde den Pharao Hophra, den König von Ägypten, der Gewalt seiner Feinde preisgeben und der Gewalt derer, die ihm nach dem Leben trachten, gerade so, wie ich den Zidkija, den König von Juda, der Gewalt des Nebukadrezar, des Königs von Babel, preisgegeben habe, der sein Feind war und ihm nach dem Leben trachtete.“

→44 17 *Himmelskönigin* G, V; M: „Himmelsherrschaft“; ebenso in v. 18.19.25.

→44 19 *Die Frauen aber sagten* G[L]; fehlt in M.

→44 24 Zusatz in M am Versende: „ganz Juda, die ihr im Lande Ägypten seid“; fehlt in G.

→44 25 *ihr, ihr Frauen* G; M: „ihr und eure Frauen“.

→44 25 *eure Trankspenden* Einige Hss von M; M: „eure Gelübde“.

→44 26 Die Judäer, die in Ägypten Ischtar verehrten, glaubten, gleichzeitig auch Jahwe anrufen zu können.

→44 30 *Hophra* Der Pharao Hophra (von den Griechen Apries genannt) folgte auf Necho und regierte von 588 bis 569 v. Chr.; er wurde von Amasis gestürzt und getötet. Dieser Mord ist für Jeremia ein Zeichen, vgl. 28 17+, das die Ankündigung einer späteren Invasion Nebukadnezars (568 bis 567) bestätigt, vgl. 43 12+.

Das Trostwort für Baruch

45 1 Das Wort, das der Prophet
Jeremia für Baruch, den Sohn
des Nerija, ausgesprochen hat, als
derselbe diese Worte aus dem Munde
des Propheten in ein Buch schrieb im
vierten Jahr des Jojakim, des Sohnes
Josijas, des Königs von Juda: 2 So
spricht Jahwe, der Gott Israels,
über dich, Baruch: 3 Weil du gesagt
hast: „Weh mir! Denn Jahwe fügt
Kummer zu meinem Schmerz hinzu.
Ich bin müde vom Seufzen und
kann keine Ruhe finden.“ 4 So
spricht Jahwe: Siehe, was ich auf-
gebaut habe, das reiße ich nieder, und
was ich gepflanzt habe, das reiße ich
aus, und die ganze Erde werde ich
schlagen, 5 und da verlangst du
Wundertaten für dich? Verlange das
nicht. Denn siehe: ich bringe Unheil
über alles Fleisch, spricht Jahwe. Aber
ich gebe dir dein Leben als Beute an
allen Orten, wohin du gehst.

II. SPRÜCHE GEGEN DIE VÖLKER – FORTSETZUNG

2. DIE DROHSPRÜCHE IM EINZELNEN

46 1 Das Wort Jahwes, das an den
Propheten Jeremia erging über
die Völker.

Sprüche gegen Ägypten. Die Niederlage von Karkemisch

2 Über Ägypten. Gegen das Heer
des Pharao Necho, des Königs von
Ägypten, das am Euphratfluß bei
Karkemisch stand, das Nebukadrezar,
der König von Babel, schlug im vier-
ten Jahr Jojakims, des Sohnes Josijas,
des Königs von Juda.

3 Rüstet Schild und Tartsche, und
vorwärts zum Kampf! 4 Sattelt die
Pferde; ihr Reiter, sitzt auf. Tretet an
im Helm, schärft die Lanzen, schnallt
die Panzer fest. 5 Was seh ich? Sie
sind voll Bestürzung, weichen zurück,
ihre Helden, geschlagen, fliehen in
haltloser Flucht, ohne sich umzuwen-
den. Schrecken ringsum! – spricht
Jahwe. 6 Der Schnelle kann nicht
entrinnen, der Held sich nicht retten.
Im Norden, am Euphrat, sind sie
gestürzt und gefallen.

7 Wer steigt da hoch wie der Nil,
dessen Wasser tosen wie Ströme?
8 Ägypten steigt hoch wie der Nil, und
seine Wasser tosen wie Ströme, und er
spricht: „Ich will die Erde bedecken,
will Städte und ihre Bewohner ver-
nichten. 9 Stürmt heran, ihr Rosse;
Wagen, raset daher! Rückt aus, ihr
Helden, Kuschiten und Putiter, schild-
bewaffnete, und Ludier, die den
Bogen spannen!“ 10 Dieser Tag gehört
dem Herrn Jahwe, ein Tag der Rache,
um sich zu rächen an seinen Wider-
sachern. Da frißt sein Schwert sich
satt und wird trunken an ihrem
Blut. Denn ein Schlachtfest ist es
für den Herrn Jahwe Zebaot, im
Lande des Nordens, am Euphrat-
strom.

11 Steig nach Gilead hinauf und
hole Balsam, Jungfrau, Tochter Ägyp-
ten. Vergebens wendest du eine Menge
von Heilmitteln an. Es gibt keine
Genesung für dich. 12 Die Völker
hören deine Schande, und von deinem
Geschrei hallt die Erde wider. Denn
Held an Held sinkt nieder, beide fallen
miteinander.

Der Einfall in Ägypten

13 Das Wort, das Jahwe an den
Propheten Jeremia gerichtet hat, als

→451–5 *(Das Trostwort für Baruch)* Der Abschnitt bewahrt die Erinnerung an ein Prophetenwort, das an Baruch persönlich gerichtet war, und ist gleichsam die Unterschrift von Jeremias Schreiber, auf den wohl die biographischen Fragmente der Kapitel 26–44 zurückgehen.
→451 605 v. Chr.
→454 Zusatz in M am Versanfang: „So sollst du zu ihm sprechen“.
→454 *die ganze Erde werde ich schlagen* S; M: „nämlich das ganze Land“; fehlt in G.
→46–51 *(Sprüche gegen die Völker)* Die Sprüche gegen die Völker, die von M an das Ende des Buches gestellt wurden, 46–51, haben in G ihren ursprünglichen Platz (nach der Einleitung, 25) bewahrt. Die ursprüngliche Sammlung von Fremdvölkerorakeln scheint später überarbeitet und ergänzt worden zu sein, vgl. 2517+.
→462 *Karkemisch* Diese entscheidende Schlacht fand 605 v. Chr. statt; durch seinen Sieg bekam Nebukadnezar Syrien und Palästina in die Hand, vgl. 2 Kg 247+.
→469 *Rückt aus* Korr.; M: „Und sie werden ausrücken“.
→469 *spannen* Davor Zusatz in M: „tragen“. Kusch ist Äthiopien, Put Somaliland, Lud ein afrikanischer Volksstamm, der gewöhnlich zusammen mit Put genannt wird.
→4610 *Jahwe* G; M: „Jahwe Zebaot“.
→4610 *sein Schwert* Korr.; M: „das Schwert“.
→4613–28 Ein gegenüber 462–12 späterer Spruch. Der angekündigte Einfall fand unter dem Pharao Amasis statt, vgl. 4312+.

Nebukadrezar, der König von Babel,
heranrückte, um das Land Ägypten
zu schlagen:
14 Tut kund in Migdol, schreit es
aus in Noph, sagt: Tritt an und mach
dich bereit; denn schon frißt das
Schwert rings um dich. 15 Wie? Apis
ist geflohen, dein Starker hat nicht
standgehalten? Jahwe hat ihn nieder-
gestoßen 16 mit Wucht. Er fiel um
und liegt nun am Boden. Einer spricht
zum andern: „Auf, laßt uns heimkehren
zu unserem Volk, in das Land, wo wir
geboren sind, vor dem würgenden
Schwert.“ 17 Nennt den Namen des
Pharao: „Toben, das die Zeit ver-
paßt hat.“ 18 So wahr ich lebe, spricht
der König, dessen Name Jahwe Zebaot
ist: Wie der Tabor unter den Bergen
und wie der Karmel an der Meeres-
küste, so rückt einer heran.
19 Pack deine Sachen zusammen
für die Gefangenschaft, Bewohner-
schaft Ägyptens. Denn Noph wird
zur Einöde, ausgebrannt, ohne Be-
wohner. 20 Eine prachtstrotzende Kuh
war Ägypten; aber eine Bremse aus
dem Norden ist über sie hergefallen.
21 Auch seine Söldner, die im Lande
weilten, glichen gemästeten Kälbern.
Aber auch diese wenden sich zur
Flucht, laufen insgesamt davon, ohne
anzuhalten. Denn der Tag ihres Ver-
derbens hat sie ereilt, die Zeit ihrer
Heimsuchung.
22 Horch: Wie Schlangengezisch!
Mit Heeresmacht rücken sie heran:
Mit Äxten fallen sie über es her,
Holzhauern gleich. 23 Sie fällen seinen
Wald – spricht Jahwe –, denn sie sind
unermeßlich viele. Zahlreicher sind sie
als Heuschrecken; man kann sie nicht
zählen. 24 Zuschanden geworden ist
die Tochter Ägypten, der Gewalt des
Nordvolkes preisgegeben.
25 Jahwe Zebaot, der Gott Israels,
spricht: Siehe, ich suche den Amon
von No heim samt dem Pharao und
denen, die auf ihn ihr Vertrauen
setzen, 26 und übergebe sie der Ge-
walt derer, die ihnen nach dem Leben
trachten, der Gewalt des Nebukad-
rezar, des Königs von Babel, und der
seiner Knechte. Aber nachher soll es
wieder bewohnt werden wie in den
Tagen der Vorzeit, spricht Jahwe.
27 Du aber, mein Knecht Jakob,
fürchte dich nicht, und laß dich nicht
abschrecken, Israel. Denn siehe, ich
werde dich erretten aus fernem Lande
und deine Nachkommenschaft aus
dem Lande, wo sie gefangen weilen;
Jakob wird heimkehren und Ruhe
haben, wird sicher wohnen, ohne
daß jemand ihn aufschreckt. 28 Du
brauchst dich nicht zu fürchten, mein
Knecht Jakob; denn ich bin mit dir.
Denn mit all den Völkern, unter die
ich dich verstoßen habe, mache ich ein
Ende; aber mit dir mache ich kein
Ende, sondern ich züchtige dich mit
Maßen. Aber ganz ungestraft kann
ich dich nicht lassen.

Spruch gegen die Philister

47 1 Das Wort Jahwes, das an den
Propheten Jeremia erging über
die Philister, bevor der Pharao Gaza
schlug. 2 So spricht Jahwe:
Siehe, Wasser steigen auf aus dem
Norden, und sie werden zum schwel-
lenden Gießbach und überfluten die
Erde und was darauf ist, die Städte
und ihre Bewohner. Da schreien die
Menschen und heulen alle Bewohner
der Erde 3 vor dem dröhnenden

→4614 *Tut kund* Danach Zusatz in M: „in Ägypten und verkündet es“.
→4614 *in Noph* Danach Zusatz in M: „und in Tachpanches“; fehlt in G.
→4615 *Apis ist geflohen* G; M: „Am Boden liegt (dein Starker)“. Apis ist das heilige Tier des Gottes Ptah, der Schutzgottheit von Memphis.
→4616 *mit Wucht* Korr.; M: „er hat vervielfacht“.
→4616 *Er fiel um* G; M: „umfallend“.
→4617 *Nennt den Namen* G, V; M: „Sie haben dort gerufen“.
→4617 *Pharao* Danach irrtümlich Zusatz in G: „Necho“, ferner Zusatz in M, G: „des Königs von Ägypten“. Gemeint ist Hophra, Nechos Nachfolger, der 588 Zidkija falsche Hoffnungen gemacht hatte, 37.
→4620 *über sie* Hss von M, Üss.
→4622 *Horch: Wie Schlangengezisch* Nach G; M: „Seine Stimme ist wie eine Schlange, die geht“.
→4623 *sind sie* Hss von M; M: „ist er“ (der Wald).
→4625 *No* Theben, dessen Gott Ammon war, vgl. Nah 38.
→4625 *Pharao* Danach Zusatz in M: „und Ägypten und seine Götter und seine Könige und den Pharao“; fehlt in G.
→4626 Dieselbe Ankündigung einer künftigen Wiederherstellung der von Jahwe bestraften Völker in 4847; 496.39.
→4627–28 Diese Verse, die gleichsam ein Gegengewicht zur Ankündigung der Wiederherstellung Ägyptens in v. 26 zugunsten Israels bilden, sind eine Wiederverwendung von 3010–11. Aber „Jakob“ und „Israel“ ist hier nicht mehr Bezeichnung für das Nordreich, sondern das ganze Volk Jahwes wie in der Sicht von Deutero-Js.
→471 Nach Herodot kämpfte der Pharao Hophra gegen Tyrus und Sidon; vielleicht griff er bei dieser Gelegenheit auch die Philister als ihre Verbündeten an.

Stampfen der Hufe seiner Hengste,
vor dem Donnern seiner Wagen und
dem Gerassel seiner Räder. Die Väter
kehren sich nicht mehr nach ihren
Kindern um, weil ihre Hände er-
schlafft sind 4 wegen des Tages, der
da kommt, alle Philister zu vernichten
und Tyrus und Sidon auch den letzten
Helfer zu entreißen. Denn Jahwe ver-
nichtet die Philister, den Rest der
Insel Kaphtor. 5 Kahlheit ist über
Gasa gekommen, Schweigen über As-
kalon. Aschdod, Rest der Anakim, wie
lange noch willst du dich ritzen?
6 Schwert Jahwes, wie lange noch
wirst du nicht Ruhe geben? Zieh dich
zurück in deine Scheide, halt ein und
bleib still! 7 Wie sollte es sich be-
ruhigen, da doch Jahwe es aufgeboten
hat? Gegen Askalon und gegen die
Meeresküste, dorthin hat er es be-
ordert.

Sprüche gegen Moab

48 1 Über Moab. So spricht Jahwe
Zebaot, der Gott Israels:
Wehe über Nebo, es ist zerstört!
Eingenommen ist Kirjatajim, zuschan-
den ist die Hochburg und gebrochen.
2 Sie ist nicht mehr, Moabs Prahlerei.
In Heschbon hat man sein Unheil
ersonnen: „Auf, tilgen wir es aus aus
der Zahl der Nationen!“ Auch du,
Madmen, wirst vernichtet, hinter dir
drein fährt das Schwert.
3 Horch, Schreie kommen von den
Abarim: „Verwüstung und großer
Zusammenbruch!“ 4 „Moab liegt in
Trümmern“, hört man bis Zoar
schreien. 5 Ach, die Steige von Luchit,
die steigt man mit Weinen hinauf. Ach,
an dem Abhang von Horonajim hört
man Jammergeschrei über Ruinen:
6 „Fliehet, rettet euer Leben und laßt
euch in der Wüste nieder wie ein
Wildesel!“ 7 Ja, weil du auf deine
Bollwerke pochtest, wirst auch du
erobert werden, und Kamosch muß
in die Gefangenschaft wandern, seine
Priester mitsamt seinen Würden-
trägern. 8 Und der Verwüster kommt
über jede Stadt, keine wird gerettet
werden, sowohl das Tal geht zu-
grunde, als auch die Hochebene wird
vernichtet, wie Jahwe es gesprochen
hat. 9 Setzt Moab ein Grabmal, denn
es wird von Grund auf zerstört, und
seine Städte werden zur Wüste, so daß
niemand mehr darin wohnt. 10 [Ver-
flucht sei, wer Jahwes Werk lässig
betreibt, und verflucht, wer sein
Schwert reinhält vom Blut!]
11 Moab genoß behagliche Ruhe
von Jugend an und lag ungestört auf
seinen Hefen. Es wurde nicht umge-
leert von Faß zu Faß, mußte nie in
Gefangenschaft wandern. Darum ver-
blieb ihm sein Geschmack, und sein
Duft änderte sich nicht. 12 Aber
wahrlich, es werden Tage kommen –
spricht Jahwe –, da werde ich Küfer
zu ihm senden, die es umschütten
werden, seine Fässer ausleeren und
seine Krüge zerschmettern. 13 Und
Moab wird am Kamosch zuschanden
werden, wie das Haus Israel zuschan-
den wurde an Betel, auf das es sein
Vertrauen setzte.
14 Wie könnt ihr sagen: „Helden
sind wir, tüchtige Männer zum
Kampf“? 15 Der Verwüster Moabs
zieht schon herauf gegen es, und
die Blüte seiner Jugend steigt hinab
zur Schlachtbank. 16 Moabs Unter-

→47 5 *Aschdod* Korr.; fehlt in M.
→47 5 Kurzgeschorenes Haar und Hauteinritzungen sind Trauerbräuche.
→48 1–47 *(Sprüche gegen Moab)* Dieses Orakel, dessen Text auf verschiedene Bibelstellen, Js 15–16; Nm 21 27–30; 24 17, zurückgreift, läßt sich in seinem ursprünglichen Kern kaum noch genau herausschälen. Der Prophet hat es vielleicht nach 605 v. Chr., vgl. 25 21, oder nach 593 v. Chr., vgl. 27 3, oder nach 587 v. Chr., vgl. Ez 25 8–11, verkündet.
→48 1 *Eingenommen* Davor Zusatz in M: „Zuschanden“; fehlt in G.
→48 2 *Heschbon* Dort hatte der Feind sein Hauptquartier. Im Hebräischen Wortspiel zwischen *Heschbon* und *haschab* „planen, sinnen“; ebenso zwischen *Madmen* und *tiddommi* „du wirst vernichtet“.
→48 3 *von den Abarim* Korr., vgl. 22 20; M: „von Horonajim“.
→48 4 *hört man bis Zoar schreien* Korr.
→48 5 *die steigt man mit Weinen* Korr.; M: „steigt Weinen mit Weinen“.
→48 5 *hört man* Korr.; M: „hören Feinde“.
→48 6 *wie ein Wildesel* G; M: „wie Aroër“.
→48 7 *deine Bollwerke* G; M: „deine Werke und deine Schätze“.
→48 7 *Kamosch* Der Nationalgott der Moabiter.
→48 8 *das Tal* Das Tal des Arnon.
→48 9 *Setzt Moab ein Grabmal, denn es wird von Grund auf zerstört* G; M: „Gebt Moab Flügel (?), damit es fliegend (?) entkomme“.
→48 11 Moabs Weine waren berühmt, vgl. V. 32–33.
→48 13 *Betel* Name des mit Jerusalem rivalisierenden Heiligtums in Nordisrael, aber auch ein Gottesname im Kult der jüdischen Kolonie von Elephantine.
→48 15 *Der Verwüster Moabs zieht schon herauf gegen es* Korr.; M: „Moab ist verwüstet; er hat seine Städte erstiegen“.
→48 15 Zusatz in M am Versende: „Spruch des Königs, Jahwe Zebaot ist sein Name“, vgl. 46 18; fehlt in G.

gang steht nahe bevor, und sein Ver-
derben hat große Eile. 17 Tröstet es,
ihr alle seine Nachbarn und Bekann-
ten. Sprechet: „Wie ist doch der
starke Stab zerbrochen, das herrliche
Zepter!“

18 Steig herab von deinem Ehren-
platz und setze dich in den Kot, Toch-
ter Dibons, so wohl errichtet! Denn
der Verwüster Moabs zieht schon her-
auf gegen dich, hat deine Burgen zer-
stört. 19 Komm auf die Straße und
spähe aus, Bewohnerschaft von Aroër,
frage den Flüchtling und die Ent-
ronnene, sprich: „Was ist geschehen?“
20 „Zuschanden ist Moab, ganz ge-
brochen. Heulet und schreit. Meldet
am Arnon, daß Moab vernichtet.“

21 Ja, das Gericht ist über das
Land der Hochebene gekommen und
über Holon, Jachza und Mephaat,
22 über Dibon, Nebo und Bet-Dibla-
taim, 23 über Kirjatajim, Bet-Gamul
und Bet-Meon, 24 über Keriot, Bozra
und alle anderen Städte des Moabiter-
landes, die fernen wie die nahen.

25 „Moabs Horn ist abgeschlagen
und sein Arm zerbrochen.“

26 Macht es trunken; denn es wollte
wider Jahwe großtun. Darum soll es
in sein Gespei hineinspeien und nun
selbst zum Gespött werden. 27 Oder
war dir nicht Israel zum Gespött?
Hat man dieses etwa beim Diebstahl
ertappt, daß du, sooft du von ihm
sprachst, dich über es lustig mach-
test?

28 „Gebt die Städte preis und laßt
euch im Felsengeklüft nieder, ihr Be-
wohner von Moab, werdet der Taube
gleich, die an den Wänden der gähnen-
den Schlucht nistet!“

29 Wir haben gehört vom Hochmut
Moabs, der gar hoch ging, von sei-
nem Stolz und seiner Hoffart und sei-
ner Eitelkeit und seinem hochfahren-
den Sinn. – 30 Ich kenne – spricht
Jahwe – seinen Übermut und die
Verlogenheit seiner Reden, die Ver-
logenheit seines Tuns. – 31 Darum
muß ich heulen über Moab und
schreien über die Moabiter alle mit-
einander, über die Männer von Kir-
Heres muß ich seufzen. 32 Mehr als
man über Jaser weint, weine ich über
dich, Weinstock von Sibma, dessen
Ranken bis übers Meer hinübergingen,
bis Jaser reichten. Über deinen Herbst
und deine Lese ist der Verwüster
hergefallen. 33 Weggerafft ist Freude
und Jubel aus dem Lande Moab. Ver-
schwunden ist der Wein in den Kufen.
Der Kelterer wird nicht mehr keltern.
Jauchzen wird nicht mehr ertönen.

34 Das Heulen von Heschbon und
Eleale dringt bis Jachaz. Sie schreien
von Zoar bis Horonajim und Eglat-
Schelischija; denn auch die Gewässer
von Nimrim werden zu Wüsteneien.

35 Ich mache Schluß damit in
Moab – spricht Jahwe –, daß einer
opfert auf den Höhen und seinem
Gotte räuchert.

36 Darum klagt mein Herz über
Moab wie Flöten, und mein Herz
klagt über die Leute von Kir-Heres
wie Flöten, weil all ihr Erspartes ver-
lorengegangen. 37 Denn jedes Haupt
trägt eine Glatze, und jeder Bart ist
geschoren, auf allen Händen sind
Ritzwunden und auf allen Hüften
der Sack. 38 Auf allen Dächern
Moabs und in seinen Straßen hört man
nur Klage; denn ich zerschmettere
Moab wie einen Krug, an dem nie-
mand Gefallen findet, spricht Jahwe.
39 Wie ist es gebrochen! Wie hat es
schmählich die Flucht ergriffen! Ja,
Moab ist zum Gelächter und zum
Entsetzen geworden für alle seine
Nachbarn.

40 Denn so spricht Jahwe: [Siehe,
wie ein Adler schwebt es daher und
breitet seine Flügel aus über Moab.]
41 Die Städte sind eingenommen, die
Festungen sind erobert. [Den Helden
Moabs wird es an jenem Tage zu-
mute sein wie einem Weibe in Kindes-
nöten.] 42 Vernichtet ist Moab, hat
aufgehört, ein Volk zu sein, weil es
gegen Jahwe großgetan hat. 43 Schrek-
ken und Grube und Schlinge über
dich, Bewohnerschaft Moabs, spricht
Jahwe. 44 Wer vor dem Schrecken
entflieht, wird in die Grube fallen, und
wer aus der Grube herausklettert,
wird sich in der Schlinge verfangen.
Ja, das bringe ich über Moab im

→48 18 *in den Kot* S; M: „in den Durst“.
→48 19 *Was ist geschehen?* Die Antwort der Flüchtlinge wird in v. 20.25.28 gegeben. Die Prosastücke (v. 21–24.26–27) sind Erläuterungen.
→48 25 Zusatz in M am Versende: „Spruch Jahwes“; fehlt in G.
→48 27 *sooft du von ihm sprachst* Symmachus; M: „nach deinen Worten über ihn“.
→48 31 *Kir-Heres* Spottname („Scherbenmauer“) für Kir-Moab, die alte Hauptstadt der Moabiter, heute Kerak.
→48 32 *bis Jaser* Korr.; M: „bis zum Meer von Jaser“.
→48 33 Korr. nach Üss.
→48 39 *gebrochen* Danach Zusatz in M: „heulet“; fehlt in G.
→48 44 *dies* G; M: „für ihn“.

Jahre seiner Heimsuchung, spricht
Jahwe. 45 Im Schatten von Heschbon
machen sie halt, ermattet von der
Flucht. Doch Feuer geht von
Heschbon aus, und sengende Flam-
menglut aus Sichons Palast. Und es
frißt die Schläfen Moabs und die Schei-
tel der Söhne des Lärms. 46 Wehe
dir, Moab, dahin bist du, Volk des
Kamosch! Denn deine Söhne wer-
den fortgenommen in die Gefangen-
schaft und deine Töchter in die Skla-
verei.
47 Aber am Ende der Zeiten werde
ich das Geschick Moabs wenden,
spricht Jahwe. –
Bis hierher geht der Gerichtsspruch
über Moab.

Spruch gegen Ammon

49 1 Über die Ammoniter.
So spricht Jahwe: Hat Israel
denn keine Söhne mehr? Besitzt es
keinen Erben? Warum hat Milkom
die Erbschaft Gads angetreten und
sein Volk sich in dessen Städten nieder-
gelassen? 2 Darum, siehe, es werden
Tage kommen – spricht Jahwe –, da
lasse ich in Rabba, der Stadt der
Ammoniter, Kriegsgeschrei hören,
und es wird zum Schutthügel werden,
und seine Tochterstädte ein Raub der
Flammen. Dann wird Israel seine
Erben wieder beerben, spricht Jahwe.
3 Heule, Heschbon, denn der Verwü-
ster zieht heran, schreiet, ihr Töch-
ter Rabbas. Gürtet den Sack um,
stoßt Klagerufe aus und lauft mit
Ritzwunden umher. Denn Milkom
muß in Gefangenschaft wandern
mitsamt seinen Priestern und Wür-
denträgern. 4 Was prahlst du mit dei-
nem Tal, du sorglos sichere Tochter,
die du auf deine Vorräte vertraust und
sagst: „Wer kommt gegen mich an?“
5 Siehe, ich bringe Schrecken über dich
von allen Seiten rings um dich her. Ihr
werdet auseinandergejagt, jeder für
sich, und keiner wird die Flüchtlinge
sammeln. 6 [Aber danach werde ich
das Geschick der Söhne Ammons
wenden, spricht Jahwe.]

Spruch gegen Edom

7 Über Edom.
So spricht Jahwe Zebaot: Gibt es
keine Weisheit mehr in Teman? Ist
den Klugen der Rat abhanden gekom-
men? Ist ihre Weisheit ranzig gewor-
den? 8 Fliehet, macht euch davon,
sucht in tiefen Löchern eure Zuflucht,
Bewohner Dedans. Denn ich lasse
Esaus Verderben über es hereinbre-
chen, die Zeit seiner Heimsuchung.
9 Wenn Winzer über dich kommen,
lassen sie keine Nachlese übrig, wenn
es Diebe sind in der Nacht, rauben sie,
soviel sie wollen. 10 Denn ich bin es,
der Esau durchsucht, ich decke seine
Schlupfwinkel auf, daß er sich
nicht mehr verstecken kann. Nun
wird sein Stamm vernichtet: er ist
nicht mehr! Von seinen Nachbarn
sagt keiner: 11 „Laß (mir) deine
Waisen, damit ich dafür sorge, und
deine Witwen sollen sich mir an-
vertrauen.“
12 Denn so spricht Jahwe: Siehe,
die, denen es nicht zukam, den Becher
zu trinken, haben ihn ganz trinken
müssen, und ausgerechnet du solltest
verschont werden? Nein, du wirst
nicht verschont. Trinken mußt du!
13 Denn bei mir selber habe ich es
geschworen – spricht Jahwe –: zur
Einöde, zur Schande und zum Fluch
soll Bozra werden, und alle seine
Städte sollen auf ewig Wüsteneien
bleiben.
14 Eine Kunde habe ich vernommen
von Jahwe her, ein Bote wurde unter
die Völker gesandt: „Rottet euch
zusammen, zieht gegen es zu Felde,
erhebt euch zum Kampf!“ 15 Denn

→48 45 *Palast* Drei Hss von M; M: „zwischen“.
→48 46 *bist du* Eine Hs von M, S, V; M: „ist er“.
→49 1–6 Authentischer Spruch, ausgenommen der spätere Vers 2.
→49 1 *Milkom* Üss; M: „ihr König“; ebenso in v. 3. Milkom, der Nationalgott der Ammoniter, hat widerrechtlich fremdes Eigentum an sich gerissen: Gad, Israels rechtmäßiger Besitz seit Mose und Josua, wurde von den Ammonitern nach 734 und 721 v. Chr. eingenommen.
→49 3 *der Verwüster zieht heran* Korr., vgl. 48 18; M: „Ai ist verwüstet“.
→49 3 *mit Ritzwunden* Korr.; M: „in den Hürden“.
→49 4 *mit deinem Tal* (Das Jabboktal) Korr.; M: „mit deinen Tälern, dein Tal fließt über“.
→49 4 *sorglos sichere* Korr., vgl. 48 11; M: „treulose“.
→49 4 *und sagst* Üss; fehlt in M.
→49 5 *über dich* Danach Zusatz in M: „Spruch des Herrn Jahwe Zebaot“.
→49 7–22 Aus der Zeit um 605 v. Chr. Parallel zu Ob 1–9.
→49 7 *den Klugen* Korr.; M: „den Söhnen“. Die Weisheit Edoms war berühmt, vgl. 1 Kg 5 10–11; Ib 2 11 usw.
→49 8 *macht euch davon* Korr.; M: „sie haben sich davongemacht“.
→49 10 Korr. nach Üss.
→49 13 *Bozra* Edomitische Hauptfestung nördlich von Petra.

siehe, ich mache dich klein unter den
Völkern, verachtet unter den Men-
schen. 16 Das hat dich betört,
Schrecken zu verbreiten, vermessen zu
sein in deinem Herzen, die du in
Felsenlöchern wohnst, dich anklam-
merst an Bergesgipfeln. Wenn du
dein Nest auch so hoch droben an-
legst wie der Adler, ich hole dich von
dort herunter, spricht Jahwe.
17 Und Edom wird zur Einöde wer-
den. Jeder, der es durchwandert,
wird erschaudern und über alle seine
Wunden zischen. 18 Wie Sodom und
Gomorra samt ihren Nachbarstädten
von Grund aus zerstört worden sind,
spricht Jahwe, so wird auch dort nie-
mand mehr wohnen, und kein Mensch
wird sich ferner dort aufhalten.
19 Siehe, wie ein Löwe aus dem
Dickicht des Jordan heraufsteigt in
eine immergrüne Au, so werde ich
sie im Nu von dort verjagen und mei-
nen Erwählten dort einsetzen. Denn
wer ist mir gleich, und wer kann mich
zur Rechenschaft ziehen? Und wer
ist der Hirte, der vor mir bestehen
könnte? 20 Höret darum die Entschei-
dung, die Jahwe über Edom getroffen,
und seine Pläne, die er über die Be-
wohner Temans gefaßt hat: selbst die
Geringsten der Schafe werden fort-
geschleppt, und ihre Au wird sich
über sie entsetzen. 21 Vom Krach
ihres Sturzes erbebt die Erde, man
hört ihr Geschrei bis ans Schilfmeer.
22 Ja, wie ein Adler hebt es sich empor
und schwebt daher und breitet seine
Flügel aus gegen Bozra. An dem Tage
wird den Helden Edoms zumute sein
wie einem Weibe in Kindesnöten.

Spruch gegen syrische Städte

23 Über Damaskus.
Bestürzt stehen Hamat und Arpad
da; denn sie haben eine böse Kunde
vernommen. Ihr Herz zittert vor Angst,
kann sich nicht mehr beruhigen.
24 Damaskus hat den Mut verloren,
wendet sich zur Flucht, Schrecken hat
es erfaßt. [Angst und Wehen haben
es gepackt wie eine Gebärende.] 25 Wie
verlassen ist doch die berühmte Stadt,
die Stätte der Wonne! 26 Darum fallen
seine Jünglinge auf seinen Straßen, und
alle Kriegsmänner kommen um an
jenem Tage, spricht Jahwe Zebaot.
27 Und ich lege Feuer an die Mauer
von Damaskus, daß es die Paläste
Ben-Hadads verzehre.

Spruch gegen die Stämme der Araber

28 Über Kedar und das Reich von
Hazor, die Nebukadrezar, der König
von Babel, schlug. So spricht Jahwe:
Auf, hinauf nach Kedar, überwältigt
die Söhne des Ostens! 29 Ihre Zelte
und Herden sollen weggeholt werden,
ihre Teppiche und all ihre Habe. Ihre
Kamele nimmt man ihnen fort und
ruft über sie aus: „Schrecken rings-
um!" 30 Fliehet, lauft, sucht Wohnung
in tiefen Löchern, ihr Bewohner von
Hazor, spricht Jahwe. Denn Nebukad-
rezar hat sich einen Plan gegen euch
ausgedacht und einen Anschlag wider
euch ersonnen. 31 „Auf, hinauf zu dem
sorglosen Volk, das so sicher wohnt!
Es hat weder Türen noch Riegel, haust
abgesondert für sich. 32 Seine Kamele
sollen zum Raube werden und die
Menge seiner Herden zur Beute." Und
ich werde sie nach allen Richtungen
auseinanderstreuen, die Leute mit dem
geschorenen Haarrand, und laß ihr
Verderben über sie kommen von allen
Seiten her, spricht Jahwe. 33 Hazor
wird zur Behausung der Schakale
werden, eine Einöde für immer. Nie-
mand mehr wird sich dort nieder-
lassen, und kein Mensch mehr darin
verweilen.

Spruch gegen Elam

34 Das Wort Jahwes, das an den
Propheten Jeremia über Elam erging
im Anfang der Regierung Zidkijas, des
Königs von Juda: 35 So spricht Jahwe
Zebaot:
Siehe, ich werde den Bogen Elams,

→4916 *hat dich betört* Korr.
→4919 *so* Korr.; M: „denn".
→4919 *sie* Üss; M: „ihn".
→4919 *meinen Erwählten* Korr.; M: „wer ist erwählt".
→4921 Zusatz in M am Versende: „ihre Stimme"; fehlt in G.
→4923–27 Der in 2513–26 nicht erwähnte Spruch bezieht sich vielleicht auf den Schrecken, den die Niederlage Ägyptens bei Karkemisch 605 v. Chr. in Syrien, einem damals ägyptischen Besitz, auslöste. Die Überschrift „Über Damaskus" in v. 23 ist zu eng gefaßt.
→4923 Hamat liegt am Orontes, Arpad nördlich von Aleppo.
→4923 *Ihr Herz zittert vor Angst* Korr.; M: „Sie zittern; am Meer ist die Angst".
→4925 *ist doch* V; M: „ist nicht".
→4925 *die Stätte der Wonne* Üss; M, G: „die Stätte meiner Wonne".
→4930 *Nebukadrezar* Danach Zusatz in M: „der König von Babel".
→4931 *wohnt* Danach Zusatz in M: „Spruch Jahwes"; fehlt in G.
→4934–39 Seit 597 v. Chr. mochte Jeremia die Eroberung Elams durch die Perser geahnt haben.

in dem seine Kraft liegt, zerbrechen.
36 Und ich lasse über Elam vier Winde
herfallen, von den vier Enden des
Himmels her, und ich zerstreue sie in
alle diese Winde. Es wird kein Volk
geben, wohin nicht Zersprengte Elams
gelangen. 37 Ich werde den Elamitern
Schrecken einflößen vor ihren Feinden
und vor denen, die ihnen nach dem
Leben trachten, und Unheil über sie
bringen, die Glut meines Zornes, und
ich werde das Schwert hinter ihnen
herfahren lassen, bis ich sie vernichtet
habe. 38 Dann stelle ich meinen Thron
in Elam auf und vernichte dort König
und Fürsten, spricht Jahwe.

39 Aber am Ende der Tage werde
ich das Geschick Elams wenden,
spricht Jahwe.

Spruch gegen Babel

50 1 Das Wort, das Jahwe gegen
Babel gesprochen hat, gegen
das Land der Chaldäer, durch den
Propheten Jeremia.

Babels Fall, Israels Befreiung

2 Teilt es den Völkern mit und
macht bekannt, verheimlicht es nicht,
sagt: Babel ist erobert, Bel ist zu-
schanden, gestürzt ist Marduk. [Zu-
schanden sind seine Götterbilder,
gestürzt seine Götzen.] 3 Denn ein
Volk aus dem Norden ist gegen es
herangezogen, das machte sein Land
zur Einöde, so daß niemand mehr
darin wohnt. Mensch und Vieh,
alles ist geflohen, auseinander-
gestoben.

4 In jenen Tagen und in jener Zeit
werden die Kinder Israels heimkom-
men. Weinend werden sie ihres Weges
ziehen und nach Jahwe, ihrem Gott,
suchen. 5 Sie fragen, wo der Weg
nach Zion ist, dorthin richten sie ihr
Angesicht: „Kommt, wir wollen Jahwe
anhangen, in einem ewigen, unver-
gessenen Bund."

6 Eine verirrte Herde war mein
Volk. Ihre Hirten haben sie falsch
geleitet, auf den Bergen in die Irre
geführt, von Berg zu Hügel mußten sie
ziehen, vergaßen ihre Lagerstätte.
7 Alle, die auf sie stießen, fraßen sie
auf; ihre Bedränger sprachen: „Wir
machen uns nicht schuldig, weil sie
gegen Jahwe, die wahre Aue, die Hoff-
nung ihrer Väter, gesündigt hatten."

8 Fliehet aus Babels Bereich, aus
dem Land der Chaldäer! Zieht aus, und
stellt euch wie Leithammel an die
Spitze der Herde. 9 Denn siehe,
ich selbst werde eine Schar gro-
ßer Völker gegen Babel aufreizen.
Aus dem Lande des Nordens kom-
men sie an und werden sich rüsten
zum Kampfe mit ihm. Von dort
aus wird es erobert. Ihre Pfeile
gleichen einem siegreichen Helden,
der nicht mit leeren Händen heimkehrt.
10 Und Chaldäa wird zur Beute werden.
Alle, die es ausplündern, werden genug
bekommen.

11 Ja, freut euch nur, frohlockt noch
recht ausgelassen, ihr Räuber meines
Eigentums, ja, macht nur fröhliche
Sprünge, wie Kälber auf der Wiese, und
wiehert wie die Hengste. 12 In tiefe
Schmach wird eure Mutter sinken, und
die euch geboren, wird sich schämen
müssen. Denn siehe: sie ist nun die
Letzte unter den Völkern, eine Wüste,
Dürre und Steppe. 13 Durch Jahwes
Zorn wird das Land unbewohnt blei-
ben und Einöde sein ganz und gar.
Jeder, der an Babel vorbeigeht, wird
erschaudern und spotten über alle
seine Wunden.

14 Stellt euch auf gegen Babel, rings-
herum, ihr Bogenschützen insgesamt.
Nehmt es zum Ziel, spart nicht mit den
Pfeilen. 15 Erhebt wider es ringsum

→4937 *Zornes* Danach Zusatz in M: „Spruch Jahwes"; fehlt in G.

→501f In den folgenden Sprüchen kehren vor allem zwei Themen wieder: der Sturz Babels und die Rückkehr aus dem Exil. Jeremia erwartete zwar diese Ereignisse, aber nicht in unmittelbarer Zukunft, vgl. 277; 2910.28. Hier dagegen erscheint der Sturz Babels (538 v. Chr.) wie bei Deutero-Js als nahe bevorstehend.

→502 *bekannt* Danach Zusatz in M: „errichtet ein Panier und macht bekannt", vgl. Js 132; fehlt in G.

→502 *Marduk* Marduk (hebräisch: Merodach) und Bel sind zwei Namen der Schutzgottheit Babels.

→504 *Zeit* Danach Zusatz in M: „Spruch Jahwes"; fehlt in G.

→504 *heimkommen* Danach Zusatz in M: „sie und die Kinder Judas zusammen".

→505 *wir wollen Jahwe anhangen* S; M: „und sie werden Jahwe anhangen".

→507 Zusatz in M am Versende: „Jahwe".

→508 *Zieht aus* M (Kere), Üss; M (Ketib): „Sie ziehen aus".

→509 *aufreizen* Danach Zusatz in M: „und heranführen"; fehlt in G.

→509 *werden sich rüsten* Korr.; M: „haben sich gerüstet".

→509 *einem siegreichen Helden* Hss von M, Üss; M: „einem kinderlosen Helden".

→5010 Zusatz in M am Versende: „Spruch Jahwes"; fehlt in G.

→5011 *wie Kälber auf der Wiese* G, V; M: „wie eine dreschende Kuh".

→5012 *eure Mutter* Babel.

→5014 Zusatz in M am Versende: „denn es hat gegen Jahwe gesündigt"; fehlt in G.

den Kriegsschrei! Es bietet die Hand.
Seine Pfeiler sind eingestürzt, nieder-
gerissen seine Mauern. Denn das ist
die Rache Jahwes. Nehmt Rache an
ihm! So, wie es getan, tut nun mit ihm!
16 Rottet aus Babel aus jeden, der sät,
und jeden, der die Sichel schwingt zur
Zeit der Ernte. Vor dem würgenden
Schwert macht jeder kehrt, zurück
zu seinem Volk, und jeder entflieht in
sein Heimatland.

17 Ein verscheuchtes Schaf war
Israel, das Löwen verjagt hatten.

Zuerst hat es der König von Assur
angefressen, und nun zuletzt hat
Nebukadrezar, der König von Babel,
ihm die Knochen zernagt. 18 Deshalb
spricht so Jahwe Zebaot, der Gott
Israels: Siehe, ich will den König von
Babel und sein Land heimsuchen, so
wie ich den König von Assur heim-
gesucht habe.

19 Und ich werde Israel in seine
Aue zurückbringen, daß es den Karmel
und Baschan abweiden und im Gebirge
Ephraim und in Gilead nach Herzens-
lust sich satt essen kann. 20 In jenen
Tagen und in jener Zeit wird man nach
der Verschuldung Israels suchen, aber
sie ist nicht mehr da, und nach den
Sünden Judas, aber sie sind nicht mehr
zu finden. Denn ich vergebe denen, die
ich übriglasse.

Babels Fall, verkündet in Jerusalem

21 „Zieh ins Land Meratajim, zieh
gegen es heran und gegen die Bewohner
von Pekod! Verfolge sie, stich zu und
banne sie! – spricht Jahwe – und handle
ganz, wie ich dich heiße!" 22 Krieg
hört man im Lande und gewaltigen
Einsturz.

23 Wie ist doch zerhauen und zer-
brochen der Hammer der ganzen Erde!
Wie ist doch Babel zum Entsetzen
geworden unter den Völkern! 24 Man
hat dir eine Falle gestellt, nun hast du
dich fangen lassen, ohne es zu merken.
Man hat dich ertappt und gepackt.
Denn gegen Jahwe hast du dich in den
Kampf eingelassen.

25 Jahwe hat seine Rüstkammer
geöffnet, hat die Waffen seines Grimms
hervorgeholt. Denn des Herrn Jahwes
Werk geschieht jetzt im Lande der
Chaldäer. 26 „Kommt herbei, alle
ohne Ausnahme! Öffnet seine Scheu-
nen! Schüttet die Beute wie Korn-
haufen hin und weiht es dem Bann!
Kein Rest darf von ihm bleiben.

27 Stecht alle seine Farren nieder!
Zur Schlachtbank sollen sie herab.
Weh ihnen! Ihr Tag ist gekommen, die
Zeit ihrer Strafe." 28 Schon hört man
die Stimmen derer, die aus dem Lande
Babel geflohen und entronnen sind,
wie sie in Zion von der Rache Jahwes,
unseres Gottes, berichten.

Die Sünde der Frechheit

29 Bietet Schützen auf gegen Babel!
Ihr alle, die den Bogen zu spannen
verstehen, umlagert es ringsum! Es
darf kein Entrinnen geben. Zahlt ihm
seinen Lohn. Genauso, wie es getan,
tut mit ihm. Denn frech war es gegen
Jahwe, gegen den Heiligen Israels.
30 Darum müssen seine Jünglinge in
seinen Gassen fallen, und alle seine
Kriegsleute sollen vernichtet werden
an jenem Tage, spricht Jahwe. 31 Jetzt
gehe ich an dich, „Frechheit" – spricht
Jahwe –, dein Tag ist gekommen, die
Zeit, da ich dich heimsuche. 32 Da
wird „Frechheit" fallen und liegen-
bleiben, und keiner wird es aufrichten.
Ich lege Feuer an seine Städte, das
alles ringsum verzehrt.

Jahwe, Israels Erlöser

33 So spricht Jahwe Zebaot: In
Unterdrückung leben die Kinder
Israels. Alle, die sie weggeführt haben,
halten sie fest, weigern sich, sie loszu-
lassen. 34 Aber ihr Erlöser ist stark.
Jahwe Zebaot ist sein Name. Er nimmt
ihre Sache in die Hand, daß er der Erde
Ruhe bringt, aber Unruhe den Bewoh-
nern Babels.

35 Das Schwert über die Chaldäer
und über die Bewohner Babels und
über seine Würdenträger und Weisen!
36 Das Schwert über seine Wahrsager,
daß sie verdummen! Das Schwert über

→5020 *Zeit* Danach Zusatz in M: „Spruch Jahwes".
→5021 *ins Land Meratajim* S; M: „gegen das Land Meratajim".
→5021 *Verfolge sie* Korr. Der Befehl wird dem Volk gegeben, das Babel angreift. Meratajim bezeichnet die Gegend des Zusammenflusses von Euphrat und Tigris. Pekod, Ez 2323, ist die Bevölkerung östlich von Babel.
→5024 *Man hat dir* G; M: „Ich habe dir" oder „Du hast dir".
→5024 *fangen lassen* Danach Zusatz in M: „Babel".
→5025 *Jahwe* G; M: „Jahwe Zebaot".
→5026 *ohne Ausnahme* Symmachus; M: „ohne Ende".
→5028 Zusatz in M am Versende: „von der Rache für seinen Tempel", vgl. 5111; fehlt in G.
→5033 *die Kinder Israels* Zusatz in M: „und die Kinder Judas mit ihnen".
→5035 *Chaldäer* Zusatz in M: „Spruch Jahwes"; fehlt in G.

seine Helden, daß sie verzagen! 37 Das
Schwert über das Völkergemisch in
seiner Mitte, daß sie zu Weibern wer-
den! Das Schwert über seine Vorräte,
daß sie geplündert werden! 38 Das
Schwert über seine Gewässer, daß sie
vertrocknen!

Denn ein Götzenland ist es, und
durch deren Schreckensgestalten haben
sie den Verstand verloren.

39 Darum werden dort Wildkatzen
mit Schakalen zusammenhausen, und
Strauße werden dort ihr Wohnung
haben. In Ewigkeit soll es nicht mehr
besiedelt werden und unbewohnt blei-
ben von Geschlecht zu Geschlecht.
40 Wie danach, als Gott Sodom und
Gomorra und ihre Nachbarstädte
zerstörte – spricht Jahwe –, so soll auch
dort kein Mensch mehr wohnen und
niemand mehr dort verweilen.

Das Volk vom Norden und der Löwe vom Jordan

41 Siehe, ein Volk kommt vom Nor-
den her und eine gewaltige Völker-
schaft, und mächtige Könige setzen
sich in Bewegung von den äußersten
Winkeln der Erde her. 42 Sie führen
Bogen und Lanze. Grausam sind sie,
ohne Erbarmen. Ihr Lärmen gleicht
dem Rauschen des Meeres. Auf Rossen
reiten sie daher, ein jeder Mann ist zum
Kampfe gerüstet gegen dich, Tochter
Babel! 43 Wenn der König von Babel
von ihnen Kunde vernimmt, dann
sinken ihm die Hände, Angst erfaßt
ihn, Zittern wie ein Weib in Kindes-
nöten.

44 Siehe, wie ein Löwe aus dem
Dickicht des Jordan heraufsteigt in
eine immergrüne Au, so werde ich sie
in einem Nu von dort verjagen und
meinen Erwählten dort einsetzen. Denn
wer ist mir gleich, und wer kann mich
zur Rechenschaft ziehen, und wer ist
der Hirte, der vor mir bestehen könnte?
45 Höret darum die Entscheidung, die
Jahwe über Babel getroffen, und seine
Pläne, die er über das Land der Chal-
däer gefaßt hat: Selbst die Geringsten
der Schafe werden fortgeschleppt, und
ihre Au wird sich über sie entsetzen.
46 Von dem Ruf: „Babel ist erobert",
erbebt die Erde, und man hört sein
Geschrei unter den Völkern.

Jahwe gegen Babel

51 1 So spricht Jahwe: Siehe, ich
hetze gegen die Bewohner von
Leb Kamai einen Verderbergeist auf.
2 Und ich sende Worfler aus gegen
Babel, damit sie es worfeln. Die werden
sein Land gründlich ausräumen. Denn
von allen Seiten werden sie es umrin-
gen am Tage des Unheils. 3 Kein
Schütze spanne seinen Bogen, und
keiner brüste sich in seinem Panzer!
Keine Gnade für seine junge Mann-
schaft! Weiht Babels ganzes Heer dem
Banne! 4 Erschlagene werden umher-
liegen im Land der Chaldäer, und
Durchbohrte auf Babels Straßen.
5B Denn ihr Land ist voll von Schuld
gegen den Heiligen Israels. 5A Aber
Israel ist nicht verwitwet, verlas-
sen von seinem Gott, von Jahwe
Zebaot.

6 Fliehet aus Babels Bereich, [je-
der rette sein Leben,] damit ihr nicht
untergeht in seinem Schuldgericht.
Denn jetzt ist die Zeit der Rache für
Jahwe. Nun zahlt er ihm seinen Lohn
aus. 7 Ein goldener Becher war Babel
in Jahwes Hand, der die ganze Erde
berauschte. Von seinem Weine haben
die Völker getrunken, bis sie rasend
wurden. 8 Plötzlich ist Babel gefallen
und wurde zerschmettert. Heult über
es! Holt Balsam für seine Wunde, ob
vielleicht noch Heilung möglich ist!
9 „Wir wollten Babel heilen, aber es
war nicht mehr zu heilen. Laßt es lie-
gen! Auf, gehn wir davon, ein jeder
in sein Land!" Denn bis zum Himmel
hinauf reicht sein Strafgericht, und bis
zu den Wolken erhebt es sich. 10 Jah-
we hat unsere Gerechtigkeit ans Licht
gebracht. Kommt, wir wollen in Zion
das Werk Jahwes, unseres Gottes, ver-
künden!

11 Spitzet die Pfeile, ergreifet die

→50 37A *Das Schwert* Danach Zusatz in M: „über seine Rosse und Wagen und".
→50 38 *Das Schwert* S; M: „Trockenheit".
→50 41–46 Dieser Spruch wiederholt gegen Babel die Drohung mit einem Feind von Norden, die in 6 22–24 gegen Juda gerichtet war (50 42 ist nach 6 23 korrigiert); der gleiche Text ist in 49 19–21 auf Edom übertragen (dieselben Textkorrekturen wie dort).
→51 1 *ich hetze* Zusatz in M: „gegen Babel und".
→51 1 *Leb Kamai* Verschlüsselte Schreibweise für Kaschdim (Chaldäer) wie in 25 25–26.
→51 2 *Worfler* Üss; M: „Fremde".
→51 3 *Kein* Üss; M: „Zu".
→51 3 *spanne* In M (Ketib) wiederholt; fehlt in M (Kere) und Üss.
→51 5A *Israel* Danach Zusatz in M: „und Juda".
→51 11 *des Königs* G; M: „der Könige". Das Gedicht sprach von einem Feind von Norden, 50 3.9.41; 51 48. Der Glossator verdeutlicht: die Meder (mit den Persern gleichgesetzt wie in Js 13 17).

Schilde! Jahwe hat den Geist des
Königs von Medien aufgestachelt.
Denn auf Babels Verderben ist sein
Plan gerichtet, es zu zerstören. Denn
das ist die Rache Jahwes, die Rache
für seinen Tempel. 12 Richtet die
Feldzeichen gegen die Mauern Babels!
Verstärkt die Wachen; stellt Posten
auf, legt Leute in den Hinterhalt.
Denn Jahwe hat es geplant, und jetzt
führt er aus, was er den Bewohnern
Babels angedroht hat. 13 Die du
wohnst an gewaltigen Wassern, so
reich bist an Schätzen: Jetzt ist dein
Ende gekommen. Mit deinem Raub
ist es aus. 14 Jahwe Zebaot hat bei sich
selbst geschworen: Hätte ich dich auch
mit Menschen gefüllt, so zahlreich wie
Heuschrecken, man wird doch den
Kriegsschrei über dich erheben.

15 Er ist es, der die Erde erschaffen
hat in seiner Kraft, der in seiner Weis-
heit das Festland gegründet und in
seiner Einsicht den Himmel ausge-
spannt hat. 16 Läßt er seine Donner-
stimme erschallen, so antwortet
Wassergebraus am Himmel; und
Wolken führt er herauf vom Ende der
Erde. Er erschafft Blitze mit Regen,
läßt die Winde aus seinen Schatz-
kammern hervorgehen. 17 Da steht
jedem Menschen der Verstand still, er
kann es nicht begreifen. Und jeder
Goldschmied muß sich seines Bild-
werks schämen. Denn seine Bilder sind
Trug, sie haben nicht Odem. 18 Ein
Nichts sind sie, ein lächerliches Mach-
werk. Zur Zeit ihrer Heimsuchung
werden sie zugrunde gehen. 19 Ganz
anders als diese ist „Jakobs Anteil".
Denn er ist der Schöpfer des Alls, und
Israel ist der Stamm seines Erbteils.
Jahwe Zebaot ist sein Name.

Der Hammer Jahwes und der Bergkoloß

20 Ein Hammer bist du mir gewesen,
ein Werkzeug für den Krieg. Ich zer-
hämmerte mit dir Völker und zer-
schmetterte mit dir Königreiche.
21 Ich zerhämmerte mit dir Roß und
Reiter, ich zerhämmerte mit dir
Wagen und Lenker. 22 Ich zerhäm-
merte mit dir Mann und Weib, ich
zerhämmerte mit dir Greis und Knabe,
ich zerhämmerte mit dir Jüngling und
Jungfrau. 23 Ich zerhämmerte mit dir
Hirt und Herde, ich zerhämmerte mit
dir Bauer und Gespann. Ich zerhäm-
merte mit dir Statthalter und Vögte.
24 Jetzt aber will ich Babel und allen
Bewohnern Chaldäas vor euren Augen
all das Böse vergelten, das sie an
Zion verübt haben, spricht Jahwe.
25 Siehe, ich will an dich, Berg des
Verderbens – spricht Jahwe –, der die
ganze Erde ins Verderben gestürzt
hat, und ich strecke meine Hand wider
dich aus und wälze dich von den
Felsen herab und mache dich zu
einem Berg des Brandes, 26 daß man
aus dir keinen Eckstein und keinen
Grundstein mehr entnimmt; sondern
zu einer ewigen Wüste sollst du wer-
den, spricht Jahwe.

Dem Ende entgegen

27 Errichtet ein Panier auf der
Erde, stoßt ins Horn unter den
Völkern! Weihet Völker gegen es zum
Kriege, bietet die Königreiche von
Ararat, Minni und Aschkenas wider
es auf, bestellt einen Einberufungs-
schreiber gegen Babel, laßt Reiterei
anrücken, so zahlreich wie borstige
Heuschrecken.

28 Weiht Völkerschaften zum Kriege
mit ihm, den König von Medien samt
seinen Statthaltern und all seinen
Vögten und alle seiner Herrschaft
unterstellten Länder.

29 Da wird die Erde wanken und
beben, wenn Jahwes Beschluß an Babel
sich verwirklicht, das Land Babel zur
menschenleeren Einöde zu machen.

30 Die Helden Babels geben den
Kampf auf, bleiben tatenlos in ihren
Burgen sitzen. Ihre Heldenkraft ist
ausgetrocknet, sie sind zu Weibern
geworden. Verbrannt sind Babels
Wohnungen, zerbrochen seine Riegel.
31 Ein Läufer überholt den anderen,
ein Bote den anderen, um dem König
von Babel zu melden, seine Stadt sei
an allen Ecken eingenommen, 32 die
Furten in Feindeshand, die Sümpfe
mit Feuer ausgetrocknet, die Kriegs-
leute vom Schrecken gelähmt. 33 Denn
so spricht Jahwe Zebaot, der Gott
Israels: Die Tochter Babel gleicht
einer Tenne zur Zeit, wo man sie
feststampft. Nur noch eine kleine
Weile, so ist für sie die Ernte gekom-
men.

Die Rache Jahwes

34 Gefressen, vertilgt hat mich der

→51 13 *ist es aus* Korr.; M: „das Maß"; G: „die Wahrheit".
→51 15 Zur Textkritik vgl. 10 12–16.
→51 20 *ein Werkzeug* Korr.; M: „Werkzeuge".
→51 27 *Ararat, Minni und Aschkenas* Länder in der Gegend von Armenien.
→51 28 *den König* G, S; M: „die Könige".
→51 33 *die Ernte* Üss; M: „die Zeit der Ernte".

König von Babel, hat mich auf die
Seite gestellt wie einen leeren Krug.
Wie ein Drache hat er mich verschlun-
gen, hat seinen Bauch gefüllt mit
meinen Leckerbissen. 35 „Über Babel
komme meine Schmach und meine
Schmerzen!", so spreche Zions
Bürgerschaft. „Mein Blut über die
Einwohner Chaldäas!", so spreche
Jerusalem.
36 Deshalb spricht so Jahwe: Siehe,
ich werde deine Sache verfechten und
Rache für dich nehmen. Ich werde
Babels Meer austrocknen und seinen
Quell versiegen lassen, 37 so daß
Babel zum Steinhaufen wird, zur Be-
hausung der Schakale, zum Ort des
Grauens und des Spottes, wo kein
Mensch mehr wohnt. 38 Noch brüllen
sie wie Löwen im Chor, knurren wie
junge Leuen. 39 Wenn sie brennen
vor Gier, werde ich ihnen ihr Mahl
bereiten und sie trunken machen, daß
sie die Besinnung verlieren und in einen
Schlaf fallen, aus dem sie nimmer er-
wachen, spricht Jahwe. 40 Wie Läm-
mer werde ich sie zum Schlachten
führen, wie Widder und Böcke.

Klage über Babel

41 Wie ist doch genommen und
erobert der Stolz der ganzen Erde, wie
ist doch Babel zum Entsetzen gewor-
den unter den Völkern! 42 Das Meer
ist gegen Babel heraufgestiegen, durch
den Schwall seiner Wogen wurde es
ganz bedeckt. 43 Seine Städte sind zur
Einöde geworden, zum dürren, wüsten
Land. Niemand wohnt mehr darin,
und kein Mensch durchwandert sie.

Jahwes Heimsuchung an den Götzenbildern

44 Auch den Bel in Babel lasse ich
meine Strafe fühlen, und hole, was er
verschlungen hat, aus seinem Maule
heraus. In Zukunft werden nicht mehr
Völker zu ihm hinströmen. Auch Ba-
bels Mauer ist gefallen. 45 Ziehe fort
aus Babels Bereich, mein Volk, ein
jeder rette sein Leben vor der Glut von
Jahwes Zorn. 46 Euer Herz braucht
jedoch nicht zu verzagen, noch müßt
ihr euch fürchten wegen der Gerüchte,
die sich im Lande verbreiten, mag
auch in dem einen Jahr dieses Gerücht
herumgehen und im Jahr darauf jenes
und Gewalttat herrschen im Lande und
ein Machthaber wider den anderen
aufstehen.
47 Denn siehe, es werden Tage kom-
men, wo ich an den Götzen Babels
das Strafgericht vollziehe. Da wird sein
ganzes Land zuschanden werden, und
alle seine Bewohner werden mitten
in Babel zu Tode getroffen nieder-
sinken. 48 Dann werden über Babel
Himmel und Erde und alles, was sie
enthalten, jauchzen, wenn vom Nor-
den her die Verwüster hereinbrechen
in sein Gebiet, spricht Jahwe.
49 Auch Babel muß fallen für die
Erschlagenen Israels, wie für Babel
Erschlagene auf der ganzen Erde
gefallen sind. 50 Ihr, die ihr seinem
Schwert entronnen seid, ziehet fort,
haltet euch nicht auf, gedenket Jah-
wes im fernen Land, und Jerusalem
schwebe euch vor Augen. 51 „Wir
standen beschämt da, denn wir
mußten Schmähreden anhören, Scham
hat unser Angesicht bedeckt, weil
Fremde über die heiligen Stätten des
Hauses Jahwes hergefallen sind."
52 Deshalb, siehe, es kommen Tage –
spricht Jahwe –, wo ich an seinen
Götzen das Strafgericht vollziehe und
in seinem ganzen Lande zu Tode Ge-
troffene stöhnen.
53 Wenn Babel auch bis zum Him-
mel hinaufstiege und wenn es seine
Festung auf unersteigliche Höhen
hinaufbaute: auf meinen Befehl kom-
men Verwüster über es, spricht Jahwe.
54 Horch: Man hört Geschrei aus
Babel und gewaltigen Einsturz vom
Lande der Chaldäer her. 55 Denn
Babels Verwüster ist Jahwe selbst. Er
macht dem großen Lärmen darin ein
Ende, wenn auch seine Wogen rau-
schen wie gewaltige Wassermassen und
brausender Lärm darin herrscht:
56 Der Verwüster bricht doch über
Babel herein, seine Helden werden
gefangen, zerbrochen sein Bogen.
Denn ein Gott der Vergeltung ist
Jahwe; er zahlt gründlich heim.
57 Ich werde seine Würdenträger

→51 34 *hat mich* M (Kere), Üss; M (Ketib): „hat uns". Es spricht Jerusalem. Danach Zusatz in M: „Nebukadrezar".
→51 34 *mit meinen Leckerbissen* Korr.; M: „aus meiner Lust"; danach Zusatz in M: „hat er mich vertrieben".
→51 35 *meine Schmerzen* G; M: „mein Fleisch".
→51 39 *daß sie die Besinnung verlieren* Üss; M: „daß sie in Jauchzen ausbrechen".
→51 41 *ist doch genommen* G; M: „ist Scheschak doch genommen"
→51 49 *für die Erschlagenen* Korr.; M: „o Erschlagene".
→51 50 *seinem Schwert* Korr.; M: „dem Schwert".
→51 56 *über Babel* Davor Zusatz in M: „über es"; fehlt in Üss.

und seine Weisen, seine Statthalter und
Vögte und Helden trunken machen,
daß sie einschlafen zu ewigem Schlaf
und nicht mehr erwachen – Spruch
des Königs, dessen Name Jahwe
Zebaot heißt.

Babel dem Erdboden gleich

58 So spricht Jahwe Zebaot: Babels
gewaltig breite Mauer wird bis zum
Grunde niedergelegt werden, und
seine Tore, so hoch sie auch sind,
wird das Feuer zerstören. Völker
mühen sich ab für das Nichts, und
Nationen plagen sich für das Feuer.

Der in den Euphrat versenkte Prophetenspruch

59 Der Auftrag, den der Prophet
Jeremia dem Seraja, dem Sohne
Nerijas, des Sohnes Machsejas, gegeben hatte, als dieser im Auftrag des
Zidkija, des Königs von Juda, im
vierten Jahr seiner Regierung nach
Babel reiste. Seraja war nämlich
Quartiermeister. 60 Jeremia hatte all
das Unheil, das über Babel kommen
sollte, in ein einziges Buch geschrieben,
all diese Worte, die gegen Babel geschrieben sind. 61 Jeremia sagte nun
zu Seraja: „Wenn du nach Babel
hineinkommst, dann sieh zu und lies
laut alle diese Worte 62 und sprich:
‚Jahwe, du hast diesem Orte seine
Vernichtung angedroht, so daß nichts
mehr darin wohnen soll, weder
Mensch noch Vieh, sondern daß er für
ewige Zeiten eine Einöde werden soll.‘
63 Wenn du dann mit dem Vorlesen
dieses Buches fertig bist, binde
einen Stein daran und wirf es mitten
in den Euphrat hinein 64 und sprich
dabei: Geradeso soll Babel untersinken und nicht mehr hochkommen
infolge des Unheils, das ich über es
bringe.“

Bis hierher gehen die Worte
Jeremias.

V. ANHANG

Der Untergang Jerusalems und Jojachins Begnadigung

52 1 Zidkija war einundzwanzig
Jahre alt, als er König wurde,
und regierte elf Jahre zu Jerusalem.
Seine Mutter hieß Hamutal, eine
Tochter des Jirmejahu aus Libna.
2 Er tat, was böse ist vor den Augen
Jahwes, geradeso, ganz so, wie es
Jojakim getan hatte. 3 Denn wegen
des Zornes Jahwes ist es so über
Jerusalem und Juda gekommen, bis er
sie von seinem Angesicht verstieß.

Zidkija aber fiel vom König von
Babel ab. 4 Es geschah im neunten
Jahr seiner Regierung, im zehnten
Monat, am zehnten Tag des Monats,
da rückte Nebukadrezar, der König
von Babel, er selbst und seine ganze
Heeresmacht, gegen Jerusalem heran;
er schloß es ein und warf ringsherum
einen Wall auf. 5 Und die Stadt blieb
belagert bis ins elfte Jahr des Königs
Zidkija. 6 Im vierten Monat aber, am
neunten Tag des Monats, wurde die
Hungersnot in der Stadt so übergroß,
daß kein Brot mehr da war für das
Volk des Landes. 7 Da wurde eine
Bresche in die Stadt gelegt, und als
der König das sah, entwich er mit all
seinen Kriegsleuten bei Nacht durch
das Tor zwischen den zwei Mauern,
das am Königsgarten liegt, während
die Chaldäer um die Stadt lagerten. Sie
nahmen den Weg nach der Araba
hin. 8 Aber die Truppen der Chaldäer
setzten dem König nach und holten
ihn in den Steppen von Jericho ein,
nachdem alle seine Truppen ihn verlassen und sich zerstreut hatten. 9 Und
sie ergriffen den König und brachten
ihn zum König von Babel nach Ribla
in der Landschaft Hamat. 10 Der
machte ihm den Prozeß. Die Söhne
des Zidkija ließ er vor seinen Augen
abschlachten, auch alle Würdenträger

→5159–64 Diese symbolische Handlung, vgl. 181+, die geheimbleiben sollte, wurde um 593 v. Chr. vollzogen. Sie bezeugt den Glauben des Propheten an die Unwiderruflichkeit des Wortes Gottes.

→5164 *bringe* Danach Zusatz in M: „und sie plagen sich“, vgl. v. 58; fehlt in G.

→5164 *Bis hierher gehen die Worte Jeremias* Diese Anmerkung, die in G fehlt, dürfte ursprünglich nach v. 58 gestanden haben.

→521–34 *(Anhang)* Das Kapitel wiederholt mit einigen Ergänzungen 2 Kg 2418 – 2530 (vgl. die Anmerkungen dort) und entspricht auch Jr 391–10; den drei Abschnitten liegt die gleiche Quelle zugrunde. Das Kapitel wurde an das Buch Jeremia angehängt wie Js 36–39 an den ersten Teil des Buches Jesaja. Es zeigt die Erfüllung der Drohungen des Propheten und endet wie 2 Kg mit einem der Botschaft Jeremias ebenfalls entsprechenden Lichtblick.

→524 Januar–Februar 588 v. Chr.

→526 August 587 v. Chr.

→527 *und als der König das sah* Nach 394 ergänzt.

Judas ließ er in Ribla abschlachten.
11 Den Zidkija aber blendete er, legte
ihn in Ketten, brachte ihn nach Babel
und behielt ihn bis zu seinem Tode im
Gefängnis.

12 Im fünften Monat, am zehnten
Tag des Monats, das ist im neunzehn-
ten Jahr der Regierung des Nebukad-
rezar, des Königs von Babel, drang
Nebusaradan, der Oberste der Leib-
garde, der zur persönlichen Umge-
bung des Königs gehörte, in Jerusa-
lem ein. 13 Und er verbrannte den
Tempel Jahwes sowie den Königs-
palast und alle Häuser Jerusalems.
14 Die Truppen der Chaldäer, die dem
Obersten der Leibwache unterstanden,
rissen die Mauern rings um Jerusalem
nieder.

15 Den Rest der Bevölkerung aber,
der in der Stadt übriggeblieben war,
und die Überläufer, die zum König
von Babel übergelaufen waren, sowie
den Rest der Werkleute führte Nebu-
saradan, der Oberst der Leibgarde,
weg. 16 Von den kleinen Leuten des
Landes aber ließ Nebusaradan, der
Oberst der Leibgarde, etliche als
Winzer und Ackersleute zurück.

17 Die ehernen Säulen im Tempel
Jahwes, die Gestelle und das eherne
Meer im Tempel Jahwes zerschlugen
die Chaldäer und nahmen alles Erz
davon nach Babel. 18 Auch die
Töpfe, Schaufeln, Messer, Spreng-
schalen und die anderen Schalen,
überhaupt alle ehernen Geräte, mit
denen man den Dienst versah, nah-
men sie weg. 19 Auch die Becken,
Kohlenpfannen, Sprengschalen, Töp-
fe, Leuchter, Schüsseln, Opferschalen,
was nur von Gold und Silber war,
nahm der Kommandant der Leib-
wache weg. 20 Die zwei Säulen, das
eine Meer und die zwölf ehernen
Rinder unter dem Meer, die Gestelle,
die der König Salomo für den Tempel
Jahwes hatte anfertigen lassen – das
Erz aller dieser Geräte war nicht zu
wägen. 21 Was aber die Säulen be-
trifft: achtzehn Ellen war die eine
Säule hoch, und ein Gurt von zwölf
Ellen umspannte sie; sie war vier
Finger dick, innen hohl. 22 Und ein
Kapitäl aus Erz war darauf; die Höhe
des Kapitäls betrug fünf Ellen; und
ein Geflecht und Granatäpfel waren
rings um das Kapitäl, alles von Erz;
ebenso an der zweiten Säule. 23 Es
waren aber sechsundneunzig Granat-
äpfel, die frei hingen. Die Gesamtzahl
der Granatäpfel um das Flechtwerk
herum war hundert.

24 Der Oberst der Leibgarde nahm
den Hohenpriester Seraja sowie den
Unterpriester Zephanja und die drei
Schwellenhüter gefangen. 25 Und aus
der Stadt nahm er einen Kämmerer
mit, der an der Spitze der Kriegsleute
stand, ferner sieben Männer aus der
nächsten Umgebung des Königs, die
in der Stadt entdeckt wurden, sowie
den Schreiber des Heerführers, der das
Volk des Landes zum Kriegsdienst
ausgehoben hatte, und sechzig Mann
aus dem Volk des Landes, die in der
Stadt gefunden wurden. 26 Die nahm
Nebusaradan, der Oberst der Leib-
garde, mit und brachte sie zum König
von Babel nach Ribla. 27 Der König
von Babel aber ließ sie zu Ribla im
Lande Hamat hinrichten.

So wurde Juda von seinem Grund
und Boden weggeführt. 28 Das ist die
Zahl der Leute, die Nebukadrezar
wegführte: in seinem siebten Jahr von
den Judäern dreitausenddreiundzwan-
zig. 29 Im achtzehnten Jahr des Nebu-
kadrezar: aus Jerusalem achthundert-
zweiunddreißig Personen. 30 Im
dreiundzwanzigsten Jahr des Nebu-
kadrezar führte Nebusaradan, der
Oberst der Leibgarde, weg von den
Judäern siebenhundertfünfundvierzig
Personen. Insgesamt viertausendsechs-
hundert Personen.

31 Aber im siebenunddreißigsten
Jahre der Gefangenschaft Jojachins,
des Königs von Juda, im zwölften
Monat, am fünfundzwanzigsten Tage
des Monats, da geschah es, daß Ewil-
Merodach, der König von Babel, in
dem Jahr, da er König wurde,
den König Jojachin von Juda be-

→52 12 September 587 v. Chr.
→52 13 Zusatz in M am Versende: „und jedes Haus eines Großen verbrannte er".
→52 15 Zusatz in M am Versanfang: „Etliche von den kleinen Leuten des Landes", vgl. v. 16.
→52 20 *und die zwölf ehernen Rinder unter dem Meer* Fehlt in 2 Kg; diese Bronzerinder waren bereits zur Zeit des Achas, 2 Kg 16 17, entfernt worden.
→52 22 Zusatz in M am Versende: „und Granatäpfel".
→52 28 Diese nur hier stehende Zahlenangabe dürfte auf eine babylonische Urkunde zurückgehen. Es sind offenbar nur die Erwachsenen gezählt. Die Regierungsjahre werden nach babylonischer Zählweise gerechnet, die das angebrochene Jahr des Regierungsantrittes nicht mitzählt.
→52 30 582 v. Chr.; diese weitere Deportierung hängt vielleicht mit dem ammonitisch-moabitischen Aufstand zusammen, der in Juda Anhänger gefunden haben mag.
→52 31 562 v. Chr.

gnadigte und aus dem Kerker entließ.
32 Er redete freundlich mit ihm und
wies ihm seinen Sitz über den Sitzen
der anderen Könige an, die bei ihm in
Babel waren. 33 Er durfte seine Ge-
fangenenkleider ablegen und ständig
bei ihm speisen, solange er lebte.
34 Sein Unterhalt, und zwar ein stän-
diger Unterhalt, wurde ihm Tag
für Tag vom König von Babel ge-
währt bis zu seinem Tode, solange
er lebte.

Das Buch der Klagelieder

ERSTES KLAGELIED

Aleph

1 1 O weh! Wie sitzt die Stadt nun einsam, / die einst so reich an Volk;
Sie ist wie eine Witwe, sie, / die groß war unter den Völkern;
Die Fürstin über die Lande, / sie ward zur Fron erniedrigt!

Bet

2 Nun weint und weint sie durch die Nacht, / und Tränen stehn auf ihren Wangen;
Doch es kommt keiner, sie zu trösten / von allen ihren Liebsten.
All ihre Freunde lassen sie im Stich; / sie werden ihr zu Feinden!

Gimel

3 Vor dem Elend ist Juda geflüchtet / und vor dem Druck der Zwangsarbeit:
Nun wohnt es unter den Heiden, / hat doch keine Ruhstatt gefunden;
Im Engpaß holen es ein / alle seine Verfolger.

Dalet

4 Die Straßen nach Zion trauern, / da niemand zum Feste kommt.
Verwüstet liegen all ihre Tore; / es seufzen ihre Priester.
Voll Gram sind ihre Jungfrauen, / und sie selbst ist voller Bitternis.

He

5 Ihre Bedränger sind nun die Herren, / ihre Feinde schwelgen im Glück;
Denn Trübsal brachte der Herr über (Zion) / ob ihrer Sünden Menge:
Ihre Kinder mußten gefangen / unter den Augen des Feindes fortziehen.

Waw

6 Und von der Tochter Zion / wich all ihr Glanz.
Ihre Fürsten wurden Widdern gleich, / sie fanden keine Weide mehr
Und zogen nun, der Kraft verlustig, / vor dem Treiber her.

Sajin

7 Jerusalem gedenkt / ihrer Tage voll Elend und Not,
Als ihr Volk in Feindeshand fiel, / und niemand war da, ihr zu helfen.
Die Bedränger schauten sie an, / sie lachten über ihren Ruin.

Het

8 Schwer gesündigt hat Jerusalem, / sie ist unrein geworden.
Die einst sie ehrten, verachten sie alle; / sie sahen ja ihre Blöße.
Nun seufzet auch sie selbst / und wendet sich ab.

Tet

9 Ihre Schleppe zeigt Befleckung; / sie dachte nicht, daß dies ihr Ende.
Schrecklich kam sie herunter: / keiner will sie trösten.
„Jahwe, sieh mein Elend an! / denn der Feind tut groß."

Jod

10 Ausgestreckt hat der Feind die Hand / nach all ihren Kostbarkeiten.
Ja, zuschauen mußte sie, wie Heiden / in ihr Heiligtum eindrangen;
Wo du doch befohlen, sie dürfen nicht / zu dir in die Gemeinde kommen.

→1 1–22 Der Dichter beschreibt die Notlage Jerusalems. Das personifizierte Zion spricht in v. 9, dann in v. 11; v. 12–16 enthält Zions Klage, v. 18–22 sein Gebet, das gleichzeitig Bekenntnis, Hoffnung und Flehruf ist. G und V haben vor v. 1 folgende Einleitung: „Es geschah, nachdem Israel weggeführt war in Gefangenschaft und Juda zur Wüste geworden, da setzte sich der Prophet Jeremia weinend darnieder; so klagte er über Jerusalem und sprach". →1 2 *ihren Liebsten* Die alten Verbündeten Judas.
→1 6 *Widdern* G, V; M: „Hirschen".
→1 7 *Not* Danach Zusatz in M: „und all seiner Schätze, die von Urzeiten an bestanden".
→1 8 *sie ist* G; M: „darum ist sie".

Kaph

11 Es seufzt ihr ganzes Volk / auf der Suche nach Brot;
Sie geben ihre Schätze hin für Speise, / um wenigstens das Leben zu erhalten.
„Jahwe, sieh und schau doch an, / wie ich gering geachtet bin!“

Lamed

12 Ihr alle, die ihr des Wegs vorüberkommt, / schaut her und sehet zu,
Ob ein Schmerz meinem Schmerze gleicht, / der mir ward angetan;
Womit Jahwe mich heimgesucht / am Tage seiner Zornesglut!

Mem

13 Aus der Höhe sandte er Feuer, / schleuderte es in mein Gebein;
Stellte meinen Füßen ein Netz, / zwang mich zur Umkehr,
Machte mich zerschlagen, / siech für alle Zeit.

Nun

14 Er hat überwacht meine Sünden: / mit seiner Hand hat er mich umklammert.
Sein Joch kam auf meinen Nacken; / das brachte meine Kraft zum Wanken.
Preis gab mich ihnen der Herr, / ich kann nicht mehr standhalten.

Samech

15 Jahwe verwarf in meiner Mitte / alle meine Starken;
Er rief ein Aufgebot gegen mich aus, / meine junge Mannschaft zu vernichten.
Der Herr trat die Kelter / der Jungfrau Tochter Juda.

Ajin

16 Darüber muß ich weinen, / mein Auge überfließt in Tränen.
Ach, wie fern ist mir der Tröster, / meine Seele umzustimmen!
Ganz verstört sind meine Söhne, / weil der Feind so stark erscheint.

Pe

17 So streckte Zion seine Hände aus / und fand doch keinen Tröster.
Jahwe hat gegen Jakob / rings dessen Feinde aufgeboten.
Da ward in ihrer Mitte / Jerusalem zum Abscheu.

Zade

18 Jahwe, er ist gerecht; / denn seinem Wort hab' ich getrotzt.
Hört doch, all ihr Völker, / und schauet meinen Schmerz:
Meine Jungfrauen und Jungmänner / mußten ziehen in Gefangenschaft!

Koph

19 Ich rief nach meinen Liebsten, / doch diese ließen mich im Stich.
Meine Priester und Ältesten / starben dahin in der Stadt,
Auf der Suche nach Nahrung, / nur um das Leben zu retten.

Resch

20 Siehe, Jahwe, wie ich in Not; / in Aufruhr ist mein Inneres;
Es windet sich das Herz im Leibe mir! / Weil ich so widerspenstig trotzte,
Beraubte mich der Kinder draußen das Schwert, / im Hause der Tod.

Schin

21 Höre, wie ich stöhne, / ohne Tröster bin!
Alle meine Feinde freuen sich an meinem Unglück: / du hast es vollbracht!
Bringe den Tag, den du hast ausgerufen. / Wie mir mag's ihnen gehen!

Taw

22 All ihre Bosheit komme vor dein Angesicht, / und dann tue ihnen,
Wie du mir getan / ob meiner Sünden all!
Zahllos sind ja meine Seufzer, / und mein Herz ist krank!

ZWEITES KLAGELIED

Aleph

2 1 O weh! / In seinem Zorn umdunkelte / Jahwe die Tochter Zion;
Er warf das Glanzstück Israels / vom Himmel zur Erde.

→1 12 *Ihr* Korr., vgl. V; M: „Nicht für euch“.
→1 14 *Sein Joch* Symmachus; M: „Sie kamen“.
→1 14 *gab mich ihnen* Korr.; M: „gab mich“.
→1 15 *Jahwe* Hss von M; M: „Der Herr“.
→1 20 *der Tod* S; M: „wie der Tod“.
→1 21 *Höre* S; M: „Sie hörten“; G: „Höret“.
→1 21 *Feinde* Danach Zusatz in M: „hörten“.
→1 21 *Bringe* S; M: „Du hast gebracht“.
→2 1–22 Nachdem der Dichter das Unglück und das Schicksal der Könige, Priester, Propheten, Ältesten, Kinder, beschrieben hat, v. 1–12, wendet er sich an Zion, v. 13–17, erinnert ihn an die Lüge der falschen Propheten und ruft ihn zur Klage auf, v. 18–22.

Des Schemels seiner Füße gedachte er nicht mehr / am Tage seines Zornes.

Bet

2 Ohne Schonung hat der Herr vernichtet / alle Fluren Jakobs,
Hat der Judatochter Festungswerke / in seinem Grimme eingerissen;
Zu Boden gezwungen, entehrt / das Königtum und seine Fürsten.

Gimel

3 In Zornesglut zerbrach er / jedes Horn in Israel,
Zog seine Rechte zurück / angesichts des Feindes
Und legte in Jakob an einen Brand, / der ringsum weiterfrißt.

Dalet

4 Er spannte seinen Bogen wie ein Feind, / trat wie ein Gegner auf
Mit seiner Rechten und mordete alles, / was dem Auge lieb
Im Zelt der Tochter Zion; / goß aus wie Feuer seinen Zorn.

He

5 Zum Feinde ward der Herr; / er vertilgte Israel,
Vertilgte alle seine Paläste, / zerstörte seine Burgen
Und häufte bei der Tochter Juda / Jammer über Jammer.

Waw

6 Und er zertrat wie einen Garten sein Gehege, / zerstörte seinen Ort der Begegnung.
Vergessen ließ Jahwe auf Zion / die Fest- und Sabbattage
Und verwarf in seinem Zorngerichte / König und Priester.

Sajin

7 Der Herr hat verworfen seinen Altar, / entweiht sein Heiligtum,
In Feindeshand überliefert / die Mauern um ihre Gebäude;
Laut ward es im Hause Jahwes / wie sonst an Tagen nur der Feste.

Het

8 Jahwe gedachte zu schleifen / die Mauer der Tochter Zion;
Die Meßschnur spannte er aus, hielt seine Hand / von der Vernichtung nicht zurück;
Trauern ließ er Wall und Mauer; / beide sanken in sich zusammen.

Tet

9 Im Boden versanken ihre Tore; / er zerstörte ihre Riegel.
Bei den Heiden sind ihr König, ihre Fürsten. / Kein Gesetz ist mehr.
Auch ward kein Gesicht von Jahwe / ihren Propheten mehr zuteil.

Jod

10 Da setzten sich zur Erde und verstummten / die Greise der Tochter Zion,
Streuten sich Staub aufs Haupt / und banden den Sack um.
Zu Boden senkten ihre Köpfe / die Jungfrauen Jerusalems.

Kaph

11 Hinschwinden meine Augen in den Tränen, / in Aufruhr ist mein Inneres;
Zu Boden ist gegossen mein Gemüt / ob des Zusammenbruchs der Tochter meines Volkes,
Dieweil verschmachtet Kind und Säugling sind / auf den Plätzen der Stadt.

Lamed

12 Zu ihren Müttern haben sie gerufen: / „Wo ist Brot?“
Da sie wie todeswund verschmachteten / auf den Plätzen der Stadt,
Da ihr Leben sie verhauchten / in ihrer Mütter Schoß.

Mem

13 Womit soll ich dich vergleichen, wem dich ähnlich nennen, / Tochter von Jerusalem?
Wer könnte dich retten und trösten, / Jungfrau, Tochter Zion?
Denn grenzenlos wie das Meer ist dein Unglück! / Wer kann dich heilen?

Nun

14 Deine Propheten schauten dir / Lug und Trug
Und legten deine Schuld nicht klar, / um deine Umkehr einzuleiten,

---

→21 *Des Schemels seiner Füße* Des Tempels.
→27 *Laut ward es im Hause Jahwes* Aber vom Kriegsschrei des Feindes.
→212 *Brot* Danach Zusatz in M: „und Wein“.
→213 *Womit soll ich dich vergleichen* V; M: „Womit soll ich für dich Zeugnis geben“.
→213 *Wer könnte dich retten und trösten* Korr. nach G; der Text von M: „Womit soll ich dich gleichsetzen, um dich zu trösten“.
→214 *Trug* Wörtlich: Tünche.

Und schauten dir Täuschung, / nur falsch und irreführend.

Samech

15 In die Hände klatschen deinetwegen / alle, die des Wegs vorübergehen;

Sie zischen und schütteln den Kopf / über die Tochter von Jerusalem:

„Ist das der Schönheit Krone, / eine Wonne für die ganze Welt?"

Ajin

16 Es reißen wider dich den Mund auf / alle deine Feinde;

Sie zischen und fletschen die Zähne, / rufen aus: „Wir haben sie verschlungen!

Ha! das ist der Tag, den wir herbeigesehnt; / wir haben es erreicht, erlebt!"

Pe

17 Jahwe hat, was er plante, ausgeführt, / seine Drohung wahr gemacht,

Die er vor Zeiten längst verkündet; / ohne Schonung hat er eingerissen.

Der Feind frohlockte über dich, / erhoben hat er sein Horn.

Zade

18 Rufe laut zum Herrn / und seufze, Tochter Zion!

Laß wie einen Bach die Tränen fließen / durch Tag und Nacht!

Nie gewähre Ruhe dir; / nie versiege deines Auges Apfel!

Koph

19 Steh auf des Nachts und klage laut / bei jeder Nachtwache Beginn!

Wie Wasser gieße aus dein Herz / vor Jahwes Angesicht!

Zu ihm erhebe deine Hände / für deiner Kinder Leben.

Resch

20 Jahwe, siehe und blicke her, / wem du solches angetan.

Mußten Frauen ihre Leibesfrucht verzehren, / die Kindlein ihrer eignen Pflege?

Mußten Priester und Prophet erschlagen werden / im Tempel Jahwes?

Schin

21 Es liegen im Staube der Gassen / Knaben und Greise.

Meine Jungfrauen und Jungmannen / fielen durch das Schwert.

Du hast sie am Tag deines Zornes gemordet, / hingeschlachtet ohne Mitleid!

Taw

22 Wie zu einem Festtag hast du aufgerufen / die Schrecken ringsumher.

Es gab am Tage deines Zornes / keinen, der entkam, keinen Entronnenen.

Die ich gepflegt und großgezogen, / die hat mein Feind vertilgt!

DRITTES KLAGELIED

Aleph

3 1 Ich bin der Mann, der Leid erlebt hat / unter der Rute seines Zornes;

2 Mich hat er weg- und fortgetrieben, / wo Dunkel ist, nicht Licht;

3 Immer wieder kehrt er seine Hand / gerade gegen mich.

Bet

4 Er zehrte aus mein Fleisch und meine Haut, / er knickte mein Gebein;

5 Er machte mir ein Joch, ließ kreisen / um mein Haupt Beschwernis,

6 Ließ mich an finstern Orten wohnen / bei den längst Verstorbenen.

Gimel

7 Er schloß in Mauern mich, wo kein Entrinnen ist; / er legte mich in schwere, eherne Fesseln.

8 Auch wenn ich schrie und flehte, / so blieb er stumm auf mein Gebet.

9 Mit Quadern hat er mir den Weg vermauert, / die Pfade mir versperrt.

Dalet

10 Zum lauernden Bären ward er mir, / zum Löwen im Versteck;

→215 *Ist das der Schönheit Krone* Korr.; M: „Ist das die Stadt, die man nannte der Schönheit Krone".
→217 *sein Horn* (D. h. seine Kraft) Korr.; M: „das Horn deiner Feinde".
→218 *Rufe laut* Korr.; M: „Ihr Herz ruft laut".
→218 *seufze* Korr.; M: „o Mauer".
→219 Zusatz in M am Versende: „die vor Hunger verschmachten am Eingang aller Straßen".
→220 *Jahwes* Korr.; M: „des Herrn".
→222 *die Schrecken* Korr.; M: „meine Schrecken".
→222 *deines Zornes* Korr.; M: „des Zornes Jahwes".
→31–66 In diesem Gedicht geht ähnlich wie bei manchen Psalmen die Klage des einzelnen über (hier v. 40–47) in die Klage des Volkes.
→35 *machte mir ein Joch* Korr.; M: „machte gegen mich".
→35 *um mein Haupt* G; M: „mit Gift".
→36 *bei den* Korr.; M: „wie die".

11 Er drängte mich vom Wege ab,
zerfleischte mich / und ließ mich dann
verlassen liegen.
12 Er spannte seinen Bogen und
stellte mich / als Ziel hin für den
Pfeil;

He

13 Er schoß seine Pfeile mir in den
Leib, / die Söhne seines Köchers.
14 Zum Gelächter ward ich meinem
ganzen Volk, / zu ihrem Spottlied alle
Tage.
15 Mit bittrer Kost hat er mich satt
gemacht, / mich satt getränkt mit
Wermut.

Waw

16 Er ließ auf Kiesel meine Zähne
sich zermahlen, / er hat mich mit
Staub genährt.
17 Meine Seele ist vom Frieden
ausgeschlossen, / ich vergaß, was
Glück ist.
18 Ich sprach: Zu Ende ist meine
Lebenskraft, / mein Vertrauen, das
von Jahwe kommt.

Sajin

19 Denk an mein Elend, meine
Unrast, / die Gift und Wermut sind!
20 Meine Seele denkt und grübelt /
und droht sich aufzulösen:
21 Doch das will ich beherzigen, /
auf dieses harren:

Het

22 Die Huld Jahwes ist nicht erschöpft, / Ja, sein Erbarmen ist noch
nicht zu Ende.
23 Neu erwacht es jeden Morgen. /
Wie groß ist seine Treue!
24 „Mein Anteil ist Jahwe“, spricht
meine Seele; / „darum harre ich auf
ihn.“

Tet

25 Jahwe ist gut zu dem, der ihm
vertraut, / zur Seele, die ihn sucht;
26 Gut dem, der schweigend harrt /
auf Hilfe von Jahwe!
27 Heil dem Manne, welcher trägt /
sein Joch von Jugend an;

Jod

28 Der einsam sitzt und schweigt, /
weil er es ihm auferlegt;
29 Der seinen Mund dem Staube
nähert: / Vielleicht ist Hoffnung!
30 Der dem die Wange hinhält, der
ihn schlägt; / der Schmach erduldet
bis zur Sättigung.

Kaph

31 Denn nicht verwirft der Herr /
die Menschen für immer.
32 Wenn er betrübt, erbarmt er
sich auch wieder / nach seiner großen
Huld;
33 Denn nicht gern drückt er zu
Boden / und betrübt die Menschenkinder.

Lamed

34 Wenn man unter den Füßen zertritt / alle Gefangenen im Lande,
35 Wenn man beugt das Recht
des Mannes / im Angesicht des Höchsten,
36 Wenn man dem Nächsten Unrecht tut in seinem Streitfall: / sollte
das der Herr nicht sehen?

Mem

37 Wer war es doch, der sprach, und
es geschah? / Hat nicht der Herr es geboten?
38 Ergeht nicht aus des Höchsten
Mund / das Üble wie das Gute?
39 Was klagt denn der Mensch? /
Er werde Herr über seine Sünden!

Nun

40 Wir wollen unsern Weg prüfen
und erforschen / und zu Jahwe uns
kehren,
41 Wollen unsere Herzen und unsere Hände erheben / zu Gott im
Himmel!
42 Ja wir, wir sündigten und waren
widerspenstig: / da hast du uns nicht
vergeben,

Samech

43 Hast dich in Zorn gehüllt und
uns verfolgt, / erschlagen ohne Mitleid,

→3 14 *meinem ganzen Volk* Einige Handschriften von M und S lesen: „allen Völkern“; dann wäre der Beter mit Israel gleichgesetzt.
→3 16 *mit Staub genährt* G; M: „in den Staub gesetzt“.
→3 17 *ist ausgeschlossen* S, V; M: „hast du ausgeschlossen“; G: „hat er ausgeschlossen“.
→3 21 *beherzigen* (Wörtlich: an mein Herz legen) G; M: „zu meinem Herzen zurückbringen“.
→3 22–24 Fehlt in G.
→3 23 *seine Treue* Korr.; M: „deine Treue“.
→3 27 *von Jugend an* Hss von M und G; M: „in der Jugend“.
→3 39 *Er werde* Korr.; M: „Lebender“.
→3 39 *seine Sünden* M (Kere), Hss von M, G; M (Ketib): „seine Sünde“.

44 Hast dich gehüllt in Wolken, / durch die kein Beten dringt.
45 Du machtest uns zu ekelhaftem Unrat / inmitten der Völker.

Ajin

46 Es rissen wider uns den Mund auf / alle unsere Feinde.
47 Uns ward Grauen und Grube, / Vernichtung und Verderben!
48 Ströme von Tränen vergießt mein Auge / über den Ruin der Tochter meines Volkes.

Pe

49 Mein Auge ergießt sich unstillbar, / vermag nicht aufzuhören,
50 Bis Jahwe herab vom Himmel / schaut und sieht.
51 Selbst meiner Seele tut mein Auge weh / ob all der Töchter meiner Stadt.

Zade

52 Wahrlich, es jagten mich wie einen Vogel, / die ohne Grund mir feind.
53 In die Zisterne versenkten sie mein Leben / und warfen auf mich Steine.
54 Das Wasser ging mir über den Kopf; / ich sagte mir: „Ich bin verloren!"

Koph

55 Da rief ich deinen Namen an, Jahwe / aus der Tiefe der Zisterne.
56 Du hörtest meinen Ruf: „Verschließe / dein Ohr nicht meinem Gebet!"
57 Nahe warst du, als ich damals zu dir rief; / du sagtest: „Fürchte nichts!"

Resch

58 Du hast meine Sache ausgefochten, / mein Leben errettet.
59 Du hast, Jahwe, gesehen meine Bedrückung, / hast mir Recht verschafft.
60 Du hast gesehen all ihre Rachgier, / all ihre Ränke wider mich.

Schin

61 Du hast ihr Schmähen gehört, Jahwe, / all ihre Ränke wider mich,
62 Das Flüstern meiner Gegner, ihr Getuschel / wider mich den ganzen Tag.
63 Ihr Sitzen und ihr Aufstehn, sieh es an! / zum Spottlied ward ich ihnen.

Taw

64 Du wirst ihnen vergelten, Jahwe, / nach ihrer Hände Werk;
65 Du verhängst Verblendung über ihre Herzen, deinen Fluch über sie
66 Wirst sie mit Zorn verfolgen und sie vertilgen / unter deinem Himmel!

VIERTES KLAGELIED

Aleph

4 1 O weh, das alte Gold ist trüb geworden, / das feine Gold!
Verschleudert werden die heiligen Steine / an allen Straßenecken.

Bet

2 Die teuren Söhne Zions, / einst mit Feingold aufgewogen,
Ach, man wertet sie wie Krüge von Ton, / wie das Werk von Töpferhänden!

Gimel

3 Selbst Schakale reichen die Brust, / sie säugen ihre Jungen:
Die Töchter meines Volkes jedoch sind hart geworden / wie die Strauße in der Wüste.

Dalet

4 Es klebt des Säuglings Zunge / vor Durst am Gaumen.
Kinder schreien nach Brot, / doch niemand bricht es ihnen.

He

5 Die einstens Leckerbissen aßen, / verschmachten in den Gassen;
Die sich auf Purpurkissen stützten, / umarmen nun den Abfallhaufen.

Waw

6 Größer ward die Schuld der Tochter meines Volkes / als die Sünde Sodoms,
Das im Nu verwüstet worden ist, / ohne daß Menschenhände sich mühten.

→356 *meinem Gebet* G; M: „meiner Befreiung, meinem Hilfeschrei".
→358 *ausgefochten* Danach Zusatz in M: „Herr".
→366 *unter deinem Himmel* Hss von G, S; M: „unter dem Himmel Jahwes".
→41 *alte* Korr.; M: „es hat sich geändert". Das Gold und die heiligen Steine sind die Bevölkerung von Jerusalem.
→43 *Die Töchter meines Volkes* G; M: „Die Tochter meines Volkes".
→46 „Schuld" und „Sünde" können auch die Strafe dafür bezeichnen.
→46 *sich mühten* Nach G.

Sajin
7 Ihre Jünglinge waren reiner einst als Schnee, / glänzten weiß wie Milch;
Röter als Korallen war ihr Körper; / ihre Farbe glänzte wie Saphir.

He
8 Schwärzer als Ruß ist ihr Ansehen geworden: / Man erkennt sie nicht mehr auf den Straßen.
Ihre Haut klebt ihnen am Gerippe, / wie Holz so trocken.

Tet
9 Die das Schwert durchbohrte, sind besser daran / als die, welche der Hunger durchbohrte;
Die vergingen, getroffen / vom Mißertrag des Feldes.

Jod
10 Hände von Frauen, sonst so zart empfindend, / kochten ihre eignen Kinder;
Sie dienten ihnen als Speise / beim Zusammenbruch der Tochter meines Volkes.

Kaph
11 Der Herr hat seinen Grimm vollendet, / hat ausgegossen seinen Zorn,
Ein Feuer angefacht in Zion, / das selbst die Grundmauern verzehrte.

Lamed
12 Es hätten nie geglaubt der Erde Könige / und alle Weltbewohner,
Daß jemals Eingang fände ein Feind und Bedränger / in den Toren von Jerusalem.

Mem
13 Wegen der Sünden ihrer Propheten (geschah es), / wegen der Frevel ihrer Priester,
Die in seiner Mitte vergossen / das Blut von Gerechten.

Nun
14 Sie taumelten gleich Blinden durch die Gassen, / befleckt mit Blut,
So daß man nicht berühren konnte / ihre Kleider.

Samech
15 „Fort! Unrein!" rief man ihnen zu, / „Fort! Berühret nicht!"
Da flohen sie und wankten zu den Heiden fort. / Sie durften nicht bleiben.

Ajin
16 Das Angesicht Jahwes zerstreute sie; / er blickte nicht mehr auf sie hin.
Keine Ehrfurcht zollte man den Priestern, / den Propheten keine Rücksicht.

Pe
17 Noch immer schauten wir uns die Augen aus / nach Hilfe für uns – die ausblieb;
Von unserer Warte spähten wir / nach einem Volk aus, das versagte.

Zade
18 Unsere Feinde belauerten unsere Schritte, / so daß wir uns nicht auf die Straßen wagen durften.
Nun war nahe unser Ende, / unsere Tage waren erfüllt.

Koph
19 Schneller waren unsere Verfolger / als Adler in der Luft.
Auf den Bergen setzten sie uns nach, / lauerten uns in der Wüste auf.

Resch
20 Unser Lebensodem, der Gesalbte Jahwes, / ward in ihren Gruben gefangen,
Von dem wir doch gesagt: „In seinem Schutze / werden wir unter den Völkern leben."

Schin
21 Juble nur und freue dich, du Tochter Edoms, / Bewohnerin von Uz!
An dich kommt auch der Becher, / und du entblößest dich im Rausche.

Taw
22 Tochter Zion, deine Schuld hört auf; / nicht wiederholt sich deine Verbannung!
Tochter Edoms, deine Schuld hin-

→47 *Jünglinge* Korr.; M: „Nasiräer" (vgl. Nm 61+).
→415 *Fort!* Korr.; M: „Fort! Fort!"
→415 *wankten* Danach Zusatz in M: „sagte man (unter den Heiden)".
→416 *den Propheten* Hss von G, L; M: „den Ältesten".
→417 *nach einem Volk* Hiermit ist Ägypten gemeint, das im letzten Krieg Bundesgenosse war.
→418 *Unsere Feinde* Hinzugefügt.
→418 Zusatz in M am Versende: „denn gekommen war unser Ende".
→420 *der Gesalbte Jahwes* Zidkija.
→421 *Uz* Vgl. Gn 3628; Ib 11. Die Nachbarvölker, Edom, Moab, Ammon, zeigten sich dem besiegten Israel gegenüber feindselig, statt ihm zu helfen; daher die Fluchworte gegen Edom, die in der prophetischen und nachexilischen Literatur häufig sind, vgl. Ez 25; Ps 1377 usw., und auf die der Dichter hier zurückgreift.

gegen sucht er heim, / deine Sünden deckt er auf!

FÜNFTES KLAGELIED

5 1 Gedenke, Jahwe, was uns geschehen; / blicke her und sieh auf unsre Schmach!
2 Unser Erbbesitz ist Fremden zugefallen, / unsere Häuser Ausländern.
3 Waise sind wir, ohne Vater, / unsere Mütter sind wie Witwen.
4 Unser Wasser trinken wir nur gegen Geld, / bekommen unser eigen Holz nur gegen Zahlung.
5 Das Joch liegt auf unserem Nacken, wir werden verfolgt, / man vergönnt uns, sind wir müde, keine Ruh.
6 Nach Ägypten streckten wir die Hand, / nach Assur, uns mit Brot zu sättigen.
7 Unsere Väter haben gesündigt; doch sie sind nicht mehr, / und wir nun müssen ihr Verschulden tragen.
8 Knechte sind jetzt Herren über uns; / keinen Retter gibt es aus ihrer Hand.
9 Wir holen unser Brot nur unter Lebensgefahr, / bedroht vom Schwert der Wüste.
10 Unsere Haut brennt wie ein Ofen / vor dem Glutwind des Hungers.
11 In Zion hat man Frauen vergewaltigt, / Jungfrauen in Judas Städten.
12 Fürsten wurden durch ihre Hand gehängt; / greise Häupter fanden keine Rücksicht.
13 Jünglinge mußten die Handmühle schleppen, / und Knaben strauchelten mit Holz.
14 Die Greise hielten sich vom Tore fern, / die Jünglinge von ihrem Spiel.
15 Dahin ist unseres Herzens Freude, / in Totenklage unser Reigentanz verwandelt.
16 Gefallen ist der Kranz von unserem Haupte. / Weh uns, daß wir gesündigt haben!
17 Darum ist unser Herz traurig, / darob sind düster unsere Augen:
18 Des Zionsberges wegen, der verwüstet liegt; / Schakale laufen dort herum.
19 Doch du, Jahwe, du bleibst in Ewigkeit, / dein Thron steht von Geschlecht zu Geschlecht.
20 Warum willst du für immer uns vergessen, / verlassen uns fürs ganze Leben?
21 Kehre uns zu dir, Jahwe, auf daß auch wir uns wenden, / mach unsere Tage wieder wie einst!
22 Oder hast du völlig uns verworfen, / zürnst uns unerbittlich?

→51–22 Das fünfte Klagelied trägt in V den Titel: „Gebet Jeremias".
→55 *Das Joch* Ergänzt (vgl. Symmachus); fehlt in M.
→56 Israel ist jetzt in seinem Lebensunterhalt auf die Gnade derer angewiesen, die seit jeher seine Feinde waren. „Assur" bezeichnet hier Babel.
→57 Das Gesetz der kollektiven Vergeltung bleibt in den Augen des Verfassers für die Gegenwart gültig und wird erst in der Zukunft dem Grundsatz der individuellen Vergeltung weichen, vgl. Ez 1412+.
→58 *Knechte* Chaldäische Beamte, die gewöhnlich mit dem Namen „Knechte" bezeichnet wurden; hier in abfälliger Bedeutung.
→519 Trotz der Zerstörung seines irdischen Tempels thront Jahwe, der allezeit Herrliche und Mächtige, im Himmel.

Das Buch Baruch

I. EINLEITUNG

Baruch und die Gemeinde der Juden in Babel

1 1 Dies sind die Worte des Buches,
das Baruch in Babel geschrieben,
der Sohn des Nerija, des Sohnes des
Machseja, des Sohnes des Zidkija,
des Sohnes des Hasadia, des Sohnes
des Hilkija. 2 Es war im fünften
Jahre, am siebten Tag des Monats,
zur selben Zeit, da die Chaldäer
Jerusalem eingenommen und im Feuer
verbrannt hatten.
3 Baruch verlas die Worte dieses
Buches vor Jechonja, dem Sohne des
Jojakim, dem König von Juda, und
vor dem ganzen Volke, das zur Schrift-
lesung zusammengekommen war, 4
und vor den Großen und den Königs-
söhnen und vor den Ältesten, kurz
vor dem ganzen Volke, groß und klein,
vor allen, die in Babel am Fluß Sud
wohnten. 5 Da weinten sie und faste-
ten und beteten vor dem Herrn;
6 dann legten sie Geld zusammen,
soviel ein jeder konnte, 7 und sandten
es nach Jerusalem an den Priester
Jojakim, den Sohn des Hilkija, des
Sohnes des Sallum, und an die anderen
Priester und an das ganze Volk, das
sich bei ihm zu Jerusalem befand.
8 Dazu hatte er (Baruch) bereits am
zehnten Siwan die Gefäße des Hauses
des Herrn, die aus dem Tempel ver-
schleppt worden waren, erhalten,
um sie ins Judaland zurückzubringen,
jene silbernen Gefäße, die Zidkija,
der Sohn des Josija, der König von Ju-
da, hatte anfertigen lassen, 9 nachdem
Nebukadnezar, der König von Babel,
den Jechonja und die Fürsten und die
Handwerker und die Großen samt dem
Volk des Landes aus Jerusalem wegge-
führt und nach Babel gebracht hatte.
10 Sie schrieben: Seht, wir haben
euch Geld geschickt; nun kauft für das
Geld Brandopfer und Sündopfer so-
wie Weihrauch und bereitet ein Speise-
opfer und opfert auf dem Altare des
Herrn, unseres Gottes, 11 und betet
für das Leben Nebukadnezars, des
Königs von Babel, und für das Leben
seines Sohnes Beltschazzar, auf daß
ihre Tage währen wie die Tage des
Himmels über der Erde. 12 Uns aber
verleihe der Herr Kraft und lasse unsre
Augen leuchten, auf daß wir leben
unter dem Schutze Nebukadnezars,
des Königs von Babel, und unter dem
Schutze seines Sohnes Beltschazzar
und ihnen viele Tage dienen und vor
ihnen Gnade finden. 13 Betet auch für
uns zum Herrn, unserem Gott; denn
wir haben gesündigt wider den Herrn,
unseren Gott, und bis zum heutigen
Tage haben sich der Grimm des Herrn
und sein Zorn von uns nicht wieder
abgewandt. 14 Verleset dann dieses
Buch, das wir an euch gesandt haben,
damit es im Haus des Herrn am Tag
des Festes, und zwar an den Versamm-
lungstagen, vorgetragen werde, 15 und
sprechet:

→1 1f Zu den Teilen, aus denen sich das Buch Baruch zusammensetzt, vgl. Einleitung zu den Prophetenbüchern, S. 1019 bis 1020.

→1 2 *im fünften Jahre* Im Jahre 582 v. Chr. offenbar im fünften Monat, am Jahrestag der Zerstörung Jerusalems, der wahrscheinlich im Exil ebenso wie in Palästina als Gedenktag gehalten wurde, vgl. Sach 7 3; daher die in v. 3–4 erwähnte Versammlung.

→1 3 *Jechonja* Oder Jojachin.

→1 4 *Königssöhnen* Die Angehörigen des Hofes.

→1 7 *an den Priester Jojakim* Offenbar ein „Unterpriester" (2 Kg 25 18), der bei den Tempelruinen blieb. Der Hohepriester Jehozadak war nach Babel deportiert worden, 1 Chr 5 41.

→1 8 *um sie ins Judaland zurückzubringen* Die Geschichtsbücher wissen nur etwas von einer Rückkehr der heiligen Gefäße unter Cyrus, Esr 1 7–11.

→1 9 *die Handwerker* Korr. nach Jr 24 1; G: „die Gefangenen".

→1 14 *des Festes* Des Laubhüttenfestes, vgl. Ex 23 14+. Die „Versammlung" fand am ersten und achten Tag des Festes statt, Lv 23 35–36.

II. GEBET DER VERBANNTEN

Das Sündenbekenntnis

Unserem Gott, dem Herrn, bleibt
die Gerechtigkeit, uns aber Schande
übers Angesicht, so wie es heute ist,
den Männern Judas und den Bewoh-
nern von Jerusalem, 16 unseren Köni-
gen und Fürsten, unseren Priestern
und Propheten sowie unseren Vätern,
17 weil wir gesündigt haben vor dem
Herrn; 18 wir waren ungehorsam
gegen ihn und hörten nicht auf die
Stimme des Herrn, unseres Gottes,
wonach wir wandeln sollten in des
Herrn Geboten, die er uns vorgelegt.
19 Vom Tage, da der Herr aus dem
Ägypterlande unsere Väter herausge-
führt, bis auf den heutigen Tag blieben
wir ungehorsam gegen unseren Gott,
den Herrn, und waren so trotzig, auf
seine Stimme nicht zu hören. 20 So
hefteten sich an uns die Übel und der
Fluch, den der Herr durch seinen Die-
ner Mose androhen ließ, als er unsere
Väter aus dem Ägypterlande heraus-
führte, um uns ein Land zu geben, das
von Milch und Honig fließt, wie denn
bis heute (der Fluch) geblieben ist.
21 Wir hörten auch nicht auf die
Stimme des Herrn, unseres Gottes,
die in all den Worten der Propheten
war, die er zu uns gesandt; 22 sondern
ein jeder von uns machte fort im
Trachten seines bösen Herzens und
diente schließlich fremden Göttern
und tat so, was böse ist vor den Augen
des Herrn, unseres Gottes.

2 1 Da hat der Herr sein Wort erfüllt,
das er über uns und über unsere
Regenten, die Israel regierten, über
unsere Könige und Fürsten und über
ganz Israel und Juda gesprochen hatte.
2 Nirgends unterm ganzen Himmel
ist solches je geschehen, was er in
Jerusalem geschehen ließ – ganz wie
es im Gesetz des Mose geschrieben
steht –, 3 daß Leute unter uns das
Fleisch des eigenen Sohnes, daß andere
das Fleisch der eigenen Tochter aßen.
4 Er machte sie untertan allen Reichen
rings um uns her, zum Spott und Fluch
bei allen Völkern in der Runde,
wohin der Herr sie zerstreute. 5 Sie
gerieten untenhin, nicht obenauf,
weil wir sündigten an unserem Gott,
dem Herrn, indem wir nicht auf seine
Stimme hörten.
6 Unserem Gott, dem Herrn, bleibt
die Gerechtigkeit, uns und unseren
Vätern aber Schande übers Angesicht,
so wie es heute ist. 7 Was der Herr
einst über uns gesprochen, all dies Böse
ist über uns gekommen. 8 Und den-
noch beteten wir nicht zum Herrn,
daß er wegwende einen jeden von den
Gelüsten seines bösen Herzens. 9 Aber
wachsam hielt der Herr bereit das
Unheil und brachte es über uns; der
Herr ist ja gerecht in allen seinen
Werken, die er uns anbefohlen. 10
Allein, wir hörten nicht auf seine
Stimme, zu wandeln in des Herrn
Geboten, die er uns vorgelegt.

Die Bitte

11 Und nun, o Herr, Gott Israels,
du hast dein Volk aus dem Ägypter-
land herausgeführt mit starker Hand,
mit Zeichen und mit Wundern, mit
großer Macht und hocherhobenem
Arm, hast einen Namen dir (dadurch)
gemacht, wie er noch heute lebt:
12 Wir haben gesündigt, gottlos ge-
handelt, Unrecht getan, Herr, unser
Gott, entgegen allen deinen Satzun-
gen. 13 Nun wende sich dein Zorn von
uns! Es sind ja nur noch wenige von
uns übrig unter den Heidenvölkern,
wohin du uns zerstreut hast. 14 Herr,
erhöre unser Gebet und unsere Bitte
und errette uns um deinetwillen!
Laß uns vor denen Gnade finden, die
uns aus der Heimat weggeführt haben,
15 damit alle Welt erkenne, daß du
der Herr bist, unser Gott; nach deinem
Namen ist doch Israel und sein Ge-
schlecht benannt. 16 Herr, schau
herab von deiner heiligen Wohnung
und achte auf uns! Neige, Herr, dein
Ohr und höre! 17 Öffne deine Augen,
Herr, und schaue! Denn nicht die
Toten in der Scheol erweisen dem
Herrn Ehre und Anerkennung; ihr
Geist ist ja aus ihrem Innern fortge-
nommen. 18 Vielmehr die (lebendige)
Seele, zumal die traurige, und der
Geist, der gebückt und schwach ein-
hergeht, die Augen, die den Glanz
verlieren, und die Seele, welche
hungert: sie erweisen dir, Herr, Ehre
und Anerkennung.

19 Denn nicht im Vertrauen auf die
Verdienste unsrer Väter und unsrer
Könige legen wir unsre Bitte um Er-
barmen vor deinem Angesichte nieder,

→119 *und waren so trotzig* Korr. nach Dn 95; G: „wir haben überstürzt gehandelt".

→218 Die Stelle ist ein Zeugnis für die religiöse Sicht der „Armen", denen das Heil verheißen ist, vgl. Zeph 23+.

Herr, unser Gott. 20 Du hast ja deinen
Zorn und Grimm auf uns geworfen,
so wie du gesagt durch deine Diener,
die Propheten: 21 „So spricht der
Herr: Beuget euren Nacken und dient
dem König von Babel, dann dürft ihr
in dem Lande bleiben, das ich euren
Vätern gab. 22 Doch wenn ihr nicht
hört auf die Stimme des Herrn, dem
König von Babel zu dienen, 23 dann
lasse ich schwinden aus den Städten
Judas und aus Jerusalem den Laut des
Jubels und den Laut der Freude, das
Rufen des Bräutigams und das Rufen
der Braut; das ganze Land wird eine
unbewohnte Öde werden." 24 Wir
aber hörten nicht auf deine Stimme,
dem König von Babel zu dienen;
darauf erfülltest du deine Worte, die
du gesprochen hattest durch deine
Diener, die Propheten, daß die Gebei-
ne unserer Könige und die Gebeine
unserer Väter aus ihrer Grabesstätte
herausgeworfen würden. 25 Und wirk-
lich, nun liegen sie herausgeworfen
in die Glut des Tages und in den Frost
der Nacht! Sie starben auch in
schlimmen Peinen, durch Hunger,
Schwert und Pest. 26 Du machtest aus
dem Hause, welches deinen Namen
trägt, das, was es heute ist, der
Schlechtigkeit des Hauses Israel und
auch des Hauses Juda wegen.

27 Doch hast du, o Herr, unser Gott,
an uns nach deiner ganzen Gütigkeit
und nach deinem ganzen, großen Er-
barmen gehandelt, 28 so wie du
gesprochen durch deinen Diener Mose
am Tage, da du den Auftrag gabst,
dein Gesetz für die Söhne Israels auf-
zuzeichnen: 29 „Wenn ihr nicht hört
auf meine Stimme, wahrlich, dann
wird diese unzählbar große Menge
zusammenschmelzen zu einem kleinen
Reste unter den Völkern, wohin ich sie
zerstreue. 30 Ich weiß es ja, daß sie
nicht auf mich hören werden, weil sie
ein halsstarrig Volk sind. Doch im
Lande ihrer Verbannung werden sie
sich's zu Herzen gehen lassen 31 und
erkennen, daß ich der Herr, ihr Gott
bin. Dann gebe ich ihnen Herz und
Ohren, die achtsam sind. 32 So werden
sie mich im Lande ihrer Verbannung
preisen und meines Namens wieder
gedenken; 33 sie kehren sich ab von
ihrer Halsstarrigkeit und ihren bösen
Werken, indem sie daran denken,
welchen Weg es mit ihren Vätern
genommen, seit sie sich am Herrn
versündigten. 34 Dann bringe ich sie
in das Land zurück, das ich ihren
Vätern Abraham, Isaak und Jakob
zugeschworen, und sie werden wieder
seine Herren; ich aber will sie wieder
zahlreich machen, und sie werden nie
mehr klein. 35 Endlich will ich einen
ewigen Bund mit ihnen schließen: Ich
will ihr Gott sein, und sie sind mein
Volk, und ich werde niemals wieder
mein Volk Israel aus dem Lande ver-
treiben, das ich ihnen gab!"

3 1 Herr, Allmächtiger, Gott Israels!
Zu dir ruft eine Seele in Bedrängnis
und ein betrübter Geist. 2 Höre, Herr,
und erbarme dich! Ja, wir haben wider
dich gesündigt. 3 Gewiß, du thronst in
Ewigkeit; sollen wir verloren sein für
immer? 4 Herr, Allmächtiger, Gott
Israels! Nun höre das Gebet der Tod-
geweihten Israels, der Söhne derer,
die vor dir gesündigt haben, die auf
die Stimme des Herrn, ihres Gottes,
nicht gehört; und so hat das Unheil
sich an uns gehängt. 5 Denke nicht
mehr an die Missetaten unserer Väter,
sondern denke jetzt zu dieser Zeit an
deine (starke) Hand und deinen Na-
men. 6 Ja, du bist unser Herr und Gott;
dich wollen wir preisen, o Herr!
7 Denn dazu hast du doch die Furcht
vor dir in unser Herz gelegt, daß wir
deinen Namen anrufen. Auch in un-
serer Verbannung wollen wir dich prei-
sen, nachdem wir abgetan von unsren
Herzen alle Bosheit unsrer Väter, die
wider dich gesündigt haben. 8 Sieh uns
heute an in unsrer Verbannung, wohin
du uns zerstreut zu Schimpf und Fluch
und Sühne wegen all der Missetaten
unsrer Väter, die abgefallen sind von
unserem Gott, dem Herrn.

III. DIE WEISHEIT, ISRAELS VORRECHT

9 Israel, höre die Gebote des Lebens;
merket auf, um Einsicht zu lernen!
10 Warum, Israel, warum bist du im
Land der Feinde, alterst dahin in
fremdem Lande? 11 Verunreinigst
dich mit den Toten; wirst denen zuge-
zählt, die zur Scheol gehen? 12 Du
hast verlassen die Quelle der Weisheit!
13 Wärest du den Weg des Herrn ge-
wandelt, du wohntest noch daheim

→34 *der Todgeweihten* Wörtlich: der Toten, vgl. Js 59 10; Klgl 3 6; Ez 37 11 f.

im Frieden für immer. 14 Lerne nun,
wo Einsicht ist, wo Kraft, wo Klug-
heit, daß du so zugleich erkennest,
wo langes Leben ist und Lebensglück,
wo Friede ist und Helle für die Augen.
15 Wer hat (der Weisheit) Stätte je ge-
funden, wer ist gelangt zu ihren
Schätzen?

16 Wo sind sie, die herrschten über
die Völker, die selbst geboten über die
Tiere der Erde, 17 die mit des Him-
mels Vögeln spielten, die das Silber
häuften und das Gold, auf das die
Menschen sich verlassen, kurz, deren
Habe ohne Ende war? 18 Und die das
Silber schmiedeten mit solcher Sorgfalt,
daß man ihre Werke kaum begrei-
fen kann? 19 Sie sind verschwunden,
in die Scheol hinabgestiegen, und
andere sind aufgetreten an ihrer Statt.
20 Jüngere sahen das Licht und hausten
auf der Erde, doch auch sie fanden
nicht den Weg der Erkenntnis: 21 Sie
hatten kein Gespür für ihre Pfade
und nahmen ihre (Spur) nicht auf.
Auch ihre Söhne blieben ihrem Wege
fern. 22 Sie ließ sich weder hören in
Kanaan noch sehen in Teman. 23 Die
Söhne auch der Hagar, die die Einsicht
auf der (ganzen) Erde suchen, die
Kaufleute von Midian und Teman,
diese Fabelerzähler und Forscher nach
Einsicht, den Weg der Weisheit haben
sie nicht erkannt und ihre Pfade nicht
bemerkt. 24 O Israel, wie groß ist
Gottes Haus, wie weit die Stätte seines
Eigentums! 25 Ja unendlich groß und
unermeßlich hoch! 26 Dort wurden
geboren die Riesen der Vorzeit, die
hochberühmten, die hochgewachsen
waren und des Krieges kundig. 27
Doch nicht diese erwählte sich Gott,
nicht ihnen gab er kund den Weg der
Weisheit. 28 So gingen sie zugrunde,
weil sie keine Klugheit hatten; ob
ihrer Torheit gingen sie zugrunde.
29 Wer stieg hinauf zum Himmel und
holte sie (die Weisheit) und brachte sie
hernieder aus den Wolken? 30 Wer
fuhr übers Meer und fand sie auf, um
sie heimzubringen für lauteres Gold?
31 Keinen gibt es, der den Weg zu ihr
gefunden; keinen, der den Pfad zu ihr
entdeckt.

32 Nur der Allwissende kennt sie,
er hat in seiner Einsicht sie gefunden.
Er, der die Erde bildet für ewige Zeit,
der mit vierfüßigen Tieren sie erfüllte.
33 Der das Licht entsandte, und es eilt
dahin; er rief's, und es gehorchte ihm
mit Zittern. 34 Die Sterne strahlten
auf an ihren Posten und jubelten;
35 Er rief sie, und sie sprachen: „Hier
sind wir!" Sie leuchteten mit Freude
ihrem Schöpfer. 36 Das ist unser Gott;
kein anderer kann ihm gleichgeachtet
werden! 37 Er hat jeden Weg zur
Weisheit gefunden und hat ihn seinem
Knechte Jakob und seinem Liebling
Israel mitgeteilt. 38 Darauf erschien
sie auf der Erde und verkehrte mit den
Menschen.

4 1 Sie ist das Buch der Gebote
Gottes und das Gesetz, das gilt in
Ewigkeit. Alle, die an sie sich halten,
gewinnen das Leben; die sie jedoch
verlassen, verfallen dem Tod. 2 Jakob,
kehre um und ergreife sie; in ihrem
Lichte wandle zur Erleuchtung! 3
Nicht einem andern gib, was deine
Ehre ist; nicht einem fremden Volk,
was dir zum Heile dient. 4 Glücklich
sind wir Israeliten, weil uns bekannt
geworden ist, was Gott gefällt!

IV. JERUSALEMS KLAGE UND HOFFNUNG

5 Fasse Mut, mein Volk, du Träger
des Namens „Israel"! 6 Nicht zur
Vernichtung wurdet ihr an die Völker
verkauft; weil ihr den Herrn erzürnt
habt, seid ihr den Feinden preisgege-
ben worden. 7 Ja, euren Schöpfer habt
ihr zum Zorn gereizt, indem ihr den
Dämonen opfertet, nicht Gott. 8 Eu-
ren Ernährer vergaßet ihr, den ewigen
Gott; auch eure Ernährerin Jerusalem
betrübtet ihr. 9 Denn sie sah, wie
Zorn von Gott euch überkam; da
sprach sie:

„Hört, ihr Nachbarinnen Zions!
Gott brachte über mich groß Leid. 10
Ich sah ja die Gefangennahme meiner

→3 15 Auf diese Frage wird wie in Ib 28 13–28 zuerst eine negative Antwort gegeben: Keine menschliche Anstrengung vermag die Wahrheit zu erlangen, 3 16–31; dann die positive Antwort: Gott besitzt sie, und er hat sie Israel mit dem Gesetz gegeben, 3 32 – 4 4.

→3 21 *ihrem* (Singular) *Wege* S; G (Plural).

→3 23 *Midian* Korr.; G: „Merran".

→3 24 *Gottes Haus* Das Weltall.

→4 5 – 5 9 Nach einer Einleitung, V. 5–9A, wendet sich das personifizierte Jerusalem an die Nachbarstädte und an seine Kinder in der Zerstreuung, V. 9B–29; der Dichter antwortet ihm mit der Ankündigung der messianischen Erneuerung, 4 30 – 5 9.

Söhne und Töchter, die der Ewige
über sie gebracht. 11 Mit Freude hatte
ich sie großgezogen, mit Weh und
Trauer mußte ich sie ziehen lassen.
12 Keiner freue sich hämisch über
mich, die Witwe, von allen verlassen!
Einsam wurde ich gemacht durch die
Sünden meiner Kinder, weil sie vom
Gesetze Gottes abgewichen; 13 seine
Satzungen erkannten sie nicht an, sie
wandelten nicht auf den Wegen der
Gebote Gottes und schlugen nicht die
Pfade ein der Unterweisung in seiner
Gerechtigkeit. 14 Kommt herbei,
ihr Nachbarinnen Zions, und bedenket
meiner Söhne und Töchter Gefangenschaft,
die der Ewige über sie
gebracht! 15 Er brachte ja ein Volk
aus weiter Ferne über sie, ein rücksichtsloses
Volk mit fremder Sprache;
sie hatten keine Scheu vor Greisen
und mit kleinen Kindern kein Erbarmen.
16 Sie führten weg die Lieblinge
der Witwe und nahmen der Vereinsamten
die Töchter fort. 17 Ich aber, was
kann ich euch helfen? 18 Er vielmehr,
der das Unheil über euch gebracht,
er wird aus eurer Feinde Hand euch
einst erretten. 19 Zieht nur hin, ihr
Kinder, zieht nur hin! Einsam ward
ich, ach, zurückgelassen. 20 Ich legte
das Gewand friedlichen Glückes ab,
zog an das Bußkleid meines Flehens:
ich will zum Ewigen rufen durch alle
meine Tage! 21 Fasset Mut, ihr Kinder,
ruft zu Gott, und er wird euch aus
der Gewalt befreien, aus der Feinde
Hand. 22 Ich habe auf den Ewigen
mein Hoffen gesetzt für eure Rettung;
schon kam mir Freude zu vom
Heiligen her ob des Erbarmens, das
zu euch in Bälde kommen wird vom
Ewigen, eurem Retter her. 23 Ich ließ
euch ziehn mit Weh und Klagen, doch
Gott wird euch mir wieder schenken
mit Freude und Jubel für immer.
24 So wie jetzt die Nachbarinnen
Zions eure Gefangenschaft gesehen
haben, so werden sie in Kürze schauen
eure Rettung durch Gott, die euch
zukommen wird mit großer Herrlichkeit
und mit dem Glanz des Ewigen.
25 Kinder, haltet geduldig aus den
Zorn, der von Gott her über euch
gekommen ist! Hat dich dein Feind
verfolgt: du schaust in Bälde seinen
Untergang und setzest deinen Fuß auf
seinen Nacken! 26 Meine zarten Kinder
mußten rauhe Wege gehen, sie
wurden fortgetrieben wie eine Herde,
die der Feind geraubt. 27 Fasset Mut,
ihr Kinder, und ruft zu Gott! Denn,
der dies kommen ließ, gedenkt auch
eurer wieder! 28 So wie euer Sinn
bereit war, von Gott abzuirren, so
zeigt jetzt zehnfachen Eifer, umzukehren
und ihn zu suchen! 29 Der
nämlich über euch das Unheil brachte,
wird euch mit eurer Rettung ewige
Freude bringen!

30 Fasse Mut, Jerusalem, er wird
dich trösten, der dir deinen Namen
gab! 31 In den Staub mit jenen, die
dir Böses taten und sich freuten über
deinen Fall! 32 In den Staub die Städte,
denen deine Kinder dienen mußten!
In den Staub mit ihr (mit Babel), die
deine Söhne weggenommen hat! 33 Ja,
wie sie über deinen Fall sich freute und
frohlockte über deinen Sturz, so
kommt Trauer über sie ob ihrer eigenen
Verödung. 34 Ich stürze um ihr Prunken
mit ihres Volkes Menge, und ihr
Prahlen verwandelt sich in Jammer.
35 Vom Ewigen kommt Feuer über sie
für viele Tage, und von Dämonen ist
sie für noch längere Zeit bewohnt.
36 Jerusalem, blicke hin nach Osten
und sieh die Freude, die von Gott dir
kommt! 37 Siehe, es kommen deine
Söhne, die du einst hast ziehen lassen;
sie kommen, von Ost bis West gesammelt
durch das Wort des Heiligen,
frohlockend, daß sich Gott verherrlicht.

5 1 Lege ab, Jerusalem, dein Gewand
der Trauer und Erniedrigung und
leg für ewig an die Zier der Herrlichkeit,
die Gott dir schenkt! 2 Zieh an den
Mantel der Gerechtigkeit Gottes, setze
dir aufs Haupt das Diadem der Herrlichkeit
des Ewigen! 3 Gott will deinen
Glanz ja zeigen aller Welt, die unterm
Himmel ist. 4 Dir wird von Gott für
ewig der Name beigelegt: Friede in Gerechtigkeit
und Herrlichkeit in Gottesfurcht.
5 Steh auf, Jerusalem, und
steig auf die Höhe und schaue nach
Osten aus und sieh deine Kinder durch
das Wort des Heiligen gesammelt vom
Untergang der Sonne bis zum Aufgang,
in Freude, daß Gott an sie gedacht.
6 Sie zogen von dir fort zu Fuß,
von Feinden weggeführt; doch Gott
bringt sie zu dir zurück, in Herrlichkeit
getragen wie Königskinder! 7
Gott hat ja geboten, es sollen abgetragen
werden alle hohen Berge und

→430 *der dir deinen Namen gab* Um sie dadurch zu seiner eigenen Stadt zu machen, Ps 465; Js 6014.

→54 Andere messianische Namen Jerusalems, Js 126+; 6014+; Jr 3316+; Ez 4835.

→56 *wie Königskinder* V, Hss von G; G: „wie (auf) einem Königsthron". Zum neuen Exodus vgl. Js 403+.

die ewigen Hügel und die Täler aufge-
füllt zu ebenem Land, daß Israel sicher
dahinziehen könne unter Gottes Herr-
lichkeit. 8 Und Wälder und allerlei
duftendes Gehölz, sie spenden Israel
Schatten auf Gottes Geheiß. 9 Ja,
Gott selbst wird Israel mit Freude ge-
leiten im Lichte seiner Herrlichkeit,
mit Erbarmung und Gerechtigkeit,
wie sie ihm eigen sind!

V. DER BRIEF DES JEREMIA

6 1 Abschrift eines Briefes, den
Jeremia an jene sandte, die vom
König der Babylonier als Gefangene
nach Babel weggeführt werden sollten,
um ihnen mitzuteilen, was ihm von
Gott war aufgetragen worden.

Wegen der Sünden, die ihr gegen
Gott begangen, werdet ihr von Nebu-
kadnezar, dem König der Babylonier,
als Gefangene nach Babel geführt.
2 Seid ihr in Babel angekommen,
so werdet ihr dort viele Jahre bleiben
müssen, für lange Dauer bis zu sieben
Geschlechtern; danach werde ich euch
von dort in Frieden wieder heraus-
führen. 3 Nun aber werdet ihr in Babel
silberne, goldene und hölzerne „Göt-
ter" sehen, die auf den Schultern
getragen werden und den Heiden
Furcht einflößen. 4 Nehmt euch also
zusammen, daß nicht auch ihr den
Fremden ähnlich werdet und Furcht
vor jenen nicht auch euch befällt,
5 wenn ihr die Menge, vor und hinter
ihnen, sie verehren seht; sprecht viel-
mehr im Herzen: „Dir allein, o Herr,
gebührt Anbetung!" 6 Mit euch ist ja
mein Engel, er würde euer Leben
(von ihnen) fordern!

7 Die Zunge (der Götzen) ist vom
Künstler geglättet; sie selbst sind ver-
goldet und versilbert und doch nur
Truggebilde und können nicht reden.
8 Wie für ein putzsüchtiges Mädchen
nehmen sie (die Künstler) Gold und
verfertigen 9 Kronen für die Häupter
ihrer Götter. Es kommt auch schon
vor, daß die Priester Gold und Silber
von ihren Göttern heimlich wegneh-
men, um es für sich zu verbrauchen
10 oder auch den Dirnen im Hause
davon zu geben. Auch schmückt man
sie wie Menschen mit Gewändern, die
silbernen, goldenen und hölzernen
Götter; 11 aber diese können sich nicht
einmal gegen Grünspan und Wurm-
fraß schützen. 12 Sie sind in Purpurge-
wänder eingehüllt, doch muß man
ihnen die Gesichter wischen wegen des
Staubes, der im Hause (aufgewirbelt
wird) und sich besonders dick auf
ihnen niederläßt. 13 Auch ein Zepter
hat (der Götze) wie ein menschlicher
Landesherr: doch kann er keinen
töten, der sich wider ihn vergeht!
14 In der Rechten hat er einen Dolch
oder eine Streitaxt, aber nicht einmal
sich selbst kann er vor Krieg oder
Räubern retten. Daraus erkennt man,
daß sie keine Götter sind. 15 Also
fürchtet euch nicht vor ihnen!

Wie mit einem Gefäß der Menschen,
das nutzlos wird, weil es zerbrochen
ist, so verhält es sich mit ihren Göttern,
16 wenn sie in den Häusern aufgestellt
sind. Ihre Augen sind voll Staub, der
von den Füßen der Eintretenden (auf-
gewirbelt wird). 17 Und wie bei einem
Majestätsverbrecher die Höfe rings
verschlossen werden, da er nur zum
Tode wegzuführen ist, so sichern die
Priester ihre Tempel mit Toranlagen,
Schlössern und Riegelbalken, damit
sie (die Götzen) nicht von Räubern
weggestohlen werden. 18 Sie zünden
Lichter an, und zwar in größerer Zahl
als für sich selbst, doch jene können
keines sehen. 19 Sie gleichen den
Balken des Tempels; ihr Inneres wird,
wie man sagt, zerfressen; doch sie
merken nichts von dem Gewürm der
Erde, das sie und ihre Bekleidung
aufzehrt. 20 Ihr Gesicht ist geschwärzt
vom Rauch im Tempel. 21 Auf ihren
Körper und sogar auf ihren Kopf las-
sen sich nieder Fledermäuse, Schwal-
ben und andere Vögel, ebenso auch die
Katzen. 22 Daran könnt ihr erkennen,
daß sie keine Götter sind; also fürch-
tet euch nicht vor ihnen!

23 Mit Gold sind sie umgeben zur
Verschönerung; wenn aber nicht je-
mand den Grünspan wegputzt, so
blinken sie nicht. Sie fühlten es nicht
einmal, als sie gegossen wurden.
24 Zu hohem Preis sind sie erworben
worden, obwohl kein Lebensgeist in
ihnen ist. 25 Weil ohne Füße, werden
sie auf den Schultern getragen und
machen so den Menschen ihre eigene

→63 Hier und in v. 5 Anspielung auf Prozessionen, wie sie in Babylon üblich waren; hierbei wurden die Götterbilder aus ihren Tempeln herausgetragen.
→610 *Dirnen im Hause* Die Hierodulen der babylonischen Tempel.

Schande sichtbar. Auch ihre Diener
müssen sich schämen; denn sollte
einer (der Götzen) zu Boden fallen,
so müßte er von ihnen aufgehoben
werden. 26 Wenn man ihn aufrecht
stellt, so kann er sich nicht selbst
bewegen, und wenn er sich neigt, kann
er sich nicht mehr aufrichten. Viel-
mehr wie Toten werden ihnen die
Gaben hingestellt. 27 Ihr Opfer aber
verkaufen die Priester und schlagen
daraus Gewinn; ebenso pökeln ihre
Frauen davon ein, geben aber weder
dem Armen noch dem Schwachen
einen Anteil. Selbst vom Blutfluß Un-
reine und Wöchnerinnen berühren
ihre Opfer. 28 Daraus erkennet also,
daß sie keine Götter sind, und fürchtet
euch darum nicht vor ihnen!

29 Woher verdienen sie den Namen:
Götter? Es warten ja selbst Frauen
den silbernen, goldenen und hölzernen
Göttern auf. 30 Und in ihren Tempeln
sitzen die Priester, die Kleider zerris-
sen, die Köpfe geschoren, die Häupter
entblößt; 31 sie heulen und schreien
vor ihren Göttern, wie manche es beim
Totenmahle tun. 32 Von ihrer Gewan-
dung nehmen die Priester weg und
kleiden damit ihre Frauen und Kinder.
33 Ob sie von jemand Böses erfahren
oder Gutes, sie sind nicht imstande,
es zu vergelten; auch können sie einen
König weder einsetzen noch absetzen.
34 Ebenso könnten sie weder Reichtum
noch auch nur Geld schenken. Und
wenn jemand ihnen ein Gelübde macht,
es aber nicht hält, so werden sie es
nicht einfordern. 35 Sie vermögen
keinen Menschen vor dem Tod zu
erretten noch einen Schwächeren
dem Starken zu entreißen. 36 Einen
Blinden können sie nicht zum Sehen
bringen, einen Menschen in Bedräng-
nis nicht befreien. 37 Einer Witwe wer-
den sie sich nicht erbarmen und einem
Waisenkind nicht wohltun. 38 Den
Steinen aus den Bergen gleichen die
hölzernen, vergoldeten und versilber-
ten Götter; die ihnen dienen, werden
zuschanden. 39 Wie kann man also
glauben oder sagen, sie seien wirklich
Götter?

40 Aber auch die Chaldäer selbst
entehren sie; wenn sie nämlich einen
Stummen sehen, der nicht sprechen
kann, so wenden sie sich an Bel, wie
wenn er ihn auch nur bemerken könn-
te, und erwarten von ihm, daß er
jenen zum Sprechen bringe. 41 Und
obwohl sie selbst es wissen, daß (die
Götzen) keine Wahrnehmung besitzen,
gewinnen sie es doch nicht über sich,
sie zu verlassen. 42 Die Frauen aber
sitzen, mit Schnüren umwunden, an
den Wegen und lassen Kleie in Rauch
aufgehen. 43 Sooft nun eine aus ihnen
von einem der Vorübergehenden mit-
genommen wird und sich ihm hinge-
geben hat, höhnt sie die Nachbarin,
weil jene nicht wie sie für würdig
befunden und ihre Schnur noch nicht
zerrissen wurde. 44 Alles, was bei
ihnen geschieht, ist Falschheit. Wie
soll man also glauben oder sagen, sie
seien wirklich Götter?

45 Von Künstlern und Goldschmie-
den sind sie verfertigt; nichts anderes
wird aus ihnen, als was die Hersteller
wollen, daß sie werden. 46 Ihre
Schöpfer erreichen selbst kein hohes
Alter: wie sollten ihre Schöpfungen
dann Götter sein? 47 Sie hinterlassen
auch den Nachgeborenen nur Trug
und Schande. 48 Wenn nämlich Krieg
und Unglücksfälle über sie zu kommen
drohen, dann beratschlagen die Prie-
ster miteinander, wo sie sich mit ihnen
verbergen könnten. 49 Wie sollte man
da nicht merken, daß die keine Götter
sind, die nicht einmal sich selbst vor
Krieg und Unglücksfällen retten
können? 50 Die hölzernen, vergolde-
ten und versilberten Wesen werden
einst durchschaut werden, daß sie nur
Truggebilde sind. Allen Völkern und
Königen wird es dann offenbar, daß
jene keine Götter sind, sondern Werke
von Menschenhand, und daß auch
keine göttliche Wirkungskraft in ihnen
ist. 51 Wem wäre es da nicht klar, daß
sie keine Götter sind?

52 Einen König über ein Land kön-
nen sie nicht einsetzen, auch Regen
schenken sie den Menschen nicht.
53 Sie halten nicht Gericht über sie und
können keinen, dem Unrecht gesche-
hen ist, schützen, da sie ohnmächtig
sind, ganz wie die Krähen, die zwi-
schen Himmel und Erde herumfliegen.
54 Und wenn gar Feuer den Tempel
der hölzernen, vergoldeten und ver-
silberten Götter ergreift, dann fliehen
zwar ihre Priester und retten sich

→629 *selbst Frauen* Nach dem jüdischen Gesetz war der Tempeldienst Frauen verboten.

→631 *beim Totenmahle* Anspielung auf den Kult sterbender und wieder auflebender Gottheiten.

→643 *ihre Schnur noch nicht zerrissen* Der Brauch bezieht sich auf die sakrale Prostitution.

→644 *bei ihnen* GA.

→651 *nicht klar* Nach anderer Lesart: „klar“.

heraus, sie aber verbrennen mitten
durch wie Balken. 55 Einem König
oder Feinden können sie keinen Wider-
stand leisten. 56 Wie sollte man also
annehmen oder glauben, daß sie
Götter sind?

57 Weder vor Dieben noch vor
Räubern können sich die hölzernen,
versilberten und vergoldeten Götter
retten; jene sind stärker als sie und
nehmen das Gold und das Silber ab
und auch die Gewandung, womit sie
bekleidet sind, und machen sich damit
fort; sie können nicht einmal sich
selber helfen. 58 Darum ist ein König,
der seine Macht auch zeigen kann,
ja schon ein nützliches Gefäß im Hau-
se, das der Besitzer auch gebrauchen
kann, mehr wert als die trügerischen
Götter. Auch eine Tür im Hause,
die das verwahrt, was drinnen ist, hat
mehr Wert als die trügerischen Götter.
Selbst eine hölzerne Säule im Palast
des Königs ist mehr wert als die
trügerischen Götter. 59 Sonne, Mond
und Sterne, geschaffen als Leuchten
und abgesandt zum Nutzen (der Men-
schen), gehorchen willig; 60 ebenso
ist der Blitz, wenn er aufleuchtet,
schön anzusehen; desgleichen weht
der Wind in jedem Lande. 61 Und
wenn den Wolken von Gott befohlen
wird, über die ganze Erde zu ziehen,
so erfüllen sie den Auftrag. Auch wenn
das Feuer von oben gesandt wird,
um Berge und Wälder zu verzehren,
so vollführt es, was befohlen. 62 Diese
(Götter) sind aber damit weder in ihrer
Erscheinung noch in ihren Kräften zu
vergleichen. 63 Darum darf man weder
glauben noch bekennen, sie seien
wirklich Götter, da sie außerstande
sind, über die Menschen Gericht zu
halten oder ihnen Gutes zu tun.
64 Erkennet also, daß sie keine Götter
sind, und fürchtet sie darum nicht!

65 Sie können Könige weder ver-
fluchen noch segnen. 66 Auch lassen
sie vor den Völkern keine Zeichen am
Himmel erscheinen und strahlen
weder wie die Sonne noch leuchten sie
wie der Mond. 67 Die Tiere sind noch
besser daran als jene, denn sie können
sich selber helfen, indem sie sich an
einen schützenden Ort flüchten. 68 Es
ist uns also in gar keiner Weise ersicht-
lich, daß sie Götter wären; darum
fürchtet euch nicht vor ihnen!

69 Denn wie eine Vogelscheuche im
Gurkenfeld, die nichts behüten kann,
so sind ihre hölzernen, vergoldeten
und versilberten Götter. 70 In dersel-
ben Weise gleichen sie der Dornhecke
am Garten, auf die sich jeder Vogel
setzt; ebenso gleichen einem Toten,
der in die Nacht (des Grabes) geworfen
ist, ihre hölzernen, vergoldeten und
versilberten Götter. 71 Auch am Pur-
pur und Byssus, der auf ihnen ver-
modert, könnt ihr erkennen, daß sie
keine Götter sind. Sie selbst werden
zu guter Letzt noch zerfressen und
werden eine Schande für das Land.
72 Es ist also besser, wenn ein Mensch
gerecht ist und keine Götzenbilder hat;
denn er bleibt weit ab von Schande.

→6₇₁ *Byssus* Korr.; G: „Marmor".

Das Buch Ezechiel

EINLEITUNG

1 1 Es geschah im dreißigsten Jahre,
im vierten Monat, am fünften Tage
des Monats, als ich unter den Ver-
bannten am Flusse Kebar weilte, da
öffnete sich der Himmel, und ich sah
göttliche Gesichte. 2 Am fünften
Tage des Monats – es war das fünfte
Jahr nach der Wegführung des Königs
Jojachin –, 3 da erging das Wort Jah-
wes an Ezechiel, den Sohn des Busi,
den Priester im Lande der Chaldäer
am Flusse Kebar.

Vision vom „Thronwagen Jahwes"

Dort kam über mich die Hand Jah-
wes. 4 Ich schaute, und siehe, ein
Sturmwind kam von Norden und eine
große Wolke, rings von Lichtglanz
umgeben, und loderndes Feuer, und
aus seinem Innern, aus der Mitte des
Feuers, leuchtete es hervor wie Glanz-
erz. 5 Mitten aus ihm heraus wurde
etwas sichtbar, das vier lebenden
Wesen glich, und also war ihr Aus-
sehen: Sie hatten Menschengestalt.
6 Vier Gesichter hatte ein jedes und
ebenso vier Flügel. 7 Ihre Füße waren
gerade und ihre Fußsohlen wie die
Sohle eines Kalbes, und sie leuchteten
wie der Glanz von geglättetem Erz.
8 Und sie hatten Menschenhände
unter ihren Flügeln. Und ihre Gesich-
ter, bei jedem von den Vieren, waren
in die vier Richtungen gewandt.
9 Ihre Flügel berührten einander; sie
wandten sich nicht beim Gehen; ein
jedes ging gerade vor sich hin. 10 Ihre
Gesichter aber sahen also aus: Ein
Menschengesicht und ein Löwen-
gesicht zur Rechten hatte jedes von
den Vieren, ein Stiergesicht zur Lin-
ken jedes von den Vieren und ein
Adlergesicht jedes von den Vieren.
11 Ihre Flügel waren nach oben hin
ausgespannt; je zwei berührten ein-
ander, und je zwei bedeckten ihre
Leiber. 12 Und ein jedes ging gerade
vor sich hin; wohin der Geist sie zu
gehen trieb, dahin gingen sie, sie
wandten sich nicht beim Gehen.

13 Inmitten der Lebewesen sah es
aus wie feurige Kohlenglut, wie wenn
Fackeln zwischen den Wesen hin und
her gehen, und hellen Schein verbrei-

→1 1–3 Hier scheinen zwei verschiedene Einleitungen nebeneinandergestellt zu sein. Die eine, V. 2–3A, spricht vom Propheten in der dritten Person; sie bezieht sich auf das Buch Ezechiel als Ganzes und datiert die erste Vision des Propheten ins fünfte Jahr nach der Verbannung Jojachins (593/592 v. Chr.). Die andere, V. 1 (im Ich-Stil gehalten), gehörte vielleicht zur Vision vom Thronwagen Jahwes, als diese noch nicht ihren heutigen Platz erhalten hatte, vgl. Einleitung zu den Prophetenbüchern, S. 1020f. Dann aber ist das Datum (30. Jahr) schwer zu erklären, wenn man es nicht in „13. Jahr" (der Verbannung Jojachins) korrigiert (Sommer 585 v. Chr.).

→1 3–28 Wenn auch manche Einzelzüge der Vision dunkel bleiben, so wird doch ihr allgemeiner Sinn deutlich. Sie zeigt, daß Jahwe nicht an den Tempel von Jerusalem gebunden ist, sondern seinen Gläubigen bis in ihre Verbannung folgen kann; diese „Beweglichkeit" wird auf seine Geistmacht zurückgeführt.

→1 3 *über mich* Üss; M: „über ihn". „Die Hand Jahwes kam über mich" – ein bei Ezechiel häufiger Ausdruck zur Bezeichnung der Ekstase, vgl. 3 22; 8 1; 33 22; 37 1; 40 1.

→1 8 *Und ihre Gesichter, bei jedem von den Vieren, waren in die vier Richtungen gewandt* Korr.; M: „und an ihren vier Seiten und ihre Gesichter und ihre Flügel bei allen Vieren".

→1 10 Die seltsamen Lebewesen erinnern an die assyrischen *Karibu* (vgl. den entsprechenden Namen für die Kerube der Bundeslade, Ex 25 18+): Mischgestalten aus Menschenkopf, Löwenleib, Stierfüßen und Adlerflügeln, deren Statuen als Schützer an den babylonischen Palästen standen. Diese Dienstwesen der heidnischen Götter sind hier an den Thronwagen des Gottes Israels gespannt – ein wirkungsvoller Ausdruck für die Transzendenz Jahwes. Die „vier Wesen" der Apokalypse, Apk 4 7–8 usw., nehmen die Züge der vier lebenden Wesen von Ez wieder auf. Die christliche Überlieferung hat aus ihnen Sinnbilder der vier Evangelisten gemacht.

→1 11 *Ihre Flügel* G; M: „Ihre Gesichter und ihre Flügel".

→1 13 *Inmitten* Üss; M: „Die Ähnlichkeit".

→1 13 *sah es aus* G; M: „ihr Aussehen".

tete das Feuer, und von dem Feuer
gingen Blitze aus. 14 Und die Wesen
schossen gleich Blitzen hin und her.
15 Und ich betrachtete die Wesen,
und siehe, je ein Rad war auf dem
Boden neben den Wesen, bei allen
Vieren, 16 und das Aussehen der
Räder war wie der Glanz des Chryso-
liths, und es hatten die Vier dieselbe
Gestalt. Die Art ihrer Ausführung
war so, als ob ein Rad durch ein
anderes ginge. 17 Sie liefen nach vier
Richtungen, sie wandten sich nicht
beim Gehen. 18 Und hohe Felgen
hatten sie, und ich schaute sie an, und
diese Felgen waren voll von Augen
ringsum bei den Vieren. 19 Und wenn
die Wesen gingen, gingen auch die
Räder neben ihnen, und wenn die
Wesen von der Erde sich erhoben, so
erhoben sich auch die Räder. 20 Wo-
hin der Geist sie zu gehen antrieb,
dahin gingen sie, und die Räder er-
hoben sich gleichzeitig mit ihnen,
denn der Geist der Wesen war in den
Rädern. 21 Wenn jene gingen, gingen
auch sie, und wenn sie stehenblieben,
blieben auch sie stehen, und wenn
jene von der Erde sich erhoben, dann
erhoben sich auch die Räder gleich-
zeitig mit ihnen, denn der Geist der
Wesen war in den Rädern. 22 Und
über den Häuptern der Wesen war
eine Art Feste, leuchtend wie Kristall,
ausgespannt über ihren Häuptern.
23 Unter der Feste aber waren ihre
Flügel ausgerichtet, einer nach dem
anderen hin; bei einem jeden deckten
zwei ihre Leiber.
24 Und wenn sie gingen, hörte ich
das Rauschen ihrer Flügel wie das
Rauschen vieler Wasser, wie die
Stimme Schaddais, ein brausendes
Geräusch wie das Geräusch eines
Heerlagers; wenn sie aber standen,
ließen sie die Flügel sinken, 25 und es
gab ein Geräusch.
26 Oberhalb der Feste, die über
ihren Häuptern war, da war etwas,
das aussah wie Saphirstein und einem
Throne glich, und auf diesem thron-
ähnlichen Gebilde war oben eine
Erscheinung, die das Aussehen eines
Menschen hatte. 27 Und ich sah es
funkeln wie Glanzerz, wie Feuer, das
ringsum eingeschlossen ist. Oberhalb
dessen, was wie seine Hüften aussah,
und unterhalb dessen, was wie seine
Hüften aussah, sah ich etwas, was wie
Feuer aussah und einen Lichtglanz
hatte ringsumher. 28 Wie die Erschei-
nung des Bogens, der in den Wolken
steht am Tag des Regens, so war die
Erscheinung des Lichtglanzes rings-
um. So sah das Schaubild der Herr-
lichkeit Jahwes aus. Ich schaute und
fiel auf mein Angesicht und hörte die
Stimme von einem, der redete.

Vision von der Buchrolle

2 1 Und er sprach zu mir: „Men-
schensohn, stelle dich auf deine
Füße, daß ich mit dir rede.“ 2 Da kam
Geist in mich, als er mit mir geredet
hatte, und er stellte mich auf meine
Füße, und ich hörte ihn mit mir reden.
3 Er sprach zu mir: „Menschensohn,
ich sende dich zu dem Haus Israel,
zu den Empörern, die sich wider mich
aufgelehnt haben; sie und ihre Väter
sind mir abtrünnig geworden bis auf
den heutigen Tag. 4 Söhne mit frechem
Gesicht und hartem Herzen, zu ihnen
sende ich dich. Du sollst zu ihnen

→1 14 *schossen ... hin und her* Nach V; M unverständlich.
→1 15 *bei allen Vieren* Korr. nach Üss; M: „bei den vier Gesichtern“.
→1 16 *der Räder* Danach Zusatz in M: „und ihre Machart“; fehlt in G.
→1 17 *nach vier Richtungen* Üss; M: „auf den vier Seiten von ihnen bei ihrem Gehen“.
→1 18 Text und Übersetzung sind unsicher.
→1 20 *gingen sie* Danach Zusatz in M: „wohin der Geist zu gehen“; fehlt in Hss von M, G, S.
→1 22 *wie Kristall* G; M: „wie furchtbarer Kristall“.
→1 22 *ausgespannt über ihren Häuptern* Danach tragen die Wesen mehr den Thron Jahwes, als daß sie ihn ziehen; vgl. die Bundeslade, Ex 25 10+, auf der „Jahwe über den Keruben thront“, 1 Sm 4 4 usw.
→1 23 Wiederholung in M am Versende: „bei einem jeden deckten zwei sie“.
→1 25 Zusatz in M am Versende: „oberhalb der Feste, die zu ihren Häuptern war; wenn sie standen, hingen ihre Flügel herab“; fehlt in Hss von M, G[B], S.
→1 28 *Herrlichkeit Jahwes* Die „Herrlichkeit Jahwes“, Ex 24 16+, wird gewöhnlich als eine leuchtende Wolke beschrieben, Ex 16 10; Ez 43 1–5. Hier gehört zur Wolke eine lichtglänzende, von Feuer umflossene menschenähnliche Gestalt.
→2 1–11 Die Vision vom Thronwagen Jahwes, deren Fortsetzung 3 12–15 bildet, wird hier unterbrochen durch die Vision von der Buchrolle, wahrscheinlich die erste Vision Ezechiels (593 v. Chr.), seine Berufungsvision, vgl. Einleitung zu den Prophetenbüchern, S. 1020–1021.
→2 1 *Menschensohn* Der Ausdruck kommt (mit Ausnahme von Dn 8 17) nur bei Ez vor; er wird von Gott auf seinen Propheten angewendet und betont den Abstand zwischen Gott und Mensch. Der gleiche Ausdruck in Dn 7 13 wird zu einem Messiastitel, den Jesus verwendet, vgl. Mt 8 20+.
→2 3 *zu den Empörern* G; M: „zu Völkern, den Empörern“.

sagen: So spricht der Herr Jahwe. 5 Ob
sie es hören oder ob sie es lassen –
denn ein widerspenstiges Geschlecht
sind sie –, so sollen sie doch wissen,
daß ein Prophet unter ihnen war.
6 Du aber, Menschensohn, fürchte
dich nicht vor ihnen, und hab keine
Furcht, wenn sie sagen: ‚Dornen um-
geben dich, und auf Skorpionen
sitzest du.‘ Vor ihren Reden fürchte
dich nicht und vor ihrem Angesicht
erschrick nicht, denn sie sind ein
widerspenstiges Geschlecht. 7 Und
du sollst meine Worte zu ihnen reden,
ob sie es hören oder ob sie es lassen,
denn sie sind ein widerspenstiges Ge-
schlecht.

8 Du aber, Menschensohn, höre,
was ich dir sage. Sei nicht widerspen-
stig wie das widerspenstige Geschlecht.
Öffne deinen Mund und iß, was ich
dir geben werde.“ 9 Da sah ich, wie
eine Hand gegen mich ausgestreckt
war, und siehe, es war eine Buchrolle
darin. 10 Er breitete sie vor mir aus,
sie war sowohl auf der Vorderseite wie
auf der Rückseite beschrieben, es war
auf ihr geschrieben: „Klage und Seuf-
zen und Weh.“

3 1 Und er sprach zu mir: „Men-
schensohn, iß, was du da findest,
iß diese Rolle und gehe hin und rede
zum Hause Israel.“ 2 Und ich öffnete
den Mund, und er gab mir die Rolle
zu essen. 3 Und er sprach zu mir:
„Menschensohn, gib deinem Leib zu
essen und fülle dein Inneres mit dieser
Rolle, die ich dir gebe.“ Und ich aß
sie, und sie war in meinem Munde
wie süßer Honig.

4 Und er sprach zu mir: „Menschen-
sohn, mache dich auf und gehe zum
Hause Israel und rede mit meinen Wor-
ten zu ihnen. 5 Denn nicht zu einem
Volke mit unverständlicher Sprache
und schwerfälliger Zunge wirst du ge-
sandt, sondern zum Hause Israel,
6 auch nicht zu vielen Völkern mit
unverständlicher Sprache und schwer-
fälliger Zunge, deren Reden du nicht
verstehst. Hätte ich dich zu ihnen ge-
sandt, sie würden dich hören. 7 Aber
das Haus Israel wird dich nicht hören
wollen, denn sie wollen auch mich
nicht hören, denn das ganze Haus
Israel hat eine harte Stirn und ein ver-
stocktes Herz. 8 Siehe, ich mache dein
Angesicht hart gleich ihrem Angesicht
und deine Stirne gleich ihrer Stirne,
9 wie Diamant, härter als Felsgestein
mache ich deine Stirn. Fürchte sie
nicht und erschrick nicht vor ihnen,
denn sie sind ein widerspenstiges
Geschlecht.“

10 Und er sprach zu mir: „Men-
schensohn, nimm dir alle meine Worte,
die ich zu dir rede, zu Herzen und
höre sie mit deinen Ohren. 11 Mach
dich auf, gehe hin zu den Verbannten,
zu den Söhnen deines Volkes und
rede zu ihnen und sage ihnen: ‚So
spricht der Herr Jahwe‘, ob sie nun
hören oder es lassen.“

12 Und der Geist hob mich empor,
und ich hörte hinter mir das Geräusch
eines gewaltigen Bebens: „Gepriesen
sei die Herrlichkeit Jahwes an der
Stätte ihrer Ruhe.“ 13 Es war das Ge-
räusch der Flügel der Wesen, die an-
einander schlugen, und zugleich mit
ihnen das Geräusch der Räder. 14 Und
der Geist hob mich empor und ergriff
mich, und niedergeschlagen ging ich
dahin in der Erregung meines Geistes,
und die Hand Jahwes lastete schwer
auf mir. 15 So kam ich zu den Ver-
bannten von Tell Abib, die am Flusse
Kebar wohnen, und ich blieb dort sie-
ben Tage unter ihnen, starr und stumm.

Der Prophet als Wächter

16 Und nach Verlauf von sieben
Tagen erging das Wort Jahwes an mich
also: 17 „Menschensohn, ich habe
dich zum Wächter bestellt für das Haus
Israel; hörst du ein Wort aus meinem
Munde, so sollst du sie von mir aus ver-
warnen. 18 Sage ich zum Gottlosen:
‚Du wirst sicher sterben‘, und du ver-
warnst ihn nicht und redest nicht, um
den Gottlosen von seinem gottlosen
Wege abzubringen und ihn am Leben
zu erhalten, so wird dieser Gottlose
wegen seiner Sünde sterben, sein Blut
aber werde ich von deiner Hand for-
dern. 19 Hast du aber einen Gottlosen

→26 *Dornen umgeben dich* G; M: „Disteln und Dornen“.

→27 *ein widerspenstiges Geschlecht* (Wörtlich: ein Haus der Widerspenstigkeit) Hss von M, G, S; M: „Widerspenstigkeit“.

→210 *auf ihr* Korr.; M: „zu ihr“.

→32f Ein Seraph hatte den Mund des Jesaja berührt, Js 65–7; Jahwe selbst hat den Mund des Jeremia berührt und seine Worte in den Mund des Propheten gelegt, Jr 19. Der zuletzt genannte Gedanke wird von Ezechiel noch realistischer ausgesprochen.

→316–21 *(Der Prophet als Wächter)* Das gleiche Thema wird in 331–9 nochmals behandelt, wo es in den Zusammenhang besser hineinpaßt; der Abschnitt wurde hier fast wörtlich vielleicht deshalb wiederholt, weil er das eigentliche Programm des prophetischen Wirkens darstellt. Die persönliche Verantwortung jedes einzelnen Hörers ist betont, vgl. 1412+.

verwarnt und er läßt nicht ab von
seinem Frevel und seinem gottlosen
Wege, so wird er wegen seiner Sünde
sterben, du aber hast dein Leben ge-
rettet. 20 Und wenn ein Gerechter von
seiner Gerechtigkeit sich abwendet
und unrecht tut und ich einen Anstoß
vor ihn hinstelle, daß er stirbt, hast
du ihn nicht verwarnt, so wird er ob
seiner Sünde sterben, und seiner Ge-
rechtigkeit, die er geübt, wird nicht
mehr gedacht werden, aber sein Blut
werde ich fordern von deiner Hand.
21 Hast du aber den Gerechten ver-
warnt, daß er nicht sündige, und der
Gerechte sündigt nicht, so wird er am
Leben bleiben, weil er verwarnt war,
du aber hast dein Leben gerettet."

I. VOR DER BELAGERUNG JERUSALEMS

Das Verstummen Ezechiels

22 Es kam die Hand Jahwes über
mich, und er sprach zu mir: „Mach
dich auf und gehe hinaus in die Ebene,
dort werde ich mit dir reden.“ 23 Da
machte ich mich auf und ging hinaus
in die Ebene, und siehe, dort stand
die Herrlichkeit Jahwes wie die Herr-
lichkeit, die ich am Flusse Kebar ge-
sehen hatte, und ich fiel auf mein An-
gesicht. 24 Da kam der Geist (Jahwes)
in mich und stellte mich auf meine
Füße, und er redete mit mir.

Und er sprach zu mir: „Geh, schließe
dich in deinem Hause ein. 25 Und du,
Menschensohn, siehe, man wird dir
Fesseln anlegen und dich mit ihnen
binden, so daß du nicht unter sie
hinausgehen kannst. 26 Und deine
Zunge will ich an deinem Gaumen
festmachen, auf daß du verstummst
und sie nicht mehr verwarnst, denn
sie sind ein widerspenstiges Geschlecht.
27 Wenn ich aber mit dir rede, will ich
deinen Mund öffnen, und du sollst
zu ihnen sagen: Also spricht der Herr
Jahwe. Wer hören will, der höre, und
wer es lassen will, der lasse es; denn
sie sind ein widerspenstiges Ge-
schlecht.“

Ankündigung der Belagerung Jerusalems

4 1 Und du, Menschensohn, nimm
dir einen Ziegelstein und lege ihn
vor dich hin und zeichne darauf eine
Stadt, Jerusalem. 2 Dann belagere sie,
baue einen Wall wider sie, schütte ei-
nen Damm auf wider sie, errichte
Heerlager wider sie und stelle rings-
um Sturmböcke auf wider sie. 3 Dann
nimm dir eine eiserne Pfanne und
mache sie zu einer eisernen Mauer
zwischen dir und der Stadt und richte
deinen Blick auf sie; sie soll im Be-
lagerungszustand sein, und du sollst
sie einschließen; ein Zeichen sei es für
das Haus Israel.

4 Und du lege dich auf deine linke
Seite und lege auf dich die Schuld des
Hauses Israel; nach der Zahl der Tage,
die du auf ihr liegst, sollst du ihre Ver-
schuldung tragen. 5 Und ich setze dir
die Jahre ihrer Schuld fest als Zahl
von Tagen: hundertneunzig Tage sollst
du die Schuld des Hauses Israel tragen.
6 Und wenn du damit fertig bist, so
sollst du dich auf deine rechte Seite
legen und sollst die Verschuldung des
Hauses Juda tragen vierzig Tage; einen
Tag für jedes Jahr lege ich dir auf.
7 Und auf die Belagerung Jerusalems
richte deinen Blick und den entblöß-
ten Arm und weissage wider sie. 8 Und
siehe, ich lege dir Fesseln an, so daß
du dich nicht von der einen Seite auf
die andere wenden kannst, bis die
Tage deiner Bedrängnis zu Ende sind.

9 Und du, nimm dir Weizen, Gerste,
Bohnen, Linsen, Hirse und Spelt, tue
sie in ein Gefäß und mache dir daraus

→3 25 *Fesseln* Die „Fesseln“ wurden von manchen Auslegern als eine Art leiblicher Lähmung gedeutet, vgl. 4 4f; dann würde eine solche Prüfung von Gott her eine sinnbildliche Bedeutung erhalten und so in die prophetische Botschaft einbezogen werden, vgl. Jr 18 1+.

→4 2 Der Prophet erhält den Befehl, die bevorstehende Belagerung Jerusalems im voraus darzustellen durch eine eindringliche Zeichensprache (der belagerte Ziegelstein, die Bewegungslosigkeit des Propheten, die kärgliche und eingeschränkte Nahrung, die verbrannten und verstreuten Haare). Zu diesen sinnbildlichen Handlungen, die bei Ezechiel besonders ausgebildet sind, vgl. Jr 18 1+.

→4 4 *auf dich* Korr.; M: „auf ihn“.

→4 5 *hundertneunzig* G; M: „dreihundertneunzig“.

→4 5–6 Man hat vergeblich versucht, die beiden Zahlen (190 und 40 Tage) in strengem Sinn zu deuten als Ankündigung der jeweiligen Exilsdauer Israels und Judas. Hierin ist nur die Ankündigung einer Belagerung zu sehen, deren Dauer aber verborgen bleibt; die Belagerung geschieht als Strafe für den fortgesetzten Abfall der beiden Reiche.

→4 9 *hundertneunzig* G; M: „390“.

Brot. Nach der Zahl der Tage, die du
auf deiner Seite liegst, hundertneunzig
Tage, sollst du davon essen. 10 Und
deine Speise, die du essen wirst, soll
abgewogen sein, zwanzig Schekel für
den Tag; von einem Zeitpunkt zum
anderen sollst du davon essen. 11 Auch
Wasser sollst du nach Maß trinken,
ein Sechstel Hin; von einem Zeitpunkt
zum anderen sollst du es trinken. 12 Als
Gerstenkuchen sollst du es essen und
vor ihren Augen auf Menschenkot
backen. 13 Und du sollst sprechen:
„So spricht Jahwe, der Gott Israels.
Ebenso sollen die Söhne Israels un-
reines Brot essen unter den Völkern,
unter die ich sie verstoße." 14 Da
sprach ich: „Ach, Herr Jahwe, nie
habe ich mich verunreinigt, und von
Gefallenem oder Zerrissenem habe ich
nicht gegessen von meiner Jugend an
bis jetzt, und unreines Fleisch ist nie
in meinen Mund gekommen." 15 Da
sprach er zu mir: „Siehe, ich gestatte
dir Rindermist statt Menschenkot,
daß du dein Brot darauf bereitest."
16 Und er sprach zu mir: „Menschen-
sohn, siehe, ich zerbreche den Stab
des Brotes in Jerusalem, so daß sie das
Brot nach Gewicht und mit Kummer
essen und das Wasser nach Maß und
mit Entsetzen trinken müssen, auf
daß sie Mangel leiden an Brot und
Wasser, einer nach dem anderen ver-
schmachten und ob ihrer Schuld ver-
gehen."

5 1 Und du, Menschensohn, nimm
dir ein scharfes Schwert, als Scher-
messer sollst du es benutzen und damit
über dein Haupt und deinen Bart fah-
ren. Dann nimm dir eine Waage und
teile sie (die Haare). 2 Ein Drittel ver-
brenne im Feuer inmitten der Stadt,
wenn die Tage der Belagerung zu
Ende sind, und ein Drittel nimm und
schlage es mit dem Schwerte rings um
sie herum, und ein Drittel streue in den
Wind, und ich will das Schwert zücken
hinter ihnen her. 3 Dann nimm davon
eine kleine Anzahl und binde sie in den
Zipfel deines Gewandes. 4 Und auch
von diesen nimm nochmals weg und
wirf sie mitten ins Feuer und ver-
brenne sie im Feuer! Davon wird
Feuer ausgehen. Zum ganzen Haus
Israel aber sollst du sagen: 5 So spricht
der Herr Jahwe: Das ist Jerusalem!
Mitten unter die Völker habe ich es
gestellt und es mit Ländern umgeben.
6 Aber es lehnte sich auf gegen meine
Rechte, schlimmer als die Heiden, und
gegen meine Satzungen, ärger als die
Länder, die es rings umgeben, denn
meine Rechte verwarfen sie und wan-
delten nicht in meinen Satzungen.

7 Darum spricht der Herr Jahwe
also: Weil ihr widerspenstiger gewesen
seid als die Völker, die rings um euch
sind, nicht nach meinen Satzungen
gewandelt seid, meine Rechte nicht
gewahrt habt, ja nicht einmal die
Rechte der Völker, die rings um euch
sind, gewahrt habt, 8 darum spricht
der Herr Jahwe also: Siehe, ich
gehe gegen dich vor und will in
deiner Mitte vor den Augen der
Völker Strafgerichte vollziehen. 9 Ich
werde ob all deiner Greueltaten an
dir tun, was ich nie getan habe noch
je wieder tun werde. 10 Darum sol-
len Väter in deiner Mitte die Kinder
verzehren und die Kinder ihre Väter
verzehren, ich werde an dir Straf-
gerichte vollziehen und deinen gan-
zen Rest in alle Winde zerstreuen.
11 Darum, so wahr ich lebe, spricht der
Herr Jahwe: Fürwahr, weil du mein
Heiligtum mit all deinen Scheußlich-
keiten und deinen Greueln verunrei-
nigt hast, so will auch ich nun ver-
werfen, und mein Auge soll nicht
erbarmend blicken, und ich werde
keine Schonung kennen. 12 Ein Drit-
tel soll von dir in deiner Mitte an der
Pest sterben und durch Hunger um-
kommen, ein Drittel soll durch das
Schwert fallen rings um dich her, und
ein Drittel werde ich in alle Winde
zerstreuen, und ich werde das Schwert
zücken hinter ihnen her. 13 Mein
Zorn soll sich austoben, ich werde
meinen Grimm an ihnen sättigen und
Rache nehmen, und sie sollen erken-
nen, daß ich, Jahwe, in meinem Eifer

→4 13 *Und du sollst sprechen: So spricht Jahwe, der Gott Israels* G; M: „Und es sprach Jahwe".
→4 15 *Rindermist* In getrocknetem Zustand dient er im Orient als Brennmaterial.
→4 16 *Stab des Brotes* Brote wurden auf einen Stock aufgereiht, vgl. 5 16; 14 13.
→5 2 Der Prophet ahmt in einer durchsichtigen Allegorie das Schicksal der Bewohner am Ende der Belagerung nach.
→5 3 *eine kleine Anzahl* Hiermit ist der verschonte und nach erneuter Prüfung gerettete „Rest" gemeint, vgl. Js 4 3+.
→5 4 *Davon wird Feuer ausgehen* Rätselhafter Satz; vielleicht Glosse unter dem Einfluß von 19 14+.
→5 4 *Feuer ausgehen. Zum ganzen Haus Israel aber sollst du sagen* G; M: „Feuer über das ganze Haus Israel ausgehen".
→5 7 *ihr widerspenstiger gewesen seid* Korr.; M: „wegen eures Tobens".
→5 8 *Strafgerichte* Korr., vgl. v. 10; M: „Rechtsentscheidungen".
→5 11 *verwerfen* Üss; M: „kahlscheren".

geredet habe, indem ich meinen Grimm
an ihnen auslasse. 14 Ich will dich zur
Wüste machen und zur Schmach unter
den Völkern, die dich umgeben, für
einen jeden, der vorübergeht. 15 Und
du wirst zur Schmach, zum Hohn, zur
Warnung und zum Entsetzen für die
Völker sein, die dich umgeben, wenn
ich Gericht halte über dich in Zorn
und Grimm und strenger Züchtigung –
ich, Jahwe, habe gesprochen. 16 Wenn
ich die bösen Pfeile der Hungersnot
wider euch sende, die euch Verder-
ben bringen – die ich sende, um euch
zu vernichten, und die Hungersnot
euch mehre –, da werde ich euch den
Stab des Brotes zerbrechen. 17 Ich
werde über euch senden Hunger und
wildes Getier, daß sie dich kinderlos
machen, und Pest und Blut sollen über
dich hinweggehen, und das Schwert
werde ich über dich bringen. Ich,
Jahwe, habe gesprochen.

Gegen die Berge Israels

6 1 Es erging das Wort Jahwes an
mich also: 2 Menschensohn, richte
dein Antlitz zu den Bergen Israels
und weissage wider sie 3 und sprich:
Ihr Berge Israels, höret das Wort des
Herrn Jahwe! Also spricht der Herr
Jahwe zu den Bergen und Hügeln, zu
den Schluchten und Tälern: Siehe, ich
bringe über euch das Schwert und ver-
nichte eure Höhen, 4 und eure Altäre
sollen verwüstet und eure Säulen zer-
trümmert werden, und eure Erschla-
genen werde ich vor eure Götzen hin-
werfen 5 und eure Gebeine rings um
eure Altäre streuen. 6 Wo immer ihr
wohnt, sollen die Städte verwüstet und
die Höhen verödet sein, so daß eure
Altäre wüst und öde stehen, eure
Götzen zertrümmert und zunichte ge-
macht, eure Säulen zerbrochen und
eure Machwerke vernichtet sind. 7 In
eurer Mitte sollen die Erschlagenen
dahinsinken, damit ihr erkennet, daß
ich Jahwe bin.

8 Aber ich lasse solche übrig, die
dem Schwerte entrinnen, wenn ihr in
die Länder zerstreut werdet, 9 und
diese eure Entronnenen werden mei-
ner unter den Völkern gedenken, wo-
hin sie gefangen weggeführt worden
sind, und ich zerbreche ihr ehebreche-
risches Herz, das sich von mir abge-
wandt hat, und ihre Augen, die buhle-
risch auf die Götzen gerichtet waren,
daß sie vor sich selbst sich ekeln ob der
Schandtaten, die sie begangen, über all
ihre Greuel. 10 Und sie sollen erkennen,
daß ich Jahwe bin; nicht umsonst habe
ich angesagt, ihnen dieses Übel anzutun.

Die Sünden Israels

11 Also spricht der Herr Jahwe:
Schlage deine Hände zusammen und
stampfe mit deinen Füßen und rufe:
„Wehe!“ ob all der schlimmen Greuel
des Hauses Israel, das durch das
Schwert, durch Hunger und Pest um-
kommen soll. 12 Wer ferne ist, wird
an der Pest sterben, und wer nahe ist,
durch das Schwert umkommen, und
wer noch übrig ist und belagert wird,
durch Hunger sterben, und ich werde
meinen Grimm an ihnen sättigen.
13 Und ihr sollt erkennen, daß ich
Jahwe bin, wenn eure Erschlagenen
mitten unter den Götzen rings um
ihre Altäre liegen, auf jedem ragenden
Hügel, auf jedem Bergesgipfel, unter
jedem grünen Baum, unter jeder dicht-
belaubten Terebinthe, da wo sie all
ihren Götzen lieblichen Opferduft
darbringen. 14 Ich werde meine Hand
wider sie ausstrecken und das Land zur
Einöde und Wildnis machen von der
Wüste bis nach Ribla, wo immer sie
wohnen, auf daß sie erkennen, daß
ich Jahwe bin.

Das nahende Ende

7 1 Es erging das Wort Jahwes an
mich: 2 Du, o Menschensohn,
sprich: Also spricht der Herr Jahwe
zu dem Lande Israel: Es kommt ein
Ende, das Ende kommt über die vier
Enden des Landes. 3 Nun kommt das
Ende über dich. Ich schicke meinen
Zorn über dich und richte dich nach
deinen Wegen und lasse alle deine
Greuel über dich kommen. 4 Und
nicht wird mein Auge mitleidig auf
dich sehen, und nicht werde ich Scho-
nung üben, vielmehr werde ich dir deine
Wege aufbürden, und deine Greuel

→516 *wider euch* Korr.; M: „wider sie“.
→65 Zusatz in M am Versanfang: „und die Leichen der Söhne Israels vor ihre Götzen hinwerfen“, vgl. Lv 2630.
→67 *damit ihr erkennt, daß ich Jahwe bin* Häufige Wendung bei Ez. Die Taten Jahwes werden die Menschen – ob sie sich darauf eingestellt haben oder nicht – zwingen, seine Allmacht anzuerkennen, vgl. Js 428+.
→69 *ich zerbreche* Üss; M: „ich werde zerbrochen“.
→614 *Wildnis . . . von der Wüste bis nach Ribla* Hss von M; M: „mehr Wildnis . . . als die Wüste von Diblata“. Ribla, vgl. 2 Kg 2333; 256f, bezeichnet hier den nördlichsten Punkt Palästinas, „die Wüste“ die Südgrenze Palästinas. Vgl. Ri 201+.
→72 *sprich* G, S; fehlt in M.

sollen mitten in dir sein, und du sollst
erkennen, daß ich Jahwe bin.
5 So spricht der Herr Jahwe: Un-
glück über Unglück, siehe, es kommt.
6 Ein Ende kommt, es kommt das
Ende für dich, siehe, es kommt.
7 Du kommst an die Reihe, Be-
wohner des Landes, es kommt die
Zeit, es naht der Tag, Verwirrung
herrscht und nicht mehr Jauchzen auf
den Bergen. 8 Nun gieße ich in kur-
zem meinen Grimm aus über dich,
erschöpfe meinen Zorn an dir; ich
richte dich nach deinen Wegen und
bringe alle deine Greuel über dich.
9 Und nicht wird mein Auge mit-
leidig auf dich sehen, und nicht werde
ich Schonung üben, sondern deinen
Wandel werde ich über dich bringen,
und deine Greuel sollen mitten in dir
sichtbar werden, und ihr sollt erken-
nen: Ich, Jahwe, bin es, der schlägt.
10 Siehe, der Tag! Siehe, er kommt!
Du kommst an die Reihe, es sproßt
die Zuchtrute, es blüht der Übermut.
11 Gewalt erhebt sich, wird zur Zucht-
rute des Bösen ... 12 Es kommt
die Zeit, es naht der Tag! Der Käufer
freue sich nicht, und der Verkäufer
trauere nicht, denn das Zorngericht
kommt über jedermann. 13 Denn
der Verkäufer wird nicht zu dem,
was er verkauft, zurückkehren, und
keiner wird ob seiner Missetat sein
Leben sich erhalten. 14 Stoßt in die
Trompete und rüstet alles; es ist doch
niemand, der in den Kampf zieht,
denn mein Zorngericht kommt über
jedermann.

Die Sünden Israels

15 Das Schwert draußen, und Pest
und Hunger drinnen. Wer auf dem
Felde ist, wird umkommen durch das
Schwert, und wer in der Stadt ist, den
werden Hunger und Pest aufzehren.
16 Und entkommen Flüchtlinge von
ihnen, so sind sie auf den Bergen wie
die Tauben der Täler, ich lasse sie alle
sterben, einen jeden ob seiner Schuld.
17 Alle Hände werden schlaff, alle Knie
zerfließen wie Wasser. 18 Sie werden
sich in Trauergewänder hüllen, Ent-
setzen wird sie bedecken, auf jedem
Antlitz Scham sich zeigen, auf allen
ihren Häuptern eine Glatze sein. 19 Ihr
Silber werfen sie auf die Straßen, ihr
Gold ist ihnen gleich dem Unrat.
Ihren Hunger können sie damit nicht
stillen und ihren Leib nicht füllen, denn
es war ihnen Anlaß zur Verschuldung.
20 Ihren kostbaren Schmuck ver-
wandten sie zur Hoffart und fertigten
daraus ihre greuelhaften Bilder, ihre
Scheusale; darum mache ich es ihnen
zum Unrat. 21 Ich gebe es in die Hand
von Fremden als Beute und den Gott-
losesten der Erde zum Raube, daß sie
es entweihen. 22 Ich wende mein An-
gesicht von ihnen ab, daß man mein
Kleinod entweihe. Räuber sollen darin
einbrechen und es entweihen.
23 Bilde dir eine Kette, denn das
Land ist voll Blutschuld und die Stadt
voll von Gewalttat. 24 Ich werde die
Schlimmsten der Völker herbeiführen,
daß sie ihre Häuser in Besitz nehmen,
und ich werde ein Ende machen ihrer
stolzen Pracht, und ihre Heiligtümer
werden entweiht werden. 25 Es kommt
die Angst, und man sucht Rettung und
findet keine. 26 Unglück kommt über
Unglück, und eine Schreckenskunde
nach der anderen trifft ein, und man
wird eine Weissagung von dem Pro-
pheten fordern, aber das Gesetz ist
dem Priester entschwunden und Rat
den Ältesten. 27 Der König trauert,
und der Fürst kleidet sich in Entsetzen,
und die Hände des gemeinen Volkes

→75 *Unglück über Unglück* Hss von M, S; M: „ein einziges Unglück, ein Unglück“. →76 *für dich* Danach Zusatz in M: „es erwacht“; fehlt in G, T. →77 *Du kommst an die Reihe* Unsichere Übersetzung; „Reihe“ wörtlich: „Kranz“, ebenso in v. 10. →77 *der Tag* Der „Tag Jahwes“, Am 518+. →79 *sondern deinen Wandel (werde ich über dich bringen)* Korr.; M: „nach deinem Wandel (werde ich dich richten)“. →710 *Du kommst an die Reihe, es sproßt die Zuchtrute* Sehr dunkler Text; Übersetzungsversuch in Angleichung an v. 7. Das Hebräische heißt wörtlich: „Der Kranz ist aufgegangen, das Zepter (oder: der Stab) hat geblüht“. →711 Das Versende ist unverständlich. Wörtlich: „nichts mehr von ihnen noch von ihrem Gepränge, noch von ihrer Menge, und nichts Herrliches ist in ihnen“. G versteht den ganzen Vers so: „Er wird die Stütze des Gottlosen zerbrechen ohne Lärm und ohne Eile“. →712 *über jedermann* Wörtlich: über all ihr (Jerusalems?) Gepränge; ebenso in v. 14. →715–27 Fortsetzung von 611–14. →716 *ich lasse sie alle sterben* G; M: „sie alle klagen“. →718 *eine Glatze* Zeichen der Entehrung. →719 *Unrat* Danach Zusatz in M: „Ihr Silber und ihr Gold vermag sie nicht zu retten am Tage des Zornes Jahwes“, vgl. Zeph 118; fehlt in G[B], L. →722 *mein Kleinod entweihe* Vielleicht Anspielung auf die künftige Deportierung; aber der Text ist unsicher. →727 *Der König trauert* Fehlt in G; vielleicht ein späterer Zusatz, denn bei Ez ist vom König niemals die Rede.

erstarren. Nach ihrem Wandel verfahre ich mit ihnen, und nach ihren Rechten richte ich sie; sie sollen erkennen, daß ich Jahwe bin.

Vision von den Sünden Jerusalems

8 1 Es geschah im sechsten Jahre,
im sechsten Monat, am Fünften
des Monats, als ich in meinem Hause
war und die Ältesten Judas vor mir
saßen, da fiel dort auf mich die Hand
des Herrn Jahwe.
2 Ich schaute, und siehe, da war
eine Gestalt, die das Aussehen eines
Mannes hatte; von seinen Hüften an
und nach unten zu sah sie aus wie
Feuer, und von seinen Hüften an und
nach oben zu wie Himmelsglanz, wie
der Anblick von Glanzerz. 3 Und er
streckte etwas aus wie eine Hand und
faßte mich bei einer Locke meines
Hauptes, und ein Geist hob mich zwischen Himmel und Erde und brachte
mich nach Jerusalem in göttlichen
Gesichten an den Eingang des inneren
Tores, das nach Norden liegt, wo der
Stand des Eifersuchtsbildes war, das
die Eifersucht (Jahwes) erregte. 4 Und
siehe, dort war die Herrlichkeit des
Gottes Israels, entsprechend der Erscheinung, die ich in der Talebene
geschaut hatte. 5 Da sprach er zu mir:
„Menschensohn, erhebe deine Augen
gegen Norden." Und ich erhob meine
Augen in der Richtung nach Norden, und siehe, da war nördlich
von dem Altartor das Eiferbild,
es war am Eingang. 6 Da sprach
er zu mir: „Menschensohn, hast du
gesehen, was sie da treiben? Große
Greuel sind es, die das Haus Israel
hier begeht, so daß ich mein Heiligtum verlassen muß, aber du wirst noch
größere Greuel sehen."
7 Dann brachte er mich zum Eingang des Vorhofes, und ich schaute,
und siehe, da war ein Loch in der
Wand. 8 Und er sagte zu mir: „Menschensohn, stoße doch durch die
Wand." Und ich stieß durch die Wand,
und siehe, da war ein Eingang. 9 Und
er sprach zu mir: „Geh hinein und
sieh die schlimmen Greuel, die sie hier
verüben." 10 Da ging ich hinein, und
siehe, da waren allerlei Gebilde von
Gewürm und Getier, greuelhafte Wesen und allerlei Götzenbilder des
Hauses Israel auf der Wand ringsherum eingezeichnet. 11 Und siebzig
Männer von den Ältesten des Hauses
Israel und Jaasanjahu, der Sohn des
Schaphan, in ihrer Mitte, die standen
vor ihnen, ein jeder mit seinem Rauchfaß in der Hand, und der Duft der
Rauchwolke stieg empor. 12 Da sagte
er zu mir: „Hast du gesehen, Menschensohn, was die Ältesten des Hauses Israel im Finstern tun, ein jeder
in seiner Bilderkammer, da sie sagen:
‚Jahwe sieht uns nicht, Jahwe hat sein
Land im Stich gelassen.'" 13 Da sprach
er zu mir: „Du wirst noch größere
Greuel sehen, die sie verüben."
14 Alsdann brachte er mich an
den Eingang des Tores des Jahwetempels, das nach Norden liegt, und
siehe, da saßen die Weiber, die den
Tammus beweinten. 15 Und er sprach
zu mir: „Hast du gesehen, Menschensohn? Du wirst noch größere Greuel
sehen als diese."
16 Da brachte er mich in den inneren Vorhof des Hauses Jahwes, und
siehe, am Eingang des Tempelhauses
Jahwes, zwischen der Vorhalle und
dem Altar, waren etwa fünfundzwanzig Männer mit ihrem Rücken
dem Tempelhaus Jahwes und mit
ihrem Antlitz dem Osten zugewandt,
diese beteten im Osten die Sonne an.
17 Und er sprach zu mir: „Hast du
gesehen, Menschensohn? Ist es dem
Hause Juda noch nicht genug, diese
Greuel zu tun, die sie hier begehen,
daß sie auch das Land noch mit
Freveltat erfüllen und mich immer
wieder zum Zorn reizen? Siehe, sie

→81 September/Oktober des Jahres 592 v. Chr.

→82 *eines Mannes* G; M: „von Feuer".

→82 Wie in 126–28 erscheint dem Propheten Jahwe selbst, in v. 4 nur noch „die Herrlichkeit Jahwes", vgl. auch 128.

→83 *in göttlichen Gesichten* Sie sollen dem Propheten zeigen, daß die Stadt Jerusalem schuldig ist nicht nur wegen ihrer Sünden in der Vergangenheit oder aufgrund einer rechtlich geltenden Solidarität mit Sündern, sondern wegen ihrer gegenwärtigen und ihrer eigenen Sünden; sie sind es, die das drohende Strafgericht herbeiführen, vgl. 1412+.

→83 *Eifersucht* Die Eifersucht Jahwes, die durch jede Form von Götzendienst erregt wird. Das „Eifersuchtsbild" ist vielleicht das Bild der Astarte, das Manasse im Tempel aufgestellt hatte, 2 Kg 217.

→814 *Tammus* Assyrisch-babylonische Gottheit volkstümlichen Ursprungs, die unter dem semitischen Namen Adonis („Mein Herr") in der Mythologie des Mittelmeerraumes außerordentlich beliebt war. Jedes Jahr hielt man im Monat Tammus (Juni/Juli) anläßlich des Hinabsteigens dieses Gottes in die Unterwelt die Totenklage für ihn.

→817 *sie halten den Zweig an ihre Nase* Auf welchen Ritus hier angespielt wird, läßt sich nicht mehr mit Sicherheit sagen.

halten den Zweig an ihre Nase. 18 So
will ich denn im Zorne handeln, nicht
soll mein Auge mitleidig blicken, und
ich will nicht Schonung üben. Und
rufen sie auch zu mir mit lauter Stimme,
ich will sie nicht hören."

Die Strafe

9 1 Da rief er mit lauter Stimme vor
meinen Ohren: „Kommet herbei,
Wachen der Stadt, ein jeder mit seinem
Vernichtungswerkzeug in der Hand!"
2 Und siehe, sechs Männer kamen von
der Richtung des oberen Tores her,
das nach Norden liegt, ein jeder mit
seinem Vernichtungswerkzeug in der
Hand, und ein Mann war in ihrer
Mitte, der mit Linnen bekleidet war
und ein Schreibzeug an seinen Hüften
trug, und sie kamen und stellten sich
auf neben dem ehernen Altar. 3 Die
Herrlichkeit des Gottes Israels aber
hatte sich von den Keruben, auf denen
sie thronte, zur Tempelschwelle er-
hoben. Da rief er dem Manne, der in
Linnen gekleidet war und ein Schreib-
zeug an seinen Hüften trug. 4 Und er
sprach zu ihm: „Gehe mitten durch
die Stadt, mitten durch Jerusalem,
und mache ein Kreuz auf die Stirn
der Männer, die seufzen und wehklagen
über all die Greuel, die in ihr verübt
werden." 5 Zu jenen aber sagte er
vor meinen Ohren: „Geht durch die
Stadt hinter ihm her und schlagt zu
ohne Schonung und ohne Erbarmen.
6 Den Greis, den Jüngling, die Jung-
frau, die Kinder und Frauen, haut sie
nieder, aber rühret keinen an, der das
Kreuz trägt! Fangt an bei meinem
Heiligtum!" Und sie fingen an bei den
Männern, den Ältesten, die vor dem
Tempel waren. 7 Und er sprach zu
ihnen: „Macht unrein das Tempelhaus
und füllet die Vorhöfe mit Erschlage-
nen und geht hinaus!" Und sie gingen
hinaus und schlugen in der Stadt.

8 Und als sie dreinschlugen und ich
allein übrigblieb, fiel ich nieder auf
mein Angesicht und schrie: „Ach,
Herr Jahwe, willst du den ganzen Rest
Israels vernichten, indem du deinen
Grimm ausschüttest über Jerusalem?"
9 Er sprach zu mir: „Die Schuld des
Hauses Israel ist sehr, sehr groß, das
Land ist voll von Blutschuld und die
Stadt voll von Rechtsbruch; denn sie
sagten: ‚Verlassen hat Jahwe das
Land, Jahwe sieht nicht.' 10 Nun will
auch ich nicht mitleidig sein und nicht
Schonung üben, ihren Wandel will ich
ihnen vergelten." 11 Und siehe, der
Mann, der in Linnen gekleidet war
und ein Schreibzeug an seinen Hüften
trug, brachte die Meldung zurück:
„Ich habe getan, wie du mir befohlen
hast."

10 1 Da schaute ich, und siehe,
über der Feste, die sich zu Häup-
ten der Keruben breitete, da war es
wie Saphirstein, da wurde etwas, das
einem Throne glich, über ihnen sicht-
bar. 2 Dann sprach er zu dem Manne,
der mit Linnen bekleidet war: „Geh
hinein in den Raum zwischen den
Rädern unter den Keruben und fülle
deine Hände mit glühenden Kohlen
aus dem Raum zwischen den Keruben
und streue sie über die Stadt." Und er
ging vor meinen Augen hinein.

3 Die Kerube aber standen zur
Rechten des Tempelhauses, als der
Mann hineintrat, und die Wolke er-
füllte den inneren Vorhof. 4 Und die
Herrlichkeit Jahwes erhob sich von
den Keruben zur Schwelle des Hauses
hin, und das Haus wurde mit der
Wolke erfüllt, und der Vorhof war
voll von dem Glanze der Herrlichkeit
Jahwes. 5 Das Rauschen der Flügel
der Keruben war zu hören bis in den
äußeren Vorhof wie die Stimme Gottes
des Allmächtigen, wenn er spricht.

6 Und es geschah, als er dem in Lin-
nen gekleideten Manne befohlen hatte:
„Nimm Feuer aus dem Raum zwi-
schen den Rädern, aus dem Raum
zwischen den Keruben", da ging er
hin und stellte sich neben das Rad.
7 Und der Kerub streckte seine Hand
nach dem Feuer aus, welches zwischen
den Keruben war, und nahm davon
und legte es in die Hände des Mannes,
der in Linnen gekleidet war, und dieser
nahm es und ging hinaus. 8 Und ich
sah an den Keruben etwas wie eine
menschliche Hand. 9 Ich schaute,
und siehe, da waren vier Räder neben
den Keruben, je ein Rad neben einem
Kerub, und die Räder sahen aus wie
der Glanz des Chrysolith. 10 Ihr Aus-
sehen aber war so, daß die Vier einer-

→91 – 1017 Die Vision soll zeigen, daß die Strafe nicht unterschiedslos alle treffen wird; die Unschuldigen werden verschont bleiben, vgl. 1412+.
→94 *er sprach* G; M: „Jahwe sprach".
→94 *ein Kreuz* Wörtlich: „ein *taw*", wie V übersetzt. Dieser Buchstabe hatte im alten Alphabet die Form eines Kreuzes.
→101f Nach der Ausrottung der Bewohner folgt nun die Vernichtung der Stadt.
→107 *Hand* Danach Zusatz in M: „aus dem Raum zwischen den Keruben"; fehlt in G.
→108 *ich sah* Üss; M: „er sah".

lei Gestalt hatten, als ob ein Rad durch
das andere ginge. 11 Wenn sie gingen,
gingen sie nach ihren vier Seiten, sie
wandten sich nicht, wenn sie gingen,
sondern in der Richtung, in welcher
sich der Vorderste bewegte, gingen
sie hinter ihm her, und sie wandten sich
nicht beim Gehen. 12 Ihr ganzer Leib
aber, ihre Rücken, ihre Hände und
ihre Flügel und die Räder waren voll
von Augen ringsum bei den Vieren.
13 Die Räder aber wurden, ich konnte
es hören, „Galgal" genannt. 14 Und
vier Gesichter hatte ein jeder: Das
erste Gesicht war ein Stiergesicht, das
zweite ein Menschengesicht, das dritte
ein Löwengesicht und das vierte ein
Adlergesicht. 15 Und die Kerube erhoben sich; es war das Wesen, das
ich am Flusse Kebar geschaut hatte.
16 Wenn die Kerube gingen, so bewegten sich auch die Räder an ihrer
Seite, und wenn die Kerube ihre
Flügel hoben, um sich von der Erde
zu erheben, so wandten sich auch die
Räder nicht mehr. 17 Blieben sie aber
stehen, so blieben auch diese stehen,
und wenn sie sich erhoben, so erhoben
sie sich mit ihnen, denn der Geist des
Wesens war in ihnen.

Die Herrlichkeit Jahwes verläßt den Tempel

18 Und die Herrlichkeit Jahwes
ging fort von der Schwelle des
Tempelhauses und ließ sich auf den
Keruben nieder. 19 Da hoben die
Kerube ihre Flügel, stiegen auf von
der Erde vor meinen Augen und zogen
ab, und die Räder zugleich mit ihnen.
Und sie stellten sich auf am Eingang
des östlichen Tores des Hauses Jahwes,
und die Herrlichkeit des Gottes
Israels thronte über ihnen. 20 Das war
das Wesen, das ich unter dem Gott
Israels am Flusse Kebar geschaut
hatte, und ich erkannte, daß es die
Kerube waren. 21 Vier Gesichter und
vier Flügel hatte ein jeder und etwas
wie Menschenhände unter ihren Flügeln. 22 Und was das Aussehen der
Gesichter betrifft, so waren es dieselben Gesichter, die ich am Flusse
Kebar gesehen hatte; sie gingen ein
jeder gerade vor sich hin.

Von den Sünden Jerusalems (Fortsetzung)

11 1 Darauf hob mich der Geist
empor und brachte mich an das
östliche Tor des Hauses Jahwes, das
nach Osten liegt, und siehe, am Eingang des Tores waren fünfundzwanzig
Männer, und in ihrer Mitte erblickte
ich den Jaasanja, den Sohn des Asur,
und den Pelatjahu, den Sohn Benajahus, Fürsten des Volkes. 2 Jahwe
sprach zu mir: „Menschensohn, das
sind die Männer, die Unheil sinnen
und bösen Rat pflegen in dieser
Stadt. 3 Sie sagen: ‚Wird man nicht
bald Häuser bauen? Sie ist der Kessel,
und wir sind das Fleisch.' 4 Deshalb
weissage wider sie, weissage, Menschensohn!" 5 Da kam über mich der
Geist Jahwes und sprach zu mir: „Sage:
so spricht Jahwe: So sprecht ihr, Haus
Israel, und was ihr im Schilde führt,
das weiß ich wohl. 6 Viele habt ihr
in dieser Stadt hingemordet und ihre
Gassen mit Erschlagenen gefüllt.
7 Deshalb spricht der Herr Jahwe
also: Eure Erschlagenen, die ihr in
ihrer Mitte hingestreckt habt, die
sind das Fleisch, und sie ist der Topf;
euch aber werde ich aus ihrer Mitte
entfernen. 8 Das Schwert fürchtet ihr,
das Schwert will ich über euch bringen,
spricht der Herr Jahwe. 9 Ich will euch
herausführen aus ihrer Mitte und
euch in die Hand von Fremden geben
und Gericht halten an euch. 10 Durch
das Schwert sollt ihr fallen, an der
Grenze Israels werde ich euch richten,
und ihr sollt erkennen, daß ich Jahwe
bin. 11 Sie wird euch nicht zum Topfe

→10 13 *Galgal* Bedeutung unsicher; vielleicht „Wagen" oder „Wirbelwind".
→10 16 Zusatz in M am Versende: „von ihrer Seite".
→10 19 *des östlichen Tores* Von hier aus kam man zum Kidrontal und zum Ölberg, vgl. 11 23.
→10 22 *gesehen hatte* Danach Zusatz von zwei unverständlichen Worten in M; fehlt in G.
→11 1–21 Falls es sich hierbei nicht um eine Dublette zu 8 7f handelt, muß der Abschnitt zu Kapitel 8 gezogen werden. Die Vision vom Aufbruch Jahwes, 10 18–22, vor der Vernichtung der Stadt hat dann ihre Fortsetzung in 11 22–23.
→11 2 *Jahwe* G, S; fehlt in M.
→11 3 *Wird man nicht* G; M: „Man wird nicht".
→11 3 *Sie ist der Kessel, und wir sind das Fleisch* Sprichwort: Die Bewohner Jerusalems fühlen sich hinter ihren Mauern in Sicherheit, wie das Fleisch im Kessel gegen das Feuer geschützt ist. Ezechiel antwortet: Ja, die Stadt ist durchaus wie ein Kessel – voll von Leichen der Erschlagenen. Die, die sich hier in Sicherheit meinten, wird Jahwe herausführen. Das gleiche Sprichwort wird von ihm später in einer sinnbildlichen Handlung anders gedeutet, 24 1–14.
→11 7 *werde ich* Hss von M, Üss; M: „wird er".

sein, noch sollt ihr in ihr das Fleisch
sein. An der Grenze Israels werde ich
euch richten, 12 und ihr sollt erkennen,
daß ich Jahwe bin, nach dessen
Satzungen ihr nicht gewandelt seid
und dessen Gesetze ihr nicht ausge-
führt habt, sondern vielmehr nach
den Gesetzen der Völker ringsum habt
ihr gehandelt."
13 Und es geschah, als ich weissagte,
da starb Pelatjahu, der Sohn des
Benaja. Und ich fiel auf mein Ange-
sicht und schrie laut auf und sprach:
„Ach, Herr Jahwe, willst du dem
Rest Israels ein Ende machen?"

Der neue Bund wird den Verbannten verheißen

14 Und es erging das Wort Jahwes
an mich also: 15 „Menschensohn,
deine Brüder, deine Mitgefangenen,
und das ganze Haus Israel, sie alle
sind es, von denen die Bewohner
Jerusalems sagen: ‚Bleibet nur fern
von Jahwe; uns ist das Land zum
Besitz gegeben.' 16 Deshalb sprich:
So spricht der Herr Jahwe: Ja, ich
habe sie weit fortgetan unter die
Völker, habe sie zerstreut in die Län-
der und bin ihnen nur wenig zum
Heiligtum geworden in den Ländern,
in die sie gekommen sind. 17 Darum
sprich: So spricht der Herr Jahwe: Ich
werde sie sammeln aus den Völkern
und sie zusammenbringen aus den
Ländern, in die ich sie zerstreut habe,
und werde ihnen das Land Israel
geben. 18 Und kommen sie dorthin,
so werden sie alle seine Scheusale und
alle seine Greuel aus ihm entfernen.
19 Und ich werde ihnen ein einziges
Herz geben und einen neuen Geist in
ihr Inneres legen und werde entfernen
das Herz von Stein aus ihrem Leibe
und ihnen ein Herz von Fleisch geben,
20 damit sie nach meinen Satzungen
wandeln und meine Gesetze beobach-
ten und sie erfüllen. So werden sie
mein Volk sein, und ich werde ihr
Gott sein. 21 Jenen aber, deren Herz
den Scheusalen und Greueln zuge-
wandt ist, will ich ihren Wandel ver-
gelten, Spruch Jahwes."

Die Herrlichkeit Jahwes verläßt Jerusalem

22 Da erhoben die Kerube ihre
Flügel, und gleichzeitig mit ihnen be-
wegten sich die Räder, und die Herr-
lichkeit des Gottes Israels thronte
oben über ihnen. 23 Und die Herrlich-
keit Jahwes stieg empor aus der Stadt
und machte halt auf dem Berge, der
im Osten der Stadt liegt.
24 Und ein Geist hob mich empor
und brachte mich im Gesicht im
Geist Gottes nach Chaldäa zu den
Verbannten. Und es entschwand mir
das Gesicht, das ich geschaut hatte.
25 Und ich tat den Verbannten alles
kund, was mich Jahwe hatte schauen
lassen.

Zeichenhandlung von der Auswanderung

12 1 Es erging das Wort Jahwes an
mich: 2 Menschensohn, inmit-
ten eines widerspenstigen Geschlech-
tes wohnst du; sie haben Augen, um
zu sehen, und sehen nicht, sie haben
Ohren, um zu hören, und hören nicht,
denn sie sind ein widerspenstiges Ge-
schlecht. 3 Nun, o Menschensohn,
mache dir ein Flüchtlingsgepäck am
hellen Tage und vor ihren Augen und
wandere aus von deinem Wohnort
nach einem anderen vor ihren Augen;
vielleicht sehen sie es, obwohl sie ein
widerspenstiges Geschlecht sind.
4 Pack deine Sachen zusammen wie
ein Flüchtlingsgepäck am hellen
Tage vor ihren Augen, und du selbst
gehe am Abend fort vor ihren Augen,
wie wenn einer in die Verbannung
zieht. 5 Vor ihren Augen mache dir
ein Loch in die Wand, durch das du
hinausgehen kannst. 6 Vor ihren
Augen belade deine Schultern und
gehe fort, wenn es dunkel geworden
ist. Verhülle dein Angesicht, daß du

→11 15 Die Bewohner Jerusalems, die von der Deportierung verschont blieben, fühlen sich als die Elite des Volkes. Schon Jeremia bekämpfte diese Anmaßung und verkündete, Jr 24, daß die Verbannten von Jahwe bevorzugt seien. Ezechiel fügt hinzu, daß der Besitz des Tempels wenig bedeutet, denn Jahwe kann den Verbannten im fremden Lande zum „Heiligtum" werden, 13+.
→11 19 *ein einziges Herz* Vielleicht auch: „ein anderes Herz" (G) oder „ein neues Herz" (S), vgl. Jr 44+.
→11 19 *in ihr Inneres* Hss von M, Üss; M: „in euer Inneres".
→11 21 *Jenen aber, deren Herz* V, T; M: „Und zum Herzen".
→11 24–25 Die Verse setzen voraus, daß Ezechiel in Babylonien wohnt. Wenn man die Hypothese von einem Wirken in Jerusalem annimmt, muß man dieses Stück als eine Einfügung oder Überarbeitung ansehen.
→12 1–20 Diese neue, schweigend vollzogene Zeichenhandlung kündet die bevorstehende Wegführung des Volkes von Jerusalem in die Verbannung an.
→12 5 *du hinausgehen kannst* Üss; M: „du hinausbringen sollst".

das Land nicht sehen kannst, denn
zu einem Zeichen mache ich dich für
das Haus Israel.
7 Und ich tat so, wie mir befohlen
war; die Sachen packte ich am hellen
Tage zusammen wie ein Flüchtlings-
gepäck, am Abend brach ich mit der
Hand ein Loch in die Wand, ging in
der Dunkelheit hinaus und belud die
Schulter vor ihren Augen.
8 Am Morgen erging an mich das
Wort Jahwes also: 9 Menschensohn,
hat nicht das Haus Israel, das wider-
spenstige Geschlecht, zu dir gesagt:
„Was machst du da?“ 10 Sage ihnen:
So spricht der Herr Jahwe: Jerusalem
gilt dieser Spruch und dem ganzen
Haus Israel, das sich darin befindet.
11 Sprich: Ich bin für euch ein Zeichen.
Wie ich getan, so wird ihnen getan
werden: sie werden in die Verbannung,
in die Gefangenschaft gehen. 12 Und
der Fürst, der in ihrer Mitte ist, wird
auf der Schulter tragen und in der
Dunkelheit fortgehen, ein Loch in die
Mauer brechen, um dadurch hinaus-
zugehen, sein Gesicht wird er be-
decken, daß er das Land nicht sehe.
13 Aber ich werde mein Netz über ihn
werfen, und er wird in meinem Garn
gefangen werden. Ich werde ihn nach
Babel bringen lassen, in das Land der
Chaldäer, aber er wird es nicht sehen
und wird dort sterben. 14 Und alle,
die um ihn herum sind, seine Helfer
und all seine Kriegsscharen werde
ich in alle Winde zerstreuen und das
Schwert hinter ihnen her zücken.
15 Und sie sollen erkennen, daß ich
Jahwe bin, wenn ich sie unter die
Völker zerstreue und unter die Länder
verteile. 16 Aber ich lasse von ihnen
einige wenige dem Schwert, der Hun-
gersnot und der Pest entrinnen, damit
sie alle ihre Greuel unter den Völkern,
zu denen sie kommen, erzählen und
diese erkennen, daß ich Jahwe bin.
17 Das Wort Jahwes erging an
mich also: 18 Menschensohn, dein
Brot sollst du mit Beben essen und
dein Wasser mit Zittern und Zagen
trinken. 19 Sage zum Volke des Lan-
des: So spricht der Herr Jahwe zu den
Bewohnern Jerusalems, die zerstreut
sind in Israel. Ihr Brot sollen sie mit
Zagen essen und ihr Wasser mit Ent-
setzen trinken, damit das Land und die
darin wohnen, der Gewalttätigkeit all
seiner Bewohner ledig werden. 20 Die
volkreichen Städte sollen verwüstet,
das Land soll zur Einöde werden,
damit ihr erkennet, daß ich Jahwe
bin.

Volkssprichwörter

21 Das Wort Jahwes erging an mich
also: 22 Menschensohn, was habt ihr
denn da für ein Sprichwort im Lande
Israel, daß man sagt:

Die Tage ziehen sich in die Länge,
und alle Gesichte werden zunichte?

23 Darum sage ihnen: Also spricht
Jahwe, der Herr: Ich will diesem
Sprichwort ein Ende machen, man soll
es nicht mehr gebrauchen in Israel!
Sage ihnen vielmehr:

Näher kommen die Tage und die
Erfüllung jeglicher Weissagung.

24 Denn kein Gesicht soll mehr
eitel und keine Weissagung mehr
trügerisch sein im Hause Israel.
25 Denn ich, Jahwe, rede, und was ich
rede, das geschieht auch und wird
nicht hinausgeschoben, denn noch in
euren Tagen, du widerspenstiges Ge-
schlecht, werde ich reden und handeln.
Jahwe, der Herr, spricht es!
26 Weiter erging das Wort Jahwes
an mich also: 27 Menschensohn, siehe,
das Haus Israel sagt: „Das Gesicht,
das er schaut, hat noch viele Tage Zeit,
und von ganz fernen Zeiten weissagt
er.“ 28 Sage ihnen darum: Also spricht
Jahwe, der Herr: Nicht mehr sollen
meine Worte Aufschub leiden. Was ich
sage, geschieht. Jahwe, der Herr, sagt es.

Gegen die falschen Propheten

13 1 Das Wort Jahwes erging an
mich also: 2 Menschensohn,
weissage wider die Propheten Israels,
weissage und sprich zu denen, die
nach eigenem Gutdünken weissagen:
Höret das Wort Jahwes. 3 Also

→12 7 *ging hinaus* Üss; M: „brachte hinaus“.
→12 10 *Jahwe* Danach Zusatz in M: „der Fürst“.
→12 12 Vielleicht geht es hier gleichzeitig um die Ankündigung der Flucht, die Zidkija und sein Heer durch eine Bresche in der Mauer versuchen, 2 Kg 25 4f, und um die Ankündigung der Gefangenschaft des Königs, der geblendet wird, bevor man ihn nach Babel bringt, 2 Kg 25 7.
→12 18 Vielleicht eine weitere Zeichenhandlung: Das Zittern und Entsetzen beim Essen soll nachgeahmt werden.
→12 19 *das Land und die darin wohnen ... ledig werden* G; M: „das Land von seiner Fülle ... ledig werde“.
→12 22 Man nahm also die Drohworte Ezechiels mit Skepsis auf. Ezechiel kehrt das Sprichwort um: Das Strafgericht wird bald eintreten.
→13 2 *die Propheten Israels, weissage* G; M: „die Propheten Israels, die weissagen“.

spricht Jahwe, der Herr: Wehe über
die Propheten, die Toren, die ihrem
eigenen Geiste folgen, ohne etwas ge-
schaut zu haben! 4 Wie Füchse in
den Ruinen waren deine Propheten,
Israel.
5 Ihr seid nicht in die Bresche ge-
treten, habt keine Mauer gebaut um
das Haus Israel, daß es bestehe im
Kampf am Tage Jahwes. 6 Ihr Schau-
en war Trug, ihre Weissagung Lüge.
Sie sagten: „Jahwe spricht“, aber
Jahwe hatte sie nicht gesandt, und
dennoch erwarteten sie, daß er das
Wort in Erfüllung gehen lasse.
7 Habt ihr nicht ein Truggesicht ge-
schaut und lügnerische Weissagungen
verkündet, als ihr sagtet: „Jahwe
spricht“, und ich nicht gesprochen
hatte?
8 Darum sage: Also spricht Jahwe,
der Herr: Weil ihr Trug geredet und
Lüge geschaut habt, darum, siehe, kom-
me ich über euch, spricht Jahwe, der
Herr. 9 Die Propheten, die Trug ge-
schaut und Lüge geweissagt haben, sol-
len meine Hand fühlen. Der Gemein-
schaft meines Volkes sollen sie nicht an-
gehören, in das Buch des Hauses Israel
nicht eingeschrieben sein, in das Land
Israel nicht kommen, damit ihr er-
kennet, daß ich Jahwe bin, der Herr.
10 Sie haben mein Volk irregeleitet,
indem sie „Heil“ riefen, wo doch
kein Heil war, und wenn es eine
Wand aufrichtete, so haben sie sie
mit Tünche überzogen. 11 Sage denen,
die die Tünche auftrugen: Ein Platz-
regen wird kommen, Hagelsteine wer-
den fallen, und ein Sturmwind wird
losbrechen. 12 Und siehe, es stürzt
die Mauer. Wird man nicht zu euch
sagen: „Wo ist die Tünche, mit der
ihr getüncht habt?“ 13 Darum
spricht also Jahwe, der Herr: Ich will
in meinem Grimm einen Sturmwind
losbrechen lassen, und strömender
Regen wird sein infolge meines Zornes
und Hagelsteine infolge meines Grol-
les, um alles zu vernichten. 14 Ich
reiße nieder die Mauer, die ihr mit
Tünche überzogen habt, ich werfe sie
zu Boden, daß ihr Grund bloßgelegt
wird und sie einstürzt, und ihr wer-
det mit ihr umkommen und dann
erkennen, daß ich Jahwe bin.
15 Ich will meinen Grimm an der
Mauer auslassen und an denen, die
sie mit Tünche überzogen haben,
so daß man zu euch sagen wird:
Wo ist die Mauer und wo sind die,
die sie tünchten, 16 die Propheten
Israels, die über Jerusalem weissagten
und die Gesichte des Friedens schau-
ten, wo doch kein Friede ist? Jahwe,
der Herr, hat es gesagt.

Die falschen Prophetinnen

17 Du, o Menschensohn, wende
dich an die Töchter deines Volkes,
die auf eigene Eingebung hin als
Prophetinnen auftreten, und weis-
sage wider sie. 18 Sage: So spricht
Jahwe, der Herr: Wehe denen, die
Binden nähen für jedes Handgelenk
und Schleier fertigen für Köpfe jeg-
lichen Wuchses, um Seelen zu fangen!
Fangt ihr die Seelen meines Volkes
und wollt eure Seelen am Leben er-
halten? 19 Ihr entweiht mich bei
meinem Volk um eine Handvoll
Gerste und einen Bissen Brot, indem
ihr Seelen tötet, die nicht sterben
sollten, und Seelen am Leben erhaltet,
die nicht am Leben bleiben sollten,
indem ihr mein Volk belogen habt,
das auf Lügen hört.
20 Darum spricht Jahwe, der Herr,
also: Siehe, ich will an eure Binden,
mit denen ihr die Seelen wie Vögel
fangt, und reiße sie von euren Armen
und lasse los die Seelen, welche ihr
wie Vögel gefangen, daß sie davon-
fliegen. 21 Ich zerreiße eure Schleier
und rette mein Volk aus eurer Hand,
daß es nicht länger in eurer Hand als
Beute sei und ihr erkennet, daß ich
Jahwe bin.

→13 10 *Heil* „Heil“ oder „Friede“ ist nicht nur das Fehlen äußerer Bedrohung, sondern Wohlstand und Eintracht in der Gemeinschaft, vgl. Jr 6 14+.

→13 10 Das Bild von der Wand oder Mauer, die man baut, hat vermutlich einen aktuellen Hintergrund. In der Zeit um 590 v. Chr. war man eifrig um die Instandsetzung der Verteidigungsanlagen Jerusalems bemüht. Hieraus zieht Ezechiel eine sittliche Lehre. Dort, wo man die Mauer hätte ausbessern müssen, soll bloße Tünche die Risse verdecken: ein Bild für den trügerischen Optimismus der falschen Propheten.

→13 11 *denen, die die Tünche auftrugen* Danach Zusatz in M: „und sie wird fallen“.

→13 11 *wird kommen* G; M: „ist gekommen“. Danach Zusatz in M: „und ich will schicken“.

→13 17–23 Zu den Anklagen gegen die falschen Propheten treten hier Anspielungen (die für uns weitgehend dunkel bleiben) auf offenbar magische oder heidnische Kultpraktiken.

→13 18 *für jedes Handgelenk* Üss; M: „für alle meine Handgelenke“.

→13 20 *wie Vögel* Korr.; M: „für Vögel“; fehlt in G, S.

22 Weil ihr das Herz des Gerechten
durch Lüge quält, während ich ihm
diesen Kummer ersparen wollte, und
weil ihr die Hände von Frevlern ge-
stärkt habt, so daß sie nicht von ihrem
schlechten Wandel sich abkehrten,
um sie am Leben zu erhalten, 23 darum
werdet ihr nicht mehr Trug schauen
und künftig nicht mehr weissagen; ich
will mein Volk aus eurer Hand er-
retten, und ihr sollt erkennen, daß ich
Jahwe bin.

Gegen den Götzendienst

14 1 Es kamen Männer von den
Ältesten Israels zu mir und ließen
sich vor mir nieder. 2 Da erging das
Wort Jahwes an mich also: 3 Men-
schensohn, diese Männer haben ihre
Götzen ins Herz geschlossen, und
das, was ihnen Anlaß zur Sünde war,
haben sie vor sich hingestellt. Soll
ich mich von ihnen befragen lassen?
4 Darum rede mit ihnen und sage: So
spricht Jahwe, der Herr: Jeder vom
Hause Israel, der seine Götzen in sein
Herz schließt und das, was ihm Anlaß
zur Sünde ist, vor sich hinstellt und
zum Propheten kommt, dem werde
ich trotz der Menge seiner Götzen
Antwort zuteil werden lassen, 5 um
dem Hause Israel ans Herz zu greifen,
all denen, die wegen ihrer Götzen sich
mir entfremdet haben.
6 Darum sprich zum Hause Israel:
So spricht Jahwe, der Herr: Kehret um
und wendet euch ab von euren Götzen,
und von all euren Greueln kehrt euer
Angesicht ab! 7 Denn jedermann vom
Hause Israel und von den Fremdlin-
gen, die in Israel weilen, der sich mir
entfremdet und seine Götzen ins
Herz geschlossen hat und das, was
ihm Anlaß zur Sünde ist, vor sich
hinstellt und zum Propheten kommt,
um mich zu befragen, dem will ich
Antwort zuteil werden lassen. 8 Ich
werde mein Antlitz gegen einen sol-
chen Mann richten und ihn zum
Zeichen und Sprichwort machen,
werde ihn ausrotten aus meinem
Volke, damit ihr erkennt, daß ich
Jahwe bin. 9 Wenn aber ein Prophet
sich etwa verleiten läßt und ein Wort
redet, so habe ich selbst, Jahwe, diesen
Propheten verleitet und werde meine
Hand wider ihn ausstrecken und ihn
vertilgen aus der Mitte meines Volkes.
10 Und tragen sollen sie ihre Schuld;
wie die Schuld des Fragenden, so
wird die Schuld des Propheten sein,
11 damit die vom Hause Israel nicht
mehr von mir abirren und nicht mehr
durch all ihre Vergehen sich verun-
reinigen, sondern sie sollen mein Volk
sein, und ich will ihr Gott sein. Also
spricht Jahwe, der Herr.

Die persönliche Verantwortung

12 Es erging das Wort Jahwes an
mich also: 13 Menschensohn, wenn
ein Land sich wider mich versündigte,

→1322 *quält* Üss; M: „entmutigt“.

→147 *von den Fremdlingen* Der in Israel ansässige Fremde, vgl. Ex 1248+, wird nach dem Verfassungsentwurf Ezechiels, 4722, dem Israeliten rechtlich gleichgestellt.

→147 *dem will ich Antwort zuteil werden lassen* Jahwe lehnt es ab, durch seinen Propheten auf das Befragen der treulosen Israeliten zu antworten. Er wird ihnen „selbst“ Antwort geben: durch sein Strafgericht.

→149 *so habe ich selbst, Jahwe, diesen Propheten verleitet* D. h., wenn dieser Prophet sich verführen läßt, so bin ich es, der ihn in der Versuchung fallen ließ, weil ich sein Verderben beschlossen habe.

→1412–23 *(Die persönliche Verantwortung)* Dieser Text bedeutet zusammen mit 18 und 3310–20 einen entscheidenden Fortschritt in der Entfaltung der sittlichen Botschaft des AT. Die alten Texte betrachteten den einzelnen vor allem als Glied der Familie, der Sippe, später des Volkes. Noach, Gn 618, wird mit den Seinen gerettet. Abraham nimmt auf den Ruf Gottes hin, Gn 12, seine ganze Sippe mit sich nach Kanaan. Diese Vorstellung wurde auch auf die Verantwortung und Vergeltung angewendet. Wenn Abraham, Gn 1822–33, für Sodom eintritt, so geschieht es nicht, damit die Gerechten herausgenommen und verschont würden, sondern damit sie von den Bösen – mit ihnen in umgekehrter Weise solidarisch – die verdiente Strafe fernhalten. Es galt als etwas Selbstverständliches, daß eine Stadt oder ein Volk als Ganzes bestraft wurde, die Gerechten zusammen mit den Sündern, und daß das Los der Kinder dem Verhalten ihrer Väter entsprach, Ex 205; Dt 59, vgl. Jr 3129 = Ez 182. Die Verkündigung der Propheten sollte aber ein stärkeres Gewicht auf den einzelnen legen und damit eine Korrektur an den alten Grundsätzen anbringen. Während Jeremia die Überwindung der Solidarität der Geschlechter in Schuld und Bestrafung erst für die Zukunft sieht, Jr 3129–30, erhebt das Deuteronomium bereits Einspruch gegen eine Bestrafung der Söhne für die Väter, Dt 2416, vgl. 2 Kg 146. Ezechiel (der in der Vision der Kapitel 8–10 die Gewißheit erhalten hatte, daß die drohende Bestrafung Jerusalems seinen gegenwärtigen Sünden entspricht) wird dann zum Verfechter und gewissermaßen auch zum Theoretiker der individuellen Verantwortlichkeit. Heil oder Unheil eines Menschen hängen nicht von seinen Vorfahren, auch nicht von seinen Angehörigen, ja nicht einmal von seiner eigenen Vergangenheit ab. Allein die gegenwärtige Haltung des Herzens fällt

indem es Treubruch begeht, und ich
meine Hand dagegen ausstreckte,
ihm den Stab des Brotes zerbräche,
Hungersnot in dasselbe brächte und
Mensch und Vieh daraus vertilgte,
14 und es wären diese drei Männer
darin, Noach, Danel und Ijob, so
würden sie ob ihrer Gerechtigkeit ihr
Leben retten, spricht Jahwe, der Herr.
15 Oder ich ließe wilde Tiere das Land
durchstreifen und entvölkerte es, daß
es zur Wüste würde, die ob der wilden
Tiere niemand durchzieht, 16 und
diese drei Männer wären in seiner
Mitte, so wahr ich lebe, spricht Jahwe,
der Herr, weder Söhne noch Töchter
sollten sie retten, sie allein sollten
gerettet werden und das Land zur
Einöde werden. 17 Oder ich brächte
das Schwert über dieses Land und
würde sagen: Das Schwert soll durch
das Land gehen, und ich vertilgte
daraus Mensch und Vieh, 18 und
diese drei Männer wären darin, so
wahr ich lebe, spricht Jahwe, der
Herr, sie würden weder Söhne noch
Töchter retten, sie allein würden
gerettet werden. 19 Oder ich schickte
über dieses Land die Pest und würde
meinen Zorn darüber ausgießen mit
Blut, um zu vertilgen daraus Mensch
und Vieh, 20 und Noach und Danel
und Ijob wären in seiner Mitte, so wahr
ich lebe, spricht Jahwe, der Herr, weder Sohn noch Tochter sollen sie
retten, sie sollen ob ihrer Gerechtigkeit
ihr Leben retten.

21 Denn also spricht Jahwe, der
Herr: Auch wenn ich meine vier
furchtbaren Strafgerichte, Schwert,
Hunger, wilde Tiere und Pest, wider
Jerusalem entsende, um daraus Mensch
und Vieh zu vertilgen, 22 siehe, es
werden darin doch Entronnene übrigbleiben, die Söhne und Töchter
herausführen. Siehe, sie werden zu
euch hinausziehen, ihr werdet sehen,
was sie tun und lassen, und werdet
euch trösten über das Unheil, das ich
über Jerusalem gebracht habe, über
alles, was ich ihm angetan habe.
23 Und sie werden euch trösten, wenn
ihr ihr Handeln und Wandeln seht,
und ihr werdet einsehen, daß ich nicht
ohne Grund getan, was ich ihm alles
getan habe, spricht der Herr Jahwe.

Gleichnis vom Weinstock

15 1 Und das Wort Jahwes erging
an mich also:

2 Menschensohn, was hat das
Rebholz voraus vor all dem Holz, das
unter den Bäumen des Waldes ist?
3 Nimmt man Holz von ihm, um es
zu irgendeinem Zweck zu gebrauchen?
Oder macht man auch nur einen
Pflock daraus, um daran allerlei
Geräte aufzuhängen? 4 Sieh, man wirft
es ins Feuer zum Verbrennen, seine
beiden Enden hat das Feuer schon
verzehrt, und die Mitte ist angebrannt:
taugt es da noch zu irgendeinem
Zweck? 5 Als es noch unversehrt war,
konnte man es nicht zu einem Dienst
gebrauchen; um soviel weniger wird
man es, da Feuer es verzehrt und angebrannt hat, zu einem Dienst verwenden können. 6 Darum sprich:
Also spricht Jahwe, der Herr: Wie
das Rebholz zu den Bäumen des
Waldes sich verhält, das ich zum Verbrennen ins Feuer werfe, so mache
ich es mit den Bewohnern Jerusalems.
7 Ich richte mein Antlitz gegen sie;
aus dem Feuer sind sie herausgekommen, doch das Feuer soll sie verzehren,
auf daß ihr erkennet, daß ich Jahwe
bin, wenn ich mein Antlitz gegen sie

---

vor Jahwe ins Gewicht. Diese radikal individualistischen Aussagen werden ihrerseits korrigiert durch das Prinzip der Solidarität, das im vierten Gottesknechtslied zum Ausdruck kommt, Js 52 13 – 53 12, vgl. Js 42 1 +. Ferner mußten sie, wenn sie strikt in einer rein zeitlich-irdischen Perspektive angewendet wurden, auch von seiten der täglichen Erfahrung Widerspruch finden (vgl. Ijob); dieser Widerspruch führt zu einem weiteren Fortschritt, der mit der Offenbarung einer Vergeltung jenseits des Todes erfolgt (vgl. Einleitung zu den Weisheitsbüchern, S. 822). Das NT (insbesondere Paulus) gründet die Hoffnung des Christen auf die Gemeinschaft mit dem auferstandenen Christus durch den Glauben und wird so gleichzeitig beidem gerecht, der individualistischen Vergeltung bei Ezechiel und dem Gesetz der Solidarität in Sünde und Erlösung, das in der von Gott geschaffenen und erlösten Menschheit waltet.

→14 14 *Danel* Mit Noach und Ijob, den Gerechten, ist hier Danel verbunden, der auch in der israelitischen Überlieferung bekannt gewesen sein muß; die Gedichte von Ras-Schamra feiern seine Weisheit und Gerechtigkeit.

→14 22 *die . . . herausführen* Üss; M: „ausgenommen".

→14 23 *ihr Handeln* Ihre schlechten Werke, deren Anblick in den Augen der Verbannten die Behandlung rechtfertigen wird, der Jahwe Jerusalem unterwirft.

→15 4 Hinter dem Bild steht, wenn man den Vergleich im einzelnen ausdeuten will, folgende Situation: Das Gebiet Samarias wurde von Israel 720 v. Chr. und das Gebiet Judas 597 v. Chr. von Israel abgetrennt. Jerusalem selbst (die „Mitte") ist nicht mehr unversehrt, da es bereits eine Belagerung und Deportierung erlitten hat.

richte. 8 Und ich mache das Land zur
Einöde, weil sie Treubruch begangen
haben. Jahwe, der Herr, hat es gesagt.

Israels Geschichte im Sinnbild

16 1 Und es erging das Wort Jah-
wes an mich also: 2 Menschen-
sohn, tue Jerusalem seine Greuel kund
3 und sprich: So spricht der Herr
Jahwe zu Jerusalem: Deiner Herkunft
und deiner Abstammung nach bist du
aus dem Lande der Kanaaniter; dein
Vater war ein Amoriter und deine
Mutter eine Hethiterin. 4 Und was dei-
ne Geburt betrifft, so wurde, als du
geboren warst, deine Nabelschnur
nicht abgeschnitten, du wurdest nicht
mit Wasser gewaschen zur Reinigung,
nicht mit Salz eingerieben und nicht
in Windeln gewickelt. 5 Kein Auge
ruhte erbarmend auf dir, um etwas
von alledem an dir zu tun und Mitleid
zu üben, du wurdest vielmehr am
Tage deiner Geburt aufs freie Feld
hinausgeworfen, weil man dich ver-
abscheute.

6 Da ging ich an dir vorüber und
sah dich in deinem Blute zappeln
und sprach zu dir in deinem Blute:
„Bleibe am Leben 7 und wachse heran
wie eine Blume des Feldes!“ Und du
wuchsest heran und wurdest groß
und kamst in die Zeit der Reife, die
Brust entwickelte sich, dein Haar
sproßte hervor, aber du warst noch
nackt und bloß. 8 Da ging ich an dir
vorüber und sah dich, und siehe, die
Zeit der Liebe war für dich gekommen.
Ich breitete meinen Gewandzipfel
über dich und deckte deine Blöße zu.
Ich band mich durch einen Schwur an
dich und schloß einen Bund mit dir –
so spricht der Herr Jahwe –, und du
wurdest mein. 9 Und ich wusch dich
mit Wasser und spülte dein Blut von
dir weg und salbte dich mit Öl. 10 Ich
kleidete dich in bunte Gewänder,
legte dir Schuhe an von weichem
Leder, umgab dich mit Byssus und
hüllte dich in Seide. 11 Ich zierte dich
mit kostbarem Schmuck, legte dir
Spangen an die Arme und eine Kette
um den Hals, 12 tat einen Ring an
deine Nase, Gehänge an deine Ohren
und eine herrliche Krone auf dein
Haupt. 13 So warst du geschmückt
mit Gold und Silber, und dein Ge-
wand war aus Byssus und Seide und
bunten Stoffen. Feinmehl, Honig und
Öl war deine Speise, und du wurdest
über die Maßen schön und brachtest
es bis zur Königswürde. 14 Und dein
Ruhm drang zu den Völkern wegen
deiner Schönheit; denn sie war voll-
kommen durch die Pracht, mit der ich
dich ausgestattet hatte, so spricht
Jahwe, der Herr.

15 Aber du fühltest dich sicher in
deiner Schönheit und triebst im Ver-
trauen auf deinen Ruf Unzucht und
verschwendetest deinen unreinen Leib
an jeden Vorübergehenden . . . 16 Du
nahmst von deinen Gewändern und
machtest dir bunte Höhen und triebst
Unzucht darauf . . . 17 Du nahmst deine
Schmucksachen von meinem Gold und
meinem Silber, die ich dir gegeben
hatte, und machtest dir daraus Manns-
bilder und triebst Unzucht mit ihnen.
18 Und du nahmst deine bunten Ge-
wänder und legtest sie ihnen an und
stelltest mein Öl und meinen Weih-
rauch vor sie hin. 19 Und die Speise,
die ich dir gegeben hatte – Feinmehl
und Öl und Honig hatte ich dir zur
Nahrung gegeben –, das stelltest du
vor sie hin zu lieblichem Geruch.

So spricht Jahwe, der Herr. 20 Auch
nahmst du deine Söhne und Töchter,
die du mir geboren hast, und schlach-
tetest sie ihnen zur Speise. War es
noch nicht genug mit deiner Unzucht,
21 daß du auch noch meine Söhne
schlachtetest und sie (durchs Feuer)

→161–63 *(Israels Geschichte im Sinnbild)* Israel, die treulose Frau Jahwes, die mit fremden Göttern „hurte“: seit Hosea ein immer wiederkehrendes Bild in der prophetischen Literatur, vgl. Hos 12+. Ezechiel entwickelt es in einer langen Allegorie (sie ist in Kapitel 23 in anderer Form wiederaufgenommen), in der die ganze Geschichte Israels dargestellt ist (Kapitel 20, vgl. 22, beschreibt dieselben Ereignisse ohne Bild). Die Allegorie endet, v. 60–63, wie bei Hosea mit der frei geschenkten Verzeihung des göttlichen Eheherrn der einen neuen Bund stiftet. Damit ist das Bild von der messianischen Hochzeit vorbereitet, das dann das NT aufgreift.

→166 Wiederholung in M am Versende: „und sprach zu dir in deinem Blute: Bleibe am Leben“. Das neugeborene Kind bleibt blutbefleckt und wächst auf wie ein Wildling bis zum Sinaibund, der im Bild einer Ehe beschrieben ist, v. 8f.

→167 *wachse heran* G, S; M: „zu zehntausend“.

→167 *wie eine Blume des Feldes* Danach Zusatz in M: „mache ich dich“; fehlt in S.

→167 *in die Zeit der Reife* Korr.; M: „mit dem schönsten Schmuck“.

→1615 Am Versende in M zwei unverständliche Worte; fehlen in Üss.

→1616 *bunte Höhen* Vielleicht aufzufassen als: „Zelte auf den Höhen“.

→1616 Am Versende in M vier unverständliche Worte, wörtlich: sie kommen nicht, und nicht wird es sein.

hindurchgehen ließest für sie? 22 Und
bei all deinen Greueln und deiner
Unzucht gedachtest du nicht der
Tage deiner Jugend, da du nackt und
bloß warst, zappelnd in deinem Blute.

23 Und nach all deiner Bosheit –
wehe, wehe über dich, spricht der
Herr Jahwe – 24 bautest du dir eine
Höhe und machtest dir eine Erhö-
hung auf jedem freien Platz. 25 An
jeder Straßenkreuzung bautest du dei-
ne Erhöhung und schändetest deine
Schönheit und botest dich jedem
Vorübergehenden an und triebst mehr
und mehr Unzucht. 26 Unzucht triebst
du mit den Ägyptern, deinen sinn-
lichen Nachbarn, und triebst mehr
und mehr Unzucht, um mich zu
reizen. 27 Aber siehe, da streckte ich
meine Hand gegen dich aus und ver-
kürzte den dir bestimmten Anteil und
gab dich der Gier deiner Feindinnen
preis, den Philisterinnen, die sich ob
deines schändlichen Lebenswandels
schämten. 28 Unzucht triebst du mit
den Assyrern, weil du nicht satt
warst, und buhltest mit ihnen und
wurdest auch davon nicht satt. 29 Du
triebst weiter Unzucht mit dem
Krämerlande Chaldäa, und auch da-
von wurdest du nicht satt.

30 Wie schwach war doch dein
Herz, spricht Jahwe, der Herr, daß
du solche Dinge tatest wie eine freche
Dirne! 31 Als du an jeder Straßen-
kreuzung eine Höhe bautest und eine
Erhöhung schufst auf jedem freien
Platz, tatest du nicht wie eine Dirne,
die Buhlerlohn sammelt. 32 Das ehe-
brecherische Weib nimmt an Stelle
ihres Mannes die Fremden. 33 Allen
Dirnen gibt man Buhlerlohn, du
aber gabst Geschenke deinen Buhlen
und hast sie so bestochen, daß sie von
allen Seiten zu dir kamen, um mit dir
Unzucht zu treiben. 34 Und so war es
bei dir in deinem unzüchtigen Treiben
umgekehrt, wie es bei den Frauen
üblich ist; nicht dir wurde nachge-
stellt, sondern du gabst Buhlerlohn,
während dir kein Entgelt gezahlt wur-
de, und so verkehrten sich die Dinge.

35 Darum höre, du Dirne, das Wort
Jahwes: 36 Also spricht Jahwe, der
Herr: Weil du enthülltest deine Scham
und in deiner unzüchtigen Gier deine
Blöße aufdecktest vor deinen Lieb-
habern und vor all deinen abscheu-
lichen Götzen, und wegen des Blutes
deiner Kinder, die du ihnen gegeben
hast, 37 siehe, darum will ich versam-
meln alle deine Liebhaber, denen du
gefallen hast, und alle die, welche du
liebtest, samt jenen, welche du nicht
liebtest, ja, ich versammle sie wider
dich von allen Seiten und decke deine
Scham vor ihnen auf, daß sie deine
ganze Blöße sehen. 38 Und ich richte
dich, wie man Ehebrecherinnen und
Mörderinnen richtet, und bringe
Grimm und Eifer über dich. 39 Ich
werde dich ihren Händen überliefern,
und sie werden deine Höhen nieder-
reißen und deine Erhebungen zer-
stören, und sie werden dir deine
Kleider ausziehen und deine Schmuck-
sachen wegnehmen und dich nackt
und bloß liegenlassen. 40 Und sie
werden gegen dich eine Versammlung
einberufen und dich steinigen und
dich mit ihren Schwertern in Stücke
hauen. 41 Sie werden deine Häuser
in Brand stecken und vor den Augen
vieler Weiber das Gericht vollstrecken.
So werde ich deinem unsittlichen
Treiben ein Ende machen, und du
sollst fortan keinen Buhlerlohn mehr
geben. 42 So werde ich meinen Grimm
an dir stillen, und mein Eifer wird
dann von dir ablassen. Ich werde
Ruhe haben und brauche nicht mehr
zu zürnen. 43 Weil du der Tage deiner
Jugend nicht gedachtest und mich
durch alle diese Dinge erzürntest, so
lasse auch ich dein Tun auf dein
Haupt zurückfallen, so spricht Jahwe,
der Herr. Hast du nicht Schändliches
begangen mit all deinen Greueln?

44 Siehe, ein jeder wird dich zum
Gegenstand des Spottes machen und
sagen: „Wie die Mutter, so die
Tochter!“ 45 Die Tochter deiner
Mutter bist du, die ihren Mann und
ihre Kinder verabscheute, und die

→1627 Nach der Zeit der Richter und Sauls taucht die Philistergefahr während der Regierung des Achas, 2 Chr 2818, und auch noch des Hiskija erneut auf.

→1628 Götzendienst machte sich vor allem während der Regierung des Königs Manasse mit ihrer ausländischen Bündnispolitik breit.

→1630 *Wie schwach war doch dein Herz* Korr.

→1631 *Als du . . . bautest* Üss; M: „In deinen Töchtern“.

→1631 *sammelt* Üss; M: „verachtet“.

→1636 *wegen des Blutes* Hss von M, Üss; M: „wie das Blut“.

→1638 *und bringe Grimm . . . über dich* Korr., vgl. 2325; M: „und bringe das Blut des Grimms über dich“.

→1643 *auf dein Haupt* Üss; M: „auf ein Haupt“.

→1643 *Hast du nicht* Korr.; M: „Und ich habe nicht“.

→1645 *deiner Schwestern* Üss; M: „deiner Schwester“.

Schwester deiner Schwestern bist du,
die ihre Männer und ihre Kinder ver-
abscheuten. Eure Mutter ist eine
Hethiterin und euer Vater ein Amo-
riter. 46 Deine größere Schwester, das
ist Samaria mit ihren Töchtern, die
nördlich von dir wohnt, und deine
kleinere Schwester, die südlich von
dir wohnt, das ist Sodom mit ihren
Töchtern. 47 Du hast nicht verfehlt,
ihren Wandel nachzuahmen und ihre
Greuel zu verüben; du triebst es ärger
als sie in deinem ganzen Lebenswandel.
48 So wahr ich lebe, spricht Jahwe, der
Herr, Sodom, deine Schwester, sie
mitsamt ihren Töchtern hat nicht so
gehandelt, wie du mit deinen Töchtern
gehandelt hast. 49 Siehe, das war die
Schuld deiner Schwester Sodom:
Hochmut, Überfluß und träge Ruhe
waren ihr und ihren Töchtern eigen,
aber den Elenden und Armen unter-
stützten sie nicht, 50 vielmehr wurden
sie hochmütig und verübten Greuel
vor mir. Da verstieß ich sie, wie du
gesehen hast.

51 Auch Samaria hat nicht die
Hälfte deiner Sünden begangen; du
hast mehr Greuel verübt und hast
deine Schwestern durch all die Greuel,
die du verübt hast, gerechtfertigt.
52 So trage nun auch du deine Schmach,
die du deinen Schwestern durch deine
Greuel Genugtuung verschafft hast;
durch deine Sünden, die greulicher
waren als die ihrigen, stehen sie im
Vergleich zu dir gerechtfertigt da. So
schäme dich und trage deine Schande,
weil du deine Schwestern gerecht-
fertigt hast.

53 Aber ich will ihr Schicksal wen-
den, das Schicksal Sodoms und seiner
Töchter und das Schicksal Samarias
und seiner Töchter, und auch dein
Schicksal will ich wenden in ihrer
Mitte, 54 damit du deine Schande
tragest und beschämt werdest über all
das, was du getan hast, und ihnen da-
durch Trost gewährest. 55 Deine
Schwester Sodom soll dann wieder
werden, was sie früher gewesen ist,
und auch Samaria mit ihren Töchtern
soll wieder werden, was sie früher
gewesen ist, und du und deine Töchter
sollen wieder werden, was sie früher
gewesen sind. 56 Hast du nicht deine
Schwester Sodom verhöhnt am Tage
deines Hochmutes, 57 bevor ent-
blößt wurde deine Scham? Wie sie
bist du nun ein Gegenstand des Spottes
für die Töchter Edoms und alle, die
ringsum wohnen, für die Töchter der
Philister ringsum, die dich verachten.
58 Deine Schandtaten und deine
Greuel, die mußt du tragen, spricht
der Herr Jahwe.

59 Denn also spricht der Herr
Jahwe: Ich habe an dir gehandelt, wie
du gehandelt hast, die du den Eid
mißachtet und den Bund gebrochen
hast. 60 Aber ich will meines Bundes
gedenken, den ich mit dir in den Ta-
gen deiner Jugend geschlossen habe,
und will einen ewigen Bund mit dir
aufrichten. 61 Und du sollst gedenken
deiner Wege und beschämt werden,
wenn ich deine Schwestern nehme, die
größer sind als du, und auch die, die
kleiner sind als du, und sie dir zu
Töchtern gebe, aber nicht um deines
Bundes willen. 62 Ich will meinen
Bund mit dir aufrichten, und du
sollst erkennen, daß ich Jahwe bin,
63 auf daß du dich erinnerst und be-
schämt werdest und den Mund nicht
mehr auftust vor lauter Beschämung,
wenn ich dir alles verzeihe, was du
getan hast, spricht der Herr Jahwe.

Gleichnis vom Adler

17 1 Und es erging das Wort
Jahwes an mich also: 2 Men-
schensohn, gib dem Hause Israel ein
Rätsel auf, erzähle ihm ein Gleichnis
3 und sage: So spricht der Herr Jahwe:

Ein großer Adler mit großen Flügeln
und langen Schwingen, ganz bedeckt
mit buntem Gefieder, kam zum Liba-

→16 46 *nördlich ... südlich* Wörtlich: links ... rechts (von einem nach Osten gewandten Betrachter aus gesehen).
→16 47 Konjekturale Übersetzung.
→16 50 *wie du gesehen hast* Hss von M, Üss; M: „wie ich gesehen habe“.
→16 52 *deinen Schwestern* Üss; M: „deiner Schwestern“; ebenso am Versende.
→16 56 *Hast du nicht* Korr.; M: „Du hast nicht“.
→16 57 *deine Scham* Korr., vgl. v. 37; M: „deine Bosheit“.
→16 57 *Wie sie bist du nun ein Gegenstand des Spottes* Korr. nach G; M: „Wie zur Zeit des Spottes“.
→16 57 *Edoms* Hss von M, S; M: „Arams“.
→16 61 *ich ... nehme* S; M: „du ... nimmst“.
→16 62 Ezechiel betont eindringlich, daß Gott seine Gnadenerweise nicht aufgrund der Reue Israels (die dem neuen Bund erst nachfolgen wird) gewährt, sondern aus reiner, unverdienter und ungeschuldeter Huld; dieser Gedanke bereitet auf die Offenbarung des Neuen Testaments vor, vgl. 1 Jo 4 10 usw.
→17 3 *Ein großer Adler* Nebukadnezar, der 597 v. Chr. Zidkija als König in Jerusalem einsetzte, nachdem er Jojachin in Gefangenschaft weggeführt hatte, vgl. v. 12 f.

non und nahm den Wipfel der Zeder
hinweg. 4 Er riß die Spitze ihrer
Schößlinge ab und brachte sie in das
Krämerland, in eine Stadt von Händ-
lern legte er sie. 5 Dann nahm er einen
Schößling der Zeder und tat ihn in ein
Saatfeld; an reichliche Wasser, als
Uferpflanze setzte er ihn ein, 6 daß er
emporsprosse und zu einem üppigen
Weinstock werde von niedrigem
Wuchs, dessen Ranken sich ihm zu-
wenden, dessen Wurzeln unter ihm
sein sollten. Und er wurde zum Wein-
stock und sproßte Ranken und trieb
Zweige. 7 Aber da war ein anderer
großer Adler mit großen Flügeln und
reichem Gefieder, und siehe, jener
Weinstock streckte ihm von dem
Beete, darin er gepflanzt war, seine
Wurzeln entgegen und wandte ihm
seine Zweige zu, daß er ihn tränke.
8 Und doch war er auf gutem Boden,
an wasserreicher Stelle gepflanzt, wo
er Zweige treiben und Frucht bringen
konnte, um ein herrlicher Weinstock
zu sein. 9 Darum sprich: Also spricht
der Herr Jahwe: Wird er gedeihen?
Wird der Adler nicht seine Wurzeln
ausreißen und seine Frucht abschnei-
den, daß alle seine frischen Triebe
verdorren? Und es braucht keinen
starken Arm und nicht viel Volk, um
ihn aus den Wurzeln zu heben.
10 Siehe, gepflanzt ist er nun. Wird er
gedeihen? Wird er nicht, wenn der
Ostwind ihn berührt, ganz verdorren?
Auf dem Beete, in dem er emporwuchs,
wird er verdorren.

11 Da erging das Wort Jahwes an
mich also:

12 Sprich doch zu dem widerspen-
stigen Volk: Merkt ihr nicht, was das
bedeutet? Sprich: Siehe, der König von
Babel kam nach Jerusalen und nahm
seinen König und seine Fürsten und
brachte sie zu sich nach Babel. 13 Dann
nahm er einen von dem königlichen
Geschlecht, schloß mit ihm einen
Bund und verpflichtete ihn unter Eid,
nahm die Mächtigen des Landes fort,
14 um das Reich niederzuhalten, daß
es sich nicht wieder erhebe, den mit ihm
geschlossenen Bund halte, so daß er
Bestand habe. 15 Er aber empörte sich
wider ihn, schickte seine Gesandten
nach Ägypten, daß man ihm Rosse
gebe und zahlreiches Kriegsvolk.
Wird er Erfolg haben? Wird er heil
davonkommen, der solches tut? Wer
seinen Bund gebrochen hat, wird der
heil davonkommen? 16 So wahr ich
lebe, spricht der Herr Jahwe, am Sitz
des Königs, der ihn zum Herrscher
gemacht hat, dessen eidliche Ver-
pflichtung er mißachtet, dessen Bund
er gebrochen hat, mitten in Babel
wird er sterben. 17 Und nicht wird der
Pharao mit großer Heeresmacht und
zahlreicher Mannschaft im Kriege ihn
retten, wenn man Dämme aufschüttet
und Bollwerke errichtet, um zahlreiche
Menschenleben zu vernichten. 18 Er
hat die eidliche Verpflichtung miß-
achtet und den Bund gebrochen und
hatte doch die Hand darauf gegeben;
dies alles hat er getan, er soll nicht heil
davonkommen.

19 Darum sprich: Also spricht der
Herr Jahwe: So wahr ich lebe, meine
eidliche Verpflichtung, die er miß-
achtet hat, und meinen Bund, den er
gebrochen hat, die lasse ich auf sein
Haupt kommen. 20 Ich breite über
ihn mein Netz, daß er in meinem Garn
gefangen wird, und bringe ihn nach
Babel und halte dort über ihn Gericht
wegen des Treuebruches, den er an mir
begangen hat. 21 Und alle seine erlese-
nen Krieger und seine ganze Streit-
macht sollen durch das Schwert fallen
und die Übrigbleibenden in alle Winde
zerstreut werden, auf daß ihr erkennet,
daß ich, Jahwe, gesprochen habe.

22 Also spricht Jahwe, der Herr:
Auch ich will nehmen von dem
Wipfel der hohen Zeder, von ihren
obersten Schößlingen ein zartes Reis
abpflücken und es auf einem hohen
und ragenden Berg einsetzen. 23 Pflan-
zen will ich es auf Israels höchsten
Berg, und es wird Zweige hervor-
sprossen und Äste treiben und zu einer
herrlichen Zeder werden. Unter ihr
sollen wohnen alle Vögel jeglichen

→175 *der Zeder* Korr.; M: „des Landes".
→175 *Saatfeld* Danach Zusatz in M: „Nimm"; fehlt in G, S.
→175 *als Uferpflanze* Unsichere Übersetzung.
→177 *ein anderer* Üss; M: „ein einziger". Mit diesem Adler ist Ägypten gemeint; Zidkija war stets versucht, sich auf Ägypten gegen die Babylonier zu stützen, vgl. v. 15.
→179 *Wird er gedeihen* Eine Anzahl Hss von M, G, V; M: „Er wird gedeihen".
→1717 *retten* Korr.; M: „machen".
→1721 *erlesenen Krieger* Korr. nach S, T; M: „geflohenen Krieger".
→1722 Nach der Deutung in Prosa, v. 12–21, fährt das Gedicht mit der Ankündigung der künftigen Wiederherstellung fort, die als ein messianisches Zeitalter dargestellt wird.
→1722 *Zeder* Danach Zusatz in M: „und setzen"; fehlt in Üss.

Gefieders, im Schatten ihrer Zweige
sollen sie nisten. 24 Und es werden
merken alle Bäume des Feldes, daß
ich Jahwe bin, einen hohen Baum er-
niedrigt habe und einen niedrigen
Baum erhöht habe, einen frischen
Baum habe verdorren lassen und einen
vertrockneten Baum zum Blühen ge-
bracht habe. Ich, Jahwe, habe es ge-
sagt und führe es aus.

Die persönliche Verantwortung

18 1 Und es erging das Wort
Jahwes an mich also: 2 Was
fällt euch ein, daß ihr im Lande Israel
das Sprichwort im Munde führt:

Unsere Väter haben Herlinge ge-
gessen, und den Söhnen wurden die
Zähne stumpf?

3 So wahr ich lebe, spricht Jahwe,
der Herr, dieses Sprichwort sollt ihr
nicht mehr in Israel gebrauchen.
4 Siehe, alles Leben ist mein, das
Leben des Vaters sowohl wie das
Leben des Sohnes, sie sind mein;
nur wer sündigt, der soll sterben.

5 Und ist nun einer gerecht und
übt er Recht und Gerechtigkeit, 6 ißt
nicht auf den Bergen und hebt seine
Augen nicht zu den Götzen des Hauses
Israel, macht nicht unrein das Weib
seines Nächsten und naht sich nicht
dem Weibe, das unrein ist, 7 bedrückt
niemanden, gibt sein Pfand zurück,
begeht keinen Raub, gibt sein Brot
dem Hungrigen und kleidet den Nack-
ten, 8 leiht nicht auf Wucher und
nimmt keinen Zins, hält seine Hand
von Ungerechtigkeit zurück und hält
ehrlich Gericht zwischen den Parteien,
9 wandelt nach meinen Satzungen und
hält treu meine Gebote – der ist ein
Gerechter, der wird sicher am Leben
bleiben, so spricht Jahwe, der Herr.

10 Aber wenn er einen gewalttätigen
Sohn, der Blut vergießt, erzeugt und
eine von diesen (Sünden) tut – 11 wäh-
rend er doch all diese Dinge nicht
getan hatte –, der also auf den Bergen
ißt und die Frau seines Nächsten un-
rein macht, 12 den Elenden und Ar-
men bedrückt, Raub begeht, das Pfand
nicht zurückgibt, seine Augen zu den
Götzen hebt, Greuel verübt, 13 auf
Wucher leiht und Zins nimmt, der
wird sicherlich nicht am Leben blei-
ben. Alle diese Greuel hat er verübt,
darum soll er sterben, seine Blutschuld
liegt auf ihm.

14 Und nun erzeugt dieser einen
Sohn, und dieser sieht alle die Sünden
seines Vaters; er sieht sie, aber handelt
nicht danach. 15 Er ißt nicht auf den
Bergen und erhebt nicht seine Augen
zu den Götzen des Hauses Israel,
macht nicht unrein das Weib seines
Nächsten. 16 Er bedrückt niemand,
fordert kein Pfand, begeht keinen
Raub, gibt sein Brot dem Hungernden
und kleidet den Nackten. 17 Er hält von
Freveltat seine Hand zurück, nimmt
weder Wucher noch Zins, übt Gerech-
tigkeit und wandelt nach meinen
Satzungen – der soll nicht sterben ob
der Schuld seines Vaters, er wird sicher
am Leben bleiben. 18 Sein Vater aber,
weil er Gewalttat verübt, Raub began-
gen und was nicht gut war, inmitten
meines Volkes getan hat, ist wegen
seiner Schuld gestorben. 19 Ihr sagt:
„Warum trägt nicht der Sohn die
Schuld des Vaters?“ Der Sohn hat
Recht und Gerechtigkeit geübt, er hat
alle meine Satzungen beobachtet und
ausgeführt, er muß am Leben bleiben.
20 Wer sündigt, der soll sterben. Aber
der Sohn soll nicht die Schuld des
Vaters tragen und der Vater nicht die
Schuld seines Sohnes tragen. Die
Gerechtigkeit des Gerechten liegt bei
ihm, und die Gottlosigkeit des Gott-
losen liegt bei ihm.

21 Und wenn der Gottlose von all
der Sünde, die er getan, umkehrt und
alle meine Satzungen beobachtet und
Recht und Gerechtigkeit übt, so soll er
am Leben bleiben und nicht sterben.
22 Aller Missetaten, die er begangen,
soll nicht mehr gedacht werden; um
der Gerechtigkeit willen, die er geübt,
soll er leben. 23 Habe ich etwa so
großes Gefallen am Tode des Gott-
losen, spricht Jahwe, der Herr, und
nicht vielmehr daran, daß er sich von
seinem Wandel bekehre und lebe?

24 Und wenn der Gerechte von

→185f Die folgende Aufzählung erinnert an reihenartig formulierte Bekenntnisse, die wohl zu bestimmten gottesdienstlichen Feiern gehörten.

→186 Auf den Bergen essen, d. h. an den Höhenheiligtümern Kultmähler halten, gehörte zu den heidnischen Kultbräuchen.

→1810 *eine von diesen* S, V; M: „ein Bruder, mehr als eine von diesen“.

→1813 *am Leben bleiben* G.

→1817 *von Freveltat* G; M: „vom Elenden“.

→1818 *Raub* Korr.; M: „Raub des Bruders (?)“.

→1818 *meines Volkes* G; M: „seiner Volksangehörigen“.

→1821 Der Mensch wird nicht nur mit den Verfehlungen seiner Vorfahren belastet, sondern er kann sich der Last seiner eigenen Vergangenheit entledigen. Hier

seiner Gerechtigkeit sich abkehrt und
Freveltaten verübt gleich all den
Greueln, die der Gottlose getan, so
soll all seiner Gerechtigkeit, die er
geübt, nicht mehr gedacht werden;
wegen seiner Treulosigkeit, die er be-
wiesen, und wegen der Sünde, die er
begangen, soll er sterben. 25 Ihr sagt:
„Das Vorgehen des Herrn ist nicht in
Ordnung." Höret doch, Haus Israel: Ist
mein Vorgehen nicht in Ordnung oder
ist nicht vielmehr euer Vorgehen nicht
in Ordnung? 26 Wenn der Gerechte
von seiner Gerechtigkeit sich abkehrt
und Freveltaten verübt und stirbt, so
stirbt er um der Freveltaten willen,
die er verübt. 27 Und wenn der Gott-
lose von seiner Gottlosigkeit, die er
geübt hat, sich abwendet und Recht
und Gerechtigkeit übt, so wird er sein
Leben erhalten. 28 Er wendet sich ab
von all den Missetaten, die er began-
gen hat, und soll am Leben bleiben,
nicht sterben. 29 Und da sagt das Haus
Israel: „Das Vorgehen des Herrn ist
nicht in Ordnung." Ist mein Vorgehen
nicht in Ordnung, Haus Israel? Ist
nicht vielmehr euer Vorgehen nicht
in Ordnung? 30 Darum will ich einen
jeden von euch nach seinem Verhalten
richten, Haus Israel, spricht Jahwe,
der Herr. Bekehret euch, wendet
euch ab von all euren Sünden; sie
seien für euch kein Anstoß der Ver-
schuldung mehr. 31 Werft von euch
alle Sünden, die ihr gegen mich verübt
habt, und schafft euch ein neues Herz
und einen neuen Geist. Warum wollt
ihr sterben, Haus Israel? 32 Ich habe
ja kein Wohlgefallen am Tode, spricht
Jahwe, der Herr. So kehret um, und
ihr sollt leben.

Klagelied über die Fürsten Israels

19 1 Und du, stimme ein Klage-
lied an über die Fürsten Israels,
2 Und sprich:

Was war doch deine Mutter eine
Löwin unter Löwen! Sie lagerte zwi-
schen den Leuen, zog ihre Jungen
groß. 3 Sie zog da eins von ihren Jun-
gen auf, es ward zum Jungleu, der
lernte Beute machen, fraß die Men-
schen. 4 Gegen ihn entbot man Völker,
in ihrer Grube ward er gefangen, mit
Haken schleppte man ihn nach dem
Ägypterland. 5 Sie sah, wie sehr ge-
täuscht, zunichte war die Hoffnung,
und nahm ein anderes von den Jungen
und machte es zum Leu. 6 Der streifte
inmitten von Löwen und ward zum
Leu, lernte Beute machen, fraß die
Menschen, 7 zerstörte ihre Paläste,
entvölkerte ihre Städte, daß sich ent-
setzte das Land, und was drin war,
vor seinem wilden Brüllen. 8 Da leg-
ten ihm die Völker ringsum Schlingen,
breiteten über ihn die Netze, in ihrer
Grube ward er gefangen. 9 Sie sperr-
ten ihn in einen Käfig [und brachten
ihn zum König von Babel], damit man
seine Stimme fürder nicht mehr höre
auf den Bergen Israels.

10 Deine Mutter glich einer Wein-
rebe, an Wasser gepflanzt, frucht-
schwer und voller Ranken war sie vom
vielen Wasser. 11 Sie bekam kräftige
Zweige, die zu Herrscherstäben wur-
den. Sie wuchsen hoch zwischen den
Wolken, man bewunderte sie ob ihrer
Höhe und der Fülle ihrer Ranken.
12 Da wurde sie ausgerissen im Zorn,
zur Erde geschleudert, und der Ost-
wind vertrocknete ihre Frucht; sie
wurde zerbrochen. Es verdorrte ihr
kräftiger Zweig, Feuer verzehrte ihn.
13 Nun ist sie gepflanzt in die Wüste,
im Lande der Dürre und des Durstes.
14 Feuer ging aus von dem Zweig, ver-
zehrte ihre Ranken. Nicht mehr blieb
ihr ein kräftiger Zweig, ein Herrscher-
stab.

Ein Klagelied sollte es sein, ein
Klagelied ist es geworden.

---

bekommt der Begriff einer nicht kollektiv, sondern streng persönlich verstandenen Umkehr (und auch des Abfalls) sein volles Gewicht. Die jetzige Haltung des Herzens allein bestimmt das Gericht Gottes, vgl. 14 12 und Mt 3 2+.

→19 1–4 Das Gedicht ist eine *qina*, d. h. ein Klagelied mit einem charakteristischen Versmaß, wobei jeder Vers zwei ungleiche Glieder umfaßt; vgl. Ez 26 17–18; 27 3–9. 25–36. Seine Form ist allegorisch, es ist aber nicht leicht, alle Einzelelemente zu deuten.

→19 2 Die Löwin ist das Volk Israel, ihre Jungen sind die Könige.

→19 4 *entbot* Korr.; M: „hörte".

→19 4 *ihn* Joachas, der von Necho abgesetzt und nach Ägypten gebracht wurde.

→19 7 *zerstörte ihre Paläste* Üss; M: „erkannte ihre Witwen".

→19 9 Es handelt sich anscheinend um Jojachin, der 597 v. Chr. nach Babel weggeführt wurde. Der Prophet erwähnt die Regierung Jojakims nicht; dieser König, der eines natürlichen Todes starb, stellt kein warnendes Beispiel für Zidkija und seine Zeitgenossen dar.

→19 10 *glich* T; M: „in deinem Blut". Eine weitere Allegorie: Die Weinrebe ist das Volk, das eine Zeitlang blühte und nun zerstört wird.

→19 11 *Wolken* Korr.; M: „Stricken".

→19 12 *sie wurde* G; M: „sie wurden".

→19 12 *Es verdorrte* G; M: „Es verdorrten".

Geschichte der Treubrüche Israels

20 1 Im siebten Jahre, im fünften
Monat, am zehnten Tage des
Monats kamen einige von den Älte-
sten Israels, um Jahwe zu befragen,
und ließen sich vor mir nieder. 2 Und
es erging das Wort Jahwes an mich
also: 3 Menschensohn, sprich zu den
Ältesten Israels und sage ihnen: Also
spricht Jahwe, der Herr: Ihr seid ge-
kommen, mich zu befragen? So wahr
ich lebe, ich lasse mich nicht von
euch befragen, spricht Jahwe, der
Herr. 4 Willst du ihnen das Urteil
sprechen, willst du richten, o
Menschensohn? So tue ihnen die
Greuel ihrer Väter kund. 5 Sage ihnen:
So spricht Jahwe, der Herr: Am Tage,
da ich Israel erwählte, leistete ich den
Nachkommen Jakobs einen Schwur,
gab mich ihnen im Lande Ägypten zu
erkennen, tat ihnen einen Schwur und
sprach: Ich bin Jahwe, euer Gott. 6 An
jenem Tage erhob ich meine Hand zum
Schwur, daß ich sie aus dem Lande
Ägypten herausführen werde in ein
Land, das ich ihnen ausgesucht habe,
das von Milch und Honig fließt, ein
wahres Kleinod unter allen Ländern.
7 Und ich sprach zu ihnen: Ein jeder
werfe die Scheusale weg, daran sein
Auge hängt, und verunreinigt euch
nicht an den Götzen Ägyptens! Ich
bin Jahwe, euer Gott. 8 Aber sie zeig-
ten sich widerspenstig gegen mich und
wollten nicht auf mich hören; die
Scheusale, an denen ihr Auge hing,
warfen sie nicht fort, und von den
Götzen Ägyptens ließen sie nicht ab.
Da gedachte ich meinen Grimm über
sie auszuschütten, meinen Zorn an
ihnen auszulassen mitten im Lande
Ägypten. 9 Aber um meines Namens
willen handelte ich so, daß er nicht
entweiht würde vor den Augen der
Heidenvölker, in deren Mitte sie waren,
vor deren Augen ich ihnen geoffenbart
hatte, sie aus dem Lande Ägypten
herauszuführen. 10 So führte ich sie
heraus aus dem Lande Ägypten und
brachte sie in die Wüste. 11 Ich gab
ihnen meine Satzungen und tat ihnen
meine Gesetze kund, durch deren Be-
folgung der Mensch Leben hat. 12 Und
auch meine Sabbate gab ich ihnen,
daß sie zum Zeichen seien zwischen
mir und ihnen, daß man erkenne, daß
ich, Jahwe, es bin, der sie heiligt.
13 Doch das Haus Israel zeigte sich
widerspenstig gegen mich in der Wüste,
sie wandelten nicht nach meinen Sat-
zungen, verwarfen meine Gesetze,
durch deren Befolgung der Mensch
Leben hat, und meine Sabbate schän-
deten sie gar sehr. Da gedachte ich
meinen Grimm über sie auszuschütten
und sie zu vernichten. 14 Aber um
meines Namens willen handelte ich
so, daß er nicht entweiht würde vor
den Augen der Heidenvölker, vor
deren Augen ich sie herausgeführt
hatte. 15 Aber ich schwor ihnen in der
Wüste, daß ich sie nicht in das Land
bringen würde, das ich ihnen geben
wollte, das von Milch und Honig
fließt – ein Kleinod unter allen Län-
dern –, 16 weil sie meine Gesetze ver-
achteten, nicht nach meinen Satzungen
wandelten und meine Sabbate schän-
deten; denn an den Götzen hing ihr
Herz. 17 Aber mein Auge blickte mit-
leidig auf sie, so daß ich sie nicht ver-
tilgte und ich sie in der Wüste nicht
der Vernichtung preisgab.

18 Ich sprach zu ihren Söhnen in
der Wüste: Wandelt nicht nach den
Sitten eurer Väter und beobachtet
nicht ihre Gebräuche, und mit ihren
Götzen verunreinigt euch nicht. 19 Ich
bin Jahwe, euer Gott. Nach meinen
Satzungen sollt ihr wandeln und meine
Gesetze beobachten und sie erfüllen
20 und meine Sabbate heilighalten, daß
sie zum Zeichen seien zwischen mir
und euch, auf daß man erkenne, daß
ich Jahwe, euer Gott, bin. 21 Aber
auch die Söhne zeigten sich wider-
spenstig gegen mich; sie wandelten
nicht nach meinen Satzungen, meine
Gesetze beobachteten sie nicht, erfüll-
ten sie nicht, durch deren Beobachtung
doch der Mensch Leben hat; meine
Sabbate schändeten sie. Da gedachte
ich meinen Grimm über sie auszu-
gießen, meinen Zorn an ihnen in der
Wüste auszulassen. 22 Aber ich zog
meine Hand wieder zurück und han-
delte um meines Namens willen so,
daß er nicht entweiht würde vor den
Augen der Heidenvölker, vor deren
Augen ich sie befreit hatte. 23 Doch
schwor ich ihnen in der Wüste, daß
ich sie unter die Völker zerstreuen
und in die Länder versprengen werde,
24 weil sie meine Gesetze nicht befolg-
ten, meine Satzungen verwarfen und
meine Sabbate schändeten und auf die
Götzen ihrer Väter die Augen gerich-
tet hielten. 25 So gab ich ihnen denn
Satzungen, die nicht gut waren, und

→20 1 Juli/August 591 v. Chr.
→20 9 Die Langmut Jahwes mit seinem Volk trotz dessen Sünden wird hier allein mit dem Motiv der Ehre des göttlichen Namens erklärt.
→20 25 Ein urtümliches, noch unentfalte-

Gesetze, durch die sie nicht Leben fan-
den. 26 Ich machte sie unrein durch ihre
Opfergaben, sofern sie alle Erstgeburt
durch Feuer hindurchgehen ließen,
um das Grauen in ihnen zu wecken,
auf daß sie erkennen sollten, daß ich
Jahwe bin.

27 Darum sprich zum Hause Israel,
o Menschensohn, und sage ihnen:
Also spricht der Herr Jahwe: Auch
dadurch haben mich eure Väter ge-
lästert, indem sie mir die Treue bra-
chen. 28 Ich brachte sie in das Land,
das ich ihnen zugeschworen hatte, und
wo sie hier nur irgendeinen ragenden
Hügel oder einen dichtbelaubten
Baum sahen, da schlachteten sie ihre
Opfer, spendeten da ihre schändlichen
Gaben, brachten da lieblichen Opfer-
duft dar und gossen ihre Trankopfer
aus. 29 Da sprach ich zu ihnen: Was
ist das für eine Höhe, auf der ihr da
zusammenkommt? So wurde ihr Name
„Bama" genannt bis auf den heutigen
Tag. 30 Darum sprich zum Hause
Israel: So spricht der Herr Jahwe:
Nach der Weise eurer Väter macht ihr
euch unrein, und ihren Scheusalen
rennet ihr nach. 31 Und wenn ihr eure
Opfer darbringt, eure Söhne durch das
Feuer hindurchgehen laßt, so macht
ihr euch unrein an all den Götzen bis
auf den heutigen Tag, und da soll ich
mich von euch befragen lassen, Haus
Israel? So wahr ich lebe, spricht Jahwe,
der Herr, ich werde mich nicht befragen
lassen. 32 Und was euch in den Sinn
kommt, darf unter keinen Umständen
geschehen, daß ihr sagt: „Wir wollen
sein wie die Heiden, wie die Stämme
der Heidenländer, und Holz und Stein
dienen." 33 So wahr ich lebe, spricht
Jahwe, der Herr, mit starker Hand,
mit erhobenem Arm, mit überschäu-
mendem Grimm will ich über euch
herrschen. 34 Ich will euch aus den
Völkern herausführen und euch ver-
sammeln aus den Ländern, in die ihr
zerstreut waret, mit starker Hand, mit
erhobenem Arm, mit überschäumen-
dem Grimm, 35 werde euch bringen
in die Wüste der Völker und mit euch
dort rechten von Angesicht zu Ange-
sicht. 36 Gleichwie ich mit euren Vä-
tern in der Wüste des Landes Ägypten
ins Gericht gegangen bin, so will ich
mit euch ins Gericht gehen, spricht
der Herr Jahwe. 37 Ich werde euch
unter dem Stabe hindurchgehen
lassen und euch auf eine kleine Anzahl
zurückführen. 38 Ich werde von euch
aussondern, die sich wider mich em-
pörten und von mir abgefallen sind.
Aus dem Lande, wo sie sich aufhalten,
werde ich sie herausführen, aber in das
Land Israel sollen sie nicht kommen,
damit ihr erkennet, daß ich Jahwe bin.
39 Ihr aber, Haus Israel, so spricht
Jahwe, der Herr, ein jeder schaffe seine
Götzen fort, und nachher werdet ihr
wahrlich auf mich hören und meinen
heiligen Namen nicht mehr durch eure
Gaben und eure Götzen entweihen.
40 Denn auf meinem heiligen Berg,
auf der Bergeshöhe Israels, so spricht
Jahwe, der Herr, dort sollt ihr, das
ganze Haus Israel, alle im Lande mir
dienen. Dort werde ich sie in Gnaden
aufnehmen, und dort werde ich eure
Hebeopfer und die Erstlinge eurer
Abgaben mitsamt euren heiligen
Gaben fordern. 41 Wie lieblichen
Opferduft werde ich euch gnädig auf-
nehmen, wenn ich euch aus den Völ-
kern herausgeführt und euch aus den
Ländern gesammelt habe, in die ihr
zerstreut wart, und werde mich an
euch heilig erweisen vor den Augen
der Heiden. 42 Und ihr sollt erkennen,
daß ich Jahwe bin, wenn ich euch in
das Land Israel bringe, in das Land,
das ich geschworen habe euren Vätern
zu geben. 43 Und gedenken sollt ihr
dort eures Wandels und all eurer
Taten, durch die ihr euch befleckt
habt, und sollt vor euch selbst Ekel
empfinden über all die Untaten, die
ihr begangen habt. 44 Dann werdet
ihr erkennen, daß ich Jahwe bin, wenn
ich mit euch verfahre um meines
Namens willen, nicht nach eurem
bösen Lebenswandel und euren
schlechten Handlungen, Haus Israel,
spricht der Herr Jahwe.

---

tes theologisches Denken schreibt Jahwe Einrichtungen und Mißbräuche zu, für die in Wirklichkeit die Menschen verantwortlich sind. Ezechiel meint hier wohl das Gebot des Erstgeburtsopfers (Ex 22 28–29), das die Israeliten oftmals in grauenvoller Verirrung auf eine brutal handgreifliche Weise als Menschenopfer auslegten, vgl. Lv 18 21+.

→20 29 Wortspiel; Jahwe fragt: „Was ist das für eine Höhe *(habbama)*, auf der ihr da zusammenkommt *(habbaim)?*" Daher der Name *Bama.*

→20 35 *Wüste der Völker* Bezeichnung für die syrische Wüste.

→20 37 *unter dem Stabe hindurchgehen lassen* Wie der Hirt seine Schafe an sich vorbeiziehen läßt, um sie zu zählen, vgl. Lv 27 32, ferner Ez 34 1+.

→20 37 *auf eine kleine Anzahl* G; M: „in die Fessel (?) des Bundes".

→20 41 *Wie* Korr.; M: „Bei".

Das Schwert Jahwes

21 1 Es erging das Wort Jahwes
an mich also: 2 Menschensohn,
richte dein Antlitz nach Süden und
predige gen Mittag, weissage gegen
den Wald im Südland 3 und sprich zu
dem Walde des Südlandes: Höre das
Wort Jahwes! Also spricht Jahwe, der
Herr: Siehe, ich lege Feuer an dich,
und es soll verzehren in dir jeden fri-
schen und jeden trockenen Baum;
nicht soll verlöschen die lodernde
Flamme, und versengt werden sollen
in ihr alle Gesichter von Süd und
Nord. 4 Und alles Fleisch soll sehen,
daß ich, Jahwe, sie entzündet habe;
nicht soll sie verlöschen. 5 Da sagte
ich: Ach, Herr Jahwe, sie sagen von
mir: „Trägt er nicht immer Rätsel-
reden vor?" 6 Da erging das Wort
Jahwes an mich also: 7 Menschen-
sohn, richte dein Antlitz auf Jerusa-
lem hin, predige gegen sein Heiligtum
und weissage gegen das Land Israel.
8 Sage zum Lande Israel: So spricht
Jahwe, der Herr: Siehe, ich komme
über dich und ziehe mein Schwert aus
seiner Scheide und vernichte Gerechte
und Gottlose in dir. 9 Weil ich
Gerechte und Gottlose in dir ver-
nichten will, darum fährt mein
Schwert aus seiner Scheide wider alles
Fleisch von Süd bis Nord, 10 und
alles Fleisch soll erkennen, daß ich,
Jahwe, mein Schwert aus seiner
Scheide gezogen habe; nicht soll es
mehr zurückkehren.

11 Du aber, o Menschensohn,
seufze, mit zerschlagenen Lenden und
in tiefster Betrübnis seufze vor ihren
Augen. 12 Und wenn sie dann zu dir
sagen: „Worüber seufzest du?", so
sprich: „Über eine Kunde, die, wenn
sie eintrifft, jedes Herz zerfließen und
alle Hände schlaff werden und jeden
Geist verzagen und alle Knie wie
Wasser zerfließen läßt. Siehe, sie trifft
ein und wird zur Tatsache, spricht
Jahwe, der Herr."

13 Und es erging das Wort Jahwes
an mich also: 14 Menschensohn, weis-
sage!

Sprich: Also spricht Jahwe. Sage:
Ein Schwert, ein Schwert ist ge-
schärft und auch gefegt. 15 Für ein
großes Schlachten ist es geschärft;
daß es wie Blitze leuchte, ist es gefegt ...
16 Man gab es einem Schlächter, es mit
der Faust zu packen, es ist geschärft
und gefegt, es in die Hand eines Mör-
ders zu geben. 17 Schreie und heule,
o Menschensohn, denn es geht gegen
mein Volk, es geht gegen alle Fürsten
Israels, dem Schwert sind sie preis-
gegeben, samt meinem Volk, darum
schlag auf die Hüfte! 18 Denn die
Prüfung naht, und das verworfene
Zepter wird nicht mehr sein, spricht
Jahwe, der Herr. 19 Du aber, o Men-
schensohn, schlage in deine Hände.
Verdoppelt werde das Schwert, ja ver-
dreifacht! Ein Schwert zum Morden
ist's, ein gewaltiges Mordschwert, das
sie umkreist, 20 daß zittern die Herzen
und zahlreich werden die Gefallenen.
An all ihre Tore hab ich ein Schwert
gebracht, das blinkend gemacht ist,
gefegt zum Schlachten. 21 Nach hin-
ten, nach rechts, nach links, nach
vorn! 22 Auch ich will in die Hände
schlagen und stillen meinen Zorn. Ich,
Jahwe, habe es gesagt.

Der König von Babel
am Scheideweg

23 Dann erging das Wort Jahwes
an mich also: 24 Du, o Menschen-
sohn, zeichne dir zwei Wege, auf denen
das Schwert des Königs von Babel
kommen soll. Aus einem Lande gehen
sie beide aus, und einen Wegweiser
sollst du setzen an den Anfang der
Straße, die zur Stadt führt. 25 Dann
zeichne den Weg, auf dem das Schwert
kommt über Rabbat-Ammon nach
Juda mit Jerusalem in seiner Mitte.
26 Denn der König von Babel steht
am Scheideweg, am Ausgangspunkt
der beiden Wege, um das Orakel zu
befragen; er schüttelt die Pfeile, be-

→21 7 *gegen* (2 x) Korr.
→21 7 *ihr Heiligtum* Hss von M, G, S; M: „die Heiligtümer".
→21 8 Hier spricht Ezechiel noch den alten Grundsatz der Solidarität in der Strafe aus, dem er anderswo, 14 12+, den Grundsatz der persönlichen Verantwortlichkeit entgegenstellt.
→21 14–22 Das Lied besingt in jagendem Rhythmus das Schwert Jahwes, das er den Händen des „Schlächters", d. h. den Babyloniern, übergibt, um sein Urteil zu vollstrecken. Das Lied ist schlecht erhalten; die Einzelheiten sind oft schwer zu deuten.
→21 15 *gefegt* ... Das Folgende ist unverständlich: „oder wir freuen uns. Das Zepter meines Sohnes verwirft jedes Holz."
→21 17 *schlag auf die Hüfte* Zeichen der Trauer und des Schmerzes.
→21 18 Text verderbt, Übersetzung unsicher.
→21 19 Nach Üss; M unverständlich.
→21 20 *die Gefallenen* G, S; M: „die Hindernisse (an denen man zu Fall kommt)".
→21 20 *ein Schwert* Davor und danach in M zwei unverständliche Worte.
→21 20 *gefegt* Korr.
→21 21 Nach G; M unverständlich.

fragt die Teraphim, beschaut die Leber.
27 In seiner Rechten ist das Orakel
„Jerusalem“, daß er Sturmböcke auf-
stelle, seinen Mund zum Mordbefehl
öffne, wildes Kriegsgeschrei ausstoße,
Sturmböcke aufstelle an seinen Toren,
einen Damm aufschütte und einen
Wall baue. 28 In ihren Augen aber
war es ein Trugorakel – sie haben ja
die heiligsten Eide –; er aber erinnert
sie an die Schuld, daß sie gefaßt wer-
den. 29 Darum spricht der Herr Jahwe
also: Weil ihr eure Verschuldungen in
Erinnerung gebracht habt und eure
Vergehen offenbar und eure Sünden
in eurem Handeln sichtbar wurden,
darum sollt ihr um ihretwillen gefaßt
werden. 30 Du aber, du unheiliger
Bösewicht, Fürst Israels, dessen Tag
gekommen ist zur Zeit des letzten Ver-
brechens, 31 also spricht Jahwe, der
Herr: Herunter mit dem Kopfbund,
fort mit der Krone! Was ist, bleibt
nicht so. Was niedrig ist, soll erhöht
werden, und was hoch ist, erniedrigt
werden. 32 In Trümmer, Trümmer,
Trümmer will ich es legen; und nicht
wird das andere werden, bis der
kommt, der Anspruch darauf hat, ihm
will ich es geben.

Ammons Bestrafung

33 Du aber, o Menschensohn, weis-
sage und sprich: So spricht Jahwe, der
Herr, wider die Ammoniter und wider
ihre Schmähung, und sprich: Ein
Schwert, ein Schwert ist gezückt zum
Schlachten, es ist gefegt zum Ver-
nichten, daß es blitze 34 – während
man dir Truggesichte zeigte und
Lügenorakel vorhielt –, daß es die
gottlosen Frevler köpfe, deren Tag
gekommen ist mit ihrem letzten Ver-
brechen. 35 Kehre zurück in deine
Scheide! An dem Orte, wo du ge-
schaffen bist, im Lande deiner Her-
kunft will ich dich richten. 36 Ich will
ausgießen über dich meinen Groll,
das Feuer meines Ingrimms wider dich
entfachen, ich werde dich in die Hand
von tierischen Menschen geben, die
Verderben schmieden. 37 Dem Feuer
sollst du zum Fraße sein, dein Blut
soll inmitten des Landes fließen. Man
wird deiner nicht mehr gedenken, denn
ich, Jahwe, habe es gesagt.

Die Verbrechen Jerusalems

22 1 Es erging das Wort Jahwes
an mich also: 2 Du, o Men-
schensohn, willst du nicht der Blut-
stadt das Urteil sprechen? So tue ihr
doch alle ihre Greuel kund 3 und
sprich: Also spricht Jahwe, der Herr:
Wehe der Stadt, die in ihrer Mitte Blut
vergießt, so daß ihre Zeit kommt, und
die sich Götzen macht, durch die sie
sich verunreinigt. 4 Durch dein Blut,
das du vergossen hast, hast du dich
verschuldet, und durch die Götzen,
die du angefertigt hast, hast du dich
befleckt und hast bewirkt, daß dein
Tag naherückt und die Zeit deiner
Jahre gekommen ist. Darum mache
ich dich zum Schimpf für die Heiden
und zum Spott für alle Länder.
5 Deine Nachbarn wie jene, die weit
von dir wohnen, werden dich ver-
spotten, die du befleckten Rufes und
voller Verwirrung bist. 6 Siehe, die
Fürsten Israels, jeder auf eigenen Vor-
teil bedacht, sie sind in dir, um Blut zu
vergießen. 7 Vater und Mutter achtet
man gering in dir, dem Fremdling in
deiner Mitte tut man Gewalt an,
Waisen und Witwen bedrückt man
in dir. 8 Was mir heilig ist, verachtest
du, meine Sabbate entweihst du. 9 Ver-
leumderische Männer sind in dir, um
Blut zu vergießen, auf den Bergen
ißt man in dir, Unzucht verübt man
in dir. 10 Des Vaters Blöße ent-
hüllt man in dir, man schwächt das
Weib in der Zeit ihrer Unreinheit in
dir. 11 Der eine treibt mit dem Weibe
seines Nächsten Mißbrauch; der an-
dere befleckt seine Schwiegertochter
durch Unzucht; ein dritter schwächt
seine Schwester, die Tochter seines
eigenen Vaters, in dir. 12 Bestechung
nimmt man in dir an, um Blut zu ver-
gießen, Zins und Wucher hast du ge-
nommen und deinen Nächsten ge-
waltsam beraubt; mich aber hast du
vergessen, spricht Jahwe, der Herr.
13 Aber siehe, ich klatsche in die
Hände ob des ungerechten Gewinnes,
den du gemacht hast, und ob des ver-

→21 33–37 Nachdem das Los auf Jerusalem gefallen ist, v. 27, könnten die Ammoniter meinen, sie wären der Gefahr entronnen; aber auch sie wird die Strafe ereilen.
→21 33 *Vernichten* Üss; M: „Aufnehmen“.
→21 34 *köpfe* (Wörtlich: um es auf den Hals zu legen) Korr.; M: „um dich an den Hals zu legen“.
→22 1–31 Das Thema erinnert an Kapitel 16, 20, 23, aber hier spricht der Prophet ohne Bild. Außerdem hat er mehr die Sünden der Gegenwart, die in v. 1–16 im einzelnen aufgeführt werden, als die Vergehen früherer Generationen vor Augen.
→22 6 *jeder auf eigenen Vorteil bedacht* Wörtlich: jeder für seinen Arm.

gossenen Blutes, das in dir ist. 14 Wird
dein Mut standhalten, werden deine
Hände stark bleiben in den Tagen, da
ich mit dir abrechne? Ich, Jahwe, habe
es gesagt und führe es aus. 15 Ich
werde dich unter die Völker zerstreuen
und auf die Länder verteilen und deine
Unreinheit von dir wegnehmen. 16 Ich
werde durch dich entehrt werden vor
den Augen der Völker, und du wirst
erkennen, daß ich Jahwe bin.

17 Und es erging das Wort Jahwes
an mich also: 18 Menschensohn, das
Haus Israel ist mir zu unreinem Erz
geworden. Sie alle sind Kupfer, Zinn,
Eisen, Blei im Schmelzofen, unreines
Erz sind sie geworden. 19 Darum
spricht der Herr Jahwe also: Weil ihr alle
zu unreinem Erz geworden seid, siehe
darum bringe ich euch mitten in Jerusalem
zusammen. 20 Wie man Silber
und Kupfer und Eisen und Blei und
Zinn im Schmelzofen zusammenbringt
und Feuer darunter entfacht, daß es
schmelze, so bringe ich euch in meinem
Grimm und Zorn zusammen und lege
euch hin und schmelze euch. 21 Ich
werde euch versammeln und das Feuer
meines Zornes wider euch entfachen,
daß ihr darin geschmolzen werdet.
22 Wie Silber im Schmelzofen geschmolzen
wird, so werdet ihr darin
geschmolzen werden, damit ihr erkennet,
daß ich, Jahwe, meinen Zorn
über euch ausgegossen habe.

23 Und es erging das Wort Jahwes
an mich also: 24 Menschensohn, sprich
zu ihr: Du bist ein Land, das weder
Feuchtigkeit noch Regen empfangen
hat am Tage des Zornes, 25 dessen
Fürsten in seiner Mitte wie brüllende,
beutegierige Löwen waren; die Leute
sogen sie aus, Hab und Gut nahmen
sie weg, die Zahl seiner Witwen vermehrten
sie darin. 26 Seine Priester
vergewaltigten mein Gesetz, entweihten,
was mir heilig ist, zwischen Heilig
und Profan machten sie keinen Unterschied,
über den Unterschied von Unrein
und Rein erklärten sie sich nicht,
und vor meinen Sabbaten schlossen
sie ihre Augen, so daß ich unter ihnen
entweiht wurde. 27 Seine Beamten in
seiner Mitte waren wie raubgierige
Wölfe, indem sie Blut vergossen,
Menschenleben vernichteten um
schnöden Gewinnes willen. 28 Seine
Propheten aber leisteten ihnen Vorschub,
indem sie Trug schauten und
Lüge weissagten und erklärten: „So
spricht Jahwe, der Herr“, während
doch Jahwe nicht gesprochen hatte.
29 Das gemeine Volk selbst übte Gewalttat,
beging Raub, bedrückte den
Elenden und Armen und mißhandelte
den Fremden widerrechtlich. 30 Und
ich suchte unter ihnen einen Mann,
der eine Mauer aufrichten und vor
mir für das Land in die Bresche
treten könnte, daß ich es nicht vernichte,
doch ich fand keinen. 31 Da
goß ich über sie meinen Groll aus,
vernichtete sie im Feuer meines Ingrimms,
ließ ihren Lebenswandel auf
ihr Haupt fallen, spricht Jahwe, der
Herr.

Jerusalems und Samarias Geschichte im Sinnbild

23 1 Es erging das Wort Jahwes
an mich also: 2 Menschensohn,
es waren zwei Frauen, Töchter derselben
Mutter. 3 Sie trieben Unzucht
in Ägypten in ihrer Jugend. Dort schon
ließen sie ihre Brüste betasten und
ihren jungfräulichen Busen drücken.
4 Die ältere hieß Ohola, ihre Schwester
Oholiba, und sie wurden mein und
gebaren Söhne und Töchter. Ohola
hieß Samaria und Oholiba hieß Jerusalem.
5 Ohola wurde mir untreu und
entbrannte in Gier zu ihrem Buhlen,
den Assyrern, ihren Nachbarn, 6 purpurgeschmückten
Statthaltern und
Befehlshabern, schmucken Jünglingen,
stolzen Reitern, hoch zu Roß. 7 Auf
diese richtete sie ihre unreinen Gelüste,
die alle zur Auslese der Assyrer

→2216 *Ich werde* G; M: „Du wirst“.
→2218 *unreines Erz* Zusatz in M: „Silber“.
→2219–22 Der Spruch stammt vielleicht aus der Zeit, als die Landbevölkerung von Juda nach Jerusalem strömte, um hier Zuflucht zu suchen, d. h. kurz vor der Belagerung 589–587 v. Chr.
→2223–31 Dieser dritte Teil des Spruches wurde vielleicht nach der Einnahme der Stadt geschrieben.
→2224 *Regen* G; M: „gereinigt“.
→2225 *dessen Fürsten* G; M: „Verschwörung seiner Propheten“.
→2228 *leisteten ihnen Vorschub* Wörtlich: bedeckten mit Tünche, vgl. 1310–16.
→231–49 Die allegorische Darstellung der Geschichte Israels, vgl. 161+, wird hier wiederaufgenommen und durch eine Parallele zwischen Samaria und Jerusalem entwickelt.
→234 *Ohola* „(die) ihr eigenes Zelt (hat)“; *Oholiba* „mein Zelt (ist) in ihr“. Diese Etymologie scheint den schismatischen Kult Samarias dem wahren Kult Jerusalems gegenüberzustellen; vielleicht sind hierin aber auch Anspielungen auf Begebenheiten oder Bräuche zu sehen, die wir nicht kennen. Man könnte an die Zelte denken, die bei den Höhenheiligtümern aufgestellt wurden.

gehörten, und sie befleckte sich mit
den Götzen derer, die ihre Gier erreg-
ten. 8 Aber ihre ägyptische Buhlerei
gab sie nicht auf, denn in ihrer Jugend
hatten sie bei ihr gelegen, ihren jung-
fräulichen Busen gedrückt und Un-
zucht mit ihr getrieben. 9 Darum gab
ich sie ihren Buhlen preis, den Assy-
rern, für die sie in ihrer Liebe ent-
brannt war. 10 Diese deckten ihre
Blöße auf, nahmen ihre Söhne und
Töchter weg und töteten sie selbst mit
dem Schwerte, so daß sie für die Frauen
zum warnenden Beispiel wurde, und
sie vollstreckten an ihr das Gericht.

11 Ihre Schwester Oholiba sah es
und trieb es mit ihrer Buhlerei noch
ärger als sie und steigerte ihre Unzucht
noch über die Unzucht ihrer Schwester.
12 Sie entbrannte in unreiner Lust zu
den Assyrern, den Statthaltern und den
Befehlshabern, den hochberühmten,
prächtig gekleideten, stolzen Reitern,
hoch zu Roß, schmucken Jünglingen.
13 Und ich sah, daß sie sich befleckte;
beide verhielten sich gleich. 14 Aber
sie ging in ihrer Buhlerei noch weiter,
und als sie Männer sah auf der Mauer
eingezeichnet, Bilder von Chaldäern,
mit roter Farbe gemalt, 15 mit einem
Gürtel um die Lenden, ihr Haupt be-
deckt mit wallendem Turban, alle wie
Helden anzusehen, ein Bild der Söhne
Babels, deren Heimat Chaldäa ist,
16 da entbrannte sie bei ihrem Anblick
in unreiner Lust zu ihnen und sandte
Boten zu ihnen nach Chaldäa. 17 Und
die Babylonier kamen zu ihr, um ihr
in Liebe beizuwohnen, und befleckten
sie mit ihrer Unreinheit, und sie selbst
wurden unrein durch sie; dann wurde
sie ihrer überdrüssig. 18 Und als sie
so ihre Buhlerei offenkundig machte
und ihre Blöße aufdeckte, ward auch
ich ihrer überdrüssig, wie ich ihrer
Schwester überdrüssig geworden war.
19 Und sie steigerte noch ihre Un-
zucht, indem sie der Tage ihrer Jugend
gedachte, da sie im Ägypterlande ge-
buhlt hatte. 20 Und sie entbrannte in
Lust zu den Buhlen, die in ihrer Geil-
heit Eseln und Hengsten glichen.

21 Du sehntest dich nach der Sünde
deiner Jugend, da man in Ägypten
deine Brüste betastete und deinen jung-
fräulichen Busen drückte. 22 Darum,
Oholiba, spricht der Herr Jahwe also:
Siehe, ich will deine Buhlen gegen dich
aufreizen, deren du überdrüssig ge-
worden bist, und von allen Seiten
will ich sie gegen dich heranfüh-
ren, 23 die Söhne Babels und alle
Chaldäer, Pekod und Schoa und Koa
und alle Assyrer mit ihnen, schmucke
junge Männer, Statthalter und
Befehlshaber, alles hervorragende
Krieger, hochberühmte Männer, alle
hoch zu Roß. 24 Sie kommen über
dich von Norden her mit Wagen und
Rädern, eine ganze Völkerschar. Pan-
zer, Schild und Helm legen sie rings
gegen dich an. Ich lege ihnen den
Rechtsfall vor, und sie sollen nach
ihrem Recht dir das Urteil sprechen.
25 Und ich richte meinen Eifer wider
dich, daß sie im Grimm mit dir ver-
fahren, Nase und Ohren dir abschnei-
den, und was übrig ist von dir, wird
durchs Schwert fallen. Sie werden deine
Söhne und deine Töchter nehmen, und
was übrigbleibt von dir, wird vom
Feuer verzehrt werden. 26 Sie werden
dir deine Kleider ausziehen und deine
Schmuckstücke wegnehmen. 27 Ich
mache deiner Sünde und deiner
ägyptischen Buhlerei ein Ende, so daß
du nicht mehr deine Blicke auf sie
richtest und nicht mehr an Ägypten
denkst. 28 Denn also spricht der Herr:
Siehe, ich gebe dich in die Hand derer,
die du hassest, deren du überdrüssig
geworden bist. 29 Sie werden mit dir
voll Haß verfahren, sie werden all dein
Vermögen wegnehmen und dich nackt
und bloß liegenlassen, so daß deine
schamlose Blöße, deine sündige Buh-
lerei aufgedeckt wird. 30 Das wird dir
geschehen, weil du mit den Heiden-
völkern gebuhlt hast, an ihren Götzen
dich befleckt hast. 31 Auf dem Wege
deiner Schwester bist du gewandelt,
so gebe ich auch ihren Becher in deine
Hand. 32 Also spricht Jahwe, der
Herr:

Den Becher deiner Schwester sollst
du trinken, den tiefen und weiten,
zum Gelächter und Gespött sollst du
werden. Er faßt gar viel. 33 Von Trun-
kenheit und Jammer ist er voll, der
Becher des Schauders und Entsetzens,
der Becher deiner Schwester Samaria.
34 Trinken sollst du ihn und leeren und
ihn in Scherben schlagen und dir dar-
an die Brüste zerreißen.

Denn ich habe es gesagt, spricht
Jahwe, der Herr.

→23 16 Vielleicht Anspielung auf die Beziehungen zwischen Hiskija und Merodach-Baladan.

→23 23 *Pekod und Schoa und Koa* Völkerschaften östlich von Babylonien.

→23 24 *von Norden her* G.

→23 32–34 Das kleine Gedicht ist vielleicht ein Volkslied oder ein Spottgedicht, das Ezechiel dann auf Jerusalem angewandt hätte.

35 Darum sagt Jahwe, der Herr:
Weil du mich vergessen, ja vollkommen
verachtet hast, so trage auch du deine
Unzucht und deine Buhlerei. 36 Jahwe
sprach zu mir: Menschensohn, willst
du Ohola und Oholiba richten, so tue
ihnen ihre Greuel kund. 37 Denn sie
haben die Ehe gebrochen mit ihren
Götzen, und ihre Söhne, die sie mir
geboren, ließen sie ihnen zur Speise
durchs Feuer gehen. 38 Auch das
haben sie mir angetan: sie haben mein
Heiligtum an jenem Tage befleckt und
meine Sabbate entweiht. 39 Und wenn
sie ihre Götzen schlachteten, so kamen
sie noch am selben Tage zu meinem
Heiligtum, um es zu entweihen, und
siehe, so machten sie es mitten in meinem Hause.

40 Dazu schickten sie nach Männern, die von ferne kamen, und wenn
zu ihnen ein Bote geschickt war, siehe,
da kamen sie. Für diese badetest du
dich, schminktest du dir deine Augen
und legtest Schmuck an. 41 Du ließest
dich nieder auf prächtigem Pfühl, vor
dem ein Tisch bereitet war, und meinen
Weihrauch und mein Öl stelltest du
darauf. 42 Das Lärmen einer sorglosen
Menge ertönte dort ob der Unzahl
der aus der Wüste herbeigekommenen
Menschen. Sie legten Spangen an ihre
Arme und eine prächtige Krone auf
ihr Haupt. 43 Da sagte ich: Bei einem
Weibe, das durch Ehebruch verwelkt
ist, treibt man Unzucht. Unzucht treibt
auch sie noch, 44 und man geht zu ihr,
wie man zu einer Dirne geht. So gingen
sie zu Ohola und Oholiba, diesen verdorbenen Frauen. 45 Aber gerechte
Männer werden sie richten nach dem
für Ehebrecherinnen und Mörderinnen
geltenden Recht, denn sie haben die
Ehe gebrochen, und Blut klebt an
ihren Händen.

46 Denn also spricht Jahwe, der
Herr: Man berufe wider sie eine Versammlung und gebe sie der Mißhandlung und Plünderung preis, 47 und die
Versammlung soll sie steinigen und mit
ihren Schwertern in Stücke hauen, ihre
Söhne und Töchter soll man töten und
ihre Häuser verbrennen. 48 So mache
ich der Unzucht im Lande ein Ende,
damit alle Frauen sich warnen lassen,
und nicht Unzucht begehen wie sie.
49 Ich werde euch die Unzucht büßen
lassen, und was ihr mit euren Götzen
gefehlt habt, sollt ihr tragen, damit
ihr erkennet, daß ich Jahwe bin, der
Herr.

Ankündigung der Belagerung Jerusalems

24 1 Das Wort Jahwes erging an
mich im neunten Jahre, im
zehnten Monat, am Zehnten des
Monats also: 2 Menschensohn, schreibe dir den Tag, und zwar eben diesen
Tag auf. An eben diesem Tage hat sich
der König von Babel auf Jerusalem
geworfen. 3 Trage dem widerspenstigen Geschlecht ein Gleichnis vor und
sage zu ihnen: So spricht der Herr
Jahwe:

Stelle auf einen Kessel, stelle auf
und gieße Wasser hinein. 4 Tue
Fleischstücke hinein, lauter gute
Stücke, Lende und Schulter, fülle ihn
mit den besten Knochen. 5 Nimm
dazu die besten Schafe, schichte Holz
darunter auf; laß jene Fleischstücke
sieden und die Knochen darin kochen.

6 Darum spricht der Herr Jahwe
also:

Wehe, Stadt der Blutschuld, Kessel,
an dem Rost ist und von dem der Rost
nicht abgegangen ist! Leere ihn Stück
für Stück; nicht wird darüber das Los
geworfen. 7 Denn das Blut, das sie
vergossen, ist in ihr; auf den nackten
Fels hat sie es getan, nicht auf den
Boden, um es mit Erde zu bedecken.
8 Um Zorn zu wecken und Rache zu
üben, habe ich das Blut auf den nack-

→2340f Der Prophet wendet sich jetzt unmittelbar an seine Zeitgenossen und wirft ihnen ihre jüngsten Vergehen vor, daher der Gebrauch der zweiten Person. Der Abschnitt dürfte eine Reihe von Anspielungen auf bestimmte aktuelle politische Ereignisse enthalten, aber der Text ist verderbt und schwer verständlich.

→2342 *Menge* Danach Zusatz in M: „und zu Männern".

→2342 Menschen Danach Zusatz in M: „Zecher"; fehlt in G.

→2343 Unsichere Übersetzung eines wahrscheinlich verderbten Textes.

→241 Dezember 589 v. Chr. / Januar 588 v. Chr.

→242 Nach den Angaben von 2 Kg 251; Jr 524 (vgl. 391) handelt es sich um den Beginn der Belagerung Jerusalems. Falls sich der Prophet damals in Babylonien befand, soll die schriftlich niedergelegte Zeitangabe später dazu dienen, die Richtigkeit seiner Voraussagen zu bestätigen.

→243 *Stelle auf einen Kessel* . . . Sinnbildliche Handlung. Der Prophet spielt ironisch das Wort, das Jerusalems Sicherheit rühmte, 113. Es ist schwierig, alle Einzelheiten zu deuten, aber der Grundgedanke ist klar: Die Stadt ist so verdorben, daß nichts sie retten kann, nicht einmal eine vorübergehende Läuterung. Sie wird zerstört werden. Jerusalems Bewohner werden nicht mehr von den Mauern der Stadt beschützt werden. Man wird sie vertreiben und in die Fremde zerstreuen.

→245 *Holz* Korr.; M: „Knochen".

ten Felsen getan, damit es nicht zu-
gedeckt werde.
9 Darum spricht Jahwe, der Herr,
also:
Wehe, Stadt der Blutschuld! Auch
ich will einen Holzstoß aufrichten.
10 Schaffe einen Haufen Holz herbei,
zünde Feuer an, mache gar das Fleisch,
gieße die Brühe aus 11 und stelle ihn
leer auf die Kohlen, daß er erhitzt und
sein Erz glühend werde und seine Un-
reinheit darin schmelze und sein Rost
verschwinde.
12 Aber der starke Rost geht nicht
von ihm ab im Feuer. 13 Weil du durch
Unzucht unrein warst und weil ich dich
deshalb reinigen wollte, du aber deine
Unreinheit nicht entfernt hast, so sollst
du ferner nicht rein werden, bis ich
meinen Grimm an dir ausgelassen
habe. 14 Ich, Jahwe, habe es gesagt,
es wird eintreffen, ich werde es tun.
Ich werde nicht nachlassen und keine
Milde walten lassen, es nicht bereuen.
Nach deinem Wandel und deinen
Taten richte ich dich, spricht Jahwe,
der Herr.

Persönliche Prüfungen des Propheten

15 Es erging das Wort Jahwes an
mich also: 16 „Menschensohn, siehe,
ich nehme dir deiner Augen Lust durch
plötzlichen Tod, und nicht darfst du
klagen noch weinen, es darf dir keine
Träne kommen. 17 Seufze schweigend,
halte keine Totenklage, binde dir den
Turban um den Kopf, lege deine San-
dalen an die Füße, verhülle nicht dei-
nen Bart und iß kein Menschenbrot.“
18 Ich redete zum Volk am Morgen.
Mein Weib aber starb am Abend, und
ich tat am Morgen, wie mir befohlen
war. 19 Da sagte das Volk zu mir:
„Willst du uns nicht kundtun, was
das für uns bedeutet, daß du so han-
delst?“ 20 Ich erwiderte ihnen: „Das
Wort Jahwes ist an mich ergangen
also: 21 Sage dem Hause Israel: So
spricht der Herr Jahwe: Siehe, ich will
mein Heiligtum, den Stolz eurer Macht,
die Weide eurer Augen, die Lust eures
Herzens entweihen, und eure Söhne
und Töchter, die ihr zurückgelassen
habt, werden durch das Schwert fallen.
22 Und ihr werdet tun, wie ich getan
habe: ihr werdet euren Bart nicht ver-
hüllen und werdet kein Menschenbrot
essen, 23 mit dem Turban auf dem
Kopf und den Sandalen an den Füßen
werdet ihr weder wehklagen noch
weinen, sondern in euren Sünden
dahinsiechen und einer um den andern
verschmachten. 24 Ezechiel wird euch
zum Zeichen sein; so wie er getan, wer-
det auch ihr tun, wenn es eintrifft, und
ihr sollt erkennen, daß ich Jahwe bin.“
25 Und du, Menschensohn, für-
wahr, am Tage, da ich von ihnen
nehme ihr Bollwerk, ihre stolze Zier,
die Weide ihrer Augen, die Sorge ihres
Herzens, ihre Söhne und Töchter,
26 an jenem Tage wird ein Flüchtling
zu dir kommen, um dir Kunde zu
bringen. 27 An jenem Tage wird dein
Mund sich auftun vor dem Flüchtling,
du wirst reden und nicht mehr stumm
sein und wirst ihnen zum Zeichen sein,
damit sie erkennen, daß ich Jahwe bin.

II. SPRÜCHE GEGEN DIE VÖLKER

Gegen die Ammoniter

25 1 Das Wort des Herrn erging
an mich also: 2 Menschen-
sohn, richte dein Angesicht wider
die Ammoniter und weissage wider sie
3 und sage den Ammonitern: Höret
das Wort des Herrn Jahwe: So spricht
der Herr Jahwe:
Weil du „Ha“ gerufen hast über
mein Heiligtum, daß es entweiht ist,
und über das Land Israel, daß es ver-
wüstet ist, und über das Haus Juda,

→24 12 Zusatz in M am Versanfang: „Er hat (mich) ermüdet (mit seinen) Bemühungen“.

→24 16 *deiner Augen Lust* Ausdruck der Zärtlichkeit, der hier die Frau des Propheten bezeichnet, v. 18.

→24 17 Trauerriten. „Menschenbrot“ (wohl im Sinne von: gewöhnliches Brot; andere korrigieren in: Trauerbrot) ist Anspielung auf eine uns unbekannte Sitte.

→24 21 *Lust* Einige Hss von M; M: „Mitleid (?)“.

→24 22 *ihr werdet tun, wie ich getan habe* Ezechiel verbietet den Bewohnern Jerusalems nicht, zu klagen und ihre Schuld zu beweinen; aber die Ereignisse werden so plötzlich und mit solcher Wucht hereinbrechen, daß sie dazu keine Möglichkeit haben werden.

→25 1–7 Die Ammoniter, Nm 20 23+, hatten an verschiedenen Aufständen gegen Nebukadnezar teilgenommen. Dann ließen sie ihre Verbündeten im Stich und zogen aus dem Unglück Jerusalems Nutzen.

→25 3 *du* Der Spruch wendet sich an das personifizierte Ammon.

daß es in die Verbannung gehen
mußte, 4 darum, siehe, gebe ich dich
den Söhnen des Ostens zum Besitz,
daß sie ihre Zelte in dir aufschlagen
und ihre Wohnung nehmen in dir,
deine Früchte verzehren und deine
Milch trinken. 5 Rabba mache ich zu
einer Trift für Kamele und die Städte
der Ammoniter zu einem Lagerplatz
für Schafe, damit ihr erkennet, daß ich
Jahwe bin.
6 Denn so spricht der Herr Jahwe:
Weil du in die Hände geklatscht,
mit dem Fuß gestampft und dich voll
Verachtung des Herzens über das Land
Israel gefreut hast, 7 darum, siehe,
strecke ich meine Hand wider dich aus
und gebe dich den Völkern zur Beute
und rotte dich aus aus den Nationen
und vertilge dich aus dem Lande und
vernichte dich, damit du erkennest,
daß ich Jahwe bin.

Gegen Moab

8 Also spricht der Herr Jahwe: Weil
Moab und Seïr sprachen: „Siehe, wie
allen anderen Völkern, so geht es dem
Hause Juda“, 9 siehe, darum entblöße
ich die Hänge von Moab und vernichte
seine Städte in weitem Umkreis, die
Zier des Landes, Bet-ha-Jeschimot,
Baal-Meon und Kirjat-Ajim. 10 Den
Söhnen des Ostens gebe ich es mit-
samt den Ammonitern zum Besitz,
damit ihrer (der Ammoniter) nicht
mehr gedacht werde unter den Völ-
kern. 11 Ich will an Moab das Gericht
vollstrecken, auf daß sie erkennen,
daß ich Jahwe bin.

Gegen Edom

12 So spricht der Herr Jahwe:
Weil Edom von Rachsucht erfüllt
war gegen das Haus Juda und sich
schwer verfehlt und Rache geübt hat,
13 darum spricht der Herr Jahwe also:
Ich strecke meine Hand aus wider
Edom und vertilge darin Mensch und
Vieh und mache es zur Wüste; von
Teman bis Dedan sollen sie fallen
durchs Schwert. 14 Ich lege meine
Rache an Edom in die Hand meines
Volkes Israel, sie werden mit Edom ver-
fahren entsprechend meinem Zorn und
meinem Grimm, daß sie meine Rache
kennenlernen, spricht der Herr Jahwe.

Gegen die Philister

15 So spricht der Herr Jahwe:
Weil die Philister rachsüchtig ge-
handelt, in Verachtung des Herzens
sich bitter gerächt haben und in ewiger
Feindschaft auf Verderben sannen,
16 darum spricht der Herr Jahwe also:
Siehe, ich strecke meine Hand aus
wider die Philister, vertilge die Kereter
und vernichte, was noch übrig ist am
Meeresstrande. 17 Ich nehme an ihnen
bittere Rache durch grimmige Züch-
tigung, damit sie erkennen, daß ich
Jahwe bin, wenn ich meine Rache an
ihnen nehme.

Gegen Tyrus

26 1 Im elften Jahre, am Ersten
des Monats erging das Wort
Jahwes an mich also:
2 Menschensohn, weil Tyrus über
Jerusalem spricht: „Ha, aufgebrochen
ist das Tor der Völker, mir ist es zu-
gewandt; wo die Fülle war, herrscht
Verödung“, 3 darum spricht der Herr
Jahwe also: Siehe, ich komme über
dich, Tyrus, und führe zahlreiche Völ-
ker wider dich heran; sie fluten heran
wie die Wogen des Meeres. 4 Die wer-
den die Mauern von Tyrus zerstören und
niederreißen seine Türme. Ich fege sein
Erdreich hinweg und mache es zum
nackten Felsen. 5 Zu einem Trocken-
platz für Netze soll es werden inmitten
des Meeres, denn ich habe es gesagt,
spricht Jahwe, der Herr, es soll zur
Beute werden für die Völker. 6 Seine
Tochterstädte aber auf dem Festlande
sollen durch das Schwert umkommen,

→25 4 *den Söhnen des Ostens* Die als Beduinen lebenden Araber, vgl. Js 11 14; Jr 49 28; Nm 24 21 +.

→25 5 *Städte* Korr.; M: „Söhne“.

→25 8 *Moab und Seïr* Vgl. Nm 20 23 +. Die Erwähnung von Seïr (anderer Name für Edom) ist hier vielleicht eine Glosse.

→25 9 *entblöße ich die Hänge* Wörtlich: öffne ich die Schulter. Die Bedeutung ist nicht sicher.

→25 9 *vernichte seine Städte* Korr.; M: „von seinen Städten, von den Städten“.

→25 16 *Kereter* Nachbarvolk der Philister, vgl. Jos 13 2 +, und zu ihnen gerechnet, vgl. 2 Sm 8 18 +. Hier sind die beiden Namen praktisch gleichbedeutend.

→26 1–21 *(Gegen Tyrus)* Tyrus war zu Beginn des 6. Jahrhunderts v. Chr. eine mächtige Handelsstadt. Es spielte bei allen antibabylonischen Aufstandsversuchen, die den Ereignissen von 587 v. Chr. vorausgingen, eine große Rolle, ließ dann aber Jerusalem, seinen Verbündeten, im Stich und war über Jerusalems Untergang voller Schadenfreude.

→26 1 587/586 v. Chr. G liest „im zwölften Jahr, im ersten Monat“, d. h. April 586 v. Chr.

→26 2 *das Tor* Korr.; M: „die Tore“.

→26 2 *wo die Fülle war* Üss; M: „ich will mich anfüllen“.

→26 4 *zum nackten Felsen* Tyrus *(Zor)* war auf einem inselartigen Felsen *(zur)* vor der Küste gebaut.

damit sie erkennen, daß ich Jahwe bin.
7 Denn also spricht der Herr Jahwe:
Siehe, ich bringe über Tyrus von Norden her den Nebukadrezar, den König
von Babel, den König der Könige, mit
Rossen und Wagen und Reitern und
gewaltiger Heerschar. 8 Deine
Tochterstädte auf dem Festland wird
er mit dem Schwerte niederhauen und
wird wider dich ein Bollwerk errichten, einen Damm aufschütten und
ein Schilddach wider dich aufstellen.
9 Den Stoß seiner Sturmböcke wird er
gegen deine Mauern richten und deine
Türme mit eisernen Haken niederreißen. 10 Von der Menge seiner
Rosse wird dich der Staub bedecken,
vom Lärm der Reiter und Räder und
Wagen werden deine Mauern beben,
wenn er in deine Tore eindringt, wie
man eindringt in eine eroberte Stadt.
11 Mit den Hufen seiner Rosse wird
er all deine Straßen zerstampfen, dein
Volk mit dem Schwerte niederhauen
und deine mächtigen Säulen zu Boden
stürzen. 12 Er wird dein Vermögen plündern und deine Handelswaren rauben;
er wird deine Mauern einreißen und
deine prächtigen Häuser zerstören; er
wird deine Steine, dein Holz und deinen
Schutt ins Wasser werfen. 13 Und ich
mache dem Rauschen deiner Gesänge
ein Ende, und der Klang deiner Zither
soll ferner nicht mehr gehört werden.
14 Ich mache dich zu einem nackten
Fels, zu einem Trockenplatz für Netze
sollst du werden. Du sollst nicht mehr
aufgebaut werden, denn ich, Jahwe,
habe es gesagt, spricht Jahwe, der Herr.

15 So spricht der Herr Jahwe zu
Tyrus: Wahrlich, beim Dröhnen deines
Falles, beim Stöhnen der Erschlagenen,
beim Morden und Würgen in deiner
Mitte, da werden die Inseln erbeben.
16 Und es werden von ihren Thronen
steigen alle Fürsten des Meeres, sie
werden ihre Mäntel ablegen und ihre
bunten Kleider ausziehen, sie werden
sich in Trauer kleiden, sich auf den
Boden setzen, fortwährend zittern und
vor Entsetzen starr sein über dich.

17 Sie werden ein Klagelied anstimmen über dich und von dir sagen:

Wie bist du zugrunde gegangen,
vom Meere verschwunden, du gefeierte Stadt, die mächtig war auf dem
Meer, sie und ihre Bewohner, die
Schrecken verbreitete über das ganze
Festland. 18 Nun zittern die Inseln am
Tage deines Falles, es sind bestürzt
die Inseln im Meer über dein Ende.

19 Denn also spricht Jahwe, der Herr:

Wenn ich dich zur verödeten Stadt
mache gleich den Städten, die nicht
mehr bewohnt sind, wenn ich die Flut
über dich heraufführe, daß dich die
Wasserfluten bedecken, 20 da stoße
ich dich hinab zu denen, die zur Grube
fahren, zu dem Volke der Vorzeit, und
lasse dich wohnen im Lande der
Unterwelt, in den ewigen Wüsten, bei
denen, die zur Grube gefahren sind,
auf daß du nicht wiederkehrst und
nicht weiterbestehst im Lande der Lebendigen. 21 Ein schreckliches Ende
bereite ich dir, daß du nicht mehr bist.
Man wird dich suchen und nicht finden
in Ewigkeit, spricht Jahwe, der Herr.

Klagelied über den Untergang von Tyrus

27 1 Es erging das Wort Jahwes
an mich also: 2 Du, o Menschensohn, stimme ein Klagelied an
über Tyrus, 3 und sage zu Tyrus, das
an den Zugängen des Meeres wohnt
und mit den Völkern Handel treibt
nach vielen Inseln hin: So spricht der
Herr Jahwe:

Tyrus, du hast gesagt: Ein Schiff
bin ich von vollendeter Schönheit.
4 Im Herzen des Meeres ist dein Gebiet; deine Erbauer haben dir vollendete Schönheit gegeben. 5 Aus
Zypressen von Senir erbaute man alle
deine Planken. Zedern vom Libanon
nahm man, um den Mast zu errichten. Aus den höchsten 6 Eichen von
Baschan fertigten sie deine Ruder,

→269 Die Belagerung von Tyrus, die Nebukadnezar 585 v. Chr. begann, dauerte dreizehn Jahre. Die Stadt wurde eingenommen, aber erst viel später vollständig zerstört.
→2615 *die Inseln* Bezeichnung für alle fernen Küstengegenden.
→2617 *ein Klagelied* Eine *qina*, vgl. 191+.
→2617 *vom Meere verschwunden* Üss; M: „vom Meere Bewohnte".
→2617 *Festland* S; M: „seine Bewohner".
→2620 *Grube* Gleichbedeutend mit „Scheol", vgl. Nm 1633+.
→2620 *in den ewigen Wüsten* Korr.; M: „wie die ewigen Wüsten".
→2620 *wiederkehrst* Korr.; M liest: „wohnst".
→2620 *weiterbestehst* Üss; M: „ich dir Zier gebe".
→271–36 In dieser sinnbildlichen Beschreibung eines Schiffbruchs sind Fachausdrücke verwendet, deren Übersetzung manchmal unsicher ist.
→273 *Ein Schiff* Ergänzt.
→275 *Senir* Amoritischer Name für den Hermon.
→275 *Aus den höchsten* Korr. (zu v. 6 gezogen); M: „auf dir".
→276 *in Zedernholz* T; M: „Tochter der Assyrer".

dein Verdeck zierten sie mit Elfenbein,
eingelassen in Zedernholz von den
Inseln der Kittäer. 7 Buntgewirkter
Byssus aus Ägypten war dein Segel,
um dir als Flagge zu dienen. Blauer
und roter Purpur von Elischas Gestaden war deine Decke. 8 Die Bewohner
von Sidon und Arwad dienten dir als
Ruderer. Deine Weisen, Tyrus, waren
auf dir als deine Steuermänner, 9 die
Ältesten von Gebal und seine Weisen
auf dir, um auszubessern deine
Schäden.

Alle Schiffe des Meeres kamen zu
dir, um mit dir Handel zu treiben.
10 Leute von Paras, Lud und Put waren
in deinem Heere als Krieger. Schild
und Helm hingen sie in dir auf. Sie
verschafften dir dein Ansehen. 11 Die
Söhne von Arwad und ihr Heer waren
rings auf deinen Mauern und wachten
auf deinen Türmen, ihre Schilde hingen sie rings an deinen Mauern auf,
sie machten deine Schönheit vollkommen. 12 Tarschisch machte mit dir
Geschäfte wegen der Größe deines
gesamten Reichtums; Silber, Eisen,
Zinn und Blei gaben sie dir zum Austausch. 13 Jawan, Tubal und Meschech
trieben mit dir Handel: Sklaven und
eherne Geräte tauschten sie bei dir
ein. 14 Aus Bet-Togarma lieferte man
dir Rosse und Reittiere und Maultiere zum Tausch. 15 Die Söhne
Dedans trieben mit dir Handel, und
zahlreiche Inseln gehörten zu deiner
Kundschaft. Elfenbein und Ebenholz
gaben sie dir als Zahlung. 16 Edom
machte mit dir Geschäfte wegen der
Menge deiner Erzeugnisse: Edelsteine,
roten Purpur, bunte Stoffe, Byssus,
Korallen und Rubinsteine gaben sie
gegen deine Waren. 17 Juda und das
Land Israel kauften bei dir ein, Weizen von Minnit, Wachs und Honig
und Öl und Balsam brachten sie dir
zum Tausch. 18 Damaskus trieb mit dir
Handel wegen der Menge deiner Erzeugnisse und der Menge deines gesamten Reichtums: Wein von Helbon
und Wolle von Zachar gab man dir
zum Tausch. 19 Von Dan und Jawan,
dann Usal gab man dir geformtes
Eisen, Zimt und Kalmus als Tauschware. 20 Dedan machte mit dir
Geschäfte in Satteldecken zum Reiten.
21 Arabien und alle die Fürsten von
Kedar handelten mit dir in Lämmern,
Widdern und Böcken, darin waren sie
deine Lieferanten. 22 Die Kaufleute
von Scheba und Rama machten mit dir
Geschäfte, den besten Balsam und
allerlei Edelsteine und Gold gaben sie
dir gegen deine Waren. 23 Haran und
Kanne und Eden, die Kaufleute von
Scheba, Assur und Kilmad machten
Geschäfte mit dir. 24 Sie handelten
mit dir in Prachtgewändern, in Mänteln von blauem Purpur, in bunten
Stoffen und buntgewirkten Teppichen,
in geflochtenen, festen Tauen. Damit
trieben sie Handel mit dir. 25 Die
Schiffe von Tarschisch trugen dir deine
Tauschwaren zu.

Nun fülltest du dich und wurdest
schwer beladen im Herzen des
Meeres. 26 Auf die hohe See brachten
dich deine Ruderer. Der Ostwind aber
zerbrach dich mitten im Meer. 27 Dein
Reichtum, deine Waren, deine Handelsartikel, deine Schiffer und deine
Matrosen, die deine Schäden ausbessern und deine Waren kaufen, und alle
deine Krieger, die in dir sind, und die
ganze Schar von Menschen, die in deiner Mitte ist, sie sinken in die Tiefe des
Meeres am Tage, da du untergehst.

28 Von dem lauten Schreien deiner
Schiffer erzittert der Umkreis. 29 Es
steigen herab von ihren Schiffen alle,
die das Ruder führen. Matrosen, alle
Schiffer des Meeres gehen an Land

→276 *Kittäer* Hier nicht nur Bezeichnung für die Bewohner der Insel Zypern, sondern auch der anderen Inseln und Küsten des Mittelmeeres.
→278 *Sidon und Arwad* Diese beiden Städte an der phönizischen Küste erkannten mehr oder weniger die wirtschaftliche Oberhoheit von Tyrus an.
→279 *Gebal* Anderer Name für Byblos, eine phönizische Küstenstadt.
→279B–25A Das Gedicht wird hier durch eine ausführliche Aufzählung der Handelsbeziehungen von Tyrus unterbrochen.
→2711 *und ihr Heer* Korr.; M: „und dein Heer".
→2711 *und wachten* G; M: „und die Gammadier".
→2713 Jawan, d. h. Ionien, ist Bezeichnung für die Griechen oder auch die Bewohner des Westens im allgemeinen. Zu Tubal und Meschech vgl. 382+.
→2714 *Bet-Togarma* Wahrscheinlich Armenien, vgl. 386.
→2716 *Edom* Üss; M: „Aram".
→2717 *Minnit* Ort im Lande Ammon.
→2717 *Wachs* Korr.
→2718 Helbon, nördlich von Damaskus. Zachar ist unbekannt.
→2719 *Usal* Araberstamm wie Scheba und Rama, v. 22–23, vgl. 1 Kg 101+.
→2722 *gegen* Ergänzt nach v. 16.
→2723 Haran liegt am oberen Euphrat. Kanné und Eden scheinen den in assyrischen Texten Kannu und Bit Adini genannten Städten am mittleren Euphrat zu entsprechen. Zu Scheba vgl. 1 Kg 101+. Kilmad ist eine unbekannte Stadt, wahrscheinlich in der Nähe von Assur.

30 und rufen laut über dich und schrei-
en jämmerlich, sie streuen Staub auf
ihr Haupt und wälzen sich in Asche.
31 Sie scheren deinetwegen sich eine
Glatze und gürten sich mit härenem
Sack. Sie weinen über dich in der
Betrübnis des Herzens mit bitteren
Klagen. 32 Sie stimmen über dich ein
Klagelied an und jammern: „Wer
war wie Tyrus so stolz inmitten des
Meeres! 33 Als deine Waren über das
Meer gingen, da sättigtest du viele
Völker, durch die Menge deiner Güter
und deiner Waren machtest du reich
die Könige der Erde. 34 Nun bist du
zerschellt vom Meer und liegst in
Wassertiefen. Deine Tauschwaren und
deine ganze Gemeinde versanken mit
dir. 35 Alle Inselbewohner sind ent-
setzt über dich, und ihre Könige er-
schauern vor Angst mit Tränen auf
dem Gesichte. 36 Die Händler unter
den Völkern zischen dich aus. Zum
Entsetzen bist du geworden, und aus
ist es mit dir für immer."

Gegen den König von Tyrus

28 1 Es erging das Wort Jahwes an
mich also: 2 Menschensohn,
sprich zum Fürsten von Tyrus: So
spricht der Herr Jahwe:

Dein Herz ward hochmütig, und
du sprachst: „Ein Gott bin ich, einen
Göttersitz bewohne ich inmitten des
Meeres, wo du doch nur ein Mensch
bist, und hieltest dich in deinem Sinn
für einen Gott. 3 Siehe, weiser warst
du als Danel, alle Weisen kommen
dir nicht gleich. 4 Durch deine Weis-
heit und deine Einsicht erwarbst du
dir Vermögen, brachtest Gold und
Silber zusammen in deinen Schatz-
kammern. 5 Durch die Fülle deiner
Weisheit, durch deinen Kaufmanns-
geist mehrtest du dein Vermögen, und
dein Sinn ward hochmütig ob deines
Reichtums. 6 Darum spricht also der
Herr Jahwe: Weil du dich für einen
Gott hieltest, 7 siehe, darum bringe
ich über dich Fremde, die gewalt-
tätigsten Völker, die werden ihre
Schwerter ziehen wider deine Weisheit
und entweihen deinen Glanz. 8 In die
Grube werden sie dich hinabstoßen,
und du wirst sterben den Tod der
Erschlagenen in der Tiefe des Meeres.
9 Wirst du dann auch noch sagen: „Ein
Gott bin ich", angesichts deiner
Würger? Wo du doch nur ein Mensch
bist und kein Gott, in der Hand derer,
die dich durchbohren. 10 Den Tod von
Unbeschnittenen wirst du sterben
durch die Hand von Fremden. Denn ich
habe es gesagt, spricht Jahwe, der Herr.

Der Sturz des Königs von Tyrus

11 Es erging das Wort Jahwes an
mich also: 12 Menschensohn, stimme
ein Klagelied an über den König von
Tyrus und sage ihm: So spricht der
Herr Jahwe:

Du warst ein Muster der Voll-
endung, voll der Weisheit und vollen-
det schön. 13 In Eden, dem Gottes-
garten, warst du, Edelsteine aller Art
bedeckten dich, Karneol, Topas, Jas-
pis, Chrysolith, Onyx, Beryll, Saphir,
Karfunkel, Smaragd. Von Gold waren
gearbeitet deine Tamburine und deine
Flöten, am Tage deiner Erschaffung
wurden sie bereitet. 14 Zu einem
schirmenden Kerub stellte ich dich,
auf dem heiligen Gottesberge warst
du, inmitten feuriger Steine gingst du
einher. 15 Vollkommen warst du in
deinem Wandel von dem Tage deiner
Erschaffung an, bis daß Unrecht in dir
erfunden ward. 16 Infolge deines aus-
gedehnten Handels fülltest du dein In-
neres mit Bosheit, und du tatest Sünde.
Da vertrieb ich dich vom Gottesberg,
und der schützende Kerub trieb dich
ins Verderben, heraus aus der Mitte
der feurigen Steine. 17 Hochmütig war
dein Sinnen geworden ob deiner
Schönheit; du richtetest deine Weis-
heit zugrunde um deiner Schönheit
willen. Um deiner vielen Schulden

→27 32 *so stolz* Korr.; M: „so still (?)".
→28 3 *alle Weisen* G; M: „jedes Verborgene".
→28 12 *über den König von Tyrus* König von Tyrus war damals Ittobaal II. Aber das Gedicht wendet sich weniger an eine historische Person als an die personifizierte Macht der Stadt. Die christliche Überlieferung hat den Text gern in übertragenem Sinne auf den Sturz Luzifers angewandt, vgl. 28 2.
→28 12 *ein Muster* (Wörtlich: Siegel) Üss; M: „siegelnd". Die genaue Bedeutung der Worte ist umstritten.
→28 13 Übersetzung unsicher.
→28 14 *Zu* G; M: „Du".
→28 14–18 Diese Verse scheinen nicht nur von den biblischen Aussagen über das irdische Paradies, sondern auch von verschiedenen Elementen der altorientalischen Mythologie beeinflußt zu sein, wie: Götterberg, dessen Lage man sich im höchsten Norden vorstellte, vgl. Ps 48 2–3; Js 14 13, Anspielung auf den schützenden Kerub, vgl. Gn 3 24, und auf die feurigen Steine, Ez 10 2, Vertreibung und Vernichtung, v. 16; manche Einzelheiten bleiben für uns dunkel.
→28 16 *fülltest du* Üss; M: „füllten sie".
→28 16 *trieb dich* Korr.; M: „(ich) trieb dich".

willen warf ich dich zur Erde hinab,
machte dich zur Augenweide für
Könige. 18 Durch die Menge deiner
Verschuldungen, durch die Unred-
lichkeit deines Handels entweihtest
du dein Heiligtum. Da ließ ich Feuer
aus deiner Mitte hervorgehen, das
verzehrte dich, und ich machte dich
zu Asche auf der Erde vor den Augen
aller, die dich sahen. 19 Alle, die
dich kannten unter den Völkern, sind
entsetzt über dich, zum Schrecken
bist du geworden; aus ist es mit dir
für immer.

Gegen Sidon

20 Es erging das Wort Jahwes an
mich also: 21 Menschensohn, richte
dein Angesicht gegen Sidon und
weissage ihm 22 und sage: So spricht
der Herr Jahwe:
Siehe, ich komme über dich, Sidon,
ich will mich verherrlichen in deiner
Mitte, und man soll erkennen, daß ich
Jahwe bin, wenn ich an ihm das Ge-
richt vollziehe und mich an ihm als
heilig erweise. 23 Ich werde die Pest
hineinsenden und Blut in seine Gassen,
und hinfallen sollen die Erschlagenen
in ihrer Mitte, wenn das Schwert
darüber herfällt ringsum, und man
soll erkennen, daß ich Jahwe bin.

Israel, von den Völkern befreit

24 Und es soll für das Haus Israel
keinen quälenden Dorn und keinen
schmerzenden Stachel mehr geben
von seiten aller, die ringsum wohnen,
die sie verachtet haben, und sie sollen
erkennen, daß ich der Herr Jahwe bin.
25 So spricht der Herr Jahwe:
Wenn ich das Haus Israel aus den
Völkern, unter die es zerstreut war,
sammle, will ich mich an ihnen als
heilig erweisen vor den Augen der Völ-
ker, und sie sollen wohnen auf ihrem
Boden, den ich meinem Knechte Jakob
gegeben habe. 26 Sie sollen sicher dar-
auf wohnen und Häuser bauen und
Weinberge pflanzen, und sollen sicher
wohnen, während ich ringsum das
Gericht vollziehe an allen, die sie ver-
achtet haben, und sie sollen erkennen,
daß ich Jahwe, ihr Gott, bin.

Gegen Ägypten

29 1 Im zehnten Jahr, im zehnten
Monat, am Zwölften des
Monats erging das Wort Jahwes an
mich also: 2 Menschensohn, richte
dein Angesicht auf den Pharao, den
König von Ägypten, und weissage
wider ihn und ganz Ägypten. 3 Sage:
So spricht der Herr Jahwe:
Siehe, ich komme über dich,
Pharao, König von Ägypten, du
großes Krokodil, das inmitten seiner
Nile lagert, das da spricht: „Mir
gehören meine Nile, ich habe sie
geschaffen.“ 4 Ich lege Haken durch
deine Kinnbacken und lasse die
Fische deiner Ströme an deinen
Schuppen kleben und ziehe dich
heraus aus deinen Flüssen und all
die Fische deiner Ströme, die an dei-
nen Schuppen kleben, 5 und werfe
dich in die Wüste, dich und alle
Fische deiner Ströme; auf freiem
Felde sollst du hinfallen und nicht
aufgehoben und begraben werden, den
Tieren des Feldes und den Vögeln des
Himmels gebe ich dich zum Fraße.
6 Und es sollen alle Bewohner Ägyp-
tens erkennen, daß ich Jahwe bin.
Denn du warst nur eine Stütze von
Schilfrohr für das Haus Israel; 7 wenn
sie dich bei der Hand fassen wollten,
so zerbrachst du und zerrissest ihnen
die ganze Hand, und wollten sie sich
auf dich stützen, so zerbrachst du und
ließest ihnen alle Hüften wanken.
8 Darum spricht also der Herr
Jahwe: Siehe, ich bringe über dich
das Schwert und tilge aus dir Mensch
und Vieh. 9 Das Land Ägypten soll
zur Wüste und Einöde werden, und
sie sollen erkennen, daß ich Jahwe
bin. Weil du gesagt hast: „Mein ist
der Nil, ich habe ihn gemacht, 10 siehe,
darum komme ich über dich und über
deine Flüsse und mache das Land
Ägypten zur Wüste und Einöde von
Migdol bis Syene und bis zu den
Grenzen von Kusch. 11 Nicht soll
eines Menschen Fuß es betreten, auch
nicht eines Tieres Fuß hindurch-
ziehen, und nicht soll es bewohnt sein
vierzig Jahre lang. 12 Und ich mache
das Land Ägypten zu einer Wüste in-

→2820–23 Sidon, eine große phönizische Stadt, die aber vor der Perserzeit Tyrus an Bedeutung nachstand. Nach Jr 273 hatte sich Sidon an der Politik beteiligt, die Juda ins Verderben stürzte; so erklärt sich der Angriff Ezechiels.
→291 Dezember 588 / Januar 587 v. Chr.
→293 *meine Nile* (Die verschiedenen Nilarme) Nach G; M: „mein Nil“.
→297 *die ganze Hand* G, S; M: „die ganze Schulter“.
→297 *ließest . . . wanken* S; M: „machtest . . . stehen“.
→2910 *zur Wüste* Üss; M: „zu Trümmerstätten der Verwüstung“. Migdol ist die nördliche Grenzfestung Ägyptens, Syene (heute Assuan) die südlichste Stadt an der äthiopischen Grenze.

mitten verwüsteter Länder, und seine
Städte sollen inmitten verödeter
Städte zur Wüste werden vierzig
Jahre lang, und ich zerstreue die
Ägypter unter die Völker und ver-
teile sie auf die Länder. 13 Denn also
spricht der Herr Jahwe: Am Ende der
vierzig Jahre werde ich die Ägypter
aus den Völkern zusammenbringen,
unter die ich sie zerstreut habe. 14 Ich
werde das Geschick Ägyptens wenden
und sie in das Land Patros zurück-
bringen, das Land ihrer Herkunft, und
sie sollen dort ein unbedeutendes
Reich bilden. 15 Im Vergleich zu den
anderen Reichen soll es unbedeutend
sein, und es soll sich nicht mehr über
die Völker erheben. Ich werde sie
kleinhalten, daß sie nicht mehr über
die Völker herrschen. 16 Und sie
werden nicht mehr das Vertrauen des
Hauses Israel gewinnen und die Schuld
in Erinnerung bringen, daß jene sich
ihnen angeschlossen haben, und sie
sollen erkennen, daß ich Jahwe, der
Herr, bin.

17 Und es geschah im siebenund-
zwanzigsten Jahre, im ersten Monat,
am Ersten des Monats, da erging das
Wort Jahwes an mich also:

18 Menschensohn: Nebukadrezar,
der König von Babel, hat seinem
Heere schweren Dienst auferlegt
gegen Tyrus; jedes Haupt ist kahl
und jede Schulter wund geworden, und
Lohn ist ihm und seinem Heere aus
Tyrus für die Arbeit, die er an ihm
getan hat, nicht zuteil geworden.
19 Deshalb spricht also der Herr
Jahwe: Siehe, ich gebe Nebukadrezar,
dem König von Babel, das Land
Ägypten, daß er dessen Reichtum
wegnehme, dessen Beute fortführe
und dessen Raub sich zu eigen mache,
daß es seinem Heere zum Lohn sei.
20 Als seinen Sold für die Arbeit, die
er geleistet hat, gebe ich ihm das Land
Ägypten, weil sie für mich gearbeitet
haben, spricht Jahwe, der Herr.

21 An jenem Tage lasse ich dem
Hause Israel ein Horn sprossen, und
dir gebe ich, daß du in ihrer Mitte den
Mund auftun kannst, und sie sollen
erkennen, daß ich Jahwe bin.

Der Tag Jahwes gegen Ägypten

30 1 Es erging das Wort Jahwes
an mich also: 2 Menschensohn,
weissage und sprich: Also spricht der
Herr Jahwe. Klaget: „Welch ein
Tag!" 3 Denn nahe ist der Tag Jahwes;
ein Tag finsterer Wolken, die für die
Völker bestimmte Zeit wird es sein.

4 Ein Schwert kommt nach Ägyp-
ten, und Angst wird sein in Kusch,
wenn die Erschlagenen in Ägypten
fallen, wenn man seinen Reichtum
fortnimmt und wenn seine Grund-
festen umgerissen werden. 5 Kusch
und Put und Lud und ganz Arabien
sowie Kub und die Söhne meines
Bundes werden mit ihnen durch das
Schwert fallen.

6 So spricht Jahwe:
Es werden fallen die Stützen Ägyp-
tens, und stürzen wird seine stolze
Pracht; von Migdol bis Syene werden
sie fallen durchs Schwert, spricht
Jahwe, der Herr.

7 Und es wird inmitten verödeter
Länder verödet sein, und seine Städte
werden inmitten verwüsteter Städte
sein. 8 Und erkennen sollen sie, daß
ich Jahwe bin, wenn ich Feuer an
Ägypten anlege und alle seine Helfers-
helfer zusammenbrechen.

9 An jenem Tage werden Boten
vor mir hergehen auf Schiffen, um das
sorglose Kusch aufzuschrecken, und
es wird Angst unter ihnen sein wie am
Tage Ägyptens, denn siehe, er kommt.
10 Also spricht der Herr Jahwe: Ich
mache der lärmenden Menge Ägyp-
tens ein Ende durch Nebukadrezar,

→29 13 Den verbannten Ägyptern wird also ebenso eine Heimführung verheißen wie Israel, vgl. 11 16–17 usw. Aber es ist hier nicht die Rede von ihrer Bekehrung zu Jahwe und ihrer Eingliederung in die erneuerte Kultgemeinde des auserwählten Volkes wie bei Deutero-Js, vgl. Js 45 14+.

→29 14 *Patros* „Südland", d. h. Oberägypten.

→29 17 März/April 571 v. Chr. Die Verse 17–21 sind das spätest datierte Prophetenwort Ezechiels, das seine früheren Worte ergänzt oder abändert: Als Ausgleich für seinen halben Fehlschlag gegen Tyrus, v. 18, vgl. 26 9+, erhält Nebukadnezar die Erlaubnis, Ägypten zu plündern. Als Vollstrecker der göttlichen Strafgerichte verdient er seinen Lohn.

→29 21 *ein Horn* Sinnbild der Kraft. Das Bild hat manchmal, Ps 132 17, messianische Bedeutung.

→29 21 *den Mund auftun kannst* Es handelt sich hier nicht um vorübergehende Stummheit, der Ezechiel unterworfen wurde, 3 26; 24 26–27; 33 21–22. Der Prophet, der vor Beschämung schwieg, vgl. 16 63, wird endlich den Mund wieder auftun können zur Danksagung.

→30 1 Es handelt sich im folgenden vielleicht um eine spätere Ergänzung zum vorangegangenen Orakel.

→30 5 *Arabien* Üss; M: „Gemisch". Kub ist ein unbekanntes Volk; G liest dafür „Lub" (Libyen).

→30 5 *Söhne meines Bundes* G; M: „Söhne des Landes des Bundes".

den König von Babel. 11 Er und sein
Volk, die gewalttätigsten der Völker,
werden herbeigeholt, um das Land
zu vernichten. Sie zücken ihre
Schwerter gegen Ägypten und be-
decken das Land mit Erschlagenen.
12 Und die Ströme lege ich trocken
und verkaufe das Land an Bösewichte,
verwüste das Land samt allem, was
darin ist, durch die Hand von Frem-
den. Ich, Jahwe, habe es gesagt.

13 So spricht Jahwe, der Herr: Ich
vernichte die Götzen und mache ein
Ende den Widdern von Noph. Aus ist
es mit den Fürsten von Ägypten, und
ich lege Furcht auf das Land Ägypten.
14 Ich verwüste Patros und lege Feuer
an Zoan und halte Gericht über No.
15 Ich gieße meinen Zorn aus über Sin,
das Bollwerk Ägyptens, und vertilge
die lärmende Menge von No. 16 Ich
lege Feuer an Ägypten, zittern und
beben soll Syene, in No soll Über-
schwemmung sein und Wasser sich
ergießen! 17 Die Jünglinge von On
und Pi-Beset werden durchs Schwert
fallen und sie selbst in Gefangenschaft
wandern. 18 In Tachpanches wird
sich der Tag verfinstern, wenn ich
dort die Zepter Ägyptens zerbreche.
Zu Ende geht es in ihm mit seiner
stolzen Pracht. Dunkles Gewölk deckt
sie zu, und ihre Töchter wandern in
die Gefangenschaft. 19 Ich vollstrecke
das Gericht an Ägypten, auf daß sie
erkennen, daß ich Jahwe bin.

20 Im elften Jahre, im ersten Monat,
am Siebten des Monats erging das
Wort Jahwes an mich also: 21 Men-
schensohn, den Arm des Pharao, des
Königs von Ägypten, zerbreche ich,
und siehe, er wird nicht verbunden,
um ihm Heilung zu schaffen, und es
wird kein Verband angelegt, daß er
Kraft bekomme, das Schwert zu füh-
ren. 22 Darum spricht also der Herr
Jahwe: Siehe, ich komme über den
Pharao, den König von Ägypten, und
zerbreche seinen Arm, den gesunden
und den zerbrochenen, und schlage
ihm das Schwert aus der Hand. 23 Und
ich zerstreue die Ägypter unter die
Völker und verteile sie unter die Län-
der. 24 Aber die Arme des Königs
von Babel will ich stark machen und
ihm mein Schwert in die Hand geben,
und ich zerbreche die Arme des
Pharao, daß er vor ihm stöhnt, wie
ein Erschlagener stöhnt. 25 Ich mache
stark die Arme des Königs von Babel,
die Arme des Pharao aber sollen
herabfallen, damit man erkenne, daß
ich Jahwe bin, wenn ich mein Schwert
in die Hand des Königs von Babel
lege, daß er es über Ägyptenland
schwinge. 26 Und ich zerstreue die
Ägypter unter die Völker und verteile
sie unter die Länder, damit man erken-
ne, daß ich Jahwe bin.

Die Zeder

31 1 Es geschah im elften Jahre,
im dritten Monat, am Ersten des
Monats, da erging das Wort Jahwes
an mich also: 2 Menschensohn,
sprich zum Pharao, dem König von
Ägypten, und zu der Masse seines
Volkes:

Wem warst du gleich in deiner
Größe? 3 Siehe, einer Zeder auf dem
Libanon warst du gleich mit schönen
Zweigen und schattigem Geäst, hoch-
gewachsen, deren Wipfel zwischen die
Wolken reichte. 4 Das Wasser machte
sie groß, die Flut trieb sie in die Höhe,
ließ ihre Bäche den Ort umspülen, wo
sie gepflanzt war, und ihre Ströme
leitete sie zu allen Bäumen des Feldes.
5 Darum überragte ihr Wuchs alle
Bäume des Feldes, es wurden zahl-
reich ihre Äste, es streckten sich ihre
Äste, von reichlichem Wasser ge-
nährt. 6 In ihren Zweigen nisteten alle
Vögel des Himmels, und unter ihren
Ästen gebar alles Wild des Feldes, und
in ihrem Schatten wohnten zahlreiche

→30 13 Noph ist Memphis in Unterägypten. Zu Patros vgl. 29 14+. Zoan: Tanis, eine Stadt im Nildelta. No: Theben, die Hauptstadt Oberägyptens, vgl. Jr 46 25+. Sin: eine Festung im Nildelta. On: Heliopolis; Pi-Beset: Bubaste – zwei Städte in Unterägypten. Tachpanches: eine Grenzstadt östlich des Nildeltas.

→30 13 *den Widdern* Nach G; M: „den Götzen".

→30 16 *in No soll Überschwemmung sein und Wasser sich ergießen* G; M unverständlich.

→30 20 März/April 587 v. Chr.

→30 21 Ägypten versuchte, durch ein Entsatzheer die Belagerung Jerusalems aufzuheben, erlebte aber dabei einen völligen Fehlschlag, vgl. Jr 37 5–8.

→30 22 Ankündigung einer weiteren Niederlage in der Zukunft, bei der die restliche Streitmacht Ägyptens zerstört wird.

→31 1 Mai/Juni 587 v. Chr.

→31 2f Die Allegorie von Kapitel 17 verwendet die gleichen Bilder in einer anderen Bedeutung. Hier handelt es sich um die Beschreibung von Ägyptens Gepränge, das durch das göttliche Strafgericht plötzlich zerstört wird.

→31 3 *einer Zeder* Korr.; M: „Assur (ist) eine Zeder".

→31 3 *Wolken* G; M: „Stricke"; ebenso V. 10.14.

Völker. 7 Schön war sie in ihrem
hohen Wuchs, mit ihren langen Zwei-
gen, denn ihre Wurzel stand in reich-
lichem Wasser. 8 Zedern kamen ihr
nicht gleich im Garten Gottes, Zypres-
sen nahmen es nicht auf mit ihren
Zweigen, Platanen reichten nicht
heran an ihre Äste. Kein Baum im
Garten Gottes war ihr an Schönheit
gleich. 9 Schön hatte ich sie gemacht
in der Fülle ihrer Zweige, und es be-
neideten sie alle Bäume Edens im
Garten Gottes.

10 Darum spricht so der Herr Jahwe:
Weil sie so hoch gewachsen war und
ihren Wipfel zwischen die Wolken hob
und hochmütig wurde ob ihrer Größe,
11 so gab ich sie in die Hand eines
Mächtigen unter den Völkern, damit
er mit ihr nach ihrer Bosheit verfahre,
sie fortschaffe. 12 Und Fremde, die
gewalttätigsten der Völker, hieben sie
um und warfen sie hin. Auf die Berge
und in alle Täler fielen ihre Zweige,
und ihre Äste sanken gebrochen in alle
Schluchten der Erde, und aus ihrem
Schatten verschwanden alle Völker
der Erde. 13 Auf ihrem gefällten
Stamm ließen sich alle Vögel des
Himmels nieder, und auf ihren Ästen
kam das Wild des Feldes zusammen.

14 So soll kein Baum, der am Was-
ser steht, mehr zur Höhe empor-
wachsen und seinen Wipfel bis in die
Wolken heben und alle, die reichlich
Wasser haben, sich nicht in ihrer
Größe auf sich selbst verlassen! Denn
alle sind dem Tode geweiht, sie kom-
men zur Unterwelt, mitten unter die
Menschen, zu denen, die in die Grube
gestiegen sind.

15 So spricht der Herr Jahwe:
Am Tage, da sie zur Scheol hinab-
fuhr, da ließ ich trauern über sie die
Flut und hielt ihre Ströme zurück, so
daß die vielen Wasser stockten; ich
hüllte ihretwegen den Libanon in ein
Trauergewand, und um ihretwillen
verschmachteten alle Bäume des
Feldes. 16 Im Dröhnen ihres Sturzes
machte ich Völker erbeben, als ich
sie in die Scheol hinabstieß zu denen,
die in die Grube hinabgestiegen sind.
Da trösteten sich in der Unterwelt
alle Bäume Edens, die schönsten und
besten vom Libanon, alle, die Wasser
tranken. 17 Auch sie fuhren mit ihr
hinab zur Scheol, zu den vom Schwert
Erschlagenen, die Stämme, die unter
ihrem Schatten inmitten der Völker
gesessen hatten.

18 Wem warst du gleich an Herr-
lichkeit und Größe unter den Bäumen
Edens? Und doch bist du hinabge-
stürzt mit den Bäumen Edens in die
Unterwelt, inmitten Unbeschnittener
liegst du mit den vom Schwert Erschla-
genen. Das ist Pharao und die Menge
seines Volkes, spricht Jahwe, der Herr.

Das Krokodil

32 1 Im elften Jahre, im zwölften
Monat, am Ersten des Monats
erging das Wort Jahwes an mich also:

2 Menschensohn, stimme ein Klage-
lied an über den Pharao, den König
von Ägypten, und sage zu ihm: Du
Löwe unter den Völkern, du bist
vernichtet.

Du warst wie ein Krokodil im
Meere und sprudeltest mit deinen
Nüstern, trübtest das Wasser mit
deinen Füßen und rührtest auf seine
Fluten.

3 So spricht der Herr Jahwe:
Ich breite über dich mein Netz mit
einer Schar vieler Völker und ziehe
dich heraus mit meinem Netz. 4 Ich
werfe dich hin auf die Erde und schleu-
dere dich aufs Land, daß alle Vögel
des Himmels sich auf dich setzen und
alles Wild der Erde sich von dir
sättige. 5 Ich bringe dein Fleisch auf
die Berge und fülle die Täler mit deiner
Leiche. 6 Ich tränke mit deinem Aus-
fluß das Land bis zu den Bergen hin,
und die Bäche sollen sich füllen mit
deinem Blut. 7 Ich verhülle bei deinem
Erlöschen den Himmel und mache
finster seine Sterne. Die Sonne decke
ich mit Wolken, und der Mond wird
seinen Schein nicht geben. 8 Alle
Lichter am Himmel verdunkle ich um
deinetwillen und bringe Finsternis
über dein Land, spricht Jahwe, der
Herr.

9 Ich werde viele Völker in Unruhe
versetzen, wenn ich deine Gefangenen

→31 11 *eines Mächtigen* G; M: „eines Widders". Es handelt sich anscheinend um Nebukadnezar, vgl. Jr 43 12+, oder einen seiner Nachfolger. Aber die Ausdrucksweise ist so stark, daß man auch an die Eroberung Ägyptens durch Kambyses 525 v. Chr. denken könnte.

→31 17 *Erschlagenen* Danach Zusatz in M: „und sein Arm".

→31 17 Da der Pharao der Zeder gleich ist, sind die anderen Könige wie die anderen Bäume des irdischen Paradieses, vgl. v. 7–9. Alle diese „Bäume", die zur Unterwelt hinabgefahren sind, werden sich beim Kommen des Pharaos trösten, 32 17 f.

→32 1 Februar/März 585 v. Chr.

→32 2 *mit deinen Nüstern* Korr.; M: „in deinen Flüssen".

→32 9 *deine Gefangenen* G; M: „dein Zusammenbruch".

unter die Nationen bringe in Länder,
welche du nicht kennst. 10 Ich werde
bei vielen Völkern Entsetzen wecken
über dich, und ihre Könige werden ob
dir erschaudern, wenn ich mein
Schwert vor ihren Augen schwinge,
und sie werden ständig um ihr Leben
zittern am Tage deines Sturzes.
11 Denn also spricht der Herr Jahwe:
Das Schwert des Königs von Babel
wird über dich kommen. 12 Durch
die Schwerter von Kriegshelden wer-
de ich niederwerfen deine Massen, sie
gehören alle zu den wildesten unter
den Völkern. Sie werden die Pracht
Ägyptens verwüsten, und vernichtet
wird all seine Menge. 13 Ich werde
all seine Tiere aus den vielen Wassern
vertilgen, und nicht mehr soll eines
Menschen Fuß sie trüben, noch der
Huf des Viehes sie aufwühlen. 14 Dann
werde ich ihr Wasser klären und ihre
Flüsse wie Öl dahinfließen lassen,
spricht Jahwe, der Herr.

15 Wenn ich das Land Ägypten
zur Wüste mache und das Land seiner
Fülle beraubt ist, wenn ich alle, die
darin wohnen, schlage, sollen sie er-
kennen, daß ich Jahwe bin.

16 Ein Klagelied ist's, und du sollst
es singen, und auch die Töchter der
Völker sollen es singen über Ägypten,
und die ganze Masse seines Volkes soll
es singen, spricht Jahwe, der Herr.

Höllenfahrt des Pharao

17 Im zwölften Jahre, im ersten
Monat, am Fünfzehnten des Monats
erging das Wort Jahwes an mich also:
18 Menschensohn, wehklage über die
Menge Ägyptens und lasse sie hinab-
steigen zur Unterwelt, sie und die
Töchter mächtiger Völker, zu de-
nen, die in die Grube hinabgestiegen
sind.

20 Inmitten von Schwerterschlage-
nen fallen sie hin, und all ihre Kraft
wird verlöschen. 21A Da sprechen
zu ihm die mächtigen Helden mitten
aus der Scheol: 19 „Wen übertrafst du
an Vorzügen? 21B Steige hinab und
lege dich zu den Unbeschnittenen,
den Schwerterschlagenen."

22 Da ist Assur und seine ganze
Schar, rings um sein Grab, sie alle
erschlagen, gefallen durchs Schwert,
23 dessen Gräber in den tiefsten Ab-
grund gelegt sind, und seine Schar
liegt rings um sein Grab, alle erschla-
gen, gefallen durchs Schwert, sie, die
Schrecken verbreiteten im Lande der
Lebendigen.

24 Da ist Elam und seine ganze
Menge rings um sein Grab, alle er-
schlagen, gefallen durchs Schwert, die
unbeschnitten hinabfuhren zur Unter-
welt, die vor sich her Schrecken ver-
breiteten im Lande der Lebendigen
und nun ihre Schmach tragen mit
denen, die in die Grube gestiegen
sind. 25 Inmitten Erschlagener berei-
tet man ihm ein Lager und seiner
ganzen Menge, ringsumher sind ihre
Gräber; sie alle sind unbeschnitten,
vom Schwert erschlagen, denn Schrek-
ken vor ihnen hatte sich verbreitet im
Lande der Lebendigen, und nun tra-
gen sie ihre Schmach mit denen, die in
die Grube gestiegen sind, mitten unter
die Erschlagenen wurden sie gelegt.

26 Da ist Meschech, Tubal und ihre
ganze Menge, rings um sein Grab, alle
unbeschnitten, vom Schwert erschla-
gen, denn sie haben vor sich her
Schrecken verbreitet im Lande der
Lebendigen. 27 Und sie liegen nicht
bei den Helden, die in der Vorzeit
gefallen sind, die in voller Schlacht-
rüstung zur Scheol hinabgestiegen
sind, denen man ihre Schwerter unter
ihr Haupt gelegt hat und ihre Schilde
unter ihre Gebeine, denn Schrecken
vor den Helden war im Lande der
Lebendigen. 28 Auch du wirst in-
mitten Unbeschnittener bei den vom
Schwert Erschlagenen liegen müssen.

29 Da ist Edom, seine Könige und
alle seine Fürsten, welche trotz ihrer
Heldentaten zu den vom Schwert
Erschlagenen gelegt wurden, sie ruhen
bei den Unbeschnittenen, bei denen,
die in die Grube gestiegen sind.

→32 10–15 Diese Verse scheinen ein späterer Zusatz zu sein. Der Schluß, v. 16, dürfte sich ursprünglich an v. 9 angeschlossen haben.
→32 17 *im ersten Monat* G; fehlt in M. März/April 586 v. Chr.
→32 18 Vers 19 ist mit G nach v. 21A umgestellt.
→32 20 *und all ihre Kraft wird verlöschen* G; M unverständlich.
→32 19 Zusatz in M am Versende: „Steige hinab und lege dich zu den Unbeschnittenen".
→32 21B *Steige hinab und lege dich* G; M: „Sie steigen hinab und legen sich".
→32 21B Der Pharao wird in der Scheol von all den Barbarenfürsten empfangen, die vor ihm in den Schlachten gefallen sind.
→32 22 *rings um sein Grab* Korr., vgl. v. 23; M: „rings um ihn seine Gräber".
→32 27 *in der Vorzeit* Üss; M: „unter den Unbeschnittenen".
→32 27 *ihre Schilde* Korr.; M: „ihre Verschuldungen".
→32 28 *Unbeschnittener* Danach Zusatz in M: „zerschmettert werden und"; fehlt in G.

30 Da sind die Herrscher des Nor-
dens alle, und alle Sidonier, die
hinabgestiegen sind zu den Erschlage-
nen trotz des Schreckens vor ihrer
Kraft; nun liegen sie unbeschnitten
da bei den vom Schwert Erschlage-
nen und tragen ihre Schmach mit
denen, die in die Grube gestiegen
sind.
31 Sie wird der Pharao sehen und
sich trösten über all seine Menge. Vom
Schwert erschlagen ist der Pharao und
sein ganzes Heer, spricht Jahwe, der
Herr. 32 Denn er hat Schrecken vor
sich her verbreitet im Lande der Le-
bendigen, und so wird er gebettet in-
mitten der Unbeschnittenen, bei den
vom Schwert Erschlagenen, Pharao
und seine ganze Menge, spricht Jahwe,
der Herr.

III. WÄHREND UND NACH DER BELAGERUNG JERUSALEMS

Der Prophet als Wächter

33 1 Es erging das Wort Jahwes an
mich also: 2 Menschensohn,
rede zu den Söhnen deines Volkes und
sage ihnen: Wenn ich über ein Land
das Schwert bringe und es nehmen
sich die Bewohner des Landes aus
ihrer Gesamtheit einen Mann und
bestellen ihn zum Wächter, 3 und er
sieht das Schwert über das Land
kommen und er stößt in die Trompete
und warnt das Volk, 4 und es hört
einer den Schall der Trompete, läßt
sich aber nicht warnen, so daß das
Schwert kommt und ihn hinwegrafft,
so kommt dessen Blut auf sein Haupt.
5 Den Schall der Trompete hat er
gehört, hat sich aber nicht warnen
lassen; sein Blut komme auf ihn.
Jener aber hat gewarnt und seine Seele
gerettet. 6 Wenn aber der Wächter
das Schwert kommen sieht und stößt
nicht in die Trompete und das Volk
wird nicht gewarnt, und das Schwert
kommt und rafft einen von ihnen fort,
so wird dieser infolge seiner Schuld
hinweggerafft, sein Blut aber fordere
ich aus der Hand des Wächters.
7 Dich, o Menschensohn, habe ich
zum Wächter für das Haus Israel
bestellt, daß du aus meinem Munde
Worte hörest und sie von mir aus ver-
warnest. 8 Wenn ich zu dem Gott-
losen sage: „Gottloser, du mußt
sterben“, und du sagst nichts, um den
Gottlosen von seinem Wege abzubrin-
gen, so wird er, der Gottlose, wegen
seiner Verschuldung sterben, sein
Blut aber fordere ich aus deiner Hand.
9 Hast du aber den Gottlosen ge-
warnt, daß er von seinem Wege ab-
gehe und umkehre, und er geht nicht
ab von seinem Wege, so wird er ob
seiner Verschuldung sterben, du aber
hast dein Leben gerettet.

Bekehrung und Verkehrung

10 Du, o Menschensohn, sprich
zum Hause Israel: So habt ihr ge-
sprochen: „Fürwahr, unsere Vergehen
und unsere Sünden lasten auf uns, wir
schwinden in ihnen dahin. Wie könn-
ten wir am Leben bleiben?“ 11 Sage
ihnen: „So wahr ich lebe, spricht
Jahwe, der Herr: Ich habe kein
Wohlgefallen am Tode des Gottlosen,
sondern daran, daß der Gottlose von
seinem Wege abgehe und lebe. Be-
kehret euch, bekehret euch von euren
bösen Wegen. Warum wollt ihr denn
sterben, Haus Israel?“
12 Du, o Menschensohn, sage den
Söhnen deines Volkes: Die Gerech-
tigkeit des Gerechten wird ihn nicht
retten am Tage, da er sich vergeht, und
die Gottlosigkeit des Gottlosen wird
ihn nicht zu Fall bringen am Tage,
da er sich bekehrt, und der Gerechte
vermag nicht am Leben zu bleiben
am Tage, da er sündigt. 13 Wenn ich
zu dem Gerechten sage: „Du wirst
sicher am Leben bleiben“, und er
verläßt sich auf seine Gerechtigkeit
und begeht Frevel, so wird all seiner
Gerechtigkeit nicht mehr gedacht
werden, und er soll wegen des Frevels,
den er verübt hat, sterben. 14 Und
wenn ich zu dem Gottlosen sage: „Du
wirst sicher sterben“, und er bekehrt
sich von seiner Sünde und übt Recht

→32 30 *Kraft* Danach Zusatz in M: „zuschanden geworden“; fehlt in G.
→32 32 *er hat* T; M: „ich habe“.
→33–39 Der dritte Teil des Buches enthält die Prophetenworte, die seit dem Einfall Nebukadnezars in Palästina verkündet wurden, mit Ausnahme der ebenfalls nicht aus der Frühzeit stammenden Völkerreden, die im zweiten Teil gesammelt sind.
→33 2–3 Wie in 13 10f mögen die Verteidigungsvorbereitungen dem Propheten das Bild vom Wächter, der Alarm bläst, aufgedrängt haben.
→33 13 *Du wirst* Üss; M: „Er wird“.

und Gerechtigkeit, 15 gibt Gepfän-
detes zurück, erstattet das Geraubte
wieder, wandelt nach den Satzungen
des Lebens, ohne Frevel zu verüben, so
wird er sicher am Leben bleiben und
nicht sterben. 16 All seiner Sünden,
die er begangen hat, soll nicht mehr
gedacht werden. Recht und Gerechtig-
keit hat er geübt, er soll am Leben
bleiben.
17 Und da sagen die Söhne deines
Volkes: „Das Vorgehen des Herrn ist
nicht richtig“, während doch ihr
eigenes Vorgehen nicht richtig ist.
18 Läßt der Gerechte von seiner Ge-
rechtigkeit ab und begeht Frevel, so
soll er dafür sterben. 19 Und läßt der
Gottlose von seiner Gottlosigkeit ab
und übt Recht und Gerechtigkeit, so
soll er darum am Leben bleiben.
20 Und da sagt ihr: „Das Vorgehen
des Herrn ist nicht richtig.“ Einen
jeden nach seinen Wegen, so richte
ich euch, Haus Israel.

Die Einnahme der Stadt

21 Es geschah im elften Jahre, im
zehnten Monat, am Fünften des
Monats seit unserer Wegführung, da
kam zu mir ein Flüchtling aus Jeru-
salem mit der Meldung: „Die Stadt
ist eingenommen.“ 22 Und die Hand
Jahwes war über mich gekommen am
Abend vor der Ankunft des Flücht-
lings, und er öffnete meinen Mund, als
er am Morgen zu mir kam, er öffnete
meinen Mund, und ich war nicht
mehr stumm.

Die Verwüstung des Landes

23 Und es erging das Wort Jahwes
an mich also: 24 Menschensohn, die
Bewohner dieser Trümmer im Lande
Israel sagen also: „Abraham war nur
ein einzelner und nahm das Land in
Besitz, wir aber sind viele, uns ist es
zum Besitz gegeben.“
25 Darum sage ihnen: Also spricht
Jahwe, der Herr: Mitsamt dem Blute
eßt ihr und hebt eure Augen zu euren
Götzen und vergießt Blut, und da wollt
ihr das Land in Besitz nehmen? 26 Ihr
verlaßt euch auf euer Schwert, ihr ver-
übt Greuel, ein jeder von euch be-
fleckt seines Nächsten Weib, und da
wollt ihr das Land in Besitz nehmen?
27 So sollst du zu ihnen sagen: Also
spricht Jahwe, der Herr: So wahr ich
lebe, die in den Ruinen sind, sollen
durchs Schwert fallen, und die auf
freiem Felde sind, die gebe ich den
wilden Tieren zum Fraß, und die auf
Bergeshöhen und in Höhlen weilen,
sollen an der Pest sterben. 28 Und ich
mache das Land zur Wüste und Ein-
öde, seine stolze Pracht soll ein Ende
haben, und die Berge Israels sollen
öde daliegen, daß niemand sie betritt.
29 Und sie sollen erkennen, daß ich
Jahwe bin, wenn ich das Land zur
Wüste und Einöde mache wegen all
der Greuel, die sie verübt haben.

Ergebnis der Predigt

30 Und du, o Menschensohn, die
Söhne deines Volkes unterhalten sich
über dich an den Wänden und Ein-
gängen der Häuser und sagen einer
zum anderen: „Kommt doch und
hört, was das für ein Wort ist, das von
Jahwe ausgeht.“ 31 Und sie kommen
zu dir wie bei einem Volksauflauf und
lassen sich vor dir nieder und hören
deine Worte; aber sie handeln nicht
danach, denn Lügen sind in ihrem
Munde, und das Gelüste ihres Herzens
geht auf ihren Gewinn. 32 Siehe, du
bist ihnen wie einer, der von Liebe
singt, eine schöne Stimme hat und das
Saitenspiel versteht, sie hören deine
Worte, aber sie handeln nicht danach.
33 Trifft es aber ein – siehe, es trifft
ein –, da werden sie erkennen, daß
ein Prophet in ihrer Mitte war.

Die Hirten Israels

34 1 Es erging das Wort Jahwes
an mich also: 2 Menschen-

→33 15 *zurück* Danach Zusatz in M: „der Böse“.
→33 21 Dezember 586/Januar 585 v. Chr.
→33 22 *stumm* Ezechiel wurde also durch „die Hand Jahwes“ der Sprache beraubt, vgl. 3 24–27; 24 27.
→33 24 Der Gedanke zeigt die Anhänglichkeit des Volkes an sein Land, aber auch ein trügerisches Vertrauen auf die Zukunft, selbst nach der Katastrophe von 587 v. Chr.
→33 25 *Mitsamt dem Blute eßt ihr* Unsichere Übersetzung. Vielleicht ist (mit Korr.) zu lesen: „Auf den Bergen eßt ihr“, vgl. 18 6.
→33 31 *wie bei einem Volksauflauf* Unsichere Deutung.
→33 31 *Lügen sind in ihrem Munde* G; M: „Begehrlichkeit in ihrem Munde, (so) handeln sie“.
→34 1–31 *(Die Hirten Israels)* Das Bild vom König als Hirten ist in der Vorstellungswelt des Alten Orients tief verwurzelt. Jeremia hat es auf die Könige Israels angewandt, um sie anzuklagen, daß sie ihre Aufgaben schlecht erfüllt haben, Jr 2 8; 10 21; 23 1–3, und um anzukündigen, daß Gott seinem Volke neue Hirten geben wird, die es in Gerechtigkeit weiden werden, Jr 3 15; 23 4, und daß unter diesen Hirten

sohn, weissage über die Hirten Israels,
weissage und sprich zu ihnen: Ihr Hir-
ten! So spricht der Herr Jahwe: Wehe
den Hirten Israels, die sich selbst ge-
weidet haben! Sollen nicht die Hirten
die Schafe weiden? 3 Von der Milch
habt ihr euch genährt, mit der Wolle
euch gekleidet, die fetten Tiere ge-
schlachtet, aber die Schafe habt ihr
nicht geweidet. 4 Das Schwache habt
ihr nicht gestärkt, das Kranke nicht
geheilt, das Verletzte nicht verbunden,
das Versprengte nicht zurückgeführt,
das Verirrte nicht gesucht, das Kräf-
tige aber niedergetreten und miß-
handelt. 5 Da zerstreuten sich meine
Schafe, weil sie keinen Hirten hatten,
und wurden allem Wild des Feldes
zum Fraß, und sie zerstreuten sich.
6 Meine Schafe irrten auf allen Bergen
und auf jedem hohen Hügel umher, und
über das ganze Land hin waren meine
Schafe zerstreut, ohne daß einer nach
ihnen gefragt oder sie gesucht hätte.
7 Darum, ihr Hirten, höret das
Wort Jahwes: 8 So wahr ich lebe,
spricht Jahwe, der Herr: Weil meine
Schafe zur Beute wurden und meine
Schafe allem Wild des Feldes zum
Fraße dienten, da kein Hirt da war
und die Hirten nicht nach meinen
Schafen gesucht haben, und weil die
Hirten sich selbst geweidet und nicht
meine Schafe geweidet haben, 9 dar-
um, ihr Hirten, höret das Wort Jah-
wes: 10 Also spricht Jahwe, der Herr:
Siehe, ich komme über die Hirten und
werde meine Schafe aus ihrer Hand
fordern, ich werde ihrem Hirtenamt
ein Ende machen, und die Hirten
sollen sich nicht selbst weiden; ich
werde meine Schafe aus ihrem Rachen
reißen, sie sollen ihnen nicht mehr
zum Fraße sein.

11 Denn also spricht Jahwe, der
Herr: Siehe, ich selbst will meine
Schafe aufsuchen und nach ihnen
sehen. 12 Wie ein Hirt für seine Herde
sorgt am Tage, wo er mitten unter
seinen Schafen steht, die sich zerstreut
haben, so will ich mich meiner Schafe
annehmen und sie aus all den Orten
befreien, wohin sie an dunklen, finste-
ren Tagen zerstreut wurden. 13 Ich
werde sie heimholen aus den Völkern,
sie sammeln aus den Ländern, sie in
ihr Land zurückbringen und sie weiden
auf den Bergen Israels, in den Tälern
und an allen Plätzen des Landes.
14 Auf guter Trift will ich sie weiden,
und auf den Höhen Israels soll ihre
Weide sein. Da sollen sie lagern auf
guter Weide, auf fetter Trift weiden
auf den Bergen Israels. 15 Ich selbst
will meine Schafe weiden, und ich
selbst will sie lagern lassen, spricht
Jahwe, der Herr. 16 Das Verlorene
will ich suchen, das Versprengte
zurückführen, das Gebrochene ver-
binden, das Kranke stärken, das Fette
aber und Kräftige will ich schützen
und weiden, wie es recht ist.
17 Ihr aber, meine Schafe, so spricht
der Herr Jahwe: Siehe, ich richte zwi-
schen den einzelnen Schafen, zwischen
den Widdern und Böcken. 18 Ist es
euch zu wenig, die beste Weide abzu-
weiden, daß ihr den Rest eurer Weide
mit euren Füßen zerstampft, das klare
Wasser zu trinken, und das übrige mit
euren Füßen trübt? 19 Und meine
Schafe müssen, was ihr mit euren
Füßen zerstampft habt, abweiden,
und was ihr mit euren Füßen trübe
gemacht habt, trinken. 20 Darum
spricht also der Herr Jahwe zu ihnen:
Siehe, ich selbst werde zwischen den
fetten Schafen und den mageren Scha-

---

ein „Sproß“, Jr 235–6, der Messias, sein werde. Ezechiel nimmt das Thema von Jr 231–6 auf, das dann später wiederum von Sach 114–17 aufgegriffen wird. Er hält den Hirten, hier den Königen und nichtpriesterlichen Führern des Volkes, ihre Verbrechen vor, V. 1–10. Jahwe wird ihnen die Herde, die sie mißbraucht haben, wegnehmen und selbst zum Hirten seines Volkes werden (vgl. Gn 4815; 4924; Js 4011; Ps 802; 957 und Ps 23); damit kündigt er ein Gottkönigtum an, V. 11–16. In der Tat wird bei der Rückkehr aus dem Exil das Königtum nicht wiederhergestellt. Später wird Jahwe seinem Volk (vgl. 1722; 2132) einen Hirten seiner Wahl geben, V. 23–24, einen „Fürsten“ (vgl. 457–8.17; 468–10.16–18), einen neuen David. Die Beschreibung der Königsherrschaft dieses Fürsten, V. 25–31, und der Name David, der ihm gegeben wird (vgl. 2 Sm 71+, ferner Js 111+; Jr 235), lassen an ein messianisches Zeitalter denken, in dem Gott selbst durch seinen Messias sein Volk in Gerechtigkeit und Frieden regieren wird. In diesem Text Ezechiels steckt keimhaft das Gleichnis vom verlorenen Schaf, Mt 1812–14; Lk 154–7, und vor allem die Allegorie vom Guten Hirten, Jo 1011–18, die – in bezug auf Ez gesehen – als eine Beanspruchung der Messiaswürde durch Jesus erscheint. Der Gute Hirte wird schließlich zu einem der ältesten Bildmotive des Christentums.

→342 *Ihr Hirten* S; M: „zu den Hirten“.

→343 *Von der Milch* G; M: „Von dem Fett“.

→346 *auf allen Bergen und auf jedem hohen Hügel* Wahrscheinlich Anspielung auf den Kult der Höhenheiligtümer.

→3416 *schützen* Üss; M: „ausrotten“.

fen richten. 21 Weil ihr alle schwachen
Tiere mit Seite und Schulter wegge-
drängt und mit euren Hörnern gesto-
ßen habt, bis ihr sie vertrieben hattet,
22 so will ich meinen Schafen helfen,
daß sie nicht mehr zur Beute werden,
und will richten zwischen den einzel-
nen Schafen.

23 Und ich werde über sie einen
einzigen Hirten bestellen, der sie wei-
den soll, meinen Knecht David, der
soll sie weiden und ihr Hirte sein.
24 Und ich, Jahwe, werde ihr Gott sein,
und mein Knecht David wird Fürst
in ihrer Mitte sein. Ich, Jahwe, habe
es gesagt. 25 Ich werde mit ihnen
einen Friedensbund schließen und
werde die wilden Tiere aus dem Lande
ausrotten, so daß sie in der Steppe
sicher wohnen und in den Wäldern
schlafen können. 26 Ich setze sie rings
um meinen Hügel, lasse Regen kom-
men zur rechten Zeit, segenspendender
Regen wird es sein. 27 Dann werden
die Bäume des Feldes ihre Frucht
bringen, und das Land wird seinen
Ertrag geben, sie werden sicher in ih-
rem Lande sein und erkennen, daß ich
Jahwe bin, wenn ich die Stangen ihres
Joches zerbreche und sie errette aus
der Hand derer, die sie knechten. 28 Sie
sollen nicht mehr eine Beute sein den
Völkern, noch sollen die Tiere des Lan-
des sie fressen, sondern sicher sollen
sie wohnen, ohne daß jemand sie
schreckt. 29 Ich will ihnen eine reich-
gesegnete Pflanzung erstehen lassen,
daß sie nicht mehr im Lande vom Hun-
ger hinweggerafft werden und den Spott
der Völker tragen müssen. 30 Dann
werden sie erkennen, daß ich Jahwe,
ihr Gott, mit ihnen bin, und daß sie, das
Haus Israel, mein Volk sind, spricht der
Herr Jahwe. 31 Und ihr, meine Schafe,
Schafe meiner Weide seid ihr, ich
aber bin euer Gott, spricht Jahwe, der
Herr.

Gegen die Berge Edoms

35 1 Das Wort Jahwes erging an
mich also: 2 Menschensohn,
richte dein Angesicht gegen das Ge-
birge Seïr und weissage wider dasselbe,
3 und sprich zu ihm: So spricht der
Herr Jahwe: Siehe, ich komme über
dich, Gebirge Seïr, und strecke meine
Hand gegen dich aus und mache dich
zur Wüste und Einöde, 4 und deine
Städte verwandle ich in Ruinen. Du
sollst zur Wüste werden und erkennen,
daß ich Jahwe bin. 5 Weil du ewige
Feindschaft gehegt und die Söhne
Israels zur Zeit ihres Unterganges, zur
Zeit der Endschuld dem Schwerte
überliefert hast, 6 darum, so wahr ich
lebe, spricht Jahwe, der Herr, zu Blut
will ich dich machen, und Blut soll
dich verfolgen. Wahrlich, durch Blut
hast du dich versündigt, und Blut soll
dich verfolgen. 7 Das Gebirge Seïr
will ich zur Wüste und Einöde machen
und daraus vertilgen, was da kommt
und geht. 8 Ich will seine Berge mit
Erschlagenen füllen, deine Höhen,
deine Täler und alle deine Schluchten;
Schwertdurchbohrte sollen darin fal-
len. 9 Zu ewiger Wüste will ich dich
machen, deine Städte sollen nicht
mehr bewohnt werden, und ihr sollt
erkennen, daß ich Jahwe bin.

10 Weil du gesagt hast: „Die beiden
Völker und die beiden Länder sollen
mein werden, ich will sie in Besitz neh-
men", obwohl doch Jahwe dort gewe-
sen ist, 11 darum, so wahr ich lebe,
spricht Jahwe, der Herr, will ich mit
dir verfahren gemäß deinem Grimm
und deiner Eifersucht, mit denen du
haßerfüllt an ihnen gehandelt hast,
und werde mich dir offenbaren, indem
ich dich richte. 12 Und du sollst wissen,
daß ich, Jahwe, alle deine Lästerungen
gehört habe, die du über die Berge
Israels ausgestoßen hast, indem du
sagtest: „Sie sind verödet, sie sind uns
preisgegeben." 13 Und ihr führtet
große Reden wider mich und brauchtet
freche Worte wider mich, ich hab' es
gehört. 14 Also spricht der Herr Jahwe:
Gleichwie du dich freutest, daß das
ganze Land verwüstet dalag, so will
ich mit dir verfahren. 15 Wie du dich
freutest über das Erbe des Hauses
Israel, daß es so verödet war, so will
ich an dir tun. Zur Wüste sollst du
werden, Gebirge von Seïr und ganz
Edom zusammen, und ihr sollt er-
kennen, daß ich Jahwe bin.

→3426 *Ich setze sie rings um meinen Hügel* G; M: „Ich mache sie und (die Umgebung) rings um meinen Hügel zum Segen". Es handelt sich um den Zion.

→3431 *Weide* Danach Zusatz in M: „Menschen"; fehlt in Üss.

→351–14 Dieser Spruch gegen das „Gebirge Seïr", Edom, dürfte ursprünglich bei den Fremdvölkerorakeln gestanden haben; hier bildet es die Ergänzung zum folgenden Spruch, der gegen die Berge Israels gerichtet ist.

→356 *durch Blut hast du dich versündigt* G; M: „Blut hast du gehaßt".

→3510 Nach den Ereignissen von 587 v. Chr. versuchte Edom nicht nur in das Reich Juda, sondern in ganz Palästina einzudringen.

Spruch über die Berge Israels

36 1 Und du, o Menschensohn,
weissage über die Berge Israels
und sprich: Ihr Berge Israels, höret
das Wort Jahwes. 2 Also spricht der
Herr Jahwe: Weil der Feind über euch
gesagt hat: „Ha! die uralten Höhen
sind unser Besitz geworden“, 3 darum
weissage und sprich: Also spricht der
Herr Jahwe: Weil man ringsum nach
euch schnaubte und schnappte, so
daß ihr den übrigen Völkern zum Be-
sitz wurdet und ins Gerede und die üble
Nachrede der Leute kamt, 4 darum, ihr
Berge Israels, höret das Wort Jahwes:
Also spricht der Herr Jahwe zu den
Bergen und Hügeln, zu den Schluchten
und Tälern, zu den verödeten Ruinen
und den verlassenen Städten, die zum
Hohn und Gespött für die übrigen
umliegenden Völker geworden sind.
5 Darum spricht der Herr Jahwe: Für-
wahr, im Feuereifer habe ich wider
die übrigen Völker und wider das ge-
samte Edom geredet, die mein Land
in Besitz genommen haben, Schaden-
freude im Herzen und Verachtung in
der Seele, um es als Besitz und Beute
zu haben.

6 Darum weissage über das Land
Israel und sprich zu den Bergen und
Hügeln, zu den Schluchten und Tälern:
Also spricht Jahwe, der Herr: Siehe, in
meinem Eifer und meinem Grimm
habe ich geredet, weil ihr die Schmä-
hungen der Völker tragen müßt.
7 Darum spricht also der Herr Jahwe:
Ich erhebe meine Hand: fürwahr, die
Völker, die rings um euch sind, die
werden ihre Schmach zu tragen haben.

8 Ihr aber, Berge Israels, ihr sollt
eure Zweige sprossen lassen und eure
Frucht tragen für mein Volk Israel,
denn es kommt bald zurück. 9 Denn
siehe, ich komme zu euch und wende
mich euch zu, ihr sollt bebaut und
angesät werden. 10 Ich vermehre auf
euch die Menschen, das ganze Haus
Israel und die Städte werden bewohnt
und die Ruinen wieder aufgebaut
werden. 11 Ich vermehre auf euch
Mensch und Vieh, daß sie sich mehren
und fruchtbar sind, ich werde euch
bewohnt sein lassen wie in euren frü-
heren Zeiten und werde euch Gutes
tun mehr noch als vordem, auf daß
ihr erkennet, daß ich Jahwe bin. 12 Ich
lasse auf euch wieder Menschen wan-
deln, mein Volk Israel, und sie werden
euch in Besitz nehmen, und ihr sollt
deren Eigentum werden und sie künf-
tig nicht mehr kinderlos machen.

13 Also spricht der Herr Jahwe:
Weil man zu euch gesagt hat: „Eine
Menschenfresserin bist du und machst
dein Volk kinderlos“, 14 darum sollst
du keine Menschen mehr fressen und
dein Volk nicht mehr kinderlos ma-
chen, spricht Jahwe, der Herr. 15 Und
du sollst in Zukunft nicht mehr die
Schmähung der Völker hören und
nicht mehr den Schimpf der Natio-
nen zu tragen haben und dein Volk
nicht mehr kinderlos machen, spricht
Jahwe, der Herr.

16 Und das Wort Jahwes erging
an mich also: 17 Menschensohn, als
das Haus Israel auf seinem Boden
wohnte, da verunreinigten sie ihn
durch ihren Wandel und ihr Treiben,
ihr Wandel glich der Unreinheit des
monatlichen Blutflusses. 18 Da goß
ich meinen Grimm über sie aus wegen
des Blutes, das sie im Lande vergossen
hatten, und weil sie es mit ihren Götzen
verunreinigt hatten. 19 Und ich zer-
streute sie unter die Völker, und sie
wurden in die Länder versprengt, nach
ihrem Wandel und ihrem Treiben
richtete ich sie. 20 So kamen sie zu
den Völkern, und wohin sie kamen,
entweihten sie meinen heiligen Namen,
indem man von ihnen sagte: „Das ist
Jahwes Volk, sie mußten aus seinem
Lande fortziehen.“ 21 Da tat es mir
leid um meinen heiligen Namen, den
sie, das Haus Israel, unter den Völkern
entweiht hatten, zu denen sie gekom-
men waren. 22 Darum sage zum Hause
Israel: So spricht der Herr Jahwe:
Nicht um euretwillen tue ich es, son-
dern um meines heiligen Namens wil-
len, den ihr unter den Völkern, zu
denen ihr gekommen seid, entweiht
habt. 23 Ich will meinen großen Na-
men heiligen, der unter den Völkern
entweiht ist, den ihr in ihrer Mitte ent-
weiht habt, auf daß die Völker erken-

→36 1–15 Vergeltung der Berge Israels am Gebirge Seïr, 35.

→36 6 Der Spruch könnte kurz nach 587 v. Chr. bei Einfällen der Nachbarvölker in Palästina verkündet worden sein.

→36 8 *denn es kommt bald zurück* Dieser Glaube an eine baldige Rückkehr ist in jener Zeit der Verwirrung und Mutlosigkeit erstaunlich, vgl. 37 und Js 40–55.

→36 13 *machst dein Volk kinderlos* Der Ausdruck könnte entweder auf die Armut des Bodens Palästinas, die in wunderbare Fruchtbarkeit verwandelt wird, v. 30, oder auf die Sitte der Kinderopfer bezogen werden, Lv 18 21 +. Vielleicht hat der Prophet auch beide Bedeutungen zugleich im Auge.

→36 14 *nicht mehr kinderlos machen* Hss von M, Üss; M (Ketib): „nicht mehr straucheln“.

nen, daß ich Jahwe bin, spricht Jahwe,
der Herr, wenn ich mich an euch vor
ihren Augen als heilig erweise. 24 Ich
werde euch aus den Völkern wegneh-
men, euch aus allen Ländern zu-
sammenbringen und euch in euer Land
zurückbringen. 25 Dann werde ich
reines Wasser über euch sprengen, daß
ihr rein werdet von aller Unreinheit,
und von allen euren Götzen werde ich
euch reinigen. 26 Und ich werde euch
ein neues Herz geben und einen neuen
Geist in euer Inneres geben, euer
steinernes Herz wegnehmen und euch
ein Herz von Fleisch geben. 27 Ich
will meinen Geist in euer Inneres ge-
ben und bewirken, daß ihr nach mei-
nen Satzungen wandelt und meine
Vorschriften beobachtet und danach
handelt. 28 Dann sollt ihr im Lande
wohnen, das ich euch gegeben habe,
und ihr sollt mein Volk sein, und ich
werde euer Gott sein. 29 Ich will euch
befreien von all eurer Unreinheit und
das Getreide herbeirufen und es meh-
ren und keine Hungersnot mehr über
euch bringen. 30 Ich will die Früchte
der Bäume mehren, damit ihr nicht
mehr die Schmach einer Hungersnot
unter den Völkern zu tragen habt.
31 Da werdet ihr eures schlechten
Lebenswandels und eurer schlechten
Taten gedenken und werdet vor euch
selbst Ekel empfinden ob eurer Sünden
und eurer Greuel. 32 Nicht um euret-
willen tue ich das, spricht Jahwe, der
Herr. Merkt es euch wohl, schämt
euch und werdet zuschanden ob eures
Lebenswandels, Haus Israel!

33 So spricht der Herr Jahwe: Am
Tage, da ich euch von all euren Schul-
den reinige, werde ich die Städte wie-
der bevölkern, und die Ruinen werden
wieder aufgebaut werden, 34 und das
verwüstete Land soll wieder angebaut
werden, statt daß es wüst daliegt vor
den Augen eines jeden, der vorüber-
geht. 35 Und man wird sagen: „Dieses
verwüstete Land ist wie der Garten
Eden geworden, und die Städte, die
verheert, verwüstet und zerstört da-
lagen, sind befestigt und bewohnt."
36 Und die Völker, die rings um euch
her übriggeblieben sind, werden er-
kennen, daß ich, Jahwe, das Zerstörte
wieder aufgebaut und das Verwüstete
wieder angepflanzt habe. Ich, Jahwe,
habe es gesagt und führe es aus.

37 Also spricht Jahwe, der Herr:
Auch dazu werde ich mich vom Hause
Israel erbitten lassen und es gewähren:
Ich will sie an Menschen so zahlreich
machen wie Schafe. 38 Wie heilige
Schafe, wie die Schafe Jerusalems an
seinen Festtagen, so werden die ver-
ödeten Städte voll sein von Menschen-
herden, damit man erkenne, daß ich
Jahwe bin.

Das verdorrte Totengebein

37 1 Es kam über mich die Hand
Jahwes, und er führte mich im
Geiste hinaus und versetzte mich mit-
ten in die Talebene; diese aber war voll
von Totengebeinen. 2 Und er ließ mich
ringsum an ihnen vorübergehen, und
siehe, es waren ihrer auf dem Boden
der Talebene sehr viele; sie waren ganz
verdorrt. 3 Und er sprach zu mir:
„Menschensohn, werden diese Gebeine
wieder zum Leben zurückkehren?"
Ich antwortete: „Herr Jahwe, du weißt
es." 4 Da sagte er zu mir: „Weissage
über diese Gebeine und sprich zu
ihnen: Ihr dürren Gebeine, höret das
Wort Jahwes. 5 So spricht der Herr
Jahwe: Siehe, ich gebe euch Odem,
daß ihr lebendig werdet. 6 Und ich
will euch mit Sehnen umgeben, euch
mit Fleisch überkleiden und euch mit
Haut überziehen und Odem euch
geben, daß ihr lebendig werdet, und
ihr sollt erkennen, daß ich Jahwe bin."
7 Und ich weissagte, wie mir befohlen
war, und als ich weissagte, siehe, da
entstand ein Rauschen, und die Gebei-

→3627 *meinen Geist* Der Geist (Hauch, Geistbraus) Gottes, der die Wesen erschafft und belebt, Gn 12; 27+, kommt über die Menschen, insbesondere die Propheten, Ri 310+, um ihnen übermenschliche Kraft zu verleihen, Gn 4138; Ex 313; 1 Sm 1613. Kennzeichnend für die messianische Zeit wird eine außerordentliche Ausgießung des Geistes sein, Sach 4B; 68, die alle Menschen erfaßt und ihnen besondere Gnadengaben mitteilt, Nm 1129; Joel 31–2; Apg 216–21+. Der Geist wird aber auch, in geheimnisvollerer Weise, zum Prinzip einer Neuschaffung im Innern jedes einzelnen Menschen, die ihn befähigt, das Gesetz Gottes treu zu halten, Ez 3626–27; 3714; 1119; Js 3215–19; Sach 1210. So wird er das Prinzip des neuen Bundes, Jr 3131+; wie befruchtendes Wasser läßt er Früchte der Gerechtigkeit und Heiligkeit sprossen, Js 443; Jo 41+, die dem Menschen Gottes Huld und Beistand verbürgen, Ez 3924.29. Diese Geistausgießung wird durch die Vermittlung des Messias erfolgen; ihm wird sie als erstem zuteil im Hinblick auf die Erfüllung seiner Heilsaufgabe, Js 111–3; 421; 611, vgl. Mt 316+.

→371 *Talebene* Das bereits in 322–23 und 84 genannte Tal.

→375 *Odem* Das hebräische Wort *(ruach)* bedeutet zugleich: Geist, Odem, Wind.

→377 *die Gebeine rückten eines an das andere heran* G; M: „ihr rückt euch die Gebeine eines an das andere heran".

ne rückten eines an das andere heran.
8 Und ich schaute, und siehe, Sehnen
und Fleisch kam über sie, und Haut
zog sich darüber, aber Odem war noch
nicht in ihnen. 9 Und er sprach zu
mir: „Weissage über den Odem, weis-
sage, o Menschensohn, und sprich zu
dem Odem: So spricht der Herr Jahwe:
Von den vier Winden komm, du
Odem, und wehe diese Erschlagenen
an, daß sie lebendig werden.“ 10 Da
weissagte ich, wie er mir geboten hatte,
und der Odem kam in sie, und sie
wurden lebendig und stellten sich auf
ihre Füße, ein gar großes Heer.

11 Und er sprach zu mir: „Men-
schensohn, diese Gebeine sind das
ganze Haus Israel. Siehe, sie sprechen:
‚Verdorrt sind unsere Gebeine, dahin
ist unsere Hoffnung, es ist aus mit uns.‘
12 Darum weissage und sprich zu ihnen:
So spricht der Herr Jahwe: Siehe, ich
öffne eure Gräber und hole euch heraus
aus euren Gräbern, mein Volk, und
bringe euch in das Land Israel, 13 und
ihr sollt erkennen, daß ich Jahwe bin,
wenn ich eure Gräber öffne und euch
aus euren Gräbern heraushole, mein
Volk. 14 Ich lege meinen Geist in euch
hinein, daß ihr lebendig werdet, und
bringe euch in euer Land, und ihr sollt
erkennen, daß ich, Jahwe, es gesagt
und ausgeführt habe, spricht Jahwe.“

Juda und Israel in einem einzigen Reich

15 Das Wort Jahwes erging an mich
also: 16 Du, o Menschensohn, nimm
dir ein Holz und schreibe darauf:
„Juda und die Söhne Israels, seine
Verbündeten“; dann nimm dir ein
Holz und schreibe darauf: „Joseph,
Holz Ephraims, und das ganze Haus
Israel, seine Verbündeten.“ 17 Ver-
binde sie miteinander zu einem Stabe,
damit sie in deiner Hand zu einem
Stabe werden. 18 Und wenn dann die
Söhne deines Volkes zu dir sagen:
„Willst du uns nicht sagen, was du
damit meinst?“, 19 dann sage ihnen:
So spricht der Herr Jahwe: Siehe, ich
nehme das Holz Josephs, das in der
Hand Ephraims ist, und der Stämme
Israels, seiner Verbündeten, und lege
zu ihnen das Holz Judas und mache
sie zu einem Holz, daß sie in meiner
Hand eins seien.

20 Und die Hölzer, auf welche du
schreiben sollst, sollen vor ihren Au-
gen in deiner Hand sein. 21 Dann
sage zu ihnen: Also spricht der Herr
Jahwe: Siehe, ich nehme die Söhne
Israels aus den Völkern heraus, zu
denen sie gezogen sind, und sammle
sie von allen Seiten her und bringe sie
in ihr Land. 22 Und ich mache sie zu
einem einzigen Volk in meinem Lande
und auf den Bergen Israels, und ein
einziger König soll sie alle regieren, und
nicht mehr sollen sie zwei Völker bil-
den und nicht mehr in zwei König-
reiche geteilt sein. 23 Und nicht mehr
sollen sie sich mit ihren Götzen und
ihren Scheusalen und all ihren Freveln
verunreinigen; ich werde sie retten
aus all ihrer Untreue, durch die sie sich
versündigten, und werde sie reinigen,
und sie werden mein Volk sein, und
ich werde ihr Gott sein. 24 Mein
Knecht David soll König über sie sein,
und einen einzigen Hirten werden sie
alle haben, und sie werden nach mei-
nen Gesetzen wandeln und meine
Gebote beobachten und sie erfüllen.
25 Sie werden wohnen in dem Lande,
das ich meinem Knechte Jakob gege-
ben habe, in dem ihre Väter gewohnt
haben, und sie werden darin wohnen,
sie und ihre Söhne und ihre Enkel auf
ewig, und David, mein Knecht, wird
ihr Fürst sein auf ewig. 26 Ich werde
mit ihnen einen Bund des Friedens
schließen, ein ewiger Bund soll es für
sie sein, und ich werde sie zahlreich
werden lassen und werde mein Heilig-
tum mitten unter sie stellen auf ewig.
27 Meine Wohnung wird bei ihnen sein,
und ich werde ihr Gott sein, und sie
werden mein Volk sein. 28 Die Völker

→37 10 Wie in Hos 6 2; 13 14 und Js 26 19 kündigt Gott hier, vgl. v. 11–14, die messianische Wiederherstellung Israels nach den Leiden des Exils an (vgl. Apk 20 4+). Durch die verwendeten Sinnbilder wird das Denken aber bereits auf die Vorstellung einer individuellen Auferstehung des Fleisches hingelenkt, die in Ib 19 25+ anklingt und ausdrücklich in Dn 12 2; 2 Makk 7 9–14.23–26; 12 43–46, vgl. 2 Makk 7 9+, ausgesagt wird. Für das NT vgl. Mt 22 29–32 und vor allem 1 Kor 15.

→37 11 *dahin ist unsere Hoffnung* Aus solchen Äußerungen läßt sich schließen, daß die Vision in Babylonien unter den verzweifelnden Verbannten stattfand.

→37 16 *Söhne Israels* Der Ausdruck steht hier nicht im Gegensatz zu „Söhne Judas“, sondern bezeichnet die ganze Bevölkerung des Südreiches.

→37 16 *das ganze Haus Israels, seine Verbündeten* D. h. das ganze Nordreich, das mit der Eroberung Samarias und der Deportierung von 721 untergegangen war.

→37 19 *zu ihnen das Holz* Korr.; M: „sie auf ihn zum Holz“.

→37 22 *und auf den Bergen* G; M: „auf den Bergen“.

→37 23 *aus all ihrer Untreue* Symmachus; M: „aus allen ihren Wohnsitzen“.

aber sollen erkennen, daß ich Jahwe
bin, der Israel heiligt, wenn mein
Heiligtum auf ewig in ihrer Mitte ist.

Gegen Gog, den König von Magog

38 1 Das Wort Jahwes erging an
mich also: 2 Menschensohn,
richte dein Angesicht gegen Gog und
das Land Magog, den Fürsten von
Rosch, Meschech und Tubal, und
weissage wider ihn 3 und sprich: So
spricht der Herr Jahwe: Siehe, ich
wende mich an dich, Gog, Fürst von
Rosch, Meschech und Tubal. 4 Ich
werde dich anlocken und Haken in
deine Kinnbacken legen und dich und
und dein ganzes Heer herausführen,
Rosse und Reiter, alle in voller Aus-
rüstung, eine große Schar mit langen
und kurzen Schilden, alle mit Schwer-
tern bewaffnet. 5 Paras, Kusch, Put
sind dabei, alle mit Schild und Helm
bewehrt. 6 Gomer und alle seine
Truppen, Bet-Togarma, der äußerste
Norden, und all seine Truppen, zahl-
reiche Völker sind mit dir. 7 Rüste
dich und halte dich bereit, du und
alle deine Scharen, die sich um dich
versammelt haben, du sollst mir zu
Diensten sein.

8 Nach vielen Tagen wirst du auf-
geboten werden, am Ende der Jahre
wirst du in ein Land kommen, das
dem Schwerte entrissen ist, dessen Volk
aus vielen Völkern gesammelt ist auf
den Bergen Israels, die ständig wüst
lagen; zurückgebracht ist es aus vielen
Völkern und sie wohnen alle in Sicher-
heit. 9 Du aber wirst anrücken wie ein
Unwetter und kommen wie eine Wolke,
um das Land zu bedecken; du wirst
da sein und alle deine Truppen und
viele Völkerschaften mit dir.

10 Also spricht der Herr Jahwe:
An jenem Tage wird es geschehen, daß
Gedanken in deinem Herzen auf-
steigen und du einen bösen Anschlag
vorbereitest. 11 Du wirst sagen: „Ich
will hinaufziehen wider das unbe-
festigte Land, will gegen friedliche
Menschen ziehen, die alle in Ruhe
leben, wo es keine Mauern, Riegel und
Türen gibt, 12 um zu plündern und
Beute zu machen, um meine Hand zu
legen auf Trümmerstätten, die wieder
bewohnt sind, und auf ein Volk, das
aus den Völkern sich wieder zusam-
mengefunden hat, das nur an Besitz
und Erwerb denkt und auf dem Nabel
der Erde wohnt." 13 Scheba und Dedan
und ihre Händler, Tarschisch und
alle seine Krämer werden zu dir sagen:
„Kommst du, um zu plündern? Hast
du deine Truppen zusammengezogen,
um Beute zu machen, um Gold und
Silber fortzuschleppen, um Hab und
Gut an dich zu reißen, um große Beute
zu machen?"

14 Darum weissage, o Menschen-
sohn, und sprich zu Gog: Also spricht
der Herr Jahwe: Nicht wahr, wenn
mein Volk in Sicherheit wohnt, wirst

→381 – 3920 *(Gegen Gog, den König von Magog)* Das Gedicht trägt bereits eine Reihe von apokalyptischen Zügen, ohne schon Apokalypse im vollen Sinne zu sein. Während die alten Prophetien vor allem ein der Bundesweisung entsprechendes Handeln in der Gegenwart anzielten und dabei auch hier und da den Ausblick auf eine bessere Zukunft freigaben, ist die Apokalypse allermeist Trostschrift oder Trostrede, in der ein Prophet Visionen berichtet, deren Zeuge er geworden ist. Diese Visionen enthüllen eine Zukunft, die das Leid der Gegenwart vergessen läßt. Oft beschreiben sie auch das Triumphieren beim Gericht oder eröffnen ähnliche eschatologische Ausblicke und offenbaren zugleich die Geheimnisse des Jenseits. Wenn sich diese literarische Gattung auch im wesentlichen erst im Spätjudentum entwickelt, war sie doch seit langem in der Bibel vorbereitet und dargestellt, vgl. Einleitung zu den Prophetenbüchern, S. 1011, 1024. Ez 38–39 bedeutet eine erste Stufe. Man findet diese literarische Form in Js 24–27; Dn 7–12; Sach 9–14 wieder. Sie entfaltet sich vor allem im 2. Jahrhundert v. Chr. (Henochbuch usw.). Im NT ist sie vertreten durch die Offenbarung des Johannes.

→382 *Gog und das Land Magog* G; M: „Gog, das Land Magog". Meschech und Tubal sind Länder im Norden, am Ufer des Schwarzen Meeres, vgl. 2713. Das sonst unbekannte Land Magog dürfte in derselben Gegend zu suchen sein. Der Versuch, Gog zu identifizieren, scheint vergeblich. Die Gestalt hat vielleicht Züge von mehreren zeitgenössischen Personen angenommen und wird hier dargestellt als der Typ des barbarischen Eroberers, der in einer fernen, verschwommenen Zukunft die letzten Prüfungen über Israel bringen soll.

→384 *Haken in deine Kinnbacken legen* Jahwe nimmt Gog in Besitz und zwingt ihn zum Gehorsam.

→386 *Gomer* Wahrscheinlich die Kimmerier, ebenfalls von Norden kommende Barbarenhorden.

→387 *mir* G; M: „ihnen".

→388 *alle in Sicherheit* Also lange nach der Rückkehr nach Palästina.

→3810 Gog weiß nicht, daß er das Werkzeug Jahwes ist; er glaubt, von sich aus zu handeln.

→3812 *meine Hand* G; M: „deine Hand".

→3812 *auf dem Nabel der Erde* Jerusalem, Mittelpunkt der Welt, vgl. 55.

→3814 *wirst du dich aufmachen* G; M: „wirst du wissen".

du dich aufmachen 15 und von deinem
Wohnsitz herkommen, vom äußer-
sten Norden, du und viele Völker-
scharen mit dir, alle hoch zu Roß,
eine große Schar, ein mächtiges Heer?
16 Und du wirst gegen mein Volk
Israel wie eine Wetterwolke herauf-
ziehen, um das Land zu bedecken.
Am Ende der Tage wird es geschehen,
da führe ich dich in mein Land, damit
die Völker mich kennenlernen, wenn
ich mich vor ihren Augen an dir, Gog,
als heilig erweise.
17 Also spricht der Herr Jahwe:
Du bist ja der, von dem ich in früheren
Tagen durch meine Diener, die Pro-
pheten Israels, geredet habe, die da-
mals geweissagt haben, daß ich dich
gegen sie heraufführen werde. 18 Am
selben Tage aber, an dem Gog in das
Land Israel kommt – der Herr Jahwe
sagt es –, da wird mein Zorn ent-
brennen in mir. 19 Und in meinem
Eifer, im Feuer meines Zornes sage ich
es: Fürwahr, an jenem Tage wird ein
großes Beben über das Land Israel
kommen. 20 Es werden vor mir er-
zittern die Fische des Meeres und die
Vögel des Himmels, die Tiere des
Feldes und alles Gewürm, das auf der
Erde kriecht, und alle Menschen, die
auf der Erde sind. Die Berge werden
umgerissen, die Felsen stürzen ein,
und alle Mauern fallen zu Boden.
21 Und ich rufe wider ihn jeglichen
Schrecken, spricht Jahwe, der Herr;
das Schwert des einen wird gegen den
anderen sein. 22 Ich werde mit ihm
ins Gericht gehen durch Pest und Blut
und Regenstürze und Hagelsteine;
Feuer und Schwefel will ich regnen
lassen über ihn und seine Truppen und
die zahlreichen Völker, die mit ihm
sind. 23 Und ich werde mich in meiner
Größe und Heiligkeit zeigen und mich
zu erkennen geben vor den Augen der
vielen Völker, damit sie erkennen,
daß ich Jahwe bin.

39 1 Du aber, o Menschensohn,
weissage wider Gog und sprich:
Also spricht der Herr Jahwe: Siehe, ich
wende mich gegen dich, Gog, Fürst
von Rosch, Meschech und Tubal.
2 Siehe, ich führe und geleite dich und
bringe dich aus dem äußersten Norden
und führe dich auf die Berge Israels.
3 Und ich schlage dir den Bogen aus
der Linken, und aus der Rechten lasse
ich deine Pfeile fallen. 4 Auf den
Bergen Israels sollst du fallen, du
und alle deine Scharen und die Völ-
ker, die mit dir sind; den Raubvögeln
aller Art und den wilden Tieren des
Feldes gebe ich dich zum Fraß. 5 Auf
dem Felde wirst du fallen, denn ich
habe es gesagt, spricht der Herr Jahwe.
6 Und ich sende Feuer über Magog
und die in Sicherheit lebenden
Küstenbewohner, damit sie erkennen,
daß ich Jahwe bin. 7 Meinen heiligen
Namen aber tue ich kund inmitten
meines Volkes Israel und werde mei-
nen heiligen Namen künftig nicht mehr
entweihen lassen, damit die Völker
erkennen, daß ich Jahwe bin, heilig in
Israel.
8 Siehe, es kommt und es trifft ein,
spricht der Herr Jahwe; das ist der
Tag, von dem ich geredet habe.
9 Dann werden die Bewohner der
Städte Israels hinausgehen und die
Waffen, Schilde und Tartschen, Bogen
und Pfeile, Keulen und Lanzen an-
zünden und verbrennen, sieben Jahre
werden sie damit feuern. 10 Sie brau-
chen kein Holz mehr vom Felde zu
holen noch in den Wäldern zu fällen,
denn mit den Waffen machen sie
Feuer und plündern jene, die sie
geplündert, und berauben jene, die sie
beraubt haben, spricht der Herr
Jahwe.
11 An jenem Tage wird es gesche-
hen, da bestimme ich Gog einen be-
rühmten Ort als sein Grab in Israel, das
Tal Abarim im Osten des Meeres – es
bedeutet eine Sperre für die Durch-
ziehenden –, und dort wird man den
Gog und sein ganzes Gefolge begraben
und ihm den Namen geben „Tal von

→38 17 *Du bist* Üss; M: „Bist du?"
→38 17 Bei den älteren Propheten finden sich Anspielungen auf einen Einbruch feindlicher Heere in der Zukunft, vgl. z. B. Jr 3–6. Aber hier scheint Ezechiel an Propheten noch vor Jeremia zu denken.
→38 18 Bis dahin war Gog das Werkzeug Jahwes; nun aber wendet sich Jahwe gegen ihn, um ihm eine furchtbare Niederlage beizubringen.
→38 21 *jeglichen Schrecken* G; M: „alle meine Berge, das Schwert".
→39 1–20 Dieser Abschnitt ist weniger eine Dublette zu Kapitel 38, sondern vielmehr die Weiterentfaltung der letzten Verse von 38, eine ausführliche Darstellung der Niederlage Gogs und ihrer Folgen.
→39 7 *heilig in Israel* Oder vielleicht (Üss und Hss von M): „der Heilige Israels".
→39 11 *einen berühmten Ort* Üss; M: „einen Ort dort".
→39 11 *Tal Abarim* Korr.; M: „Tal der Durchziehenden". Die Abarimberge bilden das Hochland von Moab. Das „Tal" dürfte das tiefeingeschnittene Arnontal sein.
→39 11 *Tal von Hamon-Gog* D. h. „Tal der Menge, der Horde Gogs".

Hamon-Gog". 12 Begraben wird sie
das Haus Israel, um das Land zu
reinigen sieben Monate lang. 13 Be-
graben wird sie das ganze Volk des
Landes, und es wird ihnen zum Ruhm
sein an dem Tage, da ich mich ver-
herrliche, spricht der Herr Jahwe.
14 Und man wird Leute aussondern,
die ständig das Land durchziehen
müssen und die auf dem Boden des
Landes Liegengebliebenen begraben,
um es zu reinigen; sieben Monate
lang sollen sie es durchsuchen. 15 Und
wenn sie im Lande herumgehen und
es sieht einer ein Menschengebein, so
soll er dabei ein Mal errichten, bis es
die Totengräber bestattet haben im
Tal von Hamon-Gog – 16 und der
Name einer Stadt ist Hamona –, und
so werden sie das Land reinigen.

17 Und du, Menschensohn, sagt
der Herr Jahwe, sprich zu den Vögeln
aller Art und zu allen wilden Tieren
des Feldes: Sammelt euch und kommet
herbei; schart euch von allen Seiten
zusammen über meinem Opfer, das
ich euch bereiten will, ein großes
Opfer auf den Bergen Israels: esset
Fleisch und trinket Blut! 18 Das
Fleisch von Helden sollt ihr essen
und das Blut von Fürsten der Erde
trinken, Widder, Lämmer, Böcke,
Farren, Mastvieh von Baschan, sie
alle. 19 Und verzehren sollt ihr Fett,
bis ihr satt seid, und Blut trinken, bis
ihr trunken seid von meinem Opfer,
das ich euch schlachte. 20 An meiner
Tafel sollt ihr satt werden von Roß
und Reiter, von Helden und jeglichem
Kriegsmann, spricht der Herr Jahwe.

Schluß

21 So will ich meine Ehre unter den
Völkern zur Geltung bringen, und
alle Völker sollen sehen mein Gericht,
das ich halte, und meine Hand, die
ich auf sie lege. 22 Und erkennen soll
das Haus Israel, daß ich Jahwe, ihr
Gott, bin, von jenem Tage an und
immerdar. 23 Die Völker aber sollen
erkennen, daß das Haus Israel um
seiner Verschuldung willen in die
Verbannung ziehen mußte, weil sie
von mir abgefallen waren, so daß
ich mein Angesicht vor ihnen verbarg
und sie in die Gewalt ihrer Feinde gab,
und sie fielen allesamt durch das
Schwert. 24 Nach ihren Verunreini-
gungen und ihren Freveltaten habe
ich an ihnen gehandelt und mein An-
gesicht vor ihnen verborgen. 25 Darum
spricht der Herr Jahwe also: Nun will
ich das Geschick Jakobs wenden und
mich des ganzen Hauses Israel er-
barmen und für meinen heiligen Na-
men eifern.

26 Und vergessen sollen sie ihre
Schmach und alle ihre Untreuen, die
sie wider mich begangen haben, wenn
sie ruhig in ihrem Lande leben, ohne
daß einer sie aufschreckt, 27 wenn
ich sie aus den Völkern heimhole und
sie aus den Händen ihrer Feinde
sammle und mich an ihnen heilig
erweise vor den Augen vieler Völker.
28 Und sie werden erkennen, daß ich
Jahwe, ihr Gott, bin, da ich sie in die
Verbannung zu den Völkern führte,
sie aber nun in ihrem Lande wieder
zusammenbringe und keinen mehr
von ihnen dort zurücklasse. 29 Und
nicht mehr will ich mein Angesicht
vor ihnen verbergen, nachdem ich
meinen Geist ausgegossen habe über
das Haus Israel, spricht der Herr
Jahwe.

IV. DIE „TORA" DES EZECHIEL

Der zukünftige Tempel

40 1 Im fünfundzwanzigsten Jahre
unserer Verbannung, am An-
fang des Jahres, am Zehnten des
Monats, im vierzehnten Jahre nach
der Eroberung der Stadt, an eben-

→39 14 *begraben* Danach Zusatz in M: „die Durchziehenden"; fehlt in G, S. Ein einziger, auf dem Boden liegengebliebener Leichnam hätte das Land verunreinigt; es werden aber sieben Monate notwendig sein, um die vielen Toten zu begraben.
→39 16 *einer Stadt* Der Stadt, die dem Leichenfeld am nächsten liegt.
→39 21–29 Dieses Stück bildet nicht den Schluß des Spruches gegen Gog, sondern des ganzen Abschnittes; es ist eine Zusammenfassung der Verkündigung Ezechiels, wie sie bereits in 5 8.10; 28 26; 34 30 usw. zum Ausdruck kam.
→40 1 – 48 35 *(Die „Tora" des Ezechiel)* Der letzte Teil des Buches Ezechiel, 40–48, enthält einen ausgearbeiteten Verfassungsentwurf für die religiöse und politische Wiederherstellung des Volkes Israel in Palästina. Der Prophet ist von der vergangenen Geschichte, die er gut kannte, geprägt, aber zugleich bemüht, die alte Gesetzgebung den neuen Bedingungen anzupassen und aus den Erfahrungen der

diesem Tage kam über mich die Hand
Gottes, und er brachte mich 2 in
göttlichen Gesichten in das Land
Israel und versetzte mich auf einen
sehr hohen Berg, und auf diesem war
im Süden etwas wie der Bau einer
Stadt. 3 Er brachte mich dorthin,
und siehe, da erschien ein Mann,
dessen Aussehen war wie von Erz; er
hatte eine leinene Schnur in der Hand
und eine Maßrute. Er stand am Tor.
4 Und der Mann sprach zu mir:
„Menschensohn, sieh mit deinen Au-
gen hin, und höre mit deinen Ohren zu,
und gib genau acht auf das, was ich
dir zeigen werde, denn du bist hierher
gebracht worden, damit es dir gezeigt
werde. Verkünde alles, was du siehst,
dem Hause Israel!"

Die äußere Mauer

5 Und siehe, eine Mauer umgab
von außen den Tempel ringsum, und
in der Hand des Mannes war die
Maßrute von sechs Ellen, zu einer
Elle und einer Handbreite gerechnet,
und er maß die Dicke des Bauwer-
kes: eine Rute, und die Höhe: eine
Rute.

Das Osttor

6 Dann kam er zu dem Tor, dessen
Vorderseite nach Osten lag, und stieg
die Stufen empor und maß die Schwelle
des Tores: eine Rute in der Breite.
7 Und die Nische: eine Rute in der
Länge und eine Rute in der Breite,
und den Pfeiler zwischen den Nischen:
fünf Ellen, und die Schwelle des Tores
an der Seite der Vorhalle des Tores von
innen: eine Rute. 9 Und er maß die
Vorhalle des Tores: acht Ellen, und
ihre Pfeiler: zwei Ellen. 10 Die Nischen
des Tores in Ostrichtung: drei hüben
und drei drüben, alle drei von gleichem
Maß, und die Pfeiler ebenso von
gleichem Maß hüben wie drüben.
11 Und er maß die Breite des Tor-
einganges: zehn Ellen, die Länge des
Tores: dreizehn Ellen. 12 Vor den
Nischen war eine Wehr, je eine Elle
hüben wie drüben, die Nische aber
hatte sechs Ellen hüben und sechs
Ellen drüben. 13 Dann maß er das
Tor von der Rückwand der Nische
bis zur anderen Rückwand, die Breite
war fünfundzwanzig Ellen von Tür zu
Tür. 14 Er maß auch die Vorhalle:
zwanzig Ellen, die Vorhalle stieß
ringsherum an das Tor. 15 Von der
Vorderseite des Toreinganges bis zur
Vorderseite des Tores nach innen zu:
fünfzig Ellen. 16 Und vergitterte
Fenster waren an den Nischen und
ihren Pfeilern nach innen am Tore
ringsherum, und ebenso waren Fenster
an der Vorhalle ringsum nach innen
zu, und an den Pfeilern waren Palmen
hüben wie drüben.

Der äußere Vorhof

17 Dann brachte er mich zum

---

jüngsten Geschichte zu lernen, um die Versuchungen und Mißbräuche, die ins Verderben geführt haben, von Israel fernzuhalten. Ezechiel erscheint hier als Organisator, der den seit langem gesehenen und gewünschten Reformen Gestalt geben will. Seine vorangehenden Verheißungen einer Erneuerung und eines innerlich-geistigen Bundes forderten eine Neuordnung der Gemeinde. Da er in einer Zeit lebte, wo alles in Israel neu aufzubauen war, konnte er dem entstehenden Judentum eine Grundverfassung geben, die allen künftigen Bemühungen und Hoffnungen – von Esra angefangen bis zum himmlischen Jerusalem der Offenbarung des Johannes – zugrunde liegen wird. Diesen ganzen Teil wird der christliche Leser vom Ideal der Heiligkeit, 4423; 437, und der Gegenwart Gottes, 4835, her verstehen, das in der Kirche Wirklichkeit geworden ist.

→401 September/Oktober 573 v. Chr.

→401–2 *und er brachte mich in göttlichen Gesichten* G; M: „und er brachte mich dorthin. In göttlichen Gesichten brachte er mich".

→402 *Stadt* Offensichtlich Jerusalem, aber ein größeres und idealisiertes Jerusalem.

→403 *ein Mann* Offenbar ein Engel, der dem Propheten die Deutung seiner Schau gibt. Diese auf die Engel übertragene Deuterrolle ist ein Zug des späten Prophetentums, vgl. Dn 816; 921f; 105f; Sach 18; 22 usw.

→405 *zu einer Elle und einer Handbreite gerechnet* Anscheinend gab es zwei Maße der Elle: die gewöhnliche Elle zu sechs Handbreiten und die ältere „große Elle" zu sieben Handbreiten. Ezechiel sagt ausdrücklich, daß er letztere verwendet, die „einer (gewöhnlichen) Elle und einer Handbreite" entspricht; vgl. Übersicht über die Maße im Anhang.

→406 *Tor* Die drei Tore des äußeren Vorhofes sind ähnlich; nur das Osttor wird eingehend beschrieben.

→407 Danach Zusatz in M von v. 8: „Er maß die Vorhalle des Tores auf der Innenseite: eine Rute"; fehlt in Üss.

→4013 *bis zur anderen Rückwand* Korr.; M: „bis zu seinem Dach".

→4014 *er maß* Korr.; M: „Er machte".

→4014 *die Vorhalle* G; M: „die Pfeiler".

→4014 *die Vorhalle stieß ringsherum an das Tor* Unsichere Übersetzung.

→4016 *vergitterte Fenster* Unsichere Übersetzung. Die komplizierte Toranlage, der einzige Durchlaß in der Mauer, soll die Überwachung der Eintretenden ermöglichen. Für Ezechiel muß der Tempel von Fremden und Gottlosen rein gehalten werden.

äußeren Vorhof, und siehe, da waren
Zellen und ein Steinpflaster im Vorhof
ringsum; dreißig Zellen waren auf dem
Steinpflaster. 18 Das Steinpflaster
befand sich seitlich der Tore ent-
sprechend der Länge der Tore; das
war das untere Steinpflaster. 19 Und
er maß die Breite des Vorhofes von der
Vorderseite des unteren Tores bis zur
Vorderseite des inneren Tores drau-
ßen: hundert Ellen von Osten nach
Norden.

Das Nordtor

20 Und er führte mich nach Nor-
den, und siehe, da war ein Tor, dessen
Vorderseite nach Norden ging zum
äußeren Vorhof; er maß seine Länge
und Breite. 21 Und seine Nischen,
drei hüben und drei drüben, und seine
Pfeiler und seine Vorhalle waren ent-
sprechend dem Maß des ersten Tores:
fünfzig Ellen lang und fünfundzwanzig
Ellen breit. 22 Und seine Fenster und
seine Vorhalle und seine Palmen waren
wie bei dem Tore, dessen Vorderseite
nach Osten lag; auf sieben Stufen
stieg man empor; seine Vorhalle aber
war nach innen zu. 23 Ein Tor war
da zu dem inneren Vorhof gegenüber
dem Nordtor, wie beim Osttor, und
er maß von Tor zu Tor: hundert Ellen.

Das Südtor

24 Dann führte er mich nach Süden,
und siehe, da war ein Tor, das nach
Süden ging, und er maß seine Nischen
und seine Pfeiler und seine Vorhalle;
es waren dieselben Maße. 25 Es hatte
Fenster ringsum, wie auch seine Vor-
halle, gleich jenen Fenstern; fünfzig
Ellen betrug die Länge und fünfund-
zwanzig Ellen die Breite. 26 Auf sie-
ben Stufen stieg man empor, seine
Vorhalle lag nach innen zu und hatte
Palmen an den Pfeilern, eine hüben,
eine drüben. 27 Und ein Tor zu dem
inneren Vorhof war da in der Richtung
nach Süden: hundert Ellen.

Der innere Vorhof. Das Südtor

28 Alsdann brachte er mich zu dem
inneren Vorhof beim Südtor, und er
maß das Südtor, es hatte dieselben
Maße. 29 Und seine Nischen und
seine Pfeiler und seine Vorhalle hatten
die gleichen Maße; es hatte auch
Fenster ringsum gleich der Vorhalle:
fünfzig Ellen war die Länge und fünf-
undzwanzig Ellen die Breite. 30 Die
Vorhallen ringsum waren fünfund-
zwanzig Ellen lang und fünf Ellen
breit. 31 Seine Vorhalle aber lag nach
dem äußeren Vorhof zu, und Palmen
waren an seinen Pfeilern, acht Stufen
bildeten den Aufgang.

Das Osttor

32 Und er brachte mich zur Pforte,
die nach Osten ging, und maß das
Tor; es waren dieselben Maße. 33 Und
seine Nischen und seine Pfeiler und
seine Vorhalle entsprachen diesen
Maßen. Und Fenster hatte es wie
auch die Vorhalle ringsum. Die Länge
betrug fünfzig Ellen und die Breite
fünfundzwanzig Ellen. 34 Seine Vor-
halle lag nach dem äußeren Vorhof zu,
und Palmen waren an seinen Pfeilern
hüben wie drüben, und acht Stufen
bildeten seinen Aufgang.

Das Nordtor

35 Alsdann brachte er mich zu dem
Nordtor und maß es; es waren die-
selben Maße. 36 Es hatte seine Nischen
und seine Pfeiler und seine Vorhalle
und Fenster ringsum, fünfzig Ellen
lang und fünfundzwanzig Ellen breit.
37 Seine Vorhalle lag nach dem äuße-
ren Vorhof zu, und Palmen waren an
seinen Pfeilern hüben wie drüben, und
acht Stufen bildeten seinen Aufgang.

Nebenräume der Tore

38 Eine Zelle war da, ihr Eingang
war in der Vorhalle der Tore; dort
spülte man das Brandopfer ab. 39 Und
in der Vorhalle des Tores waren zwei
Tische auf der einen und zwei Tische
auf der anderen Seite, um darauf das
Brandopfer und das Sündopfer und
das Schuldopfer zu schlachten. 40 Und
an der Seite außerhalb am Eingang
des Tores nach Norden zu waren
zwei Tische, und an der anderen Seite
der Vorhalle des Tores waren eben-
falls zwei Tische; 41 vier Tische hier
und vier Tische dort auf der anderen
Seite des Tores, acht Tische, auf denen

→40₁₉ *des Vorhofes* G; fehlt in M.
→40₂₂ *nach innen zu* G; M: „nach ihrer Vorderseite"; ebenso in v. 26.
→40₂₃ *wie beim Osttor* G; M: „und nach Osten".
→40₂₄ *seine Nischen* G; fehlt in M.
→40₃₂ *zur Pforte, die nach Osten ging* G; M: „zum äußeren Vorhof, nach Osten".
→40₃₆ *seine Nischen und seine Pfeiler* M (Kere), G; M (Ketib): „seine Nische und seinen Pfeiler".
→40₃₇ *Seine Vorhalle* G; M: „Sein Pfeiler".
→40₃₈ *in der Vorhalle der Tore* G; M: „an den Pfeilern der Tore". Die genaue Lage der Zellen ist schwer anzugeben.

man schlachtete. 42 Und vier Tische
für das Brandopfer waren da aus ge-
hauenen Steinen, anderthalb Ellen
lang, anderthalb Ellen breit und eine
Elle hoch; darauf legte man die Ge-
räte zum Schlachten der Brandopfer
und der Schlachtopfer. 43 Ein Rand
von einer Handbreite war rings nach
innen zu angebracht, und auf den
Tischen lag das Opferfleisch.

44 Dann brachte er mich zum inne-
ren Vorhof, und siehe, da waren zwei
Zellen im inneren Vorhof, eine zur
Seite des Nordtores, und ihre Vorder-
seite war nach Süden gerichtet, und
eine zur Seite des Südtores, und ihre
Vorderseite war nach Norden gerich-
tet. 45 Und er sprach zu mir: „Diese
Zelle, deren Vorderseite nach Süden
gerichtet ist, ist für die Priester, die den
Tempeldienst versehen. 46 Und die
Zelle, deren Vorderseite nach Norden
gerichtet ist, ist für die Priester, die
den Altardienst versehen. Das sind
die Söhne Zadoks, die von den Söhnen
Levis Jahwe nahen dürfen, um ihm
zu dienen."

Der innere Vorhof

47 Und er maß den Vorhof: hundert
Ellen lang und hundert Ellen breit,
ein Viereck, und der Altar stand vor
dem Tempel.

Der Tempel. Die Vorhalle

48 Dann brachte er mich zur Vor-
halle des Tempels und maß die Pfeiler
der Vorhalle: fünf Ellen hier und fünf
Ellen dort, und die Breite des Tores: drei
Ellen hier und drei Ellen dort. 49 Die
Länge der Vorhalle betrug zwanzig
Ellen und die Breite zwölf Ellen. Auf
zehn Stufen stieg man zu ihr empor.
Und Säulen waren an den Pfeilern,
eine hier und eine dort.

Die Tempelhalle

41 1 Danach brachte er mich zum
Hauptraum und maß die Pfeiler:
sechs Ellen breit hier und sechs Ellen
breit dort. 2 Die Breite des Eingangs:
zehn Ellen, und die Seitenwände des
Eingangs: fünf Ellen hier und fünf
Ellen dort; und er maß ihre Länge:
vierzig Ellen, und ihre Breite: zwanzig
Ellen.

Das Allerheiligste

3 Dann trat er in das Innere ein und
maß den Pfeiler des Eingangs: zwei
Ellen, und die Breite des Eingangs:
sechs Ellen, und die Seitenwände des
Eingangs: sieben Ellen hier und dort.
4 Und er maß seine Länge: zwanzig El-
len, und die Breite: zwanzig Ellen, an
der Vorderseite der Tempelhalle, und
sagte zu mir: „Das ist das Aller-
heiligste."

Die Seitengebäude

5 Und er maß die Mauer des Tem-
pels: sechs Ellen, und die Breite des
Anbaus: vier Ellen, rings um den
Tempel herum. 6 Und die Seiten-
räume, Seitenraum über Seitenraum,
waren dreißig in drei Stockwerken;
und Absätze waren in der Mauer, die
nach innen den Seitenräumen zuge-
wandt ist, die als Stützen dienen
sollten; in der Tempelwand aber
waren keine Stützen. 7 Und die
Seitenräume verbreiterten sich von
einem Stockwerk zum anderen, denn
sie umgaben in Stockwerken den
Tempel ringsum; darum . . . 8 Und
ich sah rings um den Tempel ein
erhöhtes Pflaster. Die Fundamente
der Seitengebäude betrugen eine volle
Rute: sechs Ellen. 9 Die Dicke der
Mauer des Anbaus nach außen hin
betrug fünf Ellen; ein freier Platz war
zwischen den Seitengebäuden des
Tempels 10 und zwischen den Zellen
in einer Breite von zwanzig Ellen
rings um den Tempel herum. 11 Die
Tore des Anbaus gingen auf den
freien Platz, ein Tor nach Norden und
ein Tor nach Süden, und die Breite

→40 43 *Ein Rand* Üss.

→40 44 *Dann brachte er mich zum inneren Vorhof, und siehe, da waren zwei Zellen . . . eine* G; M: „Und außen am inneren Tor waren Sängerzellen, die".

→40 44 *des Südtores* G; M: „des Osttores".

→40 48 f *(Der Tempel)* Der eigentliche Tempel mit seinen drei Teilen: *Ulam* oder Vorhalle, *Hekal* oder Tempelhalle (das „Heilige"), *Debir* oder Heiligtum (das „Allerheiligste"), ist eine fast genaue Wiedergabe des Salomonischen Tempels, 1 Kg 6. Deshalb hält sich Ezechiel hierbei weniger als bei den anderen Teilen auf, deren Anlage eine wirkliche Reform darstellt.

→40 48 *die Pfeiler der* Korr.; M: „zur".

→40 49 *zehn Stufen* G; M: „Stufen, welche".

→41 1 Zusatz in M: „die Breite des Zeltes"; fehlt in Hss von M, G.

→41 5–11 Solche Anbauten gab es auch beim Salomonischen Tempel, 1 Kg 6 5–6. Ihre Anlage bleibt hier für uns dunkel, ihre Bestimmung wird nicht angegeben. Sie werden manchmal als „Schatzkammer" des Tempels angesehen.

→41 6 *dreißig in drei Stockwerken* S; M: „dreiunddreißig Stockwerke".

→41 7 Das Versende ist unverständlich.

→41 8 Am Versende in M ein unverständliches Wort.

des freien Platzes betrug ringsum
fünf Ellen.

Das westliche „Gebäude“

12 Der Bau aber, der vor dem
abgesperrten Gebiet an der Westseite
lag, hatte eine Breite von siebzig Ellen,
und die Mauer des Gebäudes hatte
eine Dicke von fünf Ellen ringsum
und eine Länge von neunzig Ellen.
13 Dann maß er das Tempelhaus;
es hatte eine Länge von hundert Ellen,
das abgesperrte Gebiet und das Ge-
bäude samt seinen Mauern die Länge
von hundert Ellen. 14 Die Breite der
Vorderseite des Tempelhauses mit
dem abgesperrten Gebiet im Osten
hundert Ellen. 15 Sodann maß er die
Länge des Gebäudes vor dem abge-
sperrten Gebiet mit seinen Mauern
hüben und drüben: hundert Ellen.

Die Innenausstattung

Das Innere des Hekal und die Vor-
halle des Vorhofes, 16 die Schwellen
und die vergitterten Fenster und die
Torrahmen in drei Teilen ringsum
gegenüber der Schwelle waren mit
gehobeltem Holz bedeckt, ringsum
vom Boden bis zu den Fenstern, die
Fenster aber waren mit Gittern be-
deckt. 17 Über dem Eingang bis zum
Innersten und außen und an allen
Wänden ringsum innen und außen
18 waren Kerube angebracht und
Palmen, und zwar je eine Palme zwi-
schen Kerub und Kerub, und jeder
Kerub hatte zwei Gesichter, 19 ein
Menschengesicht nach der Palme zu
auf der einen Seite und ein Löwen-
gesicht nach der Palme zu auf der
anderen Seite. So war es gemacht am
ganzen Tempel ringsum. 20 Vom
Boden bis über den Eingang waren
die Kerube und die Palmen ange-
bracht. 21 Die Tempelhalle hatte
viereckige Türpfosten.

Der Holzaltar

Vor dem Allerheiligsten war etwas,
das aussah wie 22 ein Altar aus Holz
von drei Ellen Höhe und zwei Ellen
Länge und zwei Ellen Breite, und seine
Ecken, sein Sockel und seine Wände
waren aus Holz. Und er sprach zu
mir: „Das ist der Tisch, der vor
Jahwe steht.“

Die Türflügel

23 Die Tempelhalle hatte zwei Tür-
flügel, und das Allerheiligste 24 hatte
zwei Türflügel. Zwei drehbare Tür-
blätter hatten die Türflügel, zwei der
eine Flügel und zwei der andere Flügel.
25 Auf den Türflügeln der Tempel-
halle waren Kerube und Palmen
angebracht, wie sie auf den Wänden
angebracht waren, und ein Schutzdach
aus Holz war vor der Vorhalle
draußen. 26 Und vergitterte Fenster
und Palmen waren hüben und drüben
an den Seitenwänden der Vorhalle,
und die Seitengemächer des Tempels
und die Schutzdächer.

Die Nebengebäude des Tempels

42 1 Alsdann führte er mich in den
äußeren Vorhof in der Richtung
nach Norden und brachte mich zu
der Zelle, die gegenüber dem abge-
sperrten Platz und dem Gebäude
nach Norden zu lag. 2 Die Länge
betrug hundert Ellen an der Nord-
seite, die Breite fünfzig Ellen. 3 Gegen-
über den Toren im inneren Vorhof
und gegenüber dem Steinpflaster im
äußeren Vorhof waren Galerien
einander gegenüber in drei Stock-
werken. 4 Und vor den Zellen war ein
Gang von zehn Ellen Breite nach
innen und hundert Ellen Länge, und
ihre Türen gingen nach Norden. 5 Die
oberen Zellen waren verkürzt, denn
die Galerie nahm ihnen Raum weg im
Vergleich zu den unteren und mittle-
ren. 6 Denn sie waren dreistöckig und
hatten keine Säulen wie die Säulen
der Vorhöfe. Darum war ihnen Raum
weggenommen im Vergleich zu den
unteren und mittleren. 7 Und eine
Mauer, die draußen parallel den
Zellen in der Richtung nach dem
äußeren Vorhof gegenüber den Zellen
lief, hatte eine Länge von fünfzig
Ellen. 8 Denn die Länge der Zellen,
die am äußeren Vorhof lagen, betrug
fünfzig Ellen und jener vor dem Tem-
pel hundert Ellen. 9 Unterhalb dieser

→41 12–15 Ein solches „Gebäude“, wahrscheinlich eine weite, nicht gedeckte Halle, deren Bedeutung uns unbekannt ist, gab es anscheinend im Salomonischen Tempel nicht, vgl. aber 2 Kg 23 11 und 1 Chr 26 18.

→41 16 *in drei Teilen* Unsichere Übersetzung.

→41 16 *vom Boden* Korr.; M: „und der Boden“.

→41 18 *angebracht* G.

→41 22 *und zwei Ellen Breite* G; fehlt in M.

→42 1–20 Die verschiedenartigen, in diesem Kapitel zusammengestellten Angaben bleiben für uns dunkel.

→42 2 *an der Nordseite* G; M: „Nordtor“.

→42 3 *den Toren* G; M: „den zwanzig“.

→42 4 *hundert Ellen Länge* Üss; M: „ein Weg von einer Elle“.

Zellen war der Zugang von Osten her,
wenn man vom äußeren Vorhof kam.
10 In der Breite der Mauer des
Vorhofes in südlicher Richtung vor
dem abgesperrten Platz und vor dem
Gebäude waren ebenfalls Zellen.
11 Ein Gang war davor, und sie sahen
aus wie die Zellen, die nach Norden
lagen, sowohl in ihrer Länge wie in
ihrer Breite, mit allen ihren Ausgängen
und sonstigen Einrichtungen. 12 Die
Eingänge der südlichen Zellen waren
wie die Eingänge der ersten Zelle.
13 Und er sprach zu mir: Die Nordzel-
len und die Südzellen, welche vor dem
abgesperrten Platz liegen, das sind
die Zellen des Allerheiligsten, wo die
Priester, die Jahwe nahen dürfen, die
hochheiligen Gaben essen sollen;
dort sollen sie die hochheiligen Gaben
niederlegen, das Speiseopfer, das
Sündopfer und das Schuldopfer, denn
der Ort ist heilig. 14 Und wenn die
Priester vom Dienst kommen, so
sollen sie nicht aus dem Heiligtum in
den äußeren Vorhof gehen, sondern
dort ihre Kleider ablegen, in denen sie
ihren Dienst verrichtet haben, denn sie
sind heilig, und sie sollen sich andere
Kleider anlegen und erst dann dem
für das Volk bestimmten Platz nahen.

Die Maße des Vorhofs

15 Und als er die Messung der
inneren Tempelgebäude beendet hatte,
brachte er mich hinaus zu dem Tor,
dessen Vorderseite in der Richtung
nach Osten liegt, und maß ringsum.
16 Er maß die Ostseite mit der Maß-
rute: fünfhundert Ellen. Dann wandte
er sich und 17 maß die Nordseite:
fünfhundert Ellen mit der Maßrute.
Und er wandte sich und 18 maß die
Südseite und maß: fünfhundert Ellen
mit der Maßrute. 19 Er wandte sich
und maß die Westseite: fünfhundert
Ellen mit der Maßrute. 20 An den
vier Seiten maß er. Und eine Mauer
hatte es ringsum, fünfhundert Ellen
lang und fünfhundert Ellen breit, um
das Heilige vom Profanen zu scheiden.

Jahwes Rückkehr

43 1 Dann führte er mich zu dem
Tor, das nach Osten gerichtet
ist. 2 Und siehe, die Herrlichkeit des
Gottes Israels kam von Osten her, und
seine Stimme war wie das Rauschen
vieler Wasser, und die Erde leuchtete
von seiner Herrlichkeit. 3 Es war eine
Erscheinung gleich der, die ich ge-
schaut hatte, als er kam, um die Stadt
zu vernichten, eine Erscheinung gleich
der, die ich am Flusse Kebar geschaut
hatte, und ich fiel auf mein Angesicht.
4 Und die Herrlichkeit Jahwes zog
in den Tempel ein durch das Tor, das
nach Osten gerichtet war. 5 Da hob
mich ein Geist empor und brachte
mich in den inneren Vorhof, und siehe,
der Tempel war voll der Herrlichkeit
Jahwes. 6 Und ich hörte jemand vom
Tempel her zu mir reden, während
der Mann noch neben mir stand.
7 Er sprach zu mir: „Menschensohn,
dies ist die Stätte meines Thrones, die
Stätte meiner Fußsohlen, wo ich in-
mitten der Söhne Israels auf ewig
wohnen will. Nicht mehr soll das
Haus Israel, weder sie noch ihre
Könige, meinen heiligen Namen ver-
unreinigen durch ihre Abgötterei und
die Leichen ihrer Könige, 8 indem
sie ihre Schwelle neben meine Schwelle
und ihre Pfosten neben meinen
Pfosten setzen, so daß nur eine Wand
zwischen mir und ihnen war, und sie
verunreinigten meinen heiligen Namen
durch ihre Greuel, die sie verübten;
ich aber vernichtete sie in meinem
Grimm. 9 Nun sollen sie ihre Ab-
götterei und die Leichen ihrer Könige
von mir fernhalten, so werde ich unter
ihnen wohnen auf ewig.
10 Und du, Menschensohn, be-
schreibe dem Hause Israel den Tempel,
seine Maße und seine Einrichtungen.
11 Und wenn sie sich schämen ob all
dem, was sie getan haben, zeichne den
Tempel und seine Einrichtung, seine
Ausgänge und seine Eingänge und
seine ganze Anlage, und tue ihnen
kund all seine Satzungen und Ge-
setze, und schreibe sie vor ihren Augen
auf, auf daß sie alle diese Gesetze und
Satzungen beobachten und ausführen.
12 Das ist die Satzung des Tempels:
Auf dem Gipfel des Berges soll sein
ganzes Gebiet ringsum hochheilig
sein."

→42 10 *in südlicher Richtung* G; M: „in östlicher Richtung".
→42 16 *fünfhundert Ellen* Üss; M: „fünf Ellen von Ruten".
→43 1–12 Die Vision von Jahwes Rückkehr entspricht stark der Vision von seinem Aufbruch, 10 18–19; 11 22–23.
→43 6 *jemand* Es ist Jahwe selbst; nicht der Engel, der den Propheten begleitet.
→43 7 Zusatz in M am Versende: „ihre Höhen"; in G: „in ihrer Mitte".
→43 8 Der alte Tempel schloß sich unmittelbar an den Salomonischen Königspalast an, 1 Kg 7 8. Ezechiel verlegt den Palast in einen anderen Stadtteil und reserviert den Osthügel für den Tempel allein.

Der Altar

13 Dies sind die Maße des Altares
in Ellen, die Elle zu einer Elle und
einer Handbreite gerechnet. Sein
Sockel war eine Elle hoch und eine
Elle breit und seine Einfassung am
Rande ringsum eine Spanne. Und
dies ist die Höhe des Altares: 14 von
dem Sockel am Boden bis zu dem
unteren Absatz zwei Ellen und die
Breite eine Elle, und von dem kleinen
Absatz bis zu dem größeren Absatz
vier Ellen und die Breite eine Elle.
15 Der Opferherd hatte vier Ellen, und
von dem Opferherd ragten vier Hör-
ner empor. 16 Der Opferherd war
zwölf Ellen lang bei einer Breite von
zwölf Ellen, viereckig nach seinen vier
Seiten. 17 Und der Absatz war vier-
zehn Ellen lang und vierzehn Ellen
breit an den vier Seiten, und die Ein-
fassung, die ihn rings umgab, war
eine halbe Elle, der Sockel, auf dem
er lag, eine Elle ringsum. Die Stufen
aber waren nach Osten gerichtet.

Die Weihe des Altars

18 Da sprach er zu mir: Menschen-
sohn, also spricht der Herr Jahwe:
Das sind die Satzungen für den Altar.
Am Tage, da er fertig sein wird, um
darauf Brandopfer darzubringen und
Blut darauf zu sprengen, 19 sollst
du den levitischen Priestern aus der
Nachkommensehaft Zadoks, die mir
nahen dürfen, so spricht der Herr
Jahwe, um mir zu dienen, ein männ-
liches junges Rind als Sündopfer
übergeben. 20 Und du sollst von
seinem Blut nehmen und es an die
vier Hörner des Altares streichen und
an die vier Ecken des Absatzes und
an die Einfassung ringsum und sollst
ihn entsündigen und entsühnen.
21 Dann sollst du das junge Rind des
Sündopfers nehmen, daß man es auf
dem dazu bestimmten Platz des Tem-
pels außerhalb des Heiligtums ver-
brenne. 22 Und am zweiten Tage sollst
du einen fehlerlosen Ziegenbock als
Sündopfer darbringen, und sie sollen
den Altar entsündigen, wie sie ihn mit
dem Jungrind entsündigt haben.
23 Und wenn sie die Entsündigung
beendet haben, sollst du ein fehler-
loses junges Rind und einen fehler-
losen Widder von den Schafen dar-
bringen. 24 Diese sollst du vor Jahwe
darbringen, und die Priester sollen
Salz darauf streuen und sie als Brand-
opfer darbringen. 25 Sieben Tage
sollst du täglich einen Bock als Sünd-
opfer herrichten, und ein junges Rind
und einen Widder, fehlerlose Tiere,
sollen sie herrichten. 26 Sieben Tage
lang sollen sie den Altar entsündigen
und ihn reinigen und weihen. 27 Und
nach Ablauf dieser Tage, am achten
Tage, und weiterhin, sollen die Priester
auf dem Altare eure Brandopfer und
eure Gemeinschaftsopfer herrichten,
und ich will euch in Gnade aufnehmen,
spricht Jahwe, der Herr.

Verwendung des Osttores

44 1 Dann führte er mich zu dem
äußeren Tor des Heiligtums,
das nach Osten gerichtet ist, aber es
war verschlossen. 2 Und Jahwe sprach
zu mir: Dieses Tor soll verschlossen
bleiben. Es soll nicht geöffnet werden,
und niemand soll durch dasselbe ein-
gehen, denn Jahwe, der Gott Israels,
ist durch dasselbe eingezogen; deshalb
soll es verschlossen bleiben. 3 Nur der
Fürst darf sich darin niederlassen zum
Mahle vor Jahwe. Durch die Vorhalle
des Tores soll er eintreten und auf dem-
selben Wege wieder hinausgehen.

Satzung für den Einlaß zum Tempel

4 Alsdann brachte er mich in der
Richtung des Nordtores zur Vorder-
seite des Tempels, und ich schaute,
und siehe, die Herrlichkeit Jahwes
erfüllte den Tempel Jahwes, und ich
fiel auf mein Angesicht. 5 Da sagte
Jahwe zu mir: Menschensohn, gib gut
acht, schau mit deinen Augen und
höre mit deinen Ohren, was ich mit dir
reden will in bezug auf alle Satzungen
und Bestimmungen des Jahwetempels,
und gib acht auf alle, die in den Tem-
pel kommen dürfen, und jene, die
vom Heiligtum ausgeschlossen sind.
6 Sprich zu dem widerspenstigen
Hause Israel: So spricht der Herr
Jahwe: Nun ist es genug mit all euren
Greueln, Haus Israel, 7 daß ihr
Fremde eingelassen habt, unbeschnit-
ten an Herz und Fleisch, daß sie in
meinem Heiligtum waren, es zu ent-
weihen, wenn ihr mein Mahl, Fett
und Blut, darbrachtet; so habt ihr
durch eure Greuel meinen Bund ge-

→43 13 *die Höhe* G; M: „der Sockel".
→44 3 Vgl. 46 1–2. Es handelt sich offenbar um ein kultisches Mahl, vielleicht um jenes, das zum Gemeinschaftsopfer gehörte, Lv 7 15; Dt 12 7.18.
→44 5 *und gib acht ...* Unsichere Übersetzung. M: „und gib acht auf den Eingang des Tempels, in allen Ausgängen des Heiligtums".
→44 7 *so habt ihr* Üss; M: „so haben sie".

brochen. 8 Den Dienst an meinem
Heiligtum habt ihr nicht wahrgenom-
men und habt statt dessen sie bestellt,
daß sie den Dienst an meinem Heilig-
tum besorgen. 9 Darum spricht also
der Herr Jahwe: Kein Fremdling,
unbeschnitten an Herz und Fleisch,
darf mein Heiligtum betreten, keiner
der Fremden, die unter den Söhnen
Israels leben.

Die Leviten

10 Die Leviten, die sich von mir
trennten, als Israel von mir sich los-
sagte und seinen Götzen nachlief, sie
sollen ihre Schuld büßen. 11 Sie sollen
in meinem Heiligtum Dienst tun als
Wächter an den Tempeltoren, als
Tempeldiener, sie sollen die Brand-
opfer und die Schlachtopfer für das
Volk schlachten und ihm als Diener
zur Verfügung stehen. 12 Darum, daß
sie ihnen vor ihren Götzen gedient
und dem Hause Israel Anlaß zur Ver-
schuldung geworden sind, darum habe
ich meine Hand wider sie erhoben,
spricht Jahwe, der Herr, sie sollen ihre
Schuld büßen. 13 Sie sollen mir nicht
nahen, um mir als Priester zu dienen,
um sich allem, was mir heilig ist, ja
dem Hochheiligen zu nahen, sondern
sie sollen ihre Schmach tragen und die
Greuel büßen, die sie verübt haben.
14 So bestimme ich sie zur Pflege des
Tempeldienstes, für alle seine Arbei-
ten und was immer es darin zu tun
gibt.

Die Priester

15 Die levitischen Priester aber, die
Söhne Zadoks, die den Dienst an
meinem Heiligtum versehen haben,
als die Söhne Israels von mir abirrten,
sie sollen mir nahen, um mir zu dienen,
und sollen vor mir stehen, um mir
Fett und Blut darzubringen, spricht
Jahwe, der Herr. 16 Sie sollen mein
Heiligtum betreten und sollen meinem
Tische nahen, um mir zu dienen, sie
sollen meinen Dienst versehen.
17 Wenn sie in die Tore des inneren
Vorhofes eintreten, sollen sie linnene
Gewänder anziehen; Wolle soll nicht
an sie kommen, wenn sie in den Toren
des inneren Vorhofes und im Tempel
Dienst tun. 18 Linnene Kopfbinden
sollen sie auf dem Haupte tragen und
linnene Beinkleider um die Lenden.
Nicht sollen sie sich umgürten . . .
19 Und wenn sie in den äußeren Vor-
hof zum Volk hinausgehen, sollen sie
ihre Gewänder, in denen sie Dienst
getan haben, ausziehen und sie in den
Zellen des Heiligtums niederlegen
und andere Kleider anziehen, um
nicht das Volk durch ihre Kleider zu
heiligen. 20 Ihr Haupt sollen sie nicht
kahl scheren, aber auch das Haar nicht
lang wachsen lassen, sondern ihr
Haupt ordentlich scheren. 21 Wein
soll kein Priester trinken, wenn sie
in den inneren Vorhof gehen. 22 Und
eine Witwe oder Verstoßene sollen
sie nicht zum Weibe nehmen, sondern
nur Jungfrauen aus der Nachkom-
menschaft des Hauses Israel; eine
Witwe jedoch, die die Witwe eines
Priesters ist, dürfen sie heiraten.
23 Und mein Volk sollen sie unter-
richten über den Unterschied von
Heilig und Profan und ihm den Unter-
schied von Unrein und Rein bei-
bringen. 24 In Streitfällen sollen sie zu
Gericht sitzen und sollen darüber

→44 8 Wahrscheinlich Anspielung auf die Tatsache, daß man selbst für den Dienst am Tempel in Jerusalem Fremde verwendete, die mehr oder weniger gleichgestellt waren, Jos 9 27; Dt 29 10.

→44 9 Am Herodianischen Tempel zur Zeit Jesu war folgende Inschrift angebracht, von der mehrere Exemplare in Stein gefunden wurden: „Kein Fremder darf den Bezirk innerhalb der Tempelschranken betreten. Wer ertappt wird, zieht sich selbst die Todesstrafe zu, die darauf steht."

→44 10 Die Leviten wirkten häufig an den Höhenheiligtümern. Als diese Heiligtümer durch das Deuteronomium und die Reform des Josija abgeschafft wurden, verloren die Leviten damit auch ihren Lebensunterhalt und waren entweder auf Mildtätigkeit angewiesen, Dt 12 12.18 usw., oder mußten sich dem Heiligtum in Jerusalem anschließen, Dt 18 6–8. Die letztgenannte Lösung wird von Ezechiel bestätigt, aber er weist ihnen eine geringere Stellung zu; sie sollen beim Tempeldienst an die Stelle der Fremden treten, die hiervon ausgeschlossen werden.

→44 15 Die levitischen Priester, vgl. 18 1–5, sind jene, die mit dem Heiligtum von Jerusalem verbunden blieben. Sie zählen sich zum Geschlecht jenes Zadok, der nach der Absetzung Ebjatars von Salomo als Priester eingesetzt wurde, 1 Kg 2 27.35.

→44 18 M liest am Versende wörtlich: „mit Schweiß"; das Wort hat hier wahrscheinlich eine andere Bedeutung, oder der Text ist verderbt.

→44 19 *Vorhof* Danach Wiederholung in M: „in den äußeren Vorhof".

→44 19 Laien ist die Berührung heiliger Dinge verboten wegen der Gefahr, daß sie hierdurch „geheiligt" würden, vgl. Lv 17 1+.

→44 20 Haar, das man lang wachsen ließ und nicht pflegte, war entweder Zeichen eines Gelübdes, Nm 6 5, oder der Trauer, vgl. Ez 24 17.23.

entscheiden nach meinen Satzungen.
Meine Gesetze und meine Verordnun-
gen sollen sie an allen meinen Fest-
tagen beobachten und meine Sabbate
heilighalten. 25 Zu einer mensch-
lichen Leiche sollen sie nicht hingehen,
daß sie sich nicht verunreinigen; nur
bei dem Vater und der Mutter, dem
Bruder und der Schwester, die noch
keinem Mann angehört, dürfen sie
sich verunreinigen. 26 Und nach
seiner Reinigung soll man ihm noch
sieben Tage rechnen. 27 Und am
Tage, da er das Heiligtum, den inneren
Vorhof wieder betritt, um im Heilig-
tum Dienst zu tun, soll er ein Sünd-
opfer darbringen, spricht Jahwe, der
Herr. 28 Erbbesitz sollen sie nicht
haben, ich bin ihr Erbbesitz, und Ei-
gentum soll man ihnen nicht geben in
Israel, ich bin ihr Eigentum. 29 Speise-
opfer und Sündopfer und Schuldopfer
sollen sie zum Genuß haben, und alles,
was in Israel dem Banne verfallen ist,
soll ihnen gehören. 30 Das Beste von
allen Erstlingen und jede Hebe von
all euren Hebopfern soll den Priestern
gehören, und das Beste von eurem
Mahl sollt ihr den Priestern geben,
damit der Segen auf eurem Hause
ruhe. 31 Kein Aas oder was zerrissen
ist, sei es von Vögeln oder von Vieh,
sollen die Priester essen.

Teilung des Landes. Der Anteil Jahwes

45 1 Wenn ihr das Land zum Erb-
besitz verlost, so sollt ihr als
heilige Abgabe von dem Lande ein
heiliges Stück für Jahwe vorbehalten,
fünfundzwanzigtausend Ruten lang
und zwanzigtausend Ruten breit; das
soll in seinem ganzen Umfang heiliges
Gebiet sein. 2 Und von diesem soll
zum Heiligtum gehören ein Quadrat
von fünfhundert zu fünfhundert Ruten
ringsum, und fünfzig Ellen sollen als
freier Platz ringsherum sein. 3 Und
von diesem Bezirk sollst du abmessen
ein Gebiet von fünfundzwanzigtau-
send Ruten Länge und zehntausend
Ruten Breite; darauf soll das Aller-
heiligste stehen. 4 Das soll der heilige
Teil des Landes sein; er soll den Prie-
stern gehören, die am Heiligtum Dienst
tun, die sich nahen, um Jahwe zu die-
nen; es soll ein Platz sein für Häuser
und ein freier Platz für das Heiligtum.
5 Und ein Gebiet von fünfundzwanzig-
tausend Ruten Länge und zehntausend
Ruten Breite soll den Leviten gehören,
die im Tempel Dienst tun, es soll ihr
Eigentum sein, mit Städten zum Woh-
nen. 6 Und als Eigentum der Stadt sollt
ihr bestimmen ein Gebiet von fünftau-
send Ruten Breite und fünfundzwanzig-
tausend Ruten Länge, entsprechend
der heiligen Abgabe; es soll dem gan-
zen Hause Israel gehören.

Der Anteil des Fürsten

7 Und dem Fürsten zu beiden Sei-
ten der heiligen Abgabe und des
Eigentums der Stadt längs der heiligen
Abgabe und längs des Stadteigentums
an der Westseite westlich und an der
Ostseite östlich, und zwar in der Länge
entsprechend den einzelnen Anteilen
von der Westgrenze bis zur Ostgrenze
des Landes. 8 Das soll ihm als Eigen-
tum in Israel zukommen, damit die
Fürsten nicht mehr mein Volk be-
drücken, sondern das Land dem Hause
Israel nach seinen Stämmen überlassen.
9 Also spricht der Herr Jahwe:
Laßt es genug sein, ihr Fürsten Israels!
Gewalttat und Bedrückung schafft ab,
und übet Recht und Gerechtigkeit!
Laßt ab von der Beraubung meines
Volkes, spricht der Herr Jahwe.
10 Richtige Waage und richtiges Epha
und richtiges Bat sollt ihr gebrauchen.
11 Epha und Bat sollen einerlei Maß
haben, so daß das Bat den zehnten
Teil eines Homer faßt und das Epha
den zehnten Teil eines Homer. Die Ab-
messung soll nach dem Homer erfol-
gen. 12 Und der Schekel soll zwanzig
Gera betragen; fünf Schekel sollen bei
euch eine Mine sein.

Abgaben für den Gottesdienst

13 Das ist die heilige Abgabe, die

→44 25 *sollen sie* Üss; M: „soll er“.
→44 28 *Erbbesitz sollen sie nicht haben* V; M: „Erbbesitz sollen sie haben“.
→44 31 Nach Lv 7 24 betraf dieses Verbot alle Israeliten.
→45 1–7 *(Teilung des Landes)* Ezechiel teilt das Land in parallele gleichmäßige Streifen ohne Rücksicht auf die geographischen und bevölkerungsmäßigen Gegebenheiten. Dieser Abschnitt ist der am meisten theoretische und am wenigsten zu verwirklichende Teil im Verfassungsentwurf Ezechiels.
→45 1 Der Erbbesitz der Priester, der Leviten und des Fürsten umfaßt das ganze Zentralgebiet des Landes, nämlich einen Streifen von 25000 Ellen Breite (ca. 12 km), der vom Jordan zum Mittelmeer verläuft und in dessen Mittelpunkt der Tempel von Jerusalem steht.
→45 2 *ein Quadrat von 500 zu 500 Ruten* (= Ellen) Die Ausmaße des Tempels.
→45 5 *mit Städten zum Wohnen* G; M: „zwanzig Zellen“.
→45 11 *Epha und Bat* Vgl. Übersicht über die Maße im Anhang.

ihr entrichten sollt: ein Sechstel Epha
vom Homer Weizen und ein Sechstel
Epha vom Homer Gerste. 14 Und die
festgesetzte Menge Öl ist ein Zehntel
Bat vom Kor; denn zehn Bat machen
ein Kor aus. 15 Und ein Schaf aus der
Herde, von je zweihundert, als Abgabe
von den Geschlechtern Israels zu
Speiseopfer und Brandopfer und
Gemeinschaftsopfer, um sie zu ent-
sündigen, spricht der Herr Jahwe.
16 Alles Volk im Lande soll diese
Abgabe den Fürsten in Israel ent-
richten. 17 Jeder Fürst aber hat zu
sorgen für das Brandopfer, das Speise-
opfer und das Trankopfer an den Fest-
tagen, den Neumonden, den Sabbaten
und an allen Feiertagen des Hauses Is-
rael. Er soll sorgen für das Sündopfer
und das Speiseopfer und das Brand-
opfer und das Gemeinschaftsopfer,
um das Haus Israel zu entsündigen.

Das Pascha-Fest

18 Also spricht der Herr Jahwe: Im
ersten Monat am Ersten des Monats
sollst du ein fehlerloses, junges Rind
nehmen und das Heiligtum entsündi-
gen. 19 Und der Priester soll vom Blut
des Sündopfers nehmen und an die
Pfosten des Tempels und an die vier
Ecken der Einfassung des Altares und
an die Pfosten der Tore des inneren
Vorhofes streichen. 20 Und ebenso
sollt ihr tun im siebten Monat, am
ersten Tag des Monats wegen derer,
die aus Irrtum oder Unwissenheit ge-
fehlt haben, und so sollt ihr den Tem-
pel entsündigen. 21 Im ersten Monat,
am vierzehnten Tage des Monats sollt
ihr das Pascha-Fest feiern; sieben Tage
soll man ungesäuerte Brote essen.
22 Und der Fürst soll an jenem Tage
für sich und das ganze Volk des Lan-
des einen Farren als Sündopfer bereit-
stellen. 23 Und die sieben Festtage
hindurch soll er als Brandopfer für
Jahwe richten sieben Farren und sieben
Widder, fehlerlose Tiere, täglich sieben
Tage lang, und als Sündopfer einen
Ziegenbock täglich. 24 Und als Speise-
opfer soll er je ein Epha auf den Farren
und ein Epha auf den Widder richten
und Öl je ein Hin auf das Epha.

Das Laubhüttenfest

25 Im siebten Monat aber, am Fünf-
zehnten des Monats, am Feste, soll er
das gleiche richten, sieben Tage lang,
sowohl Sündopfer als Brandopfer und
Speiseopfer und Öl.

Sabbat und Neumondfeier

46 1 Also spricht der Herr Jahwe:
Das Tor des inneren Vorhofes,
das nach Osten gerichtet ist, soll die
sechs Werktage hindurch geschlossen
sein, am Tage des Sabbats aber soll
es geöffnet sein, und auch am Neu-
mondtage soll es geöffnet sein. 2 Und
der Fürst soll durch die Vorhalle des
Tores von außen kommen und sich
bei dem Pfosten des Tores aufstellen.
Dann sollen die Priester sein Brand-
opfer und sein Gemeinschaftsopfer
darbringen, und er soll auf der Unter-
schwelle des Tores anbeten und dann
hinausgehen; das Tor aber soll bis zum
Abend unverschlossen sein. 3 Auch
das Volk des Landes soll am Eingang
dieses Tores an Sabbaten und Neu-
monden vor Jahwe anbeten. 4 Und
das Brandopfer, das der Fürst Jahwe
darbringt, soll am Sabbattage aus
sechs fehlerlosen Lämmern und einem
fehlerlosen Widder bestehen. 5 Dazu
ein Speiseopfer von einem Epha auf
den Widder und ein Speiseopfer auf
die Lämmer, soviel er zur Hand hat,
dazu ein Hin Öl auf das Epha. 6 Am
Neumondstag sollen es sein ein jun-
ges, fehlerloses Rind, sechs Lämmer
und ein Widder, fehlerlos sollen sie
sein. 7 Und ein Epha auf das Jungrind
und ein Epha auf den Widder soll er
als Speiseopfer darbringen und auf die
Lämmer, soviel er gerade zur Hand
hat, und ein Hin Öl auf das Epha.

Verschiedene Vorschriften

8 Und wenn der Fürst kommt, soll
er durch die Vorhalle des Tores ein-
treten und auf demselben Wege wieder
hinausgehen. 9 Und wenn das Volk
des Landes an den Festtagen vor Jah-
we erscheint, so soll, wer durch das
Nordtor eingetreten ist, um anzu-
beten, durch das Südtor wieder hinaus-
gehen, und wer durch das Südtor ein-
getreten ist, soll durch das Nordtor
wieder hinausgehen. Niemand soll
durch das Tor, durch das er eingetre-
ten ist, zurückgehen, sondern durch
das gegenüberliegende hinausgehen.
10 Und der Fürst soll in ihrer Mitte
sein; wenn sie kommen, soll auch er
kommen, und wenn sie gehen, soll
auch er gehen. 11 Und an den Festen
und Feiertagen soll das Speiseopfer
ein Epha auf das Jungrind und ein
Epha auf den Widder betragen und
auf die Lämmer, soviel er gerade zur
Hand hat, dazu ein Hin Öl auf das

→45 15 *von den Geschlechtern* G; M: „vom getränkten (Land)" (?).

Epha. 12 Und wenn der Fürst Jahwe
ein freiwilliges Opfer darbringen will,
sei es ein Brandopfer oder Gemein-
schaftsopfer, so öffne man ihm das
Tor, das nach Osten gerichtet ist, und
er bringe sein Brandopfer und Gemein-
schaftsopfer, wie er am Sabbat tut,
und dann soll er gehen, und man
schließe das Tor, nachdem er hinaus-
gegangen ist. 13 Täglich soll er Jahwe
ein einjähriges, fehlerloses Lamm als
Brandopfer darbringen, jeden Morgen
soll er es darbringen. 14 Und als
Speiseopfer soll er jeden Morgen dazu-
tun ein Sechstel Epha und ein Drittel
Hin Öl, um das Kernmehl zu bespren-
gen, als Speiseopfer für Jahwe, so sei es
ständige Satzung für uns. 15 So soll
man jeden Morgen das Lamm und das
Speiseopfer und das Öl als tägliches
Brandopfer darbringen.

16 Also spricht der Herr Jahwe:
Wenn der Fürst einem seiner Söhne
etwas von seinem Erbbesitz zum Ge-
schenk machen will, so soll es seinen
Söhnen gehören, es soll ihr erbliches
Eigentum sein. 17 Wenn er aber von
seinem Erbbesitz einem seiner Diener
etwas zum Geschenk machen will, so
soll es bis zum Jahr der Freilassung
ihm gehören, dann aber an den Fürsten
zurückfallen; nur der Erbbesitz seiner
Söhne soll ihnen gehören. 18 Der Fürst
darf von dem Erbbesitz des Volkes
nichts wegnehmen, indem er sie gewalt-
sam ihres Eigentums beraubt. Von
seinem Eigentum mag er seinen Söh-
nen Erbbesitz geben, damit keiner aus
meinem Volk von seinem Eigentum
verdrängt werde.

19 Dann brachte er mich durch den
Eingang, der an der Seite des Tores
war, zu den heiligen, für die Priester
bestimmten Zellen, die nach Norden
lagen, und siehe, da war ein Raum
im hintersten Winkel nach Westen zu.
20 Und er sprach zu mir: Das ist der
Raum, wo die Priester das Schuld-
und Sündopfer kochen und das Speise-
opfer backen sollen, damit sie es nicht
in den äußeren Vorhof hinauszutra-
gen brauchen und so das Volk heiligen.
21 Dann führte er mich in den äußeren
Vorhof und ließ mich an den vier
Ecken des Vorhofes vorübergehen,
und siehe, ein Vorhof war in jeder
Ecke des Vorhofs. 22 In den vier
Ecken des Vorhofs waren kleine Vor-
höfe, vierzig Ellen lang und dreißig
Ellen breit; alle vier hatten dasselbe
Maß. 23 Und rings um die vier lief
eine Mauer, und Kochherde waren
ringsum unten an der Mauer ange-
bracht. 24 Und er sprach zu mir:
„Das sind die Kochstätten, wo die
Tempeldiener die Schlachtopfer des
Volkes kochen sollen."

Die Tempelquelle

47 1 Dann brachte er mich zurück
an den Eingang des Tempel-
hauses, und siehe, da strömte Wasser
unter der Schwelle des Tempels hervor
nach Osten zu, denn die Vorderseite
des Tempels lag nach Osten, und das
Wasser floß unterhalb der rechten
Seitenwand des Hauses hinab, südlich
vom Altar. 2 Und er führte mich durch
das Nordtor hinaus und brachte mich
außen herum zum äußeren Tor, das
nach Osten gerichtet ist, und siehe, da
rieselte das Wasser von der südlichen
Seitenwand. 3 Dann führte mich der
Mann gegen Osten; er hatte eine Maß-
schnur in der Hand, maß tausend
Ellen und ließ mich durch das Wasser
schreiten, es reichte bis an die Knöchel.
4 Dann maß er wieder tausend Ellen
und ließ mich durch das Wasser schrei-
ten, es reichte bis an die Knie; und er
maß abermals tausend Ellen und ließ
mich hindurchschreiten, es reichte bis
an die Hüften. 5 Dann maß er noch-
mals tausend Ellen, da war es ein Fluß,
den ich nicht durchschreiten konnte,
denn das Wasser war zu hoch, es war
ein Wasser zum Schwimmen, ein Fluß,
durch den man nicht gehen konnte.
6 Und er sprach zu mir: „Hast du es
gesehen, Menschensohn?" Und er ließ
mich auf und ab gehen am Ufer des
Flusses. 7 Als ich zurückkam, siehe,
da waren am Ufer des Flusses eine
Menge Bäume zu beiden Seiten. 8 Und
er sprach zu mir: „Dieses Wasser fließt
in den östlichen Raum, hinab zur

→46 13 *soll er* Hss von M, Üss; M: „sollst du".
→46 15 Das tägliche Opfer wurde in der Tat vom nachexilischen Judentum mit großem Eifer wieder aufgenommen; man hielt es bis 70 n. Chr., bis in die letzten Tage der Belagerung Jerusalems.
→46 17 *Jahr der Freilassung* Wahrscheinlich das Jobeljahr, das alle fünfzig Jahre wiederkehrte, vgl. Lv 25 1+.
→46 17 *zurückfallen* G; M: „ruhen".
→46 19 *Dann brachte er mich* Der folgende Abschnitt schließt folgerichtig an 42 12 an.
→46 22 *kleine Vorhöfe* G. Zusatz in M am Versende: „Ecken".
→47 8 *Araba* Der Ausdruck bezeichnet hier das tiefe Jordantal. Das „Meer" ist das Tote Meer; sein außerordentlich salzhaltiges und dadurch für Fische tödliches Wasser wird wunderbar verwandelt, „gesund gemacht".

Araba, und ergießt sich ins Meer, und
ist es dort angelangt, so wird dessen
Wasser gesund. 9 Und alle Lebewesen,
die dort sich tummeln, werden, wohin
nur der Fluß kommt, am Leben blei-
ben, und zahllose Fische werden da
sein, denn es kommen die Wasser
dahin, und sie werden gesund, und
alles wird leben, wohin der Bach
kommt. 10 Und Fischer werden an
ihm stehen von En-Gedi bis En-
Eglajim, es wird eine Stätte sein, wo
man die Netze ausbreitet, und Fische
werden da sein gleich denen des gro-
ßen Meeres, zahlreich über die Maßen.
11 Aber seine Sümpfe und Lachen sollen
nicht gesund gemacht werden, sie sind
für die Gewinnung von Salz bestimmt.
12 Und an den Ufern des Flusses sollen
zu beiden Seiten allerlei Fruchtbäume
wachsen, deren Laub nie welkt, deren
Früchte nie ausgehen; jeden Monat
sollen sie neue tragen, denn ihr Wasser
kommt vom Heiligtum. Ihre Früchte
werden als Nahrung und ihre Blätter
als Arznei dienen."

Die Grenze des Landes

13 Also spricht der Herr Jahwe:
Dies ist die Grenze, innerhalb deren
ihr das Land unter die zwölf Stämme
Israels als Erbbesitz verteilen sollt.
Für Joseph zwei Lose. 14 Ihr sollt es
gleichmäßig besitzen, einer wie der
andere. Habe ich doch meine Hand
zum Schwur erhoben, es euren Vätern
zu geben, und so soll dieses Land euch
als Erbbesitz zufallen. 15 Und das soll
die Grenze des Landes im Norden sein:
vom Großen Meer in der Richtung
nach Hetlon, bis wo es nach Hamat
geht, Zedad, 16 Berota, Sibrajim, das
zwischen dem Gebiet von Damaskus
und dem Gebiet von Hamat liegt, bis
Hazar-hat-Tichon, das an der Grenze
von Hauran liegt. 17 So geht die Gren-
ze vom Meere bis Hazar-Enan, indem
das Gebiet von Damaskus und das
Gebiet von Hamat nördlich bleiben;
das ist die Nordseite. 18 Und was die
Ostseite betrifft, so verläuft sie zwi-
schen dem Hauran und Damaskus;
zwischen Gilead und dem Lande
Israel soll der Jordan die Grenze bil-
den bis zum östlichen Meer bis nach
Tamar; das ist die Ostgrenze. 19 Und
was die Südseite gegen Mittag betrifft,
so geht sie von Tamar bis Me-Meribat
bei Kadesch in der Richtung des Ba-
ches zum Großen Meer; das ist die
Südseite. 20 Und was die Westseite
betrifft, so bildet das Große Meer die
Grenze bis zu der Stelle, wo gegen-
über der Eingang nach Hamat sich
findet; das ist die Westseite. 21 Dieses
Land sollt ihr unter euch nach den
Stämmen Israels verteilen. 22 Ihr sollt
es als Erbbesitz verlosen unter euch
und unter den Fremdlingen, die in
eurer Mitte wohnen und unter euch
Söhne gezeugt haben; sie sollen euch
wie Eingeborene unter den Söhnen
Israels sein, mit euch sollen sie um
den Erbbesitz losen wie die Stämme
Israels, 23 und zwar sollt ihr in dem
Stamme, in dem der Fremdling wohnt,
ihm seinen Erbbesitz zuteilen, spricht
Jahwe der Herr.

Die Teilung des Landes

48 1 Das sind die Namen der
Stämme: Vom äußersten Nor-
den vom Meere in der Richtung nach
Hetlon bis zum Eingang nach Hamat,
bis Hazar-Enon, so daß das Gebiet
von Damaskus nördlich bleibt, seit-
wärts Hamat von Osten nach Westen
erhält Dan einen Erbteil. 2 Neben dem
Gebiet von Dan von Osten nach We-
sten erhält Aser einen Erbteil. 3 Und
neben dem Gebiet von Aser von Osten
bis Westen erhält Naphtali einen Erb-
teil. 4 Und neben dem Gebiet von
Naphtali von Osten bis Westen erhält
Manasse einen Erbteil. 5 Und neben
dem Gebiet von Manasse von Osten

→47 9 *alles wird leben, wohin der Bach kommt* Das Bild vom wunderbaren Wasser, das dem Tempel entquillt und überallhin paradiesische Fruchtbarkeit bringt, vgl. Jo 4 1+, wird in der Offenbarung des Johannes wiederaufgenommen, Apk 22 2.
→47 10 *des großen Meeres* Das Mittelmeer.
→47 13–23 *(Die Grenze des Landes)* Alle angegebenen Örtlichkeiten sind nicht leicht zu identifizieren. Wenn man die Nordgrenze auf die Höhe von Tripolis–Homs verlegt, dann geht das von Ezechiel geschaute Idealland im Norden und im Süden weit über die Grenzen hinaus, die das Reich Israel seit David je erreichte. Nach Osten hin ist es dagegen in sehr schmalen Grenzen gehalten; vgl. die von Nm 34 1–12 angegebenen Grenzen, ferner Ri 20 1+.
→47 13 *Dies ist* Hss von M, Üss.
→47 13 *Für Joseph zwei Lose* T, V.
→47 15 *Hamat* Umgestellt von v. 16.
→47 17 *das ist* S; ebenso in v. 18.
→47 18 *zum östlichen Meer* Das Tote Meer.
→48 1–29 *(Die Teilung des Landes)* Jedem Stamm wird ein Gebietsstreifen zugewiesen, der gleichmäßig vom Mittelmeer zur Ostgrenze des Landes verläuft. Nördlich von Jerusalem und dem Gebiet, das dem Heiligtum und dem Fürsten vorbehalten ist, liegen sieben Stämme, südlich davon fünf Stämme.
→48 1 *von Osten nach Westen* G.

nach Westen erhält Ephraim einen
Erbteil. 6 Und neben dem Gebiet von
Ephraim von Osten bis Westen erhält
Ruben einen Erbteil. 7 Und neben dem
Gebiet von Ruben von Osten bis
Westen erhält Juda einen Erbteil.
8 Und neben dem Gebiet von Juda
von Osten bis Westen soll die Abgabe
sein, die ihr zu geben habt, fünfund-
zwanzigtausend Ruten breit und lang,
gleich den einzelnen Anteilen von
Osten bis Westen, und mittendrin
soll das Heiligtum liegen.

9 Die Abgabe, die ihr Jahwe zu
geben habt, soll fünfundzwanzig-
tausend Ruten lang und zwanzigtau-
send Ruten breit sein. 10 Und diesen
soll die heilige Abgabe gehören: den
Priestern, nach Norden ein Stück:
fünfundzwanzigtausend Ruten, nach
Westen hin zehntausend Ruten breit,
nach Osten zehntausend Ruten breit,
nach Süden fünfundzwanzigtausend
Ruten lang, und das Heiligtum Jahwes
soll mittendrin liegen. 11 Den Priestern,
den Geheiligten, den Söhnen Zadoks,
die mein Heiligtum betreut haben, die
nicht in die Irre gingen, als die Söhne
Israels abirrten, 12 ihnen soll es als Ab-
gabe von der Abgabe des Landes als
Hochheiliges gehören neben dem Ge-
biet der Leviten. 13 Den Leviten aber
soll entsprechend dem Gebiet der
Priester ein Stück von zwanzigtausend
Ruten Länge und zehntausend Ruten
Breite, im ganzen also fünfundwanzig-
tausend Ruten Länge und zwanzig-
tausend Ruten Breite gehören. 14 Sie
dürfen davon nichts verkaufen noch
vertauschen, noch dürfen sie die Erst-
lingsgabe des Landes auf andere über-
tragen; denn es ist Jahwe heilig. 15 Und
fünftausend Ruten, die noch von den
fünfundzwanzigtausend Ruten Breite
übrig sind, sollen nicht heilig sein und
der Stadt als Wohngebiet und Weide-
platz dienen, und die Stadt soll mitten-
drin liegen. 16 Das sind ihre Maße:
die Nordseite viertausendfünfhundert
Ruten, die Südseite viertausendfünf-
hundert Ruten, die Ostseite viertau-
sendfünfhundert Ruten und die West-
seite viertausendfünfhundert Ruten.
17 Und einen Weideplatz soll die
Stadt haben nach Norden hin zwei-
hundertfünfzig Ruten und nach We-
sten zweihundertfünfzig Ruten. 18 Und
was von der Länge übrig ist, entlang
der heiligen Abgaben zehntausend
Ruten ostwärts und zehntausend
Ruten westwärts, dessen Ertrag soll
den Bewohnern der Stadt zur Nah-
rung dienen. 19 Und was die Be-
wohner der Stadt angeht, so sollen
sie Leute aus allen Stämmen Israels
bewohnen. 20 Die ganze Abgabe
soll fünfundzwanzigtausend Ru-
ten zu fünfundzwanzigtausend Ruten
im Geviert betragen, die heilige Ab-
gabe mitsamt dem Stadtbesitz. 21 Und
was übrig ist, soll dem Fürsten gehö-
ren zu beiden Seiten der heiligen Ab-
gabe und des Stadtbesitzes, entlang
den fünfundzwanzigtausend Ruten
ostwärts bis zur Ostgrenze und west-
wärts entlang den fünfundzwanzigtau-
send Ruten bis zur Westgrenze ent-
sprechend den Stammesanteilen; das
soll dem Fürsten gehören, und die
heilige Abgabe und das Heiligtum
sollen mittendrin liegen. 22 Und der
Besitz der Leviten und der Besitz der
Stadt sollen mitten zwischen dem lie-
gen, was dem Fürsten gehört. Zwi-
schen dem Gebiet Judas und dem
Gebiet Benjamins soll das Fürsten-
eigentum liegen.

23 Und die übrigen Stämme von
Osten bis Westen: Benjamin einen
Erbteil. 24 Und neben dem Gebiet
Benjamins von Osten bis Westen:
Simeon einen Erbteil. 25 Und neben
dem Gebiet Simeons von Osten bis
Westen: Issachar einen Erbteil. 26 Und
neben dem Gebiet Issachars von Osten
bis Westen: Sebulun einen Erbteil.
27 Und neben dem Gebiet Sebuluns
von Osten bis Westen: Gad einen Erb-
teil. 28 Und neben dem Gebiet Gads
auf der Südseite gegen Mittag soll die
Grenze laufen von Tamar über Me-
Meribat bei Kadesch und dem Bach
zum Großen Meer. 29 Das ist das Land,
das ihr als Erbbesitz unter den Stäm-
men Israels verlosen sollt, und das sind
ihre Anteile, spricht der Herr Jahwe.

Die Tore Jerusalems

30 Das sind die Ausgänge der Stadt
– die Tore der Stadt sind nach den
Stämmen Israels benannt. 31 Auf der
Nordseite, viertausendfünfhundert
Ruten an Maß, drei Tore: ein Tor
Ruben, ein Tor Juda und ein Tor Levi.
32 Auf der Ostseite, viertausendfünf-
hundert Ruten an Maß, drei Tore:
ein Tor Joseph, ein Tor Benjamin und
ein Tor Dan. 33 Auf der Südseite,
viertausendfünfhundert Ruten an
Maß, drei Tore: ein Tor Simeon, ein

→48 21 *ostwärts* Korr.

Tor Issachar und ein Tor Sebulun.
34 Und auf der Westseite, viertausend-
fünfhundert Ruten an Maß, drei Tore:
ein Tor Gad, ein Tor Aser und ein
Tor Naphtali. 35 Der Gesamtumfang
beträgt achtzehntausend Ruten.

Und der Name der Stadt wird fortan sein: „Jahwe ist da.“

→4835 *Jahwe ist da* Der Name (hebräisch: *Jahwe scham*) erinnert seiner Lautung nach vielleicht an „Jerusalem“; seiner Bedeutung nach ist er gleichsam die Zusammenfassung des ganzen religiösen und kultischen Werkes Ezechiels.

Das Buch Daniel

DIE HEBRÄISCHEN KNABEN AM HOFE NEBUKADNEZARS

1 1 Im dritten Jahr der Regierung
des Königs Jojakim von Juda rückte
Nebukadnezar, der König von Babel,
vor Jerusalem und belagerte es.
2 Da gab der Herr in seine Hand den
Jojakim, den König von Juda, und
einen Teil der Gefäße des Gotteshau-
ses. Er brachte sie in das Land Schi-
near, und zwar brachte er die Gefäße
ins Schatzhaus seiner Götter.
3 Nun befahl der König dem
Aschpenas, dem Obersten seiner Hof-
beamten, er solle israelitische Knaben
aus königlichem oder doch adeligem
Blute holen lassen, 4 die völlig fehler-
frei, von gutem Aussehen, unterwiesen
in aller Weisheit, fein gebildet und
wohlerzogen seien; endlich müßten sie
fähig sein, im Palaste des Königs
Dienst zu tun. Aschpenas sollte sie
in der Schrift und Sprache der Chaldäer
unterweisen. 5 Der König wies ihnen
auch eine tägliche Zuteilung von den
königlichen Speisen und von dem Wei-
ne an, den er selber trank. Sie sollten
drei Jahre lang ausgebildet werden
und danach in den königlichen Dienst
treten. 6 Aus dem Stamme Juda be-
fanden sich unter ihnen Daniel,
Hananja, Mischael und Asarja. 7 Der
Oberste der Hofbeamten gab ihnen
jedoch (andere) Namen; den Daniel
nannte er Beltsazar, den Hananja
Schadrach, den Mischael Meschach,
den Asarja Abed Nego. 8 Nun stand
es für Daniel innerlich fest, daß er sich
nicht durch die Speise des Königs und
den Wein, den dieser trank, verunrei-
nigen wolle; er suchte also beim Ober-
sten der Hofbeamten um die Erlaubnis
nach, sich nicht verunreinigen zu
müssen. 9 Gott aber ließ Daniel bei
dem Obersten der Hofbeamten Gunst
und Nachsicht finden. 10 Nur meinte
der Oberste der Hofbeamten zu Da-
niel: „Ich fürchte meinen Herrn, den
König, der euch die Speise und den
Trank festgesetzt hat; er könnte eure
Gesichter schmächtiger finden als die
der anderen Knaben eures Alters;
dann würdet ihr beim König Schuld
auf mein Haupt laden.“ 11 Daniel
sprach nun zu dem Erzieher, den der
Oberste der Hofbeamten über Daniel,
Hananja, Mischael und Asarja ge-
setzt hatte: 12 „Versuche es doch ein-
mal für zehn Tage mit deinen Knech-
ten! Man gebe uns nur Gemüse zu
essen und Wasser zu trinken. 13 Dann
laß dir zeigen, wie wir und wie jene
Knaben aussehen, welche die Speise
des Königs essen, und nach dem, was
du dabei siehst, verfahre mit deinen
Knechten!“ 14 Er nahm diesen Vor-
schlag von ihnen an und machte mit
ihnen für zehn Tage die Probe. 15 Am
Ende der zehn Tage sahen sie besser
und wohlgenährter aus als alle Kna-
ben, welche die Speise des Königs
aßen. 16 Daraufhin stellte der Er-
zieher die Speise, die ihnen zugeteilt
war, und den Wein, den sie trinken
sollten, beiseite und gab ihnen Ge-
müse. 17 Diesen vier Jünglingen ver-
lieh Gott darum Wissen und Ver-
ständnis in jeder Schrift und Weisheit;
und Daniel verstand außerdem Ge-
sichte und Träume zu deuten. 18 Am
Ende der Frist nun, die der König für
ihre Vorstellung bestimmt hatte,
stellte sie der Oberste der Hofbeamten
dem Nebukadnezar vor. 19 Der Kö-

→1 2 *in das Land Schinear* M, danach Zusatz in M: „in den Tempel seiner Götter“; G: „nach Babylonien“.

→1 4 *unterwiesen in aller Weisheit* An den orientalischen Königshöfen wurden solche von Kindheit an ausgebildet, die zur „wissenschaftlichen“ Laufbahn bestimmt waren: Schreiber, Übersetzer, Chronisten, Gelehrte, Wahrsager aller Art. Es handelt sich also nicht um die Ausbildung von Pagen.

→1 7 *Abed Nego* Der Abschreiber hat wahrscheinlich mit Absicht den heidnischen Namen *Abed Nebo* „Diener Nabus“ entstellt (der Name des Gottes Nabu kommt auch im Namen des Königs „Nebukadnezar“ vor).

→1 8 *verunreinigen* Zur Zeit der Zwangshellenisierung unter Antiochus Epiphanes bedeutete der Verstoß gegen die Speiseverbote des Gesetzes soviel wie Glaubensabfall, vgl. 2 Makk 6 18 – 7 42.

nig unterhielt sich mit ihnen und fand unter allen keinen so wie Daniel, Hananja, Mischael und Asarja. Darum durften sie in den Dienst des Königs eintreten. 20 Sooft der König ihren Rat einholte, fand er sie in allen Fragen, wo es auf Weisheit und Einsicht ankam, allen Zauberern und Wahrsagern in seinem ganzen Reiche zehnmal überlegen. 21 So blieb Daniel bis zum ersten Jahr des Königs Cyrus (im Hofdienst).

NEBUKADNEZARS TRAUM: DAS ZUSAMMENGESETZTE STANDBILD

Der König befragt seine Wahrsager

2 1 Im zweiten Regierungsjahr Nebukadnezars hatte Nebukadnezar Traumgesichte; da wurde sein Geist erschreckt, und der Schlaf wich von ihm. 2 Der König ließ nun die Gelehrten und Magier, die Zauberer und Chaldäer rufen; diese sollten dem König sein Traumgesicht deuten. Sie kamen und traten also vor den König. 3 Da sagte der König zu ihnen: „Ich habe ein Traumgesicht gehabt, und mein Geist ist erschreckt, bis ich die Deutung des Traumes habe.“ 4 Die Astrologen erwiderten dem König (aramäisch):

„O König! Mögest du ewig leben! Erzähle deinen Knechten den Traum, und wir geben die Deutung.“ 5 Doch der König gab den Chaldäern zur Antwort: „Ich habe den festen Entschluß gefaßt: Wenn ihr mir nicht den Traum selbst und seine Deutung angeben könnt, so werdet ihr in Stücke gehauen, und eure Häuser verwandeln sich in Schutthaufen. 6 Wenn ihr aber den Traum und seine Deutung kundtut, so empfangt ihr dafür von mir Geschenke und Gaben und große Ehre. Also, tut mir den Traum und seine Deutung kund!“ 7 Da antworteten sie: „Der König erzähle, bitte, seinen Knechten den Traum; dann geben wir die Deutung!“ 8 Der König gab zur Antwort: „Ich durchschaue euch; ihr wollt nur Zeit gewinnen, weil ihr euch dem festen Entschluß gegenüberseht, den ich gefaßt habe: 9 Wenn ihr mir den Traum nicht angeben könnt, muß ich annehmen, ihr habt euch verabredet, mir einen erlogenen und verkehrten Spruch vorzutragen, in der Erwartung, daß die Zeit verstreicht. Sagt mir also den Traum; daran will ich erkennen, daß ihr mir auch die rechte Deutung gebt.“ 10 Die Chaldäer entgegneten dem König und sprachen: „Es gibt auf Erden keinen Menschen, der das kundgeben könnte, was der König verlangt. Demgemäß stellt kein König sonst, kein Statthalter und kein Fürst ein solches Ansinnen an irgendeinen Weisen, Magier oder Chaldäer. 11 Die Forderung, welche der König stellt, ist schwer; es gibt niemand, der sie dem König zu erfüllen vermöchte außer den Göttern; aber sie haben ihre Wohnung nicht bei den Sterblichen.“ 12 Daraufhin wurde der König so zornig und wütend, daß er befahl, alle Weisen von Babel umzubringen. 13 Als das Gesetz, die Weisen zu töten, ergangen war, suchte man auch Daniel und seine Gefährten, um sie ebenfalls zu töten.

Daniels Eingreifen

14 Da erhob Daniel in kluger und geschickter Weise Einspruch bei Arjoch, dem Obersten der königlichen Leibwache, der ausgegangen war, die Weisen von Babel zu töten. 15 Er fragte also den königlichen Obersten Arjoch, warum der König ein so hartes Gesetz erlassen habe. Da setzte Arjoch dem Daniel die Sache auseinander. 16 Nun ging Daniel zum König hin und bat, es möge ihm eine Frist gewährt werden, um dem König die Deutung geben zu können. 17 Hierauf eilte Daniel nach Hause und teilte die

→21 *Traumgesichte* Gott bedient sich übernatürlicher Träume zur Mitteilung an den Menschen, vgl. die Träume Abrahams, Gn 1512, Abimelechs, Gn 203, Jakobs, Gn 2810–22, Josephs, Gn 375–10, der ägyptischen Hofbeamten, Gn 405–23, des Pharaos, Gn 411–32, Samuels, 1 Sm 33–5, Salomos, 1 Kg 35; ferner Gn 4 und 7.

→22 *Chaldäer* Der Ausdruck bezeichnet hier jeden, der die Wahrsagekunst, als deren Ursprungsland Chaldäa galt, übt. Die in den Aufzählungen von Dn 120; 22.10.27; 44; 57.11.15 gebrauchten verschiedenen Ausdrücke sind keine genauen Berufsbezeichnungen.

→24 *O König! Mögest du ewig leben!* Eine Grußformel, wie sie in den akkadischen Texten häufig vorkommt und die man am Perserhof noch bis in islamische Zeit antrifft.

Angelegenheit seinen Gefährten Ha-
nanja, Mischael und Asarja mit. 18 Sie
sollten wegen dieses Geheimnisses
den Gott des Himmels um Erbarmen
anflehen, daß man nicht auch Daniel
und seine Gefährten mit den übrigen
Weisen von Babel umbringe. 19 Dar-
aufhin wurde das Geheimnis dem Da-
niel in einem nächtlichen Gesichte
geoffenbart. Da segnete Daniel den
Gott des Himmels. 20 Daniel hob an
und sprach:

„Der Name Gottes sei gepriesen
von Ewigkeit zu Ewigkeit! Denn bei
ihm ist Weisheit und Kraft.

21 Er ist es, der ablöst die Zeiten
und Fristen, der Könige stürzt und
Könige einsetzt. Er gibt die Weisheit
den Weisen und die Erkenntnis denen,
die danach suchen.

22 Er ist's, der offenbart das Tiefe
und Verborgene, der auch erkennt,
was im Dunkel ist; denn bei ihm
wohnt das Licht.

23 Dir, Gott meiner Väter, singe ich
Dank und Lob! Du hast mir ja ver-
liehen Weisheit und Einsicht und hast
mich jetzt erkennen lassen, was wir von
dir erfleht: Des Königs Begehren hast
du uns kundgetan."

24 Danach begab sich Daniel zu
Arjoch, dem der König den Befehl
gegeben hatte, die Weisen von Babel
umzubringen, und sagte so zu ihm:
„Die Weisen von Babel bringe nicht
um! Führe mich vor den König, und
ich werde dem König die Deutung
geben!" 25 Da führte Arjoch den
Daniel eiligst vor den König und sprach
so zu ihm: „Ich habe unter den Weg-
geführten von Juda einen Mann ge-
funden, der dem König die Deutung
liefern will!" 26 Der König antwortete
und sprach zu Daniel, der auch Belt-
sazar hieß: „Bist du wirklich imstande,
mir das Traumgesicht, das ich gehabt,
und seine Deutung kundzugeben?"
27 Da erwiderte Daniel dem König
und sagte: „Das Geheimnis, nach dem
der König forscht, können Weise und
Magier, Gelehrte und Astrologen dem
König nicht aufdecken. 28 Aber es ist
ein Gott im Himmel, der Geheim-
nisse offenbart, und er hat den König
Nebukadnezar erkennen lassen, was
am Ende der Tage geschehen soll. Das
Traumgesicht deines Hauptes auf
deinem Lager war dieses:

29 Dir, o König, stiegen auf dei-
nem Lager Gedanken darüber auf, was
nach dem Jetzigen geschehen wird;
und der Geheimnisse offenbart, hat
dich erkennen lassen, was geschehen
soll. 30 Mir wurde nun dieses Ge-
heimnis geoffenbart, nicht etwa ver-
möge einer Weisheit, die ich allen
anderen Lebenden voraushätte, son-
dern nur zu dem Zwecke, daß jemand
dem König die Deutung kundtue und
daß du die Gedanken deines Herzens
verstehest.

31 Du, o König, hattest ein Ge-
sicht, da schautest du eine Art über-
großes Standbild. Dieses Bild war
hoch; es stand in blendendem Glanze
vor dir, und sein Anblick war schreck-
lich. 32 Das Haupt dieses Standbildes
war aus reinem Gold; Brust und Arme
waren aus Silber, Leib und Hüften aus
Erz. 33 Die Beine waren aus Eisen, die
Füße teils aus Eisen, teils aus Ton.
34 Du sahst es an, bis sich ein Stein

→218 *wegen dieses Geheimnisses* Das hier verwendete Wort *ras* ist persischen Ursprungs; es kommt in der Bibel nur in Dn vor und findet sich dann in den Qumran-Schriften wieder. Es bedeutet vor allem das „Verborgene", scheint aber bereits auf die Bedeutungsfülle des griechischen *mysterion* bei Paulus vorzubereiten, vgl. Röm 1625+.
→219 *Da segnete Daniel* Der jüdische „Segen" besteht in einer Anrufung Gottes oder seines Namens, auf die das Gedenken seiner Wohltaten folgt; im Gottesdienst schließt man mit der Wiederholung des Lobspruches, dem in verkürzter Form die Erwähnung der besonderen Wohltat Gottes eingefügt ist.
→222 *Licht* Das AT nennt Gott umgeben von Licht, Ex 2417; Ez 127; Hab 34, und ihn selbst Licht, Js 6019–20; Weish 726, wie es dann noch ausdrücklicher im NT geschieht, vgl. z. B. 1 Jo 15–7; 1 Tim 616; Jak 117, ferner Jo 812+. Alte jüdische Ausleger begründen mit diesem Vers, daß einer der Namen des Messias „Licht" sei.
→223 *Einsicht* G; M: „Kraft".
→229–45 Dieser Abschnitt bringt die erste der Allegorien von Dn, die geheimnisvoll die Aufeinanderfolge der großen geschichtlichen Reiche (Neubabylonier, Meder und Perser, Griechen als Erben des asiatischen Reiches Alexanders) – hier entsprechend den alten Spekulationen über die Weltalter dargestellt durch Metalle von abnehmendem Wert – und schließlich die Ankunft des messianischen Reiches beschreiben. Alle irdischen Reiche brechen zusammen, um einem neuen Reich Platz zu machen, einem ewigen, weil es auf Gott gegründet ist: das Himmelreich, vgl. Mt 417+. Jesus, der sich selbst als Menschensohn bezeichnet, vgl. Dn 713+ und Mt 820+, wendet auf sich auch das Bild vom zuerst verworfenen Eckstein aus Ps 11822 an, vgl. Mt 2142–44; Lk 2017–18, ferner das Bild vom Grundstein aus Js 2816 mit einer deutlichen Anspielung auf den Stein, der sich vom Berg löst und denjenigen zerschmettert, auf den er fällt, hier v. 34.44–45.
→234 *ohne menschliches Zutun* Wörtlich: ohne Hand.

ohne menschliches Zutun (vom Berge)
löste; er traf das Standbild auf die
Füße aus Eisen und Ton und zer-
malmte sie. 35 Da wurden das Eisen
und der Ton, das Erz, das Silber und
das Gold mit einem Male zu Staub,
und es ging wie mit der Spreu im
Sommer auf den Tennen: Der Wind
trug alles fort, und keine Spur fand
sich mehr davon. Der Stein aber, der
das Standbild getroffen hatte, wurde
zu einem großen Berge und erfüllte
die ganze Erde. 36 Dies war der
Traum. Jetzt wollen wir dem König
die Deutung geben. 37 Du, o König,
der König der Könige, dem der Gott
des Himmels das Reich und die Macht,
Gewalt und Ruhm verliehen hat,
38 in dessen Hand er die Menschen-
kinder, die Tiere des Feldes und die
Vögel des Himmels, wo immer sie
seien, gegeben, den er zum Herrn über
sie alle gemacht hat, du bist das
Haupt von Gold! 39 Nach dir er-
steht ein anderes Königreich, geringer
als du, und dann wieder ein anderes,
drittes Reich von Erz, das über die
ganze Erde herrschen wird. 40 Ein
viertes Reich wird hart wie Eisen sein;
Eisen zermalmt und zertrümmert ja
alles. Und wie das Eisen alle jene
(Stoffe) zerschmettert, so wird (dieses
Reich jene anderen) zermalmen und
zerschmettern. 41 Wenn dir die Füße
und Zehen teils aus Töpferton, teils
aus Eisen erschienen, so bedeutet
dies: Das Reich wird geteilt sein, wird
aber etwas von der Festigkeit des
Eisens haben; darum sahst du Eisen
unter den irdenen Ton gemischt.
42 Die Zehen teils aus Eisen, teils aus
Ton bedeuten: Ein Teil des Reiches
wird fest, ein Teil wird brüchig sein.
43 Und wenn dir das Eisen mit irde-
nem Ton vermischt erschien, so be-
deutet dies, sie werden sich zwar durch
Heiraten verbinden, aber es wird nicht
zusammenhalten; so wie das Eisen
nicht mit Ton bindet. 44 In den Tagen
jener Könige aber wird der Gott des
Himmels ein Reich errichten, das in
Ewigkeit nicht zerstört wird. Dieses
Reich wird keinem anderen Volk über-
lassen; es wird all jenen Reichen die
Auflösung und das Ende bereiten,
selbst aber wird es in Ewigkeit be-
stehen! 45 Darum sahst du, wie ein
Stein sich ohne menschliches Zutun
vom Berge löste und das Eisen und den
Ton, Erz, Silber und Gold zermalmte.
Der große Gott hat den König er-
kennen lassen, was nach dem Jetzigen
geschehen wird. Der Traum ist wahr
und seine Deutung zuverlässig."

Glaubensbekenntnis des Königs

46 Da fiel der König Nebukadnezar
auf sein Angesicht nieder; er warf
sich vor Daniel zu Boden und gab
Befehl, ihm Speise- und Versöhnungs-
opfer darzubringen. 47 Dann nahm
der König das Wort und sprach zu
Daniel: „Wahrhaftig! Euer Gott ist
wirklich der Gott der Götter, der
Herr der Könige und der Offenbarer
der Geheimnisse; sonst hättest du
dieses Geheimnis nicht enthüllen
können." 48 Darauf erhob der König
den Daniel zu hohem Rang; er gab ihm
viele reiche Geschenke und wollte ihn
zum Statthalter über das ganze Gebiet
von Babel und zum Obervorsteher
über alle babylonischen Weisen er-
nennen. 49 Doch Daniel bat den König,
er möge die Verwaltung des Gebietes
von Babel dem Schadrach, Meschach
und Abed Nego übertragen. Daniel
selbst aber blieb am Hofe des Königs.

DIE ANBETUNG DES GOLDENEN STANDBILDES

Nebukadnezar errichtet ein goldenes Standbild

3 1 Einst ließ der König Nebukad-
nezar ein goldenes Standbild
machen; dessen Höhe betrug sechs
Ellen, die Breite drei Ellen; er stellte
es in der Ebene von Dura auf, im Ge-
biete von Babel. 2 Dann sandte der
König Nebukadnezar Boten aus, um
die Satrapen, Statthalter, Gouver-
neure, Räte, Schatzmeister, Richter,
Rechtsgelehrte und alle Beamten der

→2 40–43 Verworrener Text, Korr.
→2 43 *durch Heiraten verbinden* Wahrscheinlich Anspielung auf die Heiraten zwischen Seleukiden und Ptolemäern, durch die aber die Einheit unter den Nachfolgern Alexanders nicht wirklich gesichert werden konnte.
→3 1 *Nebukadnezar* Danach Zusatz in G und Theodotion: „in seinem achtzehnten Jahr", und in G: „nachdem er Städte, Provinzen und alle Bewohner der Erde von Indien bis Äthiopien unterworfen hatte", vgl. Est 1 1; 8 9.
→3 1 *dessen Höhe betrug sechs Ellen, die Breite drei Ellen* Korr.; M: „dessen Höhe betrug 60 Ellen, die Breite 3 Ellen".

Provinzen zusammenzurufen, daß sie
zur Einweihung des Standbildes kä-
men, welches der König Nebukad-
nezar errichtet hatte. 3 Daraufhin ver-
sammelten sich die Satrapen, Statt-
halter, Gouverneure, die Räte, Schatz-
meister, Richter, Rechtsgelehrten und
alle Beamten der Provinzen zur Ein-
weihung des Standbildes, das der
König Nebukadnezar errichtet hatte;
sie nahmen vor dem von Nebukad-
nezar errichteten Bilde Aufstellung.
4 Der Herold verkündete mit mächti-
ger Stimme: „Ihr Völker, Nationen
und Sprachen! Euch wird befohlen:
5 Sobald ihr die Trompeten, Pfeifen
und Zithern, die Harfen und Psalterien,
den Dudelsack und alle übrigen In-
strumente erklingen hört, so habt ihr
euch niederzuwerfen und das goldene
Standbild anzubeten, das der König
Nebukadnezar errichtet hat. 6 Wer
sich nicht niederwirft und anbetet,
wird noch zur selben Stunde in einen
brennenden Ofen hineingeworfen."
7 Sobald demgemäß alle Völker die
Trompeten, Pfeifen und Zithern, die
Harfen und Psalterien, den Dudelsack
und alle übrigen Instrumente erklingen
hörten, da warfen sich alle Völker,
Nationen und Sprachen augenblick-
lich nieder und beteten das goldene
Bild an, das der König Nebukadnezar
errichtet hatte.

Die Juden werden angezeigt und verurteilt

8 Indessen eilten chaldäische Män-
ner herbei und zeigten die Juden an.
9 Sie sagten zum König Nebukad-
nezar: „O König, mögest du ewig
leben! 10 Du, o König, hast doch den
Befehl erlassen: Wer immer die
Trompeten, Pfeifen und Zithern, die
Harfen und Psalterien, den Dudel-
sack und alle übrigen Instrumente
erklingen höre, der habe sich nieder-
zuwerfen und das goldene Bild anzu-
beten. 11 Und wer nicht niederfalle
und anbete, der werde in einen bren-
nenden Feuerofen hineingeworfen.
12 Da gibt es nun gewisse jüdische
Männer, die du mit der Verwaltung
des Gebietes von Babel betraut hast,
Schadrach, Meschach und Abed Nego.
Jene Männer kümmern sich nicht um
deinen Willen, o König; deine Götter
verehren sie nicht, und das goldene
Bild, das du errichtet hast, beten sie
nicht an." 13 Da befahl Nebukad-
nezar in Zorn und Wut, Schadrach,
Meschach und Abed Nego vorzu-
führen. Da wurden jene Männer vor
den König gebracht. 14 Der König
fragte sie und sprach: „Ist es wahr,
Schadrach, Meschach und Abed Nego,
daß ihr meine Götter nicht verehrt und
das goldene Bild, das ich errichtet
habe, nicht anbetet? 15 Nun, seid ihr
jetzt bereit, sobald ihr die Trompeten,
Pfeifen und Zithern, die Harfen und
Psalterien, den Dudelsack und die
übrigen Instrumente erklingen hört,
euch niederzuwerfen und das Bild an-
zubeten, das ich gemacht habe?
Wenn ihr es aber nicht anbetet, so
werdet ihr noch zur selben Stunde in
den brennenden Feuerofen hineinge-
worfen, und wer ist dann der Gott, der
euch aus meiner Hand erretten kann?"
16 Schadrach, Meschach und Abed
Nego gaben dem König Nebukad-
nezar folgende Antwort: „O König!
Wir haben nicht nötig, dir auf dieses
Ansinnen Bescheid zu geben. 17 Wenn
unser Gott, den wir verehren, die
Macht hat, uns aus dem brennenden
Feuerofen und aus deiner Hand, o
König, zu erretten, wird er uns auch
erretten. 18 Wenn er es aber nicht tut,
so sei dir, o König, erklärt, daß wir
deine Götter auch dann nicht ver-
ehren und das goldene Standbild, das
du errichtet hast, nicht anbeten."
19 Daraufhin ward Nebukadnezar
wegen Schadrach, Meschach und
Abed Nego von Zorn erfüllt, und sein
Angesicht verfärbte sich; er gab Be-
fehl, den Ofen siebenmal stärker zu
heizen, als er in der Regel geheizt
wurde. 20 Und den stärksten Männern
seines Heeres befahl er, Schadrach,
Meschach und Abed Nego zu binden
und in den brennenden Feuerofen zu
werfen. 21 Da wurden jene Männer
mit ihren Mänteln, Röcken, Mützen
gebunden und in den brennenden
Feuerofen geworfen. 22 Weil aber der
Befehl des Königs so rücksichtslos und
der Ofen übermäßig geheizt war, so
tötete die Feuerflamme jene Männer,
welche Schadrach, Meschach und
Abed Nego hineinwerfen mußten.
23 Diese drei Männer nun, Schadrach,
Meschach und Abed Nego, fielen
gebunden mitten in den Feuerofen.

Lobgesang des Asarja im Feuerofen

24 Sie wandelten in den Flammen
umher; sie sangen Gott Lob und priesen

→324–90 Die lange (kursiv gedruckte) Einfügung ist nur in griechischen und syrischen Üss erhalten, ihr liegt aber sicherlich ein aramäisches Original zugrunde. Die Über-

*den Herrn. 25 Da blieb Asarja stehen
und betete, er tat seinen Mund auf in-
mitten des Feuers und sprach also:*
*26 „Gepriesen und gelobt bist du, o
Herr, du Gott unserer Väter, und herr-
lich ist dein Name in alle Ewigkeit.*
*27 Du bist ja gerecht in allem, was
du uns getan; trefflich sind deine Werke
und gerade deine Wege; all deine Ur-
teile sind Wahrheit.*
*28 Das Gericht, das du gehalten, ist
billig in allem, was du verhängt hast
über uns und über die heilige Stadt
Jerusalem, die Stadt unserer Väter;
denn in gerechter Entscheidung hast du
dies alles wegen unserer Sünden über
uns verhängt.*
*29 Ja, wir haben gesündigt, haben
dein Gesetz übertreten durch Abfall von
dir; wir haben bis zum äußersten gefre-
velt und uns um deine Gebote nicht ge-
kümmert.*
*30 Weder unser Gewissen noch unsere
Taten haben wir nach dem gerichtet,
was du uns geboten, auf daß es uns
wohlergehe.*
*31 Alles also, was du über uns ver-
hängt, und alles, was du uns getan, das
tatest du im wahrhaften Gericht.*
*32 Du gabst uns preis den Händen
gottloser Feinde und gehässiger Ver-
räter und einem ungerechten König,
dem übelsten der ganzen Welt.*
*33 Wir dürfen jetzt nicht einmal den
Mund auftun; Schande und Schmach
ward deinen Dienern und deinen Ver-
ehrern zuteil.*
*34 Verstoße uns, bitte, um deines
Namens willen nicht für immer, und
löse deinen Bund nicht auf!*
*35 Versage uns dein Erbarmen nicht,
um deines Freundes Abraham, um dei-
nes Knechtes Isaak und deines heiligen
Israel willen.*
*36 Ihnen hast du ja die Verheißung
gegeben, du wolltest ihre Kinder so
zahlreich machen wie des Himmels
Sterne und wie den Sand am Gestade
des Meeres.*
*37 Ach, Herr, wir sind kleiner ge-
worden als alle anderen Völker; wir
sind heute in der ganzen Welt gedemü-
tigt wegen unserer Sünden.*
*38 Es gibt zu dieser Zeit keinen Für-
sten, keinen Propheten, keinen Anfüh-
rer; es gibt weder Brand- noch Schlacht-
opfer, weder Speiseopfer noch Räucher-
werk; nicht einmal einen Platz, wo wir
vor dir die ersten Früchte niederlegen
39 und dein Erbarmen finden könnten.*
*Aber laß uns (auch nur) mit zer-
knirschtem Herzen und demütigem
Sinn bei dir Aufnahme finden, genau-
so als kämen wir mit Brandopfern von
Widdern und Stieren und Tausenden
fetter Lämmer.*
*40 Solcherart gelange heute unser
Opfer vor dein Angesicht und entsühne
deine Anhänger; denn die auf dich ver-
trauen, werden nicht zuschanden.*
*41 Von nun an wollen wir von ganzem
Herzen dir folgen, dich fürchten und
dein Angesicht suchen!*
*42 O laß uns nicht zuschanden wer-
den, sondern verfahre mit uns nach
deiner Milde und nach der Fülle deines
Erbarmens.*
*43 Errette uns entsprechend deinen
(früheren) Wundertaten und ver-
schaffe deinem Namen Ruhm, o Herr!*
*44 Beschämt sollen alle werden, die
deinen Dienern Übel tun; sie sollen
zuschanden werden, aller Herrschaft
entkleidet, und ihre Stärke soll zer-
schlagen werden!*
*45 Sie mögen erkennen, daß du der
einzige Herr Gott bist und ruhmreich
auf der ganzen Erde.“*
*46 Die Knechte des Königs, welche
sie (die drei Jünglinge) hineingeworfen
hatten, schürten aber den Ofen mit
Harz und Werg, mit Pech und Reisig
unablässig weiter. 47 Da schlugen die
Flammen bis zu neunundvierzig Ellen
hoch aus dem Ofen heraus; 48 sie
griffen um sich und verbrannten die
Chaldäer, welche sie rings um den Ofen
antrafen. 49 Aber ein Engel des Herrn
war zugleich mit Asarja und seinen
Gefährten in den Ofen hinabgestiegen;
er schlug die Feuerflamme zu dem Ofen
hinaus 50 und machte das Innere des
Ofens so kühl wie taufrischen Wind.
So kam das Feuer überhaupt nicht
an sie und versehrte und belästigte sie
nicht.*

Lobgesang der drei Jünglinge

*51 Da priesen und rühmten und
lobten die Drei wie aus einem Munde
Gott und sprachen im Ofen:*
52 Gepriesen bist du, Herr, du Gott

---

setzung hier nach Theodotion, G bietet einige Abweichungen oder Umstellungen. V. 24 von M entspricht v. 91 von G.

→3 25 *der vierte sieht aus wie ein Göttersohn* Es handelt sich um einen Schutzengel, vgl. v. 28(95).

→3 26 *des höchsten Gottes* Der Ausdruck kommt auch in Pss vor, sonst wird er immer nur Nichtjuden in den Mund gelegt, vgl. Gn 14 18; Nm 24 16; Js 14 14.

→3 28 *Leib* Danach Zusatz in Theodotion: „dem Feuer“; 1 Kor 13 3 zeigt den Einfluß dieser Lesart bei Paulus.

→3 44 *entkleidet* Sinngemäß hinzugefügt.

unserer Väter: / lobwürdig und hocherhaben in Ewigkeit.

Gepriesen ist deiner Herrlichkeit heiliger Name: / lobwürdig und hocherhaben in Ewigkeit.

53 *Gepriesen bist du in deiner Herrlichkeit heiligem Tempel: / lobwürdig und hocherhaben in Ewigkeit.*

54 *Gepriesen du auf dem heiligen Thron deines Reiches: / lobwürdig und hocherhaben in Ewigkeit.*

55 *Gepriesen, der du niederschaust in der Abgründe Tiefen: / der du thronest über den Cherubim: / lobwürdig und hocherhaben in Ewigkeit.*

56 *Gepriesen bist du in der Feste des Himmels: / lobwürdig und hocherhaben in Ewigkeit.*

57 *Preiset den Herrn, all ihr Werke des Herrn: / lobet ihn und erhebt ihn in Ewigkeit!*

58 *Preiset den Herrn, ihr Engel des Herrn: / lobet ihn und erhebt ihn in Ewigkeit!*

59 *Ihr hohen Himmel, lobpreiset ihn: / lobet ihn und erhebt ihn in Ewigkeit!*

60 *Preiset den Herrn, alle Wasser in den Höhen der Himmel: / lobet ihn und erhebt ihn in Ewigkeit!*

61 *All ihr Mächte, lobpreiset ihn: / lobet ihn und erhebt ihn in Ewigkeit!*

62 *Preiset den Herrn, Sonne und Mond: / lobet ihn und erhebt ihn in Ewigkeit!*

63 *Ihr Sterne am Himmel, lobpreiset ihn: / lobet ihn und erhebt ihn in Ewigkeit!*

64 *Preiset den Herrn, aller Regen und Tau: / lobet ihn und erhebt ihn in Ewigkeit!*

65 *All seine Stürme, lobpreiset ihn: / lobet ihn und erhebt ihn in Ewigkeit!*

66 *Preiset den Herrn, Feuer und Glut: / lobet ihn und erhebt ihn in Ewigkeit!*

67 *Frost und Hitze, lobpreiset ihn: / lobet ihn und erhebt ihn in Ewigkeit!*

68 *Preiset den Herrn, alle Tropfen von Regen und Tau: / lobet ihn und erhebt ihn in Ewigkeit!*

69 *Eis und Kälte, lobpreiset ihn: / lobet ihn und erhebt ihn in Ewigkeit!*

70 *Preiset den Herrn, Reif und Schnee: / lobet ihn und erhebt ihn in Ewigkeit!*

71 *Ihr Tage und Nächte, lobpreiset ihn: / lobet ihn und erhebt ihn in Ewigkeit!*

72 *Preiset den Herrn, Dunkel und Licht: / lobet ihn und erhebt ihn in Ewigkeit!*

73 *Ihr Wolken und Blitze, lobpreiset ihn: / lobet ihn und erhebt ihn in Ewigkeit!*

74 *Erde, preise den Herrn: / lobe ihn und erheb ihn in Ewigkeit!*

75 *Preiset den Herrn, ihr Berge und Hügel: / lobet ihn und erhebt ihn in Ewigkeit!*

76 *Alles, was sprosset auf Erden, lobpreise ihn: / lobet ihn und erhebt ihn in Ewigkeit!*

77 *Preiset, ihr Quellen, den Herrn: / lobet ihn und erhebt ihn in Ewigkeit!*

78 *Ihr Meere und Ströme, lobpreiset ihn: / lobet ihn und erhebt ihn in Ewigkeit!*

79 *Preiset den Herrn, ihr Meerestiere und was sich reget im Wasser: / lobet ihn und erhebt ihn in Ewigkeit!*

80 *All ihr Vögel unter dem Himmel, lobpreiset ihn: / lobet ihn und erhebt ihn in Ewigkeit!*

81 *Preiset den Herrn, ihr Tiere der Wälder und Triften: / lobet ihn und erhebt ihn in Ewigkeit!*

82 *Ihr Menschenkinder, preiset den Herrn: / lobet ihn und erhebt ihn in Ewigkeit!*

83 *Israels Söhne, lobpreiset ihn: / lobet ihn und erhebt ihn in Ewigkeit!*

84 *Preiset den Herrn, ihr Priester: / lobet ihn und erhebt ihn in Ewigkeit!*

85 *Ihr Diener Gottes, lobpreiset ihn: / lobet ihn und erhebt ihn in Ewigkeit!*

86 *Preiset den Herrn, ihr Geister und Seelen der Frommen: / lobet ihn und erhebt ihn in Ewigkeit!*

87 *Die ihr demütig von Herzen und heilig, lobpreiset ihn: / lobet ihn und erhebt ihn in Ewigkeit!*

88 *Preiset den Herrn, Hananja, Asarja und Mischael: / lobet ihn und erhebt ihn in Ewigkeit!*

Denn er hat uns dem Totenreich entrissen / und uns errettet aus der Hand des Todes.

Befreit hat er uns mitten aus der Flammenglut / und aus dem Feuer uns erlöst.

89 *Singt Dank dem Herrn; denn er ist gütig, / und sein Erbarmen währt in Ewigkeit!*

90 *Preiset den Gott der Götter, all ihr Gottesfürchtigen! / Singet ihm Lob und Dank, / denn bis in Ewigkeit währt sein Erbarmen!*"

Anerkennung des Wunders

24 Da ward der König Nebukadnezar bestürzt; er stand hastig auf und fragte seine Räte: „Waren es

→367–68 Nur in G und einer einzigen Hs von Theodotion.

nicht drei Männer, die wir gebunden
ins Feuer geworfen haben?" Sie
gaben dem König zur Antwort: „Ge-
wiß, o König!" 25 Er erwiderte: „Ha!
Ich sehe aber vier Männer im Feuer
frei umhergehen, ohne daß sie Scha-
den genommen haben, und der vierte
sieht aus wie ein Göttersohn." 26 Dann
näherte sich Nebukadnezar der Tür
des brennenden Feuerofens und rief:
„Schadrach, Meschach und Abed
Nego, ihr Diener des höchsten Gottes,
geht heraus und kommt her!" Da gingen
Schadrach, Meschach und Abed Nego
aus dem Feuer heraus. 27 Nun dräng-
ten die Satrapen, Statthalter, Gouver-
neure und die königlichen Räte heran;
sie besahen sich jene Männer, daß das
Feuer keine Gewalt über ihre Körper
gehabt hatte; kein Haar ihres Hauptes
war versengt, und ihre Mäntel waren
unversehrt; nicht einmal Brandgeruch
war an sie gekommen. 28 Nebukad-
nezar aber rief aus: „Gepriesen sei der
Gott des Schadrach, Meschach und
Abed Nego! Denn er hat seinen Engel
gesandt und seine Diener errettet,
weil sie auf ihn vertraut und lieber das
Gebot des Königs übertreten und ihren
Leib hingegeben haben, als daß sie
irgendeinen andern Gott verehrten
und anbeteten außer ihren Gott.
29 Und so ergeht von mir der Befehl,
Völker, Nationen und Sprachen!
Jeder, der verächtlich spricht vom
Gott des Schadrach, Meschach und
Abed Nego, der soll in Stücke ge-
hauen und sein Haus soll in einen
Schutthaufen verwandelt werden, zu
welcher Völkerschaft, Nation und
Sprache er auch gehöre; denn es gibt
keinen anderen Gott, der so zu retten
vermöchte." 30 Darauf verlieh der
König Schadrach, Meschach und
Abed Nego (erneut) hohe Ämter im
Gebiet von Babel.

DER TRAUM UND DER IRRSINN NEBUKADNEZARS

31 Der König Nebukadnezar an
alle Völker, Nationen und Sprachen,
die auf der ganzen Erde wohnen:
Heil euch mehr und mehr! 32 Es
scheint mir gut, (euch) die Zeichen
und Wunder bekannt zu machen, die
der Höchste an mir gewirkt hat.
33 Wie groß sind seine Zeichen und
wie gewaltig seine Wunder! Sein
Königtum dauert ewig und seine
Herrschaft von Geschlecht zu Ge-
schlecht.

Nebukadnezar erzählt seinen Traum

4 1 Ich, Nebukadnezar, lebte unge-
stört in meinem Hause und ge-
deihlich in meinem Palaste. 2 Da
hatte ich einen Traum, dieser er-
schreckte mich; und die Gestalten und
Erscheinungen, die mir auf meinem
Lager vor Augen kamen, versetzten
mich in Furcht. 3 Darum erging von
mir der Befehl, alle Weisen von Babel
zu mir hereinzuführen, daß sie mir die
Deutung des Traumes verkündigten.
4 Da traten die Zeichendeuter und
Magier, die Chaldäer und Astrologen
ein, und ich erzählte vor ihnen den
Traum; aber sie konnten mir dessen
Deutung nicht angeben, 5 bis zu guter
Letzt Daniel vor mir erschien, der
nach dem Namen meines Gottes
Beltsazar zubenannt ist und dem der
Geist des heiligen Gottes innewohnt.
Ich erzählte auch ihm den Traum:
6 „Beltsazar, Oberster der Zeichen-
deuter! Von dir weiß ich, daß der
Geist des heiligen Gottes in dir wohnt
und kein Geheimnis dir Mühe macht.
Dies ist der Traum, den ich gesehen,
und sage mir dessen Deutung!
7 In den Gesichtern, die mir auf
meinem Lager vor Augen standen,
schaute ich folgendes:

Siehe, da stand ein Baum von un-
gewöhnlicher Höhe mitten auf der
Erde.
8 Der Baum wurde immer noch
größer und mächtiger, bis seine Spitze
den Himmel erreichte und er an allen
Enden der Erde sichtbar war.
9 Prächtig war sein Blätterkleid,

→4 1 *Ich, Nebukadnezar* M; G: „Im siebzehnten Jahr seiner Regierung sprach Nebukadnezar". Trotz Auslassungen ist dieses Kapitel in G über ein Viertel länger als in M.

→4 5 *nach dem Namen meines Gottes* Der Name des Gottes heißt Bel.

→4 5 *der Geist des heiligen Gottes* Dieser Geist Gottes ist die göttliche Eingebung, die z. B. der Pharao an der Weisheit der Ratschläge Josephs erkennt, Gn 41 38, vgl. Js 11 2+; 63 10–11+.

→4 5 *des heiligen Gottes* So Theodotion; nicht: „heiliger Götter"; es handelt sich hier nicht um die Götter der Heiden.

→4 6 *Dies ist* Korr.

→4 7 *Baum* Zum Sinnbild des Baumes, der die wachsende Macht eines Volkes darstellt, vgl. Ez 17 1–10.22–24; 31 3–14; Js 10 33 – 11 1.

überreich sein Fruchtbehang, und er
bot Nahrung für alle. Die Tiere des
Feldes suchten unter ihm Schatten,
die Vögel des Himmels nisteten in
seinen Zweigen, und alles Lebende er-
nährte sich von ihm.

10 Da sah ich in den Gesichten, die
mir auf meinem Lager vor Augen
standen, plötzlich einen heiligen Wäch-
ter vom Himmel steigen.

11 Er gebot mit machtvoller Stim-
me: ‚Fället den Baum und haut ab
seine Äste! Nehmt weg sein Blätter-
kleid und zerstreut seine Früchte!
Es fliehe fort das Getier unter ihm und
die Vögel aus seinem Geäste!

12 Doch lasset seinen Wurzelstock
im Boden; in eisernen und ehernen
Fesseln (laßt ihn) im Grün des freien
Feldes. Vom Tau des Himmels werde
er benetzt, und mit den Tieren hab' er
teil am Gras auf der Erde.

13 Sein Herz wird sich abkehren
von den Menschen und ihm ein tierisch
Herz gegeben werden; so sollen sieben
Zeiten über ihn hingehen!

14 Diese Botschaft beruht auf einem
Ratschluß der Wächter, das Verlangen
(entspricht) einem Antrag der Heiligen,
damit die Lebenden erkennen: Der
Höchste ist der Herr über das mensch-
liche Königtum; er gibt es, wem er will;
er könnte selbst den Allerniedrigsten
auf den Thron erheben.‘

15 Dies ist das Traumgesicht, das
ich, der König Nebukadnezar, ge-
schaut habe; du aber, Beltsazar, sage
mir die Deutung; denn alle Weisen
meines Reiches waren nicht imstande,
mir die Deutung kundzutun; doch
du vermagst es, weil der Geist des
heiligen Gottes in dir ist.“

Daniel deutet den Traum

16 Darauf war Daniel, der auch
Beltsazar heißt, für eine Weile wie
gelähmt; so erschreckten ihn seine
Gedanken. Der König aber sagte:
„Beltsazar! Laß dich von dem Traume
und seiner Bedeutung nicht aus der
Fassung bringen!“ Beltsazar gab zur
Antwort: „Mein Herr, der Traum
komme über deine Gegner und seine
Bedeutung über deine Feinde! 17 Der
Baum, den du gesehen hast, der größer
und mächtiger wurde, bis seine Spitze
den Himmel errreichte und auf der
ganzen Erde sichtbar war; 18 dessen
Blätterkleid prächtig, dessen Frucht-
behang überreich war und der Nah-
rung für alle bot; unter dem die Tiere
des Feldes wohnten und in dessen
Zweigen die Vögel des Himmels
nisteten: 19 das bist du, o König!
Auch du bist groß und mächtig ge-
worden; deine Größe wuchs (noch
mehr) und erreichte den Himmel,
und deine Herrschaft dehnte sich aus
bis an das Ende der Erde.

20 Daß der König weiter sah, wie
ein heiliger Wächter vom Himmel
stieg und gebot: ‚Fället den Baum
und vernichtet ihn! Doch laßt seinen
Wurzelstock im Boden; in eisernen
und ehernen Fesseln (laßt ihn) im
Grün des freien Feldes; vom Tau des
Himmels werde er benetzt, und mit
den Tieren des Feldes habe er sein Teil,
bis sieben Zeiten über ihn hingegangen
sind‘, 21 so ist dies, o König, die Deu-
tung, und zwar ist es eine Entscheidung
des Höchsten, die über meinen Herrn,
den König, ergangen ist:

22 Man wird dich aus (dem Kreis)
der Menschen ausstoßen; bei den
Tieren des Feldes wirst du hausen
müssen; wie die Rinder wird man dich
Gras weiden und vom Tau des
(freien) Himmels naß werden lassen;
und sieben Zeiten werden über dich
hingehen, bis du endlich einsiehst, daß
der Höchste der Herr ist über das
menschliche Königtum und es gibt,
wem er will.

23 Und wenn befohlen wurde, den
Wurzelstock des Baumes zu belassen,
(so bedeutet dies:) Dein Königtum
bleibt erhalten und wird dir zurück-
gegeben, sobald du die Herrschaft
des Himmels anerkannt hast. 24 Da-
rum, o König, laß dir meinen Rat
gefallen: Zerbrich deine Sünden durch

→410 *Wächter* D. h. ein Engel; er steht wachend zum Dienst Gottes – vgl. die Radfelgen „voll Augen ringsum“, Ez 118, die Engel „Augen des Herrn“, Sach 410B. Der Ausdruck „Wächter“, in der Bibel nur bei Dn, kommt in den apokryphen Schriften sehr häufig vor, besonders im Henochbuch, im Jubiläenbuch, im Testament der zwölf Patriarchen sowie in der Damaskusschrift. Er bezeichnet die Erzengel, oftmals die gefallenen Erzengel. In der späteren Überlieferung sind die „Wächter“ die Schutzengel.

→413 *Sein Herz wird sich abkehren von den Menschen* Oder vielleicht: „Sein Herz hört auf, ein Menschenherz zu sein“.

→413 *sieben Zeiten* „Zeiten“, sonst kaum abgegrenzte Zeiträume, sind hier wahrscheinlich Jahre.

→414 *Antrag der Heiligen* Die „Wächter“, die „Heiligen“, fassen nicht selbst den Beschluß, sondern sind nur Überbringer der göttlichen Entscheidung.

→424 *Zerbrich deine Sünden durch Werke der Gerechtigkeit* Das mit „zerbrechen“ übersetzte Zeitwort hat ein aramäisches

Werke der Gerechtigkeit und deine
Missetaten durch Erbarmen mit den
Schwachen! Dann mag dein Glück
von Dauer sein."

Der Traum geht in Erfüllung

25 All dies erfüllte sich am König
Nebukadnezar. 26 Zwölf Monate
später erging er sich auf dem Dach des
königlichen Palastes zu Babel. 27 Da
hob der König an und sprach: „Ist
dies nicht das große Babel, das ich als
Residenz erbaut habe, in der Fülle
meiner Macht und zum Ruhme meiner
Herrlichkeit?" 28 Noch hatte sich der
Mund des Königs nicht geschlossen,
da ertönte schon eine Stimme vom
Himmel:
„König Nebukadnezar! Dir sei verkündet: Das Königtum entgleitet dir.
29 Aus dem Kreis der Menschen
wird man dich ausstoßen, und bei den
Tieren des Feldes wirst du hausen
müssen; wie die Rinder wird man dich
Gras weiden lassen, und sieben Zeiten
werden so über dich dahingehen, bis
du endlich einsiehst, daß der Höchste
der Herr ist über das menschliche
Königtum und es gibt, wem er will."
30 Noch in derselben Stunde ging
der Spruch an Nebukadnezar in Erfüllung: Aus dem Kreis der Menschen
wurde er ausgestoßen; er aß Gras wie
die Rinder, und sein Körper wurde
vom Tau des Himmels naß, bis seine
Haare so lang wie Adlerfedern geworden waren und seine Nägel wie Vogelkrallen.
31 „Nach Verlauf der (vorbestimmten) Tage konnte ich, Nebukadnezar,
meine Augen (wieder) zum Himmel
erheben, und der klare Verstand kehrte
mir zurück. Da pries ich den Höchsten
und lobte und verherrlichte den ewig
Lebenden; denn sein Reich dauert
ewig und sein Königtum von Geschlecht zu Geschlecht. 32 Die Bewohner der Erde sind vor ihm insgesamt wie nichts zu achten; nach
seinem Wohlgefallen waltet er über
die Heerschar des Himmels und die
Bewohner der Erde. Niemand kann
seiner Hand wehren, und niemand
darf fragen: ‚Warum hast du das
getan?'
33 Zur selben Zeit wurde mir der
klare Verstand wiedergegeben, und
zu der Würde meines Königtums gewann ich auch meine Ehre und mein
Ansehen zurück. Meine Minister und
Großen suchten mich wieder auf.
Ich wurde wieder in die Königsherrschaft eingesetzt und erlangte noch
eine gewaltige Steigerung an Größe.
34 Darum lobe und rühme und verherrliche ich, Nebukadnezar, den König
des Himmels; denn all sein Tun ist
trefflich, und sein Walten ist gerecht,
und die hochmütig wandeln, vermag
er zu demütigen."

Das Gastmahl des Belsazar

5 1 Der König Belsazar gab einmal
seinen Großen – es waren ihrer
tausend – ein großes Gastmahl, und er
zechte mit den tausend. 2 Vom Weine
benebelt, befahl Belsazar, die goldenen
und silbernen Gefäße herbeizubringen,
die sein Vater Nebukadnezar aus dem
Tempel zu Jerusalem hatte wegnehmen
lassen; jetzt sollten daraus trinken der
König und seine Großen sowie seine
Gemahlinnen und Nebenfrauen.
3 Darauf wurden die goldenen und
silbernen Gefäße herbeigebracht, die
man aus dem Tempel, dem Hause Gottes zu Jerusalem, weggenommen hatte,
und der König und seine Großen
sowie seine Gemahlinnen und Nebenfrauen tranken daraus. 4 Sie zechten
und priesen (dabei) ihre Götter aus
Gold und Silber, aus Erz, Eisen, Holz

Hauptwort mit der Bedeutung „Heil, Erlösung" gebildet; so könnte man auch „Löse deine Sünden" übersetzen. Die „Werke der Gerechtigkeit" entsprechen den gesamten „gerechten" Beziehungen zwischen Gott und Mensch, die zwar die gesetzliche oder die rein menschliche Gerechtigkeit einschließen, aber unendlich darüber hinausgehen. Im engeren Sinn bezeichnet der Ausdruck die frommen Werke, besonders das Almosen, so in Tob 129; 1411.

→426 *Babel* Babel war eines der Weltwunder der Antike. Der Name der Stadt wurde zum Symbol der glänzenden, aber zerbrechlichen Menschenwerke und weiter zum Sinnbild menschlichen und dämonischen Stolzes, zur Antithese des himmlischen Jerusalem, das die Stadt Gottes ist.

Die Offenbarung des Johannes nimmt das Thema der Propheten (Js 219 usw.) wieder auf, vgl. 148; 1619; 175; 182.10.21. Das ganze Kapitel hier will die Erniedrigung dieses Hochmutes zeigen: Nebukadnezar wird erst wieder normal, wenn er sich zum wahren Gott bekehrt.

→431 Nach G ist die Heilung des Königs seiner Reue und seinem Gebet zu verdanken; ein Engel erscheint ihm im Traum und verkündigt ihm, daß er sein Reich wieder zurückerhalten wird.

→51 *Belsazar* Der babylonische Name heißt *Bel-schar-uzur* „Bel schütze den König". Die historische Persönlichkeit dieses Namens ist nicht der Sohn des Nebukadnezar, sondern des Nabonid; sie trug nicht den Königstitel, vgl. Einleitung, S. 1023.

→54 *und Silber* Theodotion, V; fehlt in M.

und Stein. 5 Noch zur selben Stunde
erschienen Finger einer Menschenhand
und schrieben (etwas) auf die Kalk-
tünche der Wand des Königspalastes,
gerade gegenüber dem Leuchter; und
der König sah die schreibende Hand.
6 Da erbleichte das Antlitz des Königs;
seine Ahnungen erschreckten ihn sehr;
die Hüftgelenke waren ihm wie aufge-
löst, und seine Knie schlotterten.
7 Laut rief der König, man solle die
Zauberer, Chaldäer und Zeichendeuter
holen, der König sprach zu den Weisen
von Babel: „Wer diese Schrift lesen
und mir ihre Deutung geben kann,
wer er auch sei, er soll in Purpur
gekleidet werden, eine goldene Kette
am Halse tragen und als Dritter im
Königreiche herrschen.“ 8 Da eilten
alle Weisen des Königs herbei, aber
sie konnten die Schrift weder lesen
noch deren Deutung dem König kund-
tun. 9 Dies versetzte den König Bel-
sazar in so gewaltigen Schrecken, daß
sich sein Angesicht verfärbte; auch
seine Großen wurden verwirrt. 10 Als
die Königin von den Nöten des Königs
und seiner Großen hörte, begab sie
sich in die Halle des Gelages; nun
begann die Königin und sprach:
„O König, mögest du ewig leben!
Laß dich von deinen Ahnungen nicht
erschrecken, und dein Angesicht soll
sich nicht verfärben! 11 Es gibt ja in
deinem Reiche einen Mann, in dem
der Geist des heiligen Gottes wohnt.
Schon zur Zeit deines Vaters wurden
in ihm Erleuchtung und Einsicht und
eine Weisheit gefunden, wie sie sonst
nur die Götter besitzen. Der König
Nebukadnezar, dein Vater, hat ihn
deswegen zum Obersten der Magier,
Chaldäer, Wahrsager und Zeichen-
deuter bestellt. 12 Weil also ein höhe-
rer Geist und Erkenntnis und Einsicht
bei ihm gefunden wurden, um Träume
zu deuten, verborgene Dinge zu offen-
baren und Rätsel zu lösen, nämlich
bei Daniel, dem der König den Namen
Beltsazar gegeben hat, darum rufe
man jetzt Daniel: Er wird die Deutung
geben.“

13 Daraufhin wurde Daniel vor den
König geführt. Der König hub an
und sprach zu Daniel: „Du bist also
Daniel, einer von den jüdischen Weg-
geführten, die mein königlicher Vater
aus Juda hergebracht hat? 14 Ich habe
von dir schon gehört, der Geist Gottes
sei in dir, und Erleuchtung, Einsicht
und Weisheit seien bei dir in hohem
Maße gefunden worden. 15 Gerade
eben hatte ich mir die Weisen und
Zauberer kommen lassen; sie sollten
diese Schrift lesen und mir deren Deu-
tung kundtun; aber sie konnten für
den Vorfall keine Erklärung geben.
16 Nun höre ich von dir, du seiest im-
stande, Deutungen zu geben und Rät-
sel zu lösen. Wenn also du jetzt im-
stande bist, die Schrift zu lesen und
mir deren Deutung kundzutun, so
sollst du in Purpur gekleidet werden,
eine goldene Kette am Halse tragen
und als Dritter im Königreiche herr-
schen.“

17 Darauf antwortete Daniel dem
König mit folgenden Worten: „Behal-
te nur deine Geschenke und verleihe
deine Gaben einem anderen! Doch
die Schrift will ich dem Könige lesen
und die Deutung ihm kundtun.
18 O König! Der höchste Gott hat
Königtum und Größe, Herrlichkeit
und Ehre deinem Vater Nebukadnezar
gegeben. 19 Wegen der Größe, die er
ihm verliehen hat, zitterten und bebten
vor ihm alle Völker, Nationen und
Sprachen. Er konnte töten, wen er
wollte, und er konnte am Leben lassen,
wen er wollte; er konnte erhöhen,
wen er wollte, und er konnte stürzen,
wen er wollte. 20 Aber als sein Herz
überheblich wurde und sein Geist sich
zum Hochmut verstieg, da wurde er
von seinem Königsthron herabge-
stürzt, und die Herrscherwürde ward
ihm genommen. 21 Aus dem Kreis
der Menschen wurde er ausgestoßen,
und sein Herz wurde dem von Tieren
gleichgemacht; er mußte mit den
Wildeseln zusammenhausen; man ließ
ihn wie die Rinder Gras weiden, und
vom Tau des Himmels wurde sein
Körper benetzt, bis er anerkannte,
daß der höchste Gott der Herr ist
über das menschliche Königtum und
daß er auf den Thron erheben kann,
wen er will. 22 Und du, sein Sohn
Belsazar, hast dein Herz auch nicht
gedemütigt, obwohl du dieses alles
wissen mußtest, 23 vielmehr hast auch
du gegen den Herrn des Himmels
dich erhoben; die Gefäße aus seinem
Tempel hat man dir herbeiholen müs-
sen; du und deine Großen, deine
Gemahlinnen und Nebenfrauen, ihr
habt daraus gezecht, und du hast die
Götter aus Gold und Silber, aus Erz,
Eisen, Holz und Stein gepriesen, die

→519f Daniel faßt die in Kapitel 4 erzählte Begebenheit zusammen.
→519 *er konnte am Leben lassen* M; Theodotion und V lesen: „er konnte schlagen“.
→521 *Wildeseln* M; einige Hss von M: „Herden“.

nichts sehen und nichts hören und
keinen Verstand haben; aber den Gott,
der dein Leben und alle deine Lebens-
wege in der Hand hat, den hast du
nicht verehrt. 24 Deswegen wurde von
ihm jene Hand gesandt, die, ganz allein,
diese Schrift geschrieben hat. 25 Die
Schrift, die hier steht, lautet also:
‚Mene, Mene, Tekel und Parsin.‘
26 Und dies ist die Bedeutung der
Worte: Mene: gezählt hat Gott dein
Königtum und macht ihm ein Ende.
27 Tekel: gewogen wurdest du auf der
Waage und zu leicht befunden.
28 Parsin: geteilt wird dein Reich
und den Medern und Persern über-
geben.“
29 Daraufhin gab Belsazar den
Befehl, und Daniel wurde in Purpur
gekleidet; eine goldene Kette wurde
ihm um den Hals gelegt, und es wurde
über ihn bekanntgegeben, daß er als
Dritter im Reiche herrschen solle.
30 Noch in der gleichen Nacht
wurde Belsazar, der König der Chal-
däer, getötet. 61 Und Darius, der
Meder, erhielt das Königtum im Alter
von zweiundsechzig Jahren.

DANIEL IN DER LÖWENGRUBE

Neid der Statthalter

6 2 Es gefiel dem Darius, im Reiche
einhundertzwanzig Statthalter zu
bestellen, die über das ganze Reich
verteilt sein sollten; 3 und über diese
setzte er wieder drei Aufsichtsbeamte –
einer davon war Daniel –, denen diese
Statthalter Rechnung abzulegen hatten,
damit der König nicht geschädigt
würde. 4 Da zeichnete sich nun dieser
Daniel vor den (anderen) Aufsichts-
beamten und den Statthaltern aus,
weil er von überragendem Geiste war.
Deswegen gedachte der König, ihm
das ganze Reich zu unterstellen.
5 Daraufhin suchten die Aufsichts-
beamten und Statthalter eine Dienst-
verfehlung Daniels aufzuspüren, die
ihn als Schädling des Staates erweisen
sollte. Aber sie konnten nicht die
Spur einer Verfehlung oder eines
Vergehens finden; denn er war durch-
aus zuverlässig, und es war ihm nichts
von einer Schuld oder einem Vergehen
vorzuwerfen. 6 Da sagten sich jene
Männer: „Wir finden an diesem
Daniel überhaupt keine Verfehlung,
wenn wir nicht etwas gegen ihn aus-
findig machen, was sich aus seiner
Religion ergibt.“ 7 Dann stürmten
jene Aufsichtsbeamten und Statthalter
auf den König ein und sprachen so zu
ihm: „König Darius, mögest du
leben in Ewigkeit! 8 Alle Aufsichts-
beamten, Gouverneure und Statthalter
des Reiches, alle Staatsräte und Prä-
fekten sind einmütig dafür, es müsse
ein königliches Gesetz erlassen und
ein strenges Verbot aufgestellt werden,
wonach jeder, der innerhalb der (näch-
sten) dreißig Tage an irgendeinen Gott
oder Menschen eine Bitte richtet,
außer an dich, o König, in eine Löwen-
grube geworfen werden soll. 9 Erlasse
also, o König, das Verbot und unter-
zeichne die schriftliche Ausfertigung,
daß es unabänderlich sei, wie ja ein
Gesetz der Meder und Perser nicht
aufgehoben werden kann. 10 Darauf-
hin unterzeichnete der König Darius
die Ausfertigung des Verbotes.

Daniels Gebet

11 Als Daniel erfuhr, die Ausferti-
gung sei unterzeichnet, stieg er ins
Obergemach seines Hauses hinauf,
wo die Fenster ihm (den Blick) gegen
Jerusalem zu eröffneten; dort warf er

→525 *Mene, Mene, Tekel und Parsin* M wiederholt Mene (gegen G, Theodotion, V, Josephus und gegen v. 26–28, in denen anscheinend drei und nicht vier Worte vorausgesetzt sind) und liest Parsin statt Phares (gegen dieselben). In diesen geheimnisvollen Worten findet man drei altorientalische Münz- oder Gewichtsbezeichnungen wieder: Mine, Schekel und Halbmine *(paras)*. Diese Ausdrücke würden dann auf die Wortspielkette von v. 26–28 vorbereiten, da *mene'* an *mana* „zählen“, *teqel* an *schaqal* „wiegen“ und *paras* sowohl an *paraz* „teilen“ als auch an den Namen „Perser“ anklingt. Der Sinn der Abfolge ist umstritten; sie wird gedeutet als Anspielung auf den abnehmenden Wert der drei einander folgenden Reiche (Babylonier, „Meder“, Perser) oder als Anspielung auf drei Könige: Nebukadnezar, Ewil-Merodach, Belsazar (oder auch: Nebukadnezar, Belsazar, die Könige der „Meder und Perser“) oder als ein altes Sprichwort, dessen Bedeutung uns unbekannt ist.

→61 *Darius, der Meder* Dieser Darius ist keine historische Gestalt; der Perser Cyrus hatte die Meder bereits besiegt, als er Babel eroberte; vgl. Einleitung, S. 1023.

→611 *gegen Jerusalem* Die Sitte, in der Richtung nach Jerusalem zu beten, ist zumindest seit dem Exil bekannt.

sich dreimal des Tages auf die Knie
nieder, betete zu seinem Gott und
lobte ihn, so wie er es bisher immer
getan hatte. 12 Da drangen plötzlich
jene Männer ein und trafen Daniel
dabei an, wie er zu seinem Gotte betete
und ihn bekannte. 13 Alsbald gingen
sie zum König und stellten ihm die
Frage: „Hast du nicht ein Verbot
unterzeichnet, wonach jeder, der inner-
halb der (nächsten) dreißig Tage von
irgendeinem Gotte oder Menschen
etwas erbittet, außer von dir, o König,
in die Löwengrube geworfen werden
soll?“ Der König gab zur Antwort:
„Die Sache ist so unumstößlich wie
irgendein Gesetz der Meder und Per-
ser, das nicht aufgehoben werden
kann.“ 14 Da erwiderten sie und mel-
deten dem König: „Daniel, einer von
den jüdischen Weggeführten, kümmert
sich weder um dich, o König, noch
um das Verbot, das du unterzeichnet
hast, sondern spricht dreimal des
Tages sein Bittgebet.“ 15 Als der König
dies hörte, war ihm die Sache sehr un-
angenehm, und er überlegte hin und
her, wie er Daniel retten könnte; bis
Sonnenuntergang bemühte er sich um
dessen Befreiung. 16 Doch jene Män-
ner drangen in den König und redeten
auf den König ein: „Bedenke, o König,
es ist ein Grundgesetz bei den Me-
dern und Persern, daß ein Verbot
oder Gebot, welches der König er-
lassen hat, niemals abgeändert werden
kann.“

Daniel, den Löwen vorgeworfen

17 Auf dies hin gab der König
den Befehl; da wurde Daniel geholt
und in die Löwengrube geworfen.
Der König sagte noch zu Daniel:
„Dein Gott, dem du so treulich dienst,
wird dich erretten!“ 18 Nun wurde ein
Stein herbeigeschafft und auf die Öff-
nung der Grube gelegt; der König ver-
siegelte ihn mit seinem Siegelring und
mit den Ringen seiner Großen, damit
niemand in der Sache Daniels etwas
unternehmen könnte. 19 Darauf zog
sich der König in seinen Palast zurück
und suchte nüchtern sein Lager auf, und
ließ keine Nebenfrauen zu sich brin-
gen. Der Schlaf floh ihn. 20 Schon am
frühen Morgen erhob sich der König
und ging eilends zur Löwengrube.
21 Als er sich der Grube näherte, rief
er mit angstvoller Stimme nach Daniel;
der König rief Daniel zu: „Daniel, du
Diener des lebendigen Gottes! Hat
dein Gott, dem du so treulich dienst,
dich vor den Löwen retten können?“
22 Da gab Daniel dem König Antwort:
„O König, du mögest ewig leben!
23 Mein Gott hat seinen Engel gesandt;
dieser verschloß den Rachen der Lö-
wen, so daß sie mir nichts zuleide
taten; denn ich ward vor ihm un-
schuldig erfunden. Aber auch gegen
dich, o König, habe ich mich nicht
vergangen.“ 24 Da freute sich der Kö-
nig seinetwegen überaus und befahl,
Daniel aus der Grube heraufzuholen.
So wurde Daniel aus der Grube
wieder heraufgeholt. Er wies nicht die
geringste Verletzung auf, weil er auf
seinen Gott vertraut hatte. 25 Auf des
Königs Befehl wurden nun jene Män-
ner herbeigebracht, die den Daniel so
hinterhältig verklagt hatten. Jetzt
wurden sie in die Löwengrube gewor-
fen sowie ihre Kinder und Frauen. Sie
hatten noch nicht den Boden der Gru-
be erreicht, als schon die Löwen über
sie herfielen und all ihre Gebeine zer-
malmten.

Glaubensbekenntnis des Königs

26 Da richtete der König Darius
an alle Völker, Nationen und Spra-
chen, die in aller Welt wohnten,
folgendes Schreiben: „Heil euch mehr
und mehr! 27 Von mir ergeht der Be-
fehl, daß man in meinem ganzen
Machtbereich den Gott Daniels in
Furcht und Zittern ehren soll.

Denn er ist der Gott, der lebt und
besteht in Ewigkeit! Sein Reich geht
nicht unter, und seine Herrschaft
steht am Ende noch. 28 Er errettet
und befreit; er tut Zeichen und Wun-
der im Himmel und auf Erden; er hat
ja Daniel errettet aus den Tatzen der
Löwen.“

29 Dieser selbe Daniel stand in
Ehren unter der Regierung des Darius
und unter der des Persers Cyrus.

→619 *Nebenfrauen* Unsichere Überset-
zung.
→629 *stand in Ehren* M; G: „wurde über
das Königreich gesetzt“. In G endet das
Kapitel mit dem Tod des Darius und der
Thronbesteigung des Persers Cyrus.

DANIELS TRAUM: DIE VIER TIERE

Die Vision von den Tieren

7 1 Im ersten Jahre, da Belsazar
König von Babel war, schaute Da-
niel einen Traum, und Gesichte stan-
den ihm auf seinem Lager vor Augen.
Er schrieb alsbald das Traumgesicht
auf. Hier beginnt der Bericht: 2 Daniel
berichtet folgendes: Ich schaute in
meinem nächtlichen Gesichte, wie die
Winde aus den vier Himmelsrichtun-
gen plötzlich das große Meer auf-
wühlten. 3 Und vier großmächtige
Tiere stiegen aus dem Meere heraus,
jedes von anderer Gestalt. 4 Das erste
glich einem Löwen, hatte aber Flügel
wie ein Adler. Während ich es noch
betrachtete, wurden ihm die Flügel
ausgerissen; dann wurde es vom Bo-
den aufgerichtet und auf zwei Füße
gestellt wie ein Mensch, und auch ein
menschliches Herz wurde ihm gegeben.
5 Dann erschien ein anderes, ein zwei-
tes Tier; es glich einem Bären; halb
war es aufgerichtet; es hatte drei Rip-
pen im Maule zwischen den Zähnen,
und man ermunterte es noch: „Auf!
Verschlinge viel Fleisch!“ 6 Nach
diesem erschien, als ich (weiter)
schaute, ein anderes Tier, gleich einem
Panther; es hatte vier Vogelschwingen
auf dem Rücken; vier Köpfe waren
diesem Tier zu eigen, und Herrscher-
macht ward ihm gegeben. 7 Und nach
diesem erschien mir in den nächtlichen
Gesichten ein viertes Tier; es war
furchtbar, schrecklich und ungeheuer
stark; es hatte mächtige Zähne von
Eisen; damit fraß und zermalmte es;
und was dann noch übrigblieb, das
zertrat es mit den Füßen. Es war ganz
verschieden von den Tieren vor ihm,
und es hatte zehn Hörner.
8 Als ich betrachtend bei den Hör-
nern verweilte, siehe, da wuchs
zwischen ihnen ein anderes, kleines
Horn heraus; vor ihm brachen von den
ersten Hörnern drei heraus. An diesem
Horn waren Augen wie Menschen-
augen zu sehen und ein Mund, der
vermessene Reden führte. 9 Ich
schaute immer noch:

Vision vom Hochbetagten und vom Menschensohn

Da wurden Throne aufgestellt, und
ein Hochbetagter setzte sich; sein Ge-
wand war weiß wie Schnee, und seines
Hauptes Haar war rein wie Wolle.
Sein Thron war von Flammen und
seine Räder von Feuerbränden.
10 Ein Strom von Feuer ging von
ihm aus und floß daher. Tausendmal
Tausende dienten ihm, und zehn-
tausendmal Zehntausende standen
vor ihm. Gericht wurde gehalten,
und es wurden Bücher aufgeschlagen.
11 Ich hatte noch im Ohr den Lärm
der vermessenen Reden, die das Horn
geführt hatte, und während ich schau-
te, da wurde das Tier getötet; sein
Leib ward zerstückelt und dem Feuer
zum Verbrennen übergeben. 12 Auch
den übrigen Tieren war ihre Macht
genommen worden, aber es wurde
ihnen noch Lebensdauer gelassen
für eine bestimmte Zeit.

→71–9 *(Die Vision von den Tieren)* Diese Vision steht in Parallele zum Traum Nebukadnezars, 2. Die vier Reiche, die vor dem Menschensohn untergehen, entsprechen den vier Metallen des Standbildes, das von dem geheimnisvollen Stein zerschmettert wird, vgl. 228+. Die tiefe eschatologische Bedeutung dieser Geschichtsvision wird noch deutlicher durch ihre Verwendung in Apk 13.

→74 *Das erste* Das babylonische Reich.

→75 *ein zweites Tier* Das Reich der Meder; nach den Geschichtsvorstellungen des Buches folgen die Meder unmittelbar auf die Babylonier, vgl. 61+.

→76 *ein anderes Tier* Das Perserreich.

→77 *ein viertes Tier* Das Reich Alexanders (gestorben 323 v. Chr.) und seiner Nachfolger, vgl. 240; 85; 113. Die zehn Hörner sind Könige der seleukidischen Dynastie.

→78 *ein anderes, kleines Horn* Antiochus IV. Epiphanes (175–163 v. Chr.), der eine Reihe von Konkurrenten aus dem Wege räumte und so an die Macht gelangte.

→78 *ein Mund, der vermessene Reden führte* Anspielung auf die Redegewandtheit und zugleich auf die blasphemische Vermessenheit des Antiochus, vgl. v. 25; 1136; 1 Makk 121.24.45; Apk 135.

→79 *Throne* Die Throne der Richter: Die Heiligen Gottes sind berufen, mit ihm zu richten; dieser Gedanke findet sich schon in der jüdischen Überlieferung (Henochbuch) und noch deutlicher in den Verheißungen Jesu, Mt 1928; Lk 2230; Apk 321; 204. Der feurige Thron Gottes mit seinen Flammen erinnert an den Gotteswagen in Ez 1.

→710 *es wurden Bücher aufgeschlagen* Das Buch, in dem alle guten und schlechten Taten der Menschen verzeichnet sind, vgl. Jr 171; Mal 316; Ps 569; Lk 1020; Apk 2012+. Zum Buch des Lebens vgl. 121+.

→712 *Lebensdauer* Der Fortbestand der alten Reiche auf unbestimmte Frist bietet keine unmittelbare Gefahr mehr für den Glauben, da ihnen das Gottesvolk nicht mehr unterworfen ist.

13 Ich war immer noch in der
Beschauung der nächtlichen Gesichte,
da kam auf den Wolken des Himmels
eine Gestalt wie ein Menschensohn;
er gelangte bis zu dem Hochbetagten
und wurde vor diesen hingeführt.
14 Ihm wurde nun Macht und Herr-
lichkeit und die Königsherrschaft
gegeben. Alle Völker, Nationen und
Sprachen sollten ihm dienen. Seine
Herrschaft sollte eine ewige Herrschaft
sein, die nie vergehen wird, und sein
Königtum sollte niemals untergehen.

Deutung der Vision

15 Ich, Daniel, war darüber in mei-
nem Geiste entsetzt, und die Gesichte
meines Hauptes erschreckten mich.
16 Ich trat darum zu einem der Dienen-
den und bat ihn um zuverlässige Aus-
kunft über alles; er redete mit mir
und tat mir die Deutung der Vorgänge
kund: 17 „Jene vier großen Tiere
bedeuten vier Könige, die sich auf der
Erde erheben werden. 18 Dann werden
aber die Heiligen des Höchsten das
Königtum erhalten, und sie werden
das Königtum besitzen für immer und
in alle Ewigkeit.“ 19 Alsdann wünsch-
te ich noch Gewißheit über das vierte
Tier, das von den anderen ganz ver-
schieden und so überaus furchtbar
war; das eiserne Zähne und eherne
Krallen hatte; das fraß und zermalmte
und den Rest mit den Füßen zertrat;
20 und weiter über die zehn Hörner
an seinem Kopfe und über das andere,
das erst hervorwuchs und vor dem
drei Hörner ausfielen; das Augen hatte
und einen Mund, der vermessene Re-
den führte, und das größer erschien
als die anderen. 21 Ich hatte nämlich
gesehen, wie dieses Horn Krieg führte
gegen die Heiligen und sie knechtete,
22 bis der Hochbetagte erschien; da
wurde den Heiligen des Höchsten
Recht verschafft, und es kam die Zeit,
wo die Heiligen das Königtum in Be-
sitz nahmen. 23 Er antwortete:
„Das vierte Tier bedeutet: Es wird ein
viertes Reich auf Erden erstehen, das
von allen Reichen ganz verschieden ist.
Es wird die ganze Welt verschlingen
und sie zertreten und zermalmen.
24 Die zehn Hörner bedeuten:
Aus jenem Reiche werden zehn Köni-
ge erstehen. Nach ihnen wird ein an-
derer sich erheben; dieser wird von
den früheren ganz verschieden sein
und wird drei Könige stürzen.
25 Selbst gegen den Höchsten wird
er (vermessene) Reden führen; er wird
die Heiligen des Höchsten hart be-
drücken und darauf sinnen, Festzeiten
und Gesetze zu ändern. Und die Heili-
gen werden in seine Hand gegeben
werden für eine Zeit und zwei Zeiten
und eine halbe Zeit.
26 Dann wird man zu Gerichte sitzen
und ihm die Herrschaft nehmen, um
sie endgültig auszutilgen und zu ver-
nichten.
27 Alsdann wird das Königtum
und die Macht und Größe aller Reiche
unter dem Himmel dem Volk der
Heiligen des Höchsten verliehen.
Sein Königtum wird ewig dauern,
und alle Mächte werden ihm dienstbar
und hörig sein.“
Hier endet der Bericht.
Mich, Daniel, schreckten meine
Gedanken so sehr, daß sich mein Ange-
sicht verfärbte; die Worte aber behielt
ich fest in meinem Sinn.

→713 *wie ein Menschensohn* Das aramäische *bar nascha* heißt wie das hebräische *ben 'adam* zunächst „Mensch“, vgl. Ps 85. In Ez wird so der Prophet von Gott genannt. Hier aber besitzt der Ausdruck eine besondere, weiter reichende Bedeutung: ein Mensch, der geheimnisvoll menschliches Wesen überragt. Ein individuelles Verständnis dieses Ausdrucks wird bezeugt durch apokryphe Schriften, die von dieser Stelle in Dn beeinflußt sind: das Henochbuch und das 4. Esrabuch, ferner durch die einhellige rabbinische Auslegung und vor allem durch seine Verwendung im Munde Jesu, der ihn auf sich selbst anwendet, vgl. Mt 820+. Ein kollektives Verständnis dieses Ausdrucks kann sich auf v. 18 (und v. 22) stützen, wo der Menschensohn mit den Heiligen des Höchsten irgendwie gleichgesetzt wird; diese kollektive (ebenso messianische) Bedeutung hängt aber mit der individuellen zusammen und führt diese weiter, da der Menschensohn gleichzeitig Haupt, Stellvertreter und Modell des Volkes der Heiligen ist. Dem entspricht die Auffassung in frühchristlicher Zeit (z. B. bei Ephräm), daß die Prophetie zunächst die Juden (die Makkabäer), darüber hinaus aber und in vollkommener Weise Jesus meine.

→715 *Daniel* Danach in M zwei unverständliche Worte; fehlen in G, V.

→718 „Die Heiligen“ für „das heilige Volk“ wie in 824; Ps 3410; Js 43; Nm 163, vgl. Ex 196+.

→722 *den Heiligen des Höchsten Recht verschafft* Andere Übersetzung: „den Heiligen des Höchsten richterliche Gewalt gegeben“.

→725 *Festzeiten und Gesetze zu ändern* Anspielung auf die Politik der Hellenisierung unter Antiochus Epiphanes, insbesondere auf sein Verbot des Sabbats und der Feste, vgl. 1 Makk 141–52.

→725 *eine Zeit* Nach 413 ist hier unter „Zeit“ ein Jahr zu verstehen. Dreieinhalb Jahre, die Hälfte der Jahrwoche von 927, entsprechen nahezu der Dauer der Verfol-

DANIELS VISION: DER WIDDER UND DER ZIEGENBOCK

Die Vision

8 1 Im dritten Regierungsjahr des
Königs Belsazar wurde mir, Da-
niel, ein Gesicht gezeigt nach jenem,
das mir vordem gezeigt worden war.
2 Ich schaute im Gesichte, und wäh-
rend ich schaute, befand ich mich
in der Burg Susa, die im Gau Elam
liegt; während ich im Gesichte
schaute, befand ich mich am Tore
von Ulai. 3 Als ich meine Augen er-
hob, da sah ich einen Widder am
Flusse stehen; er hatte zwei Hörner,
und die Hörner wurden hoch; das eine
wurde höher als das andere, und zwar
wuchs das zweite höher (als das erste).
4 Ich sah den Widder nach Westen,
nach Norden und nach Süden stoßen;
kein einziges Wesen konnte ihm stand-
halten, und es gab keinen Retter
vor seiner Gewalt. Er tat, was ihm
beliebte, und nahm an Größe immer
noch zu.

5 Ich war noch in der Beschauung,
da lief ein Ziegenbock vom Westen
her über alle Länder hinweg, ohne den
Boden zu berühren; der Bock hatte
ein herrliches Horn zwischen den
Augen. 6 Er gelangte bis zu dem dop-
pelt gehörnten Widder, den ich am
Flusse stehen sah, und stürmte nun
mit dem ganzen Ingrimm seiner Kraft
auf diesen zu. 7 Ich sah: Als er den
Widder erreicht hatte, drang er er-
bittert auf ihn ein. Er überwand den
Widder und brach ihm beide Hörner
ab. Da besaß der Widder keine Kraft
mehr zum Widerstand. So warf der
Bock ihn zu Boden und zertrat ihn
mit den Füßen, und es gab niemanden,
der den Widder aus dessen Gewalt be-
freit hätte. 8 Der Ziegenbock nahm
noch gewaltig an Größe zu; als er aber
in der Vollkraft war, brach das große
Horn ab. An dessen Stelle wuchsen
dann vier andere (Hörner) empor nach
den vier Windrichtungen des Him-
mels.

9 Aus einem von ihnen wuchs ein
anderes Horn hervor; anfangs klein,
wurde es (nachher) sehr groß gegen
Süden, gegen Osten und gegen das
Prachtland hin. 10 Ja, es reckte sich
empor bis zum Heer des Himmels
und warf manche von dem Heere und
von den Sternen auf die Erde herab
und zertrat sie. 11 Sogar bis zum
Fürsten des Himmelsheeres erhob es
sich. Das tägliche Opfer schaffte es ab
und verwüstete die Stätte seines
Heiligtums 12 und das Heer. Ein
Frevel wird an die Stelle des täglichen
Opfers gesetzt. Die Wahrheit wird zu
Boden gerissen. Und was (das Horn)
unternimmt, das gelingt ihm.

13 Nun hörte ich einen Heiligen
sprechen. Da fragte ein anderer Hei-
liger jenen, der gesprochen hatte:

---

gung unter Antiochus. Diese Zahl, durch 42 Monate (zu 30 Tagen) oder 1260 Tage ausgedrückt, wird in sinnbildlicher Bedeutung von Apk 112–3; 1214; 135 (vgl. auch Lk 425 und Jak 517) aufgenommen. Sie bezeichnet dann – wie schon in der Sicht des Buches Dn – einen Zeitraum der Prüfungen und Leiden, die von Gott zugelassen werden; seine Dauer aber wird zum Trost der Bedrängten abgekürzt.

→81 *Belsazar* Zu dieser Gestalt vgl. 51+.

→81 *das mir vordem gezeigt worden war* Die Vision von Kapitel 7, die hier ausführlicher wiedergegeben wird.

→82 *Susa* Eine der Königsresidenzen unter den Achämeniden. Ulai ist der Fluß, der durch Susa fließt.

→82 *am Tore* Üss.

→83 *Widder* Zur sinnbildlichen Bedeutung von Widder und Ziegenbock vgl. Ez 3417f und Sach 103.

→83 *das zweite höher* Das höhere der beiden Hörner ist das Perserreich, das auf das Reich der Meder folgt, dieses besiegt (v. 20) und in sich aufnimmt.

→85 *Ziegenbock* Alexander, vgl. v. 21 und 240; 77; 113.

→85 *ein herrliches Horn* Korr.

→88 Tod Alexanders und Teilung seines Reiches. In 77 ging der Verfasser gleich zur Seleukiden-Dynastie über, wobei er aber die Vorgänger des Antiochus Epiphanes näher kennzeichnet; von diesem ist hier unmittelbar in v. 9 die Rede.

→89 *Prachtland* Palästina.

→810 *von den Sternen* Die Sterne sind das Volk Gottes nach 123 (und Mt 1343).

→811 *Fürst* Gott selbst.

→812 *Ein Frevel wird an die Stelle des täglichen Opfers gesetzt* Unsichere Übersetzung. Die Stelle kann so verstanden werden, daß der „Frevel" (d. h. der „Greuel der Verwüstung") im Heiligtum an die Stelle des Opfers trat oder daß nach dem Willen des Verfolgers das Opfer als ein Frevel angesehen werden sollte.

→813 *einen Heiligen* Wahrscheinlich ein Engel, vgl. 410.

→813 *jenen, der gesprochen hatte* Wörtlich: einen solchen, der gesprochen hatte. Diese Weise einer Offenbarung, nämlich in einem geheimnisvollen Dialog, dessen Fragen dieselben sind, die sich der Schauende stellt, findet sich auch in Sach 18–17.

→813 *Opfer* Danach Zusatz in G: „aufgehoben".

„Wie lange dauert das Geschaute:
das tägliche Opfer, der Frevel der
Verwüstung, das Heiligtum und Heer
mit den Füßen getreten?“ 14 Er ant-
wortete ihm: „Es geht zweitausend-
dreihundert Abend und Morgen,
bis das Heilige wiederhergestellt
wird.“

Der Engel Gabriel deutet die Vision

15 Als ich, Daniel, das Gesicht
noch schaute und nun nach einer Deu-
tung dafür suchte, da sah ich eine
Gestalt wie einen Mann vor mir
stehen. 16 Dazu hörte ich eine Men-
schenstimme über dem Ulai, die rief:
„Gabriel! Deute diesem da die
Schauung!“ 17 Da kam er dorthin,
wo ich stand. Bei seiner Annäherung
erfaßte mich ein solcher Schrecken,
daß ich aufs Angesicht fiel. Er sagte
zu mir: „Menschensohn, beachte es
wohl, das Gesicht bezieht sich auf die
Endzeit!“ 18 Als er zu mir redete, lag
ich wie betäubt mit dem Angesicht
auf dem Boden. Da faßte er mich an
und stellte mich an meinem Platze
wieder auf. 19 Und er sagte: „Siehe,
ich mache dir kund, was in der letzten
Zeit des Zornes geschehen wird, am
festgesetzten Ende. 20 Der Widder
mit den zwei Hörnern, den du ge-
sehen hast, (bedeutet) die Könige der
Meder und Perser. 21 Der Ziegenbock
ist der König von Jawan, und das
große Horn zwischen seinen Augen
ist der erste König. 22 Daß es zer-
brach und daß vier andere an seine
Stelle traten, das bedeutet: Es wer-
den vier Reiche aus seinem Volk er-
stehen, aber nicht mit derselben Kraft
wie er.

23 Am Ende ihrer Herrschaft, wenn
das Maß der Frevel voll geworden,
tritt ein König auf, der frech von An-
gesicht und schlau in Ränken ist.

24 Gewaltig ist seine Macht, wenn
auch nicht aus eigener Kraft. Er wird
Unerhörtes anrichten, und was er
unternimmt, das gelingt ihm. Er rich-
tet Mächtige zugrunde, und auch das
Volk der Heiligen.

25 Bei seiner Verschlagenheit geht
ihm (jeder) Betrug glücklich von der
Hand. Da wird sein Herz hochmütig,
und viele stürzt er ahnungslos ins
Verderben. Selbst gegen den Fürsten
der Fürsten steht er auf; dann aber
wird er vernichtet, ohne daß eine
Hand sich rührt.

26 Die Schauung von Abend und
Morgen, von der nun die Rede war,
beruht auf Wahrheit. Du aber ver-
siegle das Gesicht; denn (es erfüllt sich
erst) nach vielen Tagen!“

27 Ich, Daniel, lag nun tagelang
krank darnieder, dann erhob ich mich
wieder und versah meinen Dienst beim
König. Aber ich schwieg über das
Geschaute und blieb ohne Verständnis;
niemand fand sich, der es zu deuten
vermochte.

DIE WEISSAGUNG VON DEN SIEBZIG WOCHEN

Daniels Gebet

9 1 Im ersten Jahre des Darius, des
Sohnes des Achaschwerosch, aus
dem Stamme der Meder, der zum
König über das Reich der Chaldäer
gesetzt war, 2 in seinem ersten Re-
gierungsjahr, da überdachte ich, Da-
niel, in den Büchern die Zahl der Jahre,

→814 *ihm* Üss; M: „mir“.
→814 *zweitausenddreihundert Abend und Morgen* Also 2300 Tage oder 1150 Tage, wenn der Ausdruck die beiden täglichen Opfer meint, die während der Zeit der Verfolgung aufgehoben sind. Beide Zahlen entfernen sich beträchtlich von den dreieinhalb Jahren (1260 Tagen) von 725; der Sinn bleibt dunkel.
→814 *wiederhergestellt* D. h. in sein Recht wiedereingesetzt; der Ausdruck hat über seine historische Bedeutung hinaus messianischen Sinn.
→816 *über* Im Text steht „zwischen“, was vielleicht von den Torflügeln zu verstehen ist, vgl. V. 2.
→819 *Zeit des Zornes* Unter dem Blickwinkel göttlichen Vorherwissens und -wollens ist die Zeit des Unheils die des Zornes Gottes, vgl. 1136; Js 1025; 2620; 1 Makk 164.
→823 *wenn das Maß der Frevel voll geworden* Wörtl.: wie zur Erfüllung des Frevels.
→824 *nicht aus eigener Kraft* Der Verfolger ist Werkzeug des Zornes Gottes.
→824 *anrichten* Korr.; M: „zerstören“.
→825 *ohne daß eine Hand sich rührt* Es handelt sich vielleicht gleichzeitig um eine Anspielung auf das Ende des Antiochus, der nicht gewaltsam, sondern an einer schleichenden Krankheit starb, 1 Makk 68–16; 2 Makk 9, und um die Vorstellung, daß der Tod der Verfolger wie ihr Erfolg, V. 24, in Gottes Händen liegt, vgl. 234.
→826 *nach vielen Tagen* Im Unterschied zu den beiden Verheißungen in Ez 1221–28, die fast unmittelbar nach ihrer Ansage eintreten, gehen die Visionen Daniels nach einer nur dunkel angedeuteten Frist in Erfüllung, vgl. 124.9–13.
→91 Vgl. 75+ und 61+.

über welche das Wort Jahwes an den
Propheten Jeremias ergangen war, daß
nämlich Jerusalem volle siebzig Jahre
in Trümmern liegen solle. 3 Ich wandte
mein Gebet zu Gott, dem Herrn, und
suchte recht zu beten und zu flehen
unter Fasten in Sack und Asche.
4 Ich flehte also zu Jahwe, meinem
Gott, bekannte (unsere) Schuld und
sprach:
„O du mein Herr, du großer und
furchtbarer Gott, der den Bund und
die Huld denen bewahrt, die ihn
lieben und seine Gebote halten.
5 Wir haben gesündigt und gefehlt;
wir sind zu Frevlern und Empörern ge-
worden, sind abgewichen von deinen
Geboten und Gesetzen. 6 Wir haben
auf deine Diener, die Propheten, nicht
gehört, die doch in deinem Namen
redeten zu unseren Königen und Für-
sten, zu unseren Vätern und zum
ganzen Volk des Landes. 7 Du, Herr,
hast recht behalten; wir aber sind bis
auf den heutigen Tag mit Schande
gezeichnet, wir, die Männer von Juda
und die Bewohner von Jerusalem,
ja, das ganze Volk Israel, die in der
Nähe und die in der Ferne, in all
den Ländern, wohin du sie verstoßen
hast wegen des Treubruches, den
sie begangen haben. 8 Ja, Herr, wir
sind mit Schande gezeichnet, unsere
Könige, unsere Fürsten und unsere
Väter, weil wir gegen dich gesündigt
haben. 9 Aber beim Herrn, unserem
Gott, ist Erbarmen und Vergebung,
auch wenn wir uns gegen ihn aufge-
lehnt haben. 10 Wir hörten auch
nicht auf die Stimme Jahwes, un-
seres Gottes, wonach wir wandeln
sollten in seinen Gesetzen, die er uns
durch seine Diener, die Propheten,
gegeben hat. 11 Ganz Israel hat dein
Gesetz übertreten, ist davon abge-
wichen und hat auf deine Stimme
nicht gehört. So wurden gegen uns der
Fluch und die Verwünschung ausge-
löst, die geschrieben stehen im Gesetz-
buch des Mose, des Dieners Gottes,
weil wir wider ihn gesündigt haben.
12 Da erfüllte er sein Drohwort, das
er ausgesprochen hatte gegen uns
und unsere Herrscher, die uns regier-
ten, wonach über uns so großes Un-
gemach kommen sollte, wie es nie
und nirgends unter dem ganzen
Himmel geschah als nur in Jerusalem.
13 Wie es im Gesetzbuch des Mose
geschrieben steht, so kam all dies Un-
heil über uns; und doch taten wir
nichts, um das Angesicht Jahwes,
unseres Gottes, zu begütigen: Wir
kehrten uns nicht ab von unseren Sün-
den und suchten die Einsicht nicht
bei deiner Wahrheit. 14 Aber Jahwe
wachte über das Unheil, und nun
brachte er es über uns. Jahwe, unser
Gott, ist gerecht in allem, was er tut;
denn wir hatten auf seine Stimme nicht
gehört. 15 Nun also, Herr, unser Gott,
der sein Volk mit starker Hand aus
Ägypten geführt und sich so einen
Namen gemacht hat bis auf den heu-
tigen Tag: Wir haben gesündigt; wir
haben schlecht gehandelt. 16 O Herr,
entsprechend all den (früheren) Gna-
denerweisen deiner Gerechtigkeit wen-
de sich nun dein Zorn und dein
Grimm von deiner Stadt Jerusalem
und von deinem heiligen Berge ab;
denn um unserer Sünden und um
der Missetaten unserer Väter
willen ist Jerusalem und dein Volk
all unseren Nachbarn zum Gespött
geworden. 17 Nun also, unser Gott,
höre das Gebet deines Dieners und
seine Bitten: Laß wieder dein Antlitz
leuchten über deinem verwüsteten
Heiligtum, auch um deinetwillen,
Herr! 18 Neige, mein Gott, dein Ohr
und höre! Öffne deine Augen und sieh
auf die Trümmer bei uns und auf die
Stadt, die nach deinem Namen be-
nannt wird; denn nicht im Vertrauen
auf unsere guten Werke unterbreiten
wir dir unsere Bitten, sondern im
Vertrauen auf dein großes Erbarmen.
19 Herr, merke auf und handle! Mein
Gott, um deinetwillen zögere nicht;
nach deinem Namen wird ja deine
Stadt und wird dein Volk benannt."

Der Engel Gabriel deutet die Weissagung

20 Während ich noch redete und

→93 *Gott, dem Herrn* M; einige Hss von M: „Jahwe"; vgl. v. 4.
→94–19 Das Gebet enthält zahlreiche biblische Anklänge; es ist dem Gebet Asarjas verwandt, 325–45, und diente Bar 1 und 2 als Vorlage.
→912 *Herrscher, die uns regierten* Wörtlich: Richter, die uns richteten.
→914 *wachte* In Jr 111–12, vgl. 3128; 4427, erweckt das Symbol des Mandelbaumes *(scheqed)* den Spruch Jahwes, der über die Erfüllung seines Wortes zum Heil wie zum Unheil wacht *(schoqed)*.
→916 *Gnadenerweisen deiner Gerechtigkeit* D. h. im Namen der Gerechtigkeit, wie sie sich geoffenbart hat in den Taten, durch die Gott sein Volk „in Besitz genommen" hat.
→917 *höre das Gebet* . . . Vgl. 1 Kg 828; Neh 16.11; Ps 1302.
→917 *um deinetwillen* Nach Theodotion und Üss, vgl. v. 19; M: „wegen meines Herrn".

betete, meine Schuld und die Schuld
meines Volkes Israel bekannte und
meine Fürbitte für den heiligen Berg
meines Gottes Jahwe, meinem
Gott, unterbreitete, 21 während ich
also noch das Gebet sprach, da – es
war um die Zeit des Abendopfers –
näherte sich mir in eiligem Fluge
Gabriel, dasselbe Wesen, das ich in
dem früheren Gesichte geschaut hatte.
22 Er redete mich an und sagte:
„Daniel, nun bin ich erschienen, um
dir Aufklärung zu geben. 23 Gleich
zu Anfang deines Betens erging ein
Gotteswort; ich komme nun, es dir zu
verkünden; denn du bist ein Liebling
(Gottes). Gib acht auf das Wort und
suche das Gesicht zu verstehen:
24 Siebzig Wochen sind für dein
Volk und deine heilige Stadt be-
stimmt, bis dem Frevel ein Ende ge-
macht, die Sünde versiegelt und die
Schuld gesühnt wird; bis ewige Ge-
rechtigkeit herbeigeführt, Gesicht und
Prophet(ie) letztlich besiegelt und das
Allerheiligste gesalbt wird.
25 Nun mußt du wissen und be-
achten: Von (der Zeit, da) das Wort
ergangen ist: ‚Man soll zurückkehren
und Jerusalem wieder aufbauen!‘,
bis zu einem Gesalbten, einem Fürsten,
sind es sieben Wochen und zweiund-
sechzig Wochen; wiederhergestellt,
wiederaufgebaut sind Plätze und
Mauern, aber in angstvollen Zeiten.
Am Ende der Zeiten, 26 nach den
zweiundsechzig Wochen, wird ein Ge-
salbter getötet, und ... es ist nicht
an ihm. Die Stadt und das Heiligtum
werden vernichtet von einem Fürsten,
der heranzieht. Eine Flut bereitet ihm
das Ende. Und bis zum Ende (dauern)
Krieg und die verhängten Verwü-
stungen. 27 Er schließt mit vielen
einen festen Bund eine Woche lang,
und in der Mitte der Woche macht er

→9 21 *Gabriel, dasselbe Wesen* Wörtlich: Gabriel, der Mann.

→9 21 *näherte sich mir in eiligem Fluge* Wörtlich: berührte mich fliegenden Flugs.

→9 23 *Liebling* Vgl. 10 11.19. V übersetzt „Mann der Wünsche“, aber es handelt sich hier sicherlich um Gottes Wohlgefallen an Daniel, nicht um Wünsche Daniels.

→9 24–27 Diese Weissagung, die in Parallele zu denen der benachbarten Kapitel steht, hat die Ereignisse der Verfolgung unter Antiochus im Blick, ist aber in einem literarischen Stil voll geheimnisvoller Anspielungen (Fehlen von Eigennamen, wie üblich abgerundete Zahlen) gehalten, der auf eine tiefere Bedeutung des Textes hinweist. Ebenso wie die Ankündigung des messianischen Reiches, 2 28+; 7 13+, findet diese Weissagung ihre endgültige Erfüllung in der Zeit Jesu Christi und der Kirche. Die in v. 24 beschriebene Zeit der Fülle geht unendlich über jegliche Rückkehr zum Frieden hinaus, dagegen bleiben die Einzelheiten von v. 25–27, worin die vorhergehenden Zeitalter beschrieben sind, dunkel.

→9 24 *bestimmt* M; Theodotion, V: „abgekürzt“.

→9 24 *Siebzig Wochen* Es handelt sich um eine vollkommene Zahl von Jahrwochen. Ausgangspunkt der Zählung ist das Datum der Offenbarung an Jeremia, vgl. v. 25. Als Endpunkt sind der Wiederaufbau Jerusalems und die Rückkehr der Verbannten, die 2 Chr 36 22–23 (= Esr 1 1–2) durch das Befreiungsdekret des Cyrus 538 v. Chr. verwirklicht sieht, ins Auge gefaßt.

→9 24 *besiegelt* Das Wort bedeutet „zu Ende bringen“ oder „garantieren“; hier ist „erfüllen“ in umfassendem Sinn gemeint.

→9 24 *das Allerheiligste* Der Altar bzw. der Tempel oder der Hohepriester, vgl. 1 Chr 23 13; die Wiedereinsetzung des heiligen Priestertums fällt mit der Wiederherstellung von Altar und Tempel zusammen und wird hier in ein und derselben prophetischen Perspektive gesehen.

→9 25 *einem Gesalbten, einem Fürsten* „Gesalbter“ oder Messias, vgl. Ex 30 22+; 1 Sm 9 26+; Js 45 1. Die älteste Überlieferung der Kirchenväter ist nicht einmütig, wer mit diesem Messiasfürsten gemeint sei noch ob in v. 26 der Tod Jesu gemeint sei. Manche verlegen die letzte Woche an das Ende der Zeiten.

→9 25 *wiederaufgebaut* Die Zeit des Wiederaufbaus unter der Perserherrschaft.

→9 26 *ein Gesalbter* Man kann mit Theodotion in diesem Gesalbten den Hohenpriester Onias III. sehen, vgl. 2 Makk 4 30–38, der um 175 v. Chr. abgesetzt und von den Leuten des Antiochus Epiphanes ermordet wurde; er wäre dann auch der Fürst des Bundes in 11 22.

→9 26 *und ... es ist nicht an ihm* Dunkler Text. Theodotion: „und es ist kein Fehl in ihm“; V (nach dem Kommentar von Hieronymus): „und das Volk, das ihn verleugnete, wird nicht mehr sein“.

→9 26 *die verhängten Verwüstungen* Von Gott verhängt, vgl. 8 25+.

→9 27 *Er schließt mit vielen einen festen Bund* Diese dunkle Stelle wird vielleicht durch 11 30–32 aufgehellt; der „Bund“ würde dann hier die Versammlung der Abtrünnigen um den Tyrannen bedeuten, der sie zum Verrat des heiligen Bundes verlockt hat, vgl. 1 Makk 1 21.43.52; 2 Makk 4 10f.

→9 27 *den Schlacht- und Speiseopfern ein Ende* Die Abschaffung des alten Opfers bedeutet hier nicht dessen Ablösung durch das Opfer des Neuen Bundes; die Parallelstellen zeigen, daß diese Aufhebung das Werk der Gottlosen ist.

→9 27 *des Tempels* Sinngemäß eingefügt.

→9 27 *der Greuel der Verwüstung* Wörtlich: „der schreckliche“ oder „verwüstende Greuel“; der Ausdruck *(schiqquzim meschomem)* wird herkömmlich mit „Greuel

den Schlacht- und Speiseopfern ein
Ende. Und über dem Flügel des
Tempels wird der Greuel der Ver-
wüstung stehen, bis zur Vollendung,
bis zum Ende, das dem Verwüster be-
stimmt ist."

DIE GROSSE VISION

DIE ZEIT DES ZORNES

Vision vom Manne, in Linnen gekleidet

10 1 Im dritten Jahr des Perser-
königs Cyrus ward dem Daniel,
der auch Beltsazar hieß, eine Offen-
barung zuteil. Diese Offenbarung
ist wahr und (kündet) großen Kampf
an. Er nahm die Offenbarung auf-
merksam entgegen. Das Verständ-
nis wurde ihm durch ein Gesicht
erschlossen.

2 „In jenen Tagen ging ich, Daniel,
drei Wochen lang in Trauer. 3 Feine
Speisen aß ich nicht; auch Fleisch und
Wein kamen nicht in meinen Mund.
Ich salbte mich nicht einmal, bis drei
volle Wochen um waren. 4 Am vier-
undzwanzigsten Tage des ersten Mo-
nats befand ich mich am Ufer des
großen Stromes, das ist der Tigris.
5 Als ich nun meine Augen erhob,
siehe, da schaute ich:

Ein Mann; er war in Linnen ge-
kleidet; seine Lenden waren mit
reinstem Golde gegürtet. 6 Sein
Körper leuchtete wie Edelstein, sein
Antlitz wie ein Blitzstrahl und seine
Augen wie Feuerbrände; seine Arme
und Füße funkelten wie poliertes Erz;
und der Klang seiner Rede war wie
das Tosen einer Volksmenge.

7 Aber nur ich, Daniel, allein sah
die Erscheinung; meine Begleiter
hingegen sahen die Erscheinung nicht;
doch überkam sie ein so gewaltiger
Schrecken, daß sie sich in ein Versteck
flüchteten. 8 So blieb ich allein zurück
und schaute diese große Erscheinung;
da verließen mich die Kräfte; mein
Antlitz ward furchtbar verändert, und
ich vermochte mich nicht mehr zu
halten.

Erscheinung des Engels

9 Nun vernahm ich den Klang
seiner Rede; und als ich ihn reden
hörte, da fiel ich betäubt aufs Gesicht,
und mein Gesicht (blieb) am Boden.
10 Doch siehe, eine Hand rüttelte mich
und ließ meine Knie und Handflächen
beben. 11 Dann sprach er zu mir:
„Daniel, liebwerter Mann, achte auf
die Worte, die ich zu dir spreche, und
stelle dich aufrecht; denn zu dir bin
ich nun gesandt." Als er so zu mir
sprach, richtete ich mich zitternd auf.
12 Da sagte er zu mir: „Fürchte dich
nicht, Daniel! Denn schon seit dem
ersten Tage, da du dich mühtest,
Erkenntnis zu erlangen und dich des-
halb vor deinem Gotte zu demütigen,
sind deine Bitten erhört worden, und
ich hatte mich eben deiner Bitte
wegen auf den Weg (zu dir) gemacht.
13 Aber der (Engel)fürst des Perser-
reiches stellte sich mir einundzwanzig
Tage entgegen; doch siehe, dann kam
Michael, einer von den höchsten
Fürsten, mir zu Hilfe; ich habe ihn im
Kampf mit den Perserkönigen allein
gelassen. 14 Nun bin ich aber ge-
kommen, um dich wissen zu lassen,
was deinem Volk am Ende der Tage
begegnen wird; denn für jene Tage
ergeht noch einmal ein Gesicht."

15 Da er in dieser Art mit mir redete,
schlug ich den Blick zu Boden und
vermochte kein Wort hervorzubrin-
gen. 16 Und siehe, eine Erscheinung

---

der Verwüstung" übersetzt. Er soll einerseits an die Baale erinnern, Götzenbilder, deren Kult die Propheten Israel zum Vorwurf machen (*schiqquz* ist verächtliche Bezeichnung für Baal, *schomem* ist Anspielung auf den Titel der phönizischen Baale: *ba'al schamem* „König der Himmel"); andererseits läßt er an den Zeus Olympios denken, dem man den Tempel von Jerusalem weihte, vgl. 2 Makk 6 2.

→10 1 *Im dritten Jahr* M; G: „Im ersten Jahr".

→10 1 *großen Kampf* Wörtlich: „große Schar" oder „großes Heer". Es geht wohl um den von den Engeln geführten Krieg, der in v. 12–21 beschrieben ist.

→10 13 *Michael* Der Engel Jahwes, der sich in Sach 3 1–2 Satan widersetzt, erhält in Jud 9 den Namen *Michael* „Wer ist wie Gott?"; der Name weist auf die Macht Gottes hin, dem Dämon Einhalt zu gebieten. Der gleiche Engelkampf ist in Apk 12 7–12 beschrieben. Michael ist der Schutzengel des Gottesvolkes (v. 21 und 12 1), vgl. Ex 23 20+. Der Fürst der Perser erscheint als einer der Schutzengel der Völker. Der geheimnisvolle Kampf zwischen den Engeln hebt hervor, daß das Schicksal der Völker ein Geheimnis bleibt, das selbst für die Engel noch der Enthüllung durch Gott harrt.

→10 13 *ich habe ihn ... gelassen* G; M: „ich wurde ... gelassen" (ungewohnte Form im Hebräischen).

wie ein Mensch berührte meine Lippen.
Nun vermochte ich, den Mund zu
öffnen und zu sprechen. Ich sagte zu
dem, der vor mir stand: „Mein Herr,
bei der Erscheinung kam es wie Wehen
über mich, und ich verlor alle Kraft.
17 Wie hielte es der Knecht meines
Herrn hier auch aus, mit meinem Herrn
zu reden? Mir schwanden da die
Kräfte, und selbst der Lebensodem
stockte mir.“ 18 Darauf berührte mich
die Gestalt, die wie ein Mensch aus-
sah, noch einmal und stärkte mich.
19 Dabei sprach sie: „Fürchte dich
nicht, liebwerter Mann! Heil dir!
Werde stark und stärker!“ Als sie so
zu mir redete, fühlte ich mich neu
gestärkt und sagte: „Nun rede,
mein Herr! Du hast mich ja ge-
stärkt.“

Die prophetische Verkündigung

20A Er sprach: „Weißt du jetzt,
warum ich zu dir gekommen bin?
21A Nun will ich dir verkünden, was
aufgeschrieben ist im Buche der Wahr-
heit. 20B Dann kehre ich zurück, um
mit dem Fürsten der Perser zu kämpfen.
Bin ich (dort als Sieger) hervorge-
gangen, siehe, so kommt der Fürst der
Griechen. 21B Aber niemand steht
mir gegen jene zur Seite außer eurem
Fürsten Michael,

11 1 meinem Beistand, der mir mit
starker Hand hilft und mich
stützt. 2 Und nun will ich dir die
Wahrheit verkünden:

Erste Kriege zwischen Seleukiden und Lagiden

Siehe, es treten in Persien noch drei
Könige auf; der vierte häuft sich dann
so großen Reichtum zusammen wie
keiner zuvor; und wenn er mit Hilfe
seines Reichtums hochgerüstet ist,
setzt er die gesamte Macht gegen alle
Reiche von Jawan in Bewegung.
3 Dann tritt ein König auf, der ein
Kriegsheld ist; er entfaltet eine ge-
waltige Herrschermacht und tut nur,
was er will. 4 Aber kaum ist er aufge-
treten, da zerbricht sein Reich und
wird aufgeteilt nach den vier Wind-
richtungen des Himmels; es fällt je-
doch nicht seinen Nachkommen zu;
es wird nicht mehr regiert werden, wie
er es regiert hatte. Ja, seine Dynastie
stirbt aus; das Reich fällt anderen zu,
nicht jenen.

5 Mächtig wird nun der König des
Südens; doch von seinen Großen
wird einer ihn überflügeln, und sein
Reich wird größer werden als das seine.
6 Nach Jahren werden sie sich ver-
bünden, und eine Tochter des Königs
des Südens wird zum König des Nor-
dens kommen, um wieder gute Be-
ziehungen herzustellen; doch wird sie
die Kraft des Armes nicht behalten,
und auch ihr Nachwuchs wird nicht
bestehen, sondern hingegeben wird sie
und ihr Gefolge, ihr Kind und der, der
über sie Gewalt gehabt hat. Und nach
gewisser Zeit 7 tritt ein Sproß aus
ihren Wurzeln an seine Stelle und er-

→10 20–21 Die Reihenfolge der Versteile ist unsicher. Text korrigiert. Am Anfang von 11 1 Zusatz in M: „Ich, im ersten Jahre des Meders Darius“.

→11 2 *drei Könige* Anscheinend drei Perserkönige, „den Meder Darius“ ausgenommen. Der „vierte“ ist wohl nicht der letzte Achämenide, Darius III. Kodoman (336 bis 331 v. Chr.), den Alexander besiegte, sondern wahrscheinlicher Xerxes der Große (486–465 v. Chr.), der 480 v. Chr. den Feldzug nach Griechenland unternahm.

→11 2 *Jawan* Griechenland.

→11 4 *nicht seinen Nachkommen* Das Reich Alexanders wurde bei seinem Tod nicht unter seine Söhne, sondern unter die Diadochen geteilt, vgl. 2 40 f; 7 7; 8 8.

→11 5 *der König des Südens* Ptolemäus I. Soter (306–285 v. Chr.), der erste Herrscher der hellenistischen Dynastie in Ägypten.

→11 5 *einer von seinen Großen* Seleukus I. Nikator (301–281 v. Chr.), der sich zuerst mit Ptolemäus I. verbündete, um Antigonus zu besiegen (Schlacht von Gasa 312 v. Chr.: Beginn der seleukidischen Zeitrechnung), und sich dann in Asien ein gewaltiges Reich verschaffte.

→11 5 *als das seine (Reich)* Korr.; M: „sein Reich“.

→11 6 Um 252 v. Chr. heiratete Antiochus II. Theos (261–246 v. Chr.), der mit Ptolemäus II. Philadelphus (285–247 v. Chr.) einen Bund geschlossen hatte, dessen Tochter Berenike; seine erste Frau (und Stiefschwester) Laodike zog sich zunächst zurück, dann ließ sie, nachdem ihr Mann sie wieder aufgenommen hatte, ihn zusammen mit Berenike und dem Kind, das diese von Ptolemäus hatte, sowie den Leuten ihrer Umgebung vergiften. Der Sohn der Laodike Seleukus II. Kallinikus (246 bis 226 v. Chr.) wurde bald darauf von Ptolemäus III. Euergetes (247–221 v. Chr.) angegriffen, der eine beträchtliche Beute nach Ägypten entführte, aber seinen glänzenden Sieg nicht bis zum Ende ausnützte. Vers 9 spielt auf eine historisch schlecht bezeugte Gegenoffensive des Seleukus an.

→11 6 *ihr Nachwuchs* Theodotion, V; M: „ihr Arm“.

→11 6 *ihr Kind* Korr.; M: „ihr Erzeuger“; S, V: „ihre Kinder“.

→11 6 *der, der über sie Gewalt gehabt hat* Ihr Mann.

→11 7 *handelt als Sieger an ihnen* Wörtlich: handelt mit ihnen und zeigt sich stark.

scheint vor den Wällen, erscheint vor
der Festung des Königs des Nordens
und handelt als Sieger an ihnen;
8 und selbst ihre Götter samt ihren
Gußbildern und kostbaren Gefäßen,
Silber und Gold bringt er nach Ägyp-
ten in Gefangenschaft; doch er steht
dann auf Jahre vom König des Nor-
dens ab. 9 Nun zieht dieser gegen das
Reich des Königs des Südens, muß
aber in sein Land zurückkehren.
10 Dann werden seine Söhne rüsten
und eine gewaltige Heeresmasse zu-
sammenziehen; er rückt gegen ihn vor,
flutet einher und brandet selbst gegen
seine Festung an. 11 Da wird der
König des Südens gereizt und zieht
zu Felde und kämpft mit dem König
des Nordens; dieser stellt zwar ein
großes Heer auf; aber es wird in jenes
Hand dahingegeben. 12 Die Heeres-
masse wird vernichtet; er wird dar-
über hochmütig; er fällt Zehntausende,
wird aber doch nicht überlegen blei-
ben. 13 Denn der König des Nordens
schlägt zurück; er stellt ein noch ge-
waltigeres Heer auf als das erste, und
nachdem Jahre verstrichen, zieht er
gegen jenen mit großer Heeresmacht
und gewaltigem Troß. 14 In jenen
Zeiten werden viele gegen den König
des Südens aufstehen, auch aus deinem
Volk erheben sich Gewalttätige und
bringen so das Gesicht in Erfüllung;
sie gehen aber zugrunde. 15 Der Kö-
nig des Nordens wird heranziehen, er
schüttet einen Wall auf, um eine feste
Stadt einzunehmen. Die Kräfte des
Südens vermögen aber keinen Wider-
stand zu leisten, und nicht einmal das
Kriegsvolk seiner Auserlesenen hat die
Kraft zum Standhalten. 16 Der gegen
ihn zieht, handelt nun nach seinem
Gutdünken; niemand kann ihm wider-
stehen; er setzt sich fest im Pracht-
lande, und in seiner Hand ist die volle
Vernichtung. 17 Er strebt danach,
dessen ganzes Reich in die Gewalt zu
bekommen; so trifft er mit jenem ein
Abkommen und gibt ihm eine Tochter
zur Frau, um es zu zerstören; doch
kommt dies nicht zustande und ge-
lingt ihm nicht. 18 Dann wird er sich
den Inseln zuwenden und viele er-
obern; aber ein Feldherr setzt seinem
Hohn ein Ende, ohne daß er ihm Hohn
mit Hohn vergelten könnte.

19 So wendet er seine Absichten
auf die festen Orte seines Landes; doch
er strauchelt und fällt und hinterläßt
keine Spur. 20 An seine Stelle tritt
einer, der einen Steuereintreiber
schickt, welcher die Hände ausstreckt
nach königlichem Glanz, aber schon

→11 8 *Ägypten* Hier zum erstenmal in M ausdrücklich genannt, bisher stand dafür „der Süden"; G ersetzt „der Süden" überall durch „Ägypten".

→11 9 *dieser* Der König des Nordens.

→11 10 *seine Söhne* Seleukus III. Keraunus (227–223 v. Chr.) und Antiochus III. der Große (223–187 v. Chr.).

→11 10 *er* Antiochus der Große, auf dessen Erfolge sich die folgenden Verse beziehen. Seit 220 v. Chr. unternahm er die Eroberung Palästinas; Ptolemäus IV. Philopator (221–203 v. Chr.) hob sofort Truppen von Söldnern und Ägyptern aus, rückte gegen die Grenze vor und fügte Antiochus gewaltige Verluste zu (Schlacht von Raphia, V. 11) – ein Sieg ohne bleibenden Erfolg, V. 12, denn Antiochus kämpfte acht Jahre lang unaufhörlich weiter, um sein asiatisches Reich wiederzugewinnen. Nach der Thronbesteigung von Ptolemäus V. Epiphanes (205–181 v. Chr.) gewann er wieder an Macht, V. 13, unterstützt durch den Bund mit Philipp V. von Mazedonien und durch die inneren Unruhen, die in Ägypten ausgebrochen waren. Vers 15 spielt auf die lange Belagerung von Gasa an. Eine ägyptische Gegenoffensive in Judäa verzögerte lediglich den Einzug des Antiochus in Jerusalem, V. 15–16.

→11 17 *eine Tochter zur Frau* Aus Furcht vor einer römischen Intervention beschloß Antiochus, sich mit Ptolemäus zu verständigen, und gab ihm seine Tochter Kleopatra zur Frau; die Heirat war 194 v. Chr. in Raphia (ca. 25 km südwestlich von Gasa).

→11 17 *um es zu zerstören* Das Objekt steht in M im Femininum, läßt sich aber ebenso wie die beiden folgenden Zeitworte nicht auf Kleopatra beziehen. Der Schluß dieses dunklen Verses soll auf die wiederaufflackernden Feindseligkeiten anspielen, deren Ursache das berechtigte Mißtrauen der Ägypter war.

→11 18 *Inseln* Die Küstenstädte. Antiochus nützte die Waffenruhe mit Ägypten aus, wandte sich Kleinasien zu und bemächtigte sich ohne Rücksicht auf die Warnungen der Römer griechischer und ägyptischer Städte, bis er im Jahre 190 v. Chr. bei Magnesia in Sipylien durch den Konsul Lucius Cornelius Scipio (hier: ein Feldherr) entscheidend geschlagen wurde.

→11 19 Zu riesiger Tributleistung verpflichtet, versuchte Antiochus den Schatz eines Bel-Tempels in Elymais zu rauben; bei diesem Unternehmen fand er den Tod (187 v. Chr.).

→11 20 *einer* Seleukus IV. Philopator (187–175 v. Chr.), ein Sohn von Antiochus dem Großen, der Heliodor als seinen Statthalter beauftragte, sich des Tempelschatzes von Jerusalem zu bemächtigen, was aber durch eine übernatürliche Erscheinung verhindert wurde, vgl. 2 Makk 3.

→11 20 *nach königlichem Glanz* Unsichere Übersetzung.

→11 20 *nicht vor aller Augen und auch nicht in der Schlacht* Er wurde auf Anstiftung Heliodors ermordet.

nach wenigen Tagen bricht er zu-
sammen, doch nicht vor aller Augen
und auch nicht in der Schlacht.

Antiochus Epiphanes

21 An seine Stelle tritt ein Ver-
achteter; man wollte ihm die Königs-
würde nicht geben; aber er kommt un-
versehens und bemächtigt sich des
Königtums durch Ränke. 22 Eine Flut
von Streitkräften wird vor ihm hin-
weggeschwemmt und bricht zusam-
men, selbst der Fürst des Bundes.
23 Sobald man sich mit ihm verbündet,
wird er zum Verräter; er gewinnt
Macht mit nur wenig Leuten. 24 Er
dringt in die fettesten Gegenden einer
Provinz ein und haust dort, wie es
seine Väter und Vorväter nie getan
haben. Beute- und Plünderungsgut
und (geraubten) Besitz verschleudert
er unter sie und plant Anschläge auf
die festen Plätze, doch nur bis zu ge-
wisser Zeit.

25 Dann wird er seine Kraft und
seinen Drang gegen den König des
Südens einsetzen mit großer Heeres-
macht, und auch der König des Sü-
dens rüstet fieberhaft zum Krieg mit
einer großen, überaus starken Heeres-
macht; doch vermag er nicht standzu-
halten, denn man zettelt gegen ihn
Verschwörungen an. 26 Seine Tisch-
genossen führen seinen Zusammen-
bruch herbei; sein Heer flutet (fliehend
zurück), und viele fallen, zu Tode ge-
troffen.

27 Beide Könige haben Böses im
Sinn, und am selben Tische belügen
sie einander; doch nichts gelingt;
denn noch steht die bestimmte Zeit
aus. 28 So zieht er sich mit großer
Beute in sein Land zurück; nun
richtet er seine Absichten gegen den
Heiligen Bund, und er verwirklicht
(sie) auch und kehrt dann in sein Land
zurück. 29 Doch wird er zur be-
stimmten Zeit wiederkehren und in
den Süden ziehen; aber es wird das
zweite Mal nicht wie das erste Mal
gehen. 30 Denn Schiffe der Kittäer
ziehen gegen ihn; da wird er einge-
schüchtert und kehrt um; nun lenkt
er seinen Zorn auf den Heiligen Bund
und handelt (darnach); wieder wendet
er seine Aufmerksamkeit denen zu,
die den Heiligen Bund zu verlassen
bereit sind.

31 Streitkräfte, die von ihm (ge-
sandt sind), treten auf, entweihen
die Burg des Heiligtums, unterbinden
das tägliche Opfer und errichten den
Greuel der Verwüstung. 32 Jene, die
geneigt sind, am Bunde zu freveln,
bringt er durch Schmeicheleien zum
Abfall, doch die Schar derer, die
ihren Gott erkennen, wird stark und
handelt. 33 Die Einsichtigen des
Volkes bringen viele zur Besinnung;
aber sie werden – für einige Zeit – zu
Fall gebracht durch Schwert und
Feuer, durch Haft und Enteignung.
34 Doch während man sie nieder-
zwingen will, erhalten sie Unterstüt-
zung durch eine kleine Hilfe, da
schließen viele heuchlerisch sich ihnen
an. 35 Aber auch von den Einsichti-
gen kommen einige zu Fall; indessen
sollen sie so geläutert, gesichtet und
gereinigt werden bis zur Zeit des
Endes; es ist ja nur noch für eine be-
stimmte Zeit.

36 Der König handelt nach seiner
Willkür; er überhebt sich und stellt

→11 21 *ein Verachteter* Antiochus IV. Epiphanes (175–165 v. Chr.), der sich des Thrones bemächtigte, indem er den jungen Demetrius, den Sohn seines Bruders Seleukus IV., verdrängte.

→11 22 *Fürst des Bundes* Vielleicht der Hohepriester Onias III., vgl. 9 26+.

→11 24 *unter sie* Wohl die Freunde des Antiochus, Nutznießer seiner Habsucht.

→11 25 *gegen den König des Südens* Es handelt sich um den ersten Feldzug des Antiochus gegen Philometor von Ägypten, den Sohn seiner Schwester Kleopatra, der – schlecht beraten – seinem Angreifer in die Hände fiel; dieser behandelte ihn mit geheuchelter Freundschaft und ließ Ägypten plündern. Bei seiner Rückkehr wütete er gegen die Juden, v. 28.

→11 29 *in den Süden* Der zweite ägyptische Feldzug sollte mit einem schmählichen Mißerfolg enden. Der Konsul Gaius Popilius Laenas traf auf Antiochus in der Nähe von Alexandria und teilte ihm im Namen des römischen Senats mit, daß er sich aus Ägypten zurückzuziehen habe.

→11 30 *Kittäer* V gibt das Wort mit „Römer" wieder. Es bezeichnet ursprünglich Zypern, in der Bibel aber auch die Küstengegenden, besonders des Westens; vgl. Gn 10 4; Nm 24 24; Js 23 1.12; Jr 2 10; Ez 27 6 (V: „Italien"). Es handelt sich hier sicherlich um die Römer.

→11 30 *die den Heiligen Bund zu verlassen bereit sind* Die Juden, die ihren religiösen Überlieferungen untreu geworden und den Verlockungen hellenistischer Lebensweise verfallen sind, vgl. 1 Makk 1 11–15.43.52.

→11 31 *die Burg des Heiligtums* Vgl. die „Burg des Tempels" in Neh 2 8, ferner 1 Makk 1 31.33.

→11 33 Wortspiel im Hebräischen zwischen „zu Fall bringen" und „einsichtig", ebenso in v. 35.

→11 34 Vielleicht Anspielung auf die ersten Erfolge des Judas Makkabäus, der Kräfte des Widerstands um sich sammelt.

→11 36 *gegen jeden Gott* Wie Alexander in 8 4 und 11 3 und Antiochus der Große

sich gegen jeden Gott, und gegen den
Gott der Götter redet er Vermessenes.
Doch er hat Erfolg, (aber nur) bis der
(göttliche) Zorn das Vollmaß erreicht
hat; denn das Beschlossene wird aus-
geführt. 37 Er achtet nicht einmal den
Gott seiner Väter und den Liebling
der Frauen; er achtet überhaupt kei-
nen Gott, ja über alle erhebt er sich.
38 Statt dessen verehrt er den Gott der
Festungen; mit Gold und Silber, mit
Edelsteinen und Kleinodien verehrt er
einen Gott, den seine Väter nicht ge-
kannt. 39 Er nimmt zu Verteidigern
der Festungen das Volk eines fremden
Gottes; wer (ihn) anerkennt, den
überhäuft er mit Ehre; er setzt sie zu
Herrschern über viele ein und teilt
ihnen Land gegen einen Ertrag zu.

DIE ZEIT DES ENDES

Ende des Verfolgers

40 Zur Zeit des Endes wird der
König des Südens mit ihm zusammen-
stoßen; der König des Nordens
stürmt gegen ihn mit Wagen und Rei-
tern und mit vielen Schiffen; er bricht
in Länder ein und durchflutet und
überrennt (sie). 41 Auch ins Pracht-
land kommt er; da fallen Zehntau-
sende, und seiner Hand entrinnen nur
diese: Edom und Moab und der Rest
der Ammoniter.

42 Nach Ländern streckt er seine
Hand aus, und auch fürs Land Ägyp-
ten gibt es keine Rettung. 43 Er be-
mächtigt sich der Gold- und Silber-
schätze und aller Kostbarkeiten Ägyp-
tens; selbst Libyer und Kuschiten
sind in seinem Gefolge. 44 Da er-
schrecken ihn Gerüchte aus dem
Osten und Norden, und er zieht in
großem Grimme hin, um viele zu ver-
nichten und dem Tode zu weihen.
45 Er schlägt seine Prunkzelte auf
zwischen dem Meer und dem Berg
der heiligen Pracht; da ereilt ihn
sein Ende, und niemand bringt ihm
Hilfe.

Die Auferstehung und die Vergeltung

12 1 In jener Zeit erhebt sich
Michael, der große Fürst, der
einsteht für die Söhne deines Volkes;
es ist eine Zeit der Bedrängnis, wie es
keine je gab, seit Völker sind, bis zu
jener Zeit; zu jener Zeit wird dein
Volk gerettet, alle, die sich im Buche
verzeichnet finden. 2 Viele von denen,
die im Staub der Erde schlafen, wer-
den aufwachen, die einen zu ewigem
Leben, die anderen zur Schmach,
zu ewiger Schande. 3 Da werden
die Einsichtigen leuchten wie der
Glanz des Firmamentes, und die,
welche viele zur Gerechtigkeit ge-
führt, (leuchten) wie die Sterne in alle
Ewigkeit!

4 Du aber, Daniel, verschließe
diese Worte und versiegle das Buch bis
zur Zeit des Endes! Viele werden hin
und her irren, und der Frevel wird
wachsen."

Die versiegelte Weissagung

5 Ich, Daniel, schaute weiter, da
sah ich zwei andere dastehen, der eine

---

in 11 16, aber im Unterschied zu den Achämeniden, die in ihren Inschriften ihr Glück stets dem Willen des Ahura Masdah zuschreiben. Im Alter läßt sich Antiochus auf seinen Münzen unter den Zügen des Zeus Olympios darstellen.

→11 37 *über alle* Die Nachfolger von Seleukus I. verehrten besonders Apollo; Antiochus Epiphanes war mehr dem Zeus Olympios ergeben, vgl. v. 36, der mit Jupiter Capitolinus identisch ist, v. 38. Der „Liebling der Frauen" ist Adonis-Tammus, vgl. Ez 8 14.

→11 39 *Verteidiger* Korr.; M: „Bollwerke".

→11 39 *Volk* Korr.; M: „mit".

→11 39 *das Volk eines fremden Gottes* Anspielung auf die Garnison der Syrer und abgefallenen Juden, die der König in der neuen Burg oder Akra eingerichtet hatte, vgl. 1 Makk 1 33–34.

→11 39 *gegen einen Ertrag* Wörtlich: „gegen einen Preis"; vielleicht ist an eine Maßnahme der Wirtschafts- und Steuerverwaltung zu denken, die die Seleukiden in den eroberten Gebieten durchführten.

→11 41 *Rest* Korr.; M: „Anfang" oder „Führer".

→11 43 *Libyer und Kuschiten* Völker im Westen und Süden Ägyptens.

→11 43 *in seinem Gefolge* Wörtlich: an seinen Fersen.

→11 45 *Ende* Der Tod des Antiochus, vgl. 8 25.

→12 1 *im Buche* Das Buch der Auserwählten oder des Lebens, vgl. Ex 32 32–33; Ps 69 29; 139 16; Js 4 3; Lk 10 20; Apk 20 12+, ferner Dn 7 10+.

→12 2 Einer der Haupttexte des AT über die Auferstehung des Fleisches, vgl. 2 Makk 7 9+.

→12 3 *die Einsichtigen* Vgl. 11 35.

→12 3 *zur Gerechtigkeit geführt* Wörtlich: die gerecht gemacht haben, also: „die Lehrer der Gerechtigkeit". Der vorhergehende Vers legt nahe, daß es sich hier nicht nur um das Andenken der Heiligen nach dem Tode handelt wie in Weish 3 7 und Js 13 1, sondern um eine Verwandlung ihres – dann „verklärten" – Leibes in der Endzeit.

→12 4 *hin und her irren* Auf der Suche nach Wahrheit, vgl. Am 8 12.

→12 4 *der Frevel* G; Theodotion, S, V: „die Erkenntnis".

am diesseitigen Ufer des Flusses, der
andere am jenseitigen. 6 Einer sprach
nun zu dem Manne, der in Linnen gekleidet über den Wassern des Flusses
stand: „Wie lange ist es noch bis zum
Ende mit diesen wunderbaren Dingen?“ 7 Da erhob der Mann, der in
Linnen gekleidet über den Wassern des
Flusses stand, seine Rechte und seine
Linke zum Himmel und schwur bei
dem ewig Lebenden, und ich hörte ihn
(sagen): „Fürwahr, in einer Zeit,
(zwei) Zeiten und einer halben Zeit,
dann geht dies alles in Erfüllung,
wenn es mit dem zu Ende geht, der die
Kraft des heiligen Volkes zerschlägt.“
8 Ich hörte es zwar, verstand es aber
nicht; so fragte ich: „Mein Herr, wie
steht es mit dieser Erfüllung?“
9 Er gab zur Antwort: „Geh, Daniel,
denn verschlossen und versiegelt
bleiben die Worte bis zur Zeit des
Endes! 10 Viele werden geläutert, gereinigt und erprobt, doch die Gottlosen freveln weiter; und keiner der
Gottlosen kommt zur Erkenntnis;
nur die Einsichtigen werden es verstehen. 11 Von der Zeit, wo das tägliche Opfer abgeschafft und der Greuel
der Verwüstung aufgestellt wird, sind
es tausendzweihundertneunzig Tage.
12 Glücklich, wer ausharrt und tausenddreihundertfünfunddreißig Tage
erreicht. 13 Du aber geh und ruhe;
und du wirst dich erheben zu deinem
Lose am Ende der Tage.“

SUSANNA UND DAS URTEIL DANIELS

13 1 In Babel lebte ein Mann mit
Namen Jojakim. 2 Er hatte eine
Frau genommen, die Susanna hieß,
die Tochter Hilkijas; sie war überaus
schön und gottesfürchtig, denn 3 ihre
Eltern waren gerecht und hatten ihre
Tochter nach dem Gesetz des Mose
erzogen. 4 Jojakim war sehr reich
und besaß einen Garten, der seinem
Haus benachbart war. Die Juden
pflegten sich bei ihm in großer Zahl
zu treffen, weil er der Angesehenste
von allen war. 5 Als Richter waren in
jenem Jahre zwei Älteste aus dem
Volke bestellt, von denen galt das
Wort des Herrn: „Die Ungerechtigkeit
ging von Babel, von Ältesten und
Richtern aus, die sich als Leiter des
Volkes ausgaben.“ 6 Diese amteten
im Hause Jojakim, und alle, die einen
Rechtsfall hatten, gingen zu ihnen.
7 Wenn sich nun gegen Mittag das
Volk verlaufen hatte, dann betrat
Susanna den Garten ihres Mannes
und ging darin umher. 8 Die beiden
Ältesten schauten aber jeden Tag nach
ihr, wenn sie eintrat und umherging; da gerieten sie in Begierde nach
ihr. 9 Sie verkehrten ihren Sinn
und richteten ihre Augen falsch, so
daß sie nicht zum Himmel schauten
und seiner gerechten Gerichte nicht
gedachten. 10 Alle beide waren ihretwegen liebeswund, doch keiner verriet dem andern seinen Schmerz; 11
denn sie schämten sich doch, ihr
Verlangen zu verraten, daß sie mit ihr
zusammenkommen möchten. 12 So
lauerten sie täglich um die Wette, sie
zu sehen. 13 Eines Tages sagte der eine
zum anderen: „Wir wollen nach Hause
gehen; denn es ist Essenszeit!“ Sie
gingen also weg und entfernten sich
voneinander; 14 doch drehte jeder
um, und so trafen sie wieder zusammen; nun mußten sie sich erklären,
da gestanden sie einander ihr Verlangen. Daraufhin verabredeten sie
Zeit und Gelegenheit, wo sie jene
(Susanna) wohl alleine treffen könnten.
15 Als sie nun auf einen günstigen
Tag warteten, geschah es, daß jene
wieder einmal, wie gewöhnlich nur
von zwei Mädchen begleitet, hereinkam und im Garten ein Bad zu nehmen verlangte, weil es heiß war.
16 Es war aber sonst niemand dort als
nur die beiden Ältesten, die versteckt
waren und ihr auflauerten. 17 Da
trug sie den Mädchen auf: „Holt mir
nun Öl und Salbe und verschließt das
Tor des Gartens, daß ich mich baden
kann.“ 18 Sie taten, wie jene aufgetragen: sie verschlossen das Tor des

---

→12 6 *(Einer) sprach* M (ohne Fürwort); G: „Ich sprach“.
→12 7 *der zerschlägt* Korr.
→12 12 *1335 Tage* Die Differenz zwischen den Zahlen von 8 14 (1150), 12 11 (1290) und 12 12 (1335) ist ungeklärt.
→12 13 *geh* Danach Zusatz in M: „bis zum Ende“; fehlt in G.
→12 13 *zu deinem Lose* Die Belohnung am Ende, „das Los in der Gemeinde Jahwes“, Mich 2 5, vgl. Ps 1 5.
→13 1 Hier beginnen die griechischen Zusätze, vgl. Einleitung zu den Prophetenbüchern, S. 1024.
→13 5 *Wort des Herrn* Welche Schriftstelle hier gemeint ist, bleibt unklar.

Gartens und gingen selbst zur Seiten-
pforte hinaus, um das Verlangte zu
holen; sie wußten nicht um die Älte-
sten, weil sie ja versteckt waren.
19 Sobald nun die Mädchen hinaus-
gegangen waren, erhoben sich die
beiden Alten, eilten zu ihr hin 20 und
sagten: „Siehe, das Tor des Gartens
ist geschlossen, und niemand sieht uns.
Wir brennen von Verlangen nach dir:
drum sei uns zu Willen und gib dich
uns hin! 21 Sonst sagen wir als Zeu-
gen gegen dich aus, ein Jüngling sei
bei dir gewesen und darum habest du
die Mädchen von dir weggeschickt."
22 Da seufzte Susanna auf und klagte:
„Von allen Seiten bin ich bedrängt;
denn wenn ich dieses tue, ist mir der
Tod gewiß; tue ich es aber nicht, so
kann ich euren Händen nicht ent-
rinnen! 23 Doch ist es immer noch
besser für mich, es nicht zu tun und
in eure Hände zu fallen, als vor dem
Herrn zu sündigen." 24 Nun schrie
Susanna mit lauter Stimme, aber auch
die beiden Alten schrien ihr entge-
gen. 25 Der eine lief gar hin und öff-
nete das Tor des Gartens. 26 Wie nun
die Leute aus dem Hause das Schreien
im Garten vernahmen, eilten sie durch
die Seitentür herbei, um zu schauen,
was ihr zugestoßen sei. 27 Als aber die
Alten ihre Erklärungen gaben, da
fühlten sich die Diener sehr beschämt;
denn nie zuvor war über Susanna etwas
Derartiges geredet worden.
28 Als sich dann am folgenden Tage
das Volk bei ihrem Gatten Jojakim
versammelte, kamen auch die beiden
Alten, erfüllt von der frevelhaften
Absicht, gegen Susanna die Todes-
strafe zu erwirken. 29 Sie beantragten
vor dem Volke: „Schickt nach Susan-
na, der Tochter Hilkijas, welche die
Frau des Jojakim ist!" Man schickte
nach ihr. 30 Da kam sie selbst mit
ihren Eltern, ihren Kindern und all
ihren Verwandten. 31 Susanna war
aber eine ungewöhnlich blühende und
hübsche Erscheinung. 32 Um sich an
ihrer Schönheit zu ergötzen, befahlen
nun die Gesetzesfrevler, sie zu ent-
schleiern; sie war nämlich verschleiert.
33 Ihre Angehörigen aber und alle, die
sie sahen, weinten. 34 Nun erhoben
sich die beiden Alten inmitten des
Volkes und legten ihr die Hände auf
das Haupt. 35 Sie aber schaute wei-
nend zum Himmel auf, denn sie ver-
traute von Herzen auf den Herrn.
36 Die Alten sagten nun aus: „Wäh-
rend wir allein im Garten umhergin-
gen, kam diese mit zwei Mägden her-
ein, verschloß das Tor des Gartens
und schickte die Mägde weg. 37 Dann
kam zu ihr ein junger Mann, der ver-
steckt gewesen war, und legte sich mit
ihr nieder. 38 Wir waren gerade in
einer entfernten Ecke des Gartens; als
wir den Frevel sahen, liefen wir zu
ihnen hin. 39 Wir ertappten sie beim
Verkehr, konnten aber jenen (Mann)
nicht festnehmen, weil er stärker war
als wir, das Tor öffnete und entwich.
40 Diese jedoch faßten wir und fragten
sie: ‚Wer war der junge Mann?'
41 Sie wollte es uns aber nicht verraten.
Das bezeugen wir."
Die Versammlung schenkte ihnen
Glauben als Ältesten des Volkes und
Richtern. So verurteilte man Susanna
zum Tode. 42 Sie aber rief mit lauter
Stimme und betete: „Ewiger Gott, der
das Verborgene kennt und alles weiß,
bevor es noch geschieht: 43 Du weißt,
daß sie falsches Zeugnis wider mich
abgelegt haben. Siehe, ich muß sterben,
obwohl ich nichts von dem getan, was
diese Böses wider mich erdichtet
haben."
44 Der Herr erhörte ihr Rufen.
45 Als man sie zum Tode führte,
erweckte Gott den heiligen Geist
eines noch recht jungen Mannes mit
Namen Daniel; 46 dieser rief mit lau-
ter Stimme: „Ich bin unschuldig am
Blute dieser Frau!" 47 Da wandte
alles Volk sich zu ihm und fragte:
„Was sollen die Worte bedeuten, die
du gesprochen hast?" 48 Nun trat
er mitten unter sie und sprach: „So
töricht seid ihr, Israeliten? Ohne
Untersuchung und ohne genauere
Kenntnis des Sachverhaltes habt ihr
eine Israelitin verurteilt? 49 Kehrt
zum Gericht zurück! Denn diese
haben falsches Zeugnis wider sie
abgelegt!"
50 Da kehrte das ganze Volk eilends
wieder um. Die Ältesten sagten nun
zu ihm: „Setze dich hierher in unsere
Mitte und gib uns Weisung; denn dir
hat Gott die Würde des Alters ver-
liehen!" 51 Da sprach Daniel zu
ihnen: „Sondert sie weit voneinander,
ich will sie verhören!" 52 Als nun
einer vom anderen gesondert war, rief
er den einen von ihnen heran und
sprach zu ihm: „Du in langer Bosheit
Altgewordener! Nun kommen deine

→13 34 *legten ihr die Hände auf das Haupt* Die Steinigung, der die Auflegung der Hände vorausgeht, mußte von der ganzen Gemeinde ausgeführt werden.

früher begangenen Sünden an den Tag,
53 da du ungerechte Urteile fälltest und
die Unschuldigen verurteiltest, die
Schuldigen aber freisprachst, wo doch
der Herr sagt: Einen Unschuldigen
und Gerechten sollst du nicht töten.
54 Nun also, wenn du diese wirklich
gesehen, sag an: Unter was für einem
Baume sahst du sie miteinander buh-
len?“ Er sagte: „Unter einem Mastix-
baum.“ 55 Daniel aber sprach: „Recht
gelogen hast du auf dein eigenes Haupt.
Dich wird der Engel Gottes mitten
durchspalten; schon hat er von Gott
Befehl dazu erhalten!“ 56 Nun ließ er
ihn gehen und befahl, den anderen
herbeizuführen; zu ihm sagte er:
„Du Sproß Kanaans, nicht Judas!
Dich hat die Schönheit verführt, und
böses Verlangen hat dein Herz ver-
kehrt. 57 So habt ihr es mit Töchtern
Israels machen können, und jene ha-
ben aus Angst mit euch gebuhlt; doch
eine Tochter Judas nahm eure Bosheit
nicht duldend hin. 58 Sage mir also:
Unter was für einem Baume ertapptest
du sie, miteinander buhlend?“ Jener
sagte: „Unter einer Eiche.“ 59 Da-
niel aber sprach zu ihm: „Recht
hast auch du auf dein eigenes Haupt
gelogen; denn der Engel Gottes steht
mit dem Schwert bereit, dich mitten
durchzuschneiden, um so euch beide
zu vertilgen.“

60 Da brach die ganze Versamm-
lung in laute Zurufe aus und pries
Gott, der jene rettet, die sich auf ihn
verlassen. 61 Nun schritt man gegen
die zwei Alten ein, weil Daniel sie aus
ihrem eigenen Munde als falsche Zeu-
gen überführt hatte. 62 Man ließ sie,
dem Gesetz des Mose gemäß, die Stra-
fe erleiden, die sie ihrem Nächsten
zugedacht hatten. Man tötete sie.
So wurde an jenem Tage unschuldiges
Blut gerettet. 63 Hilkija aber und seine
Frau lobten Gott wegen ihrer Toch-
ter Susanna – ebenso wie ihr Mann
Jojakim und alle ihre Verwandten –,
weil kein unsittliches Tun bei ihr ge-
funden worden war.

64 An jenem Tag und auch weiter-
hin stieg Daniel hoch in der Achtung
des Volkes.

BEL UND DER DRACHE

Daniel und die Priester des Bel

14 1 Der König Astyages ging zu
seinen Vätern heim, und der
Perser Cyrus übernahm sein Reich.
2 Daniel war der Vertraute auch dieses
Königs und höher geehrt als dessen
sämtliche Freunde. 3 Nun hatten die
Babylonier ein Götzenbild mit Namen
Bel; sie verwendeten für ihn täglich
zwölf Scheffel feinstes Weizenmehl,
vierzig Schafe und sechs Krüge Wein.
4 Auch der König verehrte ihn und
kam jeden Tag, ihn anzubeten. Doch
Daniel betete nur seinen Gott an.
5 Da sagte der König zu ihm: „Warum
betest du den Bel nicht an?“ Er gab
zur Antwort: „Ich verehre keine
Götzenbilder, die von Menschenhand
gefertigt sind, sondern nur den leben-
digen Gott, der Himmel und Erde er-
schaffen hat und Macht besitzt über
alles Lebende.“ 6 Der König erwiderte
ihm: „Meinst du etwa, Bel sei kein
lebendiger Gott? Siehst du denn nicht,
wieviel er täglich ißt und trinkt?“
7 Da entgegnete Daniel lächelnd:
„Laß dich nicht täuschen, o König!
Denn dieser ist innen von Ton, außen
aber von Erz; er hat noch nie etwas
gegessen oder getrunken.“ 8 Da ward
der König zornig; er ließ die Priester
(Bels) rufen und sprach zu ihnen:
„Wenn ihr mir nicht sagt, wer diesen
Aufwand verzehrt, müßt ihr sterben;
wenn ihr hingegen nachweist, daß Bel
dies verzehrt, muß Daniel sterben,
weil er Bel gelästert hat!“ 9 Daniel
sprach zum König: „So geschehe es,
wie du gesagt hast!“ Die Zahl der Bels-
priester betrug siebzig, ohne die Frauen
und Kinder. 10 So ging der König mit
Daniel in den Tempel des Bel. 11 Die

→1354 Hier und in v. 58–59 Wortspiel im Griechischen zwischen „Mastixbaum“ *(schinos)* und „durchspalten“ *(schisei)*, ferner zwischen „Eiche“ *(prinos)* und „durchschneiden“ *(kataprise)*.

→141–42 Die folgenden Erzählungen sind Lehrfabeln, die sich im Geist von Weish 15 und 16 gegen den Kult der Götzenbilder richten. Die Übersetzung folgt Theodotion, die wichtigsten Abweichungen des hier ganz unabhängigen Textes von G sind angemerkt.

→141 Überschrift in G: „Aus der Prophetie des Habakuk, des Sohnes Josuas, aus dem Stamme Levi“, vgl. v. 33.

→142 G: „Es gab einen Mann, der Priester war, mit Namen Daniel, Sohn des Abal, Freund des Königs von Babylon“.

→143 *Bel* Bel ist einer der Namen Marduks, des Schutzgottes von Babylon, vgl. Js 461; Jr 502; 5144.

→149 G: Daniel schlägt selbst seine Bestrafung vor.

→1410f G kürzt das Folgende ab.

Priester Bels sprachen: „Siehe, wir
gehen jetzt hinaus. Nun stelle du selbst,
o König, die Speisen auf, mische den
Wein und stelle ihn hin. Verschließe
dann die Tür und versiegle sie mit
deinem Ringe! 12 Wenn du morgen
früh (wieder) kommst und nicht alles
von Bel verzehrt findest, so mag man
uns töten; andernfalls Daniel, der uns
verleumdet hat." 13 Für sich selbst
fürchteten sie indessen nichts; denn
sie hatten unter dem (Opfer-)tische
einen geheimen Gang angelegt; durch
diesen kamen sie jeweils herein und
verzehrten alles. 14 Als jene nun hin-
ausgegangen waren, stellte der König
die Speisen für Bel auf. Daniel aber
ließ durch seine Diener Asche holen
und damit den ganzen (Boden des)
Tempels bestreuen, wobei nur der
König zusah. Dann gingen sie hinaus,
verschlossen die Tür und versiegelten
sie mit dem Siegelring des Königs und
gingen fort. 15 In der Nacht aber
kamen, wie gewohnt, die Priester mit
ihren Frauen und Kindern und aßen
alles auf und tranken alles aus.
16 Schon in aller Frühe machte sich
der König auf und mit ihm Daniel.
17 Der König sagte: „Sind die Siegel
unversehrt, Daniel?" Dieser antworte-
te: „Ja, unversehrt, o König."
18 Kaum war nun das Portal geöffnet,
da schaute der König sofort auf den
Tisch und rief mit lauter Stimme:
„Groß bist du, Bel! Bei dir gibt es
keinen Betrug, keinen einzigen!"
19 Doch Daniel lächelte; er hielt den
König zurück, daß er nicht das Innere
betrete, und sagte: „Betrachte doch
den Fußboden und prüfe diese Fuß-
spuren?" 20 Der König erwiderte:
„Ich erkenne die Fußspuren von
Männern, Frauen und Kindern."
21 Daraufhin wurde der König zornig;
er ließ die Priester samt ihren Frauen
und Kindern ergreifen; und sie mußten
ihm die geheimen Türen zeigen, durch
die sie jeweils hineingingen und
das verzehrten, was auf dem Tische
stand. 22 Da ließ der König sie
töten und lieferte den Bel dem Daniel
aus; dieser zerstörte ihn und seinen
Tempel.

Daniel tötet die Schlange

23 Da gab es auch eine große
Schlange, der die Babylonier göttliche
Ehren erwiesen. 24 Der König sprach
nun zu Daniel: „Willst du sagen, sie
sei von Erz? Schau! Sie lebt, sie frißt,
sie trinkt. Du kannst nicht sagen, sie
sei kein lebendiger Gott. Bete sie also
an!" 25 Doch Daniel erwiderte: „Den
Herrn, meinen Gott, nur bete ich an;
denn dieser ist ein lebendiger Gott.
26 Gib mir aber, o König, die Erlaub-
nis, so werde ich die Schlange ohne
Schwert und Prügel töten." Der König
sagte: „Ich gebe sie dir." 27 Dann
nahm Daniel Pech, Fett und Haare,
kochte dies zusammen, formte Kuchen
daraus und gab sie der Schlange ins
Maul. Die Schlange fraß sie und zer-
barst. Da sagte Daniel: „Seht, was ihr
verehrt!" 28 Als die Babylonier dies
hörten, wurden sie sehr aufgebracht;
sie rotteten sich gegen den König zu-
sammen und sagten: „Der König ist
ein Jude geworden. Den Bel hat er ge-
stürzt, die Schlange getötet und die
Priester hingeschlachtet." 29 Sie dran-
gen bis zum König vor und riefen:
„Liefere uns Daniel aus! Andernfalls
töten wir dich und (alle Glieder)
deines Hauses." 30 Der König sah,
daß sie ihn aufs äußerste bedrängten;
so lieferte er ihnen notgedrungen
Daniel aus.

Daniel in der Löwengrube

31 Sie warfen ihn in die Löwengrube;
dort war er sechs Tage. 32 In der
Grube befanden sich sieben Löwen;
sie erhielten jeden Tag zwei Menschen-
leiber und zwei Schafe. Damals gab
man ihnen aber nichts, damit sie Da-
niel auffressen sollten.
33 Habakuk, der Prophet, lebte
damals in Juda. Dieser hatte gerade
ein Gericht gekocht und Brot in einen
Napf gebrockt und ging nun aufs
Feld hinaus, um es den Schnittern zu
bringen. 34 Da sprach der Engel des
Herrn zu Habakuk: „Bringe das Mahl,
das du da hast, nach Babel zu Daniel
in die Löwengrube!" 35 Doch Haba-
kuk erwiderte: „Herr, ich habe Babel
nie gesehen, und die Grube kenne ich
auch nicht." 36 Da ergriff ihn der
Engel des Herrn beim Schopfe, trug
ihn an den Haaren seines Hauptes fort
und versetzte ihn in einem Atem-
zuge (?) nach Babel, gerade oben an

→14 23 Man weiß nichts vom Kult einer vergöttlichten Schlange in Babel. Die Erzählung vom Drachen, der an der Nahrung erstickt, die Daniel ihm bereitet, ist alten jüdischen Autoren bekannt, die sie als Kommentar zu Jr 51 44 bieten.

→14 31–42 (*Daniel in der Löwengrube* Hier liegt eine Art Dublette zu der Erzählung von Kapitel 3 vor. Das Eingreifen Habakuks, der am Haarschopf durch die Luft getragen wird, könnte von Ez 8 3 beeinflußt sein.

die Grube. 37 Hier rief Habakuk laut:
„Daniel, Daniel, nimm das Mahl,
das Gott dir schickt!" 38 Daniel aber
betete: „So hast du auch an mich ge-
dacht, o Gott, und hast jene nicht im
Stich gelassen, die dich lieben."
39 Dann stand Daniel auf und aß.
Der Engel des Herrn aber brachte
Habakuk in einem Augenblicke an
seinen Ort zurück.

40 Am siebten Tage kam der König,
um Daniel zu betrauern. Er ging zur
Grube und schaute hinein: Siehe,
Daniel saß da! 41 Nun rief er mit
lauter Stimme: „Groß bist du, Herr,
Gott Daniels; es gibt keinen außer
dir!" 42 Er ließ ihn herausziehen,
jene aber in die Grube werfen, die ihn
hatten verderben wollen. Sie wurden
sofort vor seinen Augen aufgefressen.

Das Buch Hosea

Überschrift
1 1 Das Wort Jahwes erging an
Hosea, den Sohn des Beeri, in
den Tagen des Usija, Jotam, Achas
und Hiskija, der Könige von Juda,
und in den Tagen des Jerobeam, des
Sohnes des Joasch, des Königs von
Israel.

I. HOSEAS EHE UND IHRE SINNBILDLICHE BEDEUTUNG

Hoseas Ehe und Kinder
2 Als Jahwe begann mit Hosea zu
reden, sprach Jahwe zu Hosea: „Geh,
nimm dir ein buhlerisches Weib und
buhlerische Kinder, denn wie eine
Buhlerin wendet sich das Land von
Jahwe ab.“
3 Da ging er hin und nahm Gomer,
die Tochter Diblajims, und sie ward
schwanger und gebar ihm einen Sohn.
4 Da sprach Jahwe: „Gib ihm den
Namen Jisreel! Denn nur kurze Zeit
währt es, und ich werde die Blutschuld
von Jisreel am Hause Jehu strafen und

→1 1 In Wirklichkeit vollzog sich das prophetische Wirken Hoseas wohl vor allem unter den letzten Königen Israels, Menachem (743–738 v. Chr.), Pekachja (738–737 v. Chr.), Pekach (737–732 v. Chr.), Hoschea (732–724 v. Chr.).

→1 2 – 3 5 *(Hoseas Ehe und ihre sinnbildliche Bedeutung)* Die Propheten wirken zahlreiche Zeichenhandlungen, Jr 18 1+, aber auch ihr Leben selbst, wie an Hosea und den bitteren Erfahrungen seiner Ehe besonders deutlich wird, erhält prophetische Bedeutung, 1–3. Hosea liebte eine Frau, auch dann noch, als sie diese Liebe mit Treubruch erwiderte – so liebt Jahwe unaufhörlich sein untreu gewordenes Israel, nach einer Zeit der Prüfung und Läuterung wird er ihm wieder die Freude der ersten Liebe schenken. Hosea stellt also das Bundesverhältnis Jahwes zu seinem Volke, das am Sinai begründet wurde, im Bild eines Ehebundes dar und schlägt damit ein Thema an, das in der prophetischen Überlieferung noch oft aufklingen wird. Nicht nur der Kult der falschen Götter wird hierin gern als Hurerei oder Ehebruch bezeichnet, sondern auch die Beziehungen Israels zum wahren Gott werden als die Schicksale einer Ehe beschrieben (vgl. auch Dt 4 24+). Während Jesaja nur kurz hierauf anspielt, Js 1 21–26, kommt der Gedanke bei Jeremia mehrfach zur Sprache, Jr 2 2; 3 1.6–12. Vor allem Ezechiel entfaltet das Thema in zwei großen Allegorien, Ez 16 und 23. Deutero-Jesaja zeichnet die Wiederherstellung Israels als das versöhnende Heimholen einer untreu gewordenen, verstoßenen Ehefrau, Js 50 1; 54 6–7, vgl. Js 62 4–5. Vielleicht darf man in den bräutlichen Bildern von Hl und Ps 45 ebenfalls das Verhältnis zwischen Jahwe und Israel sehen. Im NT schließlich stellt Jesus die messianische Zeit als Hochzeit dar, Mt 22 1–14; 25 1–13, und Paulus nennt die christliche Ehe das „Sakrament“ der Einheit von Christus und seiner Kirche, Eph 5 25–33, vgl. 1 Kor 6 15–17; 2 Kor 11 2; so ist das alte Gleichnis der Propheten von der Ehe geheiligt und in seiner Bedeutung geweitet. – Obwohl die Kapitel 1–3 eine deutlich abgegrenzte Einheit bilden, sind sie doch aus verschiedenen Elementen zusammengefügt: ein biographischer „Er-Bericht“ (Hoseas Heirat und die Geburt seiner drei Kinder), 1 2–9; eine Gottesrede (das Verhalten Jahwes gegenüber dem schuldigen Israel), 2 4–25; Fragment eines „Ich-Berichts“ (Wiederaufnahme der treulosen Gattin in Gnaden und Deutung der Zeichenhandlung), 3 1–5. Die Heilsweissagung 2 1–3, die man als eine Zusammenfassung von 1–3 ansehen könnte, stammt vielleicht nicht von Hosea.

→1 2 *ein buhlerisches Weib* Vgl. 4 12; 5 4; Gomer wird so genannt, weil sie als eine Dirne von Anfang an bekannt war oder weil sie sich später als solche herausstellen sollte.

→1 2 *buhlerische Kinder* Nicht weil sie durch Ehebruch gezeugt wären, sondern weil ihre Mutter ihr Wesen auf sie überträgt: wie die Mutter, so die Kinder, Ez 16 44; Sir 41 5.

→1 4 *Gib ihm den Namen* Die Namen, die Hosea seinen Kindern geben soll, sind prophetische Namen, vgl. Js 1 26+.

→1 4 Jisreel („Gott sät“, vgl. 2 24–25) war eine Residenzstadt der Könige Israels; hier hatte Jehu die Nachkommen Omris umgebracht.

dem Königtum des Hauses Israel ein
Ende machen. 5 An jenem Tage wird's
geschehen, daß ich den Bogen Israels
zerschmettere in der Ebene von Jis-
reel."
6 Und sie war abermals schwanger
und gebar eine Tochter. Da sprach er
zu ihm: „Gib ihr den Namen: Unbe-
gnadet. Denn nicht will ich länger
dem Hause Israel meine Huld erzei-
gen, daß ich ihm voll verzeihen sollte.
7 [Dem Hause Juda aber bin ich hold
und will sie retten durch Jahwe, ihren
Gott. Nicht rette ich sie durch Bogen,
Schwert und Krieg, durch Roß und
Reiter.]"
8 Als sie die „Unbegnadet" ent-
wöhnt hatte, ward sie aufs neue
schwanger und gebar einen Sohn.
9 Da sprach er: „Gib ihm den Namen
Nicht-mein-Volk. Denn ihr seid nicht
mehr mein Volk, und ich bin nicht
mehr euer Gott."

Ausblick auf die Zukunft

2 1 Einst wird die Zahl der Kinder
Israels wie Sand am Meere sein,
unermeßlich, unzählbar. Statt daß
man zu ihnen sagt: Ihr seid nicht mein
Volk, wird man vielmehr zu ihnen
sagen: Kinder des lebendigen Gottes.
2 Und es werden sich die Söhne Judas
und die Söhne Israels zusammentun
und sich ein einziges Oberhaupt geben,
und sie werden überquellen über ihr
Land hinaus; denn groß ist der Tag
von Jisreel. 3 Saget zu eurem Bruder:
Mein Volk, und zu eurer Schwester:
Begnadet.

Jahwe und sein treuloses Weib

4 Verklagt eure Mutter, verklaget
sie, denn sie ist nicht mein Weib, und
ich bin nicht ihr Mann, daß sie ent-
ferne vom Gesicht die buhlerischen
Zeichen und von den Brüsten ihre
Ehebruchsmale. 5 Sonst werde ich sie
nackt ausziehen und wie am Tage
ihrer Geburt sie hinlegen, werde sie
der Wüste gleichmachen, zu dürrem
Land sie machen und sie vor Durst
sterben lassen. 6 Auch ihren Kindern
will ich kein Erbarmen schenken, denn
es sind ja buhlerische Kinder. 7 Ihre
Mutter gab der Buhlerei sich hin, mit
Schande bedeckte sich ihre Gebärerin.
Sie sprach: Ich will meinen Buhlen
nachlaufen, die mir Brot und Wasser
gaben, Wolle und Flachs, Öl und Ge-
tränke. 10 Sie aber erkennt es nicht,
daß ich ihr Getreide, Most und Öl
gab, daß Silber ich ihr gab in Fülle

→14 *dem Königtum des Hauses Israel ein Ende machen* Die Jehu-Dynastie endete 743 v. Chr. mit der Ermordung des Sacharja.

→15 *Ebene von Jisreel* Oder auch Ebene von Megiddo genannt; sie war eines der großen Schlachtfelder Palästinas, Ri 412–16; 2 Kg 2329–30 usw.

→16 *Unbegnadet* Dies bedeutet der symbolische Name *Lo-Ruchama*.

→16 *daß ich ihm voll verzeihen sollte* Oder (vgl. G): „sondern ich will es tief hassen", oder auch: „schwer bestrafen".

→17 *Dem Hause* M; G: „Den Söhnen".

→19 *Nicht-mein-Volk* Dies bedeutet der symbolische Name *Lo-Ammi*. Die Namen der drei Kinder weisen auf eine Steigerung der Strenge Jahwes hin; beim letzten ist der Bruch vollständig.

→19 *ich bin nicht mehr euer Gott* M ist hier leicht korrigiert nach Jr 3131 (= Bundesformel). Vielleicht ist aber mit G und mehreren Kirchenvätern der Text: „Ich bin nicht da für euch", der Ex 314 in Erinnerung ruft, beizubehalten mit der Bedeutung: „Ich bin der ‚Ich-bin-nicht-da-für-euch'."

→22 *überquellen über ihr Land hinaus* Oder: „heraufziehen aus dem Lande (ihrer Verbannung)", oder: „sich des Landes bemächtigen" (vgl. Ex 110).

→23 Neue symbolische Namen im Gegensatz zu den früheren: *'Ammi* „Mein Volk", *Ruchama* „Begnadet".

→23 *eurem Bruder . . . eurer Schwester* G; M: „euren Brüdern . . . euren Schwestern". Die neuen Symbolnamen heben die alten (vgl. 16.8) auf.

→24–25 *(Jahwe und sein treuloses Weib)* Jahwe spricht hier zu Israel die Sprache der verletzten Liebe, die aber nicht in Haß verfällt, sondern durch eine Reihe von Erziehungsmaßnahmen die treulose Ehefrau zurückzuführen versucht und die, als dies gelingt, sie prüft, sie mit der zärtlichen Liebe der Brautzeit wiederaufnimmt und mit Hulderweisen überschüttet.

→24 „Buhlerische Zeichen" und „Ehebruchsmale" sind hier wohl als Amulette, Tätowierungen und andere Kennmale der Dirne aufzufassen, vgl. Spr 710; Gn 3815.

→25 *nackt ausziehen* Entehrende Behandlung von Ehebrecherinnen, Ez 1637–39; Js 472–3; Jr 1322; Nah 35; Apk 1716.

→25 *sie der Wüste gleichmachen* Die Rede geht von der Frau auf das Land über, dessen Symbol sie ist. Die Reichtümer Kanaans, die Grund der Sünde Israels waren, 101; 136, sollen verschwinden, 43; 57; 96; 1315.

→27 *nachlaufen* Wörtlich: „hintergehen" im Sinn von „sich an jemanden hängen". Der Ausdruck gehörte vielleicht zur Sprache der Liebe.

→27 *meinen Buhlen* Die Baale, die kanaanäischen Fruchtbarkeitsgottheiten. Die Israeliten weihten ihnen die Früchte des Landes und glaubten, daß ihnen solche Fruchtbarkeit der Erde gleichzeitig von Baal und Jahwe gewährt würde.

→27 Die Verse 8–9 sind hinter v. 15 umgestellt.

und Gold, daraus sie Bilder des Baal
gemacht haben.
11 Darum nehme ich zurück mein
Korn zu seiner Zeit und meinen Most
zu seiner Frist und nehme weg meine
Wolle und meinen Flachs, mit denen
sie ihre Blöße bedeckte. 12 Dann decke
ich auf ihre Scham vor den Augen
ihrer Buhlen, und niemand entreißt
sie meiner Hand. 13 Ich mache ein
Ende all ihrer Lust, ihren Festen, Neu-
monden und Sabbaten und all ihren
Feiertagen. 14 Ich verwüste ihre
Weinstöcke und Feigenbäume, von
denen sie sagte: Das ist der Lohn, den
meine Buhlen mir gaben. Ich mache
sie zur Wildnis, daß die Tiere des Fel-
des sie fressen. 15 Ich suche heim an
ihr die Tage der Baale, an denen sie
opferte, mit deren Ringen und
Schmuckstücken sie sich zierte und
ihren Buhlen nachlief, während sie
mich vergaß, spricht Jahwe.
8 Darum, siehe, will ich ihren Weg
mit Dornen umzäunen und ihr ein
Gehege ziehen, daß sie ihren Weg nicht
mehr findet. 9 Und läuft sie ihren
Buhlen nach, so wird sie sie nicht er-
reichen, und sucht sie nach ihnen, so
wird sie sie nicht finden. Dann wird
sie sagen: Ich will mich aufmachen
und zu meinem ersten Mann zurück-
kehren, denn da ging es mir besser als
jetzt.
16 Darum, siehe, will ich sie locken
und in die Wüste führen und ihr zu
Herzen reden. 17 Von dort her will
ich ihr ihre Weinberge zurückgeben,
das Tal von Achor zur Hoffnungs-
pforte machen. Dort wird sie gefügig
sein wie in den Tagen ihrer Jugend
und wie am Tage, da sie aus dem Lan-
de Ägypten auszog.
18 An jenem Tag wird's geschehen,
spricht Jahwe, da wird sie mich nennen:
„Mein Mann", und nicht mehr: „Mein
Baal". 19 Da werde ich aus ihrem
Munde nehmen die Namen der Baale,
ihre Namen sollen nicht mehr erwähnt
werden.
20 Ich schließe für sie an jenem
Tage einen Bund mit den Tieren des
Feldes und mit den Vögeln des Him-
mels und mit dem Gewürm der Erde,
verbanne Bogen und Schwert und
Krieg aus dem Lande und lasse sie
wohnen in Sicherheit. 21 Dann wirst
du mir angetraut auf immer, ange-

→28 *ihren Weg* G, S; M: „deinen Weg".

→216 *Wüste* Das Leben in der Wüste während der Zeit des Auszuges erscheint hier als ein verlorengegangenes Ideal (bereits Am 525; Hos 1210); als Israel noch jung war, Hos 111–4, kannte es keine fremden Götter und folgte treu Jahwe, der in der Wolke gegenwärtig war, Hos 216–17; Jr 22–3. Zur Verwendung des Exodusthemas bei den Propheten vgl. auch Js 403+.

→217 *Achor* „Unglück"; zu dieser Bedeutung des Namens vgl. Jos 724–26. Das Tal ist eine der gefürchteten Schluchten, die von der Gegend von Jericho aus den Zugang zum Hochland bilden.

→217 *machen* Korr.

→218 *wird sie* G; M: „wirst du".

→218 *Baal* Der Ehemann hieß *ba'al* „Herr". Mit diesem Wort wurden in früher Zeit zahlreiche Personennamen gebildet, vgl. 1 Sm 1449+; 2 Sm 28 usw.; 1 Chr 833; 939.40 usw., ohne daß darin Götzendienst gelegen hätte: Jahwe war der „Herr", ihm war der Träger eines solchen Namens geweiht. In späterer Zeit aber galt das Wort *ba'al* wegen seiner Bezugnahme auf die kanaanäischen Baale als gottlos (vgl. Ri 213+); deshalb wird der Gebrauch dieses Namens hier von Hosea verpönt, v. 19.

→219 *nicht mehr erwähnt werden* Oder: „vergessen werden".

→220 Die messianische Heilszeit wird sich verwirklichen in Gerechtigkeit und Heiligkeit, v. 21–22. Gott wird wiederkommen und von nun an inmitten seines Volkes wohnen, um es mit seinen Heilsgaben zu erfüllen, vgl. Lv 263–13; Dt 281–14. Der Himmel wird Regen spenden zur rechten Zeit und das Land seine Frucht in Fülle, Am 913; Hos 223–24; 148–9; Jr 3112.14; Ez 34 26–27.29; 3629–30; Js 3023–26; 4910; Joel 219.22–24; 418; Sach 812. Man braucht nicht mehr zu fürchten, daß andere kommen, das Land zu erobern, Am 915; Js 6521–23, vgl. Dt 2830–33, denn Israel wird keinen Einfall fremder Mächte mehr erleiden, Mich 54; Js 3217–18; Joel 220; Jr 4627; Js 45–6 (ausgelegt durch 254–5); Gott wird für es einen Bund mit den wilden Tieren schließen, Hos 220; Ez 3425.28. Unter dem herrscherlichen Walten des Messiaskönigs, Js 95–6; Sach 910, wird der Friede alle Völker umgreifen, Js 24 = Mich 43, vgl. Js 116–8+; 6525. Selbst der Tod wird nicht mehr sein, Js 257–8, und an die Stelle von Leiden und Tränen wird die Freude treten, Jr 3113; Js 6518–19; Bar 423.29, vgl. Apk 214.

→221–22 Die treulose Ehefrau wird mit der zärtlichen Liebe wiederaufgenommen, die man einer Braut erweist, und mit göttlichem „Brautgeld", vgl. Gn 2453; 3412, beschenkt; diese Gabe aber besteht in Gerechtigkeit, Recht, Liebe, Erbarmen, Treue, welche Gott selbst in diesen Bund einbringt.

→221 *Liebe* Das entsprechende hebräische Wort *(chesed)* enthält zunächst die Vorstellung eines Bandes, einer Bindung. Im mitmenschlichen Bereich bezeichnet es dann Freundschaft, Solidarität, Loyalität, vor allem wenn diese Haltungen in einer vertraglichen Verpflichtung wurzeln. Von Gott ausgesagt, bringt es die Treue zu seinem Bund und die Zuneigung zum Ausdruck, die er darum dem erwählten Volk gegenüber hegt (die „Gnade" in Ex 346), anders gesagt (und dieses gerade seit Hoseas Botschaft vom „Ehebund") die Liebe Gottes

traut in Gerechtigkeit und Recht, in
Liebe und Erbarmen. 22 Du wirst
mir angetraut in Treue, auf daß du
erkennst, daß ich Jahwe bin.
23 Geschehen wird's an jenem Tage,
spricht Jahwe, da erhöre ich den Himmel,
und der wird die Erde erhören,
24 und die Erde wird erhören Korn,
Most und Öl, und die werden Jisreel
erhören. 25 Ich werde ihn säen im
Lande und werde begnadigen die
„Unbegnadet“ und werde zu „Nicht-
mein-Volk“ sagen: „Mein Volk bist
du“, und er wird sagen: „Mein Gott“.

Wiederaufnahme und Prüfung der treulosen Frau. Deutung des Sinnbildes

3 1 Und Jahwe sprach zu mir: „Geh
abermals und liebe ein Weib, das
einen anderen liebt und die Ehe bricht,
wie Jahwe die Kinder Israels liebt, obwohl
sie sich anderen Göttern zuwenden
und Traubenkuchen lieben.“
2 Da kaufte ich sie mir für fünfzehn
Silberschekel und um ein Maß und ein
halbes Maß Gerste 3 und sagte zu ihr:
„Lange Zeit sollst du mir da bleiben,
dich nicht verführen lassen, keinem
Manne gehören, und auch ich werde
nicht zu dir eingehen.“
4 Denn lange Zeit werden die
Kinder Israels ohne König und ohne
Fürsten sein, ohne Opfer und ohne
Malstein, ohne Ephod und ohne
Teraphim. 5 Darnach werden die
Kinder Israels sich bekehren und
Jahwe, ihren Gott, und David, ihren
König, suchen und zitternd an Jahwe
und seine Güte sich wenden am Ende
der Tage.

II. ISRAELS VERBRECHEN UND STRAFE

Allgemeine Verderbtheit

4 1 Höret das Wort Jahwes, ihr
Kinder Israels! Einen Rechtsstreit
hat Jahwe mit den Bewohnern des
Landes, 2 denn es ist keine Treue und
Liebe, keine Gotteserkenntnis mehr im
Lande. Es herrschen Meineid, Lüge,
Mord, Diebstahl, Ehebruch, Gewalt-

---

zu seinem Volk, Ps 136 1–26; Jr 31 3 usw., und seine Hulderweise, die ihr entspringen, Ex 20 6; Dt 5 10; 2 Sm 22 51; Jr 32 18; Ps 18 51. Dieser *chesed* Gottes ruft aber auch im Menschen *chesed* auf, d. h. Hingabe des Herzens, vertrauende Freundschaft, Selbstvergessenheit, Innigkeit, „Frömmigkeit“, mit einem Wort: Liebe, die sich ausspricht in freudigem Eingehen auf Gottes Willen, der vom Menschen vor allem die Zuwendung zum Mitmenschen in Gerechtigkeit und Liebe verlangt, Hos 4 2; 6 6. Dieses Ideal wahren Bundessinnes, das in vielen Psalmen aufklingt, wird dann in einer besonderen Ausprägung von den *Hasidim* (abgeleitet von: *chesed*) oder „Asidäern“ vertreten, 1 Makk 2 42+.

→2 22 Bei Hosea gehört zum *chesed* die „Erkenntnis Jahwes“, hier v. 21–22 und 4 2; 6 6. Gotteserkenntnis ist darum nicht bloß intellektuelle Einsicht. Ebenso wie Gott sich dem Menschen dadurch zu „erkennen“ gibt, daß er sich durch einen Bund an ihn bindet, ihm machtvoll seine Bundeshuld erweist, so wird auch der Mensch Gott „erkennen“ durch ein Verhalten, das Treue zum Bund Gottes, dankbare Anerkenntnis seiner Hulderweise und Liebe umschließt, vgl. Ib 21 14; Spr 2 5; Js 11 2; 58 2. In der Weisheitsliteratur ist „Erkenntnis“ nahezu gleichbedeutend mit „Weisheit“.

→2 23 *Tage* Danach Zusatz in M: „erhöre ich“; fehlt in G, S.

→2 24 *Jisreel* Der Name erinnert nicht mehr an die vergangenen Bluttaten, 1 4+; jetzt ist er gemäß seiner Bedeutung („Gott sät“, vgl. v. 25) der prophetische Name des erneuerten, fruchtbaren Israel.

→2 25 *Ich werde ihn säen* Korr.; M: „Ich werde sie (Singular) für mich säen“.

→2 25 Die Liebe Gottes zu seinem Volk wird den Unheilsnamen („Unbegnadet“, „Nicht-mein-Volk“) widersprechen; diese Namen werden mit dem Fluch, dessen Anzeichen sie waren, aufhören. In 2 1.3 sind sie durch das Gegenteil ersetzt und so gleichsam in Heilsnamen verwandelt.

→3 1 *das einen anderen liebt* M; G, S: „das das Böse liebt“. Es handelt sich hier offenbar ebenfalls um Gomer, die von Hosea geliebt wurde und weiter geliebt wird, die ihm die Treue gebrochen hat und immer noch bricht. Der Großmut des Propheten gegen die Treulose ist Sinnbild der ausharrenden Liebe Jahwes zu seinem Volk.

→3 1 *und Traubenkuchen lieben* Oder: „die Traubenkuchen lieben“, vgl. Dn 14 5–8.

→3 2 *Da kaufte ich* Hosea kauft Gomer von ihrem jetzigen Herrn oder von dem Heiligtum, zu dessen Tempeldirne sie geworden war. Der gesamte Kaufpreis entspricht ungefähr dem eines Sklaven, Ex 21 32; Lv 27 4.

→3 3 *Lange Zeit* Eine Zeit der Entwöhnung und Läuterung, wie sie v. 4 näher beschreibt, vgl. 2 8.9.16, wird der Wiederaufnahme des Bundes zwischen Jahwe und Israel vorausgehen.

→3 5 *bekehren* Vgl. 2 9; 6 1; 14 2.

→3 5 *David, ihren König* Vgl. Jr 30 9; Ez 34 23. Die Einheit des Reiches wird also wiederhergestellt werden, 2 2. Das Versende („und David ... Tage“) ist vielleicht nicht authentisch.

→3 5 *seine Güte* Wahrscheinlich die Früchte des Landes, 2 24; 14 6–8; Js 11 9; Jr 31 12–14.

tat, und Blutschuld reiht sich an Blut-
schuld. 3 Deshalb trauert das Land,
und alle seine Bewohner vergehen
mitsamt den Tieren des Feldes und
den Vögeln des Himmels, und auch die
Fische des Meeres schwinden dahin.

Gegen die Priester

4 Niemand will anklagen und
schelten, doch mit dir will ich rechten,
o Priester. 5 Du wirst straucheln bei
Tag und bei Nacht, es wird straucheln
auch der Prophet mit dir, du vernich-
test dein Volk. 6 Es wird vernichtet
mein Volk, weil es keine Erkenntnis
hat. Weil du die Erkenntnis verworfen
hast, verwerfe ich dich, daß du mir
nicht mehr Priester seiest. Weil du das
Gesetz deines Gottes vergessen hast,
werde auch ich deine Söhne vergessen.
7 Alle, soviel sie auch seien, haben ge-
sündigt an mir; sie haben vertauscht
gegen die SCHANDE ihre GLORIE. 8 Von
der Sünde meines Volkes nähren sie
sich, und auf seine Schuld richten sie
ihre Gier. 9 Wie dem Volke, so wird
es dem Priester ergehen, ich werde ihn
züchtigen ob seiner Wege und ihm ver-
gelten sein Tun. 10 Sie sollen essen
und doch nicht satt werden, der
Unzucht frönen und sich doch nicht
vermehren, denn Jahwe haben sie
verlassen, um sich hinzugeben 11 der
Unzucht.

Israels Gottesdienst ist nur Götzendienst und Ausschweifung

Wein und Most rauben den Ver-
stand. 12 Mein Volk befragt sein
Holz, und sein Stab soll ihm Auskunft
geben, denn ein Geist der Unzucht
verführte sie, und buhlend wandten sie
sich ab von Gott. 13 Auf den Gipfeln
der Berge schlachten sie, und auf den
Höhen opfern sie, unter den Eichen
und Pappeln und Terebinthen, denn
angenehm ist ihr Schatten. Darum
treiben ihre Töchter Unzucht, und
ihre Schwiegertöchter brechen die
Ehe. 14 Nicht will ich strafen eure
Töchter, daß sie Unzucht treiben,
noch eure Schwiegertöchter, daß sie
ehebrechen, denn sie gehen ja selbst
beiseite mit den Huren, und mit den
Tempeldirnen opfern sie. So kommt
das unverständige Volk zu Fall.

Warnung an Juda

15 Wenn du, Israel, Unzucht treibst,
so möge doch Juda sich nicht ver-
schulden! Gehet nicht nach Gilgal,
ziehet nicht hinauf nach Bet-Awen und
schwöret nicht: „So wahr Jahwe lebt!"

Israel, wie eine störrische Kuh

16 Denn wie eine störrische Kuh,
so ist Israel störrisch geworden. Wie
sollte da Jahwe sie weiden wie ein
Lamm auf weiter Flur? 17 Ephraim

→43 Es handelt sich hier um eine große Dürre, vgl. Am 12; 47; 74; Joel 116–20; 23. Die ganze Schöpfung ist in das Strafgericht über die Sünde hineingezogen, Gn 317–18; Jr 423–28; 99; 124; 142–6; Hag 16–11; 216–17; Zeph 13; Js 244–7 usw., wie sie auch teilhaben soll an der „Gerechtigkeit" des Menschen, Js 116+; Joel 418, vgl. Röm 819–22+.

→44 *doch mit dir will ich rechten, o Priester* Korr.; M: „doch dein Volk ist wie solche, die mit dem Priester rechten". Es geht hier um die ganze Priesterschaft, die sich durch Mangel an Erkenntnis und Pflichtvergessenheit, durch Habgier und selbst Erpressung, 69, schuldig gemacht hat. Weitere Angriffe gegen die Priesterschaft: Jr 28; 613; Mich 311; Zeph 34, vor allem Mal 16 – 29.

→45 *bei Tag und bei Nacht* Korr.

→45 *der Prophet* Zu den falschen Propheten vgl. Jr 2313–32; Mich 35.11 usw.

→45 *du vernichtest dein Volk* Korr.; M: „ich vernichte deine Mutter".

→46 *die Erkenntnis verworfen* Die Bundesweisung, die von den Priestern dem Volke gelehrt werden sollte, Dt 3310; Mal 25–8.

→47 *sie haben vertauscht gegen die Schande ihre Glorie* (D. h. gegen die Baale Jahwe) T, S; M: „ich verwandle ihre Glorie in Schande".

→48 *nähren sie sich* Der Priester, der von den Sündopfern, Lv 619–22, und Schuldopfern, Lv 77, einen bedeutenden Anteil erhielt, zieht Gewinn aus den Sünden des Volkes, vgl. 1 Sm 212–17.

→410 *der Unzucht frönen* Unzucht ist Bezeichnung für Untreue gegen Jahwe wie in 214; 418; 91, vielleicht mit einer Anspielung auf die sakrale Prostitution.

→411 *Wein und Most rauben den Verstand* Ein sprichwortartiger Grundsatz, der hier vielleicht nicht in seinem ursprünglichen Textzusammenhang steht.

→412 „Sein Holz" scheint verächtliche Bezeichnung für die Ascheren oder heiligen Kultpfähle zu sein, Ex 3413+. Der „Stab", der Auskunft geben soll, ist wohl Anspielung auf eine Form der Orakeleinholung durch Legen oder Werfen von Stäben (Rhabdomantie).

→414 Die Schuld der Töchter und Schwiegertöchter ist nicht so schwer, weil sie durch das Beispiel ihrer Väter und ihrer Männer verführt wurden.

→414 *sie gehen . . . beiseite* Korr.; M: „sie sind . . . abgesondert, getrennt".

→415 *Bet-Awen* „Haus des Frevels, des Nichts", Spottname für Betel (*Bet-El* „Haus Gottes").

→415 *So wahr Jahwe lebt* Vielleicht ist zu lesen: „in Beerscheba", nach Am 55; 814.

→417–18 *sie lassen sich nieder im Kreise von Säufern . . . sie vertauschen* Korr.; M unverständlich.

ist den Götzen verbunden; sie lassen
sich nieder 18 im Kreise von Säufern;
sie kennen nur Unzucht; sie vertau-
schen ihre GLORIE gegen die SCHANDE.
19 Es packt sie der Sturm mit seinen
Fittichen, und ob ihrer Altäre werden
sie zuschanden.

Priester, Fürsten und König führen das Volk ins Verderben

5 1 Höret dies, ihr Priester, horche
auf, Haus Israel, Haus des Königs,
merk dir, denn euch gilt das Gericht.
Ein Fallstrick seid ihr geworden für
Mizpa, ein Netz, das ausgebreitet ist
auf dem Tabor. 2 Sie sanken tief in
Verirrung, ich aber werde sie alle
züchtigen. 3 Ich kenne Ephraim wohl,
und Israel ist mir nicht verborgen,
denn du, Ephraim, hast Unzucht ge-
trieben, und Israel hat sich befleckt.
4 Ihr Treiben gestattet ihnen nicht, zu
ihrem Gott sich zu bekehren, denn ein
Geist der Unzucht ist in ihrem Innern,
und Jahwe kennen sie nicht. 5 Israels
Hochmut zeugt wider ihn, und
Ephraim fällt durch seine Schuld, es
fällt auch Juda mit ihm. 6 Mit ihren
Schafen und Rindern gehen sie hin,
um Jahwe zu suchen, aber sie finden
ihn nicht; er hat sich ihnen entzogen.
7 Denn sie brachen Jahwe die Treue,
abtrünnige Söhne zeugten sie. Nun
wird der Verderber sie fressen, sie
und ihre Felder.

Der Bruderkrieg

8 Stoßt in das Horn zu Gibea, in die
Trompete zu Rama, schlagt Lärm zu
Bet-Awen, versetzt Benjamin in Alarm!
9 Ephraim soll zur Wüste werden am
Tage der Züchtigung! Über die
Stämme Israels gebe ich verläßliche
Kunde. 10 Die Fürsten Judas haben
die Grenze verrückt, über sie gieße ich
wie Wasser aus meinen Grimm.
11 Ephraim vergewaltigt und bricht
das Recht, es gibt sich dazu her, dem
Nichts nachzulaufen. 12 Ich bin wie
die Motte für Ephraim, wie Knochen-
fraß für das Haus Juda.

Vergebliche Bündnisse mit fremden Mächten

13 Ephraim sah seine Krankheit
und Juda sein Geschwür, da ging
Ephraim nach Assur und Juda zum
Großkönig. Aber der kann euch nicht
heilen und das Geschwür euch nicht
vertreiben. 14 Denn ich bin wie ein
Löwe für Ephraim, wie ein junger Leu
für das Haus Juda. Ja, ich zerreiße und
gehe davon, ich schleppe fort, und
niemand rettet.

Jahwe verläßt sein Volk

15 Ich gehe und kehre zurück an
meinen Ort, bis daß sie Buße tun und
mein Antlitz suchen, in ihrer Not sich
zu mir flüchten.

Israels vorübergehende Rückkehr zu Jahwe

6 1 „Auf! Laßt uns zu Jahwe zurück-
kehren! Denn er hat zerrissen, er
wird uns auch heilen, er hat geschla-

→418 *Glorie* Korr.; M: „Schilde".
→419 *ob ihrer Altäre* Üss; M: „ihre Altäre".
→51 *denn ihr habt das Recht zu wahren* Wörtlich: denn bei euch (liegt) das Recht, vgl. Mich 31; Dt 117.
→51 *Mizpa* Wahrscheinlich das Mizpa im Ostjordanland bei Gerasa, Ri 1017; 1111; Gn 3149.
→52 *Sie sanken tief in Verwirrung* (Wörtlich: die Grube der Verwirrung machten sie tief) Korr.
→53 *du* Korr.; M: „nun".
→55 *Ephraim fällt durch seine Schuld . . . mit ihm* Korr.; M: „Israel und Ephraim fallen durch ihre Schuld . . . mit ihnen".
→57 *Verderber* Korr.; M: „Neumond".
→58–12 Dieser Abschnitt, wahrscheinlich auch die folgenden bis 66, scheint sich auf den syrisch-ephraimitischen Krieg (735 bis 734 v. Chr.) zu beziehen, vgl. 2 Kg 165+.
→58 *versetzt . . . in Alarm* Korr.; M: „nach dir".
→59 *verläßliche Kunde* Das Unglück wird unwiderruflich kommen: Deportierung, Gebietsverluste, 2 Kg 1529, Eroberung von Samaria und Untergang des Reiches Israel, 2 Kg 175–6.
→510 *die Grenze verrückt* Anspielung auf den Vormarsch des judäischen Heeres in israelitisches Gebiet, vielleicht auch auf die früheren Übergriffe des Südreiches, 1 Kg 1516–25.
→511 *vergewaltigt* Korr. nach G; M: „ist vergewaltigt".
→511 *bricht* Korr. nach G; M: „zerbrochen (ist)".
→511 *bricht das Recht* Durch sein Bündnis mit Damaskus und seinen Angriff auf das Bruderreich.
→511 *dem Nichts* G; M: „einer Vorschrift".
→513 *zum Großkönig* Korr.; M: „zum König Jareb" oder „zu einem Rächerkönig". Anspielung auf den Tribut, den Menachem dem assyrischen Großkönig Tiglatpileser III. 738 v. Chr. leistete, vgl. 2 Kg 1519, und auf den Hilferuf des Achas an Tiglatpileser III. 735 v. Chr., vgl. 2 Kg 167–9.
→513 *vertreiben* Korr.
→515 *an meinen Ort* Der Himmel, Js 184; 6315; Jr 2530; Mich 13; Ps 187.
→61–6 Der Prophet stellt sich eine Bußliturgie vor, deren Formulierungen er vielleicht von irgendeinem tatsächlichen

gen, er wird uns auch verbinden. 2 Er
wird uns beleben nach zwei Tagen und
am dritten Tage uns aufrichten, daß
wir vor ihm leben. 3 Laßt uns streben,
Jahwe zu erkennen! Sein Aufgang ist
sicher wie die Morgenröte. Er wird
zu uns kommen wie der Regenguß,
wie der Frühlingsregen, der die Erde
tränkt."
4 Was soll ich dir tun, Ephraim,
was soll ich dir tun, Juda? Deine
Liebe gleicht ja dem morgendlichen
Gewölk, sie gleicht dem Tau, der
schnell vergeht. 5 Darum habe ich sie
geschlagen durch die Propheten, ge-
tötet durch die Worte meines Mundes.
Sein Gericht tritt hervor wie das
Licht. 6 Denn Liebe will ich, nicht
Opfer, Gotteserkenntnis, nicht Brand-
opfer.

Israels Verbrechen, einst und jetzt

7 Doch sie haben zu Adam den
Bund gebrochen, dort wurden sie mir
ungetreu. 8 Gilead ist eine Stadt von
Übeltätern, von Blut besudelt. 9 Wie
lauernde Räuber, so sind die Scharen
der Priester. Sie morden am Wege
nach Sichem, gar schändliche Taten
begehen sie. 10 Zu Betel sah ich grauen-
hafte Dinge. Dort herrscht die Un-
zucht Ephraims, befleckt sich Israel.
11 Auch dir, Juda, bestimme ich
eine Ernte, wenn ich das Geschick
meines Volkes wende.

7 1 Wenn ich Israel heilen will,
wird offenbar die Schuld Ephraims
und die Bosheit Samarias. Denn
Trug üben sie, und Diebe brechen ein,
und draußen hausen die Räuber.
2 Sie denken nicht in ihrem Herzen,
daß ich um all ihre Bosheit weiß. Nun
umgeben sie ihre Taten, sie sind vor
meinen Augen.

Umsturz regiert

3 Mit ihrer Bosheit bereiten sie dem
König Freude, mit ihrer Lügenhaftig-
keit den Fürsten. 4 Sie alle fauchen;
sie sind wie ein glühender Ofen, den der
Bäcker nicht mehr heizt, wenn er den
Teig knetet, bis er durchsäuert ist.
5 König und Fürsten machen sie
schwach durch die Glut des Weines;
er hat gemeinsame Sache gemacht mit
den Spöttern. 6 Ihr Herz glüht in
ihrer Verschwörung wie ein Ofen.
Die ganze Nacht schläft ihr Zorn,
morgens brennt er wie flammendes
Feuer. 7 Sie alle glühen wie ein Ofen,
sie verzehren ihre Richter. Alle ihre
Könige fallen, doch keiner unter ihnen
ruft nach mir.

Durch das Rufen nach fremden Mächten geht Israel zugrunde

8 Ephraim hat sich unter die Völker
gemischt, Ephraim ist ein Kuchen, der
nicht gewendet worden ist. 9 Fremde
verzehren seine Kraft, aber es merkt
es nicht. Schon sind ihm die Haare
ergraut, aber es merkt es nicht. 10 [Der
Hochmut Israels zeugt wider ihn, doch
sie kehrten nicht zurück zu Jahwe,

Bußgottesdienst übernommen hat, 1 Kg 831–53; Jr 321–25; Joel 1–2; Ps 85: Das Volk ist über die Ankündigung, daß Jahwe es strafen und verlassen will, 514–15, entsetzt; es fordert sich selbst zur Rückkehr zu ihm auf, v. 1–3. Diese Rückkehr aber ist vorübergehend, ohne innere Umkehr, v. 4–6.

→62 *nach zwei Tagen und am dritten Tage* Der Ausdruck bezeichnet einen kurzen Zeitraum.

→63 Zusatz in M am Versanfang: „Laßt uns erkennen".

→63 *tränkt* Korr.; M: „Regen".

→65B *Sein Gericht* Korr.; M: „Deine Gerichte"; G: „Mein Gericht".

→65B *wie das Licht* Korr. nach G; M: „Licht".

→64 *Juda* Vielleicht hieß der Text ursprünglich „Israel" als gleichbedeutender Parallelismus zu „Ephraim", vgl. 53.

→67 *zu Adam* Korr.; M: „wie Adam" oder „wie ein Mensch". Rätselhafte Anspielung. Vielleicht gab es bei Adam (Örtlichkeit nahe der Jabbokmündung) ein kanaanäisches Heiligtum. Vielleicht bedeutet der Text lediglich, daß Israels Untreue bis auf die Anfänge der Landnahme in Palästina zurückgeht, vgl. Jos 316. Zu dieser Vorstellung, vgl. 910.

→67 *den Bund gebrochen* Den Bund vom Sinai.

→68 *Gilead* Stadt im ostjordanischen Hochland gleichen Namens, vgl. Gn 31 46–48.

→69 Korr. Anspielung auf uns unbekannte Begebenheiten. Manche Ausleger denken an die Rache von Simeon und Levi, Gn 34; 495.

→610 *Zu Betel* Korr.; M: „Im Haus Israel".

→611 *bestimme ich* Korr.; M: „bestimmt er". Die Erwähnung von Juda ist ein späterer Zusatz.

→71 *die Bosheit* G; M: „die Missetaten".

→73–7 *(Umsturz regiert)* Von den Anfängen des Nordreiches bis 737 v. Chr. (Ermordung des Pekachja) wurden sieben Könige umgebracht. Hier erinnert der Prophet an eine Verschwörung: Die Verschwörer verheimlichen ihr Vorhaben, dann ermorden sie nach nächtlichem Gelage König und Fürsten, die vom Weine trunken sind. So starb Ela, 1 Kg 169–10.

→74–6 Korr.

→78 *ein Kuchen, der nicht gewendet* Ein solcher Kuchen, der auf einer Seite verbrannt, auf der anderen kaum gar ist, taugt zu nichts.

ihrem Gott, und suchten ihn nicht
trotz alledem.] 11 Ephraim ist einer
Taube gleich geworden, einfältig, un-
verständig; Ägypten rufen sie an,
Assyrien laufen sie nach. 12 Wohin
sie auch gehen, ich breite mein Netz
über sie, wie Vögel des Himmels hole
ich sie herab, strafe sie ob ihrer Bos-
heit.

Israels Undankbarkeit und Bestrafung

13 Wehe ihnen, daß sie von mir
gingen! Verderben über sie, daß sie
mir untreu wurden! Ich wollte sie er-
lösen, sie aber reden nur Lüge wider
mich. 14 Sie rufen nicht zu mir in
ihrem Herzen, wenn sie klagen auf
ihrem Lager. Wegen Korn und Most
ritzen sie sich, aber gegen mich
empören sie sich. 15 Ich habe ihre
Arme gestärkt, doch sie sannen Böses
wider mich. 16 Sie wandten sich dem
Baal zu, sind wie ein trügerischer Bo-
gen. Es werden fallen ihre Fürsten
durch das Schwert, ob der Frechheit
ihrer Zunge. Das ist ihre Schmach im
Lande Ägypten.

Alarm

8 1 An deinen Mund die Trompete,
dem Wächter gleich über das Haus
Jahwes, weil sie meinen Bund über-
treten haben, wider mein Gesetz ge-
sündigt haben. 2 Sie mögen noch so
schreien: „Wir kennen dich doch,
Gott Israels!" 3 Verschmäht hat
Israel sein Glück, so soll der Feind es
verfolgen!

Zusammenbruch des Staates und Götzendienst

4 Sie haben Könige eingesetzt ohne
mein Zutun, sie haben Fürsten auf-
gestellt, ohne daß ich es wußte. Aus
ihrem Silber und Gold machten sie
sich Götzen, damit sie vernichtet
würden. 5 Ich verwerfe dein Kalb,
Samaria. Mein Zorn flammt auf
gegen es. [Wie lange wird es dauern,
bis sie rein werden, 6 Israels Söhne?]
Ein Künstler hat es gefertigt, es ist
kein Gott. In Flammen soll es auf-
gehen, das Kalb von Samaria! 7 Wind
säen sie, Sturm sollen sie ernten. Ihre
Frucht sproßt nicht und bringt kein
Mehl, und brächte sie es, die Fremden
würden es verzehren.

Durch Hilferuf bei fremden Mächten geht Israel zugrunde

8 Verschlungen ist Israel. Nun sind
sie unter den Völkern geworden wie
ein wertloses Geschirr. 9 Dem Assyrer
sind sie nachgelaufen – diesem
Wildesel, der einsam umherstreift.
Ephraim aber dingt Buhlen. 10 Auch
wenn sie dingen unter den Völkern, so
will ich sie nun zerstreuen; bald hören
sie auf, König und Fürsten zu salben.

Gegen veräußerlichten Opferkult

11 Ephraim hat viele Altäre gebaut,
zum Sündigen dienten sie ihm.
12 Schriebe ich ihm noch so viele
Gesetze auf, sie würden gelten wie die
eines Fremden. 13 Sie lieben die
Opfer; sollen sie opfern! Fleisch (lie-

→7 11 *einer Taube gleich* Die aufgescheuchte Taube, die nach allen Richtungen flattert, um dem Vogelsteller zu entgehen, ist ein Bild für das politische Hinundherschwanken Israels zwischen Ägypten und Assyrien.

→7 12 *Wohin sie auch gehen* Oder: Sooft sie gehen", oder auch: „Wie sie auch gehen".

→7 12 *ob ihrer Bosheit* Korr.

→7 14 *auf ihrem Lager* Gemeint ist das Nachtlager im eigentlichen Sinne oder die Decken oder Mäntel, auf denen man sich zum Gebet niederwarf, vgl. Ps 4 5; 149 5.

→7 14 *ritzen sie sich* Korr.; M: „sind sie zu Gast". Zu diesen rituellen Hauteinritzungen vgl. 1 Kg 18 28; Jr 16 6; 41 5.

→7 14 *empören sie sich* Korr.; M: „wenden sie sich ab".

→7 15 *Arme* Danach Zusatz in M: „geleitet"; fehlt in G.

→7 16 *dem Baal zu* Korr.; M: „nicht droben".

→8 1 *dem Wächter* Korr.; M: „dem Adler".

→8 1 *über das Haus Jahwes* Palästina, vgl. 9 15; Jr 12 7; Sach 9 8; 1 Chr 17 14.

→8 2 *Wir kennen dich doch, Gott Israels* Korr.; M: „Mein Gott, wir kennen dich, Israel".

→8 3 *der Feind* Assur.

→8 5 *Ich verwerfe* Korr.; M: „Er verwirft".

→8 5 *gegen es* Korr.; M: „gegen sie".

→8 6 *Israels Söhne* Korr.; M: „denn von Israel".

→8 6 Diesem ersten Angriff gegen die Götzenbilder folgen noch zahlreiche weitere in der prophetischen Literatur, vgl. Js 40 20+; 41 21+.

→8 8–10 Der Abschnitt dürfte aus der Zeit nach der Deportierung, die dem syrisch-ephraimitischen Krieg (734 v. Chr.) folgte, stammen, 2 Kg 15 29.

→8 9 *Ephraim aber dingt Buhlen* Anspielung auf den Tribut an die assyrischen Könige, 5 13; 7 11, oder vielleicht auch auf die nach Ägypten gesandten Geschenke, 12 2.

→8 10 *sie zerstreuen* Korr.; M: „sie sammeln".

→8 10 *bald hören sie auf, König und Fürsten zu salben* G; M: „sie zittern eine Zeitlang unter der Last des Königs der Fürsten".

→8 11 Zusatz in M am Versende: „Altäre zum Sündigen".

→8 13 *Sie lieben die Opfer* Korr.

→8 13 *sollen sie essen* Korr.; M: „sie essen".

ben sie); sollen sie essen! Jahwe hat
keinen Gefallen daran. Nun wird er
ihrer Schuld gedenken und ihre Sün-
den vergelten, nach Ägypten sollen
sie zurückkehren.

Gegen den Luxus der Bauten

14 Israel vergaß seinen Schöpfer und
baute Paläste, Juda viele befestigte
Städte, aber Feuer werfe ich in seine
Städte, daß es seine Paläste verzehre.

Trübsal der Verbannung

9 1 Freue dich nicht, Israel, juble
nicht gleich den Völkern! Denn du
bist untreu geworden deinem Gott,
hast Buhlerlohn geliebt auf allen Ge-
treidetennen. 2 Tenne und Kelter
werden nichts mehr von ihnen wissen
wollen, der Most wird sie im Stiche
lassen. 3 Sie werden nicht mehr im
Lande Jahwes bleiben. Ephraim kehrt
nach Ägypten zurück, in Assur wer-
den sie Unreines essen. 4 Sie werden
Jahwe keinen Wein mehr spenden und
keine Schlachtopfer ihm zurichten.
Wie das Brot derer, die trauern, so
wird ihr Brot sein; jeder, der davon
ißt, wird unrein. Denn ihr Brot ist
nur für sie selbst, nicht kommt es
zum Hause Jahwes. 5 Was wollt ihr
tun am Feiertage, am Tage des Jahwe-
festes? 6 Denn siehe, sie haben sich
der Bedrückung entzogen. Ägypten
wird sie aufnehmen, Memphis sie
begraben. Disteln werden ihre silber-
nen Kostbarkeiten erben, Dornen in
ihren Zelten emporschießen.

Strafandrohung führt zur Verfolgung des Propheten

7 Es kommen die Tage der Heim-
suchung, es kommen die Tage der
Vergeltung. Israel schreit: „Närrisch
ist der Prophet und verrückt der
Geistesmann." Ja, weil groß deine
Sünde und groß deine Feindschaft.
8 Ephraim späht am Zelt des Prophe-
ten, Schlingen von Vogelstellern
liegen auf allen seinen Wegen, Ver-
folgung herrscht im Hause seines
Gottes. 9 Sie sind tief ins Verderben
geraten wie in den Tagen von Gibea.
Er wird ihrer Schuld gedenken, heim-
suchen ihre Sünde.

Strafe für das Verbrechen von Baal-Peor

10 Wie Trauben in der Wüste, so
fand ich Israel, wie die ersten Früchte
am Feigenbaum, so schaute ich eure
Väter. Sie kamen nach Baal-Peor und
weihten sich der Schande und wurden
mir ein Greuel wie ihr Buhle. 11 Ephra-
im ist wie ein Vogelschwarm, mit
seiner Herrlichkeit ist es aus. Es gibt
keine Geburt, keine Schwangerschaft,
keine Empfängnis mehr. 12 Auch
wenn sie Söhne großziehen, ich nehme
sie ihnen weg vor dem Mannesalter.
Und wehe ihnen selbst, wenn ich mich
von ihnen wende! 13 Ephraim, wie
ich es schaute, macht seine Kinder
zum Jagdwild, Ephraim muß seine
Kinder zum Schlachten hinführen.
14 Gib ihnen, Jahwe – was willst du
denn geben –, gib ihnen unfruchtbaren
Mutterschoß, vertrocknete Brüste!

Strafe für das Verbrechen von Gilgal

15 Ihre ganze Bosheit ward in
Gilgal sichtbar, dort kam mir der Haß
gegen sie. Ob der Bosheit ihrer Taten,
will ich aus meinem Hause sie treiben,
nicht will ich sie fortan lieben. Alle

→9 1–6 Dieses Wort wurde vielleicht bei einem Erntefest gesprochen.
→9 1 *juble nicht* Hss von G; M: „zur Freude".
→9 1 *Buhlerlohn* D. h. die Früchte der Erde; sie sind unrein, weil Israel ihren Ursprung auf die Baale zurückführte, 2 7, und auch weil die Festlichkeiten am Ende der Ernte mit Ausschweifungen verbunden waren.
→9 2 *sie* Einige Hss von M, Üss; M: „sie" (Singular).
→9 3 *Unreines* Jedes fremde Land war unrein, weil es durch die Gegenwart der Götzenbilder verunreinigt wurde, vgl. Am 7 17; 1 Sm 26 19.
→9 4 *ihm zurichten* Korr.; M: „gefallen ihm".
→9 4 *wird ihr Brot sein* Korr.; M: „wird es ihnen sein". Menschen, die um einen Toten trauerten, wurden durch die Nähe zum Leichnam unrein.
→9 4 *nicht kommt es zum Hause Jahwes* Das Brot wird nicht durch das Opfer der Erstlingsfrüchte geheiligt werden, Lv 23 9–21.
→9 5 *am Tage des Jahwefestes* Das Laubhüttenfest, Ex 23 14+.
→9 7 *Israel schreit* Korr.; M: „Israel weiß" oder „Israel soll wissen".
→9 8 *Ephraim späht am Zelt des Propheten* Korr.; M: „Die Wache Ephraims ist mit meinem Gott; der Prophet".
→9 10 *Feigenbaum* Danach Zusatz in M: „in seinem Anfang".
→9 10 *Baal-Peor* Israels Treulosigkeit begann also an der Schwelle des Gelobten Landes und lastete auf seiner ganzen Geschichte.
→9 10 *Schande* Verächtliche Bezeichnung für die Baale.
→9 13 *Ephraim, wie ich es schaute, macht seine Kinder zum Jagdwild* Korr. nach G; M unverständlich.
→9 15 *Gilgal* In Gilgal begann das Königtum, 1 Sm 11 14–15, das der Prophet verurteilt, 8 4+. Später wurde das Königtum Sauls hier verflucht, 1 Sm 13 7–14; 15 10–23.

ihre Fürsten sind Empörer. 16 Ge-
schlagen ist Ephraim, seine Wurzeln
vertrocknet. Frucht gibt es keine mehr.
Und wenn sie auch Kinder zeugten,
so schlüge ich tot die Lieblinge, die
aus ihrem Schoße hervorgegangen.
17 Gott wird sie verwerfen, da sie nicht
auf ihn hörten, sie müssen umherirren
unter den Völkern.

Zerstörung der Zeichen des Götzenkultes Israels

10 1 Ein üppiger Weinstock war
Israel, es brachte viel Frucht, aber
je mehr es Früchte trug, desto mehr
baute es Altäre, und je besser es dem
Lande ging, desto prächtiger mach-
te es die Malsteine. 2 Ihr Herz war
geteilt, nun müssen sie dafür
büßen. Er selbst wird ihre Altäre zer-
trümmern, ihre Malsteine zerschlagen.
3 Dann werden sie sagen: „Wir haben
keinen König mehr, denn wir haben
Jahwe nicht gefürchtet." Und der
König, was soll der für uns tun?
4 Worte über Worte, falsche Eide,
Bündnisse! Aber es schießt wie ein
Giftkraut empor das Recht in den
Furchen des Ackers.

5 Um das Kalb von Bet-Awen ban-
gen die Bewohner von Samaria, ja es
trauert darum sein Volk, seine Pfaffen
klagen um seine Pracht, denn sie wird
ihm entführt. 6 Auch es selbst wird
man nach Assyrien bringen als Ge-
schenk für den Großkönig. Und
Schmach trägt Ephraim davon und
Schande Israel ob seines Götzen.
7 Vernichtet wird Samaria, sein König
ist wie Spreu auf dem Wasser. 8 Ver-
wüstet werden die Höhen des Götzen-
dienstes, die Sünde Israels. Dornen und
Disteln werden auf ihren Altären
emporschießen. Da wird man zu den
Bergen sagen: „Bedecket uns!" Und
zu den Hügeln: „Fallet über uns!"

Gegen Gibea

9 Seit den Tagen von Gibea hast
du gesündigt, Israel. Dabei sind sie
geblieben. Doch erreichte nicht in
Gibea der Krieg die Ruchlosen? 10 Ich
bin gekommen, um sie zu züchtigen.
Völker werden gegen sie versammelt,
um sie zu strafen wegen ihrer Doppel-
schuld.

Drohungen und Ruf zur Umkehr

11 Ephraim ist ein zahmes Rind,
geübt im Dreschen. Ich lege auf seinen
schönen Nacken das Joch, ich spanne
Ephraim ein, und Israel pflügt, und
Jakob zieht die Egge. 12 Säet euch
Gerechtigkeit, erntet Liebe, schafft
euch Neuland! Es ist Zeit, Jahwe zu
suchen, bis er kommt und über euch
Gerechtigkeit ausgießt.

Es ist aus

13 Warum habt ihr Gottlosigkeit
eingepflügt, Unrecht geerntet, die
Frucht der Lüge verzehrt? Weil du
auf deine Wagen vertrautest und auf
die Menge deiner Krieger, 14 so wird
sich Kriegsgeschrei in deinen Städten
erheben, und alle deine Festungen

→101 *es brachte viel* Korr.; M: „es legte hin".
→102 *geteilt* Korr.; M: „glatt".Ihr Herz war geteilt zwischen Jahwe und den Baalen oder zwischen Ägypten und Assyrien.
→104 *Worte über Worte* Korr.; M: „Sie reden Worte".
→104 *wie ein Giftkraut* Unter den Königen Israels wird das Recht zum Giftkraut; vgl. Am 612.
→105 *das Kalb* G, S; M: „die Kälber".
→105 *es trauert* Korr.; M: „sie jubeln".
→106 *für den Großkönig* Korr.; M: „für den König Jareb" oder „für den Rächerkönig", vgl. 514+.
→106 *ob seines Götzen* Korr.; M: „an seinem Plan".
→107 *sein König* D. h. das „Kalb".
→107 *wie Spreu* Oder: „wie Schaum".
→109 Korr. am Versende. Schwer verständlicher Text. Andere sehen hier eine Anspielung auf die Bestrafung der Benjaminiten, Ri 20.
→1010 *Ich komme* Korr.; M: „In meinem Verlangen".
→1010 *zu strafen* Korr.; M: „zu binden".
→1010 *Doppelschuld* Vielleicht handelt es sich um das Königtum (das in Mizpa bei Gibea ausgerufen wurde, 1 Sm 1023–24) und um das Verbrechen von Ri 19; vielleicht auch nur um das Verbrechen von Gibea, wobei dann „doppelt" soviel wie „unermeßlich, unerhört" bedeuten würde.
→1011 *Ich lege . . . das Joch* (Wörtlich: ich lasse daruntergehen) Korr.; M: „Ich gehe hin".
→1011 *Israel* Korr.; M: „Juda".
→1012 *Gerechtigkeit* Im religiösen Sinne: Gleichförmigkeit mit dem Willen Gottes, wie er in der Bundesweisung zum Ausdruck kommt, 812.
→1013 *Warum habt ihr* G; M: „Ihr habt".
→1013 *auf deine Wagen* G; M: „auf deinen Weg".
→1014 *in deinen Städten* Korr.; M: „in deinen Völkern".
→1014 *Schalman* Wahrscheinlich der Moabiterkönig Salamanu, ein Zeitgenosse von Tiglatpileser III. (745–727 v. Chr.), bei einem Einfall in Gilead, wo Bet-Arbel oder Irbid lag.
→1014 *über den Kindern* Oder: „mit den Kindern". Solche Greueltaten gehörten damals zur Eroberung der Städte, vgl. 141; 2 Kg 812; Js 1316; Nah 310; Ps 1379.

werden verwüstet werden, wie Schal-
man Bet-Arbel verwüstete am Tage
der Schlacht, als die Mutter zerschmet-
tert wurde über den Kindern. 15 Eben-
so will ich euch tun, Haus Israel, ange-
sichts eurer großen Bosheit. Im Sturm
verschwindet auf immer der König
von Israel.

Jahwe wird seine verkannte Liebe rächen

11 1 Als Israel jung war, gewann
ich es lieb, und aus Ägypten
rief ich meinen Sohn. 2 Aber je mehr ich
sie rief, desto mehr wandten sie sich
von mir ab; sie opferten den Baalen,
den Götzenbildern brachten sie Rauch-
opfer dar. 3 Und doch habe ich
Ephraim das Gehen gelehrt, habe es
auf meine Arme genommen, aber sie
erkannten nicht, daß ich sie hegte.
4 Mit Banden der Güte zog ich sie, mit
Seilen der Liebe; ich war wie einer, der
einen Säugling an seine Wange hebt.
Ich beugte mich zu ihm und gab ihm
zu essen. 5 Zum Lande Ägypten wird
es zurückkehren, und Assur wird sein
König sein, weil sie sich nicht bekehren
wollten. 6 Das Schwert wird wüten in
seinen Städten und vertilgen seine
Kinder, es wird fressen in seinen
Burgen.

Aber die Liebe wird stärker sein

7 Aber mein Volk ist krank an
seinem Abfall, zum Baal rufen sie, doch
der hebt sie nicht auf. 8 Wie könnte
ich von dir lassen, Ephraim, dich
preisgeben, Israel? Wie könnte ich
von dir lassen gleich Adma, dich
gleichstellen Zebojim? Mein Herz
kehrt sich um in mir, und zugleich regt
sich mein Mitleid. 9 Nicht will ich
tun, was die Glut meines Zornes mir
eingibt, nicht Ephraim wieder ver-
derben. Denn Gott bin ich und nicht
ein Mensch, heilig in deiner Mitte,
ich liebe es nicht, zu verderben.

Die Rückkehr aus der Verbannung

10 Sie werden Jahwe folgen. Wie
ein Löwe wird er brüllen, ja er wird
brüllen, es eilen herbei die Kinder
von Westen. 11 Wie Vögel, so eilen sie
herbei aus Ägypten, wie Tauben vom
Lande Assur, und ich lasse sie wohnen
in ihren Häusern, spricht Jahwe.

Religiöse und politische Verkehrung Israels

12 1 Mit Lüge hat mich Ephraim
umgeben, mit Trug das Haus
Israel. [Aber Juda – Gott kennt es noch,
und man nennt es das Volk des Heili-
gen.] 2 Ephraim weidet den Wind, alle-

→1015 *will ich euch tun* Korr.; M: „hat (Betel) euch getan".
→1015 *Haus Israel* G; M: „Betel".
→1015 *Im Sturm* Korr.; M: „Beim Morgenrot".
→111–11 Dieses Kapitel über die Liebe Jahwes zu Israel ist mit 24–25 verwandt, nur handelt es sich hier nicht um eine geliebte, untreu gewordene Ehefrau, sondern um ein zärtlich umsorgtes und undankbar gewordenes Kind (zur Verbindung beider Themen vgl. Jr 319–20).
→111 *Als Israel jung war* Für Hosea beginnt Israels eigentliche Geschichte mit dem Auszug aus Ägypten. Der ganze Abschnitt beschreibt das goldene Zeitalter des Wüstenaufenthaltes, vgl. 216+. Von den Patriarchenerzählungen scheint Hosea nur negative Züge gekannt – oder aufgenommen – zu haben, 124–5.13.
→111 *meinen Sohn* M; G: „meine Söhne".
→112 *je mehr ich sie rief* G; M: „sie riefen sie".
→112 *von mir* G; M: „von ihnen".
→113 *habe es auf meine Arme genommen* T, S, teilweise G; M verderbt.
→114 *zog ich sie* Nicht mehr das Bild des Vaters, der sich zärtlich seinem Kinde zuneigt, sondern des Bauern, der mit seinen Tieren liebevoll, „menschlich" umgeht.
→114 *Mit Banden der Güte* Wörtlich: „Mit menschlichen Stricken", d. h. voller Menschlichkeit.
→114 *einen Säugling* Korr.; M: „ein Joch".
→114 *und gab ihm zu essen* Korr.; M: „und gab zu essen. Nicht".
→116 *seine Kinder* Korr.
→116 *in seinen Burgen* Korr.; M: „wegen ihrer Pläne".
→117 *ist krank an seinem Abfall* Korr.; M: „hält fest am Abfall von mir".
→117 *zum Baal rufen sie, doch* Korr.; M: „droben rufen sie sie, insgesamt".
→118 *Adma ... Zebojim* Zwei der fünf Städte der Pentapolis, Gn 1019; 142.8; Dt 2922, die wahrscheinlich in der elohistischen Überlieferung an die Stelle von Sodom und Gomorra der jahwistischen Überlieferung traten, Js 19–10.
→119 *ich liebe es nicht zu verderben* Korr.; M: „ich komme nicht in eine Stadt".
→121–15 Schwer verständliches Kapitel, in dem Anspielungen auf zeitgenössische Begebenheiten und Erinnerungen an gewisse Episoden der Patriarchengeschichte ineinandergehen. Für Hosea lasten die Vergehen Jakobs in der Vergangenheit noch auf der Generation der Gegenwart.
→121 *Aber Juda – Gott kennt es noch, und man nennt es das Volk des Heiligen* G; M: „Juda ist zügellos (?) gegenüber Gott und gegenüber dem Heiligen (?), der getreu ist (?)". Späterer Zusatz.
→122 *weidet* Oder: „verkehrt mit, handelt mit".
→122 *Ostwind* Glutheißer Wind, hier Sinnbild für den assyrischen Ansturm, vgl. 1315; Jr 1817; Ez 1710.
→122 *Lüge* G; M: „Gewalttat".

zeit jagt es dem Ostwind nach. Es mehrt
Lüge und Gewalttat; es schließt Bünd-
nis mit Assyrien und bringt Öl nach
Ägypten.

Gegen Jakob

3 Einen Rechtsstreit hat Jahwe mit
Israel. Er wird Jakob zur Rechenschaft
ziehen gemäß seinem Wandel, nach
seinen Taten wird er ihm vergelten.
4 Im Mutterschoß hielt er die Ferse
seines Bruders, in seiner Manneskraft
kämpfte er mit Gott. 5 Er kämpfte
mit dem Engel und blieb Sieger, er
weinte und flehte ihn an. Zu Betel
fand er ihn, und dort redete er mit
ihm, 6 Jahwe, der Gott Zebaot, Jahwe
ist sein Name. 7 Du aber kehre zurück
zu deinem Gott, halte auf Liebe und
Recht und hoffe allzeit auf deinen Gott.

Israels Habsucht und Bestrafung

8 In Kanaans Hand ist falsche
Waage, es liebt den Betrug. 9 Aber
Ephraim spricht: „Ich wurde reich
und habe mir Vermögen erworben."
Aber nichts wird ihm bleiben von
allem Gewinn wegen der Sünde, durch
die er schuldig geworden.

Ausblick auf Versöhnung

10 Doch ich bin Jahwe, dein Gott,
vom Lande Ägypten her; ich lasse
dich wieder in Zelten wohnen wie in
den Tagen der Begegnung. 11 Ich
will zu den Propheten reden, ich werde
viele Gesichte geben, und durch die
Propheten werde ich töten.

Erneute Drohungen

12 In Gilead ist Frevel, nur Trug
sind sie geworden; in Gilgal opfert
man Stieren; darum sollen ihre
Altäre wie Steinhaufen werden an den
Furchen des Feldes.

Gegen Jakob und Ephraim

13 Und Jakob floh in das Gebiet
von Aram, und Israel diente um ein
Weib, um ein Weib hütete er. 14 Aber
durch einen Propheten führte Jahwe
Israel aus Ägypten, durch einen
Propheten ward es behütet. 15 Ephra-
im hat ihn bitter gekränkt; seine
Blutschuld wird darauf werfen und
seine Schuld ihm vergelten der Herr.

Strafe für den Götzendienst

13 1 Wenn Ephraim sprach, erhob
sich Schrecken, es war angesehen
in Israel, aber es geriet in Schuld durch
den Baal und kam um. 2 Und immer
noch fahren sie fort zu sündigen und
machen sich aus ihrem Silber gegos-
sene Bilder in Form von Götzen, lau-
ter Arbeit von Handwerkern. „Opfert
ihnen", so sagen sie. Es küssen die
Menschen die Kälber. 3 Darum wer-
den sie sein wie das Gewölk am Mor-
gen, wie der Tau, der schnell vergeht,
wie Spreu, die von der Tenne fliegt, wie
Rauch, der durch das Fenster zieht.

→12 3 *Israel* Korr.; M: „Juda".
→12 4 Anmaßung und Stolz. Jakob, ein Sünder vom Mutterschoß an, sündigt im Mannesalter weiter. Die Begebenheiten des Lebens Jakobs werden von Hosea, hier und v. 13–14, in üblem Sinne verstanden.
→12 5 *er weinte und flehte ihn an* Gn 32 24–28 sagt über dieses Weinen und Flehen Jakobs, in dem Hosea wahrscheinlich nur eine List sieht, nichts.
→12 5 *mit ihm* Korr.; M: „mit uns".
→12 7 Weniger eine Mahnung Gottes an Jakob als eine Warnung an die Zeitgenossen des Propheten.
→12 8 *In Kanaans Hand* „Kanaan" ist hier verächtliche Bezeichnung für Israel, das sich durch den Händlergeist der Völker, die es verdrängte, anstecken ließ. „Kanaanäer" ist übliche Bezeichnung für Händler.
→12 8 *es liebt den Betrug* Korr.; M: „es liebt zu unterdrücken".
→12 9 *Aber nichts ... geworden* Korr. nach G.
→12 10 *in den Tagen der Begegnung* Während des Aufenthaltes am Sinai, wo Gott seinem Volk „begegnet" ist, Ex 5 3, 19 9.17; 33 17; Dt 9 10; 18 16.
→12 11 *Ich will ... reden, ich werde ... geben* Oder: „Ich habe ... geredet, ich habe ... gegeben".
→12 11 *zu den Propheten* G; M: „über (oder: gegen) die Propheten".
→12 11 *Gesichte* Propheten und Gesichte sind ein Zeichen der Huld Jahwes, Dt 18 9–22; Ps 74 9; Klgl 2 9; Nm 12 2–8; Ex 33 11.
→12 11 *durch die Propheten werde ich töten* Wie es durch Elija geschah, 1 Kg 18 40; vgl. auch Hos 6 5; Jr 1 10; Js 6 9–13; Ez 3 17–20 usw. Andere Übersetzung: „in Gleichnissen werde ich reden (oder: habe ich geredet)".
→12 12 *In Gilead* Korr.; M: „Wenn Gilead".
→12 12 *Stieren* Korr.; M: „Stiere".
→13 1 *sprach* M; G: „Weisungen gab".
→13 1 *es war angesehen* (Wörtlich: es war hochgehoben) Korr.; M: „es hob hoch". Zur alten politischen Bedeutung Ephraims vgl. Jos 24 30; Ri 8 1–3; 12 1–6. Manche denken hier (entsprechend der Lesart von G) an einen religiösen Vorrang, dessen Spuren auch in Ex 33 11 (Rolle des Ephraimiten Josua) und 1 Sm 1–4 (die Lade zu Schilo in Ephraim) zu finden seien.
→13 2 *Opfert* Korr.; M: „Opfernde".
→13 2 *Es küssen die Menschen die Kälber* Zum Zeichen der Anbetung.
→13 3 *auffliegt* Korr.; M: „auffliegen läßt".

Strafe für die Undankbarkeit

4 Ich aber, Jahwe, bin dein Gott
vom Lande Ägypten her, und einen
Gott außer mir kennst du nicht, und
einen anderen Retter gibt es nicht.
5 Ich weidete in der Wüste, im Lande
der Dürre. 6 Ich weidete sie, und sie
wurden satt; satt geworden, wurde ihr
Herz hochmütig, darum vergaßen sie
mich. 7 So werde ich für sie wie ein
Löwe sein, wie ein Panther werde ich
am Wege lauern. 8 Ich will sie an-
fallen wie die Bärin, die der Jungen
beraubt ist, ich will zerreißen, was ihr
Herz verschloß. Dort sollen die Hunde
sie fressen, das Wild des Feldes sie
zerfleischen.

Ende des Königtums

9 Verderben bring' ich über dich,
Israel. Wer wird dir helfen? 10 Wo ist
dann dein König, daß er dir helfe?
Wo sind deine Führer, daß sie dich
schützen? Von ihnen sagtest du
ja: „Gib mir König und Fürsten!"
11 Ich gab dir einen König in meinem
Zorn und nehme ihn in meinem
Grimm.

Unvermeidlicher Untergang

12 Gebunden ist Ephraims Schuld,
geborgen seine Sünde. 13 Es wird von
Geburtswehen befallen, doch es ist ein
unverständiges Kind; seine Zeit ist
da, aber es tritt nicht in den Mutter-
mund. 14 Aus der Gewalt der Scheol
will ich sie erlösen, vom Tode sie be-
freien. Wo sind deine Seuchen, o Tod?
Wo deine Pest, Scheol? Die Reue wird
vor meinen Augen sich verbergen.
15 Mag Ephraim auch aufwachen im
Schilfgewächs, es kommt der Ostwind,
der Odem Jahwes, von der Wüste
steigt er auf. Er trocknet aus seine
Quellen und läßt versiegen seinen
Born. Er verwüstet sein Land und all
sein Geschmeide.

14 1 Büßen muß Samaria, es hat sich
gegen seinen Gott empört. Sie
werden fallen durch das Schwert, ihre
Säuglinge werden zerschmettert, ihre
Schwangeren aufgeschlitzt.

III. ISRAELS BEKEHRUNG UND BEGNADIGUNG. ZUKUNFTSSCHAU

Israels wirkliche Bekehrung zu Jahwe

2 Kehre um, Israel, zu Jahwe, dei-
nem Gott; denn durch deine Schuld
bist du gestrauchelt. 3 Nehmt mit euch
Worte und kehret um zu Jahwe und
saget ihm: „Nimm alle Schuld hinweg,
auf daß wir Gutes empfangen und mit
der Frucht unserer Lippen wieder-
erstatten! 4 Assur soll uns nicht mehr
helfen, auf Rossen wollen wir nicht

→134 *Ich aber, Jahwe, bin dein Gott vom Lande Ägypten her* M; G: „Ich bin der Herr, dein Gott, der den Himmel befestigt und die Erde gegründet; meine Hände haben das ganze Himmelsheer geschaffen, und ich habe es dir nicht gezeigt, damit du ihm nachfolgst. Ich bin es, der dich aus dem Lande Ägypten herausführte." – Bei der Aufstellung der Stierbilder von Dan und Betel hatte Jerobeam zum Volke gesprochen: „Siehe, Israel, das da ist dein Gott, der dich aus dem Ägypterland herausgeführt hat", 1 Kg 1228.
→135 *Ich weidete dich* G; M: „Ich erkannte dich", vgl. Am 32.
→136 *Ich weidete sie, und* Korr.; M: „Gemäß ihrer Weide".
→137 *werde ich . . . sein* G; M: „bin ich . . . gewesen".
→138 *Dort sollen die Hunde sie fressen* Korr.; M: „Dort werde ich sie fressen wie ein Löwe".
→139 *Verderben bring' ich über dich* Korr.
→139 *Wer wird dir helfen* Korr.; M: „denn in mir für deine Hilfe".
→1310 *Wo* Korr.; M: „Ich werde sein".
→1310 *dein König* Vielleicht ironische Anspielung auf den König Hoschea (732–724), dessen Name „Jahwe hilft" bedeutet.
→1310 *deine Führer, daß sie dich schützen* Korr.; M: „und in allen deinen Städten deine Führer".
→1313 *seine Zeit ist da* Korr.; M: „denn Zeit". Wahrscheinlich sprichwörtlicher Ausdruck für eine verzweifelte Situation.
→1314 *Wo sind . . . Wo* Korr.; M: „Ich werde sein . . . Ich werde sein". Hosea denkt an das Weiterleben des Volkes, Paulus wird diese Stelle auf die Auferstehung des einzelnen Menschen beziehen.
→1315 Korr., vgl. G.
→141 *ihre Schwangeren* Korr.; M: „deine Schwangeren".
→142–10 Drohungen sind nicht das letzte Wort des Propheten, vgl. bereits 216–25; 35; 118–11; 1210. In der Form einer Liturgie echter Buße, ein Gegenstück zu 61–6, verheißt er das endgültige Heil.
→143 *Nehmt mit euch Worte* Worte aufrichtiger Reue (im Unterschied zu 61–3) und nicht Opfer, 66.
→143 *auf daß wir . . . empfangen* Korr.; M: „und nimm".
→143 *mit der Frucht* G, S; M: „mit Stieren".
→144 *auf Rossen . . . reiten* Bedeutet hier vielleicht soviel wie: mit Ägypten Bündnis schließen, vgl. Js 311.

mehr reiten, auch nicht mehr sagen
‚Unser Gott' zu dem Gebilde unserer
Hände. Bei dir allein findet die Waise
Erbarmen." 5 Ich will ihren Abfall
heilen, ihnen meine Liebe schenken,
denn mein Zorn hat sich von ihnen
gewandt. 6 Ich will für Israel sein wie
der Tau, wie die Lilie soll es blühen
und Wurzeln schlagen wie eine Pappel.
7 Seine Schößlinge sollen sich aus-
breiten, seine Pracht soll sein wie die
Pracht des Ölbaumes, sein Duft wie
der Duft des Libanon. 8 Sie sollen
zurückkehren, in meinem Schatten
wohnen, Getreide bauen und den
Weinstock pflegen, dessen Ruhm Hel-
bons Wein gleichkommt. 9 Ephraim,
was hat es fortan mit Götzen zu
schaffen? Ich habe es erhört und an-
gesehen. Ich bin wie eine grüne Zy-
presse, von mir rührt her deine Frucht.

Abschließende Mahnung

10 Der Weise begreife diese Worte!
Der Einsichtige verstehe sie! Denn
Jahwes Wege sind gerade; die Gerech-
ten wandern darauf, aber die Sünder
kommen auf ihnen zu Fall.

→146 *wie eine Pappel* Korr.; M: „wie der Libanon".
→148 *in meinem Schatten wohnen* Korr.; M: „die Bewohner seines Schattens".
→148 *den Weinstock pflegen* Korr.; M: „(sie sollen) wie der Weinstock blühen".
→148 *Helbonswein* Korr. nach Ez 2718; M: „Libanonwein".
→149 *was hat es* Korr.; M: „was habe ich".
→149 *Zypresse* Die Zypresse galt als Lebensbaum schlechthin.
→149 *Frucht* Wortspiel zwischen der Wurzel *para* „Frucht bringen" und dem Namen *Ephraim*.
→1410 Späterer Zusatz in der Form eines Weisheitsspruches.

Das Buch Joel

1 1 Wort Jahwes, das erging an Joel, den Sohn des Petuel.

I. DIE HEUSCHRECKENPLAGE

1. TRAUER- UND BITTLITURGIE

A. Klage über die Verwüstung des Landes

1 2 Höret dies, ihr Ältesten, und horchet auf, all ihr Bewohner des Landes! Ist solches je geschehen in euren Tagen oder in den Tagen eurer Väter?
3 Erzählen sollt ihr davon euren Kindern, und eure Kinder wieder ihren Kindern, und deren Kinder dem künftigen Geschlecht!

4 Was der Schäler übrigließ, das fraß die Heuschrecke, was die Heuschrecke übrigließ, das fraß der Springer, was der Springer übrigließ, das fraß der Grasfresser.

5 Wachet auf, die ihr trunken seid, und weinet! Wehklaget alle, ihr Weintrinker, daß der Most eurem Munde entzogen ward.
6 Denn ein Volk ist eingefallen in mein Land, stark und ungezählt. Seine Zähne sind wie Zähne eines Löwen, ein Gebiß hat es wie eine Löwin.
7 Meinen Weinstock hat es verwüstet, meinen Feigenbaum hat es vernichtet. Es hat ihn abgeschält und zu Boden geworfen; weiß wurden seine Ranken.

8 Klage wie eine Jungfrau, die im Sackgewand trauert um den Bräutigam ihrer Jugend!
9 Verschwunden sind Speiseopfer und Trankopfer aus dem Hause Jahwes, es trauern die Priester, die Diener Jahwes.
10 Verwüstet ist das Feld, es trauert der Acker, denn vernichtet ist das Korn, vertrocknet der Most, versiegt das Öl.

11 Seid bestürzt, ihr Bauern, wehklagt, ihr Winzer, um Weizen und Gerste, denn die Ernte des Feldes ist dahin.
12 Verdorrt ist der Weinstock, verwelkt der Feigenbaum, Granate, Dattelpalme und Apfelbaum, verdorrt alle Bäume des Feldes; alle Freude der Menschenkinder ist geschwunden.

B. Aufruf zur Buße und zum Gebet

13 Umgürtet euch mit dem Sack und wehklagt, ihr Priester, jammert, ihr Diener des Altares! Kommt, bringt die Nacht im Sackgewand zu, ihr Diener meines Gottes, denn versagt ist dem Hause eures Gottes Speiseopfer und Trankopfer.
14 Verordnet ein heiliges Fasten, beruft die Versammlung, versammelt, ihr Ältesten, alle Bewohner des Landes zum Hause Jahwes, eures Gottes, und schreiet zu Jahwe:

→1 1 *Petuel* M; G, L, S: „Batuel".
→1 4 Es handelt sich um einen Einfall von Heuschrecken. Sie werden hier mit vier Ausdrücken bezeichnet; der gebräuchlichste Ausdruck für Heuschrecke im allgemeinen ist *'arbe* „der Zerstörer". Die Bedeutung der anderen drei ist umstritten. Sie bezeichnen entweder verschiedene Arten von Heuschrecken oder wahrscheinlicher die verschiedenen Entwicklungsstufen des Insekts: Larve (*jeleq* „der Springer"), Puppe (*chasil* „der Grasfresser") und das junge Insekt (*gasam* „der Schäler").
→1 7 *Es hat ihn abgeschält und zu Boden geworfen* Korr.
→1 8 *Klage* Der Prophet wendet sich an die Gemeinde.
→1 8 *im Sackgewand* Kleidung der Trauer und Buße. Vgl. 2 Sm 3 11; Am 8 10; 1 Kg 21 31; Jr 4 8; 6 26; 49 3; Klgl 2 10; Ez 7 18; 27 31 u. ö.
→1 9 Die täglichen Speiseopfer, vgl. Lv 2, und Trankopfer bestanden aus Erzeugnissen des Landes: Mehl, Wein, Öl, vgl. Ex 29 38–42; Nm 28 3–8.
→1 13 *Kommt* In den Tempel, vgl. 2 17.
→1 14 *Verordnet* Wörtlich: Heiligt. Dieselben Aufrufe zu Buße und Gebet in 2 12–13.15–17; vgl. Jon 3 5–9. Das Interesse Joels an solchen religiösen Veranstaltungen wie am Bereich des Kultes, 1 9.13.16; 2 14, steht in starkem Gegensatz zur Einstellung des Amos, Hosea, Micha, Jeremia, vgl. Am 5 21+. Joel denkt freilich auch an die Umkehr des Herzens, 2 13.

15 „Ach! Welch ein Tag! Denn er ist
nahe, der Tag Jahwes, und wie eine
Verwüstung von Schaddai kommt er.“
16 Ist nicht vor unseren Augen die
Speise genommen, aus dem Hause
unseres Gottes Freude und Jubel?
17 Geschrumpft sind die Saatkörner
unter ihren Schollen, verödet sind die
Speicher, verfallen die Scheunen, denn
die Ernte versagte. 18 Wie schreit doch
das Vieh und sind verstört die Rin-
derherden, weil sie keine Weide
haben, auch die Schafherden tragen
die Strafe.
19 Zu dir, o Jahwe, rufe ich, denn
Feuer verzehrte die Auen der Trift,
und lohende Flamme versengte alle
Bäume des Feldes. 20 Selbst die
Tiere des Feldes lechzen nach dir,
denn die Wasserbäche sind ausge-
trocknet, und Feuer hat die Auen der
Trift verzehrt.

C. Der Tag Jahwes und das gegenwärtige Unglück

Das Alarmzeichen für den Tag Jahwes

2 1 Stoßt in das Horn auf Zion, blast
die Trompete auf meinem heiligen
Berg! Es sollen zittern alle Bewohner
des Landes, denn es kommt der Tag
des Herrn, ja nahe ist er.
2 Ein Tag ist's der Finsternis und
des Dunkels, ein Tag der Wolken und
Wetter. Wie Morgenrot breitet sich
auf den Bergen ein Volk, groß und
stark, wie es vordem keines gegeben
hat und nach ihm keines mehr geben
wird bis zu den fernsten Geschlech-
tern.

Das einfallende Heer

3 Vor ihm her frißt Feuer, und
hinter ihm züngelt die Flamme. Wie
ein Garten Eden war das Land, ehe
es kam, wie eine öde Wüste war es,
als es ging; vor ihm gibt es kein Ent-
rinnen. 4 Sie sehen aus wie Pferde, wie
schnelle Rosse jagen sie dahin. 5 Ras-
selnd wie Kriegswagen hüpfen sie
über die Gipfel der Berge, prasselnd
wie Feuerflammen, die Stoppeln ver-
zehren, wie ein mächtiges Volk, das
zum Kampfe gerüstet ist.
6 Vor ihm erbeben die Völker, daß
alle Gesichter sich verfärben. 7 Gleich
Helden stürzen sie heran, gleich
Kriegern erstürmen sie die Mauer.
Ein jeder geht seinen Weg, keiner ver-
läßt seinen Pfad. 8 Keiner stößt seinen
Nebenmann, ein jeder zieht seine
Bahn. Zwischen den Geschossen hin-
durch stürzen sie vor und halten nicht
ein. 9 Sie stürmen die Stadt, erklettern
die Mauer und dringen ein in die Häu-
ser, durch die Fenster steigen sie ein
wie Diebe.

Vision vom Tag Jahwes

10 Vor ihnen erzittert die Erde, er-
beben die Himmel, Sonne und Mond
verfinstern sich, die Sterne ziehen ein
ihren Glanz. 11 Jahwe läßt seine
Stimme erschallen vor seinem Heere
her, denn gar groß sind seine Scharen,

→1 15 *Schaddai* Wortspiel zwischen *schod* „Verwüstung“ und dem Gottesnamen *Schaddai*, vgl. Gn 17 1+. Die Heuschrekkenplage ist Vorbote des „Tages Jahwes“, eines Tages voller Schrecken, vgl. 2 1–2.11; Am 5 18+, auch wenn er nach dem Zusammenhang von Joel 3–4, vgl. Ob 15, den schließlichen Triumph Israels bringt.

→1 17 *Geschrumpft sind die Saatkörner unter ihren Schollen* Übersetzung und Bedeutung unsicher. In v. 17–20 wird das Thema der Dürre entfaltet, vgl. 1 12; 2 3.

→1 18 *sind verstört* Die Bedeutung des hebräischen Wortes ist unsicher.

→1 19 Feuer, vgl. 2 3, und Flamme sind Bilder für die Dürre, vgl. Am 7 4.

→2 1–11 Die Beschreibung der Heuschrekkenplage im Zusammenhang mit dem Tag Jahwes, 1 15, wird fortgesetzt.

→2 1 *Stoßt in das Horn* Als Warnung vor drohender Gefahr, Am 3 6; Hos 5 8; Ez 33 3.6, verkündet das Blasen der Posaune oder des Hornes Israels Bestrafung, Js 18 3; Hos 8 1; Jr 4 5; 6 1, und die Ankunft des Tages des Zornes, Joel 2 1; Zeph 1 16, vgl. Apk 8 6 – 9 21. Es dient auch zur Einberufung der Kultversammlungen, Nm 10 2–10; Joel 2 15; so wird die Posaune auch das Signal geben zur großen Versammlung der Erwählten am Jüngsten Tage, Js 27 13; 1 Thess 4 16–17; 1 Kor 15 52.

→2 2 Die Bilder, v. 2A.B, passen zum Herannahen der Heuschreckenschwärme, die den Himmel verdunkeln, vgl. Apk 9 2. Das Morgenrot, v. 2C, läßt entweder an die Plötzlichkeit des Hereinbrechens oder an den rötlichen Widerschein der Heuschrekkenschwärme im Sonnenlicht denken.

→2 2 *Wie Morgenrot breitet sich (ein Volk)* G; M: „Wie das Morgenrot ausgebreitet ist“.

→2 4 *wie Pferde* Der Vergleich von Heuschrecken mit Pferden ist üblich. Er wird hier ausgeführt, v. 4–9, und beschreibt in einem apokalyptischen Zusammenhang, daß die Heuschrecken anstürmen wie ein hereinbrechendes Heer, vgl. Nah 2 4–7.11; 3 2–3.15–17.

→2 7 *verläßt* G, V; M: „kommt dazwischen“.

→2 10 *Vor ihnen* Vor dem erobernden Volk.

→2 10 Solche kosmischen Erscheinungen sind charakteristisch für den Tag Jahwes, vgl. Am 8 9+.

→2 11 *seine Stimme* Der Donner, vgl. 4 16; Ex 19 16+; Am 1 2; Ps 18 14; 29 3–9; Ib 37 4. „Seine Scharen“ sind die Heuschrecken.

und mächtig, die seinen Willen voll-
strecken, denn groß ist der Tag Jah-
wes und gar furchtbar. Wer wird ihn
aushalten?

D. Aufruf zur Buße

12 „Auch jetzt noch“ – spricht
Jahwe – „kehret zurück zu mir mit
eurem ganzen Herzen, mit Fasten und
Weinen und Wehklagen.“ 13 Zerreißt
eure Herzen und nicht eure Kleider,
und bekehret euch zu Jahwe, eurem
Gott, denn er ist gnädig und barm-
herzig, langmütig und reich an Güte;
er hat am Bösen keine Freude. 14 Viel-
leicht gereut es ihn wieder, daß er
aufs neue Segen spendet, Speise-
opfer und Trankopfer für Jahwe,
euren Gott.

15 Stoßt in das Horn auf Zion, ver-
ordnet ein heiliges Fasten, beruft die
Versammlung ein, 16 versammelt das
Volk, heiligt die Gemeinde, holet die
Greise herbei, versammelt die Kinder
und Säuglinge! Es trete der Bräutigam
aus seiner Kammer, die Braut aus
ihrem Gemach! 17 Zwischen Vorhof
und Altar sollen weinen die Priester,
die Diener Jahwes, und rufen:
„Schone, Jahwe, deines Volkes und gib
dein Erbe nicht der Schande preis, daß
über sie die Heiden spotten! Warum
soll man unter den Völkern sagen:
Wo ist ihr Gott?“

2. JAHWES ANTWORT

18 Da geriet Jahwe in Eifer für sein
Land und schonte seines Volkes.

Ende der Geißel und Befreiung

19 Und Jahwe antwortete und
sprach zu seinem Volke: „Seht, ich
schicke euch Korn, Most und Öl, daß
ihr euch daran sättigen könnt, und ich
will euch nicht mehr der Schande unter
den Völkern preisgeben. 20 Den Feind
aus dem Norden will ich weit von euch
tun, ihn jagen in ein dürres, ödes Land,
seine Vorhut in das östliche Meer,
seine Nachhut in das westliche Meer,
daß sein Gestank aufsteige und sein
Modergeruch sich erhebe!“ [Denn er
hat so überheblich getan.]

Vision von überreicher Ernte

21 Fürchte dich nicht, du Acker,
frohlocke und freue dich! Denn Gro-
ßes vollbringt Jahwe.

22 Fürchtet nicht, ihr Tiere des
Feldes, denn es grünen die Anger der
Steppe, die Bäume tragen ihre Früchte,
Feigenbaum und Weinstock geben
ihren Ertrag.

23 Und ihr, Kinder Zions, froh-
locket und freuet euch in Jahwe, eurem
Gott. Denn er gibt euch den Herbst-
regen gemäß der Gerechtigkeit. Er
läßt euch Regen herabkommen,
Herbst- und Frühlingsregen, wie vor-
zeiten. 24 Die Tennen werden sich
füllen mit Getreide, die Kufen strömen
über von Most und Öl.

25 „Ich werde euch ersetzen, was
in den Jahren aufgezehrt haben die
Heuschrecke und der Springer, der
Grasfresser und der Schäler, mein
großes Heer, das ich wider euch
sandte.“

26 Und ihr werdet essen und satt
werden und den Namen Jahwes, eures
Gottes, preisen, der wunderbar an euch
gehandelt hat. [Und mein Volk wird
nimmermehr zuschanden werden.]

27 „Ihr werdet erkennen, daß ich
inmitten Israels bin, daß ich Jahwe,
euer Gott, bin und sonst keiner. Mein
Volk wird nimmermehr zuschanden
werden.“

→214 *daß er aufs neue Segen spendet* Erneuerung der Fruchtbarkeit des Landes, vgl. Dt 713–14; 1610.15.17 usw., ferner Hag 215–19, die eine Wiederaufnahme des Kultes ermöglicht, vgl. 19.

→215 *beruft* Wörtlich: „heiligt“, wie in v. 16, vgl. 114.

→217 *Zwischen Vorhof und Altar* D. h. im östlichen Vorhof des Heiligtums, vgl. 1 Kg 63; Ez 4048–49, zwischen der Vorhalle (Ulam) und dem großen Brandopferaltar, 1 Kg 864; 2 Chr 812. Die Priester beten in Richtung auf das Heiligtum.

→220 *Den Feind aus dem Norden* Das Heuschreckenheer, v. 1–11, wird hier mit dem Feind gleichgesetzt, der „von Norden kommt“, um Jahwes Gericht zu vollstrecken – ein klassisches Bild in der prophetischen Literatur, vgl. Jr 113–15+; Ez 267 usw.

→223 *Herbstregen gemäß der Gerechtigkeit* Unsicherer Text. „Gemäß der Gerechtigkeit“ (wörtlich: zur Gerechtigkeit) ist vielleicht erklärender Zusatz. Dem Volk voller Reue gibt Jahwe Regen „gemäß seiner Gerechtigkeit“, d. h. seiner Bundestreue dem Volke gegenüber; oder „im rechten Maß“ oder „im Hinblick auf die Gerechtigkeit“, d. h. als Zeichen dafür, daß das Volk wieder Gnade gefunden hat. V gab dieser Stelle eine messianische Deutung durch die Übersetzung: „Lehrer der Gerechtigkeit“, d. i. der Lehrer, der die Gerechtigkeit lehrt, vgl. Hos 1012 (M) und Jr 236; 3315. Der Ausdruck kommt dann auch in den Qumran-Texten vor als Bezeichnung für die Hauptgestalt der Sekte des Bundes.

→223 *wie vorzeiten* G, V; M: „im ersten (Monat?)“.

II. DIE NEUE ZEIT UND DER TAG JAHWES

1. DIE AUSGIESSUNG DES GEISTES

3 1 „Darnach werde ich ausgießen
meinen Geist über alles Fleisch, und
es werden weissagen eure Söhne und
eure Töchter; eure Ältesten werden
Träume haben und eure Jünglinge
Gesichte schauen. 2 Selbst über die
Knechte und Mägde werde ich aus-
gießen meinen Geist in jenen Tagen.
3 Und Zeichen werde ich geben am
Himmel und auf Erden: Blut und
Feuer und Rauchsäulen."
4 Die Sonne wird sich in Finsternis
wandeln und der Mond in Blut, bevor
der Tag Jahwes kommt, der große
und furchtbare. 5 Und jeder, der den
Namen Jahwes anruft, wird gerettet;
denn auf dem Berg Zion wird Rettung
sein, wie Jahwe gesprochen hat, und
in Jerusalem Entronnene, die Jahwe
ruft.

2. DAS GERICHT ÜBER DIE VÖLKER

Allgemeine Themen

4 1 „Denn siehe, in jenen Tagen
und zu jener Zeit, da ich wende
das Geschick Judas und Jerusalems,
2 da sammle ich alle Völker und führe
sie ins Tal Josaphat und rechte dort
mit ihnen ob meines Volkes und Erb-
teils Israel, daß sie es unter die Völker
zerstreut, mein Land in Stücke geris-
sen 3 und über mein Volk das Los
geworfen haben. Den Knaben gaben
sie hin für eine Dirne, und das Mäd-
chen gaben sie hin für Wein, um sich
zu betrinken."

Klagegründe gegen die Phönizier und Philister

4 „Was wollt ihr mir denn, Tyrus
und Sidon und all ihr Gaue der Phili-
ster? Wollt ihr Vergeltung an mir
üben? Mir etwas Böses antun? Gar
schnell lasse ich euer Tun auf eure
Häupter zurückfallen. 5 Habt ihr doch
mein Silber und mein Gold geraubt
und meine kostbarsten Kleinode in
eure Tempel gebracht. 6 Die Söhne
Judas und Jerusalems habt ihr den
Söhnen von Jawan verkauft, um sie
weit fortzutun von ihrer Heimat.
7 Siehe, ich stöbere sie auf an dem Ort,
wohin ihr sie verkauft habt, und lasse
euer Tun auf eure Häupter zurück-
fallen. 8 Eure Söhne und Töchter
liefere ich den Söhnen Judas aus,
die sie weiterverkaufen an die Sa-
bäer, ein fernes Volk. Jahwe hat es
gesagt."

→31–3 Die Weissagung, die nach V. 4–5 am Tage Jahwes in Erfüllung gehen wird, kündigt für diesen Tag die universale Ausgießung des Geistes an, vgl. Ez 3627+. Die Petrusrede, Apg 216–21+, zeigt im Pfingstwunder die Erstlinge dieser Geistgabe auf.
→31 *meinem Geist* M; G: „(einen Teil) von meinem Geist".
→32 *die Knechte* M; G, V: „meine Knechte", vgl. Apg 218.
→33 *Zeichen* Vorboten des Endgerichtes am Tage Jahwes, vgl. 115; 21–2.10 und Am 89+.
→35 *in Jerusalem* Umgestellt von V. 5B nach V. 5D.
→35 *Entronnene* Korr.; M: „unter den Entronnenen".
→41–21 *(Das Gericht über die Völker)* Die Wiederherstellung Israels schließt die Bestrafung der Völker ein, die ihm Unrecht angetan haben, vgl. Ob 15–21. Der Tag Jahwes betrifft nun die Feindvölker. Wie in den vorhergehenden Kapiteln sind hier Worte Jahwes, V. 1–8.12–13.17. (21A ?), und Worte des Propheten, V. 9–11.14–16.18–20. 21B, vermischt.
→41 *ich wende* M (Kere). Man könnte auch übersetzen: „wenn ich die Gefangenen von Juda und Jerusalem zurückkehren lasse".
→42 *Josaphat* „Jahwe richtet", vgl. V. 12; symbolischer Name für die Stätte, an der Jahwe mit den Völkern ins Gericht geht, vgl. Jr 2531; Js 6616, die in V. 14 auch „Tal der Entscheidung" heißt. Aufgrund von V. 16 (vgl. V. 11) dürfte es in der Nähe von Jerusalem zu suchen sein, ohne daß man es mit dem späteren „Tal Josaphats" (Kidrontal, südöstlich vom Tempel) gleichsetzen müßte, dessen Name erst im 4. Jahrhundert n. Chr. auftaucht.
→42 *Israel* Nicht das Nordreich, sondern das ganze Volk Jahwes nach 223.27; 41.
→42 *unter die Völker zerstreut* Anspielung auf die Wegführung ins Exil 597 und 586 v. Chr. und auf die Behandlung Jerusalems und des Landes durch die Chaldäer und bestimmte Nachbarvölker Judas, vgl. Ez 2123–37; 25; Ob 11–14, vgl. Nah 310.
→44–8 *(Klagegründe gegen die Phönizier und Philister)* Diese beiden Völker werden hier ausdrücklich der Plünderung, V. 5, und des Handelns mit jüdischen Sklaven (vielleicht im Zusammenhang mit den Ereignissen von 597 und 586 v. Chr.) angeklagt.
→44 *Gaue der Philister* M; G: „Galiläa der Fremden".
→44 *euer Tun auf eure Häupter zurückfallen* Nach dem Gesetz der Wiedervergeltung, Ex 2125+, das in V. 5–8 angewendet wird, vgl. Ob 15; Ps 715–17.
→46 *Jawan* D. h. Ionien, Bezeichnung für Griechenland.
→48 *Sabäer* Handelsvolk in Südarabien, vgl. Jr 620; Ib 619, ferner 1 Kg 101+.

Aufruf der Völker

9 Rufet es aus unter den Völkern,
verkündet den heiligen Krieg, wecket
die Helden! Es sollen anrücken und
heraufsteigen alle die Männer des
Krieges! 10 Schmiedet eure Pflug-
scharen um zu Schwertern und eure
Winzermesser zu Lanzen! Selbst der
Schwächling rufe: „Ein Held bin ich!"
11 Kommt eilends, ihr Völker alle
ringsum, und sammelt euch! [Führe
hinab, Jahwe, deine Krieger!]

12 „Die Völker mögen sich auf-
machen und hinaufziehen zum Tale
Josaphat! Denn dort will ich zu
Gericht sitzen über alle Völker rings-
um. 13 Legt an die Sichel, denn reif ist
die Ernte! Kommet und stampfet,
denn voll ist die Kelter! Es laufen
über die Kufen, denn groß ist ihre
Bosheit."

14 Scharen auf Scharen stehen im
Tal der Entscheidung, denn nahe ist
der Tag Jahwes im Tal der Entschei-
dung.

Der Tag Jahwes

15 Sonne und Mond verfinstern
sich, die Sterne verlieren ihren Glanz.
16 Und Jahwe läßt von Zion her sei-
nen Ruf erdröhnen, von Jerusalem
her erschallt seine Stimme, daß Himmel
und Erde erbeben.

Doch für sein Volk ist Jahwe eine Zuflucht und für die Kinder Israels eine feste Burg.

17 „Und ihr werdet erkennen, daß
ich Jahwe, euer Gott, bin, der auf
Zion wohnt, meinem heiligen Berg.
Und Jerusalem wird heilig sein, und
Fremde werden es nicht mehr betreten."

3. PARADIESISCHE ZEIT DER ERNEUERUNG ISRAELS

18 An jenem Tage werden triefen
die Berge von Most und die Hügel
überfließen von Milch, und alle Bäche
Judas werden voll Wasser sein. Ein
Quell wird ausgehen vom Hause
Jahwes und tränken das Akaziental.
19 Ägypten wird zur Wüste werden
und Edom zu einer dürren Einöde ob
des Verbrechens an den Söhnen Judas,
daß sie unschuldig Blut in ihrem Lande
vergossen haben. 20 Aber Juda wird
ewig bestehen und Jerusalem von Ge-
schlecht zu Geschlecht. 21 „Und ich
werde rächen ihr Blut und es nicht
ungerächt lassen." Jahwe wird wohnen
in Zion.

→49–14 Wiederaufnahme des Gerichtsthemas, v. 1–3. Die Völker, die Jahwe den Krieg erklären und gegen Zion ziehen, vgl. Sach 142; 123–4, werden dort im Tal der Entscheidung, v. 11–14, ihr Gericht und ihre endgültige Niederlage erfahren, v. 15–17.

→49 *verkündet den heiligen Krieg* Wörtlich: heiligt den Krieg; der Krieg ist ein heiliges Unternehmen, vgl. Js 133; Jr 64; 227.

→410 *Schmiedet ... zu Lanzen* Umkehrung der paradiesischen Verhältnisse, Js 24; 116+, die dann nach dem Gericht eintreten werden, v. 18.21.

→411 Korr. Der Sinn des letzten Versgliedes ist unsicher, wahrscheinlich erklärender Zusatz. Die „Krieger" des Himmelsheeres sind die Engel (die „Heiligen" in Sach 145).

→414 *Entscheidung* Der Ausdruck kann auch den Dreschschlitten bezeichnen, der, mit Spitzen versehen, zum Entkörnen des Getreides dient, vgl. Js 2827; 4115; Am 13. Das Bild liegt wegen der Ernte in v. 13 nahe; dann würde man übersetzen „Tal der Egge". Das gleiche Wort bezeichnet auch den Urteilsspruch, die Entscheidung, die eine Frage beendet.

→417 *heilig* Unantastbar, vgl. Jr 3140; Nah 21; Js 5123; 521; Ob 17; Sach 98; 1421.

→418 *Akazienta*l In diesem apokalyptischen Zusammenhang, wo von der Wiederherstellung und Erneuerung des Heiligen Landes die Rede ist, bleibt die Lage des Tales unsicher.

→421 Korr., wahrscheinlich erklärender Zusatz.

Das Buch Amos

Überschrift

1 1 Worte des Amos, eines Hirten von
Tekoa, welche er über Israel geschaut
hat in den Tagen Usijas, des Königs von
Juda, und in den Tagen Jerobeams, des
Sohnes des Joasch, des Königs von
Israel, zwei Jahre vor dem Erdbeben.

Einleitung

2 Und er sprach: Jahwe wird brüllen
von Zion her und von Jerusalem
erschallt seine Stimme. Und es wer-
den trauern die Triften der Hirten,
und verdorren wird der Gipfel des
Karmel.

I. GERICHT ÜBER DIE NACHBARVÖLKER ISRAELS UND ÜBER ISRAEL SELBST

Damaskus

3 So spricht Jahwe: Wegen drei
Vergehen von Damaskus, ja wegen
vier, widerrufe ich es nicht. Weil sie
Gilead gedroschen haben mit eisernen
Walzen, 4 werde ich Feuer werfen in
Hasaels Haus, daß es verzehre die
Paläste Ben-Hadads, 5 werde zer-
brechen die Riegel von Damaskus,
ausrotten, wer thront in Bikeat-Awen,
und den Stabhalter von Bet-Eden,
und Arams Volk wird nach Kir in die
Verbannung ziehen, spricht Jahwe.

Gasa und Pilistäa

6 So spricht Jahwe: Wegen drei
Vergehen von Gasa, ja wegen vier,
widerrufe ich es nicht. Weil sie ganze
Ortschaften zu Gefangenen gemacht,
um sie an Edom auszuliefern, 7 darum
werfe ich Feuer in die Mauern von
Gasa, daß es seine Paläste verzehre.

→11 *in den Tagen Jerobeams* Jerobeam II., König über Israel von 783–743 v. Chr.

→12 *von Zion her* Auf dem Zion hat Jahwe seine Wohnung aufgeschlagen, 2 Sm 59+. Es handelt sich um eine judäische Anmerkung. Das „Brüllen" erinnert an das Dröhnen des Donners, der Stimme Jahwes, Ex 1916+. Es ist die Ankündigung eines verheerenden Gewittersturmes oder wahrscheinlicher eines Gottesgerichtes, Js 3030, dem eine versengende Dürre vorausgehen wird, Am 74; 47–8.

→13 – 216 *(Gericht über die Nachbarvölker Israels und Israel selbst)* Hier sind Sprüche zusammengestellt, die zu verschiedenen Zeiten gegen sieben Völker verkündet wurden (dazu der Spruch gegen Juda, der nicht von Amos stammen dürfte). Die einzelnen Sprüche zeigen die gleiche Struktur und verwenden die gleichen stereotypen Formeln. Sie betonen die Gerechtigkeit Jahwes, der alle Ungerechtigkeit bei allen Völkern straft. Israel kommt an letzter Stelle, um zu zeigen, daß das Strafgericht, mit dem Israel so wenig rechnet, es wie die anderen treffen wird, und hierin wird der höchste Erweis der göttlichen Gerechtigkeit liegen.

→13 *Wegen drei ... wegen vier* Die beiden aufeinanderfolgenden Zahlen bezeichnen eine unbestimmte – je nach Zusammenhang kleine oder große – Menge, vgl. 48; Js 176; Jr 3623 und die „Zahlensprüche", Spr 3015+..

→13 *widerrufe ich es nicht* D. h. nehme ich die Entscheidung nicht zurück. Andere übersetzen: „schlage ich ihn (den assyrischen Angreifer) nicht zurück".

→13 *Gilead* M; G: „die Schwangeren in Gilead".

→13 *mit eisernen Walzen* Eine Art Egge, die man zum Entkörnen des Getreides über die Tenne schleifte, vgl. Js 2110; 2827; 4115; Mich 412–13; 2 Kg 812; 137, ferner Joel 414+.

→14 Hasael und sein Sohn Ben-Hadad III.; sie waren erbitterte Gegner Israels.

→15 *wer thront* Oder: „wer wohnt" (die Bevölkerung), ebenso in v. 8.

→15 Bikeat-Awen und Bet-Eden lassen sich schwer identifizieren und sind vielleicht nur symbolische Namen, die Damaskus gegeben werden („Tal des Frevels" und „Haus der Wonne").

→16 *Edom* Statt dessen ist vielleicht „Aram" zu lesen, ebenso in v. 9.

8 Vertilgen werde ich die Bewohner
von Aschdod und den Stabhalter von
Askalon. Ich kehre meine Hand wider
Ekron, und der letzte Philister wird
umkommen; Jahwe hat es gesagt.

Tyrus und Phönizien

9 So spricht Jahwe: Wegen drei
Vergehen von Tyrus, ja wegen vier,
widerrufe ich es nicht. Weil sie alle die
Gefangenen an Edom ausgeliefert
haben und nicht des Bruderbundes
gedachten, 10 darum werfe ich Feuer
in die Mauern von Tyrus, daß es seine
Paläste verzehre.

Edom

11 So spricht Jahwe: Wegen drei
Vergehen von Edom, ja wegen vier,
widerrufe ich es nicht. Weil es seinen
Bruder mit dem Schwerte verfolgte,
sein Erbarmen erstickte, seinen Groll
nährte für immer und seinen Grimm
bewahrte für ewige Zeiten, 12 darum
werfe ich Feuer auf Teman, daß es die
Paläste von Bozra verzehre.

Ammon

13 So spricht Jahwe: Wegen drei
Vergehen der Söhne Ammons, ja
wegen vier, widerrufe ich es nicht. Weil
sie die schwangeren Frauen von Gilead
aufgeschlitzt, um ihr Gebiet zu er-
weitern, 14 darum will ich Feuer legen
an die Mauern von Rabba, daß es
seine Paläste verzehre unter Geheul
am Tage der Schlacht, unter Sturm
am Tage des Unwetters. 15 Ihr König
wird in die Gefangenschaft gehen, er
mitsamt seinen Fürsten, spricht Jahwe.

Moab

2 1 So spricht Jahwe: Wegen drei
Vergehen von Moab, ja wegen vier,
widerrufe ich es nicht. Weil sie die
Gebeine des Königs von Edom zu
Kalk verbrannt, 2 darum werfe ich
Feuer auf Moab, daß es die Paläste
von Kerijot verzehre. Moab soll unter-
gehen im Getümmel, bei Geschrei,
beim Schall des Hornes. 3 Vertilgen
werde ich die Richter aus seiner Mitte
und erschlagen all seine Fürsten mit
ihm, spricht Jahwe.

Juda

4 So spricht Jahwe: Wegen drei
Vergehen von Juda, ja wegen vier,
widerrufe ich es nicht. Weil sie Jahwes
Gesetz verworfen haben und seine
Satzungen nicht beachteten, weil ihre
Götzen sie irregeführt haben, denen
schon ihre Väter nachgelaufen sind,
5 darum werfe ich Feuer auf Juda, daß
es die Paläste Jerusalems verzehre.

Israel

6 So spricht Jahwe: Wegen drei
Vergehen von Israel, ja wegen vier,
widerrufe ich es nicht, weil sie für
Geld den Unschuldigen verkaufen
und den Armen für ein Paar Schuhe.
7 Sie zertreten das Haupt der Geringen,
und die Gebeugten führen sie ab vom
Wege. Vater und Sohn gehen zur
selben Dirne, um meinen heiligen
Namen zu entweihen. 8 Sie lassen
sich nieder auf gepfändeten Kleidern
neben jedem Altar und trinken im
Hause ihres Gottes den Wein derer,
die in Strafe genommen sind. 9 Und

→1 8 Gat, die fünfte Philisterstadt, wird nicht genannt. Sie wurde von Hasael zerstört, 2 Kg 12 18, und zählte nicht mehr, vgl. Am 6 2.

→1 8 *Jahwe* G; M: „der Herr Jahwe".

→1 11 *Bruder* Israel, der „Bruder" von Edom, Gn 25 21–24.29–30. Von Anfang an bestand Feindschaft zwischen ihnen, Gn 27 39–41; Mal 1 2–5; vgl. Nm 20 14–21 und Ez 35 5; Klgl 4 21; Ob 10–14+; Joel 4 19; Ps 137 7.

→1 11 *nährte* S, V; M: „zerriß".

→1 12 *Teman* Entweder ein Edomiterstamm oder eine kleine Stadt, die wahrscheinlich in der Nähe von Petra lag, oder das Land insgesamt, Jr 49 7.20; Ob 9.

→1 15 *Ihr König* M; G: „Milkom", vgl. 1 Kg 11 5+.

→2 1 *verbrannt* Für den Semiten war Leichenverbrennung ein abscheuliches Verbrechen. Das AT kennt Leichenverbrennung nur bei schweren Verfehlungen, z. B. Jos 7 25; Lv 20 14; 21 9; Gn 38 24. Man glaubte, die Seele der Toten dadurch zu strafen, daß sie keine Ruhe beim Leichnam im Grabe finden würde.

→2 2 *Kerijot* Vielleicht Kir-Moab (heute Kerak).

→2 4–5 Der allgemeingehaltene und im Stil deuteronomistische Spruch ist wahrscheinlich ein späterer Zusatz.

→2 4 *ihre Götzen* Wörtlich: ihre Lügen.

→2 6 *verkaufen* Die Propheten prangern oft die Käuflichkeit der Richter an: Am 5 7; 6 12; Js 1 23; Mich 3 1–3.9–11; 7 1–3 usw.

→2 7 *Sie zertreten das Haupt* Korr.; M: „Sie lechzen auf dem Erdenstaub nach dem Haupt der Geringen". Die Habgier der Großen: ein weiteres Thema der Propheten, Am 8 5–6; Js 1 17.23; 3 14; Mich 2 1–2.8–11; 3 9–11; 6 9–12; Zeph 1 9; Jr 2 34; Ez 22 29.

→2 7 *gehen zur selben Dirne* Es handelt sich um die sakrale Prostitution, Dt 23 19+, deren Übung aus den kanaanäischen Kulten in Israel eingedrungen war.

→2 8 *Sie lassen sich nieder* Zu den heiligen Mählern, die auf die Opfer folgten.

→2 8 *ihres Gottes* Weil der „Gott", den man so verehrt, nicht mehr der wahre Gott ist.

→2 9 *mit Stumpf und Stiel von oben bis unten* Wörtlich: „oben ihre Frucht und unten

doch habe ich die Amoriter vor ihren
Augen vertilgt, die hochgewachsen
waren wie Zedern und stark wie
Eichen, ich habe sie vertilgt mit Stumpf
und Stil von oben bis unten. 10 Ich
habe euch herausgeführt aus der
Ägypter Land, hab' euch geleitet in
der Wüste vierzig Jahre, damit ihr
das Land der Amoriter in Besitz
nehmen könnt. 11 Aus euren Söhnen
habe ich Propheten erweckt, aus
euren Jünglingen Nasiräer. Ist es
nicht so, ihr Söhne Israels?, spricht
Jahwe.
12 Doch ihr gabt den Nasiräern
Wein zu trinken und habt den Propheten
befohlen und gesagt: „Weissaget
nicht!" 13 Siehe, ich werde euch
niederdrücken, wie der Dreschwagen
niederdrückt der Garben Fülle.
14 Dann wird es dem Schnellfüßigen
vergehen zu flüchten, der Starke kann
seine Kraft nicht entfalten, der Held
sein Leben nicht retten. 15 Der Bogenschütze
wird nicht standhalten, der
Schnelläufer nicht entkommen, der
Reiter sein Leben nicht retten. 16 Der
Mutigste unter den Helden, nackt
wird er fliehen an jenem Tag, spricht
Jahwe.

II. MAHNUNGEN UND DROHUNGEN FÜR ISRAEL

Erwählung und Bestrafung

3 1 Höret das Wort, das Jahwe über
euch gesprochen hat, ihr Söhne
Israels, über das ganze Geschlecht, das
ich aus Ägypten herausgeführt habe!
Es lautet: 2 Nur euch allein habe ich
erkannt von allen Geschlechtern der
Erde, darum suche ich heim an euch
alle eure Missetaten.

Die prophetische Berufung ist unwiderstehlich

3 Gehen wohl zwei miteinander,
wenn sie sich nicht verabredet haben?
4 Brüllt der Löwe im Walde, wenn er
keine Beute gemacht? Erhebt der
junge Leu seine Stimme im Lager,
wenn er keinen Fang getan? 5 Fällt
der Vogel zur Erde, wenn keine
Schlinge gelegt ist? Springt die Falle
vom Boden, wenn sie nichts gefaßt
hat? 6 Stößt man ins Horn in der
Stadt, ohne daß die Leute erschrecken?
Geschieht ein Unglück in der Stadt,
ohne daß Jahwe es verursacht?
7 Nein, Jahwe, der Herr, tut nichts,
ohne seinen Plan seinen Knechten, den
Propheten, zu offenbaren. 8 Brüllt der
Löwe, wer erschreckt da nicht?
Spricht Jahwe, der Herr, wer sollte
da nicht weissagen?

Das verderbte Samaria wird zugrunde gehen

9 Verkündet es in den Palästen von
Assur und in den Palästen des Landes
Ägypten und saget: Versammelt euch
auf dem Berge von Samaria und seht
euch an die große Unordnung darin
und die Bedrückungen in seiner Mitte!
10 Sie verstehen nicht redlich zu handeln,
spricht Jahwe. Frevel und Gewalttat
häufen sie auf, gleich Schätzen
in ihren Palästen. 11 Darum, so
spricht Jahwe, der Herr, wird der
Feind das Land umringen, und deine
Macht wird gestürzt, und es werden
geplündert deine Paläste.

---

ihre Wurzeln", sprichwörtliche Redewendung, die eine völlige Zerstörung meint.

→31 Der Prophet scheint sich hier an die zwölf Stämme zu wenden.

→32 *erkannt* Im biblischen Sinne von „erwählt, geliebt": Gn 1819; Jr 15; Hos 134; Dt 924; Weish 105. In den Augen des Amos schließt dieser Vorrang für Israel keine Zusicherung eines bedingungslosen Schutzes ein, Am 910; vgl. Mich 311, sondern vielmehr die Forderung sittlichen Rechttuns.

→32 *suche ich heim* Die „Heimsuchung" Gottes, vgl. Ex 316+, ist hier eine Heimsuchung zur Strafe.

→33-8 Der ganze Abschnitt rechtfertigt das Eingreifen des Propheten. Keine Wirkung ohne Ursache, V. 3–5B, aber auch keine Ursache ohne Wirkung, V. 5C–6.8A. Wenn der Prophet verkündet, ist Jahwe es, der gesprochen hat; und wenn Gott spricht, dann kann nicht der Prophet nicht verkünden, V. 7–8B. Die gewählten Vergleiche lassen eine Unheilsbotschaft ahnen.

→33 *wenn sie sich nicht verabredet haben* Oder: „ohne sich getroffen zu haben"; G: „ohne sich zu kennen".

→35 *zur Erde* Danach Zusatz in M: „in das Netz"; fehlt in G.

→35 *Schlinge* Oder: „Köder", oder: „Falle".

→37 Der Vers ist vielleicht erklärender Zusatz.

→39 *Assur* G; M: „Aschdod".

→39 *Ägypten* Assur und Ägypten, die beiden großen Nachbarn und Feinde Israels, werden zu Zeugen für Israels Mißstände bestellt wie Himmel und Erde in Js 12, vgl. Dt 3019.

→311 *der Feind* Der Assyrer, der niemals genannt wird, dessen drohende Gefahr aber die ganze Prophetie des Amos durchzieht.

→311 *das Land umringen* Korr.; M: „und das Land ringsum".

→311 *wird gestürzt* Korr.; M: „er (oder: man) wird stürzen".

12 Also spricht Jahwe: Wie der
Hirt aus dem Rachen des Löwen ein
paar Beine oder ein Ohrläppchen
rettet, so werden die Söhne Israels ge-
rettet werden, die zu Samaria sitzen
in der Ecke des Diwans und auf den
Polstern des Bettes.

Gegen Betel und die Prachtbauten

13 Höret und bezeuget es dem
Hause Jakob, spricht Jahwe, der Herr,
der Gott Zebaot: 14 An dem Tage,
wo ich Rechenschaft fordere von
Israel wegen seiner Sünde, suche ich
heim die Altäre von Betel. Die Hörner
des Altares sollen abgehauen werden
und zu Boden stürzen. 15 Ich zer-
schlage das Winterhaus samt dem
Sommerhaus, und es verschwinden
die Elfenbeinpaläste, und mit den
Ebenholzbauten hat es ein Ende,
spricht Jahwe.

Gegen die Frauen von Samaria

4 1 Höret dieses Wort, ihr Baschans-
kühe auf dem Berge von Samaria,
die ihr die Geringen bedrückt und
die Armen zertretet und zu euren Her-
ren sprecht: „Gebt uns zu trinken!"
2 Geschworen hat Jahwe, der Herr,
bei seiner Heiligkeit: Seht, es kom-
men Tage über euch, wo man euch
mit Haken fortschleppt, und was von
euch übrigbleibt, mit Fischerhaken.
3 Durch die Breschen werdet ihr aus-
ziehen, eine nach der anderen, und
werdet fortgeführt zum Hermon hin,
spricht Jahwe.

Israels Selbstbetrug, Verstocktheit und Bestrafung

4 Geht nach Betel und sündigt,
nach Gilgal und sündigt weiter!
Bringet des Morgens eure Opfer dar,
am dritten Tage eure Zehnten!
5 Bringet Dankopfer dar von Ge-
säuertem und rufet laut freiwillige
Gaben aus! So liebt ihr es ja, ihr
Söhne Israels, spricht Jahwe, der
Herr.

6 Wohl gab ich euch blanke Zähne
in all euren Städten und ließ es euch
fehlen an Brot in all euren Wohnorten,
aber ihr habt euch nicht zu mir be-
kehrt, spricht Jahwe.

7 Ich hielt den Regen von euch fern
bis drei Monate vor der Ernte, ließ
Regen kommen über die eine Stadt,
und über die andere Stadt ließ ich
Regen nicht kommen. Ein Feld bekam
Regen, und das Feld, auf das ich nicht
regnen ließ, verdorrte. 8 Von zwei,
drei Städten schwankte man in die-
selbe Stadt, um Wasser zu trinken,
und wurde nicht satt, aber ihr habt
euch nicht zu mir bekehrt, spricht
Jahwe.

9 Ich schlug euch mit Getreidebrand
und Gilbe, ich ließ vertrocknen
eure Gärten und Weinberge, eure
Feigenbäume und Ölbäume fraß
die Heuschrecke, aber ihr habt
euch nicht zu mir bekehrt, spricht
Jahwe.

10 Ich sandte unter euch die Pest wie
in Ägypten, erschlug eure Jünglinge
mit dem Schwert samt der Beute ihrer

→312 *gerettet werden* Das Thema vom „Rest" der Geretteten erscheint hier zum erstenmal, vgl. 515; 98 und Js 43+.
→312 *und auf den Polstern des Bettes* Korr., Text unsicher.
→313 *dem Hause Jakob* Der Ausdruck scheint die Gesamtheit der zwölf Stämme zu bezeichnen, 98–9.
→315 *mit den Ebenholzbauten* Korr., vgl. Ez 2715; M: „mit den zahlreichen Bauten".
→41 *Baschanskühe* Baschan im Ostjordanland war berühmt wegen seiner Weiden und Herden. In Ps 2213 sind die Stiere von Baschan das Symbol gewaltiger Kraft; die Kühe von Baschan sind hier Sinnbild für die genußsüchtigen Frauen von Samaria.
→42 *mit Fischerhaken* Wie Herdentiere, die man mit „Haken" am Maul fortzerrt und mit Schlägen des Dornenstocks vorwärtstreibt.
→43 *fortgeführt* G; M: „fortführen".
→43 *zum Hermon hin* Korr. In Richtung nach Assyrien.
→44 Die Sünde besteht nicht im Besuch der schismatischen Heiligtümer, sondern darin, daß mit dem glanzvollen Kultbetrieb Ungerechtigkeit und Unsittlichkeit zusammengehen, 521+.
→44 *am dritten Tage* Vielleicht am dritten Tage nach der Ankunft. Die Darbringung des „Zehnten", Dt 1422+, ist eine uralte religiöse Sitte, die schon Jakob in Betel vollzogen hatte, Gn 2822. Andere übersetzen: „jeden Morgen" und „alle drei Tage"; dann würde der Prophet ironisch vom Übermaß des Kultes sprechen, vgl. Dt 1428; 2612.
→46–12 Ein kurzes Gedicht mit regelmäßig wiederholtem Kehrvers, das die Wege göttlicher Erziehung herausstellt. Wie ein Vater seinen Sohn bestraft, Dt 85+, hat Gott durch eine Reihe von sieben Plagen, die in zunehmender Härte dargestellt sind, Am 46–11; Lv 2614–39; Dt 2815–68, sein Volk zu sich zurückzuführen versucht, aber vergebens, Js 912; 4225; Jr 230; 53; Hos 710; Zeph 32.7; Hag 217, vgl. Apk 920.21; 169.11; Ex 7–11. Israel ist verstockt, darum wird Gott es schlagen.
→46 *blanke Zähne* Durch den Hunger.
→47 Zusatz in M am Versanfang: „Und ich meinerseits".
→47 *auf das ich nicht regnen ließ* Korr. nach G.
→49 *ich ließ vertrocknen* Korr.; M: „zahlreich machen".

Rosse. Ich ließ den Gestank eures
Lagers aufsteigen in eure Nase, aber
ihr habt euch nicht zu mir bekehrt,
spricht Jahwe.
11 Ich richtete unter euch Verwü-
stung an, wie Gott einst Sodom und
Gomorra verwüstete, daß ihr waret
wie ein aus dem Brande gerettetes
Holzscheit, aber ihr habt euch nicht
zu mir bekehrt, spricht Jahwe.
12 Darum will ich also an dir tun,
Israel, und weil ich also dir tun will,
so rüste dich, deinem Gott zu begeg-
nen, Israel!

Doxologie

13 Denn siehe, er hat die Berge
gebildet und den Wind geschaffen, er
tut dem Menschen kund, was er im
Sinne hat. Er macht die Morgenröte
und das Dunkel, er schreitet einher
über die Gipfel der Erde. Jahwe,
Gott Zebaot, ist sein Name.

Klage über Israel

5 1 Höret dieses Wort, ein Klagelied,
das ich über euch anstimme, Haus
Israel! 2 Gefallen ist, nicht steht sie
wieder auf, die Jungfrau Israel, sie ist
zu Boden geworfen, und niemand
richtet sie auf. 3 Denn also spricht
Jahwe, der Herr: Die Stadt, die zu
tausend auszieht, behält hundert
übrig, und die zu hundert auszieht,
behält zehn übrig, für das Haus Israel.

Ohne Umkehr kein Heil

4 Denn also spricht Jahwe zum
Hause Israel: Suchet mich, so werdet
ihr leben! 5 Aber suchet nicht Betel
auf und gehet nicht nach Gilgal und
ziehet nicht nach Beerscheba, denn
Gilgal wird verbannt, und Betel wird
zunichte werden. 6 Suchet Jahwe, so
werdet ihr leben! Sonst kommt er wie
ein Feuer über das Haus Josephs, es
frißt um sich, und niemand ist da in
Betel, der es löscht.

Doxologie

8 Der die Plejaden und den Orion
schuf, der zum Frührot wandelt die
Finsternis, der den Tag zur Nacht
verfinstert, der den Wassern des
Meeres ruft und sie ausgießt über die
weite Erde, Jahwe ist sein Name. 9 Er
läßt Verderben aufblitzen über der
Burg und bringt Vernichtung über die
feste Stadt.

Drohungen

7 Wehe denen, die verkehren das

→4 11 *Verwüstung* Wahrscheinlich Anspielung auf ein Erdbeben, vgl. 1 1.
→4 12 *deinem Gott zu begegnen* Verhüllte Ankündigung der endgültigen Bestrafung. „und weil ich also dir tun will" ist vielleicht erklärender Zusatz.
→4 13 Diese Doxologie, vgl. 5 8–9; 9 5–6, könnte zum gottesdienstlichen Gebrauch hinzugefügt sein. Im jetzigen Zusammenhang verstärkt sie noch die Drohung.
→4 13 *er tut dem Menschen kund, was er im Sinn hat* Oder: „er tut das Sinnen des Menschen kund", vgl. Jr 11 20; Ps 94 11; 2 Kg 5 25–26 usw.
→4 13 *Er macht die Morgenröte und das Dunkel* G; M: „Er macht die Morgenröte zum Dunkel".
→4 13 *er schreitet einher über die Gipfel der Erde* Anspielung auf das Gewitter, Ps 18 8–16, oder eher sinnbildlicher Ausdruck für die Allmacht Jahwes, Mich 1 3–6; Ps 18 34; Dt 32 13; Ib 9 8; Js 58 14.
→5 2 *die Jungfrau Israel* Das Volk wird verglichen mit einer Jungfrau, die vom Tod hinweggerafft wird, bevor sie eheliche Freude erfahren hat.
→5 3 *übrig* Die Katastrophe wird gewaltig sein, aber ein „Rest" wird übrigbleiben, vgl. 3 12; 5 15; 9 8 und Js 4 3+.
→5 4 *Suchet mich, so werdet ihr leben* In Heiligtümern zu opfern, die der Zerstörung geweiht sind, v. 5, genügt nicht, um das Heil zu finden. Man muß „Jahwe suchen", d. h. seinen Willen zu erkennen und danach zu leben trachten, „das Gute und nicht das Böse suchen", 5 14. So „sucht" (hebräisch: *darasch*) man Jahwe, wenn man zu seinen Heiligtümern geht, Am 5 5; 2 Chr 1 5; Dt 12 5, aber auch wenn man ihn durch einen Gottesmann, Gn 25 22; Ex 18 15; 1 Sm 9 9; 1 Kg 22 8, „befragt" (vgl. 1 Sm 14 41+), oder auch wenn man „sein Wort sucht", 1 Kg 22 5; vgl. 14 5, in einem Buch, Js 34 16, oder durch Vermittlung eines Propheten, 1 Kg 22 7. Ein anderer Ausdruck (hebräisch gewöhnlich: *biqqesch*) weist mehr darauf hin, daß man „das Antlitz", d. h. die Gegenwart Jahwes sucht, Hos 5 15; 2 Sm 21 1; 1 Chr 16 11 (= Ps 105 4); Ps 24 6; 27 8, und – wahrscheinlich im gleichen Sinne – Zeph 1 6; Hos 3 5; 5 6; Ex 33 7+ usw. Beide Ausdrücke sind aber verwandt: Man sucht „das Antlitz" Jahwes, um seinen Willen zu erfahren, und seine Gegenwart zeigt sich oftmals in seinen Worten. Dieses „Suchen Jahwes" ist eine religiöse Grundhaltung im AT. Im NT entspricht ihm das „Suchen des Reiches Gottes", Mt 6 33.
→5 5 *Beerscheba* Berühmter Kultort der Patriarchen, Gn 21 31–33; 26 23–25.
→5 5 Wortspiel: *Gilgal galo jigle* „Gilgal wird verbannt"; *Bet-El jihjeh le'awen* „Betel (Haus Gottes) wird zunichte (zum Haus des Nichts) werden".
→5 6 *in Betel* M; G: „im Hause Israel".
→5 6 Vers 7 ist umgestellt nach v. 9.
→5 8 *und sie ausgießt über die weite Erde* Entweder um die Erde zu überschwemmen, Ib 12 15, und sie in den chaotischen Urzustand zurückzuführen, Ps 104 5–9, oder um ihr befruchtenden Regen zu spenden, Ib 36 27–28.

Recht in Wermut und treten die Ge-
rechtigkeit mit Füßen.
10 Sie hassen den, der im Tore
Recht spricht, und verabscheuen den,
der die Wahrheit sagt. 11 Darum,
weil ihr den Geringen niedertretet und
Getreideabgaben von ihm erpreßt,
habt ihr Häuser aus gehauenen
Quadern erbaut, aber ihr sollt nicht
darin wohnen. Ihr habt schöne Wein-
berge gepflanzt, aber ihr sollt ihren
Wein nicht trinken. 12 Denn ich
kenne die Menge eurer Sünden und
die Größe eurer Freveltaten. Ihr be-
drückt den Gerechten, nehmt Löse-
gelder und beugt im Tore das Recht
der Armen. 13 Darum schweigt der
Weise in dieser Zeit, denn es ist böse
Zeit.

Ermahnungen

14 Suchet das Gute und nicht das
Böse, auf daß ihr am Leben bleibt,
damit Jahwe, der Gott Zebaot, mit
euch sei, wie ihr behauptet. 15 Hasset
das Böse und liebet das Gute und
haltet aufrecht im Tore das Recht,
vielleicht erbarmt sich Jahwe, der
Gott Zebaot, über Josephs Rest.

Die nahende Strafe

16 Darum spricht Jahwe, der Gott
Zebaot, der Herr, also: Auf allen
Plätzen ist Wehklagen, in allen Gassen
rufen sie: „Wehe! Wehe!" Man ruft
den Bauer zur Totenklage, zur Trauer
die des Klagelieds Kundigen. 17 In
allen Weinbergen wird Wehklagen
laut, wenn ich durch deine Mitte hin-
durchschreite, spricht Jahwe.

Der Tag Jahwes

18 Wehe denen, die den Tag Jahwes
herbeisehnen! Was soll euch der Tag
Jahwes? Er ist Finsternis und nicht
Licht. 19 Es ist, wie wenn einer vor
einem Löwen flieht, da packt ihn der
Bär, und er entkommt nach Haus und
stützt seine Hand an die Wand, da
beißt ihn die Schlange. 20 Ja, Finster-
nis ist der Tag Jahwes und nicht Licht,
Dunkel ist er, und kein Glanz leuchtet
über ihm.

Gegen veräußerlichten Opferkult

21 Ich hasse und verwerfe eure
Feste und habe kein Wohlgefallen an
euren Festversammlungen. 22 Denn
bringt ihr mir Brandopfer dar . . . an

→5 9 *über der Burg* G; M: „über dem Starken".
→5 9 *bringt* G; M: „kommt".
→5 7 *Wehe denen* Hinzugefügt, vgl. 5 18; 6 1.
→5 10 *der im Tore Recht spricht* Der wahrheitsgetreue Zeuge oder der unparteiische Richter.
→5 14 *wie ihr behauptet* Israel glaubt, daß seine Erwählung ihm den bedingungslosen Schutz Jahwes sichert, 5 18; 9 10; Mich 3 11.
→5 15 *über Josephs Rest* D. h. das Nordreich, das durch all die Strafen, mit denen Jahwe es geschlagen hat, 4 6–11, und noch schlägt, 5 3, geschrumpft ist. Zum erstenmal bei den Propheten wird hier der Ausdruck „Rest" gebraucht, vgl. Js 4 3+.
→5 16 *zur Trauer die des Klagelieds Kundigen* Korr.; M: „die Trauer zu den des Klagelieds Kundigen".
→5 18 *Tag Jahwes* Israel erwartet im Vertrauen auf seine Vorrechte als auserwähltes Volk, Dt 7 6+, ein Eingreifen Gottes, das für Israel nur zum Guten sein könne. Dieser Erwartung vom Tage Jahwes stellt Amos die prophetische Auffassung vom Tage Jahwes entgegen, der ein Tag des Zornes, Zeph 1 15; Ez 22 24; Klgl 2 22, gegen das in seiner Sünde verstockte Israel sein wird: Finsternis, Tränen, Blutbad, Schrecken, Am 5 18–20; 2 16; 8 9–10.13; Js 2 6–21; Jr 30 5–7; Zeph 1 4–18, vgl. Joel 1 15–20; 2 1–11. In allen diesen Texten klingt die Drohung eines verheerenden Feindeinbruchs durch (Assyrer, Chaldäer). Während des Exils wird der Tag Jahwes zum Gegenstand der Hoffnung; der Zorn Gottes fällt auf alle Bedränger Israels zurück, Ob 15: Babel, Js 13 6.9; Jr 50 27; 51 2; Klgl 1 21, Ägypten, Js 19 16; Jr 46 10.21; Ez 30 2, das Philisterland, Jr 47 4, Edom, Js 34 8; 63 4; dieser Tag bedeutet also die Wiederherstellung Israels, bereits Am 9 11, auch Js 11 11; 12 1; 30 26, vgl. Joel 3 4; 4 1. Nach dem Exil wird der „Tag Jahwes" immer mehr zu einem „Gericht", das den Gerechten Sieg und den Sündern Verderben bringen wird, Mal 3 19–23; Ib 21 30; Spr 11 4, und zwar wird er ausgeprägt universalistisch gesehen, Js 26 20 – 27 1; 33 10–16; vgl. schließlich Mt 24 1+. Zu den kosmischen Begleiterscheinungen des Tages Jahwes vgl. Am 8 9+.
→5 18 *Finsternis und nicht Licht* Vgl. Joel 2 1–2; Zeph 1 14–18.
→5 21–27 *(Gegen veräußerlichten Opferkult)* Die Propheten sind oft gegen die religiöse Heuchelei aufgestanden: Man glaubt sich mit Gott im reinen, weil man bestimmte Kultriten (Opfer, Fasten) erfüllt, und gleichzeitig kümmert man sich nicht um die elementarsten Forderungen der mitmenschlichen Gerechtigkeit und Liebe, 1 Sm 15 22; Js 1 10–16; 29 13–14; 58 1–8; Hos 6 6; Mich 6 5–8; Jr 6 20; Joel 2 13; Sach 7 4–6, vgl. Ps 40 7–9; 50 5–15; 51 18–19. Gegen den Kultformalismus wenden sich ebenfalls die Psalmen, wenn sie die Gesinnung betonen, die Opfer, Gehorsam, Danksagung, Buße beseelen muß, und auch die Chronikbücher, wenn sie die Rolle des liturgischen Gesanges als Ausdruck der Herzenshingabe hervorheben. Im NT findet das Anliegen dann seinen endgültigen Ausdruck: Lk 11 41–42; Mt 7 21; Jo 4 21–24.
→5 22 *Brandopfer dar . . .* Es fehlt ein Versteil.
→5 22 *das Opfer eurer Mastkälber* Es han-

euren Speiseopfern habe ich kein Ge-
fallen, und das Opfer eurer Mastkälber
sehe ich nicht an. 23 Hinweg von mir
mit dem Lärm eurer Lieder! Das Spiel
eurer Harfen will ich nicht hören.
24 Wie Wasser flute das Recht, und die
Gerechtigkeit wie ein nie versiegender
Bach! 25 Habt ihr mir denn Schlacht-
opfer und Speiseopfer dargebracht
in der Wüste während der vierzig
Jahre, Haus Israel? 26 Ihr werdet
fortschleppen euren König Sakkut,
euren Gott Kewan, die Götterbilder,
die ihr euch gefertigt habt; 27 denn
ich will euch in die Verbannung führen
bis über Damaskus hinaus, spricht
Jahwe. Gott Zebaot ist sein Name.

Gegen die falsche Sicherheit der Genießer

6 1 Wehe den Sicheren auf Zion
und den Vertrauensseligen auf dem
Berge von Samaria, den Edlen des
vornehmsten Volkes, zu denen das
Haus Israel kommt! 2 Gehet doch
nach Kalne und schauet, und wandert
von da nach Hamat, dem großen, und
steiget hinab nach Gat im Lande der
Philister! Sind sie besser daran als
diese Reiche, oder ist ihr Gebiet größer
als euer Gebiet? 3 Ihr glaubt den Tag
des Unheils hinauszuschieben und
führt doch herbei die Herrschaft der
Gewalt. 4 Sie ruhen auf Elfenbein-
lagern und strecken sich auf weichen
Polstern, sie verzehren die Lämmer
von der Herde und die Kälber mitten
aus der Hürde. 5 Sie grölen zum
Klang der Harfe, wie David ersinnen
sie Lieder. 6 Sie trinken den Wein aus
Humpen und salben sich mit kost-
barstem Öl, aber um den Untergang
Josephs kümmern sie sich nicht.
7 Darum sollen sie an der Spitze der
Verbannten marschieren, und aus
wird es sein mit dem Lärm der Aus-
gelassenen.

Die Strafe wird furchtbar sein

8 Geschworen hat Jahwe, der Herr,
bei sich selbst, Jahwe, der Gott Zebaot,
hat es gesagt: Ich verabscheue Jakobs
Übermut, und seine Paläste hasse ich,
und Stadt und alles, was darin wohnt,
gebe ich preis. 9 Wenn dann zehn
Männer in einem Hause übrig sind, so
müssen sie sterben. 10 Nur wenig
Entronnene wird es geben, um die
Gebeine aus dem Hause zu schaffen,
und sagt man zu dem, der im hinter-
sten Winkel liegt: „Ist noch jemand
bei dir?", so antwortet er: „Nein.
Sei still! Nur ja nicht den Namen
Jahwe nennen!" 11 Denn seht, Jahwe
hat es befohlen, man schlägt das große
Haus in Trümmer und das kleine Haus
in Splitter.

12 Rennen denn die Rosse über
die Felsen, oder pflügt man mit den
Rindern das Meer, daß ihr in Gift
verwandelt habt das Recht und die
Frucht der Gerechtigkeit in Wermut?

---

delt sich um die „Gemeinschafts"opfer, Lv 31+.

→523 Zu den Kultfeiern gehörten Gesang und Musik, 1 Sm 105; 2 Sm 65.15.

→525 *In der Wüste* Amos sieht wie Hosea, 216–17; 910, und Jeremia, 22–3, die Wüstenzeit als die Idealzeit des Bundesverhältnisses zwischen Jahwe und seinem Volk an, vgl. Hos 216+. Unter den Bedingungen des Nomadenlebens und einer noch unausgebildeten Gesetzesordnung besaß der Kult nur geringe Bedeutung, vgl. Jr 722. Man konnte also Jahwe mit einem zwar ärmlichen, aber ehrlichen Kult gefallen.

→526 Korr.; M: „Ihr werdet fortschleppen euren König Sikkut und Kijun, eure Bilder, den Stern eures Gottes, den ihr euch gefertigt habt." Die Israeliten werden die Bilder der falschen Götter, die sie verehrt haben, in die Verbannung mitnehmen, vgl. Jr 487; 493; Js 461. Sakkut und Kewan sind wohl zwei babylonische Gottheiten.

→527 *bis über Damaskus hinaus* D. h. nach Assyrien.

→61 *zu denen das Haus Israel kommt* Um ihnen zu huldigen, Rat einzuholen und sich Recht sprechen zu lassen.

→62 Denen, die unter dem siegreichen Jerobeam II. auf die gegenwärtige Stärke Israels vertrauen, stellt Amos das Beispiel von Städten entgegen, die einst in Blüte standen und nun zerstört sind. Kalne, vgl. Js 109, nördlich von Aleppo, wurde von den Assyrern 738 v. Chr. erobert, Hamat am Orontes 720 v. Chr., Gat, nördlich vom Philisterland, 711 v. Chr.; alle drei hatten aber schon vorher schwere Schäden erlitten, 2 Kg 1218; 1428?; 2 Chr 266. „Diese Reiche" sind Israel und Juda.

→63 *Gewalttat* Der feindlichen Eroberung.

→65 *Sie grölen* Bedeutung unsicher.

→66 *Untergang Josephs* Das bevorstehende Ende des Reiches Israel.

→67 *Lärm* Oder: „Gelage".

→68 *Stadt* Entweder Samaria oder eine jede Stadt des Nordreiches.

→610 *Nur wenig Entronnene wird es geben* Korr. nach G; M unverständlich.

→610 *nicht den Namen Jahwe nennen* Aus religiöser Ehrfurcht oder vielleicht aus abergläubischer Furcht angesichts des Gottesgerichtes. Vielleicht ist v. 11 nach v. 8 und v. 10 nach v. 11 umzustellen.

→612 *mit den Rindern das Meer* Korr.; M: „mit den Rindern".

→613 *wegen Lo-Debar* Korr.; M: „wegen nichts". Lo-Debar und Karnajim im Ostjordanland wurden von Jerobeam II. oder seinem Vater Joasch zurückerobert, vgl. 2 Kg 1325; 1425.

13 Ihr frohlockt wegen Lo-Debar und
sagt: „Haben wir nicht durch eigene
Kraft Karnajim gewonnen?“ 14 Seht,
ich erwecke wider euch, Haus Israel,
spricht Jahwe, der Gott Zebaot, ein
Volk, das wird euch bedrängen vom
Zugang nach Hamat bis zum Bach
der Araba.

III. DIE VISIONEN

Erste Vision: Die Heuschrecken

7 1 Folgendes ließ mich schauen
Jahwe, der Herr: Siehe, Heu-
schrecken zogen aus zur Zeit, da das
Spätgras zu sprossen begann, ausge-
wachsene Heuschrecken nach dem
Schnitt des Königs. 2 Als sie nun
darangingen, alles Kraut im Lande
aufzufressen, sprach ich: „Herr, Jah-
we, verzeihe, wie soll Jakob bestehen,
es ist ja so klein?“ 3 Da reute es Jahwe,
und er sprach: „Es soll nicht ge-
schehen.“

Zweite Vision: Die Dürre

4 Folgendes ließ mich schauen
Jahwe, der Herr: Siehe, es rief zur
Züchtigung das Feuer Jahwe, der
Herr, und es verzehrte den großen
Abgrund und wollte auch den Acker
verzehren. 5 Da sprach ich: „Herr,
Jahwe, laß doch ab! Wie soll Jakob
bestehen, es ist ja so klein?“ 6 Da
reute es Jahwe. „Auch das soll nicht
geschehen“, sprach Jahwe, der Herr.

Dritte Vision: Das Senkblei

7 Folgendes ließ mich schauen
Jahwe, der Herr: Siehe, ein Mann
stand an einer Mauer und hielt ein
Senkblei in der Hand. 8 Und Jahwe
sprach zu mir: „Was siehst du,
Amos?“ Ich sagte: „Ein Senkblei.“
Da sagte der Herr: „Siehe, ich lege das
Senkblei an inmitten meines Volkes
Israel. Ich will seiner nicht länger
schonen. 9 Es sollen verwüstet werden
Isaaks Höhen und zerstört werden
die Heiligtümer Israels, und gegen
Jerobeams Haus erhebe ich mich mit
dem Schwerte.

Auseinandersetzung mit Amazja. Amos wird aus Betel ausgewiesen

10 Da schickte Amazja, der Priester
von Betel, zu Jerobeam, dem König
von Israel, und ließ ihm sagen: „Amos
hat sich verschworen wider dich, und
das Land kann seine Reden nicht
länger ertragen. 11 Denn also sagt
Amos: ‚Jerobeam wird umkommen
durch das Schwert, und Israel wird
verbannt werden aus seinem Land.‘“
12 Da sprach Amazja zu Amos: „Du
Seher, geh, flüchte dich ins Land Juda!
Dort iß dein Brot, und dort magst du
weissagen! 13 Aber in Betel darfst du
nicht mehr weissagen, denn hier ist
ein königliches Heiligtum und ein
königliches Haus.“ 14 Amos erwiderte
und sprach zu Amazja: „Ich war
weder ein Prophet noch ein Propheten-
jünger, sondern ein Hirte und Maul-
beerfeigenzüchter. 15 Jahwe nahm

→614 *ein Volk* Assyrien.
→614 *vom Zugang nach Hamat bis zum Bach der Araba* Die Nord- und Südgrenze Israels, vgl. Ri 201+.
→71 *Heuschrecken zogen aus* G; M: „er bildete Heuschrecken“.
→71 *ausgewachsene Heuschrecken* G; M: „und es war das Spätgras“.
→71 *nach dem Schnitt des Königs* Wahrscheinlich zog der König einen Teil der ersten Mahd als Abgabe für sein Streitwagenheer ein.
→72 *Als sie nun darangingen . . . aufzufressen* Korr.; M: „Als sie nun aufgefressen hatten“.
→72 *verzeihe* Zum Propheten, der fürbittend für sein Volk eintritt, vgl. Ex 3211+; Jr 151; 1820; 2 Makk 1514+; Ez 98; Dn 915–19.
→73 *Da reute es Jahwe* D. h., er verzichtet auf die Ausführung seines Planes.
→74 *es rief zur Züchtigung das Feuer* Korr.; M: „er rief (oder: kam) zur Züchtigung durch das Feuer“. Das „Feuer“ ist die Dürre, Am 12; 46–8, die alles verzehrt, vgl. Joel 119–20; 23. Andere übersetzen: „Er rief das Gericht aus durch das Feuer“, d. h. das himmlische Feuer, das Sodom und Gomorra zerstörte, Gn 1924–25.28.
→74 *den großen Abgrund* Der unterirdische Ozean, dem die Wasser entströmen.
→77 *Jahwe, der Herr* Zugefügt nach 71 und 81.
→77 *ein Mann* G; M: „der Herr“.
→77 *Mauer* Danach Zusatz in M: „Senkblei“. Text und Übersetzung von v. 7 sind unsicher. Das Bild vom Lot scheint nahezulegen, daß die sinnbildliche Mauer sich wölbt oder neigt und einstürzen wird, vgl. Js 3013. Das Lot kann auch die Zerstörung bedeuten, 2 Kg 2113; Js 2817; 3411; Klgl 28.
→712 *Seher* Der Ausdruck hat hier vielleicht einen verächtlichen Unterton („Gukker“).
→712 *Dort iß dein Brot* Amazja stellt Amos auf eine Stufe mit den Berufspropheten, die von ihrem Geschäft leben, vgl. 1 Sm 97+.
→714 *Prophetenjünger* Wörtlich: Prophetensohn, vgl. 2 Kg 23+.
→714 *Hirte* (Schafhirte) Korr.; vgl. 11; M: „Rinderhirt“.

mich von der Herde weg und sprach
zu mir: ‚Geh, weissage meinem Volke
Israel!' 16 So höre denn das Wort
Jahwes: Du sagst: ‚Du sollst nicht
weissagen wider Israel und sollst nicht
reden gegen das Haus Isaak!'
17 Darum spricht Jahwe also:
‚Dein Weib wird zur Hure werden
in der Stadt, deine Söhne und Töchter
werden durch das Schwert fallen, dein
Feld wird mit der Meßschnur verteilt
werden, du selbst wirst in unreinem
Lande sterben, und Israel wird aus
seinem Lande verbannt werden.'"

Vierte Vision: Der Korb mit reifem Obst

8 1 Folgendes ließ mich schauen
Jahwe, der Herr: Siehe, da war
ein Korb mit reifem Obst. 2 Er sprach:
„Was siehst du da, Amos?" Ich ant-
wortete: „Einen Korb mit reifem
Obst." Da sprach Jahwe zu mir:
Gekommen ist das Ende für mein Volk
Israel, nicht kann ich ihm länger ver-
geben. 3 Heulen sollen die Sängerin-
nen des Palastes an jenem Tage, spricht
Jahwe, der Herr. Viel Leichen wird es
geben, überall wirft man sie hin. Still!

Gegen die Betrüger und Ausbeuter

4 Höret dies, die ihr den Armen
zertretet und die Geringen zu ver-
derben trachtet, 5 und sagt: „Wann
ist der Neumond vorüber, daß wir
Getreide verkaufen, und wann der
Sabbat, daß wir die Speicher öffnen
für das Korn? Wir wollen das Epha
verkleinern und den Schekel ver-
größern und die Waage fälschen zum
Betrug. 6 Um Geld wollen wir den
Dürftigen kaufen und den Armen um
ein Paar Schuhe und selbst den Abfall
vom Getreide verkaufen." 7 Jahwe
hat geschworen bei Jakobs Stolz:
Nimmermehr kann ich vergessen all
eure Taten. 8 Soll darob nicht die
Erde erzittern und trauern alle ihre
Bewohner? Soll sie nicht ganz sich
erheben wie der Nil und wieder sich
senken wie der Strom von Ägypten?

Ankündigung einer geheimnisvollen Strafe: Finsternis und Trauer

9 An jenem Tage, spricht Jahwe, der
Herr, lasse ich die Sonne untergehen
am Mittag und verfinstere die Erde
am hellen Tag. 10 Ich wandle eure
Feste in Trauer und all euer Jauchzen
in Klagegesang. Ich lege um alle
Hüften ein härenes Gewand und auf
jegliches Haupt eine Glatze. Ich mache
es wie bei der Trauer um den einzigen
Sohn und lasse es ausgehen wie an
einem Tage voll Bitterkeit.

Hunger und Durst nach Gottes Wort

11 Siehe, es werden Tage kommen,
spricht Jahwe, der Herr, da sende ich
den Hunger ins Land, nicht den Hun-
ger nach Brot und nicht den Durst
nach Wasser, sondern zu hören das
Wort Jahwes. 12 Da werden sie irren
von Meer zu Meer und vom Nor-
den zum Osten streifen, um Jahwes
Wort zu hören, und werden es nicht
finden.

Erneute Strafankündigung

13 An jenem Tage werden die

→717 *Dein Weib wird zur Hure werden* Zu ihrem Lebensunterhalt wird sie hierzu gezwungen sein.
→717 *in unreinem Lande* Alles fremde Land ist wegen der Gegenwart der Götzenbilder unrein, Hos 93–4; das Land Israel, in dem Jahwe wohnt, Hos 81; Sach 98; Jr 127, ist rein, 2 Kg 517, und „heilig", Ex 1912+; Sach 216; 2 Makk 17.
→81–3 Diese vierte Vision schließt an die dritte an, 77–9, mit der sie in Aufbau und Gedanken verwandt ist. Der Zusammenhang ist jetzt durch die spätere Einfügung des Betelberichts, 710–17, unterbrochen.
→82 Wortspiel zwischen *kajiz* „reifes Obst" und *kez* „Ende".
→83 *die Sängerinnen* Korr.; M: „die Gesänge".
→83 *des Palastes* Oder: „des Tempels".
→83 *überall wirft man sie hin. Still!* Text und Übersetzung unsicher.
→84–14 Diese nachträglich eingeschalteten drei Sprüche zerreißen den Zusammenhang zwischen der vierten und fünften Vision.
→84 *zertretet* Korr., vgl. 27; M: „lechzt".
→85 *Neumond* An diesem Fest, Lv 2324+, ruhten wie am Sabbat die Handelsgeschäfte.
→87 *Jakobs Stolz* Gemeint ist entweder ein Attribut Jahwes, 1 Sm 1529, oder, wie in 68, der Hochmut Israels, der so fest steht, daß man bei ihm schwören kann, oder das Land Jahwes, Palästina, Ps 475.
→88 Der Prophet vergleicht das Schwanken des Bodens beim Erdbeben mit dem Steigen und Sinken des Nilwassers.
→88 *wie der Nil* G; M: „wie das Licht". Danach Zusatz in M: „und weichen".
→88 *und wieder sich senken* Korr.; M: „und getrunken werden (?)".
→89 Der Tag Jahwes, 518+, ist von kosmischen Zeichen begleitet: Erdbeben, Am 88; Js 210; Jr 424, Sonnenfinsternis, Am 89; Jr 423; die späteren Propheten entfalten sie weiter und verwenden dabei festgeprägte Bilder, die man nicht wörtlich nehmen muß, Zeph 115; Js 1310.13; 344; Ez 327.8; Hab 36; Joel 210.11; 33.4; 415.16, vgl. Mt 2429; Apk 612–14 und Mt 241+.
→810 *härenes Gewand . . . Glatze* Zeichen der Trauer.
→811 *das Wort* G; M: „die Worte".

schönen Jungfrauen und Jünglinge
ohnmächtig hinsinken vor Durst.
14 Die da schwören bei Aschima von
Samaria und gesagt: „So wahr dein
Gott lebt, o Dan!“ Und: „So wahr dein
Liebling lebt, Beerscheba!“, sie werden
hinfallen und nicht mehr aufstehen.

Fünfte Vision: Untergang des Heiligtums

9 1 Ich sah den Herrn am Altare
stehen, und er sprach: Schlag an
den Knauf, und die Decke soll ein-
stürzen. Ich will ihnen allen das Haupt
zerschmettern. Was übrigbleibt von
ihnen, will ich mit dem Schwerte er-
schlagen. Keiner von ihnen soll ent-
fliehen können, keiner, der entronnen
ist, gerettet werden. 2 Und drängen sie
vor bis in die Scheol, so brächte meine
Hand sie von dort herauf; stiegen sie
hinauf bis zum Himmel, ich würde sie
von dort herunterholen. 3 Versteckten
sie sich auf dem Gipfel des Karmel,
ich würde sie entdecken und packen.
Wollten sie sich vor mir verbergen auf
dem Grunde des Meeres, selbst dort
würde ich der Schlange befehlen, sie
zu beißen. 4 Zögen sie in die Gefan-
genschaft vor ihren Feinden her, ich
würde das Schwert entbieten, sie zu
töten. Ich habe meine Augen auf sie
gerichtet zum Unheil und nicht zum
Guten.

Doxologie

5 Jahwe, der Herr, der Gott Zebaot,
berührt die Erde, daß sie schwankt,
daß alle ihre Bewohner in Trauer
kommen, daß sie ganz sich hebt wie
der Nil und sich senkt wie der Strom
von Ägypten. 6 Er baut in den Him-
mel seinen Söller und gründet auf die
Erde sein Gewölbe. Er ruft den Was-
sern des Meeres und gießt sie aus
über die weite Erde. Jahwe ist sein
Name.

Kein Vorrecht für Israel

7 Seid ihr mir nicht gleich den Ku-
schiten, ihr Söhne Israels?, spricht Jah-
we. Habe ich nicht Israel aus dem
Lande Ägypten herausgeführt und die
Philister aus Kaphtor und die Aramäer
aus Kir? 8 Siehe, meine Augen sind
gerichtet auf das sündige Reich, ich
will es vom Erdboden vertilgen.

Nur die Sünder gehen zugrunde

Jedoch will ich nicht ganz vertilgen
das Haus Jakob, spricht Jahwe.
9 Denn siehe, ich gebe Befehl und
schüttle das Haus Israel unter die
Völker, wie man schüttelt mit dem
Sieb, daß kein Stein zur Erde falle.
10 Durch das Schwert sollen sterben
alle Sünder meines Volkes, die da
gesagt: „Uns trifft es nicht, bis zu uns
kommt es nicht, das Unheil.“

IV. AUSBLICK AUF ERNEUERUNG UND PARADIESISCHE FRUCHTBARKEIT

11 An jenem Tage werde ich die
zerfallene Hütte Davids wieder auf-
richten und ihre Risse zumauern und
ihre Trümmer wiederherstellen und
sie aufbauen wie in den Tagen der
Vorzeit, 12 daß sie in Besitz nehmen

→8 14 *bei Aschima* Korr., vgl. 2 Kg 17 30; M: „bei der Schuld“.
→8 14 *Dan* Dort befand sich eines der beiden vergoldeten Stierbilder des Jerobeam, 1 Kg 12 30.
→8 14 *dein Liebling* (Offenbar eine Lokalgottheit) Korr.; M: „der Weg“.
→9 1–4 Es handelt sich wahrscheinlich um den Untergang des Heiligtums von Betel.
→9 1 *am Altare* Oder: „auf dem Altare“.
→9 1 *Schlag* Der Befehl ist vielleicht an einen Engel gerichtet. Die Wirkung des Zuschlagens ist sprachlich nicht sicher deutbar. Gemeint ist aber in jedem Falle die Zerstörung des Tempels.
→9 1 *Ich will ihnen . . . zerschmettern* Korr.; M: „zerschmettere sie“.
→9 3 *selbst dort* Korr.; M: „von dort“.
→9 6 *seinen Söller* Korr.; M: „seine Stufen“.
→9 7 Die Israeliten haben keinen Grund, auf ihre Auserwählung zu pochen, 2 9–11; 3 2; 7 8.15; 8 2; 9 10, vgl. Dt 7 6+, die sie ausschließlich der reinen Huld Jahwes, des Herrn der Völker, verdanken, vgl. Dt 29–12.18–23; 9 4–6; Ri 11 24; ferner 1 Kor 4 7.
→9 7 *Kuschiten* D. h. ein Volk in weiter Ferne, in Äthiopien (Kusch).
→9 8 *meine Augen* Korr.; M: „die Augen des Herrn Jahwe“.
→9 9 *und schüttle das Haus Israel unter die Völker* Der Spruch stammt vielleicht aus der Zeit der ersten israelitischen Deportierung (734 v. Chr.), vgl. 2 Kg 15 29.
→9 9 *mit dem Sieb, daß kein Stein zur Erde falle* Gemeint ist entweder das Sieb, das die Steine (die Sünder) zurückhält und den feinen Sand (die Gerechten) hindurchläßt, oder das Sieb, das das Korn (die Gerechten) zurückhält, während die Spreu entfernt wird (dann wäre zu übersetzen: „daß kein Korn zur Erde falle“).
→9 10 *Uns trifft es nicht, bis zu uns kommt es nicht* Korr. nach G.
→9 11–15 Die Zukunftsverheißungen umfassen: Wiederherstellung des Davidischen

den Rest von Edom und die übrigen
Völker, über die mein Name genannt
ist. Jahwe sagt es und wird es aus-
führen.
13 Siehe, es werden Tage kommen,
spricht Jahwe, da folgt dem Pflügen-
den der Schnitter, und der die Kelter
tritt, dem Sämann, da träufeln die
Berge von Most, und alle Hügel fließen
über. 14 Dann wende ich das Geschick
meines Volkes Israel, und sie werden
die zerstörten Städte wieder aufbauen
und darin wohnen und Weinberge
pflanzen und ihren Wein trinken und
Gärten anlegen und deren Früchte
essen. 15 Und ich pflanze sie ein in
ihrem Boden, und sie sollen nicht mehr
ausgerissen werden aus dem Boden,
den ich ihnen gegeben habe, spricht
Jahwe, dein Gott.

Reiches, v. 11–12; materiellen Wohlstand, v. 13–14; endgültige Inbesitznahme des wiedererlangten Landes, v. 15. Zu dieser messianischen Heilszeit vgl. Hos 220+. Der Abschnitt scheint aus späterer Zeit zu sein, vgl. Einleitung zu den Prophetenbüchern, S. 1025.

→911 *ihre Risse . . . ihre Trümmer* G; M: „ihre (Plural) Risse und seine Trümmer".

→914 *Dann wende ich das Geschick meines Volkes Israel* Oder: „Dann lasse ich zurückkehren die Gefangenen meines Volkes Israel".

Das Buch Obadja

Überschrift

1 Gesicht des Obadja. Über Edom.

Einleitung

1c Eine Botschaft hörte ich von
Jahwe, ein Bote ist unter die Völker
gesandt: „Auf, erheben wir uns zum
Kampf gegen dies Volk!"

1b Also spricht Jahwe, der Herr:
2 Siehe, ich mache dich klein unter
den Völkern, verachtet sollst du sein
gar sehr.

3 Deines Herzens Übermut hat dich
betört. Weil du in Felsenklüften hau-
sest, in den Höhen deinen Sitz nahmst,
sprichst du in deinem Herzen: „Wer
will mich hinunterstürzen?"

4 Und erhebst du dich wie der
Adler, baust dein Nest zwischen den
Sternen, ich will dich von da herunter-
holen, spricht Jahwe.

Edoms Vernichtung

5 Wenn Diebe bei dir einbrechen
[oder nächtliche Räuber], stehlen
sie nicht, bis es ihnen genügt? Sind
Winzer über dich gekommen, lassen
sie dir nicht wenigstens die Nach-
lese?

5c Wie wirst du zugrunde gerichtet!
6 Wie wird man Esau durchsuchen,
seine verborgenen Schätze durch-
stöbern! 7 Bis zur Grenze werden dich
jagen alle deine Verbündeten, es be-
trügen und vergewaltigen dich deine
Freunde. Die dein Brot aßen, legen
dir Fallstricke: „Er hat ja keinen Ver-
stand mehr."

8 Ja, an jenem Tage, spricht Jahwe,
tilge ich aus die Weisen aus Edom und
die Einsicht aus Esaus Bergen.

9 Da verzagen deine Helden, Te-
man, damit jedermann ausgerottet
werde vom Gebirge Esau.

Edoms Schuld

Wegen des Mordens, 10 wegen der
Gewalttat an deinem Bruder Jakob
soll Schande dich bedecken und sollst
du ausgerottet werden für immer.

→1c *hörte ich* G, Jr 4914; M: „hörten wir". Wörtlich: „Gehörtes hörte ich". Die Verse 1–9 stehen parallel zu Jr 497–22.

→1c *unter die Völker gesandt* Sinnbildliche Beschreibung einer Allianz, die gegen Edom gebildet wird; vgl. Jr 45; 502.

→1b–4 Weil Edom schadenfroh über Israel spottete, 12, wird es seinerseits der Verachtung anheimfallen, 2.10c: Sein Untergang ist Strafe für seinen Übermut. Zu dieser Vorstellung vgl. Spr 1618; 2923, sowie im Hinblick auf die Völker: Js 14; Jr 50–51; Ez 29–32; 26–28; Sach 1011.

→3 *in Felsenklüften* Vielleicht soll der „Felsen" *(sela)*, auf dem Edom sich verschanzt, an den Namen der edomitischen Hauptstadt *Has-Sela* „Der Fels" erinnern, vgl. 2 Kg 147; der griechische Name dieser Stadt, *Petra*, hat die gleiche Bedeutung.

→3 *in den Höhen deinen Sitz nahmst* Üss; M: „Höhe".

→4 *baust* G; M: „bauen" oder „gebaut".

→5 *wenigstens die Nachlese* Dies wird in v. 6–7 erklärt: Edom wird so gründlich geplündert, wie es gewöhnliche Diebe, die noch etwas zurücklassen, oder „Winzer", die die eine oder andere Traube vergessen, nicht tun würden, vgl. Dt 2421.

→5c Dieser Versteil folgt in M nach *Räuber*.

→7 *Bis zur Grenze werden dich jagen* Edom wird nun selbst von seinen Verbündeten im Stich gelassen, sie verjagen es aus seinem eigenen Gebiet.

→7 *Die dein Brot aßen* Ergänzt nach Ps 4110; M: „dein Brot"; V: „Die mit dir essen".

→7 *Fallstricke* Korr., vgl. Ib 196; M Bedeutung unsicher.

→7 *Er hat ja keinen Verstand mehr* Ironische Bemerkung der falschen Freunde Edoms.

→8 *an jenem Tage* Der Tag des Gerichts über Edom im Zusammenhang mit dem Tag Jahwes, 15, vgl. Am 518+, an dem Gott Edom und die anderen Völker strafen, 16–17, Israel aber wiederherstellen und retten wird, 17–21.

→8 *die Weisen* Edom war berühmt für seine Weisheit, vgl. Ib 211+.

→8 *aus Esaus Bergen* Hier und in 9.19.21 Bezeichnung für das Bergland von Edom (auch „Gebirge Seïr" genannt), vgl. Gn 324; 3314.16; 368–9; Dt 24.5.12. Es ist das südliche Ostjordanland.

→9 *Teman* Gebiet im Norden Edoms; hier und auch sonst bezeichnet dieser Name das ganze Land.

→10–15 Sein Verhalten beim Fall Jerusalems wird Edom im AT zum Vorwurf gemacht: Ez 2512–14; 35; Klgl 421–22; Ps 1377. Nach Ez 355–12 und 362.5 scheint Edom damals – wenigstens teilweise – Juda besetzt zu haben. Ähnliche Vorwürfe wer-

11 Am Tage, da du dabeistandest,
als Barbaren seine Reichtümer fort-
führten und Fremde in sein Tor ein-
brachen und über Jerusalem das Los
warfen, da warst auch du wie einer
von ihnen.
12 Du hättest nicht schadenfroh auf
deinen Bruder blicken sollen am Tage
seines Unglücks, dich nicht freuen
sollen über die Söhne Judas am Tage
ihres Untergangs. Du hättest nicht
deinen Mund aufreißen sollen am
Tag ihrer Trübsal!
13 Du hättest nicht ins Tor mei-
nes Volkes einbrechen sollen am
Tage seiner Not, dich nicht weiden
sollen am Tage der Bedrängnis und
nicht die Hand ausstrecken sollen nach
seinem Hab und Gut am Tage seiner
Not.
14 Du hättest dich nicht an den
Scheideweg stellen sollen, um die
Flüchtlinge niederzumachen, nicht
ausliefern sollen die Entronnenen am
Tage der Trübsal!
15 Denn nahe ist der Tag Jahwes
für alle Völker. Wie du getan, so wird
dir getan werden, dein Tun fällt auf
dein Haupt zurück.

Israels Vergeltung an Edom am Tage Jahwes

16 Denn wie ihr getrunken habt auf
meinem heiligen Berge, so werden
trinken alle Völker fort und fort,
sie werden trinken und schlürfen
und werden sein, als wären sie nie
gewesen.
17 Auf dem Berge Zion aber wird
Rettung sein, er wird heilig sein, und
das Haus Jakob wird in Besitz nehmen,
die es besaßen.
18 Das Haus Jakob wird zum Feuer
und das Haus Joseph zur Flamme, das
Haus Esau aber zur Stoppel, und sie
werden es in Brand stecken und
verzehren. Keiner wird übrigbleiben
vom Hause Esau, denn Jahwe hat es
gesagt.

Das neue Israel

19 Und die vom Negeb werden in
Besitz nehmen das Gebirge Esau und
die von der Niederung das Land der
Philister; und sie werden in Besitz
nehmen die Gefilde von Ephraim, den
Gau von Samaria, und Benjamin das
Land Gilead.
20 Und die Verbannten dieses Hee-
res, die Söhne Israels, werden besetzen
Kanaan bis nach Zarepta, und die
Verbannten von Jerusalem in Sepha-
rad werden besetzen die Städte des
Negeb.
21 Siegreich werden sie hinaufziehen
zum Berg Zion, um zu richten das
Gebirge Esau, und Jahwe gehört das
Reich.

---

den den Ammonitern, Ez 25 1–7, vgl. 21 33–37, und Philistern gemacht, Ez 25 15–17.

→10 *an deinem Bruder Jakob* Zum Verwandtschaftsverhältnis und der Zwietracht zwischen Edom und Israel vgl. Gn 25 22–28; 27 27–29; 32 4 – 33 16; Dt 23 8; Nm 20 23+. „Jakob“ bezeichnet hier das Land Juda, vgl. 18; Joel 4 19, im Gegensatz zu „Joseph“.

→11 *Am Tage* Der „Tag Jerusalems“, Ps 137 7: der Tag im Jahre 587 v. Chr., an dem die Chaldäer in die Stadt eindrangen, 2 Kg 25 3–4, oder an dem der Tempel in Flammen aufging, 2 Kg 25 8–9.

→12 *auf deinen Bruder* Korr.; M: „auf den Tag deines Bruders“.

→15 Auf Edom wird das Gesetz der Wiedervergeltung angewendet, Ex 21 25+. Die gleiche Art der Strafe wird Babel, Jr 50 15.29, vgl. Apk 18 6–7, den Feinden Jerusalems, Klgl 3 64, Tyrus, Sidon und den Philistern, Joel 4 4.7, angedroht.

→16–18 Der Blick wird umfassender: Am „Tage Jahwes“, an dem alle Völker gerichtet werden, vgl. Am 5 18+, wird der unterworfene Zion zur Stätte des Heiles, und die Macht geht in seine Hände über. Seine Feinde (die Heidenvölker) sind geschlagen, unter ihnen ist Edom für immer vernichtet.

→16 Der Prophet wendet sich jetzt an die Israeliten.

→16 *getrunken* Aus dem Becher des Zornes Gottes, vgl. Js 51 17+.

→16 *schlürfen* Bedeutung unsicher.

→17 *Auf dem Berge Zion aber wird Rettung sein* Diese Stelle ist in Joel 3 5 als Schriftwort zitiert. Dem aus Juda geretteten „Rest“, vgl. Js 4 3+, wird der Tag Jahwes keinen Schrecken mehr bringen, sondern sicheres Heil auf dem Berge Zion, dem unantastbaren Heiligtum, das „die Fremden nicht mehr betreten werden“, Joel 4 17.

→17 *die es besaßen* Üss; M: „ihre Besitzungen“.

→18 Das „Haus Jakob“, vgl. 10, ist Juda, das „Haus Joseph“ das Nordreich, vgl. Am 5 6; Sach 10 6, das in der endgültigen Heilszeit mit Juda verbunden ist, vgl. Jr 3 18+. Die beiden Reiche werden die Idealgrenzen des Davidischen Großreiches, vgl. 1 Kg 8 65; 2 Kg 14 25, zurückerobern, 19–20.

→19 Übersetzung nach G und V.

→20 *Kanaan* Wörtlich: die Kanaanäer; gemeint ist Phönizien. Zarepta zwischen Tyrus und Sidon wird die Nordgrenze des neuen Reiches sein; Sepharad ist unbekannt.

→21 *Siegreich* Wörtlich: „die Geretteten“, Korr.; M: „die Retter“.

→21 *richten* D. h. herrschen.

→21 *Jahwe gehört das Reich* Jubelruf der Endzeiterwartung Israels, Ps 22 29; 103 19; 145 11–13, vgl. Ps 10 16; 47 9; 93 1; 97 1; 99 1. Israels Herrschaft und Reich ist Jahwes Herrschaft und Reich, die Vollendung der Geschichte.

Das Buch Jona

Jona lehnt sich gegen seine Sendung auf

1 1 Es erging das Wort Jahwes an
Jona, den Sohn des Amittai, also:
2 „Auf, gehe nach Ninive, der
großen Stadt, und predige ihr, denn
ihre Bosheit ist zu mir gedrungen."
3 Aber Jona machte sich auf, um vor
Jahwe nach Tarschisch zu fliehen. Er
ging nach Japho hinab und fand ein
Schiff, das nach Tarschisch fuhr, und
er bezahlte das Fahrgeld und stieg ein,
um mit ihnen nach Tarschisch zu fah-
ren, fort von dem Angesicht Jahwes.
4 Jahwe aber warf einen starken Wind
auf das Meer, und es entstand ein
gewaltiger Sturm, so daß das Schiff
nahe daran war, zu scheitern. 5 Da
fürchteten sich die Schiffer und schrien,
ein jeder zu seinem Gott; und sie war-
fen die Gegenstände, die im Schiffe
waren, ins Meer, um das Schiff zu er-
leichtern. Jona aber war in den unter-
sten Teil des Schiffes hinabgestiegen,
hatte sich hingelegt und war einge-
schlafen. 6 Da ging der Kapitän zu
ihm und sprach zu ihm: „Was schläfst
du? Steh auf und rufe zu deinem Gott!
Vielleicht wird der Gott unser geden-
ken, daß wir nicht umkommen." 7 Und
sie sprachen einer zum anderen:
„Wohlan, wir wollen das Los werfen,
um zu erfahren, wer schuld ist, daß
dieses Unglück uns getroffen hat." Und
sie warfen das Los, und das Los fiel
auf Jona. 8 Und sie sagten zu ihm:
„Sag uns doch, was du für ein Geschäft
betreibst, woher du kommst und wel-
chem Volke du angehörst." 9 Da sagte
er zu ihnen: „Ich bin ein Hebräer und
verehre Jahwe, den Gott des Himmels,
der das Meer und das Festland gemacht
hat." 10 Da fürchteten sich die Männer
sehr und sagten zu ihm: „Warum hast
du das getan?" Denn die Männer
wußten, daß er vor Jahwe geflohen
war, er hatte es ihnen selbst erzählt.
11 Da sagten sie zu ihm: „Was sollen
wir mit dir anfangen, damit das Meer
sich beruhigt und von uns ablasse?"
Denn das Meer wurde immer stürmi-
scher. 12 Er antwortete ihnen: „Nehmt
mich und werft mich ins Meer, damit
das Meer sich beruhige und von euch
ablasse, denn ich weiß, daß um meinet-
willen dieser große Sturm über euch
gekommen ist." 13 Und die Männer
legten sich in die Ruder, um ans Land
zu kommen, aber sie vermochten es
nicht, denn das Meer stürmte immer
mächtiger gegen sie an. 14 Da riefen
sie zu Jahwe und sprachen: „Ach
Jahwe, laß uns doch nicht zugrunde
gehen wegen des Lebens dieses Mannes
da und bringe nicht unschuldiges Blut
über uns, denn du, Jahwe, hast, wie es
dir gefiel, getan." 15 Und sie nahmen
Jona und warfen ihn ins Meer, und
das Meer ließ ab von seinem Toben.
16 Da fürchteten sich die Männer
sehr vor Jahwe, und sie brachten
Jahwe ein Opfer dar und machten
Gelübde.

Jonas Rettung

2 1 Da bestellte Jahwe einen Fisch,
um Jona zu verschlingen, und Jona
war drei Tage und drei Nächte im
Bauche des Fisches. 2 Und Jona be-

→13 *Tarschisch* In den Augen der Hebräer das Ende der Welt, vgl. 1 Kg 101+; Ps 488+. Jona will sich seiner Sendung dadurch entziehen, daß er soweit wie möglich flieht.

→15 *ein jeder zu seinem Gott* Die Schiffer stammen aus verschiedenen Völkern; jeder hat seinen Gott, glaubt aber an die Macht der anderen Götter.

→17 *wer schuld ist* Diese Vorstellung, daß die Anwesenheit eines Schuldigen auf einem Schiff eine Gefahr für alle bedeutet, findet sich im Altertum auch sonst.

→18 *Sag uns doch* Danach Zusatz in M: „weswegen dieses Unglück uns getroffen hat"; fehlt in G.

→116 Der Verfasser hebt die Rechtschaffenheit der heidnischen Seeleute hervor; sie sind entsetzt über den Widerstand Jonas gegen Jahwe, v. 10; sie fürchten, sich gegen Jahwe zu vergehen, wenn sie Jona opfern, v. 14; am Ende huldigen sie dem Gott Jonas, nachdem sie die Macht dieses Gottes erkannt haben.

→21 *einen Fisch* Zu diesem Fisch und zu den vom Verfasser des Jonabüchleins reichlich erzählten Wundern überhaupt vgl. Einl. zu den Prophetenbüchern, S. 1032.

tete zu Jahwe, seinem Gott, aus dem
Bauche des Fisches 3 und sprach:
Ich rief aus meiner Not zu Jahwe,
und er erhörte mich; aus dem Schoß
der Scheol schrie ich empor, du hörtest
meine Stimme.
4 Du warfst mich in die Tiefe, mitten
ins Meer, die Fluten umgaben mich.
Alle deine Wogen und Wellen gingen
über mich dahin.
5 Da sagte ich mir: Ich bin ver-
stoßen von dir. Wie werde ich je wieder
schauen deinen heiligen Tempel?
6 Die Wasser stiegen mir bis zur
Gurgel, es umfing mich die Flut, Schilf
wand sich um mein Haupt 7 an der
Wurzel der Berge.
Hinabgestiegen war ich zur Unter-
welt, zu den Völkern von einst. Aber
du zogst aus der Grube mein Leben,
Jahwe, mein Gott.
8 Als meine Seele in mir verschmach-
tete, da gedachte ich Jahwes. Mein
Gebet drang bis zu dir in deinen heili-
gen Tempel.
9 Die da nichtige Götzen verehren,
verzichten auf ihr Glück.
10 Ich aber will mit lautem Dank
dir Opfer bringen. Was ich gelobt, will
ich erfüllen. Die Hilfe kommt von
Jahwe.
11 Und Jahwe gebot dem Fisch, und
er spie den Jona aufs Land.

Ninives Bekehrung und Gottes Verzeihen

3 1 Es erging das Wort Jahwes an
Jona zum zweiten Male also:
2 „Steh auf und geh nach Ninive, der
großen Stadt, und halte ihr die Predigt,
die ich dir auftragen werde.“ 3 Und
Jona machte sich auf und ging nach
Ninive, wie Jahwe ihm aufgetragen
hatte. Ninive aber war eine große
Stadt vor Gott, drei Tage brauchte
man, um sie zu durchwandern. 4 Jona
ging eine Tagereise weit in die Stadt
hinein und predigte und sprach: „Noch
vierzig Tage, und Ninive wird zerstört
werden.“ 5 Die Männer von Ninive
aber glaubten Gott und riefen ein
Fasten aus und zogen Bußgewänder
an, groß und klein. 6 Und die Kunde
davon drang bis zum König von Nini-
ve, und er erhob sich von seinem Thron,
legte seinen Mantel ab, hüllte sich in
den Sack und setzte sich in die Asche.
7 Und er ließ in Ninive ausrufen und
gebot: „Auf Befehl des Königs und
seiner Großen! Menschen und Tiere,
Rinder und Schafe sollen nicht das
Geringste genießen, nicht auf die
Weide gehen und kein Wasser trinken!
8 Man soll sich vielmehr in den Sack
hüllen, und sie sollen mit Macht zu
Gott rufen, und ein jeder soll sich be-
kehren von seinem bösen Tun und von
dem Unrecht, das an seinen Händen
ist! 9 Vielleicht daß Gott es sich wieder
gereuen läßt und von seinem Zorn
abläßt, daß wir nicht zugrunde gehen.“
10 Als nun Gott sah, was sie taten, daß
sie von ihrem bösen Tun sich abkehr-
ten, da reute ihn das Böse, das er ihnen
zu tun angedroht hatte, und er tat es
nicht.

→23–10 Dieses Lied, in dem mosaikartig verschiedene Psalmentexte zusammengefügt sind, zeigt den üblichen Aufbau der Dankpsalmen: Gedenken der vergangenen Nöte, Erzählen der Rettung. In den Psalmen werden die großen Gefahren mit dem Tode und die Errettung mit einer Auferstehung verglichen, ebenso hier, vgl. V. 6.7.8. Das Meer, Gottes Feind von Anfang an, vgl. Ib 712+, wird als das Reich des Todes oder wenigstens als der Weg, der dorthin führt, angesehen. Daher die eindringlichen Wendungen des Liedes Jonas, derentwegen Jesus, Mt 1240; Lk 1130, das Erlebnis des Jona als Bild für seinen eigenen dreitägigen Aufenthalt „im Herzen der Erde“ (eher die Scheol als das Grab, vgl. Jon 22–3) verwenden kann. Das Reich des Todes erscheint dann als ein gefräßiges Ungeheuer, von dem Jesus nicht festgehalten werden kann und das ihn bei seiner Auferstehung wieder freigibt. Die Ähnlichkeit zwischen der Taufe des Christen und der Auferstehung Christi führte dazu, das Bild von Jona im gleichen Sinne in der typologischen Deutung der Taufe zu verwenden.

→27 *an der Wurzel der Berge* Wohl Bezeichnung für die Tiefe des unterirdischen Ozeans (auf dem man sich die Erde aufruhend vorstellte).

→17 *Hinabgestiegen war ich zur Unterwelt, zu den Völkern von einst* Schwieriger Text. Andere Deutung: „Hinabgestiegen war ich zu einem Land, dessen Riegel mich einschlossen auf ewig“.

→33 *eine große Stadt vor Gott* Ausdruck höchster Steigerung im Hebräischen. Die „drei Tagereisen“ sind ein weiteres übertreibendes Bild, um die märchenhaften Ausdehnungen der Stadt anzudeuten.

→34 *vierzig Tage* Erinnert an die vierzig Tage der Sintflut oder an die vierzig Jahre des Aufenthaltes in der Wüste, vgl. auch 1 Kg 198. G: „Noch drei Tage“, vgl. 21.

→35 *glaubten Gott* Hier wie auch im Evangelium wird durch die Umkehr der Niniviten der jüdische Unglaube als Gegensatz dazu betont, vgl. Einleitung zu den Prophetenbüchern, S. 1032.

→36 Diese ganze Szene der Buße und Umkehr ist das Gegenstück zu Jr 36, vgl. Einleitung zu den Prophetenbüchern, S. 1032. sie ist außerdem mit zahlreichen Lieblingsausdrücken Jeremias dargestellt.

→38 *Man soll sich* Korr.; M: „Menschen und Tiere sollen sich“.

Jonas Verdruß und Gottes Antwort

4 1 Das verdroß Jona gar sehr, und
er ward zornig. 2 Und er betete
zu Jahwe und sprach: „Ach Jahwe,
habe ich das nicht gesagt, als ich noch
in meiner Heimat war? Deshalb wollte
ich dir zuvorkommen und nach Tar-
schisch fliehen, denn ich wußte, daß
du ein gerechter und barmherziger
Gott bist, langsam zum Zorn und
reich an Gnade, und daß dich das
Böse gereut. 3 Und nun, Jahwe, nimm
doch mein Leben von mir, denn es
ist besser, ich sterbe, als daß ich am
Leben bleibe." 4 Da sprach Jahwe:
„Ist es wohl recht, daß du zornig bist?"
5 Und Jona ging zur Stadt hinaus und
ließ sich im Osten der Stadt nieder,
machte sich daselbst eine Hütte und
saß in deren Schatten, um zu sehen,
was mit der Stadt geschehen würde.
6 Und Jahwe Gott bestimmte eine
Rizinusstaude, daß sie über Jona
emporwachse, Schatten gebe seinem
Haupt, um ihn von seinem Unmut zu
befreien. Und Jona freute sich sehr
über den Rizinusstrauch. 7 Am ande-
ren Morgen aber, als die Morgenröte
emporstieg, da entbot Gott einen
Wurm, der stach die Rizinusstaude,
und sie verdorrte. 8 Als nun die Sonne
aufging, bestellte Gott einen glühen-
den Ostwind, und die Sonne stach
Jona auf den Kopf, daß er ganz er-
mattete, sich den Tod wünschte und
sprach: „Es ist besser, ich sterbe, als
daß ich am Leben bleibe." 9 Da sprach
Gott zu Jona: „Ist es wohl recht, daß
du zürnest wegen der Rizinusstaude?"
Da erwiderte er: „Mit Recht bin ich
erzürnt und möchte sterben." 10 Da
sprach Jahwe: „Du hast Mitleid mit
dem Rizinusstrauch, um den du dich
nicht gemüht hast und den du nicht
herangezogen hast, der in einer Nacht
heranwuchs und in einer Nacht ver-
ging. 11 Und ich sollte nicht Mitleid
haben mit Ninive, der großen Stadt,
in der mehr als hundertzwanzigtausend
Menschen leben, die nicht zwischen
rechts und links unterscheiden können,
und soviel Vieh?"

→411 Das Kapitel schließt damit, daß das allumfassende Erbarmen Gottes herausgestellt wird. Gott hat sich erbarmt über seinen vom Fisch verschlungenen Propheten, 27, und über Ninive, das Buße tut; er hat selbst Mitleid mit Jona, der in seinem Egoismus an Gott irre geworden ist. Gottes Antwort, 410–11, ist voll zarter, gütiger Ironie; seine Sorge erstreckt sich selbst auf die Tiere; um wieviel mehr wird sie sich um die Menschen kümmern, einschließlich der kleinen Kinder, „die nicht zwischen rechts und links unterscheiden können". Das ganze Büchlein ist damit eine Vorbereitung auf das volle Offenbarwerden der Liebe Gottes im Evangelium.

Das Buch Micha

1 1 Das Wort Jahwes, das an
Micha aus Moreschet erging in
den Tagen des Jotam, Achas und
Hiskija, der Könige von Juda, das
er schaute über Samaria und Jerusalem.

I. ISRAEL VOR GERICHT

DROHUNGEN UND VERURTEILUNGEN

Das Gericht über Samaria

2 Höret, ihr Völker alle! Merke auf,
Erde, und was sie erfüllt! Jahwe sei
wider euch Kläger, der Herr von seinem heiligen Tempel aus! 3 Denn
siehe, Jahwe verläßt seinen Wohnsitz,
er steigt herab und schreitet dahin
über die Höhen der Erde. 4 Es zerfließen die Berge unter ihm, die Täler
spalten sich, wie Wachs vor dem
Feuer, wie Wasser an den Abhang
gegossen.
5 Wegen der Frevel Jakobs geschieht
das alles und wegen der Sünde des Hauses Israel. Welches ist denn der Frevel
Jakobs? Ist es nicht Samaria? Welches
ist die Sünde des Hauses Juda? Ist es
nicht Jerusalem? 6 „Ich mache aus
Samaria einen Trümmerhaufen im
freien Feld und Pflanzstätten für Weinberge. Seine Steine lasse ich rollen ins
Tal, und seine Grundfesten lege ich
bloß. 7 Alle seine Schnitzbilder werden zerschlagen und all sein Buhlerlohn im Feuer verbrannt; alle seine
Götzenbilder verwüste ich. Denn vom
Buhlerlohn sind sie zusammengebracht, und sie sollen wieder zu
Buhlerlohn werden."

Klage über die Städte der Niederung

8 Darum will ich jammern und
wehklagen, barfuß einhergehen und
nackt; ich will klagen wie die Schakale
und jammern wie die Strauße. 9 Denn
unheilbar ist Jahwes Schlag, er kommt
auch nach Juda, er dringt vor bis zu den
Toren meines Volkes, bis Jerusalem.
10 Verkündet es nicht in Gat! Weinet doch nicht in . . .! In Bet-Leaphra

---

→1 2–7 Dieser Spruch gegen Samaria aus der Zeit vor der Zerstörung der Stadt (721 v. Chr.) wurde später auf Jerusalem angewendet.
→1 2 *Jahwe* Einige Hss von G; M: „Der Herr Jahwe".
→1 5 *wegen der Sünde* G, T; M: „wegen der Sünden".
→1 5 *die Sünde des Hauses Juda* G, T; M: „die Höhen(heiligtümer) von Juda".
→1 7 *Buhlerlohn* Der Verdienst der Tempeldirnen, die zum Kult von Samaria gehörten, Am 2 7–8; Hos 4 14, vgl. Dt 23 19+; ganz Samaria ist für Micha eine Hure wie Israel für Hosea, Jeremia, Ezechiel, vgl. Hos 1 2+.
→1 7 *sind sie zusammengebracht* T, S, V; M: „hat sie zusammengebracht".
→1 8–16 Diese Klage kündet zwölf Städten (im Südwesten von Juda), von denen sieben bekannt sind, das Unheil an: Gat, Moreschet-Gat, Zaanan, Lachisch, Achsib, Marescha, Adullam, vgl. Jos 15 35–44; der Name einer Stadt ist ausgefallen, v. 10; die vier letzten Städte sind in derselben Gegend zu suchen. Der Grundgedanke ist klar: Ein Feindeinbruch, der das Heimatland des Propheten trifft, dient hier als Warnung für Jerusalem. Es dürfte sich um die Strafexpedition Sancheribs gegen das Philisterland und gegen Juda 701 v. Chr. handeln.
→1 9 *Jahwes Schlag* Korr.; M: „die Schläge, die es bzw. sie erhielt".
→1 10f Wie in Js 10 28–32 enthält der Text Wortspiele mit den Namen der zwölf Städte. Es besteht Verwandtschaft im Wortklang zwischen Gat und *tagiddu* „verkündet", zwischen Bet-Leaphra und *'aphar* „Staub", vielleicht zwischen Schaphir und *schophar* „Horn", zwischen Zaanan und *jazea* „sie wagt sich heraus", zwischen Bet-ha-Ezel und *'azal* „losreißen, entwurzeln", zwischen Lachisch und *recheschr* „Rosse". Marot bedeutet „Bitterkeiten". Der Name Moreschet (der Heimatort des Propheten, 1 1) läßt an *me'orascha* „die Verlobte" denken: Die Stadt muß ihrem neuen Herrn mit den Brautgeschenken ausgeliefert werden. Achsib klingt an *'achsab*

wälzt euch im Staube! 11 Stoßet ins
Horn, ihr Bewohner von Schaphir!
Die Bewohner von Zaanan wagen sich
nicht heraus aus ihrer Stadt. Bet-ha-
Ezel wird losgerissen von seinen
Grundfesten, seinen festen Stützen.
12 Wie könnten auf Glück hoffen die
Bewohner von Marot, da doch Unheil
gekommen ist von Jahwe zu den Toren
Jerusalems. 13 Schirret die Rosse an die
Wagen, ihr Bewohner von Lachisch!
[Dort fing die Sünde der Tochter Zion
an. Ja, bei dir wurden die Frevel Israels
gefunden.] 14 Darum werden More-
schet-Gat Entlassungsgeschenke ge-
geben. Bet-Achsib wird zur Enttäu-
schung den Königen von Israel.
15 Der Eroberer wird auch zu euch
noch kommen, ihr Bewohner von
Marescha. ... bis nach Adullam
wird gehen die Herrlichkeit Israels.

16 Schere dir Haare und Bart wegen
der Kinder deiner Lust, mache dir
eine Glatze wie die des Geiers, denn
sie müssen fort von dir.

Gegen die habgierigen Reichen

2 1 Wehe denen, die auf Böses und
üble Taten sinnen auf ihren Lagern,
um es bei Morgengrauen zu vollführen,
weil sie die Macht dazu haben! 2 Ge-
lüstet es sie nach Feldern, sie rauben
sie, nach Häusern, sie nehmen sie weg,
bemächtigen sich des Mannes und
seines Hauses, des Besitzers und seines
Eigentums. 3 Darum spricht also
Jahwe: Siehe, ich plane Unheil wider
dieses Geschlecht! Ihr werdet ihm
eure Nacken nicht entziehen können
und werdet nicht mehr stolz einher-
gehen, denn es ist böse Zeit. 4 An
jenem Tage wird man über euch ein
Spottlied singen und ein Klagelied
anstimmen, und man wird sagen:
„Wir sind völlig vernichtet. Das Erbe
meines Volkes wird mit der Meßschnur
vermessen, niemand gibt es ihm wieder.
Unsere Felder werden dem zugeteilt,
der uns plündert."

5 Darum wird keiner sein, der euch
die Meßschnur wirft und ein Los zu-
teilt in der Gemeinde Jahwes.

Der Unheilsprophet

6 „Predigt nicht", predigen sie. „So
soll man nicht predigen. Die Schande
wird uns nicht erreichen. 7 Wird denn
verflucht das Haus Jakob? Ist denn
Jahwe ungeduldig geworden? Sind
das seine Taten? Sind seine Worte
nicht voll Wohlwollen gegen sein Volk
Israel?" 8 Ja, ihr tretet auf als Feind
gegen mein Volk. Dem Friedfertigen
entreißt ihr den Mantel, über den
Nichtsahnenden bringt ihr das Ver-
derben des Krieges. 9 Die Frauen

„Enttäuschung" an, Marescha an *joresch* „der sich bemächtigt".
→1 10 *in* ... Im verderbten Text von M dürfte ein Ortsname gestanden haben.
→1 11 *Stoßet ins Horn* Korr. (*schophar* „Horn" ist hinzugefügt); M: „Gehe vorüber für euch (?)"
→1 11 *aus ihrer Stadt* Korr., vgl. G; M: „Blöße (oder: Schande)".
→1 11 *wird losgerissen* G, T; M: „wird losreißen".
→1 11 *von seinen Grundfesten* Korr.; M: „Jammer".
→1 11 *(von) seinen festen Stützen* Korr.; M: „von euch".
→1 12 *Wie könnten ... hoffen* Korr. nach T; M: „Denn sie sind krank".
→1 14 *Bet-Achsib* Korr.; M: „Die Häuser von Achsib".
→1 15 *wird ... kommen* Korr.; M: „ich werde bringen (?)".
→1 15 *Adullam* Adullam war Zufluchtsort Davids auf der Flucht. Mit Korrektur im Text könnte man auch lesen: „Auf ewig ist von Adullam dahin die Herrlichkeit Israels" – Jahwe wird selbst die Stätte verlassen, an der die Großtaten des Königsgeschlechtes begonnen haben.
→2 2 *bemächtigen sich* Es handelt sich um Schuldhaft, die die Gläubiger dazu benützen, um ihren Grundbesitz zu vergrößern.
→2 4 Korr., vgl. G. Die Strafe, das Werk eines fremden Eroberers, fällt auf das ganze Volk. Wortspiel zwischen *sadenu* „unsere Felder", *schobenu* „der uns plündert" und *neschadunu* „wir sind vernichtet".
→2 5 *euch* Korr.; M: „dir". Die Wucherer werden von der neuen Landverteilung im wiederhergestellten Reich ausgeschlossen sein.
→2 6–11 Die Hörer des Propheten erheben im Namen des Bundes Einspruch gegen seine Drohungen, v. 6–7. Micha antwortet, v. 8–10, daß dieser Bund durch die Ungerechtigkeit jener falschen Frommen gebrochen wurde, die von ihren Propheten nur Versprechungen materieller Genüsse hören wollen, v. 11.
→2 6 *predigen* Das so übersetzte Zeitwort, hier und v. 11, bedeutet wörtlich: „tropfen, triefen lassen" und wird gewöhnlich in herabsetzender Bedeutung gebraucht.
→2 6 *wird uns nicht erreichen* Korr.; M: „wird nicht zurückweichen".
→2 7 *verflucht* Korr.; M: „gesagt".
→2 7 *seine Worte* G; M: „meine Worte".
→2 7 *gegen sein Volk Israel* Korr.; M: „mit dem Gerechten, der geht".
→2 8 Korr., vgl. G; M etwa: „und gestern erhob sich mein Volk als Feind; von vorne entreißt ihr den Prachtmantel denen, die vom Kriege zurückgekehrt arglos dahinziehen".
→2 9 *ihrem ... ihren* (Plural) G; M (Singular).
→2 9 *meine Ehre* Die Ehre des Freien in Israel.

meines Volkes vertreibt ihr aus ihrem
geliebten Heim, ihren Kindern raubt
ihr meine Ehre für immer. 10 „Macht
euch auf und geht! Denn hier ist kein
Bleiben!“ Wegen eines Nichts erpreßt
ihr ein erdrückendes Pfand.
11 Käme einer, der dem Wind nachliefe und redete Lug und Trug: „Ich will dir predigen von Wein und berauschendem Getränk“, das wäre der rechte Prediger für dieses Volk.

Heilsverheißungen

12 Sammeln will ich ganz Jakob,
versammeln will ich den Rest Israels.
Ich will sie zusammenbringen wie
Schafe im Pferch, wie eine Herde auf
der Trift, vor niemandem haben sie
Angst. 13 Vor ihnen her geht der
Bahnbrecher. Er bricht durch, sie schreiten durch das Tor und ziehen hinaus, und ihr König schreitet vor ihnen her; Jahwe ist an der Spitze.

Gegen die Führer die das Volk unterdrücken

3 1 Ich sprach: Höret doch, ihr
Häupter des Hauses Jakob und
ihr Richter des Hauses Israel! Ist es
nicht eure Sache, das Recht zu kennen?
2 Aber ihr haßt das Gute und liebt
das Böse! 3 Die das Fleisch meines
Volkes fressen und ihnen die Haut abziehen, ihre Knochen zerbrechen und sie zerteilen wie das Fleisch im Kessel und wie Braten in der Pfanne,
4 sie werden dann zu Jahwe schreien,
aber er wird sie nicht erhören und sein Antlitz vor ihnen verbergen in jener Zeit, weil ihre Werke böse waren.

Gegen die käuflichen Propheten

5 Also spricht Jahwe über die Propheten, die mein Volk verführen, die, wenn sie etwas zu beißen haben, „Heil“ rufen, aber dem, der ihnen nichts ins Maul stopft, den Krieg erklären.
6 Darum wird Nacht für euch sein ohne
Gesicht, und Finsternis ohne Orakel.
Die Sonne wird untergehen über den
Propheten und der Tag ihnen zur
Finsternis sein. 7 Da werden die
Seher zuschanden werden und die
Wahrsager beschämt werden. Sie
werden alle ihren Bart verhüllen, denn
die göttliche Antwort bleibt aus.
8 Ich aber bin erfüllt mit Kraft, [dem
Geiste Jahwes,] Recht und Stärke, um
Jakob seine Frevel kundzutun und
Israel seine Sünden.

An die Verantwortlichen: Ankündigung von Zions Untergang

9 So höret dies, ihr Häupter des
Hauses Jakob, ihr Richter des Hauses
Israel, die ihr das Recht verabscheut
und alles, was gerade ist, verdreht,
10 die ihr Zion erbaut mit Blut und
Jerusalem mit Frevel. 11 Seine Häupter
sprechen für Geschenke Recht, seine
Priester geben Weisung um Lohn, seine
Propheten wahrsagen um Geld und
stützen sich dabei auf Jahwe und
sagen: „Ist nicht Jahwe in unserer
Mitte? Uns kann kein Unheil treffen.“
12 Darum (spricht Jahwe) wird
euretwegen Zion zum Acker umgepflügt und Jerusalem zu einem Trümmerhaufen werden und der Tempelberg zu einer Waldhöhe.

→2 10 *Wegen eines Nichts* Korr.; M: „Wegen Unreinheit“.
→2 10 *erpreßt ihr ein ... Pfand* Korr., vgl. G.
→2 11 Das Wort des Lügenpropheten enthält ein Wortspiel mit der Doppelbedeutung des Zeitworts: „predigen“ und „triefen lassen“, vgl. 2 6+.
→2 12–13 Ob diese Heilsverheißungen von der Zusammenführung und Rückkehr von Micha stammen, ist umstritten.
→2 12 *ganz* G; M: „dich ganz“.
→2 12 *vor niemandem haben sie Angst* Korr.
→2 13 *Er bricht durch* Korr.; M: „Sie brechen durch“.
→3 1 *des Hauses Jakob* G und v. 9; M: „von Jakob“.
→3 2 Zusatz (als Erklärung zu v. 3) in M am Versende: „ihr zieht ihnen ab die Haut und das Fleisch von ihren Knochen“.
→3 3 *wie das Fleisch* G, S; M: „wie“.
→3 5–8 Zu den Geschenken an die Propheten vgl. 1 Sm 9 7–8; 1 Kg 14 3; 2 Kg 4 42; 5 15.22; 8 8–9; Am 7 12.
→3 9 *(die ihr) verdreht* Korr.; M: „sie verdrehen“.
→3 10 *die ihr ... erbaut* Üss; M: „die du ... erbaust“.
→3 10 Angesichts der großen Bauten der Hauptstadt denkt Micha zuerst an die Ungerechtigkeit, um deren Preis sie errichtet wurden (wie Am 3 10.15; 5 11; 6 8; Jr 22 13–15).
→3 11 *geben Weisung* Es handelt sich um die priesterlichen Rechtsentscheidungen *(torot)*, vgl. Ex 22 8; Dt 17 8–13; Jr 18 18; Ez 7 26; Hag 2 11–14; Mal 2 7.

II. VERHEISSUNGEN AN ZION

Jahwes zukünftige Herrschaft auf dem Zion

4 1 Es wird geschehen am Ende der
Tage, da wird stehen der Berg des
Hauses Jahwes festgegründet an der
Spitze der Berge, erhaben wird er sein
über die Hügel, und Völker werden zu
ihm hinströmen, 2 und viele Nationen
werden kommen und sagen: „Auf!
Laßt uns hinaufsteigen zum Berge
Jahwes und zum Hause des Gottes
Jakobs, daß er uns lehre seine Wege
und wir auf seinen Pfaden wandeln!
Denn von Zion geht aus die Lehre,
und Jahwes Wort von Jerusalem."
3 Und richten wird er zwischen vielen
Völkern und über mächtige Nationen
Recht sprechen, und sie werden ihre
Schwerter umschmieden zu Pflug-
scharen und ihre Speere zu Winzer-
messern. Nicht mehr wird ein Volk
wider das andere das Schwert erheben,
und nicht mehr werden sie das
Kriegshandwerk erlernen. 4 Es wird
ein jeder unter seinem Weinstock
sitzen und unter seinem Feigenbaum,
ohne daß jemand ihn stört. Denn
der Mund Jahwes Zebaot hat es
gesagt.
5 Denn alle Völker wandeln, ein
jedes im Namen seines Gottes, wir
aber wandeln im Namen Jahwes,
unseres Gottes, immer und ewig.

Die Sammlung der zerstreuten Herde auf dem Zion

6 An jenem Tage, spricht Jahwe, da
will ich sammeln, was hinkt, und was
versprengt war, zusammenbringen
und die, denen ich Übles getan habe.
7 Was hinkt, mache ich zu einem
Rest, und was schwach ist, zu einem
mächtigen Volke, und Jahwe wird
über sie König sein auf dem Berge
Zion von nun an bis in Ewigkeit.
8 Und du, Herdenturm, Ophel der
Tochter Zion, zu dir soll zurück-
kehren die frühere Herrschaft, das
Königtum über das Haus Israel.

Belagerung, Verbannung und Befreiung von Zion

9 Nun, warum erhebst du Ge-
schrei? Ist denn kein König in dir?
Oder ist dein Ratgeber verschwunden,
daß dich Wehen ergreifen wie eine
Gebärende? 10 Winde dich nur und
stöhne, Tochter Zion, wie eine Ge-
bärende! Denn jetzt mußt du aus der
Stadt heraus und auf dem Felde
wohnen. Du kommst nach Babel, dort
wirst du gerettet werden, dort wird
Jahwe dich erlösen aus der Hand dei-
ner Feinde.

Die Völker, auf Zion gedroschen wie auf einer Tenne

11 Jetzt sammeln sich wohl viele
Völker wider dich, die sagen: Sie soll
entweiht werden, es weide sich unser
Auge an Zion! 12 Aber sie kennen
nicht Jahwes Gedanken und verstehen
nicht seine Absicht. Er sammelt sie
wie Garben auf der Tenne. 13 Steh
auf und drisch, Tochter Zion! Denn
ich mache dein Horn zu Eisen, und
deine Hufe mache ich zu Erz, daß du
viele Völker zertretest und Jahwe ihre
Beute weihest und ihre Schätze dem
Herrn der ganzen Welt.

→41–5 Der Ursprung dieses Spruches, der auch in Js 22–4 steht, ist unsicher. Wie Js 60 beschreibt er das Kommen der bekehrten Heiden zum Zion, vgl. Js 4514+.
→43 *sprechen* Danach Zusatz in M: „bis in die Ferne".
→45 Liturgischer Zusatz (wie Js 25).
→46–8 Unter dem Bild vom guten Hirten, vgl. Ez 341+, erfolgt hier die Verheißung von Israels Wiederherstellung auf dem Zion nach dem Strafgericht. Wahrscheinlich Zusatz, vgl. Einleitung zu den Prophetenbüchern, S. 1027.
→47 *was schwach ist* V; M: „was entfernt ist".
→48 *Herdenturm* Hebräisch: *Migdal-Eder;* dieser alte Ortsname, vgl. Gn 3521, bezeichnet hier Jerusalem als Schafhürde. Der Ophel ist das Stadtviertel der Königsresidenz.
→48 *über das Haus Israel* Korr.; M: „an die Tochter Jerusalem".
→49–10 Wahrscheinlich Zusatz, vgl. Einleitung zu den Prophetenbüchern, S. 1027. Dieser Spruch kündet die Wegführung in Gefangenschaft an. Die Erwähnung von Babel in v. 10 dürfte spätere Verdeutlichung sein.
→410 *und stöhne* Korr.; M: „und brich aus".
→411–13 Dieser Spruch beschreibt im Unterschied zum vorhergehenden eine Befreiung, die sich auf dem von den Völkern belagerten Zion selbst vollzieht. Zur gleichen Zeit wie Micha hielt Jesaja ähnliche Predigten, Js 1024–27.32–34; 1424–27; 291–8; 3027–33; 314–9. Bei allen diesen Sprüchen handelt es sich wahrscheinlich um den Angriff Sancheribs 701 v. Chr. und seinen rätselhaften Mißerfolg. Später wird der Ansturm der Völker gegen Jerusalem (und ihr Scheitern) zu einem bedeutungsvollen eschatologischen Thema, Ez 38–39; Joel 4; Sach 14.

Elend und Glanz des Geschlechtes David
14 Nun befestige dich, du Festung!
Sie haben wider uns einen Wall auf-
gerichtet, mit dem Stock schlagen sie
auf die Backe den Richter Israels.
5 1 Du aber, [Betlehem] Ephrata,
zwar das kleinste unter Judas
Geschlechtern, doch aus dir wird mir
hervorgehen, der über Israel herrschen
soll. Sein Ursprung geht zurück bis
in die Vorzeit, bis in längst entschwun-
dene Tage. 2 Darum wird er sie hin-
geben bis zur Zeit, da die Gebärende
geboren hat und der Rest seiner Brü-
der zurückkehrt zu den Söhnen Israels.
3 Und er tritt auf und regiert in der
Kraft Jahwes, in der Hoheit des Na-
mens seines Gottes, und sie werden
ruhig wohnen, denn nun steht er
groß da bis an die Grenzen der Erde.
4A Er selbst wird Friede sein. 5B Er
wird uns retten vor Assur, wenn es in
unser Land kommt, wenn es in unser
Gebiet eindringt.

Zuversicht der Judäer
4B Wenn Assur unser Land über-
fällt und unseren Boden betritt, dann
stellen wir ihm entgegen sieben Hirten
und acht Volksfürsten. 5A Die werden
Assur mit dem Schwerte weiden und
das Land Nimrods mit der Klinge.

Der Rest unter den Völkern. Die Läuterung
6 Und der Rest Jakobs wird sein
inmitten zahlreicher Völker wie der
Tau, den Jahwe gibt, wie Regentropfen
auf dem Gras, die nicht auf Menschen
warten noch auf Menschenkinder
harren. 7 Der Rest Jakobs wird sein
inmitten zahlreicher Völker wie der
Löwe unter den Tieren des Waldes,
wie ein junger Leu unter Schafher-
den, der, wenn er einbricht, nieder-
wirft und zerreißt, und niemand kann
helfen.
8 Es erhebe sich deine Hand gegen
deine Widersacher, und alle deine
Feinde sollen ausgerottet werden!
9 Es wird geschehen an jenem Tage,
spricht Jahwe, da rotte ich aus deine
Rosse aus deiner Mitte und vernichte
deine Streitwagen, 10 da rotte ich aus
die Städte deines Landes und reiße
nieder deine festen Plätze, 11 da rotte
ich aus die Zaubermittel aus deiner
Hand, und Wahrsager soll es nicht
mehr bei dir geben. 12A Ich werde
ausrotten deine Schnitzbilder und
deine Malsteine aus deiner Mitte,
und nicht mehr sollst du niederfallen
vor den Gebilden deiner Hände. 13 Ich
werde herausreißen aus deiner Mitte
die Ascheren und vernichten deine

→414 – 55B Der Spruch stellt dem zeitgenössischen, durch Sancherib, 2 Kg 18 13–16, gedemütigten König („Richter Israels") den Messiaskönig gegenüber, mit dessen Geburt ein neues Zeitalter der Herrlichkeit und des Friedens (wie in Js 95) beginnt. Micha stellt sich diesen Messias nach der traditionellen Weise der Propheten Judas vor, nämlich als einen auf Zion siegreich herrschenden König, vgl. Gn 4910–12; Nm 2415–19; Ps 110; Js 91–6; 111–9; 321.

→414 *befestige dich, du Festung* Korr. nach G; M: „mache dir Einschnitte, Tochter der Kriegsschar". „Festung" (*Bet-Gader*, wörtlich: Haus der Mauer) ist ein Name für Zion wie „Herdenturm" in v. 8; der Prophet stellt der stolzen befestigten Hauptstadt das geringe Ephrata gegenüber, aus dem das Heil kommen wird.

→51 *das kleinste* G; M: „klein". Danach Zusatz in M und G: „um zu sein".

→51 Ephrata (Micha scheint dem Wort die etymologische Bedeutung „Fruchtbare" im Zusammenhang mit der Geburt des Messias beizulegen) war zunächst Bezeichnung für eine Sippe, die mit Kaleb verbündet war, 1 Chr 219.24.50, und in der Gegend von Betlehem siedelte, 1 Sm 1712; Rt 12; der Name ist dann auf die Stadt übergegangen, Gn 3519; 487; Jos 1559; Rt 411, daher der erklärende Zusatz in M. Micha denkt an die allerersten Anfänge der Davidischen Dynastie, 1 Sm 1712f; Rt 4 11.17.18–22; die Evangelisten werden „Betlehem Ephrata" als eine Angabe des Geburtsortes des Messias verstehen.

→52 *da die Gebärende geboren hat* Es handelt sich um die Mutter des Messias. Vielleicht denkt Micha an die berühmte Weissagung von der *'alma*, Js 714+, die Jesaja etwa dreißig Jahre früher verkündet hatte.

→53 *seines Gottes* Korr.; M: „Jahwes, seines Gottes".

→54B–5A Das kleine Fragment bringt vielleicht die dünkelhafte Zuversicht der Zeitgenossen Michas zum Ausdruck, die damit der wahren Messiaserwartung gegenübergestellt wird.

→54B *unseren Boden* G, S; M: „unsere Paläste".

→55A *Assur* G; M: „das Land von Assur".

→55A *mit der Klinge* Eine Hs von G, V; M: „in seinen Toren".

→56–7 Zwei symmetrische Strophen. Die zweite beschreibt den Triumph des „Restes" über die Völker; die erste bringt entweder eine Segensverheißung an dieselben Völker zum Ausdruck oder wahrscheinlicher die Ankündigung eines Israel vorbehaltenen Segens (Israel ist im Bild vom Gras, nicht vom Tau dargestellt).

→57 *wird sein* Danach Zusatz in M: „unter den Nationen".

→58–14 Der Spruch von v. 9–13 kündet an, daß Jahwe aus seinem Volk alle falschen menschlichen Sicherungen und Stützen „ausrotten" wird (vgl. Hos 34; 814; 144; Js 27–8; 301–3.15–16; 311–3): die Waffen und Zurüstungen des Krieges, die Gerätschaften der Wahrsagung und des Kultes

Götzenbilder, 12B und nicht mehr
sollst du niederfallen vor den Gebilden
deiner Hände.

14 Ich werde in Grimm und Zorn
Rache nehmen an den Völkern, die
nicht gehorcht haben.

III. ISRAEL VOR GERICHT

ANKLAGEN UND DROHUNGEN

Jahwes Rechtsstreit mit seinem Volk

6 1 Höret doch das Wort, das Jahwe
spricht: „Auf! Führe den Rechts-
streit angesichts der Berge, auch die Hü-
gel sollen deine Stimme hören!" 2 Hö-
ret, ihr Berge, den Rechtsstreit Jahwes,
merket auf, ihr Grundfesten der Erde!
Denn Jahwe rechtet mit seinem Volke,
mit Israel geht er ins Gericht. 3 „Mein
Volk, was habe ich dir getan, und
womit bin ich dir lästig gefallen?
Antworte mir! 4 Ich habe dich doch
aus dem Lande Ägypten herausge-
führt, aus dem Hause der Knecht-
schaft dich befreit, vor dir hergesandt
Mose, Aaron und Mirjam. 5 Mein
Volk, gedenke doch, was Balak, der
König von Moab, plante und was
Bileam zur Antwort gab, der Sohn des
Beor? . . . von Schittim bis Gilgal,
damit du Jahwes Heilstaten erken-
nest!"

6 „Womit soll ich vor Jahwe hin-
treten, mich beugen vor dem Gott der
Höhe? Soll ich mit Brandopfern vor
ihn treten, mit einjährigen Kälbern?
7 Hat er Gefallen an Tausenden Wid-
dern, an Zehntausenden Strömen von
Öl? Soll meinen Erstgeborenen ich
opfern als Sühne meiner Schuld,
die Frucht des Leibes für meine Sün-
den?"

8 „Was gut ist, ward dir gesagt, o
Mensch, und was Jahwe von dir
fordert: nichts als Recht tun und die
Güte lieben und in Dienmut wandern
mit deinem Gott."

9 Horch! Jahwe ruft der Stadt.
Höret, Stamm und Versammlung der
Stadt! 12 Ihre Reichen sind voll Ge-
walttat, ihre Bewohner reden Lüge.
10 Kann ich ertragen ein falsches
Hohlmaß (Bat) und einen mageren,
fluchwürdigen Scheffel (Epha)?
11 Kann ich ihn ungestraft lassen bei
falscher Waage und bei einem Beutel
mit falschen Gewichten? 13 So habe
ich denn auch angefangen, dich zu
schlagen, dich zu verwüsten ob deiner
Sünden. 15 Du wirst säen und nicht
ernten, du wirst Oliven keltern und
mit Öl dich nicht salben, Most be-

---

an den Höhenheiligtümern. Diese Drohung enthält die Verheißung einer Zeit des Friedens und des Glaubens. Die Verse 8 und 14 – eine nachträgliche Bearbeitung – wenden diesen Spruch auf die Heidenvölker, die Feinde Jahwes, an.

→513 *deine Götzenbilder* Korr.; M: „deine Städte".

→61–8 *(Jahwes Rechtsstreit mit seinem Volk)* Auf die Anklagerede Jahwes, der an seine Heilstaten erinnert, v. 3–5, folgt eine Frage des reumütigen Gläubigen nach den Forderungen seines Gottes, v. 6–7, und eine Antwort des Propheten, v. 8.

→61 Die Berge, in besonderem Maße Orte der Begegnungen Gottes mit seinem Volk (Sinai, Nebo, Ebal und Gerisim, Zion, Karmel usw.) und unwandelbare Zeugen, werden häufig personifiziert, Gn 4926; 2 Sm 121; Ez 35–36; Ps 6816–17 usw.

→62 *merket auf* Korr.; M: „und die Abgründe (?)".

→63 Wortspiel zwischen *hele'etika* „ich bin dir lästig gefallen" und *he'elitika* „ich habe dich herausgeführt". Dem Volk, das darüber klagt, Gott habe es verlassen, hält Jahwe die früheren Heilstaten vor Augen.

→65 *von Schittim* Davor Lücke in M. Es geht um den Durchzug durch den Jordan.

→65 *Heilstaten* Wörtlich: „die Gerechtigkeiten" – die Großtaten der Heilsgeschichte, in denen Jahwe seine Verpflichtungen als Bundesherr erfüllt hat. Wie der Bund selbst aus Gottes freier Initiative stammt, so ist auch diese „Gerechtigkeit" reine Gnade.

→65 *du . . . erkennest* Üss; M: „Erkenntnis".

→66–7 Auf die Klage Jahwes über sein Volk antwortet nun der Gläubige; daran zeigt sich deutlich die persönliche Seite des Gottesverhältnisses beim Propheten. Der Gläubige schlägt – legitime und illegitime – Opfer vor. Der Prophet aber verweist ihn statt dessen an die ethisch-spirituellen Bundesforderungen, wie sie ihm bereits verkündet wurden: Rechttun (Amos), Liebe (Hosea), Dienmut vor Gott (Jesaja).

→68 *(es) ward dir gesagt* G; M: „er hat dir gesagt"; S, V: „ich werde dir sagen".

→69 *ruft der Stadt* Danach Zusatz in M: „Umsicht, deinen Namen zu fürchten (?)".

→69 *Versammlung der Stadt* Korr. nach G.

→612 Zusatz in M am Versende: „ihre Zunge in ihrem Mund ist Trug", vgl. Ps 1202–3.

→610 *Kann ich ertragen ein falsches Hohlmaß* Korr.

→611 *Kann ich ihn ungestraft lassen* V; M: „Werde ich gerecht sein". Vers 12 ist nach v. 9 umgestellt.

→613 *angefangen* Üss; M: „krank gemacht".

reiten und doch keinen Wein trinken.
14 Du sollst essen und nicht satt
werden, du wirst beiseite schaffen und
nichts übrigbehalten, und was du
erübrigst, werde ich dem Schwerte
preisgeben.

Das Beispiel Samarias

16 Du hast die Satzungen Omris
beobachtet und das ganze Treiben des
Hauses Achab; du hast gehandelt nach
ihrem Rat. Darum mache ich dich und
deine Bewohner zum Gespött, ihr
sollt die Schmach der Völker tragen.

Die allgemeine Ungerechtigkeit

7 1 Weh mir! Denn mir ergeht es wie
einem Schnitter im Sommer, einem,
der Nachlese hält bei der Weinernte.
Es ist keine Traube da zum Essen, kei-
ne Frühfeige, nach der mich gelüstet.
2 Die Frommen sind aus dem Lande
verschwunden, und ehrliche Leute
gibt es unter den Menschen nicht mehr.
Sie alle lauern auf Blut, einer macht
Jagd auf den andern. 3 Zum Bösen
sind ihre Hände geschickt. Der Beamte
fordert . . . und der Richter spricht
Recht gegen ein Geschenk, und der
Große entscheidet nach Willkür.
5 Trauet nicht dem Nachbarn, verlaßt
euch nicht auf den Freund! Vor jener,
die an deinem Busen liegt, hüte die
Pforten deines Mundes! 6 Denn der
Sohn verachtet den Vater, die Tochter
lehnt sich auf gegen die Mutter, die
Schwiegertochter gegen die Schwieger-
mutter; jeder hat zum Feind seine
Hausgenossen. 4 . . . der Beste unter
ihnen gleicht dem Stechdorn, und der
Redlichste ist schlimmer als Dorn-
gestrüpp. Heute kommt von Norden
ihre Heimsuchung, jetzt packt sie
Bestürzung.

7 Ich aber will nach Jahwe aus-
schauen, will warten auf den Gott
meines Heiles! Mein Gott wird mich
hören.

IV. HOFFNUNGEN

Zion, vom Feinde verhöhnt

8 Freue dich nicht über mich, du
meine Feindin! Denn bin ich gefallen,
so stehe ich wieder auf, sitze ich in
Finsternis, so ist Jahwe mir Licht.
9 Den Zorn Jahwes muß ich tragen,
denn ich habe gesündigt an ihm, bis
er meine Sache schlichtet und mir
Recht verschafft, bis er mich zum
Lichte führt, daß ich schaue seine
Gerechtigkeit. 10 Sehen wird es meine
Feindin und mit Schande bedeckt
werden, sie, die zu mir sprach: „Wo
ist Jahwe, dein Gott?“ Meine Augen
werden sich weiden an ihr. Jetzt soll sie
zertreten werden wie Kot auf der Straße.

Heilsweissagung

11 Es kommt ein Tag, da man deine
Mauern aufbaut; ein Tag, da deine

→614 *satt werden* Danach zwei Worte in M, von denen das erste unbekannt ist.

→614 Vers 15 ist vor v. 14 umgestellt.

→616 *Du hast . . . beobachtet* Üss; M: „Er soll sich hüten“.

→616 *die Satzungen Omris . . . das ganze Treiben des Hauses Achab* Es handelt sich um den Baalskult oder wahrscheinlicher um den Luxus der Großen und die soziale Ungerechtigkeit.

→616 *du hast gehandelt* Korr.; M: „ihr habt gehandelt“.

→616 *deine Bewohner* Korr.; M: „ihre Bewohner“.

→616 *der Völker* G; M: „meines Volkes“.

→71 *einem Schnitter* G; M: „der Ernte“.

→71 *einem, der Nachlese hält* Korr.; M: „Nachlesen“. Wortspiel zwischen *'eschkol* „Traube“ und *'ekol* „essen“.

→72 Zusatz in M am Versende: „mit dem Netz“.

→73 *Zum Bösen sind ihre Hände geschickt* Korr. nach G; M etwa: „Gegen das Böse Hände, um gut zu tun“.

→73 *der Richter spricht Recht* Korr.; M: „der Richter“.

→73 *Willkür* Danach Zusatz in M: „er und sie (Plural) verdrehen es“. Vers 4 ist nach v. 6 umgestellt.

→74 *der Redlichste ist schlimmer als Dorngestrüpp* Symmachus, V; M: „der Redliche außerhalb des Dorngestrüpps“. Wortspiel zwischen *mesucha* „Dorngestrüpp“ und *mebucha* „Bestürzung“.

→74 *Heute kommt von Norden ihre Heimsuchung* Korr.; M: „Der Tag deiner Späher, deine Heimsuchung kommt“. Norden ist die Richtung, aus der gewöhnlich die Feindeinfälle kamen, vgl. Jr 113–14 usw. Zu „Heimsuchung“ vgl. Ex 316+.

→77 Dieser Vers, in dem der Prophet seinen Glauben an das Heil bekennt, dürfte der Abschluß seines Buches gewesen sein; daran anknüpfend wurden dann die folgenden Worte der Hoffnung angefügt, die wahrscheinlich aus der Exilszeit stammen.

→78–10 *(Zion, vom Feinde verhöhnt)* Dieser Feind scheint eher Edom als Babel zu sein, vgl. Ez 35; 2512–14; Ob 10–15; Ps 1377; Js 345–8 usw.

→711–13 Der Spruch, dessen Abfassung in der Perserzeit (von 538 v. Chr. an) angesetzt werden kann, kündigt an, daß Jerusalems Mauern wiederhergestellt und

Grenzen sich weiten. 12 An jenem Tag
wird man zu dir kommen von Assur bis
nach Ägypten und von Tyrus bis zum
Euphratstrom, von Meer zu Meer,
von Berg zu Berg; 13 aber das Land
wird eine Wüste werden wegen seiner
Bewohner, als Frucht ihrer Taten.

Gebet um Beschämung der Völker

14 Weide dein Volk mit deinem
Stabe, die Herde deines Erbes, die
einsam wohnt im Walde, mitten in
einem Fruchtgarten. Sie sollen weiden
in Baschan und Gilead, wie in den
Tagen der Vorzeit. 15 Wie in den
Tagen, da du aus Ägypten auszogst,
laß uns Wunder schauen! 16 Die Völ-
ker werden es sehen und beschämt
werden trotz all ihrer Macht. Sie wer-
den die Hand an den Mund legen, ihre
Ohren werden taub sein. 17 Sie werden
Staub lecken gleich den Schlangen,
wie das Gewürm am Boden. Sie werden
zitternd kommen aus ihren Burgen,
sie werden erschaudern und sich vor
dir fürchten.

Berufung auf Gottes Erbarmen

18 Wer ist ein Gott wie du, der
Schuld vergibt und Frevel verzeiht,
der nicht für immer im Zorn verharrt,
sondern es liebt, barmherzig zu
sein? 19 Habe wiederum Erbarmen
mit uns, zertritt unsere Missetaten,
und in die Tiefe des Meeres wirf
alle unsere Sünden. 20 Du wirst
Jakob Treue erzeigen und Abraham
Gnade, wie du unseren Vätern
geschworen hast in den Tagen der
Vorzeit.

---

die Grenzen erweitert werden, um eine große Menge – entweder die Israeliten aus der Zerstreuung oder die bekehrten Heiden – aufzunehmen.

→712 *man* G; M: „er“.

→712 *bis nach Ägypten* Korr.; M: „und die Städte Ägyptens“.

→712 *und von Tyrus* G; M: „und von Ägypten“.

→712 *von Meer zu Meer, von Berg zu Berg* G; M: „und Meer des Meeres und Berg des Berges“.

→713 Der Vers war, für sich allein genommen, vielleicht eine Drohung gegen Juda. Im jetzigen Zusammenhang richtet sich diese Drohung gegen die Heidenvölker, in erster Linie offenbar gegen die in unmittelbarer Nachbarschaft der Juden wohnenden „Leute des Landes“, die sich der aus dem Exil zurückkehrenden Gemeinde gegenüber feindselig verhielten.

→714 *die einsam wohnt* Das Volk lebt eingeschränkt auf ein ärmliches Gebiet: die Situation der Juden im Bezirk von Jerusalem bei der Rückkehr aus dem Exil.

→715 *laß uns . . . schauen* Korr.; M: „ich werde ihn schauen lassen“.

→717 *Burgen* Danach Zusatz in M: „zu Jahwe, unserem Gott“.

→718–20 Dieses Gebet ist ein Psalm; solche Psalmen finden sich in den prophetischen Spruchsammlungen auch sonst, z. B. Js 12; 251–5; 261–6.7–15.16–19; 332.22; 6110; 637 – 6411.

→718 *verzeiht* Danach Zusatz in M: „dem Rest seines Erbes“.

→719 *Habe . . . zertritt* Korr.; M: „Er hat . . . er zertritt“.

→719 *Unsere Sünden* Üss; M: „ihre Sünden“.

→720 Das Heil Israels ist die Erfüllung des Bundes und der Verheißung; auf ihnen ruht alle Hoffnung, auf sie richtet sich vor allem der Glaube des Gottesvolkes.

Das Buch Nahum

1 1 Spruch über Ninive. Buch der Schauung des Nahum von Elkosch.

EINLEITUNG

Psalm. Der Zorn Jahwes

1 *Aleph* 2 Ein eifernder und rächen-
der Gott ist Jahwe, ein Rächer ist
Jahwe und voller Zorn, ein Rächer
ist Jahwe für seine Widersacher, er
grollt seinen Feinden. 3 Jahwe ist
langsam zum Zorn, aber auch gewal-
tig an Kraft, und keinen Schuldigen
läßt Jahwe ungestraft.
Bet In Sturm und Wetter schreitet
er einher, Gewölk ist seiner Füße Staub.
Gimel 4 Er schilt das Meer und
legt es trocken, und alle Ströme läßt er
versiegen.
(Dalet) . . . es welken Baschan und
der Karmel, die Blüte des Libanon
schwindet dahin.
He 5 Die Berge erzittern vor ihm,
und die Hügel schwanken.
Waw Vor ihm gerät in Aufruhr die
Erde, der Erdkreis und alle seine
Bewohner.
Sajin 6 Vor seinem Groll – wer
kann bestehen, wer standhalten vor
der Glut seines Zornes?
Het Sein Grimm ergießt sich wie
Feuer, vor ihm spalten sich die Felsen.
Tet 7 Gütig ist Jahwe, er ist eine
Schutzwehr am Tage der Not.
Jod Er kennt alle, die bei ihm Schutz
suchen, 8 wenn die Flut kommt.
Kaph Er vernichtet seine Gegner,
und seine Feinde stößt er ins Dunkel.

Prophetenworte für Juda und Ninive. Für Juda

9 Was denkt ihr von Jahwe? Ein
Ende wird er machen, nicht wird ein
zweites Mal sich erheben die Drangsal.
10 Wie wucherndes Dorngestrüpp, wie
dürre Stoppeln werden sie verzehrt.

Für Assur

11 Von dir ging aus, der Böses sann
wider Jahwe, der Mann mit den Plänen
des Belial.

Für Juda

12 So spricht Jahwe: Sind sie auch
unversehrt und zahlreich, so werden
sie nun weggemäht und schwinden
dahin. Ich habe dich gedemütigt und

→1 2–8 Dieser alphabetische Psalm, vgl. Ps 31 10+, dessen Alphabetreihe allerdings unvollständig ist, entwickelt das traditionelle Thema vom Zorne Jahwes, Nm 11 33; 2 Sm 6 7; 21 14; 24 1; Ps 2 12; 60 3; 79 5; 110 5 usw., und bildet so eine Einleitung zum Spruch gegen Ninive.

→1 2C–3B Die vier Versglieder (ein Rächer ist Jahwe . . . läßt Jahwe ungestraft) scheinen eine spätere Erläuterung zu v. 2A zu sein, die den Sinn des Zornes Gottes erklären soll.

→1 4 *. . . es welken* Der Versanfang fehlt.

→1 5 *gerät in Aufruhr* Korr.; M: „erhebt sich". Um den Zorn Gottes zu beschreiben, verwendet der Dichter gleichzeitig Themen der alten Kosmogonien (die Schöpfung als göttlicher Sieg über die Wasser, Ib 7 12+), und Themen der Heilsgeschichte (Schilfmeer und Sinai, Ps 114 3–8; Js 51 10 usw.).

→1 8 *wenn die Flut kommt* Wahrscheinlich Anspielung auf die Sintflut (Noach war wie Nahum ein „Tröster" nach Gn 5 29). Der Zorn Gottes hat einen Sinn, v. 7–8; er ist kein blindes Wüten, sondern ein Gericht, das die Glaubenden von den Gottlosen scheidet.

→1 8 *seine Feinde* G; M: „seinen Ort".

→1 9 *Was denkt ihr von Jahwe* Andere Übersetzung: „Was schmiedet ihr Pläne gegen Jahwe".

→1 10 *wie wucherndes Dorngestrüpp* Korr.; M: „denn bis zu den Dornen". Danach Zusatz in M: „und wie von ihrem Trunk Trunkene (?)".

→1 11 *Belial* Das Wort bedeutet „Nichtswürdigkeit, Heillosigkeit"; im AT meist Bezeichnung für nichtswürdige Menschen, manchmal für eine gottwidrige Macht. Hier könnte mit der aus Assur stammenden frevelhaften Gestalt Sancherib gemeint sein, vgl. 2 Kg 18–19.

will dich nicht weiter erniedrigen.
13 Jetzt will ich zerbrechen das Joch,
das man dir auferlegt hat, und deine
Fesseln will ich zerreißen.

Für den König von Ninive

14 Jahwe hat gegen dich den Beschluß gefaßt: Nicht soll dein Name
weiter fortgepflanzt werden. Aus dem
Hause deiner Götter will ich austilgen Schnitzbilder und Gußwerk.
Ich mache dein Grab zum Schandmal.

Für Juda

2 1 Siehe auf den Bergen die Füße
des Freudenboten, der Frieden verkündet! Feiere, Juda, deine Feste,
erfülle deine Gelübde, denn nicht mehr
wird Belial dich durchziehen; er ist
ganz und gar ausgerottet.

3 Denn Jahwe will den Weinstock
Jakobs wiederherstellen, gleichwie
den Weinstock Israels, weil die Räuber
sie ausgeplündert und ihre Ranken
verwüstet haben.

NINIVES UNTERGANG

Der Angriff

2 Es zieht wider dich herauf der
Verwüster. Überwache die Wälle, beobachte die Wege, gürte die Lenden,
nimm alle deine Kraft zusammen!

4 Der Schild seiner Helden ist blutig
gefärbt, seine Krieger sind in Scharlach gekleidet. Wie Feuerfackeln sind
die Streitwagen, wenn er zum Kampfe
sich rüstet; unruhig sind die Reiter.
5 Auf den Straßen jagen einher die
Streitwagen, sie überrennen sich auf
den Plätzen, wie Fackeln sind sie anzusehen, wie Blitze fahren sie daher.
6 Man ruft seine tapferen Krieger auf,
sie stürzen in ihre Laufgänge, sie eilen
zur Mauer, schon ist das Schutzdach
aufgestellt. 7 Die Flußtore werden
geöffnet, der Palast gerät in Aufregung. 8 Man holt heraus und führt
in Gefangenschaft die Gebieterin, ihre
Mägde seufzen gleich girrenden Tauben und schlagen sich an die Brust.
9 Ninive selbst gleicht einem Wasserteich, dessen Wasser sich verlaufen.
„Haltet! Bleibet stehen!" Aber keiner
wendet sich um. 10 „Raubt Silber,
raubt Gold!" Der Schätze ist kein
Ende, da sind Massen von Kostbarkeiten. 11 Leere und Entleerung und
Verheerung, verzagte Herzen, schlotternde Knie, Krampf in allen Hüften
und Blässe auf allen Gesichtern!

Drohungen für den Löwen von Assur

12 Wo ist sie nun, die Lagerstatt
des Löwen, die Höhle der jungen
Löwen? Zog der Löwe hinaus, blieb
die Löwin darin und die Löwenjungen,
ohne daß jemand sie aufschreckte!
13 Der Löwe raubte, um seine Jungen
zu füttern, er würgte für seine Löwinnen, er füllte mit Beute seine Höhle,
mit zerrissenen Leichen sein Lager.
14 Siehe, nun komme ich über dich,
spricht Jahwe Zebaot, deine Streitwagen lasse ich in Rauch aufgehen,
deine Jungleuen soll das Schwert
fressen, ich schaffe fort deinen Raub
aus dem Lande, und nimmer soll man
hören die Stimme deiner Boten.

Drohungen für Ninive wegen seiner Verbrechen

3 1 Wehe der Blutstadt! Alles an ihr
ist Betrug, sie ist voll von Gewalttat,
sie will vom Rauben nicht lassen.
2 Horch! Peitschengeknall und Rädergerassel, jagende Rosse und sausende
Wagen! 3 Reiter sprengen heran,
Schwerter funkeln, Lanzen blitzen!
Erschlagene in Menge, Haufen von

→1 14 *zum Schandmal* Korr.; M: „denn du bist klein".
→2 1 Vers 2 ist nach v. 3 umgestellt.
→2 3 *den Weinstock* Korr.; M: „die Hoheit".
→2 4 *die Reiter* G, S; M: „die Zypressen".
→2 6 *Man ruft . . . auf* Korr. nach G; M: „Er gedenkt".
→2 6 *Schutzdach* Offenbar ein Kriegsgerät, das die Belagerer beim Angriff auf die Mauer schützen soll.
→2 8 *Man holt heraus* Korr.; M: „er ist hingestellt".
→2 8 *die Gebieterin* Korr.; M: „man läßt sie herausziehen". Die Gebieterin ist vielleicht die von ihrem Gefolge umgebene Königin oder wahrscheinlicher das Standbild der Göttin Ischtar, der „Königin von Ninive", umgeben von ihren Tempeldirnen.
→2 9 *dessen Wasser* Korr. nach G; M: „seit den Tagen von ihr; und sie".
→2 10 *Massen* Wörtlich: „schwerwiegend alles" S; M: „Gewicht mehr als alles".
→2 11 *Leere und Entleerung und Verheerung* Wortspiel auch im Hebräischen *(buqa umebuqa umebillaqa)*.
→2 12 *die Höhle* Korr.; M: „die Weide".
→3 1–7 Erneute Schilderung von Ninives Untergang; Drohworte sind verbunden mit Scheltworten über die Sünden, die solches Strafgericht nach sich gezogen haben.

Toten, Leichname ohne Zahl, man
gestolpert über Leichen. 4 Um der vielen
Ränke der Buhlerin willen, der ver-
führerischen Zauberin, die die Völker
in Knechtschaft verstrickte mit ihrer
Buhlerei und die Nationen mit ihrer
Zauberei. 5 Siehe, ich komme über
dich, spricht Jahwe Zebaot, und werde
deine Schleppe vor dir aufdecken und
den Völkern deine Blöße zeigen, und
den Königreichen deine Schande.
6 Ich werde dich mit Unrat bewerfen
und dich entehren und dich öffentlich
zur Schau stellen. 7 Und jeder, der
dich sieht, wird sich von dir abwenden
und sagen: „Ninive ist zerstört!"
Wer will es bedauern? Wo soll ich
Tröster suchen für sie?

Theben als Beispiel

8 Bist du etwa besser als No-Amon,
das thronte am Strom, dessen Vorwerk
das Meer war, dessen Mauer die Was-
ser? 9 Seine Stärke war Kusch und
Ägypten, es war ohne Grenzen, Put
und Libyen waren seine Hilfsvölker.
10 Trotzdem mußte es in die Verban-
nung, in die Gefangenschaft ziehen,
seine Säuglinge wurden an allen
Straßenecken zerschmettert, über seine
Vornehmen warf man das Los, und
alle seine Großen wurden in Fesseln
gelegt. 11 So wirst auch du den Kelch
leeren müssen, wirst verachtet sein;
auch du wirst Zuflucht suchen vor
dem Feind.

Ninives vergebliches Rüsten

12 Alle deine Burgen sind Feigen-
bäume mit Frühfeigen; werden sie ge-
schüttelt, so fallen sie dem, der essen
will, in den Mund. 13 Siehe, die Man-
nen in deiner Mitte sind lauter Weiber
geworden, weit offen stehen deinen
Feinden die Tore deines Landes, Feuer
hat deine Riegel verzehrt. 14 Schöpfe
dir Wasser für die Belagerung,
befestige deine Bollwerke, tritt in den
Ton, stampfe den Lehm, nimm die
Ziegelform zur Hand! 15 Dort wird
das Feuer dich verzehren, das Schwert
dich vertilgen.

Der Heuschreckeneinfall

Vermehre dich wie die Grashüpfer,
vermehre dich wie die Heupferde.
16A Mach zahlreich deine Händler wie
die Sterne am Himmel, 17A deine Wäch-
ter wie Heuschrecken, deine Schreiber
wie Heupferde. Sie lassen sich nieder
an den Mauern, wenn es kalt gewor-
den. Geht aber die Sonne auf, 16B dann
häuten die Heuschrecken sich, so flie-
gen sie davon, 17B sie eilen davon,
und niemand weiß wohin.

Totenklage

Ach! 18 Es schlummern deine Hir-
ten, König von Assur, es schlafen deine
Helden. Zerstreut ist dein Volk auf
den Bergen, und keiner ist, der es
sammelt.

19 Keine Heilung gibt es für deine
Gebrechen, unheilbar ist deine Wunde.
Alle, die die Kunde von dir vernehmen,
klatschen deinetwegen in die Hände.
Denn über wen wäre nicht ständig
Böses von dir ergangen?

→34 *in Knechtschaft verstrickte* Wörtlich: „verkaufte". Das Bild besagt, daß das Volk in Knechtschaft gebracht wird, im Gegensatz zum Bild vom „Loskauf", das die Befreiung bedeutet.

→36 Wenn Nahum Ninive als eine Dirne darstellt, die der Strafe für Ehebrecherinnen unterworfen wird, meint er damit weniger Ninives Götzendienst (Ninive ist nicht wie Israel die Ehefrau Jahwes) und sakrale Prostitution, sondern die Habgier und Geschicklichkeit, mit der sie alle Völker in ihre Gewalt brachte, um sie auszuplündern.

→37 *für sie* G; M: „für dich".

→38 *No-Amon* Zweifellos Theben in Oberägypten, „die Stadt des Amon"; die Stadt wurde 663 v. Chr. von den Heeren Assurbanipals geplündert, die sie vielleicht schon 667 v. Chr. eingenommen hatten.

→38 *Strom* Danach Zusatz in M: „Wasser ist rings um sie".

→38 *dessen Vorwerk* Korr.; M: „Vorwerk".

→38 *die Wasser* Korr.; M: „vom Meer".

→39 *seine Hilfsvölker* G, S; M: „deine Hilfsvölker".

→312–15A Dieser Spruch scheint auf Rückschläge anzuspielen, die die assyrischen Heere bereits erlitten hatten (Einnahme von Tarbis und Assur im Jahre 614 v. Chr.?).

→315 *vertilgen* Danach Zusatz in M: „es wird dich fressen wie die Heuschrekken".

→315B–17B Das Eindringen der Assyrer (ihrer Händler, Soldaten, Beamten) in die besetzten Länder wird mit dem Ansturm eines Heuschreckenschwarms verglichen. Das gleiche Bild dient dazu, ihr plötzliches und vollständiges Verschwinden anzukündigen.

→316A *Mach zahlreich* Korr.; M: „Du hast zahlreich gemacht". Vers 16B ist nach V. 17A umgestellt.

→317B *Ach* Korr. nach G; M: „wo sind sie".

→318 *schlafen* G; M: „wohnen".

Das Buch Habakuk

1 *Überschrift*
1 Spruch, den Habakuk, der Prophet, schaute.

I. DIALOG ZWISCHEN DEM PROPHETEN UND SEINEM GOTT

Erste Klage des Propheten:
Der Verfall der Gerechtigkeit

2 Wie lange muß ich um Hilfe rufen,
Jahwe, und du hörst nicht, schreien
zu dir ob der Gewalttat, und du hilfst
nicht?
3 Warum läßt du mich Unrecht
schauen und siehst das Unheil ruhig mit
an? Warum dürfen Gewalttat und Fre-
vel sich vor mir breitmachen? Warum
herrscht Zank und erhebt sich Streit?
4 Darum erschlafft das Gesetz, und
das Recht kommt nicht zur Geltung,
denn der Frevler hat den Gerechten
in der Gewalt. Darum wird das Recht
verdreht.

Erster Spruch.
Die Chaldäer, Gottes Geißel

5 Schauet hin auf die Völker und
sehet zu, ihr werdet euch wundern
und euch entsetzen, denn ich voll-
bringe in euren Tagen ein Werk, ihr
würdet es nicht glauben, wenn man es
euch erzählte.
6 Denn siehe, ich bringe die Chal-
däer her, ein wildes, ungestümes Volk,
das auszieht nach weiten Räumen,
um sich fremde Wohnsitze zu erobern.
7 Schrecklich und furchtbar ist es,
seine Macht schafft das Recht, seine
Größe.
8 Schneller als Panther sind seine
Rosse und rascher als Wölfe am
Abend. Seine Reiter kommen daher-
gesprengt, sie kommen aus fernem
Land, sie fliegen dahin gleich dem Ad-
ler, der sich auf die Beute stürzt.
9 Sie gehen alle auf Gewalttat aus,
das Antlitz glühend wie Ostwind,
Gefangene bringen sie zusammen
wie Sand.
10 Über Könige macht es sich lustig,
und Fürsten sind ihm zum Gespött.

→1 1 *Spruch* Wörtlich: Last, vgl. Js 13 1 usw. und Jr 23 33–40.

→1 2–4 Im Namen seines Volkes, vgl. Jr 10 23–25; 14 2–9.19–22; Js 59 9–14, erhebt der Prophet Klage zu Jahwe über die öffentliche Not. Der Text, der den Klagen in den Psalmen und bei Jeremia nahesteht, könnte für sich betrachtet auf innere, soziale Mißstände bezogen werden; im Zusammenhang mit v. 12–17 ist aber ohne Zweifel die Bedrückung durch die Chaldäer gemeint. Warum duldet Jahwes Gerechtigkeit und Güte (und seine Heiligkeit, v. 13) das Triumphieren des Frevlers? Denn ein Heide ist es, der regiert, und Juda bleibt, obwohl voll Sünde, ein „Gerechter", der den wahren Gott erkennt. Hierauf soll Jahwe antworten, vgl. 2 1.

→1 5–11 Erste Antwort. Jahwe selbst ist es, der die chaldäische Geißel geschickt hat. Diese Heiden sind für eine Weile Werkzeug seiner Gerechtigkeit, Am 3 11; Js 10 5–27; Jr 5 14–19; 25 1–13; 27 6–22; 51 20–23; Dt 28 47 f; 2 Kg 24 2–4, vgl. Nebukadnezar, „mein Knecht", Jr 25 9; 27 6; 43 10.

→1 5 *ich vollbringe* G; M kann auch verstanden werden: „(ein Werk) wird vollbracht".

→1 6 f *ein wildes, ungestümes Volk* Ähnliche Bilder, die den Ansturm des Eroberers ausmalen, finden sich öfter bei den Propheten, vgl. Js 5 26–29; 13 17–18; Jr 4 5–7.13.16–17; 5 15–17; 6 22–24; Nah 3 2–3; Ez 23 22–26; 28 7–10.

→1 7 *seine Macht schafft* Wörtlich: von ihm gehen aus. Dieses Volk erkennt weder einen Gott noch einen Herrn an und schreibt seine Erfolge nur sich selbst zu, vgl. v. 11 B.

→1 9 *das Antlitz glühend* Korr.; M: „die Glut (oder: die Begierde) ihrer Gesichter".

→1 9 *Ostwind* 1 QpHab; M: „nach Osten". Der Text dieses Versteiles ist unsicher. Der „Ostwind", der versengende Wüstenwind, ist manchmal Sinnbild der von Osten gekommenen Feindeinfälle, vgl. Hos 12 2; 13 15; Jr 18 17; Ez 17 10 f.

→1 9 *bringen sie* Korr., vgl. G, V; M: „bringt er".

→1 10 *schüttet einen Erdwall auf* Erdaufschüttungen, wie sie bei Belagerungen üblich waren.

Es lacht über jede Festung, schüttet
einen Erdwall auf und nimmt sie ein.
11 Dann fegt es einem Sturmwind
gleich vorüber und zieht weiter.
Schuldig ist, wer seine Kraft zu seinem
Gott gemacht hat.

Zweite Klage des Propheten:
Die Erpressungen des Bedrückers

12 Bist du nicht, Jahwe, von alters
her mein Gott, mein Heiliger, der
nicht stirbt? Jahwe, zum Gericht hast
du ihn bestimmt, o Fels, zur Züchtigung ihn hingestellt.
13 Zu rein sind deine Augen, um
Böses anzuschauen, dem Unheil ruhig
zuzusehen vermagst du nicht. Warum
siehst du denen zu, die treulos handeln,
und schweigst, wenn der Frevler den
verschlingt, der gerechter ist als er?
14 Du behandelst die Menschen
gleich den Fischen im Meer und dem
Gewürm, das keinen Herrscher über
sich hat.
15 Sie alle zieht er heraus mit seiner
Angel, schleift sie fort in seinem Garn
und sammelt sie in seinem Netz.
Darob freut er sich und jubelt.
16 Darob opfert er seinem Netz und
räuchert er seinem Garn, denn sie
verschaffen ihm reichliche Beute und
ein üppiges Mahl.
17 Soll er dauernd leeren sein Netz
und Völker morden ohne Erbarmen?

Zweiter Spruch.
Der Gerechte wird durch seinen
Glauben leben

2 1 Auf meinen Posten will ich mich
begeben, auf meine Warte mich
stellen und Ausschau halten und sehen,
was er mir sagen wird, was er auf
meine Klagen erwidern wird.
2 Jahwe antwortete mir und sprach:
„Schreibe auf die Schauung und
grabe sie auf Tafeln ein, damit man
mühelos sie lesen kann! 3 Denn auf
eine bestimmte Zeit geht die Schauung,
sie eilt der Erfüllung zu und wird nicht
enttäuschen. Und läßt sie auf sich
warten, so harre darauf, denn
sie kommt sicher und bleibt nicht
aus.
4 Siehe, es vergeht, wer keine Redlichkeit in sich hat, der Gerechte aber
wird leben durch seine Treue."

→1 11 *einem Sturmwind gleich vorüber* Wie der Sturm, so kommt der Eroberer und geht wieder und hinterläßt auf seinem Wege nur Zerstörung. Andere übersetzen: „Dann ist der Geist vorübergezogen und fortgegangen" (eine Phase der prophetischen Inspiration ist beendet), oder auch: „Dann hat er (der Eroberer) seinen Sinn gewandelt und (seine Sendung?) übertreten."

→1 12–17 Diese erneute Klage greift auf die erste zurück, v. 2–4. Da der Erfolg der Chaldäer seinen letzten Grund im Willen Jahwes hat, v. 5–6, muß also Jahwe befragt werden. Aber wie kann er, der Gerechte und Heilige, der Hüter des Rechtes, v. 12A.B.13, so die Nationen und das erwählte Volk behandeln, v. 14? Sieht er schweigend zu, daß der Frevler den Gerechten verschlingt, v. 13, vgl. v. 4 und v. 15–17?

→1 12 *von alters her* Seit dem Auszug aus Ägypten, an den Kapitel 3 erinnert. Hierin liegt für Habakuk das Motiv der Hoffnung.

→1 12 *der nicht stirbt* Korr.; M: „wir sterben nicht".

→1 12 *o Fels* Bezeichnung für Jahwe, vgl. Dt 32 4; vielleicht hier im Sinne von: „wie ein Fels", zu verstehen.

→1 12 *zur Züchtigung ihn hingestellt* Das Volk der Chaldäer ist von Jahwe zu einem Gerichtsauftrag gesandt, über den es nicht hinausgehen darf, vgl. 1 5+. Nach anderen Auslegern handelt es sich um Israel, das Schiedsrichter der Völker sein sollte, oder um den König von Juda, Jojakim, der seiner Sendung untreu geworden sei; 1 2–4.12–17 und 2 6–19 wären dann gegen ihn gerichtet.

→1 15 *er* Der chaldäische Eroberer.

→1 16 *üppiges* Korr.

→1 17 *dauernd* 1 QpHab; M: „und dauernd (mordend)".

→2 1 *meine Warte* 1 QpHab; M: „die Warte".

→2 1 *er ... erwidern wird* Korr., vgl. S; M: „ich ... erwidern werde". Der Prophet wacht über sein Volk wie der Posten auf den Mauern, vgl. Hos 9 8+; Js 21 6–12; Jr 6 17; Ez 3 17; 33 1–9; Ps 5 4.

→2 3 *auf eine bestimmte Zeit geht die Schauung* Daher der Befehl zur Niederschrift. Die Offenbarung wird sich „zur festgesetzten Zeit" erfüllen, vgl. Dn 8 19.26; 10 14; 11 27.35, die schriftliche Urkunde bewahrt für diese Zeit das Wort Jahwes, vgl. 2 Petr 3 2, dessen Zuverlässigkeit sie später beweisen wird, vgl. Js 8 1.3; 30 8.

→2 3 *sie eilt der Erfüllung zu* Die Schauung ist mit einer ihr eigenen Kraft versehen, denn sie bringt ein Gotteswort zum Ausdruck, das seiner Erfüllung zustrebt, vgl. Js 55 10–11. Die Adventsliturgie verwendet diesen Vers (nach der abweichenden Übersetzung von G), um die Erwartung des Messias auszudrücken. Vgl. auch Hebr 10 37.

→2 4 *es vergeht, wer keine Redlichkeit in sich hat* Korr.; M: „sie ist aufgeblasen (= voller Stolz?), sie hat keine Redlichkeit, seine Seele in ihm"; V: „wer ungläubig ist, dessen Seele wird keine Redlichkeit in sich haben"; G: „wenn er abtrünnig ist, hat meine Seele kein Gefallen an ihm; der Gerechte aber wird von seinem Glauben an mich leben".

→2 4 *der Gerechte aber wird leben durch seine Treue* Dieser allgemeingültig formulierte Satz, vgl. Js 3 10–11, spricht den Inhalt der Vision aus. Die „Treue" (vgl. Hos 2 22; Jr 5 1.3; 7 28; 9 2 usw.) Gott, d. h. seinem Wort und seinem Willen, gegenüber kennzeichnet den „Gerechten" und sichert ihm hienieden Sicherheit und Leben (vgl.

II. FLUCHSPRÜCHE GEGEN DEN BEDRÜCKER

Einleitung

5 Fürwahr, der Reichtum ist treu-
los. Ein vermessener Mann ist und
ohne Ruhe ist, wer seinen Rachen auf-
sperrt gleich der Scheol und unersätt-
lich ist wie der Tod, der zusammenrafft
alle Nationen und versammelt bei sich
alle Völker.
6 Werden nun nicht alle
über ihn ein Spottlied anstimmen und
Hohngedichte verfassen gegen ihn
und sagen:

Die fünf Wehrufe. Das erste Wehe

Wehe dem, der fremdes Gut auf-
häuft! [Wie lange noch?] Und der sich
belastet mit gepfändeter Habe!
7 Werden nicht plötzlich sich erhe-
ben deine Gläubiger und erwachen
deine Peiniger, so daß du ihnen zur
Beute wirst?
8 Denn Völker in Menge hast du
geplündert, und plündern werden dich
alle übrigen Völker wegen des ver-
gossenen Menschenblutes, wegen der
Verwüstung des Landes, der Stadt
und all ihrer Bewohner.

Das zweite Wehe

9 Wehe dem, der unredlichen Ge-
winn macht zum Schaden für sein
Haus, um in die Höhe zu bauen
sein Nest, um sich zu sichern vor
Unheil!
10 Was du beschlossen, bringt dei-
nem Hause Schande; weil du vernich-
tet viele Völker, hast du gegen dich
selbst gehandelt.
11 Denn der Stein in der Wand
schreit auf, und der Balken im Holz-
werk stimmt ein.

Das dritte Wehe

12 Wehe dem, der eine Stadt baut
mit Blut und eine Siedlung mit Un-
recht!
13 Kommt solches nicht von Jahwe
Zebaot, daß die Völker arbeiten fürs
Feuer und die Nationen sich mühen
um nichts?
14 Denn es wird voll sein die Erde
von der Erkenntnis der Herrlichkeit
Jahwes, so wie das Meer von den Was-
sern, die es bedecken.

Das vierte Wehe

15 Wehe dem, der seinen Nächsten
zu trinken gibt, der eingießt sein Gift
und sie trunken macht, um ihre

Js 336; Ps 373; Spr 1025 usw.). Der Vermessene, dem solche „Geradheit, Redlichkeit" fehlt, geht ins Verderben. Im vorliegenden Zusammenhang (12–4.12–17; 2 5–18) handelt es sich jeweils um den Chaldäer und um Juda: Das gerechte Juda wird leben, der Bedrücker wird untergehen. Im Text von G, in dem „Treue" zu „Glauben" verengt ist, wird Paulus die Lehre von der Rechtfertigung durch den Glauben grundgelegt sehen.

→25 *der Reichtum ist treulos* 1 QpHab; M: „der treulose Wein".

→26 *und Hohngedichte verfassen* Korr.; M: „und Hohngedichte, Rätselsprüche".

→26 *und sagen* 1 QpHab, G; M: „und er wird sagen". Das Spottlied *(maschal)* ist eine schmähende Bildrede; das Hohngedicht *(meliza)* ist ein Rätselwort, das ausgelegt werden muß. Mit diesen Ausdrücken wird die literarische Gattung der fünf Weherufe gekennzeichnet; in der feierlichen Form von Prophetien sind sie Drohungen, die in verhüllender Rede ausgesprochen werden.

→26–8 *(Das erste Wehe)* Gegen die Habgier des Eroberers. Der Gedankengang hat die treffende Schärfe der Gleichnisreden. Der Chaldäer, der Hab und Gut von anderen raubt, wird selbst zum Schuldner. Als solcher wird er seinerseits nach dem Gesetz der Wiedervergeltung, Ex 2125+, zum Raub der ausgeplünderten Völker, die jetzt seine Gläubiger geworden sind.

→28 *alle übrigen Völker* D. h. nicht „wer von den unterdrückten Völkern übrig sein wird" noch „wer von den Völkern, außer den unterdrückten, übrig sein wird", sondern alle anderen Völker außer den Chaldäern.

→29–11 *(Das zweite Wehe)* Der Chaldäer wird das Schicksal eines Menschen erleiden, dessen Stellung auf unrechtmäßigem Gewinn beruht: Nichts wird davon bestehenbleiben.

→210 *weil du vernichtet* Üss; M: „zu vernichten".

→211 Ein aus unrecht erworbenem Gut gebautes „Haus": Steine und Balken schreien um Rache gegen den ungerechten Besitzer.

→212–14 *(Das dritte Wehe)* Gegen die Politik der Gewalt.

→213 *solches* Üss; M: „siehe". Zitationsformel, vgl. 2 Chr 2526, die ein Wort Jahwes in v. 13B.C einleitet.

→215–17 *(Das vierte Wehe)* Gegen den Zynismus des Eroberers. Er gleicht einem Mann, der seine Nachbarn beim Gelage betrunken macht, um sie zu entehren; ihre Schande wird zu seiner Schande werden; vgl. hierzu Jr 517 (im Hinblick auf Babel), Nah 34–7 (im Hinblick auf Ninive).

→215 *seinen Nächsten* 1 QpHab; M: „seinem Nächsten".

→215 *der eingießt* Bedeutung unsicher.

→215 *sein Gift* (Vgl. Dt 3224.33; Ps 585; 1404, oder „seinen Zorn") 1 QpHab, Symmachus, V; M: „dein Gift".

Blöße zu schauen! 16 Du hast dich
an Schmach statt an Ehre gesät-
tigt.

Trinke nun auch du und zeige die
Vorhaut! Auch an dich kommt nun
der Becher der Rechten Jahwes, und
Schande über deine Ehre.

17 Denn die Gewalttat am Libanon
wird dich erdrücken und die Vernich-
tung der in Schrecken versetzten
Tiere; denn Menschenblut hast du
vergossen, das Land verwüstet, die
Stadt und all ihre Bewohner.

Das fünfte Wehe

19 Wehe dem, der zum Holze sagt:
„Erwache!“, „Steh auf!“ zum stum-
men Stein. [Das ist der Spruch.] Siehe,
es ist zwar gefaßt in Gold und Silber,
aber Geist ist keiner in ihm.

18 Was nützt ein Schnitzbild, daß
sein Bildner es schnitzte? Ein Gußbild
und Lügenorakel, daß sein Schöpfer
ihm vertraute, wo er doch stumme
Götzen bildet?

20 Doch Jahwe ist in seinem heiligen
Tempel. Vor ihm schweige alle Welt!

III. AUFRUF ZUM EINGREIFEN JAHWES

Überschrift

3 1 Gebet. Vom Propheten Haba-
kuk. Nach der Weise der Klage-
lieder.

Einführung. Bitte

2 Jahwe, ich habe deine Botschaft
vernommen und bin erschrocken
über dein Tun. Binnen Jahren verwirk-
liche es, mache es offenbar binnen
Jahren! Im Zorne sei eingedenk des
Erbarmens!

Gotteserscheinung

Das Kommen Jahwes

3 Eloah kommt von Teman her und
der Heilige vom Gebirge Paran (Sela).
Seine Herrlichkeit bedeckt den
Himmel, und sein Ruhm erfüllt die
Erde.

4 Sein Glanz gleicht dem Tage, und
Strahlen entspringen seinen Händen,
das ist die Hülle seiner Macht.

5 Vor ihm her geht die Pest, die
Seuche folgt seinen Schritten.

→216 *nun auch du* Schmach und Schande des unbeschnittenen Chaldäers, der nun seinerseits trunken gemacht ist.

→217 *Libanon* Der verwüstete Libanon, vgl. Js 3724, dessen Zedern Nebukadnezar für seine Bauten verwendete, vgl. Js 148, ist vielleicht auch ein Sinnbild Israels, vgl. Js 339; Jr 2114; 226–7.20–23.

→217 Vers 18 ist nach v. 19 umgestellt.

→219–20 *(Das fünfte Wehe)* Gegen den törichten Götzendienst des Chaldäers.

→219 *Das ist der Spruch* Vielleicht ein erklärender Zusatz, der aus Vers 18B stammt.

→220 *Tempel* Der Tempel von Jerusalem, aber vor allem der Himmelspalast, aus dem Jahwe hervortreten wird, vgl. 33f.

→220 *Vor ihm schweige* Dieses Schweigen ist Vorbereitung auf die Gotteserscheinung von 33–15, vgl. Js 411; Ps 769–10.

→31–19 Dieses Gebet verbindet wie zahlreiche Psalmen mit der Klage einen Hymnus auf die Macht Gottes. Die Überschrift, das Vorkommen des musiktechnischen Ausdrucks *Sela* (wahrscheinlich Pause für einen Zwischengesang) und die Angabe von v. 19B weisen auf Verwendung im Gottesdienst hin.

→31 *Vom Propheten Habakuk* Wie in den Psalmen könnte mit dieser Bemerkung nicht die Verfasserschaft, sondern lediglich die Zugehörigkeit zu einer Sammlung, hier zum Buch Habakuk, gemeint sein.

→32 *dein Tun* Das gesamte Eingreifen Jahwes für sein Volk zu Moses Zeiten (vgl. 112), vgl. Ps 442–9; 7712–13; 959; Ri 27; Dt 117.

→32 *Binnen Jahren* D. h. in unserer Zeit.

→32C.D *Binnen Jahren . . . Jahren* G liest für diese beiden Versteile: „Inmitten zweier ‚Lebewesen‘ (oder ‚Tiere‘) wirst du dich offenbaren; wenn die Jahre nahe sein werden, wirst du erkannt; wenn die Zeit gekommen sein wird, wirst du erscheinen“; auf diesen Text geht zusammen mit Js 13 die Überlieferung von den beiden Tieren an der Krippe von Betlehem zurück.

→33 „Eloah“, ein altertümlicher Gottesname. Teman, Gebiet im Norden des Landes Edom oder Seïr. Paran, Gebirge in Edom. Hier beginnt die Gotteserscheinung, vgl. Ex 1916+, die das Kommen, v. 3–7, und den Kampf, v. 8–15, Jahwes umfaßt. Diese beschreibende Schau erinnert durch manche Züge an das herrscherliche Dahinziehen Jahwes vor seinem Volke beim Auszug, den Typus, vgl. Js 403+, der künftigen Befreiung. Jahwe („der Heilige“, vgl. Dt 333; Js 63+) rückt vom Sinai auf Kanaan zu, vgl. Nm 2014f, vom Südosten Palästinas, der Gegend, aus der auch die Gewitter kamen. Sein Nahen wird unter dem Bild einer Gewitterwolke, vgl. Ps 188f; 29, beschrieben, v. 3f. Die Ausdrücke bezeichnen teils die Wolke, teils Jahwe, der sich hierin zeigt.

→34 *Sein Glanz* Üss; M: „Der Glanz“.

→34 *Strahlen* Eigentlich: „Hörner“, aber vgl. Ex 3429–30.35.

→35 *die Seuche* Dasselbe Wort (*rescheph*, abgeleitet vom Namen des phönizischen Gottes des Blitzes) bedeutet Blitz, Hagel, Unglück, hier (aufgrund des Parallelismus mit „Pest“, vgl. Dt 3224) die Seuche.

6 Er bleibt stehen, und es schwankt
die Erde, er blickt umher und macht
die Völker erzittern. Es bersten die
ewigen Berge, es sinken zusammen die
uralten Hügel, seine uralten Pfade
(sind dies).
7 Von Unheil bedroht sehe ich die
Zelte von Kuschan, es zittern die
Zeltdecken im Lande Midian.

Der Kampf Jahwes

8 Ist gegen die Ströme entbrannt
dein Zorn, Jahwe, oder gegen das Meer
dein Grimm, daß du mit deinen Ros-
sen einherfährst auf deinen Wagen
des Sieges?
9 Du enthüllst deinen Bogen, du
sättigst mit Pfeilen seine Sehne (Sela).
Du spaltest die Erde durch Ströme.
10 Es sehen dich die Berge und
zittern, ein Wolkenbruch geht nieder,
es brüllt der Ozean, hoch streckt er
seine Arme.
11 Sonne und Mond verkriechen
sich in ihrem Gehäuse, vor dem Licht
deiner Pfeile enteilen sie, vor dem
Glanz deiner blitzenden Speere.
12 Im Zorne schreitest du über die
Erde, im Grimm zermalmst du die
Völker.
13 Du ziehst zur Rettung deines
Volkes aus, Hilfe zu bringen deinem
Gesalbten. Du reißest ab das Haus
des Frevlers, legst bloß das Fundament
bis auf den Felsen (Sela).
14 Du durchbohrst mit deinen Ge-
schossen das Haupt seiner Helden, die
heranstürmen, um uns zu verjagen,
mit Freudengeschrei, als ob sie den
Armen verschlingen wollten in ihrem
Versteck.
15 Du zerstampfst das Meer mit
deinen Rossen, den Schwall der vielen
Wasser.

Schluß: Die Angst des Menschen und der Glaube an Gott

16 Ich hörte es, und es bebte mein
Inneres; da ich es vernahm, zitterten
meine Lippen, es wurde morsch mein
Gebein, und unter mir bebten meine
Schritte.
In Ruhe erwarte ich diesen Tag der
Bedrängnis, der anhebt wider das
Volk, das uns überfällt.
17 [Denn der Feigenbaum treibt
keine Sprossen, und an dem Weinstock
ist keine Frucht. Der Ertrag des
Ölbaumes enttäuscht, und die Fel-
der bringen keine Nahrung. Aus den
Hürden ist das Kleinvieh verschwun-
den, in den Ställen steht kein Rind
mehr.]
18 Aber dennoch will ich froh-
locken in Jahwe, will jubeln über den
Gott meines Heiles.
19 Jahwe, der Herr, ist meine Stärke,
er macht meine Füße denen der
Hinden gleich, und auf Höhen läßt er
mich schreiten.
Dem Chormeister. Zum Saiten-
spiel.

→36 *die ewigen Berge ... die uralten Hügel* Diese Ausdrücke erhalten hier eine kosmische Bedeutung, vgl. Ps 902; Spr 825; Ib 157; sie bezeichnen den Aufenthaltsort der Patriarchen in Gn 4926; Dt 3315.

→37 Midian, vgl. Ex 215+. Kuschan ist offenbar eine altertümliche Bezeichnung für die gleiche Gegend.

→38 *Jahwe* Danach Zusatz in M: „oder gegen die Fluten".

→38 Wie in Ri 54–5; Ps 7717–20; 1143–7 ist das Eingreifen Jahwes von kosmischen Erschütterungen begleitet, vgl. Am 89+. Es liegt hier vielleicht die dichterische Verwendung alter Überlieferungen über die Schöpfung vor, die als ein Kampf Gottes gegen die aufrührerischen Elemente (der Abgrund, das Meer, der Strom usw.) verstanden wurde, vgl. Ib 712+. Hier endet der Kampf mit der Niederlage des „Frevlers", d. h. des Chaldäers, V. 13–15.

→39 *du sättigst mit Pfeilen seine Sehne* Korr. Die Pfeile sind die Blitze, vgl. V. 4 und Ps 297; 7718. Jahwe wird mit dem Bogenschützen verglichen, vgl. Dt 3223; Ez 516 usw. Der Bogen ist ein Sinnbild der Kraft, vgl. Gn 4924; Ib 2920 usw.

→39 *durch Ströme* Wolkenbruchartiger Gewitterregen, vgl. Ps 7717–19; Ri 54.

→310 *der Ozean* Die Wasser unter der Erde, das Urmeer, das seine Fluten mit dem Regen des Himmels verbindet. Seine „Arme" sind die Wogen.

→313 *deinem Gesalbten* Hier eher das Volk, vgl. Ps 288 (Ex 196), als der König.

→313C.D *Du reißest ... Felsen* Unsicherer Text; Korr.

→314 Unsicherer Text; Korr.

→316 *Ich hörte es* Vgl. V. 2 und Js 213–4; Jr 239; Dn 818.27; 108. Der heilige Schrecken und die Angst des Propheten vor dem Kampfe Jahwes und den hiermit verbundenen Katastrophen, V. 16–17, treten zurück vor der Freude an dem Heil und an der Sicherheit in Jahwe, V. 18–19, vgl. V. 16E.

→316 *bebten meine Schritte* Korr. nach G.

→316 *der anhebt wider das Volk, das uns überfällt* Korr.

→317 Dieser Vers über die Not des Bauern dürfte im jetzigen Zusammenhang eines kosmischen Kampfes späterer Zusatz sein (der die Mahnung zur Hoffnung auf Jahwe bestärkt), falls er nicht die in Juda durch den Krieg verursachten Verwüstungen beschreiben will.

→319 *auf Höhen* G; M: „auf meinen Höhen".

→319 *Zum Saitenspiel* Korr.; M: „Zu meinem Saitenspiel". Solche Angaben stehen gewöhnlich am Anfang der Psalmen.

Das Buch Zephanja

1 1 Wort Jahwes, das erging an
Zephanja, den Sohn des Kuschi,
des Sohnes des Gedalja, des Sohnes
des Amarja, des Sohnes des Hiskija,
in den Tagen des Josija, des Sohnes
des Amon, des Königs von Juda.

I. DER TAG JAHWES IN JUDA

Kosmisches Vorspiel

2 Wegraffen will ich wahrhaftig
alles vom Erdboden, spricht Jahwe.
3 Wegraffen will ich Menschen und
Tiere, wegraffen die Vögel des Himmels und die Fische des Meeres, zu
Falle bringen will ich die Frevler und
vertilgen vom Erdboden die Menschen,
spricht Jahwe.

Gegen den Kult fremder Götter

4 Ich strecke meine Hand aus wider
Juda und wider alle Bewohner Jerusalems. Ausrotten will ich von dieser
Stätte den Baal bis zum letzten Rest
mitsamt dem Namen der Götzenpriester
5 und jene, die auf den
Dächern vor dem Heer des Himmels
sich niederwerfen und die sich vor
Jahwe niederwerfen und dennoch
schwören bei Milkom,
6 und jene, die
sich von Jahwe abgewandt haben, die
Jahwe nicht suchen und nicht nach
ihm fragen.
7 Stille vor Jahwe, dem
Herrn! Denn nahe ist der Tag Jahwes,
bereitet hat er ein Opferfest, geheiligt
seine Gäste.

Gegen die führenden Leute am Hof

8 Und es wird geschehen am Opfertag Jahwes, da werde ich heimsuchen
die Fürsten und königlichen Prinzen,
alle, die fremdländische Gewänder
tragen.
9 Heimsuchen werde ich an
jenem Tage alle, die auf die Stufe
steigen und das Haus ihres Herrn anfüllen mit Gewalttat und Betrug.

Gegen Jerusalems Kaufleute

10 Es wird geschehen an jenem Tage,
spricht Jahwe, da hört man lautes
Schreien vom Fischtor her und Wehklagen aus der Neustadt und gewaltiges Krachen von den Hügeln her.
11 Wehklaget, ihr Bewohner des Talgrundes, denn das ganze Krämervolk
wird vernichtet, ausgerottet werden
alle, die Geld darwägen.

Gegen die Ungläubigen

12 In jener Zeit wird es geschehen,
spricht Jahwe, da werde ich Jerusalem
mit Laternen durchsuchen und die
Männer heimsuchen, die auf ihren
Hefen dick geworden, die da sagen:
„Jahwe tut weder Gutes noch Böses."

→13 *zu Falle bringen will ich* Korr.; M: „die Anstöße".
→14 *Götzenpriester* Das entsprechende hebräische Wort wird nur in diesem Sinne gebraucht; danach erklärender Zusatz in M: „mit den Priestern".
→15 *vor Jahwe niederwerfen* Danach Zusatz in M: „und die schwören".
→15 *Milkom* Einige Hss von G, S, V; M: „ihr König". Nach der weiterlebenden kanaanäischen Baalsreligion, v. 4, prangert Zephanja auch den assyrischen Gestirnkult sowie den Kult der Nachbargötter (Milkom, Nationalgott der Ammoniter) an, Kulte, die mit dem Jahwekult vermengt wurden.
→17 Der Vers beginnt mit einem liturgischen Ruf. Der Tag Jahwes wird hier dargestellt als ein Opferfest; das Schlachtopfer werden die Judäer selbst sein. Die Gäste werden zur Darbringung „geheiligt" wie bei der Abschlachtung der Baalspropheten unter Elija, 1 Kg 1819–40, und der Baalsverehrer unter Jehu, 2 Kg 1018–27.
→18–9 *(Gegen die führenden Leute am Hof)* Sie üben in Abhängigkeit von Assyrien während der Minderjährigkeit Josijas die Herrschaft aus. „Alle, die auf die Stufe (hier wohl die Throntribüne) steigen", v. 9, sind die Leute, die zum König Zutritt haben.
→111 *Krämervolk* Wörtlich: Volk Kanaans, vgl. Hos 128; Js 238; Spr 3124 usw.

13 Ihr Reichtum soll der Plünderung
verfallen und ihre Häuser der Verwüstung.
Haben sie Häuser gebaut,
so sollen sie darin nicht wohnen,
Weinberge gepflanzt, so sollen sie
deren Wein nicht trinken.

Der Tag Jahwes

14 Nahe ist der Tag Jahwes, der
große, nahe ist er, und er kommt gar
bald. Horch! Der Tag Jahwes ist
bitter, da stößt der Held den Kriegsschrei
aus. 15 Ein Tag des Zornes ist
jener Tag, ein Tag der Bedrängnis
und der Not, ein Tag des Verderbens
und der Verwüstung, ein Tag der
Finsternis und des Dunkels, ein Tag
der Wolken und der Unwetter, 16 ein
Tag mit Trompetengeschmetter und
Kriegsgeschrei wider die festen Städte
und die hohen Türme. 17 Da werde
ich bange machen die Menschen, daß
sie einhergehen wie Blinde, [denn
gegen Jahwe haben sie gesündigt.] Ihr
Blut wird verschüttet werden, als
wäre es Staub, und ihre Eingeweide,
als wäre es Unrat. 18 Weder ihr
Silber noch ihr Gold wird sie retten
können.

Am Tage, da Jahwe zürnt, im
Feuer seines Zorneseifers wird verzehrt
werden die ganze Erde. Denn
ein Ende, und zwar ein schreckliches,
wird er bereiten allen Bewohnern der
Erde.

Schluß: Ruf zur Umkehr

2 1 . . . Volk ohne Begehr, 2 bevor
ihr verjagt werdet wie Spreu, die an
einem Tage verweht, bevor über euch
kommt die Zornesglut Jahwes, [bevor
über euch kommt der Tag des Zornes
Jahwes.] 3 Suchet Jahwe, all ihr
Demütigen im Lande, die ihr sein
Gebot erfüllt! Suchet Gerechtigkeit,
suchet Demut! Vielleicht werdet ihr
dann geborgen sein am Tage des
Zornes Jahwes.

II. GEGEN DIE VÖLKER

Der Feind im Westen: Die Philister

4 Denn Gasa wird verlassen sein,
Askalon zur Wüste werden, Aschdod
wird man am hellen Mittag vertreiben,
und Ekron wird von Grund auf zerstört.
5 Wehe euch, ihr Bewohner der
Meeresküste, Volk der Kereter! Das
Wort Jahwes ergeht wider euch: „Niederwerfen
will ich dich, du Land der
Philister, ich werde dich zugrunde
richten, daß niemand übrigbleibt.
6 Du sollst werden zu Auen und Triften
für die Hirten und zu Hürden für
die Schafe.“ 7 Und die Küste wird

→1 14–18 *(Der Tag Jahwes)* Wie bei Amos, 5 18–20+, und Jesaja, 2 6–22, ist dieser Tag eine furchtbare Offenbarung der Macht Jahwes; Gott erscheint als Krieger (vgl. Ex 15 3; 2 Sm 5 24; Ps 18 8–15 usw.), aber er richtet seine Waffen gegen sein eigenes frevelndes Volk. Das Gedicht hat Joel, 2 1–11, und den mittelalterlichen Verfasser des *Dies irae* beeinflußt.

→1 14D Andere übersetzen: „selbst der Held stößt Schreckensschreie aus“.

→2 1–3 Trotz der Drohung des Tages Jahwes hegt der Prophet noch Hoffnung auf Umkehr. Das Heil wird den „Demütigen“ (oder „Armen“), v. 3, verheißen.

→2 1 Der Text des Versanfangs ist dunkel und wird verschieden gedeutet: „Versammelt euch“, „Geht in euch“, „Beuget euch“, „Rafft euch zusammen, häuft euch“ (wie Stroh beim Dreschen, vgl. v. 2).

→2 2 *ihr verjagt werdet* Korr.; M: „die Geburt des Beschlusses“.

→2 3 *ihr Demütigen im Lande* Die „Demütigen“ oder „Armen“ (hebräisch: *'anawim*) spielen in der Bibel eine große Rolle. Während die Weisheitsliteratur Armut *(resch)* gern als Folge der Faulheit ansieht, Spr 10 4, wissen die Propheten, daß die Armen vor allem die Unterdrückten, die Bedrängten *('anijim)* sind; sie fordern Gerechtigkeit für die Schwachen und die Geringen *(dallim)* und die Notleidenden *('ebionim)*, Am 2 6 f; Js 10 2; vgl. Ib 34 28 f; Sir 4 1 f; Jak 2 2 f. Das Echo hierauf ist das Deuteronomium mit seiner armenfreundlichen Gesetzgebung, Dt 24 10 f. Mit Zephanja erhält die Armutsterminologie eine sittliche und endzeitliche Färbung, 3 11 f, vgl. Js 49 13; 66 2; Ps 22 27; 34 3 f; 37 11 f; 69 34; 74 19; 149 4, ferner Mt 5 3+; Lk 1 52; 6 20; 7 22. Die *'anawim* sind letztlich die dem Willen Gottes ergebenen Israeliten. Zur Zeit der griechischen Bibelübersetzung (G) bekommt der Ausdruck *'anaw* (oder *'ani*) darüber hinaus eine Bedeutung von Uneigennützigkeit, Sach 9 9, vgl. Sir 12 7. Zu den „Armen“ wird der Messias gesandt werden, Js 61 1, vgl. Lk 4 18. Er selbst wird demütig und milde, Sach 9 9, vgl. Mt 21 5, ja ein Zerschlagener sein, Js 53 4.

→2 4–7 Zephanja zählt die verbündeten Philisterstädte auf, die „Bewohner der Meeresküste“ (ausgenommen Gat, das vielleicht bereits zerstört war). Nach Art der Wortspiele von Js 10 29–31 und Mich 1 10–15 entnimmt er dem Namen Gasa und Ekron Unheilsweissagungen.

→2 5 *Niederwerfen will ich dich* Korr.; M: „Kanaan“.

→2 6 *Du sollst werden* Korr.; M: „Sie soll werden“. Danach Zusatz in M: „die Meeresküste“; fehlt in G.

dem Rest des Hauses Juda zufallen.
Dort werden sie weiden, in den
Häusern von Askalon werden sie
lagern am Abend, denn Jahwe, ihr
Gott, wird sie heimsuchen und ihr
Geschick wenden.

Feinde im Osten: Moab und Ammon

8 Ich habe gehört die Schmähung
Moabs und die Lästerungen der Söhne
Ammons, womit sie mein Volk
lästerten und wider mein Gebiet über-
mütig handelten. 9 Darum, so wahr
ich lebe, spricht Jahwe Zebaot: „Moab
soll werden wie Sodom und die Söhne
Ammons wie Gomorra, eine Stätte für
Dorngestrüpp, eine Salzgrube, eine
Wüste für immer. Der Rest meines
Volkes wird sie als Beute erhalten, und
die Überlebenden der Nation werden
ihren Besitz übernehmen. 10 Das soll
ihnen geschehen für ihren Übermut,
denn sie haben gehöhnt und großgetan
wider das Volk Jahwe Zebaots.
11 Furchtbar wird sich Jahwe an
ihnen erweisen, denn er vernichtet
alle Götter der Erde, und es wer-
den ihn anbeten ein jeder an seinem
Ort, alle Inseln der Heiden.

Der Feind im Süden: Kusch (Äthiopien)

12 Auch ihr Kuschiten: „Sie werden
von meinem Schwerte durchbohrt.“

Der Feind im Norden: Assur

13 Und ausstrecken wird er seine
Hand nach Norden und Assur ver-
nichten und Ninive zur Einöde
machen, zum dürren Wüstenland.

14 Es werden Herden darin lagern,
alle Tiere des Tales, Pelikan und Rohr-
dommel nächtigen auf seinen Bild-
werken, im Fenster singt die Eule, der
Rabe auf der Schwelle . . . 15 Ist das
die übermütige Stadt, die so sicher
thronte, die da bei sich sprach:
„Ich und niemand sonst“? Wie ist
sie zur Einöde geworden, ein Ruheplatz
für das Wild! Ein jeder, der vorüber-
geht, zischt und schwingt die Hand.

III. GEGEN JERUSALEM

Gegen die Führer des Volkes

3 1 Wehe der widerspenstigen und
befleckten, der gewalttätigen Stadt!
2 Sie hörte auf kein Wort, nahm keine
Zucht an, vertraute nicht auf Jahwe,
ihrem Gotte nahte sie nicht. 3 Ihre
Fürsten in ihrer Mitte sind brüllende
Löwen, ihre Richter Wölfe am
Abend, die nichts zurücklassen für
den Morgen. 4 Ihre Propheten sind
Prahlhänse, treulose Männer, ihre
Priester entweihen das Heilige, ver-
gewaltigen das Gesetz.

5 Jahwe ist gerecht in ihrer Mitte,
er begeht kein Unrecht. Jeden Morgen
erläßt er seinen Rechtsspruch, beim
Morgenlicht bleibt er nicht aus, Un-
gerechtigkeit kennt er nicht.

Die Lehre aus dem Schicksal der Völker

6 Ich habe Völker vernichtet, ver-
wüstet sind ihre Burgen, ich habe
ihre Straßen öde gemacht, daß nie-
mand darauf wandert, verheert sind
ihre Städte, daß niemand sie be-
wohnt.

7 Ich sagte: „Wenigstens wirst du
mich fürchten und Lehre annehmen;
aus ihren Augen kann nicht all das
entschwinden, womit ich sie heim-
gesucht habe.“ Aber nein! Eifrig ver-
übten sie weiter alle ihre schlimmen
Taten.

8 Darum wartet auf mich, spricht
Jahwe, auf den Tag, da ich als Kläger
auftrete. Denn ich habe beschlossen,

→29 *Moab . . . die Söhne Ammons* Nach Gn 1930–38 stammen Ammon und Moab von Lot ab, der Sodom entkommen war.
→211 *alle Inseln* Diese Verheißung von der Bekehrung der „Inseln“, die noch weiter geht als der Spruch über Moab und Ammon, ist wohl ein von Js 411.5; 424.10.12; 491; 515 abhängiger Zusatz.
→212 Kusch (= Äthiopien) bezeichnet hier Ägypten, über das äthiopische Pharaone kurz vor Zephanja (von 715 bis 663 v. Chr.: 25. Dynastie) herrschten. Der Spruch scheint unvollständig.
→213–15 Assur ist der Feind schlechthin, der Juda seit fast einem Jahrhundert unterdrückte.
→214 *Des Tales* Korr.; M: „des Volkes“.
→214 *die Eule* Korr.; M: „eine Stimme“.
→214 *der Rabe* G; M: „die Verwüstung“.
→214 Das Versende ist im jetzigen Zusammenhang dunkel: „denn er hat die Zeder ausgerissen“, oder mit Korr.: „denn ich werde die Stadt zugrunde richten lassen“.
→35 *Ungerechtigkeit kennt er nicht* Korr.; M: „der Ungerechte kennt keine Scham“.
→37 *aus ihren Augen* G, S; M: „ihre Zufluchtsstätte“.
→38 *als Kläger* G, S; M: „zur Plünderung“ (oder: „für immer“).
→38 *zu versammeln* G, S; M: „daß ich versammle“.
→38 *über euch* Korr.; M: „über sie“.
→38 Zusatz in M am Versende: „denn

die Völker zu versammeln, König-
reiche zusammenzubringen, um über
euch meinen Grimm auszuschütten,
die ganze Glut meines Zornes.

IV. VERHEISSUNGEN

Bekehrung der Heiden

9 Denn alsdann will ich den Völ-
kern reine Lippen schaffen, daß sie
alle den Namen Jahwes anrufen und
ihm im selben Joch dienen. 10 Von
jenseits der Ströme von Kusch wer-
den meine Anbeter mir Opfergaben
bringen.

Der demütige Rest Israels

11 An jenem Tage brauchst du
dich nicht mehr zu schämen all deiner
Taten, womit du dich gegen mich
vergangen hast, denn dann werde ich
fortschaffen aus deiner Mitte deine
stolzen Prahler, und nicht mehr wirst
du übermütig sein auf meinem heiligen
Berge. 12 Ich werde übriglassen in
deiner Mitte ein Volk demütig und
gering, und bergen wird es sich im
Namen Jahwes. 13 Israels Rest. Sie
werden kein Unrecht mehr tun, nicht
mehr Lüge reden, und in ihrem
Munde wird keine trügerische Zunge
mehr gefunden werden. Sie werden
vielmehr weiden und sich lagern, und
niemand wird sie stören.

Lieder der Freude Zions

14 Frohlocke, Tochter Zion, jauchze,
Israel, freue dich und juble von
ganzem Herzen, Tochter Jerusa-
lem! 15 Aufgehoben hat Jahwe deine
Strafgerichte, fortgeschafft deine Fein-
de. Jahwe ist Israels König in deiner
Mitte, nicht brauchst du mehr Unheil
zu fürchten.

16 An jenem Tage wird man zu
Jerusalem sagen: Fürchte dich nicht,
Zion, laß deine Hände nicht schlaff
werden. 17 Jahwe, dein Gott, ist in
deiner Mitte, ein siegreicher Held.
Er freut sich über dich voller Freude,
er schafft dich neu in seiner Liebe, er
springt auf deinetwegen in Jauchzen
18 wie an den Tagen der Feste.

Die Heimkehr der Verstreuten

Ich schaffe das Unheil hinweg aus
dir, auf daß du keine Schmach mehr
tragen mußt.

19 Siehe, ich mache ein Ende mit
deinen Peinigern. In jener Zeit rette
ich, was hinkt, und sammle, was ver-
irrt ist, ich bringe sie wieder zu Ehren
und Namen in dem ganzen Lande,
wenn ich ihr Schicksal wende.

20 In jener Zeit will ich euch heim-
führen, in jener Zeit will ich euch
sammeln, denn ich will euch Ruhm
und Ehre geben unter allen Völkern
der Erde, wenn ich euer Schicksal
vor euren Augen wende, spricht
Jahwe.

---

vom Feuer meines Eifers wird die ganze Erde verzehrt", vgl. 118. Der wiederhergestellte ursprüngliche Text von v. 8 schließt v. 6–7 ab mit der Ankündigung, daß Juda vor den Augen der Heiden bestraft wird, wie Am 39–11. M hat diesen Text umgedeutet zu einer Bestrafung der Heidenvölker („über sie").

→39 *im selben Joch* Nach G, S; M wörtlich: „ein einziger Nacken".

→310 *Anbeter* Danach Zusatz in M: „Tochter meiner Zerstreuung". Diese Weissagung von der Bekehrung der Äthiopier, vgl. Js 187; 1918–25; 4514, ist wahrscheinlich nicht authentisch. Der erklärende Zusatz von M hat sie in eine Verheißung an die Juden in der Zerstreuung umgeformt.

→311–13 Dieser Spruch kündigt die Verwirklichung des in 23 vorgelegten Ideals an und gehört zu den schönsten Beschreibungen der „Armenfrömmigkeit" im Alten Testament.

→314–15.16–18A Die beiden Psalmen bilden den ursprünglichen Abschluß der Sammlung.

→317 *er schafft dich neu* G, S; M: „er verstummt".

→318 *wie an den Tagen der Feste* G, S; M: „Bekümmerte außerhalb der Feste".

→318B–20 Vers 20 ist eine Variante zu v. 19, der seinerseits von Mich 46 abhängig ist. Diese Sprüche stammen wahrscheinlich aus der Exilszeit.

→318 *das Unheil* Korr.; M: „sie waren".

→318 *auf daß du keine Schmach mehr tragen mußt* Nach G, S, T; M: „Last auf ihr, Schmach".

→319 *wenn ich ihr Schicksal wende* Korr.; M: „ihre Schande".

→320 *in jener Zeit* Korr.; M: „zur Zeit".

Das Buch Haggai

Der Wiederaufbau des Tempels

1 1 Im zweiten Jahre des Königs
Darius, im sechsten Monat, am
ersten Tag des Monats, erging das
Wort Jahwes durch die Hand des
Propheten Haggai an Serubbabel, den
Sohn des Schealtiel, den Statthalter
von Juda, und an Josua, den Sohn des
Jehozadak, den Hohenpriester, also:
2 So spricht Jahwe Zebaot: Dieses
Volk sagt: „Jetzt ist die Zeit noch
nicht gekommen, den Tempel Jahwes
wieder aufzubauen.“ 3 [Da erging das
Wort Jahwes durch den Propheten
Haggai also:] 4 Ist wohl für euch die
Zeit da, in feingetäfelten Häusern zu
wohnen, während dieses Haus wüst
daliegt? 5 Und nun, so spricht Jahwe
Zebaot, achtet doch darauf, wie es
euch ergeht! 6 Ihr habt reichlich gesät
und wenig heimgebracht; beim Essen
werdet ihr nicht satt, und beim Trin-
ken bekommt ihr nicht genug. Ihr
habt wohl Kleider zum Anziehen und
werdet nicht warm, und wer sich um
Lohn verdingt, spart in einen löchri-
gen Beutel. 8 Steigt hinauf auf das
Gebirge, und schafft Holz herbei, und
bauet den Tempel wieder auf, daß ich
Wohlgefallen daran habe und verherr-
licht werde, spricht Jahwe. 7 So spricht
Jahwe Zebaot: Achtet doch darauf, wie
es euch ergeht! 9 Ihr rechnetet auf
vieles, und es gab nur wenig, ihr brach-
tet es heim, und ich blies es fort. War-
um wohl?, spricht Jahwe Zebaot. We-
gen meines Hauses, das wüst daliegt,
während ein jeder von euch für sein
Haus sich müht. 10 Darum hielt der
Himmel den Regen zurück, und die
Erde hielt ihren Ertrag zurück. 11 Und
ich rief die Dürre über das Land und
über die Berge und über das Getreide
und über den Most und über das Öl
und über alles, was der Boden hervor-
bringt, und über den Menschen, über
das Vieh und über alle Arbeit der
Hände.
12 Da hörte Serubbabel, der Sohn
des Schealtiel, und Josua, der Sohn des
Jehozadak, der Hohepriester, sowie
der gesamte Rest des Volkes auf die
Stimme Jahwes, ihres Gottes, und auf
die Worte des Propheten Haggai, da
ihn ja doch Jahwe zu ihnen gesandt
hatte, und das Volk fürchtete sich vor
Jahwe. 13 Und Haggai, der Bote Jah-
wes, sprach im Botenauftrag Jahwes
zum Volke also: „Ich bin mit euch,
spricht Jahwe.“ 14 Und Jahwe erweck-
te den Geist des Serubbabel, des Soh-
nes des Schealtiel, des Statthalters von
Juda, und den Geist des Josua, des
Sohnes des Jehozadak, des Hohen-
priesters, und den Geist des gesamten
Restes des Volkes, so daß sie kamen
und die Arbeit am Tempel ihres
Gottes Jahwe Zebaot in Angriff nah-
men 15 am vierundzwanzigsten Tage,
im sechsten Monat.

Die Herrlichkeit des Tempels

2 Im zweiten Jahre des Königs
Darius, 1 im siebten Monat, am
einundzwanzigsten Tag des Monats,
erging das Wort Jahwes durch die
Hand des Propheten Haggai also:
2 Sage doch dem Serubbabel, dem
Sohne des Schealtiel, dem Statthalter
von Juda, und dem Josua, dem Sohne
des Jehozadak, dem Hohenpriester,
und dem gesamten Rest des Volkes
also: 3 Wer ist unter euch noch übrig,
der dieses Haus in seiner früheren
Herrlichkeit geschaut hat, und wie
seht ihr es jetzt? Kommt es euch nicht

→1 1 August 520 v. Chr.
→1 2 *Jetzt ist die Zeit noch nicht gekommen* G, V; M unverständlich.
→1 8 *auf das Gebirge* Wohl das Gebirge Juda.
→1 9 *und es gab* G, S, D; M: „und siehe“.
→1 10 *den Regen* T; M: „den Tau“.
→1 12 *Rest des Volkes* Der Ausdruck bezeichnet bei Haggai und Sacharja das treue um Jerusalem gesammelte Volk, vgl. Js 4 3+.
→1 12 *zu ihnen* Üss; M: „ihr Gott“.
→2 1 Oktober 520 v. Chr., am letzten Tag des Laubhüttenfestes.
→2 2 *dem gesamten Rest* G; M: „dem Rest“.

wie ein Nichts vor in euren Augen?
4 Doch fasse Mut, Serubbabel, spricht
Jahwe, fasse Mut, Josua, Sohn des
Jehozadak, du Hoherpriester, fasse
Mut, gesamtes Volk des Landes,
spricht Jahwe! An die Arbeit, denn ich
bin mit euch – spricht Jahwe Zebaot –,
5 und mein Geist soll in eurer Mitte
bleiben, seid ohne Furcht! 6 Denn so
spricht Jahwe Zebaot: Noch eine
kleine Weile, und ich erschüttere
Himmel und Erde, das Meer und das
Festland. 7 Ich werde die Völker er-
schüttern, und die Kostbarkeiten aller
Völker werden herbeikommen, und
ich erfülle dieses Haus mit Herrlich-
keit, spricht Jahwe Zebaot. 8 Mein
ist das Silber, und mein ist das Gold,
spricht Jahwe Zebaot. 9 Größer wird
der Glanz dieses neuen Tempels sein
als der des früheren, spricht Jahwe
Zebaot, und an diesem Orte will ich
Frieden stiften, spricht Jahwe Zebaot.

Anfrage bei den Priestern

10 Am vierundzwanzigsten Tage, im
neunten Monat, im zweiten Jahre des
Darius erging das Wort Jahwes an den
Propheten Haggai also: 11 So spricht
Jahwe Zebaot: Frage doch die Priester
um Belehrung über folgenden Fall:
12 „Wenn jemand heiliges Fleisch im
Zipfel seines Gewandes trägt und
berührt mit seinem Zipfel Brot oder
ein Gericht oder Wein oder Öl oder
sonst etwas Eßbares, wird das dann
heilig?“ Die Priester antworteten und
sagten: „Nein.“ 13 Darauf sagte
Haggai: „Wenn nun einer, der durch
eine Leiche unrein geworden ist, jene
Dinge berührt, werden sie unrein?“
Und die Priester antworteten und
sagten: „Sie werden unrein.“ 14 Da
erwiderte Haggai und sagte: „So ist
es mit diesem Volke und mit dieser
Nation in meinen Augen – spricht
Jahwe Zebaot –, und so ist es auch mit
all dem Tun ihrer Hände; was sie dort
darbringen, ist unrein.“

Verheißung von Erntesegen

15 Und nun bedenkt von heute an
und weiterhin! Ehe man Stein auf Stein
schichtete am Tempel Jahwes, 16 wie
war es da um euch bestellt? Man kam
zu einem Getreidehaufen von zwanzig
Scheffel, und es gab nur zehn Scheffel;
man ging zur Kelter, um fünfzig Maß
zu schöpfen, und es gab nur zwanzig
Maß. 17 Ich schlug mit Getreidebrand,
Gilbe und Hagel alle Arbeit eurer
Hände, aber ihr kehrtet euch nicht zu
mir, spricht Jahwe. 18 Bedenket doch
von heute an und weiterhin [vom
vierundzwanzigsten Tage im neunten
Monat, vom Tage an, da der Tempel
Jahwes grundgelegt ward, achtet
darauf], 19 ob die Saat noch schwindet
im Speicher und ob Weinstock und
Feigenbaum, Granatbaum und Öl-

→25 Zusatz in M am Versanfang: „Das ist der Bund (Korr.), den ich mit euch geschlossen habe, als ihr auszogt aus Ägypten“; fehlt in G.

→26 *Weile* Danach Zusatz in M: „bald ist es“; fehlt in G.

→26 In den Augen des Propheten lenkt Gott allein die Geschichte. Zur Zeit, da Haggai die Katastrophe ankündigt, vgl. Am 518+; 89+, die das neue Zeitalter einleiten soll, hat die Welt unter der Herrschaft des Darius Frieden. Die bevorstehende Erschütterung der Welt und der Wiederaufbau des Tempels werden das Vorspiel der messianischen Zeit sein.

→27 *Ich werde die Völker erschüttern* V hat hier eine Anspielung auf den Messias gesehen (*Et veniet Desideratus cunctis gentibus* „kommen wird der von allen Völkern Ersehnte“); daher die Verwendung dieses Textes in der Adventsliturgie.

→29 Der Tempel, vgl. 2 Sm 713+, ist durch Ezechiel zu einem zentralen messianischen Thema geworden. In der Tat wird der Messias, Jesus, in diesem zweiten Tempel, der von Herodes erneuert wurde, auftreten. Zusatz in G am Versende: „und Frieden der Seele, um alle zu bewahren, die die Fundamente zur Errichtung dieses Tempels legen“.

→210 Dezember 520 v. Chr.

→213 *unrein* Die „Unreinheit“ scheint ansteckender als die Heiligkeit: eine ritualistische Sehweise.

→214 *Tun ihrer Hände* D. h. die Ernten.

→214 *was sie dort darbringen* Der Kult ging an der Tempelstätte weiter, an der seit 538 v. Chr. der Brandopferaltar wieder errichtet war. Haggai zieht die Folgerung aus der in v. 13 gegebenen Entscheidung. Das Volk ist unrein, und unrein sind seine Opfergaben. Diese Zurechtweisung, dessen Härte im Gegensatz zu 21–9 steht, meint vielleicht die Samaritaner, vgl. Esr 41–5.

→214 Zusatz in G am Versende: „wegen ihrer vorzeitigen Gewinne werden sie unter ihren Mühsalen leiden, und ihr sollt sie hassen an den Toren derer, die tadelten“.

→215–19 Dieses Stück, eine Ergänzung zu 11–15, ist vielleicht im Anschluß an 115A zu lesen.

→216 *wie war es da um euch bestellt* G.

→216 *Man kam* Korr.; M: „Er kam“; G: „Ihr kamt“.

→216 *fünfzig Maß* Danach Zusatz in M: „Kufe“.

→217 *Ich schlug* Korr.; M: „Ich schlug euch“.

→217 *aber ihr kehrtet euch nicht zu mir* G.

→218 *vom 24. Tage . . . achtet darauf* Erklärender, teilweise unrichtiger Zusatz, vgl. 115.

→219 *schwindet* Ergänzt.

→219 *und . . . noch* G; M: „und . . . bis“.

baum noch nicht tragen! Von heute
an will ich Segen spenden.

Verheißung an Serubbabel

20 Und es erging das Wort Jahwes
zum zweitenmal an Haggai, am
vierundzwanzigsten Tage des Monats
also: 21 Sage zu Serubbabel, dem
Statthalter von Juda, also: Ich er-
schüttere den Himmel und die Erde.
22 Ich stürze die Königsthrone, ver-
nichte die Macht der Könige der
Völker, und ich werfe um die Streit-
wagen mitsamt ihren Fahrern, zu
Boden werden sinken Roß und Reiter,
ein jeder fällt durch das Schwert seines
Bruders. 23 An jenem Tage, spricht
Jahwe Zebaot, will ich dich, Serub-
babel, den Sohn des Schealtiel,
nehmen und dich einem Siegelring
gleichmachen, denn ich habe dich
auserwählt, spricht Jahwe Zebaot.

→222 *der Könige* G; M: „der Königreiche".
→222 *fällt* Korr.; fehlt in M.
→223 *will ich dich . . . nehmen* In dem Ausdruck ist eine göttliche Erwählung zu einer heilsgeschichtlich bedeutsamen Sendung mitgemeint. So „nahm" Jahwe Abraham, Jos 243, die Leviten, Nm 312, David, 2 Sm 78. Serubbabel, Davids Nachfolger, verbindet die Glaubenserwartung wieder mit dem alten Königsmessianismus, vgl. 2 Sm 71+; Js 714+, und kristallisiert sie um seine Person, vgl. Sach 612.
→223 *Siegelring* Der Siegelring, der zur Unterzeichnung von Briefen und Dokumenten diente, 1 Kg 218, wurde sorgsam bewahrt (am Hals, Gn 3818, oder am Finger, Jr 2224).

Das Buch Sacharja

ERSTER TEIL

Mahnung zur Umkehr

1 1 Im achten Monat, im zweiten
Jahr des Darius erging das Wort
Jahwes an Sacharja, [den Sohn des
Berechja], des Sohnes des Iddo, also:
3 „Rufe zum Rest dieses Volkes und
sage ihnen: So spricht Jahwe Zebaot:
Kehret um zu mir, so kehre ich um zu
euch, spricht Jahwe Zebaot. 4 Seid nicht
wie eure Väter, denen die früheren
Propheten gepredigt haben, indem sie
sagten: So spricht Jahwe Zebaot: Keh-
ret um von euren bösen Wegen und
euren bösen Werken; doch sie hörten
nicht und achteten nicht auf mich,
spricht Jahwe. 5 Eure Väter, wo sind
sie? Und die Propheten, leben sie
ewig? 6A Aber meine Worte und
meine Gesetze, die ich meinen Knech-
ten, den Propheten, aufgetragen habe,
haben sie nicht eure Väter erreicht?
2 Jahwe hat euren Vätern schwer
gezürnt. 6B Da schämten sie sich und
sagten: ‚Wie Jahwe Zebaot beschlossen
hatte, nach unseren Wegen und unse-
ren Taten uns zu tun, also ist er mit
uns verfahren.'"

Erste Vision: Die Reiter

7 Am vierundzwanzigsten Tage des
elften Monates [das ist der Monat
Schebat], im zweiten Jahre des Darius
erging das Wort Jahwes an den
Propheten Sacharja [den Sohn des
Berechja], des Sohnes des Iddo. 8 Ich
hatte des Nachts ein Gesicht, und
siehe, ein Mann stand zwischen
Myrten im Talgrund, und hinter ihm
waren braune, fuchsrote, schwarze
und weiße Rosse. 9 Da sagte ich:
„Was bedeuten diese da, o Herr?"
[Und es antwortete der Engel, der
mit mir sprach: „Ich will dir zeigen,
was diese da bedeuten."] 10 Da nahm
der Mann, der zwischen den Myrten
hielt, das Wort und sprach: „Das sind
die, welche Jahwe ausgesandt hat, die
Erde zu durchstreifen." 11 Und diese
wandten sich nun an den Engel
Jahwes, der zwischen den Myrten
hielt, und sprachen: „Wir haben die
Erde durchstreift, und siehe, die ganze
Erde liegt still und friedlich da."
12 Da nahm der Engel Jahwes wieder
das Wort und sprach: „Jahwe Zebaot,
wie lange willst du dein Erbarmen
zurückhalten gegenüber Jerusalem
und den Städten Judas, denen du nun
schon siebzig Jahre zürnst?" 13 Und
Jahwe erwiderte dem Engel, der mit

→1 1 Oktober/November 520 v. Chr., zwei Monate nach der ersten Prophetie des Haggai.

→1 1 *den Sohn des Berechja* Zusatz nach Js 8 2. Nach Esr 5 1; 6 14; Neh 12 16 ist Sacharja der Sohn des Iddo.

→1 1 Vers 2 ist zwischen v. 6A und v. 6B umgestellt.

→1 3 *Rufe zum Rest dieses Volkes* Korr., vgl. 8 6.11.12; fehlt in M.

→1 3 *zu mir* Danach Zusatz in M: „Spruch Jahwes Zebaot"; fehlt in G.

→1 6A Der Mensch ist sterblich, das Wort Gottes aber (wie in Ps 147 15; Js 55 11; Weish 18 14–15 personifiziert) bleibt, vgl. Js 40 7–8.

→1 6B *Da schämten sie sich* Korr.; M: „Da bekehrten sie sich".

→1 7 Mitte Februar 519 v. Chr.

→1 8 Die Vision verwendet, ohne dem Eingottglauben Eintrag zu tun, Elemente, die anscheinend mythologischen Ursprungs sind. Die Myrten scheinen hier in der Tiefe des Abgrunds verwurzelt zu sein. Der stehende Mann ist der Engel Jahwes, v. 11. Die Rosse, eine symbolische Bezeichnung für die Engel, die Aufsicht über die Welt führen, bilden wahrscheinlich vier Gruppen, vgl. 6 2f, im Zusammenhang mit den vier Himmelsrichtungen oder den vier Winden; nach v. 11 tragen sie Reiter.

→1 8 *ein Mann* Danach Zusatz in M: „ritt auf einem roten Roß".

→1 8 *schwarze* Korr., vgl. G; fehlt in M.

→1 11 *Engel Jahwes* Der „Engel Jahwes" ist nicht mehr wie in den alten Texten, vgl. Gn 16 7+, die sichtbare Gestalt Jahwes, sondern eine Person für sich; man meinte, daß Menschen und Engel nur durch ihn Zugang zu Gott haben.

→1 11 *still und friedlich* Im Februar 519 v. Chr. war in der ganzen Welt Frieden unter der Herrschaft des Darius. Diese Stille beunruhigt Israel, das Erschütterungen und Katastrophen erwartet als Vorboten der neuen Zeit, vgl. Hag 2 6+.

mir redete, mit gütigen, tröstenden
Worten. 14 Und der Engel, der mit
mir redete, sprach zu mir: „Verkündi-
ge laut und sprich: ‚Also spricht
Jahwe Zebaot: Ich bin entflammt von
mächtigem Eifer für Jerusalem und
den Zion, 15 und ich brenne vor Zorn
wider die übermütigen Völker, die, als
ich ein wenig zürnte, zum Unglück mit-
geholfen haben. 16 Darum, so spricht
Jahwe, wende ich mich Jerusalem
erbarmungsvoll zu; mein Haus soll
darin wieder aufgebaut werden, spricht
Jahwe Zebaot, und die Meßschnur
soll über Jerusalem ausgespannt
werden. 17 Verkünde weiter und
sprich: So spricht Jahwe Zebaot:
Fortan sollen überströmen meine
Städte von Glück, und Jahwe wird
Zions sich wieder erbarmen und
Jerusalem von neuem erwählen."

Zweite Vision: Hörner und Schmiede

2 1 Ich erhob meine Augen und
schaute, und siehe, da waren vier
Hörner. 2 Und ich sagte zu dem Engel,
der mit mir redete: „Was bedeuten
diese da, o Herr?" Er antwortete mir:
„Das sind die Hörner, die Juda [Israel]
und Jerusalem zerstreut haben."
3 Dann ließ mich Jahwe vier Schmiede
sehen. 4 Und ich sagte: „Was sollen
diese da tun?" Und er sprach zu mir:
„[Jenes sind die Hörner, die Juda also
zerstreut haben, daß niemand mehr
sein Haupt erhob.] Da kamen nun die-
se, um sie niederzuwerfen,[um abzu-
schlagen die Hörner der Völker, die
das Horn wider das Land Juda erho-
ben, um es zu zerstreuen]."

Dritte Vision: Der Mann mit der Meßschnur

5 Ich erhob meine Augen und
schaute, und siehe, da war ein Mann,
der eine Meßschnur in seiner Hand
hielt. 6 Da sagte ich: „Wohin gehst
du?" Und er erwiderte mir: „Jeru-
salem zu messen, um zu sehen, wie
groß seine Breite und wie groß seine
Länge sein soll." 7 Und siehe, da
stand der Engel, der mit mir redete,
still, und ein anderer Engel trat hervor
ihm gegenüber. 8 Und er sprach zu
ihm: „Geh schnell und sage dem jun-
gen Manne dort: Offen und frei soll
Jerusalem daliegen wegen der vielen
Menschen und Tiere, die darin sind.
9 Und ich selbst, spricht Jahwe, will
ihm ringsum zu einer feurigen Mauer
sein und mich herrlich in ihm erwei-
sen."

Zweifacher Aufruf an die Verbannten

10 Auf! Auf! Fliehet aus dem
Lande des Nordens [spricht Jahwe,]
[denn in die vier Winde habe ich euch
zerstreut, spricht Jahwe]. 11 Auf,
Zion, rette dich, die du wohnst in
Babel! 12 Denn also spricht Jahwe
Zebaot [dessen Herrlichkeit mich
geschickt hat] über die Völker, die
euch geplündert haben; [denn wer
euch anrührt, rührt meinen Augapfel
an.] 13 Siehe, ich schwinge meine
Hand über sie, und sie sollen ihren
Untertanen zur Beute werden. [Und
ihr werdet erkennen, daß Jahwe
Zebaot mich gesandt hat.] 14 Juble
und freue dich, Tochter Zion, denn
siehe, ich komme und werde in deiner
Mitte wohnen, spricht Jahwe. 15 Und
es werden sich viele Völker an Jahwe
anschließen an jenem Tage, und sie
werden ihm ein Volk sein. [Aber er
wird in deiner Mitte wohnen, und
du wirst erkennen, daß Jahwe Zebaot
mich zu dir gesandt hat.] 16 Jahwe
wird Juda als seinen Anteil im
heiligen Lande in Besitz nehmen und

→115 *Völker* Es handelt sich vor allem um die Nachbarn von Juda.
→117 *erbarmen* G; M: „trösten".
→21 *Hörner* Die Hörner, Symbole der Macht, Ps 755+, sind die Völker, die Juda befeinden. Die Zahl 4 bedeutet ihre Gesamtheit.
→22 *o Herr* G; fehlt in M.
→23 *vier Schmiede* Symbole von Engelsmächten.
→24 *niederzuwerfen* Korr.; M: „in Schrekken zu setzen".
→26 Wie in Ez 4113 erfolgt die Ausmessung im Hinblick auf einen Neuaufbau. Beim Mann mit der Meßschnur handelt es sich um einen Engel.
→27 *stand . . . still* G; M: „trat hervor".
→28 *dem jungen Manne* Dem ausmessenden Engel.
→29 Das messianische Jerusalem wird von Jahwe selbst, der in seinen Tempel zurückgekehrt ist, vgl. Ez 431f, verteidigt werden.
→211 *Zion* Hier Bezeichnung für die Verbannten wie in Js 5116.
→211 *in Babel* Korr.; M: „bei der Tochter Babel".
→212 *dessen Herrlichkeit mich geschickt hat* Korr.; M: „nach der Herrlichkeit (d. h. der Vision) hat er mich geschickt".
→212 *meinen* Korr.; M: „seinen".
→215 *ihm* G; M: „mir". Der Bund wird hier auf alle Völker ausgedehnt; Jerusalem wird die religiöse Hauptstadt der Welt sein, vgl. Js 4514+.
→215 *er wird . . . wohnen* Korr.; M: „ich werde wohnen"; G: „sie werden wohnen".
→216 *im heiligen Lande* Der Ausdruck erscheint hier zum erstenmal in der Bibel, vgl. 2 Makk 17.

Jerusalem von neuem erwählen.
17 Still, alles Fleisch, vor Jahwe, denn
er bricht auf aus seiner heiligen
Wohnung.

Vierte Vision: Die Investitur Josuas

3 1 Sodann ließ er mich den
Hohenpriester Josua schauen, wie
er vor dem Engel Jahwes stand,
während der Satan zu seiner Rechten
stand, um ihn anzuklagen. 2 Da
sprach der Engel Jahwes zu dem
Satan: „Jahwe gebietet dir Schweigen,
Satan. Jahwe, der Jerusalem auser-
wählt hat, gebietet dir Einhalt. Ist
dieser da nicht wie ein Stück Holz,
das dem Feuer entrissen wurde?“ 3 Jo-
sua aber stand, angetan mit schmutzi-
gen Kleidern, vor dem Engel Jahwes.
4A Da nahm dieser das Wort und
sprach zu denen, die vor ihm standen:
„Nehmt ihm die schmutzigen Kleider
weg, und legt ihm Feierkleider an!
5 Setzt ihm einen reinen Kopfbund
auf das Haupt!“ Und so legten sie ihm
Feierkleider an und setzten ihm einen
reinen Kopfbund auf das Haupt. Und
der Engel Jahwes stand dabei 4B und
sprach zu ihm: „Siehe, ich habe deine
Schuld von dir genommen.“ 6 Und
der Engel Jahwes versicherte dem
Josua: 7 „So spricht Jahwe Zebaot:
Wenn du auf meinen Wegen wandelst
und meinen Dienst recht versiehst,
dann sollst du mein Haus verwalten
und meine Vorhöfe bewachen, ja ich
werde dir Zutritt geben zu denen, die
hier stehen. 9A Denn siehe, der Stein,
den ich Josua vorgelegt habe – auf dem
einen Stein ruhen sieben Augen –,
siehe, ich werde eine Inschrift ein-
graben, spricht Jahwe Zebaot.“

Der „Sproß“ wird kommen

8 Höre also, Josua, Hoherpriester,
du und deine Genossen, die vor dir
sitzen – denn Männer des Vorzei-
chens seid ihr –: Siehe, ich lasse meinen
Knecht „Sproß“ kommen, 9B und ich
werde die Schuld des Landes fort-
schaffen an einem Tage. 10 An jenem
Tage, spricht Jahwe Zebaot, werdet
ihr einander einladen unter den
Weinstock und den Feigenbaum.

Fünfte Vision: Der Leuchter und die Ölbäume

4 1 Der Engel, der mit mir redete,
weckte mich abermals wie jemand,
der aus dem Schlafe geweckt wird,
2 und sprach zu mir: „Was siehst du?“
Ich antwortete: „Ich sehe: Siehe, da ist
ein Leuchter ganz aus Gold und auf
seiner Spitze ein Aufsatz, und sieben
Lampen sind darauf; je sieben
Schnauzen sind an den Lampen, die
sich auf ihm befinden. 3 Und zwei
Ölbäume sind daneben, einer zu
seiner Rechten und einer zu seiner
Linken.“ 4 Da nahm ich das Wort
und sprach zu dem Engel, der mit mir
redete, also: „Was bedeuten diese da,
o Herr?“ 5 Da antwortete der Engel,
der mit mir redete, und sagte zu mir:

→2 17 *aus seiner heiligen Wohnung* Jahwe wird aus seinem himmlischen Tempel in seinen irdischen Tempel zurückkehren, vgl. Ez 43 1 f.
→3 1 *ließ er* Jahwe.
→3 1 Am Eingang des Himmels leitet der Engel Jahwes eine Gerichtsverhandlung. Zur Rechten des Hohenpriesters Josua steht ein Engel, der nicht wohlgesonnen ist, *Satan* („der Ankläger, Widersacher“), der Feind des Menschen, vgl. Ib 1 6+.
→3 2 *der Engel Jahwes* S; M: „Jahwe“.
→3 2 *ein Stück Holz, das dem Feuer entrissen wurde* Josua steht stellvertretend für das jüdische Volk.
→3 3 *mit schmutzigen Kleidern* Zeichen der Trauer für einen Toten oder aus Anlaß eines nationalen Unglücks; die Trauer schließt dann die Anerkennung einer Schuld ein, vgl. V. 4B.
→3 3 *Jahwes* G, S; fehlt in M.
→3 4A *und legt ihm . . . an* G; M: „und ich will dir anlegen“.
→3 5 *Setzt ihm . . . Haupt* Nach G; M: „Dann sagte ich: Setzt (Korr.) ihm einen reinen Kopfbund auf das Haupt. Sie setzten ihm den reinen Kopfbund auf sein Haupt und legten ihm Gewänder an.“ Die nationale Trauer, die seit dem Jahre 587 v. Chr. dauerte, ist jetzt zu Ende.
→3 7 Josua stellt hier nicht mehr das jüdische Volk dar. Angesprochen ist Josua selbst sowie das künftige, von ihm zeichenhaft angekündigte, vgl. 3 8, Priestertum.
→3 7 *zu denen, die hier stehen* Das Priestertum soll am mittlerischen Dienst der Engel teilhaben, vgl. Mal 2 7. Vers 8 ist zwischen V. 9A und V. 9B umgestellt.
→3 9A *der Stein* Dieser einzigartige Stein bezeichnet offensichtlich den Tempel. Die sieben Augen sind Sinnbilder für das wachsame Gegenwärtigsein Jahwes, 4 10. Die Inschrift („Heilig für Jahwe“?) ist noch nicht eingegraben: der Bau ist noch nicht vollendet.
→3 8 *seid ihr* S; M: „sind sie“. Die Wiedereinsetzung des Priestertums ist Zeichen der Heilszeit.
→3 8 *Sproß* Dieser messianische Name, vgl. Jr 23 5+, scheint hier noch nicht auf Serubbabel (wie in 6 12) angewendet zu sein. Statt „Sproß“ liest G „Anfang aus der Höhe“, vgl. Lk 1 78.
→4 2 *Ich antwortete* M (Kere), G; M (Ketib): „Er antwortete“.
→4 3 *zu seiner Rechten* (Zur Rechten des Leuchters) Korr.; M: „zur Rechten der Schale“.

„Weißt du wirklich nicht, was diese da
bedeuten?“ Ich sagte: „Nein, Herr.“
6A Da erwiderte er und sagte zu mir:
10B „Jene Sieben sind die Augen
Jahwes, die auf der ganzen Erde um-
herschweifen.“ 11 Da nahm ich das
Wort und sagte zu ihm: „Was be-
deuten diese beiden Ölbäume zur
Rechten des Leuchters und zu seiner
Linken?“ 12 [Und ich begann noch-
mals und sagte zu ihm: „Was bedeu-
ten die beiden Ölbaumbüschel, die
neben den beiden goldenen Röhren
sind, aus denen das Öl herabfließt?“]
13 Da sagte er zu mir: „Weißt du
nicht, was diese bedeuten?“ Ich ant-
wortete: „Nein, Herr.“ 14 Da sagte
er: „Das sind die beiden Gesalbten,
die vor dem Herrn der ganzen Erde
stehen.“

Drei Worte über Serubbabel

6B Dies ist das Wort Jahwes an
Serubbabel: Nicht durch Macht und
nicht durch Kraft, sondern durch
meinen Geist, spricht Jahwe Zebaot.
7 Wer bist du, großer Berg? Vor
Serubbabel sollst du zur Ebene wer-
den! Herausbrechen wird er den
Gipfelstein unter den Jubelrufen:
„Herrlich, herrlich ist er!“
8 Das Wort Jahwes erging an mich
also: 9 „Die Hände Serubbabels
haben den Grund gelegt zu diesem
Hause, seine Hände sollen es auch
vollenden. [Und ihr werdet erkennen,
daß Jahwe Zebaot mich zu euch ge-
sandt hat.] 10A Denn wer immer den
Tag kleiner Anfänge geringgeachtet
hat, der wird mit Freuden den aus-
gesonderten Stein in der Hand des
Serubbabel sehen.“

Sechste Vision:
Die fliegende Buchrolle

5 1 Als ich meine Augen wieder
erhob, schaute ich, und siehe,
eine Buchrolle flog daher. 2 Der Engel,
der zu mir sprach, sagte: „Was
siehst du?“ Und ich sagte: „Ich sehe
eine fliegende Buchrolle, zwanzig
Ellen lang und zehn Ellen breit.“
3 Da sagte er zu mir: „Das ist der Fluch,
der über das ganze Land ausgeht;
denn jeder, der stiehlt, wird kraft
desselben von hier weggefegt werden,
und jeder, der bei meinem Namen
falsch schwört, wird kraft desselben
von hier weggefegt werden. 4 Ich
lasse ihn ausgehen – spricht Jahwe der
Heerscharen –, damit er in das Haus
des Diebes und das Haus dessen, der
bei meinem Namen falsch schwört,
eingehe, im Innern seines Hauses sich
festsetze und es samt seinen Balken
und seinen Steinen vernichte.“

Siebte Vision: Das Weib im Epha

5 Hierauf trat der Engel, der mit
mir redete, vor und sprach zu mir:
„Hebe doch deine Augen und sieh,
was da zum Vorschein kommt!“
6 Und ich sagte: „Was ist das?“ Da
sagte er: „Das ist ein Epha (Scheffel),
was da erscheint.“ Und er sagte: „Das
ist ihre Schuld im ganzen Land.“
7 Und siehe, ein runder Bleideckel
wurde emporgehoben, und ich sah
ein Weib, das in dem Epha saß. 8 Da
sagte er: „Das ist die Bosheit.“
Dann stieß er sie wieder in das Epha
hinein und warf die Bleiplatte auf
dessen Öffnung. 9 Und als ich meine
Augen erhob und sah: siehe, da kamen
zwei Frauen hervor, und der Wind

→4 6A Die Verse 6B–10A sind nach v. 14 umgestellt.
→4 10B *die Augen Jahwes* Sinnbild der Allwissenheit und Wachsamkeit Gottes.
→4 12 *das Öl* Korr.; M: „das Gold“.
→4 14 Der Mensch wird oft mit einem Baum verglichen, Jr 11 19; Ps 1 3; Ib 29 19; Ez 31. Die beiden Gesalbten (wörtlich: Söhne des Öles) sind Josua, der die geistliche Macht, und Serubbabel, der die weltliche Macht vertritt. Der erste besitzt die Priestersalbung, Lv 4 3.5.16; der zweite wird, so hofft man, die Königssalbung empfangen. So soll sich Jr 33 14–18 erfüllen: Die beiden Gewalten sind in der Heilszeit gleichrangig miteinander verbunden.
→4 7 *großer Berg* Vielleicht der Trümmerberg, aus dem man den alten Schlußstein des Tempels herausholen würde, vgl. v. 9–10.
→4 10A *Tag kleiner Anfänge* Tag der erneuten Grundsteinlegung des Tempels durch Serubbabel, Hag 2 3. Der gleiche Serubbabel wird den Tempel durch das Anbringen des Steines von v. 7 vollenden.
→4 10A *den ausgesonderten Stein* Korr.; M: „den Stein, das Blei“; G: „den Bleistein“.
→5 2 *Der Engel, der zu mir sprach* Korr.; fehlt in M.
→5 2 *eine fliegende Buchrolle* Die gewaltigen Ausmaße dieser Schriftrolle entsprechen den Maßen der Salomonischen Tempelhalle, 1 Kg 6 3.
→5 3 *bei meinem Namen falsch* Ergänzt nach v. 4. Der Fluch wird als wirkende Kraft verstanden. Er trifft alle Sünder; sie werden in der Heilszeit aus dem Heiligen Land ausgerottet sein.
→5 6 *Epha* Ein Hohlmaß (vgl. Übersicht über Maße und Gewichte im Anhang). Hier handelt es sich aber nicht um das gewöhnliche, sondern um ein viel größeres.
→5 6 *ihre Schuld* G; M: „ihre Augen“.
→5 7 *und ich sah* Korr. nach G; M: „und dieses“.

blies in ihre Flügel – sie hatten
nämlich Flügel wie Storchenflügel –,
und sie hoben das Epha empor zwi-
schen Himmel und Erde. 10 Da sagte
ich zu dem Engel, der mit mir redete:
„Wohin bringen sie das Epha?" 11 Da
antwortete er mir: „Ihm ein Haus zu
bauen im Lande Schinear, und ihm
ein Gestell herzurichten, auf das sie
es niederlassen."

Achte Vision: Die Wagen

6 1 Wiederum erhob ich meine Au-
gen und schaute, und siehe, vier
Wagen kamen zwischen den zwei
Bergen hervor, und die Berge waren
von Erz. 2 Am ersten Wagen waren
rote Rosse, am zweiten Wagen waren
schwarze Rosse, 3 am dritten Wagen
waren weiße Rosse, und am vierten
Wagen waren scheckige Rosse, [starke
Tiere]. 4 Da hob ich an und fragte den
Engel, der mit mir redete: „Was be-
deuten diese da?" 5 Der Engel ant-
wortete und sprach zu mir: „Diese
da ziehen aus in die Richtung der vier
Winde des Himmels, nachdem sie vor
dem Herrn der ganzen Erde gestanden.
6 Die roten Rosse ziehen nach dem
Lande des Ostens, die schwarzen
Rosse ziehen nach dem Lande des
Nordens, die weißen Rosse ziehen
nach dem Lande des Westens, und
die gescheckten ziehen nach dem
Lande des Südens." 7 Und die starken
Tiere kamen hervor und wollten los-
ziehen, um die Erde zu durchstreifen.
Da sagte er: „Gehet und durch-
streift die Erde." So durchzogen sie
die Erde. 8 Dann rief er mir zu und
sagte mir: „Sieh, die da ausziehen
nach dem Lande des Nordens, lassen
den Geist Jahwes nieder im Lande des
Nordens. 15 Die in der Ferne wohnen,
werden kommen und mitbauen am
Tempel Jahwes. [Und ihr werdet er-
kennen, daß Jahwe Zebaot mich zu
euch gesandt hat.] [Und es wird ge-
schehen, wenn ihr auf die Stimme
Jahwes, eures Gottes, willig hört.]"

Die Krone als Weihegeschenk

9 Es erging das Wort Jahwes an
mich also: 10 Nimm die Gaben der
Verbannten an von Heldai, von
Tobija und von Jedaja, und geh in das
Haus des Joschija, des Sohnes
Zephanjas, der an diesem Tage von
Babel gekommen ist, 11 nimm Silber
und Gold, und mache daraus eine
Krone, und setze sie dem Josua, dem
Sohne des Jehozadak, dem Hohen-
priester, aufs Haupt, 12 und sage zu
ihm also: So spricht Jahwe Zebaot:
Siehe, ein Mann – Sproß ist sein
Name –, unter dem wird es sprossen,
[und er wird den Tempel Jahwes
bauen]. 13 Er wird den Tempel Jahwes
bauen, die königlichen Hoheits-
zeichen wird er tragen, auf dem
Throne sitzen und herrschen; ein
Priester wird zu seiner Rechten sein,
und friedliches Einvernehmen wird
zwischen ihnen beiden sein. 14 Die
Krone aber soll für Heldai und Tobija
und Jedaja und für Joschija, den Sohn

→5 11 *und ihm ein Gestell herzurichten, auf das sie es niederlassen* Korr. nach G. Das Heilige Land wird in der Heilszeit von der Bosheit (der personifizierten Gottlosigkeit) befreit sein. Die Bosheit wird zu einer falschen Gottheit, der in Schinear (Babel), dem symbolischen Mittelpunkt der heidnischen Welt, ein Tempel errichtet wird.

→6 1 *die Berge* In der babylonischen Mythologie bezeichneten diese Berge den Eingang zum Wohnsitz der Götter. Die Berge sind hier (wie in 1 8 f) zu einem bloßen Bild geworden.

→6 5 *Diese da ziehen aus in die Richtung der* Korr., vgl. v. 6–8; M: „Dies sind die".

→6 6 *Die roten Rosse ziehen nach dem Lande des Ostens* Ergänzt.

→6 6 *nach dem Lande des Westens* Korr.; M: „hinter ihnen".

→6 8 *den Geist Jahwes* Korr.; M: „meinen Geist".

→6 8 *im Lande des Nordens* Wo die Verbannten sind. Vom Geist Jahwes getrieben, werden sie zurückkehren und den Tempel wiederaufbauen, vgl. v. 15, der hierhin umzustellen ist.

→6 10 *die Gaben der Verbannten* G; M: „von den Verbannten". Es handelt sich um die nach Palästina zurückgekehrten Verbannten.

→6 10 Die genannten Personen sind sonst nicht bekannt.

→6 10 *Jedaja* Danach Zusatz in M: „und geh du an diesem Tage".

→6 11 *eine Krone* Korr., vgl. v. 14; M: „Kronen".

→6 11 *Josua* Nach dem in v. 12–13 Gesagten muß hier im Text ursprünglich der Name Serubbabel gestanden haben, der später mit der steigenden Bedeutung der Priesterschaft von Jerusalem durch den Namen des Hohenpriesters Josua ersetzt wurde.

→6 12 Wortspiel. Serubbabel wird Nachkommen haben. Der Prophet schaut hier die Zukunft des Königtums und offenbar auch die des Tempels. „Sproß" ist ein Messiastitel, Jr 23 5+; Serubbabel knüpft an den Königsmessianismus von 2 Sm 7 an, vgl. Hag 2 23+.

→6 13 *zu seiner Rechten* G; M: „auf seinem Thron".

→6 14 *Die Krone* G; M: „Die Kronen".

→6 14 *Heldai* S; M: „Helem".

→6 14 *Joschija* Korr., vgl. v. 10; M: „Hen". Vers 15 ist nach v. 8 umgestellt.

des Zephanja, ein Erinnerungszeichen
sein im Tempel Jahwes.

Anfrage wegen des Fastens

7 1 Im vierten Jahr des Königs
Darius [erging das Wort Jahwes an
Sacharja], am vierten Tage des neun-
ten Monats, [im Monat Kisleu,] 2 da
sandte Betel den Sareezer und seine
Leute, um das Angesicht Jahwes gnä-
dig zu stimmen, 3 mit folgender Frage
an die Priester am Tempel Jahwes
Zebaot und an die Propheten: „Soll
ich im fünften Monat noch weinen
und fasten, wie ich es nun schon so
viele Jahre hindurch getan habe?“

Rückblick auf die Vergangenheit

4 Da erging das Wort Jahwes
Zebaot an mich also: 5 Sage zu dem
ganzen Volke des Landes und zu den
Priestern also: „Wenn ihr fastet und
klaget im fünften und siebten Monat
all die siebzig Jahre hindurch, habt
ihr dann mir gefastet? 6 Und wenn
ihr esset und trinket, seid dann nicht
ihr es, die essen, und seid nicht ihr es,
die trinken? 7 Kennt nicht die Worte,
die Jahwe euch zurief durch die Hand
der früheren Propheten, als Jerusalem
noch bewohnt war und im Frieden
lebte, als alle seine Städte ringsum
und der Negeb und die Niederung
noch bewohnt waren? 8 [Und es
erging das Wort Jahwes an Sacharja
also: 9 So hat Jahwe Zebaot ge-
sprochen:] Haltet gerechtes Gericht,
und handelt ein jeder gütig und barm-
herzig an seinem Nächsten, 10 und
bedrücket nicht die Witwen und
Waisen, den Fremdling und den
Armen, und sinnet nicht Böses in
euren Herzen, einer wider den ande-
ren! 11 Aber sie wollten nicht darauf
achten und zeigten einen störrischen
Nacken und machten ihre Ohren
taub, daß sie nicht hörten, 12 und
ihre Herzen machten sie wie Diamant,
daß sie dem Gesetz und den Geboten,
die Jahwe Zebaot – durch seinen
Geist – durch die Hand der früheren
Propheten an sie ergehen ließ, nicht
folgten. So wurde Jahwe Zebaot voll
gewaltigen Zornes. 13 Und so kam es:
wie er gerufen hatte, ohne daß sie
hörten, [so mögen sie rufen, ohne daß
ich höre, sprach Jahwe Zebaot].
14 Gleich einem Sturmwind verwehte
er sie unter alle die Völker, die sie
nicht kannten, und das Land wurde
öde hinter ihnen, weil niemand mehr
hin und her zog, und man machte das
herrliche Land zu einer Wüste.“

Ausblick auf das messianische Heil

8 1 Und es erging das Wort Jahwes
Zebaot also:
2 So spricht Jahwe Zebaot: Ich
glühe vor Eifer für Zion, mit gewal-
tigem Zorn eifere ich dafür.
3 So spricht Jahwe Zebaot: Ich
kehre zurück auf den Zion und werde
inmitten von Jerusalem Wohnung
nehmen. Jerusalem wird wieder ‚treue
Stadt‘ genannt werden und der Berg
Jahwes Zebaot ‚heiliger Berg‘.
4 So spricht Jahwe Zebaot: Es
werden wieder Greise und Greisinnen
auf den Straßen Jerusalems sitzen,
jeder mit einem Stock in der Hand
wegen seines hohen Alters, 5 und die
Plätze der Stadt werden wieder voll
sein von Knaben und Mädchen, die
auf ihren Plätzen spielen.
6 So spricht Jahwe Zebaot: Wenn
dies auch zu wunderbar ist den Augen
des Restes des Volkes [in diesen Tagen],
wird es auch meinen Augen zu wunder-
bar sein?, spricht Jahwe Zebaot.
7 So spricht Jahwe Zebaot: Siehe,
ich rette mein Volk aus dem Lande des
Sonnenaufganges und aus dem Lande
ihres Niederganges, 8 und bringe sie
heim, daß sie inmitten von Jerusalem

→71 November 518 v. Chr.
→73 *fasten* Dieses Fasten im Juli erinnerte an die Zerstörung Jerusalems und des Tempels 587 v. Chr. Seit Beginn des Wiederaufbaus schien es nicht mehr angebracht zu sein. Daher die Frage, die der Autorität von Jerusalem vorgelegt wird. Die Antwort scheint erst in 818–19 gegeben zu werden.
→74–14 *(Rückblick auf die Vergangenheit)* Dieser Spruch wurde wegen der Erwähnung des Fastens, v. 5, künstlich mit der Fastenanfrage der Gesandtschaft von Betel verbunden. Das Septemberfasten erinnerte an die Ermordung des Gedalja, 2 Kg 2525; Jr 411f.
→76 Ob sie fasten oder Feste feiern, sie suchen stets ihr eigenes Interesse.
→714 *verwehte er sie* Korr.; M: „verwehte ich sie“.
→81–23 Das Kapitel enthält eine Reihe von kleinen, selbständigen Einzelsprüchen; außer 816–17 (eine Belehrung) beziehen sie sich alle auf das messianische Heil, das als eine Zeit schlichten und stillen Glücks unter dem Segen Jahwes, der auf Zion gegenwärtig ist, dargestellt wird. Die Perspektive wird von Vers 20 an universalistisch.
→83 *Jahwe Zebaot* G, V; fehlt in M.
→88 *und bringe sie heim* Nicht nur wie in 210f die Verbannten von Babel, sondern alle Juden in der Zerstreuung. Ihrer Rückkehr wird die Erneuerung des Bundes folgen, vgl. Jr 3131+.

wohnen. Sie sollen mein Volk sein,
und ich will ihr Gott sein in Wahrheit
und Gerechtigkeit.
9 So spricht Jahwe Zebaot: Fasset
Mut; die ihr in diesen Tagen aus dem
Munde der Propheten die Worte ge-
hört habt, die seit dem Tage ge-
sprochen wurden, da man den Grund
des Hauses Jahwes Zebaot zum
Wiederaufbau des Tempels legte.
10 Denn vor diesen Tagen gab es kei-
nen Lohn für die Menschen und keinen
Lohn für das Vieh. Wer ein- und aus-
ging, war nicht sicher vor dem Feind,
und ich hetzte den einen gegen den
anderen. 11 Jetzt aber verhalte ich
mich nicht mehr gegenüber dem Volke
wie in früheren Tagen, spricht Jahwe
Zebaot. 12 Sondern Heil will ich
säen: der Weinstock soll seine Frucht
geben und die Erde ihren Ertrag und
der Himmel seinen Tau, und ich werde
das alles dem Rest dieses Volkes zum
Anteil geben. 13 Und wie ihr ein
Fluch gewesen seid unter den Völkern,
Haus Juda [und Haus Israel], so
werde ich euch helfen, daß ihr ein
Segen werdet. Fürchtet euch nicht!
Fasset Mut!
14 Denn so spricht Jahwe Zebaot:
So wie ich Böses plante wider euch, als
eure Väter mich erzürnten, spricht
Jahwe Zebaot, und es mich nicht
gereute, 15 so gedenke ich nun wieder,
in diesen Tagen Jerusalem und dem
Hause Juda Gutes zu tun. Fürchtet
euch nicht!
16 Das ist es, was ihr zu tun habt:
Saget die Wahrheit untereinander;
übet ein heilsames Gericht in euren
Toren! 17 Sinnet nicht Böses wider
einander in euren Herzen und habt
nicht Gefallen an falschem Eid, denn
das alles sind Dinge, die ich hasse,
spricht Jahwe.

Antwort auf die Fastenfrage

18 Und es erging das Wort Jahwes
Zebaot an mich also:
19 So spricht Jahwe Zebaot: „Das
Fasten im vierten Monat und das
Fasten im fünften Monat und das
Fasten im siebten Monat und das
Fasten im zehnten Monat wird für das
Haus Juda sich in Jubel und Freude
verwandeln; es werden frohe Festtage
sein. Aber liebet die Wahrheit und
Frieden!"

Ausblick auf das messianische Heil

20 So spricht Jahwe Zebaot: In
Zukunft werden Völker und Bewoh-
ner großer Städte kommen, 21 und
es werden die Bewohner der einen zu
den anderen hingehen und sagen:
„Auf! Lasset uns hingehen, Jahwes
Antlitz gnädig zu stimmen und Jahwe
Zebaot zu suchen! Auch ich will
hingehen." 22 Und es werden viele
Nationen und mächtige Völker kom-
men, Jahwe Zebaot in Jerusalem zu
suchen und Jahwes Antlitz gnädig zu
stimmen.
23 So spricht Jahwe Zebaot: In
jenen Tagen wird es geschehen, daß
zehn Männer aus allen Sprachen der
Völker einen Judäer beim Rockzipfel
ergreifen und sagen: „Wir wollen mit
euch gehen, denn wir haben gehört,
daß Gott mit euch ist."

ZWEITER TEIL

9 1 Weissagung.

Die neue Erde

9 Jahwe ist durch das Land Hadrach
gegangen, Damaskus ist seine Ruhe-
statt, denn Jahwe gehören die Städte
von Aram sowie all die Stämme von
Israel. 2 Auch Hamat, das angrenzt,
[Tyrus] und Sidon trotz seiner ganzen
Weisheit. 3 Tyrus umgab sich mit ei-
nem Wall, und es häufte Silber auf wie
Staub und Gold soviel wie Kot auf der
Straße. 4 Siehe, der Herr wird es in
Besitz nehmen und seinen Reichtum

→89 *seit dem Tage* G; M: „am Tage".
→810 *ich hetzte* Korr.; M: „ich werde hetzen".
→812 *Heil will ich säen* Korr.; M: „Saat des Heiles".
→819 Dem Fasten im 5. und 7. Monat, vgl. 73 und 75, wird hier das Fasten des 4. und 11. Monats hinzugefügt, das an die Bresche, die in die Mauern Jerusalems geschlagen wurde, und an den Beginn der Belagerung erinnerte, 2 Kg 251.4.
→91–8 *(Die neue Erde)* Das Gelobte Land wird zusätzlich zum Gebiet Israels, vgl. Ri 201+, die aramäischen, phönizischen und philistäischen Städte umfassen. Der Spruch spielt auf eine Eroberung an (offenbar das Unternehmen Alexanders nach Issus, 333 v. Chr.), die als ein Unternehmen Jahwes, ein Vorspiel zur messianischen Zeit gedeutet wird.
→91 *Jahwe ist . . . gegangen* Korr.; M: „Wort Jahwes".
→91 *die Städte von Aram* Korr.; M: „das Auge des Menschen".

ins Meer schleudern, es selbst wird
vom Feuer verzehrt werden. 5 Aska-
lon wird es sehen und erschaudern,
ebenso Gaza, und vor Angst gewaltig
erbeben, und auch Ekron, denn seine
Hoffnung ist zuschanden geworden.
Der König wird aus Gaza verschwin-
den, und Askalon wird nicht mehr
bewohnt werden. 6 In Aschdod wird
ein Mischvolk sich niederlassen, und
ich werde den Stolz des Philisters bre-
chen. 7 Ich entreiße das blutige Fleisch
seinem Munde und die Greuel aus
seinen Zähnen. So wird auch er ein
Rest für unseren Gott, er wird ein
Geschlecht in Juda, und die Leute von
Ekron werden dem Jebusiter gleich.
8 Dann lagere ich mich als eine Wache
um mein Haus wider alle Hin- und
Herziehenden. Kein Bedränger soll
künftig sie überfallen, denn nun habe
ich angeschaut ihre Not.

Der Messias

9 Juble laut, Tochter Zion, jauchze,
Tochter Jerusalem! Siehe, dein König
kommt zu dir, gerecht und siegreich.
Demütig ist er und reitet auf einem
Esel, auf dem Füllen einer Eselin.
10 Er schafft die Streitwagen fort aus
Ephraim und die Streitrosse aus Jeru-
salem, es werden abgeschafft die
Kampfbogen. Er gebietet Frieden den
Völkern, und seine Herrschaft reicht
von Meer zu Meer, vom Strom bis zu
den Enden der Erde.

Israels Wiederherstellung

11 Du, wegen deines Bundes Blut
will ich deine Gefangenen freilassen
aus der Grube, [in der kein Wasser
ist]. 12 Zu dir, Tochter Zion, kehren
zurück die Gefangenen, die hoffen!
Für die Tage deiner Verbannung will
ich dir doppelt Ersatz leisten. 13 Denn
ich rüste mir Juda, spanne Ephraim
gleich einem Bogen und will deine
Söhne, o Zion, aufstacheln [wider
deine Söhne, o Jawan,] und dich zu
einem Heldenschwert machen. 14 [Der
Herr] Jahwe wird über ihnen erschei-
nen, wie der Blitz fährt sein Pfeil dahin;
Jahwe wird in das Horn stoßen und
mit dem Sturm aus dem Süden einher-
fahren. 15 Jahwe [Zebaot] wird sie
beschützen. Sie werden niedertreten
die Schleudersteine, sie werden Blut
trinken wie Wein und voll werden wie
die Ecken am Altar. 16 Jahwe, ihr
Gott, verleiht ihnen an jenem Tage
den Sieg; er weidet sein Volk wie eine
Herde [wie funkelnde Edelsteine im
Diadem] auf seinem Land. 17 Denn
wie erhaben ist sein Glanz und wie
herrlich seine Schönheit! Das Korn
läßt Jünglinge sprossen und Jung-
frauen der Most.

Jahwe die Treue halten

10 1 Erbittet von Jahwe Regen zur
Zeit des Spätregens! Jahwe bildet
die Gewitterwolken und ergießt den
Regen; dem Menschen gibt er das

→96 *ein Mischvolk* Die aus der Kolonisierung hervorgegangene Mischbevölkerung.
→97 *das blutige Fleisch seinem Munde und die Greuel aus seinen Zähnen* Anspielung auf die heidnischen Sitten, Fleisch mit dem Blut, vgl. Lv 15+, und verbotenes Fleisch (wie Schweinefleisch) zu essen, vgl. Js 654; 6617.
→97 *ein Geschlecht* Korr.; M: „ein Stammesführer".
→97 *dem Jebusiter gleich* Die Jebusiter (Jerusalem) wurden unter David Israel eingegliedert.
→98 *als eine Wache* Korr.; M: „vor einem Heere (?)".
→98 *mein Haus* „Haus" Jahwes ist hier Bezeichnung für das Land, vgl. Hos 81; 915; Jr 127f.
→98 *ihre Not* Korr.; M: „in meinen Augen".
→99 *gerecht* Nicht in dem Sinne, daß er Gerechtigkeit schafft, vgl. Js 113–5, sondern daß er Gegenstand der „Gerechtigkeit" Jahwes, d. h. seines mächtigen Schutzes, sein wird, vgl. Js 4521–25.
→99 *Demütig ist er und reitet auf einem Esel* Der Messias wird „demütig" *('ani)* sein, eine Eigenschaft, die Zeph 312 dem Volk der Zukunft zuschrieb, vgl. Zeph 23+. Der messianische König wird auf das prunkvolle Auftreten der geschichtlichen Könige verzichten, Jr 1725; 224, und das alte Reittier der Fürsten verwenden, Gn 4911; Ri 510; 104; 1214, vgl. auch 1 Kg 138 mit 1 Kg 15. Jesus hat diese Weissagung bei seinem Einzug in Jerusalem erfüllt.
→910 *Er schafft* G; M: „Ich schaffe". Die Nordstämme werden im messianischen Reich mit Juda vereinigt sein, vgl. Jr 318+.
→910 *von Meer zu Meer, vom Strom bis zu den Enden der Erde* D. h. vom Mittelmeer bis zum Toten Meer und vom Euphrat bis zum äußersten Süden. An Pfingsten wird der Ausdruck seinen vollen Sinn erhalten.
→911 *wegen deines Bundes Blut* Entweder Anspielung auf den Bundesschluß am Sinai, Ex 245f, oder auf die Schlachtopfer im Tempel.
→912 *Zu dir, Tochter Zion, kehren zurück* Korr.; M: „Kehrt zurück zur Festung".
→912 *Für die Tage deiner Verbannung* Korr. nach G; M: „Heute erkläre ich".
→913 *Jawan* D. i. Griechenland. Das Perserreich bricht unter den Schlägen Alexanders zusammen.
→915 *niedertreten* Davor Zusatz in M: „fressen".
→915 *Blut* Korr. nach G; M: „sie werden taumeln".
→915 *voll werden* Danach Zusatz in M: „wie eine Opferschale".
→101 *und ergießt . . . den Tieren* Korr.;

Brot und Pflanzen den Tieren. 2 Denn
die Teraphim reden Lüge, und die
Wahrsager schauen Trugbilder, ver-
künden eitle Träume, erzählen törichte
Dinge. Darum verirren sie sich wie
Schafe, sie irren umher, weil kein
Hirte da ist.

Israels Befreiung
und Rückkehr

3 Wider die Hirten entbrennt mein
Zorn, und über die Leitböcke bringe
ich Heimsuchung. Denn Jahwe [Ze-
baot] sucht heim seine Herde, [das
Haus Juda,] und er wird sie zu seinem
prächtigen Roß [in der Schlacht]
machen. 4 Von ihr stammt der Eck-
stein, von ihr der Zeltpflock, von ihr
der Bogen zum Kampf, von ihr gehen
aus die Anführer. Allesamt 5 sind sie
wie Helden, die niedertreten den
Gassenkot [in der Schlacht], sie wer-
den kämpfen, denn Jahwe ist mit
ihnen, und es werden zuschanden wer-
den die stolzen Reiter.

6 Ich werde das Haus Juda stark
machen und dem Hause Joseph Hilfe
bringen. Ich werde sie zurückführen,
denn ich habe Erbarmen mit ihnen,
und sie werden sein, als hätte ich sie
nicht verstoßen, [denn ich bin Jahwe,
ihr Gott, und ich erhöre sie].

7 Und Ephraim wird sein wie ein
Held, und ihr Herz wird fröhlich sein
wie vom Wein. Ihre Söhne werden es
schauen und sich freuen, jubeln wird
ihr Herz über Jahwe.

8 Ich will ihnen pfeifen, um sie
zusammenzubringen, [denn ich habe
sie befreit,] und sie sollen so zahlreich
werden wie zuvor. 9 Ich säte sie aus
unter die Völker, und in den fernen
Landen werden sie meiner gedenken.
[Sie werden ihre Kinder unterweisen,
daß sie zurückkehren.] 10 Ich werde
sie aus dem Lande Ägypten heim-
führen, aus Assur sie zusammenbrin-
gen. Ich werde sie in das Land Gilead
[und den Libanon] führen, und es wird
nicht Raum genug für sie sein. 11 Sie
schreiten durch das Meer Ägyptens
[und schlagen nieder die Wellen im
Meer], und es vertrocknen die Tiefen
des Nil. Das hochmütige Assur wird
gestürzt, und das Szepter weicht von
Ägypten.

12 Und ihre Stärke wird sein in
Jahwe, in seinem Namen sollen sie
sich rühmen, spricht Jahwe.

11 1 Öffne, Libanon, deine Tore,
daß Feuer deine Zedern verzehre!
2 [Heule, Zypresse, daß die Zeder ge-
fallen ist, daß die Herrlichen vernichtet
sind!] Wehklaget, ihr Eichen von
Baschan, daß der undurchdringliche
Wald zu Boden sank! 3 Horch, wie die
Hirten wehklagen, daß verwüstet ward
ihre prächtige Weide! Horch, wie die
Löwen brüllen, daß verwüstet ward
des Jordans Schmuck!

M: „und er wird ihnen Regenguß geben, einer jeden Pflanze auf dem Felde".

→10 2 *Teraphim* Hier Mittel zur Wahrsagung, vgl. Ez 21 26. Die Tätigkeit von Wahrsagern wird nach dem Exil durch Mal 3 5 bezeugt, vgl. Lv 19 31; 20 6.

→10 2 *erzählen* Korr.; M: „trösten".

→10 2 *verirren sie sich* Korr.; M: „ziehen sie dahin".

→10 2 *sie irren umher* Korr.; M: „sie antworten"; G: „sie sind elend".

→10 3 – 11 3 In diesem Abschnitt sind Stücke, in denen Jahwe spricht, V. 3A.6.8–11, mit anderen vermischt, die von ihm in der dritten Person reden, V. 3B–5.7.12; 11 1–3.

→10 3 *sucht heim* G; M: „hat heimgesucht". Die erste „Heimsuchung" ist Strafvollzug an den fremden Fürsten, die das heilige Volk beherrschen; sie werden „Hirten", vgl. Js 44 28; Jr 25 34 f; Nah 3 18, „Böcke", vgl. Dn 8 5 f, genannt. Die zweite „Heimsuchung" ist gnadenvolle Zuwendung zur Herde.

→10 4 *Eckstein . . . Zeltpflock* Die Führer, die aus dem Volk schließlich hervorgehen werden.

→10 8 *ich habe sie befreit* M; G: „ich werde sie befreien".

→10 9 *Ich säte sie aus* Korr.; M: „ich werde sie aussäen".

→10 9 *unterweisen* Korr.; M: „leben"; G: „aufziehen".

→10 10 Assur und Ägypten bezeichnen hier die unterdrückenden Länder im allgemeinen. Gilead war das erste Gebiet, das nach dem Auszug erobert wurde, vgl. Js 40 3+.

→10 11 *Sie schreiten* G; M: „Er schreitet".

→10 11 *das Meer Ägyptens* Korr.; M: „das Meer, die Bedrängnis"; G: „das enge Meer".

→10 12 *ihre Stärke wird sein* Korr.; M: „ich werde sie stark machen".

→10 12 *sollen sie sich rühmen* G; M: „sollen sie wandeln".

→11 1 *deine Zedern* Sinnbild der Großmächte, vgl. Js 10 33 f; Ez 31, oder ihrer Könige.

→11 3 *ihre prächtige Weide* Korr., vgl. Jr 25 36; M: „ihre Herrlichkeit".

→11 4–17 Das Hirtenbüchlein, vgl. Ez 34 1+, endet Sach 13 7–9 mit messianischer Weissagung. Hier sind die Verse 4–14 ein allegorischer Rückblick auf die jüngsten Ereignisse, der eine Art Apologie der Vorsehung darstellt. Der Prophet übernimmt die Rolle Jahwes, dessen überragendes Hirtenamt er gewissermaßen bekleidet. Aber Israel hat das Gute, das Gott mit ihm vorhatte, nicht verstanden. Darum wird Jahwe einen schlechten Hirten erwecken, den der Prophet nachahmen soll; V. 15–17 stellt den Rückfall in die alten Verirrungen dar.

Die beiden Hirten
4 So sprach Jahwe zu mir: Weide
die Schlachtschafe, 5 deren Käufer sie
ungestraft hinschlachten, deren Ver-
käufer sagen: „Dank sei Jahwe, ich
bin reich geworden!“, und deren Hir-
ten kein Mitleid mit ihnen haben.
6 [Denn ich will ferner kein Mitleid
mehr mit den Bewohnern des Landes
haben, spricht Jahwe. Siehe, ich will
die Menschen einander ausliefern,
einen jeden in die Hand seines Näch-
sten und in die Hand seines Königs,
und sie werden das Land zugrunde
richten, ohne daß ich einen aus ihrer
Hand rette.] 7 Und so weidete ich die
Schlachtschafe für die Schafhändler,
und ich nahm mir zwei Stäbe; den ei-
nen nannte ich „Huld“, den anderen
nannte ich „Verbindung“, und so
hütete ich die Schafe. 8 Dann entfernte
ich die drei Hirten in einem Monat,
wurde aber dann ihrer überdrüssig,
und auch sie verschmähten mich. 9 Da
sagte ich: „Ich will euch nicht länger
weiden. Mag sterben, was will, und
zugrunde gehen, was will, und von
den Übrigbleibenden mag eines das
andere auffressen!“ 10 Und ich nahm
meinen Stab „Huld“ und zerbrach
ihn, um den Bund zu lösen, den Jahwe
mit allen Völkern geschlossen hatte.
11 Und er wurde an jenem Tage gelöst,
und die Schafhändler, die mich beob-
achteten, erkannten, daß es ein Wort
Jahwes war. 12 Da sagte ich zu ihnen:
„Wenn es euch recht ist, so gebt mir
meinen Lohn! Wenn nicht, so laßt es
bleiben!“ Und die wogen mir meinen
Lohn dar, dreißig Silberlinge. 13 Da
sprach Jahwe zu mir: „Wirf ihn in den
Schatz, den schönen Preis, den ich ih-
nen wert bin.“ Und ich nahm die drei-
ßig Silberlinge und warf sie in den
Schatz des Hauses Jahwes. 14 Dann
zerbrach ich auch den zweiten Stab
„Verbindung“, um den Bruderbund
zwischen Juda und Israel zu lösen.
15 Dann sprach Jahwe abermals zu
mir: Nimm dir die Ausrüstung eines
törichten Hirten! 16 Denn siehe, ich
lasse einen törichten Hirten im Lande
erstehen, der sich um das, was zu-
grunde geht, nicht kümmert, was ver-
irrt ist, nicht aufsucht, was verwundet
ist, nicht heilt, und was noch gesund
ist, nicht versorgt: Das Fleisch der
fetten Tiere verzehrt er und reißt ihnen
selbst die Klauen ab.
17 Wehe über den schlechten Hir-
ten, der die Schafe im Stich läßt! Das
Schwert komme über seinen Arm und
über sein rechtes Auge! Sein Arm soll
ganz und gar verdorren, sein Auge
ganz und gar erblinden!

Jerusalems Rettung
und Erneuerung

12 1 Weissagung. Wort Jahwes
über Israel. So spricht Jahwe,
der den Himmel ausgespannt, die Erde
gegründet und den Geist in der Brust
des Menschen geformt hat.
2 Siehe, ich werde Jerusalem zu
einer Taumelschale machen für alle
Völker ringsum . . .

→11 4 *zu mir* Korr.; M: „mein Gott“.
→11 5 *sagen . . . haben* Korr.; M: „sagt . . . hat“. Käufer und Verkäufer sind die führenden Schichten der Juden. Durch ihre Machenschaften und ihr Geld sind sie zu Herren der Hirten des Volkes geworden.
→11 6 Der Vers, der auf chaotische Wirren unter den Menschen hinweist, ist ein aus dem Zusammenhang fallender Zusatz.
→11 7 *für die Schafhändler* Wörtlich: „für die Kanaanäer (der Ausdruck bezeichnet häufig die Händler) der Herde“, Korr. nach G; M: „wahrlich die Ärmsten der Herde“.
→11 8 *drei Hirten in einem Monat* Anspielung auf eine Reihe von Hohenpriestern, deren Absetzung Jahwe, den der Prophet allegorisch darstellt, vornahm. Bekanntlich waren nach dem Exil die Priester die Führer der jüdischen Gemeinde. „Monat“ ist Sinnbild der Heilszeit, die die Juden nicht nützen wollten.
→11 8 *auch sie verschmähten mich* Das Volk erweist sich als nicht lenkbar.
→11 10 *den Bund . . . den Jahwe . . . geschlossen hatte* Korr.; M: „meinen Bund, den ich geschlossen hatte“. Jahwe wird also das jüdische Volk nicht mehr gegen seine Nachbarn in Schutz nehmen.
→11 12 Ein Statthalter hat Anrecht auf ein Entgelt, vgl. Neh 5 15. Die Bezahlung, die hier allegorisch von den leitenden Schichten dem Propheten (der Jahwe darstellt) gegeben wird, ist ein Spottpreis, der Preis eines Sklaven, Ex 21 32. Man macht sich über Jahwe lustig! Mt 27 3–10 hat V. 12–13 auf Christus angewendet; der Prophet, der die Stelle Jahwes, des verschmähten Gottes, vertritt, erscheint dann als Typus Christi.
→11 13 *in den Schatz* S, T; M: „dem Töpfer“; G: „in den Ofen“. Nach 2 Makk 3 4f konnte man Gelder in den Tempelschatz zur Aufbewahrung geben.
→11 14 Diese Stelle bildet vielleicht das älteste Zeugnis für das Schisma der Samaritaner. Nach Josephus haben die Samaritaner um 328 v. Chr. auf dem Gerisim einen Tempel als Konkurrenzheiligtum zum Tempel von Jerusalem erbaut. Dann symbolisiert das Zerbrechen der beiden Stäbe die wiedererstehende Fremdherrschaft (v. 10) und das vollzogene Schisma im Inneren.
→11 15 *törichten* Korr.; fehlt in M.
→12 2 *ringsum . . .* M schließt einen nahezu unübersetzbaren Satz an. Man kann ihn als einen doppelten Zusatz zur Überschrift

3 An jenem Tage wird es geschehen,
da mache ich Jerusalem zu einem
Hebestein für alle Völker; wer ihn he-
ben will, wird sich wehe daran tun.
[Alle Völker der Erde werden sich da-
gegen versammeln.] 4 An jenem Tage,
spricht Jahwe, werde ich alle Rosse
scheu machen und ihre Reiter mit
Raserei schlagen, [aber über das Haus
Juda werde ich die Augen offenhalten,]
die Rosse der Völker jedoch mit Blind-
heit schlagen. 5 Dann werden die Ge-
schlechter Judas bei sich sagen: „Die
Stärke für die Bewohner Jerusalems
beruht auf Jahwe Zebaot, ihrem Gott.“
6 An jenem Tage werde ich die Ge-
schlechter Judas gleich einem Feuer-
becken im Holzstoß machen, gleich
einer Brandfackel im Strohhaufen, und
sie werden alle Völker zur Rechten
und zur Linken ringsum verzehren;
Jerusalem aber wird auch fernerhin
an seiner Stelle bleiben. 7 Jahwe wird
den Zelten Judas zuerst Hilfe bringen,
damit nicht größer werde der Ruhm
des Hauses David und der Bewohner
Jerusalems als der von Juda. 8 An je-
nem Tage wird Jahwe die Bewohner
Jerusalems schützen, und der Strau-
chelnde unter ihnen wird sein wie
David an jenem Tage und das Haus
David wie Gott [wie der Engel Jahwes]
an ihrer Spitze.

9 An jenem Tage werde ich daran-
gehen, alle die Völker zu vernichten,
die gegen Jerusalem herangezogen
sind. 10 Aber über das Haus David
und die Bewohner Jerusalems werde
ich einen Geist der Erbarmung und
des Gebetes ausgießen, und sie werden
auf den blicken, den sie durchbohrt
haben; ihn werden sie betrauern, wie
man trauert um den einzigen Sohn,
und bitter um ihn klagen, wie man
klagt um den Erstgeborenen. 11 An
jenem Tage wird die Trauer zu Jeru-
salem groß sein wie die Klage von
Hadad-Rimmon in der Ebene von
Megiddo. 12 Trauern wird das Land,
jedes Geschlecht für sich: Das Ge-
schlecht des Hauses David für sich und
seine Frauen für sich; das Geschlecht
des Hauses Natan für sich und seine
Frauen für sich; 13 das Geschlecht des
Hauses Levi für sich und seine Frauen
für sich; das Geschlecht Schimi für
sich und seine Frauen für sich. 14 Alle
übrigen Geschlechter, jedes Geschlecht
für sich, und ihre Frauen für sich.

13 1 An jenem Tage wird ein Quell
sich öffnen für das Haus David
und die Bewohner Jerusalems gegen
Sünde und Befleckung.

2 Und es wird geschehen an jenem
Tage, spricht Jahwe Zebaot, da werde
ich ausrotten die Namen der Götzen
aus dem Lande, und nicht wird man
ihrer mehr gedenken, und auch die
Propheten und den Geist der Unrein-
heit werde ich fortschaffen aus dem
Lande. 3 Und sollte dann noch einer
als Prophet auftreten, so werden sein
Vater und seine Mutter, die ihn gezeugt
haben, zu ihm sagen: „Du darfst nicht
am Leben bleiben, denn du hast Lüge
geredet im Namen Jahwes“, und sein
Vater und seine Mutter, die ihn ge-
zeugt haben, werden ihn durchbohren,
wenn er als Prophet auftritt. 4 Ge-
schehen wird es an jenem Tage, da
werden die Propheten zuschanden
werden, ein jeder ob seiner Schauung,
wenn er als Prophet auftritt, und sie
werden nicht mehr den härenen Man-
tel anziehen, um zu betrügen. 5 Und
jeder wird sagen: „Ich bin kein Prophet;

---

von v. 1 ansehen, der hier störend eingefügt wurde: „und auch über Juda, (das) in Belagerung sein wird“; „über Jerusalem“. G harmonisiert: „und in Juda wird es Belagerungswerke gegen Jerusalem geben“.

→125 *die Geschlechter* Korr.; M: „die Stammeshäupter“; ebenso in v. 6.

→125 *für die Bewohner* Korr.; „für mich, die Bewohner“.

→126 Zusatz in M am Versende: „in Jerusalem“.

→128 *das Haus David* In der Heilszeit wird das Haus David wiederhergestellt werden.

→1210 *auf den . . . den sie durchbohrt haben* Theodotion, Jo 1937; M: „auf mich, den sie durchbohrt haben“. Der Tod des Durchbohrten steht in einem eschatologischen Zusammenhang (vgl. Apk 17): Aufhebung der Belagerung Jerusalems, Volkstrauer, v. 10–14, Eröffnung einer Heilsquelle, 131. Die Heilszeit ist also von einem geheimnisvollen Leiden und Sterben abhängig, vergleichbar dem Leiden des Gottesknechtes, Js 5213 – 5312. Nach Jo 1937 ist hierin eine Vorausdarstellung des Leidens Christi zu erblicken, des „einziggeborenen Sohnes“ und „Erstgeborenen“, vgl. Jo 118; Kol 115, dessen durchbohrten Leib man mit dem rettenden Blick des Glaubens „schauen“ wird, vgl. Jo 314+; Nm 218–9, und dessen geöffnete Seite die Quelle des Heiles ist, vgl. Jo 1934; 738.

→1212 *des Hauses Natan* Es handelt sich um Natan, den Sohn Davids, 2 Sm 514f.

→1213 *Schimi* Nachkomme des Gerschom, Sohn des Levi, vgl. Nm 321.

→132 *auch die Propheten* Abschaffung des Prophetentums, das wegen der Mißbräuche der falschen Propheten verurteilt wird, vgl. Jr 239f; Ez 13.

→135 *der Acker ist mein Erwerb* Korr.; M: „ein Mensch hat mich erworben“.

Bauer bin ich, denn der Acker ist mein
Erwerb von Jugend auf." 6 Und sagt
man ihm dann: „Was sind das für
Narben zwischen deinen Händen?", so
wird er sagen: „Die schlug man mir
im Hause meiner Lieben."

Schwertlied: Das neue Volk

7 Schwert, wach auf wider meinen
Hirten und den Mann, der mir so
nahesteht, spricht Jahwe Zebaot!
Ich will den Hirten schlagen, daß
sich zerstreuen die Schafe, und meine
Hand gegen die Geringen kehren!
8 Es wird geschehen im ganzen
Land, spricht Jahwe: Zwei Drittel
darin sollen ausgerottet werden [und
umkommen], und nur ein Drittel soll
darin übrigbleiben.
9 Und dieses Drittel bringe ich ins
Feuer und läutere sie, wie man Silber
läutert, und prüfe sie, wie man prüft
das Gold.
Dieser wird meinen Namen anrufen,
und ich werde ihn erhören. Ich werde
sagen: „Das ist mein Volk", und er
wird sagen: „Jahwe ist mein Gott."

Der eschatologische Kampf; Jerusalems Pracht

14 1 Siehe, es wird ein Tag für
Jahwe kommen, da man deine
Beute in deiner Mitte verteilt. 2 Da
bringt Jahwe alle Völker nach Jeru-
salem zusammen zum Kampfe, und
die Stadt wird eingenommen, die
Häuser werden geplündert, die Frauen
geschändet, die Hälfte der Stadt muß
in die Verbannung ziehen, der Rest
der Bevölkerung aber wird nicht aus
der Stadt vertrieben. 3 Dann wird
Jahwe ausziehen und streiten mit jenen
Völkern wie einstens, als er kämpfte
am Tage des Streites. 4 Seine Füße
werden an jenem Tage auf dem Ölberg
stehen, der Jerusalem gegenüberliegt
im Osten, und es wird sich der Ölberg
in der Mitte nach Osten und Westen
spalten, so daß eine große Schlucht
entsteht; die eine Hälfte des Berges
wird nach Norden und die andere
Hälfte nach Süden zurückgehen.
5 Und das Hinnomtal wird gefüllt von
Goa bis Jasol; es wird verstopft wie
nach dem Erdbeben in den Tagen des
Usija, des Königs von Juda. Und dann
wird Jahwe, dein Gott, einziehen und
alle seine Heiligen mit ihm.
6 An jenem Tage wird es geschehen,
da gibt es nicht mehr Kälte noch Frost.
7 Es wird ein einziger Tag sein – er ist
Jahwe bekannt –, da ist weder Tag
noch Nacht; um die Abendzeit wird
es hell sein. 8 Und es wird geschehen
an jenem Tage, lebendige Wasser
strömen von Jerusalem aus; die eine
Hälfte fließt in das östliche, die andere
Hälfte in das westliche Meer; sie flie-
ßen Sommer und Winter. 9 Dann
wird Jahwe König sein über die ganze
Erde. An jenem Tage wird Jahwe
einzig sein und einzig sein Name.
10 Das ganze Land wird in eine Ebene
verwandelt, von Geba bis Rimmon

→13 6 *zwischen deinen Händen* Die alten Propheten machten sich Einschnitte an ihrem Körper, vgl. 1 Kg 18 28 usw. Der Mann, der Narben von solchen Hauteinritzungen trägt, wird hier angeklagt, Prophet zu sein; er verteidigt sich und bringt zu seiner Entlastung eine Rauferei mit Kameraden vor.

→13 7–9 Messianischer Text. Der „Hirt" ist hier nicht mehr der gute Hirt von 11 4–14 noch der schlechte, 11 15–16, sondern der nicht näher bestimmte Führer des Volkes, der Stellvertreter Jahwes. Das Schwert, das ihn schlagen wird, setzt das gesamte Volk der letzten Bewährungsprobe aus, die der Heilszeit vorausgehen soll. Diese Prüfung wird mit den klassischen Bildern von den Schafen ohne Hirt, Ez 34 5, vom Rest, Js 4 3+, vom Drittel, Ez 5 1–4, vom Läuterungsfeuer, Jr 6 29–30, beschrieben. Dann wird das Volk für den Neuen Bund bereit sein, vgl. Jr 31 31+.

→13 7 *Ich will . . . schlagen* Korr., vgl. Hss von G und Mt 26 31; M: „Schlage".

→13 9 *Ich werde sagen* G; M: „Ich habe gesagt".

→14 1–21 In diesem Kapitel sind Ausführungen über den endzeitlichen Kampf, V. 1–5.12–15, und Beschreibungen der darauffolgenden neuen Ordnung der Dinge vermischt.

→14 2 *Da bringt Jahwe* Korr.; M: „Da bringe ich".

→14 5 *Und das Hinnomtal wird gefüllt von Goa bis Jasol* Korr. nach G; M: „Und ihr werdet das Tal meiner Berge fliehen, denn das Tal der Berge wird Asel erreichen".

→14 5 *es wird verstopft wie* G; M: „und ihr werdet fliehen wie".

→14 5 *dein Gott* Korr.; M: „mein Gott".

→14 5 *mit ihm* G; M: „mit dir".

→14 6 *da gibt es nicht mehr* Korr.; M: „da gibt es kein Licht".

→14 6 *Kälte noch Frost* Üss; M: „die Kostbarkeiten werden zusammengezogen (?)".

→14 8 *sie fließen* Korr.; M: „er ist da".

→14 9 *einzig sein und einzig sein Name* Feierliche Wiederholung: Der „Name" Jahwes ist nochmals Jahwe selbst. Die Ausbreitung des Monotheismus über die ganze Erde ist eines der Kennzeichen der messianischen Zeit, vgl. Mal 1 11.

→14 10 *bis Rimmon im Negeb; Jerusalem aber* Korr.; M: „bis Rimmon; der Negeb von Jerusalem".

→14 10 *Ecktor* Korr.; M: „Eckentor".

→14 10 *und vom Tor* Korr.; M: „und das Tor".

im Negeb; Jerusalem aber wird
emporragen und bleiben, wo es war;
vom Benjamintor bis zur Stelle des
Ersten Tores, das heißt bis zum Eck-
tor, und vom Turm Hananel bis zu
den Keltern des Königs 11 wird man
darin wohnen, und ein Bann wird fer-
ner nicht mehr sein, und Jerusalem
wird in Sicherheit wohnen.

12 Das wird die Plage sein, mit der
Jahwe alle die Völker schlagen wird,
die gegen Jerusalem zu Felde gezogen
sind. Es verfault ihr Fleisch, während
sie noch auf den Füßen stehen, ihre
Augen verfaulen in ihren Höhlen, ihre
Zunge verfault ihnen im Munde.
15 Und ebenso wird die Plage sein bei
den Streitrossen, den Maultieren, den
Kamelen, den Eseln und all dem Vieh,
das sich in jenen Lagern befindet, ent-
sprechend dieser Plage. 13 An jenem
Tage wird es geschehen, da wird von
Jahwe aus eine gewaltige Verwirrung
über sie kommen, und sie werden ein-
ander bei der Hand ergreifen und einer
die Hand gegen den anderen erheben.
14 Auch Juda wird zu Jerusalem kämp-
fen, und der Reichtum aller Völker
ringsum wird zusammengebracht wer-
den, Gold und Silber und kostbare
Gewänder in großer Menge.

16 Und alle die Übriggebliebenen
aus all den Völkern, die gegen Jeru-
salem zogen, werden Jahr für Jahr
hinaufgehen, um den König, Jahwe
Zebaot, anzubeten und das Laub-
hüttenfest zu feiern. 17 Wer aber von
den Geschlechtern der Erde nicht
hinaufgeht nach Jerusalem, den König,
Jahwe Zebaot, anzubeten, über den
wird kein Regen herabkommen.
18 Und wenn der Völkerstamm der
Ägypter nicht hinaufgeht und nicht
kommt, so wird auch sie die Plage
treffen, mit der Jahwe die Völker
schlägt, die nicht hinaufgehen, um das
Laubhüttenfest zu feiern. 19 Das wird
die Strafe Ägyptens und die Strafe all
der Völker sein, die nicht hinaufgehen,
um das Laubhüttenfest zu feiern.
20 An jenem Tage wird auf den Schel-
len der Rosse stehen: „Heilig für
Jahwe", und die Töpfe im Hause
Jahwes werden wie die Opferschalen
vor dem Altare sein. 21 Und jeder
Topf in Jerusalem und Juda wird
heilig für Jahwe Zebaot sein, und alle
Opfernden werden kommen und davon
nehmen und darin kochen, und keinen
Krämer wird es hinfort mehr geben
im Hause Jahwes Zebaot an jenem
Tage.

→1412 *Es verfault* G; M: „Er läßt verfaulen".
→1412 Vers 15 ist nach v. 12 umgestellt.
→1416 *das Laubhüttenfest* Wahrscheinlich hier deswegen gewählt, weil man an diesem Fest das Königtum Jahwes feierte.
→1418 *treffen* G; M: „nicht treffen".
→1420–21 Der Verfasser erschaut (in Erinnerung an Ez) für die messianische Zeit eine Heiligung aller Dinge im Lande Israel.

Das Buch Maleachi

1 1 Weissagung. Wort Jahwes an
Israel durch Vermittlung des Malea-
chi.

Die Liebe Jahwes zu Israel

2 Ich habe dich geliebt, spricht
Jahwe, ihr aber sagt: „Wodurch hast
du uns deine Liebe gezeigt?“ Ist nicht
Esau ein Bruder Jakobs gewesen?,
spricht Jahwe, und ich liebte Jakob,
3 Esau aber haßte ich und machte
seine Städte zu Ödland und sein Erb-
teil zur Wüstenei. 4 Falls Edom
spricht: „Wir sind zwar verwüstet,
aber wir werden die Ruinen schon
wieder aufbauen“, so spricht Jahwe:
Sie werden aufbauen, und ich reiße
nieder, und man wird sie nennen
„Land der Gottlosigkeit“ und „Volk,
dem Jahwe ewig zürnt“. 5 Ihr werdet
es mit eigenen Augen sehen und dann
bekennen: Mächtig hat sich Jahwe
erzeigt über Israels Grenzen hinaus.

Anklagerede gegen die Priester

6 Der Sohn ehrt den Vater, und der
Knecht fürchtet seinen Herrn. Wenn
ich nun Vater bin, wo ist meine Ehre?
Und wenn ich der Herr bin, wo ist die
Furcht vor mir?, spricht Jahwe Zebaot
zu euch, ihr Priester, die ihr meinen
Namen verachtet. Ihr fragt wohl:
„Wieso haben wir denn deinen Namen
verachtet?“ 7 Indem ihr auf meinem
Altar unreine Opfer darbringt. Ihr
fragt weiter: „Inwiefern haben wir
ihn denn verunreinigt?“ Indem ihr
denkt: „Der Tisch Jahwes ist keiner
Aufmerksamkeit wert.“ 8 Bringt ihr
blinde Tiere als Opfer dar, (so meint
ihr,) es sei nicht schlimm, und bringt
ihr lahme und kranke Tiere, (so meint
ihr,) es sei nicht schlimm. Bring es
doch einmal deinem Statthalter, ob er
Freude daran hat und dich gnädig
aufnimmt, spricht Jahwe Zebaot.
9 Wohlan, besänftiget das Antlitz
Gottes, daß er sich unser erbarme
[von eurer Hand kommt ja dies]: wird
er euch gnädig aufnehmen?, spricht
Jahwe Zebaot. 10 O, wäre doch einer
unter euch, der die Türen schlösse, da-
mit ihr nicht umsonst auf meinem
Altar Feuer entzündet! Ich habe kein
Wohlgefallen mehr an euch, spricht
Jahwe Zebaot, und nehme kein Opfer
mehr an aus eurer Hand. 11 Denn vom
Aufgang der Sonne bis zu ihrem Nie-
dergang ist mein Name groß unter den
Völkern, und an jedem Orte wird
meinem Namen ein Rauchopfer dar-
gebracht und eine reine Opfergabe,
denn mein Name ist groß unter den
Völkern, spricht Jahwe Zebaot. 12 Ihr
aber entweiht ihn, indem ihr denkt:
Der Tisch des Herrn ist befleckt und
verächtlich seine Speise. 13 Und ihr
sagt: „Siehe, was für eine Mühsal!“
So schätzt ihr mich gering, spricht
Jahwe Zebaot, und bringt geraubte

→1 1 *durch Vermittlung des Maleachi* G: „durch Vermittlung seines Boten“ (*Maleachi* bedeutet „mein Bote“); T fügt hinzu: „sein Name ist Esra, der Schreiber“. G fügt hinzu: „Leget also (dieses) auf eure Herzen“.

→1 2 *Esau* Esau ist der eponyme Stammvater von Edom, vgl. Nm 20 23+.

→1 3 *Städte* Korr.; M: „Berge“.

→1 3 *zur Wüstenei* G; M: „zu Drachen (Schakalen?) der Wüste“.

→1 6 *fürchtet* G; fehlt in M.

→1 7 *haben wir ihn* G, T; M: „haben wir dich“; ebenso v. 12.

→1 7 *Indem ihr denkt* Wörtlich: Indem ihr sagt.

→1 8 *Freude daran* G; M: „Freude an dir“.

→1 11 *an jedem Orte wird meinem Namen ein Rauchopfer dargebracht und eine reine Opfergabe* G; M: „An jedem Orte wird das Opfer verbrannt, opfert man meinem Namen, und eine reine Opfergabe“. Maleachi denkt hier nicht so sehr an den im Perserreich verbreiteten Kult, vgl. Esr 1 2+, des „Himmelsgottes“, Neh 1 4f; 2 4.20; Esr 1 2; 5 11f; 6 9f; 7 12.21.23; Dn 2 18; 4 34; 5 23 – ein Kult, den der Prophet als an Jahwe gerichtet ansehen würde –, sondern an das vollkommene Opfer der messianischen Zeit; das Konzil von Trient hat diese Deutung als offiziell erklärt.

→1 12 *verächtlich seine Speise* Korr.; M: „und seine Frucht verächtlich, seine Speise“.

→1 13 *mich gering* Üss; M: „ihn gering“.

→1 13 *sie als Opfer* Korr.; M: „das Opfer“.

→1 13 *Zebaot* G; fehlt in M.

und lahme und kranke Tiere daher
und bringt sie als Opfer dar. Soll ich
sie annehmen aus eurer Hand?, spricht
Jahwe Zebaot. 14 Verflucht sei der
Betrüger, der in seiner Herde ein
männliches Tier hat, das er gelobt hat,
und mir ein schadhaftes Tier opfert.
Denn ein großer König bin ich, spricht
Jahwe Zebaot, und mein Name ist gefürchtet unter den Völkern.

2 1 Und nun ergeht an euch, ihr Priester, folgender Beschluß: 2 Wenn
ihr nicht hören wollt und es euch nicht
zu Herzen nehmt, daß ihr meinem
Namen die Ehre gebt, spricht Jahwe
Zebaot, so sende ich wider euch den
Fluch und verfluche euren Segen, ja
ich habe sie schon verflucht, denn ihr
nehmt es euch ja doch nicht zu Herzen.
3 Siehe, ich zerschmettere euch den
Arm und schleudere euch den Mist
ins Angesicht, den Mist eurer Feste,
und trage euch mit ihm hinaus. 4 Dann
werdet ihr erkennen, daß ich diesen
Beschluß gegen euch ergehen ließ, weil
mein Bund mit Levi nicht mehr besteht, spricht Jahwe Zebaot. 5 Mein
Bund mit ihm lautete also: Leben und
Heil, und ich gab sie ihm; Furcht und
Zittern, und er fürchtete mich und
hatte Scheu vor meinem Namen.
6 Zuverlässige Weisung war in seinem
Munde, und kein Falsch war auf seinen Lippen zu finden; in Freundschaft und Geradheit wandelte er vor
mir und hielt viele vom Bösen zurück.
7 Denn die Lippen des Priesters sollen
die Erkenntnis bewahren, und Weisung
sucht man aus seinem Munde, denn
der Bote Jahwes Zebaot ist er. 8 Ihr
aber seid vom Wege abgewichen und
habt viele wankend gemacht im Gesetz und den Bund Levis zunichte gemacht, spricht Jahwe Zebaot. 9 So
werde ich euch allem Volk verächtlich
und niedrig machen, weil ihr ja doch
meine Wege nicht beobachtet, sondern
in eurer Weisung auf die Person geschaut habt.

Mischehen und Ehescheidung

10 Haben wir nicht alle einen Vater?
Hat nicht ein Gott uns erschaffen?
Warum handeln wir also treulos gegeneinander und entweihen den Bund
unserer Väter? 11 Treulos hat Juda
gehandelt, und Greuel wird verübt
[in Israel und] in Jerusalem. Denn
Juda hat entweiht das Heiligtum Jahwes, das er liebt, und hat die Tochter
eines fremden Gottes gefreit. 12 Den
Mann, der solches tut – wer es auch
sei –, Jahwe möge ihn ausrotten aus
den Zelten Jakobs und aus dem Kreis
derer, die Opfer darbringen für Jahwe
Zebaot. 13 Und zum zweiten tut ihr
noch das: Ihr bedeckt mit Tränen den
Altar Jahwes, mit Weinen und Seufzen, weil er sich nicht mehr eurer
Opfergabe zuwendet und mit Wohlgefallen die Gabe aus eurer Hand annimmt. 14 Ihr sagt: „Warum?" Weil
Jahwe Zeuge ist zwischen dir und der
Frau deiner Jugend, an der du treulos
gehandelt hast, die doch deine Gefährtin war und die Frau deines Bundes.
15 Hat er es nicht zum einzigen Wesen
gemacht, das Fleisch und Odem besitzt? Und was erstrebt dieses eine Wesen? Nachkommenschaft von Gott.
Achtet also euer Leben, und an der
Frau deiner Jugend handle nicht treulos! 16 Denn ich hasse Scheidung,
spricht Jahwe, der Gott Israels, und
daß man sein Gewand bedeckt mit
Ungerechtigkeit, spricht Jahwe Zebaot. Achtet also euer Leben und handelt
nicht treulos!

Der Tag Jahwes

17 Ihr werdet Jahwe lästig mit euren
Reden, und ihr fragt: „Wieso sind wir

→114 *daß er gelobt hat* Korr. nach G; M: „gelobend".
→114 *mir* Korr.; M: „dem Herrn".
→22 *euren Segen* G; M: „eure Segen". Es handelt sich konkret um die materiellen Güter, die an die Leviten ausgeteilt wurden.
→23 *ich zerschmettere euch den Arm* G, V; M: „ich schelte euren Samen".
→23 *und trage euch mit ihm hinaus* S; M: „und er wird euch zu ihm hinaustragen".
→24 *nicht mehr besteht* Korr.; M: „besteht".
→25 *und Zittern* Korr.; M: „und er fürchtete mich".
→211 *Juda hat entweiht* Die Vergehen des Volkes beflecken den Tempel.
→211 Von „Juda" wird zuerst als Gesamtheit, dann im Hinblick auf den einzelnen innerhalb dieses Ganzen gesprochen: Derjenige, der zu Juda gehört, heiratet die „Tochter" eines fremden Gottes, eine Götzendienerin.
→212 *wer es auch sei* Wörtlich: „Zeuge (Korr.) und Verteidiger". Der Ausdruck besagt eine Gesamtheit ohne Ausnahme.
→212 *und aus dem Kreis derer, die Opfer darbringen* G; M: „und jenen, der Opfer darbringt".
→215 *Hat er es nicht* V; M: „Er hat es nicht".
→215 *das Fleisch und Odem besitzt* Korr.; M: „das einen Rest von Odem besitzt".
→215 *handle nicht treulos* Korr.; M: „soll er nicht treulos handeln".
→216 *ich hasse* Korr.; M: „er haßt".
→216 *und daß man . . . bedeckt* Korr.; M: „und er hat bedeckt".
→217 Zum Ärgernis, das der Wohlstand

ihm lästig gefallen?" Indem ihr sagt:
„Jeder, der Böses tut, ist gut in den
Augen Jahwes, an ihnen hat er seine
Freude." Oder: „Wo bleibt denn der
Gott des Gerichtes?"
3 1 Siehe, ich sende meinen Boten,
daß er mir den Weg bereite, und
plötzlich kommt dann in seinen Tem-
pel der Herr, nach dem ihr euch sehnt,
und der Engel des Bundes, nach dem
ihr verlangt. Siehe, er kommt, spricht
Jahwe Zebaot. 2 Wer wird den Tag
seines Kommens ertragen, und wer
wird bestehen bei seinem Erscheinen?
Denn er ist wie das Feuer des Schmel-
zers und wie die Lauge der Walker.
3 Dann wird er sich hinsetzen und
schmelzen und läutern, er wird die
Söhne Levis reinigen und läutern wie
Gold und Silber, daß sie Jahwe wieder
Opfer darbringen in Gerechtigkeit.
4 Und die Opfergabe von Juda und
Jerusalem wird Jahwe wieder wohl-
gefallen wie in den Tagen der Vorzeit
und in den früheren Jahren. 5 Dann
komme ich zu euch zum Gerichte und
werde als ein überraschender Kläger
auftreten gegen die Zauberer und Ehe-
brecher, gegen die Meineidigen und
gegen die, die den Taglöhner, die
Witwe und die Waise übervorteilen,
die den Fremdling abweisen und
mich nicht fürchten, spricht Jahwe
Zebaot.

Zehnt und Abgaben für den Tempel

6 Ich, Jahwe, habe mich nicht ge-
ändert, aber ihr, Söhne Jakobs, seid
noch nicht am Ende. 7 Seit den Tagen
eurer Väter seid ihr von meinen Gebo-
ten abgewichen und habt sie nicht
beobachtet. Kehrt um zu mir, so kehre
ich um zu euch, spricht Jahwe Zebaot.
Ihr fragt: „Wieso sollen wir umkeh-
ren?" 8 Darf denn ein Mensch Gott
betrügen, daß ihr mich betrügt? Ihr
sagt: „Wieso haben wir dich betro-
gen?" Beim Zehnten und bei den Ab-
gaben. 9 Mit dem Fluche seid ihr be-
laden, und doch betrügt ihr mich, das
ganze Volk. 10 Bringet Zehnten und
Abgaben ganz in das Schatzhaus, auf
daß Vorrat in meinem Hause sei, und
versuchet es auf diese Weise mit mir,
spricht Jahwe Zebaot, ob ich euch
nicht die Schleusen des Himmels öffne
und über euch Segen im Überfluß aus-
gieße. 11 Dann werde ich die Heu-
schrecke bannen, daß sie euch nicht
mehr die Früchte des Feldes vernich-
ten, und der Weinstock auf dem Felde
wird nicht mehr ohne Frucht sein,
spricht Jahwe Zebaot. 12 Und alle
Völker der Erde werden euch glücklich
preisen, denn ihr werdet ein Land des
Wohlgefallens sein, spricht Jahwe
Zebaot.

Triumph der Gerechten
am Tage Jahwes

13 Anmaßend sind eure Reden ge-
gen mich, spricht Jahwe, und ihr sagt:
„Was haben wir denn wider dich ge-
redet?" 14 Ihr sagt: „Es ist unnütz,
Gott zu dienen. Was haben wir davon,
daß wir seine Gebote gehalten haben
und in Bußtrauer einhergingen vor
Jahwe Zebaot? 15 Wir müssen viel-
mehr glücklich preisen die Übermüti-
gen; Erfolg haben jene, die Böses tun;
sie versuchten Gott und entgingen der
Strafe." 16 Also redeten die Gottes-
fürchtigen untereinander, und Jahwe
horchte auf und vernahm es. Und ein
Gedenkbuch wurde von ihm geschrie-
ben für jene, die den Herrn fürchten
und Zuflucht suchen in seinem Namen.
17 Sie werden mir, spricht Jahwe Ze-
baot, am Tage, da ich einschreite, als
Eigentum gelten, und ich werde scho-
nend mit ihnen verfahren, wie einer
seinen Sohn schont, der ihm dient.
18 Dann werdet ihr wiederkommen und
den Unterschied sehen zwischen dem

---

der Bösen unter dem Blickwinkel einer irdischen Vergeltung gab, vgl. Ib, Ps 37 und 38 sowie die Einleitung zu den Weisheitsbüchern, S. 822.

→31 *meinen Boten* Der Vorläufer Jahwes, vgl. bereits Js 403, wird mit Elija gleichgesetzt, Mal 323; Mt 1110 wendet diese Stelle auf Johannes den Täufer, den neuen Elija, an, Mt 1114.

→31 *der Engel des Bundes* Der Engel des neuen Bundes ist nicht der Vorläufer, von dem eben die Rede war, denn seine Ankunft im Tempel geschieht gleichzeitig mit der Ankunft Jahwes. Es ist offenbar eine geheimnisvolle Bezeichnung Jahwes selbst, mit indirekter Bezugnahme auf Ex 32; 2320, vgl. Gn 167+. Mt 1110 legt die Deutung auf Christus nahe.

→33 *schmelzen* Davor Zusatz in M: „Silber".

→36–12 Vielleicht ist dieser Abschnitt zu 12–5 zu ziehen; dann würde er den Vorwurf der Zweifler in 12 beantworten.

→38 *betrügen* Korr.; M: „berauben".

→38 *Beim Zehnten und bei den Abgaben* Zum Zehnten vgl. Dt 1422+. Nach der Priesterschrift, Lv 2730f; Nm 1821–31, ist es eine Steuer für den Lebensunterhalt des Klerus, der am einzigen Heiligtum zentralisiert ist, vgl. auch Neh 1036f; 1244.

→310 *und Abgaben* Korr., vgl. v. 8; fehlt in M.

→316 *Also* G; M: „Damals".

→316 *Zuflucht suchen in seinem Namen* Korr.; M: „denken an seinen Namen"; G: „ehren seinen Namen".

Gerechten und dem Gottlosen, zwi-
schen dem, der Gott dient, und dem, der
ihm nicht dient. 19 Denn siehe, der Tag
kommt, glühend wie ein Ofen, und alle
Übermütigen und alle, die Böses taten,
werden zu Stoppeln, und der kommen-
de Tag wird sie in Flammen setzen,
spricht Jahwe Zebaot, daß er weder
Wurzel noch Zweig übrigläßt. 20 Aber
euch, die ihr meinen Namen fürchtet,
wird die Sonne der Gerechtigkeit auf-
gehen und Heil (ist) in ihren Strahlen.
Und ihr werdet hervorkommen und
mutwillig springen wie die Kälber, die
aus dem Stalle kommen. 21 Und ihr
werdet zertreten die Gottlosen, denn
sie sind wie Staub unter euren Fuß-
sohlen an dem Tage, den ich bereite,
spricht Jahwe Zebaot.

Anhänge

22 Denket an das Gesetz des Mose,
meines Knechtes, das ich ihm für ganz
Israel am Horeb aufgetragen habe, an
die Gebote und Satzungen.

23 Siehe, ich sende euch den Pro-
pheten Elija, ehe mein Tag kommt, der
große und furchtbare. Er wird das
Herz der Väter wieder den Söhnen
und das Herz der Söhne ihren Vätern
zuwenden, daß ich nicht komme und
das Land mit dem Banne schlage.

→319 *glühend wie ein Ofen* Zum Feuer am Tage Jahwes vgl. Js 1016f; 3027; Zeph 118; 38; Jr 2114.

→320 *Gerechtigkeit* Schließt hier wie in Js 412+ Macht und Sieg mit ein. Der Titel „Sonne der Gerechtigkeit" spielte, auf Jesus Christus angewendet, bei der Entstehung der liturgischen Feste von Weihnachten und Epiphanie eine Rolle.

→320 *Strahlen* Wörtlich: „Flügeln".

→323 *mein Tag* Korr.; M: „der Tag Jahwes".

→323–24 Elija, der zum Himmel entrückt wurde, 2 Kg 211–13, wird wiederkommen. Diese hier angekündigte Wiederkunft bleibt ein bedeutsamer Zug der jüdischen Eschatologie, vgl. das Henochbuch. Jesus hat erklärt, daß Elija in der Person Johannes' des Täufers gekommen sei, Mt 171–13+; Mk 92–13; Mt 117–14.

Die ideale Ergänzung

Kleine Jerusalemer Bibel
Neues Testament und Psalmen
Herder-Übersetzung mit dem vollständigen Kommentar der Jerusalemer Bibel
Herderbücherei Band 1760

Als einzige Bibel im Taschenbuchformat enthält diese Ausgabe den gesamten Text des Neuen Testaments und der Psalmen in der vielbeachteten imprimierten Herder-Übersetzung sowie den vollständigen Kommentar der Jerusalemer Bibel. Darüber hinaus bietet sie den Schlüssel, der dem Leser hilft, die von ihm gesuchten Lebens- und Glaubensthemen in der Bibel aufzufinden.
„Eine Bibliothek soliden biblischen Wissens“
(Bibel und Kirche).

Register

Das Register erschließt die Erläuterungen, die in den Anmerkungen oder Einleitungen zu den einzelnen biblischen Büchern bzw. Buchgruppen geboten werden. Alleinstehende Ziffern beziehen sich auf die Seitenzahl der Einleitungen, Stellenverweise auf das betreffende biblische Buch und die am Anfang einer Anmerkung angegebene Kapitel- und Versziffer. Ausführlicher gehaltene Anmerkungen, besonders solche, die grundlegende Themen der Heiligen Schrift behandeln und weitere Verweise bieten, sind durch das Zeichen ↗ vor der Stellenangabe hervorgehoben.